Handbuch der Gesetzgebung

in

Preußen und dem Deutschen Reiche.

Unter Mitwirkung

von

Geh. Oberregierungsrat **Altmann**, Geh. Oberpostrat **Aschenborn**, Geh. Oberregierungsrat **Bredow**, Wirkl. Geh. Oberregierungsrat **von Bremen**, Geh. Regierungsrat **Fritsch**, Oberverwaltungsgerichtsrat **Genzmer**, Geh. Regierungsrat **Hoffmann**, Landrichter Dr. **Hornemann**, Oberbergrat **Kreisel**, Geh. Oberregierungsrat **Küster**, Geh. Regierungsrat **von Loebell**,. Geh. Oberregierungsrat **Lusensky**, Geh. Regierungsrat Dr. **Münchgesang**, Geh. Oberregierungsrat Dr. **Traugott Müller**, Regierungsassessor Dr. **Rintelen**, Kriegsgerichtsrat Dr. **Schlayer**, Landforstmeister a. D. **Schultz**, Regierungspräsident Freiherr **v. Seherr-Thoss**

herausgegeben

von

Graf Hue de Grais,

Wirkl. Geh. Oberregierungsrat, Regierungspräsidenten a. D.

III.

Heer und Kriegsflotte.

Zweiter Band.

Militärstrafrecht.

Springer-Verlag Berlin Heidelberg GmbH

1904.

Heer und Kriegsflotte.

II.

Militärstrafrecht.

Materielles Militärstrafrecht — Militärstrafverfahren — Disziplinarstrafrecht und ehrengerichtliches Verfahren.

Von

Dr. jur. M. Schlayer,

Kriegsgerichtsrat beim Generalkommando des XIII. Armeekorps.

Springer-Verlag Berlin Heidelberg GmbH

1904.

ISBN 978-3-642-52560-5 ISBN 978-3-642-52614-5 (eBook)
DOI 10.1007/978-3-642-52614-5

Vorwort.

Unsere Gesetze und die zu ihrer Ausführung erlassenen Vorschriften finden sich in zahlreichen Sammlungen zerstreut, deren jede wieder eine lange Reihe von Bänden umfaßt. Wird schon dadurch das Auffinden der einzelnen Bestimmungen erheblich erschwert, so bieten diese, auch wenn sie gefunden, meist nicht die gewünschte Auskunft, weil sie durch spätere Vorschriften ergänzt oder abgeändert sind, oder erst durch besondere Ausführungsvorschriften verständlich und anwendbar werden. Die Bestimmungen sind dadurch schon den Beamten schwer zugänglich geworden; den Laien sind sie fast ganz verschlossen, obwohl sie auch für die Laien erhebliche Bedeutung haben, zumal seitdem diese sich in stets wachsendem Umfange zu den Geschäften des öffentlichen Dienstes in Staat und Gemeinde herangezogen sehen. Hier möchte das vorliegende Werk Abhilfe schaffen und die Reichs- und die Landesgesetzgebung allen Beteiligten näher bringen.

Der umfangreiche Stoff ist zu diesem Zwecke in eine Reihe von Einzelgebieten zerlegt, wie sie den einzelnen Gruppen der beteiligten Beamten und Laien entsprechen. Die Einteilung[1]) ist so getroffen, daß mit dem Deutschen Reiche in seinen staatsrechtlichen Verhältnissen begonnen wird, die zuerst allgemein (Teil I) und dann bezüglich der auswärtigen Angelegenheiten (Teil II) und des Heeres und der Kriegsflotte (Teil III in zwei Bänden für die allgemeinen Verhältnisse und das Militärstrafrecht) dargestellt werden. — Daran schließen sich der preußische Staat in seinen staatsrechtlichen Verhältnissen (Teil IV in drei Bänden für Verfassung und Behörden, für Beamte und für Kommunalverbände) und die Finanzen (Teil V in fünf Bänden für Finanzverwaltung, direkte Steuern, Stempel, Zölle und Verbrauchssteuern). — Alle folgenden Teile behandeln

[1]) Die Einteilung folgt im allgemeinen den Grundsätzen, die in des Herausgebers Handbuch der Verfassung und Verwaltung in Preußen und dem Deutschen Reiche (16. Aufl. Berl. 04) und in dessen in wesentlich kürzerer Fassung bearbeiteten gleichnamigen Grundrisse (7. Aufl. Berl. 02) beobachtet worden sind. Beide Werke enthalten systematische Darstellungen, während das vorliegende Werk die Gesetze und Ausführungsbestimmungen in ihrem Wortlaute darstellt und erläutert.

die Aufgaben des Staates und betreffen den Schutz der Personen und des Eigentums und die Pflege der geistigen und wirtschaftlichen Interessen der Staatsangehörigen. — Schutz bietet die Rechtspflege (Teil VI), die in fünf Bänden das Bürgerliche Gesetzbuch, das Handels- und Gewerberecht, die Gerichtsverfassung und das Verfahren, die freiwillige Gerichtsbarkeit und das Strafrecht umfaßt, und die Polizei (Teil VII) nebst Gesundheitswesen (Teil VIII), Bauwesen (Teil IX), Personenstand und Armenwesen (Teil X). Die geistigen Interessen finden ihre Pflege in der Kirche (Teil XI) und dem Unterricht (Teil XII), der in vier Bände für das Volksschulwesen, die höheren Schulen, die Universitäten und für Kunst und Wissenschaft zerlegt ist. — Für die wirtschaftliche Pflege kommen die verschiedenen Gebiete des Erwerbslebens in Betracht, das Bergwesen (Teil XIII), die Land- und Forstwirtschaft im weiteren Sinne (Teil XIV), die in sechs Bänden für Landwirtschaft, Forstwirtschaft, Agrargesetzgebung, Viehzucht, Jagd und Fischerei zur Darstellung gelangt, der Handel und das Gewerbe (Teil XV) in zwei Bänden, die Arbeiterfürsorge und Arbeiterversicherung (Teil XVI) und die den Verkehr betreffenden Gebiete der Schiffahrt (Teil XVII), Wege (Teil XVIII), Eisenbahnen (Teil XIX), der Post und Telegraphie (Teil XX).

Die Einzelgebiete sind in Abschnitte geteilt, die mit römischen Zahlen bezeichnet sind und eine Mehrzahl zusammenhängender Gesetze umfassen. Die Hauptgesetze werden unter fortlaufenden deutschen Ziffern aufgeführt. Die den Abschnitten vorangestellten Einleitungen bieten eine Übersicht der aufgenommenen Gesetze. Die nur zu ihrer Ergänzung oder Ausführung ergangenen Bestimmungen (Nebengesetze, Verordnungen, Anweisungen) sind entweder in Anmerkungen — die minder wichtigen nur dem Inhalt nach — aufgeführt, oder bei größerem Umfange als Anlagen unter lateinischen Buchstaben den Hauptgesetzen in der Reihenfolge angefügt, in der in diesen auf sie hingewiesen wird.[2])

Die gesetzlichen Bestimmungen sind durch stärkeren Druck hervorgehoben und alle Bestimmungen streng nach dem Wortlaute ihrer amtlichen Veröffentlichung wiedergegeben.[3]) Die späteren Änderungen sind zwar eingefügt, aber als solche deutlich bezeichnet. Veraltete oder auf-

---

[2]) Örtliche Bestimmungen, die nicht mindestens für den Bezirk einer Provinz Geltung haben, sind in der Regel nicht aufgenommen, aber überall nachrichtlich angeführt.

[3]) Fortgelassen sind die regelmäßig wiederkehrenden Eingangs- und Schlußformeln der Gesetze, erstere, soweit sie nicht mit gesetzlichen Bestimmungen verbunden sind. Die Eingangsformel lautet bei Reichsgesetzen: „Wir Wilhelm, von Gottes Gnaden Deutscher Kaiser, König von Preußen ꝛc. verordnen im Namen des Reichs nach erfolgter Zustimmung des Bundesrats und des Reichstags, was folgt:“, bei Landesgesetzen: „Wir Wilhelm, von Gottes Gnaden König von Preußen ꝛc. verordnen unter Zustimmung beider Häuser des Landtags der Monarchie, was folgt:“ Die Schlußformel lautet: „Urkundlich unter Unserer

gehobene Bestimmungen sind demgemäß fortgelassen, oder wo sie des Zusammenhanges wegen nicht zu entbehren waren, durch lateinischen Druck gekennzeichnet, während abgeänderte oder neu hinzugetretene Bestimmungen durch gesperrten Druck kenntlich gemacht sind. In beiden Fällen wird in den Anmerkungen nachgewiesen, wodurch die Aufhebung oder die Abänderung veranlaßt ist.

Die den Gesetzen angefügten Anmerkungen sollen außer diesen Angaben (Abs. 4) auch alle sonstigen für das Verständnis und die Handhabung erforderlichen Erläuterungen geben. Sie enthalten demgemäß neben der Darlegung der Entstehung, Bedeutung und Einteilung der Gesetze auch Hinweise auf andere Vorschriften, die mit den behandelten Bestimmungen in Zusammenhang stehen, ferner alle bezüglich ihrer ergangenen grundlegenden Entscheidungen der höchsten Gerichte und Verwaltungsbehörden, endlich die Hauptergebnisse, die Wissenschaft und praktische Handhabung darüber gefördert haben.

Jedem Teile oder Bande ist ein (chronologisches) Verzeichnis der Bestimmungen und ein (alphabetisches) Sachverzeichnis beigegeben.

Die Bedeutung des Werkes läßt sich hiernach dahin zusammenfassen, daß es:

1. die einzelnen zerstreuten Bestimmungen nach den Verwaltungsgebieten zusammenfaßt und nach ihrem inneren Zusammenhange übersichtlich ordnet;
2. die Bestimmungen nach dem amtlichen Texte, doch unter Hervorhebung aller Änderungen wiedergibt, die sie im Laufe der Zeit erfahren haben;
3. die Bestimmungen mit Erläuterungen versieht, wie sie für deren Verständnis und Anwendung erforderlich sind.

Die Verwendung des Werkes ist hiernach eine zwiefache. Das Gesamtwerk ersetzt im Handgebrauche die Gesetz- und sonstigen Sammlungen und empfiehlt sich damit nicht nur für die Büchereien aller größeren Behörden und Verwaltungen, sondern auch zur Aufstellung in ihren zu Sitzungen und Vorträgen bestimmten Räumen. Dadurch kann das rasche Auffinden der nötigen Vorschriften ermöglicht und dem jetzt herrschenden Mißstande abgeholfen werden, daß diese Bestimmungen entweder im Drange der Geschäfte überhaupt nicht eingesehen werden können, oder daß ihr Aufsuchen empfindliche Störungen und Verzögerungen im

Höchsteigenhändigen Unterschrift und beigedrucktem Kaiserlichen (bei Landesgesetzen: Königlichen) Insiegel. Gegeben (Datum u. Unterschriften)". — Die in den Sammlungen enthaltenen laufenden Nummern der Gesetze sind fortgelassen; dafür sind die für das Auffinden in den Sammlungen wichtigeren Seitenzahlen der letzteren den Gesetzesüberschriften hinzugefügt. Fortgelassen sind ferner die den Bestimmungen beigefügten Formulare, die denen, die sie anzuwenden haben, in der Regel ohnehin zur Hand sein werden.

Geschäftsbetriebe veranlaßt. Wenn dabei auf den Mangel hingewiesen ist, daß das Werk bei seinem Umfange erst nach Verlauf mehrerer Jahre vollständig vorliegen werde, so wird sich dieser Mangel bei stetigem Fortschreiten des Werkes zusehends vermindern. Jedenfalls bietet das Werk aber gegenüber dem bisherigen Zustande den wesentlichen Fortschritt, daß es ganze Gesetzgebungsgebiete in zusammenhängender einheitlicher Bearbeitung bringt, während die seitherigen Werke sich fast ausnahmslos auf die Bearbeitung einzelner herausgegriffener Gesetze beschränkten, manche Gesetze auch ganz unbearbeitet blieben. -- Dann hat das Werk aber auch vor seiner endgültigen Fertigstellung dadurch eine selbständige Bedeutung, daß die Einzelwerke — unbeschadet der gleichmäßigen Bearbeitung — doch in jedem Teile und Bande in sich abgeschlossene Werke bilden und einzeln käuflich sind. Zahlreiche Beteiligte finden damit in einem Bande alle Vorschriften vereinigt, deren sie für das sie unmittelbar berührende Einzelgebiet bedürfen.[4]) Ihnen bietet das Einzelwerk eine Sammlung, die nicht nur am Arbeitstische die Einsichtnahme aller maßgebenden Vorschriften ohne Zeitverlust und Mühe ermöglicht, sondern auch bei örtlichen Verhandlungen und Dienstreisen leicht mitgeführt und mit Vorteil benutzt werden kann.

Der dritte Teil des Gesamtwerkes enthält die das Heer und die Kriegsflotte betreffenden Bestimmungen. Er zerfällt in zwei Bände, von denen der vorliegende zweite das Militärstrafrecht, der erste die sonstigen für Heer und Kriegsflotte erlassenen Vorschriften enthält.[4])

[4]) In bezug auf die seither erschienenen und jetzt erscheinenden Einzelwerke sei bemerkt: In Teil I finden die Mitglieder der höheren Reichsbehörden und des Reichstags die grundlegenden Bestimmungen für ihre Tätigkeit und alle mit dem Reichsstaatsrecht sich Befassenden die Quellen für ihre Studien. Teil III ist für Militär- u. Marinebehörden, Truppenstäbe, Offiziersbüchereien usw. von Bedeutung, Band 1 daneben für die mit den Ersatz- oder sonstigen Militär- u. Marineangelegenheiten befaßten Behörden sowie für die Bezirkskommandos u. Band 2 für Mitglieder u. Beamte der Militärgerichte, für Offiziere, die als Beisitzer oder Untersuchungsführer und für Rechtsanwälte, die als Verteidiger bei diesen Gerichten tätig sind. Von Teil IV, Bd. 1 gilt das zu Teil I Gesagte in bezug auf Mitglieder der Staatsbehörden und des Landtags und die sich mit dem preußischen Staatsrecht Befassenden. Teil IX ist zunächst für Baubeamte, die mit Bausachen befaßten Verwaltungsbeamten, Bauunternehmer und für das bauende Publikum bestimmt. Von Teil XIV, der in seiner Gesamtheit für Landwirtschaftskammern, landwirtschaftliche Vereine, Lehranstalten und Behörden in Betracht kommt, dient Bd. 2 insbesondere den Forstbesitzern und Forstbeamten, Bd. 5 den Jägern und Jagdfreunden. Teil XV, Bd. 1, der alle öffentlich rechtlichen Bestimmungen über den Handel enthält, hat für Handeltreibende, Handelskammern, Handelsschulen usw. besonderes Interesse. — Behörden und Beamte der allgemeinen, der Polizei- und der Kommunalverwaltung, für die nicht alle, aber doch mehrere der Einzelwerke in Frage kommen, werden nach der dem Werke zugrunde liegenden Einteilung leicht die geeignete Auswahl treffen können.

Der zweite Band enthält im Abschnitt I unter der Bezeichnung Materielles Militärstrafrecht diejenigen Gesetze, welche die Tatbestände der gerichtlich strafbaren besonderen Pflichtverletzungen der Militärpersonen sowie die hierfür angedrohten Strafen und deren Vollstreckung behandeln. Gegenstand des Abschnitt II ist das für die gerichtliche Verfolgung strafbarer Handlungen der Angehörigen des Heeres und der Kriegsflotte geltende Prozeßverfahren (Militärstrafverfahren). In Abschnitt III folgt das Disziplinarstrafrecht einschließlich der Disziplinarvorschriften für richterliche und nichtrichterliche Militärbeamte sowie die das ehrengerichtliche Verfahren gegen Offiziere und Sanitätsoffiziere regelnden Allerhöchsten Verordnungen, je für Heer und Kriegsflotte. Jedem Abschnitt sind als Anlagen eine Reihe von Bestimmungen beigefügt, die teils zur Ausführung oder Ergänzung der Hauptgesetze ergangen, teils in diesen angezogen sind. Weitere zu den Gesetzesbestimmungen im einzelnen für Heer und Kriegsflotte ergangene Verfügungen sind in die Anmerkungen aufgenommen, wo auch die bis in die neueste Zeit veröffentlichten Entscheidungen der höchsten Gerichte, namentlich des Reichsgerichts und Reichsmilitärgerichts, sowie die vom Reichsmilitärgericht auf Grund MStGerO. § 113 ausgesprochenen Grundsätze (Prüfungsergebnisse) überall unter Angabe ihres wesentlichen Inhalts angeführt sind. Bei Bearbeitung der Erläuterungen war maßgebend einerseits die möglichste Rücksichtnahme auf das Verständnis auch der am Militärgerichts- und Disziplinarverfahren beteiligten Nichtjuristen; anderseits das Bestreben, ohne Beeinträchtigung der Vollständigkeit durch gedrängte Fassung Raum zu gewinnen für Aufnahme aller derjenigen Gesetze und Bestimmungen, deren Vereinigung in einem Bande den Beteiligten den Überblick wesentlich erleichtert und die rasche Entscheidung aller auftauchenden Fragen ohne zeitraubendes Nachschlagen in andern, oft gar nicht sofort verfügbaren Werken und Dienstvorschriften ermöglicht. Letzterem Zwecke soll auch das beigegebene eingehende Sachverzeichnis dienen.

Der vorliegende zweite Band hat hiernach als Einzelwerk in erster Linie Bedeutung für die in irgend welcher Eigenschaft (Gerichtsherr, Untersuchungsführer, Richter, Gerichtsschreiber, Anklagevertreter, Verteidiger) bei Ausübung der Militärstrafgerichtsbarkeit beteiligten Offiziere, Beamten und Rechtsanwälte, sowie für die Disziplinarvorgesetzten und Mitglieder der Ehrengerichte und Disziplinarkammern.

Der größere Teil des Inhalts wird jedoch bei dem vielfachen Ineinandergreifen des allgemeinen und des Militärstrafrechts auch für die bürgerlichen Gerichts- und Polizeibehörden und deren Mitglieder von Wichtigkeit sein.

Stuttgart, März 1904.

Der Verfasser.

Inhalt.

I. Materielles Militärstrafrecht.

II. Militärstrafverfahren.

Abkürzungen.

AB. = Ausführungsbestimmung.

AAB. = Allerhöchste Ausführungsbestimmungen zur MStGerO. u. EG. (Nr. II 2 Anl. A u. II 3 Anl. A d. W.).

Abs. = Absatz.

AE. = Allerhöchster Erlaß.

AG. = Ausführungsgesetz (dieses bezieht sich, wo kein anderer Hinweis gegeben ist, auf das zunächst vorangegangene Hauptgesetz, MStGB., MStGerO. usw.).

Anl. = Anlage.

Anm. = Anmerkung.

AO., AKO. = Allerhöchste Ordre (Kabinetsordre).

Anw. = Anweisung (Instruktion).

Art. = Artikel.

AVB. = Armeeverordnungsblatt.

BGB. = Bürgerliches Gesetzbuch 18. Aug. 96 (RGB. 195).

BGBl. = Bundesgesetzblatt.

Begr. = Begründung (Motive).

Bearb. = Bearbeitung (Kommentar).

Bek. = Bekanntmachung.

BR. = Bundesrat.

Best. = Bestimmung.

Beschl. = Beschluß.

CB. = Centralblatt für das deutsche Reich.

CPO. = Civilprozeßordnung (Neufassung 98, RGB. 410).

Das. = Daselbst.

Drucks. = Drucksachen.

DStO. = Disziplinarstrafordnung für das Heer (Nr. III 2 d. W.).

D.- u. GO. = Dienst- u. Geschäftsordnung für die MilGerStellen (Nr. II 2 Anl. E d. W.).

E. = Erlaß.

EG. = Einführungsgesetz (Beziehung wie bei Ausführungsgesetz).

Entsch. = Entscheidung.

Erg. = Ergänzung (ergänzt).

FrBesV. = Friedensbesoldungsvorschrift für das Heer 10. März 98.

FSO. = Friedenssanitätsordnung 16. Mai 91.

G. = Gesetz.

GDV. = Garnisondienstvorschrift 15. März 02.

GebO. = Gebührenordnung.

Ger. = Gericht.

GerH. = Gerichtsherr.

GS. = Gesetzsammlung für Preußen.

GeschO. = Geschäftsordnung.

GVG. = Gerichtsverfassungsgesetz 27. Jan. 77 (Neufassung 98 RGB. 342).

H. = Heer.

HeerO. = Heerordnung 22. Nov. 88.

JMB. = Justizministerialblatt.

KA. = Kriegsartikel (Nr. I 4 u. 5 d. W.).

KabSchr. = Schreiben des Militärkabinetts (Marinekabinetts).

KB. = Kommissionsbericht.

KrAB. = Ausführungsbestimmungen des Pr. Kriegsministeriums zur MStGerO. u. EG. (Nr. II 2 Anl. B u. 3 Anl. B).

KrMVf. = Verfügung des Pr. Kriegsministeriums.

Mar. = Marine.

MB. = Ministerialblatt der inneren Verwaltung.

MDStO. = Marine-Disziplinarstrafordnung (Nr. III 3 d. W.).

MGS. = Militär-Gesetzsammlung.

MStGB. = Militärstrafgesetzbuch (Nr. I 2 d. W.).

MStGerO. = Militärstrafgerichtsordnung (Nr. II 2 d. W.).

MStV. = Militär-Strafvollstreckungsvorschrift (Nr. I 2 Anl. D d. W.).

MVB. = Marineverordnungsblatt.

O. = Ordnung.

OBklV. = Bekleidungsvorschrift 15. Mai 99.

OV. = Oberverwaltungsgericht.

PE. = Ergebnis der vom Reichsmilitärgericht nach MStGerO. § 113 vorgenommenen Prüfung (die Zahlen entsprechen der amtlichen Bezeichnung).

Prot. = Protokoll.

RBG. = Reichsbeamtengesetz 31. März 73 (RGB. 61).

Rechtspr. = Rechtsprechung des RGer. in Strafsachen (herausgegeben von der Reichsanwaltschaft).

RGB. = Reichsgesetzblatt.

RGer. = Reichsgericht.

RMGer. = Reichsmilitärgericht.

RMG. = Reichsmilitärgesetz 2. Mai 74 (RGB. 45).

RVerf. = Reichsverfassung 16. April 71 (RGB. 63).

StB. = Stenographische Berichte.

StGB. = Strafgesetzbuch für das deutsche Reich (Nr. I 2 Anl. A).

StPO. = Strafprozeßordnung 1. Febr. 77 (RGB. 253).

Straff. = Entscheidungen des RGer. in Strafsachen (herausgegeben von Mitgliedern des RGer. u. der Reichsanwaltschaft).

U. = Urteil (Erkenntnis, Entscheidung).

V. = Verordnung.

Vf. = Verfügung.

Vtr. = Vertrag.

VU. = Verfassungsurkunde 31. Jan. 50 (GS. 17).

d. W. = des Werkes.

WehrO. = Wehrordnung 22. Juli 01.

Zust. = Zuständig (im einzelnen S. 35 Anm. 220, S. 38 Anm. 248, S. 43 Anm. 290).

Bemerkungen.

1. Die den Sammlungen (RGB., GS., AVB. usw.) angefügte Ziffer bedeutet die Seitenzahl und bezieht sich, wo eine besondere Jahreszahl nicht hinzugefügt ist, auf den Jahrgang, aus dem das Gesetz usw. ist. Wo die Sammlungen nicht nach Jahrgängen, sondern nach Bänden eingeteilt sind, weist die römische Ziffer den Band, die deutsche die Seite nach.
2. Wo Paragraphen ohne besondere Angabe des Gesetzes usw. angeführt sind, beziehen sie sich stets auf dasselbe Gesetz usw., wozu die betreffende Anmerkung gehört.
3. Die sonstigen Abkürzungen finden in den unmittelbar vorausgegangenen Anmerkungen ihre Erklärung.

I. Materielles Militärstrafrecht.

1. Einleitung.

Die Militärpersonen sind wie alle übrigen Staatsbürger in erster Linie den allgemeinen Strafgesetzen unterworfen.[1]) Die besonderen Dienstpflichten der Militärpersonen machten jedoch von jeher, besonders aber seit dem Auftreten stehender Heere noch besondere Strafbestimmungen für das Heer erforderlich, welche anfänglich in „Kaiserlichen Artikelsbriefen" und „Reuterbestallungen"[2]), später in „Kriegsartikeln" und sonstigen Verordnungen enthalten waren, seit Beginn des 19. Jahrhunderts aber in den Militärstrafgesetzbüchern der deutschen Einzelstaaten vereinigt wurden. Bei Begründung des Deutschen Reichs waren noch vier solche Militärstrafgesetzbücher in Geltung.[3]) Die am 1. Januar 1872 erfolgte Einführung des Bürgerlichen Strafgesetzbuchs vom 31. Mai 1870 im Reichsgebiet drängte notwendig zur einheitlichen Gestaltung auch des materiellen Militärstrafrechts. In Ausführung von RVerf. Art. 61 Abs. 2[4]) begannen die Arbeiten an einem Reichsmilitärstrafgesetzbuch im März 1871. Schon am 1. Oktober 1872 konnte das am 20. Juni 1872 vom Kaiser vollzogene Militärstrafgesetzbuch für das Deutsche Reich **(Nr. 2)** nebst Einführungsgesetz **(Nr. 3)** in Kraft treten. Im wesentlichen auf der Grundlage des Preuß. MStGB. vom 3. April 45 beruhend, wenn auch im einzelnen vielfach hiervon abweichend, schließt sich das Deutsche MStGB. im systematischen Aufbau so eng wie möglich an das Deutsche StGB. an, in welchem es hinsichtlich der allgemeinen Grundsätze seine Ergänzung findet.[5])

Das MStGB. enthält diejenigen militärischen Straftaten, welche regelmäßig[6]) nur im Weg des gerichtlichen Verfahrens[7]) bestraft werden können und überläßt die Ahndung sonstiger geringfügigerer Pflichtverstöße dem Disziplinarstrafgebiet.[8])

Die auf dem MStGB. beruhenden Kriegsartikel für das Heer vom 22. Sept. 1902 **(Nr. 4)**, für die Marine vom 1. Nov. 1902 **(Nr. 5)** bilden nicht mehr, wie in früheren Zeiten ein eigentliches Militärstrafgesetz, sondern nur eine militärische Pflichtenlehre.[9])

[1]) MStGB. § 3 (Nr. 2 Anm. 10).

[2]) Reuterbestallung d. Kaisers Maximilian II. von 1570.

[3]) Das Preuß. MStGB. 3. April 45, das Bayr. MStGB. 29. April 69, das Sächs. MStGB. 4. Nov. 67, die Württemb. MilStrafgesetze 20. Juli 18.

[4]) RVerf. Art. 61[2]:

Nach gleichmäßiger Durchführung der Kriegsorganisation des Deutschen Heeres wird ein umfassendes Reichs-Militärgesetz dem Reichstage und dem Bundesrate zur verfassungsmäßigen Beschlußfassung vorgelegt werden.

[5]) Nr. 2 Anm. 6a.

[6]) Ausnahme EG. (Nr. 3) § 3 Abs. 2

[7]) II. Abschn. d. W.

[8]) III. Abschn. d. W.

[9]) Als solche können sie zur Auslegung des MStGB. benutzt werden URMGer. 29. März 02 (II 239).

2. Militärstrafgesetzbuch für das Deutsche Reich vom 20. Juni 1872.

(RGB. 174.)[1]

Einleitende Bestimmungen.

§ 1.[2]) Eine Handlung[3]), welche dieses Gesetz[4]) mit dem Tode, mit Zuchthaus, oder mit Gefängniß oder Festungshaft von mehr als fünf Jahren bedroht[5]), ist ein militärisches Verbrechen.

---

[1]) Entstehung Nr. 1 d. W. — Inhaltlich zerfällt das MStGB. der Anordnung des bürg. StGB. folgend, nächst den „Einleitenden Bestimmungen" (§ 1—13), in einen ersten allgemeinen Teil (§ 14—55) und einen zweiten besonderen Teil (§ 56—166). Näherer Inhalt Anm. 55 u. 217. — Geltungsgebiet Nr. 3 Anm. 2 d. W. — Quellen: Verh. d. Reichst. 72, Drucks. 5, (Begr.), 90 (KB.), 122; StB. 807, 835. — Bearbeitungen v. Hecker, Komm. (Berl. 77) u. Lehrb. (Stuttg. 87), Herz-Ernst (Berl. 03), Koppmann (3. Aufl., München 03), Solms (3. Aufl., Berl. 93), Weiffenbach (Kassel 73).

[2]) § 1 gibt (abweichend von StGB. § 1) für das Gebiet des MilStrafrechts nicht die Dreiteilung in Verbrechen, Vergehen u. Übertretungen, sondern nur die Zweiteilung in Verbrechen u. Vergehen. Übertretungen kennt das MStGB. nicht. Reine Disziplinarverfehlungen (DStO. § 1 Nr. 1 Nr. III 2 Anm. 2 d. W.) sind nicht militärische Vergehen im Sinn des MStGB. Die § 3 Abs. 2 Nr. 2 genannten Vergehen bleiben jedoch solche auch bei Abrügung im Disziplinarweg. — Die Bedeutung der Einteilung in Verbrechen u. Vergehen äußert sich teils materiellrechtlich, z. B. MStGB. § 43, 49a, 67, 126, 139, 151, 241, StGB. § 138 Abs. 2, teils prozeßrechtlich, namentlich für die Zuständigkeit, z. B. MStGerO. § 15 Nr. 1, 16 Nr. 1—3, 63, 176 Nr. 1, 180 Abs. 3, 319 Abs. 2, 338, 397 Abs. 2. Militärische Verbrechen u. Vergehen im Sinn des MStGB. behalten ihre Eigenschaft als Verbrechen oder Vergehen auch im Sinn des bürg. StGB.; insbesondere sind die nur mit Arrest bedrohten militärischen Vergehen auch im Sinn des StGB. Vergehen, nicht Übertretungen URGer. 1. April 87 (Straff. XV 396).

[3]) Hierunter fallen auch strafbare Unterlassungen URGer. 14. Febr. 84 (Straff. X 101). Zwischen Vorsatz u. Fahrlässigkeit ist hier kein Unterschied.

[4]) Nur auf die im MStGB. bedrohten Handlungen findet § 1 Anwendung; nur sie sind militärische Verbrechen oder Vergehen. Die Eigenschaft der übrigen, durch die allgemeinen StrafG. bedrohten Handlungen als Verbrechen oder Vergehen (oder Übertretungen) bestimmt sich nach StGB. § 1, von dem sich MStGB. § 1 besonders dadurch unterscheidet, daß er den Verbrechen auch die mit Gefängnis von mehr als 5 Jahren bedrohten Handlungen zurechnet, während alle im StGB. mit Gefängnis bedrohten Handlungen stets Vergehen bleiben, da der zulässige Höchstbetrag der Gefängnisstrafe nach StGB. 5 Jahre beträgt. Dies gilt auch im Fall des Zutreffens von MStGB. § 53, 55 auf bürgerliche Vergehen.

[5]) Maßgebend ist lediglich der zulässige Höchstbetrag der angedrohten Strafe ohne Rücksicht auf die Annahme leichterer oder minder schwerer Fälle (z. B. § 62, 85, 97, 119). Versuch u. Teilnahme sind Verbrechen, wenn es das vollendete Delikt ist. Droht MStGB. erhöhte Freiheitsstrafe an (§ 53, 55, 103 Abs. 2, 115, 125, 136) u. kann infolge hiervon der an sich zulässige Höchstbetrag über 5 Jahre Gefängnis oder Festungshaft erhöht werden (ohne Rücksicht, ob hiervon im einzelnen Fall Gebrauch gemacht wird), so wird die Handlung zum militärischen Verbrechen PE. III 110. Ebenso, wenn infolge einer angedrohten Zusatzstrafe (§ 72, 81 Abs. 2, 103 Abs. 1) eine Erhöhung der Strafe über 5 Jahre möglich ist. Auch fahrlässige Straftaten (z. B. § 62, 142, 148) können hiernach zu militärischen Verbrechen werden (vgl. auch § 93) URMGer. 19. Sept. 01 (I 290).

Eine Handlung, welche dieses Gesetz mit Freiheitsstrafe[6]) (§ 16) bis zu fünf Jahren bedroht, ist ein militärisches Vergehen.

§ **2.**[6a]) Diejenigen Bestimmungen, welche nach den Vorschriften des Deutschen Strafgesetzbuches[7]) in Beziehung auf Verbrechen und Vergehen allgemein gelten[8]), finden auf militärische Verbrechen und Vergehen entsprechende Anwendung.[9])

§ **3.**[10]) Strafbare Handlungen der Militärpersonen, welche nicht militärische Verbrechen oder Vergehen[11]) sind, werden nach den allgemeinen Strafgesetzen[12]) beurtheilt.

---

[6]) Unter Freiheitsstrafe versteht das MStGB. (von einzelnen Ausnahmen abgesehen, § 53, 54, 88, 98) nur Gefängnis, Festungshaft u. Arrest, nicht Zuchthaus § 16 Anm. 70.

[6a]) § 2 spricht aus, daß das MStMB. kein in sich selbst abgeschlossenes Strafgesetz ist, sondern hinsichtlich der allgemeinen Grundsätze u. Begriffe im bürgerlichen StGB. seine Ergänzung findet. Die hauptsächlich hierher gehörigen Bestimmungen des StGB. finden sich in Anlage A.

[7]) Einschließlich des EG. z. StGB.

[8]) Unter diesen Bestimmungen sind nicht nur die des allgemeinen (I.) Teils des StGB. (§ 1—79), auch nicht bloß diejenigen allgemeinen Vorschriften des besonderen (II.) Teils des StGB., welche für alle Verbrechen u. Vergehen Geltung haben, zu verstehen, sondern auch diejenigen, die für eine besondere Art von Verbrechen u. Vergehen gegeben sind. So finden Anwendung auf MStGB. § 138 die StGB. § 242 besonders Abs. 3, 246 besonders Abs. 3, auf MStGB. § 137 der StGB. § 303, auf MStGB. § 140 der StGB. § 335 Plenarbeschl. RMGer. 17. Mai 01 (I 134).

[9]) Entsprechende Anwendung bedeutet, daß der Anwendung der allgemeinen Bestimmungen des StGB. auf militärische Verbrechen u. Vergehen nicht nur durch abweichende besondere Bestimmungen des MStGB. (§ 8, 14, 17, 21, 30, 46—54, 76) eine Grenze gezogen ist, sondern auch, daß Bestimmungen des StGB., die mit der Rücksicht auf Erhaltung der Disziplin im Heere nicht vereinbar erscheinen, von der Anwendbarkeit auf das MStGB. ausgeschlossen sind. Welche Bestimmungen dies sind, ist Auslegungsfrage zit. Plenarbeschl. RMGer. (Anm. 8). Nach diesem sind nicht anwendbar StGB. § 199, 200, 231, 233 auf MStGB. § 91, 121, 122; ebensowenig StGB. § 193 auf MStGB. § 91 u. 121 URMGer. 14. Okt. 01, 14. Mai u. 2. Juni 02 (II 34; III 36 u. 84).

[10]) Der in § 3 (entsprechend StGB. § 10) ausgesprochene Grundsatz, daß auf nichtmilitärische Straftaten (einschließlich der Übertretungen) die allgemeinen Strafgesetze Anwendung finden, erleidet Ausnahmen durch MStGB. § 7, 161 (StGB. § 4—6), § 29 (StGB. § 27—39), § 47 (StGB. § 47—50), § 49, 55, 127 (StGB. § 51 ff.), § 14, 15, 45 (StGB. § 13, StPO. § 483, 486). Ferner können auch bei Straftaten, die an sich nach den allgemeinen Strafgesetzen zu beurteilen sind, militärische Ehrenstrafen (MStGB. § 30) eintreten, sei es als Folge bestimmter Handlungen (MStGB. § 37 Abs. 2^2, 34 Abs. 2^2, 40 Abs. 2^2, 42 Abs. 2, 43^2) oder als Folge bestimmter Strafen (MStGB. § 31, 34 Abs. 1 u. 2^1, 37 Abs. 1, 40 Abs. 1 u. 2^1, 43^1). Im übrigen kann jedoch wegen nichtmilitärischer Straftaten nur auf die im bürgerlichen StGB. angedrohten Strafen erkannt werden, also nie auf Arrest, wohl aber auf Gefängnis u. Festungshaft unter 43 Tagen, sowie auf Haft- u. Geldstrafe.

[11]) Die Unterscheidung zwischen militärischen Verbrechen und Vergehen u. Zuwiderhandlungen gegen die allgemeinen Strafgesetze hat Bedeutung nicht nur für das MStGB. (außer § 3 die § 8, 13, 14, 22 Abs. 3, 38, 50, 51, 54, 138 Abs. 2), sondern auch für die MStGerO. (§ 3 Abs. 2, 4, 5^1, 7, 9, 10 Abs. 2, 15^1, 16^1, 341 Abs. 4, 397 Abs. 2). Militärische Verbrechen u. Vergehen sind alle im MStGB. mit Strafe bedrohten

§ **4.**[13]) Unter Militärpersonen[14]) sind die Personen des Soldatenstandes[15]) und die Militärbeamten[16]) zu verstehen, welche zum Heer oder zur Marine gehören.

Handlungen, einschließlich derjenigen, welche nur militärisch ausgezeichnete Tatbestände des bürgerlichen StGB. enthalten, wie § 57, 91, 112, 121, 123, 137, 138, 140, 148. Auch Versuch u. Teilnahme an militärischen Straftaten sind militärische Verbrechen u. Vergehen (PE. III 111), nicht aber Hehlerei (StGB. § 258, 259) u. Begünstigung (StGB. § 257 Abs. 1 u. 2) zu militärischen Straftaten, die vielmehr stets selbständige bürgerliche Verbrechen oder Vergehen bleiben. Dasselbe gilt von den nach MStGB. § 56 auf MilPersonen Anwendung findenden StGB. § 80—93 (Hoch- u. Landesverrat) sowie von den in MStGB. § 145 auf Personen des Soldatenstandes unter gewissen Voraussetzungen für anwendbar erklärten StGB. § 331—359 (Verbrechen u. Vergehen im Amt). Militärische Straftaten sind dagegen die (wenn auch einer selbständigen Strafdrohung entbehrenden) besonderen militärischen Tatbestände MStGB. § 115 u. 143 (auch wenn sich die Anstiftung oder das Geschehenlassen auf eine bürgerliche Straftat bezieht), u. § 138 Abs. 2 (schwerer oder im Rückfall verübter, militärisch ausgezeichneter Diebstahl (PE. II 4); PlenBeschlRMGer. 12. Mai 03 (IV 188). Durch ideelles Zusammentreffen mit einem bürgerl. Verbrechen oder Vergehen verlieren milit. Verbrechen oder Vergehen diese Eigenschaft nicht (MStGB. § 149 mit StGB. § 223a). Bloßes Zutreffen eines der in MStGB. § 55 genannten Straferhöhungsgründe macht dagegen bürgerliche Verbrechen oder Vergehen nicht zu militärischen.

[12]) Hierunter sind sämtliche allgemeingültigen Reichs- u. Landesstrafgesetze zu verstehen.

[13]) Aus § 3 folgt umgekehrt, daß die MilPersonen außer den allgemeinen Strafgesetzen auch dem MStGB. unterstehen. Den Begriff MilPersonen, der auch in § 7, 8, 66 vorkommt, bestimmt § 4. Außer auf MilPersonen findet das MStGB. Anwendung auf folgende Personen:

a) die Offiziere à la suite unter den EG. § 2 Abs. 2 genannten Voraussetzungen;
b) Pensionierte Offiziere (z. D. gestellte u. verabschiedete) in dem in § 33, 36 bestimmten Umfang;
c) in Kriegszeiten die in § 155—161 genannten Personen;
d) die nicht zu den MilPersonen gehörigen Angestellten eines Schiffes u. solange das Schiff sich im Kriegszustand befindet, auch andere dienstlich eingeschiffte Personen § 166;
e) die Mitglieder der militärisch organisierten Landgendarmeriekorps (Nr. 3 Anm. 3).

[14]) Die MilPersonen u. ihre Unterarten, die Personen des Soldatenstandes u. die Militärbeamten, scheiden sich wieder in solche des aktiven Heeres (Marine) u. solche des Beurlaubtenstandes. Auf die letzteren finden jedoch die Bestimmungen des MStGB. nur beschränkte Anwendung (§ 6 Anm. 20). Der auch für das MilGerichtsverfahren, namentlich den Umfang der MilGerichtsbarkeit wichtige Begriff der MilPersonen des aktiven Heeres (Marine) ergibt sich aus RMG. § 38 u. G. 11. Febr. 88 (RGB. 11) Art. 26, 30. Hiernach gehören dazu:

A. Die MilPersonen des Friedensstandes u. zwar:
   1. die Offiziere, Sanitätsoffiziere u. Militärbeamten des Friedensstandes vom Tage ihrer Anstellung bis zum Zeitpunkt ihrer Entlassung aus dem Dienst;
   2. die Kapitulanten vom Beginn bis zum Ablauf oder bis zur Aufhebung der abgeschlossenen Kapitulation.

   Für das Aufhören der Zugehörigkeit zum aktiven Heer ist, insoweit nicht der Kapitulationsvertrag abweichende Bestimmung enthält, lediglich der Ablauf der Kapitulationszeit entscheidend, nicht der möglicherweise hiervon verschiedene Zeitpunkt der ordnungsmäßigen, förmlichen Entlassung. Untersuchungshaft,

Krankheit usw. steht somit dem Übertritt zum Beurlaubtenstand nicht entgegen URMGer. 2. Juni 02 (III 72).

3. Die Freiwilligen u. die ausgehobenen Rekruten von dem Tage, mit welchem ihre Verpflegung durch die Militärverwaltung beginnt, Einjährig-Freiwillige vom Zeitpunkt ihrer endgültigen Einstellung in den Truppenteil an, sämtlich bis zum Ablaufe des Tages ihrer Entlassung aus dem aktiven Dienst. — Gesetzliche Dauer der aktiven Dienstzeit G. 3. Aug. 93, 28. Juni 96 Art. II (RGB. 93 S. 233 u. 96 S. 179), G. 25. März 99, Art. II (RGB. 213). Mit Ablauf der aktiven Dienstzeit hat der Soldat einen gesetzlichen Anspruch auf Beurlaubung zur Reserve, abgesehen von den Ausnahmen WehrG. 9. Nov. 67 (BundesGB. 131) § 14 u. zit. G. 3. Aug. 93 Art. II § 1 Abs. 2. Untersuchungshaft oder begonnene Strafverbüßung kann die Überführung zum Beurlaubtenstand nicht hindern KrMVf. 7. Febr. 02. Vgl. auch Nr. II 2 Anm. 57 d. W. Vorzeitige Entlassung, Tag des Beginns u. des Ablaufs der Dienstzeit zählt je ganz mit. — Im Ausland befindliche MilPflichtige können ohne vorherige persönliche Gestellung vor den Ersatzbehörden nicht für einen Truppenteil ausgehoben werden WehrO. § 42^{1}, 26^{1}, G. 6. Mai 80 (RGB. 103) Art. II § 10.

B. 1. Die aus dem Beurlaubtenstande zum Dienst einberufenen Offiziere, Sanitätsoffiziere, Militärbeamten u. Mannschaften vom Tage, zu welchem sie einberufen sind, bis zum Ablauf des Tages der Wiederentlassung RMG. § 38 B 1. (Näheres § 6 Anm. 20).

2. Alle in Kriegszeiten zum Heeresdienst aufgebotenen oder freiwillig eingetretenen Offiziere, Sanitätsoffiziere, Militärbeamten u. Mannschaften, welche zu keiner der vorgenannten Kategorien gehören, vom Tage, zu welchem sie einberufen sind, oder vom Zeitpunkt des freiwilligen Eintritts an bis zum Ablauf des Tages der Entlassung, also insbesondere nach ergangenem Aufrufe des Landsturms die von demselben betroffenen Landsturmpflichtigen, sowie die infolge freiwilliger Meldung in die Listen des Landsturms Eingetragenen RMG. § 38 B 2, G. 11. Febr. 88 § 26, 30.

Zu A u. B: Die Eigenschaft als MilPerson ist unabhängig von der Leistung des Fahnen(Dienst)eides. Sie wird weder durch Fahnenflucht noch durch eingetretene oder von vornherein vorhandene Dienstuntauglichkeit aufgehoben, dauert vielmehr, wenn einmal durch Einstellung begründet, bis zur ordnungsmäßigen Entlassung fort. Insolange sind also auch Dienstuntaugliche den MStG. unterworfen URMGer. 13. Juni 01, 12. März 02 (I 184, II 222). Versehentlich eingestellte Ausländer erlangen nicht die Eigenschaft von MilPersonen, können also z. B. auch keine Fahnenflucht begehen Beschl. RMGer. 9. Nov. 01 (II 53). Ebensowenig die trotz rechtskräftiger Verurteilung zu Zuchthaus entgegen StGB. § 31 ins Heer eingestellten Personen. Durch einen nicht in schriftlicher Form aufgenommenen Kapitulationsvertrag wird die Eigenschaft als MilPerson nicht begründet URMGer. 4. April 03 (nicht veröffentlicht). — Personen des Soldatenstands, gegen welche auf Entfernung aus dem Heer oder auf Dienstentlassung (§ 31—35), MilBeamte, gegen welche auf Amtsverlust (§ 43), Zuchthaus, Verlust der bürgerlichen Ehrenrechte oder Unfähigkeit zur Bekleidung öffentlicher Ämter (StGB. § 31—35) erkannt ist, scheiden mit der Rechtskraft des Urteils aus dem Heer (Marine) aus. — Die nach RMG. § 38 C zum Heer gehörigen Zivilbeamten der MilVerwaltung sind nicht MilPersonen, unterstehen also weder dem MStGB. noch der MStGerO.

Unter Heer ist das Deutsche Heer[16a]), unter Marine die Kaiserliche Marine zu verstehen.

§ **5.** Die Klasseneintheilung der Militärpersonen ergibt das diesem Gesetze beigefügte Verzeichniß.[17])

Die Mitglieder des Sanitätskorps und des Maschinen-Ingenieurkorps unterliegen den für andere Personen des Soldatenstandes gegebenen Vorschriften nach Maßgabe ihres Militärranges.[18])

§ **6.** Personen des Beurlaubtenstandes[19]) unterliegen den Strafvor-

---

Wird ihnen im Kriegsfall Militärrang verliehen, so zählen sie zu den Militärbeamten (vgl. übrigens Anm. 602 § 155).

[15]) Begriff u. Einteilung ergibt das in § 5 genannte Verzeichnis, Anl. B unter A. — Die Landgendarmen sind zwar in den Nr. 3 Anm. 3 genannten Bundesstaaten Personen des Soldatenstandes, gehören aber nicht zum aktiven Heer im Sinn des RMG. § 38. Die zur Disposition gestellten Offiziere sind ebensowenig wie die mit Pension verabschiedeten Offiziere MilPersonen im Sinn des RMG. u. MStGB. (vgl. jedoch Anm. 13 b) KrMVf. 25. Febr. 84.

[16]) Begriff Anl. B unter B. Klasseneinteilung Unteranl. B 1. — Die MilBeamten unterstehen dem MStGB. nur hinsichtlich der § 153 genannten strafbaren Handlungen, wenn dieselben im Felde verübt sind; im übrigen sind strafbare Handlungen der MilBeamten nach dem allgemeinen Beamtenstraf- u. Disziplinarrecht zu beurteilen § 154 (Anm. 599). — Zivilbeamte der MilVerwaltung Anm. 14 am Schluß, Anm. 10 zu Anl. B.

[16a]) Einschließlich der Kais. Schutztruppen Kais. V. 26. Juli 96 (RGB. 669).

[17]) Anlage B.

[18]) Einteilung u. Rangverhältnisse des Sanitätskorps u. Maschinen-Ingenieurkorps Anl. B Anm. 8 u. 9.

[19]) Zu den Personen des Beurlaubtenstandes gehören:

1. Die Offiziere, Sanitätsoffiziere, Beamten und Mannschaften der Reserve (Marinereserve) u. Landwehr (Seewehr) ersten u. zweiten Aufgebots RMG. § 56 a, G. 11. Febr. 88 (RGB. 11) Art. II § 11. Die Zugehörigkeit zur Landwehr (Seewehr) zweiten Aufgebots u. damit zum Beurlaubtenstand dauert bis zum 31. März desjenigen Kalenderjahres, in welchem das 39. Lebensjahr vollendet wird, für Dienstpflichtige, die vor vollendetem 20. Lebensjahr ins Heer getreten sind, bis zum 31. März desjenigen Kalenderjahres, in welchem der Dienstpflichtige 6 Jahre der Landwehr (Seewehr) zweiten Aufgebots angehört hat G. 11. Febr. 88 Art. II § 3.
2. Die Mannschaften der Ersatzreserve (Marineersatzreserve) G. 11. Febr. 88 Art. II § 11, 19. Die Ersatzreservepflicht dauert vom 1. Okt. des ersten MilPflichtjahres ab 12 Jahre; darnach treten Ersatzreservisten, die geübt haben, zur Landwehr (Seewehr) zweiten Aufgebots über, in der sie bis zu dem unter 1 genannten Zeitpunkt verbleiben. Die übrigen scheiden aus dem Beurlaubtenstand aus G. 11. Febr. 88 Art. II § 15, 20, 22.
3. Die vorläufig in die Heimat beurlaubten Rekruten und Freiwilligen RMG. § 34, 56². Ihre Zugehörigkeit zum aktiven Heer tritt erst ein mit dem Tage, mit welchem ihre Verpflegung durch die MilVerwaltung beginnt, nicht schon mit dem Tag, zu dem sie einberufen (aber nicht eingerückt) sind RMG. § 38 A 3, BeschlRMGer. 29. Dez. 00, 25. April 01 (I 9 u. 98).
4. Die bis zur Entscheidung über ihr ferneres Militärverhältnis zur Disposition der Ersatzbehörden entlassenen Mannschaften RMG. § 54, 56³, WehrO. § 82, 83.
5. Die vor erfüllter aktiver Dienstpflicht zur Disposition der Truppenteile beurlaub-

schriften dieses Gesetzes in der Zeit, in welcher sie sich im Dienste befinden[20]), außerhalb dieser Zeit finden auf sie nur diejenigen Vorschriften[21]) Anwendung, welche in diesem Gesetze ausdrücklich auf Personen des Beurlaubtenstandes für anwendbar erklärt sind.[22])

---

ten Mannschaften RMG. § 56^{4}, HeerO. § 14^{2a}, 27.

6. Die nach Aufruf des Landsturms davon betroffenen Landsturmpflichtigen, sowie die nach freiwilliger Meldung in die Listen des Landsturms eingetragenen Personen bis zu dem Tag, zu welchem sie einberufen sind oder an welchem sie freiwillig eintreten G. 11. Febr. 88 Art. II § 26, 30. Vom letztgenannten Tag ab gehören sie zum aktiven Heer (Anm. 14 B 2).

[20]) Dies folgt schon aus RMG. § 38 B 1, wonach die zum Dienst einberufenen Personen des Beurlaubtenstandes zu den MilPersonen des aktiven Heeres (Marine) zählen (Anm. 14).

a) § 6 Satz 1 setzt wie der § 38 B 1 (vor. Anm.) die Einberufung des Beurlaubten zu militärischem Dienst auf Grund der ihm obliegenden gesetzlichen Wehrpflicht voraus. Nur eine durch die zuständige Behörde unter den gesetzlich festgestellten Voraussetzungen erfolgte Einberufung begründet Zugehörigkeit zum aktiven Heer, so im Frieden die Einberufung zu den gesetzlichen Übungen (WehrG. 9. Nov. 67 BundesGB. 131, § 8, HeerO. § 42), zur Kontrollversammlung (KontrollG. 15. Febr. 75, § 1, RGB. 65, G. 11. Febr. 88 Art. II § 12, WehrO. § 115^{7}), Beorderung zur Erfüllung der Meldepflicht an die Kontrollstelle oder zur persönlichen Vernehmung in das Stabsquartier des Bezirkskommandos (KontrollG. § 2, WehrO. § 114 1^{b}) URMGer. 2. Juni 02 (III 72).

b) Die zur Kontrollversammlung einberufenen Personen des Beurlaubtenstandes sind während der ganzen Dauer des betreffenden Tages (von Mitternacht zu Mitternacht gerechnet) MilPersonen des aktiven Heeres (Marine) u. als solche d. MilStrafgesetzen unterworfen URGer. 21. Sept. 86 (Straff. XIV 328), BeschlRMGer. 18. Nov. 01 (II 59). Vorgesetztenverhältnis zwischen den zur Kontrollversammlung einberufenen Unteroffizieren u. Mannschaften Anl. F unter I 6.

c) Einberufene Personen des Beurlaubtenstandes, welche dem Einberufungsbefehl nicht nachkommen, sind strafrechtlich so anzusehen, als ob sie tatsächlich im Dienst wären, u. zählen von dem Tag, zu welchem sie einberufen sind, bis zu dem Tag, an dem ihre Wiederentlassung zu erfolgen hätte, zum aktiven Heer (Marine) RMG. § 38 B 1. Vorsätzliche Nichtbefolgung der Einberufung wird daher auch im Frieden (im Mobilmachungsfall vgl. § 68, 69) als unerlaubte Entfernung (Fahnenflucht § 64—76) bestraft URGer. 21. April 92 (Straff. XXIII 81), URMGer. 30. Jan. 01 (I 19). Ausnahme hiervon nur bei den vorläufig beurlaubten Rekruten (Anm. 19^{3}).

d) Nicht als Einberufung zum Dienst ist anzusehen die Ladung eines dem Beurlaubtenstand angehörigen Angeklagten oder Zeugen zu seiner militärgerichtlichen Vernehmung (MStGerO. § 172 Abs. 1, 185 Abs. 2, 267), zur Verbüßung einer von der MilBehörde zu vollstreckenden Freiheitsstrafe (MStGerO. § 451, KontrollG. § 7). Ebensowenig begründet Anordnung u. Vollstreckung militärischer Untersuchungshaft Zugehörigkeit zum aktiven Heer URMGer. 2. Juni 02 (III 72), 28. März 03 (IV 284).

e) Gerichtliche Zuständigkeit gegen einberufene Personen des Beurlaubtenstandes MStGerO. § 1^{1}, 9, 10, 259 (Nr. II 2 Anm. 35, 57, 546^{a}, 547).

[21]) Diese Vorschriften sind § 101, 113, 126, 42, ferner § 68 (in Verbindung mit § 69—76), der aber lediglich eine Folge des Anm. 20 unter c genannten Grundsatzes bildet. Beschränkter Militärgerichtsstand der Personen des Beurlaubtenstandes MStGerO. § 5, 10 Abs. 1, 11 (Nr. II 2 d. W.). — Im übrigen gelten für die Personen des Beurlaubtenstandes die allgemeinen Reichs- u. Landesgesetze RMG. § 61. Zulässigkeit militärischer Ehrenstrafen gegen sie Anm. 158.

[22]) Eine Erweiterung hat § 6 Satz 2

§ **7.**[23]) Strafbare Handlungen[24]), welche von Militärpersonen[25]) im Auslande[26]), während sie dort bei den Truppen[27]) oder sonst in dienstlicher Stellung[28]) sich befinden, begangen werden, sind ebenso zu bestrafen, als wenn diese Handlungen von ihnen im Bundesgebiete begangen wären.

§ **8.**[29]) Militärische Verbrechen und Vergehen[11]), welche gegen Militärpersonen verbündeter[30]) Staaten in gemeinschaftlichen Dienstverhältnissen begangen werden, sind, wenn Gegenseitigkeit verbürgt ist, ebenso zu bestrafen, als wenn diese Handlungen gegen Militärpersonen des Heeres oder der Marine begangen wären.

---

durch RMG. § 60³ erfahren, wonach die in § 56 unter 2—4 daselbst bezeichneten Mannschaften (es sind dies die Anm. 19 unter 2—4 genannten) den Bestimmungen des MStGB. über unerlaubte Entfernung u. Fahnenflucht (§ 64—78) u. über Selbstbeschädigung u. Vorschützung von Gebrechen (§ 81—82) auch während der Dauer der Beurlaubung in gleicher Weise wie die Personen des aktiven Dienststandes unterworfen sind. Voraussetzungen der Bestrafung solcher Rekruten wegen unerlaubter Entfernung usw. (im Unterschied von bloßem Kontrollentzug) Anm. 249. Auch wegen der RMG. § 60³ genannten Vergehen ist die MilGerichtsbarkeit begründet MStGerO. § 5¹. Zuständiger GerH. MStGerO. § 16, 19¹, 20¹, 25, 259, Nr. II 2 Anm. 95, 108 d. W. — Disziplinarstrafbefugnisse über Personen des Beurlaubtenstandes DStO. § 23—31, KontrollG. 15. Febr. 75 (RGB. 65) § 6, 7. — Wegen unerlaubter Auswanderung unterliegen Personen des Beurlaubtenstandes den Strafbestimmungen StGB. § 140² u. ³, 360³. Eine nach Einberufung zum Dienst erfolgte Auswanderung ist jedoch ausschließlich nach MStGB. § 64—76 zu beurteilen (Anm. 20c).

[23]) § 7 enthält eine Ausnahme von StGB. § 4—6 (Anl. A), die im übrigen auch auf MilPersonen Anwendung finden (z. B. hinsichtlich der während einer Fahnenflucht im Ausland verübten Straftaten). Die Ausnahmebestimmung ist nicht auf den Kriegsfall beschränkt, sondern gilt auch in Friedenszeiten. Sie beruht auf dem Grundsatz, daß der Soldat sein Gesetzbuch mit sich führt (Begr. S. 19).

[24]) Sowohl solche des bürgerlichen StGB. als des MStGB. sind gemeint, einschließlich der Übertretungen des StGB.

[25]) Nur auf deutsche MilPersonen (Anm. 14) zu beziehen, in Kriegszeiten auch auf die § 155, 157, 158 genannten Personen. Für strafbare Handlungen ausländischer Militär- u. Zivilpersonen in einem von deutschen Truppen besetzten ausländischen Gebiet gilt § 161.

[26]) Ausland ist jedes nicht zum Deutschen Reich gehörige Gebiet StGB. § 8. In den deutsch-afrikanischen Schutzgebieten sind die deutschen Militärstrafgesetze ausdrücklich durch Kaiserl. V. 26. Juli 96 (RGB. 669) eingeführt.

[27]) Unter Truppen sind nicht nur die deutschen, sondern auch die fremdländischen (z. B. bei Abkommandierung zu ausländischen Manövern) zu verstehen.

[28]) Es kommen nicht nur militärische, sondern auch diplomatische Sendungen in Frage.

[29]) Soweit militärische Straftaten im Sinne des MStGB. die Richtung gegen eine MilPerson verlangen, setzen sie der Regel nach Verübung gegen eine deutsche MilPerson (gleichviel ob desselben oder eines andern Bundesstaats) voraus. Hiervon bestimmt § 8 eine Ausnahme für den Fall des militärischen Zusammenwirkens deutscher u. verbündeter ausländischer Truppen, sei es im Krieg oder bei Friedensunternehmungen.

[30]) Ob ein Bündnisverhältnis besteht, entscheidet der Allerhöchste Kriegsherr. Dem Täter muß dies bekannt sein, wenn § 8 auf ihn Anwendung finden soll. Es wird daher jeweils eine allgemeine Bekanntmachung an die Truppen hierüber zu erlassen sein. Ebenso darüber, ob Gegenseitigkeit verbürgt ist.

§ **9.** Die in diesem Gesetze für strafbare Handlungen im Felde gegebenen Vorschriften (Kriegsgesetze)[31]) gelten:

1. für die Dauer des mobilen Zustandes[32]) des Heeres, der Marine oder einzelner Theile derselben;
2. für die Dauer des nach Vorschrift der Gesetze[33]) erklärten Kriegszustandes in den davon betroffenen Gebieten;
3. in Ansehung derjenigen Truppen, denen bei einem Aufruhr[34]), einer Meuterei[34]), oder einem kriegerischen Unternehmen der befehligende Offizier dienstlich bekannt gemacht[35]) hat, daß die

---

[31]) Diese Vorschriften enthalten teils besondere neue, nur für das Feld anwendbare Tatbestände (so § 62, 63, 84 bis 86, 88, 127—133, 135) teils bloß Strafschärfungen für an sich schon strafbare militärische oder bürgerliche Tatbestände, wenn solche im Feld verübt sind (so § 57—60, 65, 66, 67, 68, 71, 72 Abs. 2, 75, 77, 78, 93, 96, 97 Abs. 3, 99 Abs. 2, 100, 102 Abs. 2, 106, 107, 141, 146). Wann eine Handlung als „im Felde" verübt anzusehen ist, bestimmen Ziff. 1—4. — Die Voraussetzungen für das Inkrafttreten der für das militärgerichtliche Verfahren „im Feld" gegebenen Bestimmungen sind andere als die in § 9 für das Inkrafttreten der materiellen Kriegsgesetze aufgestellten EG. MStGerO. § 5 (Nr. II 3 Anm. 8).

[32]) Mobiler Zustand des Heeres oder einzelner Teile desselben tritt ein nach Anordnung der Kriegsbereitschaft. Sie erfolgt nach RVerf. Art. 63 durch den Kaiser, in Bayern auf Veranlassung des Kaisers durch den König von Bayern (Vertrag betr. den Beitritt Bayerns zur Verf. des deutschen Bundes 23. Nov. 70, BundGB. 71 S. 9, III § 5 III). Mobiler Zustand der Marine § 164. — Zeitpunkt des Beginns u. Aufhörens der Geltung der Kriegsgesetze für die von der Mobilmachung betroffenen Personen § 10. — Nichtmobile Truppen unterliegen den Kriegsgesetzen nur unter den Voraussetzungen Ziff. 2 u. 3.

[33]) RVerf. Art. 68:

Der Kaiser kann, wenn die öffentliche Sicherheit in dem Bundesgebiet bedroht ist, einen jeden Teil desselben in Kriegszustand erklären. Bis zum Erlaß eines die Voraussetzungen, die Form der Verkündigung u. die Wirkungen einer solchen Erklärung regelnden Reichsgesetzes gelten dafür die Vorschriften des Preußischen Gesetzes vom 4. Juni 1851 (GS. 451 ff.).

Nach dem letztgenannten Gesetz (Anlage C) § 1, 2 kann der Kriegs-(Belagerungs-)Zustand nur im Fall eines Kriegs oder Aufruhrs bei dringender Gefahr für die öffentliche Sicherheit verhängt werden. Entsprechendes G. für Elsaß-Lothringen 30. Mai 92 (RGB. 667). In Bayern gilt RVerf. Art. 68 nicht (Schlußbest. zu Abschn. XI der RVerf. nebst III § 5 des Vertrags Anm. 32). Die Erklärung des Kriegszustandes steht daher in Bayern dem König zu nach Maßgabe StGB. 1813 Art. 441 bis 456, G. 18. Aug. 79 Art. 3[11], bayr. MStGerO. 29. April 69 Art. 6[6]. Für das übrige Reichsgebiet steht das Recht ausschließlich dem Kaiser, nicht auch dem einzelnen Landesherrn zu (Laband, Reichsstaatsrecht, 4. Aufl. II 541). — Prozeßrechtliche Wirkungen der Erklärung des Kriegszustandes Anm. 31 u. Nr. II 3 Anm. 3 d. W.

[34]) Nur die militärischen Verbrechen des Aufruhrs u. der Meuterei (§ 103, 106) sind hier gemeint. Wegen sonstiger Gefährdung der öffentlichen Sicherheit können die KriegsG. nicht durch bloße Anordnung des befehligenden Offiziers, sondern nur durch Erklärung des Kriegszustandes (Anm. 33) in Kraft gesetzt werden.

[35]) Der Erlaß u. die Form dieser dienstlichen Bekanntmachung hängt vom Ermessen des Befehlshabers ab.

Kriegsgesetze für sie in Kraft treten, für die Dauer dieser Zustände;

4. in Ansehung derjenigen Kriegsgefangenen[36]), welchen der höchste an ihrem Aufenthaltsorte befehligende Offizier dienstlich bekannt gemacht hat, daß die Kriegsgesetze für sie in Kraft treten.

Den Kriegsgesetzen unterworfen sind im Falle des § 9 Nr. 1:

1) die Personen des aktiven Dienststandes[14]) von dem Tage ihrer Mobilmachung[37]) bis zu ihrer Demobilmachung;

2) die Personen des Beurlaubtenstandes[19]) von dem Tage, zu welchem sie einberufen sind, bis zu ihrer Entlassung.

§ **11**. Im Sinne dieses Gesetzes[38]) ist als vor dem Feinde befindlich jede Truppe zu betrachten, bei welcher in Gewärtigung eines Zusammentreffens mit dem Feinde der Sicherheitsdienst gegen denselben begonnen hat.[39])

§ **12**. Diejenigen Vorschriften dieses Gesetzes[40]), welche die Strafe mit Rücksicht darauf bestimmen, daß eine Handlung vor versammelter Mannschaft begangen worden ist, finden Anwendung, wenn[41]) außer dem Vorgesetzten[42]) und dem einzelnen Betheiligten[43]) noch mindestens drei andere zu militärischem Dienste[44]) versammelte[45]) Personen des Soldatenstandes[46]) gegenwärtig[47]) gewesen sind.

---

[36]) Kriegsgefangene, die sich noch in einem in Kriegszustand erklärten Gebiet befinden, sind auch ohne besondre Bekanntmachung nach Ziff. 2 vgl. § 158 den KriegsG. unterworfen.

[37]) Als Tag der Mobilmachung ist der Tag anzusehen, an dem die betreffende aktive MilPerson auf Grund dienstlicher Bekanntmachung in die Kriegsverpflegung tritt. Nichtkenntnis des Täters hiervon begründet Anwendung von StGB. § 59. Die Tatsache des Friedensschlusses macht einen mobilen Truppenteil noch nicht zu einem demobilen, sondern nur seine eigne Demobilmachung BeschlRMGer. 8. Sept. 02 (III 218).

[38]) Verübung „vor dem Feinde" bildet einen gesetzlichen Straferhöhungsgrund in § 58, 73, 85 I u. 2, 86, 95, 108, 141. § 11 bestimmt diesen Begriff für das Heer, § 165 für die Marine.

[39]) Nicht nur die Truppe, der selbst der Sicherheitsdienst obliegt (Vor- u. Nachhut), sondern auch diejenige, für welche der Sicherheitsdienst begonnen hat, fällt unter § 11. — Unkenntnis des Täters Anm. 37.

[40]) Verübung „vor versammelter Mannschaft" ist gesetzlicher Straferhöhungsgrund bei § 89, 94 (95), 97.

[41]) Außer dem objektiven Vorliegen der § 12 genannten Merkmale ist erforderlich, daß der Täter die Gegenwart der die versammelte Mannschaft bildenden Personen kannte. Bei tatsächlichem Irrtum hierüber ist StGB. § 59 anwendbar URMGer. 25. Sept. 02 (III 273).

[42]) Begriff Anl. F. — Weder der Vorgesetzte noch der Täter braucht im militärischen Dienst zu sein. Anwesenheit des Vorgesetzten ist nur erforderlich, wenn sie zum Tatbestand des betr. Vergehens gehört (z. B. nicht bei § 89 Abs. 2).

[43]) Bei mehreren strafbar Beteiligten (Täter, Teilnehmer, StGB. § 47—49) ist jedem einzelnen Beteiligten gegenüber jeder Mitbeteiligte, sofern er sich im militärischen Dienst befindet, bei Ermittlung der „versammelten Mannschaft" mitzuzählen. Dasselbe gilt, wenn die Tat gegen mehr als einen Vorgesetzten verübt ist, hinsichtlich der anderen Vorgesetzten.

[44]) Militärischer Dienst ist jede auf Grund allgemeiner Vorschrift oder besonderen, gemäß den Dienstvorschriften

§ **13.** Wo das Gesetz[48]) die Strafe mit Rücksicht auf den Rückfall bestimmt, tritt dieselbe ein, wenn der Thäter[49]), nachdem er wegen eines militärischen[50]) Verbrechens oder Vergehens durch ein Deutsches Gericht verurtheilt und bestraft[51]) worden ist, dasselbe[52]) militärische Verbrechen oder Vergehen abermals begeht.

Diese Bestimmung findet Anwendung, auch wenn die frühere Strafe nur theilweise verbüßt, oder ganz oder theilweise erlassen ist. Sie bleibt jedoch ausgeschlossen, wenn seit der Verbüßung oder dem Erlasse der

---

erteilten Befehls vorzunehmende Verrichtung militärischer Natur (im weitesten Sinne genommen). Bereitschaftsdienst genügt, nicht dagegen bloßer Aufenthalt in Kasernenräumlichkeiten (abgesehen von dort stattfindenden besonderen Dienstverrichtungen, wie Instruktion, Putzstunde, Stalldienst, Essen unter militärischer Aufsicht, Kaffeefassen).

[45]) Versammeltsein setzt als wesentlich voraus, daß die betreffenden Mannschaften unter der Aufsicht oder dem Kommando eines Vorgesetzten stehen URMGer. 9. Jan. 02 (II 136). Gemeinsame Leitung durch denselben Vorgesetzten u. Gemeinschaftlichkeit des Dienstes ist nicht erforderlich (PE. III 112).

[46]) Nur Personen des Soldatenstandes (Begriff Anm. 15), nicht auch Militärbeamte kommen in Frage.

[47]) Daß die die versammelte Mannschaft bildenden Personen den betreffenden strafbaren Vorfall tatsächlich wahrgenommen haben, ist nicht erforderlich, wohl aber, daß die Möglichkeit der Wahrnehmung für sie vorlag URMGer. 13. Sept. 02 (III 236), 25. Sept. 02 (III 273).

[48]) Das MStGB. behandelt den Rückfall bei einzelnen Vergehen als besonderen Strafschärfungsgrund (§ 70, 71, 114, 122) u. außerdem hinsichtlich der Zulässigkeit der militärischen Ehrenstrafen den wiederholten Rückfall als allgemeinen Strafschärfungsgrund (§ 37 Abs. 2[1], 31 Abs. 3, 34 Abs. 2[2], 40 Abs. 2[2]). Nur auf diese Fälle des MilitärStGB., nicht auch auf Verbrechen u. Vergehen im Sinne des StGB. bezieht sich § 13, der sich bei Bestimmung des Begriffs Rückfall im wesentlichen dem StGB. § 244, 245. anschließt, insbesondere Vorbestrafung wegen desselben Verbrechens oder Vergehens voraussetzt. — Inwieweit der sog. ungleichartige Rückfall (Vorbestrafung wegen andrer milit. Straftaten) strafschärfend wirkt, bestimmen § 22 Abs. 3, 38.

[49]) Auch frühere oder jetzt in Aussicht stehende Bestrafung wegen Versuchs oder Teilnahme (StGB. § 43, 44, 47 bis 49) begründet Rückfall.

[50]) Gerichtliche Bestrafung wegen eines (wenn auch gleichartigen) bürgerlichen Verbrechens oder Vergehens genügt nicht. Ebensowenig Disziplinarbestrafung gemäß EG. § 3.

[51]) Rechtskräftige Verurteilung allein reicht nicht aus. Die Strafe muß mindestens angetreten oder aber erlassen sein. Strafantritt erfolgt mit Einlieferung in die Strafanstalt. Anrechnung der Untersuchungshaft auf die Strafe (StGB. § 60) steht der Verbüßung gleich. Für den in Untersuchungshaft befindlichen Angeklagten gelten die MStGerO. § 458 bezeichneten Zeitpunkte als Beginn der Strafverbüßung. — Nachprüfung der sachlichen Richtigkeit des früheren rechtskräftigen Erkenntnisses ist nicht gestattet.

[52]) Es ist nicht völlige Übereinstimmung des früher angewandten u. jetzt anzuwendenden StrafG., sondern nur Gleichartigkeit des Tatbestandes nötig. Ein früher oder jetzt vorliegender gesetzlicher Straferhöhungsgrund macht den Tatbestand nicht zu einem andern, ebensowenig das Zutreffen einer andern Verübungsart innerhalb desselben mehrere Alternativen umfassenden Tatbestandes. Rückfallbegründend ist auch der äußerlich verschiedene schwerere Tatbestand gegenüber dem der Sache nach in ihm enthaltenen leichteren Tatbestand, so § 69 für § 64, 94—100, 103—110 für § 92, § 91 für § 89, aber nicht auch umgekehrt.

Strafe bis zur Begehung der neuen strafbaren Handlung fünf Jahre verflossen sind.[53])

Dasselbe gilt bei wiederholtem Rückfalle.[54])

Erster Theil.[55])

Von der Bestrafung im Allgemeinen.

Erster Abschnitt.[56])

Strafen gegen Personen des Soldatenstandes.[15])

§ **14.**[57]) Die Todesstrafe ist durch Erschießen zu vollstrecken[58]), wenn sie wegen eines militärischen Verbrechens[11]), im Felde[59]) auch dann, wenn sie wegen eines nicht militärischen Verbrechens erkannt worden ist.

---

[53]) Sog. Rückfallverjährung. Die Frist ist auf 5 Jahre festgesetzt, abweichend von StGB. § 245, der 10jährige Frist verlangt. Berechnung der Frist vom Tage der Verbüßung oder des Erlasses der früheren Strafe bis zum Tag der neuen Verübung (nicht dem Tag der neuen Aburteilung).

[54]) Wiederholter Rückfall setzt also voraus, daß der Täter nach der ersten Bestrafung dasselbe milit. Verbrechen oder Vergehen (Anm. 52) abermals begangen hat u. hierwegen bestraft worden ist (Anm. 51) u. darauf dieselbe Straftat von neuem verübt hat. Zweimalige Vorbestrafung wegen derselben Straftat allein genügt nicht. Wiederholter Rückfall ist dann ausgeschlossen, wenn seit der letzten (zweiten) Strafverbüßung (Straferlaß) bis zur Begehung der neuen (dritten) Straftat mehr als 5 Jahre verflossen sind. Die zwischen der ersten Vorbestrafung u. dem ersten Rückfall liegende Zeitdauer ist gleichgültig (ebenso StGB. § 245).

[55]) Der I. (allgemeine) Teil behandelt im 1. Abschnitt (§ 14—42) die Strafen gegen Personen des Soldatenstandes, im 2. Abschnitt (§ 43—45) die Strafen gegen Militärbeamte, im 3. Abschnitt (§ 46) den Versuch, im 4. Abschnitt (§ 47) die Teilnahme, im 5. Abschnitt (§ 48 bis 55) die Strafausschließungs-, Strafmilderungs- u. Straferhöhungsgründe. Zur Ergänzung sind stets die entsprechenden Bestimmungen des StGB. (Anl. A) heranzuziehen § 2 (Anm. 6—9).

[56]) Der 1. Abschnitt handelt von den gegen Personen des Soldatenstandes (des aktiven Heeres u. des Beurlaubtenstandes) wegen militärischer Verbrechen u. Vergehen zulässigen Haupt- u. Nebenstrafen.

A. Hauptstrafen sind: 1. Todesstrafe § 14; 2. Zuchthausstrafe, angedroht in § 57—60, 62, 70—72, 85, 86, 97, 107, 123, 133—135, 140, jedoch in diesem Abschnitt nur hinsichtlich ihrer Wirkungen behandelt (§ 15 Abs. 3, 31, 42), also im übrigen nach den Grundsätzen des StGB. zu beurteilen (Anm. 75); 3. Gefängnis § 15 Abs. 2, 16, 17; 4. Festungshaft § 16, 17; 5. Arrest u. zwar strenger, mittlerer, gelinder u. Stubenarrest § 17 Abs. 1, 19—28. Die unter 3—5 genannten Strafarten faßt das MStGB. unter der Bezeichnung „Freiheitsstrafe" zusammen § 16 Abs. 1, 21. Über Vollstreckung der Freiheitsstrafen durch Militär- oder bürgerliche Behörden trifft § 15 Bestimmung. Wegen nichtmilitärischer Straftaten kommen nur die Strafarten und die für sie geltenden allgemeinen Grundsätze des bürgerlichen StGB. (§ 13—31) zur Anwendung. Einschränkung hinsichtlich der Geldstrafe in MStGB. § 29.

B. Nebenstrafen (§ 30), d. h. solche, die nur in Verbindung mit einer Hauptstrafe erkannt werden können, sind: 1. Entfernung aus dem Heere (Marine) § 31—33; 2. Dienstentlassung (nur gegen Offiziere) § 34—36; 3. Versetzung in die zweite Klasse des Soldatenstandes § 37—39; 4. Degradation (nur gegen Unteroffiziere) § 40, 41. Dazu kommen nach MStGB. § 2 folgende Nebenstrafen des bürgerlichen StGB.: 5. Verlust der bürgerlichen Ehrenrechte (zulässig in den Fällen § 134, 138 u. allgemein unter

§ **15.**[60]) Hat eine Person des Soldatenstandes[15]) vor oder nach ihrem Eintritte in den Dienst[61]) eine Freiheitsstrafe verwirkt[62]), so wird diese von den Militärbehörden vollstreckt.[63])

---

den Voraussetzungen des StGB. § 32); 6. Unfähigkeit zur Bekleidung öffentlicher Ämter (Voraussetzungen StGB. (§ 36); 7. Einziehung u. Verfallerklärung (Voraussetzungen StGB. § 40, 41, 335, vgl. MStGB. § 140). Neben den unter 5 u. 6 genannten Ehrenstrafen kann oder muß je nach Umständen auf die eine oder andre der unter 1—4 genannten besonderen milit. Ehrenstrafen erkannt werden, § 31, 34 Abs. 1^{1}, 37 Abs. 1, 40 Abs. 1^{3}. Buße u. Bekanntmachungsbefugnis (StGB. § 188, 231, 200) sind dem MStGB. fremd, daher nur wegen einer nach bürgerlichen StGB. zu beurteilenden Beleidigung (Körperverletzung) zulässig Anm. 9, 346, 473. — Abweichend von den milit. Freiheitsstrafen (A) sind die besonderen militärischen Ehrenstrafen (B 1—4) nicht nur bei militärischen, sondern auch bei bürgerlichen Verbrechen u. Vergehen zulässig oder geboten. Gegen Personen des Beurlaubtenstandes treten sie infolge Verurteilung zu bestimmten Strafen während der Beurlaubung teils von Rechts wegen, teils auf Grund besonderen militärgerichtlichen Verfahrens ein § 42. — Nicht nur Militär-, sondern auch bürgerliche Gerichte sind an die in diesem Abschnitt bestimmten Strafen gebunden, wenn sie von Personen des Soldatenstandes verübte Straftaten abzuurteilen haben (Fälle MStGerO. § 3 Abs. 2, 4, 9 Abs. 2, 10 Abs. 2) oder bei Teilnahme, Begünstigung u. Hehlerei, von Zivilpersonen an milit. Verbrechen oder Vergehen. An Stelle des Arrestes ist jedoch von bürgerlichen Gerichten auf Haft zu erkennen URGer. 1. April u. 5. Dez. 87 (Strafs. XV 397, XVI 436).

Die näheren Bestimmungen über die militärische Vollstreckung der Strafen gibt die MStV. 9. Febr. 88 Anlage D. Zusatzbestimmungen für die Marine durch AO. 22. Jan. 89, Unteranlagen D 1 u. 2. — Die Bestimmungen über vorläufige Entlassung (StGB. § 23 bis 26) finden auch auf die wegen milit. Straftaten erkannten Freiheitsstrafen Anwendung (MStV. § 41).

[57]) § 14 u. 15 gelten auch für MilBeamte § 45.

[58]) Vollstreckung erfolgt dann durch die MilBehörde MStGerO. § 453. Ausführungsvorschriften in MStV. § 1, 2^{1} (Anl. D) u. AO. 22. Jan. 89 (Unteranl. D 1). — Die wegen eines bürgerlichen Verbrechens in Friedenszeit militärgerichtlich erkannte Todesstrafe wird durch Enthaupten vollstreckt und zwar durch die bürgerliche Behörde MStGerO. § 454, StGB. § 13. Näheres MStV. § 2^{2} (Anl. D).

[59]) Begriff § 9, 10 u. Anm. hierzu.

[60]) Anm. 57. — § 15 beruht auf dem Grundsatz, daß Freiheitsstrafen gegen Personen, welche im Verbande des Heeres verbleiben, von den Militärbehörden, Freiheitsstrafen gegen Personen dagegen, deren Dienstverhältnis aus irgend einem Grunde gelöst wird, von den bürgerlichen Behörden vollstreckt werden.

[61]) Unter Dienst ist der aktive Dienst zu verstehen. Verschiedene mögliche Gründe u. Zeitpunkte des Diensteintritts Anm. 14. Alle diese Möglichkeiten kommen hier in Frage, nicht bloß der erstmalige, zur Erfüllung der Dienstpflicht erfolgte Diensteintritt.

[62]) Es ist rechtskräftige Verurteilung zu Freiheitsstrafe vorausgesetzt, gleichgültig, ob durch ein Militär- oder bürgerliches Gericht, ob vor oder nach dem Diensteintritt erfolgt. Auch die wegen vor dem Diensteintritt verübter bürgerlicher Straftaten von Zivilbehörden ausgesprochenen Freiheitsstrafen (gerichtliche u. polizeiliche) einschließlich der Haftstrafen sind daher nach dem Diensteintritt von der Militärbehörde zu vollstrecken. Ausnahme bei Zuchthaus (Abs. 3), ferner, wenn Entlassung zur Disposition der Ersatzbehörden erfolgt, weil die vor dem Diensteintritt zivilgerichtlich erkannte Strafe 6 Wochen übersteigt (WehrO. § 82, $2^{c,bb}$, HeerO. § 16^{2}, RMG. § 18). Steht Verurteilung wegen vor dem Diensteintritt begangener nichtmilitärischer Straftat zu mehr als 6wöchiger Strafe erst nach Diensteintritt in Aussicht,

Ist nach den Vorschriften des Deutschen Strafgesetzbuches eine Beschäftigung des Verurtheilten zulässig oder geboten[64]), so findet dieselbe zu militärischen Zwecken und unter militärischer Aufsicht statt. Die zu Gefängniß verurtheilten Unteroffiziere und Gemeine können auch ohne ihre Zustimmung außerhalb der Anstalt beschäftigt werden.[65])

Ist Zuchthaus verwirkt[66]), oder wird auf Entfernung aus dem Heer oder der Marine, oder auf Dienstentlassung erkannt, oder wird das militärische Dienstverhältniß aus einem anderen Grunde[67]) aufgelöst, so geht die Vollstreckung der Strafe auf die bürgerlichen Behörden über.[68])

§ **16**. Freiheitsstrafe im Sinne dieses Gesetzes[69]) ist Gefängniß, Festungshaft oder Arrest.[70])

---

so hat gleichfalls Entlassung zu erfolgen (MStGerO. § 7^2, WehrO. § 82, $2^{c, aa}$). Wird jedoch ohne vorausgegangene Entlassung gegen eine MilPerson *nach dem Diensteintritt* auf mehr als 6wöchige Freiheitsstrafe vom Militär- oder Zivilgericht erkannt, so kommt (abgesehen von Abs. 3) die Strafvollstreckung stets der MilBehörde zu. — Auch die gegen *Personen des Beurlaubtenstandes* militärgerichtlich erkannten Freiheitsstrafen sind nach Abs. 1 *militärisch* zu vollstrecken (Anm. 67). — *Zuständigkeit* zur milit. Strafvollstreckung MStGerO. § 451 (Nr. II 2 Anm. 961 d. W.).

[63]) Vollstreckung durch die MilBehörde liegt auch dann vor, wenn sie seitens der Zivilbehörde auf Ersuchen des GerH. stattgefunden hat (PE. III 113).

[64]) Dies ist nur der Fall bei Zuchthaus u. Gefängnis (StGB. § 15, 16). Ersteres wird nach Abs. 3 stets durch die bürgerlichen Behörden vollstreckt.

[65]) *Abweichung* von StGB. § 16 Abs. 3. — Nähere Bestimmungen über Beschäftigung MStV. (Anl. D) § 11^1. 13^4, 57, 89—101 (Gefängnis betr.), § 171^b (Haft betr.), § 114 (Festungshaft betr.).

[66]) Verwirkt ist Zuchthaus erst mit rechtskräftiger Verurteilung, Anm. 62. — Entfernung aus dem Heer, Dienstentlassung § 31, 34.

[67]) Solche Gründe sind: Untauglichkeitserklärung wegen körperlichen Leidens (MStV. § 43), Ausscheiden von Mannschaften aus dem Landsturm infolge vollendeten 45. Lebensjahrs (MStV. § 44), Ausscheiden von Offizieren u. MilBeamten infolge Allerh. Order. Entlassung zur Reserve begründet dagegen keine Auflösung des milit. Dienstverhältnisses, hat also Übergang der Strafvollstreckung auf die bürg. Behörden nicht zur Folge (PE. I 113). Begonnene oder in Aussicht stehende Verbüßung einer militärgerichtlich erkannten Strafe steht daher dem Übertritt aktiver Mannschaften zur Reserve nach erfüllter gesetzlicher oder freiwilliger Dienstpflicht nicht entgegen (Anm. 14 A 3).

[68]) Welches Bundesstaats, bestimmt EG. MStGerO. § 15 (Nr. II 3 d. W.) — Nähere Vorschriften für Überweisung Verurteilter an die bürg. Behörden MStV. § 5 (Anl. D) nebst Anlage 2 hierzu (Verzeichnis der Strafanstalten, an welche in den einzelnen Bundesstaaten Verurteilte gemäß § 15 Abs. 3 zu überweisen sind). Für die *Schutztruppen* SchutztrO. S. 59. Betr. zivilgerichtliche Vollstreckung von *Arrest-* und *Haftstrafen* KrMVf. 10. Febr. 94 (ABB. 58), JMVf. 3. Jan. 94 (JMB. Nr. 1). Danach sind die *Gerichtsgefängnisse* regelmäßig nur zur Vollstreckung von Haft- u. Arreststrafen in Anspruch zu nehmen.

[69]) Nur des *MilStGB*. Daß der Angeklagte aus allen Milverhältnissen entlassen ist, hindert die ausschließliche Anwendbarkeit der Strafarten des MStGB. bei milit. Vergehen nicht URMGer. 4. Aug. 02 (III 175). Für die nicht nach MStGB. zu beurteilenden Handlungen sind ausschließlich die Strafbestimmungen des *bürg.* StGB. anwendbar (Anm. 10). *Eine Umwandlung in milit. Strafen* (z. B. Arrest) *ist unzulässig*.

[70]) Die Begriffsbestimmung der Frei-

Die Freiheitsstrafe[71]) ist eine lebenslängliche oder eine zeitige. Der Höchstbetrag der zeitigen Freiheitsstrafe ist funfzehn Jahre, ihr Mindestbetrag Ein Tag.[71])

Wo dieses Gesetz die Freiheitsstrafe nicht ausdrücklich als eine lebenslängliche androht, ist dieselbe eine zeitige.[72])

§ **17.** Die Freiheitsstrafe[73]) ist, wenn ihre Dauer mehr als sechs Wochen beträgt, Gefängniß oder Festungshaft[74]), bei kürzerer Dauer Arrest.

Ist eine angedrohte Zuchthausstrafe[75]) auf eine kürzere als einjährige Dauer zu ermäßigen[76]), so tritt an deren Stelle Gefängniß von gleicher Dauer.[77])

§ **18.** Die Zeit einer Freiheitsstrafe[78]) von mehr als sechs Wochen[79])

---

heitsstrafe in § 16 bezieht sich nur auf die Fälle, wo Freiheitsstrafe im MStGB. angedroht ist (§ 21), nicht auch auf sonstige Fälle, wo der Ausdruck Freiheitsstrafe im MStGB. oder andern Gesetzen gebraucht ist. So fällt namentlich in § 53, 54, 88, 98 unter „Freiheitsstrafe" auch Zuchthausstrafe.

[71]) Abs. 2 ist nur im Zusammenhang mit § 17 Abs. 1 richtig zu verstehen. Danach kann die Freiheitsstrafe nur dann eine lebenslängliche sein u. beträgt der Höchstbetrag der zeitigen Freiheitsstrafe nur dann 15 Jahre, wenn sie in Gefängnis oder Festungshaft besteht (während der Höchstbetrag von Arrest 6, bei strengem Arrest 4 Wochen ist). Umgekehrt ist ihr Mindestbetrag nur dann 1 Tag, wenn auf Arrest erkannt wird, andernfalls 43 Tage. — Die Abweichungen vom StGB. liegen darin, daß nach MStGB. auch Gefängnisstrafe eine lebenslängliche sein kann (wogegen das StGB. als lebenslängliche Strafen nur Zuchthaus u. Festungshaft kennt) u. daß zeitige Gefängnisstrafe bis zu 15 (nicht nur wie nach StGB. § 16 bis zu 5) Jahren zulässig ist.

[72]) Für Berechnung u. Bemessung der zeitigen Freiheitsstrafe ist nach MStGB. § 2 maßgebend StGB. § 19 (Anl. A). Die Strafen dürfen nicht nach Bruchteilen von Jahren, Monaten, Wochen oder Tagen bemessen werden (PE. II 171), auch nicht nach Stunden (PE. IV 135).

[73]) Nämlich diejenige im Sinne des § 16. Vgl. auch § 21 Anm. 85.

[74]) Daraus folgt, daß auf Gefängnis oder Festungshaft unter 43 Tagen wegen milit. Straftaten nicht erkannt werden kann, gleichviel ob die Strafdrohung allgemein auf Freiheitsstrafe oder auf Gefängnis oder Festungshaft im besonderen lautet. Der Strafmindestbetrag ist stets in Tagen auszudrücken (PE. I 13 u. II 144). Vollstreckung von Gefängnis u. Festungshaft MStV. (Anl. D) § 11—14, 22[1], 50—116; an Bord AKO. 22. Jan. 89 (Unteranl. D 1) § 9, 11.

[75]) Für die wegen milit. Verbrechen verwirkte Zuchthausstrafe gelten nach MStGB. § 2 die Bestimmungen des StGB. § 14, 15, 19 Abs. 2, 20, 21 (Anl. A). Die einzige Abweichung hiervon enthält MStGB. § 17 Abs. 2. — Wirkung von Zuchthaus auf Strafvollzug § 15 Abs. 3; Entfernung aus dem Heer neben Zuchthaus geboten § 31.

[76]) Mögliche Fälle: MStGB. § 88, 98, StGB. § 44 (Versuch), 49 (Beihilfe).

[77]) Nach StGB. § 44 Abs. 4 (49) ist die Zuchthausstrafe nach dem § 21 genannten Verhältnis (2 : 3) in Gefängnis umzuwandeln. Diese Regel behält auch bei Bestrafung von Mil-Personen wegen Versuchs oder Beihilfe zu bürgerlichen Verbrechen Giltigkeit.

[78]) Unter Freiheitsstrafe sind hier auch die Strafen des bürg. StGB. zu verstehen, einschließlich der Haft (StGB. § 77 Abs. 2).

[79]) Nur eine durch Ein Urteil (sei es als Einzel- oder Gesamtstrafe) erkannte Freiheitsstrafe von mehr als 6 Wochen ist nachzudienen, nicht auch mehrere getrennt erkannte (wenn auch im Anschluß aneinander verbüßte) Strafen unter 6 Wochen, die nur zusammengerechnet 6 Wochen übersteigen; anders wenn sie

wird auf die gesetzliche Dienstzeit[80]) im stehenden Heer oder in der Flotte nicht angerechnet.[81])

§ **19.** Der Arrest zerfällt in Stubenarrest, gelinden Arrest, mittleren Arrest, strengen Arrest.[82])

§ **20.** Der Stubenarrest[83]) findet gegen Offiziere statt, der gelinde Arrest gegen Unteroffiziere und Gemeine, der mittlere Arrest gegen Unteroffiziere ohne Portepee[83a]) und gegen Gemeine, der strenge Arrest nur gegen Gemeine.[84])

§ **21.** Ist in diesem Gesetze Freiheitsstrafe angedroht, so sind darunter, je nach der Zeitdauer des Strafmaßes, Gefängniß, Festungshaft und Arrest als wahlweise angedroht zu erachten.[85])

---

gemäß StGB. § 79 oder MStGerO. § 461 zu einer Gesamtstrafe vereinigt sind. — Maßgebend ist nur die im Urteilstenor ausgesprochene Strafdauer; angerechnete Untersuchungshaft zählt mit bei Berechnung der nachzudienenden Zeit. Nicht aber die im Gnadenweg oder gemäß StGB. § 23—26 erlassene Strafzeit, die vielmehr auf die Dienstzeit angerechnet wird.

80) Hierunter ist nur die aktive Dienstzeit bei der Fahne zu verstehen. Dauer derselben WehrO. § 6, WehrG. 9. Nov. 67 (RGB. 131) § 6, RVerf. Art. 59, G. 3. Aug. 93 (RGB. 233) Art. II § 1; G. 25. März 99 (RGB. 213) Art. II. Die Dienstzeit in Reserve u. Landwehr verlängert sich infolge Strafverbüßung nicht. Mannschaften, die infolge des § 18 verspätet aus dem aktiven Dienst entlassen werden, treten stets in die jüngste Jahresklasse der Reserve ein RMG. § 62 Abs. 3, WehrO. § 11³. — Auf Offiziere u. Kapitulanten, die ihre aktive Dienstpflicht erfüllt haben, findet § 18 nicht Anwendung.

81) Die ganze Strafzeit, nicht nur der 6 Wochen übersteigende Teil ist nachzudienen. Beginn des Nachdienens HeerO. § 13¹. — Da es sich zugleich um eine Straffolge handelt, ist Erlaß des Nachdienens nicht nur im Weg der Reklamation (WehrO. § 83), sondern auch im Gnadenweg möglich. — Nichtanrechnung der Zeit einer unerlaubten Entfernung auf die Dienstzeit Anm. 253.

82) Zulässigkeit, Dauer, Vollzug § 20 bis 28. Kasernen- u. Quartierarrest sind lediglich wegen reiner Disziplinarverfehlungen (DStO. § 1¹), nicht wegen im MStGB. bedrohter Vergehen zulässig, auch wenn deren Ahndung gemäß EG. § 3 disziplinarisch erfolgen kann (Nr. 3 Anm. 11).

83) Stubenarrest (bei der Marine Kammerarrest § 162) ist außer gegen Offiziere auch gegen obere MilBeamte die einzig zulässige Arrestart (§ 44).

83a) Zu den Portepeeunteroffizieren gehören auch die Unterärzte u. einjährig-freiwillige Ärzte.

84) Zulässig ist also gegen Offiziere u. obere MilBeamte nur Stuben-(Kammer-)Arrest, gegen Portepeeunteroffiziere (u. untere MilBeamte § 44) nur gelinder, gegen sonstige Unteroffiziere nur mittlerer oder gelinder, gegen Gemeine (auch Gefreite) strenger, mittlerer u. gelinder Arrest (vgl. jedoch § 22 Abs. 3). Höchstbetrag des StubenA., gelinden u. mittleren Arrestes ist 6, des strengen Arrestes 4 Wochen.

85) Aus § 21 vgl. mit § 16, 17, 20, 22, 24 ergibt sich: Ist im MStGB. zeitige Freiheitsstrafe ohne bestimmten Mindestbetrag angedroht, so hat der Richter die Wahl zwischen

a) Arrest u. zwar StubenA., gelinden, mittleren A. von 1 Tag bis zu 6 Wochen, strengen A. bis zu 4 Wochen; welche Arrestarten im einzelnen Fall ausgeschlossen sind, ist nach § 20, 22 Abs. 2 u. 3 (Anm. 90, 91) zu beurteilen;
b) Gefängnis oder Festungshaft von 43 Tagen bis zu der im betreffenden Paragraphen bestimmten Höchstdauer oder, wenn solche nicht besonders bestimmt ist, bis zu 15 Jahren. Festungshaft ist auch gegen Unteroffiziere u. Gemeine zulässig.

§ **22.** Ist in diesem Gesetze Arrest angedroht[86]), so kann auf jede der nach dem Militärrange[87]) des Thäters[88]) statthaften Arten des Arrestes erkannt werden.

Ist in diesem Gesetze eine bestimmte Arrestart[89]) angedroht und dieselbe gegen den Thäter nach seinem Militärrange nicht statthaft, so ist auf die nächstfolgende nach seinem Range statthafte Arrestart zu erkennen.[90])

Strenger Arrest ist, wo das Gesetz ihn nicht in einzelnen Fällen ausdrücklich androht[91]), nur gegen denjenigen zulässig, welcher wegen militärischer Verbrechen oder Vergehen[92]) bereits mit einer Freiheitsstrafe bestraft[93]) worden ist.

§ **23.** Der Stubenarrest[89]) wird von dem Verurtheilten in seiner Wohnung verbüßt.[94]) Der Verurtheilte darf während der Dauer des Stubenarrestes seine Wohnung nicht verlassen, auch Besuche nicht annehmen.[95]) Gegen Hauptleute, Rittmeister und Subaltern-Offiziere[96]) kann

---

Übersteigt der angedrohte Mindestbetrag der Freiheitsstrafe 6 Wochen, so ist die Wahl auf die unter b genannten Strafen beschränkt. — Auf Freiheitsstrafe oder Arrest im allgemeinen darf nicht erkannt werden, sondern nur auf eine bestimmte der unter a und b genannten Straf- bezw. Arrestarten.

[86]) Oder Freiheitsstrafe allgemein § 17 Abs. 1.

[87]) § 20 Anm. 84.

[88]) Täter einschließlich des Mittäters, Anstifters u. Gehilfen (StGB. § 47 bis 49). Maßgebend ist für jeden Teilnehmer sein eigner Militärrang u. zwar lediglich derjenige zur Zeit der Verurteilung.

[89]) Strenger Arrest ausschließlich ist angedroht in § 89 Abs. 2, 93 Abs. 1, 94, mittlerer oder strenger Arrest in § 99 Abs. 2, 102 Abs. 2, 138 Abs. 1, 139, 141 Abs. 1, 144 Abs. 1, 146, 151. Ob daneben Gefängnis oder Festungshaft wahlweise angedroht sind, ist gleichgültig.

[90]) Folge der Bestimmung in § 20. Für Offiziere (obere MilBeamte) tritt hiernach an Stelle der Anm. 89 genannten Strafdrohungen Stubenarrest, für Portepeeunteroffiziere (untere MilBeamte) gelinder Arrest, für Unteroffiziere ausschließlich mittlerer Arrest u. zwar je von der im betreffenden Paragraphen genannten Mindestdauer bis zu 6 (nicht etwa da, wo an sich strenger Arrest gedroht ist, bloß 4) Wochen.

[91]) Wo strenger Arrest ausdrücklich angedroht ist, sei es allein oder wahlweise mit Mittelarrest (Fälle Anm. 89), kann er also ohne die Voraussetzung des Abs. 3 verhängt werden. — Auch bei Bestrafung reiner Disziplinarverfehlungen (DStO. § 1[1]) ist die Einschränkung des Abs. 3 nicht anwendbar, dagegen bei Disziplinarbestrafung gemäß EG. § 3 Abs. 2 (Nr. 3 Anm. 11).

[92]) Begriff Anm. 11. Gleichartigkeit der früheren u. jetzigen Straftaten ist nicht nötig. Vorstrafen wegen bürgerlicher Verbrechen oder Vergehen, sowie reine Disziplinarstrafen (DStO. § 1[1]) genügen nicht, wohl aber frühere Disziplinarbestrafung wegen eines der nach EG. § 3 Abs. 2 im Disziplinarweg abrügbaren milit. Vergehen, vorausgesetzt, daß eine der im MStGB. zugelassenen Arrestarten verhängt wurde (Anm. 82).

[93]) Die frühere Strafe muß zur Zeit der neuen Bestrafung ganz oder teilweise verbüßt (oder erlassen) sein. Welcher Zeitraum zwischen der früheren u. jetzigen Bestrafung liegt, ist (abweichend von § 13 Abs. 2, 38 Abs. 3) gleichgültig.

[94]) Begriff der Wohnung u. sonstige nähere Vorschriften MStV. (Anl. D) § 16, 17. Bei der Marine entspricht der Wohnung die Kammer § 162. Vollzug an Bord AO. 22. Jan. 89 (Unteranl. D 1) § 2, 3.

[95]) Zuwiderhandlung durch § 80 bedroht. — Ausnahmen MStV. § 16[4]. Innerhalb seiner Wohnung, einschließ-

durch Richterspruch[97]) die Strafvollstreckung in einem besonderen Offizier-Arrestzimmer angeordnet werden (geschärfter Stubenarrest).[98])

§ **24.** Der gelinde, der mittlere und der strenge Arrest werden in Einzelhaft verbüßt.[99]) Der Höchstbetrag des strengen Arrestes ist vier Wochen.[100])

§ **25.** Der mittlere Arrest[84]) wird in der Art vollstreckt[99]), daß der Verurtheilte eine harte Lagerstätte und als Nahrung Wasser und Brot[101]) erhält. Diese Schärfungen kommen am vierten, achten, zwölften und demnächst an jedem dritten Tage in Fortfall.

§ **26.** Der strenge Arrest[84]) wird in einer dunkelen Arrestzelle, im Uebrigen wie der mittlere Arrest vollstreckt.[99]) Die Schärfungen kommen am vierten, achten und demnächst an jedem dritten Tage in Fortfall.

§ **27.** Läßt der körperliche Zustand des Verurtheilten die Verbüßung des strengen oder mittleren Arrestes nicht zu, so tritt eine gelindere Arrestart ein.[102])

§ **28.** Die Abweichungen, welche bei Vollstreckung von Arreststrafen dadurch bedingt werden, daß sie während eines Krieges oder auf den in Dienst gestellten Schiffen oder anderen Fahrzeugen der Marine zu vollziehen sind, werden durch Kaiserliche Anordnung bestimmt.[103])

§ **29.** Wo die allgemeinen Strafgesetze[12]) Geldstrafe und Freiheitsstrafe wahlweise androhen[104]), darf, wenn durch die strafbare Handlung

lich dem dazu gehörigen umschlossenen Raum (z. B. Garten) ist der Verurteilte bewegungsfrei.

[96]) Marine: Kapitänleutnants, Oberleutnants u. Leutnants z. S. — Gegen obere MilBeamte (auch solche mit bestimmtem Offizierrang, wie Marine-Zahlmeister) ist geschärfter Stubenarrest nicht zulässig, wohl aber gegen Stabsärzte, Ober- u. Assistenzärzte.

[97]) Nicht auch im Disziplinarweg gemäß EG. § 3 Abs. 2.

[98]) Vollzugsvorschriften Anm. 94. — Unbefugtes Verlassen des Arrestzimmers ist nach § 79, nicht nach § 80 strafbar.

[99]) Vollzugsvorschriften MStB. (Anlage D) § 18 (strenger A.), 19 (mittlerer A.), 20 (gelinder A.); an Bord AO. 22. Jan. 89 (Unteranl. D 1) § 4—7. — Vollzug mehrerer Arreststrafen hintereinander Fußnote zu MStB. § 18.

[100]) Höchstbetrag der übrigen Arrestarten ist 6 Wochen § 17 Abs. 1, Mindestbetrag 1 Tag § 16 Abs. 3. — Bei Disziplinarbestrafung gemäß EG. § 3 zulässige Höchstdauer des strengen A. 14 Tage, des mittleren A. 3 Wochen, des gelinden u. Stubenarrests 4 Wochen.

[101]) Ausnahmsweise Gewährung weiterer Nahrungsmittel auch außerhalb der im 2. Satz genannten sog. guten Tage ist zulässig.

[102]) Auf Verfügung des die Strafvollstreckung veranlassenden Befehlshabers MStB. (Anl. D) § 18⁵. Für das erkennende Gericht gilt die Bestimmung nicht, wie sich aus dem Wort „Verurteilten" ergibt.

[103]) Während des Krieges MStB. (Anl. D) § 21, 22. An Bord AO. 22. Jan. 89 (Unteranl. D 1).

[104]) § 29 findet nicht Anwendung, wo Geldstrafe allein oder mit Freiheitsstrafe gehäuft angedroht ist (z. B. StGB. § 263) PE. I 115. In solchen Fällen muß auch gegen MilPersonen auf Geldstrafe erkannt werden. Mindestbetrag, Umwandlung in Freiheitsstrafe StGB. § 27—29, 78. Vollzug MStGerO. § 462 (Nr. II 2 Anm. 976 d. W.).

zugleich eine militärische Dienstpflicht verletzt[105]) worden ist, auf Geldstrafe nicht erkannt werden.[106])

§ **30.** Die besonderen[107]) Ehrenstrafen gegen Personen des Soldatenstandes[108]) sind:

1. Entfernung aus dem Heer oder der Marine[109]);
2. gegen Offiziere: Dienstentlassung[110]);
3. gegen Unteroffiziere und Gemeine: Versetzung in die zweite Klasse des Soldatenstandes[111]);
4. gegen Unteroffiziere: Degradation.[112])

§ **31.**[107, 108]) Auf Entfernung aus dem Heer oder der Marine[109]) muß gegen Unteroffiziere und Gemeine neben Zuchthaus[113]) stets, neben dem Verluste der bürgerlichen Ehrenrechte[114]) dann erkannt werden, wenn die Dauer dieses Verlustes drei Jahre übersteigt.[115])

---

[105]) Hierunter ist jede vorsätzliche oder fahrlässige Zuwiderhandlung gegen allgemeine oder besondere Dienstvorschriften (z. B. auch die Kriegsartikel, Nr. 4 d. W.) zu verstehen, auch ohne daß sie den Tatbestand eines milit. Vergehens enthält. Das Urteil muß sich gegebenen Falles darüber aussprechen, in welchen Umständen die Verletzung einer milit. Dienstpflicht gefunden wurde (PE. III 115).

[106]) Liegt in der Zuwiderhandlung gegen das allgemeine Strafgesetz zugleich eine Verfehlung im Sinne DStO. § 1[1], so kann neben der gerichtlichen auch noch Disziplinarbestrafung erfolgen. — Auch bürgerliche Gerichte sind, wenn sie (z. B. gemäß MStGerO. § 4) über MilPersonen zu urteilen haben, an § 29 gebunden.

[107]) Neben den besonderen Ehrenstrafen des § 30 sind auch die allgemeinen Ehrenstrafen des bürg. StGB. (namentlich Verlust der bürgerlichen Ehrenrechte § 32—37) gegen MilPersonen des aktiven Heeres zulässig. Beide Arten von Ehrenstrafen können sowohl wegen bürgerlicher als wegen militärischer Straftaten der MilPersonen erkannt werden (Anm. 10 u. 56 B). Sie sind ausdrücklich im Urteilstenor, bei Gesamtstrafe auch in den Gründen neben der Einzelstrafe, mit der die Ehrenstrafe verbunden wird, auszusprechen MStGB. § 54 Abs. 3, StGB. § 76. Bei mehreren Einzelstrafen ist neben jeder die gesetzlich gebotene Ehrenstrafe (unabhängig voneinander) zu erkennen (PE. II 154, abweichend URMGer. 5. März 03 IV 248, wonach auf die Ehrenstrafe nur neben der Gesamtstrafe erkannt werden dürfe.) Neben Entfernung aus dem Heer ist wegen derselben Straftat auf andere militärische Ehrenstrafen nicht zu erkennen (PE. III 116). Im Gnadenweg können alle Ehrenstrafen wie auch einzelne gesetzliche Folgen solcher erlassen werden.

[108]) Gegen MilBeamte sind die § 30 genannten Ehrenstrafen nicht zulässig § 43, 153.

[109]) § 31—33. Vollzug MStV. § 23 (Anl. D).

[110]) § 34—36. Vollzug MStV. § 24 (Anl. D).

[111]) § 37—39. Vollzug MStV. § 25 (Anl. D).

[112]) § 40—41. Vollzug MStV. § 26 (Anl. D). — Entfernung vom Dienstgrad des Gefreiten (Obergefreiten) kann nur im Disziplinarwege ausgesprochen werden DStO. (Nr. III 2 d. W.) § 3, 6, 3.

[113]) Anm. 75. — Ohne ausdrücklichen Ausspruch hat Zuchthaus oder Verlust der bürg. Ehrenrechte die Entfernung aus dem Heer nicht zur Folge. Wird z. B. ein Fahnenflüchtiger zivilgerichtlich in Unkenntnis seines Militärverhältnisses zu Zuchthaus verurteilt, so ist nachträgliche militärgerichtliche Erkennung der Ehrenstrafe erforderlich.

[114]) Zulässigkeit, Dauer StGB. § 32. Verlust der bürg. Ehrenrechte muß tatsächlich ausgesprochen, nicht nur im Gesetz angedroht sein.

[115]) Außerdem ist Entfernung aus dem Heer geboten im Fall § 81 Abs. 2, auch ohne die Voraussetzungen des § 31 Abs. 1.

Gegen Offiziere muß auf diese Entfernung erkannt werden:

1. neben Zuchthaus oder dem Verluste der bürgerlichen Ehrenrechte ohne Rücksicht auf die Dauer derselben;
2. wo gegen Unteroffiziere oder Gemeine die Versetzung in die zweite Klasse des Soldatenstandes geboten[116]) ist.

Auf Entfernung aus dem Heer oder der Marine kann erkannt werden neben Gefängniß von längerer als fünfjähriger Dauer[117]), außerdem gegen Offiziere, in allen Fällen, in denen gegen Unteroffiziere oder Gemeine die Versetzung in die zweite Klasse des Soldatenstandes zulässig[118]) ist.

§ **32.** Die Entfernung aus dem Heer oder der Marine hat

1. den Verlust der Dienststelle und der damit verbundenen Auszeichnungen, sowie aller durch den Militärdienst erworbenen Ansprüche[119]), soweit dieselben durch Richterspruch aberkannt werden können[120]),

---

[116]) Fälle § 37 Abs. 1 (Verlust der bürg. Ehrenrechte unter 3 Jahren), 74, 81 Abs. 1, 85, 106, 131, 133, 134, 139.

[117]) Bei Erkennung einer Gesamtstrafe (MStGB. § 54, StGB. § 74) muß die höchste Einzelstrafe, nicht nur die Gesamtstrafe 5 Jahre übersteigen MStGB. § 54 Abs. 3, StGB. § 76.

[118]) Fälle § 37 Abs. 2 (Anm. 131), 38, 62, 75, 78, 82, 83, 87, 128, 135, 137, 140, 144.

[119]) Da sich die Nr. 1, wie § 33 ergibt, nicht auf bereits pensionierte MilPersonen bezieht, kann nur der Verlust des Anspruchs noch aktiver MilPersonen auf künftige, noch nicht bezogene oder angewiesene Pension (Versorgung) hier in Frage kommen. Pensionsanspruch der Offiziere MilPensG. 27. Juni 71 (RGB. 275) § 2—55, G. 4. April 74 (RGB. 25) § 2—9, G. 21. April 86 (RGB. 78) Art. I—VI, G. 22. Mai 93 (RGB. 171) Art. 1—3, 13—26. Versorgungsansprüche der MilPersonen der Unterklassen MilPensG. 27. Juni 71 § 58—108, G. 4. April 74 § 10—23, G. 22. Mai 93 Art. 4—26.

[120]) Dieser Beisatz hat seit G. 22. Mai 93 keine Bedeutung mehr. Er bezog sich auf MilPensG. 27. Juni 71 (Anm. 119) § 32 Abs. 1^b u. 2, der bestimmte, daß das Recht auf den Pensionsbezug durch rechtskräftige gerichtliche Verurteilung zum Pensionsverlust erlösche, daß jedoch die Pensionserhöhungen durch richterliches Erkenntnis nicht entzogen werden können. Verurteilung zum Pensionsverlust kannte das damals noch geltende Preuß. MStGB. 3. April 45 § 50—52. Nachdem der angef. § 32 Abs. 1^b u. 2 durch G. 22. Mai 93 (Anm. 119) Art. 2 aufgehoben ist, u. die zur Zeit geltenden Gesetze Bestimmungen darüber, ob u. inwieweit Ansprüche auf künftige Pension (Versorgung) durch Richterspruch aberkannt werden können, nicht enthalten, ergibt sich die Folge, daß der einschränkende Beisatz „soweit dieselben durch Richterspruch aberkannt werden können" nunmehr bedeutungslos ist, daß also sowohl aktive Offiziere wie die aktiven MilPersonen der Unterklassen durch Entfernung aus dem Heer aller Ansprüche auf künftige Pension (Versorgung) verlustig gehen. Dies ist um so mehr anzunehmen, als nach den an Stelle MilPensG. § 32 bis 34 Satz 1, 100, 101 getretenen Bestimmungen das G. 22. Mai 93 Art. 2 u. 11 sogar eine bereits bezogene Pension (einschließlich der Pensionserhöhungen) durch rechtskräftige Verurteilung des Pensionärs zu Zuchthausstrafe wegen Hoch-, Landes-, Kriegsverrats oder wegen Verrats militärischer Geheimnisse kraft Gesetzes erlischt. Bei Offizieren kann im Fall des Ausscheidens auf Grund gerichtlichen Urteils (ebenso wie bei MilBeamten Anm. 165) schon deshalb ein Anspruch

2. den dauernden[121]) Verlust der Orden und Ehrenzeichen,
3. die Unfähigkeit[122]) zum Wiedereintritte in das Heer und in die Marine

von Rechtswegen[123]) zur Folge.

§ **33**. Gegen pensionirte Offiziere[124]) ist statt auf Entfernung aus dem Heer oder der Marine auf Verlust des Offiziertitels zu erkennen. Mit diesem Verluste treten zugleich die im § 32 Nr. 2 und 3 bezeichneten Folgen[125]), sowie die Verwirkung des Rechts, die Offizieruniform zu tragen, von Rechtswegen ein.

§ **34**.[107, 108]) Auf Dienstentlassung[110]) muß erkannt werden[126]):

1. neben Erkennung auf Unfähigkeit zur Bekleidung öffentlicher Aemter[127]);
2. wo gegen Unteroffiziere Degradation geboten ist.[128])

---

auf Pension nicht erwachsen, weil nach MilPensG. 27. Juni 71 § 2 die Verabschiedung Bedingung des Pensionsbezugs ist. — Bereits erworbene Zivilversorgungsscheine (MilPensG. § 75 bis 77, G. 4. April 74 § 10, G. 22. Mai 93 Art. 6, 7, 12) werden durch Verurteilung zu einer die dauernde Unfähigkeit zur Bekleidung öffentlicher Ämter nach sich ziehenden Strafe verwirkt u. dem Generalkommando, das den Schein ausgestellt hat, mit der Anteilsformel zurückgegeben. Bei Verurteilung zu zeitiger Unfähigkeit zur Bekleidung öffentlicher Ämter wird der Zivilversorgungsschein für die Dauer dieser Zeit einbehalten, Grundsätze für Anstellung von MilAnwärtern vom 7. u. 21. März 82 (CB. 123) § 25, 26.

[121]) Wiedererlangung der Orden usw. ist nur bei gleichzeitigem Verlust der bürg. Ehrenrechte ausgeschlossen StGB. § 34³. Gesuche um Wiederverleihung HeerO. Anl. 8.

[122]) Dauernde Unfähigkeit.

[123]) Des besonderen Ausspruchs dieser Rechtsfolgen bedarf es also nicht. — Weitere Folge für den Strafvollzug § 15 Abs. 3.

[124]) Zur Disposition gestellte u. verabschiedete Offiziere. Letztere unterstehen zwar nach G. 3. Mai 90 (RGB. 63) nicht mehr der Milstrafgerichtsbarkeit. Damit ist aber der materielles Recht enthaltende § 33 (ebenso § 36) gegenüber den verabschiedeten Offizieren nicht außer Kraft gesetzt, vielmehr bleiben die erkennenden bürgerlichen Gerichte an ihn gebunden; sie müssen also z. B. gemäß § 31 Abs. 1 neben Zuchthaus (auch ohne Ehrverlust) auf Verlust des Offizierstitels erkennen. Gegen die mit Uniform verabschiedeten Offiziere kann auch im ehrengerichtlichen Verfahren auf die § 33, 36 bestimmten Ehrenstrafen erkannt werden AV. 2. Mai 74 (Nr. III 5 d. W.) § 53. — Pensionierte MilBeamte können Titel, Orden usw. nur bei Aberkennung der bürg. Ehrenrechte (StGB. § 33) verlieren.

[125]) Nicht auch der Pensionsverlust, der nur bei Verurteilungen der Anm. 120 bezeichneten Art eintritt.

[126]) Abgesehen von den Voraussetzungen des § 34 ist Dienstentlassung besonders vorgeschrieben in § 80, 97, 112, 122. Versuch § 46.

[127]) Zulässigkeit, Dauer StGB. § 35 (vgl. mit § 32). Auch gegen Nichtbeamte kann auf diese Ehrenstrafe erkannt werden u. zwar auch wegen milit. Straftaten, unter den Voraussetzungen der angef. §.

[128]) D. h. neben Gefängnis von mehr als einjähriger Dauer § 40 Abs. 1¹ (im Fall § 40 Abs. 1² vgl. § 37 Abs. 1 kommt gegen Offiziere § 31 Abs. 2¹ zur Anwendung), ferner in den Fällen § 75, 122.

Auf Dienstentlassung kann erkannt werden:

1. neben Freiheitsstrafe[129]) von längerer als einjähriger Dauer[130]);
2. wo gegen Unteroffiziere Degradation zulässig ist.[131])

§ **35.** Die Dienstentlassung hat den Verlust der Dienststelle und aller durch den Dienst als Offizier erworbenen Ansprüche[119]), soweit dieselben durch Richterspruch aberkannt werden können[120]), ingleichen die Verwirkung des Rechts, die Offizieruniform zu tragen, von Rechtswegen zur Folge.[123]) Der Verlust des Diensttitels ist mit dieser Strafe nicht verbunden.[132])

§ **36.** Gegen pensionirte Offiziere[124]), welche das Recht zum Tragen der Offizieruniform haben, ist statt auf Dienstentlassung auf Verlust dieses Rechts zu erkennen.[133])

§ **37.**[107, 108]) Auf Versetzung in die zweite Klasse des Soldatenstandes[134]) muß erkannt[135]) werden neben dem Verluste der bürgerlichen Ehrenrechte[114]), wenn die Dauer dieses Verlustes nicht drei Jahre übersteigt.[136])

Auf Versetzung in die zweite Klasse des Soldatenstandes kann[137]) erkannt werden:

---

[129]) Nur Festungshaft ist hier gemeint. Bei längerem als einjährigem Gefängnis ist Dienstentlassung geboten Anm. 128.

[130]) Die *erkannte*, nicht die *angedrohte* oder (bei Anrechnung von Untersuchungshaft) die tatsächlich zu verbüßende Strafe muß diese Dauer übersteigen. *Einzel-* nicht Gesamtstrafe ist gemeint Anm. 117.

[131]) Allgemein § 40 Abs. 2^{1-3} (in den Fällen § 40 Abs. 2 Nr. 2 u. 3 ist wahlweise auch Entfernung aus dem Heer zulässig § 31 Abs. 3); im besonderen § 101, 114, 117, 119, 122. Außerdem ist Dienstentlassung ausdrücklich für zulässig erklärt in § 118, 142, 147, 150, 151.

[132]) Dienstentlassung bewirkt nach § 15 Abs. 3 Ausscheiden aus dem Milverband, somit Erlöschen der Wehrpflicht, nicht aber Unfähigkeit zum Wiedereintritt in das Heer. Die Art der Wiederverwendung hängt von Allerh. Entscheidung ab. Da der Dienstentlassene Offizierstitel- u. Patente behält, ist auch Wiederanstellung als Offizier nicht ausgeschlossen.

[133]) Verlust des Titels, der Pension, Orden u. Ehrenzeichen tritt nicht ein (Anm. 125). Wiederverwendung Anm. 132.

[134]) Nur gegen Unteroffiziere u. Gemeine § 30^{3}. Vollzug Anm. 111. Wirkungen § 39 (Anm. 149), 40 Abs. 1^{2}. Zeitbeschränkung ist unzulässig. Aufhebung nur im Gnadenwege (*Rehabilitierung*) HeerO. § 36 Anlage 8 (*Unteranlage* D3), KMVf. 3. Febr. 83, KMVf. Nr. 8 zu AO. 16. Juni 94 (AVB. 179).

[135]) Es ist ausdrücklicher Ausspruch im Urteil erforderlich. Gegen einen schon in der II. Klasse d. S. befindlichen Angeklagten ist auf *erneute* Versetzung i. d. II. Kl. d. S. zu erkennen. — Gegen *Gendarmen* EG. § 2 (Nr. 3 Anl. A d. W.). — *Besonders vorgeschrieben* ist Versetzung i. d. II. Kl. d. S. ferner in § 74, 81 Abs. 1, 85 Abs. 2, 106, 131, 132, 133 Abs. 2, 134, 139 (unabhängig von Ehrverlust).

[136]) In diesem Falle muß Einstellung in eine Arbeiter- (Disziplinar-) Abteilung erfolgen MStV. (Anl. D) § 46^{2}. Bei mehr als 3jährigem Ehrverlust ist Entfernung aus dem Heer geboten § 31 Abs. 1.

[137]) Außerdem zulässig in den Anm. 118 genannten Fällen.

1. in wiederholtem Rückfalle[138]),
2. wenn die Verurtheilung[139]) wegen Diebstahls, Unterschlagung, Raubes, Erpressung, Hehlerei, Betruges oder Urkundenfälschung erfolgt[140]), auch wenn der Verlust der bürgerlichen Ehrenrechte nicht eintritt.[141])

§ **38**. Wer wegen militärischer Vergehen[142]) bereits zweimal gerichtlich verurtheilt und bestraft worden ist[143]), kann, wenn er zum dritten Male wegen eines militärischen Vergehens verurtheilt wird, neben der Freiheitsstrafe in die zweite Klasse des Soldatenstandes versetzt werden.

Dasselbe kann geschehen, wenn außer einer gerichtlichen Strafe[144]) mehrmalige Disziplinarstrafen des höchsten Grades[145]) vollstreckt[146]) worden sind und zum zweiten Male wegen eines militärischen Vergehens[142]) eine Verurtheilung erfolgt.

Die Strafschärfung bleibt jedoch ausgeschlossen[147]), wenn seit der zuletzt bestraften Handlung[148]) bis zur Begehung des Vergehens sechs Monate verflossen sind.

---

[138]) Begriff § 13 (Anm. 49—54). Vorbestrafung wegen bürgerlicher Straftaten begründet keinen Rückfall im Sinne des § 37¹. — Die Bestimmung § 37¹ enthält keinen gesetzlichen Straferschwerungsgrund (wie der Rückfall in § 70, 71) PE. I, 116. — Uneigentlicher Rückfall § 38.

[139]) Bei milgerichtlicher Verurteilung wegen vor dem Diensteintritt verübten Diebstahls usw. kann Versetzung in die II. Kl. d. S. nicht ausgesprochen werden PE. I 116.

[140]) Diebstahl StGB. § 242 ff., MStGB. § 138 (nicht auch Mundraub StGB. § 370⁵ oder Forst- und Felddiebstahl), Unterschlagung StGB. § 246, MStGB. § 138; Raub StGB. § 249; Erpressung § 253—255; Hehlerei § 258, 259; Betrug § 263—265; Urkundenfälschung § 267—269, 270 (nicht auch § 271—280, 348). — Der Täterschaft steht auch hier Teilnahme (StGB. § 47—49) u. Versuch (StGB § 43, MStGB. § 46) gleich, nicht aber Begünstigung (StGB. § 257).

[141]) Wird auf Verlust der bürg. Ehrenrechte oder Zuchthaus oder Gefängnis über 5 Jahre erkannt, so sind § 31 Abs. 1 u. 3, 37 Abs. 1 anwendbar.

[142]) Oder Verbrechen (Begriff Anm. 11). — Bei Gleichheit der früheren u. jetzigen Straftaten kommt nicht § 38, sondern § 37 Abs. 2¹ zur Anwendung.

[143]) Voraussetzung des § 38 Abs. 1 ist, daß der Täter wegen milit. Straftat verurteilt u. bestraft wurde, darauf wieder eine solche begangen hat, deshalb verurteilt u. bestraft wurde, nun aber neuerlich ein milit. Vergehen begeht (PE. III 118). Begriff „bestraft" Anm. 51. — Ehrenrührigkeit der Straftat ist nicht Voraussetzung der Anwendbarkeit des § 38 URMGer. 11. Febr. 03 (IV 206).

[144]) Auch hier ist Bestrafung wegen militärischer Straftat vorausgesetzt.

[145]) Erforderlich ist nur die mindestens zweimalige disziplinäre Verhängung u. Erstehung der schwersten nach dem Dienstgrad des Bestraften zulässigen Arrestart (§ 20 Anm. 81), nicht auch des Höchstmaßes dieser Arrestart. Auch reine Disziplinarbestrafungen auf Grund DStO. § 1¹ (nicht gemäß EG. § 3) genügen. Die letzte Disziplinarstrafe muß zur Zeit der Verübung der neuen Tat mindestens angetreten sein.

[146]) Der Verbüßung steht Straferlaß gleich.

[147]) Abs. 3 bezieht sich sowohl auf Abs. 1 wie 2 (PE. III 118).

[148]) Maßgebend für den Beginn der 6 monatlichen Frist ist nicht der Tag der Begehung der zuletzt bestraften Handlung, sondern der beendigten Verbüßung der letzten gerichtlichen oder Disziplinarstrafe des höchsten Grades URMGer. 19. Jan. 03 (IV 142). Die

§ **39.** Die Versetzung in die zweite Klasse des Soldatenstandes hat den dauernden Verlust der Orden und Ehrenzeichen von Rechtswegen zur Folge[149]), auch darf der zu dieser Strafe Verurtheilte die Militärkokarde nicht tragen[150]) und Versorgungsansprüche, soweit dieselben durch Richterspruch aberkannt werden können[120]), nicht geltend machen.[151])

§ **40.**[107, 108]) Auf Degradation[112]) muß erkannt werden[152]):

1. neben Gefängniß von längerer als einjähriger Dauer[130]);
2. neben Versetzung in die zweite Klasse des Soldatenstandes[153]);
3. neben Aberkennung der Fähigkeit zur Bekleidung öffentlicher Aemter.[127])

Auf Degradation kann erkannt werden:

1. neben Gefängniß von einjähriger oder kürzerer Dauer[154]);
2. wegen wiederholten Rückfalls[138]);
3. wegen einer strafbaren Handlung der im § 37 Absatz 2 Nr. 2 bezeichneten Art.[155])

§ **41.** Die Degradation hat den Rücktritt in den Stand der Gemeinen[156]) und den Verlust der durch den Dienst als Unteroffizier er-

---

zwischen der letzten Bestrafung u. den vorhergehenden Bestrafungen liegende Zeit ist gleichgültig; auch unerheblich, ob der Täter innerhalb der 6monatlichen Frist eine andere Arreststrafe als eine solche des höchsten Grades erstanden hat.

[149]) Anm. 123. Besondere Folgen: Zulässigkeit der Einstellung in eine Arbeiter- (beim Garde-Korps Disziplinar-) Abteilung DStO. (Nr. III 2 d. W.) § 3 C Nr. 4, § 14, 41, 2b. Verlust der Schießauszeichnungen u. Unfähigkeit zur Erlangung solcher Schießvorschrift 16. Nov. 99 Nr. 129, ferner MStV. (Anl. D) § 25[5]; für Gefreite Verlust dieses Dienstgrades MStV. § 25[4], für Einjährig-Freiwillige Verlust dieser Eigenschaft u. des Anspruchs auf Entlassung nach einjähriger Dienstzeit RMG. 2. Mai 74 § 50. — Rehabilitierung Anm. 134.

[150]) Zuwiderhandlung hiegegen ist in der Regel als bloße Disz.verfehlung auf Grund DStO. § 1[1] (nicht nach StGB. § 360[8]), nur bei ausdrücklichem Verbot als Ungehorsam (MStGB. § 92) strafbar.

[151]) Diese Bestimmung hat nur noch für die vor 1. April 93 aus dem aktiven Dienst ausgeschiedenen Soldaten II. Klasse Bedeutung, da die nach diesem Zeitpunkt ausgeschiedenen oder ausscheidenden hinsichtlich ihrer Versorgungsansprüche den Mannschaften der I. Kl. d. S. gleichgestellt sind (G. 22. Mai 93, RGB. 171, Art. 8, 27, wodurch MilPensG. 27. Juni 71 § 80, der den Soldaten II. Kl. den Anspruch auf Invalidenversorgung nur in bestimmten Ausnahmefällen beließ, mit Wirkung vom 1. April 93 aufgehoben wurde). — „Nicht geltend machen" ist gleichbedeutend mit „dauerndem Verlust" in § 32, 35.

[152]) Besonders vorgeschrieben ist sie (unabhängig von den Voraussetzungen § 40) in § 75, 122, zugelassen in § 114, 117, 119, 122.

[153]) Sie braucht nur tatsächlich erkannt, nicht gesetzlich geboten zu sein.

[154]) Die Dauer muß mindestens 43 Tage betragen, auch bei nichtmilitärischen Straftaten URMGer. 10. Nov. 02 (IV 21). — Durch die Feststellung, daß die Handlung eine ehrlose sei, ist Degradation in den Fällen Nr. 1—3 nicht bedingt URMGer. 21. Juli 02 (III 145). — Milderungsrecht des die Bestätigungsorder erteilenden Ger.Herrn in den Fällen § 40 Abs. 2[1—2] AAB. zu MStGerO. § 418 (Nr. II 2 Anl. A) Nr. 5 Abs. 7.

[155]) Anm. 139, 140. Wird auf Versetzung i. d. II. Kl. d. S. erkannt, so greift Abs. 1[2] Platz.

[156]) Spätere Wiederbeförderung zu

worbenen Ansprüche[157]), soweit dieselben durch Richterspruch aberkannt werden können[120]), von Rechtswegen[123]) zur Folge.

§ **42.** Wird gegen eine Person des Beurlaubtenstandes[19]) während der Beurlaubung auf Zuchthaus, auf Verlust der bürgerlichen Ehrenrechte oder auf Unfähigkeit zur Bekleidung öffentlicher Aemter erkannt[158]), so treten diejenigen militärischen Ehrenstrafen[159]), auf welche bei einer solchen Verurtheilung nach den Bestimmungen der §§ 30—40 erkannt werden muß, von Rechtswegen[123]) ein.

Erfolgt die Verurtheilung[160]) einer Person des Beurlaubtenstandes[19]) während der Beurlaubung wegen einer strafbaren Handlung der im § 37 Absatz 2 Nr. 2 bezeichneten Art[155]), so kann[161]) ein besonderes Verfahren des Militärgerichts[162]) zur Entscheidung darüber angeordnet werden, ob auf Dienstentlassung oder auf Degradation zu erkennen ist.[163])

---

dem verlorenen Dienstgrad ist nicht ausgeschlossen.

[157]) Die dem Gemeinen zustehenden Versorgungsansprüche behält der Degradierte. Ein bereits erworbener Zivilversorgungsschein wird durch Degradation an sich nicht verwirkt Anm. 120.

[158]) § 42 setzt Verurteilung durch die bürgerlichen (in- oder ausländischen) Gerichte voraus, denen Personen des Beurlaubtenstandes während der Beurlaubung (abgesehen von den MStGerO. § 5, 7, 10 Abs. 1, 11 bestimmten Ausnahmen) unterstehen. Bei militärgerichtlicher Verurteilung solcher Personen wegen militärischer Straftaten (§ 6 Anm. 21) sind die gebotenen oder zulässigen milit. Ehrenstrafen ausdrücklich zu erkennen. Betrifft jedoch die milit.gerichtliche Verurteilung eine bürgerliche Straftat (was in den Fällen MStGerO. § 5^2, 10 Abs. 1, 11 möglich ist), so ist auf die Abs. 1 dieser § genannten milit. Ehrenstrafen (Anm. 159) ausdrücklich zu erkennen, wogegen auf sonstige zulässige oder gebotene Ehrenstrafen (z. B. Degradation gemäß § 40 Abs. 1^1, 2^1, Versetzung in die II. Kl. d. S. gemäß § 37 Abs. 2^2) nur erkannt werden kann, wenn die Tat verübt ist, während der Täter den MStG. voll unterstand (so im Fall MStGerO. § 10 Abs. 1, nicht aber § 11).

[159]) Es sind dies Entfernung aus dem Heer gemäß § 31 Abs. 1 u. 2^{1-2} (nicht Abs. 3), Dienstentlassung gemäß § 34 Abs. 1^1 (nicht Abs. 1^2 u. Abs. 2), Versetzung in die II. Kl. d. S. gemäß § 37 Abs. 1 (nicht Abs. 2), Degradation gemäß § 40 Abs. 1^{2-3} (nicht Abs. 1^1 u. Abs. 2).

[160]) Zivilgerichtliche Verurteilung Anm. 158. — Vorausgesetzt ist, daß nicht gemäß Abs. 1 Degradation oder eine schwerere Ehrenstrafe von Rechtswegen eintritt.

[161]) Freies Ermessen des GerH. der höheren Gerichtsbarkeit (Abweichung vom Grundsatz MStGerO. § 156). — Durch Verjährung der Strafverfolgung wird das Verfahren gemäß § 42 Abs. 2 ausgeschlossen. Es kommen für die Verjährung StGB. § 67—69 u. EG. z. MStGerO. § 10 (nicht StGB. § 70 ff.) zur Anwendung (PE. II 145).

[162]) Zuständig sind die Kriegsgerichte MStGerO. § 15 Abs. 2, 17. Näheres über dies Verfahren Nr. II, 2 Anm. 535 d. W.

[163]) Ein besonderes Verfahren behufs Entfernung aus dem Heer (§ 31 Abs. 3) u. Versetzung in die II. Kl. d. S. (§ 37 Abs. 2^2) kennt das G. nicht, ebensowenig ist nachträgliche Degradation u. Dienstentlassung aus anderen Gründen als wegen der § 37 Abs. 2^2 bezeichneten Straftaten möglich, insbesondere nicht wegen Verurteilung zu mehr als 1jährigem Gefängnis. — Die Entfernung eines Gefreiten des Beurlaubtenstandes von diesem Dienstgrad ist jedoch (außer dem Falle der Versetzung in die II. Kl. d. S. gemäß § 42 Abs. 1 oder der Verurteilung zu einer der § 37 Abs. 2^2 genannten strafbaren Handlung KMVf. 1. Aug. 94) vom Bezirkskommandeur auch dann zu verfügen,

Zweiter Abschnitt.

Strafen gegen Militärbeamte.[164])

§ **43.** Auf Amtsverlust[165]) kann gegen Militärbeamte erkannt werden[166]):

1. neben Freiheitsstrafe von mehr als einjähriger Dauer[130]);
2. wenn die Verurtheilung wegen einer strafbaren Handlung der in § 37 Absatz 2 Nr. 2 bezeichneten Art erfolgt.[155])

§ **44.** Der Arrest findet gegen obere[167]) Militärbeamte als Stubenarrest[168]), gegen untere Militärbeamte als gelinder Arrest statt.[169])

§ **45.** Die Vorschriften der §§ 14 und 15 finden auch auf Militärbeamte Anwendung.

---

wenn der Betreffende bei dem Anlaß zu einer gerichtlichen Verurteilung einen besonderen Grad sittlicher Verkommenheit gezeigt hat AO. 4. Jan. 00.

[164]) MilBeamte (Begriff Anm. 16) unterstehen den Bestimmungen des MStGB. nur im Felde in dem § 153 bestimmten Umfang (§ 154). Es sind daher gegen sie in erster Linie die Haupt- u. Nebenstrafen des bürg. StGB. anwendbar. Als besondere, auch bei bürgerlichen Straftaten der MilBeamten zulässige Ehrenstrafe kennt das MStGB. den Amtsverlust (§ 43). Soweit MilBeamte dem MStGB. unterstehen (§ 153), kommen die Hauptstrafen dieses G. (Anm. 56) mit der § 44 für den Arrest bestimmten Abweichung gegen sie zur Anwendung. An Stelle der im G. gegen Personen des Soldatenstandes angedrohten besonderen Ehrenstrafen (Anm. 56 B) tritt auch dann ausschließlich der Amtsverlust (§ 153). Daneben bleiben jedoch auch wegen militärischer Straftaten der MilBeamten (§ 153) die Nebenstrafen des allgemeinen StGB. (Anm. 56 B, 5—7) zulässig oder geboten. — Disziplinarbestrafung der MilBeamten DStO. § 32—37, MDStO. (Nr. III 2 Anm. 92 d. W.) § 36—43.

[165]) Erkennung auf Amtsverlust kommt sowohl bei bürgerlichen wie militärischen (Anm. 164) Straftaten der MilBeamten, aber nur dann in Frage, wenn nicht auf eine im bürg. StGB. angedrohte weitergehende, den Verlust des Amtes schon in sich schließende Strafe (Zuchthaus, Verlust der bürg. Ehrenrechte, Unfähigkeit zur Bekleidung öffentlicher Ämter StGB. § 31, 33, 35) erkannt wird. — Folge des Amtsverlustes ist der dauernde Verlust des bekleideten Amtes, nicht aber (wie dies bei den oben genannten Ehrenstrafen der Fall) auch die zeitweise oder dauernde Unfähigkeit zur Erlangung neuer Ämter. Anspruch auf Pension erwächst für den zum Amtsverlust oder zu einer den Amtsverlust nach sich ziehenden Strafe verurteilten aktiven MilBeamten nicht RBG. § 34, 75. Dagegen kann der zur Zeit der Verurteilung schon in den Ruhestand versetzte MilBeamte durch solche Verurteilung die Pension nicht verlieren. Nähere Ausführung d. Verf. in Zeitschrift für die gesamte Strafrechtswissenschaft Bd. XXIII 239. — Wirkung des Amtsverlustes auf den Strafvollzug § 15, 45.

[166]) Nach § 153 ist Amtsverlust ferner bei Verübung im Felde geboten in den Fällen § 74, 106, 131, 132—134, zulässig in den Fällen § 62, 75, 78, 128, 135 u. allgemein bei wiederholtem Rückfall § 37 Abs. 2[1].

[167]) D. h. solche, die im Offizierrang stehen Unteranl. B 1 Nr. I A, II A, III A.

[168]) Anm. 83 u. 96.

[169]) Nur im Feld Anm. 164. Im Disziplinarwege bis zu der DStO. § 32 Abs. 1 u. 2 bestimmten Dauer.

Dritter Abschnitt.

Versuch.[170]

§ **46**. Wenn neben der Strafe des vollendeten Verbrechens oder Vergehens militärische Ehrenstrafen (§ 30) zulässig oder geboten sind[171]), so sind dieselben neben der Versuchsstrafe zulässig.

Vierter Abschnitt.

Theilnahme.[172]

§ **47**. Wird durch die Ausführung eines Befehls in Dienstsachen[173]) ein Strafgesetz verletzt, so ist dafür der befehlende Vorgesetzte[174]) allein

---

[170]) Der 3. Abschnitt enthält in § 46 nur eine Abweichung von StGB. § 45. Im übrigen gelten nach MStGB. § 2 die Bestimmungen des StGB. über den Versuch (§ 43—46 Anl. A) auch für militärische Verbrechen u. Vergehen. Der Versuch eines militärischen Verbrechens (§ 1 Abs. 1) ist danach stets, der Versuch eines militärischen Vergehens (§ 1 Abs. 2) nur in den gesetzlich ausdrücklich bestimmten Fällen MStGB. § 70, 78, 81, 117 u. auf Grund § 2 (Anm. 8) bei dem Vergehen im Sinne der § 137, 138 Abs. 1 (vgl. StGB. § 303, 242, 246) strafbar (PE. II 165). Bei Annahme eines gesetzlichen Strafmilderungsgrunds (minder schwerer Fall, mildernde Umstände) oder Straferhöhungsgrunds (z. B. § 55) tritt die StGB. § 44 Abs. 4 vorgesehene Strafermäßigung bei dem für diese Fälle gegebenen besonderen Strafrahmen ein. Bei Ermäßigung von Zuchthaus gilt MStGB. § 17 Abs. 2. Der Versuch eines mit lebenslänglichem Gefängnis bedrohten militärischen Verbrechens ist in Ermanglung einer gesetzlichen Bestimmung entsprechend StGB. § 44 Abs. 3 zu bestrafen. — Wo das MStGB. Versuchshandlungen als Tatbestände selbständiger strafbarer Handlungen bedroht (so § 58 Abs. 2, 85^2, 96, 97, 99 Abs. 2, 100 Abs. 1, 102, 106, 116, 117) finden die Grundsätze über den Versuch, insbesondere StGB. § 44, 46, nicht Anwendung.

[171]) Die lediglich als Folge bestimmter Freiheitsstrafen gesetzlich gebotenen Ehrenstrafen (§ 31 Abs. 1 u. 2, 35 Abs. 1^{1-2}, 37 Abs. 1, 40 Abs. 1^{1-3}) treten auch dann ein, wenn auf diese Strafen wegen Versuchs erkannt wird; ebenso im Falle § 42 Abs. 1.

[172]) Der 4. Abschnitt setzt gemäß § 2 hinsichtlich der Teilnahme (Mittäterschaft, Anstiftung, Beihülfe) die Bestimmungen des allg. StGB. § 47—50 als maßgebend auch für das Militärstrafrecht voraus und gibt in § 47 nur eine Bestimmung über den Einfluß des dienstlichen Befehls auf die strafrechtliche Verantwortlichkeit des Befehlenden u. des Gehorchenden. — Ist die vollendete militärische Straftat nur mit Gefängnis oder Festungshaft bedroht, so kann die Strafe wegen Beihülfe gemäß StGB. § 49, 44 Abs. 4 bis auf 10 Tage Arrest (und zwar jeder nach MStGB. § 22 zulässigen Arrestart) ermäßigt werden, da auf Gefängnis oder Festungshaft unter 43 Tagen nicht erkannt werden kann (§ 17). Als Beihülfe wird auch die vorher zugesagte Begünstigung bestraft StGB. § 257 Abs. 3. Im übrigen finden auf Begünstigung u. Hehlerei hinsichtlich militärischer Straftaten ausschließlich StGB. § 257—259 Anwendung (Anm. 11). — StGB. § 50 ist auch bei Teilnahme an militärischen Straftaten dann anwendbar, wenn bei einzelnen Teilnehmern persönliche Eigenschaften oder Verhältnisse zutreffen, die das G. als Straferhöhungs- oder Strafmilderungsgrund behandelt, so der Rückfall (§ 13 u. Anm. hierzu), Verübung im Dienst oder in Beziehung auf eine Diensthandlung (§ 91), vor versammelter Mannschaft (§ 12), während Ausübung des Dienstes, unter Mißbrauch der Waffe (§ 55), unter Mißbrauch der Dienstgewalt (§ 115, 121, 122), sowie die Strafmilderungsgründe der § 98, 75.

verantwortlich.[175]) Es trifft jedoch den gehorchenden Untergebenen die Strafe des Theilnehmers[176]):

1. wenn er den ihm ertheilten Befehl überschritten hat[177]), oder
2. wenn ihm bekannt gewesen[178]), daß der Befehl des Vorgesetzten eine Handlung betraf, welche ein bürgerliches oder militärisches Verbrechen oder Vergehen[179]) bezweckte.

StGB. § 50 tritt nicht ein, wo durch ein persönliches Verhältnis (insbesondere dasjenige des Vorgesetzten, der milit. Wache) die Strafbarkeit der Tat bedingt ist. Hier ist der Teilnehmer nach dem auf den Täter anwendbaren StrafG. zu beurteilen.

[173]) „Befehl in Dienstsachen" ist jeder Befehl eines Vorgesetzten, der eine bestimmte dienstliche Angelegenheit betrifft, im Gegensatz zum „Dienstbefehl" d. h. jedem andern Befehl eines Vorgesetzten. Ob der Befehl in Dienstsachen nur von einem dienstlich Vorgesetzten (vgl. Anl. F B II) ausgehen kann (so Begr. zu § 47 u. URG. 8. Nov. 98, Straff. XXVII 406), ist bestritten. Jedenfalls ist aber jeder von irgend einem Vorgesetzten berechtigtermaßen, sei es auch nur mit Rücksicht auf die allgemeinen Dienstverhältnisse des Untergebenen erteilte Befehl als Befehl eines dienstlich Vorgesetzten anzusehen URMGer. 25. April u. 28. Nov. 01 (I 105, II 70). Ob der Befehl für einen bestimmten einzelnen Fall gegeben oder ein allgemeiner ist, macht keinen Unterschied angef. URGer. 8. Nov. 95.

[174]) Begriff Anl. F.

[175]) Der Vorgesetzte ist als Alleintäter, nicht als Anstifter strafbar. Der Untergebene bleibt, abgesehen von den Nr. 1 u. 2 genannten Ausnahmen, straflos. Liegt kein Befehl, sondern bloße Verabredung zwischen Vorgesetzten u. Untergebenen vor, so greift § 47 nicht Platz. Vgl. auch § 115.

[176]) Welche Form der Teilnahme beim Vorgesetzten u. Untergebenen in diesen Fällen zutrifft, ist nach allgemeinen Grundsätzen (StGB. § 47—49) zu entscheiden. Der Vorgesetzte ist hier nicht stets als Täter, der Untergebene als Mittäter oder Gehülfe zu bestrafen. Vielmehr trifft den Untergebenen, wenn er die gesamten Tatbestandsmerkmale der Straftat subjektiv und objektiv erfüllt, stets die Strafe des Täters, auch wenn er in Ausführung des Befehls gehandelt hat, ohne daß es darauf ankommt, ob er die befohlene Tat zugleich als eigene gewollt hat. Der befehlende Vorgesetzte ist je nach dem Maße seiner Tätigkeit u. seiner Willensrichtung als Anstifter oder Mittäter nach § 115 strafbar URMGer. 20. März u. 22. Mai 01 (I 61, 146).

[177]) Wird nur durch die Überschreitung des Befehls, nicht schon durch dessen richtige Ausführung ein StrafG. verletzt, so ist der Untergebene allein strafbar, anderenfalls auch der Vorgesetzte insoweit, als die Ausführung sich mit dem Befehl deckt, nach den Anm. 176 bezeichneten Teilnahmegrundsätzen.

[178]) D. h. wenn ihm klar bewußt war, daß der Befehl eine nicht nur als Übertretung (StGB § 1 Abs. 3) oder als Disziplinarverfehlung strafbare Handlung bezwecke. Insoweit ist also der Untergebene zur Prüfung des Befehls und gegebenen Falls zur Verweigerung der Ausführung berechtigt und verpflichtet. Irrtum über die Strafbarkeit als Verbrechen oder Vergehen oder über das Vorliegen eines Befehls in Dienstsachen macht ihn straflos. Eventualvorsatz genügt nicht.

[179]) Verbrechen u. Vergehen Begriff StGB. § 1 Abs. 1 u. 2, MStGB. § 1. — Bei Übertretungen findet Satz 1 des § 47 Anwendung, sofern ein Befehl in Dienstsachen vorliegt. Insoweit also auch unbedingte Gehorsamspflicht!

Fünfter Abschnitt.

Gründe, welche die Strafe ausschließen, mildern oder erhöhen.[180])

§ **48**. Die Strafbarkeit einer Handlung oder Unterlassung ist dadurch nicht ausgeschlossen, daß der Thäter nach seinem Gewissen oder den Vorschriften seiner Religion sein Verhalten für geboten erachtet hat.[181])

§ **49**. Die Verletzung einer Dienstpflicht[182]) aus Furcht vor persönlicher Gefahr ist ebenso zu bestrafen, wie die Verletzung der Dienstpflicht aus Vorsatz.[183])

Bei strafbaren Handlungen gegen die Pflichten der militärischen Unterordnung[184]), sowie bei allen in Ausübung des Dienstes[185]) begangenen strafbaren Handlungen[186]) bildet die selbstverschuldete[187]) Trunkenheit des Thäters keinen Strafmilderungsgrund.[188])

---

[180]) Soweit nicht durch den 5. Abschnitt Ausnahmen vorgesehen sind, finden die Bestimmungen des 4. u. 5. Abschn. I. Teils des StGB. (§ 51—79, Anl. A) Anwendung MStGB. § 2. Unverändert bleiben hiernach die Bestimmungen des StGB. § 51 (Unzurechnungsfähigkeit), 53 (Notwehr vgl. MStGB. § 124 Abs. 1), 59 (Irrtum), 60 (Anrechnung von Untersuchungshaft), 66—72 (Verjährung der Strafverfolgung u. Strafvollstreckung, Ergänzungsbestimmung in MStGB. § 52), 73, 74 Abs. 1 u. 2, 75 Abs. 1 u. 2, 76—79 (Zusammentreffen strafbarer Handlungen). Abgeändert sind StGB. § 52 (Zwang) u. 54 (Notstand) durch MStGB. § 49 Abs. 1, StGB. § 74 Abs. 3, 75 Abs. 3 durch MStGB. § 54. Ausgeschlossen sind StGB. § 55 bis 57 (jugendliches Alter) durch MStGB. § 50, StGB. § 61—65 durch MStGB. § 51. Dem StGB. unbekannte allgemeine Straferhöhungsgründe enthalten MStGB. § 53, 55, besondere Strafausschließungsgründe MStGB. § 47 (Anm. 175) u. 124. — Irrtum über das StrafG. bildet (abgesehen von der Bestimmung § 47[2]) auch für das Gebiet des Milstrafrechts keinen Strafausschließungsgrund.

[181]) Im bürg. StGB. als selbstverständlich weggelassene Bestimmung.

[182]) „Dienstpflicht" ist jede durch die Aufgaben des milit. Dienstes (Anm. 44) gebotene Pflicht, gleichviel ob sie auf bestimmten, schriftlich oder mündlich gegebenen Befehlen, Anordnungen oder Dienstvorschriften beruht oder aus militärdienstlichen Grundsätzen sich ergibt. Letzterer Art ist die jedem Vorgesetzten obliegende Dienstpflicht, gegen einen widerspenstigen Untergebenen einzuschreiten und alsdann seinen Befehlen mit allem Nachdruck Geltung zu verschaffen (innerhalb der gesetzlich zulässigen Grenzen) URMGer. 12. Febr., 19. Dez. 01 (I 30, II 101). — Besondere Strafdrohungen § 84—88.

[183]) Gilt insbesondere bei den Verbrechen u. Vergehen im Sinne der § 56 bis 63, 64, 69, 92—95, 141, 143, 144, 146, 147. — Soweit nicht eine Dienstpflicht das Bestehen des Notstands oder Zwangs fordert, greifen die Strafausschließungsgründe StGB. § 52, 54 auch bei MilPersonen Platz.

[184]) § 89—113.

[185]) Nicht gleichbedeutend mit „im Dienst" Anm. 214.

[186]) Militärischen oder bürgerlichen Straftaten.

[187]) Selbstverschuldet ist die Trunkenheit nur dann nicht, wenn sie durch Umstände verursacht wurde, die nicht auf dem freien Willen des Täters beruhen oder deren Folgen für ihn nicht voraussehbar waren. In solchen Fällen findet Abs. 2 keine Anwendung.

[188]) D. h. sie kann nicht zur Begründung eines „minder schweren Falls" oder „mildernder Umstände" dienen, wohl aber innerhalb des ordentlichen Strafrahmens als Strafzumessungs-

§ **50.** Bei Bestrafung militärischer Verbrechen oder Vergehen[11]) ist die Erkennung der angedrohten Strafe unabhängig von dem Alter des Thäters.[189])

§ **51.** Die Verfolgung eines militärischen Verbrechens oder Vergehens[11]) ist unabhängig von dem Antrage des Verletzten oder einer anderen zum Antrage berechtigten Person.[190])

§ **52.**[191]) Bei Berechnung der Verjährungsfrist einer Strafverfolgung[192]) oder Strafvollstreckung ist der Arrest der Haft gleich zu achten.[193])

---

grund (erhöhend oder mildernd) berücksichtigt werden (PE. II 146). — Der Strafausschließungsgrund StGB. § 51 wird durch Abs. 2 nicht berührt. Unzurechnungsfähigkeit infolge selbstverschuldeter Trunkenheit schließt also auch bei den Abs. 2 genannten strafbaren Handlungen die Strafbarkeit überhaupt aus, falls nicht etwa die Trunkenheit in der Absicht nachheriger Begehung einer Straftat (insbesondere durch schuldhafte Unterlassung) vom Täter vorsätzlich herbeigeführt ist URMGer. 14. Dez. 01 (II 92). Soweit Trunkenheit als solche strafbar ist (z. B. § 141, 151), bleibt sie es auch bei dadurch herbeigeführter Unzurechnungsfähigkeit. — Die Vorschriften über Behandlung Trunkener sind enthalten in AO. 21. Febr. 21 Anlage E u. Cirk. Erl. d. KrM. 22. März 21 Unteranlage E 1.

[189]) Bei bürgerlichen Straftaten der den MilStrafgesetzen unterstehenden Personen kommen StGB. § 55—57 zur Anwendung.

[190]) Die Vorschrift bezieht sich nur auf militärische Straftaten, einschließlich der nur militärisch ausgezeichneten (Anm. 11), nicht aber auf Begünstigung und Hehlerei bezüglich milit. Straftaten. Nicht anwendbar ist also z. B. bei milit. Diebstahl u. Unterschlagung (MStGB. § 138 Abs. 1 u. 2) die Bestimmung StGB. § 247 Abs. 1 (wohl aber Abs. 2 u. 3). Beleidigungen von Zivilpersonen durch Gendarmen sind, wo diese d. MilStrafgesetzen unterstehen (Nr. 3 Anm. 3 d. W.) ohne Strafantrag verfolgbar UGMGer. 10. Febr. 02 (II 193). — Wo nach den bürgerlichen Gesetzen strafbare Handlungen nur auf Antrag verfolgbar sind, ist dies auch der Fall, wenn zur Aburteilung die MilGerichte zuständig sind. Auch der sog. Genußdiebstahl (StGB. § 370[5]) ist daher nur auf Antrag verfolgbar, mag er auch gegen Kameraden oder Vorgesetzte verübt sein. Eine Ausnahme bestimmt § 127 hinsichtlich der dort genannten bürgerlichen Straftaten, wenn solche im Feld verübt sind. — Soweit Antrag erforderlich, gelten StGB. § 61—65. Anbringung u. Form des Strafantrags MStGerO. § 151 (Nr. II 2 Anm. 314—317 d. W.)

[191]) § 52 gibt eine durch das verschiedene Strafsystem des MStGB. gebotene Ergänzungsvorschrift zu den im übrigen unverändert anwendbaren StGB. § 66—72 (Anl. A). Abweichung hiervon nur bei Fahnenflucht MStGB. § 76. Erweiterung von StGB. § 68 durch EG. z. MStGerO. § 10 (Nr. II 3 d. W.). — Der für die Verjährungsfristen maßgebende Begriff „Verbrechen" u. „Vergehen" ist bei milit. Straftaten nach MStGB. § 1 (Anm. 2—5), bei bürgerlichen nach StGB. § 1 zu beurteilen. — Disziplinäre Bestrafung militärischer Vergehen nach EG. § 3 (Nr. 3 d. W.) ändert an der Verjährungsfrist nichts. — Erkannte Nebenstrafen verjähren nicht, auch wenn Vollstreckung der Hauptstrafe verjährt ist.

[192]) Die Worte „Strafverfolgung oder" beruhen auf Redaktionsversehen, da der von Verjährung der Strafverfolgung handelnde StGB. § 67 die Haft nicht erwähnt. Die nur mit Arrest bedrohten militärischen Vergehen (z. B. § 92) sind also hinsichtlich der Verjährung der Strafverfolgung nicht etwa den Übertretungen (StGB. § 67 Abs. 3) gleichgestellt, verjähren vielmehr als Vergehen erst in 3 Jahren § 67 Abs. 2 (PE. II 147). — Die mit lebenslänglichem Gefängnis bedrohten Verbrechen sind hinsichtlich der Verjährungsfrist in Er-

§ 53. Wo dieses Gesetz[194]) eine erhöhte Freiheitsstrafe[195]) androht, kann dieselbe das Doppelte der für das betreffende Verbrechen oder Vergehen[196]) angedrohten Freiheitsstrafe erreichen[197]), sie darf jedoch den gesetzlich zulässigen Höchstbetrag[198]) der zu verhängenden Strafart nicht übersteigen (§§ 16, 17, 24).

§ 54.[199]) Wenn mehrere zeitige Freiheitsstrafen[200]) zusammen-

---

manglung besonderer Bestimmung den mit lebenslänglichem Zuchthaus bedrohten (StGB. § 67 Abs. 1, 70[1]) gleichzustellen.

[193]) Frist für Verjährung der Strafvollstreckung also 2 Jahre StGB. § 70[6].

[194]) § 55, 103 Abs. 2, 115, 125, 136.

[195]) Freiheitsstrafe umfaßt hier jede Art von Freiheitsstrafe sowohl des bürg. StGB. wie des MStGB. Die Straferhöhung tritt im Fall § 55 auch bei bürgerlichen Verbrechen u. Vergehen ein u. zwar auch bei fahrlässigen Straftaten URMGer. 19. Sept. 02 (I 290).

[196]) Begriff § 1 (Anm. 4). Bei den Übertretungen des bürg. StGB. ist demnach die in § 53 bestimmte Erweiterung des Strafrahmens (Anm. 196) ausgeschlossen, nicht aber das Gebot der Straferhöhung durch Überschreitung des Mindestmaßes (bestritten).

[197]) Der Strafrahmen erweitert sich nach oben bis zum Doppelten. Geboten ist die Straferhöhung nur insofern, als der gesetzliche Mindestbetrag stets (auch bei der durch § 53 nicht ausgeschlossenen Annahme mildernder Umstände, eines minderschweren Falls, beim Versuch usw.) um mindestens 1 Tag, bei Zuchthaus um 1 Monat überschritten werden muß. Bei mehreren wahlweise angedrohten Strafarten ist Aufsteigen zur härteren Strafart weder geboten noch ausreichend, vielmehr muß die gewählte Strafart entsprechend erhöht werden.

[198]) Dieser wird bei den nach MStGB. erkannten Strafen durch MStGB. § 16, 17, 24 bei den auf Grund bürg. StGB. erkannten Strafen durch StGB. § 14 Abs. 2, 16 Abs. 1, 17 Abs. 2, 18 Abs. 1 bestimmt.

[199]) § 54 enthält Ergänzungen zu den das reale Zusammentreffen behandelnden StGB. § 74—79, die im übrigen nach MStGB. § 2 auch für das Milstrafrecht maßgebend sind. — Für das ideale Zusammentreffen (Verletzung mehrerer StrafG. oder mehrmalige Verletzung desselben StrafG. durch eine und dieselbe Handlung) gilt unverändert StGB. § 73. Der gesetzlich nicht ausdrücklich bestimmte Begriff der fortgesetzten Straftat ist auch im Mil-Strafrecht wichtig. Er setzt voraus, daß unter mehreren zur Ausführung eines einheitlichen Vorsatzes dienenden Einzelhandlungen ein derartiger tatsächlicher u. innerer Zusammenhang besteht, daß sämtliche Handlungen nur als Ausflüsse dieses einen, von vornherein auf die ganze fortgesetzte Tätigkeit gerichteten Vorsatzes u. deshalb als ein in Wirklichkeit einheitlicher Willensakt sich darstellen URMGer. 26. Mai 02 (III 62). Die Annahme solcher rechtlichen Einheit ist hauptsächlich (aber nicht stets u. auch nicht ausschließlich) zulässig bei zeitlich ununterbrochenem Zusammenhang, Gleichartigkeit der Einzelhandlungen u. Einheit des verletzten Rechtsguts. Lassen sich nicht sämtliche Einzelfälle feststellen, so ist die Feststellung auf eine Mindestzahl zu beschränken. Allgemeine Feststellung „zahlreicher" oder „mehrerer" Fälle ist unzulässig (PE. II 174). Bei Mißhandlung verschiedener Personen durch verschiedene Einzelhandlungen liegt keine fortgesetzte Straftat vor (PE. IV 156). Nicht ausgeschlossen ist solche, wenn verschiedene Personen als Träger eines gleichartigen Rechtsguts (namentlich eines Vermögensrechts) verletzt sind (PE. III 145).

[200]) Freiheitsstrafen hier im weiteren Sinne (Anm. 70, 195), Zuchthaus inbegriffen. — Lautet von zwei zusammentreffenden Freiheitsstrafen die eine nur auf 1 Tag oder ist sie durch Umwandlung gemäß Abs. 2 auf 1 Tag zurückgeführt, so kann eine Erhöhung der Einsatzstrafe nach StGB. § 74 Abs. 1 nicht eintreten (PE. II 174). Ist eine mit Zuchthaus zusammentreffende Arreststrafe zur Bildung der Gesamtstrafe in Zuchthaus umzuwandeln, so kann Bemessung der Zuchthausstrafe nach Tagen eintreten (PE. IV 138).

treffen[201]), so ist auf eine Gesammtstrafe[202]) nach den Vorschriften des Deutschen Strafgesetzbuches[199]) zu erkennen.[203]) Dieselbe darf in keinem Falle den gesetzlich zulässigen Höchstbetrag[198]) der zu verhängenden Strafart übersteigen.[204]) Ist die Gesammtstrafe wegen Zusammentreffens militärischer Verbrechen und Vergehen mit bürgerlichen Verbrechen und Vergehen zu erkennen, so ist der Höchstbetrag der Strafe wegen letzterer durch die Vorschriften des Deutschen Strafgesetzbuches bestimmt.[205])

Bestehen die zusammentreffenden Freiheitsstrafen nur in Arreststrafen, so darf auch die Gesammtstrafe nur in Arrest bestehen.[206]) Sind die Arreststrafen ungleichartige, so gilt Ein Tag strengen Arrestes gleich zwei Tagen mittleren Arrestes, Ein Tag mittleren Arrestes gleich zwei Tagen gelinden Arrestes.[207])

---

[201]) Zusammentreffen gemäß StGB. § 74 oder 79. Maßgebender Zeitpunkt der „früheren Verurteilung", vor welcher die später abzuurteilende Straftat nach StGB. § 79 begangen sein muß, ist die Verkündung des Urteils in erster Instanz, nicht dessen Rechtskraft (PE. II 175, III 150). In der Berufungsinstanz ist Anwendung des § 79 ausgeschlossen, wenn die früher erkannte Strafe in der Zeit zwischen erstinstanzlichem u. Berufungsurteil verbüßt ist URGer. 3. Febr. 99 (Straff. XXXII 7).

[202]) In den Urteilsgründen sind für jede der mit einer Gesamtstrafe belegten Straftaten die Einzelstrafen auszusprechen, bei Ungleichartigkeit derselben sodann die milderen Strafarten in die schwereren umzuwandeln (nach Maßgabe StGB. § 21 u. Abs. 2 dieses §). Die Summe dieser umgewandelten Strafen weniger 1 Tag (bei Zuchthaus 1 Monat) ergibt den Höchstbetrag, bis zu welchem die höchste Einzelstrafe (Einsatzstrafe) erhöht werden kann, vorausgesetzt daß hierdurch der gesetzlich zulässige Höchstbetrag der Strafart nicht überschritten wird (Anm. 205). Die Erhöhung muß mindestens 1 Tag (bei Zuchthaus mindestens 1 Monat) betragen. Innerhalb des hiernach gegebenen Rahmens ist der Richter bei Festsetzung der Gesamtstrafe durchaus frei.

[203]) Die Ausnahmen der StGB. § 75, 77 sind durch MStGB. § 54 nicht berührt. Es ist also auf Haft stets gesondert (u. zwar ihrem Gesamtbetrag nach bis zu 3 Monaten) zu erkennen, wenn sie mit einer andern bürgerlichen oder milit. Freiheitsstrafe zusammentrifft (PE. I 134, III 147), auf Festungshaft dann, wenn sie nur mit Gefängnis zusammentrifft. Trifft sie mit Arrest zusammen, so ist eine Gesamtstrafe aus beiden zu bilden (PE. III 120).

[204]) Ausnahme von StGB. § 74 Abs. 3, jedoch nicht beim Zusammentreffen von nur bürgerlichen Straftaten anwendbar.

[205]) StGB. § 74 Abs. 3. Ist z. B. wegen 3 bürgerlichen Straftaten auf je 5 Jahre Gefängnis u. wegen einer milit. Straftat auf 1 Jahr Gefängnis erkannt, so darf die Gesamtstrafe 11 Jahre Gefängnis nicht übersteigen, da für die bürg. Vergehen 10 Jahre Gefängnis der höchste zulässige Betrag ist.

[206]) Es darf weder das zulässige Höchstmaß der betreffenden schwersten Arrestarten (§ 17, 24) überschritten, noch zu einer anderen Strafart (z. B. Gefängnis) aufgestiegen werden, u. zwar auch dann nicht, wenn die Höchstdauer des Arrests mehrfach verwirkt ist. Ist die Einsatzstrafe Gefängnis, Festungshaft oder Zuchthaus, so kann sie beim Zusammentreffen mehrerer Arreststrafen um mehr als 6 (bezw. 4) Wochen erhöht werden.

[207]) Dieses Geltungsverhältnis bezieht sich allein auf den Fall, daß nur Arreststrafen miteinander zusammentreffen. Treffen Arreststrafen mit Gefängnis oder Festungshaft (gleichviel ob wegen militärischer oder bürgerlicher Straftaten verwirkt) zusammen, so sind diese Strafarten gleichwertig, ohne daß es auf die Arrestart ankäme. Als Einsatzstrafe gilt die ihrer Dauer nach längste

Die Verurtheilung zu einer Gesammtstrafe schließt die Verurtheilung zu einer Ehrenstrafe nicht aus, wenn diese auch nur neben einer der verwirkten Einzelstrafen zulässig oder geboten ist.[208])

§ **55.**[209]) Auf erhöhte Strafe[195]) (§ 53) ist, sofern in diesem Gesetze nicht besondere Bestimmungen getroffen sind[210]), zu erkennen:

1. gegen Vorgesetzte[174]), welche gemeinschaftlich mit Untergebenen eine strafbare Handlung ausführen oder sich sonst an einer strafbaren Handlung Untergebener betheiligen[211]);
2. wenn strafbare Handlungen unter Mißbrauch der Waffen[212])

Strafe, bei gleicher Dauer kann der Richter unter Würdigung der Schwere der einzelnen Handlungen die Straferhöhung gemäß StGB. § 74 bei der Arrest- oder Gefängnis- (Festungshaft) strafe eintreten lassen. Ist die Einsatzstrafe Arrest, so ist die Dauer der Gesamtstrafe auch beim Zusammentreffen mit Gefängnis (Festungshaft) unter 6 Wochen durch den gesetzlich zulässigen Höchstbetrag dieser Arrestart (d. h. 6, bei strengem Arrest 4 Wochen) begrenzt URMGer. 21. Juli 02 (III 154), (PE. I 117) — Bei Zusammentreffen von Arrest mit Zuchthaus ist ersterer nach dem in StGB. § 21 für Gefängnis u. Zuchthaus bestimmten Geltungsverhältnis (3 : 2) umzuwandeln.

[208]) Vgl. StGB. § 76 Abs. 3 (Anm. 107).

[209]) Anm. 195, 196. Durch den Straferhöhungsgrund des § 55 können militärische Vergehen die Eigenschaft von Verbrechen bekommen (Anm. 5), nicht aber bürgerliche Vergehen, da bei solchen auch, wenn § 55 zutrifft, nie der gesetzlich zulässige Höchstbetrag von 5 Jahren Gefängnis überschritten werden kann (Anm. 198). — Bei gleichzeitigem Zutreffen mehrerer Straferhöhungsgründe nur einmalige Straferhöhung (Ausnahme Anm. 273). — Auch bei Disziplinarbestrafung gemäß EG. 53 Abs. 2 ist § 55 anwendbar.

[210]) D. h. derjenige von den Straferhöhungsgründen Nr. 1—3, der schon an sich zum gesetzlichen Tatbestand eines militärischen oder bürgerlichen Verbrechens oder Vergehens gehört, kann bei diesem Verbrechen oder Vergehen nicht nochmals straferhöhend wirken, da hierin eine doppelte Bestrafung liegen würde. Ausgeschlossen ist hiernach z. B.

a) § 55 Nr. 1 durch MStGB. § 110[3], 115, 116, 143, 149,

b) § 55 Nr. 2 „unter Mißbrauch der Waffe" durch MStGB. § 97 Abs. 1, 149. StGB. § 123 Abs. 3, 223[a], 243[5], 250[1] (PE. II 149),
„Mißbrauch der dienstlichen Befugnisse" durch MStGB. § 114—126,
„während Ausübung des Dienstes" durch MStGB. § 89 Abs. 2, 91 Abs. 1, 95, 97 Abs. 1, 138, 141, 143, 144, 151 (PE. II 149, III 135, IV 139),

c) § 55 Nr. 3 „unter Zusammenrottung" durch MStGB. § 103, 106, StGB. § 115, 123 Abs. 3, 124, 125, 223[a], 233[6], 250[2].

[211]) StGB. § 47—49[a], nicht auch 257—259.

[212]) Unter „Waffen" sind hier alle zum Dienstgebrauch bestimmten Waffen, nicht nur diejenigen, die der Soldat in oder außer Dienst zu tragen oder zu führen pflegt, also z. B. auch ein Zielgewehr URMGer. 29. März 02 (II 244); PE. III 136. Auch die einem Kameraden oder Vorgesetzten überlassene Dienstwaffe, sowie die an Stelle der Dienstwaffe getragene eigene Waffe gehört hierher URMGer. 4. Sept. 01, 15. Jan. 02 (I 264, II 166). — Mißbrauch der Waffe ist jede rechtswidrige Benutzung der Waffe, die nicht unter § 149 (rechtswidriger Waffengebrauch) fällt, also namentlich jede mißbräuchliche Benutzung der Waffe gegen Sachen; gegen Personen nur dann, wenn die Waffe nicht zu dem ihrer Natur u. Art nach bestimmten Zweck benutzt wird, wobei es nur auf die Absicht des Täters, nicht auf den Erfolg ankommt, also z. B. Schlagen mit flacher oder

oder der dienstlichen Befugnisse[213]) oder während der Ausübung des Dienstes[214]) ausgeführt werden;

3. wenn Mehrere unter Zusammenrottung[215]) oder vor einer Menschenmenge[216]) strafbare Handlungen gemeinschaftlich ausführen.

Zweiter Theil.[217])

Von den einzelnen Verbrechen und Vergehen und deren Bestrafung.

Erster Titel.

Militärische Verbrechen und Vergehen der Personen des Soldatenstandes.[15])

Erster Abschnitt.[218])

Hochverrath, Landesverrath, Kriegsverrath.

§ **56.** Auf eine Person des Soldatenstandes, welche sich eines Hochverraths oder eines Landesverraths schuldig macht, finden die Vorschriften des Deutschen Strafgesetzbuches (§§ 80—93)[219]) Anwendung.

---

versorgter Klinge, Stoßen mit dem Gewehr, Schlagen mit der Lanze URMGer. 21. Mai 02 (III 40). Auch bloßes Drohen mit der Waffe kann genügen. — Liegt nicht bloß Mißbrauch, sondern rechtswidriger „Gebrauch" der Waffe (§ 149) vor, so ist die Tat stets militärisches Vergehen, wozu sie durch den bloßen „Mißbrauch" der Waffe im Sinne des § 55² an sich nicht wird (Anm. 11). Fällt der Mißbrauch der Waffe unter StGB. § 223ᵃ, so trifft daneben § 55² nicht zu (Anm. 210).

[213]) Nicht nur unrechtmäßige Ausübung, sondern auch pflichtwidrig unterlassene Anwendung dienstlicher Befugnisse.

[214]) Dienst Anm. 44. Bloßes im Dienstsein genügt nicht; es ist erforderlich, daß der Täter (nicht auch der durch die Tat Verletzte) in Ausübung einer besonderen, sei es durch ausdrücklichen Befehl ihm aufgetragenen oder kraft seiner Dienststellung ihm allgemein obliegenden Dienstverrichtung begriffen war, z. B. auf Posten, Patrouille (PE. I 118, II 149), URMGer. 10. Febr. 02 (II 195). Der auf Wache ausruhende Soldat (im Unterschied von dem Wachhabenden) ist nicht „in Ausübung des Dienstes", sondern nur „im Dienst". — Auch der Feldwebel ist zu unverzüglich notwendigen dienstlichen Anordnungen in Vertretung des Kompagniechefs befugt, deren Ausführung die Anwendung des § 55² begründet, URMGer. 19. Sept. 01 (I 290).

[215]) Zusammenrottung mehrerer erfordert eine äußerlich erkennbare (jedoch nicht notwendig öffentliche) Verbindung von mindestens 2 Personen zu gemeinsamen unerlaubtem Handeln. Daß die Täter bereits vor der Verbindung zur Tat aus irgend welchem Grunde beisammen waren, schließt „Zusammenrottung" nicht aus URMGer. 2. Juli 02 (III 128). Ausdrückliche Verabredung ist nicht erforderlich, nur bewußtes und gewolltes Zusammenwirken.

[216]) Erfordert nicht Öffentlichkeit.

[217]) Der zweite Teil behandelt im 1. Titel (§ 56—152) die milit. Verbrechen u. Vergehen der Personen des Soldatenstandes, u. zwar im I. Abschn. (§ 56—61) den Hochverrat, Landesverrat u. Kriegsverrat, im II. Abschn. § 62 bis 63) die Gefährdung der Kriegsmacht im Felde, im III. Abschn. (§ 64—80) unerlaubte Entfernung u. Fahnenflucht, im IV. Abschn. (§ 81—83) Selbstbeschädigung u. Vorschützung von Gebrechen, im V. Abschn. (§ 84—88) die Feigheit, im VI. Abschn. (§ 89—113) die strafbaren Handlungen gegen die Pflichten der milit. Unterordnung, im VII. Abschn. (§ 114—126) den Mißbrauch der Dienst-

§ **57.**[220]) Wer im Felde[221]) einen Landesverrath[222]) begeht, wird wegen Kriegsverraths mit Zuchthaus[75]) nicht unter zehn Jahren oder mit lebenslänglichem Zuchthaus bestraft.

§ **58.**[220]) Wegen Kriegsverraths (§ 57)[223]) wird mit dem Tode bestraft, wer mit dem Vorsatze, einer feindlichen Macht[224]) Vorschub zu leisten oder den deutschen oder verbündeten Truppen[225]) Nachtheil zuzufügen,

1. eine der im § 90 des Deutschen Strafgesetzbuches[219]) bezeichneten strafbaren Handlungen begeht,
2. Wege oder Telegraphenanstalten zerstört oder unbrauchbar macht,
3. das Geheimniß des Postens, das Feldgeschrei oder die Losung[226]) verräth,
4. vor dem Feinde[227]) Meldungen oder dienstliche Mittheilungen falsch macht, oder richtige zu machen unterläßt[228]),
5. dem Feinde als Wegweiser zu einer militärischen Unternehmung gegen deutsche oder verbündete Truppen[225]) dient, oder als Wegweiser kriegführende deutsche oder verbündete Truppen irre leitet,
6. vor dem Feinde[227]), in einer Weise, welche geeignet ist, die Truppen zu beunruhigen oder irre zu leiten, militärische Signale oder andere Zeichen gibt, zur Flucht auffordert oder das Sammeln zerstreuter Mannschaften verhindert,

---

gewalt, im VIII. Abschn. (§ 127—136) widerrechtliche Handlungen im Felde gegen Personen und Eigentum, im IX. Abschn. (§ 137, 138) andere widerrechtliche Handlungen gegen das Eigentum, im X. Abschn. (§ 139—145) Verletzung von Dienstpflichten bei Ausführung besonderer Dienstverrichtungen, im XI. Abschn. (§ 146—152) sonstige Handlungen gegen die militärische Ordnung. Der 2. Titel (§ 153, 154) handelt von den milit. Verbrechen u. Vergehen der MilBeamten, der 3. Titel (§ 155—161) enthält die Strafbestimmungen für Personen, die den MilG. nur in Kriegszeiten unterworfen sind, der 4. Titel (§ 122—166) die Zusatzbestimmungen für die Marine.

[218]) Den Vorschriften dieses Abschnitts sind im Felde (§ 9, 10) auch MilBeamte unterworfen (§ 153), sowie die § 155, 158 bezeichneten Personen.

[219]) Anl. A. Hochverrat u. Landesverrat von MilPersonen im Frieden sind bürgerliche Verbrechen (Anm. 11), nur der im Felde verübte Landesverrat wird zum militärischen Verbrechen (§ 57). — Besondere prozessuale Bestimmungen MStGerO. § 158, 252 (Nr. II 2 d. W.).

[220]) Zust. KrGer. (= ausschließliche Zuständigkeit des Kriegsgerichts MStGerO. § 17, 20, 62). — Anwendbarkeit der § 57—59 auf nicht den MilG. unterworfene Deutsche u. Ausländer § 160.

[221]) Begriff § 9, 10.

[222]) StGB. § 87—89, 91, 92. Bezüglich § 90 vgl. MStGB. § 58[1].

[223]) Auch diese Fälle des erschwerten Kriegsverrats setzen Verübung im Felde (§ 9, 10) voraus.

[224]) Feindliche Macht begreift alle im Krieg gegen das Deutsche Reich verwendbaren Streitkräfte, auch staatlich nicht anerkannte Freischaren.

[225]) Truppen im weitesten Sinne zu nehmen, einschließlich MilBehörden.

[226]) Losung u. Feldgeschrei sind die im Krieg zur Unterscheidung von Freund u. Feind geheim ausgegebenen Erkennungszeichen.

[227]) Begriff § 11.

[228]) Nur vorsätzliche Falschmeldung fällt unter § 58[4], fahrlässige unter § 62.

7. einen Dienstbefehl ganz oder theilweise unausgeführt läßt oder eigenmächtig abändert,
8. es unternimmt[229]), mit Personen im feindlichen Heer, in der feindlichen Marine oder im feindlichen Lande über Dinge, welche die Kriegführung betreffen, mündlich oder schriftlich Verkehr zu pflegen oder einen solchen Verkehr zu vermitteln,
9. feindliche Aufrufe oder Bekanntmachungen im Heer verbreitet,
10. die pflichtmäßige Fürsorge für die Verpflegung der Truppen unterläßt,
11. feindliche Kriegsgefangene freiläßt, oder
12. dem Feinde ein Signalbuch oder einen Auszug aus einem solchen mittheilt.

In minder schweren Fällen[230]) tritt Zuchthaus[75]) nicht unter zehn Jahren oder lebenslängliches Zuchthaus ein.

§ **59.**[220]) Haben Mehrere[231]) einen Kriegsverrath verabredet[232]), ohne daß es zur Ausführung oder zu einem strafbaren Versuche desselben gekommen ist, so tritt Zuchthaus[75]) nicht unter fünf Jahren ein.

§ **60.**[233]) Wer[234]) von dem Vorhaben eines Kriegsverraths (§§ 57 bis 59) zu einer Zeit, in welcher die Verhütung des Verbrechens möglich ist, glaubhafte[235]) Kenntniß erhält und es unterläßt[236]), hiervon rechtzeitig[237]) Anzeige zu machen, ist, wenn das Verbrechen oder ein strafbarer Versuch desselben begangen worden, mit der Strafe des Mitthäters[238]) zu belegen.

---

[229]) Unternehmen umfaßt alle Handlungen, durch welche das Vorhaben mittelbar oder unmittelbar zur Ausführung gebracht werden soll. Die Merkmale des Versuchs (StGB. § 43) brauchen nicht vorzuliegen, es genügen Vorbereitungshandlungen. Versuch steht also hier der Vollendung gleich. Rücktritt (StGB. § 46) ist ausgeschlossen (Anm. 170).

[230]) Für die Voraussetzungen eines „minder schweren Falles" kommt nicht nur die objektive Seite der Tat in Betracht, sondern auch die in der Person des Täters liegenden, eine mildere Auffassung rechtfertigenden Umstände (z. B. Erregung, tadellose Führung) URMGer. 14. Febr. 01 (I 35).

[231]) Mehrere sind schon zwei.

[232]) Verabreden ist ein zum Einverständnis über Ausführung eines bestimmten Planes führendes Bereden. Mündliche Aussprache ist nicht notwendig, Verabredung durch Zeichen, konkludente Handlungen usw. genügt (PE. II 153). — Rücktritt (StGB. § 46) ist ausgeschlossen, vgl. jedoch § 61. — Anstiftung u. Beihilfe zur Verabredung sind möglich (StGB. § 48, 49a, MStGB. § 2).

[233]) Zust. KrGer. (Anm. 220).

[234]) Es sind dritte, an dem strafbaren Vorhaben nicht selbst beteiligte Personen als Täter vorausgesetzt. Bei Personen des Soldatenstandes ist nicht erforderlich, daß sie „im Felde" stehen.

[235]) Der Täter muß selbst an die Wirklichkeit u. Ernsthaftigkeit des Vorhabens geglaubt haben URGer. 13. Nov. 94 (Goltdammers Arch. XLII 394).

[236]) Jedes schuldhafte Unterlassen der Anzeige, nicht nur das vorsätzliche fällt unter § 60.

[237]) D. h. so zeitig, daß die Verhütung der Tat noch möglich ist.

[238]) StGB. § 47.

§ **61.**[239]) Straflosigkeit tritt für den an dem Vorhaben eines Kriegsverraths Betheiligten[239a]) ein, wenn er von demselben zu einer Zeit, wo die Dienstbehörde nicht schon anderweit davon unterrichtet ist, in einer Weise Anzeige macht, daß die Verhütung des Verbrechens möglich ist.[239b])

Zweiter Abschnitt.[218])

Gefährdung der Kriegsmacht im Felde.[221])

§ **62.**[240]) Wer im Felde[221]) eine Dienstpflicht[182]) vorsätzlich verletzt und dadurch bewirkt[241]), daß die Unternehmungen des Feindes befördert werden oder den kriegführenden deutschen oder verbündeten Truppen Gefahr oder Nachtheil bereitet wird, ist mit Zuchthaus[242]) bis zu zehn Jahren oder mit Gefängniß[74]) oder Festungshaft[74]) bis zu zehn Jahren zu bestrafen. In minder schweren Fällen[230]), ingleichen wenn die Verletzung der Dienstpflicht nicht vorsätzlich[243]) geschehen ist, tritt Freiheitsstrafe[85]) bis zu drei Jahren ein.

Auch kann neben Gefängniß auf Versetzung in die zweite Klasse des Soldatenstandes erkannt werden.[244])

§ **63.**[240]) Mit dem Tode wird bestraft

1. der Kommandant eines festen Platzes, welcher denselben dem Feinde übergibt, ohne zuvor alle Mittel zur Vertheidigung des Platzes erschöpft zu haben;
2. der Befehlshaber[244a]), welcher im Felde mit Vernachlässigung der ihm zu Gebote stehenden Vertheidigungsmittel den ihm anvertrauten Posten verläßt oder dem Feinde übergibt;
3. der Befehlshaber[244a]), welcher auf freiem Felde[245]) kapitulirt, wenn dies das Strecken der Waffen für die ihm untergebenen Truppen zur Folge gehabt und er nicht zuvor Alles gethan hat, was die Pflicht von ihm erfordert;

---

[239]) Gesetzlicher Strafausschließungsgrund (MStGerO. § 323, 326).

[239a]) StGB. § 47—49a. Hat die Ausführung des Vorhabens schon begonnen, so tritt Straflosigkeit nicht mehr ein. Abwendung des Erfolges begründet jedoch unter den Voraussetzungen von StGB. § 46² auch zu diesem Zeitpunkt noch Straflosigkeit hinsichtlich § 57, 58, nicht aber auch hinsichtlich § 59. — Nur der Anzeigende selbst bleibt straflos, nicht auch die übrigen Beteiligten.

[239b]) Daß das Verbrechen tatsächlich verhütet wurde, ist nicht erforderlich.

[240]) Zust. Kr.Ger. (Anm. 220).

[241]) Auf diesen Erfolg braucht sich der Vorsatz des Täters nicht zu erstrecken; er muß nur tatsächlich infolge der vorsätzlichen Dienstpflichtverletzung (Handeln oder Unterlassen) eingetreten sein. War auch der Erfolg beabsichtigt, so kann § 58 zutreffen.

[242]) Anm. 75. StGB. § 20 findet auch hier Anwendung.

[243]) Es muß wenigstens fahrlässige Dienstpflichtverletzung vorliegen. Liegt überhaupt kein schuldhaftes Handeln vor, so kann Bestrafung nicht eintreten.

[244]) Gegen Offiziere ist Entfernung aus dem Heer zulässig § 31 Abs. 3. Wegen Dienstentlassung u. Degradation § 34, 40.

[244a]) D. h. der in der anvertrauten Stellung Höchstkommandierende.

[245]) Freies Feld ist jedes durch Befestigungen nicht geschützte Gelände.

4. der Befehlshaber[244a]) eines Schiffes[246]) der Marine, welcher dasselbe oder dessen Bemannung dem Feinde übergibt, ohne zuvor zur Vermeidung dieser Uebergabe Alles gethan zu haben, was die Pflicht von ihm erfordert.

In minder schweren Fällen[230]) der Nummern 2 und 3 tritt Festungshaft[74]) nicht unter fünf Jahren oder lebenslängliche Festungshaft ein.

Dritter Abschnitt.[247])

Unerlaubte Entfernung und Fahnenflucht.

§ **64.**[248]) Wer von seiner Truppe oder von seiner Dienststellung[249]) sich eigenmächtig entfernt[250]) oder vorsätzlich fern bleibt[251]), oder wer den

[246]) § 163.

[247]) Den Bestimmungen des III. Abschnitts (mit Ausnahme der § 79, 80) unterliegen außer den aktiven Personen des Soldatenstandes (Anm. 15) auch die in RMG. § 60³ (vgl. § 56²⁻⁴) genannten Personen des Beurlaubtenstandes (Anm. 19, 22) während der Beurlaubung, im Felde auch MilBeamte u. die § 155, 158 Genannten.

[248]) Zust. StGer. (KrGer.) d. h. Zuständigkeit des StandGer. ist Regel. Ausnahmsweise tritt aber die kriegsgerichtliche Zuständigkeit ausschließlich ein, wenn der Täter Offizierrang hat oder eine Ehrenstrafe zu erwarten steht, im Feld u. an Bord nur dann, wenn diese Ehrenstrafe eine andere als die Versetzung in die II. Klasse d. Soldatenstandes ist (MStGerO. § 14, 15, 19, 45). — In leichteren Fällen Disziplinarbestrafung nach EG. § 3 Abs. 2 zulässig.

[249]) Dienststellung ist das durch die Zugehörigkeit zu irgend welchem milit. Verband außer der Truppe begründete Pflichtverhältnis. Vorläufig ausgehobene Rekruten (Anm. 247) haben ihre Dienststellung bei dem sie kontrolierenden Bezirkskommando. Bringen sie sich durch Wechsel des Aufenthalts (unter Umständen schon der Wohnung) ohne die vorgeschriebene Anzeige vorsätzlich in eine Lage, in welcher sie der Befehlsgewalt des Bezirkskommandeurs entrückt sind, so machen sie sich auch ohne vorgängige Einberufung zum Dienst der unerlaubten Entfernung oder Fahnenflucht schuldig URMGer. 8. Jan. 02 (II 119), 5. Jan. 03 (IV 130). Der Feststellung einer weitergehenden auf Dienstentziehung gerichteten Absicht des Täters bedarf es nicht URMGer. 13. Aug. 02 (nicht veröffentlicht), PE. II 150. — Nichtbefolgung der Einberufung zur Übung durch Personen des Beurlaubtenstandes Anm. 20c.

[250]) Eigenmächtiges Sichentfernen ist das wissentlich u. willentlich unbefugte Sichtrennen von dem Machtbereich u. der Befehlsgewalt der milit. Oberen URMGer. 23. Sept. 01, 2. Aug. 02 (II 3, III 166). Ob Versäumung des Dienstes eingetreten oder beabsichtigt war, ist unerheblich; ebenso ob der Täter den Garnisonort verlassen oder z. B. in der Kaserne sich versteckt hat. Vorsätzliche Entziehung vom Dienst begründet jedoch stets den Tatbestand des § 64.

[251]) Vorsätzliches Fernbleiben setzt (als selbständige Straftat) eine vorher gegangene berechtigte Entfernung voraus, erfordert aber im übrigen den Anm. 250 genannten Vorsatz. Das an eine eigenmächtige Entfernung sich anschließende vorsätzliche Fernbleiben bildet mit dieser nur ein milit. Vergehen (PE. III 122). Das Vergehen dauert fort bis zum freiwilligen oder unfreiwilligen Wiedereintritt des Täters in die Gewalt der milit. Oberen. Maßgebend ist letzterenfalls nicht der Zeitpunkt der Rückverbringung zur Truppe, sondern der Festnahme durch irgend welche behördlichen Organe URMGer. 2. Aug. 02 (III 166). Solange das strafbare Fernbleiben dauert, ist Teilnahme (StGB. 47—49) daran möglich URGer. 8. April 95 (Straff. XXVII 158). — Verjährung Anm. 287.

ihm ertheilten Urlaub eigenmächtig überschreitet[252]), wird wegen unerlaubter Entfernung[253]) mit Freiheitsstrafe[85]) bis zu sechs Monaten bestraft.

§ **65.**[248]) Der unerlaubten Entfernung wird es gleich geachtet, wenn eine Person des Soldatenstandes[15]) im Felde[221]) es unterläßt[254]),

1. der Truppe, von welcher sie abgekommen ist, oder der nächsten Truppe sich wieder anzuschließen, oder
2. nach beendigter Kriegsgefangenschaft sich unverzüglich bei einem Truppentheile[255]) zu melden.

Dasselbe gilt, wenn eine Person der Marine, welche außerhalb der heimischen Gewässer[256]) von einem Schiffe abgekommen ist, es unterläßt, sich bei demselben oder einem anderen Deutschen Kriegsschiffe oder dem nächsten Deutschen Konsulate unverzüglich zu melden.

§ **66.**[257]) Dauert[258]) durch Verschulden[259]) des Abwesenden die Abwesenheit länger als sieben Tage, im Felde[221]) länger als drei Tage[260]), so tritt Gefängniß[74]) oder Festungshaft[74]) bis zu zwei Jahren ein.

§ **67.**[257]) Freiheitsstrafe[85]) von sechs Monaten bis zu fünf Jahren tritt ein, wenn die Abwesenheit im Felde[221]) länger als sieben Tage dauert.[258])

§ **68.**[261]) Gleiche Strafe (§ 67) trifft eine Person des Beurlaubtenstandes[19]), welche nach bekannt gemachter Kriegsbereitschaft oder nach angeordneter Mobilmachung ihrer Einberufung[262]) zum Dienste oder einer

[252]) Die vorsätzlich unbefugte Überschreitung des gewährten Urlaubs steht dem vorsätzlichen Fernbleiben (Anm. 251) gleich. Fahrlässige Urlaubsüberschreitung (z. B. durch nichtabsichtliche Zugsverspätung, Irrtum über Urlaubsdauer u. dgl.) ist nur disziplinär (DStO. § 1[1]) strafbar. Ebenso das vorsätzliche oder fahrlässige Überschreiten des sog. Nachturlaubs u. Ausbleiben über Zapfenstreich, sofern nicht ein besonderer Dienst dadurch versäumt wird (Anm. 250).

[253]) Die Zeit der unerlaubten Entfernung wird, wenn gerichtliche Bestrafung erfolgt, auf die Dienstzeit nicht angerechnet Anm. 2[a] zu HeerO. § 13[1], KrMVf. 3. März 87 (AVB. 83).

[254]) Es genügt hier auch fahrlässiges Unterlassen zur Bestrafung.

[255]) Auch Meldung bei einer Zivilbehörde kann Strafbarkeit ausschließen.

[256]) Hierunter ist das Gebiet der Ost- u. Nordsee (diese im Norden durch 60° n. Br., im Westen nördlich von Schottland durch den Meridian von 3° w. Lg. von Greenwich u. südlich von England von der Linie Dover-Calais begrenzt) zu verstehen AB. zu AO. 3. Mai 02 (MarVB. 157).

[257]) Zust. KrGer. (Anm. 220). — § 66, 67 bilden gesetzliche Straferhöhungsgründe für die unerlaubte Entfernung im Sinne der § 64, 65.

[258]) Die Dauer der Abwesenheit ist nicht vom Augenblick der Entfernung bis zum Augenblick des Aufhörens derselben (Anm. 251), sondern nach vollen Kalendertagen von Mitternacht zu Mitternacht derart zu berechnen, daß derjenige Tag, an welchem die unerlaubte Abwesenheit beginnt, in die Frist nicht eingerechnet wird URMGer. 23. Sept 02 (III 263), PE. II 151.

[259]) Verschulden ist im Fall § 64 Vorsatz, im Fall § 65 auch Fahrlässigkeit. Verzögerte Ablieferung eines Abwesenden an den Truppenteil ist nicht verschuldet.

[260]) Bis zu 7 Tagen, andernfalls § 67.

[261]) Zust. KrGer. (Anm. 220). — Vgl. § 6 (Anm. 21).

[262]) Die Einberufung muß entweder durch persönliche Order oder durch allgemeine öffentliche Aufforderung zur Stellung erfolgt sein.

öffentlichen Aufforderung zur Stellung nicht binnen drei Tagen nach Ablauf der bestimmten Frist[263]) Folge leistet.[264])

§ **69.** Wer sich einer unerlaubten Entfernung[265]) (§§ 64, 65, 68) in der Absicht[266]) sich seiner gesetzlichen oder von ihm übernommenen Verpflichtung zum Dienste dauernd zu entziehen[267]) schuldig macht, ist wegen Fahnenflucht (Desertion)[253]) zu bestrafen.

§ **70.**[268]) Die Fahnenflucht wird mit Gefängniß[269]) von sechs Monaten bis zu zwei Jahren, im ersten Rückfalle[270]) mit Gefängniß[269])

---

[263]) Berechnung der 3tägigen Frist vom Ablauf des in der Einberufungsorder oder öffentlichen Aufforderung zur Meldung bestimmten Tages (Anm. 258). Vorsätzlich verspätete, jedoch noch innerhalb der 3tägigen Frist erfolgende Gestellung ist nach § 64 strafbar.

[264]) Auch fahrlässiges Nichtfolgeleisten fällt unter § 68. Als „Folgeleisten" gilt schon die Stellung bei einer deutschen Militär- oder Zivilbehörde des In- oder Auslandes behufs Zuführung zum Truppenteil.

[265]) Begriff u. Vollendung der unerlaubten Entfernung Anm. 249 bis 252. Nur die hinzutretende Absicht, sich dauernd der Dienstpflicht zu entziehen, unterscheidet die Fahnenflucht von der unerlaubten Entfernung, nicht eine bestimmte Dauer der Abwesenheit, noch die Überschreitung der Landesgrenzen, noch die Erreichung des Ziels der Flucht URGer. 3. Febr. 81, 1. Febr. 82 (Strafs. III 175, VI 7). Vollendete Fahnenflucht liegt daher vor, sobald der Täter in der vorgenannten Absicht sich dem Machtbereich der milit. Oberen entzogen hat (Anm. 250); Versuch nur dann, wenn die Handlungen, wodurch er die Absicht dauernder Dienstpflichtentziehung betätigt hat, erst einen Anfang der Ausführung der unerlaubten Entfernung enthalten, z. B. wenn der zur Fahnenflucht entschlossene u. ausgerüstete Täter beim Verlassen der Kaserne, der Milgefangene nach Verlassen der von ihm erbrochenen Zelle noch innerhalb des Gefängnisses betroffen wird URMGer. 23. Sept. 01, 19. April 02 (II 3, 286). Bloße Vorbereitungshandlungen sind straflos. — Tritt die Absicht dauernder Dienstpflichtentziehung erst nachträglich zu der schon vorher vollendeten unerlaubten Entfernung, so geht die letztere im Tatbestand der Fahnenflucht auf. — Die Fahnenflucht ist wie die unerl. Entfernung Dauervergehen (Anm. 251).

[266]) Absicht ist nicht bloßer Vorsatz, sondern der auf den Erfolg dauernder Dienstpflichtentziehung als Endzweck (wenn auch nicht als letzten) gerichtete Wille URG. 1. Nov. 84 (Rechtspr. VI 680). Versuchter Selbstmord ist daher nicht als versuchte Fahnenflucht strafbar. — Die Feststellung der von § 69 verlangten Absicht unterliegt freier, richterlicher Beweiswürdigung MStGerO. § 315. Sie kann aus den begleitenden Umständen gefolgert werden.

[267]) Gesetzliche Dienstpflicht ist die aus der allgemeinen Wehrpflicht entspringende (Anm. 80), gleichviel, ob sie durch Aushebung oder freiwilligen Eintritt begründet wurde. Übernommene Dienstpflicht ist die auf Vertrag (z. B. Kapitulation) oder Anstellung als Offizier, Beamter beruhende. — Unter Dienstpflicht ist die dem Täter angewiesene besondere Art der Dienstleistung bei einem bestimmten Truppenteil usw. zu verstehen BeschlRMGer. 9. Jan. 02 (II 126); betr. Dienstpflicht bei der Marine URMGer. 11. Febr. 03 (IV 195). Auch Entweichen von der Truppe in der Absicht, bei einem andern deutschen Truppenteil sich zu melden, erfüllt daher den Tatbestand des § 69. — Die von vornherein gehegte bestimmte Absicht der Rückkehr zum Dienst nach bestimmter Zeit schließt, wenn nach den Umständen glaubhaft, Fahnenflucht aus, nicht aber der nachträglich gefaßte Vorsatz der Rückkehr (§ 75). — Fahnenflucht zu Unrecht Eingestellter Anm. 14 (zu A u. B).

[268]) Zust. KrGer. (Anm. 220).

[269]) Ehrenstrafe § 74.

[270]) Begriff § 13 (Anm. 49—54).

von Einem Jahre bis zu fünf Jahren, im wiederholten Rückfalle[270]) mit Zuchthaus[75]) von fünf bis zu zehn Jahren bestraft.

Der Versuch[265]) ist strafbar.[170])

§ **71.**[268]) Die Fahnenflucht im Felde[221]) wird mit Gefängniß[269]) von fünf bis zu zehn Jahren bestraft; im Rückfalle[271]) tritt, wenn die frühere Fahnenflucht nicht im Felde begangen ist, Zuchthaus[75]) nicht unter fünf Jahren und, wenn die frühere Fahnenflucht im Felde begangen ist, Todesstrafe ein.

§ **72.**[268]) Haben Mehrere[231]) eine Fahnenflucht verabredet[232]) und gemeinschaftlich ausgeführt[272]), so wird die an sich verwirkte[273]) Zuchthausstrafe oder Gefängnißstrafe um die Dauer von Einem Jahre bis zu fünf Jahren erhöht.[274])

Ist die Handlung im Felde[221]) begangen, so tritt statt des Gefängnisses Zuchthaus von gleicher Dauer[275]), gegen den Rädelsführer[276]) und gegen den Anstifter[277]) Todesstrafe ein.

§ **73.**[268]) Die Fahnenflucht vom Posten vor dem Feinde[278]) oder aus einer belagerten Festung[279]) wird mit dem Tode bestraft.

Dieselbe Strafe trifft den Fahnenflüchtigen, welcher zum Feinde übergeht.[280])

---

[271]) Erster oder wiederholter Rückfall.

[272]) Gemeinschaftliche Ausführung setzt Tätigkeit in bewußtem u. gewolltem Zusammenwirken, nicht aber notwendig gleichzeitiges Handeln voraus (StGB. § 47). Führt von mehreren an der Verabredung Beteiligten nur einer die Fahnenflucht aus, so trifft § 72 nicht zu; die an der Ausführung nicht Beteiligten können nach § 78 strafbar sein. Ebenso bei Verabredung mehrerer zur Fahnenflucht eines einzelnen.

[273]) Nicht die gesetzliche Strafdrohung, sondern die im einzelnen Fall für die Fahnenflucht an sich (ohne Rücksicht auf die Verübung im Komplott) bemessene Strafe ist zu erhöhen. Letztere Strafe ist sonach zunächst ausdrücklich im Urteil auszusprechen. — Trifft außerdem einer der Straferhöhungsgründe des MStGB. (Anm. 194) zu, so ist die gemäß § 53 erhöhte Strafe nochmals gemäß § 72 zu erhöhen.

[274]) Die Tat ist stets Verbrechen § 1 Abs. 1 (Anm. 5).

[275]) An Stelle der Abs. 1 bestimmten Straferhöhung tritt hier Umwandlung der an sich verwirkten Gefängnisstrafe (§ 71 erster Fall) in Zuchthaus ein. Nochmalige Erhöhung der Zuchthausstrafe gemäß Abs. 1 hat nur dann zu erfolgen, wenn an sich schon Zuchthaus verwirkt war (§ 71 zweiter Fall).

[276]) Rädelsführer ist der geistige Urheber des gemeinsamen Desertionsplanes u. der Ausführung desselben.

[277]) Anstifter ist hier nur derjenige, der als Mittäter der Fahnenflucht im Komplott die andern zur Teilnahme bestimmt hat.

[278]) Unter Posten ist sowohl ein Punkt, der gehalten werden soll, als die Mannschaft, die ihn halten soll, zu verstehen. Posten vor dem Feind sind alle in Gewärtigung eines Zusammentreffens mit dem Feind zum Sicherheitsdienst befohlenen Truppen, also Vorposten, Feldwachen, Patrouillen usw. (§ 11, 165).

[279]) D. h. einer vom Feinde eingeschlossenen, nicht schon einer in Belagerungszustand erklärten Festung.

[280]) Abs. 2 ist nicht auf eine vor dem Krieg fahnenflüchtig gewordene u. in feindliche MilDienste getretene MilPerson anwendbar, die nach Kriegsausbruch in diesem Dienste verbleibt. In solchem Falle treffen MStGB. § 71, StGB. § 88 Abs. 3 zu.

§ **74.** Neben dem wegen Fahnenflucht verwirkten Gefängniß ist auf Versetzung in die zweite Klasse des Soldatenstandes zu erkennen.[281])

§ **75.**[268]) Stellt[282]) sich ein Fahnenflüchtiger[283]) innerhalb sechs Wochen[284]) nach erfolgter Fahnenflucht, so kann, wenn dieselbe nicht im Felde begangen ist[283]), die an sich verwirkte[273]) Zuchthausstrafe oder Gefängnisstrafe bis auf die Hälfte ermäßigt[285]), auch kann, wenn kein Rückfall[270]) vorliegt, von der Versetzung in die zweite Klasse des Soldatenstandes abgesehen werden. Gegen Unteroffiziere muß jedoch auf Degradation erkannt werden.[286])

§ **76.**[287]) Die Verjährung[191]) der Strafverfolgung wegen Fahnenflucht beginnt mit dem Tage[288]), an welchem der Fahnenflüchtige, wenn er die

---

[281]) Auf die Ehrenstrafe muß stets erkannt werden (ausgenommen § 75), auch wenn wegen zusammentreffender Verbrechen auf Entfernung aus dem Heere erkannt wird (PE. II 154). Bei Versuch ist sie zulässig § 46. — Gegen Offiziere § 31 Abs. 1², Unteroffiziere § 40 Abs. 1², MilBeamte § 153.

[282]) Zur Annahme der „Stellung" wird erfordert, daß der Fahnenflüchtige in der Absicht, zum Truppenteil zurückzukehren, sich in den Machtbereich des Truppenteils oder einer sonstigen zuständigen Behörde begibt u. sich unter Meldung des Sachverhalts zur Verfügung stellt. Verhaftung vor Ausführung der Gestellungsabsicht schließt die Anwendung des § 75 nur dann nicht aus, wenn sie nach Eintritt des Täters in den Machtbereich der zuständigen Behörde überraschend erfolgt URMGer. 7. Mai 01 (I 126). Der freiwilligen Stellung steht die Rückverbringung durch dritte (Verwandte u. dergl.) mit Zustimmung des Fahnenflüchtigen gleich, nicht aber die ohne Vorwissen des letzteren durch solche Personen herbeigeführte Verhaftung. — Im Ausland kann die Stellung nicht nur bei deutschen Gesandtschaften usw. erfolgen, sondern auch bei jeder ausländischen Behörde, die auf Grund eines Staatsvertrags zur sofortigen Rückführung des Fahnenflüchtigen verpflichtet ist URMGer. 3. April 02 (II 255).

[283]) Auf unerlaubte Entfernung (§ 64—68) ist der Strafmilderungsgrund des § 75 nicht anwendbar, ebensowenig auf Fahnenflucht im Feld (§ 71, 72 Abs. 2, 73).

[284]) Fristberechnung (Anm. 258). Selbststellung nach Ablauf der sechswöchentlichen Frist kann nur bei Bemessung der Strafe innerhalb des gesetzlichen Rahmens berücksichtigt werden.

[285]) Bei Fahnenflucht im Komplott kann auch die § 72 Abs. 1 vorgeschriebene Zusatzstrafe auf die Hälfte ermäßigt werden. Die niedrigste gesetzlich zulässige Strafe ist also hier bei Selbststellung 9 Monate Gefängnis (PE. II 152). — Bei Ermäßigung von Zuchthaus unter 1 Jahr § 17.

[286]) Gegen Offiziere ist Dienstentlassung geboten § 34 Abs. 1², Entfernung aus dem Heer zulässig § 31 Abs. 3.

[287]) § 76 gilt nur für die Fahnenflucht (§ 69—73); die Verjährung der unerlaubten Entfernung (§ 64—68) beginnt mit dem Aufhören des Fernbleibens (Anm. 251).

[288]) Dieser Tag ist hinsichtlich der gesetzlichen Verpflichtung zum Dienst der 31. März desjenigen Kalenderjahres, in welchem der Wehrpflichtige das 39. Lebensjahr vollendet G. 11. Febr. 88 (RGB. 11) § 3 Abs. 1; für Dienstpflichtige, die vor vollendetem 20. Lebensjahr eingetreten sind, der 31. März desjenigen Kalenderjahres, in dem sie 6 Jahre der Landwehr 2. Aufgebots angehört haben, ebenda § 3 Abs. 2, 3. Für diejenigen Fahnenflüchtigen, welche am 11. Febr. 88 ihre nach dem früher maßgebenden G. 9. Nov. 67 (BGB. 131) § 6, 7 nur 12jährige Dienstzeit schon erfüllt haben würden, hat die Verjährung schon mit Ablauf der 12 Jahre begonnen, u. dieser Zeitpunkt des Beginns bleibt ihnen gewahrt, auch wenn die Verjährungsfrist beim Inkraft-

Handlung nicht begangen hätte, seine gesetzliche oder von ihm übernommene Verpflichtung zum Dienste erfüllt haben würde.[289])

§ **77.**[290]) Wer[234]) von dem Vorhaben einer Fahnenflucht zu einer Zeit, in welcher deren Verhütung möglich ist, glaubhafte[235]) Kenntniß erhält und es unterläßt[236]), hiervon seinem Vorgesetzten[174]) rechtzeitig[237]) Anzeige zu machen, ist, wenn die Fahnenflucht begangen worden[291]), mit Freiheitsstrafe[85]) bis zu sechs Monaten und, wenn die Fahnenflucht im Felde[221]) begangen worden, mit Freiheitsstrafe von Einem Jahre bis zu drei Jahren zu bestrafen.

§ **78.**[292]) Wer einen Anderen[293]) zur Fahnenflucht vorsätzlich verleitet[294]) oder die Fahnenflucht desselben vorsätzlich befördert[294]), wird, wenn die Fahnenflucht erfolgt ist[295]), mit Gefängniß von sechs Monaten

---

treten das G. 11. Febr. 88 noch nicht abgelaufen war. — Für Kapitulanten beginnt die Verjährung mit dem Tage des Ablaufs der Kapitulation; falls jedoch zu diesem Zeitpunkt ihre gesetzliche Dienstpflicht noch nicht erfüllt ist, erst mit Ablauf der letzteren. Dasselbe gilt bei Offizieren, falls vor Ablauf der gesetzlichen Dienstpflicht des Fahnenflüchtigen dessen freiwillig übernommene Dienstpflicht durch Verabschiedung usw. beendet wird.

[289]) Der Zeitpunkt der Fahnenflucht ist hiernach auf die Verjährung der Strafverfolgung ohne Einfluß, ebenso in der Regel der während der Abwesenheit eintretende Verlust der deutschen Staatsangehörigkeit (G. 1. Juni 70 § 21, RGB. 335). Auf Grund der zwischen den Vereinigten Staaten von Nordamerika u. dem Norddeutschen Bund, Bayern, Württemberg, Baden, Hessen geschlossenen Staatsverträgen können jedoch naturalisierte amerikanische Staatsbürger, welche 5 Jahre ununterbrochen in den Verein. Staaten sich aufgehalten haben, wegen einer durch die (nicht auch vor der) Auswanderung verübten Fahnenflucht nicht mehr strafrechtlich verfolgt werden. Für Württemberg gilt diese Bestimmung jedoch nicht (Zusatzbestimmung zu Art. 2 des Vertrags Reg. B. 72 S. 178).

[290]) Zust. KrGer. (FB. StGer.) d. h. Regel ist die Zuständigkeit des Kriegsgerichts; Zuständigkeit des Standgerichts jedoch ausnahmsweise dann, wenn nach Ermessen des GerHerrn der niederen Gerichtsbarkeit neben Einziehung keine höhere Strafe als Freiheitsstrafe bis zu 6 Wochen oder Geldstrafe bis zu 150 Mk. (allein oder in Verbindung miteinander) in Aussicht steht. Der Zusatz „FB." vor StGer. bedeutet, daß die standgerichtliche Zuständigkeit unter den eben genannten Voraussetzungen nur im Feld und an Bord eintritt MStGerO. § 16, 19, 45, EG. z. MStGerO. § 5, 6. Die Anm. 248 bezeichneten Ausnahmen von der standgerichtlichen Zuständigkeit greifen auch hier Platz. — Vgl. auch Anm. 247.

[291]) Versuchte Fahnenflucht genügt nicht.

[292]) Zust. KrGer. (Anm. 220) — § 78 entspricht StGB. § 141; er ist auch auf die Anm. 247 genannten Personen des Beurlaubtenstandes anwendbar.

[293]) Vorausgesetzt ist, daß der Täter die Fahnenflucht des andern nicht selbst mitbegeht. Andernfalls findet nur § 72 Anwendung (Anm. 272).

[294]) Unter Verleiten ist Anstiftung (StGB. § 48), unter Befördern Beihilfe (StGB. § 49) zu verstehen. Beide Teilnahmeformen sind hier einander als selbständige Straftaten gleichgestellt. Beihilfe ist während der ganzen Dauer der Fahnenflucht möglich. Sie kann auch durch vorsätzliche Unterlassung der Festnahme des Fahnenflüchtigen seitens eines Vorgesetzten verübt werden.

[295]) Die verübte Fahnenflucht muß vom Verleiter oder Beförderer gewollt sein, auch im ursächlichen Zusammenhang mit der Verleitung stehen. — Ist die Fahnenflucht nicht ausgeführt oder nicht Folge der Verleitung, so liegt nur Versuch vor Abs. 2 des §.

bis zu zwei Jahren, im Felde[221]) mit Gefängniß von fünf bis zu zehn Jahren bestraft; zugleich kann auf Versetzung in die zweite Klasse des Soldatenstandes erkannt werden.[244])

Der Versuch[296]) ist strafbar.[170])

§ **79.**[297]) Ein Gefangener[298]), welcher sich selbst befreit[299]), wird, wenn nicht die härtere Strafe der Fahnenflucht verwirkt ist[300]), mit Freiheitsstrafe[85]) bis zu sechs Monaten bestraft.

§ **80.**[301]) Ein Offizier, welcher während der Verbüßung des Stubenarrestes[302]) eigenmächtig seine Wohnung verläßt[303]) wird mit Freiheitsstrafe[85]) bis zu sechs Monaten bestraft; zugleich ist auf Dienstentlassung zu erkennen.

Ein Offizier, welcher während der Verbüßung des Stubenarrestes dem Verbot des § 23 zuwider Besuche annimmt, wird mit Freiheitsstrafe[85]) bis zu sechs Monaten bestraft; in schweren Fällen[304]) ist zugleich auf Dienstentlassung zu erkennen.

---

[296]) Versuch ist gegeben sowohl, wenn die Fahnenflucht nur zum Versuch gediehen ist, als wenn die Verleitung ganz erfolglos geblieben ist. Rücktritt des Verleiteten usw. vom Versuch der Fahnenflucht (StGB. § 46) macht den Verleitenden usw. nicht straflos.

[297]) Zust. KrGer. (FB. StGer.) Anm. 290. — Auf Personen des Beurlaubtenstandes ist der § nur unter der § 6 Satz 1 genannten Voraussetzung anwendbar.

[298]) Gefangener im Sinne des § 79 ist jede MilPerson, der in gesetzlich zulässiger Weise die persönliche Freiheit entzogen ist u. die sich deshalb in der (unmittelbaren oder mittelbaren) Gewalt einer Militärbehörde befindet. Es gehören hierher Untersuchungs- u. Strafgefangene jeder Art, auch vorläufig Festgenommene (MStGerO. § 180), gleichviel, ob sie im Gewahrsam eingesperrt sind oder nur unter Bewachung (z. B. auf dem Transport) sich befinden. Bloßes Anhalten u. Begleitung zur Wache usw. durch einen Vorgesetzten behufs Feststellung der Person ohne Ankündigung der Festnahme begründet nicht die Eigenschaft als Gefangener. Bei Festnahme durch eine milit. Wache müssen die GDV. Nr. 122 (Anl. G) genannten Förmlichkeiten erfüllt sein. — Festnahme durch eine Zivilbehörde (auch Gendarmen) u. Verbringung in bürgerlichen Gewahrsam genügt nur dann, wenn sie im Auftrage der MilBehörde oder wenigstens im militärdienstlichen Interesse erfolgt. — Ein geschärften Stubenarrest verbüßender Offizier fällt unter § 79 (Anm. 98).

[299]) Vollendet ist die Selbstbefreiung mit der auch nur vorübergehenden Entziehung aus dem (unmittelbaren oder mittelbaren) Machtbereich der milit. Oberen. Solange der auf frischer Tat verfolgte Täter sich im Bereich seiner Verfolger befindet, liegt vollendete Selbstbefreiung nicht vor. — Versuch ist straflos, sofern das zum Zweck der Selbstbefreiung angewandte Mittel nicht selbst eine strafbare Handlung (z. B. § 94, 96) in sich schließt URMGer. 20. Jan. 02 (II 170).

[300]) Enthält die Selbstbefreiung den Tatbestand der Fahnenflucht (§ 69), so ist nicht zugleich § 79 anwendbar (PE. III 124). Dagegen ist ideales Zusammentreffen des § 79 mit § 64—67, sowie mit § 94, 96, 97, 106, 137 u. StGB. § 122 möglich.

[301]) Zust. KrGer. (Anm. 220). — § 80 ist auf Offiziere des Beurlaubtenstandes nur während der Einberufung zum Dienst anwendbar § 6, auf MilBeamte nur im Felde § 153.

[302]) § 23. Bei geschärftem Stubenarrest greift nicht § 80, sondern § 79 Platz.

[303]) Eigenmächtig d. h. ohne die erforderliche Erlaubnis (MStV. § 16[4] Anl. D). Dringende Notfälle schließen Strafbarkeit aus. — Wohnung MStV. § 16[3] u. Anm. 95.

Vierter Abschnitt.

Selbstbeschädigung und Vorschützung von Gebrechen.

§ **81.**[305]) Wer sich vorsätzlich[306]) durch Selbstverstümmelung oder auf andere Weise[307]) zur Erfüllung seiner gesetzlichen oder von ihm übernommenen Verpflichtung zum Dienste[267]) untauglich macht[308]) oder durch einen Anderen untauglich machen läßt[309]), wird mit Gefängniß von Einem Jahre bis zu fünf Jahren bestraft; zugleich ist auf Versetzung in die zweite Klasse des Soldatenstandes zu erkennen.[281])

Wird durch die Handlung die Unfähigkeit zu Arbeiten für militärische Zwecke verursacht[310]), so ist die an sich verwirkte[273]) Gefängnißstrafe um die Dauer von drei Monaten bis zu Einem Jahre zu erhöhen[274]); zugleich ist auf Entfernung aus dem Heer oder Marine zu erkennen.[311])

Der Versuch ist strafbar.[170])

§ **82.**[305]) Dieselben Freiheitsstrafen (§ 81) treffen denjenigen[309]), welcher einen Anderen[312]) auf dessen Verlangen[313]) zur Erfüllung seiner gesetzlichen oder von ihm übernommenen Verpflichtung zum Dienste untauglich

---

[304]) Das Anm. 230 für „minder schwere Fälle" gesagte gilt auch hier.

[305]) Zust. KrGer. (Anm. 220). — § 81—83 sind auch auf die RMG. § 60³ genannten Personen des Beurlaubtenstandes anwendbar. Für die übrigen sind StGB. § 142, 143 maßgebend. — Ob der Täter tatsächlich diensttauglich ist oder nicht, ist unerheblich; die gesetzliche Verpflichtung zum Dienst dauert bis zur ordnungsmäßigen Entlassung fort URMGer. 21. Mai 01 (I 142); vgl. auch Anm. 14.

[306]) Der Vorsatz muß nicht nur auf die Handlung als solche, sondern auch auf deren Erfolg (Herbeiführung der Dienstuntauglichkeit) sich richten. Bei versuchtem Selbstmord liegt dieser Vorsatz nicht vor. Wohl aber, wenn der Täter sich bestimmten Dienstleistungen zu entziehen beabsichtigt URGer. 26. Juli 83 (Straff. IX 88).

[307]) Hierunter fällt jede äußerliche oder innerliche Beschädigung des Körpers, die Untauglichkeit zur Folge hat oder haben kann.

[308]) Es ist nicht völlige, auch nicht dauernde Dienstuntauglichkeit erforderlich, vielmehr nur der Erfolg, daß der Täter nicht mehr in derjenigen Art u. demjenigen Umfange zum Dienst tauglich ist, in welchem er es vorher war URGer. 5. April 83 (Straff. VIII 214). Es genügt also Untauglichkeit zum Felddienst (PE. III 125), zu bestimmter Waffengattung, zum Waffendienst überhaupt, nicht aber vorübergehende Unfähigkeit Dienst zu tun, ohne (auch nur teilweise) Dienstunbrauchbarkeit.

[309]) Handelte der „andere" vorsätzlich, so ist auf ihn, falls er dem MStG. untersteht (Anm. 305), § 82 des G., andernfalls StGB. § 142 Abs. 2 anwendbar.

[310]) Der Erfolg braucht vom Täter nicht beabsichtigt zu sein. Tritt Unfähigkeit zu milit. Arbeiten nicht ein, so erfolgt Einstellung in eine Arbeiterabteilung (Dienstvorschrift f. d. Arb.Abt. 31. Aug. 81, § 3², Nr. III 2 Anl. A d. W.).

[311]) Auch wenn der Täter schon infolge der herbeigeführten Dienstuntauglichkeit aus dem Heer (Marine) ausgeschieden ist. — Strafvollstreckung § 15 Abs. 3.

[312]) Auch der „andere" muß eine aktive MilPerson oder eine der RMG. § 60³ genannten Personen des Beurlaubtenstandes sein; ist er eine wehrpflichtige Zivilperson, so ist StGB. § 142 Abs. 2 anwendbar.

[313]) Verlangen ist jede ernstliche Einwilligungserklärung.

macht[314]), zugleich kann auf Versetzung in die zweite Klasse des Soldatenstandes erkannt werden.[244])

§ **83.**[305]) Wer in der Absicht[266]), sich der Erfüllung seiner gesetzlichen oder von ihm übernommenen Verpflichtung zum Dienste[267]) ganz oder theilweise[315]) zu entziehen, ein auf Täuschung berechnetes Mittel[316]) anwendet[317]), wird mit Freiheitsstrafe[85]) bis zu fünf Jahren bestraft; zugleich kann auf Versetzung in die zweite Klasse des Soldatenstandes erkannt werden.[244])

Dieselbe Strafvorschrift findet auf den Theilnehmer[318]) Anwendung.

Fünfter Abschnitt.[319])

Feigheit.

§ **84.**[320]) Wer während des Gefechts aus Feigheit[321]) die Flucht ergreift[322]) und die Kameraden durch Worte oder Zeichen zur Flucht verleitet[323]), wird mit dem Tode bestraft.

---

[314]) Anm. 308. Sonstige Beihilfehandlungen sind nach MStGB. § 81 in Verbindung mit StGB. § 49 strafbar. — Versuch ist straflos.

[315]) Es genügt also, wenn bei der Simulation die Absicht auf Entziehung von der Dienstpflicht auf bestimmte Zeit (z. B. für die Dauer eines Krieges, einer Seereise, Übung) oder von einer bestimmten Art der Dienstleistung gerichtet ist URGer. 26. Juli 83 (Strafs. IX 96). Beabsichtigt der Täter sich nur vorübergehend einzelnen bestimmten Dienstverrichtungen zu entziehen, so trifft nicht § 83, sondern gegebenen Falls § 85[2], 90 oder 139 zu.

[316]) Hierunter sind nicht nur Mittel zu verstehen, die den äußeren Anschein des angeblichen Leidens selbst hervorzurufen geeignet sind (z. B. Arzneimittel); es genügt vielmehr jedes zur Bewahrheitung von Befreiungsgründen bestimmte Mittel, welches zur Täuschung geeignet ist URGer. 26. Juli 83 (Anm. 315). Allgemeine unwahre Angaben über das Bestehen eines Gebrechens fallen zwar nicht unter § 83, wohl aber unrichtige Behauptungen über bestimmte Krankheitssymptome, die das Gebrechen glaubhaft machen u. die Sachverständigen usw. über den wahren Zustand des Täters irreführen sollen (z. B. bei Seh- u. Gehörproben). Hierzu gehört auch die Übertreibung eines tatsächlich vorhandenen Leidens URMGer. 21. Mai, 30. Nov. 01 (I 142, II 74).

[317]) Von dem auf Täuschung berechneten Mittel muß gegenüber einer Behörde Gebrauch gemacht sein, die über die Frage der Dienstfähigkeit des Täters zu entscheiden berufen ist oder (wie ärztliche Sachverständige) eine Einwirkung auf diese Entscheidung hat. — Ob der Erfolg der Täuschung eingetreten ist, u. ob eine Irreführung der Behörde genau in der beabsichtigten oder auch in anderer Richtung eintreten kann, ist unerheblich, wenn das Mittel nur überhaupt zur Herbeiführung irgend welcher Täuschung über die Tauglichkeit des Täters geeignet war URGer. 3. Nov. 84 (Rechtspr. VI 682).

[318]) Also nicht nur auf den Mittäter u. Anstifter (StGB. § 47. 48), sondern auch auf den Gehilfen (Ausnahme von StGB. § 49). — Teilnahme einer aktiven MilPerson an einer von einer wehrpflichtigen Zivilperson verübten Vorschützung von Gebrechen ist aus StGB. § 143 Abs. 2 strafbar.

[319]) § 84—86 handeln von der Feigheit vor dem Feind, § 87 von der im Krieg oder Frieden verübten Feigheit; § 88 enthält für die Fälle der § 85—87 einen gesetzlichen Strafmilderungs- bzw. Strafaufhebungsgrund. — Die Vorschriften dieses Abschnitts finden nur auf aktive Personen des Soldatenstandes Anwendung.

§ **85.**[320]) Mit Zuchthaus[75]) bis zu fünf Jahren wird bestraft, wer aus Feigheit[321])

1. bei dem Vormarsche zum Gefecht, während des Gefechts oder auf dem Rückzuge von seinem Truppentheile heimlich zurückbleibt, von demselben sich wegschleicht oder sich versteckt hält, die Flucht ergreift[322]), seine Waffen[324]) oder Munition wegwirft oder im Stiche läßt, oder sein Pferd oder seine Waffen unbrauchbar macht, oder
2. durch Vorschützung[325]) einer Verwundung oder eines Leidens, oder durch absichtlich veranlaßte[326]) Trunkenheit sich dem Gefechte oder vor dem Feinde[227]) einer sonstigen, mit Gefahr für seine Person verbundenen Dienstleistung[327]) zu entziehen sucht.[328])

In minder schweren Fällen[230]) tritt Gefängniß von Einem Jahre bis zu fünf Jahren und Versetzung in die zweite Klasse des Soldatenstandes ein.[231])

§ **86.**[320]) Ist in den Fällen des § 85 durch die Feigheit ein erheblicher Nachtheil[329]) verursacht worden, so tritt Zuchthaus[75]) nicht unter fünf Jahren, und wenn der Tod eines Menschen verursacht worden, Zuchthaus nicht unter zehn Jahren oder lebenslängliches Zuchthaus ein.

§ **87.**[330]) Wer in anderen, als den in den §§ 84 und 85 benannten Fällen aus Besorgniß vor persönlicher Gefahr eine militärische Dienstpflicht[182]) verletzt, wird mit Freiheitsstrafe[85]) bis zu drei Jahren bestraft; zugleich kann auf Versetzung in die zweite Klasse des Soldatenstandes erkannt werden.[244])

§ **88.**[319]) Hat der Thäter in den Fällen der §§ 85 und 86 nach der That hervorragende Beweise von Muth abgelegt, so kann die Strafe

---

[320]) Zust. KrGer. (Anm. 220).

[321]) Feigheit ist Furcht vor persönlicher Gefahr.

[322]) D. h. eigenmächtig zum Zweck der Selbsterhaltung das Gefechtsfeld verläßt.

[323]) Es muß sowohl das Fluchtergreifen als das Verleiten zur Flucht vorliegen. Ersteres allein ist nur aus § 85 1 strafbar. — Die Verleitung muß Erfolg gehabt haben, andernfalls nur Versuch (StGB. § 43, 44.)

[324]) Waffen sind nicht auch Ausrüstungsgegenstände (z. B. Tornister) Anm. 212.

[325]) Es genügt hier (abweichend von § 83) jede unwahre Behauptung, auch ohne Anwendung eines auf Täuschung berechneten Mittels. — Absicht Anm. 315.

[326]) Selbstverschuldung der Trunkenheit (§ 49) genügt nicht; die Trunkenheit muß in der Absicht bewirkt sein, sich zum Gefecht untauglich zu machen.

[327]) Z. B. Patrouille, Rekognoszierung.

[328]) Der Versuch ist hier der Vollendung gleichgestellt (Anm. 170).

[329]) Erheblicher Nachteil ist jede außerhalb der Gesetzesverletzung als solcher liegende, nicht unwesentliche Schädigung allgemeiner oder besondrer militärischer Interessen. Es muß ursächlicher Zusammenhang zwischen dem Nachteil u. der Tat bestehen.

[330]) Zust. KrGer. (FB. StGer.) Anm. 290. — Vgl. Anm. 319 u. § 49 Abs. 1. — Erfüllt die Verletzung der Dienstpflicht zugleich den Tatbestand eines andern Verbrechens oder Vergehens (z. B. § 62, 64, 92, 94, 139, 141, 144), so liegt ideales Zusammentreffen (StGB. § 73) vor.

unter den Mindestbetrag der angedrohten Freiheitsstrafe ermäßigt[331]) und in den Fällen der §§ 85 und 87 von der Bestrafung gänzlich abgesehen[332]) werden.

Sechster Abschnitt.[333])

Strafbare Handlungen gegen die Pflichten der militärischen Unterordnung.

§ **89.**[248]) Wer im Dienste[334]) oder in Beziehung auf eine Diensthandlung[335]) die dem Vorgesetzten[336]) schuldige Achtung verletzt[337]), ins-

[331]) Auch in der Wahl der Strafart ist der Richter frei; es ist also auch Arrest zulässig. Ehrenstrafen sind, soweit sie notwendige Folge bestimmter Strafart oder Strafdauer sind, auch bei Strafermäßigung geboten; im übrigen kann (nicht muß) auf Versetzung in die 2. Klasse des Soldatenstandes oder gegen Offiziere u. Unteroffiziere auf die an deren Stelle zulässigen Ehrenstrafen (§ 31, 34, 40) erkannt werden.

[332]) Das Urteil hat nicht auf Freisprechung, sondern auf Straffreierklärung zu lauten.

[333]) Die im 6. Abschnitt behandelten strafbaren Handlungen gegen die Pflichten der milit. Unterordnung sind im einzelnen: Achtungsverletzung § 89, Belügen Vorgesetzter § 90, Beleidigung solcher § 91, Ungehorsam einfacher § 92, erschwerter § 93—95, Widersetzung § 96, tätliches Sichvergreifen § 97, Aufforderung zum Ungehorsam § 99, Aufwiegelung § 100, unbefugte Veranstaltung von Versammlungen u. dgl. § 101, Erregung von Mißvergnügen in Beziehung auf den Dienst § 102, Meuterei § 103—105, milit. Aufruhr § 106—110, Herausforderung Vorgesetzter zum Zweikampf § 112. — Einen gesetzlichen Strafmilderungsgrund hinsichtlich der § 89—97 genannten Straftaten enthält § 98. — Anwendbarkeit dieses Abschnittes auf Verübung gegen milit. Wachen § 111, auf Personen des Beurlaubtenstandes § 113 (vgl. Anm. 20), auf MilBeamte § 153. — Die Begriffe „Vorgesetzter" u. „im Dienstrang Höherer" sind in Anlage F näher erläutert.

[334]) Anm. 44, 214. „Im Dienst" ist allgemeiner als „während Ausübung des Dienstes"; es ist nur erforderlich, daß der Täter in einem bestimmten Dienstverhältnis sich befindet, nicht auch, daß er in Ausübung einer hierdurch gebotenen besonderen Dienstverrichtung begriffen ist. — Bei Achtungsverletzung im Dienst ist § 55[2] ausgeschlossen (PE. II 155).

[335]) Es ist eine Diensthandlung des Vorgesetzten vorausgesetzt (PE. III 126). Die Handlung muß vom Vorgesetzten vermöge u. innerhalb der Grenzen seiner dienstlichen Befugnisse vorgenommen sein. Auch Beziehung auf zukünftige, der Art u. Zeit nach oder sonstwie noch unbestimmte Diensthandlung genügt (URMGer. 13. Juni 01 (I 185). — Achtungsverletzung außer Dienst u. ohne Beziehung zu einer Diensthandlung ist reine DiszVerfehlung (DStO. § 1[1]).

[336]) Begriff Anlage F. Achtungsverletzung gegenüber dem nur „im Dienstrang Höheren" (Anl. F) fällt nicht unter § 89. — Irrtum des Täters über die Vorgesetzteneigenschaft ist, sofern ihm die Tatsachen bekannt waren, aus denen nach den Dienstvorschriften die Vorgesetzteneigenschaft folgt, ein Irrtum im Gebiet des Strafrechts, der den Täter nicht schützt URMGer. 5. Mai 02 (III 28).

[337]) Es ist vorsätzliches Handeln oder Unterlassen erfordert. Gegenwart des Vorgesetzten ist nicht notwendig; die Kundgebung kann auch Dritten gegenüber erfolgen. Enthält sie eine eigentliche Beleidigung, so findet § 91 allein Anwendung.

besondere laut Beschwerde oder gegen einen Verweis Widerrede führt[338]), wird mit Arrest[339]) bestraft.

Wird die Achtungsverletzung unter dem Gewehr[340]) oder vor versammelter Mannschaft[341]) begangen, oder stellt sich dieselbe als eine Drohung[342]) dar, so ist auf strengen Arrest[90]) nicht unter vierzehn Tagen, oder auf Gefängniß[74]) oder Festungshaft[74]) bis zu drei Jahren zu erkennen.

§ **90.**[248]) Wer auf Befragen[343]) in dienstlichen Angelegenheiten dem Vorgesetzten[336]) wissentlich die Unwahrheit sagt[344]), wird mit Arrest[339]) bestraft.

§ **91.**[345]) Wer einen Vorgesetzten[336]) oder im Dienstrange Höheren[336]) beleidigt[346]), wird mit Freiheitsstrafe[85]) bis zu zwei Jahren und,

[338]) Enthielt der Verweis den Befehl, zu schweigen, so ist die Widerrede dagegen dann zugleich nach § 94 strafbar, wenn damit die Absicht, den Ungehorsam gegen den Schweigbefehl kundzugeben, verbunden war URMGer. 21. Mai 02 (III 50).

[339]) Zulässige Arrestarten § 19, 22 (insbesondre Abs. 3). Höchst- u. Mindestbetrag § 24 (Anm. 100).

[340]) Unter Gewehr setzt eine unter dem Kommando eines Vorgesetzten stehende, mindestens mit Seitengewehr bewaffnete Person des Soldatenstandes als Täter voraus.

[341]) § 12 u. Anm. dazu.

[342]) Drohung ist jedes Inaussichtstellen eines Übels durch Worte, Handlungen oder Geberden. Dazu gehört auch das Inaussichtstellen einer Beschwerde, selbst wenn der Drohende ein Recht zur Beschwerde hat, sofern nur die Beschwerde unter den obwaltenden Umständen für den Bedrohten sich als ein Übel darstellt URMGer. 19. Okt. 01, 15. Febr. u. 26. Mai 02 (II 37, 197; III 62). Daß die Drohung zur Kenntnis des Bedrohten kam oder hierzu bestimmt war, ist nicht erforderlich, wohl aber das Bewußtsein des Täters, daß sie von andern wahrgenommen werden könne URMGer. 26. Mai 02 (III 62).

[343]) Belügen des Vorgesetzten ohne vorheriges Befragen oder auf nichtdienstliches Befragen ist reine Diszâ-Verfehlung (DStO. § 1[1]), sofern nicht § 139 zutrifft (Anm. 538). — Gibt eine MilPerson auf dienstliches Befragen eines ihr militärisch vorgesetzten Gendarmen einen falschen Namen an, so trifft nur § 90 zu (PE. III 127).

[344]) Oder die Wahrheit wissentlich verschweigt. Bloßes Ableugnen einer vom Täter verübten gerichtlich strafbaren, noch nicht rechtskräftig abgeurteilten Straftat ist straflos (PE. II 156).

[345]) Zust. im Fall Abs. 1 KrGer. (StGer.) Anm. 290; in den Fällen Abs. 2 u. 3 KrGer. Anm. 220. — Zu Abs. 1 vgl. EG. § 3 Abs. 2. — Strafmilderung § 98.

[346]) Der Begriff Beleidigung ist derselbe wie im bürg. StGB. (§ 185 bis 187). Danach ist zu unterscheiden die formelle Beleidigung d. h. jede vorsätzliche, rechtswidrige, die Kränkung der Ehre eines andern enthaltende Kundgebung (StGB. § 185) u. die sog. üble Nachrede d. h. die Behauptung oder Verbreitung ehrkränkender, nicht erweislich wahrer Tatsachen in Beziehung auf einen andern (StGB. § 186). Der Beweis der Wahrheit der behaupteten oder verbreiteten Tatsache schließt auch die Bestrafung aus § 91 des G. dann nicht aus, wenn die Behauptung oder Verbreitung in der Absicht der Beleidigung erfolgt und diese Absicht aus der Form der Behauptung ꝛc. oder aus den begleitenden Umständen hervorgeht (StGB. § 192). Beim Mangel des Beweises der Wahrheit wird die Strafbarkeit aus § 91 weder durch das mangelnde Bewußtsein der Unwahrheit noch durch den Glauben an die Wahrheit der behaupteten Tatsache ausgeschlossen URMGer. 14. Mai 02 (III 36). Bei beiden Arten der Beleidigung genügt Bewußtsein

wenn die Beleidigung im Dienste[334]) oder in Beziehung auf eine Diensthandlung[335]) begangen, mit Freiheitsstrafe[85]) bis zu drei Jahren bestraft.

Ist die Beleidigung durch Verbreitung[347]) von Schriften, Darstellungen oder Abbildungen begangen, so ist auf Gefängniß[74]) oder Festungshaft[74]) bis zu fünf Jahren zu erkennen.

Ist die Beleidigung eine verläumderische[348]), so tritt Gefängniß[74]) bis zu fünf Jahren ein.

§ **92.**[248]) Ungehorsam[349]) gegen einen Befehl in Dienstsachen[350])

---

des ehrkränkenden Charakters der Kundgebung oder der behaupteten Tatsache. Besondere Absicht der Beleidigung ist der Regel nach nicht erforderlich. — Nicht anwendbar sind auf das milit. Vergehen des § 91 die StGB. § 188, 193, 199, 200 (Anm. 9). Ist jedoch die Behauptung der beleidigenden Tatsache zum Zweck der Ausübung eines Rechts erfolgt, so bleibt der Untergebene, auch wenn die Tatsache unwahr oder nicht erweislich wahr ist, straflos, sofern er nur im guten Glauben an ihre Wahrheit handelte, angef. URMGer. III 36 u. IV 188 (wesentlich einschränkend dagegen URMGer. 14. März 03 IV 260). — Strafantrag ist nach § 51 nicht erforderlich. — Tätliche Beleidigung von Vorgesetzten fällt stets unter § 97, von „im Dienstrang Höheren" dagegen unter § 91.

347) Verbreitung setzt die Absicht voraus, die Schrift rc. einem größeren, wenn auch individuell bestimmten Personenkreis zugänglich zu machen; vertrauliche Mitteilung an einzelne wenige Personen genügt nicht, andrerseits ist aber auch nicht öffentliche Verbreitung erforderlich URGer. 5. Okt. 82 (Straff. VII 113). Versendung der Schrift an eine bestimmte Person ist nur dann Verbreitung, wenn die Absicht vorlag, daß der Empfänger dieselbe durch Weitergabe (Vervielfältigung rc.) bei einem weiteren Personenkreise in Umlauf setzen solle URGer. 28. Sept. 83 (Straff. IX 71), 10. Okt. 87 (Straff. XVI 245).

348) Verleumderische Beleidigung liegt vor, wenn der Täter wider besseres Wissen d. h. im Bewußtsein der Unwahrheit in Beziehung auf den Vorgesetzten usw. eine unwahre Tatsache behauptet oder verbreitet, welche denselben verächtlich zu machen oder in der öffentlichen Meinung herabzuwürdigen oder dessen Kredit zu gefährden geeignet ist (StGB. § 187).

349) Gleichgültig, ob vorsätzlich oder fahrlässig verübt URMGer. 15. Febr. 02 (II 200).

350) Begriff Anm. 173. — Der Befehl kann nur von einem Vorgesetzten (Anm. 336) ausgehen (vgl. auch § 111). Einer bestimmten Form bedarf der Befehl nicht, insbesondere ist nicht erforderlich der Gebrauch des Wortes „befehlen", wohl aber muß das Auftreten des Vorgesetzten als solchen unter Einsetzung seiner dienstlichen Autorität u. sein Wille, zu befehlen d. h. eine unverzügliche Befolgung erheischende Weisung zu geben, für den Untergebenen unzweideutig ersichtlich sein. Bloße Mahnungen sind noch keine Befehle. — Ein Befehl kann auch in allgemeinen Dienstvorschriften enthalten sein. Die Kriegsartikel (Nr. 4) oder Erlasse des Kr. M. (z. B. derjenige v. 24. Jan. 94 betr. das Verbot der Betätigung revolutionärer od. sozialdemokratischer Gesinnung) enthalten solchen Befehl an sich noch nicht. Zuwiderhandlungen gegen sie sind daher nur dann nach § 92 strafbar, wenn in Anwendung ihres Inhalts auf konkrete Verhältnisse seitens der zuständigen Befehlshaber besondre Befehle (Gebote, Verbote) erteilt wurden, im übrigen findet nur DStO. § 1[1] Anwendung URMGer. 16. Sept. 01 (I 286), PE. II 157, IV 143. — Die in Dienstvorschriften enthaltenen Befehle werden durch die in der Instruktionsstunde erhaltenen Belehrungen der Vorgesetzten ergänzt URMGer. 29. März 02 (II 244). — Am Tage der Kontrollversammlung von Gendarmen an Kontrollpflichtige zur Aufrechterhaltung der Ordnung erteilte Befehle sind in den Nr. 3 Anm. 3 d. W. genannten Bundesstaaten Befehle in Dienstsachen URMGer. 28. Nov. 01 (II 70).

durch Nichtbefolgung [351]) oder durch eigenmächtige Abänderung oder Ueberschreitung desselben wird mit Arrest [339]) bestraft.

§ **93.** [352]) Wird durch den Ungehorsam [349]) ein erheblicher Nachtheil [329]) verursacht, so tritt strenger Arrest [90]) nicht unter vierzehn Tagen oder Gefängniß [74]) oder Festungshaft [74]) bis zu zehn Jahren, im Felde [221]) Freiheitsstrafe [85]) nicht unter Einem Jahre oder lebenslängliche Freiheitsstrafe ein.

Wird durch den Ungehorsam die Gefahr eines erheblichen Nachtheils herbeigeführt, so tritt Freiheitsstrafe [85]) bis zu zwei Jahren, im Felde [221]) Freiheitsstrafe von drei Monaten bis zu drei Jahren ein.

§ **94.** [353]) Wer den Gehorsam ausdrücklich verweigert [354]) oder seinen Ungehorsam sonst durch Worte, Geberden oder andere Handlungen zu erkennen gibt [354]), ingleichen wer den Vorgesetzten [336]) über einen von ihm erhaltenen Dienstbefehl oder Verweis zur Rede stellt [355]) oder auf wiederholt erhaltenen Befehl in Dienstsachen [350]) im Ungehorsam beharrt [356]),

[351]) Langsame, lässige Ausführung eines Befehls in Dienstsachen ist dann Ungehorsam, wenn der Befehl ausdrücklich auf rasche militärisch prompte Ausführung lautet. Andernfalls kann wenigstens § 89 zutreffen URMGer. 13. Sept. 02 (III 237). — Nichtbefolgung der Einberufung zur Übung ist nur aus § 64 strafbar Anm. 20c. — Verjährung Anm. 192.

[352]) Zust. KrGer. (StGer.) Anm. 290, im Felde (Abs. 1 u. 2 je 2. Fall) nur KrGer. Anm. 220. — § 93 enthält einen straferhöhenden Umstand gegenüber § 92 (MStGerO. § 318, 323, 326).

[353]) Zust. KrGer. (StGer.) Anm. 290. — Strafmilderung § 98.

[354]) Es ist (im Unterschied vom einfachen Ungehorsam des § 92) eine durch Worte oder wirkliche Handlung (nicht bloße Unterlassung) erfolgte, äußerlich erkennbare vorsätzliche Kundgebung des Willens, dem Befehl nicht Folge zu leisten, erforderlich. Vorausgesetzt ist auch bei der ausdrücklichen Gehorsamsverweigerung ein Befehl in Dienstsachen (Anm. 350) URMGer. 25. April 01 (I 105). Nicht wesentlich ist, daß der Befehl ein ausdrücklich erteilter ist, noch daß er dem Ungehorsam stets unmittelbar vorhergeht; entscheidend ist nur die Art u. Weise der Kundgebung des Ungehorsams (PE. III 129). Auch Weigerung der Antwort auf eine Frage (z. B. nach dem Namen) kann aus § 94 strafbar sein, ebenso die bedingte Erklärung des Ungehorsams (PE. I 121). Bloß passives Verhalten kann nur als Beharren im Ungehorsam (Anm. 356) unter § 94 fallen (sonst nur § 92).

[355]) Dienstbefehl ist weiterer Begriff als „Befehl in Dienstsachen" Anm. 350. — Verweis ist jeder Tadel, Zurechtweisung ꝛc. — Bloße Widerrede, Murren u. dergl. fällt in der Regel unter § 89 (Anm. 338).

[356]) Beharren im Ungehorsam setzt Nichtbefolgung eines Befehls, darauf Wiederholung desselben Befehls (durch denselben oder einen andern Vorgesetzten) u. Nichtbefolgung auch dieses Befehls voraus URMGer. 30. Sept. 01 (II 15). Das Beharren im Ungehorsam ist vollendet mit Nichtbefolgung des 2. gleichen Befehls u. kann durch nachträgliche (insbesondere auf weitere Wiederholung stattfindende) Befolgung des Befehls nicht straflos werden URMGer. 13. Sept. 02 (III 237). Fortdauernde Gegenwart des Vorgesetzten ist nicht erforderlich; auch nicht unmittelbare zeitliche Aufeinanderfolge der Befehle. — Wird der wiederholte Befehl unter Erkennengeben des Ungehorsams durch Worte oder Handlung unbefolgt gelassen, so liegt nur ein Vergehen des erschwerten Ungehorsams durch Beharren im Ungehorsam u. Kundgeben des Ungehorsams vor (PE. II 158c). Mehrfacher Ungehorsam gegen mehrere Befehle verschiedenen Inhalts ist nicht aus § 94 strafbar (PE. II 158a).

wird mit strengem Arrest[90]) nicht unter vierzehn Tagen oder mit Gefängniß[74]) oder Festungshaft[74]) bis zu drei Jahren bestraft.

§ **95.**[357]) Wird eine der in dem § 94 bezeichneten Handlungen vor versammelter Mannschaft[341]) oder gegen den Befehl, unter das Gewehr zu treten[358]), oder unter dem Gewehr[340]) begangen, so tritt Gefängniß[74]) oder Festungshaft[74]) bis zu fünf Jahren, im Felde[221]) Gefängniß oder Festungshaft[358a]) nicht unter Einem Jahre ein.

Ist eine solche Handlung[359]) vor dem Feinde[227]) begangen, so tritt Freiheitsstrafe[85]) nicht unter zehn Jahren ein. Besteht die Handlung darin, daß der Gehorsam gegen einen vor dem Feinde ertheilten Befehl durch Wort oder That ausdrücklich verweigert[360]) wird, so tritt Todesstrafe, in minder schweren Fällen[230]) Freiheitsstrafe nicht unter zehn Jahren oder lebenslängliche Freiheitsstrafe ein.

§ **96.**[361]) Wer es unternimmt[229]), einen Vorgesetzten[336]) mittels Gewalt[362]) oder Drohung[363]) an der Ausführung eines Dienstbefehls[364]) zu hindern oder zur Vornahme oder Unterlassung einer Diensthandlung[364]) zu nöthigen[365]), wird wegen Widersetzung mit Freiheitsstrafe[85]) von sechs Monaten bis zu zehn Jahren, im Felde[221]) mit Gefängniß nicht unter zwei Jahren bestraft.

---

[357]) Straferhöhende Umstände (MStGerO. § 318, 323, 326) zu § 94. — Zust. KrGer. Anm. 220. — Wegen § 55 Anm. 210.

[358]) „Unter das Gewehr treten" heißt zum Dienst mit der Waffe (nicht notwendig Gewehr) antreten.

[358a]) Text nach Berichtigung (RGB. 73 S. 138).

[359]) D. h. eine der im § 94 bezeichneten, durch einen der Erschwerungsgründe des § 95 Abs. 1 ausgezeichneten Handlungen.

[360]) Aus der Fassung folgt, daß das vor dem Feinde verübte Beharren im Ungehorsam nur unter die Strafdrohung des Satz 1 fällt.

[361]) Zust. KrGer. Anm. 220. — Strafmilderungsgrund § 98.

[362]) Gewalt ist jede Kraftaufwendung, welche dahin geht, dem Vorgesetzten die Ausführung des Dienstbefehls oder der Diensthandlung physisch unmöglich zu machen oder zu erschweren (Sichlosreißen, Entreißen einer Sache, Sichstemmen gegen das Fortführen, Einschließen des Vorgesetzten u. dergl.). Bloß passives Verhalten (ohne gleichzeitige Kraftanwendung) fällt nicht unter § 96. Besteht die Gewalt in einer unmittelbaren u. absichtlichen Einwirkung auf den Körper des Vorgesetzten, so liegt ideales Zusammentreffen mit § 97 vor (nicht sog. Gesetzeskonkurrenz).

[363]) Begriff Anm. 342. Ob die Drohung ernstlich gemeint war, ist gleichgültig, wenn sie nur auf den Bedrohten den Eindruck einer ernstlich gemeinten machen konnte u. bestimmt war, ihn einzuschüchtern URGer. 24. Dez. 79 (Straff. II 296).

[364]) Dienstbefehl Anm. 355, Diensthandlung Anm. 335. Ob die Diensthandlung oder der Dienstbefehl sachlich gerechtfertigt war, ist unerheblich; es genügt, daß der Vorgesetzte innerhalb seines pflichtmäßigen Ermessens, wenn auch im Irrtum über die seiner Befugnis zu grunde liegenden tatsächlichen Voraussetzungen handelt. Gegebnenfalls kommt dem Täter § 98 zu statten.

[365]) In subjektiver Hinsicht genügt die Absicht des Untergebenen, sich einer Diensthandlung des Vorgesetzten mittels Gewalt ꝛc. zu widersetzen. Ob die Annahme des Untergebenen, daß der Vorgesetzte eine bestimmte Diensthandlung vornehmen würde, sich mit der wirklichen Absicht des Vorgesetzten deckte, ist gleichgültig URMGer. 11. Juni 02 (III 96). — Lag jedoch der Gewalt-usw.handlung ein andrer als der genannte Zweck zu

Dieselbe Strafe tritt ein, wenn die Handlung gegen die zur Unterstützung des Vorgesetzten befehligten oder zugezogenen Mannschaften[366]) begangen wird.

§ **97.**[361]) Wer sich an einem Vorgesetzten[367]) thätlich vergreift[368]) oder einen thätlichen Angriff gegen denselben unternimmt[369]), wird mit Freiheitsstrafe[85]) nicht unter drei Jahren, in minder schweren Fällen[230]) mit Freiheitsstrafe nicht unter Einem Jahre bestraft. Wird die Handlung unter dem Gewehr[340]) oder sonst im Dienste[334]), oder vor versammelter Mannschaft[341]), oder mit einer Waffe[212]) oder einem anderen gefährlichen Werkzeuge[370]) ausgeführt, so tritt Freiheitsstrafe[85]) nicht unter fünf Jahren, in minder schweren Fällen Freiheitsstrafe nicht unter zwei Jahren ein.

Statt auf Gefängniß oder Festungshaft ist auf Zuchthaus[75]) von gleicher Dauer zu erkennen, wenn die Thätlichkeit eine schwere Körperverletzung[371]) oder den Tod des Vorgesetzten verursacht hat.[372])

---

grunde, so trifft nicht § 96, sondern je nachdem § 89 oder 94 oder 97 zu.

[366]) Hierzu gehören nicht die aus eignem Antrieb den Vorgesetzten unterstützenden Mannschaften noch diejenigen, denen er die selbständige Ausführung seines Vorhabens überlassen hat (z. B. bei Trunkenen). Mannschaften sind auch Unteroffiziere. Der Täter muß von der Zuziehung durch den Vorgesetzten Kenntnis haben.

[367]) Begriff Anm. 336. Tätlichkeit gegen einen nur im Dienstrang Höheren ist nur nach MStGB. § 91, StGB. 223—233 strafbar.

[368]) Unter Vergreifen ist jede vorsätzliche, unberechtigte, direkte, in feindseliger Absicht erfolgte Einwirkung auf den Körper des Vorgesetzten zu verstehen ohne Rücksicht darauf, ob dadurch eine Verletzung, Mißbehagen oder Schmerz verursacht wurde. In subjektiver Hinsicht genügt vorsätzliches Handeln mit dem Bewußtsein der Rechtswidrigkeit u. des Antastens des dienstlichen Ansehens des Vorgesetzten. Das bloße äußerliche, wenn auch vorsätzliche u. unberechtigte Berühren des Körpers des Vorgesetzten ist jedoch noch nicht tätliches Sichvergreifen, wenn es nicht in feindseliger Absicht erfolgt URMGer. 20. Juni u. 8. Sept. 02 (III 106 u. 229). Diese aggressive Absicht wird durch einen unter § 96 fallenden Endzweck des Täters nicht ausgeschlossen URMGer. 29. Okt. 02 (IV 14). Bloße Drohung mit Tätlichkeit (z. B. Greifen an den Säbelgriff, Ziehen des Säbels) fällt nur unter § 96; anders wenn die Absicht des Täters nicht nur auf Drohung, sondern zugleich auf Unternehmen eines tätlichen Angriffs ging (Anm. 369). — Ideales Zusammentreffen mit § 96 Anm. 362.

[369]) Unternehmen umfaßt schon die Vorbereitungshandlung (z. B. begonnenes Ziehen der Waffe in aggressiver Absicht, Ausholen zum Schlag rc.) Anm. 229. — Bloße Abwehr eines rechtswidrigen Angriffs des Vorgesetzten fällt nie unter § 97. Gegenwehr gegen einen solchen ist nur dann als Notwehr (StGB. § 53) straflos, wenn sie mit Erhaltung der militärischen Disziplin vereinbar ist (vgl. § 2 Anm. 9), z. B. wenn ein betrunkener Vorgesetzter außer Dienst Untergebene angreift. Im übrigen kommt den Untergebenen nur § 98 Abs. 2 zu statten.

[370]) Das gefährliche Werkzeug (StGB. § 223a) muß ein beweglicher Gegenstand u. nach seiner objektiven Beschaffenheit u. der Art seiner Benutzung geeignet sein, erheblichere Verletzungen zu verursachen (z. B. auch zugeklapptes Taschenmesser, Stuhlbein, Bierglas usw.) URGer. 8. Juli 81 (Straff. IV 397), 2. Nov. 93 (Straff. XXIV 373). Die dem Werkzeug nach seiner regelmäßigen Verwendung zukommende Zweckbestimmung ist nicht maßgebend URGer. 10. März 80 (Rechtspr. I 442).

[371]) D. h. eine solche, welche zur Folge hat, daß der Verletzte ein wichtiges Glied des Körpers, das Sehvermögen auf einem oder beiden Augen, das Ge-

Ist die Thätlichkeit im Felde[221]) begangen, so tritt Todesstrafe, in minder schweren Fällen[230]) oder wenn die Thätlichkeit außer dem Dienste begangen ist, Freiheitsstrafe[373]) nicht unter zehn Jahren oder lebenslängliche Freiheitsstrafe ein.

Neben Gefängniß und neben Festungshaft ist auf Dienstentlassung zu erkennen.[374])

§ **98.**[375]) Ist ein Untergebener dadurch, daß der Vorgesetzte[336]) ihn vorschriftswidrig behandelt[376]) oder die Grenzen seiner Dienstgewalt überschritten hat[377]), gereizt und auf der Stelle[378]) zu einer der in den §§ 89

---

hör (auf beiden Ohren), die Sprache oder die Zeugungsfähigkeit verliert, oder in erheblicher Weise dauernd entstellt wird, oder in Siechtum, Lähmung oder Geisteskrankheit verfällt (StGB. § 224).

[372]) Es genügt der wirklich erfolgte, mit der Tätlichkeit in ursächlichem Zusammenhang stehende Eintritt einer der Anm. 371 genannten Folgen oder des Todes, auch ohne daß dieser Erfolg für den Täter voraussehbar war URGer. 28. März 81 (Straff. V 29). War der Erfolg vom Täter beabsichtigt, so liegt ideales Zusammentreffen mit StGB. § 211, 212 oder 226 vor.

[373]) Unter Freiheitsstrafe ist hier im Fall Abs. 2 Zuchthaus zu verstehen; im übrigen Anm. 85.

[374]) Bezieht sich nur auf Offiziere. Geboten ist Dienstentlassung neben mehr als 1jährigem Gefängnis § 34 Abs. 1. Sonstige zulässige oder gebotene Ehrenstrafen § 31, 38, 40.

[375]) Gesetzlicher Strafmilderungsgrund im Sinne MStGerO. § 323, 326.

[376]) Der Begriff der vorschriftswidrigen Behandlung (§ 121) erfordert nicht notwendig die Verletzung einer ausdrücklichen dienstlichen Vorschrift noch die Überschreitung der Dienstgewalt. In Ermanglung einer speziellen Vorschrift ist die Frage nach dem Vorhandensein einer vorschriftswidrigen Behandlung im einzelnen Fall aus der Stellung u. den Aufgaben des Vorgesetzten, den allgemeinen u. besonderen Zwecken des militärischen Dienstes, den zur Erreichung dieser Zwecke zulässigen Mitteln, den an die Untergebenen in berechtigter Weise zu stellenden Anforderungen, deren Leistungsfähigkeit u. ähnlichen, der Natur des milit. Berufs zu entnehmenden Gesichtspunkten zu entscheiden. Vorschriftswidrig ist also auch eine gegen einen milit. Grundsatz verstoßende Behandlung. Auch eine Unterlassung kann genügen (z. B. Nichteinschreiten des Vorgesetzten gegen eine an einem Untergebenen in seiner Gegenwart verübte strafbare Handlung) URMGer. 29. Mai 01, 17. Febr. u. 13. Sept. 02 (I 167, II 202, III 241). § 98 setzt nur das objektive Vorliegen einer vorschriftswidrigen Behandlung voraus; daß dieselbe vom Vorgesetzten schuldhaft verübt, also aus MStGB. § 121 strafbar ist, erfordert § 98 nicht URMGer. 10. Juni 01 (I 178). — Auch unrichtige Behandlung trunkener Untergebener (Anl. E u. E1) kann Anwendung des § 98 rechtfertigen. — Tatsächlicher Irrtum über das Vorliegen der Voraussetzungen des § 98 nützt dem Täter nach StGB. § 59 URMGer. 18. Dez. 02 (IV 97).

[377]) Umfaßt nicht nur die § 114—126 bedrohten Handlungen, sondern jede Verletzung der dem Vorgesetzten zur Ausübung des Dienstes u. Aufrechterhaltung der Mannszucht eingeräumten Rechte.

[378]) Auf der Stelle ist nicht örtlich, sondern zeitlich zu verstehen. Es muß ursächlicher Zusammenhang zwischen der Behandlung u. der Tat bestehen u. der Täter bei Verübung der Insubordination noch unter dem psychischen Eindruck der ihm zu teil gewordenen Behandlung stehen. — Eine in der Mitte einer einheitlichen (aus mehreren unselbständigen Einzelakten bestehenden) Insubordination liegende Handlung des Vorgesetzten kann nie Anwendbarkeit des § 98 begründen URMGer. 26. Mai 02 (III 62). § 98 kann bei fortgesetzter Straftat nicht für einen Teil, sondern nur für die gesamte Straftat zugebilligt werden URMGer. 18. Dez. 02 (IV 97).

[379]) Nur in diesem Fall ist Straf-

bis 97 bezeichneten strafbaren Handlungen hingerissen worden, so ist[379]), wenn die Handlung mit dem Tode oder mit lebenslänglicher Freiheitsstrafe[380]) bedroht ist, auf Freiheitsstrafe[85]) nicht unter drei Jahren zu erkennen; ist zeitige Freiheitsstrafe[380]) angedroht, so kann die Strafe bis zur Hälfte des Mindestbetrages der angedrohten[381]) Freiheitsstrafe, und wenn diese Hälfte mehr als Ein Jahr beträgt, bis auf die Dauer Eines Jahres ermäßigt, gegen Offiziere auch von der Dienstentlassung abgesehen werden.[382])

Stellt sich die Handlungsweise des Vorgesetzten als eine Mißhandlung[383]) oder sonst als herabwürdigende[384]) Behandlung des Untergebenen dar, so kann die Strafe[385]), wo die Hälfte des Mindestbetrages der angedrohten Strafe mehr als sechs Monate beträgt, auf die Dauer von sechs Monaten ermäßigt werden; die Strafe darf nicht den dritten Theil des Höchstbetrages der angedrohten Strafe übersteigen.[386])

§ **99.**[387]) Wer eine Person des Soldatenstandes[15]) zur Verweigerung des Gehorsams, zur Widersetzung oder zu einer Thätlichkeit[388]) gegen den Vorgesetzten[336]) auffordert oder anreizt[389]), ist gleich dem Anstifter zu bestrafen[390]), wenn die Aufforderung oder Anreizung die strafbare Handlung oder einen strafbaren Versuch[391]) derselben zur Folge gehabt hat.

---

ermäßigung geboten, in den übrigen Fällen nur zulässig.

[380]) Auch Zuchthaus Anm. 373.

[381]) Nicht die im Einzelfall verwirkte, sondern die im Gesetz angedrohte Strafe wird ermäßigt u. zwar bei Annahme eines minderschweren Falls die hierfür gedrohte Mindeststrafe. Die Bestimmung hat also nur da Bedeutung, wo das gesetzliche Mindestmaß mehr als 1 Tag beträgt. Die Wahl einer milderen Strafart ist nur dann zulässig, wenn die ermäßigte Strafe Gefängnis oder Festungshaft unter 43 Tagen wäre. Hier ist auf Arrest von mindestens 3 Wochen zu erkennen. — Umwandlung von Zuchthaus unter 1 Jahr § 17 Abs. 2.

[382]) Auch dann, wenn die ermäßigte Strafe noch 1 Jahr übersteigt (Ausnahme von § 34 Abs. 1[2]).

[383]) § 122.

[384]) D. h. das Ehrgefühl verletzende Behandlung.

[385]) Bezieht sich nur auf Satz 2 des Abs. 1 (zeitige Freiheitsstrafe).

[386]) Insofern ist also im Fall Abs. 2 die Strafermäßigung geboten, während ein Heruntergehen unter das gesetzliche Mindestmaß auch hier nur zulässig ist. Sofern die Hälfte der gesetzlichen Mindeststrafe nicht 6 Monate übersteigt, kann auch bei herabwürdigender Behandlung u. Mißhandlung keine weitere Strafermäßigung als die des Abs. 1 eintreten. — Annahme von Notwehr Anm. 369.

[387]) Zust. KrGer. Anm. 220, bei Anstiftung zur Gehorsamsverweigerung u. im Fall Abs. 2 KrGer. (F. B. StGer.) Anm. 290. — § 99 entspricht StGB. § 112. — Aufforderung mehrerer zu den Abs. 1 genannten Verletzungen der Pflichten militärischer Unterordnung fällt unter § 100. — Teilnahme (StGB. § 47—49) an den Vergehen § 99 Abs. 1 u. 2 ist möglich.

[388]) Gehorsamsverweigerung § 94, 95 (nicht 92), Widersetzung § 96, Tätlichkeit § 97. — Aufforderung zu sonstigen militärischen Verbrechen oder Vergehen ist nur als erfolgreiche Anstiftung nach § 48, als erfolglose Anstiftung nur unter den Voraussetzungen des StGB. § 49[a] strafbar (Anm. 392).

[389]) Begreift jede Kundgebung, die eine Einwirkung auf den Willen des andern bezweckt, sei es durch Worte, Zeichen oder sonstige Mittel. Die Aufforderung oder Anreizung muß auf eine bestimmte Gehorsamsverweigerung usw. abzielen, nicht auf subordinationswidriges Verhalten im allgemeinen.

[390]) Dies folgt schon aus StGB. § 48 vgl. MStGB. § 2.

[391]) Solcher ist nur bei dem Ver-

Ist die Aufforderung oder Anreizung ohne Erfolg geblieben[392]), so ist auf Freiheitsstrafe[85]) bis zu zwei Jahren, im Felde[221]) auf mittleren oder[91]) strengen Arrest[90]) oder auf Gefängniß[74]) oder Festungshaft[74]) bis zu fünf Jahren zu erkennen. Die Strafe darf jedoch, der Art oder dem Maße nach, keine schwerere sein, als die auf die Handlung[393]) selbst angedrohte.

§ **100.**[394]) Wer mehrere[231]) Personen des Soldatenstandes[15]) auffordert oder anreizt[389]), gemeinschaftlich[395]) entweder dem Vorgesetzten[396]) den Gehorsam zu verweigern oder sich ihm zu widersetzen oder eine Thätlichkeit[388]) gegen denselben zu begehen, wird ohne Rücksicht darauf, ob ein Erfolg eingetreten ist, wegen Aufwiegelung mit Gefängniß[75]) nicht unter fünf Jahren bestraft.

Ist durch die Handlung ein erheblicher Nachtheil[329]) für den Dienst verursacht worden, so tritt Gefängniß nicht unter zehn Jahren ein; im Felde[221]) kann auf lebenslängliches Gefängniß erkannt werden.

§ **101.**[397]) Wer unbefugt[398]) eine Versammlung von Personen des Soldatenstandes[399]) behufs Berathung über militärische Angelegenheiten oder Einrichtungen veranstaltet[400]), oder zu einer gemeinsamen Vorstellung oder Beschwerde über solche Angelegenheiten oder Einrichtungen Unter-

---

brechen § 95 Abs. 1 letzter Fall u. Abs. 2 möglich. Bei § 96, 97 steht der Versuch der Vollendung gleich.

[392]) Das Vergehen des Abs. 2 ist mit der Tatsache der für den andern wahrnehmbaren Aufforderung vollendet, ohne daß Annahme der Aufforderung erforderlich wäre. Abs. 2 ist auch dann anwendbar, wenn der Aufgeforderte die Gehorsamsverweigerung usw. zwar verübt hat, aber nicht infolge der Aufforderung usw. — StGB. § 49a wird durch die besondere Vorschrift des Abs. 2 insoweit ausgeschlossen, als er gleichfalls die Aufforderung zu Verbrechen bedroht. Dagegen fällt Annahme der Aufforderung u. Sicherbieten zu milit. Verbrechen sowie Aufforderung zu andern als den Abs. 1 genannten Verbrechen unter den § 49a.

[393]) D. h. die Tat, zu welcher der Täter aufgefordert hat.

[394]) Zust. KrGer. Anm. 220. — Im übrigen Anm. 387.

[395]) StGB. § 47. Geht die Absicht des Täters darauf, daß die Aufgeforderten je für sich den Gehorsam verweigern usw., so trifft nur § 99 zu.

[396]) Anm. 336. Ist der Täter selbst Vorgesetzter, so ist nicht erforderlich, daß derjenige, gegen den die Aufwiegelung sich richtet, auch der Vorgesetzte des Täters selbst ist, wenn er nur Vorgesetzter der zur Gehorsamsverweigerung usw. Aufgeforderten ist. Es liegt dann ideales Zusammentreffen von § 100 mit § 115, 94 vor URMGer. 14. April 02 (II 280).

[397]) Zust. KrGer. (FB. StGer.) Anm. 290. — Dem § 101 unterliegen auch nicht im Dienst befindliche Personen des Beurlaubtenstandes § 113.

[398]) D. h. ohne höhere Genehmigung.

[399]) Es genügt, wenn einschließlich des Veranstalters mindestens 3 Personen des Soldatenstandes (Anm. 15) zusammentreten. Personen des Soldatenstandes können auch solche des Beurlaubtenstandes sein. Veranstaltung einer Versammlung von Zivilpersonen, die nicht dem Beurlaubtenstand angehören, fällt nicht unter § 101. Den aktiven MilPersonen ist jedoch Teilnahme an politischen Vereinen u. Versammlungen untersagt RMG. § 49 Abs. 2. Zuwiderhandlungen fallen unter den Anm. 350 genannten Voraussetzungen unter § 92.

[400]) D. h. zustande bringt. Bloßer Versuch ist straflos.

schriften sammelt, wird mit Freiheitsstrafe[85]) bis zu drei Jahren bestraft; zugleich kann auf Dienstentlassung erkannt werden.[374])

Die an einer solchen Versammlung, Vorstellung oder Beschwerde Betheiligten werden mit Freiheitsstrafe[85]) bis zu sechs Monaten bestraft.

§ **102.**[401]) Wer es unternimmt[229]), Mißvergnügen in Beziehung auf den Dienst unter seinen Kameraden zu erregen[402]), wird, wenn dies durch mündliche Aeußerungen geschieht, mit Freiheitsstrafe[85]) bis zu drei Jahren bestraft.

Ist die Handlung durch Verbreitung[347]) von Schriften, Darstellungen oder Abbildungen oder ist sie im Felde[221]) begangen, so ist auf mittleren oder[91]) strengen Arrest[90]) nicht unter vierzehn Tagen oder auf Gefängniß[74]) oder Festungshaft[74]) bis zu fünf Jahren zu erkennen.

§ **103.**[403]) Verabreden[232]) Mehrere[231]) eine gemeinschaftliche[404]) Verweigerung des Gehorsams oder eine gemeinschaftliche Widersetzung oder Thätlichkeit[388]) gegen den Vorgesetzten, so werden dieselben wegen Meuterei bestraft. Die Strafe ist nach demjenigen Gesetze festzusetzen, welches auf die Handlung Anwendung findet, deren Begehung verabredet worden ist, und zugleich um die Dauer von drei Monaten bis zu zwei Jahren zu erhöhen.[405])

Ist in Folge der Verabredung die strafbare Handlung begangen worden[406]), so ist die Strafe, mit welcher die Handlung bedroht ist, nach § 53 zu erhöhen, wenn die hiernach zulässige Strafe höher ist, als die nach den Bestimmungen des ersten Absatzes verwirkte Strafe.[407])

---

[401]) Zust. KrGer. (StGer.) Anm. 290.

[402]) Die Handlungsweise des Täters muß nicht nur zur Erregung von Mißvergnügen in Beziehung auf den Dienst geeignet sein, sondern der Täter muß auch mit dem Vorsatz handeln, solches Mißvergnügen zu erregen (PE. I 123). — Dienst umfaßt hier auch den Mildienst als solchen, nicht nur besondere dienstliche Verrichtungen. — Kameraden sind nicht bloß die Angehörigen des gleichen Dienstgrades, sondern alle Personen des Soldatenstandes des Heeres u. der Marine, auch Untergebene URMGer. 19. Dez. 01 (II 101).

[403]) Zust. KrGer. Anm. 220. — Der Anstifter zu der in § 103 bedrohten Meuterei ist aus § 100 strafbar.

[404]) Es muß bewußtes und gewolltes Zusammenwirken der mehreren Täter verabredet sein.

[405]) Anm. 273. — Das gesetzliche Mindestmaß ist somit auch im Fall, daß wegen des verabredeten Vergehens Arrest zulässig ist (§ 94), stets Gefängnis oder Festungshaft (§ 17 Abs. 1). Der zulässige Höchstbetrag erhöht sich um 2 Jahre, darf jedoch 15 Jahre nicht übersteigen (§ 16 Abs. 3). — Die Tat ist nur bei Verabredung einer Gehorsamsverweigerung (§ 94) Vergehen, sonst stets Verbrechen. Versuch ist also nur in den letztgenannten Fällen strafbar, falls er nicht den Tatbestand des § 100 erfüllt.

[406]) Auch dieser Fall fällt unter den Begriff „Meuterei". Die Gehorsamsverweigerung usw. muß gemeinschaftlich von mehreren (nicht notwendig von allen Teilnehmern an der Verabredung) verübt sein. Ist sie ohne vorherige Verabredung oder nicht infolge dieser ausgeführt, so kann § 106 zutreffen. — Ist es bloß zum Versuch gekommen (Anm. 391), so ist Abs. 2 nicht anwendbar. — Verabredeter Aufruhr Anm. 411.

[407]) Zu vergleichen ist die nach Abs. 1 zulässige Höchststrafe mit dem nach

§ **104.**[408]) Wer von einer Meuterei zu einer Zeit, in welcher die Verhütung der verabredeten strafbaren Handlung möglich ist, glaubhafte Kenntniß[235]) erhält und es unterläßt[236]) hiervon rechtzeitig[237]) Anzeige zu machen, wird, wenn die verabredete strafbare Handlung begangen worden ist[409]), mit Freiheitsstrafe[85]) bis zu drei Jahren bestraft.

§ **105.**[239]) Straflosigkeit tritt für den an der Meuterei Betheiligten[239a]) ein, welcher von der Meuterei zu einer Zeit, wo die Dienstbehörde nicht schon anderweit davon unterrichtet ist, in einer Weise Anzeige macht[410]), daß die Verhütung der verabredeten Handlung möglich ist.[239b]).

§ **106.**[411]) Wenn Mehrere[231]) sich zusammenrotten[215]) und mit vereinten Kräften[412]) es unternehmen[229]), dem Vorgesetzten[336]) den Gehorsam zu verweigern, sich ihm zu widersetzen oder eine Thätlichkeit gegen denselben zu begehen[388]), so wird jeder, welcher an der Zusammenrottung theilnimmt[413]), wegen militärischen Aufruhrs mit Gefängniß[74]) nicht unter fünf Jahren, im Felde[221]) mit Gefängniß nicht unter zehn Jahren bestraft; zugleich ist auf Versetzung in die zweite Klasse des Soldatenstandes zu erkennen.[281])

§ **107.**[411]) Die Rädelsführer[276]) und Anstifter[277]) eines militärischen Aufruhrs, sowie diejenigen Aufrührer, welche eine Gewaltthätigkeit gegen

---

§ 53 zulässigen Höchstbetrag der erhöhten Strafe. Läßt § 53 bei höherem Höchstbetrag ein niedrigeres Mindestmaß zu, als dies nach Abs. 1 der Fall wäre, so kann unter das Mindestmaß des Abs. 1 nicht herabgegangen werden. Bei gleichem Höchstbetrag ist das den höheren Mindestbetrag androhende Gesetz maßgebend.

[408]) Zust. KrGer. (FB. StGer.) Anm. 290.

[409]) Versuch (Anm. 391) genügt nicht, sofern nicht das bloße „Unternehmen" den Tatbestand des vollendeten Verbrechens erfüllt (z. B. § 96, 97, 106).

[410]) Rücktritt von der Verabredung ohne Anzeigeerstattung nach § 105 schließt, auch wenn der Zurücktretende die Ausführung der verabredeten Tat durch eigene Tätigkeit verhindert, Strafbarkeit aus § 103 Abs. 1 nicht aus, wohl aber aus Abs. 2 das. — Der Anstifter bleibt auch im Fall der Anzeigeerstattung aus § 100 strafbar.

[411]) Zust. KrGer. Anm. 220. — Beruht der Aufruhr auf vorangegangener Verabredung, so trifft nur § 103 Abs. 2 zu.

[412]) Es genügt, daß jedem an der Zusammenrottung Beteiligten bereits vor Beginn des subordinationswidrigen Handelns das gleichzeitige Handeln des andern Teils klar geworden ist u. er dasselbe gebilligt hat. Daß jeder der Täter selbst an der Gehorsamsverweigerung usw. tätig mitgewirkt hat, ist nicht erforderlich, wenn nur mit seinem Wissen u. Willen aus der Mitte der Zusammengerotteten Ungehorsams- usw. handlungen unternommen wurden. Die strafbare Beteiligung im Sinne des § 106 liegt schon darin, daß der Täter an der Zusammenrottung durch Vereinigung seiner Kräfte mit denen der anderen erkennbar mitwirkt, mit ihnen zusammen als geschlossene Einheit auftritt URMGer. 2. Juli 02 (III 218). — Eine auch nicht einmal zum Unternehmen einer Gehorsamsverweigerung usw. führende Zusammenrottung fällt nicht unter § 106, kann aber unter Umständen nach § 103 Abs. 1 strafbar sein.

[413]) Es ist Teilnahme mit dem Anm. 412 bezeichneten Vorsatz erforderlich.

den Vorgesetzten[336]) begehen[414]), werden mit Zuchthaus[75]) nicht unter fünf Jahren oder mit lebenslänglichem Zuchthaus, und wenn der Aufruhr im Felde[221]) begangen wird, mit dem Tode bestraft.

§ **108.**[411]) Wird der militärische Aufruhr vor dem Feinde[237]) begangen, so tritt gegen sämmtliche Betheiligte[413]) die Todesstrafe ein.

§ **109.**[415]) Die an einem militärischen Aufruhr Betheiligten, welche zur Ordnung zurückkehren[416]), bevor es zu einer Gewaltthätigkeit[414]) gegen den Vorgesetzten gekommen[417]), werden mit Gefängniß[74]) oder Festungshaft[74]) bis zu zwei Jahren bestraft, wenn sie nicht Anstifter[276]) oder Rädelsführer[277]) sind.

Ist in einem solchen Falle die Rückkehr zur Ordnung von allen an dem Aufruhr Betheiligten erfolgt, so ist gegen Anstifter und Rädelsführer auf Gefängniß oder Festungshaft von zwei bis zu fünf Jahren zu erkennen.

§ **110.**[411]) Dem Anstifter[418]) eines militärischen Aufruhrs gleich zu bestrafen ist derjenige an dem Aufruhr Betheiligte, welcher

1. persönlich[419]) von dem Vorgesetzten zum Gehorsam aufgefordert, diesen durch Wort oder That ausdrücklich verweigert[420]),
2. durch Mißbrauch[421]) militärischer Signale oder durch Aufruhrzeichen den Aufruhr befördert, oder
3. unter den Aufrührern den höchsten Dienstrang einnimmt.[422])

§ **111.**[423]) Wer gegen eine militärische Wache die ihr schuldige Achtung verletzt oder sich einer Beleidigung, eines Ungehorsams, einer

---

[414]) Begreift § 96 u. 97 (Anm. 362, 368). Die Anwendbarkeit des § 107 setzt persönliche Beteiligung an der Gewalttätigkeit voraus (abweichend von § 106).

[415]) Anm. 375. § 109 bezieht sich auch auf § 108. — Zust. KrGer. Anm. 220.

[416]) Die Rückkehr zur Ordnung muß äußerlich in die Erscheinung treten durch Entfernung vom Tatort, Eintreten für den Vorgesetzten, Befolgung der Befehle desselben u. dergl. Daß sie aus eigenem Antrieb erfolgt, ist nicht erforderlich.

[417]) Sobald vor der Rückkehr zur Ordnung durch irgend einen der Beteiligten eine Gewalttätigkeit gegen den Vorgesetzten verübt wurde, kann die Strafmilderung des § 109 für keinen der Aufrührer mehr Platz greifen. Nach der Rückkehr zur Ordnung verübte Gewalttätigkeiten der im Aufruhr Beharrenden bleiben ohne Einfluß für den Zurückkehrenden.

[418]) Anstifter im Sinne der § 107, 109 Abs. 2 (Anm. 277), nicht im Sinne des StGB. § 48.

[419]) D. h. durch eine in unmißverständlicher Weise (wenn auch nicht durch Namensnennung) an seine Person gerichtete Aufforderung.

[420]) Anm. 360. Auch Widersetzung u. Tätlichkeit fallen hierunter.

[421]) Mißbrauch ist vorsätzlich unbefugter Gebrauch.

[422]) Bezieht sich auf den Fall der Beteiligung von Vorgesetzten am Aufruhr. Bei gleichem Dienstgrad mehrerer beteiligter Vorgesetzten trifft Ziff. 3 auf den Dienstältesten zu, während auf die übrigen § 55 1 anwendbar ist.

[423]) Als Täter im Sinne des § 111 kommen in Betracht alle Personen des Soldatenstandes (ohne Rücksicht auf den Dienstgrad) mit Ausnahme der besonderen Vorgesetzten der Wachen (Aufzählung G. d. V. Nr. 31, 32, 37, 41 Anlage G). — Anwendbarkeit auf MilBeamte § 153.

Widersetzung oder einer Thätlichkeit schuldig macht[424]), wird ebenso bestraft, als wenn er die Handlung gegen einen Vorgesetzten begangen hätte.

Als militärische Wache, im Sinne dieses Gesetzes, sind anzusehen alle zum Wacht- oder militärischen Sicherheitsdienste befehligten[425]) Personen des Soldatenstandes[15]), mit Einschluß der Feldgendarmen[426]) und des Personals der Stabswache der Marine[427]), welche in Ausübung dieses Dienstes begriffen[24]) und als solche äußerlich erkennbar sind.[428])

§ **112.**[429]) Wer einen Vorgesetzten[336]) oder einen im Dienstrange Höheren[336]) aus dienstlicher Veranlassung[430]) zum Zweikampfe herausfordert[431]), wird mit Freiheitsstrafe[85]) nicht unter Einem Jahre, und, wenn der Zweikampf vollzogen wird, mit Freiheitsstrafe[85]) nicht unter drei Jahren bestraft; zugleich ist auf Dienstentlassung zu erkennen.[374])

Gleiche Strafen treffen den Vorgesetzten[432]), welcher die Herausforderung annimmt oder den Zweikampf vollzieht.

§ **113.**[433]) Eine Person des Beurlaubtenstandes[19]) wird, auch während sie sich nicht im Dienste befindet[434]), nach den Vorschriften dieses Abschnitts bestraft, wenn sie dem § 101 zuwiderhandelt, oder eine andere

[424]) Damit sind die § 89—100, 103—110 auf Verübung gegen milit. Wachen für anwendbar erklärt.

[425]) Wann u. ob dies der Fall, entscheiden die maßgebenden Dienstvorschriften, insbesondere die GDV. Sog. Stallwachen (d. h. solche, die ihren Dienst im Stallanzug u. unbewaffnet verrichten) gehören nicht zu den „milit. Wachen" Fußnote zu GDV. Nr. 85. Wirtshauspatrouillen haben in Ausübung dieses Dienstes dieselben Befugnisse wie milit. Wachen GDV. Nr. 116 (Anl. G). Wachen sind von dem Augenblick, wo Vergatterung usw. geschlagen wird, als Wachen im Sinne der GDV. anzusehen GDV. Nr. 130. Unteroffiziere vom Tagesdienst sind bei der Revision der Kompagnie- usw. Reviere nicht als Wachmannschaften anzusehen AO. 20. Dez. 62 (MGS. VII 57).

[426]) Feldgendarmerieordnung 10. Juni 80 § 17 Abs. 1; Felddienstordnung 1. Jan. 00 Nr. 529. — Landgendarmen sind nicht milit. Wachen, können aber nach Landesrecht Vorgesetzte sein Nr. 3 Anm. 3.

[427]) Sie ist durch AO. 24. Mai 81 (MVB. 101) aufgelöst.

[428]) D. h. die vorschriftsmäßige Bekleidung und Ausrüstung tragen. Maßgebend sind die Dienstvorschriften. Garnisonwachanzug GDV. (Anl. G) Nr. 22, Anzug der Wirtshauspatrouillen Nr. 116.

[429]) Zust. KrGer. Anm. 220. — StGB. § 201—210 sind neben MStGB. § 112 nicht anwendbar. Kartellträger, Sekundanten, Ärzte, Zeugen, denen die dienstliche Veranlassung der Herausforderung bekannt war, sind wegen Beihilfe (StGB. § 49) zu MStGB. § 112 strafbar. Nur wenn ihnen der Anlaß unbekannt war, finden StGB. § 203, 204, 209 auf sie Anwendung.

[430]) Es muß eine Diensthandlung des Vorgesetzten (Anm. 335) die Veranlassung zur Herausforderung bilden. Andernfalls sind nur die Bestimmungen des bürg. StGB. (§ 201—210) anwendbar.

[431]) Der Begriff ist derselbe wie nach StGB. § 201, 205. „Tötliche Waffen" sind jedoch nicht erfordert.

[432]) Der im Dienstrang Höhere macht sich durch Annahme der Herausforderung u. Vollziehung des Zweikampfes nur nach StGB. § 201—208 strafbar.

[433]) Vgl. § 6. — Disziplinarbestrafung wegen der in § 113 genannten strafbaren Handlungen DStO. § 23—27 (Nr. III 2 Anm. 67 d. W.).

[434]) Befindet sie sich im Dienste (Anm. 20), so untersteht sie dem MStG. im vollen Umfang § 6.

der in diesem Abschnitte vorgesehenen strafbaren Handlungen im dienstlichen Verkehr[435]) mit dem Vorgesetzten oder in der Militäruniform[436]) begeht, oder wenn sie sich des Ungehorsams[437]) oder der Widersetzung[437]) gegen einen rechtmäßigen[438]) Befehl in dienstlichen Angelegenheiten schuldig macht.

Siebenter Abschnitt.

Mißbrauch der Dienstgewalt.[439])

§ **114.**[440]) Wer seine Dienstgewalt[441]) über einen Untergebenen[442]) zu Befehlen oder Forderungen, die in keiner Beziehung zum Dienste stehen[443]), oder zu Privatzwecken mißbraucht[444]), ingleichen wer von dem

[435]) Dienstlicher Verkehr ist nur derjenige, der eine Dienstangelegenheit d. h. eine die dienstlichen Beziehungen des Beurlaubten zu seinen Vorgesetzten im Beurlaubtenverhältnis berührende Angelegenheit betrifft. Er kann schriftlich oder mündlich sein u. wird auch durch freiwilliges Erscheinen vor dem Vorgesetzten nicht ausgeschlossen URMGer. 20. Juni 01 (I 199). Als Vorgesetzte kommen nur diejenigen in Betracht, denen der Täter im Beurlaubtenverhältnis unterstellt ist, also der Feldwebel des Kompagniebezirks (Meldeamts), Bezirksoffizier u. -kommandeur, sowie deren direkte Vorgesetzte, nicht auch z. B. die Offiziere des früheren aktiven Truppenteils, die Mitglieder eines MilGerichts, Ehrenrats usw. — Bei Beleidigung u. Körperverletzung früherer Vorgesetzter kann jedoch die MilGerichtsbarkeit begründet sein MStGerO. § 11.

[436]) Es genügt Uniformrock u. Hose, auch ohne Dienstwaffe. Mütze allein genügt nicht.

[437]) § 92—96. Nichtbefolgung der Einberufungsorder Anm. 20c.

[438]) Rechtmäßig ist der Befehl nur, wenn der Vorgesetzte vermöge seiner dienstlichen Stellung zu dessen Erteilung befugt ist.

[439]) Der 7. Abschnitt enthält die einen Mißbrauch der Dienstgewalt des Vorgesetzten über den Untergebenen enthaltenden strafbaren Handlungen u. zwar: § 114 Mißbrauch der Dienstgewalt zu Privatzwecken u. nicht dienstlichen Zwecken; § 115, 116 vollendete u. versuchte Anstiftung Untergebener zu strafbaren Handlungen; § 117 widerrechtliche Verhinderung u. Unterdrückung von Beschwerden; § 118 Überschreitung der Strafbefugnisse; § 119 gesetzwidrige Beeinflussung der Rechtspflege; § 120 Anmaßung einer Befehls- oder Strafbefugnis; § 121 Beleidigung u. vorschriftswidrige Behandlung; § 122, 123 Mißhandlung Untergebener; § 124 enthält einen allgemeinen Strafausschließungsgrund hinsichtlich der zur Abwehr tätlicher Angriffe von Untergebenen u. zum Schutze der Disziplin verübten Handlungen Vorgesetzter. § 125 regelt die Anwendbarkeit der Bestimmungen dieses Abschn. auf milit. Wachen, § 126 auf nicht im Dienste befindliche Personen des Beurlaubtenstandes. Auf MilBeamte findet der Abschn. auch im Felde keine Anwendung § 153. — Vgl. auch KrA. 15 (Nr. 4 u. 5).

[440]) Zust. KrGer. Anm. 220. — Geldborgen u. Geschenkannahme von Untergebenen ohne Wissen des Vorgesetzten kann im Disziplinarweg bestraft werden EG. § 3 Abs. 2[2].

[441]) Dienstgewalt ist die in der Vorgesetztenstellung begründete Befehlsbefugnis.

[442]) Untergebene sind alle Personen, denen gegenüber der Täter Vorgesetzter (Anl. F.) ist; auch Personen des Beurlaubtenstands, wenn die Voraussetzungen des § 113 (dienstlicher Verkehr usw.) zutreffen URMGer. 28. März 03 (IV 284). Auch die im Wachdienst befindlichen Personen bleiben gegenüber ihren sonstigen Vorgesetzten, die (ohne zugleich Wachvorgesetzte zu sein) ihr dienstliches Ansehen mißbräuchlich geltend machen, Untergebene im Sinne dieses Abschnittes.

[443]) In Beziehung zum Dienste stehen auch die das außerdienstliche Verhalten des Untergebenen betreffenden Befehle, die der Vorgesetzte auf Grund

Untergebenen Geschenke fordert[445]), von ihm, ohne Vorwissen des gemeinschaftlichen Vorgesetzten[336]), Geld borgt oder Geschenke annimmt[446]), oder den Untergebenen sonst durch seine dienstliche Stellung veranlaßt[447]), gegen ihn Verbindlichkeiten einzugehen, die demselben nachtheilig sind oder auf das gegenseitige Dienstverhältniß von nachtheiligem Einflusse sein können[448]), wird mit Gefängniß[74]) oder Festungshaft[74]) bis zu zwei Jahren, in minder schweren Fällen[230]) mit Arrest[335]) bestraft.

In schwereren Fällen[304]), insbesondere im Rückfalle[271]), kann zugleich auf Dienstentlassung oder Degradation erkannt werden.[449])

§ **115.**[450]) Wer durch Mißbrauch[444]) seiner Dienstgewalt[441]) oder seiner dienstlichen Stellung[447]) einen Untergebenen[442]) zu einer von demselben begangenen[451]), mit Strafe bedrohten Handlung[452]) vorsätzlich bestimmt hat, wird als Thäter[453]) oder als Anstifter[453]) mit erhöhter Strafe belegt.[454])

---

seines Aufsichtsrechts erteilt URMGer. 8. Sept. 02 (III 221).

[444]) D. h. vorsätzlich unbefugt gebraucht. Ob dem Vorgesetzten eine Befugnis zur Forderung persönlicher Dienstleistungen zusteht (wie z. B. gegenüber dem Offiziersburschen), ist nach den Dienstvorschriften zu beurteilen.

[445]) Geschenk ist jede unentgeltliche, den Empfänger bereichernde Zuwendung. Sie braucht nicht in Geld zu bestehen. Auch Ersparen einer Ausgabe (z. B. Bezahlung der Wirtshauszeche) genügt. — Fordern u. Annahme von Geschenken für eine Handlung, die eine Verletzung einer Dienstpflicht enthält, fällt unter § 140.

[446]) Daß der Vorgesetzte seine Dienstgewalt zur Erlangung des Darlehens oder Geschenkes gegenüber dem Untergebenen mißbraucht hat, ist nicht erforderlich. — Auch Geldborgen u. Geschenkannahme durch Mittelspersonen (z. B. Angehörige) fällt unter § 114.

[447]) Es genügt das Bewußtsein, daß der Untergebene durch die Rücksicht auf die dienstliche Stellung des Täters zur Eingehung der Verbindlichkeit bestimmt wurde. Ausdrückliche Geltendmachung der dienstlichen Autorität oder gar Befehlsgewalt ist nicht nötig.

[448]) Schon die Möglichkeit der Gefährdung des dienstlichen Ansehens u. der dienstlichen Wirksamkeit des Vorgesetzten genügt, auch wenn dem Untergebenen ein Nachteil aus der übernommenen Verbindlichkeit nicht erwachsen ist.

[449]) Nicht auch neben Arrest, wohl aber neben Gefängnis oder Festungshaft auch unter 1 Jahr. Dienstentlassung (Degradation) ist geboten neben mehr als 1jährigem Gefängnis.

[450]) Zust. KrGer. (StGer.) Anm. 290. — § 115 enthält nicht bloß einen allgemeinen Straferhöhungsgrund wie § 55, sondern den Tatbestand einer selbständigen milit. Straftat, deren Begehung auch dann nach § 115 zu ahnden ist, wenn der anstiftende Vorgesetzte zugleich Teilnehmer (Mittäter, Gehilfe) an der Tat ist. Es ist also ideales Zusammentreffen zwischen § 115 u. StGB. § 223a (gemeinschaftliche Körperverletzung) möglich URMGer. 10. März u. 14. April 02, (II 212, 280);.(PE. III 131).

[451]) Die Tat muß vom Untergebenen infolge der mißbräuchlichen Einwirkung des Vorgesetzten verübt oder wenigstens versucht sein. Andernfalls trifft nur § 116 zu. Daß der Angestiftete infolge tatsächlicher oder rechtlicher Gründe (z. B. Tod, Abwesenheit, Unermitteltsein, Verjährung, mangelnder Strafantrag u. dergl.) straflos bleibt, nützt dem Vorgesetzten nicht.

[452]) Es kommen sämtliche strafbaren Handlungen des milit. u. bürg. Strafrechts in Betracht einschließlich der Übertretungen des Reichs- u. Landesrechts (vgl. Anm. 454), nicht aber reine Disziplinarverfehlungen.

[453]) Als Täter (mittelbarer) ist der Vorgesetzte zu bestrafen, wenn der

§ **116.**[455]) Wer es unternimmt[229]), durch Mißbrauch seiner Dienstgewalt oder seiner dienstlichen Stellung einen Untergebenen zur Begehung einer mit Strafe bedrohten Handlung zu bestimmen, wird mit Freiheitsstrafe[85]) bis zu Einem Jahre bestraft.

§ **117.**[456]) Ein Vorgesetzter[336]), welcher einen oder mehrere Untergebene[442]) mit Androhung[342]) nachtheiliger Folgen oder durch andere widerrechtliche Mittel[457]) von dem Führen oder Verfolgen von Beschwerden abzuhalten sucht[458]), oder eine an ihn vorschriftsmäßig[459]) gelangte Beschwerde, zu deren Weiterbeförderung oder Untersuchung er verpflichtet ist,

---

Untergebene (insbesondere im Fall des § 47 Satz 1, vgl. Anm. 176) wegen Mangels des erforderlichen rechtswidrigen Vorsatzes straflos bleibt, u. zwar auch in solchen Fällen, wo der Vorgesetzte selbst die strafbare Handlung nicht hätte begehen können (z. B. Gehorsamsverweigerung gegenüber einem anderen Vorgesetzten gleichen oder niederen Dienstgrads). Sobald der Untergebene vorsätzlich (wenn auch auf Befehl § 47) handelt, ist der Vorgesetzte als Anstifter (StGB § 48) nach § 115 zu bestrafen URMGer. 22. Mai 01 (I 146).

[454]) Erhöhte Strafe § 53 (Anm. 196, 197, 198). — Da § 115 eine selbständige militärische Straftat bildet, so kann nur auf die wegen milit. Verbrechen u. Vergehen zulässigen Strafarten (§ 16, 17 Anm. 56, 70) erkannt werden. Droht also das auf die Haupttat anwendbare bürg. StG. Gefängnis unter 43 Tagen oder Haft an, so ist auf Arrest zu erkennen (§ 17 Abs. 1, Anm. 74). Wahlweise gedrohte Geldstrafe ist durch § 29 ausgeschlossen. Ist die vom Untergebenen verübte Straftat eine lediglich mit Geldstrafe bedrohte Übertretung, so muß die nach dem Rang des Täters zulässige gelindeste Arrestart (Anm. 84) an die Stelle treten. Beweis § 116 (bestritten). — Anwendbarkeit des StGB § 50 auf den Anstifter u. Täter Anm. 172.

[455]) Zust. KrGer. (FB. StGer.) Anm. 290. — Im übrigen vgl. die Anm. zu § 115, namentlich Anm. 451. — Aufforderung des Untergebenen zum rechtswidrigen Waffengebrauch ist aus § 149 strafbar.

[456]) Zust. KrGer. (FB. StGer.) Anm. 290.

[457]) Widerrechtliches Mittel ist auch die vom Vorgesetzten angewandte Überredung. Eine Hervorhebung außerdienstlicher Beziehungen (z. B. des gleichen bürgerlichen Berufs) gegenüber dem Untergebenen kann das Vorgesetztenverhältnis nicht auch nur vorübergehend außer Kraft setzen URMGer. 13. Sept. 02 (III 245); die Belehrung des Untergebenen durch den unbeteiligten Vorgesetzten über die Folgen unbegründeter Beschwerdeführung (§ 152) ist kein widerrechtliches Mittel, Beschwerdeordnung f. d. H. **I** I B 1, **II** II 3 (Anm. 458).

[458]) „Sucht" gleichbedeutend mit „unternimmt" (Anm. 229). Schon der erfolglose Versuch, den Untergebenen zum Abstandnehmen von der Beschwerde zu bestimmen, erfüllt den Tatbestand, falls vorsätzliches Handeln vorliegt. — Unter Beschwerden sind nicht nur solche im Sinne der Beschwerdeordnungen I u. II für d. Heer 14. Juni 94 u. 30. März 95, für die Marine 23. Okt. 94 u. 30. Dez. 95 (Anlagen H u. H 1) zu verstehen, sondern auch Anzeigen strafbarer Handlungen von Vorgesetzten oder Kameraden im Sinne MStGerO. § 151 (Anm. 457 angef. URMGer.).

[459]) „Vorschriftsmäßig" bedeutet nicht, daß die Beschwerde auf dem vorgeschriebenen Dienstweg u. unter Einhaltung der vorgeschriebenen Frist an den Vorgesetzten gelangt sein müsse, sondern nur, daß er dienstliche Kenntnis von ihr erlangt hatte und ihm die Weitergabe der Beschwerde oder deren Entscheidung oblag Beschwerdeordnung f. d. H. **I** I B 1, **II** II 3. Ob letzteres der Fall, ist nach den Dienstvorschriften, insbesondere den Beschwerdeordnungen zu entscheiden.

unterdrückt[460]) oder zu unterdrücken versucht[461]), wird mit Freiheitsstrafe[85]) bis zu fünf Jahren bestraft; zugleich kann auf Dienstentlassung oder Degradation erkannt werden.[462])

§ **118.**[463]) Wer vorsätzlich[464]) seine Strafbefugnisse überschreitet, insbesondere wer wissentlich unverdiente oder unerlaubte Strafen[465]) verhängt, wird mit Gefängniß[74]) bis zu fünf Jahren bestraft; zugleich kann auf Dienstentlassung erkannt werden.[449])

§ **119.**[466]) Wer vorsätzlich[464]) einen gesetzwidrigen Einfluß auf die Rechtspflege ausübt[467]), wird mit Gefängniß[74]) bis zu fünf Jahren bestraft; zugleich kann auf Dienstentlassung oder Degradation erkannt werden.[449])

In minder schweren Fällen[230]) ist auf Festungshaft[74]) bis zu fünf Jahren zu erkennen.

§ **120.**[468]) Wer unbefugt[464]) eine Handlung vornimmt, die nur kraft

---

[460]) Es genügt jede Tätigkeit, durch welche eine Beschwerde der dienstlichen Behandlung entzogen wird, also insbesondere auch Unterlassung der Meldung einer strafbaren Handlung, worüber ein Untergebener Beschwerde geführt oder Anzeige erstattet hat. Unterlassung der Meldung strafbarer Handlungen, die nicht durch Beschwerde (Anzeige), sondern auf sonstigem dienstlichem Wege zur Kenntnis des Vorgesetzten kommen, fällt unter § 147 URGer. 4. April 87 (Straff. XV 382).

[461]) Begriff StGB. § 43. Der *Versuch* ist der vollendeten Tat hinsichtlich der Bestrafung gleichgestellt. StGB. § 46 (Rücktritt) ist anwendbar.

[462]) Die Ehrenstrafen sind hier auch neben Arrest zulässig. Im übrigen Anm. 449.

[463]) *Zust. KrGer.* Anm. 220. — § 118 findet nur auf solche Vorgesetzte, denen Disziplinarstrafbefugnisse zustehen, Anwendung. Die Disziplinarbefugnisse der einzelnen Vorgesetzten ergeben die DStO. (Nr. III 2 u. 3 d. W.).

[464]) D. h. im Bewußtsein der mangelnden Berechtigung. Irrtum über die Grenzen der Befugnisse schließt Strafbarkeit aus.

[465]) *Unverdient* ist die im Bewußtsein der Nichtschuld des Bestraften verhängte, *unerlaubt* die ihrer Art oder Dauer nach überhaupt oder unter den gegebenen Umständen unzulässige Strafe. § 119 trifft auch zu, wenn der Vorgesetzte wider besseres Wissen eine nur gerichtlich verfolgbare Straftat im Disziplinarweg bestraft oder in Fällen EG. § 3 Abs. 2 andere als die Abs. 3 das. gestatteten Strafen verhängt.

[466]) *Zust. KrGer.* Anm. 220. — § 119 ist nicht auf MilBeamte anwendbar (§ 153, 154). Bei solchen Handlungen von MilGerichtspersonen, die nach § 145 als Amtsverbrechen zu bestrafen sind (namentlich StGB. § 334, 336, 341, 343—346), liegt ideales Zusammentreffen mit § 119 vor.

[467]) *Gesetzwidriges Einflußnehmen* ist jeder ohne gesetzliche Berechtigung u. unter Mißbrauch der Dienstgewalt vorgenommene oder auch nur versuchte Eingriff in den gesetzmäßigen Gang der Rechtspflege (z. B. unbefugte Weisungen an die untergebenen milit. Richter hinsichtlich des zu fällenden Spruchs). Weisungen des GHerrn an den Anklagevertreter u. Untersuchungsführer fallen nicht unter § 119, ebensowenig die in der Dienstaufsicht begründeten Einwirkungen höherer Behörden. — *Rechtspflege* umfaßt das ganze unter Mitwirkung von MilPersonen ausgeübte Verfahren in Rechtssachen, sei es auf straf- oder zivilrechtlichem Gebiet; nicht auch das ehrengerichtliche Verfahren.

[468]) *Zust. KrGer.* (FB. StGer.) Anm. 290. — § 120 bezieht sich nicht nur auf solche Personen, denen eine Befehlsbefugnis oder Strafgewalt *überhaupt nicht* zusteht, sondern auch auf solche, denen sie nur unter den gegebenen Voraussetzungen oder im ausgeübten Umfang u. Richtung nicht zusteht z. B. unbefugte Befehlserteilung an milit. Wachen seitens anderer als der Wachvorgesetzten (Anm. 423). —

einer Befehlsbefugniß oder Strafgewalt vorgenommen werden darf[469]), wird mit Freiheitsstrafe[85]) bis zu Einem Jahre bestraft.

§ **121.**[470]) Wer einen Untergebenen[442]) beleidigt[471]) oder einer vorschriftswidrigen Behandlung desselben sich schuldig[472]) macht, wird mit Freiheitsstrafe[85]) bis zu zwei Jahren bestraft.

Ist die Beleidigung eine verleumderische[348]), so tritt Gefängniß[74]) bis zu fünf Jahren ein.

§ **122.**[473]) Wer vorsätzlich[474]) einen Untergebenen[442]) stößt oder

---

Ideales Zusammentreffen mit StGB. § 132 ist möglich.

[469]) Hierher gehören auch die sog. Strafmaßregeln (Strafübungen, -rapporte usw.), deren Anordnung gleichfalls nur einem mit Disziplinargewalt ausgestatteten Vorgesetzten zukommt. Jedoch ist § 120 dann nicht anwendbar, wenn die betreffende Handlung überhaupt von keinem Vorgesetzten vorgenommen werden durfte, auch nicht von einem mit der erforderlichen Befehlsbefugnis (Strafgewalt) ausgestatteten URMGer. 10. Sept. 01 (I 273). In solchen Fällen trifft § 121 zu.

[470]) Zust. KrGer. (StGer.) Anm. 290. — In den Fällen Abs. 1 ist Disziplinarbestrafung gemäß EG. § 3 Abs. 2[1] zulässig. — StGB. § 199, 200 sind nicht anwendbar (Anm. 9).

[471]) Begriff Anm. 346. Die Beleidigung des Untergebenen ist stets als Mißbrauch der Dienstgewalt aufzufassen. In subjektiver Hinsicht genügt das Bewußtsein des Täters, daß die Kundgebung geeignet ist, die Ehre des andern zu kränken. Die Absicht, zu beleidigen, ist nicht erforderlich. StGB. § 193 ist formell nicht anwendbar (Anm. 9), wohl aber der Grundsatz, daß auch objektiv ehrenkränkende Äußerungen Vorgesetzter nicht strafbar sind, wenn der Vorgesetzte vermöge seiner Dienstgewalt zu der Äußerung berechtigt war. Überschreitet er hierbei die zulässigen Grenzen, so ist er nach § 121 strafbar. Militärdienstlicher Grundsatz ist, daß der Vorgesetzte gegenüber dem Untergebenen, der durch pflichtwidriges Verhalten die milit. Disziplin gefährdet, zu den nachdrücklichsten, schärfsten Rügen u. Vorhaltungen berechtigt ist, daß diese aber nie in rohe Schimpfreden ausarten dürfen, u. daß der Vorgesetzte die Ehre des Untergebenen nicht in einer ihn herabwürdigenden u. ohne Not vor andern bloßstellenden Weise angreifen darf. Der gute Glaube des Täters, seine Dienstgewalt nicht zu überschreiten, schützt ihn nicht, sondern nur das mangelnde Bewußtsein des ehrverletzenden Charakters der Äußerung URMGer. 2. Juni 02 (III 84). — In den Nr. 3 Anm. 3 genannten Bundesstaaten ist ein Gendarm, der in oder bei Gelegenheit der Ausübung des Dienstes sich der Beleidigung einer Zivilperson schuldig macht, nach § 121 — also auch ohne Vorliegen eines Strafantrags — zu bestrafen URMGer. 10. Febr. 02 (II 193). — Auch Tätlichkeiten, die nicht eine Mißhandlung im Sinne des § 122 bilden, können unter den Begriff Beleidigung fallen.

[472]) Vorschriftswidrige Behandlung Anm. 376. Vorsatz ist nicht erforderlich, es genügt Fahrlässigkeit, d. h. Nichtanwendung der nach den Umständen gebotenen u. vom Vorgesetzten billiger Weise zu verlangenden Sorgfalt u. Umsicht (z. B. fahrlässiges Überanstrengen des Untergebenen). Die Annahme der Fahrlässigkeit bedarf tatsächlicher Begründung URMGer. 29. Mai 01, 13. Sept. 02 (I 167, III 241). — Einverständnis des Untergebenen mit dem Übergriff ist bedeutungslos URMGer. 29. März 02 (II 240). — Anfassen eines Untergebenen entgegen einem ausdrücklichen dienstlichen Verbot fällt unter § 121 URMGer. 12. Aug. 01 (I 257).

[473]) Zust. KrGer. Anm. 220. StGB. § 223, 223a, 228, 231, 233 sind durch § 122 ausgeschlossen (PE. IV 147 u. Anm. 9). Bei Verübung mittels rechtswidrigen Gebrauchs der Waffe ideales Zusammentreffen mit MStGB. § 149 (Anm. 587). Verübung unter Mißbrauch der Waffe oder während Ausübung des Dienstes ist Straferhöhungsgrund (§ 55[2]). — Vgl. auch § 51.

schlägt[475]), oder auf andere Weise körperlich mißhandelt[475]) oder an der Gesundheit beschädigt[476]), wird mit Gefängniß[74]) oder Festungshaft[74]) bis zu drei Jahren bestraft; in minder schweren Fällen[230]) kann die Strafe bis auf Eine Woche Arrest[339]) ermäßigt werden.

Auch kann, im wiederholten Rückfalle[138]) muß neben Gefängniß oder Festungshaft, auf Dienstentlassung oder Degradation erkannt werden.[477])

§ **123.**[478]) Ist durch die Handlung eine schwere Körperverletzung[371]) des Untergebenen verursacht[372]) worden, so tritt Zuchthaus[75]) bis zu fünf Jahren, in minder schweren Fällen[230]) Gefängniß oder Festungshaft von sechs Monaten bis zu fünf Jahren ein.

War die schwere Körperverletzung beabsichtigt und eingetreten, so ist auf Zuchthaus von zwei bis zu zehn Jahren zu erkennen.

Ist durch die Körperverletzung (§ 122) der Tod des Untergebenen verursacht[372]) worden, so tritt Zuchthaus[75]) nicht unter drei Jahren, in minder schweren Fällen[330]) Gefängniß[74]) oder Festungshaft[74]) nicht unter Einem Jahre ein.

§ **124.**[479]) Diejenigen Handlungen[480]), welche der Vorgesetzte[336]) begeht, um einen thätlichen Angriff des Untergebenen[442]) abzuwehren[481]), oder um seinen Befehlen im Fall der äußersten Noth und dringendsten

---

[474]) Außer der Vorsätzlichkeit der Handlung als solcher wird das Bewußtsein erfordert, daß dieselbe eine Störung des körperlichen Wohlbefindens hervorrufen könne. Eventueller Vorsatz genügt. Die Absicht, den Untergebenen zu verletzen oder ihm Schmerz zuzufügen, ist nicht erforderlich URMGer. 25. Jan., 28. Juni 02 (II 179, III 119).

[475]) Körperliche Mißhandlung ist jede Zufügung körperlichen Mißbehagens oder Störung des körperlichen Wohlbefindens des andern. Sie kann auch dadurch verübt werden, daß der Untergebene durch rechtswidrigen Befehl veranlaßt wird, selbst etwas zu tun, was die Störung seines Wohlbefindens zur Folge hat, vgl. die Anm. 47 angef. URMGer. Vorsätzliches Stoßen oder Schlagen fällt nur dann unter § 122, wenn es sich als Mißhandlung im obigen Sinne darstellt (d. h. Unbehagen oder Schmerz verursacht), andernfalls unter § 121 (PE. II 163). — Strafausschließungsgründe § 124 d. G. StGB. § 53, 54.

[476]) Hierzu gehört auch eine vorübergehende Verschlimmerung einer Krankheit.

[477]) Auch neben Arrest bei Annahme eines minder schweren Falles (PE. IV 148). Im übrigen Anm. 449.

[478]) Straferhöhende Umstände (MStGerO. § 318, 323, 326). — Zust. Kr-Ger. Anm. 220. — StGB. § 224—226 werden durch § 123 ausgeschlossen, nicht aber StGB. § 211, 212.

[479]) § 124 enthält ein erweitertes Notwehr- u. Notstandsrecht (StGB. § 53, 54) des Vorgesetzten zum Schutze der Disziplin. Abs. 1 gilt für sämtliche Vorgesetzten (einschl. der Gendarmen u. Wachen (§ 125 Abs. 2), Abs. 2 nur für Offiziere. — Irrtümliche Annahme der in § 124 bezeichneten Befugnisse macht nur straflos, wenn sie auf tatsächlichem Irrtum beruht.

[480]) Bezieht sich nur auf die § 121 bis 123. Auch im Fall Abs. 1 kann Waffengebrauch berechtigt sein. Selbstbegehung ist nicht erforderlich.

[481]) Tätlicher Angriff § 97 (Anm. 368, 369). Er muß gegenwärtig u. rechtswidrig sein (StGB. § 53). Abwehr berechtigter Notwehr des Untergebenen ist also nicht straflos. — Daß die Notwehrhandlung zur Abwehr des Angriffs erforderlich war, sagt § 124 nicht, folgt aber aus StGB. § 53. Überschreitung der Grenzen der Verteidigung ist also strafbar, außer wenn sie in Bestürzung erfolgt ist (StGB. § 53 Abs. 3 vgl. MStGB. § 49 Abs. 1).

Gefahr Gehorsam zu verschaffen[482]), sind nicht als Mißbrauch der Dienstgewalt anzusehen.

Dies gilt namentlich auch für den Fall, wenn ein Offizier in Ermangelung anderer Mittel, den durchaus nothwendigen Gehorsam zu erhalten, sich in der Lage befunden hat, gegen den thätlich sich ihm widersetzenden Untergebenen von der Waffe Gebrauch zu machen.[483])

§ **125.**[484]) Eine militärische Wache, welche eine der in den §§ 114 bis 116, 118 bis 123 bezeichneten Handlungen begeht[485]), wird ebenso bestraft, als wenn ein Vorgesetzter[336]) diese Handlung begangen hätte. Ist die Handlung gegen eine solche Person begangen, die außer dem Dienstverhältnisse der Wache deren Vorgesetzter ist[485]), so tritt erhöhte Strafe ein.[486])

Die in dem § 124 enthaltene Vorschrift findet auch hier Anwendung.

§ **126.**[487]) Eine Person des Beurlaubtenstandes[19]) wird, auch während sie sich nicht im Dienste befindet[434]), nach den Vorschriften dieses Abschnitts bestraft, wenn sie eine der in demselben vorgesehenen strafbaren Handlungen im dienstlichen Verkehre[435]) mit dem Untergebenen[442]) oder in der Militäruniform[436]) begeht.

Achter Abschnitt.

Widerrechtliche Handlungen im Felde gegen Personen oder Eigenthum.

§ **127.**[190]) Begeht eine Person des Soldatenstandes im Felde[488]) einen Diebstahl, eine Unterschlagung, eine Körperverletzung oder ein Ver-

---

[482]) Der Befehl, dessen Befolgung vom Untergebenen verweigert ist, darf sich nicht auf eine Privatangelegenheit beziehen u. seine Durchführung muß im Interesse des Dienstes notwendig sein. Gehorsamsverweigerung allein (auch in Feindesland) genügt nicht; es muß vielmehr äußerste Not (d. h. Fehlen anderer Mittel zur Durchführung des Befehls) und außerdem dringendste Gefahr (d. h. für die Disziplin oder die Person des Vorgesetzten) vorliegen. Die Tatsachen, aus denen auf das Vorliegen dieser Erfordernisse geschlossen wird, sind festzustellen URMGer. 20. April 01 (I 91). Drohende Gefahr genügt nicht, sondern nur eine die Disziplin oder den Vorgesetzten unmittelbar gefährdende URMGer. 19. Jan. 03 (IV 138).

[483]) Abs. 2 setzt voraus, daß nicht nur eine Gehorsamsverweigerung, sondern auch eine tätliche Widersetzung (§ 96 und 97) des Untergebenen gegen einen Offizier vorliegt, daß die Erhaltung des Gehorsams durchaus notwendig ist, u. daß keine anderen (mit Aufrechterhaltung der Disziplin vereinbaren) Mittel hierzu dem Offizier zu Gebot stehen. Das Vorhandensein äußerster Not u. dringendster Gefahr bedarf hier keiner besonderen Feststellung. — Der Waffengebrauch kann bis zur Tötung führen.

[484]) Entspricht dem § 111. — Milit. Wache Begriff § 111 Abs. 2. — Mißbrauch der Dienstgewalt gegen milit. Wachen Anm. 442.

[485]) Auch Begehung gegen Zivilpersonen fällt unter § 125, ebenso gegen Vorgesetzte, die nicht Wachvorgesetzte (Anm. 423) sind. Bei Verübung gegen Wachvorgesetzte finden die Bestimmungen des 6. Abschnitts auch gegen Wachen Anwendung. Beleidigungen, welche z. B. von einem Posten gegen Vorgesetzte in ihrer Allgemeinheit ausgesprochen werden, fallen unter § 91, nicht unter § 121 (PE. I 120).

[486]) § 53 (Anm. 195).

[487]) Entspricht dem § 113.

[488]) Anm. 221. Es kommt nur auf die Verübung im Feld an, nicht

brechen oder Vergehen wider die Sittlichkeit, so ist die Verfolgung der strafbaren Handlung unabhängig von dem Antrage des Verletzten oder einer anderen zum Antrage berechtigten Person.[489])

§ **128.**[490]) Wer im Felde[221]), um Beute[491]) zu machen, sich von der Truppe eigenmächtig entfernt[250]), oder Sachen, welche an sich dem Beuterecht unterworfen sind[492]), eigenmächtig zur Beute macht[493]), wird mit Freiheitsstrafe[85]) bis zu drei Jahren bestraft; zugleich kann auf Versetzung in die zweite Klasse des Soldatenstandes erkannt werden.[244])

Gleiche Strafe trifft denjenigen, welcher rechtmäßig von ihm erbeutetes Gut, das er abzuliefern verpflichtet ist[491]), sich rechtswidrig zueignet.

§ **129.**[494]) Der Plünderung macht sich schuldig, wer im Felde[221]) unter Benutzung des Kriegsschreckens oder unter Mißbrauch seiner militärischen Ueberlegenheit

1. in der Absicht rechtswidriger Zueignung eine Sache der Landeseinwohner[495]) offen[495a]) wegnimmt oder denselben abnöthigt[496]), oder
2. unbefugt Kriegsschatzungen[497]) oder Zwangslieferungen erhebt oder das Maß der von ihm vorzunehmenden Requisitionen[498]) überschreitet, wenn dies des eigenen Vortheils wegen geschieht.[499])

---

darauf, ob die Bestrafung während der Dauer des Feldverhältnisses erfolgt.

[489]) Bezieht sich auf StGB. § 172, 179, 182, 223, 230 (vgl. mit 232), 242 bis 246 (vgl. mit 247), nicht auf § 370[5]. Die Straftaten werden durch § 127 nicht zu militärischen.

[490]) Zust. KrGer. (FB. StGer.) Anm. 290.

[491]) Das Beuterecht kommt ausschließlich dem Staat zu, der jedoch seine Ausübung bestimmten Personen überlassen kann. Eigentümer der Beute wird der Staat. Was Gegenstand des Beuterechts ist, bestimmt sich nach völkerrechtlichen Grundsätzen u. nach den im Kriegsfall hierüber zu erlassenden Vorschriften; ebenso, unter welchen Voraussetzungen von Vorgesetzten die Erlaubnis zum Beutemachen erteilt werden kann.

[492]) Aneignung von Sachen, die an sich dem Beuterecht nicht unterworfen sind, fällt nicht unter § 128, sondern unter die allgemeinen Strafbestimmungen (StGB. § 242ff.) oder unter § 129.

[493]) D. h. ohne die Erlaubnis des zuständigen Vorgesetzten (Anm. 491).

[494]) Zust. KrGer. Anm. 220. — Die Plünderung unterscheidet sich vom Beutemachen (§ 128) hauptsächlich dadurch, daß sie nicht wie letzteres gegen die zum feindlichen Heer gehörigen Personen sich richtet, sondern gegen die Einwohner des feindlichen oder befreundeten Landes. Der Sache nach ist sie Diebstahl, Raub oder Erpressung. StGB. § 242 ff., 249 ff., 253 ff. sind jedoch durch MStGB. § 129—131 ausgeschlossen. — Versuch ist nur im Fall § 133 strafbar.

[495]) Sind diese Deutsche oder Angehörige eines verbündeten Staates, dann Strafschärfung nach § 136.

[495a]) Offen im Gegensatz zu heimlich. Heimlich verübter Diebstahl fällt unter die allgemeinen Strafgesetze.

[496]) D. h. die Hergabe durch Drohungen usw. erzwingt. Bei Anwendung von Gewalt gegen Personen trifft § 133 zu.

[497]) Kriegsschatzungen sind der Bevölkerung in Feindesland auferlegte Vermögensleistungen.

[498]) Requisitionen sind Beitreibungen von Bedürfnissen aller Art für die Truppen.

[499]) Bezieht sich auch auf den ersten der in Abs. 2 genannten Fälle. Beim Mangel eigennütziger Absicht kann nur Disziplinarbestrafung eintreten. Anwen-

§ **130.** Als eine Plünderung[500]) ist es nicht anzusehen, wenn die Aneignung[501]) nur auf Lebensmittel[502]), Heilmittel, Bekleidungsgegenstände, Feuerungsmittel, Fourrage oder Transportmittel sich erstreckt und nicht außer Verhältniß zu dem vorhandenen Bedürfnisse steht.[503])

§ **131.** Die Plünderung wird mit Gefängniß[74]) bis zu fünf Jahren und mit Versetzung in die zweite Klasse des Soldatenstandes bestraft.[281])

§ **132.**[504]) Boshafte oder muthwillige[505]) Verheerung oder Verwüstung[506]) fremder Sachen im Felde[221]) wird mit Freiheitsstrafe[85]) bis zu zwei Jahren, in schweren Fällen[304]) der Plünderung[507]) gleich bestraft.

§ **133.**[508]) Wird die Plünderung oder eine ihr gleich zu bestrafende Handlung unter Gewaltthätigkeit gegen eine Person[509]) begangen, so ist auf Zuchthaus[75]) bis zu zehn Jahren zu erkennen. Ist durch die Gewaltthätigkeit eine schwere Körperverletzung[371]) verursacht[372]) worden, so tritt Zuchthaus nicht unter zehn Jahren und, wenn der Tod eines Menschen verursacht[372]) worden ist, Todesstrafe, in minder schweren Fällen[230]) lebenslängliches Zuchthaus ein.

In gleicher Weise werden die Rädelsführer[276]) bestraft, wenn die That von Mehreren begangen wird.[510]) Diejenigen, welche sich an einer solchen That betheiligen[211]), ohne selbst eine Gewaltthätigkeit gegen eine Person zu begehen, trifft Gefängniß[74]) bis zu zehn Jahren; zugleich ist auf Versetzung in die zweite Klasse des Soldatenstandes zu erkennen.[281])

§ **134.**[511]) Wer im Felde[221]) in der Absicht rechtswidriger Zueignung einem auf dem Kampfplatze gebliebenen Angehörigen der deutschen oder verbündeten Truppen[512]) eine Sache abnimmt, oder einem Kranken

---

dung von Gewalt ist Straferhöhungsgrund (§ 133).

[500]) § 129, 131, 133, 136 (nicht § 132, 134, 135).

[501]) Bezieht sich auf die § 129 Abs. 1 u. 2 genannten Arten der Aneignung. Heimliche Wegnahme der § 130 bezeichneten Gegenstände bleibt also strafbar (Anm. 495). — Die Aufzählung in § 130 ist erschöpfend, läßt also keine Ausdehnung auf andere Gegenstände zu.

[502]) Einschließlich Genußmittel (Getränke, Tabak u. dgl.).

[503]) Maßgebend ist nicht das Bedürfnis des Täters allein, sondern das der Truppe überhaupt, sofern der Täter in deren Interesse handelt.

[504]) Zust. KrGer. (FB. StGer.) Anm. 290.

[505]) Bezeichnet außer der bewußten Widerrechtlichkeit den aus Zerstörungslust, Rachsucht, Übermut u. dgl. entspringenden Beweggrund. Die durch den Kriegszweck gebotene Zerstörung fremden Eigentums hat der Paragraph selbstverständlich nicht im Auge.

[506]) Geringfügige Eigentumsbeschädigungen fallen unter StGB. § 303.

[507]) § 131, 133, 136.

[508]) Gesetzliche Straferhöhungsgründe (MStGO. § 318, 323, 326) — Zust. KrGer. Anm. 220. — Weitere Strafschärfung § 136.

[509]) Hierunter fällt jede gegen eine Person behufs Überwindung ihres Widerstands (nicht auch gegen Sachen) gerichtete Kraftanwendung.

[510]) Es ist bewußtes u. gewolltes Zusammenwirken der Mehreren (mindestens 2) zu einer Tat der Abs. 1 bezeichneten Art erforderlich. Die Rädelsführer sind stets nach Abs. 1 strafbar, auch ohne daß sie sich an der Gewalttätigkeit beteiligt haben.

[511]) Zust. KrGer. Anm. 220.

[512]) Beraubung der gefallenen Feinde kann nur unter § 128 fallen.

oder Verwundeten[513]) auf dem Kampfplatze, auf dem Marsche, auf dem Transporte oder im Lazaret[514]), oder einem seinem Schutze anvertrauten Kriegsgefangenen eine Sache wegnimmt oder abnöthigt[515]), wird mit Zuchthaus[75]) bis zu zehn Jahren, in minder schweren Fällen[230]) mit Gefängniß[74]) bis zu fünf Jahren und Versetzung in die zweite Klasse des Soldatenstandes bestraft[281]); zugleich kann auf Verlust der bürgerlichen Ehrenrechte erkannt werden.[516])

§ **135.**[511]) Wer im Felde[221]) als Nachzügler[517]) Bedrückungen[518]) gegen die Landeseinwohner[495]) begeht, wird wegen Marodirens mit Gefängniß[74]) von sechs Monaten bis zu fünf Jahren bestraft; zugleich kann auf Versetzung in die zweite Klasse des Soldatenstandes erkannt werden.[244])

Wird die Handlung von Mehreren begangen[510]), die sich zur fortgesetzten Bedrückung der Landeseinwohner verbunden haben, oder artet dieselbe in eine Plünderung oder in eine derselben gleich zu bestrafende Handlung[519]) aus, so tritt gegen jeden Betheiligten[211]) Zuchthaus[75]) bis zu zehn Jahren ein.

§ **136.**[508]) Wird eine nach den §§ 129 bis 133 und 135 strafbare Handlung gegen einen Deutschen oder einen Angehörigen eines verbündeten Staats begangen, so ist auf erhöhte Strafe[486]) und, wenn in den allgemeinen Strafgesetzen eine härtere Strafe angedroht ist[520]), auf diese letztere zu erkennen.

Neunter Abschnitt.

Andere widerrechtliche Handlungen gegen das Eigenthum.[521])

§ **137.**[248]) Wer vorsätzlich und rechtswidrig[522]) einen Dienstgegenstand[523]) beschädigt, zerstört oder preisgibt[524]), wird mit Freiheitsstrafe[85])

---

[513]) Gleichgültig, ob Freund oder Feind, Kombattant oder Nichtkombattant.

[514]) Ist die Tat nicht auf dem Kampfplatz usw. verübt, so greifen nur die allg. Strafbestimmung. Platz (StGB. § 242 ff., 249 ff., 253 ff., MStGB. § 138).

[515]) Anm. 496. Ist Gewalt angewandt, so liegt ideales Zusammentreffen mit StGB. § 249 ff., 253 ff. vor.

[516]) Voraussetzungen, Dauer StGB. § 32. Entfernung aus dem Heer als Folge MStGB. § 31 Abs. 1 u. 2[1].

[517]) Nachzügler sind nur solche Mil-Personen, die in der Absicht, die Landeseinwohner zu bedrücken, vom Truppenteil sich entfernt haben oder, nachdem sie zufällig von ihm abgekommen sind, vorsätzlich den Wiederanschluß versäumen.

[518]) Umfaßt jede Belästigung durch unberechtigte Forderungen u. ungebührliche Zumutungen.

[519]) § 129, 132, 133. Auch § 130 ist anwendbar. Ist bei der Plünderung eine Gewalttätigkeit mit einer der § 133 Abs. 1 Satz 2 bezeichneten Folgen verübt, so greifen gegen die hierbei Beteiligten u. die Rädelsführer die höheren Strafen des § 133 Abs. 1 Platz.

[520]) D. h. wenn die allgemeinen StrafG. (namentlich StGB. § 243 ff., 249 ff., 253 ff.) eine härtere Strafe als die in § 131—133, 135 gedrohte (einschließlich der Straferhöhung) zulassen. Die Tat verliert dann die Eigenschaft des militärischen Verbrechens (Anm. 11).

[521]) Beschädigung u. Preisgeben von Dienstgegenständen § 137, militärischer Diebstahl u. Unterschlagung § 138.

[522]) Die Beschädigung usw. muß im Bewußtsein ihrer Widerrechtlichkeit vom Täter gewollt sein. Rechtswidrig ist sie, wenn der Täter nicht durch Gesetz

bis zu zwei Jahren bestraft [525]); in besonders schweren Fällen [304]) kann zugleich auf Versetzung in die zweite Klasse des Soldatenstandes erkannt werden. [244])

§ **138.** [526]) Wer bei Ausübung des Dienstes [214]) oder unter Verletzung eines militärischen Dienstverhältnisses [527]) sich eines Diebstahls [528]) oder einer Unterschlagung [528]) an Sachen schuldig macht, welche ihm ver-

---

oder milit. Vorschrift dazu befugt ist. Fahrlässiges Handeln fällt nicht unter § 137. Vgl. auch § 142.

[523]) Hierunter ist jeder dem Militärfiskus gehörige, mittelbar oder unmittelbar zum dienstlichen Gebrauch (des Täters oder anderer MilPersonen) dienende, bewegliche oder unbewegliche Gegenstand zu verstehen.

[524]) Beschädigung ist jede Einwirkung auf die Sache, durch welche deren Unversehrtheit infolge Beeinträchtigung der Substanz aufgehoben und deren Brauchbarkeit verringert wird. Zerstörung ist die gänzliche Unbrauchbarmachung der Sache für ihre Zweckbestimmung. Preisgeben ist das mindestens die Gefahr des Verlustes für das Ärar in sich schließende bewußte Aufgeben der tatsächlichen Innehabung des Dienstgegenstandes ohne gleichzeitige Übertragung der Verfügungsgewalt an einen Dritten. Hat der Täter wie ein Eigentümer über die Sache verfügt (z. B. durch Verkauf, Verpfändung, Vertauschung, Verschenken), so liegt Unterschlagung (§ 138) vor.

[525]) Ohne Strafantrag § 51. Der Versuch des Vergehens ist strafbar Plen. BeschlRMGer. 17. Mai 01 (I 134).

[526]) Zust. im Fall Abs. 1 KrGer. (FB. StGer.) Anm. 290, Abs. 2 KrGer. Anm. 220. — Bei Verübung vor dem Diensteintritt ist § 138 nicht anwendbar (PE. I 124). — § 55 2 ist bei sämtlichen Vergehungen gegen § 138 Abs. 1 u. 2, auch bei Diebstahl gegen Kameraden usw. ausgeschlossen (PE. I 124, IV 139). — Strafantrag § 51 (Anm. 190). — Der Versuch (StGB. § 43, 44) der Vergehen gegen § 138 (auch Abs. 1) ist strafbar Plen. BeschlRMGer. 17. Mai 01 (I 134). Näheres Anm. 170. — Teilnahme, Begünstigung u. Hehlerei Anm. 172.

[527]) Es ist nicht notwendig die Verletzung eines besonderen, dem Täter durch seine Dienststellung auferlegten Verhältnisses zu der gestohlenen usw. Sache, es genügt vielmehr unter Umständen die Verletzung des allgemeinen durch die bloße Eigenschaft als Person des Soldatenstands bedingten Dienstverhältnisses BeschlRMGer. 21. Apr. 02 (II 291); PE. III 134. Jede rechtswidrige Zueignung fiskalischen Gutes durch einen an Bord Kommandierten enthält die Verletzung eines milit. Dienstverhältnisses (PE. II 165), ebenso die rechtswidrige Zueignung des einem Offiziersburschen vom Offizier oder dessen Ehefrau anvertrauten Haushaltgeldes URMGer. 12. Aug. 02 (III 181). Zur Annahme eines milit. Dienstverhältn. genügt nicht, daß die mil. Eigenschaft des Täters ihm den Anlaß gegeben hat, sich mit einer an sich rein privaten Angelegenheit zu befassen, wohl aber, daß der Täter in seiner dienstlichen Eigenschaft aus Fürsorge für die Mannschaften sich der Behandlung einer Sache unterzogen hat URMGer. 14. März 03 (IV 254).

[528]) Begriff des Diebstahls StGB. § 242, der Unterschlagung StGB. § 246 (Anl. A).

a) Gemeinsam ist beiden Vergehen die rechtswidrige Zueignung einer fremden beweglichen Sache. Der Zueignungswille erfordert die Absicht, unter Ausschluß des Berechtigten wie ein Eigentümer über die Sache zu verfügen URMGer. 4. Okt. 02 (III 285). Absicht sofortiger Vernichtung genügt nicht URGer. 11. Nov. 84 (Straff. XI 239), ebensowenig die Absicht bloßen (nicht dauernden) Gebrauchs, insbesondre bei Wegnahme eines militärärarischen Gegenstands zu bestimmungsgemäßem (wenn auch unbefugten) milit. Gebrauch; anders wenn der Gebrauch ein Verbrauch ist URMGer. 12. Aug. 02 (III 181), PE. I 124. In dem Ableugnen des Besitzes, der Nichtablieferung oder Verheimlichung einer fremden im Gewahrsam des Täters befindlichen Sache kann eine Zueignung liegen, wenn darin der Wille, das Recht des Eigentümers nicht mehr anzuerkennen u. die möge des Dienstes [214]) oder jenes Verhältnisses [527]) zugänglich oder anvertraut sind [529]), wird mit mittlerem oder [91]) strengem Arrest [90]) nicht unter vierzehn Tagen oder mit Gefängniß [74]) bis zu fünf Jahren bestraft; zugleich kann auf Verlust der bürgerlichen Ehrenrechte erkannt werden. [530]) Gleiche Strafe trifft denjenigen, welcher einen Diebstahl [528]) oder eine Unter-

---

Sache der eignen Herrschaft zu unterwerfen, zum Ausdruck kommt URMGer. 4. Nov. 01, 10. April 02 (II 47, 275). Die Zueignung kann auch durch Gestattung der Wegnahme durch einen Dritten erfolgen URGer. 7. Dez. 81 (Straff. V 218). Durch die Ersatzabsicht des Täters in Verbindung mit der durch bereite Mittel gewährleisteten Ausführbarkeit derselben wird die Absicht rechtswidriger Zueignung dann ausgeschlossen, wenn hierdurch in dem Täter das Bewußtsein begründet wird, daß der Eigentümer bei Kenntnis dieser Verhältnisse mit der Zueignung einverstanden sein werde URMGer. 20. Jan. 02 (II 172). — Ob eine Sache eine fremde ist, d. h. im Eigentum eines andern steht, ist nach dem zur Zeit u. am Ort der Tat geltenden bürgerlichen Recht zu beurteilen URMGer. 19. Dez. 01 (II 96). Sachen, welche deren Eigentümer einem andern herauszugeben nur persönlich verpflichtet ist, sind für ihn keine fremden im Sinne StGB. § 242, 246.

b) Diebstahl unterscheidet sich von Unterschlagung dadurch, daß beim Diebstahl die Zueignung durch Wegnahme der Sache aus fremdem Gewahrsam bewirkt wird, während Unterschlagung die rechtswidrige Zueignung einer ohne Wegnahme in Besitz oder Gewahrsam des Täters gelangten Sache ist. Eigentümer u. Gewahrsamsinhaber brauchen beim Diebstahl nicht dieselben Personen zu sein. Der Gewahrsam besteht in der tatsächlichen Gewalt über die Sache; nur eine physische Person (Kompagnie- usw. Chef), nicht auch ein Truppenteil kann Gewahrsam haben URMGer. 19. Dez. 01 (II 96). Durch Entfernung des Inhabers vom Ort, wo die Sache sich befindet, geht der Gewahrsam nicht verloren, dauert vielmehr solange fort, als er den Willen und das physische Vermögen hat, selbst oder durch andre die tatsächliche Herrschaft über die Sache auszuüben, u. zwar auch dann, wenn er keine Kenntnis davon hat, daß sich die Sache noch in demselben Raum befindet, vorausgesetzt nur, daß deren Verbleib nicht völlig aus seinem Gedächtnis entschwunden ist. Ebenso bei verlegten Sachen. In solchen Fällen liegt also nicht Fundunterschlagung, sondern Diebstahl vor URMGer. 10. Sept. 01, 14. April 02 (I 267, II 278). Ebensowenig geht der Gewahrsam des Kompagniechefs an den Kompagniebeständen dadurch verloren, daß er die zeitweilige Benutzung, Beaufsichtigung, Verwendung, Bearbeitung Untergebenen (z. B. dem Schieß-, Kammerunteroffizier) überträgt, noch dadurch, daß ihm zur Zeit das Vorhandensein oder der Aufenthaltsort einer Sache nicht erinnerlich ist. Ebenso bei allen vom Arbeitgeber (MilVerwaltung) dem Arbeiter (auch Soldaten) zur Ausführung einer Arbeit in seinen eignen Räumen übergebnen Sachen. Die Aneignung solcher Sachen ist also Diebstahl, nicht Unterschlagung URMGer. 25. April 01 (I 101), URGer. 16. Mai 85 (Rechtspr. VII 303).

c) Entwendung (d. h. Diebstahl, nicht auch Unterschlagung) von Nahrungs- u. Genußmitteln (nicht auch Putzmaterial) von unbedeutendem Werte oder in geringer Menge zum alsbaldigen Verbrauch fällt lediglich unter StGB. § 370^5 (Anm. 190). — Aneignung verschossener Munition StGB. § 291. Feld-, Forst- u. Holzdiebstahl vgl. die Nr. II 2 Anm. 12^c d. W. genannten preuß. G.

[529]) „Zugänglich" bezieht sich nicht nur auf „Diebstahl", sondern auch auf „Unterschlagung" (PE. II 165^a). Anvertraut sind alle Sachen, welche vermöge des Dienstes oder eines (allgemeinen oder besonderen) Dienstverhältnisses in Obhut u. Gewahrsam des Täters gelangt sind.

[530]) Anm. 516. Auch ohne Aberkennung der bürg. Ehrenrechte ist Versetzung in die 2. Klasse des SoldStandes möglich § 37 Abs. 2^2 (Anm. 140).

schlagung[528]) gegen[531]) einen Vorgesetzten[336]) oder einen Kameraden[402]), gegen seinen Quartierwirth oder eine zu dessen Hausstand gehörige Person begeht.

Ist die Handlung ein Verbrechen im Sinne der allgemeinen Strafgesetze[532]), so ist auf die in diesen Gesetzen angedrohte Strafe zu erkennen.

Zehnter Abschnitt.

Verletzung von Dienstpflichten bei Ausführung besonderer Dienstverrichtungen.[533])

§ 139.[534]) Wer vorsätzlich[535]) unrichtige Dienstatteste[536]) ausstellt oder Rapporte[537]) dienstliche Meldungen oder dienstliche Berichte[538]) un-

[531]) Die Sache muß sich im Eigentum oder wenigstens in Gewahrsam des Kameraden usw. befinden. Auch Diebstahl einer fiskalischen, jedoch im Gewahrsam eines Kameraden usw. befindlichen Sache u. umgekehrt Diebstahl einer im Eigentum des Kameraden usw., jedoch im Gewahrsam eines Dritten (z. B. der Post) stehenden Sache gehört hierher.

[532]) D. h. erschwerter Diebstahl StGB. § 243 oder Diebstahl im Rückfall StGB. § 244, 245 (Anl. A). Auch als Verbrechen bleibt die Tat militärische Straftat (Anm. 11).

[533]) Die im 10. Abschnitt bedrohten strafbaren Handlungen sind: unrichtige Meldungserstattung usw. § 139; passive Bestechung § 140; Pflichtverletzung im Wachdienst § 141; fahrlässige Beschädigung eines Schiffs § 142; Duldung strafbarer Handlungen § 143; Entweichenlassen von Gefangenen § 144; Amtsvergehen von Personen des Soldatenstandes § 145. — Nichtanwendbarkeit dieses Abschn. auf Personen des Beurlaubtenstands im Beurlaubtenverhältnis § 6, auf MilBeamte § 153, 154.

[534]) Zust. KrGer. Anm. 220. — Straferhöhung aus § 55² (während Ausübung des Dienstes) ist bei § 139 nicht zulässig (PE. II 166).

[535]) D. h. im Bewußtsein der Unrichtigkeit des Dienstattestes, der Meldung usw. Fahrlässige Verübung ist nur disziplinär (DStO. § 1¹) strafbar.

[536]) Dienstatteste sind schriftliche Beurkundungen jeder Art, deren Ausstellung in den dienstlichen Wirkungskreis einer Person des Soldatenstands fällt, auch milit. ärztliche Zeugnisse. § 139 schließt den StGB. § 278 aus.

[537]) Rapporte sind regelmäßig zu bestimmten Zeitpunkten zu erstattende Meldungen.

[538]) Die Meldung usw. oder ihre Weitergabe muß zu den besonderen dienstlichen Obliegenheiten des Täters gehören u. zum Dienst (Anm. 44) in irgend welcher Beziehung stehen (Anm. 443). Sie kann schriftlich oder mündlich oder durch Zeichen erfolgen URMGer. 28. April 02 (II 294). — Eine allgemeine dienstliche Verpflichtung des Soldaten, Urlaubsgesuche tatsächlich zu begründen, besteht an sich nicht. Das Anbringen eines mit wissentlich unwahren Tatsachen begründeten Urlaubsgesuchs fällt daher nur dann unter § 139, wenn zur Begründung eine besondere Verpflichtung (auf Grund Befehls) bestand. Gegebenenfalls ist § 90 anwendbar URMGer. 8. Sept. 02 (III 219). Liegt eine Dienstpflicht zur Meldung vor, so trifft § 139 zu, auch wenn die Meldung auf Befragen des Vorgesetzten erstattet ist URMGer. 26. Febr. 03 (IV 241). Meldungen, welche in Verehelichungssachen auf Anordnung der zuständigen Behörde zwecks Klarstellung des Vermögensstands zu erstatten sind, sind dienstliche URMGer. 1. Juli 02 (III 123). — Der mit der Führung der Schießkladde Beauftragte meldet durch Übergabe derselben an den Aufsichtführenden, daß die sämtlichen Eintragungen, soweit sein Wissen u. Wollen reicht, richtig seien; auch das wissentliche Geschehenlassen der Weiterbeförderung der falschen Kladde durch einen Dritten genügt URMGer. 12. Juli 01 (I 209). Übergibt eine zur Kontrolle der Schießliste berufene Person des Soldstandes eine von ihr selbst oder mit ihrem Wissen von einem andern gefälschte Schießliste an die zur Empfangnahme zuständige Stelle, so trifft § 139

richtig abstattet[539]), oder solche wissentlich weiter befördert[540]), wird mit Gefängniß von sechs Monaten bis zu drei Jahren und mit Versetzung in die zweite Klasse des Soldatenstandes bestraft.[282]) In minder schweren Fällen[230]) tritt mittlerer oder[91]) strenger Arrest[90]) oder Gefängniß[74]) oder Festungshaft[74]) bis zu sechs Monaten ein.

§ **140.**[541]) Wer für[542]) eine Handlung[543]), die eine Verletzung einer Dienstpflicht enthält[544]), Geschenke oder andere Vortheile[545]) annimmt, fordert oder sich versprechen läßt[546]), wird wegen Bestechung mit Zuchthaus[75]) bis zu fünf Jahren bestraft. In minder schweren Fällen[230]) tritt Freiheitsstrafe[85]) bis zu drei Jahren ein; auch kann neben dem Gefängniß auf Versetzung in die zweite Klasse des Soldatenstandes erkannt werden.[244])

§ **141.**[547]) Wer als Befehlshaber[548]) einer militärischen Wache, eines

---

zu URMGer. 28. April 02 (II 294). — Die Benutzung gefälschter Erlaubniskarten zum Ausbleiben über den Zapfenstreich fällt nur dann unter § 139, wenn eine besondere Verpflichtung zum Vorweisen der Karte bestand. Benutzung eigentlicher gefälschter Urlaubspässe behufs Erlangung von Militärfahrtaxe ist jedoch Verbrechen im Sinne der StGB. § 263, 267, 268² URMGer. 9. Okt. 01, 16. Juli 02 (II 29; III 141).

[539]) Es muß von der falschen Meldung zum Zwecke der Täuschung des Vorgesetzten (sei es durch Aushändigen oder sonstiges Ermöglichen der Kenntnisnahme) Gebrauch gemacht sein. Bloße Niederschrift einer falschen Meldung genügt noch nicht (so auch bei Führung der Schießkladde) URMGer. 3. Juni 02 (III 79). — Daß der Täter sich durch Meldung der Wahrheit der Gefahr strafgerichtlicher Verfolgung aussetzen würde, macht ihn nicht straflos.

[540]) Unterdrückung einer richtigen Meldung ist, sofern nicht § 117, 147 zutreffen, nur disziplinär strafbar (DStO. § 1¹); ebenso Fälschung einer richtig erstatteten Meldung bei deren Weitergabe, falls der Täter nicht damit selbst eine unrichtige Meldung erstattet.

[541]) Zust. KrGer. Anm. 220. — StGB. § 332 wird durch § 140 ausgeschlossen, nicht aber StGB. § 333 (aktive Bestechung) u. § 335 (Verfallerklärung des Empfangenen) Anm. 9 angef. URMGer. — Versuch ist strafbar (Anm. 170).

[542]) Es muß ein ausdrücklicher Zusammenhang zwischen der Annahme des Vorteils u. der Amtshandlung vorhanden sein, der erkennen läßt, daß der Vorteil die Gegenleistung für die Handlung des Täters bildet URGer. 25. Febr. 89 (Straff. XIX 19).

[543]) Die Handlung (oder Unterlassung) kann eine vergangene oder zukünftige sein. Sie braucht ersterenfalls nicht in Erwartung eines Geschenks vorgenommen zu sein URGer. 19. Nov. 79, 7. Nov. 84 (Straff. II 129; XI 219).

[544]) Verletzung einer Dienstpflicht Anm. 182. Geschenkannahme für eine an sich nicht pflichtwidrige Handlung durch Vorgesetzte fällt unter § 114; unter der Voraussetzung des § 145 ist StGB. § 331 anwendbar. — Der Täter (nicht notwendig auch der Geber) muß sich der Pflichtwidrigkeit der Handlung bewußt sein.

[545]) Geschenk Anm. 445. „Vorteil" umfaßt nicht nur Vermögensvorteile. Die Zuwendung muß seitens des Gebers eine bewußt freiwillige sein.

[546]) Annahme durch Vermittlung Angehöriger usw. genügt, wenn der Anm. § 42 bezeichnete Zusammenhang vorliegt. — Sichversprechenlassen erfordert nur ein Verhalten, woraus das Einverständnis des Täters mit dem versprochenen Geschenk erhellt. — Ausführung der die Gegenleistung für das Geschenk usw. bildenden Handlung des Täters ist zur Vollendung der Tat nicht erforderlich.

[547]) Zust. Abs. 1 StGer. (KrGer.) Anm. 290, Abs. 2 u. 3 KrGer. Anm. 220. — Im Fall des Abs. 1 ist Disziplinarbestrafung zulässig (EG. § 3 Abs. 2¹). — § 55² ist ausgeschlossen (PE. III 135).

Kommandos oder einer Abtheilung[549]) oder wer als Schildwache oder als Posten[550]) in schuldhafter Weise[551]) sich außer Stand setzt, den ihm obliegenden Dienst zu versehen[552]), oder eigenmächtig seinen Posten verläßt[553]) oder sonst den ihm in Bezug auf jenen Dienst ertheilten Vorschriften entgegenhandelt[554]) wird mit mittlerem oder[91]) strengem Arrest[90]) nicht unter vierzehn Tagen, im Felde[221]) mit mittlerem oder strengem Arrest nicht unter drei Wochen oder mit Gefängniß[74]) oder Festungshaft[74]) bis zu zwei Jahren bestraft.

Wird durch die Pflichtverletzung ein Nachtheil[320]) verursacht, so tritt Gefängniß[74]) oder Festungshaft[74]) bis zu drei Jahren, im Felde[221]) Gefängniß oder Festungshaft nicht unter drei Jahren, und wenn dieselbe vor dem Feinde[227]) begangen ist, Todesstrafe, in minder schweren Fällen[230]) Freiheitsstrafe nicht unter zehn Jahren oder lebenslängliche Freiheitsstrafe[85]) ein.

Wird durch die Pflichtverletzung im Felde die Gefahr eines erheblichen Nachtheils[329]) herbeigeführt, so tritt Freiheitsstrafe[85]) nicht unter Einem Jahre, und wenn die Pflichtverletzung vor dem Feinde[227]) begangen ist, Freiheitsstrafe nicht unter zehn Jahren ein.

§ **142.**[555]) Wer durch Fahrlässigkeit in der Wahrnehmung seines Dienstes[556]) eine erhebliche Beschädigung eines Schiffes oder dessen Zu-

---

548) Befehlshaber ist nur der für den betreffenden Dienstbetrieb verantwortliche Kommandierende.

549) Wache § 111 Abs. 2 (Anm. 425 bis 428). Kommando ist die zur Ausführung eines bestimmten milit. Auftrags entsendete Truppenabteilung. Abteilung ist nur die in Ausübung einer besonderen Dienstverrichtung begriffene Abteilung.

550) Posten (gleichbedeutend mit Schildwache) sind diejenigen Wachmannschaften, die im Garnisonwachanzug (Anm. 428) mit der Verpflichtung, die Waffe nicht aus der Hand zu legen, auf einen begrenzten Raum angewiesen sind. Sie sind Ehren- oder Sicherheitsposten GDV. Nr. 2 u. 89. — Stallwachen Anm. 425.

551) Fahrlässigkeit genügt (z.B. Schlafen auf Posten). Begriff derselben Anm. 556.

552) Es genügt, daß eine zuverlässige Dienstverrichtung nicht mehr zu erwarten ist. Ist Trunkenheit der Grund, so liegt ideales Zusammentreffen mit § 151 vor.

553) Bezieht sich auch auf die § 141 genannten Befehlshaber. § 146 wird durch § 141 ausgeschlossen (PE. IV 150). — Eigenmächtig ist vorsätzlich unbefugtes Verlassen. Vorsatz der unerlaubten Entfernung (Anm. 250) ist nicht erforderlich. Liegt er vor, so trifft außerdem § 64 bezw. 66, 69 zu.

554) Unter § 141 fallen nur Verstöße gegen die das Wesen des Wachdienstes betreffenden Vorschriften (GDV. Anl. G Nr. 52 ff., 90 ff. u. die speziellen Wachinstruktionen). Verstöße geringerer Art, Nachlässigkeiten im Anzug u. der milit. Haltung können nach beendetem Wachtdienst durch die mit Disziplinarstrafgewalt beliehenen Offiziere des wachthabenden Truppenteils bestraft werden GDV. Nr. 41.

555) Zust. KrGer. (FV. StGer.) Anm. 290. — § 55² ist ausgeschlossen.

556) Fahrlässigkeit liegt vor, wenn der Täter bei Wahrnehmung seines Dienstes das billigerweise von ihm zu verlangende Maß von Sorgfalt u. Umsicht nicht angewandt hat u. bei Anwendung der pflichtmäßigen Aufmerksamkeit den eingetretenen Erfolg als Folge seines Verhaltens hätte voraussehen können. Ein Zuwiderhandeln gegen reglementäre Bestimmungen ist nicht erforderlich UKMGer. 30. Sept. 01 (II 16). Voraussehbarkeit der besonderen Art und

behörs herbeiführt[557]), wird mit Freiheitsstrafe[85]) bis zu drei Jahren bestraft; in schwereren Fällen[304]) kann zugleich auf Dienstentlassung erkannt werden.[449])

§ **143.**[558]) Wer als Befehlshaber[548]) einer militärischen Wache, eines Kommandos oder einer Abtheilung[549]), oder wer als Schildwache oder als Posten[550]) eine strafbare Handlung[452]) wissentlich begehen läßt, welche er verhindern konnte und zu verhindern dienstlich verpflichtet war[559]), wird ebenso bestraft, als ob die Handlung von ihm selbst begangen wäre.[560])

§ **144.**[561]) Wer einen Gefangenen[298]), dessen Beaufsichtigung, Begleitung oder Bewachung ihm anvertraut ist[562]), vorsätzlich entweichen läßt, oder dessen Befreiung vorsätzlich[522]) bewirkt oder befördert[563]), ingleichen wer eine von seinem Vorgesetzten[336]) ihm befohlene oder eine ihm dienstlich obliegende Verhaftung[564]) vorsätzlich nicht zur Ausführung bringt, wird mit mittlerem oder[91]) strengem Arrest[90]) nicht unter vierzehn Tagen

---

Weise, in welcher der Erfolg im einzelnen Fall eintrat, ist nicht erforderlich URGer. 11. Jan. 01 (Straff. XXXIV 91).

[557]) Schiff § 163. Beschädigung Anm. § 24. Ob solche erheblich ist, ist Tatfrage. — Der wachhabende Offizier ist für diejenige Tätigkeit, welche ihm dienstlich bei der Navigierung des Schiffs obliegt (§ 16 des Kap. II der Bestimmungen an Bord) verantwortlich. Diese Verantwortlichkeit erstreckt sich bezüglich der Folgen über die Wachzeit hinaus URMGer. 12. März 02 (II 224).

[558]) Zuständigkeit richtet sich nach der das Strafmaß bestimmenden Straftat, die wissentlich geduldet wurde. — § 55[2] ist ausgeschlossen (PE. III 135).

[559]) Ob dies der Fall, ist auf Grund der bestehenden Dienstvorschriften u. milit. Grundsätze zu entscheiden. Begeht bei einem Doppelposten der eine Posten eine strafbare Handlung, so ist der andre Posten nur dann zu ihrer Verhinderung verpflichtet, wenn ihm diese Verpflichtung entweder durch die Posteninstruktion ausdrücklich auferlegt ist oder die strafbare Handlung zu denjenigen Handlungen gehört, die der Posten kraft seiner speziellen Instruktion überhaupt zu hindern verpflichtet ist URMGer. 14. Dez. 02 (II 94).

[560]) Er wird nach dem StrafG. bestraft, das auf ihn Anwendung finden würde, wenn er selbst die strafbare Handlung in seiner Eigenschaft als Befehlshaber usw. begangen hätte, also z. B. wenn er die Körperverletzung eines Kameraden durch einen andern duldet, nach MStGB. § 122 vgl. 125 (nicht nach StGB. § 223). Da § 143 eine selbständige militärische Straftat bildet, greift auch hier bezüglich der zulässigen Strafarten das Anm. 454 Gesagte Platz. Straferhöhung nach § 53 tritt hier nur unter den Voraussetzungen des § 55[1] ein.

[561]) Zust. KrGer. (FB. StGer.) Anm. 290. — MilBeamte werden nach StGB. § 347 bestraft, § 153, 154. Landgendarmen Nr. 3 Anm. 3 d. W. — § 144 kann mit § 78 ideal zusammentreffen.

[562]) Es genügt, daß für den Täter eine Pflicht zur Beaufsichtigung usw. des tatsächlich in seine Obhut gelangten Gefangenen besteht. Übergabe desselben zur Beaufsichtigung ist nicht erforderlich URGer. 29. Mai 83, 7. Mai 95 (Straff. VIII 313; XXVII 210).

[563]) Vollendet ist die Tat mit der (wenn auch nur vorübergehenden) tatsächlichen Aufhebung der Gefangenschaft, nicht schon mit der Möglichkeit des Entweichens, solange der Gef. von derselben keinen Gebrauch gemacht hat URGer. 18. Febr. 94 (Straff. XXVI 334). — Versuch ist straflos.

[564]) MStGerO. § 175—184; DStO. § 7 u. sonstige besondre Dienstvorschriften.

oder mit Gefängniß[74]) oder Festungshaft[74]) bis zu fünf Jahren bestraft; auch kann neben Gefängniß auf Versetzung in die zweite Klasse des Soldatenstandes erkannt werden.[244])

Ist die Entweichung des Gefangenen nur durch Fahrlässigkeit[546]) befördert oder erleichtert worden, oder ist die Verhaftung nur aus Fahrlässigkeit unterblieben, so tritt Freiheitsstrafe[85]) bis zu sechs Monaten ein.

§ **145.**[565]) Eine Person des Soldatenstandes[15]), welche bei einem ihr übertragenen Geschäfte der Heeres- oder Marineverwaltung[566]) eine Handlung begeht, welche im Sinne der allgemeinen Strafgesetze ein Verbrechen oder Vergehen im Amte darstellt[567]), ist nach den in jenen Gesetzen für Beamte gegebenen Bestimmungen zu bestrafen.[568])

Elfter Abschnitt.

Sonstige Handlungen gegen die militärische Ordnung.[569])

§ **146.**[570]) Wer ohne Erlaubniß die Wache[549]) oder bei einem Kommando[549]) oder auf dem Marsche seinen Platz[571]) verläßt[572]), wird mit Arrest[339]) bestraft; im Felde[221]) tritt mittlerer oder[91]) strenger Arrest[90]) oder Gefängniß[74]) oder Festungshaft[74]) bis zu sechs Monaten ein.

§ **147.**[573]) Wer die ihm obliegende[574]) Beaufsichtigung seiner Untergebenen[442]) in schuldhafter Weise[551]) verabsäumt, oder wer die ihm ob-

---

[565]) Zust. KrGer. Anm. 220.

[566]) Hierher gehören auch die Geschäfte des Militärgerichtsdienstes. Das Geschäft muß jedoch dem Täter zur selbständigen Besorgung unter eigener Verantwortlichkeit übertragen sein. — Auf Landgendarmen kann § 145 auch in den Bundesstaaten, wo sie dem MStGB. unterstehen, keine Anwendung finden, da sie nicht Geschäfte der Heeresverwaltung zu versehen haben.

[567]) StGB. § 331—359.

[568]) Die Tat bekommt nicht die Eigenschaft einer militärischen Straftat (Anm. 11). Trifft zugleich eine der im MStGB. für Personen des SoldStands gegebnen besonderen Strafbestimmungen zu (z. B. § 119, 138, 140, 144), so liegt ideales Zusammentreffen (StGB. § 73) vor u. wird die Tat zum militärischen Vergehen (bestritten).

[569]) Der 11. Abschnitt behandelt in § 146 das unerlaubte Verlassen der Wache usw., § 147 die schuldhaft versäumte Beaufsichtigung u. vorsätzliche Nichtverfolgung strafbarer Handlungen Untergebner, § 148 die fahrlässige Körperverletzung u. Tötung durch unvorsichtige Behandlung von Waffen u. Munition, § 149 den rechtswidrigen Waffengebrauch, § 150 die Verheiratung ohne dienstliche Genehmigung, § 151 Trunkenheit im Dienst, § 152 verleumderische u. leichtfertige Beschwerdeführung u. Abweichen vom Beschwerdeweg. — Nicht anwendbar sind die Bestimmungen dieses Abschn. auf MilBeamte (§ 153) u. auf nicht im Dienst befindliche Personen des Beurlaubtenstands (§ 6).

[570]) Zust. StGer. (KrGer.) Anm. 248. — Disziplinarbestrafung gemäß EG. § 3 Abs. 2[1] ist zulässig.

[571]) D. h. Reih u. Glied.

[572]) Anm. 553. Auch das in Gemeinschaft mit dem Wachhabenden u. in Kenntnis von dessen pflichtwidrigem Handeln erfolgende unerlaubte Verlassen der Wache fällt unter § 146 (PE. II 167).

[573]) Zust. KrGer. (FB. StGer.) Anm. 290. — Täter können nur direkte d. h. der Dienststellung nach Vorgesetzte (Anl. F unten B II) sein URMGer. 15. Juli 01 (I 232). — Gegen MilBeamte kommt gegebnenfalls StGB. § 346 zur Anwendung.

[574]) Maßgebend sind die allgemeinen u. besonderen Dienstvorschriften, Befehle u. die milit. Grundsätze.

liegende[575]) Meldung oder Verfolgung strafbarer Handlungen[576]) seiner Untergebenen vorsätzlich unterläßt[577]), wird mit Freiheitsstrafe[85]) bis zu sechs Monaten bestraft; gegen Offiziere kann zugleich auf Dienstentlassung erkannt werden.[462])

§ **148.**[578]) Wer durch unvorsichtige Behandlung[579]) von Waffen[580]) oder Munition[581]) einen Menschen körperlich verletzt[582]), wird mit Freiheitsstrafe[85]) bis zu drei Jahren und, wenn der Tod eines Menschen verursacht[572]) worden ist, mit Gefängniß[74]) oder Festungshaft[74]) bis zu fünf Jahren bestraft.

§ **149.**[583]) Wer rechtswidrig[584]) von seiner Waffe[585]) Gebrauch

---

[575]) Anm. 574. Der Kompagnie-Feldwebel (Wachtmeister) ist zur Weitermeldung einer ihm dienstlich gemeldeten Straftat eines der Kompagnie angehörigen Untergebenen verpflichtet u. zwar auch dann, wenn eine wegen der Straftat erhobene Beschwerde zurückgenommen wurde URMGer. 15. Juli 01 (I 232). — Der Vorgesetzte muß dienstlich Kenntnis von der strafbaren Handlung erlangt haben. § 147 ist nicht anwendbar, wenn der Vorgesetzte mit der Anzeige sich selbst einer strafbaren Handlung (z. B. der Teilnahme) bezichtigen müßte URGer. 6. Juni 98 (Straff. XXXI 196).

[576]) Verfolgung ist auch die Bestrafung u. Strafvollstreckung, bei gerichtlich zu verfolgenden Handlungen die MStGerO. § 153, 156, 250 bezeichneten Handlungen; vgl. Anm. 465. — Strafbare Handlungen Anm. 452.

[577]) D. h. im Bewußtsein der ihm obliegenden Meldepflicht. Der Beweggrund ist gleichgültig. Eventueller Vorsatz genügt. Fahrlässige Unterlassung ist nur disziplinär (DStO. § 1[1]) strafbar. — Durch § 117 wird § 147 ausgeschlossen. Dagegen ist ideales Zusammentreffen mit StGB. § 257-259 möglich.

[578]) Zust. im 1. Fall KrGer. (FB. StGer.) Anm. 290, im 2. Fall KrGer. Anm. 220. Strafantrag § 51. — Durch § 148 werden StGB. § 222, 230 ausgeschlossen URMGer. 29. März 02 (II 249). Fahrlässige Körperverletzung u. Tötung, auf welche § 148 nicht zutrifft, ist auch gegen MilPersonen aus StGB. § 222, 230 strafbar. Verletzung einer Berufspflicht im Sinne des Abs. 2 dieser Paragraphen kann bei dem in Erfüllung der gesetzlichen Dienstpflicht begriffenen Soldaten nicht vorliegen URMGer. 29. März 02 (II 244).

[579]) Unvorsichtig ist gleichbedeutend mit fahrlässig (Anm. 556). Behandlung ist nicht nur der bestimmungsgemäße Gebrauch, sondern jedes Einwirken auf die Waffe usw. durch Handeln oder Unterlassen. — Der Geschützführer ist für die gesamte Bedienung seines Geschützes (einschließlich des Entladens nach dem Schießen), der Zugführer für diejenige der ihm unterstellten Geschütze verantwortlich URMGer. 11. Mai u. 15. Juli 01 (I 129, 235). — Der die Schießübungen beaufsichtigende Offizier ist für den gesamten Betrieb des Schießens einschließlich Innehaltung der Sicherheitsmaßregeln verantwortlich. Konkurrierendes Verschulden des Schützen oder der Untergebnen vermag ihn nicht zu entlasten URMGer. 28. März 03 (IV 289).

[580]) Begriff Anm. 212. Auch Geschütze sind Waffen. Fahrlässige Körperverletzung usw. durch nicht zum Dienstgebrauch bestimmte Waffen (z. B. Jagdgewehr) fällt nicht unter § 248 (Anm. 579).

[581]) Nur dienstliche Munition (einschließlich Zielmunition), auch dann, wenn sie in eine Privatwaffe geladen ist, gehört hierher.

[582]) Begriff Anm. 475, 476.

[583]) Zust. KrGer. Anm. 220. — § 149 enthält (im Unterschied von dem Straferhöhungsgrund der Verübung „unter Mißbrauch der Waffe" § 55[2]) ein selbständiges militärisches Vergehen (Anm. 11). Anwendbarkeit des § 75 Anm. 210.

[584]) Rechtswidrig ist der Waffengebrauch, wenn er weder durch die Soldatenpflicht noch durch gesetzliche Bestimmung gerechtfertigt ist. Solche gesetzliche Bestimmungen enthalten StGB. § 53, 54, MStGB. § 47, 124,

macht[586]), oder einen Untergebenen[442]) zum rechtswidrigen Waffengebrauche auffordert, wird vorbehaltlich der verwirkten höheren Strafe[587]) mit Gefängniß[74]) oder Festungshaft[74]) bis zu Einem Jahre bestraft.

§ **150.**[588]) Wer ohne die erforderliche dienstliche Genehmigung[589]) sich verheirathet, wird mit Festungshaft[74]) bis zu drei Monaten bestraft; zugleich kann auf Dienstentlassung erkannt werden.[374])

---

preuß. G. über den Waffengebrauch 20. März 37 (GS. 60) Anlage J, nebst V. 17. Aug. 35 (GS. 170) § 8—10, Unteranlage J 2 (inhaltlich hiermit übereinstimmend preuß. Vorschrift über den Waffengebrauch 23. März 99 u. GDV. Nr. 134, 135).

585) Unter Waffe ist hier (im Unterschied von § 55², 148) nur die Waffe zu verstehen, welche der Soldat als solcher zu tragen berechtigt ist, gleichviel ob sie ihm eigentümlich gehört oder einem Kameraden u. ob sie ihm oder einem Kameraden zum dienstlichen Gebrauch überlassen ist URMGer. 15. Jan., 29. März 02 (II 166, 244).

586) Gebrauchmachen (im Unterschied von Mißbrauch der Waffe Anm. 212) ist ein Benutzen der Waffe in solcher Weise, wie sie bestimmungsmäßig u. der Unterweisung gemäß benutzt werden soll (z. B. der Klinge zu scharfem Zuschlagen, des Gewehrs zum Schießen). Es kommt hierbei nur auf die Absicht des Täters an, nicht darauf, ob der Erfolg seiner Absicht entspricht (ob er also z. B. flach getroffen hat, wenn er scharf schlagen wollte). Der Waffengebrauch im Sinne des § 149 kann sich nur gegen Personen richten URMGer. 21. Mai u. 14. Juli 02 (III 40, 137). Bloßes Ziehen oder Drohen mit der Waffe genügt nicht. Andrerseits ist nicht erforderlich, daß der Schlag usw. getroffen hat. Das Ausholen zum Schlag ist nur dann Gebrauchmachen, wenn die Absicht des Scharfschlagens vorliegt (PE. IV 149). Der Absicht, die Waffe bestimmungsgemäß zu gebrauchen, steht Eventualvorsatz gleich (z. B. wenn es dem Täter beim Zuschlagen mit blanker Klinge gleich war, ob er flach oder scharf zuschlug) angef. URMGer. (III 137). — Der rechtswidrige Waffengebrauch kann nur mit vorsätzlicher Körperverletzung (StGB. § 223a—226), nicht auch mit fahrlässiger Körperverletzung (StGB. § 230) ideal zusammentreffen, (PE. VI 149). — Vollendeter Waffengebrauch kann auch dann vorliegen, wenn bezüglich des vom Täter bezweckten weiteren strafbaren Erfolgs (Körperverletzung, Tötung) nur ein (strafbarer oder strafloser) Versuch vorliegt.

587) Hieraus folgt, daß im Fall des idealen Zusammentreffens (StGB. § 73) eines anderen Vergehens (insbesondere StGB. § 223a) mit dem rechtswidrigen Waffengebrauch stets, auch wenn dieses andere Gesetz ein niedrigeres Mindestmaß als § 149 zuläßt, auf Gefängnis oder Festungshaft (nicht unter 43 Tagen § 17) erkannt werden muß (Ausnahmevorschrift von StGB. § 73). Bei Körperverletzung unter rechtswidrigem Waffengebrauch darf also auch im Fall der Annahme mildernder Umstände (StGB. § 223a, 228) das Strafmindestmaß des § 149 nicht unterschritten werden, während bei Ausschluß mildernder Umstände das Mindestmaß des StGB. § 223a (2 Monate Gefängnis) Platz greift URMGer. 12. Juli u. 9. Sept. 01 (I 216, II 24). — Strafaufschub u. Vorlage der Akten behufs Begnadigung Nr. II 2 Anm. 968a d. W.

588) Zust. KrGer. Anm. 220. — § 150 ist nicht anwendbar auf MilBeamte u. Personen des Beurlaubtenstandes (Anm. 571). Vorläufig in die Heimat beurlaubte Rekruten u. Freiwillige, die sich ohne die nach RMG. § 60⁴, 61 erforderliche Genehmigung verheiraten, sind höchstens disziplinär strafbar.

589) Wie weit solche erforderlich u. von wem sie erteilt wird, ergibt die AV. über das Heiraten der MilPersonen des Heeres u. der Preuß. Landgendarmerie 25. Mai 02 A 1, 2, 6, 7, 14 Anlage K u. Organisationsbestimmungen für die Marine 26. Juni 99 § 8, 20 Anlage L.

Auf die Rechtsgültigkeit der geschlossenen Ehe ist der Mangel der dienstlichen Genehmigung ohne Einfluß.[590]

§ **151.**[248] Wer im Dienste[334] oder, nachdem er zum Dienste befehligt worden[591] sich durch Trunkenheit zur Ausführung seiner Dienstverrichtung untauglich macht[592], wird mit mittlerem oder[91] strengem Arrest[90] oder mit Gefängniß[74] oder Festungshaft[74] bis zu Einem Jahre bestraft; zugleich kann auf Dienstentlassung erkannt werden.[462]

§ **152.**[593] Wer wider besseres Wissen[594] eine auf unwahre Behauptungen[595] gestützte Beschwerde[596] anbringt, wird mit Freiheitsstrafe[85] bis zu Einem Jahre bestraft.

Wer wiederholt und leichtfertig[597] auf unwahre Behauptungen[595] gestützte Beschwerden[596a] oder wer eine Beschwerde unter Abweichung von dem vorgeschriebenen Dienstwege[597] einbringt, wird mit Arrest[339] bestraft.

---

[590] Die Vorschrift hat nur die Bedeutung eines aufschiebenden Ehehindernisses BGB. § 1315 vgl. 1323, 1330, G. 6. Febr. 75 (RGB. 23), § 38, 48.

[591] D. h. nachdem er von seiner Befehligung Kenntnis erhalten hatte. Schon vorher vorhandene u. nur nach der Kommandierung weiter wirkende Trunkenheit fällt nicht unter § 151. — Trunkenheit außer Dienst ist reines Disziplinarvergehen (PE. II 157, Anm. 350).

[592] Anm. 552. Fahrlässigkeit genügt.

[593] Zust. KrGer. (FB. StGer.). Anm. 290. — Personen des Beurlaubtenstandes unterliegen dem § 152 nur, solange sie im Dienst sind § 6. Dagegen können sie auch im Beurlaubtenverhältnis nicht nur wegen Anbringung von Beschwerden unter Abweichung vom vorgeschriebenen Dienstweg (DStO. § 27[1b]), sondern auch wegen leichtfertiger oder wider besseres Wissen auf unwahre Behauptungen gestützter Beschwerdeführung im Disziplinarweg bestraft werden Beschwerde-O. f. d. H. **I** I A 7 u. 15, B 4; **II** I 6 u. 8, II 8; DStO. § 53 Abs. 2. — Mit § 152 Abs. 1 können StGB. § 164, 187, MStGB. § 91 ideal zusammentreffen. — Vgl. auch § 101.

[594] D. h. mit dem Bewußtsein der Unrichtigkeit der behaupteten Tatsachen. Zweifel an der Richtigkeit oder die Ueberzeugung von der Nichtbeweisbarkeit der Tatsachen genügt nicht, auch nicht, daß der Täter schuldhafterweise sich kein „besseres Wissen" verschafft hat, in welchem Fall nur Leichtfertigkeit vorliegt.

[595] Es muß der Beweis der Unwahrheit erbracht sein; mangelnder Beweis der Wahrheit genügt nicht. — Auf solche Behauptungen gestützt ist die Beschwerde, wenn diese die Sache selbst betreffen, also den Grund enthalten, weshalb der Beschwerdeführer sich angeblich verletzt fühlt (PE. III 138).

[596] Hierunter sind hier nur eigentliche Beschwerden im Sinne der Beschwerdeordnungen (Anl. H u. H1), nicht auch bloße Anzeigen strafbarer Handlungen (MStGerO. § 151) zu verstehen. Bei letzteren können nur StGB. § 164, 187, MStGB. § 91 Anwendung finden.

[596a] Leichtfertig handelt der Täter, wenn er sich bei sorgfältiger Prüfung von der Unwahrheit seiner Behauptungen hätte überzeugen können u. sollen. Wiederholt bedeutet, daß der Täter schon einmal leichtfertig oder wider besseres Wissen eine unwahre Beschwerde angebracht hat. Die erstmalige leichtfertige Beschwerdeführung kann nur im Disziplinarwege bestraft werden Beschwerde-O. f. d. H. **I** I A 7, B 4; **II** I 6, II 8.

[597] Beschwerde-O. f. d. H. **I** I A 8—10, 14, **II** I 2 u. 7. Nichteinhaltung der vorgeschriebenen Fristen fällt nicht unter § 152, ist aber disziplinär strafbar Beschwerde-O. **I** I B 4 Abs. 3, **II** II 8 Abs. 3. — Derjenige, der sich zu schriftlicher Beschwerdeführung der Vermittelung einer Zivilperson bedient, fällt unter Abs. 2. Die ZivilPers. muß jedoch mit seinem Wissen und Willen handeln.

Zweiter Titel.

Militärische Verbrechen und Vergehen der Militärbeamten.[164])

§ **153**. Ein Militärbeamter[16]), welcher sich im Felde[221]) einer der in dem ersten bis dritten, dem sechsten und achten Abschnitt des ersten Titels bezeichneten strafbaren Handlungen schuldig macht, wird nach den daselbst für Personen des Soldatenstandes gegebenen Bestimmungen bestraft; statt auf Versetzung in die zweite Klasse des Soldatenstandes ist auf Amtsverlust zu erkennen.[598])

§ **154**. Andere Pflichtverletzungen der Militärbeamten sind nach den allgemeinen, für Beamte geltenden Vorschriften zu beurtheilen.[599])

Dritter Titel.

Strafbestimmungen für Personen, welche den Militärgesetzen nur in Kriegszeiten unterworfen sind.[600])

§ **155**. Während eines gegen das Deutsche Reich ausgebrochenen Krieges[601]) sind alle Personen, welche sich in irgend einem Dienst- oder Vertragsverhältnisse bei dem kriegführenden Heere befinden, oder sonst sich bei demselben aufhalten oder ihm folgen[602]), den Strafvorschriften dieses Gesetzes, insbesondere den Kriegsgesetzen[31]) unterworfen.[603])

§ **156**. Neben einer jeden Freiheitsstrafe[195]), welche gegen eine Person verhängt wird, die sich zu den Truppen in einem Dienst- oder Vertragsverhältnisse befindet, kann zugleich auf Aufhebung dieses Verhältnisses erkannt werden.[604])

§ **157**. Ausländische Offiziere, welche zu dem kriegführenden Heere zugelassen sind, werden, wenn der Kaiser nicht etwa besondere Bestim-

---

[598]) Anm. 165, 166. An Stelle einer gegen Offiziere angedrohten Dienstentlassung kann nicht auf Amtsverlust erkannt werden. Entfernung aus dem Amt ist in solchen Fällen nur im Disziplinarverfahren möglich (Nr. III 2 Anl. C d. W.).

[599]) StGB. § 331—359, DStO. § 32—37 u. die Nr. III 2 Anl. C d. W. abgedruckten GBestimmungen.

[600]) Der 3. Titel unterwirft in Kriegszeiten:
a) den Strafbestimmungen des MStGB. das sog. Gefolge des kriegführenden Heeres (§ 155—157), die Kriegsgefangenen (§ 158, 159), Ausländer u. Deutsche überhaupt wegen gewisser auf dem Kriegsschauplatz verübter Straftaten (§ 160);
b) den allgemeinen StrafG. alle Ausländer u. Deutschen im Ausland unter den Voraussetzungen des § 161 (Ausnahme von StGB. § 4). — Milgerichtsbarkeit über diese Personen MStGerO. § 1³, 5⁴ (Nr. II 2 d. W.).

[601]) Nicht schon mit der Mobilmachung (§ 9), sondern erst mit dem tatsächlichen Ausbruch des Krieges (Kriegserklärung, feindlicher Einfall usw.).

[602]) Z. B. Zivilbeamte der MilVerwaltung, Marketender, freiwillige Krankenpfleger, Kriegskorrespondenten, Händler u. dergl. — Disziplinarstrafgewalt über solche Personen DStO. § 2³, 38.

[603]) Auf welche Arrestart zu erkennen ist, bleibt dem richterlichen Ermessen überlassen.

[604]) Übergang der Strafvollstreckung § 15 Abs. 3.

mungen getroffen hat, nach den für Deutsche Offiziere geltenden Vorschriften[605]) beurtheilt.

Auf das Gefolge solcher Offiziere findet die Vorschrift des § 155 Anwendung.

§ **158**. Auf strafbare Handlungen eines Kriegsgefangenen[606]) finden nach Maßgabe seines Militärranges[607]) die Vorschriften dieses Gesetzes entsprechende Anwendung.[608])

§ **159**.[609]) Ein Kriegsgefangener, welcher unter Bruch des gegebenen Ehrenwortes entweicht[610]) oder, auf Ehrenwort entlassen, die gegebene Zusage bricht[611]), wird mit dem Tode bestraft.

Dieselbe Strafe trifft denjenigen, welcher den Bedingungen, unter denen er aus der Kriegsgefangenschaft entlassen, vor Beendigung des Krieges entgegenhandelt.

§ **160**.[609]) Ein Ausländer oder Deutscher[612]), welcher während eines gegen das Deutsche Reich ausgebrochenen Krieges[601]) auf dem Kriegsschauplatze[613]) sich einer der in den §§ 57 bis 59 und 134 vorgesehenen Handlungen schuldig macht, ist nach den in diesen Paragraphen gegebenen Bestimmungen zu bestrafen.

§ **161**. Ein Ausländer oder Deutscher[612]), welcher in einem von Deutschen Truppen besetzten ausländischen Gebiete gegen Deutsche Truppen oder Angehörige derselben oder gegen eine auf Anordnung des Kaisers eingesetzte Behörde eine nach den Gesetzen des Deutschen Reichs strafbare Handlung begeht[614]), ist ebenso zu bestrafen, als wenn diese Handlung von ihm im Bundesgebiete begangen wäre.

---

[605]) Sowohl des allgemeinen als des MilStrafrechts. — Offiziere, die diplomatische Vertreter ihres Staats sind, bleiben exterritorial, fallen also nicht unter § 157.

[606]) Kriegsgefangen sind nur die in Gefangenschaft geratenen Angehörigen des feindlichen Heeres (nicht auch festgenommene Zivilpersonen, die nicht zum Heer gehören).

[607]) Der Militärrang ist nur für die zu verhängende Strafart maßgebend. Ein Vorgesetztenverhältnis zwischen den Kriegsgefangenen im Sinne des MStGB. besteht nur insoweit, als ein Kriegsgefangener von der deutschen MilBehörde ausdrücklich zum Vorgesetzten bestellt wurde.

[608]) Auch MStGB. § 3. Dagegen finden die Bestimmungen des MStGB., die begrifflich ein Dienstpflichtverhältnis des Täters voraussetzen (z. B. § 69—76, 81—88) keine Anwendung. Ebensowenig kann auf militärische Ehrenstrafen erkannt werden (wohl aber auf bürgerliche). — Disziplinarstrafgewalt DStO. § 2⁴, 38.

[609]) Zust. KrGer. Anm. 220.

[610]) D. h. in der Absicht, sich der Kriegsgefangenschaft zu entziehen, sich eigenmächtig aus dem Internierungsort entfernt (Anm. 250). Liegt diese Absicht oder ein gegebenes Ehrenwort nicht vor, so greifen § 64, 79 Platz.

[611]) Z. B. die Zusage, während der Dauer des Krieges nicht mehr ins feindliche Heer einzutreten.

[612]) D. h. Deutsche u. Nichtdeutsche, die in keiner Beziehung zum deutschen Heer stehen, gleichviel, ob Untertanen des feindlichen Staates oder nicht.

[613]) Kriegsschauplatz ist der gesamte Flächenraum, auf den sich die kriegerischen Operationen erstrecken.

[614]) Es sind hier nur die allgemeinen StrafG. gemeint, da die Mil-

Vierter Titel.

Zusatzbestimmungen für die Marine.

§ **162**. Von den in diesem Gesetze den Verhältnissen des Heeres entlehnten Ausdrücken sind für die Marine als gleichbedeutend zu betrachten:

Heer als gleichbedeutend mit Marine oder Flotte;
Truppe als gleichbedeutend mit Schiff;
Befehlshaber einer militärischen Wache als gleichbedeutend mit Offizier der Wache[615]);
Militärische Kokarde als gleichbedeutend mit dem entsprechenden Abzeichen in der Marine[616]);
Stubenarrest als gleichbedeutend mit Kammerarrest[94]);
Wohnung als gleichbedeutend mit Kammer.

§ **163**. Unter Schiff im Sinne dieses Gesetzes ist jedes Fahrzeug der Marine zu verstehen, auf welchem ein militärischer Befehlshaber nebst Besatzung eingeschifft ist.

§ **164**. Als mobiler Zustand[32]) gilt in der Marine der Kriegszustand eines Schiffes. Als im Kriegszustande befindlich ist jedes Schiff der Marine zu betrachten, welches außerhalb der heimischen Gewässer[256]) allein fährt.[617])

Für die am Lande befindlichen Militärpersonen der Marine tritt im Sinne dieses Gesetzes die Mobilmachung unter denselben Voraussetzungen ein, wie für die Militärpersonen des Heeres.

§ **165**. Als vor dem Feinde[38]) befindlich zu betrachten ist ein Schiff, so lange in Gewärtigung eines Zusammentreffens mit dem Feinde ein oder mehrere Geschütze des Schiffes scharf geladen sind.

StrafG. auch bei Verübung in deutschem Gebiet auf diese Personen keine Anwendung finden würden (Ausnahme § 160). — Angehörige deutscher Truppen sind deren Familien u. sonstige Hausgenossen.

615) Oder wachhabender Offizier (Anm. 557).

616) AO. 28. Jan. 73 (MVB. 17) u. AO. 15. April 84 (MVB. 73).

617) AO. 13. Mai 02 (MVB. 157):

1. Als alleinfahrend ist jedes Schiff zu betrachten, solange es nicht diese Eigenschaft infolge der Bestimmungen zu 2 verliert.

2. Es verliert diese Eigenschaft:

a) sobald u. solange es sich mit einem andern deutschen Kriegsschiff im Hafen oder in See zusammenbefindet,

b) sobald es in einen Verband getreten ist, vom Tage des Eintritts bis zum Tage des Austritts,

c) sobald es die Station, auf welche es verwiesen ist, erreicht hat, für die Zeit, während welcher es sich auf dieser Station befindet.

3. Der Zeitpunkt, mit dem ein Schiff beginnt oder aufhört als „allein fahrend" zu gelten, ist im Logbuch zu vermerken, der Besatzung bei der nächsten Musterung bekannt zu machen u. im nächsten Reisebericht zu melden. Ebenso ist im Logbuch anzugeben, daß dieser Zeitpunkt der Besatzung bekannt gemacht ist.

§ **166.** Außer den Militärpersonen sind die Angestellten des Schiffes den Militärstrafgesetzen unterworfen.[618])

Andere am Borde des Schiffes dienstlich eingeschiffte Personen unterliegen den Kriegsgesetzen[31]), so lange das Schiff sich im Kriegszustande befindet.[619])

Anlagen zum Militärstrafgesetzbuch.

Anlage A (zu Anmerkung 6a).

Strafgesetzbuch für das Deutsche Reich. Vom 15. Mai 1871. (RGB. 127.)[1]) (Auszug.)[2])

Einleitende Bestimmungen.

§ **1.**[3]) Eine mit dem Tode, mit Zuchthaus oder mit Festungshaft von mehr als fünf Jahren bedrohte Handlung ist ein Verbrechen.

Eine mit Festungshaft bis zu fünf Jahren, mit Gefängniß oder mit Geldstrafe von mehr als einhundertfünfzig Mark bedrohte Handlung ist ein Vergehen.

Eine mit Haft oder mit Geldstrafe bis zu einhundertfünfzig Mark bedrohte Handlung ist eine Uebertretung.

§ **2.** Eine Handlung kann nur dann mit einer Strafe belegt werden, wenn diese Strafe gesetzlich bestimmt war, bevor die Handlung begangen wurde.

Bei Verschiedenheit der Gesetze von der Zeit der begangenen Handlung bis zu deren Aburtheilung ist das mildeste Gesetz anzuwenden.

---

[618]) Die Schiffsangestellten (Köche, Kellner u. Barbiere) gelten jetzt als Personen des Soldatenstandes Marineordnung 12. Nov. 94 § 37 u. 37a.

[619]) § 164. — MilGerichtsbarkeit MStGerO. § 18.

[1]) Jetzige Fassung vom 26. Febr. 76 (RGB. 39). Weitere Ergänzungen durch G. 24. Mai 80 (RGB. 109) betr. § 302a—d, 360[12]; G. 5. April 88 (RGB. 133) betr. § 184; G. 13. Mai 91 (RGB. 107) betr. § 276, 317, 318, 360[4], 364, 367[5a]; G. 26. März 93 (RGB. 133) betr. § 69; G. 19. Juni 93 (RGB. 197) betr. § 302a—e, 367[16]; G. 3. Juli 93 (RGB. 205) betr. § 89, 90; G. 12. März 94 (RGB. 259) betr. § 361[10]; EG. z. BGB. (RGB. 604) Art. 34 betr. § 34, 55, 65, 145[a], 171, 195, 235, 237, 238; G. 17. Mai 98 (RGB. 247) betr. § 281—283, G. 27. Dez. 99 (RGB. 729) betr. § 316; G. 25. Juni 00 (RGB. 301) betr. § 180ff., 362; G. 12. Mai 01 (RGB. 169) § 108 betr. § 360.

[2]) Aufgenommen sind: Die Bestimmungen des allgemeinen Teils, soweit sie nach dem Nr. 2 Anm. 6a, 8 Gesagten für das MilStrafrecht Bedeutung haben, vom besonderen Teil nur diejenigen Bestimmungen, die im MStGB. nebst Anm. entweder ausdrücklich in Bezug genommen oder zu dessen Verständnis unentbehrlich sind. Auf Erläuterung dieser Bestimmungen mußte nach dem Zweck d. W. verzichtet werden.

[3]) MStGB. § 1.

§ 3. Die Strafgesetze des Deutschen Reichs finden Anwendung auf alle im Gebiete desselben begangenen strafbaren Handlungen, auch wenn der Thäter ein Ausländer ist.

§ 4.[4]) Wegen der im Auslande begangenen Verbrechen und Vergehen findet in der Regel keine Verfolgung statt.

Jedoch kann nach den Strafgesetzen des Deutschen Reichs verfolgt werden:

1. ein Deutscher oder ein Ausländer, welcher im Auslande eine hochverrätherische Handlung gegen das Deutsche Reich oder einen Bundesstaat, oder ein Münzverbrechen, oder als Beamter des Deutschen Reichs oder eines Bundesstaats eine Handlung begangen hat, die nach den Gesetzen des Deutschen Reichs als Verbrechen oder Vergehen im Amte anzusehen ist;
2. ein Deutscher, welcher im Auslande eine landesverrätherische Handlung gegen das Deutsche Reich oder einen Bundesstaat oder eine Beleidigung gegen einen Bundesfürsten begangen hat;
3. ein Deutscher, welcher im Auslande eine Handlung begangen hat, die nach den Gesetzen des Deutschen Reichs als Verbrechen oder Vergehen anzusehen und durch die Gesetze des Orts, an welchem sie begangen wurde, mit Strafe bedroht ist.

   Die Verfolgung ist auch zulässig, wenn der Thäter bei Begehung der Handlung noch nicht Deutscher war. In diesem Falle bedarf es jedoch eines Antrages der zuständigen Behörde des Landes, in welchem die strafbare Handlung begangen worden, und das ausländische Strafgesetz ist anzuwenden, soweit dieses milder ist.

§ 5. Im Falle des § 4 Nr. 3 bleibt die Verfolgung ausgeschlossen, wenn

1. von den Gerichten des Auslandes über die Handlung rechtskräftig erkannt und entweder eine Freisprechung erfolgt oder die ausgesprochene Strafe vollzogen,
2. die Strafverfolgung oder die Strafvollstreckung nach den Gesetzen des Auslandes verjährt oder die Strafe erlassen, oder
3. der nach den Gesetzen des Auslandes zur Verfolgbarkeit der Handlung erforderliche Antrag des Verletzten nicht gestellt worden ist.

§ 6. Im Auslande begangene Uebertretungen sind nur dann zu bestrafen, wenn dies durch besondere Gesetze oder durch Verträge angeordnet ist.

§ 7. Eine im Auslande vollzogene Strafe ist, wenn wegen derselben Handlung im Gebiete des Deutschen Reichs abermals eine Verurtheilung erfolgt, auf die zu erkennende Strafe in Anrechnung zu bringen.

---

[4]) MStGB. § 7, 160—161

§ **8.** Ausland im Sinne dieses Strafgesetzes ist jedes nicht zum Deutschen Reich gehörige Gebiet.

§ **9.** Ein Deutscher darf einer ausländischen Regierung zur Verfolgung oder Bestrafung nicht überliefert werden.

§ **10.**[5]) Auf deutsche Militärpersonen finden die allgemeinen Strafgesetze des Reichs insoweit Anwendung, als nicht die Militärgesetze ein Anderes bestimmen.

§ **11.** Kein Mitglied eines Landtags oder einer Kammer eines zum Reich gehörigen Staats darf außerhalb der Versammlung, zu welcher das Mitglied gehört, wegen seiner Abstimmung oder wegen der in Ausübung seines Berufes gethanen Aeußerung zur Verantwortung gezogen werden.

§ **12.** Wahrheitsgetreue Berichte über Verhandlungen eines Landtags oder einer Kammer eines zum Reich gehörigen Staats bleiben von jeder Verantwortlichkeit frei.

Erster Theil.

Von der Bestrafung der Verbrechen, Vergehen und Uebertretungen im Allgemeinen.

Erster Abschnitt.

Strafen.

§ **13.**[6]) Die Todesstrafe ist durch Enthauptung zu vollstrecken.

§ **14.** Die Zuchthausstrafe ist eine lebenslängliche oder eine zeitige.

Der Höchstbetrag der zeitigen Zuchthausstrafe ist fünfzehn Jahre, ihr Mindestbetrag Ein Jahr.

Wo das Gesetz die Zuchthausstrafe nicht ausdrücklich als eine lebenslängliche androht, ist dieselbe eine zeitige.

§ **15.** Die zur Zuchthausstrafe Verurtheilten sind in der Strafanstalt zu den eingeführten Arbeiten anzuhalten.

Sie können auch zu Arbeiten außerhalb der Anstalt, insbesondere zu öffentlichen oder von einer Staatsbehörde beaufsichtigten Arbeiten verwendet werden. Diese Art der Beschäftigung ist nur dann zulässig, wenn die Gefangenen dabei von anderen freien Arbeitern getrennt gehalten werden.

§ **16.**[7]) Der Höchstbetrag der Gefängnißstrafe ist fünf Jahre, ihr Mindestbetrag Ein Tag.

Die zur Gefängnißstrafe Verurtheilten können in einer Gefangenanstalt auf eine ihren Fähigkeiten und Verhältnissen angemessene Weise beschäftigt werden; auf ihr Verlangen sind sie in dieser Weise zu beschäftigen.

---

[5]) MStGB. § 3.
[6]) MStGB. § 14, 45.
[7]) MStGB. § 15, 16, 17 Abs. 1, 45.

Eine Beschäftigung außerhalb der Anstalt (§ 15) ist nur mit ihrer Zustimmung zulässig.

§ **17.**[7]) Die Festungshaft ist eine lebenslängliche oder eine zeitige.

Der Höchstbetrag der zeitigen Festungshaft ist fünfzehn Jahre, ihr Mindestbetrag Ein Tag.

Wo das Gesetz die Festungshaft nicht ausdrücklich als eine lebenslängliche androht, ist dieselbe eine zeitige.

Die Strafe der Festungshaft besteht in Freiheitsentziehung mit Beaufsichtigung der Beschäftigung und Lebensweise der Gefangenen; sie wird in Festungen oder in anderen dazu bestimmten Räumen vollzogen.

§ **18.** Der Höchstbetrag der Haft ist sechs Wochen, ihr Mindestbetrag Ein Tag.

Die Strafe der Haft besteht in einfacher Freiheitsentziehung.

§ **19.** Bei Freiheitsstrafen wird der Tag zu vierundzwanzig Stunden, die Woche zu sieben Tagen, der Monat und das Jahr nach der Kalenderzeit gerechnet.

Die Dauer einer Zuchthausstrafe darf nur nach vollen Monaten, die Dauer einer anderen Freiheitsstrafe nur nach vollen Tagen bemessen werden.

§ **20.** Wo das Gesetz die Wahl zwischen Zuchthaus und Festungshaft gestattet, darf auf Zuchthaus nur dann erkannt werden, wenn festgestellt wird, daß die strafbar befundene Handlung aus einer ehrlosen Gesinnung entsprungen ist.

§ **21.** Achtmonatliche Zuchthausstrafe ist einer einjährigen Gefängnißstrafe, achtmonatliche Gefängnißstrafe einer einjährigen Festungshaft gleich zu achten.[8])

§ **22.** Die Zuchthaus- und Gefängnißstrafe können sowohl für die ganze Dauer, wie für einen Theil der erkannten Strafzeit in der Weise in Einzelhaft vollzogen werden, daß der Gefangene unausgesetzt von anderen Gefangenen gesondert gehalten wird.

Die Einzelhaft darf ohne Zustimmung des Gefangenen die Dauer von drei Jahren nicht übersteigen.

§ **23.**[9]) Die zu einer längeren Zuchthaus- oder Gefängnißstrafe Verurtheilten können, wenn sie drei Viertheile, mindestens aber Ein Jahr der ihnen auferlegten Strafe verbüßt, sich auch während dieser Zeit gut geführt haben, mit ihrer Zustimmung vorläufig entlassen werden.

§ **24.**[9]) Die vorläufige Entlassung kann bei schlechter Führung des Entlassenen oder, wenn derselbe den ihm bei der Entlassung auferlegten Verpflichtungen zuwiderhandelt, jederzeit widerrufen werden.

Der Widerruf hat die Wirkung, daß die seit der vorläufigen Ent-

---

[8]) MStGB. § 17 Abs. 2.

[9]) MStVB. (Anl. D) § 41.

lassung bis zur Wiedereinlieferung verflossene Zeit auf die festgesetzte Strafdauer nicht angerechnet wird.

§ **25.**[9]) Der Beschluß über die vorläufige Entlassung, sowie über einen Widerruf ergeht von der obersten Justiz-Aufsichtsbehörde. Vor dem Beschluß über die Entlassung ist die Gefängnißverwaltung zu hören.

Die einstweilige Festnahme vorläufig Entlassener kann aus dringenden Gründen des öffentlichen Wohls von der Polizeibehörde des Orts, an welchem der Entlassene sich aufhält, verfügt werden. Der Beschluß über den endgültigen Widerruf ist sofort nachzusuchen.

Führt die einstweilige Festnahme zu einem Widerrufe, so gilt dieser als am Tage der Festnahme erfolgt.

§ **26.** Ist die festgesetzte Strafzeit abgelaufen, ohne daß ein Widerruf der vorläufigen Entlassung erfolgt ist, so gilt die Freiheitsstrafe als verbüßt.

§ **27.**[10]) Der Mindestbetrag der Geldstrafe ist bei Verbrechen und Vergehen drei Mark, bei Uebertretungen Eine Mark.

§ **28.** Eine nicht beizutreibende Geldstrafe ist in Gefängniß und, wenn sie wegen einer Uebertretung erkannt worden ist, in Haft umzuwandeln.[11])

Ist bei einem Vergehen Geldstrafe allein oder an erster Stelle, oder wahlweise neben Haft angedroht, so kann die Geldstrafe in Haft umgewandelt werden, wenn die erkannte Strafe nicht den Betrag von sechshundert Mark und die an ihre Stelle tretende Freiheitsstrafe nicht die Dauer von sechs Wochen übersteigt.

War neben der Geldstrafe auf Zuchthaus erkannt, so ist die an deren Stelle tretende Gefängnißstrafe nach Maßgabe des § 21 in Zuchthausstrafe umzuwandeln.[8])

Der Verurtheilte kann sich durch Erlegung des Strafbetrages, soweit dieser durch die erstandene Freiheitsstrafe noch nicht getilgt ist, von der letzteren freimachen.

§ **29.** Bei Umwandlung einer wegen eines Verbrechens oder Vergehens erkannten Geldstrafe ist der Betrag von drei bis zu fünfzehn Mark, bei Umwandlung einer wegen einer Uebertretung erkannten Geldstrafe der Betrag von Einer bis zu fünfzehn Mark einer eintägigen Freiheitsstrafe gleich zu achten.

Der Mindestbetrag der an Stelle einer Geldstrafe tretenden Freiheitsstrafe ist Ein Tag, ihr Höchstbetrag bei Haft sechs Wochen, bei Gefängniß Ein Jahr. Wenn jedoch eine neben der Geldstrafe wahlweise angedrohte Freiheitsstrafe ihrer Dauer nach den vorgedachten Höchstbetrag nicht erreicht, so darf die an Stelle der Geldstrafe tretende Freiheitsstrafe den angedrohten Höchstbetrag jener Freiheitsstrafe nicht übersteigen.

---

[10]) MStGB. § 29.

[11]) MStGerO. § 2, 463.

§ **30.** In den Nachlaß kann eine Geldstrafe nur dann vollstreckt werden, wenn das Urtheil bei Lebzeiten des Verurtheilten rechtskräftig geworden war.

§ **31.**[12]) Die Verurtheilung zur Zuchthausstrafe hat die dauernde Unfähigkeit zum Dienste in dem Deutschen Heere und der Kaiserlichen Marine, sowie die dauernde Unfähigkeit zur Bekleidung öffentlicher Aemter von Rechtswegen zur Folge.

Unter öffentlichen Aemtern im Sinne dieses Strafgesetzes sind die Advokatur, die Anwaltschaft und das Notariat, sowie der Geschworenen- und Schöffendienst mitbegriffen.

§ **32.**[13]) Neben der Todesstrafe und der Zuchthausstrafe kann auf den Verlust der bürgerlichen Ehrenrechte erkannt werden, neben der Gefängnißstrafe nur, wenn die Dauer der erkannten Strafe drei Monate erreicht und entweder das Gesetz den Verlust der bürgerlichen Ehrenrechte ausdrücklich zuläßt oder die Gefängnißstrafe wegen Annahme mildernder Umstände an Stelle von Zuchthausstrafe ausgesprochen wird.

Die Dauer dieses Verlustes beträgt bei zeitiger Zuchthausstrafe mindestens zwei und höchstens zehn Jahre, bei Gefängnißstrafe mindestens Ein Jahr und höchstens fünf Jahre.

§ **33.**[13]) Die Aberkennung der bürgerlichen Ehrenrechte bewirkt den dauernden Verlust der aus öffentlichen Wahlen für den Verurtheilten hervorgegangenen Rechte, ingleichen den dauernden Verlust der öffentlichen Aemter, Würden, Titel, Orden und Ehrenzeichen.

§ **34.** Die Aberkennung der bürgerlichen Ehrenrechte bewirkt ferner die Unfähigkeit, während der im Urtheile bestimmten Zeit

1. die Landeskokarde zu tragen;
2. in das Deutsche Heer oder in die Kaiserliche Marine einzutreten;
3. öffentliche Aemter, Würden, Titel, Orden und Ehrenzeichen zu erlangen;
4. in öffentlichen Angelegenheiten zu stimmen, zu wählen oder gewählt zu werden oder andere politische Rechte auszuüben;
5. Zeuge bei Aufnahme von Urkunden zu sein;
6. Vormund, Gegenvormund, Pfleger, Beistand der Mutter, Mitglied eines Familienraths oder Kurator zu sein, es sei denn, daß es sich um Verwandte absteigender Linie handele und die obervormundschaftliche Behörde oder der Familienrath die Genehmigung ertheile.

§ **35.**[14]) Neben einer Gefängnißstrafe, mit welcher die Aberkennung der bürgerlichen Ehrenrechte überhaupt hätte verbunden werden können,

---

[12]) MStGB. § 15 Abs. 3, 31 bis 33, 42.

[13]) MStGB. § 31—33, 37 Abs. 1^{42}, MStV. (Anl. D) $§ 46^{2}$.

[14]) MStGB. § 34—36, 42, 43.

kann auf die Unfähigkeit zur Bekleidung öffentlicher Aemter auf die Dauer von Einem bis zu fünf Jahren erkannt werden.

Die Aberkennung der Fähigkeit zur Bekleidung öffentlicher Aemter hat den dauernden Verlust der bekleideten Aemter von Rechtswegen zur Folge.

§ **36.** Die Wirkung der Aberkennung der bürgerlichen Ehrenrechte überhaupt, sowie der Fähigkeit zur Bekleidung öffentlicher Aemter insbesondere, tritt mit der Rechtskraft des Urtheils ein; die Zeitdauer wird von dem Tage berechnet, an dem die Freiheitsstrafe, neben welcher jene Aberkennung ausgesprochen wurde, verbüßt, verjährt oder erlassen ist.

§ **37.** Ist ein Deutscher im Auslande wegen eines Verbrechens oder Vergehens bestraft worden, welches nach den Gesetzen des Deutschen Reichs den Verlust der bürgerlichen Ehrenrechte überhaupt oder einzelner bürgerlicher Ehrenrechte zur Folge hat oder zur Folge haben kann, so ist ein neues Strafverfahren zulässig, um gegen den in diesem Verfahren für schuldig Erklärten auf jene Folge zu erkennen.

§ **40.** Gegenstände, welche durch ein vorsätzliches Verbrechen oder Vergehen hervorgebracht, oder welche zur Begehung eines vorsätzlichen Verbrechens oder Vergehens gebraucht oder bestimmt sind, können, sofern sie dem Thäter oder einem Theilnehmer gehören, eingezogen werden.

Die Einziehung ist im Urtheile auszusprechen.

§ **41.** Wenn der Inhalt einer Schrift, Abbildung oder Darstellung strafbar ist, so ist im Urtheile auszusprechen, daß alle Exemplare, sowie die zu ihrer Herstellung bestimmten Platten und Formen unbrauchbar zu machen sind.

Diese Vorschrift bezieht sich jedoch nur auf die im Besitze des Verfassers, Druckers, Herausgebers, Verlegers oder Buchhändlers befindlichen und auf die öffentlich ausgelegten oder öffentlich angebotenen Exemplare.

Ist nur ein Theil der Schrift, Abbildung oder Darstellung strafbar, so ist, insofern eine Ausscheidung möglich ist, auszusprechen, daß nur die strafbaren Stellen und derjenige Theil der Platten und Formen, auf welchem sich diese Stellen befinden, unbrauchbar zu machen sind.

§ **42.**[15]) Ist in den Fällen der §§ 40 und 41 die Verfolgung oder die Verurtheilung einer bestimmten Person nicht ausführbar, so können die daselbst vorgeschriebenen Maßnahmen selbständig erkannt werden.

Zweiter Abschnitt.

Versuch.[16])

§ **43.** Wer den Entschluß, ein Verbrechen oder Vergehen zu verüben, durch Handlungen, welche einen Anfang der Ausführung dieses Verbrechens

[15]) Vorschriften über das Verfahren enthält StPO. § 477—480, EG. z. MStGerO. § 16.

[16]) MStGB. § 46 (Nr. 2 Anm. 170 d. W.).

oder Vergehens enthalten, bethätigt hat, ist, wenn das beabsichtigte Verbrechen oder Vergehen nicht zur Vollendung gekommen ist, wegen Versuches zu bestrafen.

Der Versuch eines Vergehens wird jedoch nur in den Fällen bestraft, in welchen das Gesetz dies ausdrücklich bestimmt.

§ **44.** Das versuchte Verbrechen oder Vergehen ist milder zu bestrafen als das vollendete.

Ist das vollendete Verbrechen mit dem Tode oder mit lebenslänglichem Zuchthaus bedroht, so tritt Zuchthausstrafe nicht unter drei Jahren ein, neben welcher auf Zulässigkeit von Polizeiaufsicht erkannt werden kann.

Ist das vollendete Verbrechen mit lebenslänglicher Festungshaft bedroht, so tritt Festungshaft nicht unter drei Jahren ein.

In den übrigen Fällen kann die Strafe bis auf ein Viertheil des Mindestbetrages der auf das vollendete Verbrechen oder Vergehen angedrohten Freiheits- und Geldstrafe ermäßigt werden. Ist hiernach Zuchthausstrafe unter Einem Jahre verwirkt, so ist dieselbe nach Maßgabe des § 21 in Gefängniß zu verwandeln.

§ **46.** Der Versuch als solcher bleibt straflos, wenn der Thäter

1. die Ausführung der beabsichtigten Handlung aufgegeben hat, ohne daß er an dieser Ausführung durch Umstände gehindert worden ist, welche von seinem Willen unabhängig waren, oder
2. zu einer Zeit, zu welcher die Handlung noch nicht entdeckt war, den Eintritt des zur Vollendung des Verbrechens oder Vergehens gehörigen Erfolges durch eigene Thätigkeit abgewendet hat.

Dritter Abschnitt.

Theilnahme.[17])

§ **47.** Wenn Mehrere eine strafbare Handlung gemeinschaftlich ausführen, so wird Jeder als Thäter bestraft.

§ **48.** Als Anstifter wird bestraft, wer einen Anderen zu der von demselben begangenen strafbaren Handlung durch Geschenke oder Versprechen, durch Drohung, durch Mißbrauch des Ansehens oder der Gewalt, durch absichtliche Herbeiführung oder Beförderung eines Irrthums oder durch andere Mittel vorsätzlich bestimmt hat.

Die Strafe des Anstifters ist nach demjenigen Gesetze festzusetzen, welches auf die Handlung Anwendung findet, zu welcher er wissentlich angestiftet hat.

§ **49.** Als Gehülfe wird bestraft, wer dem Thäter zur Begehung des Verbrechens oder Vergehens durch Rath oder That wissentlich Hülfe geleistet hat.

---

[17]) MStGB. § 47 (Nr. 2 Anm. 172 d. W.).

Die Strafe des Gehülfen ist nach demjenigen Gesetze festzusetzen, welches auf die Handlung Anwendung findet, zu welcher er wissentlich Hülfe geleistet hat, jedoch nach den über die Bestrafung des Versuches aufgestellten Grundsätzen zu ermäßigen.

§ **49a.** Wer einen Anderen zur Begehung eines Verbrechens oder zur Theilnahme an einem Verbrechen auffordert, oder wer eine solche Aufforderung annimmt, wird, soweit nicht das Gesetz eine andere Strafe androht, wenn das Verbrechen mit dem Tode oder mit lebenslänglicher Zuchthausstrafe bedroht ist, mit Gefängniß nicht unter drei Monaten, wenn das Verbrechen mit einer geringeren Strafe bedroht ist, mit Gefängniß bis zu zwei Jahren oder mit Festungshaft von gleicher Dauer bestraft.

Die gleiche Strafe trifft denjenigen, welcher sich zur Begehung eines Verbrechens oder zur Theilnahme an einem Verbrechen erbietet, sowie denjenigen, welcher ein solches Erbieten annimmt.

Es wird jedoch das lediglich mündlich ausgedrückte Auffordern oder Erbieten, sowie die Annahme eines solchen nur dann bestraft, wenn die Aufforderung oder das Erbieten an die Gewährung von Vortheilen irgend welcher Art geknüpft worden ist.

Neben der Gefängnißstrafe kann auf Verlust der bürgerlichen Ehrenrechte und auf Zulässigkeit von Polizeiaufsicht erkannt werden.

§ **50.** Wenn das Gesetz die Strafbarkeit einer Handlung nach den persönlichen Eigenschaften oder Verhältnissen desjenigen, welcher dieselbe begangen hat, erhöht oder vermindert, so sind diese besonderen Thatumstände dem Thäter oder demjenigen Theilnehmer (Mitthäter, Anstifter, Gehülfe) zuzurechnen, bei welchem sie vorliegen.

Vierter Abschnitt.

Gründe, welche die Strafe ausschließen oder mildern.[18]

§ **51.**[19] Eine strafbare Handlung ist nicht vorhanden, wenn der Thäter zur Zeit der Begehung der Handlung sich in einem Zustande von Bewußtlosigkeit oder krankhafter Störung der Geistesthätigkeit befand, durch welchen seine freie Willensbestimmung ausgeschlossen war.

§ **52.**[20] Eine strafbare Handlung ist nicht vorhanden, wenn der Thäter durch unwiderstehliche Gewalt oder durch eine Drohung, welche mit einer gegenwärtigen, auf andere Weise nicht abwendbaren Gefahr für Leib oder Leben seiner selbst oder eines Angehörigen verbunden war, zu der Handlung genöthigt worden ist.

Als Angehörige im Sinne dieses Strafgesetzes sind anzusehen Verwandte und Verschwägerte auf- und absteigender Linie, Adoptiv- und

[18]) MStGB. § 48ff. (Nr. 2 Anm. 180 d. W.).

[19]) MStGB. § 49 Abs. 2 (Nr. 2 Anm. 188 d. W.).

[20]) MStGB. § 47, 49 Abs. 1.

Pflege=Eltern und =Kinder, Ehegatten, Geschwister und deren Ehegatten, und Verlobte.

§ **53.**[21]) Eine strafbare Handlung ist nicht vorhanden, wenn die Handlung durch Nothwehr geboten war.

Nothwehr ist diejenige Vertheidigung, welche erforderlich ist, um einen gegenwärtigen, rechtswidrigen Angriff von sich oder einem Anderen abzuwenden.

Die Ueberschreitung der Nothwehr ist nicht strafbar, wenn der Thäter in Bestürzung, Furcht oder Schrecken über die Grenzen der Vertheidigung hinausgegangen ist.

§ **54.**[22]) Eine strafbare Handlung ist nicht vorhanden, wenn die Handlung außer dem Falle der Nothwehr in einem unverschuldeten, auf andere Weise nicht zu beseitigenden Nothstande zur Rettung aus einer gegenwärtigen Gefahr für Leib oder Leben des Thäters oder eines Angehörigen begangen worden ist.

§ **55.**[23]) Wer bei Begehung der Handlung das zwölfte Lebensjahr nicht vollendet hat, kann wegen derselben nicht strafrechtlich verfolgt werden.

§ **56.**[23]) Ein Angeschuldigter, welcher zu einer Zeit, als er das zwölfte, aber nicht das achtzehnte Lebensjahr vollendet hatte, eine strafbare Handlung begangen hat, ist freizusprechen, wenn er bei Begehung derselben die zur Erkenntniß ihrer Strafbarkeit erforderliche Einsicht nicht besaß.

In dem Urtheile ist zu bestimmen, ob der Angeschuldigte seiner Familie überwiesen oder in eine Erziehungs= oder Besserungsanstalt gebracht werden soll. In der Anstalt ist er so lange zu behalten, als die der Anstalt vorgesetzte Verwaltungsbehörde solches für erforderlich erachtet, jedoch nicht über das vollendete zwanzigste Lebensjahr.

§ **57.**[23]) Wenn ein Angeschuldigter, welcher zu einer Zeit, als er das zwölfte, aber nicht das achtzehnte Lebensjahr vollendet hatte, eine strafbare Handlung begangen hat, bei Begehung derselben die zur Erkenntniß ihrer Strafbarkeit erforderliche Einsicht besaß, so kommen gegen ihn folgende Bestimmungen zur Anwendung:

1. ist die Handlung mit dem Tode oder mit lebenslänglichem Zuchthaus bedroht, so ist auf Gefängniß von drei bis zu fünfzehn Jahren zu erkennen;
2. ist die Handlung mit lebenslänglicher Festungshaft bedroht, so ist auf Festungshaft von drei bis zu fünfzehn Jahren zu erkennen;

---

21) MStGB. § 97, 124, KA. f. d. H. Art. 25, f. d. Marine Art. 26.

22) MStGB. § 49 Abs. 1, 124.

23) Bei militärischen Straftaten sind § 55—57 nicht anwendbar MStGB. § 50; wohl aber bei bürgerlichen Straftaten u. in den Fällen MStGB. § 155, 158, 160, 161, 166. In den letztgenannten Fällen kann auch § 58 d. G. anwendbar sein.

3. ist die Handlung mit Zuchthaus oder mit einer anderen Strafart bedroht, so ist die Strafe zwischen dem gesetzlichen Mindestbetrage der angedrohten Strafart und der Hälfte des Höchstbetrages der angedrohten Strafe zu bestimmen.

   Ist die so bestimmte Strafe Zuchthaus, so tritt Gefängnißstrafe von gleicher Dauer an ihre Stelle;
4. ist die Handlung ein Vergehen oder eine Uebertretung, so kann in besonders leichten Fällen auf Verweis erkannt werden;
5. auf Verlust der bürgerlichen Ehrenrechte überhaupt oder einzelner bürgerlichen Ehrenrechte, sowie auf Zulässigkeit von Polizeiaufsicht ist nicht zu erkennen.

Die Freiheitsstrafe ist in besonderen, zur Verbüßung von Strafen jugendlicher Personen bestimmten Anstalten oder Räumen zu vollziehen.[24])

§ **58.**[23]) Ein Taubstummer, welcher die zur Erkenntniß der Strafbarkeit einer von ihm begangenen Handlung erforderliche Einsicht nicht besaß, ist freizusprechen.

§ **59.** Wenn Jemand bei Begehung einer strafbaren Handlung das Vorhandensein von Thatumständen nicht kannte, welche zum gesetzlichen Thatbestande gehören oder die Strafbarkeit erhöhen, so sind ihm diese Umstände nicht zuzurechnen.

Bei der Bestrafung fahrlässig begangener Handlungen gilt diese Bestimmung nur insoweit, als die Unkenntniß selbst nicht durch Fahrlässigkeit verschuldet ist.

§ **60.** Eine erlittene Untersuchungshaft kann bei Fällung des Urtheils auf die erkannte Strafe ganz oder theilweise angerechnet werden.[25])

§ **66.** Durch Verjährung wird die Strafverfolgung und die Strafvollstreckung ausgeschlossen.

§ **67.** Die Strafverfolgung von Verbrechen verjährt,

wenn sie mit dem Tode oder mit lebenslänglichem Zuchthaus bedroht sind, in zwanzig Jahren;

wenn sie im Höchstbetrage mit einer Freiheitsstrafe von einer längeren als zehnjährigen Dauer bedroht sind, in fünfzehn Jahren;

wenn sie mit einer geringeren Freiheitsstrafe bedroht sind, in zehn Jahren.

Die Strafverfolgung von Vergehen, die im Höchstbetrage mit einer längeren als dreimonatlichen Gefängnißstrafe bedroht sind, verjährt in fünf Jahren, von anderen Vergehen in drei Jahren.[26])

---

[24]) Abs. 2 findet gegenüber MilPersonen keine Anwendung MStGB. § 15 Abs. 1. Die MStB. sieht keine Einrichtungen im Sinne dieses Abs. vor.

[25]) MStGerO. § 458, 459.

[26]) MStGB. § 52 (Nr. 2 Anm. 192 d. W.).

Die Strafverfolgung von Uebertretungen verjährt in drei Monaten.

Die Verjährung beginnt mit dem Tage, an welchem die Handlung begangen ist, ohne Rücksicht auf den Zeitpunkt des eingetretenen Erfolges.

§ **68.**[27]) Jede Handlung des Richters, welche wegen der begangenen That gegen den Thäter gerichtet ist, unterbricht die Verjährung.

Die Unterbrechung findet nur rücksichtlich desjenigen statt, auf welchen die Handlung sich bezieht.

Nach der Unterbrechung beginnt eine neue Verjährung.

§ **69.** Die Verjährung ruht während der Zeit, in welcher auf Grund gesetzlicher Vorschrift die Strafverfolgung nicht begonnen oder nicht fortgesetzt werden kann. Ist der Beginn oder die Fortsetzung eines Strafverfahrens von einer Vorfrage abhängig, deren Entscheidung in einem anderen Verfahren erfolgen muß, so ruht die Verjährung bis zu dessen Beendigung.

Ist zur Strafverfolgung ein Antrag oder eine Ermächtigung nach dem Strafgesetz erforderlich, so wird der Lauf der Verjährung durch den Mangel des Antrages oder der Ermächtigung nicht gehindert.

§ **70.** Die Vollstreckung rechtskräftig erkannter Strafen verjährt, wenn

1. auf Tod oder auf lebenslängliches Zuchthaus oder auf lebenslängliche Festungshaft erkannt ist, in dreißig Jahren;
2. auf Zuchthaus oder Festungshaft von mehr als zehn Jahren erkannt ist, in zwanzig Jahren;
3. auf Zuchthaus bis zu zehn Jahren oder auf Festungshaft von fünf bis zu zehn Jahren oder Gefängniß von mehr als fünf Jahren erkannt ist, in fünfzehn Jahren;
4. auf Festungshaft oder Gefängniß von zwei bis zu fünf Jahren oder auf Geldstrafe von mehr als sechstausend Mark erkannt ist, in zehn Jahren;
5. auf Festungshaft oder Gefängniß bis zu zwei Jahren oder auf Geldstrafe von mehr als einhundertfünfzig bis zu sechstausend Mark erkannt ist, in fünf Jahren;
6. auf Haft oder auf Geldstrafe bis zu einhundertfünfzig Mark erkannt ist in zwei Jahren.[26])

Die Verjährung beginnt mit dem Tage, an welchem das Urtheil rechtskräftig geworden ist.

§ **71.** Die Vollstreckung einer wegen derselben Handlnng neben einer Freiheitsstrafe erkannten Geldstrafe verjährt nicht früher als die Vollstreckung der Freiheitsstrafe.

§ **72.** Jede auf Vollstreckung der Strafe gerichtete Handlung derjenigen Behörde, welcher die Vollstreckung obliegt, sowie die zum Zwecke

[27]) EG. z. MStGerO. § 10.

der Vollstreckung erfolgende Festnahme des Verurtheilten unterbricht die Verjährung.

Nach der Unterbrechung der Vollstreckung der Strafe beginnt eine neue Verjährung.

Fünfter Abschnitt.

Zusammentreffen mehrerer strafbarer Handlungen.

§ **73.** Wenn eine und dieselbe Handlung mehrere Strafgesetze verletzt, so kommt nur dasjenige Gesetz, welches die schwerste Strafe, und bei ungleichen Strafarten dasjenige Gesetz, welches die schwerste Strafart androht, zur Anwendung.

§ **74.**[28]) Gegen denjenigen, welcher durch mehrere selbständige Handlungen mehrere Verbrechen oder Vergehen, oder dasselbe Verbrechen oder Vergehen mehrmals begangen und dadurch mehrere zeitige Freiheitsstrafen verwirkt hat, ist auf eine Gesammtstrafe zu erkennen, welche in einer Erhöhung der verwirkten schwersten Strafe besteht.

Bei dem Zusammentreffen ungleichartiger Freiheitsstrafen tritt diese Erhöhung bei der ihrer Art nach schwersten Strafe ein.

Das Maß der Gesammtstrafe darf den Betrag der verwirkten Einzelstrafen nicht erreichen und fünfzehnjähriges Zuchthaus, zehnjähriges Gefängniß oder fünfzehnjährige Festungshaft nicht übersteigen.

§ **75.** Trifft Festungshaft nur mit Gefängniß zusammen, so ist auf jede dieser Strafarten gesondert zu erkennen.

Ist Festungshaft oder Gefängniß mehrfach verwirkt, so ist hinsichtlich der mehreren Strafen gleicher Art so zu verfahren, als wenn dieselben allein verwirkt wären.

Die Gesammtdauer der Strafen darf in diesen Fällen fünfzehn Jahre nicht übersteigen.

§ **76.**[29]) Die Verurtheilung zu einer Gesammtstrafe schließt die Aberkennung der bürgerlichen Ehrenrechte nicht aus, wenn diese auch nur neben einer der verwirkten Einzelstrafen zulässig oder geboten ist.

Ingleichen kann neben der Gesammtstrafe auf Zulässigkeit von Polizeiaufsicht erkannt werden, wenn dieses auch nur wegen einer der mehreren strafbaren Handlungen statthaft ist.

§ **77.** Trifft Haft mit einer anderen Freiheitsstrafe zusammen, so ist auf die erstere gesondert zu erkennen.

Auf eine mehrfach verwirkte Haft ist ihrem Gesammtbetrage nach, jedoch nicht über die Dauer von drei Monaten zu erkennen.

§ **78.** Auf Geldstrafen, welche wegen mehrerer strafbarer Hand-

---

[28]) MStGB. § 54; MStGerO. § 47 Abs. 2, 320, 396, 415, 461.

[29]) MStGB. § 54 Abs. 3.

lungen allein oder neben einer Freiheitsstrafe verwirkt sind, ist ihrem vollen Betrage nach zu erkennen.

Bei Umwandlung mehrerer Geldstrafen ist der Höchstbetrag der an die Stelle derselben tretenden Freiheitsstrafe zwei Jahre Gefängniß und, wenn die mehreren Geldstrafen nur wegen Uebertretungen erkannt worden sind, drei Monate Haft.

§ **79.** Die Vorschriften der §§ 74 bis 78 finden auch Anwendung, wenn, bevor eine erkannte Strafe verbüßt, verjährt oder erlassen ist, die Verurtheilung wegen einer strafbaren Handlung erfolgt, welche vor der früheren Verurtheilung begangen war.

Zweiter Theil.

Von den einzelnen Verbrechen, Vergehen und Uebertretungen und deren Bestrafung.

§ **80.** [30]) Der Mord und der Versuch des Mordes, welche an dem Kaiser, an dem eigenen Landesherrn oder während des Aufenthalts in einem Bundesstaate an dem Landesherrn dieses Staats verübt worden sind, werden als Hochverrath mit dem Tode bestraft.

§ **81.** Wer außer den Fällen des § 80 es unternimmt:

1. einen Bundesfürsten zu tödten, gefangen zu nehmen, in Feindes Gewalt zu liefern oder zur Regierung unfähig zu machen,
2. die Verfassung des Deutschen Reichs oder eines Bundesstaats oder die in demselben bestehende Thronfolge gewaltsam zu ändern,
3. das Bundesgebiet ganz oder theilweise einem fremden Staate gewaltsam einzuverleiben oder einen Theil desselben vom Ganzen loszureißen, oder
4. das Gebiet eines Bundesstaats ganz oder theilweise einem anderen Bundesstaate gewaltsam einzuverleiben oder einen Theil desselben vom Ganzen loszureißen,

wird wegen Hochverraths mit lebenslänglichem Zuchthaus oder lebenslänglicher Festungshaft bestraft. [31])

Sind mildernde Umstände vorhanden, so tritt Festungshaft nicht unter fünf Jahren ein.

Neben der Festungshaft kann auf Verlust der bekleideten öffentlichen Aemter, sowie der aus öffentlichen Wahlen hervorgegangenen Rechte erkannt werden.

[30]) § 80—93 ergänzen die MStGB. § 56, 57.

[31]) Todesstrafe tritt ein, wenn das Verbrechen in einem Teile des Bundesgebiets, welchen der Kaiser in Kriegszustand (RVerf. § 68) erklärt hat, oder während eines gegen das Deutsche Reich ausgebrochenen Krieges auf dem Kriegsschauplatz begangen wird EG. z. StGB. (RGB. 195) § 4.

§ **82.** Als ein Unternehmen, durch welches das Verbrechen des Hochverraths vollendet wird, ist jede Handlung anzusehen, durch welche das Vorhaben unmittelbar zur Ausführung gebracht werden soll.

§ **83.** Haben Mehrere die Ausführung eines hochverrätherischen Unternehmens verabredet, ohne daß es zum Beginn einer nach § 82 strafbaren Handlung gekommeu ist, so werden dieselben mit Zuchthaus nicht unter fünf Jahren oder mit Festungshaft von gleicher Dauer bestraft.

Sind mildernde Umstände vorhanden, so tritt Festungshaft nicht unter zwei Jahren ein.

Neben der Festungshaft kann auf Verlust der bekleideten öffentlichen Aemter, sowie der aus öffentlichen Wahlen hervorgegangenen Rechte erkannt werden.

§ **84.** Die Strafvorschriften des § 83 finden auch gegen denjenigen Anwendung, welcher zur Vorbereitung eines Hochverraths entweder sich mit einer auswärtigen Regierung einläßt oder die ihm von dem Reich oder einem Bundesstaate anvertraute Macht mißbraucht oder Mannschaften anwirbt oder in den Waffen einübt.

§ **85.** Wer öffentlich vor einer Menschenmenge, oder wer durch Verbreitung oder öffentlichen Anschlag oder öffentliche Ausstellung von Schriften oder anderen Darstellungen zur Ausführung einer nach § 82 strafbaren Handlung auffordert, wird mit Zuchthaus bis zu zehn Jahren oder Festungshaft von gleicher Dauer bestraft.

Sind mildernde Umstände vorhanden, so tritt Festungshaft von Einem bis zu fünf Jahren ein.

§ **86.** Jede andere, ein hochverrätherisches Unternehmen vorbereitende Handlung wird mit Zuchthaus bis zu drei Jahren oder Festungshaft von gleicher Dauer bestraft.

Sind mildernde Umstände vorhanden, so tritt Festungshaft von sechs Monaten bis zu drei Jahren ein.

§ **87.** Ein Deutscher, welcher sich mit einer ausländischen Regierung einläßt, um dieselbe zu einem Kriege gegen das Deutsche Reich zu veranlassen, wird wegen Landesverraths mit Zuchthaus nicht unter fünf Jahren und, wenn der Krieg ausgebrochen ist, mit lebenslänglichem Zuchthaus bestraft.

Sind mildernde Umstände vorhanden, so tritt Festungshaft von sechs Monaten bis zu fünf Jahren und, wenn der Krieg ausgebrochen ist, Festungshaft nicht unter fünf Jahren ein.

Neben der Festungshaft kann auf Verlust der bekleideten öffentlichen Aemter, sowie der aus öffentlichen Wahlen hervorgegangenen Rechte erkannt werden.

§ **88.** Ein Deutscher, welcher während eines gegen das Deutsche

Reich ausgebrochenen Krieges in der feindlichen Kriegsmacht Dienste nimmt oder die Waffen gegen das Deutsche Reich oder dessen Bundesgenossen trägt, wird wegen Landesverraths mit lebenslänglichem Zuchthaus oder lebenslänglicher Festungshaft bestraft.[31])

Sind mildernde Umstände vorhanden, so tritt Festungshaft nicht unter fünf Jahren ein.

Ein Deutscher, welcher schon früher in fremden Kriegsdiensten stand, wird, wenn er nach Ausbruch des Krieges in der feindlichen Kriegsmacht verbleibt oder die Waffen gegen das Deutsche Reich oder dessen Bundesgenossen trägt, wegen Landesverraths mit Zuchthaus von zwei bis zu zehn Jahren oder mit Festungshaft von gleicher Dauer bestraft. Sind mildernde Umstände vorhanden, so tritt Festungshaft bis zu zehn Jahren ein.

Neben der Festungshaft kann auf Verlust der bekleideten öffentlichen Aemter sowie der aus öffentlichen Wahlen hervorgegangenen Rechte erkannt werden.

§ **89.**[32]) Ein Deutscher, welcher vorsätzlich während eines gegen das Deutsche Reich ausgebrochenen Krieges einer feindlichen Macht Vorschub leistet oder der Kriegsmacht des Deutschen Reichs oder der Bundesgenossen desselben Nachtheil zufügt, wird wegen Landesverraths mit Zuchthaus bis zu zehn Jahren oder mit Festungshaft von gleicher Dauer bestraft. Sind mildernde Umstände vorhanden, so tritt Festungshaft bis zu zehn Jahren ein.

Neben der Festungshaft kann auf Verlust der bekleideten öffentlichen Aemter sowie der aus öffentlichen Wahlen hervorgegangenen Rechte erkannt werden.

§ **90.** Lebenslängliche Zuchthausstrafe[31]) tritt im Falle des § 89 ein, wenn der Thäter

1. Festungen, Pässe, besetzte Plätze oder andere Vertheidigungsposten, ingleichen Theile oder Angehörige der deutschen oder einer verbündeten Kriegsmacht in feindliche Gewalt bringt;
2. Festungswerke, Schiffe oder Fahrzeuge der Kriegsmarine, öffentliche Gelder, Vorräthe von Waffen, Schießbedarf oder anderen Kriegsbedürfnissen, sowie Brücken, Eisenbahnen, Telegraphen und Transportmittel in feindliche Gewalt bringt oder zum Vortheile des Feindes zerstört oder unbrauchbar macht;
3. dem Feinde Mannschaften zuführt oder Angehörige der deutschen oder einer verbündeten Kriegsmacht verleitet, zum Feinde überzugehen;

---

[32]) Die Fassung der § 89, 90 im Text beruht auf G. gegen den Verrat militärischer Geheimnisse 3. Juli 93 (RGB. 205), welches die Bestimmungen des StGB. ergänzt.

4. Operationspläne oder Pläne von Festungen oder festen Stellungen dem Feinde mittheilt;
5. dem Feinde als Spion dient oder feindliche Spione aufnimmt, verbirgt oder ihnen Beistand leistet, oder
6. einen Aufstand unter Angehörigen der deutschen oder einer verbündeten Kriegsmacht erregt.

In minder schweren Fällen kann auf Zuchthaus nicht unter zehn Jahren erkannt werden.

Sind mildernde Umstände vorhanden, so tritt Festungshaft nicht unter fünf Jahren ein.

Neben der Festungshaft kann auf Verlust der bekleideten öffentlichen Aemter sowie der aus öffentlichen Wahlen hervorgegangenen Rechte erkannt werden.

§ **91.** Gegen Ausländer ist wegen der in den §§ 87, 89, 90 bezeichneten Handlungen nach dem Kriegsgebrauche zu verfahren.

Begehen sie aber solche Handlungen, während sie unter dem Schutze des Deutschen Reichs oder eines Bundesstaats sich innerhalb des Bundesgebietes aufhalten, so kommen die in den §§ 87, 89 und 90 bestimmten Strafen zur Anwendung.

§ **92.** Wer vorsätzlich

1. Staatsgeheimnisse oder Festungspläne, oder solche Urkunden, Aktenstücke oder Nachrichten, von denen er weiß, daß ihre Geheimhaltung einer anderen Regierung gegenüber für das Wohl des Deutschen Reichs oder eines Bundesstaats erforderlich ist, dieser Regierung mittheilt oder öffentlich bekannt macht;
2. zur Gefährdung der Rechte des Deutschen Reichs oder eines Bundesstaats im Verhältniß zu einer anderen Regierung die über solche Rechte sprechenden Urkunden oder Beweismittel vernichtet, verfälscht oder unterdrückt, oder
3. ein ihm von Seiten des Deutschen Reichs oder von einem Bundesstaate aufgetragenes Staatsgeschäft mit einer anderen Regierung zum Nachtheil dessen führt, der ihm den Auftrag ertheilt hat,

wird mit Zuchthaus nicht unter zwei Jahren bestraft.

Sind mildernde Umstände vorhanden, so tritt Festungshaft nicht unter sechs Monaten ein.

§ **93.** Wenn in den Fällen der §§ 80, 81, 83, 84, 87 bis 92 die Untersuchung eröffnet wird, so kann bis zu deren rechtskräftiger Beendigung das Vermögen, welches der Angeschuldigte besitzt, oder welches ihm später anfällt, mit Beschlag belegt werden.

§ **242.**[33]) Wer eine fremde bewegliche Sache einem Anderen in der Absicht wegnimmt, dieselbe sich rechtswidrig zuzueignen, wird wegen Diebstahls mit Gefängniß bestraft.

Der Versuch ist strafbar.

§ **243.** Auf Zuchthaus bis zu zehn Jahren ist zu erkennen, wenn

1. aus einem zum Gottesdienste bestimmten Gebäude Gegenstände gestohlen werden, welche dem Gottesdienste gewidmet sind;
2. aus einem Gebäude oder umschlossenen Raume mittels Einbruchs, Einsteigens oder Erbrechens von Behältnissen gestohlen wird;
3. der Diebstahl dadurch bewirkt wird, daß zur Eröffnung eines Gebäudes oder der Zugänge eines umschlossenen Raumes, oder zur Eröffnung der im Innern befindlichen Thüren oder Behältnisse falsche Schlüssel oder andere zur ordnungsmäßigen Eröffnung nicht bestimmte Werkzeuge angewendet werden;
4. auf einem öffentlichen Wege, einer Straße, einem öffentlichen Platze, einer Wasserstraße oder einer Eisenbahn, oder in einem Postgebäude oder dem dazu gehörigen Hofraume, oder auf einem Eisenbahnhofe eine zum Reisegepäck oder zu anderen Gegenständen der Beförderung gehörende Sache mittels Abschneidens oder Ablösens der Befestigungs- oder Verwahrungsmittel, oder durch Anwendung falscher Schlüssel oder anderer zur ordnungsmäßigen Eröffnung nicht bestimmter Werkzeuge gestohlen wird;
5. der Dieb oder einer der Theilnehmer am Diebstahle bei Begehung der That Waffen bei sich führt;
6. zu dem Diebstahle Mehrere mitwirken, welche sich zur fortgesetzten Begehung von Raub oder Diebstahl verbunden haben, oder
7. der Diebstahl zur Nachtzeit in einem bewohnten Gebäude, in welches sich der Thäter in diebischer Absicht eingeschlichen, oder in welchem er sich in gleicher Absicht verborgen hatte, begangen wird, auch wenn zur Zeit des Diebstahls Bewohner in dem Gebäude nicht anwesend sind. Einem bewohnten Gebäude werden der zu einem bewohnten Gebäude gehörige umschlossene Raum und die in einem solchen befindlichen Gebäude jeder Art, sowie Schiffe, welche bewohnt werden, gleich geachtet.

Sind mildernde Umstände vorhanden, so tritt Gefängnißstrafe nicht unter drei Monaten ein.

§ **244.** Wer im Inlande als Dieb, Räuber oder gleich einem Räuber oder als Hehler bestraft worden ist, darauf abermals eine dieser Handlungen begangen hat und wegen derselben bestraft worden ist, wird,

---

[33]) § 242—247 ergänzen den MStGB. § 138.

wenn er einen einfachen Diebstahl (§ 242) begeht, mit Zuchthaus bis zu zehn Jahren, wenn er einen schweren Diebstahl (§ 243) begeht, mit Zuchthaus nicht unter zwei Jahren bestraft.

Sind mildernde Umstände vorhanden, so tritt beim einfachen Diebstahl Gefängnißstrafe nicht unter drei Monaten, beim schweren Diebstahl Gefängnißstrafe nicht unter Einem Jahre ein.

§ **245.** Die Bestimmungen des § 244 finden Anwendung, auch wenn die früheren Strafen nur theilweise verbüßt oder ganz oder theilweise erlassen sind, bleiben jedoch ausgeschlossen, wenn seit der Verbüßung oder dem Erlasse der letzten Strafe bis zur Begehung des neuen Diebstahls zehn Jahre verflossen sind.

§ **246.** Wer eine fremde bewegliche Sache, die er in Besitz oder Gewahrsam hat, sich rechtswidrig zueignet, wird wegen Unterschlagung mit Gefängniß bis zu drei Jahren und, wenn die Sache ihm anvertraut ist, mit Gefängniß bis zu fünf Jahren bestraft.

Sind mildernde Umstände vorhanden, so kann auf Geldstrafe bis zu neunhundert Mark erkannt werden.

Der Versuch ist strafbar.

§ **247.**[34]) Ein Diebstahl oder eine Unterschlagung, welche von Verwandten aufsteigender Linie gegen Verwandte absteigender Linie oder von einem Ehegatten gegen den anderen begangen worden ist, bleibt straflos.

Diese Bestimmungen finden auf Theilnehmer oder Begünstiger, welche nicht in einem der vorbezeichneten persönlichen Verhältnisse stehen, keine Anwendung.

§ **370.**[35]) Mit Geldstrafe bis zu einhundertfünfzig Mark oder mit Haft wird bestraft:

5. wer Nahrungs- oder Genußmittel von unbedeutendem Werthe oder in geringer Menge zum alsbaldigen Verbrauche entwendet.

   Eine Entwendung, welche von Verwandten aufsteigender Linie gegen Verwandte absteigender Linie oder von einem Ehegatten gegen den anderen begangen worden ist, bleibt straflos;

6. wer Getreide oder andere zur Fütterung des Viehes bestimmte oder geeignete Gegenstände wider Willen des Eigenthümers wegnimmt, um dessen Vieh damit zu füttern.

In den Fällen der Nr. 5 und 6 tritt die Verfolgung nur auf Antrag ein. Die Zurücknahme des Antrages ist zulässig.

---

[34]) Abs. 1 ist durch MStGB. § 51 ausgeschlossen, nicht aber Abs. 2 u. 3.

[35]) § 370 5 u. 6 ist auch beim Zutreffen der Merkmale des MStGB. § 138 anwendbar (Nr. 2 Anm. 190 d. W.).

Anlage B (zu Militärstrafgesetzbuch § 5 Absatz 1).

Verzeichniß der zum Deutschen Heere und zur Kaiserlichen Marine gehörenden Militärpersonen.[1]

Die zum Deutschen Heere und zur Kaiserlichen Marine gehörenden Militärpersonen bestehen aus Personen des Soldatenstandes und aus Militärbeamten.

A. Personen des Soldatenstandes sind:

I. Die Offiziere.

Die Offiziere zerfallen in vier Hauptklassen[2]):

im Heer:

1. Generalität[3]),
2. Stabsoffiziere[4]),
3. Hauptleute und Rittmeister,
4. Subalternoffiziere (Oberleutnants[5]) und Leutnants).

in der Marine:

1. Flaggoffiziere oder Admirale[3]),
2. Stabsoffiziere[4]),
3. Kapitänleutnants,
4. Subalternoffiziere (Oberleutnants[5]) zur See und Leutnants zur See).

II. Die Unteroffiziere

sind eingetheilt im Heere und in der Marine in:

1. solche, welche das Offizier=Portepee tragen (Portepee=Unteroffiziere)[6]),
2. solche, welche das Offizier=Portepee nicht tragen (Unteroffiziere ohne Portepee).[7])

III. Die Gemeinen

mit Einschluß der Obergefreiten und Gefreiten.[7a])

IV. Die Mitglieder des Sanitätskorps[8]), sowie

---

[1]) Das Verzeichnis ist der amtlichen Ausgabe des MStGB. als Anlage beigegeben.

[2]) Bedeutung der Klasseneinteilung für das Vorgesetztenverhältnis Anl. F.

[3]) Heer: General=Feldmarschall, General=Oberst, General der Infanterie (Kavallerie, Artillerie), Generalleutnant, Generalmajor. Marine: Großadmiral, Admiral, Vizeadmiral, Kontreadmiral.

[4]) Heer: Oberst, Oberstleutnant, Major. Marine: Kapitän zur See, Fregatten=Kapitän, Korvetten=Kapitän.

[5]) Oberleutnants sind an Stelle der Premierlieutenants getreten AO. 1. Jan. 99 (AVB. 1).

[6]) Heer: Feldwebel (Wachtmeister), Vizefeldwebel (Vizewachtmeister), Fähnriche, Stabshoboisten. Marine außerdem Oberdeckoffiziere, Deckoffiziere, Vizedeckoffiziere, Stückmeister, Signalmeister.

[7]) Heer: Sergeanten u. Unteroffiziere. Marine: Obermaate u. Maate.

[7a]) Marine auch Obermatrosen u. Seekadetten.

[8]) Einteilung des SanitKorps. Heer: AV. betr. die Organisation des SanitKorps 6. Febr. 73 (AVB. 103),

V. Die Mitglieder des Marine-Ingenieurkorps[9]) gehören nach Maßgabe ihres Militärranges zu den unter Nr. I, II und III aufgeführten Kategorien.

B. Militärbeamte

sind alle im Heere und in der Marine für das Bedürfniß des Heeres oder der Marine dauernd oder auf Zeit angestellten, nicht zum Soldatenstand gehörenden und unter dem Kriegsminister oder Chef der Admiralität als Verwaltungschef stehenden Beamten, welche einen Militärrang haben.[10]) Es macht dabei keinen Unterschied, ob sie einen Diensteid geleistet haben oder nicht.

Militärbeamte, die im Offizierrange stehen, sind obere Militärbeamte, alle anderen Militärbeamten sind untere Militärbeamte.[11])

---

ergänzt durch AO. 29. März 96 (AVB. 93), 31. März 98 (AVB. 83), 27. Jan. 99 (AVB. 45), 26. März 01 (AVB. 67), 14. Mai 02 (AVB. 161), letztere die Angliederung der MilApotheker an das SanitKorps betreffend. Marine: AV. betr. die Organisation des SanitKorps der Marine 8. März 97, Organisat.-Best. f. d. Personal der Marine 26. Juni 99 § 2[1]f, 13. Hiernach zerfällt das Sanit-Korps in:

I. Sanitätsoffiziere u. zwar
   Generalstabsarzt der Armee (Marine) im Rang des Generalmajors (Kontreadmirals),
   Generalärzte (Marine-Generalärzte) im Rang der Obersten (Kapitäne zur See),
   Generaloberärzte (Marine-Generaloberärzte) im Rang der Oberstleutnants (Fregattenkapitäne),
   Oberstabsärzte (Marine-Oberstabsärzte) im Rang der Majors (Korvettenkapitäne),
   Stabsärzte (Marine-Stabsärzte) im Rang der Hauptleute (Kapitänleutnants),
   Oberärzte (Marine-Oberärzte) im Rang der Oberleutnants (Oberleutnants z. S.),
   Assistenzärzte (Marine-Assistenzärzte) im Rang der Leutnants (Leutnants z. S.).

II. Sanitätsmannschaften und Militärkrankenwärter:
   a) Sanitätsunteroffiziere mit Portepee (Unterärzte, einjährig-freiwillige Ärzte, Sanitätsfeldwebel, Unterapotheker, einjährig-freiwillige Apotheker),
   b) Sanitätsunteroffiziere ohne Portepee (SanitSergeanten u. -Unteroffiziere),
   c) Sanitätssoldaten (-Gefreite u. Gemeine) u. Militärkrankenwärter.

Die Oberapotheker (Stabsapotheker u. Korpsstabsapotheker) sind obere Mil-Beamte, fallen also unter B.

[9]) An Stelle des Maschinen-Ingenieurkorps getreten AO. 26. Juni 99 (MVB. 174). Dazu ist durch AO. 8. Juli 79 das Torpedo-Ingenieurkorps getreten. Rangverhältnisse:
   Marine- (Torpedo-) Ingenieure = Leutnants z. S.,
   " " Oberingenieure = Oberleutnants z. S.,
   " " Stabsingenieure = Kapitänleutnants,
   " " Oberstabsingenieure = Korvetten-Kapitäne,
   Marine-Chefingenieure = Fregattenkapitäne AO. 26. Juni 99 § 2 c, d u. § 8, 10 Anl. 8 u. 21.

[10]) Gleichviel ob sie bestimmten oder unbestimmten Militärrang haben. Beamte, die gar keinen Militärrang haben, sind Zivilbeamte der MilVerwaltung (Nr. 2 Anm. 14 am Schluß).

[11]) Die Einteilung im einzelnen ergibt die als Unteranlage B1 abgedruckte V. betr. die Klasseneinteilung der MilBeamten des Reichsheers u. der Marine 12. Aug. 01.

Unteranlage B 1 (zum Verzeichniß der Militärpersonen Anlage B Anmerkung 11).

Verordnung, betreffend die Klasseneinteilung der Militärbeamten des Reichsheeres und der Marine. Vom 12. August 1901 (RGB. 283).

Wir usw. verordnen im Anschluß an die Vorschrift unter B der Anlage zu § 5 des Militär-Strafgesetzbuchs für das Deutsche Reich vom 20. Juni 1872 (Reichs-Gesetzbl. S. 174) im Namen des Reichs, nach erfolgter Zustimmung des Bundesraths, was folgt:

Die in der Anlage enthaltene Klasseneintheilung der Militärbeamten des Reichsheeres und der Marine tritt an die Stelle der durch Verordnung vom 13. August 1895 (Reichs-Gesetzbl. S. 431) festgestellten Klasseneintheilung.

Urkundlich usw.

Klasseneintheilung der Militärbeamten des Reichsheeres und der Marine.

I. Militärbeamte, welche nur den ihnen vorgesetzten Militärbefehlshabern untergeordnet sind.

A. Obere Militärbeamte.
(im Offizierrange).

Beim Reichsheere.

1. Der Büreauvorsteher bei dem Chef des preußischen Generalstabs der Armee.
2. Die Festungsoberbauwarte und Festungsbauwarte.
3. Die Oberzahlmeister u. Zahlmeister.
4. Die Korpsstabsveterinäre, Stabsveterinäre und Oberveterinäre.*)
   Bayern:
   die Korpsstabsveterinäre, die Stabsveterinäre und die Veterinäre.
5. Die Oberapotheker.
6. Der Armeemusikinspizient.

Bei der Marine.

1. Der zur Dienstleistung beim Gouvernement von Kiautschou kommandirte höhere Marine-Intendanturbeamte.
2. Der Lootsenkommandeur der Marine und dessen Vertreter.
3. Die Geschwadersekretäre während ihrer Dienstleistung als solche.
4. Die zu den Marine-Stationskommandos zur Dienstleistung kommandirten Marine-Intendantursekretäre.
5. Der Roßarzt bei der Marine-Feldbatterie.

Außerdem im Kriege und während des mobilen Zustandes.

Beim Reichsheere.

7. Der Büreauvorsteher und die Geheimen Kanzleisekretäre beim Chef des Generalstabs des Feldheeres.
8. Die Topographen u. Trigonometer.
9. Der höhere Civilverwaltungsbeamte bei den Etappeninspektionen.

Bei der Marine.

6. Die dem mobilen Büreau des Admiralstabs der Marine zugetheilten etatsmäßigen oberen Civilbeamten der Marine.
7. Die Civilmitglieder der Küstenbezirksämter I in Neufahrwasser, II in Stettin, III in Kiel, IV in Husum, V in Bremerhaven, VI in Wilhelmshaven.

---

*) An Stelle der Korpsroßärzte, Oberroßärzte und Roßärzte getreten AO. 27. Aug. 03 (ABB. 227).

Beim Reichsheere.

10. Die in Beamtenstellen des Militäreisenbahnwesens befindlichen oberen Beamten, als:
    a) die höheren Eisenbahnbeamten und deren Gehülfen beim Chef des Feldeisenbahnwesens, beim stellvertretenden Generalstabe der Armee und den immobilen Linienkommandanturen,
    b) die Telegrapheninspektoren, die Telegraphenaufseher und die Rendanten bei den Militäreisenbahndirektionen,
    c) die Assistenten bei den immobilen Linienkommandanturen,
    d) die Büreaubeamten bei den unter a genannten Behörden,
    e) die Kanzlisten bei den immobilen Linienkommandanturen.

11. Die nicht zu den Personen des Soldatenstandes gehörigen, bei dem Militäreisenbahnwesen zur Anstellung kommenden oberen Beamten, als:
    a) die höheren Beamten und Sekretäre bei den Baudirektionen,
    b) die Eisenbahnbauinspektoren u. Eisenbahnbetriebsinspektoren,
    c) die Eisenbahnbaumeister, Maschinenmeister, Maschineningenieure*), Telegrapheningenieure, Stationsvorsteher, Bahn- u. Betriebskontroleure,
    d) die Eisenbahnbauführer, Maschinenmeisterassistenten, Stationsassistenten, Expeditionsbeamten, Geometer,
    e) die Eisenbahn- u. die Betriebssekretäre,

    [b–e:] bei den Militäreisenbahndirektionen, Betriebsinspektionen, Betriebs- und Baukompagnien,

*) Als Maschineningenieure können der Militäreisenbahnverwaltung auch solche Beamte mit höherer technischer Vorbildung überwiesen werden, welche in ihrem Civildienstverhältnisse vorübergehend als Werkmeister thätig sind.

Bei der Marine.

Beim Reichsheere.	Bei der Marine.
f) die Eisenbahnverwaltungsbeamten bei den Eisenbahnarbeiterkompagnien (Güterexpeditionsvorsteher und Güterexpedienten), g) die Materialienverwalter, Bahnmeister und Telegraphenaufseher. Die unter 10 u. 11 aufgeführten Beamten sind nach Maßgabe der bestehenden Ressortverhältnisse auch denjenigen Beamten untergeordnet, welche an Stelle von Militärbefehlshabern zur Anstellung kommen. 12. Die Elektrotechniker für Panzerbatterien. 13. Die Feldzahlmeister. 14. Die Bekleidungsamtsbeamten und die Festungsgefängnißrendanten in Festungen, welche in Belagerungszustand erklärt sind.	

B. Untere Militärbeamte

(im Range der Mannschaften vom Feldwebel abwärts).

1. Die Zeughausbüchsenmacher. 2. Die Büchsenmacher und Sattler bei den Truppen. 3. Die Waffenmeister.	1. Die Büchsenmacher bei den Marinetheilen.

Außerdem im Kriege und während des mobilen Zustandes.

4. Die Obersetzer, Oberdrucker und Drucker beim Chef des Generalstabs des Feldheeres und bei einem Armeeoberkommando. 5. Die nicht zu den Personen des Soldatenstandes gehörigen, bei dem Militäreisenbahnwesen zur Anstellung kommenden unteren Beamten, als: a) die Werkmeister*), Wagenmeister und Magazinaufseher, b) die Lokomotivführer, Zugführer, Packmeister, Telegraphisten, c) die Zimmermeister u. die Maurermeister, d) die Zeichner, Kanzlisten u. Drucker,	2. Die dem mobilen Büreau des Admiralstabs der Marine zugetheilten etatsmäßigen Civilunterbeamten der Marine. 3. Die Beobachter (bei den Küstenbeobachtungsstationen).

*) Als Maschineningenieure können der Militäreisenbahnverwaltung auch solche Beamte mit höherer technischer Vorbildung überwiesen werden, welche in ihrem Civildienstverhältnisse vorübergehend als Werkmeister thätig sind.

Beim Reichsheere.

e) die Schaffner, Telegraphenvorarbeiter, Oberbauvorarbeiter, Güterbodenvorarbeiter, Heizer, Maschinenwärter,

f) die Rangirer, Weichensteller, Bahnwärter, Bremser, Oberbauarbeiter, Werkstattarbeiter, Güterbodenarbeiter, Maschinenputzer und Wagenschmierer.

Die unter Nr. 5 aufgeführten Beamten sind nach Maßgabe der bestehenden Ressortverhältnisse auch denjenigen Beamten untergeordnet, welche an Stelle von Militärbefehlshabern zur Anstellung kommen.

6. Die Maschinenwärter für Panzerbatterien.
7. Die Meister und Arbeiter bei den Reparaturwerkstätten des Belagerungstrains.
8. Die Unterbeamten bei den Bekleidungsämtern und den Festungsgefängnissen in Festungen, welche in Belagerungszustand erklärt sind.

Bei der Marine.

II. Militärbeamte, welche in einem doppelten Unterordnungsverhältnisse stehen, und zwar einerseits zu den ihnen vorgesetzten Militärbefehlshabern, andererseits zu den ihnen vorgesetzten höheren Beamten oder Behörden.

A. Obere Militärbeamte
(im Offizierrange).

1. Die Korpsintendanten, die Vorstände der Divisionsintendanturen und der Intendantur der Verkehrstruppen sowie deren Vertreter.
2. Die Kriegs- und Oberkriegsgerichtsräthe.
3. Die Militärgerichtsschreiber.
4. **Preußen** und **Sachsen**:
   die Militäroberpfarrer, die Divisions-, Garnison-, Kadetten- und Anstaltspfarrer.
   Bayern und **Württemberg**:
   siehe II A 17.
5. Die Korpsstabsapotheker und die Garnisonapotheker.

1. Die Marine-Intendanten und deren Vertreter.
2. Die Marine-Oberkriegsgerichtsräthe und -Kriegsgerichtsräthe.
3. Die Marine-Gerichtsschreiber.
4. Die Marine-Oberpfarrer u. -Pfarrer.
5. Die Marine-Stabszahlmeister, Oberzahlmeister und Zahlmeister, soweit sie nicht lediglich als Geschwadersekretäre fungiren; siehe I A 3.
6. Die auf Schiffen der Marine zur Verrichtung dienstlicher Funktionen eingeschifften oberen Civilbeamten sowie die unter III A 7 bis 17 genannten eingeschifften Militärbeamten der Marine.

Außerdem im Kriege und während des mobilen Zustandes.

Beim Reichsheere.

6. Bei den Feldintendanturen:
   a) die Armee-, Etappen-, Feld- und Divisionsintendanten sowie sämmtliche Feldintendanturräthe und die mit der Stelle eines etatsmäßigen Feldintendanturraths beliehenen Beamten,
   b) die Sekretäre,
   c) die Assistenten.
7. Die stellvertretenden Intendanten, der Vorstand der Intendantur des stellvertretenden Generalstabs sowie deren Vertreter.
8. Die oberen Beamten bei den Feldkriegskassen, als:
   a) die Kriegszahlmeister,
   b) die Kassirer,
   c) die Kassirer und Buchhalter,
   d) die Buchhalter,
   e) die Kassenassistenten,
   f) die Buchhalter bei den Betriebsabtheilungen der Militäreisenbahndirektionen, falls sie nicht zu den Personen des Soldatenstandes gehören.
9. Die oberen Beamten bei den Feld- und Etappenmagazinanstalten, einschließlich der Feldbäckereiämter und der Magazine auf den Sammelstationen, als:
   a) die Feldproviantmeister,
   b) die Feldmagazinrendanten,
   c) die Feldmagazinkontroleure,
   d) die Feldmagazinassistenten.
10. Die oberen Beamten bei den Feld- und Etappenlazarethanstalten, den Güterdepots der Sammelstationen und den Sanitätszügen, als:
   a) die Lazarethpfarrer,
   b) die Feldlazarethinspektoren,
   c) die Feldlazarethrendanten,
   d) die Feldapotheker.
11. Die den stellvertretenden Korpsgeneralärzten beigegebenen stellvertretenden Korpsstabsapotheker und die Feldstabsapotheker.

Bei der Marine.

7. Die Telegraphensekretäre und Assistenten bei den Kriegsküstentelegraphenstationen, welche von der Oberpostdirektion gestellt werden.

Beim Reichsheere.	Bei der Marine.
12. Die oberen Beamten bei den Feld- u. Etappentelegraphenbehörden, als: a) die Telegraphendirektoren, b) die Telegrapheninspektoren, c) die Telegraphensekretäre, d) die Telegraphenassistenten.	
13. Bei dem Chef der Militärtelegraphie: die Telegraphensekretäre.	
14. Die oberen Beamten bei den Feldpostanstalten, als: a) der Feldoberpostmeister, b) die Feldoberpostinspektoren, c) die Armeepostdirektoren, d) die Armeepostinspektoren, e) die Feldpostmeister, f) die Feldoberpostsekretäre, g) die Feldpostsekretäre, h) die Roßärzte (**Bayern:** Veterinäre) der Postpferdedepots.	
15. Der Feldpolizeidirektor und die Feldpolizeikommissare im großen Hauptquartiere.	
16. Die Intendantur- und oberen Proviantamtsbeamten sowie die der gleichen Beamtengattung angehörigen Beamten der Konservenfabriken, die Beamten der Garnisonbauverwaltung, die Garnisonverwaltungs- und Lazarethbeamten in Festungen, welche in Belagerungszustand erklärt sind; ferner:	
17. **Bayern** und **Württemberg:** die Feldgeistlichen.	

B. Untere Militärbeamte
(im Range der Mannschaften vom Feldwebel abwärts).

1. Die Unterapotheker und Militärapotheker einschließlich der einjährig-freiwilligen Militärapotheker.	1. Die Marineküster.
2. **Preußen** und **Sachsen:** die Divisions-, Garnison- und Anstaltsküster, die Militärgerichtsboten. **Bayern:** die Militärgerichtsboten. **Württemberg:** die Militärgerichtsboten, weiter siehe II B 11.	2. Die Marinegerichtsboten. 3. Die auf Schiffen der Marine zur Verrichtung dienstlicher Funktionen eingeschifften unteren Civilbeamten sowie die unter III B 9 genannten eingeschifften Militärbeamten der Marine.

Außerdem im Kriege und während des mobilen Zustandes.

Beim Reichsheere.

3. Die Kassendiener bei den Feldkriegskassen.
4. Die Feldbackmeister und die Feldmagazinaufseher bei den Feld- und Etappenmagazinanstalten sowie bei den Magazinen auf den Sammelstationen.
5. Die Feldpostschaffner bei den Feldpostanstalten.
6. Die Polizeibeamten im großen Hauptquartier und bei den Etappeninspektionen.
7. Die chirurgischen Instrumentenmacher und die Apothekenhandarbeiter bei den Feld- und Etappenlazarethanstalten.
8. Die Telegraphenvorarbeiter und Arbeiter bei der Feld- und Etappentelegraphie.
9. Die Feldpostillone bei den Feldpostanstalten.
10. Die Unterbeamten der Proviantämter und Konservenfabriken, der Garnison- und Lazarethverwaltungen in Festungen, welche in Belagerungszustand erklärt sind;
    ferner:
11. **Württemberg:**
    die Feldküster.

Bei der Marine.

III. Militärbeamte, welche nur den ihnen vorgesetzten höheren Beamten und Behörden untergeordnet sind.

A. Obere Militärbeamte
(im Offizierrange).

1. **Deutsches Reich:**
   beim Reichsmilitärgerichte:
   die Senatspräsidenten,
   die Reichsmilitärgerichtsräthe,
   der Obermilitäranwalt,
   die Militäranwälte,
   die Obersekretäre (Militärgerichtsschreiber).
2. **Preußen:**
   bei den Militärintendanturen:
   a) der Oberintendanturrath u. Vorstand der Intendantur der militärischen Institute,

1. Die Marine-Intendanturräthe,
2. die Marine-Intendanturassessoren,
3. die Marine-Intendanturreferendare,

(zu 1.–3.:) soweit sie nicht unter die Kategorie I A 1 und II A 1 fallen.

4. Die Marine-Intendantursekretäre, soweit sie nicht unter die Kategorie I A 4 fallen.
5. Die Marine-Intendanturregistratoren.

Beim Reichsheere.

b) die Intendanturräthe und Assessoren,
c) die Referendare,
d) die Sekretäre,
} soweit sie nicht unter die Kategorie II A 1 fallen,

e) die Registratoren;

ferner:

Bayern:

a) der Oberintendanturrath u. Vorstand der Intendantur der militärischen Institute,

b) die Intendanturräthe und Assessoren,
c) die Sekretäre,
} soweit sie nicht unter die Kategorie II A 1 fallen,

d) die Registratoren.

Sachsen:

a) beim Kriegsministerium:
die vortragenden Räthe einschließlich des vortragenden Bauraths,
die Expedienten,
die Kalkulatoren,
die Registratoren,
der Kanzleivorsteher;

b) beim Kriegszahlamte:
die Sekretäre;

c) bei den Militärintendanturen:
die Intendanturräthe und Assessoren,
die Referendare,
die Sekretäre,
} soweit sie nicht unter die Kategorie II A 1 fallen,
die Registratoren;

d) der Expedient bei dem Militärbevollmächtigten in Berlin.

Württemberg:

a) beim Kriegsministerium:
die vortragenden Räthe,
die Expedienten,
die Registratoren;

b) beim Kriegszahlamte:
der Kriegszahlmeister,
der Kassirer,
die Buchhalter;

Bei der Marine.

6. Die Oberlootsen der Marine, soweit sie nicht unter die Kategorie I A 2 fallen.

7. Die Ressortdirektoren,
8. die Betriebsdirektoren,
9. die Bauinspektoren,
10. die Baumeister,
11. die Bauführer
} für Schiffbau und Maschinenbau.

12. die Ressortdirektoren,
13. die Bauinspektoren
} für Hafenbau, } zu 12 bis 15, welche vor dem 1. April 1880 angestellt sind,

14. die Obermeister,
15. die Werkmeister,
16. die Werftbetriebssekretäre,
17. die Werftschreiber
} bei den Werften, } zu 16 und 17, welche vor dem 1. April 1880 Werftsekretäre oder Büreauassistenten waren.

} (zu 7 bis 17) Die eingeschifften Beamten stehen im doppelten Unterordnungsverhältnisse; siehe II A 6.

18. Die Garnisonbaubeamten, welche vor dem 1. April 1880 angestellt sind.

Beim Reichsheere.	Bei der Marine.
c) bei den Militärintendanturen: die Intendanturräthe und Assessoren, } soweit sie nicht unter die Kategorie II A 1 fallen, der Intendantur- und Baurath, die Sekretäre, soweit sie nicht unter die Kategorie II A 1 fallen, die Registratoren; d) der Expedient bei dem Militärbevollmächtigten in Berlin. 3. **Preußen:** der evangelische und der katholische Feldpropst der Armee.	

Außerdem im Kriege und während des mobilen Zustandes.

4. **Preußen:** die im mobilen Büreau des Kriegsministers sich befindenden Räthe, die den mobilen Büreaus des Kriegsministers und des vortragenden Generaladjutanten des Kaisers zugetheilten Geheimen expedirenden Sekretäre, Geheimen Registratoren und Geheimen Kanzleisekretäre. **Sachsen:** die im mobilen Stabe des Kriegsministers sich befindenden Räthe und die demselben zugetheilten Kanzleibeamten.	19. Die oberen Werftbeamten, soweit sie nicht bereits zu den unter III A 7 bis 17 und II A 6 aufgeführten Kategorien gehören, einschließlich der Sekretariats- und Registraturapplikanten (AKO. vom 31. März 1880). 20. Die den mobilen Büreaus des Staatssekretärs des Reichs-Marine-Amts und des Chefs des Marine-Kabinets zugetheilten Geheimen expedirenden Sekretäre, Geheimen Registratoren u. Geheimen Kanzleisekretäre. 21. Die etatsmäßigen oberen Civilbeamten der Marine in solchen Marine-Kriegshafengebieten, welche in Belagerungszustand erklärt worden sind. 22. Die Marine-Intendantursekretariatsapplikanten. 23. Die auf Kriegsschiffen fungirenden Civiloberlootsen.

B. Untere Militärbeamte
(im Range der Mannschaften vom Feldwebel abwärts).

Deutsches Reich: beim Reichsmilitärgerichte: der Botenmeister, die Boten.	1. Die Lootsen I. und II. Klasse, 2. die Hafenlootsen, 3. der Materialienverwalter, 4. die Maschinisten, 5. die Schiffsführer } beim Marine-Lootsen- und Seezeichenwesen.

Beim Reichsheere.	Bei der Marine.
	6. Die Steuerleute.
	7. Die Untersteuerleute.
	8. Der Vorsteher des Brieftaubenwesens.
	9. Die Magazinaufseher bei den Werften, welche vor dem 1. April 1880 in diese Stellen eingetreten sind; die eingeschifften Beamten stehen im doppelten Unterordnungsverhältnisse; siehe II B 3.
	10. Die Magazinaufseher der Bekleidungs- und Verpflegungsämter, welche vor dem 1. April 1880 in diese Stellen eingetreten sind.

Außerdem im Kriege und während des mobilen Zustandes.

Preußen: die Kanzleidiener bei den mobilen Büreaus des Kriegsministers u. des vortragenden Generaladjutanten des Kaisers.	11. Die unteren Werftbeamten, soweit sie nicht bereits zu den unter III B 9 und II B 3 aufgeführten Kategorien gehören (AKO. v. 31. März 1880).
	12. Die dem mobilen Büreau des Staatssekretärs des Reichs-Marine-Amts und des Chefs des Marine-Kabinets zugetheilten Civilunterbeamten der Marine.
	13. Die etatsmäßigen unteren Civilbeamten der Marine in solchen Marine-Kriegshafengebieten, welche in Belagerungszustand erklärt worden sind.
	14. Die Führer, 15. die Maschinisten, 16. die Heizer, 17. die Matrosen } auf den Dampfern „Langlütjen" und „Bombe" und dem Torpedowerkstattsdampfer.
	18. Die Heizer, 19. die Matrosen } auf dem Dampfer „Friedrichsort".
	20. Die Maschinenwärter und Heizer bei den Beleuchtungsanlagen in den Weserforts, den Haubitzbatterien Wilhelmshaven und den Beleuchtungswagen und Scheinwerfern der Artilleriedepots; sowie die hierbei beschäftigten Civilarbeiter.

Beim Reichsheere.	**Bei der Marine.**	
	21. Die Lootsenaspiranten, 22. die Zimmerleute, 23. die Köche, 24. die Oberheizer und Heizer, 25. die Obermatrosen und Matrosen	beim Marine-Lootsen- und Seezeichenwesen.
	26. Die auf Kriegsschiffen fungirenden Civillootsen und Civillootsenaspiranten.	

Anlage C (zu Anmerkung 33).

Preußisches Gesetz über den Belagerungszustand. Vom 4. Juni 1851 (SG. 451).[1])

§ **1.** Für den Fall eines Krieges ist in den von dem Feinde bedrohten oder theilweise schon besetzten Provinzen jeder Festungskommandant befugt, die ihm anvertraute Festung mit ihrem Rayonbezirke, der kommandirende General aber den Bezirk des Armeekorps oder einzelne Theile desselben zum Zweck der Vertheidigung in Belagerungszustand zu erklären.

§ **2.** Auch für den Fall eines Aufruhrs kann, bei dringender Gefahr für die öffentliche Sicherheit, der Belagerungszustand sowohl in Kriegs- als in Friedenszeiten erklärt werden.

Die Erklärung des Belagerungszustandes geht alsdann vom Staatsministerium aus, kann aber provisorisch und vorbehaltlich der sofortigen Bestätigung oder Beseitigung durch dasselbe, in dringenden Fällen, rücksichtlich einzelner Orte und Distrikte, durch den obersten Militärbefehlshaber in denselben, auf den Antrag des Verwaltungschefs des Regierungsbezirks, wenn aber Gefahr im Verzuge ist, auch ohne diesen Antrag erfolgen.

In Festungen geht die provisorische Erklärung des Belagerungszustandes von dem Festungskommandanten aus.

§ **3.** Die Erklärung des Belagerungszustandes ist bei Trommelschlag oder Trompetenschall zu verkünden, und außerdem durch Mittheilung an die Gemeindebehörde, durch Anschlag an öffentlichen Plätzen und durch

[1]) Inhalt. Das G. gewährt im Falle des Krieges (§ 1) oder Aufruhrs (§ 2) der Vollzugsgewalt im Interesse einheitlicher und strenger Handhabung außerordentliche Machtmittel; es ordnet das Verfahren bei Erklärung des Belagerungszustandes (§ 3, 5 u. 17), sowie dessen Wirkungen (§ 4, 6—15). Das G. hat durch RVerf. Art. 68 (Nr. 2 Anm. 33) Bedeutung für das ganze Reich (ausgenommen Bayern u. Elsaß-Lothringen Nr. 2 Anm. 33 d. W.).

öffentliche Blätter ohne Verzug zur allgemeinen Kenntniß zu bringen. — Die Aufhebung des Belagerungszustandes wird durch Anzeige an die Gemeindebehörde und durch die öffentlichen Blätter zur allgemeinen Kenntniß gebracht.

§ **4.** Mit der Bekanntmachung der Erklärung des Belagerungszustandes geht die vollziehende Gewalt an die Militärbefehlshaber über. Die Civilverwaltungs- und Gemeindebehörden haben den Anordnungen und Aufträgen der Militärbefehlshaber Folge zu leisten.

Für ihre Anordnungen sind die betreffenden Militärbefehlshaber persönlich verantwortlich.

§ **5.** Wird bei Erklärung des Belagerungszustandes für erforderlich erachtet, die Artikel 5, 6, 7, 27, 28, 29, 30 und 36 der Verfassungsurkunde[2]), oder einzelne derselben, zeit- und distriktweise außer Kraft zu setzen, so müssen die Bestimmungen darüber ausdrücklich in die Bekanntmachung über die Erklärung des Belagerungszustandes aufgenommen, oder in einer besonderen, unter der nämlichen Form (§ 3) bekannt zu machenden Verordnung verkündet werden.

Die Suspension der erwähnten Artikel oder eines derselben ist nur für den Bezirk zuläßig, der in Belagerungszustand erklärt ist und nur für die Dauer des Belagerungszustandes.[3])

(§ **6**, **7**.)[4])

(§ **8**, **9**.)[5])

§ **10.**[6]) Wird unter Suspension des Artikels 7 der Verfassungs-

[2]) Preuß. VerfU. 31. Jan. 50 (GS. 17). Die Bestimmungen betreffen die persönliche Freiheit Art. 5, die Unverletzlichkeit der Wohnung Art. 6, das Verbot der Ausnahmegerichte Art. 7, die Preßfreiheit Art. 27, 28 (nach RPreßG. 7. Mai 74, RGB. 65, § 30 Abs. 3 weiter zuläßig), das Vereins- u. Versammlungsrecht Art. 29, 30 u. das Einschreiten der bewaffneten Macht Art. 36.

[3]) Ausnahme § 16.

[4]) § 6 ist durch MStGB. § 9, § 7 durch MStGerO. § 27 ersetzt.

[5]) Die in § 8 u. 9 enthaltenen Strafvorschriften sind mit der Neuordnung des allgemeinen Strafrechts im Reiche aufgehoben EG. z. StGB. 31. Mai 70 (RGB. 195) § 2; dafür bestimmt § 4:

Bis zum Erlasse der in den Artikeln 61 und 68 der Verfassung des Norddeutschen Bundes vorbehaltenen Bundesgesetze sind die in den §§ 81, 88, 90, 307, 311, 312, 315, 322, 323 u. 324 des Strafgesetzbuchs für den Norddeutschen Bund mit lebenslänglichem Zuchthaus bedrohten Verbrechen mit dem Tode zu bestrafen, wenn sie in einem Theile des Bundesgebietes, welchen der Bundesfeldherr in Kriegszustand (Art. 68 der Verfassung) erklärt hat, oder während eines gegen den Norddeutschen Bund ausgebrochenen Krieges auf dem Kriegsschauplatze begangen werden.

[6]) § 10—15 sind nicht, wie in Teil 3 Bd. 1 (S. 92) u. Teil 4 Bd. 1 (S. 36) d. Handbuchs angenommen ist, durch die spätere Reichsgesetzgebung aufgehoben. Denn der an Stelle des § 7 Preuß. VerfU. getretene GVG. § 16 hat ausdrücklich „die gesetzlichen Bestimmungen über Kriegsgerichte u. Standrechte“ in Kraft erhalten, u. die MStGerO.

Urkunde[7]) zur Anordnung von Kriegsgerichten geschritten, so gehört vor dieselben die Untersuchung und Aburtheilung der Verbrechen des Hochverraths, des Landesverraths, des Mordes, des Aufruhrs, der thätlichen Widersetzung, der Zerstörung von Eisenbahnen und Telegraphen, der Befreiung von Gefangenen, der Meuterei, des Raubes, der Plünderung, der Erpressung, der Verleitung der Soldaten zur Untreue,[8]) und der in den §§ 8 und 9 mit Strafe bedrohten Verbrechen und Vergehen,[5]) insofern alle genannten Verbrechen und Vergehen nach der Erklärung und Bekanntmachung des Belagerungszustandes begangen oder fortgesetzte Verbrechen sind.

Als Hochverrath und Landesverrath sind, bis zur rechtlichen Geltung eines Strafgesetzbuchs für die ganze Monarchie, in dem Bezirke des Rheinischen Appellationshofes zu Köln die Verbrechen und Vergehen wider die innere und äussere Sicherheit des Staats (Artikel 75 bis 108 des Rheinischen Strafgesetzbuchs) anzusehen.[9])

Ist die Suspension des Artikel 7 der Verfassungs-Urkunde[7]) nicht vom Staatsministerium[10]) erklärt, so bleibt in Friedenszeiten bei den von dem Kriegsgerichte eingeleiteten Untersuchungen die Vollstreckung des Urtheils ausgesetzt, bis die Suspension vom Staatsministerium[10]) genehmigt ist.

§ **11.** Die Kriegsgerichte bestehen aus fünf Mitgliedern, unter denen zwei von dem Vorstande des Civilgerichts des Ortes zu bezeichnende richterliche Civilbeamte, und drei von dem Militärbefehlshaber, welcher am Orte den Befehl führt, zu ernennende Offiziere sein müssen. Die Offiziere sollen mindestens Hauptmannsrang haben; fehlt es an Offizieren dieses höheren Ranges, so ist die Zahl aus Offizieren des nächsten Grades zu ergänzen.

Sofern in einer vom Feinde eingeschlossenen Festung die erforderliche Zahl von richterlichen Civilbeamten nicht vorhanden ist, soll dieselbe von dem kommandierenden Militärbefehlshaber aus den Mitgliedern der Gemeindevertretung ergänzt werden. Ist kein richterlicher Civilbeamte in der Festung vorhanden, so ist stets ein Kriegs- oder Oberkriegsgerichtsrath[11]) Civilmitglied des Kriegsgerichts.

---

nebst EG. § 2 läßt die gar nicht auf militärprozeßrechtlichem Gebiete liegenden Ausnahmekriegsgerichte der § 10 bis 15 d. G. völlig unberührt.

[7]) An Stelle des § 7 der VU. ist für das Reich sinngemäß GVG. § 16 Satz 1 u. 2 getreten (Anm. 6).

[8]) StGB. § 80—93 (Hoch- u. Landesverrat), § 112 (Aufforderung von Mil-Personen zum Ungehorsam), § 113—114 (Widerstand gegen die Staatsgewalt), § 115 (Aufruhr), § 122 (Gefangenenbefreiung), § 211 (Mord), § 249—256 (Raub- u. Erpressung), § 305 u. 315 (Zerstörung von Eisenbahnen usw.) Den Begriff der „Plünderung" kennt das geltende StGB. nicht.

[9]) Durch Einführung des RStGB. veraltet.

[10]) An dessen Stelle tritt für das Reich sinngemäß der für die Regierungshandlungen des Kaisers verantwortliche Reichskanzler.

[11]) An Stelle der Auditeure getreten EG. z. MStGerO. § 20.

Die Zahl der Kriegsgerichte richtet sich, wenn eine ganze Provinz oder ein Theil derselben in Belagerungszustand erklärt ist, nach dem Bedürfniß, und den Gerichtssprengel eines jeden dieser Gerichte bestimmt in derartigen Fällen der kommandirende General.

§ **12.** Den Vorsitz in den Sitzungen der Kriegsgerichte führt ein richterlicher Beamter.

Von dem Vorsitzenden werden, bevor das Gericht seine Geschäfte beginnt, die zu Mitgliedern desselben bestimmten Offiziere und eintretenden Falls diejenigen Civilmitglieder, welche dem Richterstande nicht angehören, dahin vereidigt,

> daß sie die Obliegenheiten des ihnen übertragenen Richteramtes mit Gewissenhaftigkeit und Unparteilichkeit, den Gesetzen gemäß, erfüllen wollen.

Der Militärbefehlshaber, welcher die dem Offizierstande angehörigen Mitglieder des Kriegsgerichts ernannt, beauftragt als Berichterstatter einen Kriegs- oder Oberkriegsgerichtsrath[11]), oder in dessen Ermangelung einen Offizier. Dem Berichterstatter liegt ob, über die Anwendung und Handhabung des Gesetzes zu wachen, und durch Anträge die Ermittelung der Wahrheit zu fördern. Stimmrecht hat derselbe nicht.

Als Gerichtsschreiber wird zur Führung des Protokolls ein von dem Vorsitzenden des Kriegsgerichts zu bezeichnender und von ihm zu vereidigender Beamter der Civilverwaltung zugezogen.

§ **13.** Für das Verfahren vor den Kriegsgerichten gelten folgende Bestimmungen:

1. Das Verfahren ist mündlich und öffentlich; die Oeffentlichkeit kann vom Kriegsgerichte durch einen öffentlich zu verkündigenden Beschluß ausgeschlossen werden, wenn es dies aus Gründen des öffentlichen Wohls für angemessen erachtet.
2. Der Beschuldigte kann sich eines Vertheidigers bedienen. — Wählt er keinen Vertheidiger, so muß ihm ein solcher von Amtswegen von dem Vorsitzenden des Gerichts bestellt werden, insofern es sich um solche Verbrechen oder Vergehen handelt, bei welchen nach dem allgemeinen Strafrecht eine höhere Strafe, als Gefängniß bis zu Einem Jahre, eintritt.
3. Der Berichterstatter trägt in Anwesenheit des Beschuldigten die demselben zur Last gelegte Thatsache vor.

   Der Beschuldigte wird aufgefordert, sich darüber zu erklären, demnächst wird zur Erhebung der anderweiten Beweismittel geschritten.

   Sodann wird dem Berichterstatter zur Aeußerung über die Resultate der Vernehmungen und die Anwendung des Gesetzes, und zuletzt dem Beschuldigten und seinem Vertheidiger das Wort gestattet.

Das Urteil wird bei sofortiger nicht öffentlicher Berathung des Gerichts nach Stimmenmehrheit gefaßt und unmittelbar darauf dem Beschuldigten verkündigt.

4. Das Gericht erkennt auf die gesetzliche Strafe, oder auf Freisprechung, oder Verweisung an den ordentlichen Richter.

Der Freigesprochene wird sofort der Haft entlassen. Die Verweisung an den ordentlichen Richter findet statt, wenn das Kriegsgericht sich für nicht kompetent erachtet; es erläßt in diesem Falle über die Fortdauer oder Aufhebung der Haft im Urtheile zugleich besondere Verfügung.

5. Das Urtheil, welches den Tag der Verhandlung, die Namen der Richter, die summarische Erklärung des Beschuldigten über die ihm vorgehaltene Beschuldigung, die Erwähnung der Beweisaufnahme und die Entscheidung über die Thatfrage und den Rechtspunkt, sowie das Gesetz, auf welches das Urtheil begründet ist, enthalten muß, wird von den sämmtlichen Richtern und dem Gerichtsschreiber unterzeichnet.

6. Gegen die Urtheile der Kriegsgerichte findet kein Rechtsmittel statt. Die auf Todesstrafe lautenden Erkenntnisse unterliegen jedoch der Bestätigung des im § 27 MStGerO.[4]) bezeichneten Militärbefehlshabers, und zwar in Friedenszeiten der Bestätigung des kommandirenden Generals der Provinz.

7. Alle Strafen, mit Ausnahme der Todesstrafe, werden binnen 24 Stunden nach der Verkündigung des Erkenntnisses, Todesstrafen binnen gleicher Frist, nach Bekanntmachung der erfolgten Bestätigung, an den Angeschuldigten zum Vollzug gebracht.

8. Die Todesstrafe wird durch Erschießen vollstreckt. Sind Erkenntnisse, welche auf Todesstrafe lauten, bei Aufhebung des Belagerungszustandes noch nicht vollzogen, so wird diese Strafe von den ordentlichen Gerichten in diejenige Strafe umgewandelt, welche, abgesehen von dem Belagerungszustande, die gesetzliche Folge der von dem Kriegsgerichte als erwiesen angenommenen That gewesen sein würde.

§ **14.** Die Wirksamkeit der Kriegsgerichte hört mit der Beendigung des Belagerungszustandes auf.

§ **15.** Nach aufgehobenem Belagerungszustande werden alle vom Kriegsgerichte erlassenen Urtheile sammt Belagstücken und dazu gehörenden Verhandlungen, sowie die noch schwebenden Untersuchungssachen an die ordentlichen Gerichte abgegeben; diese haben in den von dem Kriegsgerichte noch nicht abgeurtheilten Sachen nach den ordentlichen Strafgesetzen, und nur in den Fällen des § 9 nach den in diesem getroffenen Strafbestimmungen[5]) zu erkennen.

§ **16.**[12])

§ **17.** Ueber die Erklärung des Belagerungszustandes, sowie über jede, sei es neben derselben (§ 5) oder in dem Falle des § 16 erfolgte Suspension auch nur eines der §§ 5 und 16 genannten Artikel der Verfassungsurkunde, muß den Kammern[13]) sofort, beziehungsweise bei ihrem nächsten Zusammentreten, Rechenschaft gegeben werden.

§ **18.** Alle diesem Gesetze entgegenstehenden Vorschriften werden aufgehoben.

Das gegenwärtige Gesetz tritt an die Stelle der Verordnung vom 10. Mai 1849 und der Deklaration vom 4. Juli 1849 (Gesetzsammlung S. 165 und 250).

Anlage D (zu Anmerkung 56).

Militär-Strafvollstreckungsvorschrift.[1]) (Auszug.)

Erster Theil.

Strafvollstreckungs- und Dienstordnung.[2])

Vorbemerkung.

Die gegen Militärpersonen auf Grund eines gerichtlichen Urtheils von den Militärbehörden zu vollstreckenden Strafen werden nach Maßgabe der nachstehenden Vorschriften vollzogen. Soweit sich die letzteren auf Arrest- oder Geldstrafen

---

[12]) § 16 behandelt die Außerkraftsetzung verfassungsmäßiger Rechte ohne Erklärung des Belagerungszustandes, ist also hier nicht von Bedeutung u. daher nicht abgedruckt.

[13]) An Stelle der Kammern treten sinngemäß der Bundesrat u. Reichstag.

[1]) Die MStV. ist unter Aufhebung der früheren MStV. 2. Juli 73 vom Kaiser durch AO. 9. Febr. 88 genehmigt; zugleich ist das Kriegsministerium ermächtigt, die erforderlichen Erläuterungen zu erteilen u. die infolge organisatorischer Bestimmungen u. allgemeiner Verwaltungsmaßregeln notwendig werdenden Abänderungen zu treffen. Sie umfaßt im ersten auszugsweise abgedruckten Teil (Abschnitt I—VI, § 1—124) die Strafvollstreckungs- u. Dienstordnung, im zweiten Teil (Abschnitt I—III, § 125—315) die den inneren Dienst regelnde Verwaltungsordnung. — Die bis Okt. 03 auf Grund obiger Ermächtigung vom Kriegs-Min. genehmigten Änderungen — Deckblätter 1—215 sind im Texte nachgetragen. — Die MStV. ist in Bayern, Württemberg u. Sachsen mit einzelnen durch die Verhältnisse bedingten Abweichungen zur Einführung gelangt. Für die Marine ist die MStV. durch AKO. 22. Jan. 89 mit zusätzlichen „Bestimmungen über die Vollstreckung der Freiheitsstrafen an Bord" Unteranlage D 1 eingeführt. Die hierzu ergangenen Einf.-Best. sind in Unteranlage D 2 enthalten.

[2]) Inhalt: 1. Abschn. (§ 1—2) Vollstreckung der Todesstrafe; 2. Abschn. (§ 3—22) Vollstreckung der Freiheitsstrafen u. zwar I. Allgemeines § 3—10, II. Vollstreckungsweise im Frieden (Ge-

beziehen, finden sie auch dann Anwendung, wenn diese Strafen im Disziplinarwege verhängt sind. Für die sonstige Vollstreckung der Disziplinarstrafen sind die erforderlichen Bestimmungen in der Disziplinar-Strafordnung für das Heer enthalten.

Erster Abschnitt.

Vollstreckung der Todesstrafe.

§ **1.** [Anordnungen des Gerichtsherrn.] Ist die Todesstrafe gemäß § 14 des MStGB. durch Erschießen zu vollstrecken, so hat der Gerichtsherr, welchem die Anordnung der Strafvollstreckung obliegt,*) nachdem das Urtheil rechtskräftig geworden ist, die Vollstreckung ungesäumt herbeizuführen.

Ort und Zeit der Vollstreckung der Todesstrafe werden nur denjenigen Behörden bekannt gemacht, welche dabei mitzuwirken haben.

§ **2.** [Ausführung.] 1. Zur Strafvollstreckung wird eine Truppenabtheilung von mindestens der Stärke einer Kompagnie befehligt. Ein Stabsoffizier leitet das Verfahren, er bestimmt, auf welche Weise der Verurtheilte zum Richtplatz gebracht werden soll, und trägt Sorge dafür, daß derselbe hierbei thunlichst von einem Geistlichen seines Glaubensbekenntnisses begleitet werde.

Ob weitere am Ort anwesende Truppentheile der Vollstreckung des Urtheils beiwohnen sollen, wird nach den besonderen Verhältnissen bemessen werden müssen.

Auf dem Richtplatz wird dem Verurtheilten, während die Truppe das Gewehr präsentirt, die Urtheilsformel, sowie die Bestätigungsordre durch den Kriegsgerichtsrath, an dessen Stelle im Behinderungsfalle ein Offizier treten kann, vorgelesen.

Zehn, in zwei Gliedern eingetheilte und fünf Schritt von dem Verurtheilten aufgestellte Gemeine führen, nachdem dem Geistlichen zuvor gestattet worden, dem Verurtheilten nochmals zuzusprechen, das Urtheil auf Kommando oder Wink aus.

Ob dem Verurtheilten vorher die Augen zu verbinden sind, und ob er zu fesseln ist, entscheidet der das Verfahren leitende Stabsoffizier nach den Umständen.

Ueber den Akt ist eine Urkunde aufzunehmen und vom Kriegsgerichtsrath oder dessen Stellvertreter zu vollziehen.

2. In den im § 14 des MStGB. nicht vorhergesehenen Fällen erfolgt die Vollstreckung der Todesstrafe durch die bürgerlichen Behörden.

Das Ersuchen um Anordnung der Vollstreckung ist an diejenige Staatsanwaltschaft zu richten, in deren Amtsbezirk der Verurtheilte sich befindet. Dem Ersuchen um Anordnung der Vollstreckung sind eine mit der Bescheinigung der Rechtskraft versehene beglaubigte Abschrift des Urtheils und eine beglaubigte Abschrift der Bestätigungsordre beizufügen. Die Bescheinigung und die Beglaubigungen geschehen durch den Gerichtsherrn. (§ 454 der MStGerO.)

---

*) Der § 451 der Militärstrafgerichtsordnung lautet:
Die Strafvollstreckung wird durch den Gerichtsherrn angeordnet, welcher die Erhebung der Anklage verfügt hat.

fängnis § 11—13, Festungshaft u. Haft § 14—15, Arrest § 16—20), III. Vollstreckungsweise während des Krieges § 21 bis 22; 3. Abschn. (§ 23—27) Vollstreckung der Ehrenstrafen; 4. Abschn. (§ 28—31) Vollstreckung der Geldstrafen; 5. Abschn. (§ 32—105) Vollstreckung der Gefängnisstrafe u. zwar I. Allgemeines § 32—49, II. die Festungsgefangenenanstalten § 50—60, III. die Festungsgefängnisse; 6. Abschn. (§ 106 bis 124) Vollstreckung der Festungshaft an MilPersonen u. denjenigen Zivilpersonen, welche diese Strafe in den Festungsgefängnissen verbüßen.

Zweiter Abschnitt.

Vollstreckung der Freiheitsstrafen.

I. Allgemeines.

§ 3. [Militärische Strafanstalten und Vorgesetzte derselben.] 1. Zu den militärischen Strafanstalten*) gehören die Festungsgefängnisse, die Festungs-Gefangenanstalten, die Festungsstuben-Gefangenanstalten und die Militärarrest-Anstalten (Garnisongefängnisse, Arrestlokale) der einzelnen Garnisonen.

2. Die Festungsgefängnisse sind dem Inspekteur der militärischen Strafanstalten**) unterstellt; jedoch üben bezüglich dieser Gefängnisse, soweit im Nachstehenden nicht ausdrücklich anders bestimmt ist, die kommandirenden Generale die allgemeinen territorialen, die Gouverneure ꝛc.***) dieselben Rechte und Pflichten aus, wie über alle in den betreffenden Garnisonen befindlichen Truppen-Abtheilungen.

3. In einer vom Feinde bedrohten Festung gehen die Befugnisse des Inspekteurs über die Festungsgefängnisse auf den Gouverneur ꝛc. über, ebenso wenn bei eintretender Mobilmachung die Inspektion der militärischen Strafanstalten aufgelöst wird.

4. Die Festungs-Gefangenanstalten, Festungsstuben-Gefangenanstalten und die Arrestlokale einer Garnison, letztere auch wenn sie sich nicht in einem besonderen Arresthause, sondern in den Kasernements der Truppen vertheilt befinden sollten, jedoch mit Ausschluß der zu den Festungsgefängnissen gehörenden, sind dem Gouverneur ꝛc. unterstellt.

Die in den Kasernements der Truppen befindlichen Arrestlokale kann der Gouverneur ꝛc. — vorbehaltlich seiner Oberaufsicht — den Kommandeuren der betreffenden Truppentheile unterstellen, wenn die besonderen Verhältnisse der Garnison dies erfordern. Die unter Ziffer 5 erwähnten Verpflichtungen gehen in solchen Fällen auf diesen Kommandeur über.

5. Die vorbezeichneten Vorgesetzten sind für die vorschriftsmäßige Vollstreckung der Freiheitsstrafen in den betreffenden Anstalten verantwortlich, und liegt ihnen die Beaufsichtigung derselben in Bezug auf Ordnung und Reinlichkeit sowie ferner die in angemessenen Zeiträumen zu veranlassende Anordnung ärztlicher Prüfungen in Bezug auf Unterkunftsverhältnisse, Gesundheit, Nahrung und Bekleidung der Verurtheilten ob.

6. Zur Herbeiführung einer gleichmäßigen Strafvollstreckung auch in den Festungs-Gefangenanstalten und in den Festungsstuben-Gefangenanstalten nimmt der Inspekteur auf seinen Besichtigungsreisen Kenntniß von Einrichtung und Dienstbetrieb derselben (vergl. §§ 50 und 107).

§ 4. [Reise bezw. Transport des Verurtheilten nach dem Strafort.] Der Gerichtsherr, welchem die Anordnung der Strafvollstreckung obliegt,

*) Die Arbeiter-Abtheilungen gehören nicht zu den militärischen Strafanstalten im Sinne dieser Vorschrift; über das Verhältnis derselben zu dem Inspekteur der militärischen Strafanstalten, vgl. § 6 der Dienstvorschrift für die Arbeiter-Abtheilungen.[3])

**) Wo im Nachfolgenden Inspekteur bezw. Inspektion gesagt ist, ist darunter immer der Inspekteur bezw. die Inspektion der militärischen Strafanstalten zu verstehen; über die besonderen Pflichten usw. des Inspekteurs vgl. § 61.

***) Unter Gouverneur usw. ist der Gouverneur bezw. Kommandant oder Garnison-Älteste zu verstehen.

[3]) Nr. III 2 Anl. A d. W.

erläßt die Anordnungen, welche für die Reise oder den Transport des Verurtheilten nach dem Straforte erforderlich sind, unter Beachtung des Nachstehenden:

A. Offiziere, Sanitätsoffiziere und obere Militärbeamte begeben sich allein zur Strafanstalt und melden sich dort bei dem Gouverneur ꝛc. Muß jedoch, mit Rücksicht auf die Person des Verurtheilten oder die Schwere der Strafe die Möglichkeit eines Fluchtversuchs ins Auge gefaßt werden, so ist der Verurtheilte durch einen im Range oder Dienstalter möglichst gleichstehenden Offizier, welchem nöthigenfalls ein zweiter Offizier oder einige Unteroffiziere beigegeben werden können, nach der Strafanstalt zu schaffen.*)

B. 1. Die übrigen Militärpersonen werden in der Regel nach der Strafanstalt transportirt; nur ausnahmsweise kann ihnen, in Berücksichtigung ihrer Persönlichkeit und der wider sie erkannten Strafe, gestattet werden, sich allein zu derselben zu begeben. Die Anlage 1[4]) enthält ein Muster zum Transport-Zettel für Unteroffiziere und Gemeine.

2. Zum Transport wird ein Unteroffizier (bezw. Portepeeunteroffizier, wenn der Verurtheilte ein solcher ist) im Dienstanzuge oder in schweren Fällen und bei weiteren Entfernungen ein, aus einem Unteroffizier und einem Manne bestehendes, bei der gleichzeitigen Absendung mehrerer Verurtheilter angemessen zu verstärkendes Kommando gestellt. Ob die Mitgabe von Schußwaffen und Munition nöthig, oder ob in besonders schweren Fällen der Verurtheilte zu fesseln oder durch eine Miethsfuhre fortzuschaffen ist, wird nach den Umständen bestimmt.

3. Ein Wechsel in dem transportirenden Personal findet in der Regel nicht statt. Wird ein Wechsel ausnahmsweise durch die Länge des Marsches nöthig, so sind die auf dem Wege gelegenen Militärbehörden behufs Ablösung des Transportkommandos rechtzeitig zu benachrichtigen.

Bezirkskommandos und Festungsgefängnisse geben in der Regel keine Transportkommandos.

4. Sämmtliche in ein Festungsgefängniß oder in eine Festungs-Gefangenanstalt aufzunehmende Mannschaften sind vor ihrer Absendung vom Truppentheil, sowie vor ihrer Einstellung in die Strafanstalt ärztlich zu untersuchen. Ueber die Untersuchung ist eine Bescheinigung auszustellen. Die Absendung bezw. Einstellung erkrankter Verurtheilter darf erst erfolgen, wenn dieselben der Lazarethbehandlung nicht mehr bedürfen.

Falls die Verurtheilten auf dem Transport erkranken, oder vom Arzt bei der Absendung für gesund erklärt worden sind, später aber als krank befunden werden, so dürfen dieselben seitens der Strafanstalt nicht zurückgewiesen werden.

5. Der Verurtheilte muß kurz vor seinem Abgange in Gegenwart des Begleiters auf das genaueste untersucht werden, und sind ihm dabei alle die Flucht erleichternden Gegenstände, sowie alle bei einer Flucht verwerthbaren Schriftstücke und baares Geld abzunehmen.

Hierauf ist der Verurtheilte darauf hinzuweisen, daß er dem Transportführer unbedingt Folge zu leisten hat und daß dieser berechtigt ist, bei thätlicher Widersetzung oder Fluchtversuch von seiner Waffe Gebrauch zu machen.

*) Derartige Transporte erfolgen marschmäßig.

[4]) Nicht abgedruckt.

6. Bei dem Transport nach dem Straforte, sowohl wenn dieser sich in derselben, als wenn er sich in einer anderen Garnison befindet, soll so verfahren werden, daß das Ehrgefühl der Verurtheilten geschont wird. Der Transport durch volkreiche Straßen am Tage und in Aufsehen erregender Weise ist daher thunlichst zu vermeiden.

7. In besonderen Fällen, so namentlich in verkehrsreichen Städten, wo dies nach den örtlichen Verhältnissen aus militärischen Rücksichten nothwendig erscheint und sich die Ausschließung einer unzuträglichen Oeffentlichkeit der Arrestatentransporte in anderer Weise, z. B. durch Benutzung der Nachtzeit, Vermeidung aller belebten Straßen 2c., nicht erreichen läßt, dürfen die Arrestaten in einem geschlossenen Wagen — Droschke 2c. — befördert werden. Die Genehmigung hierzu ist von den Generalkommandos ein für alle Mal für die betreffenden Garnisonen des Armeekorpsbereichs zu ertheilen.

8. Diese Beförderungsweise darf nicht nur beim Transport der Arrestaten von den Kasernen 2c. nach dem Bahnhof und von diesem nach dem Festungsgefängniß bezw. der Civil-Strafanstalt, sondern nach dem Ermessen der Generalkommandos unter der gleichen Voraussetzung auch bei jedem anderen Transport von Arrestaten innerhalb der Garnison, sowie beim Transport unzuverlässiger Militärgefangenen zum Truppentheil (§ 46, 7) zur Anwendung kommen.*)

9. Den Unteroffizieren ist in der Regel während des Transportes zur Strafanstalt das Seitengewehr zu belassen, auch darf deren Ueberführung nicht in einem gemeinsamen Transport mit Verurtheilten des Gemeinenstandes erfolgen.

10. Bei Transporten sind möglichst Eisenbahnen und Dampfschiffe zu benutzen.

11. Ist ein Transport genöthigt, an einem Orte zu übernachten, so ist der Verurtheilte in Garnisonen in einem Arrestlokal oder auf der Wache, in anderen Orten in den von den Gemeinden zu überweisenden Räumen unterzubringen. Letzteres hat auch in denjenigen Orten zu geschehen, an welchen sich nur Bezirkskommandos befinden.

12. Das begleitende Personal benutzt zur Rückkehr in seine Garnison thunlichst Eisenbahnen und Dampfschiffe.

13. An Sonn- und Feiertagen ist der Transport und die Ablieferung Verurtheilter, desgleichen auch die Ablieferung zur Nachtzeit, möglichst zu vermeiden. In allen Fällen, wo diese Zeiten gewählt werden müssen, sind die Festungsgefängnisse rechtzeitig hiervon zu benachrichtigen.

14. Dem Arrestaten wird ein vollständig brauchbarer Anzug mitgegeben, der in der Garnison zum Ausgehen benutzt wurde. Der

*) Auch die Untersuchungsarrestaten dürfen in gleicher Weise befördert werden, wenn der Untersuchungsarrest mit dem Gerichtslokal nicht in demselben Gebäude verbunden oder in dessen Nähe belegen ist.

Die Kosten für Beförderung der Untersuchungsarrestaten und der zu Arreststrafen Verurteilten, falls deren Strafverbüßung innerhalb der Garnison erfolgt, trägt Kapitel 34 Titel 2, für alle übrigen Transporte Kapitel 31 Titel 2.

Bei Einlieferung von Mannschaften in die Garnison-Arrestanstalt zur Verbüßung von Arreststrafen sind soweit als möglich die weniger belebten Straßen zu benutzen; auch sind sowohl die vorbezeichneten als die Untersuchungsarrestaten in einem Anzuge besserer Garnitur nach der Arrestanstalt hinzuführen und von dieser abzuholen; ferner können sie mit Seitengewehr versehen werden, wenn nicht zu befürchten ist, daß der Arrestat einen Fluchtversuch machen und dabei das Seitengewehr zu einem Angriff auf den transportirenden Unteroffizier mißbrauchen wird.

Anzug wird dem Truppentheil zurückgesandt oder mit Zustimmung des letzteren als Entlassungsanzug aufbewahrt. Im Uebrigen wird auf die §§ 134 und 230[4]) verwiesen.

15. Wegen Behandlung der den Verurtheilten zugehörigen eigenen Sachen wird auf § 73,[4]) wegen Hergabe von Arrestlokalen, Verabreichung von Lagerstroh und Heizung auf das Quartierleistungs-Gesetz vom 25. Juni 1868[5]) (§ 15, Anlage A §§ 7 und 11) Bezug genommen.

16. Im Uebrigen sind für die Reise bezw. den Transport der Verurtheilten die §§ 128, 187 und 312[4]) maßgebend.

17. Die Vollstreckung einer Freiheitsstrafe ist aufzuschieben, wenn der Verurtheilte in Geisteskrankheit verfällt.

Dasselbe gilt bei anderen Krankheiten, wenn von der Vollstreckung eine nahe Lebensgefahr für den Verurtheilten zu besorgen steht.

§ 5. [Ueberweisung Verurtheilter an die bürgerlichen Behörden zur Strafvollstreckung.][6]) 1.[7])

2. Die Ueberweisung der Verurtheilten geschieht unmittelbar an die betreffende Strafanstalt, unter Angabe der Stunde des Beginnes der Strafzeit, ferner unter gleichzeitiger Mittheilung des Nationals und Signalements des Verurtheilten, sowie des Urtheils und der Bestätigungs-Ordre.

3. In gleicher Weise sind diejenigen Verurtheilten den bürgerlichen Behörden zur Strafvollstreckung zu überweisen, deren Dienstunbrauchbarkeit — Feld- und Garnisondienstunfähigkeit — feststeht, auch wenn dieselben zunächst nur zur Disposition der Ersatzbehörden entlassen sind.[8])

4. Aus Anlage 2 ist ersichtlich, an welche Civil-Strafanstalten die Abgabe der Verurtheilten in den einzelnen Fällen stattzufinden hat.

Die Anträge wegen Vollstreckung einer militärgerichtlich erkannten Zuchthausstrafe, einer Gefängnißstrafe, neben welcher auf Entfernung aus dem Heere, oder einer Freiheitsstrafe, neben welcher auf Dienstentlassung erkannt ist, sind unmittelbar an die bürgerlichen Behörden von denjenigen Gerichtsherren zu richten, welchen die Anordnung der Strafvollstreckung obliegt.

5. Die in den vorerwähnten Fällen nach Maßgabe der §§ 128 und 187 zu gewährenden Transportkosten fallen der Militär-Verwaltung zur Last. Für eine ausreichende Bekleidung auf dem Transport ist Sorge zu tragen. Die mitgegebene Militärbekleidung, von welcher die Abzeichen zu entfernen sind, mit Ausnahme der Transport-Mäntel verbleibt der Civil-Strafanstalt.

6. In Betreff der etwaigen Ueberweisung solcher Verurtheilten zur Aufnahme in die Kontrole und der etwa zu veranlassenden Benachrichtigungen finden die Bestimmungen der §§ 23 und 48 sinngemäße Anwendung.

§ 6. [Berechnung der Strafzeit.] 1. Bei Freiheitsstrafen wird der Tag zu 24 Stunden, die Woche zu 7 Tagen, der Monat und das Jahr nach der Kalenderzeit gerechnet (StGB. § 19 Absatz 1).

2. Für den in Untersuchungshaft befindlichen Angeklagten, welcher zu einer Freiheitsstrafe verurtheilt wird, ist die zu verbüßende Strafe vom Tage der Rechtskraft des Urtheils zu berechnen.

Hat der Angeklagte auf Einlegung eines Rechtsmittels verzichtet, so wird die Strafe bereits vom Tage des Verzichts berechnet. Eine entsprechende Berech-

---

[5]) BGBl. 523.

[6]) Fälle Nr. II 2 Anm. 960 d. W.

[7]) Ziff. 1 gibt den § 15 des EG. z. MStGerO. (Nr. II 3 d. W.) wieder.

[8]) § 43.

nung tritt ein, wenn der Angeklagte das eingelegte Rechtsmittel zurückgenommen oder, ohne eine Erklärung abzugeben, die Einlegungsfrist hat verstreichen lassen.

Erfolgt in den vorbezeichneten Fällen die Verhaftung des Angeklagten erst nach den dort bezeichneten Zeitpunkten, so wird die Strafe vom Tage der Verhaftung ab berechnet (MStGerO. §§ 458, 459).

Jeder Tag der angerechneten Untersuchungshaft gilt als voller Straftag.

3. Wird die Abführung eines in Untersuchungshaft befindlichen Angeschuldigten zur Strafanstalt durch Erkrankung verzögert, so ist die Zeit seines Aufenthalts im Lazareth auf die Strafe nur dann anzurechnen, wenn er während dieses Aufenthalts zufolge Entscheidung des Gerichtsherrn in Untersuchungshaft verbleibt und dementsprechend behandelt wird.

4. Während der Strafvollstreckung wird den zu einer Freiheitsstrafe von längerer als sechswöchentlicher Dauer Verurtheilten

a) die aus Anlaß einer neuen Untersuchung wider sie verfügte Untersuchungshaft*) nur dann angerechnet, wenn die Untersuchung mit Freisprechung oder Einstellung des Verfahrens endet;

b) gerichtlich erkannte neue Freiheitsstrafen von längerer als sechswöchentlicher Dauer werden wider solche Verurtheilte im Anschluß an die ältere Strafe vollstreckt und vom Tage nach Verbüßung der letzteren berechnet;

c) gerichtlich erkannter Freiheitsstrafen von sechswöchentlicher oder geringerer Dauer sind sofort zu vollstrecken und verlängern also um ihre Dauer die Verbüßung derjenigen Strafe, welche den solchergestalt Verurtheilten in die Strafanstalt geführt hat und während der neuen Srafverbüßung als unterbrochen gilt.[9])

5. Ist der Verurtheilte nach Beginn der Strafvollstreckung, ohne daß eine Unterbrechung derselben angeordnet wird, wegen Krankheit in eine von der Strafanstalt getrennte Krankenanstalt gebracht worden, so ist die Dauer des Aufenthalts in der Krankenanstalt in die Strafzeit einzurechnen, sofern er nicht mit der Absicht, die Strafvollstreckung zu unterbrechen, die Krankheit herbeigeführt oder verlängert hat.

6. Die nach Ziffer 5 und nach § 460 MStGerO. in das Ermessen der Strafvollstreckungsbehörde (§ 451 MStGerO.) gestellte Anordnung der Strafunterbrechung wird geboten sein, sofern bei der Fortsetzung der Vollstreckung — z. B. einer strengen oder mittleren Arreststrafe — in einer von der Strafanstalt getrennten Krankenanstalt der Strafzweck auch nicht annähernd mehr zu erreichen sein würde. Dasselbe gilt für die Vollstreckung disziplinarisch verhängter Freiheitsstrafen. (§ 46 DStO.)

7. Die Zeit eines etwaigen Urlaubs (vergl. § 10) ist in keinem Falle auf die Strafzeit in Anrechnung zu bringen.

---

*) Tritt statt der Untersuchungshaft bloße Absonderung des Gefangenen ein, so liegt eine Unterbrechung der Strafverbüßung nicht vor.

---

[9]) Können Disziplinarstrafen wegen Handlungen, die vor Antritt einer gerichtlich erkannten Freiheitsstrafe begangen sind, erst nach diesem Zeitpunkt vollstreckt werden, so unterbrechen sie die Strafvollstreckung, verlängern also die Strafzeit um die gleiche Dauer, selbst dann, wenn die disziplinarisch verhängte Arreststrafe während der Untersuchungshaft verwirkt wird u. die letztere auf die gerichtlich erkannte Strafe angerechnet wird. Der während der Verbüßung einer gerichtlich erkannten Freiheitsstrafe verwirkte u. im Disziplinarweg verhängte Arrest wird dagegen in die erstere eingerechnet KMVf. 29. Sept. 77 (AVB. 187).

8. Bestehen über die Auslegung eines Strafurtheils oder über die Berechnung der erkannten Strafe Zweifel, oder sind Einwendungen gegen die Zulässigkeit der Strafvollstreckung erhoben, so ist die Entscheidung des Gerichts, welches erkannt hat, einzuholen (MStGerO. § 464).

Anträge der in Festungsgefängnissen befindlichen Militärgefangenen auf gerichtliche Entscheidung gemäß § 464 der MStGerO. sind unmittelbar an den zuständigen Gerichtsherrn abzugeben. Hegt der Vorstand seinerseits hinsichtlich der angeordneten Vollstreckung oder der Strafberechnung Zweifel, so hat er sie bei dem Gerichtsherrn zur Sprache zu bringen.

Der Fortgang der Strafvollstreckung wird hierdurch nicht gehemmt; der Gerichtsherr kann jedoch den Aufschub oder die Unterbrechung der Vollstreckung anordnen.

§ 7. [Ablegen von Waffen, Orden und Ehrenzeichen während der Strafzeit.] 1. Während der Verbüßung einer Freiheitsstrafe dürfen Verurtheilte weder Waffen tragen, noch Orden und Ehrenzeichen anlegen. Nur bei Beurlaubungen kann hiervon eine Ausnahme gemacht werden, und legen in solchen Fällen die Militärgefangenen (vergl. § 11) des Gemeinenstandes auch ihre bisherige Uniform an (vergl. § 233).

Zu einer Freiheitsstrafe verurtheilte Offiziere, Sanitätsoffiziere und obere Militärbeamte dürfen während der Strafverbüßung ihre Waffe nur dann und so lange tragen, als sie von der ihnen ertheilten Erlaubniß, sich außerhalb der Strafanstalt bezw. des Stubenarrestes zu bewegen, Gebrauch machen.

2. Die Waffe eines zu Freiheitsstrafe verurtheilten aktiven Offiziers, Sanitätsoffiziers und oberen Militärbeamten wird, mit Ausnahme bei Verurtheilung zu einfachem Stubenarrest, beim Antritt der Strafe durch einen Offizier (Platzmajor, Adjutanten) dem Gouverneur 2c. überbracht.

§ 8. [Gesuche.] 1. Gesuche der in militärischen Strafanstalten befindlichen Verurtheilten gehen an den Inspekteur bezw. Gouverneur 2c.; Gesuche der im einfachen Stubenarrest befindlichen Militärpersonen an den nächsten, mit mindestens der Disziplinar-Strafgewalt eines detachirten Stabsoffiziers, Hauptmanns oder Rittmeisters betrauten Vorgesetzten.

2. Begnadigungsgesuche der in militärischen Strafanstalten befindlichen, militärgerichtlich verurtheilten Personen sind auf dem Dienstwege dem Präsidenten des Reichsmilitärgerichts einzureichen, welchem die weitere Veranlassung, insbesondere die Vorlage der Gesuche an die zur Entscheidung zuständige Allerhöchste Stelle obliegt. Sie müssen jederzeit offen übergeben werden. Begnadigungsgesuche der Offiziere, Sanitätsoffiziere und Militärbeamten sind mittelst einfachen Anschreibens, ohne sachliche Aeußerung vorzulegen. Begnadigungsgesuche der Mannschaften werden mit gutachtlicher Aeußerung der militärischen Vorgesetzten eingereicht.

Begnadigungsgesuche des Gouverneurs (Kommandanten) oder des Inspekteurs der militärischen Strafanstalten für Verurtheilte sind nur in außergewöhnlichen Fällen zulässig, z. B. beim Eintritt einer Mobilmachung.

3. a) Begnadigungsgesuche der Personen, die wegen Zuwiderhandlungen gegen Finanz- und Polizeigesetze, Jagd- und Fischereigesetze, sowie gegen Verordnungen dieses Inhalts zivilgerichtlich verurtheilt sind und eine — an Stelle der Geldstrafe getretene — Freiheitsstrafe in einer militärischen Strafanstalt verbüßen (§ 2 der Militärstrafgerichtsordnung), sind offen dem zuständigen militärischen Vorgesetzten zu übergeben, der sie mit gutachtlicher Aeußerung dem zuständigen Staatsanwalt zur weiteren Veranlassung einsendet. Dies geschieht auch dann, wenn es

sich um Strafsachen handelt, für welche durch Allerhöchste Erlasse die Ausübung des Begnadigungsrechts den Ressortchefs übertragen ist.

In den Fällen, in denen eine zivilgerichtliche Verurtheilung nicht eingetreten, die Strafe vielmehr im Verwaltungswege festgesetzt worden ist, sind die Begnadigungsgesuche durch Vermittelung der militärischen Vorgesetzten der Provinzialverwaltungsbehörde vorzulegen, von welcher oder von deren nachgeordneten Behörde die Strafverfügung (der Strafbescheid) erlassen worden ist. Ebenso ist zu verfahren, wenn es sich um eine Freiheitsstrafe handelt, die durch Verfügung des Gerichtsherrn an die Stelle einer von einer Verwaltungsbehörde verhängten Geldstrafe gesetzt worden ist. (§§ 2 und 463 MStGerO.)

b) Begnadigungsgesuche der Personen, die vor dem Diensteintritt zivilgerichtlich zu einer sechswöchigen oder geringeren Freiheitsstrafe rechtskräftig verurtheilt worden sind und diese Strafe — nach ihrer Einstellung — in einer militärischen Strafanstalt verbüßen (§ 7 MStGerO.) sind offen dem zuständigen militärischen Vorgesetzten zu übergeben, der sie mit gutachtlicher Aeußerung dem zuständigen Staatsanwalt zur weiteren Veranlassung einsendet.

§ **9.** [Beschwerden von Verurtheilten und gegen Verurtheilte.] In Betreff der Beschwerden von Verurtheilten oder gegen solche gelten die allgemeinen Vorschriften über den Dienstweg und die Behandlung von Beschwerden der Militärpersonen.

§ **9a.** Für die Beschwerdeführung der in Strafhaft befindlichen Mannschaften gelten nachstehende Bestimmungen:*)

Allgemein ist dafür Sorge zu tragen, daß die inhaftirten Mannschaften ihre Beschwerden dem zuständigen Vorgesetzten unmittelbar und mündlich vortragen können. Dies hat zu geschehen:

a) in Festungsgefängnissen bei dem Vorstande oder, wenn ein Abtheilungsführer vorhanden, bei diesem.

Richtet sich die Beschwerde, gegen den Abtheilungsführer, so ist sie dem nächstältesten Offizier der Abtheilung oder, wenn ein solcher nicht vorhanden ist, dem Vorstande des Festungsgefängnisses vorzutragen.

Richtet sich die Beschwerde gegen den Vorstand, so ist sie dem Abtheilungsführer oder dem nächstältesten Offizier oder, wenn auch dieser fehlt, dem aufsichtführenden Stabsoffizier (§ 62) vorzutragen;

b) in Festungsgefangenanstalten und Festungsstuben-Gefangenanstalten bei dem Platzmajor bezw. bei dem mit der Aufsicht über die Gefangenen beauftragten Offizier. Richtet sich die Beschwerde gegen diesen selbst, so ist sie dem Gouverneur ꝛc. vorzutragen;

c) in Arrestlokalen einer Garnison bei dem mit der Aufsicht über die Arrestanstalt beauftragten Offizier. Richtet sich die Beschwerde gegen diesen selbst, so ist sie bei dem Gouverneur ꝛc. anzubringen.

Sind die Arrestlokale dem Truppenkommandeur unmittelbar unterstellt (§ 3, Ziffer 4, Abs. 2), so werden die Beschwerden in der gewöhnlichen Weise dem Kompagnie- ꝛc. Chef vorgetragen.

§ **10.** [Beurlaubung.] Anträge auf Beurlaubung der Verurtheilten sind nur unter ganz besonders dringenden Verhältnissen zulässig und bedürfen der Ge-

---

*) Mannschaften, die sich in Untersuchungshaft befinden, haben etwaige Beschwerden bei dem Kriegsgerichtsrath bezw. Gerichtsoffizier zur Weitergabe an den Gerichtsherrn, der demnächst die Beschwerde an die zur Entscheidung zuständige Stelle leitet, anzubringen.

nehmigung desjenigen Generalkommandos, dessen Befehlsbereich die Betreffenden vor ihrer Einstellung in die Strafanstalt angehört haben.

Bei den in Festungsgefängnissen befindlichen Militärgefangenen gehen dieselben durch den Inspekteur dem vorbezeichneten Generalkommando*) zu. Dagegen ist zur Beurlaubung der eine Disziplinarstrafe verbüßenden Personen derjenige Vorgesetzte befugt, welcher die Strafe verfügt hat.

Wegen Nichtanrechnung des Urlaubs auf die Strafzeit vergl. § 6, sonst auch §§ 7 und 233.[4])

II. Vollstreckungsweise der Freiheitsstrafe im Frieden.**)

Gefängniß.

§ **11.** [Allgemeines.] 1. Die zu Gefängnißstrafe Verurtheilten können in einer Gefangenanstalt auf eine ihren Fähigkeiten und Verhältnissen angemessene Weise zu militärischen Zwecken und unter militärischer Aufsicht beschäftigt werden; auf ihr Verlangen sind sie in dieser Weise zu beschäftigen.

Die zu Gefängniß verurtheilten Unteroffiziere und Gemeinen können auch ohne ihre Zustimmung außerhalb der Anstalt beschäftigt werden (StGB. § 16, MStGB. § 15 Absatz 2).

2. Die Militärpersonen, welche Gefängnißstrafe verbüßen, werden Militärgefangene genannt.

3. Die Gefängnißstrafe wird in einem Festungsgefängniß, in einer Festungs-Gefangenanstalt oder in einem Garnisongefängniß vollstreckt.

4. Offiziere, Sanitätsoffiziere und Militärbeamte verbüßen jede Gefängnißstrafe in einer Festungs-Gefangenanstalt.

5. Unteroffiziere und Gemeine verbüßen die Gefängnißstrafe:

a) in einem Festungsgefängniß, wenn die Dauer der erkannten Strafe 6 Wochen übersteigt, mag auch im Einzelfall wegen Anrechnung der erlittenen Untersuchungshaft die noch zu verbüßende Gefängnißstrafe nicht mehr so viel betragen;[10])

b) in einem Garnisongefängniß, wenn die erkannte Strafe 6 Wochen und weniger beträgt.

6. Der Gerichtsherr, welchem die Anordnung der Strafvollstreckung obliegt, ist befugt, wenn ihm solches nach der Persönlichkeit des Verurtheilten, sowie nach der Art und Beschaffenheit der begangenen strafbaren Handlung angemessen erscheint, auch an Unteroffizieren und Gemeinen Gefängnißstrafen von längerer als sechswöchentlicher Dauer in einer Festungs-Gefangenanstalt vollstrecken zu lassen.

Bei Fähnrichen, bei welchen die Beförderung zum Offizier noch in Frage kommt, hat dies stets zu geschehen.

---

*) Ist nach der gegenwärtigen Vorschrift die Entscheidung usw. von einem Generalkommando zu treffen, dieses aber nicht näher bezeichnet, so ist dasjenige Generalkommando gemeint, in dessen Bezirk die Strafanstalt bezw. der Verurteilte sich befindet. Für Verurteilte des Gardekorps bleibt dessen Generalkommando insoweit zuständig, als dieselben nicht in ein Festungsgefängnis oder in eine Festungs-Gefangenanstalt aufgenommen sind.

**) Bei gerichtlichen Strafen sind jedem Strafvollstreckungsantrage, gleichviel in welcher militärischen Anstalt die Strafe verbüßt werden soll, die im § 33 Ziffer 4a bis c vorgeschriebenen Schriftstücke beizufügen.

[10]) Dasselbe gilt auch bei Erkennung einer Zusatzgefängnisstrafe gemäß StGB. § 79, wenn die erkannte Gesamtstrafe (ursprüngliche Strafe zuzüglich Zusatzstrafe) 6 Wochen übersteigt.

§ **12.** [Festungsgefängniß und Festungs-Gefangenanstalt.] Die näheren Bestimmungen über die Vollstreckung der Gefängnißstrafe in einer Festungs-Gefangenanstalt und in einem Festungsgefängniß enthalten die §§ 50 bis 60 bezw. 61 bis 105.

§ **13.** [Garnisongefängniß.] 1. Unteroffiziere und Gemeine verbüßen Gefängnißstrafe in einem Garnisongefängniß in der Art, daß sie in den für die Vollstreckung des gelinden Arrestes bestimmten Zellen untergebracht werden.

2. Die Zellen werden wie diejenigen des gelinden Arrestes ausgestattet (§ 20) und dauernd verschlossen gehalten.

3. Bei der Strafvollstreckung sind die Unteroffiziere von den Gemeinen zu trennen, auch ist die Unterbringung mehrerer Gefangenen in einer Zelle zu vermeiden.

4. Die Beschäftigung der Militärgefangenen (§ 11, 1) unterliegt dem Ermessen des Gouverneurs ꝛc. nach Maßgabe der örtlichen Verhältnisse und hat in der Regel nur innerhalb der Anstalt oder des Anstaltshofes stattzufinden. Unteroffiziere sind bei sogenannten Handarbeiten nur auf ihren Antrag zu verwenden.

5. Soweit die Militärgefangenen nicht schon durch ihre Beschäftigung genügende Bewegung in freier Luft erhalten, können sie sich täglich eine Stunde in einem umschlossenen Hofraum unter Aufsicht ergehen. Fehlt ein solcher Hofraum, so kann die Bewegung an einer anderen Stelle unter Aufsicht stattfinden.

6. Auch Exerzier-Uebungen ohne Waffen dürfen mit den Militärgefangenen abgehalten werden, wenn sich dies in der Nähe der Anstalt auf einem umschlossenen Hofe an einem sonst passenden Orte ausführen läßt.

7. Für die Dauer der Gefängnißstrafe, während welcher die bisherigen Gebührnisse erspart berechnet werden, empfangen die Militärgefangenen neben der täglichen Brotportion von 750 g eine tägliche Löhnung von 30 Pfennigen; aus letzterer sind ihre Verpflegung und ihre sonstigen Bedürfnisse zu bestreiten.

Festungshaft und Haft.

§ **14.** [Festungshaft.] 1. Die Strafe der Festungshaft besteht in Freiheitsentziehung mit Beaufsichtigung der Beschäftigung und Lebensweise des Gefangenen; sie wird in Festungen und anderen dafür bestimmten Räumen vollzogen (StGB. § 17 Absatz 4).

2. Nähere Bestimmungen über die Vollstreckung der Festungshaft enthalten die §§ 106—124.

§ **15.** [Haft.] 1. Die Strafe der Haft*) besteht in einfacher Freiheitsentziehung (StGB. § 18) und wird, wie folgt, vollstreckt:

a) An Offizieren, Sanitätsoffizieren und oberen Militärbeamten nach den in den §§ 32—60 enthaltenen Vorschriften in einer Festungs-Gefangenanstalt mit der weiteren Bestimmung, daß der Verschluß und die regelmäßige Untersuchung der Gefangenzimmer zu unterbleiben hat, und für die Annahme von Besuchen, den brieflichen Verkehr und die Dauer der Bewegung in freier Luft die für die Festungsstuben-Gefangenen getroffenen Anordnungen Anwendung finden.

b) An den übrigen Militärpersonen in den für den gelinden Arrest (§ 20) bestimmten Zellen. Die Behandlung der Verurtheilten erfolgt nach der Vorschrift des § 13, ausschließlich derjenigen, wonach eine Beschäftigung

---

*) Die Kosten, welche aus der Vollstreckung der auf Grund des § 28 der Disziplinar-Strafordnung gegen Personen des Beurlaubtenstandes verhängten Haftstrafen erwachsen, trägt der Militärfonds. Die Verausgabung hat bei Kapitel 24 Titel 28 zu erfolgen.

nach dem Ermessen des Gouverneurs 2c. eintreten kann; jedoch ist den Verurtheilten das Tabakrauchen, sowie der mäßige Genuß geistiger Getränke in dem Falle gestattet, wenn dies ohne Gefährdung der Ordnung in der Strafanstalt geschehen kann.

Auch das Lesen angemessener Schriften, sowie die Beschäftigung mit Schreiben ist den Verurtheilten erlaubt.

2. Eine Verkürzung der Gehalts= bezw. Löhnungsgebührnisse 2c. hat für die die Strafe der Haft Verbüßenden nicht einzutreten.

Arrest.

§ 16. [Einfacher Stubenarrest.] 1. Der einfache Stubenarrest wird von dem Verurtheilten in seiner Wohnung verbüßt. Der Verurtheilte darf seine Wohnung während der Dauer des Arrestes nicht verlassen, auch Besuche nicht annehmen (MStGB. § 23).

2. Jeder zu Stubenarrest verurtheilte Offizier*) ist bei dem Strafantritt durch den nächsten, mit mindestens der Disziplinar=Strafgewalt eines detachirten Stabsoffiziers, Hauptmanns oder Rittmeisters betrauten Vorgesetzten auf § 80 des MStGB. hinzuweisen.

3. Unter der Wohnung des Verurtheilten sind diejenigen geschlossenen Räume zu verstehen, welche das Quartier desselben umfassen. Sollten sich in einzelnen Fällen Zweifel über den Begriff der Wohnung ergeben, so entscheidet sie der vorstehend bezeichnete Vorgesetzte.

Bewohnt der Verurtheilte eine gemeinsame Wohnung mit anderen Personen, so kann er den Verkehr mit denselben auch während der Strafzeit in gewohnter Weise fortsetzen.**)

4. Der vorstehend bezeichnete Vorgesetzte ist befugt, einzelnen Personen den Zutritt zu dem Verurtheilten in dringenden Fällen zu gestatten.

Das Ausgehen ist dem Verurtheilten erst nach einer Strafdauer von 14 Tagen, oder wenn der Arzt Bewegung in freier Luft für nothwendig hält, täglich für eine Stunde, und zwar in der Regel unter Aufsicht einer im Range gleich= oder höherstehenden Militärperson zu gestatten.

5. Ein Gehaltsabzug tritt beim einfachen Stubenarrest nicht ein.

§ 17. [Geschärfter Stubenarrest.]***) 1. Gegen Hauptleute, Rittmeister, Subalternoffiziere und Sanitätsoffiziere gleichen Ranges kann die Vollstreckung des Stubenarrestes in einem besonderen Offizier=Arrestzimmer als geschärfter Stubenarrest durch Richterspruch angeordnet werden (MStGB. § 23).

2. Offizier=Arrestzimmer befinden sich in der Regel nur in solchen Garnisonorten, in denen ein höheres Militärgericht seinen Sitz hat.

Für die Vollstreckung der Strafe ist der Gouverneur 2c. verantwortlich (vergl. § 3, 4).

3. Bezüglich der Vergütung für die Reise nach solchen Garnisonen gilt die Vorschrift des § 128.

---

*) Unter der Bezeichnung „Offiziere" sind die Sanitätsoffiziere einbegriffen.

**) Dem Arzte ist der Zutritt zu dem Verurteilten jeder Zeit gestattet.

***) Die Behandlung und Verpflegung der in Untersuchungshaft befindlichen Offiziere, Sanitätsoffiziere und oberen Militärbeamten erfolgt nach Maßgabe des § 17 dieser Vorschrift bezw. des § 23 der Friedens=Besoldungsvorschrift. Die Bewegung in freier Luft kann denselben täglich für eine Stunde unter Aufsicht gestattet werden, wenn dies mit der schwebenden Untersuchung vereinbar ist.

In Mannschafts=Arrestzellen dürfen in Untersuchungshaft aufzunehmende Offiziere nicht untergebracht werden.

4. Die Verurtheilten werden während der Dauer des Arrestes in den Offizier-Arrestzimmern eingeschlossen; eine besondere Bewachung der Zimmer findet nur dann statt, wenn dieselbe durch besondere Verhältnisse gerechtfertigt ist.

5. Die Ausstattung dieser Zimmer erfolgt nach Maßgabe der Vorschriften über Einrichtung und Ausstattung der Militärwachen, Militär-Arrestanstalten rc.

6. Bücher, Schreibzeug und gewohnte Bedürfnisse sind den Verurtheilten während der Strafvollstreckung nicht zu entziehen.

7. Im Uebrigen findet auf die Verurtheilten die Vorschrift des § 16, 4 und 5 Anwendung.

§ 18. [Strenger Arrest.] 1. Der strenge Arrest wird in Einzelhaft mit der Schärfung vollstreckt, daß der Verurtheilte die Strafe in einer dunkeln Arrestzelle verbüßt, dort eine harte Lagerstätte und als Nahrung Wasser und Brot erhält. Diese Schärfungen kommen am vierten, achten und demnächst an jedem dritten Tage in Fortfall*) (MStGB. §§ 24, 26).

2. Dem Verurtheilten sind bei der Einlieferung in den Arrest alle diejenigen Gegenstände abzunehmen, deren er während der Strafvollstreckung nicht bedarf. Die Aufbewahrung dieser Gegenstände erfolgt in sicherer Weise nach Anordnung des Gouverneurs rc.

3. Für die Dauer des strengen Arrestes werden die Löhnungsgebührnisse erspart berechnet, dagegen für jeden Verurtheilten täglich, ohne Unterschied der Waffe und Charge, 15 Pf. zur Bestreitung der Arrestaten-Verpflegung gewährt.

Die Arrestaten erhalten am vierten, achten und demnächst an jedem dritten Tage Morgen-, Mittag- und Abendkost, deren Kosten aus der Arrestatenlöhnung von 15 Pf. täglich bestritten werden.

4. Auch an solchen Tagen, an welchen die Strafverschärfungen zur Ausführung gelangen, darf, wenn der Gouverneur rc. nach Anhörung des Arztes dies für erforderlich hält, dem Arrestaten Morgens eine warme Suppe verabreicht werden. Die Kosten für die Reinigung der Wäsche, sowie etwaige andere Ausgaben werden aus der Arrestatenlöhnung bestritten. Sollten Ersparnisse an dieser Gebührniß vorkommen, so verbleiben sie dem Arrestaten und werden demselben nach der Entlassung aus dem Arreste behändigt.

5. Sind Zweifel darüber vorhanden, ob der körperliche Zustand des Verurtheilten die Verbüßung des strengen Arrestes zuläßt, so ist alsbald eine ärztliche Untersuchung anzuordnen. Ergiebt letztere, daß eine gelindere Arrestart eintreten muß, so ist hiervon demjenigen Gerichtsherrn bezw. Befehlshaber, welchem die Anordnung der Strafvollstreckung obliegt, behufs der weiteren Verfügung nach § 27 des MStGB. für das Deutsche Reich sogleich Mittheilung zu machen.**)

6. An denjenigen Tagen, an welchen die Schärfungen fortfallen, werden die Arrestaten in den Zellen für den gelinden Arrest untergebracht, oder es werden die Zellen für den strengen Arrest wie diejenigen des gelinden Arrestes eingerichtet.

7. Der Genuß von Tabak und geistigen Getränken bleibt den Arrestaten auch an diesen Tagen versagt. Die Benutzung von Schreibmaterialien kann den Arrestaten jedoch in dringenden Fällen gestattet werden.***)

---

*) Eine Überschreitung der gesetzlichen Höchstdauer der einzelnen Strafarten bezw. der Strafschärfungen bei Vollstreckung mehrerer Arreststrafen hintereinander ist unzulässig; gegebenenfalls wird eine Unterbrechung der Strafverbüßung erforderlich.

**) Zu vergl. § 23,5 FSO.

***) Beschuldigten, die sich im Arrest befinden, ist auf Wunsch die Möglichkeit und Gelegenheit zu geben, ihre auf die Einlegung oder die Zurücknahme von Rechtsmitteln bezüglichen Erklärungen selbst anzufertigen und einzureichen (§ 369 MStGerO.); insbesondere sind ihnen die erforderlichen Schreibgegenstände zur Verfügung zu stellen. Befindet sich der Beschuldigte in strengem Arrest, so ist nötigenfalls die Strafvollstreckung zu unterbrechen.

8. Die Bewegung in freier Luft an den Tagen, an welchen die Schärfungen fortfallen, ist den Arrestaten für die Dauer einer Stunde unter Aufsicht zu gestatten, und tritt auch an anderen Tagen ein, wenn der Gesundheitszustand der Arrestaten dies nach ärztlichem Urtheile erfordert.

9. Auf eine möglichst gleichmäßige Temperatur von + 14 Grad R. in den belegten Arrestzellen ist zu halten. Auch ist für die Nachtzeit die Verabreichung von einer oder zwei wollenen Decken an jeden Arrestaten statthaft.

10. Die Größe und Einrichtung der Zellen für den strengen Arrest ergiebt sich aus den Vorschriften über Einrichtung und Ausstattung der Militär-Arrestanstalten ꝛc.

§ **19.** [Mittlerer Arrest.] 1. Der mittlere Arrest wird in Einzelhaft mit der Schärfung vollstreckt, daß der Verurtheilte eine harte Lagerstätte und als Nahrung Wasser und Brot erhält. Diese Schärfungen kommen am vierten, achten, zwölften und demnächst an jedem dritten Tage in Fortfall (MStGB. §§ 24, 25).

2. Die Behandlung des Verurtheilten regelt sich im Uebrigen nach der Vorschrift des § 18; jedoch erhält der Arrestat Morgen-, Mittag- und Abendkost am vierten, achten, zwölften und demnächst an jedem dritten Tage.

3. Die Größe und Einrichtung der Zellen für den mittleren Arrest ergiebt sich aus den Vorschriften über Einrichtung und Ausstattung der Militärwachen, Militär-Arrestanstalten ꝛc.

§ **20.** [Gelinder Arrest.]*) 1. Der gelinde Arrest wird in Einzelhaft vollstreckt (MStGB. § 24).

2. Nach einer Arrestdauer von 14 Tagen, oder wenn der Gesundheitszustand der Arrestaten dies erfordert, ist ihnen zu gestatten, sich täglich eine Stunde unter Aufsicht in freier Luft zu bewegen,

3. Eine Verkürzung der Gebührnisse findet während der Vollstreckung des gelinden Arrestes nicht statt.

4. Die Benutzung von Büchern und Schreibmaterialien kann den Arrestaten zugestanden werden, der Genuß von Tabak und geistigen Getränken bleibt denselben jedoch versagt.

5. Die Größe und innere Einrichtung der Zellen für den gelinden Arrest ergiebt sich aus den Vorschriften über Einrichtung und Ausstattung der Militärwachen, Militär-Arrestanstalten ꝛc.

III. Vollstreckungsweise der Freiheitsstrafen während des Krieges.

§ **21.** [Bei der Besatzungs-Armee.] 1. Bei der Besatzungs-Armee bleiben, soweit dieses nach Lage der Verhältnisse möglich ist, die für das Friedensverhältniß gegebenen Vorschriften in Geltung; im anderen Falle kommen die für das Feldverhältniß (§ 22) gegebenen Bestimmungen zur Anwendung.

---

*) Die Behandlung und Verpflegung der in Untersuchungshaft befindlichen Unteroffiziere, Gemeinen und unteren Militärbeamten erfolgt nach Maßgabe des § 20; im übrigen kann denselben die Bewegung in freier Luft täglich für eine Stunde unter Aufsicht gestattet werden.

Läßt die Persönlichkeit des in Untersuchungshaft Befindlichen aus dessen Bewegung in freier Luft Unzuträglichkeiten befürchten, oder erscheint dessen Aufnahme in die Zelle für schwere Verbrecher geboten, so ist der Gouverneur usw. durch den Gerichtsherrn entsprechend in Kenntnis zu setzen.

Der Genuß von Tabak und geistigen Getränken ist den in Untersuchungshaft befindlichen Militärpersonen erlaubt, wenn dies ohne Gefährdung der Ordnung in der Strafanstalt geschehen kann.

Wegen Behandlung und Verpflegung der in Untersuchungshaft befindlichen Offiziere, vergl. die Fußnote zu § 17.

2. Ist eine Festung vom Feinde eingeschlossen oder belagert, so kann der Gouverneur bezw. Kommandant diejenigen Militärgefangenen, welche sich durch ihr Benehmen dazu eignen, in Truppentheile der Besatzung einstellen.

Auch ist der Gouverneur bezw. Kommandant eines vom Feinde bedrohten festen Platzes ermächtigt, Freiheits- und Ehrenstrafen ganz oder theilweise zu erlassen, wenn triftige Gründe dafür sprechen.

3. Eine Ueberweisung von Militärgefangenen, welche in Folge Vollendung des 45. Lebensjahres in Friedenszeiten aus dem Landsturm ausscheiden würden (vergl. § 44), an die Civil-Strafanstalten findet, nachdem der Aufruf des Landsturms erfolgt ist, nicht statt.

§ **22.** [Im Felde.] 1. Gefängniß, Festungshaft, Haft und Arrest können im Felde in den nächsten, von der Civilbehörde herzugebenden oder sonst zu beschaffenden Räumen, unter Beachtung der für die einzelnen Strafarten gegebenen Vorschriften, vollstreckt werden.

2. Der Strafantritt kann von dem Befehlshaber, welchem die Anordnung der Strafvollstreckung obliegt, aus dienstlichen Gründen ausgesetzt werden.

3. Wenn im Felde der über Unteroffiziere und Gemeine verhängte gelinde, mittlere oder strenge Arrest den örtlichen Verhältnissen nach weder in einem Ortsgefängniß, noch in einem anderen zur Strafvollstreckung geeigneten Raume verbüßt werden kann, auch die Strafvollstreckung aus dienstlichen Gründen keinen Aufschub erleidet, so ist dem Verurtheilten statt der erkannten Arreststrafe für die Dauer der Strafe, während seiner dienstfreien Zeit, der Aufenthalt auf einer Wache als Arrestat, ohne Entziehung seiner Gebührnisse, anzuweisen.

Hiermit ist zu verbinden:

1. wenn die verhängte Arreststrafe in mittlerem Arrest besteht:
   die Heranziehung zu beschwerlichen Dienstverrichtungen außer der Reihe;
2. wenn die verhängte Arreststrafe in strengem Arrest besteht:
   Anbinden zwei Stunden täglich.

4. Das Anbinden des Arrestaten geschieht auf eine der Gesundheit desselben nicht nachtheilige Weise, in aufrechter Stellung, den Rücken nach einer Wand oder einem Baume gekehrt, dergestalt, daß er sich weder setzen noch legen kann.

5. Zweistündiges Anbinden in Verbindung mit dem Aufenthalt des Arrestaten auf der Wache, steht einem eintägigen strengen Arreste gleich.

Am vierten, achten und demnächst an jedem dritten Tage fällt das Anbinden fort.

6. Die Strafvollstreckung erfolgt unter militärischer Aufsicht an einem vor den Augen Unberufener möglichst geschützten Orte.*)

7. Hinsichtlich der Gebührnisse bei Verbüßung von Arreststrafen wird auf die Kriegs-Besoldungs- und die Kriegs-Verpflegungsvorschrift verwiesen.

Dritter Abschnitt.

Vollstreckung der Ehrenstrafen.

§ **23.** [Entfernung aus dem Heere.] 1., 2.[11])

3. Dem Verurtheilten werden durch einen Offizier die Patente und Be-

*) Die in diesem Paragraphen angegebene, den §§ 47 und 48 der Disziplinar-Strafordnung für das Heer entsprechende Strafvollstreckungsweise des Arrestes kommt, falls nicht anderweite Allerhöchste Bestimmungen ergehen, auch bei gerichtlich erkannten Strafen zur Anwendung.

[11]) Ziff. 1 gibt lediglich den MStGB § 32, Ziff. 2 den § 33 Satz 2 wieder.

stallungen, die Orden und Ehrenzeichen nebst Besitzzeugnissen und die etwa in seinem Gewahrsam befindlichen Dienstpapiere abgenommen.

4. Die Patente werden auf dem Dienstwege an die Geheime Kriegskanzlei des Kriegsministeriums, die Orden 2c. und die Besitzzeugnisse auf demselben Wege an die General-Ordens-Kommission übersandt, welche auch die Rückgabe der nichtpreußischen Orden und Ehrenzeichen an die betreffende Regierung herbeiführt.

Wegen Rückgabe eines in Beschlag genommenen Civilversorgungsscheines kommt der § 25 der Grundsätze für die Besetzung der Subaltern- und Unterbeamtenstellen bei den Reichs- und Staatsbehörden mit Militäranwärtern zur Anwendung.*)

5. Die mit Entfernung aus dem Heere bestraften Militärpersonen sind demjenigen Bezirkskommando, aus dessen Bezirk sie in die Armee eingetreten sind, namhaft zu machen und demnächst in den Listen zu löschen.

Die Benachrichtigung erfolgt durch den Truppentheil bezw. die Behörde, welchen der Verurtheilte zur Zeit seiner Verurtheilung angehört; Abschrift der Erkenntnißformel und der Bestätigungsordre ist der Benachrichtigung beizufügen.**)

§ **24.** [Dienstentlassung.] 1.[12])

2. Der Verurtheilte verbleibt im Besitz der ihm verliehenen Patente und Bestallungen, der Orden und Ehrenzeichen. Dem im § 23, 5 bezeichneten Bezirkskommando ist, wie daselbst angegeben, von der Dienstentlassung Kenntniß zu geben und hierbei gleichfalls Abschrift der Urtheilsformel und die Bestätigungsordre beizufügen.

§ **25.** [Versetzung in die zweite Klasse des Soldatenstandes.] 1.[13]) 2c. 2c. —

Einjährig-Freiwillige verlieren diese Eigenschaft und den Anspruch auf Entlassung nach einjährigem Dienst.

2. Die Orden und Ehrenzeichen nebst Besitzzeugnissen werden dem Verurtheilten abgenommen und, wie im § 23, 4 angegeben, der General-Ordens-Kommission eingesandt.

3. Von der Kopfbedeckung des Verurtheilten ist die Militärkokarde zu entfernen bezw. das National durch das für Mannschaften der 2. Klasse des Soldatenstandes vorgeschriebene zu ersetzen; ferner sind in gegebenen Falle die Schützenabzeichen von der Uniform zu trennen.

4. Bei Gefreiten, welche in die zweite Klasse des Soldatenstandes versetzt werden, sind außerdem die Abzeichen dieses Dienstgrades, welcher dem Verurtheilten verloren geht, von der Uniform zu entfernen.

---

*) § 25 der Grundsätze für die Besetzung der Subaltern- und Unterbeamtenstellen bei den Reichs- und Staatsbehörden mit Militäranwärtern lautet:

Im Falle der Eröffnung einer gerichtlichen Untersuchung gegen Militäranwärter ist der Zivilversorgungsschein zu den Untersuchungsakten einzufordern. Führt die Untersuchung zu einem rechtskräftigen Urteil, welches auf die zeitige Unfähigkeit zur Bekleidung öffentlicher Ämter oder auf eine Strafe lautet, welche die dauernde oder zeitige Unfähigkeit zur Bekleidung öffentlicher Ämter von Rechtswegen zur Folge hat, so ist der Zivilversorgungsschein unter Mitteilung der Urteilsformel derjenigen Militärbehörde zu übersenden, welche den Schein erteilt hat. Andernfalls ist der Zivilversorgungsschein derjenigen Behörde zu übersenden, bei welcher der Militäranwärter angestellt oder beschäftigt ist, Militäranwärtern aber, welche im Zivildienst noch nicht angestellt oder beschäftigt sind, zurückzugeben.

**) Dem Verurteilten ist bei der Entlassung ein Militärpaß zu behändigen, aus welchem die Entfernung aus dem Heere ersichtlich sein muß.

---

[12]) Ziff. 1 gibt den MStGB. § 35 wieder.

[13]) Ziff. 1 Abs. 1 gibt den MStGB. § 39 wieder.

5. Soldaten, welche sich in der zweiten Klasse des Soldatenstandes befinden, dürfen nicht zu Ehrenposten verwendet werden. Auch sollen diese Mannschaften von der Besetzung aller wichtigeren Posten, insbesondere der Posten vor den Kasernen, denen die Ueberwachung der ein- und ausgehenden Mannschaften obliegt, sowie von der Verwendung als Posten in Gefängnissen und als Patrouilleure grundsätzlich ausgeschlossen bleiben. Zu Pulver- und Munitionsarbeiten sind sie ebenfalls nicht heranzuziehen und müssen überhaupt von allen Dienstvorrichtungen ferngehalten werden, deren Uebertragung ein Zeichen ehrenden Vertrauens ist. Bezüglich eines etwa in Beschlag genommenen Civilversorgungsscheines siehe § 23.[14])

§ **26.** [Degradation.] 1.[15])

2. Die Degradation ist ohne besondere Förmlichkeit vorzunehmen. Bezüglich eines etwa in Beschlag genommenen Civilversorgungsscheines siehe § 23.

§ **27.** [Aberkennung der Fähigkeit zur Bekleidung öffentlicher Aemter.] 1. Die Aberkennung der Fähigkeit zur Bekleidung öffentlicher Aemter (Amtsverlust) wider Militärbeamte hat den dauernden Verlust der bekleideten Aemter, die gegen Militärbeamte verhängte Aberkennung der bürgerlichen Ehrenrechte überdies noch den dauernden Verlust der Würden, Titel, Orden und Ehrenzeichen von Rechtswegen zur Folge.[16]) Im letzteren Falle werden dem Verurtheilten durch einen Militärbeamten die Patente und Bestallungen, die Orden und Ehrenzeichen und die etwa in seinem Gewahrsam befindlichen Dienstpapiere abgenommen.

2. Mit den Orden ꝛc. ist gemäß § 23, 3 zu verfahren; die Patente und Bestallungen sind auf dem Dienstwege an das Kriegsministerium bezw. wenn eine dem letzteren nachgeordnete Behörde die Bestallung ausgefertigt hat, an diese zu senden.

Vierter Abschnitt.

Vollstreckung der Geldstrafen.[17])

§ **28.** [Vereinnahmung der Geldstrafen.] 1. Alle im Bereiche der Militärverwaltung aufkommenden Geldstrafen, ohne Unterschied, ob sie gerichtlich erkannt oder im Disziplinarwege verhängt sind, fließen dem Reichsfonds als Eigene Einnahmen zu, soweit nicht durch besondere Gesetze, z. B. Forstdiebstahlsgesetz § 34, Personenstandsgesetz § 70, ein Anderes bestimmt ist.

2. Die militärgerichtlich erkannten Strafen sind in der Rechnung vom Kapitel 18, die im Wege des Ungehorsamsverfahrens erkannten Geldstrafen in der Rechnung vom Kapitel 31, die gegen Mannschaften des Beurlaubtenstandes verfügten Disziplinar-Geldstrafen in der Rechnung vom Kapitel 24 des Militäretats, die durch Ordnungsstrafen eingehenden Beträge in derjenigen Rechnung zu vereinnahmen, in welcher die Besoldung des Betreffenden verausgabt wird.

---

[14]) Weitere Folgen Nr. 2 Anm. 149 d. W. — Rehabilitierung (Heer u. Marine) Unteranlage D 3.

[15]) Ziff. 1 gibt den MStGB. § 41 wieder.

[16]) StGB. § 33—35 (Anl. A).

[17]) Die Bestimmungen des 4. Abschn. beziehen sich nur auf solche Geldstrafen, deren Vollzug den MilBehörden zukommt, also nicht auf die von bürgerlichen Behörden gegen MilPersonen erkannten Geldstrafen (MStGerO. § 2, 3 Abs. 1, § 4, 7 1, 9). Diese werden von der zuständigen bürgerlichen Behörde nach den für diese maßgebenden Grundsätzen (StPO. § 495, CPO. § 752, 790, 811, 850, 912; Preuß. V. 15. Nov. 99 betr. das Verwaltungszwangsverfahren vollstreckt GS. 545, § 8 u. 46). — Ressortverhältnisse der MilBehörden bei Pfändung des Diensteinkommens der Offiziere u. MilBeamten Preuß. JustMVf. 23. April 98 (JMB. 92 .

§ **29.** [Vollstreckung gerichtlich erkannter Geldstrafen.] 1. Die Vollstreckung der auf Geldstrafe lautenden Urtheile und der über eine Vermögensstrafe ergangenen Entscheidungen erfolgt im Wege des Verwaltungszwangsverfahrens nach Maßgabe der dafür geltenden landesherrlichen Bestimmungen.

Die Intendanturen bilden die zur Anordnung und Leitung des Zwangsverfahrens zuständigen Vollstreckungsbehörden.

Der Gerichtsherr theilt ihnen als Grundlage für die Einleitung des Verfahrens eine mit der Bescheinigung der Rechtskraft versehene beglaubigte Abschrift des Urtheils nebst Bestätigungsordre bezw. der Strafverfügung mit.

Zu den Vollstreckungsbehörden gehören auch die Divisions-Intendanturen.

Für die Anordnung und Leitung des Zwangsverfahrens sind zuständig:

a) allgemein die Intendantur, die für die Anweisung der Geld- und sonstigen Gebührnisse des Verurtheilten zu sorgen hat;

b) bei Mannschaften des Beurlaubtenstandes die Intendantur, zu deren Geschäftsbereich das den Verurtheilten kontrolirende Bezirkskommando gehört;

c) bei anderen, weder dem aktiven Heere noch dem Beurlaubtenstande angehörenden Personen die Korps-Intendantur, in deren Bezirke der Verurtheilte seinen Wohnsitz hat.

Wo hiernach an der Strafvollstreckung mehrere Intendanturen betheiligt sind, ist jeder von ihnen als Grundlage für die Einleitung des Verfahrens ein, mit der Bescheinigung der Rechtskraft versehener beglaubigter Auszug aus dem Urtheil und der Bestätigungsordre oder aus der Strafverfügung mitzutheilen.

2. Die eingehenden Strafgelder sind an die Korps-Zahlungsstelle desjenigen Armeekorps, in dessen Bereich das erkennende Militärgericht seinen Sitz hat — erforderlichenfalls durch Vermittelung der mit der Korps-Zahlungsstelle in Abrechnung stehenden Truppen-, Anstalts- 2c. Kasse — abzuführen und von dieser vorläufig als Depositum zu vereinnahmen.

Kann die Geldstrafe nur in Theilbeträgen zur Einziehung gebracht werden, so sind die im Laufe des Jahres aufkommenden Beträge von der Korps-Zahlungsstelle ebenfalls nur als Depositum zu führen und erst am Jahresschlusse dem betreffenden Titel in Einnahme zu überweisen.

3. Die endgültige Vereinnahmung sämmtlicher im Laufe des Etatsjahres aufgekommenen Beträge wird am Jahresschlusse seitens der Intendantur auf Grund einer für jedes der im § 28, 2 bezeichneten Kapitel besonders aufzustellenden Gesamtübersicht verfügt, aus welcher in besonderen Abschnitten

1. Dienstgrad und Name des Verurtheilten,
2. Betrag der erkannten Strafe,
3. der darauf eingekommene Betrag,.
4. der nicht beizutreibende und daher in Abgang zu stellende Betrag,
5. der darauf rückständig gebliebene Betrag,

erſichtlich sind, sowie in eine ferneren Rubrik „Bemerkungen“,

6. die Gründe der etwaigen Niederschlagung oder die erfolgte Vollstreckung der in Stelle der Geldstrafe etwa erkannten Freiheitsstrafe angegeben sind. Bis zur Erledigung der Reststrafen werden dieselben in jeder folgenden Jahresnachweisung fortgeführt.

Zu 6 sind der Nachweisung entsprechende Bescheinigungen der Militärgerichte beizufügen.

§ **30.** [Gehaltsabzug.] 1. Soll bei Gehaltsempfängern wegen erwiesener Vermögenslosigkeit die Strafe durch Einbehaltung eines Gehaltstheils eingezogen werden, so kann von dem betreffenden Militärgericht, in Uebereinstimmung mit der hinsichts des Gehalts des Verurtheilten bestehenden Zahlungsweise, die Einziehung in Theilbeträgen festgesetzt werden, bei deren Abmessung jedoch darauf Rücksicht zu nehmen ist, daß der Verurtheilte die nöthigen Mittel zum Unterhalt stets behält. Das Militärgericht giebt in solchen Fällen von seinen Beschlüssen derjenigen Behörde Kenntniß, von welcher die Zahlung des Gehalts veranlaßt wird. Welche Behörden dies sind, ergiebt sich aus der in Anlage 3[4]) enthaltenen Nachweisung.

Von diesen Behörden wird wegen Einbehaltung der Gehaltstheile das Nöthige verfügt.

War das im § 29 vorgeschriebene Verfahren bereits eingeleitet, so ist auch die als Vollstreckungsbehörde fungirende Intendantur zu benachrichtigen.

2. Insoweit die Verurtheilten ihr Gehalt nicht unmittelbar von der General-Militärkasse, sondern aus einer Truppen-Anstalts-Kasse oder von der Korps-Zahlungsstelle beziehen, ist von den gedachten Behörden der betreffenden Intendantur wegen Abführung der Gehaltsabzüge zur Korps-Zahlungsstelle bezw. wegen der Einbehaltung derselben durch die bezeichnete Kasse Mittheilung zu machen.

3. Im Uebrigen findet wegen der endgültigen Vereinnahmung das obige Verfahren auch hinsichtlich der Gehaltsabzüge statt, mit der Maßgabe, daß die alljährlich aufzustellenden Nachweisungen von den Militärgerichten anzufertigen und an die in Anlage 3 bezeichneten Behörden zu übersenden sind, von welchen sie, insoweit die Betheiligten ihr Gehalt nicht unmittelbar von der General-Militärkasse beziehen, behufs Ertheilung der endgültigen Einnahmeanweisung den Intendanturen zu überweisen sind. Ist die Intendantur selbst die zuständige Behörde, dann ist dieser die bezügliche Nachweisung unmittelbar zuzusenden.

4. Von Gehaltsveränderungen, welche eine anderweitige Festsetzung der Abzüge zur Folge haben könnten, ist dem Militärgericht von der die Gehaltszahlung veranlassenden Behörde Mittheilung zu machen. Bei eintretender Pensionirung muß das Departement für das Invalidenwesen von dem bestehenden Abzugsverfahren Anzeige erhalten, damit die Abzüge auf die Pension übertragen werden. Bei Versetzungen haben sich die Truppentheile bezw. Behörden gegenseitig Kenntniß zu geben.

5. Unteroffizieren und Mannschaften dürfen von der Löhnung Abzüge zum Zwecke der Einziehung von Geldstrafen nicht gemacht werden.

§ 31. [Disziplinar-Geldstrafen.] 1. Die im Disziplinarwege in Gemäßheit der §§ 28, 31 und 36 der Disziplinar-Strafordnung gegen Personen des Beurlaubtenstandes verhängten Geldstrafen hat das Bezirkskommando, welches die Strafe verfügt hat, durch Inanspruchnahme der Civilbehörde des Aufenthaltsortes des Bestraften einzuziehen (§ 28 der Disziplinar-Strafordnung für das Heer)[18]) und demnächst der Korps-Intendantur behufs der Abführung an die Korps-Zahlungsstelle anzumelden.

2. Die nach §§ 32, 33 und 34 a. a. O. gegen Militärbeamte verhängten Geldstrafen gelangen auf Anordnung des die Strafe bestimmenden Militär-Befehlshabers bezw. des Verwaltungsvorgesetzten (oder der Verwaltungsbehörde) durch diejenige Kasse, aus welcher der Bestrafende sein Gehalt empfängt, zur Einziehung. Behufs der Vereinnahmung bei der Korps-Zahlungsstelle giebt derselbe Befehlshaber bezw. Verwaltungsvorgesetzte (oder die Verwaltungsbehörde) der Korps-Intendantur Nachricht.

---

[18]) Nr. III 2 Anm. 89 d. W.

Fünfter Abschnitt.

Vollstreckung der Gefängnißstrafe, sowie Dienst in den Festungs-Gefangenanstalten und in den Festungsgefängnissen.

I. Allgemeines.

§ **32.** [Vorläufiger Strafantritt.] 1. Die Einstellung erfolgt auf Grund eines Antrages desjenigen Gerichtsherrn, welchem die Anordnung der Strafvollstreckung obliegt oder nach § 11 des Einführungsgesetzes zur MStGerO. (Rechtshilfe) zufällt.

2. Dem Antrage ist ein vom Truppentheil (Regiment, selbständiges Bataillon) bezw. von der Behörde ausgestelltes National*) anzuschließen.

§ **33.** [Ueberweisung der Verurtheilten.] 1. Die Ueberweisung der Verurtheilten an die Festungs-Gefangenanstalten und an die Festungsgefängnisse findet nach Maßgabe des als Anlage 4 beigefügten Vertheilungsplanes statt.

2. Sind Aenderungen des Vertheilungsplanes der Festungsgefängnisse erforderlich, so beantragt dieselben der Inspekteur beim Kriegsministerium.**)

3. Die Ueberweisung der Verurtheilten erfolgt:

a) wenn dieselben in eine Festungs-Gefangenanstalt aufzunehmen sind, an den Gouverneur 2c.;

b) wenn dieselben in ein Festungsgefängniß aufzunehmen sind, unmittelbar an das Festungsgefängniß,

auf Grund eines von dem zur Anordnung der Strafvollstreckung zuständigen Gerichtsherrn erlassenen Strafvollstreckungs-Befehls bezw. -Antrages.

4. Dem Strafvollstreckungs-Antrage sind beizufügen:

a) ein vom Truppentheil (Regiment, selbstständiges Bataillon) bezw. von der Behörde ausgestelltes National, sofern ein solches nicht bereits der Strafanstalt gemäß § 32, 3 übersandt worden ist;

b) eine beglaubigte Abschrift:

des zu den Untersuchungsakten des Verurtheilten eingereichten Führungsattestes und der Urtheilsformel nebst Bestätigungsordre;

c) die Ausfertigung des wider den Verurtheilten ergangenen Urtheils, welches jedoch zurückzusenden ist, sobald der Gouverneur 2c. bezw. das Festungsgefängniß von demselben Kenntniß genommen haben.

5. Eine Nachweisung der Bekleidung und der eigenen Sachen des Verurtheilten ist nach dem Muster Anlage 5[4]) nebst Soldbuch und Lazarethschein der Strafanstalt vom Truppentheil unmittelbar zu übersenden.

§ **34.** [Gerichtliche und Disziplinar-Verhältnisse.] 1. Während der Strafdauer stehen die Militärgefangenen unter den Militär-Strafgesetzen und haben den Militär-Gerichtsstand.[19])

---

*) Das National ist nach dem allgemein üblichen Muster anzufertigen, doch sind die bezüglichen Spalten durch Angabe des Ruf- und Zunamens der Eltern oder des Vormundes, sowie zutreffenden Falles des Ruf- und Zunamens nebst Wohnorts der Frau zu vervollständigen. Unter dem Abschnitt „Bemerkungen" ist anzugeben, wohin der Verurtheilte nach der Strafverbüßung zu entlassen ist; ferner ist bei früheren Unteroffizierschülern die dem Verurtheilten noch obliegende besondere Dienstverpflichtung, bei Kapitulanten die Dauer der Kapitulation bezw. daß dieselbe aufgehoben ist, zu vermerken.

**) Die nach der gegenwärtigen Vorschrift dem Kriegsministerium zu machenden Eingaben sind dem Departement für das Invalidenwesen vorzulegen.

---

[19]) MilGefangene, welche nicht dem aktiven Dienststand, sondern dem Beurlaubtenstand angehören (Fälle Nr. 2 Anm. 67 d. W., MStGerO. § 7, 10 Abs. 1, 11), unterstehen den MStG. nur in dem MStGB. § 6 bestimmten Umfange

2. Die Handhabung der Disziplin in den Festungs-Gefangenanstalten und in den Festungsgefängnissen hat nach den Bestimmungen der Disziplinar-Strafordnung für das Heer zu erfolgen.

Die zur Anwendung kommenden besonderen Disziplinar-Maßnahmen sind in den §§ 59, 102—105 angegeben.

3. Der Gouverneur ꝛc. ist in allen denjenigen Fällen, wo ein Einschreiten seinerseits erforderlich erscheint und die gegenwärtige Vorschrift nicht ausreicht, befugt und verpflichtet, ohne Weiteres die den Verhältnissen entsprechenden Maßregeln selbstständig eintreten zu lassen, deren Genehmigung höheren Orts er sodann nachträglich herbeizuführen hat.

§ 35. [Versetzungen.] 1. Wird die Versetzung eines Militärgefangenen in eine andere Festungs-Gefangenanstalt nothwendig, so trägt der Gouverneur ꝛc. auf dieselbe durch das Generalkommando beim Kriegsministerium an.

2. Versetzungen der in einem Festungsgefängniß befindlichen Militärgefangenen verfügt der Inspekteur.

3. Im Allgemeinen sind alle solche Versetzungen auf das nothwendigste Maß zu beschränken.

4. In Betreff der Erstattung der durch die Versetzung erwachsenden Kosten sind die §§ 136 und 189 maßgebend.

5. Wegen der erforderlichen Benachrichtigungen vergl. § 47.

§ 36. [Krankheiten und Todesfälle.] 1. Die Behandlung und Verpflegung erkrankter Militärgefangenen erfolgt nach Maßgabe der Bestimmungen des Reglements für die Friedenslazarethe thunlichst in den Lazarethen.

2. Kann die Unterbringung der erkrankten Militärgefangenen nicht in den Lazarethen der Festungsgefängnisse, sondern nur in den Garnisonlazarethen erfolgen, so sind in diesen für die Militärgefangenen besondere, stets unter Verschluß zu haltende, die nöthige Sicherheit gewährende Stuben zu bestimmen, welche bei unzuverlässigen Gefangenen durch Posten bewacht werden. Die Unteroffiziere sind hierbei von den Militärgefangenen des Gemeinenstandes zu trennen und dürfen, falls dieses nicht auf andere Weise zu ermöglichen ist, mit den anderen Kranken der Garnison in den gleichen Räumen untergebracht werden. In Einzelhaft befindliche Gefangene und „sittlich Schlechte" sind möglichst von den übrigen Militärgefangenen, unter allen Umständen aber von den anderen Kranken der Garnison fernzuhalten.

3. Sollte die Ueberführung eines in einem Garnisonlazareth befindlichen Militärgefangenen in ein anderes Lazareth oder dessen Entlassung aus dem Festungsgefängniß mit Rücksicht auf dessen Gesundheitszustand erforderlich sein, so reicht das Garnisonlazareth die bezüglichen Anträge beim Gouverneur ein, welcher sie der Strafvollstreckungsbehörde zugehen läßt.

4. Für die sorgfältige Ueberwachung der in Garnisonlazarethen befindlichen Militärgefangenen ist der Gouverneur ꝛc. verantwortlich.

5. In den Festungsgefängnissen sind für die in der Revierbehandlung Befindlichen besondere Revierkranken-Stuben einzurichten.

---

u. haben den MilGerichtsstand nur unter den Voraussetzungen der MStGerO. § 5, 10 Abs. 1, 11. — Für die Disziplinarbestrafung solcher Gefangener ist, solange nicht besondere Bestimmungen gegeben sind, DStO. § 23 bis 31 maßgebend. Als im Dienst befindlich sind solche MilGefangene nicht anzusehen (Nr. I 2 Anm. 14 A unter 3 d. W.). Die in MStVV. § 59, 103, 116 bezeichneten besonderen Disziplinar-Maßnahmen sind jedoch auch gegen solche Gefangene zulässig.

6. Bei Todesfällen der Militärgefangenen wird wie bei anderen Militär-Personen verfahren. Die Beerdigung erfolgt in der Regel in stiller Weise.

7. Wegen der erforderlichen Benachrichtigungen vergl. § 47.

§ 37. [Maßregeln bei Entweichung.] 1. Entweicht ein Militärgefangener, so sind die zur Wiederergreifung desselben erforderlichen Maßregeln bei den Festungs-Gefangenanstalten durch den Gouverneur 2c. sofort anzuordnen.

Bei den Festungsgefängnissen hat der Vorstand das Erforderliche zu veranlassen und dem Gouverneur 2c. von der Entweichung sofort Meldung zu machen. Hierbei ist auch die Unterstützung des Gouverneurs 2c. zu erbitten, wenn weitergehende und umfangreichere Verfolgungsmaßregeln, zu denen das Aufsichtspersonal der Festungsgefängnisse nicht ausreicht, nothwendig werden.

2. Das Signalement des Entwichenen ist durch den Gouverneur 2c. der Ortspolizei-Behörde, sowie den benachbarten Polizei-Behörden mitzutheilen und durch die öffentlichen Blätter bekannt zu machen, auch ist — und zwar bei den aus einem Festungsgefängniß Entwichenen durch den Vorstand — von der Entweichung der heimathlichen Verwaltungs-Behörde desselben, zur Erforschung seines Aufenthaltes, Kenntniß zu geben.

3. Wegen der sonst erforderlichen Benachrichtigungen vergl. § 47.

§ 38. [Verpflichtung der Gemeinden zur Ablieferung angehaltener entwichener Militärgefangenen.] Die Gemeinden sind verpflichtet, die in ihrem Bezirke angehaltenen entwichenen Militärgefangenen an die nächste Militär-Behörde abzuliefern.*) Der Betrag der Verpflegungs- und sonstigen Kosten für einen entwichenen Militärgefangenen einschließlich der Kosten der Bekanntmachung durch die öffentlichen Blätter sind, sofern die Militärverwaltung zur Tragung dieser Kosten verpflichtet ist, auf die im § 195 des Reglements über die Naturalverpflegung der Truppen im Frieden angegebenen Weise zu verrechnen.

§ 39. [Einleitung des Verfahrens gegen entwichene Militärgefangene.] 1. Gegen entwichene Militärgefangene, deren man nicht habhaft werden kann, muß ebenso wie gegen abwesende Fahnenflüchtige das Verfahren gegen Abwesende (§§ 356 ff. der MStGerO.) eingeleitet werden.

2. Hinterläßt ein entwichener Militärgefangener in der Festungs-Gefangenanstalt oder im Festungsgefängniß ihm eigenthümlich gehörende Gelder oder geldwerthe Sachen, so sind diese zu den Depositen zu nehmen.

3. Dem Gerichtsherrn ist mit Bezugnahme auf § 360 der MStGerO. Mittheilung zu machen.

§ 40. [Ermittelungen in Beziehung auf die Schuld des Aufsichts-Personals 2c. bei Entweichungen.] Die Umstände der Entweichung eines Militärgefangenen sind durch gerichtliche Vernehmungen genau festzustellen, die etwa ermittelten Pflichtvernachlässigungen streng zu ahnden und die darüber verhandelten Akten dem Generalkommando — bei den aus Festungsgefängnissen Entwichenen dem Inspekteur — vorzulegen, damit dieselben ersehen können, ob etwaige Mißbräuche in der Verwaltung der Anstalt stattfinden, die ein besonderes Einschreiten nöthig machen.

§ 41. [Vorläufige Entlassung.] 1. Anträge auf vorläufige Entlassung von Militärgefangenen (StGB. §§ 23—26) sind unter genügender Begründung von den Vorständen der Festungsgefängnisse an den Inspekteur 2c. an das Generalkommando einzureichen und gehen von diesen Stellen aus an das Kriegsministerium, Justiz-Abtheilung, zur weiteren Veranlassung.

---

*) Etwa hierbei entstehende Kosten werden aus Reichsfonds nicht erstattet.

2. Die vorläufige Entlassung eines Militärgefangenen hat zu seinem Truppentheil, dagegen in die Heimath zu erfolgen, wenn der Gefangene am Tage der Entlassung aus der Strafanstalt keinen vollen Monat mehr zu dienen hat.

3. Soll die vorläufige Entlassung in die Heimath eintreten, so müssen die in der gemeinschaftlichen Verfügung der Minister des Innern und der Justiz vom 21. Januar 1871 — betreffend die Ausführung der §§ 23—26 des StGB. — (Justiz-Ministerial-Blatt 1871, Seite 34 ff.) aufgestellten Bedingungen erfüllt sein.

4. Von der vorläufigen Entlassung eines Militärgefangenen in die Heimath ist durch den Gouverneur 2c., bei den in Festungsgefängnissen befindlichen Militärgefangenen durch den Inspekteur, der Ortspolizei-Behörde des zu Entlassenden Kenntniß zu geben. Betreffs der Kontrole siehe Anhang § 11 und ff.[4])

5. Kehrt ein Militärgefangener zur Ableistung seiner gesetzlichen Dienstpflicht zunächst zum Truppentheil zurück, so hat der letztere s. Z. der Ortspolizei-Behörde von der erfolgten Entlassung aus dem Militärdienst ebenfalls Kenntniß zu geben, wenn die Strafe bei der Entlassung nicht als verbüßt anzusehen ist.

Bei schlechter Führung des Entlassenen, oder wenn derselbe den ihm bei der Entlassung auferlegten Verpflichtungen zuwiderhandelt, ist die Entlassung jederzeit zu widerrufen. Die Anträge auf Widerruf der Entlassung sind auf dem militärischen Dienstwege an das Kriegsministerium Justiz-Abtheilung zu senden.

6. Wegen der sonst noch erforderlichen Benachrichtigungen und der Ueberweisung vergl. §§ 47 und 48.

§ **42.** [Entlassung vor verbüßter Strafe wegen schweren körperlichen oder geistigen Leidens.] 1. Kann ein Militärgefangener nach Ausweis eines von zwei oberen Militärärzten ausgestellten Attestes wegen eines schweren körperlichen oder geistigen Leidens die Strafe nicht weiter verbüßen, so ist die einstweilige Entlassung desselben durch den Gouverneur 2c., bei den in Festungsgefängnissen befindlichen Militärgefangenen durch den Inspekteur, bei dem Generalkommando desjenigen Armee-Korps, welchem der Verurtheilte vor der Einstellung angehörte, zu beantragen. Diesem Antrage muß das National, Führungsattest des Gefangenen, sowie die Urteilsformel beigefügt sein.

2. Genehmigt das Generalkommando die Entlassung, so ist dem Gefangenen, soweit dies sein Zustand gestattet, zu eröffnen, daß er im Falle der Wiederherstellung zur Weiterverbüßung seiner Strafe wieder eingezogen werden würde.

3. Von der erfolgten Entlassung ist der Ortspolizei-Behörde, in deren Bezirk der Entlassene seinen Wohnsitz nimmt, durch den Gouverneur 2c. bezw. Inspekteur Kenntniß zu geben. In Betreff der bei der Entlassung zu gewährenden Gebührnisse 2c. sind die §§ 137, 190 und 235[4]) maßgebend.

In angemessenen Zwischenräumen sind von dem Gerichtsherrn, welcher gemäß § 451 der MStGerO. die Strafvollstreckung anzuordnen hat, über den körperlichen bezw. geistigen Zustand des Entlassenen Ermittelungen anzustellen. Eine ärztliche Untersuchung darf erfolgen, wenn eine solche ohne Aufwand von Kosten ausführbar ist.

4. Für den Fall der Wiederherstellung ist die Einziehung durch die heimatliche Verwaltungs-Behörde bei demjenigen Generalkommando zu beantragen, welches die Entlassung verfügt hat.

Die Wiedereinstellung entlassener Militärgefangenen hat immer in eine der ihrem zeitweiligen Wohnsitze zunächst gelegenen Festungs-Gefangenanstalten bezw. in ein solches Festungsgefängniß zu erfolgen.*) Das Generalkommando, von

*) Die wegen Geisteskrankheit vorläufig aus der Strafhaft entlassenen Militärgefangenen sind bei ihrer Wiedereinziehung in allen Fällen den bürgerlichen Behörden zur weiteren Strafvollstreckung zu überweisen. Vergl. Anlage 4, Abschnitt A b 14 der HeerO. und § 5, 3 der MStB.

welchem die Entlassung verfügt ist, hat sich in derartigen Fällen, wenn es erforderlich ist, mit dem Generalkommando, welchem die betreffende Festungs-Gefangenanstalt oder das Festungsgefängniß unterstellt ist bezw. dem Inspekteur in Verbindung zu setzen.

5. Ueber die Militärverhältnisse eines wegen schweren körperlichen oder geistigen Leidens zu entlassenden Gefangenen ist durch den Gouverneur ꝛc. bezw. Inspekteur gleichzeitig mit dem Entlassungsantrag stets besondere Entscheidung herbeizuführen.

6. Wegen der erforderlichen Benachrichtigungen und der Ueberweisung vergl. §§ 47 und 48.

§ **43.** [Ueberweisung an Civil-Strafanstalten wegen Untauglichkeit zu dereinstiger Fortsetzung des Militärdienstes.] 1. Ein Militärgefangener, welcher nach vorschriftsmäßiger Bescheinigung eines Militär-Oberarztes feld- und garnisondienstunfähig, oder, wenn er wegen vorsätzlicher Selbstverstümmelung bestraft war, arbeitsunfähig ist, wird einer Civil-Strafanstalt überwiesen, sofern sein Leiden die weitere Vollstreckung der Strafe nicht überhaupt ausschließt. Vorher ist, soweit es sich um solche Militärpersonen handelt, welche ihre aktive gesetzliche Dienstpflicht noch nicht erfüllt haben, die Entlassung aus dem aktiven Dienst zur Disposition der Ersatzbehörden bezw. die Anerkennung als Invalide, soweit es sich um andere Militärgefangene handelt die vorläufige Untauglichkeitserklärung bezw. die Anerkennung als Invalide durch den Gouverneur ꝛc. bezw. für die im Festungsgefängniß befindlichen Gefangenen durch den Inspekteur beim Generalkommando zu beantragen. Militärgefangene, welche zwar felddienstunfähig geworden, aber garnisondienstfähig geblieben sind, verbüßen die Strafe in der Festungs-Gefangenanstalt bezw. im Festungsgefängniß weiter. Die Dienstunbrauchbarkeits- bezw. Invaliditätserklärung derartiger Mannschaften ist erst kurze Zeit (ungefähr 14 Tage) vor Verbüßung der Strafe herbeizuführen.

2. Wird in den Fällen der Ziffer 1 die Ueberweisung eines Militärgefangenen an eine Civil-Strafanstalt genehmigt, so erfolgt seine Abgabe dorthin durch den Gouverneur ꝛc. bezw. bei den in Festungsgefängnissen befindlichen Gefangenen durch den Vorstand des Festungsgefängnisses unter Berücksichtigung der in den §§ 5, 128, 189[4]) gegebenen Bestimmungen und unter gleichzeitiger Ueberweisung der Personalakten.

3. Die Begleitmannschaften werden durch den Gouverneur ꝛc. und zwar bei den Festungsgefängnissen auf Antrag des Vorstandes kommandirt. Die Anträge wegen der Strafvollstreckung sind seitens der Generalkommandos unmittelbar an die bürgerlichen Behörden zu erlassen.

4. Wegen der erforderlichen Benachrichtigungen und der Ueberweisung vergl. §§ 47 und 48.

§ **44.** [Ueberweisung an Civil-Strafanstalten wegen Ausscheidens aus dem Landsturm in Folge vollendeten 45. Lebensjahres.] Wenn in Friedenszeiten (vergl. § 21, 3) ein Militärgefangener des Gemeinenstandes während der Dauer der Strafverbüßung das 45. Lebensjahr vollendet, so ist die Entlassung desselben aus dem Landsturm und Ueberweisung an eine Civil-Strafanstalt durch den Gouverneur ꝛc. bezw. bei den in Festungsgefängnissen befindlichen Gefangenen durch den Inspekteur so rechtzeitig bei dem Generalkommando zu beantragen, daß mit dem Eintritt in das neue Lebensjahr die Ueberführung stattfinden kann. Im Uebrigen ist so, wie im vorstehenden Paragraphen unter 2—4 angegeben, zu verfahren.

§ **45.** [Ueberweisung an Civil-Strafanstalten wegen Bestrafung mit Zuchthaus oder Entfernung aus dem Heere.] Wird ein Militärgefangener mit Zuchthaus, mit Entfernung aus dem Heere oder mit Dienstentlassung bestraft,[20]) so erfolgt die Abgabe desselben bei den in Festungsgefängnissen befindlichen Gefangenen durch den Vorstand des Festungsgefängnisses, sonst durch den Gouverneur. Im Uebrigen ist nach § 43 zu verfahren.

§ **46**. [Entlassung nach verbüßter Strafe und bei erfolgter Begnadigung.] 1. Nach verbüßter Strafe und nach erfolgter Begnadigung werden die Militärgefangenen im Allgemeinen zu ihrem Truppentheile bezw. ihrer Behörde zurückgesandt.

Militärgefangene des Beurlaubtenstandes sind in Friedenszeiten in die Heimath zu entlassen.

Für die in der zweiten Klasse des Soldatenstandes befindlichen Mannschaften des Gardekorps sind die besonderen Bestimmungen maßgebend.

2. Sollte in einzelnen Fällen die Rückkehr des zu Entlassenden zu seinem bisherigen Truppentheil ꝛc. zur Schonung des Ehrgefühls oder aus disziplinaren und anderen Gründen nicht erwünscht sein oder der zu Entlassende sich nicht im Besitze der bürgerlichen Ehrenrechte befinden, so ist eine Versetzung desselben bezw. die Einstellung in eine Arbeiter- oder Disziplinar-Abtheilung von dem Truppentheil rechtzeitig zu beantragen.[21])

3. Militärgefangene, welche ihrer gesetzlichen aktiven Dienstpflicht, ihrer besonderen Dienstverpflichtung oder einer von ihnen eingegangenen Kapitulation ganz oder soweit genügt haben, daß sie am Tage der Entlassung aus der Strafanstalt keinen vollen Monat mehr zu dienen haben, werden in die Heimath entlassen*) und wird davon der Ortspolizei-Behörde der Heimath des Gefangenen in denjenigen Fällen, wo der zu Entlassende nicht im Besitz der bürgerlichen Ehrenrechte ist, durch den Gouverneur ꝛc. bezw. bei den in Festungsgefängnissen befindlichen Militärgefangenen durch den Vorstand des Gefängnisses Mittheilung gemacht.

4. Die in einem Gefängniß-Lazareth befindlichen Gefangenen werden in das Garnison-Lazareth übergeführt, wenn der Zustand der Kranken nicht etwa den Transport verbietet. Militärgefangene, welche sich am Tage der Entlassung in einem Garnison-Lazareth befinden, werden diesem als Passanten überwiesen und nach der Wiederherstellung durch den Chefarzt zum Truppentheil bezw. in die Heimath entlassen. In Betreff der bei der Entlassung zu gewährenden Gebührnisse wird auf die §§ 137 bezw. 190 und 235[4]) Bezug genommen.

5. Sollte ein Militärgefangener bei seiner Entlassung in die Heimath Versorgungsansprüche geltend machen, so ist derselbe bis zum Eingang der Entscheidung durch den Gouverneur ꝛc. einem Truppentheil der Garnison zu attachiren.[22])

6. Die etwaige Ueberweisung eines Militärgefangenen nach verbüßter Strafe an eine Arbeiter-Abtheilung oder Disziplinar-Abtheilung hat unmittelbar von dem Festungsgefängnisse aus zu erfolgen.

---

*) Die Zeit einer Freiheitsstrafe von mehr als sechs Wochen wird auf die gesetzliche Dienstzeit im stehenden Heere oder in der Flotte nicht in Anrechnung gebracht.

Ingleichen kommt auf die gesetzliche aktive Dienstpflicht nicht in Anrechnung diejenige Zeit, während welcher diese Dienstpflicht durch Fahnenflucht, unerlaubte Entfernung oder Urlaubsüberschreitung unterbrochen worden ist.

---

[20]) MStGB. § 15 Abs. 3.

[21]) Dienstvorschrift f. d. Arbeiter-Abt. § 3[4] (Nr. III 2 Anl. A d. W.).

[22]) Geändert durch KMVf. 7. Febr. u. 7. Juni 02, wonach die Geltendmachung von Versorgungsansprüchen die Überführung zum Beurlaubtenstand nicht hindern soll.

7. Unzuverlässige Militärgefangene werden bei der Entlassung zum Truppentheil, zu einer Arbeiter-Abtheilung oder einer Disziplinar-Abtheilung grundsätzlich durch ein Transport-Kommando abgeführt. Vergl. auch § 4, 8.

Dasselbe ist bei der Entlassung zum Truppentheil von diesem, sonst von der Garnison zu gestellen.

8. Wegen der erforderlichen Benachrichtigungen und der Ueberweisung vergl. §§ 47 und 48.

§ 47. [Benachrichtigungen, welche betreffs der in den Festungs-Gefangenanstalten und Festungsgefängnissen befindlichen Militärgefangenen zu erfolgen haben.] 1. Veränderungen in den Verhältnissen der Militärgefangenen sind dem Gerichtsherrn, welchem die Anordnung der Strafvollstreckung obliegt, und dem Truppentheil in folgenden Fällen anzuzeigen:

a) bei Versetzungen § 35,
b) in Todesfällen § 36,
c) bei vorläufigen Entlassungen §§ 41 und 42,
d) bei Ueberführung in eine Civil-Strafanstalt §§ 43, 44 und 45,
e) bei Entlassung nach verbüßter Strafe § 46,
f) bei Unterbrechungen der Strafverbüßung durch Beurlaubung, Untersuchungshaft, Entweichung, erneute Verurtheilung.

2. Ueber die in den Festungs-Gefangenanstalten untergebrachten Militärgefangenen erfolgen die vorbezeichneten Benachrichtigungen durch den Gouverneur ꝛc.

3. Bezüglich der in den Festungsgefängnissen untergebrachten Militärgefangenen liegt die Erstattung der Anzeigen in den Fällen zu a, c, d und bei Beurlaubungen dem Inspekteur, in den übrigen Fällen dem Vorstande ob.

4. Bei Entlassungen in den Fällen der §§ 41 und 46 ist, dem Abschnitt 3 des § 48 entsprechend, den Benachrichtigungen ein Vermerk über die in der Anstalt erfolgte Beschäftigung der Gefangenen als Handwerker zuzufügen. Dieser Vermerk hat in der Truppenstammrolle und bei späterem Uebertritt in das Beurlaubtenverhältniß in den Ueberweisungspapieren Aufnahme zu finden.

§ 48. [Ueberweisung der dem Beurlaubtenstande angehörenden ausscheidenden Militärgefangenen an die Bezirkskommandos zur Aufnahme in die Kontrole.] 1. In allen denjenigen Fällen, in welchen nach dem Vorstehenden ein dem Beurlaubtenstande angehörender Militärgefangener bei seinem Ausscheiden aus dem Festungsgefängniß bezw. der Festungs-Gefangenanstalt in seine Heimath entlassen wird (§§ 41, 42 und 46), ist die Ueberweisung desselben in die Kontrole der Landwehrbehörden durch den Gouverneur ꝛc. — bei den in Festungsgefängnissen befindlichen Militärgefangenen durch den Vorstand des Festungsgefängnisses — gemäß § 18 der Heerordnung zu bewirken. Diese Ueberweisung hat bei denjenigen Militärgefangenen, welche mit ihrer Entlassung aus der Anstalt erstmalig in die Kontrole der Landwehrbehörden treten, an das Bezirkskommando des künftigen Aufenthaltsortes, bei denjenigen dagegen, welche bereits in der Kontrole der Landwehrbehörden stehen, gemäß § 29⁹ und 34⁹ der Heerordnung an das sie kontrolirende Bezirkskommando zu erfolgen.

2. Die zu diesem Zwecke erforderlichen Entlassungs- und Ueberweisungs-Papiere (vergl. auch §§ 17 und 18 der Heerordnung) sind rechtzeitig von dem Truppentheil zu erfordern und demnächst bei dem Festungsgefängniß bezw. der Festungs-Gefangenanstalt zu vervollständigen.

In diesen Papieren sind die Ausscheidenden grundsätzlich nicht als Militärgefangene, sondern nach Maßgabe ihres militärischen Dienstverhältnisses zu bezeichnen.

3. Ueber die während der Strafverbüßung etwa erfolgte Beschäftigung der Gefangenen als Handwerker ist in den Ueberweisungs-Papieren ein Vermerk in folgender Form in dem Abschnitt „Bemerkungen" zu machen:

N. wurde während der Strafverbüßung . . . . . Jahre und . . . Monate als . . . . . beschäftigt und hat in diesem Handwerke eine („hervorragende", „vollständige", „mittelmäßige", „sehr geringe") Fertigkeit erlangt.

Hat eine derartige Beschäftigung des Gefangenen nicht stattgefunden, so ist dieses ebenfalls anzugeben.

§ **49.** [Rapporte.] 1. Am 1. Januar, 1. April, 1. Juli und 1. Oktober haben die Vorstände der Festungsgefängnisse dem Inspekteur einen Rapport über die vorhandenen Militärgefangenen ohne Anschreiben einzusenden.

Das in Anlage 6 enthaltene Muster[4]) giebt näheren Anhalt über die Aufstellung dieses Rapports.

5. Die Gouverneure 2c. lassen zu denselben Terminen dem Inspekteur eine gleiche Mittheilung betreffs der ihnen unterstellten Strafanstalten zugehen.

3. Am 10. Januar, 10. April, 10. Juli und 10. Oktober legt der Inspekteur dem Kriegsministerium den nach demselben Muster aufgestellten Rapport über sämmtliche in den Festungs-Gefangenanstalten und Festungsgefängnissen befindlichen Militärgefangenen vor.

II. Die Festungs-Gefangenanstalten.[23])

§ **50.** [Aufsicht und Verwaltung.] 1. Die Verwaltung und polizeiliche Aufsicht der Festungs-Gefangenanstalt wird, unter der Verantwortlichkeit des Gouverneurs 2c. (§ 3), vom Platzmajor ausgeübt.

Zur Unterstützung des Platzmajors ist auf den Antrag des Gouverneurs 2c. durch das Generalkommando ein geeigneter, halbinvalider Unteroffizier, wo ein solcher nicht vorhanden, ein anderer geeigneter Unteroffizier zu kommandiren.

2. Zur Herbeiführung einer gleichmäßigen Strafvollstreckung auch in den Festungs-Gefangenanstalten nimmt der Inspekteur auf seinen Besichtigungsreisen alljährlich Kenntniß von Einrichtung und Dienstbetrieb derselben und berichtet über den Zustand dieser Anstalten demnächst an das Kriegsministerium. Befinden sich diese Festungs-Gefangenanstalten nicht an denselben Orten, wo Festungsgefängnisse oder Arbeiter-Abtheilungen vorhanden sind, so hat der Inspekteur sich nur alle zwei Jahre über den Zustand der erstgedachten Anstalten zu unterrichten und Bericht zu erstatten.

§ **59.** [Besondere Disziplinar-Maßnahmen.] Der Gouverneur 2c. kann außer den Disziplinarstrafen nach Maßgabe der Disziplinar-Strafordnung die nachstehenden Maßnahmen gegen die Militärgefangenen eintreten lassen:

1. tageweise, statt monatliche Zahlung der Verpflegungsgelder (§ 130),
2. Untersagung der Bewegung in freier Luft für 14 Tage,
3. Einzelhaft bis zu drei Jahren für solche Gefangene, welche sich fortdauernd schlecht führen oder einen nachweislich üblen Einfluß auf ihre Mitgefangenen ausüben.

---

[23]) Die nicht abgedruckten Paragraphen behandeln: § 51 die Dienstobliegenheiten des zur Anstalt kommandierten Unteroffiziers, § 52 die Einstellung der Gef., § 53 deren Bewegung in freier Luft, § 54 deren Verkehr mit andern Personen, § 55 den brieflichen Verkehr, § 56 die Aufwärter, § 57 die Beschäftigung, § 58 die Religionsübungen der Gef.

§ **60.** [Einzelhaft.] 1. Einzelhaft darf unter einem Monat nicht eintreten; daß sie verhängt worden, ist in den Personalakten des Gefangenen zu bemerken. Sobald die Dauer der Einzelhaft 6 Monate übersteigt, ist dem Generalkommando davon durch den Gouverneur ꝛc., unter Anführung der Gründe zu der ausgesprochenen Maßregel, Anzeige zu machen.

2. Die Einzelhaft wird in einem, von den anderen Gefangenzimmern möglichst getrennt liegenden, mit eisernen Fensterstäben und einem zur Herbeirufung des Aufsichtspersonals bestimmten Klingelzug versehenen Zimmer so verbüßt, daß der Gefangene von jedem Verkehr mit den übrigen Gefangenen sorgfältig abgeschlossen wird. Nur solche Personen dürfen und müssen ihn öfters besuchen, welche zu dem Gefangenen in dienstlichen Beziehungen stehen (Gouverneur ꝛc., Platzmajor, Garnisonarzt, Garnisonpfarrer). Die Bewegung in freier Luft ist dem Gefangenen täglich für die Dauer einer Stunde unter Aufsicht zwar gestattet, jedoch ist darauf zu achten, daß der Gefangene hierbei keine unerlaubten Verbindungen anknüpft.

3. Eine angemessene Beschäftigung des Gefangenen während der Einzelhaft ist besonders ins Auge zu fassen.

4. Die Benutzung eines Aufwärters ist dem Gefangenen untersagt; die etwa erforderlichen Hülfeleistungen erfolgen durch Vermittelung des kommandirten Unteroffiziers.

III. Die Festungsgefängnisse.[24])

1. Beaufsichtigung der Festungsgefängnisse und Leitung des Dienstes in denselben.

§ **61.** [Der Inspekteur der militärischen Strafanstalten.] 1. Der Inspekteur ist dem Kriegsministerium, Departement für das Invalidenwesen, unmittelbar unterstellt.

Er hat, soweit Allerhöchsten Orts nicht anders bestimmt wird, den Rang sowie die Gebührnisse eines Regiments-Kommandeurs und garnisonirt in Berlin.

2. Dem Inspekteur sind ein Adjutant und zwei Schreiber zugetheilt.

Die Geschäfte eines Rechtsbeistandes bei der Inspektion nimmt ein vom Kriegsministerium, Versorgungs- und Justiz-Departement, zu bestimmender richterlicher Militärjustizbeamter wahr.

Die Kommandirung einer Ordonnanz für das Büreau des Inspekteurs erfolgt nach § 34 der Garnisondienst-Instruktion.

3. Die Vertretung des Inspekteurs bei Krankheit, Urlaub, dienstlicher Abwesenheit ꝛc. oder bei Erledigung der Stelle liegt dem Inspekteur der Infanterie-Schulen bezw. dessen Vertreter ob.

Ist eine Vertretung des Adjutanten der Inspektion erforderlich, so führt dieselbe auf Antrag des Inspekteurs das Generalkommando des Gardekorps herbei. Dasselbe gilt, wenn eine Vertretung von Schreibern der Inspektion geboten ist.

4. Urlaub für die eigene Person erbittet der Inspekteur von dem Direktor des Departements für das Invalidenwesen bezw. durch dessen Vermittelung.

[24]) Nicht abgedruckt sind: Abschn. 2 Personal der Festungsgefängnisse (§ 63 bis 69), Abschn. 3 besondere Bestimmungen für den Fall der Mobilmachung (§ 71), Abschn. 4 Einstellung in das Festungs-Gef. (§ 72—75), Abschn. 5 innerer Dienst (§ 76—84), Abschn. 6 milit. Ausbildung (§ 85—87), Abschn. 7 Religionsübungen (§ 88), Abschn. 8 Arbeitsdienst u. Beschäftigung (§ 89 bis 101).

5. Der Inspekteur hat für seinen Dienstbereich die Disziplinar-Strafgewalt eines Regiments-Kommandeurs und die Befugniß zur Urlaubsertheilung in den für einen Regiments-Kommandeur festgesetzten Grenzen. Urlaubsgesuche, welche über seine Befugniß hinausgehen, reicht der Inspekteur dem Kriegsministerium zur weiteren Veranlassung ein, ebenso die Gesuchsliste, die Personal-, Qualifikations-Berichte und die sonstigen, an Allerhöchster Stelle zu unterbreitenden Eingaben.

6. Der Inspekteur ist dafür verantwortlich, daß die Strafvollstreckung in den Festungsgefängnissen den Bestimmungen gemäß erfolgt und daß der Strafzweck erreicht wird.

Von gerichtlichen Untersuchungen wider Militärgefangene oder Mitglieder des Aufsichtspersonals hat der Inspekteur Kenntniß zu nehmen, und sind ihm zu diesem Behufe auf Ansuchen die geschlossenen Akten zur Einsicht zu übersenden.

Ueber die Erfahrungen und Fortschritte des Gefängnißwesens muß sich der Inspekteur fortdauernd und eingehend unterrichten. Erscheinen ihm dieselben zur Berücksichtigung bei den Festungsgefängnissen gleichfalls geeignet, so berichtet er an das Kriegsministerium und fügt die erforderlichen Vorschläge bei.

7. Alljährlich ein Mal besichtigt der Inspekteur die Festungsgefängnisse und berichtet über den Zustand derselben dem Kriegsministerium, welchem er vor Antritt seiner Dienstreisen den Reiseplan zur Bestätigung einzureichen hat.

Erscheinen dem Inspekteur unter besonderen Umständen wiederholte Besichtigungen einzelner Anstalten geboten, so hat er hierzu die Erlaubniß des Kriegsministeriums einzuholen.

Ueber die ebenfalls von dem Inspekteur vorzunehmenden Besichtigungen der Festungs-Gefangenanstalten und Festungsstuben-Gefangenanstalten sowie über die Rapporte ist in den §§ 3, 6, 49, 50, 2 und 107 das Nähere enthalten.

8) Wegen des Uebergangs der Befugnisse des Inspekteurs auf den Gouverneur 2c. in besonderen Fällen vergl. § 3, 3.

§ **62.** (Der aufsichtführende Stabsoffizier.] 1. Für jedes Festungsgefängniß ist seitens des Gouverneurs 2c. ein Stabsoffizier der Garnison zu bestimmen und dem Inspekteur namhaft zu machen, der nach näherer Anweisung des letzteren monatlich ein Mal den Dienst des Gefängnisses eingehend prüft und dasselbe auch über diese Grenzen hinaus zu beaufsichtigen hat, wenn eine solche Beaufsichtigung nach der Ansicht des Inspekteurs unerläßlich ist.

2. Disziplinarbefugnisse stehen dem Inspekteur einem solchen Stabsoffizier gegenüber nicht zu; ebenso hat der Stabsoffizier keine solchen Befugnisse in Betreff des Gefängnisses.

3. Bei der Bestimmung des Stabsoffiziers ist auf das Dienstalter des Vorstandes Rücksicht zu nehmen und in denjenigen Fällen, wo der Vorstand Stabsoffizier ist, wenn irgend angängig, einem Oberstleutnant die Beaufsichtigung zu übertragen.

9. Handhabung der Disziplin.

§ **102.** [Allgemeines.] 1. Bei Handhabung der Disziplin in den Festungsgefängnissen (vergl. § 34) steht dem Inspekteur die Disziplinarstrafgewalt eines Regiments-Kommandeurs, dem Vorstande die eines detachirten Hauptmanns 2c. und dem Abtheilungsführer die eines Kompagnie-Chefs sowohl über die Militärgefangenen, als auch über die Offiziere und das Aufsichtspersonal, sowie die kommandirten Gefreiten bezw. Gemeinen zu. (Vergl. §§ 61 und 63.)[4])

2. Vergehen der Militärgefangenen muß die Strafe stets unmittelbar auf dem Fuße folgen.

3. Auch ist da, wo der Vorgesetzte in der Lage ist, gegen Militärgefangene die Strafe des strengen Arrestes zu verhängen, dieser kürzeren und bei den besonderen Verhältnissen in den Festungsgefängnissen wirksameren Strafart vor der des mittleren Arrestes im Allgemeinen der Vorzug einzuräumen.

§ **103.** [Besondere Bestimmungen.]*) 1. In den Festungsgefängnissen können gegen die Militärgefangenen die nachstehenden Maßnahmen in Anwendung kommen, wenn die Rücksichten auf die Strafvollstreckung dieses erheischen:

A. Entziehung der Erlaubniß zur Beschaffung einzelner, sowie sämmtlicher erlaubten Zusatznahrungs- und Genußmittel bis auf die Dauer von zwei Monaten.

B. Entziehung des Bettlagers unter Gewährung einer Pritsche nebst einer bezw. zwei wollenen Decken; bei Militärgefangenen in gemeinsamer Haft bis auf die Dauer von acht Tagen, bei Militärgefangenen in Einzelhaft bis auf die Dauer von vierzehn Tagen.

C. Versetzung in die sittlich schlechtere Klasse.

D. Einzelhaft (vergl. §§ 104, 105) nicht unter einem Monat und bis auf die Dauer von drei Jahren.

E. Entziehung der Beschäftigung bei Militärgefangenen in Einzelhaft nicht unter drei und bis auf die Dauer von vierzehn Tagen.

F. Beschränkung der Verpflegung bei den Militärgefangenen in Einzelhaft:

a) Verringerung der Brotportion um 250 g bis auf die Dauer von vierzehn Tagen,

b) Entziehung der Fleischportion bis auf die Dauer von vierzehn Tagen,

c) Entziehung der Morgen- oder Abendsuppe bis auf die Dauer von vierzehn Tagen,

Entziehung der Mittags-Gemüseportion bis auf die Dauer von sieben Tagen.

Die Entziehung der Fleischportion kann verbunden werden mit der Entziehung entweder der Morgen- oder Abendsuppe bis auf die Dauer von vierzehn Tagen oder mit der Entziehung der Mittags-Gemüseportion bis auf die Dauer von sieben Tagen.

Die Verringerung der Brotportion darf verbunden werden mit der Entziehung der Morgen- oder der Abendsuppe.

d) Beschränkung der Kost auf Wasser und Brot, je einen um den andern Tag, bis auf die Dauer von acht Tagen.**)

Gegen Militärgefangene des Unteroffizierstandes dürfen nur die Maßnahmen unter A und D Anwendung finden, es kann denselben indessen auch die Erlaubniß zum Empfange von Einzahlungen seitens der Angehörigen bis auf die Dauer von drei Monaten entzogen werden.

2. Zur Verhängung der Maßnahmen gegen Militärgefangene sind befugt:

A. der Abtheilungsführer,
B. der Vorstand,
C. der Inspekteur
} in den unten angegebenen Grenzen.

*) Zur augenblicklichen Bändigung bei thätlicher Widersetzlichkeit oder bei Toben und Schreien dürfen Fesselung und Zwangsjacke angewendet werden.

Bei Anwendung von Zwangsmitteln ist jedoch die Inanspruchnahme von Personen des Aufsichtspersonals und von Wachmannschaften aus disziplinaren Gründen thunlichst zu vermeiden. Vielmehr müssen hierzu zuverlässige und zu diesem Zwecke besonders unterwiesene Gefangene vorzugsweise verwendet werden.

**) In den Fällen zu F c und d sind die Gefangenen dem Arzt öfter vorzustellen.

Der Abtheilungsführer ist berechtigt anzuordnen:
die Entziehung der Erlaubniß zur Beschaffung der Genußmittel rc. bis auf die Dauer von vier Wochen,
die Entziehung der Beschäftigung bei Militärgefangenen in Einzelhaft bis auf die Dauer von vierzehn Tagen.

Der Vorstand ist berechtigt anzuordnen:
Sämmtliche vorstehend gedachten Maßnahmen bis zur festgesetzten Zeitdauer, ferner Einzelhaft bis auf die Dauer eines Jahres.

Der Inspekteur ist berechtigt anzuordnen:
Sämmtliche vorstehend gedachten Maßnahmen bis zur festgesetzten Zeitdauer, ferner Einzelhaft bis zur Dauer von drei Jahren.

3. Die Verhängung der sämmtlichen hier gedachten Maßnahmen ist in jedem einzelnen Falle in die Strafbücher einzutragen.

10. Einzelhaft.

§ **104.** [Allgemeines.] Die Einzelhaft*) kommt in Anwendung:

a) Als besondere Disziplinar-Maßnahme unter den im § 103 vorgesehenen Bedingungen.

b) Zur Absonderung der sittlich schlechteren von den sittlich besseren Militärgefangenen nach § 77 mit der Maßgabe, daß dieselbe auch hier nicht unter einem Monat dauern und nur unter Zustimmung des betreffenden Gefangenen den Zeitraum von drei Jahren übersteigen darf.

c) Zur Schonung des Ehrgefühls, wenn dieses bei ehemaligen Unteroffizieren auch zur Erhaltung der Disziplin und bei Leuten höherer Bildung und besserer Herkunft auf ihren oder ihrer Angehörigen Wunsch angebracht und nach Maßgabe des vorhandenen Raumes durchführbar erscheint.

§ **105.** [Behandlung der in Einzelhaft befindlichen Gefangenen.] 1. Die in Einzelhaft befindlichen Gefangenen werden jeder allein in einem abgesonderten verschlossenen Raume untergebracht und erhalten Verpflegung und Bekleidung wie alle übrigen Gefangenen.

Bei der Arbeit, den etwaigen Uebungen, dem Dienst- und Schulunterricht, dem Gottesdienste, sowie bei allen sonstigen Gelegenheiten sind dieselben von anderen Militärgefangenen und unter sich getrennt zu halten.

2. Exerzir- und Turnübungen werden mit den in Rede stehenden Gefangenen im Allgemeinen nicht und nur dann vorgenommen, wenn dieses bei einzelnen derselben wegen besonders nachlässiger Körperhaltung nach dem Ermessen des Vorstandes erforderlich erscheint.

3.—7.[25])

8. In allen Fällen, in denen die Dauer der Einzelhaft über drei Monate hinausgeht, ist dem Inspekteur Anzeige zu machen.

9. Nach Verbüßung von zwei Dritteln der Einzelhaft ist grundsätzlich zu erwägen, ob die Einwirkung der Einzelhaft auf den Gefangenen eine derartige gewesen, daß dieselbe als ausreichend erachtet werden und die Entlassung des Gefangenen aus der Einzelhaft vor dem ursprünglich beabsichtigten Zeitpunkte erfolgen kann.

*) Das Kriegsministerium bestimmt diejenigen Festungsgefängnisse, in denen die Vollstreckung der Gefängnisstrafe in Einzelhaft geschehen kann.

[25]) Ziff. 3—7 enthalten Einzelvorschriften über die Behandlung der in Einzelhaft befindlichen Gef.

Die Entscheidung über das Aufhören der Einzelhaft steht in denjenigen Fällen, in welchen letztere von dem Inspekteur verfügt ist, diesem, in anderen Fällen den Vorständen der Festungsgefängnisse zu. Das Aufhören der Einzelhaft vor Ablauf der ursprünglich ausgesprochenen Zeitdauer ist unter kurzer Begründung in den Strafverzeichnissen zu vermerken.

Sechster Abschnitt.

Vollstreckung der Festungshaft an Militärpersonen und an denjenigen Civilpersonen, welche diese Strafe in den Festungen verbüßen.

1. Allgemeines.[26])

§ **106.** [Art der Vollstreckung.] 1. Die Strafe der Festungshaft wird in besonders hierzu eingerichteten Räumen einer Festung vollstreckt, welche die Bezeichnung „Festungsstuben-Gefangenanstalt" führen.

2. Die in diese Anstalten aufgenommenen Gefangenen werden „Festungsstuben-Gefangene" genannt.

§ **107.** [Für die Festungshaft gültige Bestimmungen des fünften Abschnitts.] In Betreff der Ueberweisung der Verurtheilten an die Festungsstuben-Gefangenanstalten (Anlage 4), des vorläufigen Strafantritts, der Einstellung und der Mittheilung der gegenwärtigen Vorschrift der Disziplinar- und gerichtlichen Verhältnisse, der Versetzungen, Krankheiten und Todesfälle, des Verfahrens bei Entweichungen, der Entlassungen wegen schwerer körperlicher oder geistiger Leiden 2c., der Entlassung nach verbüßter Strafe, der Rapporte, Besichtigungen finden die Bestimmungen des fünften Abschnitts (§§ 32 bis 60) auf die zu Festungshaft Verurtheilten, unter Berücksichtigung des Nachstehenden, entsprechende Anwendung. Vergl. auch §§ 3 und 61.

§ **108.** [Aufsichts- und Verwaltungs-Personal.] Das im § 50 bezeichnete Aufsichts- und Verwaltungs-Personal leistet, wie im § 51 angegeben, auch bei den Festungsstuben-Gefangenen Dienst, ohne dafür den Anspruch auf eine besondere Entschädigung zu erhalten.

§ **116.** [Besondere Disziplinar-Maßnahmen gegen Festungsstuben-Gefangene.] Der Gouverneur 2c. kann gegen die Festungsstuben-Gefangenen außer den Disziplinarstrafen nach Maßgabe der Disziplinar-Strafordnung die nachstehenden Maßnahmen eintreten lassen:

1. tageweise, statt monatlicher Zahlung der Verpflegungsgelder;
2. Einstellung der Bewegung in freier Luft auf 14 Tage, und Beschränkung dieser Bewegung auch über diese Frist bis auf eine Stunde täglich.

Vergl. auch §§ 34 und 107.

2. Besondere Bestimmungen in Betreff der Festungsstuben-Gefangenen des Civilstandes.

§ **117.** [Ueberweisung.] Die Selbstgestellung oder Einlieferung der von einem Civilgericht zur Festungshaft verurtheilten Personen veranlaßt die Civil-Justizbehörde.

---

[26]) Nicht abgedruckt sind § 109 (Verschluß u. Untersuchung der Stuben), § 110 (Bewegung in freier Luft), § 111 (Verkehr mit andern Personen), § 112 (brieflicher Verkehr), § 113 (Aufwärter), § 114 (Beschäftigung), § 115 (Religionsübungen).

§ **118.** [Unterordnungs-Verhältniß.] Der Gouverneur ꝛc. ist der unmittelbare Vorgesetzte der Festungsstuben-Gefangenen des Civilstandes; er kann gegen dieselben die im § 116 bezeichneten besonderen Disziplinar-Maßnahmen, nicht aber Strafen nach Maßgabe der Disziplinar-Strafordnung für das Heer eintreten lassen. Die Festungsstuben-Gefangenen des Civilstandes unterliegen der dem Gouverneur ꝛc. im § 34 am Schlusse eingeräumten allgemeinen Befugniß ohne Ausnahme.

§ **119.** [Gesuche.] Die Festungsstuben-Gefangenen des Civilstandes haben ihre Gesuche ohne Ausnahme an den Gouverneur ꝛc. zu richten. Die Urlaubsgesuche dieser Gefangenen sind nebst einer gutachtlichen Aeußerung des Gouverneurs ꝛc. der Justizbehörde, welche den Gefangenen eingeliefert hat, zu übersenden. Der Erwiderung der Justizbehörde entsprechend ist zu verfahren.

§ **120.** [Begnadigung.] In Bezug auf die Begnadigung von Gefangenen des Civilstandes hat der Gouverneur ꝛc. den an ihn ergehenden Anträgen der Civil-Justizbehörde zu entsprechen.

§ **121.** [Verfahren bei Todesfällen.] Bei Todesfällen der Festungsstuben-Gefangenen des Civilstandes ist der Civil-Justizbehörde, welche die Strafvollstreckung veranlaßt hat, sogleich Kenntniß zu geben (§ 314).

§ **122.** [Versetzungen.] Die Versetzung der Festungsstuben-Gefangenen des Civilstandes kann entweder auf Antrag des Generalkommandos, oder der Civil-Justizbehörde, oder auf genügend begründeten Antrag der Gefangenen seitens des Kriegsministeriums erfolgen.

Nach der erfolgten Versetzung eines Stubengefangenen des Civilstandes benachrichtigt der Gouverneur ꝛc. hiervon diejenige Civil-Justizbehörde, welche die Strafvollstreckung veranlaßt hat.

§ **123.** [Ahndung schwerer Vergehen ꝛc.] Begehen die Festungsstuben-Gefangenen des Civilstandes gerichtlich zu ahndende Vergehen ꝛc., so hat der Gouverneur ꝛc. dem Staatsanwalt, in dessen Bezirk die Festung belegen ist, behufs weiterer Veranlassung Mittheilung zu machen.

§ **124.** [Entlassung.] 1. Die Entlassung der Festungsstuben-Gefangenen des Civilstandes erfolgt nach verbüßter Strafe; von der erfolgten Entlassung ist durch den Gouverneur ꝛc. der Civil-Justizbehörde Kenntniß zu geben, welche den Gefangenen eingeliefert hat, unter gleichzeitiger Mittheilung eines Führungszeugnisses des letzteren.

2. Erscheint die Entlassung eines Gefangenen wegen eines schweren geistigen oder körperlichen Leidens schon vor verbüßter Strafe geboten, so tritt dieserhalb der Gouverneur ꝛc. mit der zuständigen Civil-Justizbehörde in Verbindung. Die Entlassung wird im Einverständniß mit dieser Behörde bewirkt.

Anlagen zur Militär-Strafvollstreckungsvorschrift.[27])

[27]) Die Anlagen sind die der amtlichen Ausgabe der MStV. beigegebenen u. gleich dieser (Anm. 1) berichtigt. Abgedruckt sind nur die wichtigeren Anlagen 2, 3 u. 4.

Anlage 2 zu § 5.

Verzeichnis

der Zivil-Strafanstalten, an welche die von Militärgerichten Verurteilten zu überweisen sind, wenn die Strafvollstreckung an die bürgerlichen Behörden übergeht.

Bezeichnung des Armeekorps	Bezeichnung der Division	Benennung der Anstalten, an welche die Verurteilten zu überweisen sind behufs Verbüßung der Zuchthausstrafe	Benennung der Anstalten, an welche die Verurteilten zu überweisen sind behufs Verbüßung der Gefängnisstrafe	Bemerkungen
		1. Anhalt.		
—	—	Strafanstalt in Coswig.		
		2. Baden.		
—	—	Männer-Zuchthaus in Bruchsal.	Landesgefängnis in Freiburg, wenn die erkannte Strafe drei Jahre übersteigt. Bei geringeren Gefängnisstrafen:	
XIV.	28.	. . . .	Landesgefängnis in Mannheim: Korpsgericht, Gericht der 28. Division und der Kommandantur Karlsruhe.	
—	29.	. . . .	Landesgefängnis Freiburg: Divisionsgericht, Gericht der Kommandantur Rastatt u. andere Militärgerichte.	
		3. Bayern.		
—	—	Zuchthaus in Plassenburg bei Kulmbach in Oberfranken: Angehörige christlicher Konfessionen. Zuchthaus in Ebrach: Israeliten.	Zellengefängnis in Nürnberg: Angehörige christlicher Konfessionen.	War der Verurteilte früher hauptsächlich mit landwirtschaftlichen Arbeiten beschäftigt oder ist er nach seiner körperlichen und geistigen Beschaffenheit zur Ertragung der ausschließlichen Einzelhaft nicht befähigt, so ist er der Gefangenanstalt Lichtenau zu überweisen.
			Gefangenanstalt St. Georgen — Bayreuth: Israeliten. Festungshaft wird in der Festungsstuben-Gefangenanstalt auf Oberhaus bei Passau vollstreckt.	
		4. Braunschweig.		
—	—	Strafanstalt in Wolfenbüttel.		
		5. Bremen.		
—	—	Strafanstalt und Zuchthaus in Oslebshausen bei Bremen.		Bei Zuchthaus und Gefängnis nicht unter drei Monaten ist der Antrag auf Einstellung an die Staatsanwaltschaft, nach vorangegangenem Ersuchen um vorläufige Aufnahme, welches unmittelbar der Strafanstalt zugeht, bei geringeren Strafen lediglich an die Staatsanwaltschaft zu richten.

Bezeichnung des Armeekorps	Bezeichnung der Division	Benennung der Anstalten, an welche die Verurteilten zu überweisen sind behufs Verbüßung der Zuchthausstrafe	Benennung der Anstalten, an welche die Verurteilten zu überweisen sind behufs Verbüßung der Gefängnisstrafe	Bemerkungen
		6. Elsaß-Lothringen.		
—	—	Strafanstalt in Ensisheim.	Bezirksgefängnisse in Mülhausen u. Straßburg i. E. Festungshaft wird in der Festungsstuben-Gefangenanstalt für Zivilpersonen in Straßburg i. E. vollstreckt.	Die Auswahl ist von der größeren oder geringeren Entfernung des Aufenthaltsorts des Verurteilten zur Zeit der Überweisung abhängig. Neben der Überweisung des Verurteilten an die betreffende Strafanstalt ist ein Strafvollstreckungsantrag an den Kaiserlichen Oberstaatsanwalt am Oberlandesgericht in Colmar zu richten. Zugleich sind die militärgerichtlichen Untersuchungsakten dem Strafvollstreckungsantrage beizufügen, wenn dieses nach dem Ermessen der Militärbehörde ohne Schädigung der militärischen Interessen zulässig erscheint.
		7. Hamburg.		
—	—	Zentralgefängnis bei Fuhlsbüttel.	Unter 2 Monate in der Raboisenwache zu Hamburg. Über 2 Monate bis zu einem Jahr im Detentionshause am Sägerplatz in Hamburg. Von einem Jahr und mehr im Zentralgefängnis bei Fuhlsbüttel.	Der Antrag auf Einstellung ist an die Staatsanwaltschaft zu richten.
		8. Hessen.		
—	—	Zellenstrafanstalt zu Butzbach, unter Vorbehalt des im § 22, Absatz 2 des Reichsstrafgesetzbuchs den Sträflingen gewährten Rechtes.	Festungshaft im Provinzial-Arresthaus in Darmstadt. Zellenstrafanstalt zu Butzbach, unter Vorbehalt des im § 22, Absatz 2, des Reichsstrafgesetzbuchs den Sträflingen gewährten Rechtes.	Mindestens gleichzeitig mit der Verbringung eines Verurteilten in die Strafanstalt ist dem zuständigen Staatsanwalt (bei Überweisungen an die Zellenstrafanstalt in Butzbach der Staatsanwaltschaft in Gießen) durch die Militärbehörde unter Mitteilung einer Abschrift des Erkenntnisses Nachricht zu geben. Der Strafanstalt sind die im § 5,2 genannten Schriftstücke zu übersenden.
		9. Lippe.		
—	—	Preußische Strafanstalt und Gefängnis in Wehlheiden bei Kassel.	Landesstrafanstalt in Detmold.	

Bezeichnung des Armeekorps	Bezeichnung der Division	Benennung der Anstalten, an welche die Verurteilten zu überweisen sind behufs Verbüßung der Zuchthausstrafe	Benennung der Anstalten, an welche die Verurteilten zu überweisen sind behufs Verbüßung der Gefängnisstrafe	Bemerkungen
		10. Lübeck.		
		Werk- und Zuchthaus zu St. Annen in Lübeck.		Der Antrag auf Einstellung ist an die Vorsteherschaft des Werk- u. Zuchthauses zu richten.
		11. Mecklenburg-Schwerin.		
—	—	Landesstrafanstalt zu Dreibergen bei Bützow.	Zentralgefängnis zu Bützow oder im Gefängnis des Amtsgerichts in Wittenburg bei einer Strafe von 2 Monaten und darüber. Gefängnisse der Landgerichte in Schwerin, Güstrow, Rostock und der 42 Amtsgerichte bei einer Strafe von geringerer Dauer.	Desgleichen an das Großherzogliche Ministerium der Justiz in Schwerin. Demselben ist auch die die Begnadigung aussprechende Allerhöchste Kabinettsordre behufs Entlassung der betreffenden, in den Mecklenburg-Schwerinschen Strafanstalten befindlichen Gefangenen zu übersenden.
		12. Mecklenburg-Strelitz.		
—	—	Strafanstalt zu Strelitz mit einer Strafzeit bis zu $1^1/_2$ Jahren. Landesstrafanstalt zu Dreibergen bei Bützow bei einer längeren Strafdauer.	Strafanstalt in Strelitz mit einer Strafzeit von 2 Monaten und darüber. Gefängnisse des Landgerichts zu Neustrelitz und der 10 Amtsgerichte bei einer geringeren Strafdauer.	Der Antrag auf Einstellung ist an die Großherzogliche Landesregierung in Neustrelitz zu richten.
		13. Oldenburg.		
—	—	Zuchthaus in Vechta.	Gefangenanstalt in Vechta mit einer Strafzeit von 4 Monaten und darüber. Strafanstalt in Oldenburg mit einer kürzeren Strafdauer.	
		14. Preußen. *)		
Garde und III.	—	Strafanstalt Moabit in Berlin: Evangelische und Jüdische. Strafanstalt in Luckau: Katholische.	Gefängnis in Kottbus: Jeder.	
I.	—	Strafanstalt in Insterburg: Evangelische und Jüdische. Strafanstalt in Wartenburg: Katholische.	Gefängnis in Wohlau: Jeder.	
II.	3.	Strafanstalt in Naugard: Evangelische. Strafanstalt in Rawitsch: Katholische und Jüdische.	Gefängnis in Kottbus: Jeder.	
	4.	Wie vor.	Gefängnis in Wohlau: Jeder.	
IV.	—	Strafanstalt in Luckau: Katholische und Jüdische. Strafanstalt in Lichtenburg: Evangelische.	Gefängnis in Kottbus: Jeder.	

*) In die aufgeführten preußischen Anstalten sind die Verurteilten von sämtlichen Militärgerichten einzustellen, welche im Bereiche des betreffenden Armeekorps bezw. der Division belegen sind.

Bezeichnung		Benennung der Anstalten, an welche die Verurteilten zu überweisen sind behufs Verbüßung der		Bemerkungen
des Armeekorps	der Division	Zuchthausstrafe	Gefängnisstrafe	
V.	9.	Strafanstalt in Groß-Strelitz: Evangelische und Jüdische. Strafanstalt in Ratibor: Katholische.	Gefängnis in Wohlau: Jeder.	
	10.	Strafanstalt in Naugard: Evangelische. Strafanstalt in Rawitsch: Katholische und Jüdische.	Gefängnis in Wohlau: Jeder.	
VI.	—	Strafanstalt in Groß-Strelitz: Evangelische und Jüdische. Strafanstalt in Ratibor: Katholische.	Gefängnis in Wohlau: Jeder.	
VII.	—	Strafanstalt in Münster: Jeder.	Gefängnis in Herford: Jeder.	
VIII.	—	Strafanstalt in Siegburg: Jeder.	Gefängnis in Siegburg: Jeder.	
IX.	—	Strafanstalt in Rendsburg: Evangelische und Jüdische. Strafanstalt in Celle: Katholische.	Gefängnis in Hameln: Evangelische und Jüdische. Gerichtsgefängnis in Flensburg: Katholische.	
X.	—	Strafanstalt in Celle: Jeder.	Gefängnis in Hameln: Evangelische und Jüdische. Gerichtsgefängnis in Flensburg: Katholische.	
XI.	—	Strafanstalt und Gefängnis in Kassel-Wehlheiden: Jeder.	Strafanstalt und Gefängnis in Kassel-Wehlheiden: Jeder.	
XIV. XV. und XVI.	—	Strafanstalt in Siegburg: Jeder.	Gefängnis in Siegburg: Jeder.	
XVII.	—	Strafanstalt in Mewe: Evangelische. Strafanstalt in Graudenz: Katholische und Jüdische.	Gefängnis in Wohlau: Jeder.	
XVIII.	—	Strafanstalt und Gefängnis in Kassel-Wehlheiden: Jeder.	Strafanstalt und Gefängnis in Kassel-Wehlheiden: Jeder.	
Ostasiatische Besatzungs-Brigade.	—	Strafanstalt in Lüneburg: Evangelische und Jüdische. Strafanstalt in Celle: Katholische.	Amtsgerichtliches Gefängnis in Harburg bei Hamburg.	
Marinestation der Ostsee.		Strafanstalt in Rendsburg: Evangelische und Jüdische. Strafanstalt in Celle: Katholische.	Gefängnis in Hameln: Jeder.	Die Zugehörigkeit richtet sich nach dem Stationsbereich desjenigen Marineteils, dessen Etat der Verurteilte angehört.
Marinestation der Nordsee.		Strafanstalt in Celle: Jeder.	Gefängnis in Hameln: Jeder.	
Besatzung von Kiautschou.		Strafanstalt in Celle: Jeder.	Gefängnis in Hameln: Jeder.	
		15. Reuß ältere Linie.		
—	—	Zuchthäuser in Gräfentonna und Maßfeldt.	Gefängnis zu Ichtershausen bei einer Strafdauer über 4 Monate. Zentral-Gefangenanstalt in Zeulenroda bei einer Strafdauer von 14 Tagen bis zu 4 Monaten. Amtsgerichtsgefängnisse bei einer Strafdauer bis zu 14 Tagen.	Zu 15, 16, 18 bis 21 und 24. Bei Einlieferung in die Zuchthäuser zu Gräfentonna und Maßfeldt sowie in das Gefängnis zu Ichtershausen bedarf es wegen vorgekommener Überfüllung einer vorherigen Anfrage, welche bezüg-

Bezeichnung des Armeekorps	Bezeichnung der Division	Benennung der Anstalten, an welche die Verurteilten zu überweisen sind behufs Verbüßung der Zuchthausstrafe	Benennung der Anstalten … der Gefängnisstrafe	Bemerkungen
		16. Reuß jüngere Linie.		
—	—	Wie zu 15.	Gefängnis zu Ichtershausen bei einer Strafdauer von 3 Monaten und darüber.	lich der zu Zuchthausstrafe verurteilten Angehörigen von Sachsen-Altenburg zunächst nach Gräfentonna zu richten ist. Bei längerer Überfüllung dieser drei Strafanstalten können die Angehörigen von Sachsen-Altenburg an das Landgerichts-Gefängnis in Altenburg, die Angehörigen des Fürstentums Reuß ä. L. an die Zentral-Gefangenanstalt in Zeulenroda, und bei Ueberfüllung des Gefängnisses in Ichtershausen die Angehörigen des Fürstentums Schwarzburg-Sondershausen an das Amtsgerichtsgefängnis in Arnstadt abgeführt werden.
		17. Sachsen.		
—	—	Strafanstalt in Waldheim.	Strafanstalt in Zwickau. Festungshaft wird auf der Festung Königstein vollstreckt.	
		18. Sachsen-Altenburg.		
—	—	Wie zu 15.	Gefängnis zu Ichtershausen bei einer Strafdauer von 3 Monaten und darüber. Landgerichts-Gefangenhaus in Altenburg bei einer geringeren Strafdauer.	Siehe Bemerkung zu 15.
		19. Sachsen-Koburg-Gotha.		
—	—	Zuchthäuser zu Gräfentonna und Maßfeldt.	Gefängnis zu Ichtershausen.	Desgl.
		20. Sachsen-Meiningen.		
		Wie zu 19.		Desgl.
		21. Sachsen-Weimar.		
		Wie zu 19.		Desgl.
		22. Schaumburg-Lippe.		
-	—	Oldenburgische Strafanstalt in Vechta.	Oldenburgische Strafanstalt in Vechta bei einer Strafdauer von 6 Monaten und darüber. Gefängnisse zu Bückeburg und Stadthagen bei einer geringeren Strafdauer.	

Bezeichnung des Armeekorps	Bezeichnung der Division	Benennung der Anstalten, an welche die Verurteilten zu überweisen sind behufs Verbüßung der Zuchthausstrafe	Benennung der Anstalten, an welche die Verurteilten zu überweisen sind behufs Verbüßung der Gefängnisstrafe	Bemerkungen
		23. Schwarzburg-Rudolstadt.		
—	—	Preußische Strafanstalt in Halle a. S.	Sächsische Strafanstalt in Zwickau bei einer Strafdauer von mehr als 4 Monaten. Gefängnisanstalt des Landgerichts in Rudolstadt bei einer kürzeren Strafdauer.	Von jeder Einlieferung von Verurteilten ist den betreffenden Ministerien Mitteilung zu machen. Siehe Bemerkung zu 15.
		24. Schwarzburg-Sondershausen.		
		Wie zu 16.		
		25. Waldeck.		
—	—	Preußische Strafanstalt und Gefängnis in Wehlheiden.	Preußische Strafanstalten in Kassel, Wehlheiden, Werden, Münster, Celle, Hannover und Hameln bei einer Strafdauer über 4 Wochen. Amtsgerichtsgefängnisse in Arolsen, Corbach, Wildungen u. Pyrmont bezw. Hameln bei einer kürzeren Strafdauer.	
		26. Württemberg.		
—	—	Zuchthaus in Ludwigsburg.	Landesgefängnis in Hall, wenn dem Verurteilten die bürgerlichen Ehrenrechte aberkannt sind oder eine Strafe wegen wiederholten Rückfalls in Verbrechen wider fremdes Eigentum im Sinne der §§ 244, 245, 261, 264 des StGB., sei es allein oder in Verbindung mit anderen Verbrechen oder Vergehen, zu vollstrecken ist. Landesgefängnis in Rottenburg in allen anderen Fällen. Festungshaft wird in der Zivil-Festungsstrafanstalt Hohenasperg vollstreckt. Wenn auf eine die Dauer von 6 Wochen nicht übersteigende Gefängnisstrafe erkannt ist, so ist der Verurteilte an das Gefängnis desjenigen Amtsgerichts abzugeben, in dessen Bezirk er seinen Wohnsitz hat oder wo er sich zeitlich aufhält.	

Anlage 3 zu § 30.

Nachweisung

derjenigen Militärbehörden und Personen, welche bei der Pfändung des Diensteinkommens der Offiziere*) und Beamten der Militärverwaltung, sowie der Pensionen dieser Personen nach deren Versetzung in den Ruhestand und der aus Militärfonds fließenden Gebührnisse der Hinterbliebenen von Personen des Soldatenstandes und von Beamten der Militärverwaltung zur Vertretung des Militärfiskus als Drittschuldners im Sinne der §§ 730 ff.[28]) der Zivil-Prozeßordnung berufen sind.

Lfde. Nr.	Der Pfändungsbeschluß ist zuzustellen wem?		Der Pfändungsbeschluß ist zuzustellen bei Pfändung	Bemerkungen
	A. Des Diensteinkommens.			
I.	Den Regiments-Kommandeuren, den Kommandeuren der selbständigen (nicht regimentierten) Bataillone, der Unteroffizierschulen und der Unteroffizier-Vorschulen, dem Chef des Militär-Reit-Instituts, den Kommandeuren der Feldartillerie- und der Fußartillerie-Schießschule, dem Kommandeur der Luftschiffer-Abteilung, dem Chef der Versuchs-Kompagnie der Artillerie-Prüfungskommission, sowie den Kommandeuren der Landwehrbezirke u. den Vorständen der Korps-Bekleidungsämter.		Der ihnen unterstellten, Gehalt empfangenden Offiziere und Beamten einschließlich der aggregierten Offiziere, jedoch mit Ausnahme der Offiziere bei den Pionier-Bataillonen und der à la suite der Truppenteile stehenden Offiziere.	Bei Pfändung des Diensteinkommens der bei den Pionier-Bataillonen befindlichen Offiziere hat die Zustellung an das Kriegsministerium (siehe A III) zu erfolgen, ebenso in Betreff der à la suite der Truppenteile stehenden Offiziere, soweit die Betreffenden nicht unter A II gehören.
II.	Den Militär-Intendanturen des betreffenden Armeekorps.	1.	Der Regiments-Kommandeure, der Kommandeure der selbständigen (nicht regimentierten) Bataillone**), der Unteroffizierschulen, der Unteroffizier-Vorschulen, der Feldartillerie- und der Fußartillerie-Schießschule, sowie der Luftschiffer-Abteilung, des Chefs der Versuchskompagnie der Artillerie-Prüfungskommission, sowie der Kommandeure der Landwehrbezirke I und II Berlin.	Wegen der Kommandeure der übrigen Landwehrbezirke siehe B 1.
		2.	Der Kriegsgerichtsräte u. Militärgerichtsschreiber, sowie des Gerichtsboten beim Gouvernementsgericht in Berlin.	
		3.	Der Generalärzte und der bei diesen fungierenden Assistenzärzte, der Garnisonärzte und der Chefärzte des 1. und 2. Garnisonlazaretts Berlin, sowie der Korps-Stabsapotheker.	

*) Sofern die Nachweisung keine besonderen Bestimmungen enthält, sind unter der Bezeichnung „Offiziere" die Sanitätsoffiziere (Militärärzte) inbegriffen.

**) Ausgenommen sind indeß die Kommandeure der Pionier-Bataillone, wegen welcher das zu I in Betreff der Offiziere bei den Pionier-Bataillonen Gesagte gleiche Anwendung findet.

[28]) Neue Fassung § 829 ff.

Lfde. Nr.	Der Pfändungsbeschluß ist zuzustellen wem?		bei Pfändung	Bemerkungen
		4.	Der Militär-Oberpfarrer, der Divisions- und Garnisonpfarrer, sowie der Divisions- und Garnisonküster.	Zu Ziff. 4—6. Bezüglich des Garnisonarztes, der Garnisonpfarrer und Garnisonküster, sowie des Platzmajors der Festung Ulm linken Ufers hat die Zustellung an die Militär-Intendantur des XIV. Armeekorps in Karlsruhe zu erfolgen.[29]
		5.	Der Korps-Stabsveterinäre bei den Generalkommandos.	
		6.	Der Platzmajore.	
		7.	Der Militär-Intendanturbeamten mit Ausnahme der Militär-Intendanten.	
		8.	Der Beamten der Proviantämter und der Armee-Konservenfabriken.	
		9.	Der Beamten der Garnisonverwaltungen.	
		10.	Der Militär-Baubeamten.	
		11.	Der Beamten der Garnisonlazarette.	
		12.	Der Beamten der Korpszahlungsstelle des XIV. Armeekorps.	
		13.	Der Lehrer bei den Garnisonschulen.	
III.	Dem Kriegsministerium.		Sämtlicher übrigen unter den Nummern A I und II nicht inbegriffenen Offiziere und Beamten der Militärverwaltung.	
	B. Der Pension und des sonstigen aus Militärfonds fließenden Einkommens.			
	Dem Departement für das Invalidenwesen im Kriegsministerium.[30]	1.	Der sämtlichen mit Pension zur Disposition gestellten Offiziere und Militärbeamten.	
		2.	Der sämtlichen auf Inaktivitätsgehalt oder Wartegeld gesetzten Offiziere und Beamten der Militärverwaltung.	
		3.	Der sämtlichen mit Pension gänzlich verabschiedeten Offiziere und Beamten der Militärverwaltung.	
	C. Des aus Militärfonds fließenden Einkommens (Witwenpension, Witwengeld, Waisengeld, Unfallrenten, gesetzliche Beihilfen).			
	Dem Departement für das Invalidenwesen im Kriegsministerium.[30]		Der Hinterbliebenen von Personen des Soldatenstandes und von Beamten der Militärverwaltung.	

[29]) Zusatzbest. für Württemberg.

[30]) Bayern, Sachsen, Württemberg: dem Kriegsministerium.

Anlage 4 zu § 33 (bezw. § 107).

Übersicht

für die

Überweisung der durch Militärgerichte Verurteilten an die Festungs-Gefangenanstalten, Festungsgefängnisse und Festungsstuben-Gefangenanstalten.

Anmerkung.

Die von Preußischen Militärgerichten oder von Militärgerichten der Kaiserlichen Marine zu Gefängnis oder Festungshaft verurteilten Angehörigen des Sächsischen und des Württembergischen Kontingents verbüßen ihre Strafe in einer unter Preußischer Verwaltung stehenden militärischen Strafanstalt.

Umgekehrt erfolgt die Vollstreckung der durch Sächsische und Württembergische Militärgerichte gegen Angehörige des Preußischen Kontingents oder der Kaiserlichen Marine erkannten Strafen in Königlich Sächsischen und Königlich Württembergischen militärischen Strafanstalten.

Die von Preußischen Militärgerichten oder von Militärgerichten der Kaiserlichen Marine zu Freiheitsstrafen verurteilten Angehörigen des Bayerischen Kontingents sind, soweit die Strafe nicht beim Truppenteil zu vollstrecken ist, den militärischen Strafanstalten auf Oberhaus bei Passau zu überweisen.

A. Übersicht

für die Überweisung verurteilter Offiziere, Militärbeamten, Unteroffiziere und Mannschaften an die Festungs-Gefangenanstalten und Festungsstuben-Gefangenanstalten.

Lfde. Nr.	Bezeichnung des Armeekorps, aus welchem die Überweisung erfolgt	Benennung der Festungs-Gefangenanstalt bezw. Festungsstuben-Gefangenanstalt
1.	Unteroffiziere, Mannschaften und untere Militärbeamte des Gardekorps, I., II., III., IV., V., VI. u. XVII. Armeekorps	Weichselmünde
2.	Offiziere, Fähnriche und obere Militärbeamte des Gardekorps, IV., IX. und X. Armeekorps	Magdeburg
3.	Offiziere, Fähnriche und obere Militärbeamte des I., II., III., V., VI. und XVII. Armeekorps	Glatz
4.	Offiziere, Fähnriche und obere Militärbeamte des VII., VIII., XI., XIV., XV., XVI. und XVIII. Armeekorps	Wesel
5.	Unteroffiziere, Mannschaften und untere Militärbeamte des VII., VIII., IX., X., XI., XIV., XV., XVI. u. XVIII. Armeekorps sowie der Kaiserlichen Marine, der Kaiserlichen Schutztruppen und der Ostasiatischen Besatzungs-Brigade . . .	Ehrenbreitstein
6.	Offiziere, Fähnriche, Seekadetten (im Range der Fähnriche) und obere Militärbeamte der Kaiserlichen Marine, der Kaiserlichen Schutztruppen und der Ostasiatischen Besatzungs-Brigade . .	in erster Linie Magdeburg, in zweiter Linie Wesel

Erläuterung zu A.

Wenn die Anstalt, in welche nach der Übersicht die Einstellung erfolgen soll, voll belegt ist, oder wenn die Anstalt sich am Garnisonorte des Verurteilten befindet und deshalb die Einstellung in eine andere Anstalt angemessen erscheint, oder wenn andere Gründe diese Maßnahme notwendig machen, kann die Überweisung des Verurteilten an die nächstgelegene für seine Klasse bestimmte Anstalt im Einvernehmen mit dem Generalkommando stattfinden, in dessen Bezirk diese Anstalt liegt.

B. Übersicht

für die Überweisung der verurteilten Unteroffiziere und Mannschaften an die Festungsgefängnisse.

Anmerkung. Soweit nicht in nachstehender Übersicht eine Ausnahme angeordnet ist, erfolgt die Überweisung verurteilter Unteroffiziere und Gemeinen nach gleichen Grundsätzen.

Armeekorps	Bezeichnung des Gerichtsherrn, der die Strafvollstreckung anzuordnen hat (§ 451 MStGerO. u. § 11 des Einführungsgesetzes zur MStGerO.)	Angabe der Strafdauer	Bezeichnung des Festungsgefängnisses	Bemerkungen
Garde.	Kommandeure d. 1. Garde-Infanterie-, der 2. Garde-Infanterie- u. der Garde-Kavallerie-Division, Kommandant von Berlin.	Ohne Rücksicht auf die Strafdauer.	Spandau.	
I.	Kommandant von Königsberg i. Pr.	Ohne Rücksicht auf die Strafdauer.	Graudenz.	Die Unteroffiziere sind zunächst in Danzig, in zweiter Linie in Graudenz einzustellen. Arbeitssoldaten sowie Verurteilte, die bereits Gefängnisstrafe erlitten und sich hierbei in Einzelhaft befunden haben, oder die zum dritten Male in ein Festungsgefängnis eingestellt werden, sind dem Festungsgefängnis in Spandau zu überweisen. Personen, die wegen widernatürlicher Unzucht oder Majestätsbeleidigung verurteilt worden sind oder unter dem Verlust der bürgerlichen Ehrenrechte stehen, sind — soweit sie sonst in Danzig einzustellen sein würden — ebenfalls dem Festungsgefängnis in Spandau zu überweisen.
	Kommandeure der 1. und der 2. Division.	Bis ein Jahr einschließlich.	Danzig.	
	Desgl.	Mehr als ein Jahr.	Graudenz.	
	Kommandeur der 37. Division.	Ohne Rücksicht auf die Strafdauer.	Danzig.	
II.	Kommandeur der 3. Division.	Ohne Rücksicht auf die Strafdauer.	Spandau.	
	Kommandeur der 4. Division.	Desgl.	Spandau.	
III.	Kommandeure der 5. Division und der 6. Division; Kommandant v. Spandau.	Ohne Rücksicht auf die Strafdauer.	Spandau.	
IV.	Kommandeure der 7. Division und der 8. Division; Kommandant von Magdeburg.	Ohne Rücksicht auf die Strafdauer.	Evangelische Verurteilte: Torgau. Katholische Verurteilte: Spandau.	Die Unteroffiziere sind, wenn die Dauer der zu verbüßenden Strafe drei Monate und darüber beträgt, in Spandau einzustellen.
V.	Kommandeure der 9. Division und der 10. Division; Kommandant von Posen.	Ohne Rücksicht auf die Strafdauer.	Neiße.	Verurteilte, die bereits Gefängnisstrafe erlitten und sich hierbei in Einzelhaft befunden haben, oder die zum dritten Male in ein Festungsgefängnis eingestellt werden, sind in Spandau einzustellen.
VI.	Kommandeure der 11. Division u. der 12. Division.	Ohne Rücksicht auf die Strafdauer.	Neiße.	Wie vor.

Armeekorps	Bezeichnung des Gerichtsherrn, der die Strafvollstreckung anzuordnen hat (§ 451 MStGerO. u. § 11 des Einführungsgesetzes zur MStGerO.)	Angabe der Strafdauer	Bezeichnung des Festungsgefängnisses	Bemerkungen
VII.	Kommandeure der 13. Division u. der 14. Division.	Ohne Rücksicht auf die Strafdauer.	Wesel.	Die Unteroffiziere, wenn die Dauer der zu verbüßenden Strafe drei Monate und darüber beträgt, sowie Verurteilte, die bereits Gefängnisstrafe erlitten und sich hierbei in Einzelhaft befunden haben, oder die zum dritten Male in ein Festungsgefängnis eingestellt werden, sind in Köln einzustellen. Ebenso Personen, die wegen widernatürlicher Unzucht oder Majestätsbeleidigung verurteilt worden sind oder unter dem Verlust der bürgerlichen Ehrenrechte stehen.
VIII.	Kommandeur der 15. Division bezüglich der in Koblenz garnisonierenden Truppen dieser Division.	Ohne Rücksicht auf die Strafdauer.	Köln.	
	Kommandant von Koblenz.	Desgl.	Köln.	
	Kommandeur der 15. Division bezüglich der nicht in Koblenz garnisonierenden Truppen; Gouverneur von Köln.	Desgl.	Wesel.	Die Einstellung von Unteroffizieren und von Verurteilten, die bereits Gefängnisstrafe erlitten und sich hierbei in Einzelhaft befunden haben, oder die zum dritten Male in ein Festungsgefängnis eingestellt werden, erfolgt wie beim VII. Armeekorps. Ebenso die Einstellung von Personen, die wegen widernatürlicher Unzucht oder Majestätsbeleidigung verurteilt worden sind oder unter dem Verlust der bürgerlichen Ehrenrechte stehen.
	Kommandeur der 16. Division.	Desgl.	Wesel.	Wie vor.
IX.	Kommandeure der 17. Division u. der 18. Division.	Ohne Rücksicht auf die Strafdauer.	Spandau.	
X.	Kommandeur der 19. Division.	Ohne Rücksicht auf die Strafdauer.	Spandau.	
	Kommandeur der 20. Division.	Desgl.	Katholische Verurteilte: Köln.	
			Evangelische Verurteilte: Torgau.	Die Unteroffiziere sind, wenn die Dauer der zu verbüßenden Strafe drei Monate und darüber beträgt, in Köln einzustellen.
XI.	Kommandeur der 22. Division.	Ohne Rücksicht auf die Strafdauer.	Evangelische Verurteilte: Torgau. Katholische Verurteilte: Köln.	Die Einstellung evangelischer Verurteilter, die bereits eine Gefängnisstrafe erlitten und sich hierbei in Einzelhaft befunden haben, oder die zum dritten Male in ein Festungsgefängnis eingestellt werden, erfolgt in Köln.
	Kommandeur der 38. Division.	Desgl.	Desgl.	Evangelische Verurteilte, auf welche die vorstehenden Voraussetzungen zutreffen, sind in Spandau einzustellen.

Armee-korps	Bezeichnung des Gerichtsherrn, der die Strafvollstreckung anzuordnen hat (§ 451 MStGerO. u. § 11 des Einführungsgesetzes zur MStGerO.)	Angabe der Strafdauer	Bezeichnung des Festungs-gefängnisses	Bemerkungen
XIV.	Kommandeure der 28. Division u. der 29. Division; Gouverneur von Ulm.	Ohne Rücksicht auf die Strafdauer.	Rastatt.	Arbeitssoldaten und Verurteilte, die bereits eine Gefängnisstrafe erlitten und sich hierbei in Einzelhaft befunden haben, oder die zum dritten Male in ein Festungsgefängnis eingestellt werden, sind in Köln einzustellen. Dasselbe gilt von Personen, die wegen widernatürlicher Unzucht oder Majestätsbeleidigung verurteilt sind oder unter dem Verlust der bürgerlichen Ehrenrechte stehen.
	Kommandeur der 39. Division.	Bis zu drei Monaten einschließlich. Über drei Monate.	Straßburg i. E. Rastatt.	Wie vor.
XV.	Kommandeur der 30. Division; Gouverneur von Straßburg i. E.	Ohne Rücksicht auf die Strafdauer.	Straßburg i. E.	Wie vor.
	Kommandeur der 31. Division.	Desgl.	Rastatt.	Wie vor.
XVI.	Kommandeure der 33. u. der 34. Division; Gouverneur von Metz.	Ohne Rücksicht auf die Strafdauer.	Straßburg i. E.	Sämtliche Unteroffiziere in Rastatt. Verurteilte, die bereits eine Gefängnisstrafe erlitten und sich hierbei in Einzelhaft befunden haben, oder die zum dritten Male in ein Festungsgefängnis eingestellt werden, sind dem Festungsgefängnis in Köln zu überweisen. Dasselbe gilt von Arbeitssoldaten und von solchen Personen, die wegen widernatürlicher Unzucht oder Majestätsbeleidigung verurteilt sind oder unter dem Verlust der bürgerlichen Ehrenrechte stehen.
XVII.	Kommandeure der 35. u. der 36. Division; Kommandant von Danzig; Gouverneur von Thorn.	Ohne Rücksicht auf die Strafdauer.	Graudenz.	Verurteilte, die bereits Gefängnisstrafe erlitten und sich hierbei in Einzelhaft befunden haben, oder die zum dritten Male in ein Festungsgefängnis eingestellt werden, sind in Spandau einzustellen.
XVIII.	Kommandeure der 21. Division u. der Großherzogl. Hessischen (25.) Division; Gouverneur von Mainz.	Ohne Rücksicht auf die Strafdauer.	Köln.	
Marine u. Kaiserl. Schutztruppen sowie Ostasiatische Besatzungs-Brigade.	Sämtliche Gerichtsherren der Armee und Marine sowie der Kaiserlichen Schutztruppen und der Ostasiatischen Besatzungs-Brigade.	Ohne Rücksicht auf die Strafdauer.	Köln.	Die von Militärgerichten zu Gefängnisstrafe verurteilten Mannschaften des Beurlaubtenstandes der Marine sind ohne Rücksicht auf den Korpsbereich, in welchem ihre Verurteilung erfolgt ist, sämtlich dem Festungsgefängnis in Köln zu überweisen.

Unteranlage D 1 (zur Militärstrafvollstreckungsvorschrift Anlage D Anmerkung 1).

Bestimmungen über die Vollstreckung der Freiheitsstrafen an Bord.[1])

§ 1. [Allgemeine Vorschriften.] 1. An Bord in Dienst gestellter Schiffe und Fahrzeuge werden folgende Freiheitsstrafen vollstreckt: Arrest, Haft und gegen Unteroffiziere, mit Ausschluß der Deckoffiziere, sowie gegen Gemeine Gefängniß.

Eine Aussetzung des Strafantritts oder eine Unterbrechung der Strafe kann der Kommandant aus dringenden Gründen anordnen.

2. In den heimathlichen Kriegshäfen findet die Strafvollstreckung in der Regel am Land statt.

3. Während der Verbüßung einer Freiheitsstrafe an Bord darf der Bestrafte nicht beurlaubt und nicht zu einem Dienste am Lande verwendet werden. Eine Heranziehung zum Bootsdienste ist nur dann zulässig, wenn die Besorgniß einer Entweichung nicht vorliegt.

4. Ist eine Gefängnißstrafe von erheblicher Dauer zu vollstrecken, so ist zwar der Strafantritt sofort zu veranlassen, jedoch erfolgt die Ueberweisung an das Festungsgefängniß mit dem nächsten in die Heimath zurückkehrenden Schiffe der Kaiserlichen Marine oder Ablösungskommando.

5. Der Strafantritt erfolgt nicht an Bord, wenn in Gemäßheit des § 15 des Militär-Strafgesetzbuchs für das Deutsche Reich die Vollstreckung auf die bürgerlichen Behörden übergeht (vergl. § 5 der Militär-Strafvollstreckungsvorschrift). Die Ueberweisung an die Civilbehörde erfolgt in diesem Falle in der dort gedachten Weise durch Vermittelung des zuständigen Marinetheils.

6. Hat eine Strafvollstreckung an Bord begonnen, und ist dieselbe zur Zeit der Ankunft des Schiffes in einem heimathlichen Kriegshafen oder zur Zeit der Abkommandirung des Bestraften von Bord noch nicht vollendet, so ist derselbe mit dem Rest der Strafe, welcher genau anzugeben ist, zur Fortsetzung der Strafe dem zuständigen Marinetheile, und, wenn auf Gefängniß von längerer als sechs wöchentlicher Dauer erkannt war, dem Festungsgefängnisse zur Veranlassung der Fortsetzung der Strafvollstreckung zu überweisen. Beträgt der Rest der letztgedachten Strafe nicht mehr als vierzehn Tage, so erfolgt die Ueberweisung an den Marinetheil behufs Vollstreckung desselben im Garnisongefängnisse.

Derjenigen Behörde, welcher ein Verurtheilter überwiesen wird, ist in jedem Falle mitzutheilen, wie lange derselbe bis zur Ablieferung verhaftet gewesen ist.

7. Die Verbüßung einer Freiheitsstrafe hat eine Entziehung der reglementsmäßigen Bekleidung nicht zur Folge.

8. Die Gebührnisse an Gehalt, Löhnung usw. und Bekleidung regeln sich nach den betreffenden Bestimmungen der Friedens-Besoldungsvorschrift der Marine, des Schiffsverpflegungs-Reglements, der Bekleidungs-Ordnungen für die Marine und die Marine-Infanterie.

§ 2. [Einfacher Kammerarrest.] 1. Der einfache Kammerarrest wird in der Kammer des Bestraften, oder, wenn derselbe eine Kammer nicht besitzt und eine solche auch nicht disponibel gemacht werden kann, in den die Stelle derselben vertretenden Räumen vollstreckt.

---

[1]) Die Bestimmungen sind der AO. 22. Jan. 89 betr. Einführung der MStV. für die Marine als Anlage beigegeben. In dieser AO. ist unter Aufhebung aller denselben Gegenstand behandelnden älteren Bestimmungen der Reichskanzler ermächtigt, die erforderlichen Ausführungsbestimmungen zu erlassen. Diese sind in Unteranl. D 2 abgedruckt.

2. Dem Arrestanten ist der Aufenthalt in der Messe von der Morgenflaggenparade bis zur Hauptronde gestattet. Jedoch darf er an den gemeinschaftlichen Mahlzeiten und Unterhaltungen nicht theilnehmen, auch hat er im Falle des Besuches von nicht zum Schiffe gehörigen Personen die Messe zu verlassen.

3. Der Arrestant ist in der Regel zu dem gewöhnlichen Dienste heranzuziehen. Erachtet dies der Kommandant aus besonderen Gründen nicht für angemessen, so ist ihm der Aufenthalt an Deck oder in der Batterie bis zu zwei Stunden täglich zu gestatten, während welcher Zeit ein Verkehr mit Anderen zu vermeiden ist.

4. Im Uebrigen findet der § 7,2 und der § 16 der Militär-Strafvollstreckungsvorschrift sinngemäße Anwendung.

§ 3. [Geschärfter Kammerarrest.] 1. Der geschärfte Kammerarrest wird in einer Kammer verbüßt, welche unter Verschluß gehalten wird.

2. Der Arrestat steht während des ihm täglich für zwei Stunden zu gestattenden Aufenthalts an Deck oder in der Batterie unter Aufsicht des Offiziers der Wache.

3. Der Verkehr mit Anderen ist auch während dieses Aufenthalts zu vermeiden.

4. Im Uebrigen findet § 17 der Militär-Strafvollstreckungsvorschrift sinngemäße Anwendung.

§ 4. [Gelinder Arrest.] 1. Der gelinde Arrest wird von den Deckoffizieren in ihrer Kammer verbüßt. Der Aufenthalt in der Messe ist ihnen untersagt. Die Bestraften sind nach Maßgabe des § 2 zum Dienste heranzuziehen.

Im Falle der Verurtheilte keine eigene Kammer hat, ist demselben vom Kommandanten ein entsprechender Aufenthaltsort anzuweisen.

2. An den übrigen Unteroffizieren und an den Gemeinen wird der gelinde Arrest in der Weise vollstreckt, daß der Bestrafte seine dienstfreie Zeit an einem abgesonderten Platze, woselbst er auch seine Mahlzeiten einzunehmen hat, zubringt. Der Genuß von Tabak ist ihm untersagt. Im Uebrigen wird der Bestrafte zum gewöhnlichen Dienste herangezogen.

§ 5. [Mittlerer Arrest.] 1. Der mittlere Arrest wird in den festen Schiffsarrestlokalen verbüßt. Soweit solche nicht oder nicht in ausreichender Zahl vorhanden sind, darf der Bestrafte in einem dazu geeigneten Raume, in welchem er von der übrigen Schiffsbesatzung gänzlich getrennt ist, z. B. in der Last, oder in einem aus Segeltuchwänden herzustellenden, unter Aufsicht eines Postens befindlichen Raum an Deck oder in der Batterie untergebracht werden.

Welche Räumlichkeiten hierzu mit Rücksicht darauf, daß der Aufenthalt darin die Gesundheit nicht schädigen darf, zu verwenden sind, bestimmt der Kommandant nach Anhörung des Arztes.

Soweit die Arresträume nicht durch Tageslicht erhellt sind, werden dieselben den Tag über durch eine Laterne erleuchtet, welche, außerhalb des Lokales angebracht, ihr Licht durch ein starkes Glas hineinwirft.

2. Dem Arrestaten sind täglich im Ganzen zwei Stunden Bewegung in freier Luft unter Aufsicht eines Postens zu gestatten.

Der Arrestat erhält des Nachts keine Hängematte und als Nahrung Wasser und Brot (650 g Hartbrot bezw. 1000 g Weichbrot pro Tag), mit Ausnahme des 4., 8., 12. und demnächst jeden 3. Tages, an welchen die volle Schiffsportion und Nachts die Hängematte für ihn verausgabt wird.

Der Genuß von Tabak ist auch an diesen sogenannten „guten" Tagen untersagt.

3. Läßt der körperliche Zustand des Verurtheilten die Verbüßung des mittleren Arrestes nicht zu, so tritt gelinder Arrest von gleicher Dauer ein.

§ 6. [Strenger Arrest.] 1. Der strenge Arrest wird in einem dunklen Raume, im Uebrigen wie der mittlere Arrest verbüßt mit der Maßgabe, daß die volle Schiffsportion und die Hängematte am 4., 8. und demnächst an jedem 3. Tage gewährt wird.

An diesen sogenannten „guten“ Tagen findet auch eine Erhellung des Arrestlokals wie beim mittleren Arrest statt.

2. Ist die Einschließung in einem dunklen Raume nicht ausführbar, so wird der strenge Arrest wie der mittlere Arrest verbüßt, jedoch mit der Schärfung, daß der Arrestat, außer an den guten Tagen, in dem Arrestraume an einem Fuße angeschlossen wird; die freie Bewegung innerhalb des Arrestraumes darf hierbei nicht behindert werden.

3. Läßt der körperliche Zustand des Verurtheilten die Verbüßung des strengen Arrestes nicht zu, so tritt eine gelindere Art des Arrestes (von gleicher Dauer) ein.

§ 7. [Umwandlung des mittleren und strengen Arrestes.] 1. Wenn eine zur Vollstreckung des mittleren oder strengen Arrestes geeignete Räumlichkeit nicht zur Verfügung zu stellen ist, ingleichen wenn nach dem pflichtmäßigen Ermessen des Kommandanten und nach ärztlichem Gutachten eine Vollstreckung nach §§ 2 und 6 in Anbetracht der Witterungs- und klimatischen Verhältnisse oder der Beschaffenheit der Luft in den Arresträumen gesundheitsschädigend erscheint, so wird die Strafe unter Heranziehung zum Dienste, wie folgt, vollstreckt:

Der Verurtheilte wird während seiner dienstfreien Zeit an einem geeigneten abgesonderten Orte unter Aufsicht eines Postens gestellt. Hiermit ist zu verbinden:

a) bei mittlerem Arrest: die Heranziehung zu beschwerlichen Dienstverrichtungen außer der Zeit,
b) bei strengem Arrest: täglich zweistündiges Anbinden in aufrechter Stellung, so daß sich der Bestrafte weder setzen noch legen kann. Das Anbinden wird durch Festbinden der Handgelenke in der Höhe des oberen Theils der Brust bewirkt, und zwar darf die Umschnürung der Handgelenke nicht so fest geschehen, daß hierdurch Blutstockungen oder Anschwellungen an den Händen entstehen können. Ist das Anbinden des Bestraften aus besonderen Gründen nach pflichtmäßigem Ermessen des Disziplinarvorgesetzten nicht angängig, so kann die Verbüßung der Strafe bis zum Freiwerden einer Arrestzelle ausgesetzt werden.

2. Das Anbinden erfolgt an einem geeigneten und durch einen Vorhang von der übrigen Besatzung abgeschlossenen Orte an Deck, in der Batterie oder im Zwischendeck.

§ 8. [Haft.] Haft wird wie einfacher Kammerarrest bezw. gelinder Arrest vollstreckt.

§ 9. [Gefängniß.] Die Gefängnißstrafe wird in der Art vollstreckt, daß der Verurtheilte in einer seiner Charge entsprechenden Weise möglichst abgesondert von der übrigen Schiffsbesatzung, mit Arbeiten beschäftigt wird und seine dienstfreie Zeit an einem abgesonderten, unter Aufsicht eines Postens befindlichen Platze, woselbst er auch seine Mahlzeiten einzunehmen hat, zubringt. In ein Vorgesetztenverhältniß darf derselbe nicht treten. Der mäßige Genuß von Tabak kann ihm nach Ablauf von sechs Wochen verbüßter Strafzeit gestattet werden.

§ 10. [Abzeichen.] Als Abzeichen tragen die an Bord eine längere als sechswöchentliche Gefängnißstrafe verbüßenden Gemeinen die vorgeschriebene Mütze.

§ 11. [Aussetzung der Vollstreckung der Gefängnißstrafe.] Ist eine längere als sechswöchentliche Gefängnißstrafe zu vollstrecken, so ist der Befehlshaber, welchem die Veranlassung der Strafvollstreckung obliegt, befugt, wenn ihm solches nach der Persönlichkeit des Verurtheilten und der Beschaffenheit der begangenen strafbaren Handlung angemessen erscheint, die Vollstreckung auszusetzen und anzuordnen, daß dieselbe im Festungsgefängnisse nach Maßgabe der dafür geltenden Vorschrift erfolgen soll.

Unteranlage D 2 (zu Militärstrafvollstreckungsvorschrift Anlage D Anmerkung 1).

Bestimmungen zur Einführung der Militär-Strafvollstreckungs-Vorschrift für die Marine.[1] (Auszug.)

1. Die in der Vorschrift dem Kriegsministerium bezw. den Generalkommandos übertragenen Befugnisse werden von dem Reichsmarineamt bezw. den Chefs der selbständigen Kommandobehörden[2] wahrgenommen, sofern sich die Zuständigkeit der gedachten Militärbehörden nicht aus dem Vorgesetzten-Verhältnisse derselben den betreffenden militärischen Strafanstalten gegenüber ergiebt.

2. An Stelle der in der Vorschrift angezogenen Armee-Reglements ꝛc. treten für die Marine die entsprechenden Marine-Vorschriften, insbesondere die Disziplinar-Strafordnung für die Kaiserliche Marine, die Friedens-Besoldungsvorschrift für die Marine ꝛc.

3. Die in der Vorschrift vorkommenden, auf die Armee bezüglichen Bezeichnungen und Benennungen von Behörden, Dienstgraden, Verwaltungen ꝛc., Hinweise auf Etats, Fonds, Rechnungsstellen ꝛc. sind zutreffendenfalles durch die entsprechenden, für die Marine gültigen Bezeichnungen bezw. Hinweise zu ersetzen.

4. Die Ingenieure des Soldatenstandes der Marine unterliegen den für Offiziere gegebenen Bestimmungen.

5. Auf die Deckoffiziere finden die für die Unteroffiziere erlassenen Vorschriften sinngemäße Anwendung mit der Maßgabe, daß
   a) die in Untersuchungshaft befindlichen Deckoffiziere die im § 129 der Militär-Strafvollstreckungs-Vorschrift bezw. § 22 der Friedens-Besoldungsvorschrift vorgesehenen Abzüge zu erleiden haben;
   b) bezüglich der Gehaltsabzüge zur Deckung von Geldstrafen, bei Verpflegung in Festungs-Gefangenanstalten und in Festungsgefängnissen, sowie hinsichtlich der Bekleidung die Deckoffiziere nach den für Offiziere geltenden Grundsätzen zu behandeln sind.

6.[3]

7. Alle im Bereiche der Marineverwaltung aufkommenden Geldstrafen, ohne Unterschied ob sie gerichtlich erkannt oder im Disziplinarwege verhängt sind, fließen den Einnahmen des Marineetats zu. Wegen des rechnungsmäßigen Nachweises dieser Einnahmen verbleibt es bei den bisherigen Bestimmungen.

---

[1]) Unteranl. D 1 Anm. 1.

[2]) Diese sind an Stelle des Chefs der Admiralität getreten AO. 30. März 89 (RGB. 47), 20. März 99 (MVB. 79) AAB. zu EG. z. MStGerO. § 6 (Nr. II 3 Anl. A d. B.).

[3]) Ziff. 6 enthält die inzwischen abgeänderte u. aus Anlage 2 zur MStV. (Anl. D) ersichtliche Bezeichnung der Strafanstalten, an welche die von Marinegerichten Verurteilten bei Übergang der Strafvollstreckung an die bürgerlichen Behörden abzuliefern sind.

8. Die in der Vorschrift bei Vollstreckung der Geldstrafen der Korpsintendantur und der Korpszahlungsstelle zugewiesene Thätigkeit fällt im Bereiche der Marineverwaltung der Stationsintendantur und der General-Militärkasse zu.

Unteranlage D 3 (zur Militärstrafvollstreckungsvorschrift Anlage D Anmerkung 14).

Rehabilitirungsvorschriften. [1])

1. Die Wirkungen der durch militärgerichtliches Erkenntniß gegen einen Soldaten des aktiven Dienst- oder des Beurlaubtenstandes ausgesprochenen oder gemäß § 42 des Militär-Strafgesetzbuchs gegen Personen des Beurlaubtenstandes von Rechts wegen eintretenden Versetzung in die zweite Klasse des Soldatenstandes dauern fort, bis die Rehabilitirung durch Seine Majestät den Kaiser und König [1a]) erfolgt.

2. In Betreff des Zeitpunktes, mit welchem die Rehabilitirung beantragt werden darf, ist Folgendes zu berücksichtigen:

a) Die erste Rehabilitirung darf nachgesucht werden, wenn die Strafe, neben welcher auf Versetzung in die zweite Klasse des Saldatenstandes rechtskräftig erkannt worden ist bezw. in Folge welcher die erwähnte Ehrenstrafe von Rechts wegen eingetreten ist, in Geldstrafe besteht, nach Ablauf eines Jahres seit Verbüßung der Strafe, im Uebrigen erst nach Ablauf eines der Hälfte der verbüßten Strafzeit gleichkommenden Zeitabschnitts, jedoch nicht vor Ablauf eines Jahres seit Verbüßung der Strafe und nicht bevor der Verurtheilte die bürgerlichen Ehrenrechte wieder erlangt hat.

b) Die zweite Rehabilitirung darf nie vor dem Ablauf zweier Jahre nach verbüßter Strafe nachgesucht werden, unter Beobachtung der sonstigen unter a gegebenen Bestimmungen.

c) Die dritte Rehabilitirung darf überhaupt nur ausnahmsweise unter ganz besonders dringenden Umständen und keinenfalls vor dem Ablauf dreier Jahre nach verbüßter Strafe beantragt werden.

3. [2]) (4). Rehabilitirungsvorschläge für Mannschaften des Beurlaubtenstandes werden von den Bezirkskommandos eventuell mit den Gesuchslisten zum 1. Januar,

---

[1]) Die im Text abgedruckte Rehab. Vorschr. f. d. Heer bildet die amtliche Anlage 8 zur HeerO. Eine entsprechende Vorschrift enthält für die Kriegsflotte die amtliche Anlage 11 zur Marine-O. 12. Nov. 94. Abweichungen bestehen nur insofern, als sich aus Anm. 2—7 ergibt. Die eingeklammerten Ziffern bezeichnen die übrigens gleichlautenden Ziffern der RehabVorschr. f. d. Marine.

[1a]) Ist die Strafe von einem bayr., sächs. oder württemb. MilGer. erkannt, so steht die Rehab. dem betr. Landesherrn zu KrMVf. 3. Febr. 83.

[2]) Ziff. 3 der RehabVorschr. f. d. Marine (Anm. 1) lautet:

„3. Rehabilitirungsvorschläge für Mannschaften des aktiven Dienststandes sind von den Marinetheilen am Lande und Schiffen nach dem Muster a aufzustellen und unter Beifügung der Verhandlungen über die Verwendung der Kameraden nach Muster b, sowie der Führungszeugnisse*) zu den unten festgesetzten vierteljährlichen Terminen an die Stationskommandos einzureichen. Seitens der im Auslande befindlichen Schiffskommandos sind derartige Anträge gleichfalls an das betreffende Stationskommando zu richten.

Die Stationskommandos stellen die eingegangenen Rehabilitirungsvorschläge zusammen (vergl. auch Ziffer 4) und reichen die Zusammenstellung mit den Gesuchslisten für die Monate Januar, April, Juli und Oktober an Seine Majestät den Kaiser ein. Die Verwen-

*) Das Führungsprädikat des Führungszeugnisses muß mit demjenigen im Vorschlag — Muster a — gleichlautend sein.

1. April, 1. Juli und 1. Oktober nach anliegendem Muster an die Kommandos der vorgesetzten Brigaden bezw. Landwehrinspektionen eingereicht und von diesen auf dem Dienstwege den Generalkommandos vorgelegt. *)[3])

Den Vorschlägen ist beizufügen:

a) ein Zeugniß der Orts- oder Polizeibehörde, daß der zu Rehabilitirende die Achtung und das Vertrauen seiner Mitbürger sich vollständig wieder erworben hat;

b) eine Verhandlung darüber, daß die Kameraden des betreffenden Kontrolbezirks die Rehabilitirung befürworten.

Diese Verhandlung ist bei Gelegenheit der Kontrolversammlungen oder Uebungen aufzunehmen und von dem Bezirks- bezw. Kontroloffizier oder dessen Stellvertreter, einem Bezirksfeldwebel, zwei Unteroffizieren und zwei Reservisten oder Wehrleuten zu unterzeichnen;

c) ein Zeugniß über die dienstliche Führung des Betreffenden, von dem Bezirkskommando ausgestellt.

Diese Vorschläge müssen die Angabe enthalten, ob die erste, zweite oder dritte Rehabilitirung beantragt wird, und für wie lange Zeit event. auf Verlust der bürgerlichen Ehrenrechte erkannt worden war.

Die Vorschlagslisten sind von den Generalkommandos mit den Gesuchslisten Allerhöchsten Orts einzureichen, wobei zu melden ist, daß die unter a bis c genannten Zeugnisse 2c. vorhanden sind.[4])

4. (5). Mit der Rückversetzung in die erste Klasse des Soldatenstandes ist die verlorene Befugniß wieder hergestellt, die Militärkokarde[5]) anzulegen.

Das Recht zur Wiedererlangung der in Folge der Versetzung in die zweite Klasse des Soldatenstandes bezw. in Folge gerichtlicher Verurtheilung verloren gegangenen diesseitigen und fremden Kriegsdenkmünzen und Dienstauszeichnungen wird durch Rehabilitirung nicht miterlangt.

Es ist dazu vielmehr eine ausdrückliche Wiederverleihung seitens desjenigen Landesherrn erforderlich, welcher die erste Verleihung der in Frage kommenden Auszeichnung auszusprechen berechtigt ist. **)

5. (6). Anträge auf Wiederverleihung dieser Kriegsdenkmünzen und Dienst-

*) Zur Vorlage von Gesuchen, welche die Wiederverleihung des durch Versetzung in die zweite Klasse des Soldatenstandes verloren gegangenen Rechts, die Militärkokarde zu tragen, an Personen betreffen, welche dem Beurlaubtenstande nicht mehr angehören, sind die Militärbehörden nicht zuständig.

**) Das Recht zur Wiederverleihung der Kriegsdenkmünze 1870/71 steht Seiner Majestät dem Kaiser und Könige zu.

dungsverhandlungen und Führungszeugnisse gelangen nicht mit zur Vorlage, sondern verbleiben bei den Stationskommandos. Die letzteren haben unter der von ihnen gefertigten Zusammenstellung jedoch zu bescheinigen, daß die Papiere, soweit dieselben vorschriftsmäßig beizubringen, vorhanden sind."

Für das Heer sind bei Rehab.-Vorschlägen für Mannschaften des aktiven Dienststandes die Best. der Anl. 8 z. HeerO. sinngemäß anzuwenden.

[3]) Abs. 1 der Ziff. 4 der RehabVorschr. f. d. Marine (Anm. 1) lautet:

„Rehabilitirungsvorschläge für Mannschaften des Beurlaubtenstandes werden von den Bezirkskommandos nach Muster c aufgestellt und zum 20. März, 20. Juni, 20. September und 20. Dezember an das zuständige Stationskommando eingereicht."

[4]) Der entsprechende Absatz der Ziff. 4 der RehabV. f. d. Marine (Anm. 1) lautet:

„Im übrigen kommen die Festsetzungen der Ziff. 3 zur Anwendung."

[5]) RehabVorschr. f. d. Marine: „Die Kokarde bzw. diese u. das Mützenband."

auszeichnungen dürfen nur dann gestellt werden, wenn die betreffenden Personen während eines Zeitraums, welcher doppelt so lang ist als die erkannte Freiheitsstrafe, mindestens aber während eines Zeitraums von zehn Jahren seit Verbüßung der Freiheitsstrafe bezw. nach Wiedererlangung der bürgerlichen Ehrenrechte, vorwurfsfrei sich betragen und den Beweis geliefert haben, daß ihre moralische Besserung Festigkeit gewonnen habe.

Die bezüglichen Anträge sind nach den für Rehabilitirungsgesuche geltenden Bestimmungen abzufassen und zugleich mit diesen, jedoch getrennt davon, einzureichen. Die Ueberschrift des vorzuschreibenden Musters ist in „Vorschläge des Bezirkskommandos . . . . . zur Wiederverleihung aberkannter bezw, in Folge gerichtlicher Verurtheilung verloren gegangener Kriegsdenkmünzen und Dienstauszeichnungen", die Bezeichnung der Spalte 3 in „Namen der Wiederzubeleihenden" abzuändern.

6. (7). Anträge auf Wiederverleihung von Orden und diesen gleichstehenden Ehrenzeichen sind unstatthaft.

7. Die Rehabilitirungsvorschläge für Mannschaften des Beurlaubtenstandes der Garde und der Verkehrstruppen sind von den Bezirkskommandos behufs der weiteren Veranlassung denjenigen Truppentheilen zu übersenden, bei denen die Betreffenden ihrer aktiven Dienstpflicht genügt haben.[6])

Muster. Formular für Vorschläge.[7])

Anlage E (zu Anmerkung 188).

Allerhöchste Kabinetsordre betr. die Behandlung betrunkener Soldaten. Vom 21. Februar 1821.

Die zu Meiner Bestätigung gelangenden kriegsgerichtlichen Erkenntnisse wegen des Vergehens thätlicher Widersetzung gegen Vorgesetzte, bestätigen die Erfahrung wiederholend, daß dieses Vergehen in den meisten Fällen in dem Zustande der Trunkenheit verübt und nicht selten durch unvorsichtige Behandlung der Vorgesetzten selbst veranlaßt wird.

Bei der Nothwendigkeit, die bestehenden Gesetze für dieses schwerste Vergehen gegen die militärische Ordnung in ihrer Strenge aufrecht zu erhalten, ist es Pflicht der Vorgesetzten, bei dem Verfahren gegen Trunkene besondere Vorsicht zu beobachten und nicht durch unzeitige Maßregelung einen Anreiz zur Widersetzung zu geben.

Ich beauftrage das Kriegs-Ministerium, die kommandirenden Generale zu veranlassen, die Truppenbefehlshaber aller Grade demgemäß mit angemessener Instruktion zu versehen.[1])

[6]) Diese Bestimmung ist in der Rehab-Vorschr. f. d. Marine nicht enthalten.

[7]) RehabVorschr. f. d. Marine (Anm. 1):
„Muster a: Vorschlagsliste.
„ b: Verwendungsantrag der Kameraden.
„ c: Vorschlagsliste für Mannschaften des Beurlaubtenstandes."
Die Muster enthalten nur Formulare u. sind daher nicht abgedruckt.

[1]) Der hiernach ergangene Erlaß d. KrMin. ist in Unteranlage E1 abgedruckt. — Die AKO. enthält keine bestimmte Vorschrift, deren Nichtbefolgung stets die Anwendung der MStGB. § 121, 98 rechtfertigen würde, sondern läßt dem pflichtmäßigen Ermessen des Vorgesetzten in der Beurteilung des einzelnen Falles u. der Anwendung der geeigneten Maßnahmen weitgehenden Spielraum URMGer. 1. Dez. 02 (IV 54).

Unteranlage E 1 (zur AKO. 21. Februar 21. Anlage E Anmerkung 1).
Zirkularschreiben des Kriegsministeriums an die Generalkommandos.
Vom 22. März 1821.

Bestimmte allgemeine Regeln für die Behandlung des betrunkenen Soldaten lassen sich nicht geben, allein als erfahrungsmäßig bestätigt kann man wohl annehmen, daß unmittelbares Handanlegen der Vorgesetzten, behufs der Verhaftung, dem schon an sich in Opposition gegen alle äußere Einwirkung begriffenen Trunkenen am allerempfindlichsten ist; daß durch Dazwischenkunft und Vermittelung anderer Personen, besonders seiner nähern Bekannten und Kameraden, mit denen er in freundschaftlichem Verkehr steht, viel leichter zum Zweck gelangt wird, wenn es darauf ankommt, den Trunkenen von dem Ort des Excesses zu entfernen und ihn unschädlich zu machen; daß ferner vieles Zureden von Seiten der Vorgesetzten oft zu Wortwechseln übergeht, wo sich dann der Vorgesetzte leicht durch unpaßliche Gegen-Reden für persönlich oder dienstlich beleidigt hält, anstatt zu bedenken, daß der Trunkene nicht den schicklichen Ausdruck zu wählen im Stande ist. Gegen diesen Anlaß zur thätlichen Widersetzung aus Wortstreit sind alle Vorgesetzte insbesondere ernstlich zu warnen. Es verordnet daher auch schon das Dienst-Reglement vom 13. September 1788 S. 557, daß weder Offiziere noch Unteroffiziere sich mit betrunkenen Soldaten in Wortwechsel einlassen, viel weniger sie schlagen sollen, weil der sinnlose Zustand solche Menschen oft verleitet hat, ihr Leben zu verwirken. Nur in den Fällen, wo Vorgesetzte oder selbst Wachen, sich nicht darauf beschränken können, den Trunkenen zu beobachten, bis daß es ihnen gelungen wäre, ihn durch Kameraden wegführen zu lassen, vielmehr dessen Arretirung um Gefahr abzuwenden nothwendig wird, muß freilich zum Aeußersten geschritten werden, auch auf die Gefahr, daß eine thätliche Widersetzung die Folge davon werden kann. Am besten wird aber der Allerhöchsten Intention entsprochen werden, wenn die Vorgesetzten auf die sittliche Führung des Soldaten, auch außer dem Dienst, und besonders auf den Hang zum Trunke, als der Quelle von so vielen anderen unmoralischen Handlungen, und selbst von Excessen, ihre Aufmerksamkeit verdoppeln. Dazu fordert schon das Dienst-Reglement S. 568 auf, indem es vorschreibt, sorgfältig darauf zu sehen, daß kein Soldat der Trunkenheit sich ergebe, da die meisten Excesse in der Trunkenheit verübt werden.

Anlage F (zu Anmerkung 333).
Die Begriffe „militärischer Vorgesetzter" und „im Dienstrange Höherer".

(Zusammenstellung auf Grund ergangener Vorschriften und Entscheidungen.)

A. Vorgesetzter ist jeder, der auf Grund allgemeiner oder besonderer dienstlicher Anordnung einem andern Befehle zu erteilen befugt ist. Im einzelnen ist die Frage, wer Vorgesetzter eines andern ist, Sache der tatsächlichen Feststellung nach Maßgabe der Dienstordnung (PE. II 161). Die richtige Anwendung der milit. Dienstvorschriften und Grundsätze hierbei unterliegt der Nachprüfung in der Revisionsinstanz MStGerO. § 399 Abs. 2, 400[9] URMGer. 12. Juli 01 (I 212).

B. Die Vorgesetzteneigenschaft wird begründet entweder

I. durch den Dienstgrad (allgemeines Vorgesetztenverhältnis) oder

II. durch die Dienststellung (direktes Vorgesetztenverhältnis).

Zu I (allgemeines Vorgesetztenverhältnis).

1. Sämtliche Offiziere, Sanitätsoffiziere des Heeres, der Marine und der Schutztruppen, sowie die Ingenieure des Soldatenstandes sind Vorgesetzte der Mannschaften (Unteroffiziere und Gemeinen), sämtliche Unteroffiziere des Heeres, der Marine und der Schutztruppen sind Vorgesetzte der Gefreiten und Gemeinen des Heeres, der Marine und der Schutztruppen KA. 11.

2. Offiziere einer höheren Hauptklasse stehen zu allen Offizieren der darauf folgenden, nachstehenden Hauptklassen (mögen dieselben dem Heer oder der Marine angehören) in dem Verhältnis eines Vorgesetzten und zwar in und außer Dienst AKO. 30. Okt. 65 § 13 (MilWochenblatt 421), Klasseneinteilung der MilPersonen (Anl. B d. W.) A 1—4. Innerhalb der einzelnen Hauptklassen besteht nur das Respektsverhältnis des im Dienstrang Niederen zu dem im Dienstrang Höheren (vergl. jedoch unten zu II 1). Jeder Ranghöhere ist befugt, in oder außer Dienst in allen Fällen, in denen der Rangniedere den Standespflichten entgegenhandelt, sich zu ihm in das Verhältnis des Vorgesetzten zu setzen AKO. 30. Okt. 65 § 14 Abs. 2, § 16, 6. Febr. 73 (AVB. 103) § 1, 15; Organisationsbestimmungen für das Personal der Marine 26. Juni 99 § 32; DStO. § 7 Abs. 2.

3. Das unter 2 Gesagte gilt entsprechend hinsichtlich der einzelnen Hauptklassen der Sanitätsoffiziere unter sich (Anm. 8 zu Anl. B d. W.), wogegen ein Vorgesetztenverhältnis zwischen Offizieren einerseits und Sanitätsoffizieren andererseis nur insoweit besteht, als letztere den ersteren unmittelbar dienstlich unterstellt sind. Ein Vorgesetztenverhältnis der Sanitätsoffiziere zu Offizieren findet überhaupt nicht statt.

4. Zwischen den einzelnen Dienstgraden der Unteroffiziere besteht an sich kein Unterordnungsverhältnis. Jedoch gelten als im Dienstrang Höhere die Unteroffiziere, welche das Offizierseitengewehr tragen (einschließlich der Unterärzte und einjährig-freiwilligen Ärzte) AO. 16. Juni 99 (AVB. 268), bei der Marine auch die Deckoffiziere und Oberdeckoffiziere gegenüber den Feldwebeln, Vizefeldwebeln, Fähnrichs z. S., Unterärzten, einjährig-freiwilligen Ärzten und Vizedeckoffizieren, die Oberdeckoffiziere gegenüber den Deckoffizieren und überhaupt diejenigen Portepeeunteroffiziere, welche den Offiziersäbel tragen gegenüber denjenigen, die ihn nicht tragen Org. Best. 26. Juni 99 § 15. Sergeanten sind gegenüber den übrigen Unteroffizieren nicht im Dienstrang Höhere URMGer. 12. Juli 01 (I 212), 18. Okt. 02 (IV 3).

5. Die durch den Dienstgrad begründete Vorgesetzteneigenschaft ist unabhängig davon, ob sich der Vorgesetzte in Uniform befindet oder nicht. Unkenntnis des Täters bewirkt jedoch Straflosigkeit (StGB. § 59) URMGer. 10. März 02 (II 210). Auch ist die Befehlsbefugnis des in Zivil befindlichen Vorgesetzten naturgemäß beschränkt.

Gegenüber milit. Wachen (MStGB. § 111) besteht ein Vorgesetztenverhältnis nicht durch den Dienstgrad, sondern nur durch dienstliche Unterstellung unter die Wachvorgesetzten (GDV. Anl. G Nr. 31 ff.) Ausnahmen Nr. 2 Anm. 442 d. W.

Gegenüber den im Dienste befindlichen Landgendarmen haben die denselben im militärischen Rang übergeordneten MilPersonen nur insoweit die Befehlsbefugnis von Vorgesetzten, als sie deren wirkliche Dienstvorgesetzte sind d. h. dem Gendarmeriekorps selbst angehören oder sich bei demselben im Dienste befinden. Die Gendarmen selbst sind in denjenigen Bundesstaaten, wo sie zu den MilPersonen gehören (Nr. 3 Anm. 3 d.W.) und Unteroffiziersrang haben, als solche stets Vorgesetzte der im Rang unter ihnen stehenden MilPersonen AKO. 19. Juli 73 (AVB. 219).

6. Zwischen den zur Kontrollversammlung einberufenen Unteroffizieren und Gemeinen des Beurlaubtenstandes besteht das aus dem Dienstgrade sich ergebende Vorgesetztenverhältnis nicht bloß während der Kontrollversammlung, sondern während der ganzen Dauer des betr. Tages URMGer. 18. Nov. 01 (II 59), 5. Mai 02 (III 27).

7. Die MilBeamten sind gegenüber den Personen des Soldatenstandes nicht Vorgesetzte, wohl aber im Dienstrange Höhere AO. 11. April 03 (AVB. 110), wodurch die gegenteilige Entscheidung RMGer. 8. Sept. 02 (III 224) gegenstandslos ist.

Zu II (direktes Vorgesetztenverhältnis):

1. Zwischen den Offizieren derselben Hauptklasse besteht ein Vorgesetztenverhältnis insofern und insolange, als der dem Dienstgrad oder Dienstalter nach jüngere durch allgemeine oder besondere Anordnung unter den Befehl des älteren gestellt ist. Ausnahmsweise kann auch ein Diensttälterer in Beziehung auf einen bestimmten Dienst einem Dienstjüngeren unterstellt werden (Mot. z. MStGB. S. 98).

2. Zwischen den einzelnen Dienstgraden der Unteroffiziere wird durch die Dienststellung in folgenden Fällen ein Vorgesetztenverhältnis begründet (AO. 17. Nov. 87 AVB. 332, Org.Best. 26. Juni 99 § 15):

   a) Die im mobilen Verhältnis in Offizierstellen verwendeten Unteroffiziere (Offizierstellvertreter) sind in und außer Dienst Vorgesetzte sämtlicher Unteroffiziere.

   b) Feldwebel (Wachtmeister) sind in und außer Dienst Vorgesetzte der Unteroffiziere derselben Kompagnie (Eskadron, Batterie), ausgenommen der unter a) genannten Offizierstellvertreter und der Stabshoboisten (Stabshornisten, Stabstrompeter), bei der Marine auch ausgenommen der Deckoffiziere.

   Die Stabshoboisten stehen zu den Hoboisten der betreffenden Musikkorps in demselben Verhältnis wie der Feldwebel zu den Unteroffizieren derselben Kompagnie.

   Auch der Feldwebeldiensttuer ist den Unteroffizieren seiner Kompagnie gegenüber in und außer Dienst Vorgesetzter URMGer. 10. Sept. 01 (I 268).

   c) Innerhalb der übrigen Dienstgrade der Unteroffiziere tritt derjenige, welchem durch allgemeine Dienstvorschriften oder durch besondere Anordnung in bezug auf einen bestimmten Dienst der Befehl über andere Unteroffiziere übertragen ist, zu den ihm unterstellten Unteroffizieren (auch wenn diese diensttälter oder Sergeanten sind) für die Dauer und den Umfang des Dienstes in das Verhältnis eines Vorgesetzten URMGer. 12. Juli 01 (I 212).

   d) Fähnriche, welche das Offizierseitengewehr führen, sind

dadurch ohne weiteres mit Wahrnehmung von Offizierdienst beauftragt; sie rangieren vor den Vizefeldwebeln und sind nur während der Dauer der Diensthandlung Vorgesetzte der andern Unteroffiziere der Kompagnie (Eskadron 2c.) mit Ausnahme des Feldwebels (Wachtmeisters), dessen Untergebene sie bleiben.

Dasselbe gilt von den mit Offizierdienst betrauten Vizefeldwebeln (Vizewachtmeistern) des Beurlaubten- und aktiven Standes (Heer O. § 46[8]).

e) Fähnriche ohne Offizierseitengewehr rangieren vor den Sergeanten (sind aber nicht deren Vorgesetzte);

f) Unterärzte und einjährig-freiwillige Ärzte sind, sobald sie in unmittelbare dienstliche Beziehung zu Unteroffizieren und Gemeinen treten (Revierdienst), Vorgesetzte derselben URMGer. 25. Juni 01 (I 200).

3. Die Frage, ob und in welchem Umfang Gefreite oder Gemeine als Vorgesetzte gegenüber andern Gemeinen anzusehen sind, ist nach den tatsächlichen Verhältnissen nach Maßgabe der Dienstordnung und des darüber ergangenen, gehörig bekannt gemachten Befehls zu beurteilen (PE. II 161). Vorgesetzte können sie insbesondere sein als Wachthabende, Posten, aufführende Gefreite (Gemeine), Patrouillen- und Abteilungsführer. Ferner:

a) Unteroffizierdiensttuende Gefreite haben die Befugnisse eines Unteroffiziers und damit Vorgesetzteneigenschaft nur für die Dauer und den Bereich der ihnen zugewiesenen Unteroffiziersverrichtungen. Ein speziell nur mit den Dienstverrichtungen eines Korporalschafts- (Beritt-, Geschütz-)Führers beauftragter Gefreiter ist zwar innerhalb der ihm übertragenen Korporalschaft 2c. als Vorgesetzter der zu derselben gehörigen Leute zu betrachten, es kann ihm aber auf Grund dieser Dienststellung den übrigen Gefreiten und Gemeinen der Kompagnie gegenüber die Vorgesetzteneigenschaft nicht beigelegt werden KMVf. 18. März 74.

b) Die als Unteroffiziere vom Tagesdienst kommandierten Gefreiten sind nicht als Wachmannschaften anzusehen. Sie sind Vorgesetzte der Gemeinen (Gefreiten) des betreffenden Kasernements 2c. AO. 20. Dez. 62 (MilGS. VII 57).

c) Stubenälteste und deren Stellvertreter sind hinsichtlich der Stubenordnung Vorgesetzte der zur Stube gehörigen Mannschaften gleichen Ranges AO. 11. Juni 74 (AVB. 120) und 29. Aug. 74 (AVB. 189). Erforderlich ist ausdrückliche Ernennung des Gefreiten (Gemeinen) zum Stubenältesten durch den Kompagnie- 2c. Chef, in Ausnahmefällen (z. B. Manöver, im Feld) durch den Feldwebel (Wachtmeister), und gehörige Bekanntmachung dieses Befehls an die Stubenmannschaft. Besondere Form ist für diese Bekanntmachung nicht vorgeschrieben URMGer. 3. April 01 (I 72). Der strafrechtliche Schutz des Stubenältesten als Vorgesetzten (MStGB. § 89 ff.) tritt nur dann ein, wenn zwischen der Straftat und der dienstlichen Tätigkeit des Stubenältesten als solchen ein Zusammenhang besteht (PE. II 155). Bei den Mil.-Gefangenen findet ein Unterordnungsverhältnis der Stubengenossen unter den Stubenältesten nicht statt MStV. § 78[4].

d) Ein vom Kompagnie- zc. Chef in Gemäßheit bestehender Bestimmung zur Unterstützung des Schießlehrers als Hilfsabrichter aufgestellter Gemeiner hat während des betreffenden Dienstes die Eigenschaft eines direkten Vorgesetzten URMGer. 9. Okt. 01 (II 27).

e) Bootssteurer (Marine) sind in Abwesenheit andrer mit der Führung des Bootes beauftragter Vorgesetzten in Ausübung ihres Dienstes auch gegenüber allen im Boote befindlichen nicht zur Bootsbesatzung Mannschaften, soweit diese keiner höheren Hauptklasse angehören, stets als Vorgesetzte zu betrachten Organisat.-Best. 26. Juni 99 § 15⁷.

4. Vorgesetzteneigenschaft haben auch gegenüber den ihnen sonst dem Dienstgrad nach vorgesetzten MilPersonen (ausgenommen die Wachvorgesetzten) die militärischen Wachen, die in Ausübung dieses Dienstes begriffen und als solche äußerlich erkennbar sind MStGB. § 111 und Anm. hierzu.

Anlage G (zu Anmerkung 423).

Garnisondienst-Vorschrift. Vom 15. März 1902.[1] (Auszug.)

22. [Anzug.] Zum Garnison-Wachtanzuge gehört bei der Infanterie: Gewehr, Seitengewehr, Helm, zwei Patrontaschen, Tornister, Kinnriemen (Schuppenketten) auf den Helm gelegt.

Der Wachtanzug der übrigen Waffen regelt sich sinngemäß.*)

Bei der Feldartillerie gehört zum Garnison-Wachtanzuge der Revolver, wo nicht die Ausrüstung mit dem Karabiner besonders vorgeschrieben ist. Die Karabiner der Wachtmannschaften der berittenen Waffen sind auf der Wache unterzubringen.

24. Der Anzug der Offiziere im Garnison-Wachtdienst ist der Dienstanzug. Die Wachthabenden tragen weißleinene Hosen, falls solche für die Mannschaften befohlen sind, sonst lange Tuchhosen; Paletot nur in Uebereinstimmung mit den auf der Wache befindlichen Mannschaften.

25. Den Offizieren vom Ortsdienst und der Ronde ist es beim Aufziehen und Nachsehen der Wachen freigestellt, hohe Stiefel oder lange Hosen sowie Paletot zu tragen; die ersteren müssen jedoch hohe Stiefel anlegen, wenn sie beim Nachsehen der Wachen zu Pferde sind.

31. [Vorgesetzte der Wachen.] Die Wachen stehen unter dem besonderen Befehl des kommandirenden Generals des Armeekorps, des Gouverneurs zc., des Offiziers vom Ortsdienst, der Rondeoffiziere und der Wachthabenden.

32. Der Platzmajor zählt nicht mit zu den Vorgesetzten der Wachen. Er ist nur berechtigt, im Auftrage des Gouverneurs zc. Befehle an Wachen und Posten zu ertheilen.

37. Der Dienst des Offiziers vom Ortsdienst beginnt mit dem Aufziehen der Wache und endigt mit ihrer Ablösung. Der Offizier der Ronde dagegen be-

*) Bei den Marineteilen ist zum Garnison-Wachtanzuge mit Jacke nur eine Patrontasche vor dem Koppelschloß zu tragen.

[1]) Die GDV. ist vom Kaiser durch AO. 15. März 02 unter Aufhebung aller entgegenstehenden Vorschriften genehmigt u. im ganzen Heer u. Marine gleichmäßig eingeführt.

findet sich in dem Verhältniß eines Vorgesetzten nur vom Zapfenstreich bis zum Wecken und solchen Wachen gegenüber, deren Wachthabende nach Dienstgrad oder Patent jünger sind als er. Der Rondeoffizier hat jedoch auch in dem Falle, wo der Wachthabende ein älteres Patent besitzt, die Prüfung der Posten nach den vorgeschriebenen Formen auszuführen.

38. Die Thätigkeit des Offiziers vom Ortsdienst und der Ronden hat den Zweck, die Aufmerksamkeit der Wachen und Posten zu prüfen und rege zu halten, auch überall gegen diese, wenn es erforderlich ist, handelnd einzuschreiten. Ein Einschreiten des Rondeoffiziers gegen die Wachen darf nur dann stattfinden, wenn er ihr Vorgesetzter ist, vergl. Ziffer 37.

41. Außer den besonderen Vorgesetzten der Wachen und Posten wirken alle mit Disziplinarstrafgewalt beliehenen Offiziere des wachthabenden Truppentheils dahin mit, daß der Wachtdienst in den vorgeschriebenen Formen ausgeführt wird. Verstöße gegen die Wachtdienst-Vorschrift, Nachlässigkeiten im Anzuge und in der militärischen Haltung müssen daher sobald sie von den bezeichneten Offizieren des wachthabenden Truppentheils wahrgenommen werden, ohne Bloßstellung der äußeren Würde des Dienstes beseitigt und nach Maßgabe der Umstände (nach beendetem Wachtdienst) bestraft werden.*)

Sind solche Verstöße oder Vernachlässigungen bereits zur Kenntniß des Gouverneurs 2c. gelangt, so bestimmt er die Bestrafung in den Grenzen der ihm in den §§ 16 und 17 der Disziplinarstrafordnung zugestandenen Befugniß, falls nicht eine gerichtliche Bestrafung in Frage kommt (vergl. §§ 19 und 20 der MStGerO.).

52. [Pflichten des Wachthabenden.] Der Wachthabende muß mit der Vorschrift für seine Wache und seine Posten genau bekannt sein. Er darf seinen Posten nur in den durch die örtliche Wachtvorschrift vorgesehenen Fällen verlassen. Tritt ein solcher Fall ein, oder ist der Wachthabende gezwungen, auf kurze Zeit auszutreten, so muß er vorher das Kommando der Wache dem Nächstältesten übergeben. Vergl. ferner Ziffer 75, Abs. 3.

Der Wachthabende sorgt dafür, daß in und bei dem Wachtgebäude Ruhe und Ordnung herrscht, und daß seine Wache sich stets in der Verfassung befindet, allen ihren Pflichten zu genügen. Die Wache muß zu jeder Zeit richtig eingetheilt sein. Giebt der Wachthabende einem Manne die Erlaubniß zum Austreten, so nimmt dieser zunächst sein Gewehr aus der Stütze und bringt es an den hierfür vorgesehenen Platz. Erst dann darf er austreten. Nach dem Austreten meldet sich der Mann bei dem Wachthabenden und stellt sein Gewehr wieder in die Stütze.

Der Wachthabende sorgt ferner dafür, daß der Anzug seiner Wache stets vorschriftsmäßig ist. Sobald die Witterungsverhältnisse es bedingen, findet ein Wechsel des Anzuges 2c. nach Vorschrift statt. Der Wachthabende muß hierbei unter Umständen selbständig handeln.

53. Beurlaubungen von der Wache sind nur in außergewöhnlichen Fällen statthaft.

Erkrankt ein Mann auf der Wache, so meldet der Wachthabende dies sofort dem Truppentheil und bittet nöthigenfalls um Ersatz. Steht der Mann auf Posten, so ist er zunächst abzulösen.

54. Macht ein im Wachtdienst befindlicher Soldat sich eines nach den Kriegsartikeln zu ahndenden Vergehens schuldig, z. B. der Trunkenheit, des Schlafens

*) Während der Erteilung einer Belehrung oder Rüge tritt der erwähnte Offizier zu den zu seinem Truppentheil (Regiment, Bataillon, Kompagnie) gehörigen, in Ausübung des Wachtdienstes befindlichen Mannschaften in das Verhältnis eines Vorgesetzten.

auf Posten, der Widersetzlichkeit ꝛc., so veranlaßt der Wachthabende dessen Festnahme. Auch in diesem Falle wird von dem Truppentheil nöthigenfalls unmittelbar Ersatz gefordert. Außerdem ist die Festnahme dem Gauverneur ꝛc. und dem Offizier vom Ortsdienst zu melden.

Geringere Vergehen der Wachtmannschaften werden nach Ablösung der Wache dem Truppentheil gemeldet.

55. Der Wachthabende selbst hat keine Disziplinarstrafgewalt über seine Wachtmannschaft.

56. Endlich gehört zu den Pflichten des Wachthabenden die gute Instandhaltung der Wachtbücher, Wachtmäntel und die Ausstattung der Wachtstube, ebenso die Erstattung der Meldungen.

90. [Pflichten der Posten.] Den Posten ist, wenn nicht ein Anderes ausdrücklich bestimmt wird, verboten, sich niederzusetzen oder niederzulegen, das Gewehr aus der Hand zu lassen, Tabak zu rauchen, zu schlafen, über die Grenze ihres Postens hinauszugehen, denselben vor erfolgter Ablösung zu verlassen oder sonst ihre Dienstinstruktion zu übertreten (Kriegsartikel 43).

91. Jeder Posten muß außer der allgemeinen Vorschrift die besonders für seinen Platz gegebene kennen.

92. Posten, die in fürstlichen Schlössern mit Gewehr beim Fuß stehen, pflanzen stets das Seitengewehr auf; im Uebrigen bestimmt der Gouverneur ꝛc., welche Posten mit aufgepflanztem Seitengewehr stehen sollen. In Ausnahmefällen befehlen auch die unmittelbaren Vorgesetzten das Aufpflanzen des Seitengewehrs; tritt die Möglichkeit des Waffengebrauches ein, so thut der Posten dieses selbständig.

93. Das Gewehr wird auf der Schulter (wenn das Seitengewehr nicht aufgepflanzt ist, auch unter dem Arm) getragen. Im Schilderhause steht der Posten mit Gewehr beim Fuß.

94. Die Posten dürfen nur bei Regen- oder Schneewetter in die Schilderhäuser treten. Zur Abstattung von Ehrenbezeugungen und sobald ihr Dienst es sonst erfordert, verlassen sie dieselben; keinesfalls darf der Aufenthalt im Schilderhause ihrer Aufmerksamkeit Abbruch thun.

95. Bei der Uebernahme überzeugt sich jeder Posten, ob die ihm zur Ueberwachung übergebenen Gegenstände ꝛc. beschädigt sind. Ist dies der Fall, so meldet er es sofort dem Aufführenden. Nach erfolgter Ablösung meldet er dem Wachthabenden alle außergewöhnlichen Ereignisse, die sich im Bereich seines Postens zugetragen haben.

96. Erkrankt ein Soldat auf Posten, so darf er diesen unter keinen Umständen verlassen, sondern läßt dem Wachthabenden durch einen vorübergehenden Soldaten oder eine andere Person von seiner Erkrankung Meldung machen und um Ablösung bitten.

97. Posten rufen vorbeigehende oder herankommende Personen ꝛc. an, wenn es zu ihrer Sicherheit erforderlich oder aus besonderen Gründen vorgeschrieben ist, z. B. auf entlegenen Posten in der Dunkelheit, bei Bewachung von Strafanstalten ꝛc.

116. [Wirthshauspatrouillen.] Unteroffiziere und Mannschaften, die als Patrouillen zum Ueberwachen von Wirthshäusern ꝛc. kommandirt werden, haben in Ausübung dieses Dienstes dieselben Befugnisse wie Wachtmannschaften. Sie sind dadurch kenntlich zu machen, daß sie zum Ordonnanzanzuge die beiden Patrontaschen oder die Kartusche anlegen.*)

---

*) Die Patrouillen der Marineteile tragen zum Anzuge mit Jacke nur eine Patrontasche vor dem Koppelschloß.

117. Wirthshauspatrouillen machen ihre Befehlsbefugniß nur gegen Personen des Soldatenstandes geltend und verfahren bei vorkommenden Streitigkeiten zwischen Militär und Zivil in Gemeinschaft mit der Orts-Polizeibehörde.

118. [Festnahme.][2]) Zur Festnahme einer Militär- oder einer Zivilperson sind aus eigener Machtvollkommenheit die zum Wachtdienst kommandirten Offiziere und Mannschaften, einschließlich der Offiziere vom Ortsdienst und der Ronde in folgenden Fällen befugt:

1. wenn Jemand bei Begehung einer strafbaren Handlung betroffen wird und seine Persönlichkeit nicht sofort mit Sicherheit festgestellt werden kann;
2. wenn die Festnahme zum Schutze der ihrer Bewachung anvertrauten Personen oder Sachen erforderlich ist;
3. bei einem Angriff auf die Wache und Posten, bei Thätlichkeiten oder Beleidigungen, deren Fortsetzung nur durch die Festnahme verhindert werden kann.

119. Offiziere und Sanitätsoffiziere in Uniform dürfen nur festgenommen werden, wenn sie bei Begehung eines Verbrechens[3]) auf frischer That betroffen oder verfolgt werden.

120. Festzunehmen sind ferner Militärpersonen, die sich nach dem Zapfenstreich unberechtigt außerhalb ihres Quartiers aufhalten.

121. Die Festnahme einer Militär- oder Zivilperson durch die Wachen rc. geschieht außerdem:

1. auf Befehl der Wachtvorgesetzten;
2. auf schriftlichen Befehl eines militärischen Gerichtsherrn oder eines Gerichtes;
3. auf Antrag der Polizeibehörde oder anderer Beamten, denen die Pflicht obliegt, Strafthaten nachzuforschen, insonderheit von Polizeibeamten, Gendarmen rc.

122. Als festgenommen gilt eine Person erst dann, wenn ihr unter Handauflegen oder Berühren mit der Waffe ausdrücklich eröffnet ist, daß sie festgenommen sei.[4])

Der bloße Zuruf „Halt" oder „Sie sind verhaftet, arretirt, festgenommen" oder dergleichen genügt nicht.

Dem Festgenommenen ist sofort zu erklären, daß bei Fluchtversuch von der Waffe Gebrauch gemacht werden würde; Waffen und Werkzeuge sind ihm abzunehmen.

123. Hat der Posten eine Person festgenommen, so stellt er sie in das Schilderhaus, Gesicht nach der Wand. Er selbst pflanzt das Seitengewehr auf und stellt sich so vor das Schilderhaus, daß er den Arrestanten unter Augen hat. Er erweist keine Ehrenbezeugungen. Den Wachthabenden setzt er durch einen vorübergehenden Soldaten rc. von dem Vorgefallenen in Kenntniß; bei Festnahme

---

[2]) Verhaftung kann nur auf Grund schriftlichen Haftbefehls (oder Steckbriefs) des Richters (GerH.) erfolgen MStGerO. § 175—177, 184, StPO. § 112 bis 126, 132. — Vorläufige Festnahme MStGerO. § 180—182, StPO. § 127—129. — Die Ziff. 118—133 geben im wesentlichen die Instruktion für die Wachen usw. 29. Jan. 81 wieder. Die in die GDV. nicht aufgenommenen Bestimmungen dieser Instr. sind in Unteranl. J 1 abgedruckt.

[3]) Verbrechen im Unterschied von Vergehen u. Übertretungen. Begriff MStGB. § 1, StGB. § 1.

[4]) Diese Bestimmung gilt ausschließlich für Wachen. Im übrigen ist die Rechtmäßigkeit einer Festnahme von Einhaltung dieser Formvorschrift nicht abhängig.

von Zivilpersonen läßt er einen Polizeibeamten herbeirufen, wenn dies schneller zum Ziele führt.

124. Alle festgenommenen Militärpersonen werden nach der nächsten Wache gebracht, wo mit ihnen nach den vom Gouverneur ꝛc. oder, wenn es sich um Kasernen- oder sonstige Wachen des Truppentheils handelt, vom Kommandeur dieses Truppentheils über die weitere Ablieferung getroffenen Anordnungen verfahren wird.

125. Alle festgenommenen Zivilpersonen werden nach der nächsten Wache gebracht, von der sie durch die Polizei, die sofort zu benachrichtigen ist, abgeholt werden.[5]) Liegt eine Polizeiwache dem Festnahmeort näher als die zuständige Militärwache, so erfolgt die Ablieferung unmittelbar an die Polizeiwache.

Außerdem sind die polizeilichen Exekutivbeamten, die sich nicht auf Straßenposten oder auf Patrouille mit fest vorgeschriebener, Abweichungen nicht zulassender Marschroute befinden, angewiesen, die von militärischen Posten, Patrouillen ꝛc. festgenommenen Zivilpersonen auf Ansuchen gegen Ausstellung einer Bescheinigung zu übernehmen und an die nächste Polizeiwache abzuliefern.[6])

126. In verkehrsreichen Straßen erfolgt der Transport festgenommener Personen möglichst in geschlossenem Wagen.

127. Die Wachen sind zu Durchsuchungen[7]) von Wohnungen und umfriedigten Räumen behufs Festnahme einer Person nur auf Ersuchen eines militärischen Gerichtsherrn, des Richters, der Staatsanwaltschaft oder deren Hülfsbeamten berechtigt.

128. Das Eindringen in die Wohnungen während der Nachtzeit ist verboten. Dieses Verbot erstreckt sich nicht:

1. auf Fälle einer Feuers- oder Wassersnoth, einer Lebensgefahr oder eines aus dem Innern der Wohnung hervorgegangenen Ansuchens;
2. auf Fälle, in denen die Wachen bei Verfolgung auf frischer That, oder wenn Gefahr im Verzuge oder zur Wiederergreifung eines entwichenen Gefangenen in die Wohnung eindringen;
3. auf Orte, in denen während der Nachtzeit das Publikum ohne Unterschied zugelassen wird.

Die Nachtzeit umfaßt in dem Zeitraum vom 1. April bis 30. September die Stunden von 9 Uhr abends bis 4 Uhr morgens und in dem Zeitraum vom 1. Oktober bis 31. März die Stunden von 9 Uhr abends bis 6 Uhr morgens.

129. Der Zutritt zu den von Militärpersonen benutzten Wohnungen darf den militärischen Vorgesetzten und Beauftragten behufs Vollziehung dienstlicher Befehle auch zur Nachtzeit nicht versagt werden.

130. Die Wachen müssen sich bei der Festnahme alles unnöthigen Redens sowie aller Beleidigungen und Mißhandlungen enthalten, andererseits aber, wenn eine Festnahme erfolgen muß, diese nöthigenfalls mit Gewalt erzwingen.

Es müssen daher in jedem Falle so viel Mannschaften abgeschickt werden, daß der Zweck unter den obwaltenden Umständen erreicht werden kann. Findet aber der Führer dieser Mannschaft, wenn er an Ort und Stelle anlangt, daß das ihm anvertraute Kommando zu schwach ist, um den Zweck zu erreichen, so muß er sofort denjenigen, der ihn abgeschickt hat, um die erforderliche Verstärkung des Kommandos ersuchen lassen.

---

[5]) Vf. 11. März 96 (MB. 44).
[6]) Vf. 22. Febr. 99 (MB. 49).
[7]) Die Grundsätze enthalten MStGerO. § 235—242, StPO. § 102—110.

Inwieweit das kommandirte Militär hierbei von seiner Waffe Gebrauch machen kann, ist aus Ziffer 134 und 135 ersichtlich.[8])

Wenn Mannschaften, die nicht zur Wache gehören, zur Hülfsleistung herangezogen werden, so haben sie thunlichst im Wachtanzuge zu erscheinen.

131. Erscheint nach Lage des einzelnen Falles, z. B. bei Personen, die sich widersetzen, oder sobald schwere Verbrechen oder Vergehen vorliegen, eine Fesselung des Festgenommenen nothwendig, so erfolgt sie auf Anordnung des Wachthabenden mit dem auf Wache befindlichen Schließzeug oder auf andere geeignete Weise.

132. Sobald die Festnahme erfolgt ist, steht der Festgenommene unter dem Schutze der Wache. Führt er Gegenstände bei und mit sich, für deren Aufbewahrung er nicht selbst Sorge tragen kann, so liegt deren einstweilige Sicherstellung den Wachen ob.

Die bei einem Festgenommenen etwa vorgefundenen Papiere sind der zuständigen Behörde abzuliefern. Der Wachthabende darf diese Papiere nur mit Genehmigung des Festgenommenen durchsehen.

133. Wo die Ortsverhältnisse nähere Bestimmungen und Anweisungen bei Anwendung dieser Vorschriften erfordern, einigt sich der Gouverneur ꝛc. mit der Orts-Polizeibehörde darüber.

Das Ergebniß dieser Einigung ist den vorgesetzten Behörden zur Bestätigung vorzulegen und nach deren Eingang an dem betreffenden Orte öffentlich bekannt zu machen.

Anlage H (zu Anmerkung 458).

Beschwerdeordnungen für das Heer.

I. Bestimmungen über die Beschwerdeführung der Offiziere, Sanitätsoffiziere und Beamten des Heeres. (Beschwerdeordnung I.)[1])

I. Offiziere und Sanitätsoffiziere.

A. Für den Beschwerdeführer.

1. Offizieren und Sanitätsoffizieren, welche Grund zu einer Klage über Vorgesetzte zu haben glauben, ist es gestattet, wider diese Vorgesetzten Beschwerde zu führen.

2. Die Beschwerde kann:

a) eine von einem Vorgesetzten verhängte Disziplinarstrafe,

b) Handlungen des Vorgesetzten, durch welche der Beschwerdeführer

α) persönlich, oder in seinem berechtigten Standesbewußtsein,

β) in seinen dienstlichen Gerechtsamen und Befugnissen sich verletzt oder geschädigt fühlt,

zum Gegenstande haben.[2])

---

[8]) Ziff. 134 u. 135 geben inhaltlich das G. über den Waffengebrauch 20. März 37 (Anl. J.) § 1—7 wieder und sind daher nicht abgedruckt.

[1]) BeschwerdeO. I, genehmigt durch AO. 30. März 95, u. BeschwerdeO. II, genehmigt durch AO. 14. Juni 94, sind für das ganze deutsche Heer gleichmäßig eingeführt, für Preußen KrMVf. 5. April 95 (AVB. 95). Sie sind an Stelle der entsprechenden älteren Vorschriften 6. März 73 getreten. — Die BeschwerdeO. für die Marine ist in Unteranlage H 1 abgedruckt.

[2]) Zuwiderhandlungen Vorgesetzter gegen die Strafgesetze können zwar zum Gegenstand einer Beschwerde gemacht werden (BeschwerdeO. **II** II 1 u. 2),

3. Als ein Vorgesetzter, gegen den Beschwerden erhoben werden dürfen, ist anzusehen:

a) derjenige, welcher infolge gesetzlicher Vorschriften, dienstlicher Anordnungen, allgemeiner militärischer Grundsätze sowie durch Rang oder Patent die Befugniß besitzt, für den Beschwerdeführer oder dessen Befehlsbereich Befehle oder Rügen zu ertheilen, oder Anordnungen zu treffen,

b) ein jeder Offizier oder Sanitätsoffizier, welcher sich verpflichtet fühlt, gegen einen jüngeren Kameraden dienstlich einzuschreiten.

Für das Vorgesetztenverhältniß, welches im Sinne dieser Vorschriften eine Bedingung des Beschwerderechtes bildet, ist lediglich die Zeit, zu welcher der Anlaß zur Beschwerde gegeben ist, nicht der Zeitpunkt der Beschwerdeführung maßgebend.

4. Eine Beschwerde darf niemals während oder unmittelbar nach Beendigung des Dienstes, sondern erst am folgenden Tage dem Vermittler zugeführt bezw., falls eine Vermittlung nicht eintritt, dem entscheidenden Vorgesetzten vorgetragen und, wenn sie sich gegen eine Disziplinarstrafe richtet, erst nach deren Verbüßung eingebracht werden.

Eine Ausnahme von dieser Vorschrift ist zulässig, wenn durch Innehaltung derselben die Entscheidung wesentlich erschwert wird oder eine Verzögerung erleiden würde, welche in Berücksichtigung des Falles bedenklich erscheint.

5. Jede Beschwerde muß innerhalb einer Frist von drei Tagen, die durch Wahl und Benachrichtigung des Vermittlers gewahrt wird, eingeleitet werden:

a) In diese Frist wird der Tag, an dem der Anlaß zur Beschwerde gegeben bezw. zur Kenntniß des Beschwerdeführers gelangt ist, sowie die Zeit der Verbüßung einer Disziplinarstrafe, wegen der Beschwerde geführt wird, nicht eingerechnet.

b) Falls eine Vermittelung nicht einzutreten hat und die Beschwerdeführung schriftlich geschieht, so genügt es, wenn die Beschwerdeschrift nachweislich innerhalb der Frist zur Post gebracht wird.

6. Gemeinschaftliche Beschwerden mehrerer Personen sind unstatthaft. Giebt ein und derselbe Vorgang mehreren Personen Anlaß zur Beschwerde, so ist es jedem Betheiligten überlassen, für sich Beschwerde zu führen.

7. Wer leichtfertig oder wider besseres Wissen eine auf unwahre Behauptung gestützte Beschwerde anbringt, oder eine Beschwerde unter Abweichung von dem vorgeschriebenen Dienstwege oder unter Nichteinhaltung der festgesetzten Frist einlegt, wird bestraft (vgl. l. B. 4).

8. Offiziere und Sanitätsoffiziere, welche sich beschweren wollen, haben zunächst innerhalb der in Ziffer 5 bestimmten Frist die dienstliche Vermittelung in Anspruch zu nehmen, damit der zu verklagende Vorgesetzte Gelegenheit erhalte, unbewußt oder in der Uebereilung zugefügtes Unrecht sofort abzustellen oder auszugleichen.

Die Inanspruchnahme einer Vermittelung ist unzulässig bei Beschwerden, welche

a) eine verhängte Disziplinarstrafe oder die Vollstreckung einer solchen zum Gegenstande haben,

b) sich als weitere Beschwerden (vgl. I. A. 14) darstellen.

Anzeigen strafbarer Handlungen von Vorgesetzten oder Kameraden fallen aber an sich nicht unter die Vorschriften der BeschwerdeO. Für die Anbringung solcher Anzeigen durch Mannschaften sind jedoch die Vorschriften der BeschwerdeO. maßgebend AO. 29. April 03 (AVB. 131). Im übrigen ist nach MStGerO. § 151, 153 u. AAB. hierzu zu verfahren. Die Entscheidung steht nur dem zuständigen Gerichtsherrn zu. — Für die Rechtsbeschwerde gelten MStGerO. § 363 bis 377.

9. Zur Führung der Vermittelungsverhandlungen hat der Beschwerdeführer eine dritte Person als Vermittler zu wählen.

a) Der Vermittelung hat sich zu unterziehen:

α) bei Beschwerden der Offiziere und bei den gegen Offiziere gerichteten Beschwerden ein Offizier;

β) bei Beschwerden der Sanitätsoffiziere über militärärztliche Vorgesetzte ein Sanitätsoffizier oder in Ermangelung eines solchen ein Offizier.

In der Regel ist als Vermittler ein älterer und erfahrener, im Range unter dem Verklagten, jedoch thunlichst mindestens im Range des Beschwerdeführers stehender Offizier bezw. Sanitätsoffizier zu wählen, welcher, wenn möglich, zu demselben Truppenverbande, derselben Behörde rc. wie der Beschwerdeführer oder der Verklagte gehört.

b) Bei Beschwerden der zur Zeit weder im Truppenverbande noch im Verbande eines anderen Offizierkorps stehenden Offiziere oder Sanitätsoffiziere, z. B. der Generalstabsoffiziere, Artillerie- und Ingenieur-Offiziere vom Platz, der Adjutanten höherer Stäbe, der zu den Bezirkskommandos gehörenden, der einzeln abkommandirten sowie der in Abbüßung einer Freiheitsstrafe auf einer Festung befindlichen Offiziere rc., hat ein zu derselben Behörde oder zu demselben Dienstbereiche gehörender Offizier, oder wenn ein solcher nicht vorhanden ist, ein Offizier aus der Garnison des Verklagten zu vermitteln.

Dasselbe gilt auch, wenn ein beurlaubter Offizier oder Sanitätsoffizier eine Beschwerde außerhalb der Garnison seines Truppentheils führen muß.

10. Nach Wahl und Benachrichtigung des Vermittlers hat der Beschwerdeführer ohne Verzug von dem Beschreiten des Beschwerdeweges seinem nächsten Vorgesetzten unmittelbar Meldung zu erstatten.

Weitere Meldung auf dem Instanzenwege bleibt, soweit sie nöthig ist, Sache des von Einleitung der Beschwerde in Kenntniß gesetzten Vorgesetzten.

Richtet sich die Beschwerde gegen den nächsten Vorgesetzten selbst, so erfolgt die Meldung des Beschwerdeführers an den nächsthöheren Vorgesetzten, welcher dem Verklagten entsprechende Mittheilung zu machen hat. Ist der nächsthöhere Vorgesetzte gleichzeitig zur Entscheidung über die Beschwerde zuständig, so fällt diese Meldung weg.

Der Vermittler.

11. Der zum Vermittler Erwählte ist zur Uebernahme der Vermittelung grundsätzlich verpflichtet.

Der Vermittler hat sich zunächst durch den Beschwerdeführer über die einzelnen Beschwerdepunkte genau unterrichten zu lassen.

Hiernach darf er die Uebernahme einer vermittelnden Thätigkeit nur dann ablehnen, wenn er entweder die Beschwerde in allen Punkten für vollkommen unbegründet oder die Verletzung des Beschwerdeführers für eine so schwere hält, daß er eine Beseitigung derselben im Wege der Vermittelung nicht für thunlich erachtet. Auch neben der Ablehnung der Uebernahme einer vermittelnden Thätigkeit hat der Betreffende im ersteren Falle von der Einreichung der Beschwerde abzurathen, im letzteren dem Beschwerdeführer die direkte Eingabe der Beschwerde anheimzustellen.

Der Vermittler ist berechtigt, die schriftliche Niederlegung der Beschwerdepunkte und des Thatbestandes zu fordern, und auch verpflichtet, die von dem

Beschwerdeführer etwa selbständig angefertigte Beschwerdeschrift anzunehmen. Er hat die Befugniß, dem Beschwerdeführer etwaige Bedenken über nicht genügende Begründung der Beschwerde kundzugeben.

Wenn der Vermittler sich nicht zur Ablehnung der Vermittelung veranlaßt sieht, so hat er das durch die Verhandlungen gewonnene Material, wenn thunlich, mündlich zur Kenntniß des Verklagten zu bringen.

Ob er Letzterem die schriftliche Darstellung vorlegen darf, ohne den Zweck der Vermittelung zu gefährden, muß seinem Ermessen überlassen bleiben.

Sofern er diese Frage verneinen muß, ist der Einblick in die Klageschrift dem Verklagten vorzuenthalten. Er muß diesem auf Befragen offen seine Ansicht zur Sache aussprechen und dessen Entscheidung darüber entgegennehmen, ob derselbe beabsichtigt, die Veranlassung zur Beschwerde aufzuheben oder letztere dem zuständigen Vorgesetzten zur weiteren Beschlußfassung zuführen zu lassen.

Das Ergebniß der Vermittelung ist dem Beschwerdeführer ohne Verzug mitzutheilen.

Der Beschwerdeführer hat dasselbe, sowie vorliegenden Falles seinen Entschluß, die Beschwerde weiter zu verfolgen, sogleich seinem nächsten Vorgesetzten unmittelbar zu melden.

Für diese Meldung gelten die Bestimmungen der Ziffer 10.

In gleicher Weise ist von der beabsichtigten Beschwerdeführung in den Fällen, in welchen eine Vermittelung nicht eintritt, Meldung zu erstatten.

12. Nach einer erfolglos gebliebenen Vermittelung ist der Regel nach unverzüglich die Beschwerde weiter zu leiten. Will der Beschwerdeführer jedoch, bewogen durch die im Laufe der Verhandlungen gewonnene Einsicht, seine Beschwerde zurückziehen, so ist dies statthaft.

Der Beschwerdeführer hat jede Beschwerde, welche er einzubringen oder weiter zu verfolgen beabsichtigt, bei dem zur Entscheidung derselben zuständigen Vorgesetzten (vgl. Ziffer 13) mündlich oder schriftlich vorzutragen und demselben gleichzeitig über die stattgehabte Vermittelung Meldung zu erstatten.

13. Zuständig zur Entscheidung über eine Beschwerde in erster Instanz ist in der Regel der nächste mit Disziplinarstrafgewalt versehene Vorgesetzte desjenigen, gegen welchen die Beschwerde gerichtet ist.

Beschwerden über Vorgesetzte, welche einem eigenen Offizierkorpsverband angehören, sind zur Entscheidung des Kommandeurs oder Direktors desselben auch dann zu bringen, wenn schon einer seiner Untergebenen zuständig wäre.

a) Beschwerden, gegen solche Offiziere, welche Seiner Majestät dem Kaiser und König unmittelbar unterstellt sind, werden durch eine Immidiateingabe des Beschwerdeführers der Allerhöchsten Entscheidung unmittelbar zugeführt.

b) Beschwerden gegen Offiziere der Fußartillerie, des Ingenieur- und Pionierkorps, sowie der Eisenbahn-Brigade, soweit diese Offiziere nicht anderen Vorgesetzten unterstellt sind, werden von den Waffenvorgesetzten, im mobilen Verhältnisse jedoch von den mobilen Befehlshabern dieser Offiziere entschieden.

c) Beschwerden gegen Vorgesetzte, für welche das Kriegsministerium oder ein Departement desselben bezw. der Generalstab die nächste vorgesetzte Dienststelle bildet, sind der Entscheidung des Kriegsministers bezw. des Departementsdirektors bezw. des Chefs des Generalstabes der Armee unterworfen.

14. Der Beschwerdeführer hat das Recht, gegen die über seine Beschwerde getroffene Entscheidung innerhalb einer Frist von drei Tagen an den nächsthöheren Vorgesetzten und so fort bis zur Allerhöchsten Stelle eine weitere Beschwerde einzulegen.

Das Recht zur weiteren Beschwerde steht auch dem verklagten Theil zu.

Die Frist für die weitere Beschwerde beginnt nach Ablauf des Tages, an welchem der Beschwerdeführer bezw. der Verklagte von der Entscheidung dienstlich Kenntniß erhält.

Die weitere Beschwerde gegen die Entscheidung einer unteren Instanz ist ohne Inanspruchnahme einer Vermittelung stets schriftlich vorzutragen.

Bezüglich der Meldung von dem Einlegen der weiteren Beschwerde gelten die Bestimmungen der Ziffer 10.

15. Offiziere und Sanitätsoffiziere des Beurlaubtenstandes haben, auch während sie zum Dienste nicht einberufen sind, die Vorschriften dieser Verordnung zu beachten.

Bei Beschwerden der Sanitätsoffiziere des Beurlaubtenstandes gegen militärärztliche Vorgesetzte kann in Ermangelung eines militärärztlichen Vermittlers auch ein Offizier gewählt werden.

B. Für den entscheidenden Vorgesetzten.

1. Jede Beschwerde ist — gleichviel, ob sie auf dem vorgeschriebenen Dienstwege und bei Innehaltung der verordneten Fristen angebracht ist oder nicht — sachlich zu untersuchen und zu erledigen.

Die Entscheidung muß so schnell getroffen werden, als die für die Beurtheilung der Beschwerde unerläßliche Sorgfalt es gestattet.

Eine Einwirkung auf den Untergebenen behufs Zurückziehung der Beschwerde ist untersagt und gegen Personen des Soldatenstandes nach Maßgabe des § 117 des Militärstrafgesetzbuchs strafbar. Hierdurch wird indeß die Pflicht des Vorgesetzten nicht berührt, den Beschwerdeführer über etwaige unrichtige Rechtsauffassung oder unrichtige dienstliche Anschauung zu belehren. Beharrt in solchem Falle der Beschwerdeführer auf seiner Klage, so hat der Vorgesetzte Entscheidung zu treffen bezw. herbeizuführen.

2. Der Vorgesetzte ist verpflichtet, in jedem Falle vor der Entscheidung den Hergang der Sache vermittelst mündlicher oder schriftlicher Berichterstattung der Betheiligten festzustellen. Erscheint hierdurch der Thatbestand nicht hinreichend erklärt, so hat eine protokollarische Vernehmung der Betheiligten und Zeugen durch einen dem Verklagten im Range nahestehenden Offizier stattzufinden.

3. Die Entscheidung über eine Beschwerde ist ihrem wesentlichen Inhalte nach schriftlich dem Beschwerdeführer, sowie dem höchsten der von der Beschwerde dienstlich in Kenntniß gesetzten Vorgesetzten desselben und dem Verklagten mitzutheilen, in jedem Falle schriftlich niederzulegen und vom entscheidenden Vorgesetzten aufzubewahren.

4. Sind Beschwerden als unbegründet zurückzuweisen, so wird, soweit nicht § 152 des Militärstrafgesetzbuchs Anwendung findet[3]), im Einzelfalle zu erwägen sein, ob die Aufrechterhaltung der Disziplin ein Einschreiten gegen den Beschwerdeführer erfordert.

Eine unrichtige dienstliche Anschauung ist an sich nicht strafbar.

---

[3]) Trifft MStGB. § 152 zu, so ist nur gerichtliche Bestrafung zulässig. Zuständigkeit Nr. I 2 Anm. 593 d. W. — Bestrafung von Personen des Beurlaubtenstands ebenda.

Nichteinhaltung der für die Anbringung der Beschwerden vorgeschriebenen Frist ist auf Grund des § 1, 1 der Disziplinarstrafordnung disziplinarisch zu ahnden.

2. Beamte.

1. Auf Militär- und Civilbeamte finden vorstehende Vorschriften mit nachstehender Maßnahme sinngemäße Anwendung.

2. Bei Beschwerden gegen Militär- oder Verwaltungsvorgesetzte bleibt es diesen Beamten freigestellt, sich des Weges der dienstlichen Vermittelung unter entsprechender Anwendung der vorstehend gegebenen Grundsätze zu bedienen. Es wird sich dieser Weg in allen denjenigen Fällen empfehlen, wo durch das Betreten desselben die Beilegung der Beschwerde erwartet werden darf.

3. Wird der Vermittlungsversuch nicht unternommen, so ist die — schriftliche — Beschwerde zur Entscheidung des nächsten zuständigen Dienstvorgesetzten des Verklagten zu bringen.

Eine weitere Beschwerde gegen die getroffene Entscheidung muß stets bei dem nächsten Dienstvorgesetzten desjenigen eingelegt werden, welcher in erster Instanz entschieden hat.

4. Militärvorgesetzte, welche vermeinen, vor der Beschlußfassung über die Beschwerde eines ihnen allein unterstellten Militärbeamten das Urtheil einer Verwaltungs- bezw. technischen Behörde einholen zu sollen, sind berechtigt, sich hierwegen unmittelbar an die betreffende Stelle zu wenden.

Für die Beschwerden der Zahlmeister ist die etwa zum Gutachten aufzufordernde Dienststelle die Korps- bezw. die Divisionsintendantur, für Beschwerden der Roßärzte der Korpsroßarzt bezw. die Inspektion des Militär-Veterinärwesens, für die der Büchsenmacher die Direktion einer der königlichen Gewehrfabriken.

5. Ordnungsstrafen, welche Gegenstand der Beschwerde geworden sind,[4]) müssen schriftlich aufgehoben werden, wenn die Beschwerde für begründet erachtet wird.

6. Falls die Beschwerden der Militärbeamten, die im doppelten Unterordnungsverhältnisse stehen, das Gebiet der Militärdisziplin berühren (§ 1 Nr. 1 der Disziplinar-Strafordnung), so entscheidet der Militärvorgesetzte, in allen anderen Fällen der Verwaltungsvorgesetzte.

Der Militärvorgesetzte ist berechtigt, vor seiner Entscheidung das Gutachten der dem Beschwerdeführer vorgesetzten Verwaltungsbehörde einzuholen.

7. Personen des Soldatenstandes, welche in Stellen von Beamten der Militärverwaltung Verwendung finden, haben bezüglich ihrer aus dem Beamtenverhältnisse hervorgehenden Beschwerden den Dienstweg für Beamte innezuhalten.

II. Bestimmungen über die Beschwerdeführung der Personen des Soldatenstandes des Heeres vom Feldwebel abwärts. (Beschwerdeordnung II.)[1])

I. Für den Beschwerdeführer.

1. Jedem Soldaten, welcher glaubt, daß ihm durch unwürdige Behandlung, durch Vorenthaltung geldwerther Gebührnisse oder aus einem anderen Grunde von Vorgesetzten oder Kameraden Unrecht zugefügt sei, ist es gestattet, sich zu beschweren.[2])

[4]) Für Beschwerden gegen Ordnungsstrafen ist RBG. (Nr. III 2 Anl. C d. W.) § 83 maßgebend. Innehaltung bestimmter Form und Frist ist daselbst nicht vorgeschrieben KMVf. 12. Dez. 99.

2. Jede Beschwerde ist dem Kompagnie- ꝛc. Chef unmittelbar und mündlich vorzutragen.[5])

Richtet die Beschwerde sich gegen diesen selbst, so ist sie bei dem nächstältesten Offizier der Kompagnie ꝛc. anzubringen.

a) Ist die mündliche Anbringung der Beschwerde nicht ausführbar, so kann dieselbe schriftlich eingereicht werden.

b) Mannschaften, welche einem Detachement angehören, haben ihre Beschwerden bei dem Führer desselben anzubringen.

Richtet sich die Beschwerde gegen den Führer selbst, so ist sie bei dem nächstältesten Offizier, und ist ein solcher nicht vorhanden, bei dem nächsten Vorgesetzten des Kommandoführers anzubringen.

c) Ebenso können Unteroffiziere ꝛc., die zur Probedienstleistung bei Civilbehörden abkommandirt sind, etwaige militärische Beschwerden schriftlich bei ihrem Kompagnie- ꝛc. Chef anbringen.

Eine Betheiligung der Civilbehörden bleibt ausgeschlossen.

3. Der Soldat darf niemals während oder unmittelbar nach Beendigung des Dienstes, sondern erst am folgenden Tage seine Beschwerde anbringen.

Richtet sich die Beschwerde gegen eine über den Soldaten verhängte Disziplinarstrafe, so darf er sich erst nach deren Verbüßung beschweren.

4. Jede Beschwerde muß innerhalb einer Frist von fünf Tagen angebracht werden.

a) In diese Frist wird der Tag nicht eingerechnet, an dem der Anlaß zur Beschwerde gegeben ist.

b) Wird die die Beschwerde veranlassende Handlung oder die Person des Urhebers dem Beschwerdeführer erst später bekannt, so beginnt die Frist mit dem Tage der erlangten Kenntniß.

c) Bei schriftlicher Beschwerdeführung genügt es, wenn die Beschwerdeschrift nachweislich innerhalb der Frist zur Post gebracht wird.

5. Gemeinschaftliche Beschwerden mehrerer Personen sind unstatthaft. Giebt ein und derselbe Vorgang mehreren Personen Anlaß zur Beschwerde, so ist es jedem Betheiligten überlassen, für sich Beschwerde zu führen.

6. Wer leichtfertig oder wider besseres Wissen eine auf unwahre Behauptung gestützte Beschwerde anbringt, wird streng bestraft.[6])

Ebenso ist der Soldat strafbar,[6]) welcher eine Beschwerde unter Abweichung von dem vorgeschriebenen Dienstwege oder unter Nichteinhaltung der festgesetzten Frist anbringt.

Nichteinhaltung der Frist bleibt in solchen Fällen straffrei, in welchen besondere Umstände, die außerhalb des Verschuldens des Beschwerdeführers liegen, die vorzeitige oder verspätete Anbringung der Beschwerde gerechtfertigt erscheinen lassen.

---

[5]) Besondere Festsetzungen über den Beschwerdeweg sind enthalten:
für Mannschaften der Bekleidungsämter in der Dienstanweisung für die Bekleidungsämter § 10 Nr. 10;
für Unterärzte ꝛc., Militärkrankenwärter in der Verordnung über die Organisation des Sanitätskorps;
für Arbeitssoldaten in der Dienstvorschrift für die Arbeiterabteilungen § 36;
für Strafgefangene in der Militär-Strafvollstreckungs-Vorschrift § 9, 9a;
für Gendarmen in dem Ordre- und Instruktionsbuch für die Landgendarmerie § 28.

[6]) Wenn MStGB. § 152 zutrifft, gerichtlich, im übrigen disziplinar, vgl. II 8.

7. Der Soldat hat das Recht, gegen die über seine Beschwerde getroffene Entscheidung innerhalb einer Frist von fünf Tagen an den nächsthöheren Vorgesetzten und so fort bis zur Allerhöchsten Stelle eine weitere Beschwerde einzulegen.

Das Recht zur weiteren Beschwerde steht auch dem beklagten Theil zu.

Die Frist für die weitere Beschwerde beginnt nach Ablauf des Tages, an welchem der Beschwerdeführer von der Entscheidung dienstlich Kenntniß erhält.

8. Mannschaften des Beurlaubtenstandes[7]) haben, solange sie nicht zum Dienst einberufen sind, Beschwerden, welche Militärdienstangelegenheiten betreffen, ihrem Bezirkskommandeur vorzutragen.

Richtet sich die Beschwerde gegen diesen, so ist sie bei dem vorgesetzten Bezirks- oder Kontroloffizier, wenn aber ein solcher nicht vorhanden ist, bei dem Bezirksadjutanten anzubringen.

Im Uebrigen gelten auch für diese Mannschaften alle Vorschriften dieser Verordnung.[8])

9. Die Vorschriften dieser Verordnung finden Anwendung auch auf diejenigen Fälle, in welchen die Beschwerde gegen einen Beamten der Militärverwaltung gerichtet ist.[9])

II. Für den entscheidenden Vorgesetzten.

1. Die Vorschriften dieser Verordnung beziehen sich auf alle Beschwerden über Handlungen, durch welche der Beschwerdeführer persönlich oder in seinem berechtigten Standesbewußtsein, in seinen dienstlichen Gerechtsamen und Befugnissen verletzt oder geschädigt wird, auch dann, wenn diese Handlungen sich als Zuwiderhandlungen der Vorgesetzten gegen die Strafgesetze, z. B. Beleidigungen, Mißhandlungen ꝛc. Untergebener darstellen.[2])

2. Die dienstliche Pflicht der Vorgesetzten, derartige Strafhandlungen, sofern sie auf anderem Wege zu ihrer Kenntniß kommen, also ohne daß Beschwerde erhoben wird, zu verfolgen,[10]) wird hierdurch nicht berührt. (§ 51 des Militärstrafgesetzbuchs.)

3. Jede Beschwerde ist — gleichviel ob sie auf dem vorgeschriebenen Dienstwege und bei Innehaltung der verordneten Fristen angebracht ist oder nicht — sachlich zu untersuchen und zu erledigen.[11])

Die Entscheidung muß so schnell getroffen werden, als die für Beurtheilung der Beschwerde unerläßliche Sorgfalt es gestattet.

Eine Einwirkung auf den Untergebenen behufs Zurückziehung der Beschwerde ist untersagt und gegen Personen des Soldatenstandes nach Maßgabe des § 117 des Militärstrafgesetzbuchs strafbar.

Hierdurch wird indeß die Pflicht des Vorgesetzten nicht berührt, den Beschwerdeführer über etwaige unrichtige Rechtsauffassung oder unrichtige dienstliche

[7]) Begriff Nr. I 2 Anm. 19 d. W. — Die zum Dienst einberufenen Personen des Beurlaubtenstands zählen zum aktiven Heer, fallen also unter Nr. 2.

[8]) Also auch Nr. I 6 u. II 8, vgl. Anm. 3.

[9]) Hinzugetreten durch KMVf. 20. Jan. 97 (AVB. 22).

[10]) Unterlassung ist nach MStGB. § 117, 147 strafbar.

[11]) Sofern sie überhaupt an den zur Entscheidung zuständigen Vorgesetzten gelangt ist. Dagegen ist z. B. der Feldwebel nicht zur Weitermeldung einer vorschriftswidrig bei ihm angebrachten Beschwerde verpflichtet, sofern diese nicht die Anzeige einer strafbaren Handlung enthält.

Anschauung zu belehren. Beharrt in solchem Falle der Beschwerdeführer auf seiner Klage, so hat der Vorgesetzte Entscheidung zu treffen bezw. herbeizuführen.

4. In erster Instanz entscheidet über eine Beschwerde in der Regel der nächste mit Disziplinarstrafgewalt versehene Vorgesetzte desjenigen, gegen welchen die Beschwerde gerichtet ist.

Der Vorgesetzte ist verpflichtet, vor der Entscheidung den Hergang der Sache durch mündliche oder schriftliche Verhandlungen aufzuklären.

Bildet aber eine gerichtlich zu ahndende Zuwiderhandlung gegen die Strafgesetze den Gegenstand der Beschwerde, so hat der erwähnte Vorgesetzte sogleich nach § 93 der Militärstrafgerichtsordnung[12]) den vollständigen Thatbericht anzufertigen und die Sache der gerichtlichen Untersuchung und Entscheidung zuzuführen.

5. Die Entscheidung über eine Beschwerde ist dem Beschwerdeführer und dem Verklagten ihrem wesentlichen Inhalt nach mitzutheilen, in jedem Falle schriftlich niederzulegen und seitens des Bataillons 2c. aufzubewahren.

a) Beschwerden, welche gegen den Kompagnie- 2c. Chef selbst gerichtet sind und deshalb bei dem nächstältesten Offizier der Kompagnie 2c. angebracht werden, sind von Letzterem ohne Verzug zur Entscheidung des höheren Befehlshabers zu bringen. Dem Kompagnie- 2c. Chef ist Meldung zu erstatten.

b) Beschwerden gegen Offiziere der Fußartillerie, des Ingenieur- und Pionierkorps, sowie der Eisenbahn-Brigade, soweit diese Offiziere nicht anderen Vorgesetzten unterstellt sind, werden von den Waffenvorgesetzten, im mobilen Verhältnisse jedoch von den mobilen Befehlshabern dieser Offiziere entschieden.

c) Beschwerden gegen solche Offiziere, welche Seiner Majestät dem Kaiser und König unmittelbar unterstellt sind, werden durch eine Immediateingabe des Kompagnie- 2c. Chefs der Allerhöchsten Entscheidung unmittelbar zugeführt.

d) Beschwerden gegen Vorgesetzte, für welche das Kriegsministerium bezw. der Generalstab die nächste vorgesetzte Dienststelle bildet, sind der Entscheidung des Kriegsministers bezw. des Chefs des Generalstabes der Armee unterworfen.

e) Beschwerden von Unterärzten und einjährig-freiwilligen Aerzten über ärztliche Vorgesetzte werden durch den Kompagnie- 2c. Chef zur Kenntniß des vorgesetzten Stabsarztes bezw. Regimentsarztes gebracht, welcher das Weitere zu veranlassen hat.

f)[8]) Beschwerden der Personen des Soldatenstandes über einen Beamten der Militärverwaltung werden dem ihm vorgesetzten Militärbefehlshaber oder höheren Beamten durch den Kompagnie- 2c. Chef zur weiteren Veranlassung vorgelegt.

Falls Beschwerden über Beamte, die in einem doppelten Unterordnungsverhältnisse stehen, nicht lediglich das Gebiet der Militärdisziplin berühren, ist der Militärvorgesetzte berechtigt, vor seiner Entscheidung das Gutachten der dem Verklagten vorgesetzten Verwaltungsbehörde einzuholen.

6. Mannschaften, welche gegen eine Entscheidung auf ihre Beschwerde die weitere Beschwerde einlegen, sind von dem Kompagnie- 2c. Chef und, wenn dieser

---

[12]) Jetzt MStGerO. § 153.

der entscheidende Vorgesetzte war, von dem nächstältesten Offizier der Kompagnie 2c. protokollarisch zu vernehmen.

Die weitere Beschwerde wird ebenfalls in Gestalt einer Beschwerde gegen den Vorgesetzten, der die letzte Entscheidung getroffen hat, eingelegt und ist von dem Beschwerdeführer zu begründen.

7. Das über eine etwaige weitere Beschwerde aufzunehmende Protokoll mit Begründung ist von dem Kompagnie- 2c. Chef bezw. dem nächstältesten Offizier der Kompagnie 2c., dem zur Entscheidung zuständigen Vorgesetzten vorzulegen.

Geht die weitere Beschwerde an die Allerhöchste Stelle, so ist das Protokoll durch eine Immediateingabe des Kompagnie- 2c. Chefs bezw. des nächstältesten Offiziers der Allerhöchsten Entscheidung zuzuführen.

8. Sind Beschwerden als unbegründet zurückzuweisen, so wird, soweit nicht § 152 des Militärstrafgesetzbuchs entscheidend ist,[3]) im Einzelfalle zu erwägen sein, ob die Aufrechterhaltung der Mannszucht ein Einschreiten gegen den Beschwerdeführer erfordert.

Eine unrichtige dienstliche Anschauung ist an sich nicht strafbar.

Nichteinhaltung der für die Anbringung der Beschwerden vorgeschriebenen Frist ist auf Grund des § 1, 1 der Disziplinarstrafordnung disziplinarisch zu ahnden.[13])

Unteranlage H 1 (zu Beschwerdeordnung I u. II für das Heer).

Beschwerdeordnung für die Kaiserliche Marine.[1])

Erster Theil.

Bestimmungen über die Beschwerdeführung der Offiziere*) der Kaiserlichen Marine, sowie der Beamten der Marineverwaltung.

I. Offiziere.

A. Für den Beschwerdeführer.

1.—3. gleichlautend mit BeschwO. I f. d. Heer (Anl. H) Nr. I A 1—3.

4. Eine Beschwerde darf niemals an dem Tage, an welchem der Anlaß dazu gegeben ist, sondern frühestens an dem darauf folgenden Tage dem Vermittler zugeführt, bezw. wenn eine Vermittelung nicht stattfindet, dem entscheidenden Vorgesetzten vorgetragen werden. Richtet sich die Beschwerde gegen eine verhängte Disziplinarstrafe, so kann sie erst nach deren Verbüßung erfolgen.

Eine Ausnahme von dieser Vorschrift ist zulässig, wenn durch Innehaltung derselben die Entscheidung wesentlich erschwert wird oder eine Verzögerung erleiden würde, welche in Berücksichtigung des Falles bedenklich erscheint.

*) Wo in diesen Bestimmungen von „Offizieren" ohne nähere Bezeichnung die Rede ist, sind darunter die Seeoffiziere, Offiziere der Marineinfanterie, Maschineningenieure, Torpedoingenieure, Feuerwerks- und Zeugoffiziere, Torpedooffiziere und Sanitätsoffiziere verstanden.

[13]) Vgl. jedoch Nr. I 6 Abs. 3 oben.

[1]) Die BeschwO. f. d. Marine ist vom Kaiser unter Aufhebung der entsprechenden früheren Vorschriften 6. März 73 genehmigt durch AO. 30. Dez. 95 (erster Teil) u. AO. 23. Okt. 94 (zweiter Teil). Der I. Teil entspricht der BeschwO. I f. d. Heer, der II. Teil der BeschwO. II f. d. Heer. Soweit die Bestimmungen gleichlauten, ist im Text auf die entsprechenden in Anl. H abgedruckten Bestimmungen verwiesen.

5. Jede Beschwerde muß innerhalb einer Frist von drei Tagen, die durch Wahl und Benachrichtigung des Vermittlers gewahrt wird, eingeleitet werden:

a) In diese Frist wird der Tag, an dem der Anlaß zur Beschwerde gegeben bezw. zur Kenntniß des Beschwerdeführers gelangt ist, sowie die Zeit der Verbüßung einer Disziplinarstrafe, wegen der Beschwerde geführt wird, nicht eingerechnet.

b) Falls eine Vermittelung nicht einzutreten hat und die Beschwerdeführung schriftlich geschieht, so genügt es, wenn die Beschwerdeschrift nachweislich innerhalb der Frist zur Post gebracht wird. Läßt dieses sich an Bord von Schiffen nicht ausführen, so ist die Beschwerdeschrift verschlossen in der angegebenen Frist demjenigen Vorgesetzten zu übergeben, welchem von der Beschreitung des Beschwerdeweges Meldung zu erstatten ist (vergl. Ziffer 10). Letzterer hat für die Weitergabe Sorge zu tragen.

6. Gemeinschaftliche Beschwerden mehrerer Personen sind unstatthaft. Giebt ein und derselbe Vorgang mehreren Personen Anlaß zur Beschwerde, so ist es jedem Betheiligten überlassen, für sich Beschwerde zu führen.

7. Wer leichtfertig oder wider besseres Wissen eine auf unwahre Behauptungen gestützte Beschwerde anbringt oder eine Beschwerde unter Abweichung von dem vorgeschriebenen Dienstwege oder unter Nichteinhaltung der festgesetzten Frist einlegt, wird bestraft (vergl. Ziffer 19).

8. Offiziere, welche sich beschweren wollen, haben zunächst innerhalb der unter 5 bestimmten Frist die dienstliche Vermittelung in Anspruch zu nehmen, damit der zu verklagende Vorgesetzte Gelegenheit erhält, unbewußt oder in der Uebereilung zugefügtes Unrecht sofort abzustellen oder auszugleichen.

Die Inanspruchnahme einer Vermittelung ist unzulässig bei Beschwerden, welche

a) eine verhängte Disziplinarstrafe oder die Vollstreckung einer solchen zum Gegenstande haben,

b) sich als weitere Beschwerde (vergl. Ziffer 14) darstellen.

9. Zur Führung der Vermittelungsverhandlungen hat der Beschwerdeführer eine dritte Person als Vermittler zu wählen.

a) Der Vermittelung hat sich zu unterziehen:

α) bei Beschwerden von Offizieren und bei allen gegen Offiziere gerichteten Beschwerden ein Offizier;

β) bei Beschwerden von Maschinen- und Torpedoingenieuren gegen technische Vorgesetzte ein Ingenieur oder in Ermangelung eines solchen ein Offizier;

γ) bei Beschwerden von Sanitätsoffizieren gegen ärztliche Vorgesetzte ein Sanitätsoffizier oder in Ermangelung eines solchen ein Offizier.

b) Für die Wahl des Vermittlers sollen die nachstehenden Grundsätze gelten:

α) der Zweck der Vermittelung sowie die Aufgabe des Vermittlers bedingt die Wahl eines älteren erfahrenen Offiziers;

β) derselbe soll höchstens im Range des Verklagten und wenn möglich mindestens im Range des Beschwerdeführers stehen. Ein Vorgesetztenverhältniß zu dem Verklagten darf aber nicht obwalten. In der Regel wird innerhalb desselben Verbandes der nächste direkte Vorgesetzte des Beschwerdeführers, soweit er unbetheiligt ist, die gegebene Persönlichkeit sein;

γ) der Vermittler soll, wenn möglich, demselben engeren zeitigen Verbande angehören wie der Beschwerdeführer oder der Verklagte. Muß ein Offizier außerhalb seiner Garnison eine Beschwerde führen, so hat ein Offizier aus der Garnison des Verklagten zu vermitteln.

c) Eine Abweichung von diesen Grundsätzen ist aus besonderen persönlichen oder sachlichen Gründen statthaft.

10. gleichlautend mit BeschwO. I f. d. Heer (Anl. H) Nr. I A 10.

Der Vermittler.

11. u. 12. gleichlautend mit BeschwO. I f. d. Heer (Anl. H) Nr. I A 11—12.

13. Zuständig zur Entscheidung über eine Beschwerde in erster Instanz ist in der Regel der nächste mit Disziplinarstrafgewalt versehene Vorgesetzte desjenigen, gegen welchen die Beschwerde gerichtet ist.

Beschwerden über Vorgesetzte jedoch, welche einem eigenen engeren Verbande (Marinetheil, Behörde ꝛc.) angehören, sind zur Entscheidung des Kommandeurs oder Direktors desselben auch dann zu bringen, wenn schon einer seiner Untergebenen zuständig wäre.

Beschwerden gegen solche Offiziere, welche Seiner Majestät dem Kaiser und König unmittelbar unterstellt sind, werden durch eine Immediateingabe des Beschwerdeführers der Allerhöchsten Entscheidung unmittelbar zugeführt.

14. u. 15. gleichlautend mit BeschwO. I f. d. Heer (Anl. H) Nr. I A 14 u. 15 Abs. 1.[2])

B. Für den entscheidenden Vorgesetzten.

16. gleichlautend mit BeschwO. I f. d. Heer (Anl. H) Nr. I B 1.

17. Der Vorgesetzte ist verpflichtet, in jedem Falle vor der Entscheidung den Hergang der Sache vermittelst mündlicher oder schriftlicher Berichterstattung der Betheiligten festzustellen. Erscheint hierdurch der Thatbestand nicht hinreichend geklärt, so hat eine protokollarische Vernehmung der Betheiligten und Zeugen durch einen dem Verklagten im Range nahestehenden Offizier stattzufinden.

Mit den an Bord von Schiffen im Auslande abzusendenden Beschwerden ist, wenn der entscheidende Vorgesetzte nicht am Orte sich befindet, ein Bericht des Verklagten gleichzeitig zur Absendung zu bringen. Zu diesem Zweck ist letzterem durch den Vermittler von dem Zeitpunkt des Abganges der Beschwerdeschrift Kenntniß zu geben.

Beschwerdeschrift und Bericht des Verklagten sind in diesem Falle so abzufassen, daß die Nothwendigkeit von Rückfragen thunlichst ausgeschlossen bleibt.

Wird die Beifügung von Zeugenaussagen von dem Beschwerdeführer oder Verklagten für nothwendig erachtet, so ist durch den Vermittler die Aufstellung derselben in Berichtsform zu veranlassen und sind die Berichte von ihm gleichzeitig mit der Beschwerdeschrift und dem Bericht des Verklagten an den entscheidenden Vorgesetzten abzusenden.

18. u. 19. gleichlautend mit BeschwO. I f. d. Heer (Anl. H) I B 3 u. 4.

II. Beamte.

20.—26. gleichlautend mit BeschwO. I f. d. Heer (Anl. H) Nr. II 1—4 Abs. 1[2]), Nr. 5—7.

---

[2]) Abs. 2 das. fehlt in der BeschwO. f. d. Marine.

Zweiter Theil.

Bestimmungen über die Beschwerdeführung der Personen des Soldatenstandes der Kaiserlichen Marine vom Deckoffizier abwärts.

I. Für den Beschwerdeführer.

1. [Anlaß zur Beschwerde.] Jedem Soldaten, welcher glaubt, daß ihm durch unwürdige Behandlung, durch Vorenthaltung von Gebührnissen oder aus einem anderen Grunde von Vorgesetzten oder Kameraden Unrecht zugefügt sei, ist es gestattet, sich zu beschweren.[4])

2. [Bei wem die Beschwerden anzubringen sind.]

Beschwerden sind zu richten:

a) an Bord: unmittelbar an den Divisionsoffizier. Wenn der Beschwerdeführer keinem Divisionsoffizier unterstellt ist, gehen Beschwerden an den ersten Offizier und, wenn ein solcher nicht vorhanden ist, an den Kommandanten.

b) an Land: bei den Marinetheilen unmittelbar an den Kompagnieführer, bei Behörden an den nächsten, mit Disziplinarstrafgewalt versehenen Offizier.

Sind Beschwerden gegen einen der unter a) und b) genannten Offiziere selbst gerichtet, so gehen sie an dessen nächsten Vorgesetzten.[5])

a) Beschwerden der Unterärzte und einjährig-freiwilligen Aerzte gegen ärztliche Vorgesetzte werden in sinngemäßer Anwendung der vorstehenden Bestimmungen bei den ärztlichen Vorgesetzten angebracht, bei Kommandos außerhalb der Lazarethe und militärärztlichen Bildungsanstalten nach Meldung bei dem militärischen Vorgesetzten.

c) Mannschaften des Beurlaubtenstandes haben, so lange sie nicht zum Dienst einberufen sind, Beschwerden, welche Militärdienstangelegenheiten betreffen, ihrem Bezirkskommandeur vorzutragen.

Richtet sich die Beschwerde gegen diesen, so ist sie bei dem vorgesetzten Bezirks- oder Kontroloffizier, wenn aber ein solcher nicht vorhanden ist, bei dem Bezirksadjutanten anzubringen.

Im Uebrigen gelten auch für diese Mannschaften alle Vorschriften dieser Verordnung.[6])

3. [Wie die Beschwerde anzubringen ist.] Alle Beschwerden sind mündlich bei den unter 2. bezeichneten Vorgesetzten unmittelbar vorzutragen.

Verhindern die Umstände den mündlichen Verkehr mit dem Vorgesetzten, an welchen die Beschwerde zu richten ist, so darf sie schriftlich erfolgen.

4. [Wann die Beschwerden anzubringen sind.] Niemals darf eine Beschwerde an dem Tage, an welchem der Anlaß dazu gegeben ist, vorgebracht werden, sondern frühestens an dem darauf folgenden Tage.

Ueber eine verhängte Disziplinarstrafe darf eine Beschwerde erst nach Verbüßung der ersteren erfolgen.

---

[4]) Anl. H Anm. 2.

[5]) Dieser Absatz bezieht sich lediglich auf die unter a u. b als erste Instanz genannten Offiziere. Es sind daher alle Beschwerden von Mannschaften, welche einem Divisionsoffizier unterstehen, bei diesem anzubringen, falls nicht die Beschwerde gegen den Divisionsoffizier selbst gerichtet ist (Deckblatt 1 vom 21. April 96).

[6]) Anl. H Anm. 7 u. 8.

Jede Beschwerde muß innerhalb einer Frist von fünf Tagen vorgetragen oder, wenn sie schriftlich erfolgt, abgeschickt sein.

Die Frist beginnt mit dem auf die Veranlassung zur Beschwerde oder auf die Verbüßung einer Strafe folgenden Tage.

Wird die die Beschwerde veranlassende Handlung oder die Person des Urhebers dem Beschwerdeführer erst später bekannt, so beginnt die Frist mit dem Tage der erlangten Kenntniß.

5. [Gemeinschaftliche Beschwerde verboten.] Gemeinschaftliche Beschwerden mehrerer Personen sind unstatthaft.

Giebt ein und derselbe Vorgang mehreren Personen Anlaß zur Beschwerde, so ist es jedem Betheiligten überlassen, für sich Beschwerde zu führen.

6. [Unwahre Angaben, Abweichungen vom Beschwerdeweg und Nichtinnehalten der Frist sind strafbar.] Wer leichtsinnig oder wider besseres Wissen eine auf unwahre Behauptungen gestützte Beschwerde anbringt, wird streng bestraft.[7])

Ebenso ist der Soldat strafbar,[7]) welcher eine Beschwerde unter Abweichung von dem vorgeschriebenen Dienstwege oder unter Nichteinhaltung der festgesetzten Frist anbringt.

Nichteinhaltung der Frist bleibt in solchen Fällen straffrei, in welchen besondere Umstände, die außerhalb des Verschuldens des Beschwerdeführers liegen, die verspätete Anbringung der Beschwerde gerechtfertigt erscheinen lassen.

7. [Beschwerde über eine getroffene Entscheidung ist erlaubt.] Der Soldat hat das Recht, gegen die über seine Beschwerde getroffene Entscheidung innerhalb einer Frist von fünf Tagen an den nächsthöheren Vorgesetzten und so fort bis zur Allerhöchsten Stelle eine Beschwerde einzulegen.

Das Recht zur weiteren Beschwerde steht auch dem beklagten Theil zu.

Die Frist für die weitere Beschwerde beginnt nach Ablauf des Tages, an welchem der Beschwerdeführer von der Entscheidung dienstlich Kenntniß erhält.

7a. Die Vorschriften dieser Verordnung finden Anwendung auch auf diejenigen Fälle, in welchen die Beschwerde gegen einen Beamten der Marine- oder Militärverwaltung gerichtet ist.[8])

II. Für den Vorgesetzten.

8.—11. gleichlautend mit BeschwO. II f. d. Heer (Anl. H) Nr. II 1—4.

12. Die Entscheidung über eine Beschwerde ist dem Beschwerdeführer und dem Verklagten ihrem wesentlichen Inhalt nach mitzutheilen, in jedem Falle schriftlich niederzulegen und seitens der entscheidenden Stelle aufzubewahren.

a) Beschwerden gegen solche Offiziere, welche Seiner Majestät dem Kaiser und König unmittelbar unterstellt sind, werden durch eine Immediateingabe des Offiziers, bei dem die Beschwerde angebracht ist, der Allerhöchsten Entscheidung unmittelbar zugeführt.

b)[8]) Beschwerden der Personen des Soldatenstandes über einen Beamten der Marine- oder Militärverwaltung werden dem ihm vorgesetzten Militärbefehlshaber oder höheren Beamten durch den Vorgesetzten, bei dem die Beschwerden anzubringen sind, zur weiteren Veranlassung vorgelegt.

---

[7]) Anl. H Anm. 6.

[8]) Hinzugetreten durch Deckblatt 2 vom 24. Febr. 97.

Falls Beschwerden über Beamte, die in einem doppelten Unterordnungsverhältnisse stehen, nicht lediglich das Gebiet der Militärdisziplin berühren, ist der Militärvorgesetzte berechtigt, vor seiner Entscheidung das Gutachten der dem Verklagten vorgesetzten Verwaltungsbehörde einzuholen.

13. Mannschaften, welche gegen eine Entscheidung auf ihre Beschwerde die weitere Beschwerde einlegen, sind von dem Offizier, bei welchem die Beschwerde anzubringen ist, protokollarisch zu vernehmen.

Das aufgenommene Protokoll ist dem zur Entscheidung zuständigen Vorgesetzten vorzulegen.

Die weitere Beschwerde wird ebenfalls in Gestalt einer Beschwerde gegen den Vorgesetzten, der die letzte Entscheidung getroffen hat, eingelegt und ist von dem Beschwerdeführer zu begründen.

Geht die weitere Beschwerde an die Allerhöchste Stelle, so ist das Protokoll durch eine Immediateingabe des das Protokoll aufnehmenden Offiziers der Allerhöchsten Entscheidung zuzuführen.

14. gleichlautend mit BeschwO. II f. d. Heer (Anl. H) Nr. II 8.

Anlage J (zu Anmerkung 584).

Gesetz über den Waffengebrauch des Militairs. Vom 20. März 1837. (GS. 60.)[1]

Wir u. s. w. haben Uns bewogen gefunden, zur Verhütung von Mißverständnissen darüber, in welchen Fällen und in welchem Maaße das Militair zur Aufrechterhaltung der öffentlichen Ordnung von seinen Waffen Gebrauch zu machen befugt und verpflichtet sei, und damit möglichen Unglücksfällen vorgebeugt werde, die bestehenden Vorschriften zu erneuern und zu vervollständigen. Demgemäß verordnen Wir hiermit, auf den Antrag Unseres Staatsministeriums und nach erfordertem Gutachten Unseres Staatsraths, wie folgt:

§ 1. [Dienstleistungen wobei der Waffengebrauch stattfindet.] Das in Unserem Dienste zur Aufrechthaltung der öffentlichen Ordnung, Ruhe und Sicherheit auftretende Militair ist berechtigt, auf Wachen und Posten[2]), bei Patrouillen, Transporten und allen andern Kommando's, auch wenn solche auf Requisition oder zum Beistande einer Civilbehörde gegeben werden, in den nachstehend §§ 2—6 bezeichneten Fällen von seinen Waffen Gebrauch zu machen.

---

[1]) Das G. ist gemäß RVerf. 61 u. den MilKonventionen im ganzen Reichsgebiet mit Ausnahme Bayerns eingeführt. — Das G. bestimmt die Fälle, in denen der Waffengebrauch stattfinden darf § 1—6 und das dabei zu beobachtende Verfahren § 7—11. Die § 1—7 sind inhaltlich in GDV. (Anl. G) Nr. 134, 135 wiedergegeben. Vgl. auch Vorschrift über den Waffengebrauch des Militärs 23. März 99.

[2]) GDV. (Anl. G) Nr. 118—133 Instr. für die Wachen bei Verhaftungen u. vorläufiger Festnahme 29. Jan. 81 Unteranlage J 1.

§ **2.** [Fälle des Waffengebrauchs: Gegen Angriffe und Widerstand durch Thätlichkeiten oder gefährliche Drohungen.] Wird das kommandirte Militair bei einer der vorerwähnten Dienstleistungen angegriffen oder mit einem Angriff gefährlich bedroht, oder findet es Widerstand durch Thätlichkeit oder gefährliche Drohung[3]); so bedient sich dasselbe seiner Waffen, um den Angriff abzuwehren und den Widerstand zu überwältigen.

§ **3.** [Wegen Ungehorsams bei Aufforderung zur Ablegung von Waffen und gefährlichen Werkzeugen.] Wenn das Militair bei einer solchen Dienstleistung zur Ablegung der Waffen oder anderer zum Angriffe oder zum Widerstande geeigneter, oder sonst gefährlicher Werkzeuge auffordert, und es wird dieser Aufforderung nicht sofort Folge geleistet, oder es werden die abgelegten Waffen oder Werkzeuge wieder aufgenommen; so macht das Militair von seinen Waffen Gebrauch, um den ihm schuldigen Gehorsam zu erzwingen.

§ **4.** [Bei Arrestationen zur Verhinderung der Flucht bereits arretirter Personen.] Wenn bei Arrestationen[4]) der bereits Verhaftete entspringt oder auch nur einen Versuch dazu macht, so bedient sich das Militair der Waffen, um die Flucht zu vereiteln.

§ **5.** [Zur Verhinderung der Flucht vom Transport oder aus Gefängnissen.] Hierzu ist dasselbe auch in allen Fällen befugt, wenn Gefangene, welche ihm zur Abführung oder zur Bewachung anvertraut sind, vom Transporte oder aus Gefängnissen zu entfliehen versuchen.

§ **6.** [Zum Schutze der den Schildwachen anvertrauten Personen oder Sachen.] Jede Schildwache (die Ehrenposten mit eingerechnet) hat sich zum Schutze der ihrer Bewachung anvertrauten Personen oder Sachen nöthigenfalls der Waffen zu bedienen.

§ **7.** [In welchem Maaße der Waffengebrauch stattfindet.] Das Militair hat von seinen Waffen nur in soweit Gebrauch zu machen, als es zur Erreichung der in den vorstehenden §§ 2—6 angegebenen Zwecke erforderlich ist. Der Gebrauch der Schußwaffe tritt nur dann ein, wenn entweder ein besonderer Befehl dazu ertheilt worden ist, oder wenn die anderen Waffen unzureichend erscheinen. Der Zeitpunkt, wenn der Waffengebrauch eintreten soll, und die Art und Weise seiner Anwendung muß von dem handelnden Militair jedesmal selbst erwogen werden.

§ **8.** [Verhältniß des Militairs zu den Civilbehörden, wenn es zum Beistand der letztern kommandirt wird.] Wird

[3]) Strafe StGB. § 113—116.

[4]) Hierunter sind sowohl die förmlichen Verhaftungen als auch die vorläufigen Ergreifungen u. Festnahmen zu verstehen (Fußnote zum Abdruck des G. als Anhang zur GDB.).

das Militair zum Beistand einer Civilbehörde kommandirt, so hat nicht die letztere, sondern das Militair und dessen Befehlshaber zu beurtheilen, ob und in welcher Art zur Anwendung der Waffen geschritten werden soll. Die Civilbehörde aber muß in jedem Falle, in welchem sie die Hülfe des Militairs nachsucht, den Gegenstand und den Zweck, wozu sie verlangt wird, so bestimmt angeben, daß von Seiten des Militairs die Anordnungen mit Zuverlässigkeit getroffen werden können.

§ **9**. [Sorge für die Verletzten.] Wenn Jemand durch Anwendung der Waffen von Seiten des Militärs verletzt worden, so liegt dem letztern ob, sobald die Umstände es irgend zulassen, die nächste Polizeibehörde davon zu benachrichtigen; die Polizeibehörde ihrerseits ist verpflichtet, die Sorge für die Verletzten zu übernehmen und die erforderlichen gerichtlichen Einleitungen zu veranlassen.

§ **10**. [Gesetzliche Vermuthung für das Militair.] Daß beim Gebrauche der Waffen das Militair innerhalb der Schranken seiner Befugnisse gehandelt habe, wird vermuthet, bis das Gegentheil erwiesen ist. Die Angaben derjenigen Personen, welche irgend einer Theilnahme an dem, was das Einschreiten der Militairgewalt herbeigeführt hat, schuldig oder verdächtig sind, geben für sich allein keinen zur Anwendung einer Strafe hinreichenden Beweis für den Mißbrauch der Waffengewalt.

§ **11**. [Besondere Vorschriften hinsichtlich der Aufläufe und Tumulte.] Bei Aufläufen und Tumulten kommt außer den Vorschriften dieses Gesetzes die Verordnung vom 17. August 1835 zur Anwendung.[5])

Unteranlagen zum Waffengebrauchgesetze.

Unteranlage J 1 (zu Anmerkung 2).

Instruktion für die Wachen in Hinsicht der von ihnen vorzunehmenden Verhaftungen und vorläufigen Festnahmen. Vom 29. Januar 1881
(MB. 60, JMB. 35).[1]) (Auszug.)

§ **9**. Privatpersonen, welche Jemand bei Ausführung einer strafbaren Handlung oder gleich nach derselben betreffen oder verfolgen, sind befugt, die Wachen um deren Unterstützung behufs der vorläufigen Festnahme zu ersuchen, wenn der Thäter flieht oder der Flucht verdächtig ist, oder wenn dessen Persönlichkeit nicht sofort festgestellt werden kann.

[5]) Die noch in Betracht kommenden Bestimmungen der V. 17. Aug. 35 u. der V. 30. Dez. 1798, die dieser als Anhang angefügt und durch sie ergänzt wird, sind als Unteranlage J 2 abgedruckt.

[1]) Die Instr. ist durch AE. 29. Jan. 81 (MB. 60) unter Aufhebung der Instr. 27. Juli 50 genehmigt. Sie ist hier nur insoweit abgedruckt, als ihr Inhalt nicht in die GDV. aufgenommen u. daher durch deren Bestimmungen (Anl. G Ziff. 118—133) ersetzt ist.

Einem solchen Ansuchen ist jedoch, wo nicht augenscheinliche Gefahr im Verzuge obwaltet, nur dann Statt zu geben:

a) wenn der Ansuchende nach den Umständen außer Stande ist, die Hülfe der Polizei zeitig genug in Anspruch zu nehmen, oder wenn er versichert, daß keine polizeiliche Hülfe zur Hand sei;

b) wenn, wie z. B. bei bedeutenden Schlägereien in Wirthshäusern, aus der Veranlassung zu dem Ansuchen sich entnehmen läßt, daß die Polizei nicht im Stande sein würde, ohne Unterstützung des Militärs die vorläufige Festnahme vorzunehmen.

Wenn dem Gesuche stattgegeben wird, so muß der Ansuchende die Wache an den Ort führen, wo die vorläufige Festnahme erfolgen soll, und dort die festzunehmende Person bestimmt bezeichnen.

Der Festgenommene wird auf Gefahr des Antragenden zur Wache abgeführt. Der Antragende muß sich nöthigenfalls über seine Person gehörig ausweisen. Kann er dies nicht, so muß er der Wache folgen und im Wachthause, ohne jedoch als Arrestat behandelt zu werden, so lange verweilen, bis der schleunigst herbeizurufende Polizeibeamte das Weitere veranlaßt.

§ 15. Die Wachen müssen namentlich zur Nachtzeit, wenn sie Hülferuf oder Nothsignale hören, sogleich die nöthige Hülfe zu leisten bemüht sein. Andererseits aber müssen sie sich aller unnöthigen Einmischungen enthalten, insbesondere wenn sie zur Herstellung der gestörten Ruhe und Ordnung beordert werden und bei ihrem Erscheinen die Ruhe bereits wieder hergestellt ist.

§ 16. Die Wachen sind befugt, Personen in Verwahrung zu nehmen, wenn der eigene Schutz dieser Personen oder die Aufrechterhaltung der öffentlichen Sittlichkeit, Sicherheit und Ruhe diese Maßregel dringend erfordern. Die solchergestalt in Verwahrung genommenen Personen müssen jedoch spätestens im Laufe des folgenden Tages in Freiheit gesetzt oder es muß in dieser Zeit das Erforderliche veranlaßt werden, um sie der zuständigen Behörde zu überweisen.

Unteranlage J 2 (zu Anmerkung 5).

Verordnung zur Aufrechterhaltung der öffentlichen Ordnung und der dem Gesetze schuldigen Achtung. Vom 17. August 1835. (GS. 170.) (Auszug.)

§ 8. Wenn bei einem Auflauf die bewaffnete Macht einschreitet, um den zusammengelaufenen Haufen auseinander zu treiben und die Ruhe wieder herzustellen, so befiehlt der die Mannschaft kommandirende Offizier oder Unteroffizier dem Haufen, auseinander zu gehen, und erzwingt, wenn auf die zweite Wiederholung seinem Gebot oder dem durch Trommelschlag oder Trompetenschall gegebenen Zeichen nicht sofort genügt wird, durch Waffengebrauch den schuldigen Gehorsam.

§ 9. Wird der bewaffneten Macht thätlicher Widerstand entgegengesetzt oder sogar ein Angriff auf dieselbe mit Waffen oder anderen gefährlichen Werkzeugen unternommen, wird mit Steinen oder anderen Gegenständen nach derselben geworfen, so ist die bewaffnete Macht, auf Anordnung ihres Befehlshabers, von der Schußwaffe Gebrauch zu machen befugt.

§ 10. Der Thatbestand wird durch eine amtliche Darstellung des Befehlshabers festgestellt.

Es hat derselbe darin über folgende Gegenstände Auskunft zu ertheilen:

über die Veranlassung seines Einschreitens, über den an den Haufen erlassenen Befehl, ob er ihn zu wiederholen genöthigt gewesen, und die

Wirkung desselben, ob eine thätliche Widersetzlichkeit stattgefunden, worin sie bestanden, ob von Seiten der Aufrührer ein Angriff mit Waffen oder anderen Werkzeugen erfolgt ist, ob mit Steinen oder anderen Gegenständen geworfen worden, ob und welchen Gebrauch er von den Waffen, insbesondere von der Schußwaffe, gemacht, und wie er den Auflauf gedämpft hat; endlich ob und was für Beschädigungen an Personen oder Sachen erfolgt sind.

Sind mehrere Befehlshaber in Thätigkeit gewesen, so geht die Darstellung von dem obersten von ihnen aus, die Berichte der übrigen werden beigelegt, insoweit dieselben der Zeit oder dem Orte nach selbständig gehandelt haben. Die nähere Bezeichnung der Beschädigungen an Personen und Sachen, so weit es nöthig ist, erfolgt von der Polizeibehörde, wird dem Befehlshaber zugestellt und bildet einen Theil seiner Darstellung.

Anhang

zu der Verordnung vom 17. August 1835.

Auszug

aus der Verordnung vom 30. Dezember 1798.

Erster Abschnitt.

Von Verhütung der Tumulte und Bestrafung der Urheber und Theilnehmer.

Es ist von Uns bemerkt worden, daß die bisherigen Gesetze keine hinreichenden Vorschriften enthalten, um einen entstehenden Tumult gleich im Anfange zu unterdrücken, da doch nach der Erfahrung dergleichen Volksaufläufe oft wider den Willen derjenigen, welche sie veranlaßt, das größte Unheil stiften können. Nach Unserer landesväterlichen Vorsorge für die Erhaltung der allgemeinen Ruhe und Sicherheit Unserer Unterthanen finden Wir daher nöthig, über diesen Gegenstand folgende Vorschriften zu ertheilen.

§ 6. Bei jedem entstehenden Auflaufe müssen die sich in der Nähe befindenden Polizeibeamte ohne Zeitverlust hineilen, die Veranlassung desselben untersuchen, die etwaigen Ruhestörer festhalten und dem versammelten Haufen ernstlich andeuten, sogleich ruhig auseinander zu gehen. Bleibt dieses ohne Wirkung, so müssen sie bei der nächsten Wache die nöthige Hülfe suchen und zugleich besorgen, daß sowohl der Gouverneur oder andere Militär-Chefs der Stadt, als auch der Polizeidirektor von dem Vorfalle schleunig benachrichtigt werden. Sie vereinigen sich inzwischen mit der Wache, um allem Unfug vorzubeugen und den Auflauf zu unterdrücken; sie treffen auch die nöthige Veranstaltung, daß diejenigen, welche aus Neugier oder andern Absichten den unruhigen Haufen vergrößern wollen, gewarnt, und durch Besetzung aller Zugänge zurückgehalten werden.

§ 7. Die Militärbehörden sind durch eine besondere Instruktion angewiesen, wie sie sich bei solchen Vorfällen zu verhalten haben. Sie werden jedesmal der Polizei zur Unterdrückung entstehender Tumulte schleunigen und kräftigen Beistand leisten, allenfalls die Wachen verdoppeln, sie mit scharfen Patronen versehen, und wenn gelindere Mittel nicht wirksam sein sollten, Gewalt brauchen. Es ist auch verfügt, daß diejenigen, welche bei entstehendem Tumulte in der Gegend desselben auf den Straßen angetroffen werden, und nach der an sie ergehenden Warnung sich nicht sogleich ruhig hinwegbegeben, aufgegriffen, und zum Arrest gebracht werden sollen.

(Abs. 2.)[1])

§ 8. Der kommandirende Offizier oder Unteroffizier des zur Dämpfung des Tumults abgeordneten Kommando soll jedesmal den versammelten Haufen mit lauter Stimme auffordern, ruhig zu sein, und sogleich auseinander zu gehen. Dieser Zuruf muß zweimal wiederholt werden. Sollte der versammelte Volkshaufen so zahlreich sein, daß der Zuruf nicht auf eine vernehmliche Art geschehen könnte, so soll durch Trommelschlag oder Trompetenschall das Zeichen der Entfernung gegeben werden.[2])

---

[1]) Abs. 2 enthielt eine veraltete Strafbestimmung.

[2]) Dasselbe (Anm. 1) gilt von Satz 2 des § 8.

Anlage K (zu Anmerkung 589).

Verordnung über das Heirathen der Militärpersonen des Preußischen Heeres und der Preußischen Landgendarmerie.[1]) (Auszug.)

A 1. Offiziere und Sanitätsoffiziere des Friedensstandes, sowie die in etatsmäßigen Stellen des Heeres verwendeten Offiziere und Sanitätsoffiziere z. D. bedürfen zu ihrer Verheirathung der Erlaubniß Seiner Majestät des Kaisers und Königs.

Einer gleichen Erlaubniß bedürfen die im Heere behufs vorübergehender Dienstleistung angestellten, in den preußischen Staatsverband nicht aufgenommenen Angehörigen fremder Staaten.

2. Der Erlaubniß zur Verheirathung bedürfen hiernach nicht:

a) Fürstliche Personen, die Chefs von Truppentheilen sind oder à la suite solcher stehen, als Offiziere des Friedensstandes aber nicht anzusehen sind;

b) Offiziere à la suite der Armee, sofern sie sich nicht in etatsmäßigen militärischen Stellen befinden;

c) die nicht zum aktiven Dienststande gehörenden Sanitätsoffiziere à la suite des Sanitätskorps;

d) Offiziere und Sanitätsoffiziere des Beurlaubtenstandes;

e) die nicht in etatsmäßigen Stellen des Heeres verwendeten Offiziere und Sanitätsoffiziere zur Disposition.

Die vorstehend aufgeführten Offiziere und Sanitätsoffiziere bedürfen der Heiraths-Erlaubniß auch dann nicht, wenn sie vorübergehend zum Dienste einberufen oder zugelassen sind.

6. Unteroffiziere und Gemeine des Friedensstandes müssen die Erlaubniß zur Verheirathung auf dem Dienstwege nachsuchen.

7. Die Erlaubniß zur Verheirathung (siehe Anlage 1) ertheilt, insoweit nicht besondere Festsetzungen getroffen sind, der Regimentskommandeur oder der Vorgesetzte, dem die Disziplinarstrafbefugniß eines solchen verliehen ist. Im besonderen wird die Erlaubniß ertheilt:

---

[1]) Die V. ist vom Kaiser unter Aufhebung aller entgegenstehenden Vorschriften genehmigt AO. 25. Mai 02. Sie ist in Bayern, Württemberg u. Sachsen mit einzelnen Abweichungen u. Zusätzen eingeführt. Für die Kriegsflotte sind die § 8 u. 20 der Organisatorischen Best. f. d. Personen des Soldatenstandes der Marine (Anl. L) maßgebend.

a) den Zeugfeldwebeln, den Oberfeuerwerkern und Feuerwerkern, welche die Beförderung zum Zeug- oder Feuerwerksoffizier erstreben:
von dem Feldzeugmeister;
b) den Wallmeistern, welche die Beförderung zum Festungsbauoffizier erstreben:
von dem General-Inspekteur der Festungen;
c) den übrigen Zeugfeldwebeln und Wallmeistern und den Zeugsergeanten:
von dem nächsten Vorgesetzten im Range der Regiments- oder Brigadekommandeure, bei den technischen Instituten stets von dem Inspekteur;
d) den nicht unter a) fallenden Oberfeuerwerkern und Feuerwerkern:
von dem zuständigen Artilleriedepot-Direktor;
e) den Invaliden in den Invalidenhäusern:
von dem Gouverneur oder Kommandanten des Invalidenhauses;
f) den Gendarmen:
von dem Brigadier;
g) den Unterärzten und einjährig-freiwilligen Aerzten:
von dem Generalstabsarzt der Armee;
h) den einjährig-freiwilligen Militär-Apothekern:
von den Korpsgeneralarzt;
i) den Militärkrankenwärtern:
von dem Chefarzt des Lazareths.

14. Wenn die Erlaubniß zur Verheirathung ertheilt ist, so ist dem Antragsteller eine Bescheinigung hierüber zur Vorlegung bei dem Standesbeamten auszustellen. Diese Bescheinigung ist in den Fällen, in denen Allerhöchsten Orts die Erlaubniß ertheilt worden ist, von dem Befehlshaber, an den das Gesuch gerichtet war (Ziffer 4a), im Uebrigen von dem Vorgesetzten, der die Erlaubniß ertheilt hat, zu unterschreiben und zu besiegeln.

Offizieren, denen die Erlaubniß zur Verheirathung von Allerhöchster Stelle unmittelbar ertheilt wird, bleibt überlassen, die Allerhöchste Kabinets-Ordre selbst oder eine beglaubigte Abschrift dem Standesbeamten vorzulegen.

Anlage L (zu Anmerkung 589).

Organisatorische Bestimmungen für das Personal des Soldatenstandes der Kaiserlichen Marine. Vom 26. Juni 1899. (Auszug.)

§ 8. 1. Aktive Seeoffiziere, Offiziere der Marineinfanterie und Sanitätsoffiziere bedürfen zu ihrer Verheirathung der Genehmigung Seiner Majestät des Kaisers.

Dasselbe gilt von den zur Allerhöchsten Disposition stehenden und in etatsmäßigen Stellen wieder angestellten Offizieren.

2. Marine-Ingenieure bedürfen zu ihrer Verheirathung der Genehmigung des Stationskommandos, Torpedo-Ingenieure, Feuerwerks-, Zeug- und Torpederoffiziere der des Staatssekretärs des Reichs-Marine-Amts.

3. Die verabschiedeten, die zur Allerhöchsten Disposition gestellten Offiziere, soweit sie nicht in etatsmäßigen Stellen wieder angestellt sind, und die Offiziere des Beurlaubtenstandes bedürfen einer Genehmigung zu ihrer Verheirathung nicht, selbst wenn dieselbe während der Dauer ihrer Einberufung zum aktiven

Dienst erfolgt. Die zur Disposition stehenden Offiziere haben von ihrer etwaigen Verheirathung dem Stationskommando, welchem sie zuletzt aktiv angehört haben, Anzeige zu erstatten.

Offiziere des Beurlaubtenstandes haben ihre erfolgte Verheirathung dem Bezirkskommando zu melden.

§ **20.** 1. Die Genehmigung zur Verheirathung der Deckoffiziere, die nicht auf die Beförderung zum Offizier verzichtet haben, sowie der Zahlmeisteraspiranten ist bei den Stationskommandos zu beantragen.

3. Die Genehmigung zur Verheirathung der übrigen Deckoffiziere und der Unteroffiziere wird durch die Kommandeure der Marinetheile am Lande, an das Torpedo-Mechanikerpersonal, das Feuerwerks-, Zeug- und Torpedopersonal durch den Inspekteur des Torpedowesens, den Inspekteur der Marineartillerie oder den Marinedepotinspekteur ertheilt. Für die Deckoffiziere des Vermessungswesens sind bezügliche Anträge dem Staatssekretär des Reichs-Marine-Amts vorzulegen.

---

3. Einführungsgesetz zum Militär-Strafgesetzbuche für das Deutsche Reich. Vom 20. Juni 1872. (RGB. 173.)[1]

§ **1.** Das Militär-Strafgesetzbuch für das Deutsche Reich tritt im ganzen Umfange des Bundesgebietes mit dem 1. Oktober 1872 in Kraft.[2])

§ **2.** Mit diesem Tage treten im ganzen Bundesgebiete alle Militärstrafgesetze, insoweit sie materielles Strafrecht zum Gegenstand haben, außer Kraft.

In Kraft bleiben die Vorschriften über die Bestrafung der von Landgendarmen begangenen strafbaren Handlungen[3]), sowie die Vorschriften

[1]) Inhalt: § 1 Inkrafttreten des MStGB.; § 2 Außerkrafttreten früherer Vorschriften, persönliches Anwendungsgebiet; § 3 gerichtliche Bestrafung Regel, Bestrafung im Disziplinarweg ausnahmsweise zulässig. — Entstehung, Quellen, Bearb. wie Nr. 2 Anm. 1 d. W.

[2]) Einführung in Elsaß-Lothringen auf Grund G. 9. Juni 71 (RGB. 212) durch Kais. V. 8. Juli 72 (GBl. für Elsaß-Lothr. 473); in den afrikanischen Schutzgebieten durch Kais. V. 26. Juli 96 (RGB. 669).

[3]) Damit ist ausgesprochen, daß da, wo landesgesetzlich die Gendarmen zu den Personen des Soldatenstandes gehören (so in Preußen AO. 30. Dez. 20, GS. 21 S. 1, § 1, 9; AO. 19. Juli 73, AVB. 219, Elsaß-Lothringen G. 20. Juni 72, Baden, Hessen, Mecklenburg-Schwerin, Waldeck, Schaumburg-Lippe, Lippe) die bestehenden besonderen Vorschriften über die von ihnen verübten strafbaren Handlungen aufrecht erhalten bleiben, im übrigen aber gemäß § 2 Abs. 1 an Stelle der landesrechtlichen MilStrafG. auch hinsichtlich der Gendarmen in den genannten Bundesstaaten das MStGB. für das Deutsche Reich treten solle. Durch Abs. 2 sind für Preußen u. die übrigen genannten Bundesstaaten in Kraft erhalten die in Anlage A abgedruckten § 48 Abs. 2 u. 3 u. 188 des preuß. MStGB. 3. April 45, URMGer. 10. Febr. 02 (II 193). — Wo die Gendarmen MilPersonen sind, unterstehen sie nicht den für Beamte gegebenen Strafbestimmungen (StGB. § 331 bis 359, MStGB. § 145), sondern ausschließlich den MilStrafG. Vorgesetzten- u. Untergebenenverhältnis der Gendarmen Anl. F zu Nr. 2 d. W.

über die Bestrafung der Fahnenflüchtigen im Wege des Ungehorsams-(Kontumazial-)Verfahrens.[4])

Dagegen finden die Bestimmungen des Militär-Strafgesetzbuches auch auf die Offiziere à la suite Anwendung, welche nicht zum Soldatenstande gehören[5]), wenn und insolange sie zu vorübergehender Dienstleistung zugelassen sind, sowie in Bezug auf Handlungen gegen die militärische Unterordnung[6]), welche sie begehen, während sie die Militäruniform[7]) tragen.

§ **3.** Eine Bestrafung in Gemäßheit des Militär-Strafgesetzbuches kann nur auf Grund eines gerichtlichen Erkenntnisses erfolgen.[8])

In leichteren Fällen[9]) können im Disziplinarwege geahndet werden[10]):

1. Vergehen wider die §§ 64, 89 Absatz 1, 90, 91 Absatz 1, 92, 121 Absatz 1, 137, 141 Absatz 1, 146, 151;
2. Vergehen wider § 114, wenn die strafbare Handlung nur in dem Borgen von Geld oder in der Annahme von Geschenken ohne Vorwissen des gemeinschaftlichen Vorgesetzten besteht.[11])

---

unter B I 4. Disziplinarverhältnisse Nr. III 2 d. W. — In Bayern u. Württemberg zählen die Gendarmen nicht zu den Personen des Soldatenstandes, mit Ausnahme der Offiziere, die dem MStGB. unterstehen. Im übrigen ist für die Angehörigen des bayrischen Gendarmeriekorps gemäß § 2 Abs. 2 das frühere bayrische MStGB. 29. April 69 (abgeändert durch G. 28. April 72) in Kraft geblieben, wogegen in Württemberg die Gendarmen (abgesehen von den Offizieren) nur den bürg. StrafG. (einschließlich StGB. § 331—359) unterstehen KV. 11. Okt. 98 § 61—63 (Reg. Bl. 241). — MilGerichtsbarkeit über Gendarmen Nr. II 3 Anm. 5 d. W. — Feldgendarmen sind allgemein Personen des Soldatenstandes u. zählen zu den milit. Wachen MStGB. § 111.

[4]) Dieser Satz ist durch EG. zur MStGerO. § 2 Abs. 2 (Nr. II 3 d. W.) aufgehoben.

[5]) Vgl. MStGerO. § 1[6], 5[3] (Nr. II 2 Anm. 8 d. W.)

[6]) MStGB. § 89—112.

[7]) Begriff Nr. 2 Anm. 436 d. W.

[8]) Verfahren u. Urteil vgl. MStGerO. (Nr. II 2 d. W.)

[9]) Es gilt dasselbe wie bei „minder schweren Fällen" im Sinne des MStGB. (vgl. Nr. 2 Anm. 230 d. W.). — Die Entscheidung darüber, ob ein leichterer Fall vorliegt, steht ausschließlich dem nächstzuständigen Disziplinarvorgesetzten zu KrMVf. 17. Juni 95 (AVB. 143); MStGerO. § 157 Abs. 2, 251.

[10]) DStO. § 1[2]. — Prozeßrechtliche Folgen MStGerO. § 157, 250, 251 (Nr. II 2 Anm. 334 d. W.). — § 3 Abs. 2 u. 3 d. G. finden auch in den Fällen der Disziplinarbestrafung gemäß MStGerO. § 202 Abs. 3, 290 Abs. 2, EG. hierzu § 18 Abs. 1 Anwendung.

[11]) Nr. 2 Anm. 336, 446 d. W.

[12]) Die Handlung behält auch bei disziplinärer Ahndung ihre Eigenschaft als „Vergehen" im Sinne des MStGB. Der Disziplinarvorgesetzte ist daher an die im betreffenden Paragraphen des MStGB. angedrohte Arrestart u. Mindestdauer der Strafe (z. B. § 141) gebunden, ebenso hinsichtlich der Zulässigkeit strengen Arrestes an MStGB. § 22 Abs. 3 u. hinsichtlich erhöhter Strafe an MStGB. § 53, 55. (Anm. 91, 209 zu Nr. 2 d. W.). Gefängnis, Festungshaft, Kasernen- oder Quartierarrest, Verweis oder sog. kleinere Disziplinarstrafen (DStO. § 3 A 1, B 1, 2, 3[a], C 1, 2[a]) sind unzulässig. (Anm. 82 zu Nr. 2 d. W.). — Für die Verjährung der Strafverfolgung der § 3 Nr. 1 u. 2 genannten Vergehen bleiben auch bei disziplinärer Ahndung die in StGB. § 67 bestimmten Fristen maßgebend. Unterbrechung der Verjährung durch Handlungen des Dis-

Jedoch darf im Disziplinarwege keine andere Freiheitsstrafe, als Arrest festgesetzt werden[12]), und die Dauer desselben vier Wochen gelinden Arrestes oder Stubenarrestes, drei Wochen mittleren Arrestes oder vierzehn Tage strengen Arrestes nicht übersteigen.[13])

Anlage A (zu Anmerkung 3).
Preußisches Militärstrafgesetzbuch vom 3. April 1845 (GS. 278) § 48 Abs. 2 u. 3 u. § 188.

§ **48**. Wo Versetzung in die zweite Klasse des Soldatenstandes oder Degradation stattfindet, ist gegen Landgendarmen stets noch außerdem auf Entlassung aus der Gendarmerie zu erkennen.

Auch muß auf diese Entlassung jederzeit erkannt werden, wenn ein Landgendarm wegen Verletzung seiner Amtspflichten zum dritten Male gerichtlich mit der ordentlichen gesetzlichen Strafe belegt wird.[1])

§ **188**. Landgendarmen, welche in Ausübung des Dienstes sich des Mißbrauchs der Dienstgewalt schuldig machen[2]), sind ebenso zu bestrafen, wie Vorgesetzte, die sich ein solches Verbrechen gegen Untergebene zu Schulden kommen lassen. Machen sie sich des Mißbrauchs der Dienstgewalt gegen Personen schuldig, welche außer diesem Dienstverhältniß ihre Vorgesetzten sind, so ist dies bei Zumessung der Strafe als ein erschwerender Umstand oder als ein Grund zur Verschärfung der Strafe zu betrachten.[3])

4. Kriegsartikel für das Heer.

a) Allerhöchste Verordnung über die Einführung neuer Kriegsartikel für das Heer. Vom 22. September 1902. (AVB. 279.)

Auf den Mir gehaltenen Vortrag hebe Ich die Kriegsartikel für das Heer vom 31. Oktober 1872 auf und bestimme, daß an ihre Stelle die heute von Mir vollzogenen Kriegsartikel treten sollen. Ich beauftrage Sie, die zu ihrer Einführung erforderlichen Anordnungen zu treffen.

---

ziplinarvorgesetzten EG. z. MStGerO. § 10 (Nr. II 3 d. W.).

[13]) Der einzelne Vorgesetzte ist außerdem an die ihm nach DStO. § 9—14 gezogenen Strafgrenzen gebunden. Bezüglich Stubenarrest Nr. III 2 Anm. 10 d. W. Ist eine höhere Strafe, als in Abs. 3 zugelassen, oder eine Ehrenstrafe angezeigt, so muß gerichtliche Bestrafung erfolgen. — Gegenüber Personen des Beurlaubtenstandes darf die gemäß § 3 ausgesprochene Disziplinarstrafe in den DStO. § 26, 27 genannten Fällen 3 Tage gelinden oder mittleren Arrest nicht übersteigen.

[1]) Vorausgesetzt ist zweimalige gerichtliche Bestrafung wegen Verletzung der Amtspflichten.

[2]) MStGB. § 114—125. — In Ausübung des Dienstes umfaßt auch Verübung bei Gelegenheit der Ausübung des Dienstes URMGer. 10. Febr. 02 (II 193).

[3]) MStGB. § 55 findet Anwendung (PE. III 121).

Zugleich bestimme Ich, daß diese Kriegsartikel:

1. bei jeder Kompagnie, Eskadron und Batterie sogleich nach ihrer Bekanntmachung und demnächst alljährlich mehrmals, sowie auch einem jedem neu eintretenden Soldaten vor der Ableistung des Fahneneides langsam und deutlich vorgelesen werden sollen;
2. den der deutschen Sprache nicht kundigen Soldaten aber in ihrer Muttersprache vorzulesen und zu diesem Zwecke die nöthigen Uebersetzungen alsbald anzufertigen sind.[1])

An den Kriegsminister.

b) Kriegsartikel für das Heer.

Art. 1. Eingedenk seines hohen Berufs, Thron und Vaterland zu schützen, muß der Soldat stets eifrig bemüht sein, seine Pflichten zu erfüllen. Der Dienst bei der Fahne ist die Schule für den Krieg; was der Soldat während seiner Dienstzeit gelernt hat, soll er auch im Beurlaubtenstande sich erhalten.

Art. 2. Die unverbrüchliche Wahrung der im Fahneneide[2]) gelobten Treue ist die erste Pflicht des Soldaten. Nächstdem erfordert der Beruf des Soldaten: Kriegsfertigkeit, Muth bei allen Dienstobliegenheiten, Tapferkeit im Kriege, Gehorsam gegen die Vorgesetzten, ehrenhafte Führung in und außer Dienst, gutes und redliches Verhalten gegen die Kameraden.

Art. 3. Jeder rechtschaffene, unverzagte und ehrliebende Soldat darf der Anerkennung und des Wohlwollens seiner Vorgesetzten versichert sein.

Art. 4. Dem Soldaten steht nach seinen Fähigkeiten und Kenntnissen der Weg selbst zu den höchsten Stellen im Heere offen.

Wer sich durch Tapferkeit und Muth hervorthut oder in langer Dienstzeit gut führt, hat für seine treue Pflichterfüllung die verdiente Belohnung durch ehrenvolle Auszeichnungen zu erwarten.

Wer nach längerer vorwurfsfreier Dienstzeit die Beschwerden des Dienstes nicht mehr zu ertragen vermag, wer durch Verwundung vor dem Feinde dienstunfähig wird oder sonst im Dienste zu Schaden kommt, erwirbt den Anspruch auf Pension oder Anstellung im Zivildienste.

Art. 5. Dagegen trifft denjenigen Soldaten, welcher seine Pflicht verletzt, die verdiente Strafe.

Geringere Vergehen werden disziplinarisch geahndet, bei schweren tritt gerichtliche Bestrafung ein. Die Strafen, auf welche gerichtlich erkannt werden kann, sind Arrest, Festungshaft, Gefängniß, Zuchthaus und in den schwersten Fällen Todesstrafe. Der Arrest ist gelinder, mittlerer oder strenger. Der Höchstbetrag der beiden ersten Arten ist 6 Wochen, der des strengen Arrestes 4 Wochen. Festungshaft, Gefängniß und Zuchthaus sind entweder von zeitiger Dauer bis zu 15 Jahren oder lebenslänglich.

Freiheitsstrafen von mehr als 6 Wochen werden auf die aktive Dienstzeit nicht angerechnet.

---

[1]) Hierzu KMVf. 26. Sept. 02 (AVB. 284). — Einführung der KA. für die Schutztruppen durch AV. 17. Okt. 02 (AVB. 331).

[2]) Formel des Soldateneides:
a) für Preußen vom 5. Juni 31 (MGS. I 57, 313),
b) für Angehörige anderer Bundesstaaten v. 14. Dez. 67 (AVB. 179),
c) für Elsaß-Lothringen vom 4. Dez. 78 (AVB. 255).

Leistung des Fahneneides HeerO. § 12[2], RVerf. Art. 64; Verweigerung des Soldateneides und deren Folgen KMVf. 27. Dez. 66 (MGS. VII 225).

Neben diesen Strafen kommen als besondere Ehrenstrafen gegen den Soldaten zur Anwendung: Versetzung in die 2. Klasse des Soldatenstandes, Degradation und Entfernung aus dem Heere. Bei Zuchthaus wird stets auf Entfernung aus dem Heere erkannt.

Gegen Mannschaften von besonders schlechter Führung kann Einstellung in eine Arbeiterabtheilung verfügt werden. Ist der Kriegszustand erklärt, so werden die Strafen verschärft.

Art. **6.** Die Pflicht der Treue gebietet dem Soldaten bei allen Vorfällen im Krieg und Frieden mit Aufbietung aller seiner Kräfte, selbst mit Aufopferung des Lebens, jede Gefahr von Seiner Majestät dem Kaiser, dem Landesherrn und dem Vaterlande abzuwenden.

Art. **7.**[3]) Wer sich mit dem Feinde in Verbindung setzt oder auf sonstige Weise durch Handlungen oder Unterlassungen die deutschen oder verbündeten Truppen absichtlich schädigt oder zu schädigen unternimmt, bricht die eidlich gelobte Treue und macht sich des Kriegsverraths schuldig.

Der Verräther wird mit den schwersten Freiheits- und Ehrenstrafen oder mit dem Tode bestraft.

Auch im Frieden wird der Verrath militärischer Geheimnisse mit schwerer und entehrender Strafe belegt.

Wer von einem verrätherischen Vorhaben Kenntniß erhält, ist verpflichtet, dies sofort seinen Vorgesetzten anzuzeigen, er zieht sich sonst selbst schwere Strafe zu.

Art. **8.**[4]) Die Erfüllung der Dienstpflicht ist eine Ehrenpflicht jedes deutschen Mannes; wer sich ihr durch Selbstverstümmelung, durch Täuschung oder auf andere Weise entzieht oder zu entziehen versucht, wird in die zweite Klasse des Soldatenstandes versetzt und mit Freiheitsstrafe belegt. Gleiche Strafe trifft den Theilnehmer.

Art. **9.**[5]) Dem Soldaten soll seine Fahne heilig sein. Er darf sie niemals verlassen. Wer die Fahne verläßt oder von ihr fortbleibt, um sich seiner Verpflichtung zum Dienste dauernd zu entziehen, macht sich der Fahnenflucht schuldig.

Die Fahnenflucht wird mit den schwersten Freiheits- und Ehrenstrafen, im Felde selbst mit dem Tode bestraft. Schwere Strafe trifft denjenigen, der einen anderen zur Fahnenflucht verleitet oder diese befördert, sowie auch den, welcher von einem zu seiner Kenntniß gelangten Vorhaben der Fahnenflucht seinen Vorgesetzten nicht alsbald Anzeige macht.

Auch wenn der Soldat nicht beabsichtigt, dauernd fern zu bleiben, sind eigenmächtige Entfernung von der Truppe und Urlaubsüberschreitung strafbar.

Art. **10.**[6]) Die Feigheit ist für den Soldaten besonders schimpflich und entehrend; niemals darf er sich durch Furcht vor persönlicher Gefahr von der Erfüllung seiner Berufspflichten abwendig machen lassen.

Der feige Soldat hat schwere Freiheits- und Ehrenstrafen, im Kriege Zuchthaus oder die Todesstrafe zu erwarten.

Art. **11.**[7]) Der Gemeine muß jedem Offizier und Unteroffizier, und der Unteroffizier jedem Offizier des Heeres, der Marine oder Schutztruppe Achtung und Gehorsam beweisen und hat ihre Befehle pünktlich zu befolgen. In gleicher Weise ist den Anordnungen und Weisungen aller zum Wacht- oder militärischen

---

[3]) MStGB. § 56—63, StGB. § 80 bis 93; G. 3. Juli 93 (RGB. 205).

[4]) MStGB. § 81—83.

[5]) MStGB. § 64—79.

[6]) MStGB. § 49 Abs. 1, 84—88.

[7]) MStGB. § 89—113.

Sicherheitsdienst befehligten Personen des Soldatenstandes sowie den zeitweilig zum Vorgesetzten bestellten Mannschaften und den im Dienst befindlichen Feldgendarmen Gehorsam zu leisten.

Art. 12.[8]) Achtungswidriges Benehmen gegen einen Vorgesetzten, Beleidigung eines solchen, Ungehorsam gegen einen Dienstbefehl, sowie Belügen des Vorgesetzten auf Befragen in dienstlichen Angelegenheiten werden nachdrücklich geahndet.

Bei achtungswidrigem Benehmen unter dem Gewehr oder vor versammelter Mannschaft, bei ausdrücklicher Verweigerung des Gehorsams, Kundgebung des Ungehorsams durch Worte, Geberden oder andere Handlungen oder Beharren im Ungehorsam sowie bei Bedrohung des Vorgesetzten tritt erhebliche Verschärfung der Strafe ein.

Art. 13.[9]) Wer sich einem Vorgesetzten thätlich widersetzt oder einen thätlichen Angriff gegen ihn unternimmt, hat schwere Freiheitsstrafe, unter Umständen Zuchthaus verwirkt. Im Felde tritt, wenn die Thätlichkeit während des Dienstes verübt ist, die Todesstrafe ein.

Auch ist jeder Vorgesetzte berechtigt, um einen thätlichen Angriff des Untergebenen abzuwehren oder um seinen Befehlen in äußerster Noth und dringendster Gefahr Gehorsam zu verschaffen, die Waffe gegen den Untergebenen zu gebrauchen.

Art. 14.[10]) Jede Aufforderung oder jeder Anreiz, gemeinschaftlich dem Vorgesetzten den Gehorsam zu verweigern oder sich ihm zu widersetzen oder eine Thätlichkeit gegen ihn zu begehen, wird als Aufwiegelung aufs strengste bestraft.

Verabreden sich Mehrere zur gemeinschaftlichen Begehung einer solchen That, so liegt Meuterei vor.

Wenn Mehrere sich zusammenrotten und mit vereinten Kräften eine Gehorsamsverweigerung, Widersetzlichkeit oder Thätlichkeit gegen den Vorgesetzten begehen, so machen sie sich des militärischen Aufruhrs schuldig; als Strafe hierfür kann auf Zuchthaus bis zu lebenslänglicher Dauer, im Felde auf Todesstrafe erkannt werden.

Wer von einer Meuterei, welche zu seiner Kenntniß gelangt, nicht sofort seinen Vorgesetzten Anzeige macht, hat strenge Strafe zu erwarten.

Art. 15.[11]) Der ehrenvolle Beruf des Soldaten darf durch ehrenwidrige Behandlung desselben nicht herabgewürdigt werden.

Wer die Untergebenen vorschriftswidrig behandelt, beleidigt oder gar mißhandelt, oder wer seine Dienstgewalt dazu mißbraucht, um auf Kosten seiner Untergebenen sich Vortheile zu verschaffen, wird nachdrücklich bestraft.

Glaubt der Soldat, Veranlassung zur Beschwerde zu haben, so ist er dennoch verbunden, seine Dienstobliegenheiten unweigerlich zu erfüllen, und erst demnächst seine Beschwerde auf dem verordneten Wege anzubringen.

Wer eine Beschwerde auf unwahre Behauptungen stützt oder unter Abweichung von dem vorgeschriebenen Dienstwege anbringt, wird mit Freiheitsstrafe belegt.

Art. 16.[12]) Gemeinsame Berathungen von Soldaten über militärische Angelegenheiten, Einrichtungen oder Befehle ohne dienstliche Genehmigung, sowie das Sammeln von Unterschriften zu einer gemeinsamen Beschwerde sind mit der militärischen Mannszucht nicht vereinbar und werden bestraft.

---

[8]) MStGB. § 89—95.
[9]) MStGB. § 96, 97, 124.
[10]) MStGB. § 99, 100, 103—110.
[11]) MStGB. § 114—123, 152.
[12]) MStGB. § 101—102.

Schwere Strafe trifft denjenigen, welcher es unternimmt, Mißvergnügen in Beziehung auf den Dienst unter seinen Kameraden zu erregen.

Art. **17.**[13]) Im Felde darf der Soldat nie vergessen, daß der Krieg nur mit der bewaffneten Macht des Feindes geführt wird. Hab und Gut der Bewohner des feindlichen Landes, der Verwundeten, Kranken und Kriegsgefangenen stehen unter dem besonderen Schutz des Gesetzes, ebenso das Eigenthum von gebliebenen Angehörigen der deutschen oder verbündeten Truppen.

Eigenmächtiges Beutemachen, Plünderung, boshafte oder muthwillige Beschädigung oder Vernichtung fremder Sachen im Felde, Bedrückung der Landesbewohner werden mit den schwersten Strafen belegt. Als Plünderung ist es nicht anzusehen, wenn die Aneignung sich nur auf Lebensmittel, Heilmittel, Bekleidungsgegenstände, Feuerungsmittel, Futter und Beförderungsmittel erstreckt und dem vorhandenen Bedürfniß entspricht.

Art. **18.**[14]) Der Soldat darf seine Waffen nur in Erfüllung seines Berufes oder in rechtmäßiger Selbstvertheidigung gebrauchen. Rechtswidriger Waffengebrauch wird schwer bestraft; desgleichen die unvorsichtige Behandlung von Waffen und Munition, wenn dadurch ein Mensch körperlich verletzt oder getödtet worden ist.

Art. **19.**[15]) Der Soldat soll sein Dienstpferd, seine Waffen, Bekleidungs- und Ausrüstungsstücke in gutem Zustande halten und zur Erlangung der Kriegstüchtigkeit unausgesetzt sich bemühen, den Gebrauch der Waffen ganz und vollständig zu erlernen.

Wer sein Dienstpferd, seine Waffen, Bekleidungs- oder Ausrüstungsstücke oder einen anderen Dienstgegenstand vorsätzlich beschädigt, unbrauchbar macht oder preisgiebt, hat Freiheitsstrafe verwirkt, in schweren Fällen zugleich Versetzung in die zweite Klasse des Soldatenstandes.

Art. **20.**[16]) Der Soldat hat über Dienstangelegenheiten Verschwiegenheit zu beobachten. Bei allen Meldungen und Aussagen muß er sich der strengsten Wahrheit befleißigen.

Die absichtliche unrichtige Abstattung von Rapporten, dienstlichen Meldungen oder dienstlichen Berichten oder ihre wissentliche Weiterbeförderung unterliegt strenger Bestrafung. Auch Fahrlässigkeit ist hierbei strafbar.[17])

Art. **21.**[18]) Der Soldat darf niemals, sei es durch Aussicht auf äußere Vortheile, sei es durch irgend einen anderen Grund, bei Ausübung des Dienstes sich zu Pflichtwidrigkeiten verleiten lassen.

Wer für eine Handlung, die eine Verletzung einer Dienstpflicht enthält, Geschenke oder andere Vortheile annimmt, fordert oder sich versprechen läßt, hat Zuchthaus zu gewärtigen.

Art. **22.**[19]) Ein verantwortungsvoller Dienst ist der Wachtdienst; seine gewissenhafte Ausführung muß der Soldat sich besonders angelegen sein lassen.

Dem Wachtposten ist, wenn nicht ein Anderes ausdrücklich bestimmt wird, verboten, sich niederzusetzen oder niederzulegen, die Waffe aus der Hand zu lassen, zu essen, zu trinken, Tabak zu rauchen, Geschenke anzunehmen, zu schlafen, über die Grenze seines Postens hinaus zu gehen, ihn vor erfolgter Ablösung zu verlassen oder sonst seine Dienstvorschrift zu übertreten.

---

[13]) MStGB. § 127—136.

[14]) MStGB. § 148, 149; StGB. § 222—231.

[15]) MStGB. § 137.

[16]) MStGB. § 139.

[17]) DStO. § 1[1].

[18]) MStGB. § 140.

[19]) MStGB. § 141, GDB. Nr. 90ff.

Entsprechend der Wichtigkeit dieses Dienstes werden Wachtvergehen besonders streng bestraft; vor dem Feinde kann auf Todesstrafe erkannt werden.

Art. **23.**[20]) Wer als Befehlshaber einer militärischen Wache, eines Kommandos oder einer Abtheilung, oder als Wachtposten eine strafbare Handlung, die er verhindern konnte und zu verhindern dienstlich verpflichtet war, wissentlich begehen läßt, wird ebenso bestraft, als ob er die Handlung selbst begangen hätte.

Sind einem Soldaten Gefangene zur Bewachung anvertraut, so haftet er für deren sichere Bewachung.

Wer die Wache oder bei einem Kommando oder auf dem Marsche seinen Platz eigenmächtig verläßt, wird mit Arrest bestraft.

Art. **24.** Der Soldat soll ein ordentliches Leben führen und darf weder Schulden machen, noch dem Trunke, dem Spiel oder anderen Ausschweifungen sich ergeben. Auch muß er vom Zapfenstreich bis zum Wecken in seinem Quartier sein, wenn er nicht im Dienst sich befindet oder von seinem Vorgesetzten Erlaubniß erhalten hat, sich anderswo aufzuhalten.[21])

Bei strafbaren Handlungen gegen die Pflichten der militärischen Unterordnung, bei allen in Ausübung des Dienstes begangenen strafbaren Handlungen bildet die selbstverschuldete Trunkenheit des Thäters keinen Milderungsgrund.[22])

Wer im Dienst oder nachdem er zum Dienst befehligt worden ist, durch Trunkenheit zur Ausführung seiner Dienstverrichtung sich untauglich macht, wird mit harter Freiheitsstrafe belegt.[23])

Art. **25.**[24]) Der Soldat darf im Kampf, in Noth und Gefahr seine Kameraden nicht verlassen, muß ihnen nach allen Kräften Hülfe leisten, wenn sie in erlaubten Dingen seines Beistandes bedürfen, und soll mit ihnen in Eintracht leben.

Schlägereien und Beleidigungen der Soldaten untereinander werden nachdrücklich bestraft.

Art. **26.** Strenge Redlichkeit gehört zu den besonderen Pflichten des Soldaten.

Diebstähle oder Unterschlagungen bei Ausübung des Dienstes oder unter Verletzung des militärischen Dienstverhältnisses werden mit Freiheits- und Ehrenstrafe belegt. In gleicher Weise bestraft wird derjenige, der einen Diebstahl oder eine Unterschlagung gegen einen Vorgesetzten oder einen Kameraden oder gegen seinen Quartierwirth oder eine zu dessen Hausstand gehörige Person begeht. Strafe tritt auch dann ein, wenn der Werth des gestohlenen oder veruntreuten Gegenstandes unbedeutend ist, oder die That auch nur versucht wurde.[25])

Art. **27.** Auch im Beurlaubtenstande muß der Soldat den ihm obliegenden besonderen Pflichten pünktlich nachkommen und macht sich bei Zuwiderhandlungen strafbar.[26])

Art. **28.** Von dem Ehr- und Pflichtgefühl des Soldaten wird erwartet, daß er alle strafbaren Handlungen vermeidet, und fort und fort seine Pflichten treu und gewissenhaft erfüllt, durch Gottesfurcht und ehrenhafte Führung in und außer Dienst ein Muster ordentlichen und rechtschaffenen Lebens giebt und nach Kräften dazu beiträgt, den guten Ruf des Heeres im In- und Auslande zu bewahren.

---

[20]) MStGB. § 143, 144, 146.
[21]) DStO. § 1[1].
[22]) MStGB. § 49 Abs. 2.
[23]) MStGB. § 151.
[24]) StGB. § 185 ff., 223 ff.; DStO. § 1[1].
[25]) MStGB. § 138, StGB. § 242 bis 248, 370 [5 u. 6].
[26]) MStGB. § 113; DStO. § 23—31.

5. Kriegsartikel für die Marine.[1])

a) Allerhöchste Verordnung über die Einführung neuer Kriegsartikel für die Marine. Vom 10. Januar 1903.

Die Kriegsartikel für Meine Marine vom 23. November 1872 hebe Ich auf und bestimme, daß an ihre Stelle die heute von Mir vollzogenen Kriegsartikel treten. Ich beauftrage Sie, die zu ihrer Einführung erforderlichen Anordnungen zu treffen.

Die Kriegsartikel sind auf jedem in Dienst gestellten Schiff und bei jedem Marinetheil am Lande, sogleich nach Eingang bei denselben, sowie späterhin allmonatlich, auch jedem neu eintretenden Soldaten vor Ableistung des Eides langsam und deutlich vorzulesen und zu erläutern.

Den der deutschen Sprache nicht kundigen Soldaten sind die Kriegsartikel in ihrer Muttersprache vorzulesen und zu diesem Zweck die nöthigen Uebersetzungen alsbald anzufertigen.

An den Reichskanzler (Reichs-Marine-Amt).

b) Kriegsartikel für die Kaiserliche Marine.

Art. 1. Kaiser und Reich zu schirmen, Deutschlands Handel und Schiffahrt auf allen Meeren zu sichern und den Deutschen im Auslande Schutz und Rückhalt zu sein, ist die hohe Aufgabe der Marine.

Sie erfordert von dem Soldaten volle Hingabe an seinen Beruf und treue Erfüllung aller seiner Pflichten. Der Dienst unter der Flagge und bei der Fahne ist eine Schule für den Krieg, wie für das ganze Leben. Was der Soldat während seiner Dienstzeit gelernt hat, soll er auch fernerhin sich erhalten.

Art. 2. Die dem Kaiser eidlich gelobte Treue unverbrüchlich zu wahren und die Ehre der Flagge und Fahne rein und fleckenlos zu erhalten, ist die vornehmste Pflicht des Soldaten. Die Erfüllung dieser Pflicht schließt die gewissenhafte und vollständige Erfüllung aller anderen Pflichten in sich. Dazu gehören: Kriegsfertigkeit, Muth bei allen Dienstobliegenheiten, Tapferkeit im Kriege, Unerschrockenheit im Kampf mit den Naturgewalten, Gehorsam gegen die Vorgesetzten, ehrenhafte Führung in und außer Dienst, gutes und rechtliches Verhalten gegen die Kameraden.

Art. 3. Jeder rechtschaffene, unverzagte, pflicht- und ehrliebende Soldat darf der Anerkennung und des Wohlwollens seiner Vorgesetzten versichert sein.

Art. 4. Dem Soldaten steht nach seinen Fähigkeiten und Kenntnissen der Weg selbst zu den höchsten Stellen in der Marine offen.

Wer sich durch Tapferkeit und Muth hervorthut oder sich in langer Dienstzeit gut führt, hat für seine treue Pflichterfüllung die verdiente Belohnung durch ehrenvolle Auszeichnungen zu erwarten.

Wer nach längerer, vorwurfsfreier Dienstzeit die Beschwerden des Dienstes nicht mehr zu ertragen vermag, wer durch Verwundung vor dem Feinde oder infolge von militärischen Unternehmungen auf Seereisen oder durch klimatische Einflüsse dienstunfähig wird oder sonst im Dienst zu Schaden kommt, erwirbt den Anspruch auf Pension oder Anstellung im Zivildienst.

Art. 5. Den Soldaten, der seine Pflicht verletzt, trifft die verdiente Strafe.

---

[1]) Die KA. f. d. Marine weichen von den KA. f. d. Heer (Nr. 4) hauptsächlich bezüglich der Fassung ab. Soweit sie gleichlauten, ist auf die entsprechenden Ziffern der KA. f. d. Heer verwiesen.

Geringere Vergehen werden disziplinarisch geahndet, bei schwereren tritt gerichtliche Bestrafung ein. Die Strafen, auf welche gerichtlich erkannt werden kann, sind gelinder, mittlerer und strenger Arrest, Festungshaft, Gefängniß, Zuchthaus und in den schwersten Fällen die Todesstrafe. Der Höchstbetrag des gelinden und mittleren Arrestes ist sechs Wochen, der des strengen Arrestes vier Wochen, Festungshaft, Gefängniß und Zuchthaus sind entweder von zeitiger Dauer bis zu 15 Jahren oder lebenslänglich.

Eine Freiheitsstrafe von mehr als sechs Wochen hat eine entsprechende Verlängerung der aktiven Dienstzeit zur Folge.

Neben diesen Strafen kommen als besondere Ehrenstrafen gegen den Soldaten zur Anwendung: Versetzung in die zweite Klasse des Soldatenstandes, Degradation und Entfernung aus der Marine. Bei Zuchthaus wird stets auf Entfernung aus der Marine erkannt.

Gegen Mannschaften von besonders schlechter Führung kann die Einstellung in eine Arbeiterabtheilung verfügt werden.

Im Kriege und auf Schiffen, die außerhalb der heimischen Gewässer allein fahren, werden die Strafen verschärft, ebenso wenn der befehligende Offizier infolge besonderer Verhältnisse dienstlich bekannt gemacht hat, daß die Kriegsgesetze in Kraft treten.

Art. 6. Die Pflicht der Treue gebietet dem Soldaten, an Bord wie an Land, im Krieg und im Frieden mit Aufbietung aller seiner Kräfte, selbst mit Aufopferung des Lebens, jede Gefahr von dem Kaiser, dem Landesherrn, dem Vaterlande und der deutschen Streitmacht zu Wasser und zu Lande abzuwenden.

Art. 7. Wer sich mit dem Feinde in Verbindung setzt oder auf sonstige Weise durch Handlungen oder Unterlassungen die deutschen oder verbündeten Streitkräfte absichtlich schädigt oder zu schädigen unternimmt, bricht die eidlich gelobte Treue und macht sich des Kriegsverraths schuldig.

Der Verräther wird mit den schwersten Freiheits- und Ehrenstrafen oder mit dem Tode bestraft.

Auch im Frieden treffen den Verräther militärischer Geheimnisse schwere und entehrende Strafen.

Wer von einem verrätherischen Vorhaben Kenntniß erhält, ist verpflichtet, es sofort seinem Vorgesetzten zu melden. Unterläßt er es, hat er selbst schwere Strafen zu gewärtigen.

Art. 8. Die Erfüllung der Dienstpflicht ist eine Ehrenpflicht jedes deutschen Mannes. Wer sich ihr durch Selbstverstümmelung, durch Täuschung oder auf andere Weise entzieht oder zu entziehen sucht, wird in die zweite Klasse des Soldatenstandes versetzt und mit Freiheitsstrafe belegt.

Ist völlige Dienstunbrauchbarkeit erfolgt, so tritt Entfernung aus der Marine und erhöhte Freiheitsstrafe ein.

Schwere Strafen treffen den Theilnehmer.

Art. 9. Dem Soldaten soll seine Flagge und Fahne heilig sein. Wer sie verläßt oder von ihr fortbleibt, um sich seiner Verpflichtung zum Dienste zu entziehen, bricht die eidlich gelobte Treue. Er macht sich der „Fahnenflucht" schuldig und hat dafür die schwersten Freiheits- und Ehrenstrafen zu erwarten. Im Kriege und an Bord eines außerhalb der heimischen Gewässer allein fahrenden Schiffes kann selbst Todesstrafe eintreten.

Schwere Strafen treffen auch den, der einen anderen zur Fahnenflucht verleitet oder diese befördert.

Wer von einer beabsichtigten Fahnenflucht Kenntniß erhält, hat es sofort seinen Vorgesetzten zu melden. Eine Unterlassung wird schwer bestraft.

Auch wenn der Soldat nicht beabsichtigt, dauernd fortzubleiben, wird er wegen eigenmächtiger Entfernung und Urlaubsüberschreitung bestraft.

Wer von seinem Schiffe oder Marinetheil am Lande abkommt, hat sich unverzüglich bei der nächsten Militär- oder Polizeibehörde, im Auslande bei dem nächsten deutschen Konsulat oder der Ortsbehörde zu melden.

Art. **10.** Die Feigheit ist für den Soldaten besonders schimpflich und entehrend; niemals darf er sich durch Furcht vor persönlicher Gefahr von der Erfüllung seiner Berufspflichten abwendig machen lassen.

Den Feigling treffen schwere Freiheits- und Ehrenstrafen, im Kriege Zuchthaus oder Tod.

Art. **11.** Der Gemeine muß jedem Offizier und Unteroffizier, und der Unteroffizier jedem Offizier der Marine, des Heeres und der Schutztruppen Achtung und Gehorsam beweisen. Ihre Befehle hat er pünktlich zu befolgen. In gleicher Weise ist den Anordnungen und Weisungen aller zum Wacht- oder militärischen Sicherheitsdienst befehligten Personen des Soldatenstandes sowie den zeitweilig zu Vorgesetzten bestellten Mannschaften und den im Dienst befindlichen Feldgendarmen Gehorsam zu leisten.

Art. **12.** Achtungswidriges Benehmen gegen einen Vorgesetzten, Beleidigung eines Vorgesetzten, Ungehorsam gegen einen Befehl in Dienstsachen sowie Belügen eines Vorgesetzten auf Befragen in dienstlichen Angelegenheiten werden nachdrücklich bestraft.

Bei achtungswidrigem Benehmen unter dem Gewehr oder vor versammelter Mannschaft, bei ausdrücklicher Verweigerung des Gehorsams, Kundgebung des Ungehorsams durch Worte, Gebärden oder andere Handlungen, sowie bei Beharren im Ungehorsam und bei Bedrohung des Vorgesetzten tritt erhebliche Verschärfung der Strafe ein.

Art. **13.** Wer sich einem Vorgesetzten thätlich widersetzt oder einen thätlichen Angriff gegen ihn unternimmt, hat schwere Freiheitsstrafe, unter Umständen Zuchthaus zu erwarten. Im Kriege und an Bord von Schiffen, die außerhalb der heimischen Gewässer allein fahren, tritt, wenn die Thätlichkeit während des Dienstes verübt ist, Todesstrafe ein.

Jeder Vorgesetzte ist berechtigt, die Waffe zu gebrauchen, um den thätlichen Angriff eines Untergebenen abzuwehren oder um seinen Befehlen in äußerster Noth und dringendster Gefahr Gehorsam zu verschaffen.

Art. **14.** Jede Aufforderung oder jeder Anreiz, gemeinschaftlich dem Vorgesetzten den Gehorsam zu verweigern oder sich ihm zu widersetzen oder eine Thätlichkeit gegen ihn zu begehen, wird als Aufwiegelung auf's Strengste bestraft.

Verabreden sich mehrere zur gemeinschaftlichen Begehung einer solchen That, so liegt Meuterei vor.

Wenn mehrere sich zusammenrotten und mit vereinten Kräften eine Gehorsamsverweigerung, Widersetzlichkeit oder Thätlichkeit gegen den Vorgesetzten begehen, so machen sie sich des militärischen Aufruhrs schuldig; als Strafe hierfür kann auf Zuchthaus bis zu lebenslänglicher Dauer, im Kriege und an Bord eines Schiffes, das außerhalb der heimischen Gewässer allein fährt, auf Todesstrafe erkannt werden.

Wer von einer Meuterei, die zu seiner Kenntniß gelangt, nicht sofort seinem Vorgesetzten Meldung macht, hat strenge Strafe zu gewärtigen.

Art. **15.** Eine unwürdige Behandlung von Soldaten ist eine Herabwürdigung ihres ehrenvollen Berufes. Wer irgend eine Dienstgewalt über andere auszuüben hat, soll durch ruhiges, ernstes und gesetztes Benehmen die Achtung und das Vertrauen seiner Untergebenen sich zu erwerben suchen. Er darf daher den Untergebenen den Dienst nicht unnöthig erschweren und von denselben nur solche Leistungen fordern, welche der Dienst mit sich bringt.

Wer die Untergebenen vorschriftswidrig behandelt, beleidigt oder gar mißhandelt, oder wer seine Dienstgewalt dazu mißbraucht, um auf Kosten seiner Untergebenen sich Vortheile zu verschaffen, wird nachdrücklich bestraft.

Jedem Soldaten steht das Recht der Beschwerde zu. Glaubt er Veranlassung zur Beschwerde zu haben, so ist er dennoch verpflichtet, seine Dienstobliegenheiten unweigerlich zu erfüllen. Erst danach darf er seine Beschwerde unter Innehaltung des vorgeschriebenen Beschwerdeweges anbringen.

Wer leichtfertig oder wider besseres Wissen eine auf unwahre Behauptungen gestützte Beschwerde anbringt, macht sich strafbar. Ebenso wird die Abweichung von dem für die Anbringung von Beschwerden vorgeschriebenen Dienstwege bestraft.

Art. 16 gleichlautend mit KA. f. d. Heer Art. 16.

Art. 17. Der Soldat darf nie vergessen, daß der Krieg nur mit der bewaffneten Macht des Feindes geführt wird. Habe und Gut der Bewohner des feindlichen Landes stehen unter dem besonderen Schutz des Gesetzes, ebenso das Eigenthum der Verwundeten, Kranken und Kriegsgefangenen, sowie die Habe von gebliebenen Angehörigen der deutschen oder verbündeten Streitkräfte.

Eigenmächtiges Beutemachen, Plünderung, boshafte oder muthwillige Beschädigung oder Vernichtung fremder Sachen, Bedrückung der Landesbewohner werden mit den schwersten Strafen belegt. Als Plünderung ist es nicht anzusehen, wenn die Aneignung sich nur auf Lebensmittel, Heilmittel, Bekleidungsgegenstände, Futter-, Feuerungs- und Beförderungsmittel erstreckt und dem vorhandenen Bedürfniß entspricht.

Art. 18 gleichlautend mit KA. f. d. Heer Art. 18.

Art. 19. Der Soldat soll sein Schiff in allen Theilen, insbesondere die Geschütze, die Maschinen, die Boote, sowie seine Waffen, Bekleidungs- und Ausrüstungsstücke in gutem Stande erhalten und sich zur Erlangung der Kriegstüchtigkeit unausgesetzt bemühen, den Gebrauch der Waffen vollkommen und unter allen Verhältnissen zu erlernen.

Wer sein Schiff oder dessen Zubehör, seine Waffen, Bekleidungs- oder Ausrüstungsstücke oder einen anderen Dienstgegenstand vorsätzlich beschädigt, zerstört oder preisgiebt, hat Freiheitsstrafe verwirkt, in schweren Fällen zugleich Versetzung in die zweite Klasse des Soldatenstandes.

Die Beschädigung eines Schiffes oder dessen Zubehörs wird auch dann bestraft, wenn sie durch Fahrlässigkeit bei der Wahrnehmung des Dienstes herbeigeführt ist.

Art. 20. Der Soldat hat über alle Dienstangelegenheiten die nöthige Verschwiegenheit zu beobachten. Bei allen Meldungen und Aussagen muß er sich der strengsten Wahrheit befleißigen. Die absichtliche unrichtige Abstattung von dienstlichen Meldungen oder dienstlichen Berichten oder ihre wissentliche Weiterbeförderung unterliegt strenger Bestrafung.

Auch dann, wenn eine solche Handlung aus Fahrlässigkeit begangen wird, tritt Strafe ein.

Art. 21 gleichlautend mit KA. f. d. Heer Art. 21.

Art. 22. Ein besonders verantwortungsvoller Dienst ist der Wachtdienst an Bord wie am Lande; seine gewissenhafte Ausführung muß der Soldat sich daher besonders angelegen sein lassen.

Dem Wachtposten ist, wenn nichts anderes ausdrücklich bestimmt wird, verboten, sich niederzusetzen oder niederzulegen, die Waffe aus der Hand zu lassen, zu essen, zu trinken, Geschenke anzunehmen, Tabak zu rauchen, zu schlafen, über die Grenzen seines Postens hinaus zu gehen, ihn vor erfolgter Ablösung zu verlassen oder sonst seine Dienstvorschrift zu übertreten. Der Ausguck an Bord gilt als Posten.

Entsprechend der Wichtigkeit des Dienstes werden Wachtvergehen besonders streng bestraft, vor dem Feinde kann auf Todesstrafe erkannt werden.

Art. **23** gleichlautend mit KA. für das Heer Art. 23.

Art. **24.** Der Soldat soll ein ordentliches Leben führen und darf weder Schulden machen, noch dem Trunke, dem Spiel oder anderen Ausschweifungen sich ergeben. Sein Schiff oder sein Quartier darf er nicht eigenmächtig verlassen.

Bei strafbaren Handlungen gegen die Pflichten der militärischen Unterordnung, bei allen in Ausübung des Dienstes begangenen strafbaren Handlungen bildet die selbstverschuldete Trunkenheit des Thäters keinen Milderungsgrund.

Wer im Dienst oder nachdem er zum Dienst befehligt worden, durch Trunkenheit zur Ausführung seiner Dienstverrichtung sich untauglich macht, wird streng bestraft.

Art. **25.** Der Soldat soll die Sitten und Gewohnheiten fremder Völker achten und besonders auch die religiösen Gebräuche und Gefühle Andersgläubiger schonen.

Er muß stets dessen eingedenk sein, daß nach seinem Verhalten die deutsche Marine und weiterhin das ganze deutsche Volk beurtheilt wird.

Art. **26** gleichlautend mit KA. f. d. Heer Art. 25.

Art. **27.** Strenge Redlichkeit gehört zu den besonderen Pflichten des Soldaten.

An Bord ist jedermann in erhöhtem Maße auf die Treue und Rechtschaffenheit seiner Kameraden angewiesen.

Diebstähle oder Unterschlagungen bei Ausübung des Dienstes oder unter Verletzung des militärischen Dienstverhältnisses ziehen Freiheits- und Ehrenstrafen nach sich. In gleicher Weise wird der bestraft, der einen Diebstahl oder eine Unterschlagung gegen einen Vorgesetzten oder einen Kameraden oder gegen seinen Quartierwirth oder eine zu dessen Hausstand gehörige Person begeht. Strafe tritt auch dann ein, wenn der Werth des gestohlenen oder veruntreuten Gegenstandes unbedeutend ist.

Auch der Versuch des Diebstahls oder Unterschlagung ist strafbar.

Art. **28.** Der Soldat muß auch im Beurlaubtenstande seines Eides eingedenk sein und den ihm obliegenden besonderen Pflichten pünktlich nachkommen. Zuwiderhandlungen ziehen Strafe nach sich.

Art. **29.** Von dem Ehr- und Pflichtgefühl des Soldaten wird erwartet, daß er alle strafbaren Handlungen vermeidet, fort und fort seine Pflichten treu und gewissenhaft erfüllt, durch Gottesfurcht und ehrenhafte Führung in und außer Dienst ein Muster ordentlichen und rechtschaffenen Lebens giebt und nach Kräften dazu beiträgt, den guten Ruf der Marine im In- und Auslande zu bewahren.

II. Militärstrafverfahren.

1. Einleitung.

Im Gegensatz zum materiellen Militärstrafrecht entbehrte das Militärstrafverfahren nahezu drei Jahrzehnte lang der reichsgesetzlichen Regelung. Zwar wurde das Militärwesen des Reichs der Beaufsichtigung und Gesetzgebung des Reichs unterstellt.[1]) Die gesamte preußische Militärgesetzgebung, insbesondere auch die preußische MStGerO. v. 3. April 1845 sollte im ganzen Reiche ungesäumt eingeführt werden.[2]) Infolge des durch die Schlußbestimmung zum XI. Abschnitt der RVerf. zu gunsten Bayerns und Württembergs gemachten Vorbehalts behielten jedoch diese beiden Bundesstaaten ihr besonderes Militärstrafverfahren, während Sachsen schon 1867 eine der preußischen nachgebildete MStGerO. eingeführt hatte. So galten denn im Reiche drei ganz verschiedene Formen des Militärstrafverfahrens: das preußisch-sächsische, württembergische[3]) und bayerische.[4]) Die beiden ersten auf dem veralteten schriftlichen, geheimen Untersuchungsprozeß unter starkem Hervortreten des militärischen Elements aufgebaut; in Bayern dagegen ein öffentliches, mündliches, möglichst dem bürgerlichen Strafprozeß angenähertes Verfahren.

Obwohl dieser unerfreuliche Rechtszustand mit der RVerf. und dem RMG.[5])

---

[1]) RVerf. Art. 4:

Der Beaufsichtigung seitens des Reichs und der Gesetzgebung desselben unterliegen die nachstehenden Angelegenheiten:

usw. usw.

14. das Militärwesen des Reichs und die Kriegsmarine.

[2]) RVerf. Art. 61 Abs. 1:

Nach Publikation dieser Verfassung ist in dem ganzen Reiche die gesamte Preußische Militärgesetzgebung ungesäumt einzuführen, sowohl die Gesetze selbst, als die zu ihrer Ausführung, Erläuterung oder Ergänzung erlassenen Reglements, Instruktionen und Reskripte, namentlich also das Militär-Strafgesetzbuch vom 3. April 1845, die Militär-Strafgerichts-Ordnung vom 3. April 1845, die Verordnung über die Ehrengerichte vom 20. Juli 1843, die Bestimmungen über Aushebung, Dienstzeit, Servis- und Verpflegungswesen, Einquartierung, Ersatz von Flurbeschädigungen, Mobilmachung usw. für Krieg und Frieden. Die Militär-Kirchenordnung ist jedoch ausgeschlossen.

[3]) Württ. Militärstrafgesetze 20. Juli 18 in Verb. mit Allg. Kriegsdienstordnung 7. Febr. 58 Bd. I Kap. 47, 49, 50 u. der württ. StPO. 22. Juni 43 (abgeändert durch G. 13. Aug. 49).

[4]) Bayr. MStGerO. 29. April 69, abgeändert durch G. 28. April u. 27. Sept. 72, 18. Aug. 79.

[5]) RMG. § 39 Abs. 1:

Die besondere Gerichtsbarkeit über Militärpersonen beschränkt sich auf Strafsachen und wird durch Reichsgesetz geregelt.

im Widerspruch stand, wurde ihm erst nach jahrzehntelangen Reformbestrebungen und Vorarbeiten seitens der Regierung wie des Reichstags durch das Zustandekommen der Militärstrafgerichtsordnung für das Deutsche Reich vom 1. Dezember 1898 (**Nr. 2**), nebst Einführungsgesetz (**Nr. 3**) ein Ende gemacht. Indem diese Gesetze das gesamte Militärstrafverfahren unter Aufhebung aller Sonderprozeßbestimmungen einheitlich für das Reichsheer und die Kaiserl. Marine regeln, haben sie die Rechtseinheit auf dem Gebiete der Militärstrafgesetzgebung zum Abschluß gebracht.

---

2. Militärstrafgerichtsordnung. Vom 1. Dezember 1898.[1]

(RGB. S. 1189.)

Erster Theil.

Gerichtsverfassung.[2]

Erster Titel.

Umfang der Militärstrafgerichtsbarkeit.[3]

§ **1.** Der Militärstrafgerichtsbarkeit sind, soweit nicht die folgenden Paragraphen ein Anderes bestimmen, wegen aller strafbaren Handlungen unterstellt[4]):

---

[1]) Entstehung Nr. 1 d. W. — Inhaltlich zerfällt die MStGerO. in zwei Hauptteile: „Gerichtsverfassung" (§ 1 bis 114) u. „Verfahren" (§ 115—471). Hinsichtlich jener sich an die frühere preuß. MStGerO. anlehnend, aus der insbesondere die Einrichtung des „Gerichtsherrn" übernommen wurde, ist sie im Verfahren der bürg. StPO. vom 1. Febr. 77 nachgebildet. Die nicht unerheblichen Abweichungen sind in der Rücksicht teils auf zwingende militärische Interessen teils (so z. B. die Einführung der Berufung, der Nacheid) auf die Ergebnisse der neueren Prozeßrechtswissenschaft begründet. — Zu der MStGerO. u. dem EG. dazu sind für das preußische, bayrische, sächsische u. württembergische Kontingent sowie für die Marine je besondere, im wesentlichen übereinstimmende Ausführungsbestimmungen sowohl der Kontingentsherrn als der Kriegsministerien (für die Marine des Kaisers u. des Reichsmarineamtes) ergangen, für Preußen AAB. 28. Dez. 99 Anlage A, KrAB. 2. Jan. 00 Anlage B. — Quellen: Verh. d. Reichst. 97/98 Drucks. Nr. 6 (Entw. u. Begr.) Nr. 150 (Komm.-Bericht) StB. Berat. I 293, 318; II 1495, 1519, 1553, 1581, 1617; III 2155. — Bearbeitungen v. Herz (3. Aufl. Berl. 02); Koppmann (Münch. 01); Stenglein (Berl. 01); Pechwell (Leipz. 99); Weigel (Münch. 99); Weiffenbach (Berl. 00) u. Steidle (Berl. 01), letztere beiden systematisch. Soweit Übereinstimmung mit StPO., kommen auch die Kommentare zu dieser in Betracht, besonders Löwe-Hellweg (10. Aufl. Berl. 00).

[2]) Die Gerichtsverfassung umfaßt außer dem Umfang der MilStrafgerichtsbarkeit (1. Tit. § 1—11) die zur Ausübung derselben berufenen Organe (2. Tit. § 12—110) u. die MilJustizverwaltung (3. Tit. § 111—114).

[3]) Die MilStrafgerichtsbarkeit ist reichsrechtlich bestellte Sondergerichtsbarkeit (EG. GVG. 27. Jan. 77 § 7, GVG. § 13). Die Abgrenzung von der bürgerlichen Strafgerichtsbarkeit ist in Tit. 1 teils nach der persönlichen, teils nach der sachlichen Seite geregelt. Es ist zu unterscheiden: der volle (ordentliche) MilGerichtsstand, alle strafbaren Handlungen der ihm unterstellten Personen umfassend (§ 1, Ausnahmen zu gunsten der bürg. Gerichtsbarkeit in § 2 u. 3) u. der auf bestimmte Straftaten beschränkte (außerordent-

1. die Militärpersonen des aktiven Heeres und der aktiven Marine[5]);
2. die zur Disposition gestellten Offiziere, Sanitätsoffiziere und Ingenieure des Soldatenstandes[6]);
3. die Studirenden der Kaiser Wilhelms-Akademie für das militärärztliche Bildungswesen;
4. die Schiffsjungen, solange sie eingeschifft sind;
5. die in militärischen Anstalten versorgten invaliden Offiziere und Mannschaften[7]);
6. die nicht zum Soldatenstande gehörigen Offiziere à la suite und Sanitätsoffiziere à la suite[8]), wenn und solange sie zu vorübergehender Dienstleistung zugelassen sind;
7. die verabschiedeten Offiziere, Sanitätsoffiziere und Ingenieure des Soldatenstandes, wenn und solange sie als solche oder als Militärbeamte im aktiven Heere oder in der aktiven Marine vorübergehend wieder Verwendung finden[9]);

---

liche) MilGerichtsstand gewisser, im übrigen der bürg. Gerichtsbarkeit unterstellten Personen (§ 5, 11). In gewissen Fällen (§ 4 u. 9 Abs. 2) ist Abtretung von Strafsachen an die bürg. Gerichte zugelassen. § 6 erstreckt die MilGerichtsbarkeit grundsätzlich auf die vor dem Diensteintritt verübten strafbaren Handlungen (Ausnahmen in § 7—9). § 10 bestimmt die zeitliche Dauer des MilGerichtsstandes. Die persönlichen Ausnahmen EG. z. GVG. § 5 u. GVG. § 18, 19, 21 (in Anl. C abgedruckt) gelten auch für das MilStrafverfahren (Nr. 3 Anm. 3 d. W.). — Einzelbearbeitungen: Schlayer, Militär- u. Zivilstrafgerichtsbarkeit (Guttentag, Berl. 00), Weigel, Zuständigkeitsgrenzen (Beck, Münch. 02).

[4]) Ordentlicher MilGerichtsstand der in Z. 1—8 genannten Personen. Er umfaßt nicht nur die militärischen Vergehen (Nr. I 2 d. W.), sondern auch Zuwiderhandlungen gegen die allgemeinen Strafgesetze (Reichs- u. Landesgesetze). Ausgenommen sind Disziplinar- u. ehrengerichtliche Sachen (Nr. III d. W.). Disziplinare oder gerichtliche Erledigung wahlweise zugelassen in den Fällen EG. z. MStGB. § 3 Abs. 2.

[5]) Begriff MStGB. § 4, RMG. § 38 A u. B; Beginn u. Aufhören der Zugehörigkeit zum aktiven Heer Nr. I 2 Anm. 14 d. W. Nichteinberufene Personen des Beurlaubtenstandes haben den MilGerichtsstand nur in den Fällen der § 5, 7, 10 Abs. 1, 11. — Mitglieder der Landgendarmerie u. Angehörige der Schutztruppen Nr. 3 Anm. 2 u. 5 d. W.

[6]) Im Unterschied von den mit Pension verabschiedeten Offizieren usw., die nur im Falle der Ziff. 7 den MilGerichtsstand haben G. 3. Mai 90 (RGBl. 63). Unterstellung unter die Ehrengerichte Nr. III d. W. — Sofern Offiziere z. D. in aktiven Offiziersstellen Verwendung finden (z. B. als Bezirkskommandeure), fallen sie unter Ziff. 1 GDV. § 3 (PE. III 3).

[7]) „Mannschaften" sind auch Unteroffiziere u. Deckoffiziere. Verwendung Invalider im Garnisondienst begründet Zugehörigkeit zum aktiven Heer RMPensG. (Nr. I 2 Anm. 119 d. W.) § 79.

[8]) EG. z. MStGB. § 2 Abs. 3, im übrigen § 5[3]. — Unter Offizieren usw. à la suite sind die nicht zum aktiven Heere gehörigen à la s. der Armee (San.-Offiz. à la s. des Sanitätskorps) zu verstehen, im Unterschied von den zum aktiven Heer gehörenden Offizieren usw. à la s. von Truppenteilen. Bezügl. letzterer AO. 2. Sept. 02 (AVB. 275).

[9]) Als Rang im Sinne der § 50, 51, 67 ist ihr früherer Dienstrang u. der ihnen zukommende Diensttitel maßgebend (Begr. 65). Zuständiger GerH. § 30.

8. die in den §§ 155, 157, 158, 166 des Militärstrafgesetzbuchs bezeichneten Personen, solange sie den Militärstrafgesetzen unterworfen sind.

§ **2.** Den bürgerlichen Behörden[10]) bleibt die Untersuchung und Entscheidung wegen Zuwiderhandlungen[11]) gegen Finanz- und Polizeigesetze, Jagd- und Fischereigesetze[12]), sowie gegen Verordnungen dieses Inhalts überlassen, wenn die Handlung nur mit Geldstrafe und Einziehung oder mit einer dieser Strafen bedroht ist.[13]) Der Vollzug der an die Stelle der Geldstrafe tretenden Freiheitsstrafe ist mittelst Ersuchens der Militärbehörde zu bewirken.[14]) War die Geldstrafe wegen Zuwiderhandlung gegen die Vorschriften über die Erhebung öffentlicher Abgaben und Gefälle durch Strafbescheid der Verwaltungsbehörde festgesetzt, so erfolgt die Umwandlung in eine Freiheitsstrafe durch den zuständigen Gerichtsherrn nach Maßgabe des § 463.[15])

§ **3.**[16]) Der bürgerlichen Strafgerichtsbarkeit unterliegen die Militär-

---

[10]) Ausnahme von der Regel des § 1. — Behörden d. h. Strafbehörden aller Art, nicht nur Gerichte, je nach den sonst maßgebenden bürg. Gesetzen.

[11]) Nicht nur Übertretungen, auch Vergehen im Sinne StGB. § 1. Auch sog. Ordnungsstrafen sind unter der Voraussetzung des § 2 den bürg. Behörden vorbehalten, ausgenommen die in § 19 EG. aufgeführten, deren Festsetzung ausschließlich durch die Mil-Gerichtsbehörden erfolgt. Sitzungspolizeistrafen Schlayer (Anm. 3) S. 21 Anm. 2a.

[12]) a) FinanzG. ist gleichbedeutend mit „Vorschriften über die Erhebung öffentlicher Abgaben u. Gefälle" (§ 459 StPO.), also insbesondere Steuer-Zoll-Stempelgesetze, aber auch z. B. RPostG. 28. Okt. 71 (RGB. 347) § 27, preuß. G. 29. Juli 85 (GS. 317).

b) PolizeiG. Begriff strittig. Nach Stenglein § 2 Nr. 3 die Übertretungen d. StGB. u. alle strafbaren Handlungen spezieller Strafgesetze, die keine Rechtsverletzungen betreffen; nach Koppmann § 2 Nr. 10 die Polizeistrafgesetzbücher u. Spezialgesetze polizeilichen Inhalts. Ein festes, objektives Unterscheidungsmerkmal gibt nur die Auffassung, daß unter PolG. die reichs- u. landesrechtlichen Übertretungen (im Sinne des StGB. § 1) zu verstehen sind, Schlayer (Anm. 3) S. 20; PE. II 1 nimmt dagegen die im StGB. bedrohten Handlungen allgemein aus. — Militärpolizeiliche Anordnungen sind nicht PolG. im Sinne des § 2.

c) Jagd- u. FischereiG.: JagdpolizeiG. 7. März 50 (GS. 65); ForstdiebstahlG. 15. April 78 (GS. 222); Feld- u. ForstpolizeiG. 1. April 80 (GS. 230); JagdscheinG. 31. Juli 95 (GS. 304). FischereiG. 30. Mai 74 (GS. 197) u. 30. März 80 (GS. 228).

[13]) Nur die Strafdrohung ist maßgebend, bei wahlweiser Androhung von Haft ist daher stets bürg. Zuständigkeit ausgeschlossen. Ebenso, wenn mit einer Zuwiderhandlung im Sinne des § 2 ein unter militärische Zuständigkeit fallendes Delikt zusammentrifft (StGB. § 73, 74), PE. VI 1. Dagegen kann Substituierung von Freiheitsstrafe für den Fall der Uneinbringlichkeit der Geldstrafe durch die bürg. Behörde erfolgen. Vollzug Anm. 14.

[14]) AAB. zu § 2 (Anl. A). Vgl. hierzu § 19, 20, 25. Vollzug der Geldstrafe verbleibt der bürg. Behörde. Verfahren hierbei StPO. § 495; PrJMB. 79 S. 206; 93 Beil. zu Nr. 42.

[15]) Im übrigen ist zur Umwandlung der Geldstrafe in Freiheitsstrafe, soweit solche gesetzlich nicht ausgeschlossen, die strafende Zivilbehörde zuständig nach StPO. § 491. — Umwandlungsmaßstab StGB. § 28, 29, 78 Abs. 2.

[16]) Abs. 1 weitere Ausnahme von § 1.

personen des aktiven Heeres und der aktiven Marine, sofern sie nicht dem Offizierstand angehören, wegen Amtsverbrechen oder Amtsvergehen[17]), welche sie bei einstweiliger Verwendung[18]) im Civildienste des Reichs, eines Bundesstaats oder einer Kommune begangen haben.[19])

In diesen Fällen greift die Militärstrafgerichtsbarkeit Platz, wenn mit der Handlung eine Zuwiderhandlung gegen die Militärstrafgesetze[20]) zusammentrifft.[21])

§ **4.**[22]) Haben sich bei einer Zuwiderhandlung gegen die allgemeinen Strafgesetze[23]) mehrere Personen, von welchen die eine der militärischen[24]), die andere der bürgerlichen Gerichtsbarkeit[25]) unterstellt ist, als Thäter[26]), Theilnehmer[27]), Begünstiger oder Hehler[28]) betheiligt, oder sind zwischen solchen einer verschiedenen Gerichtsbarkeit unterstellten Personen wechselseitige[29]) Beleidigungen oder Körperverletzungen[30]) vorgekommen, so kann[31])

---

[17]) StGB. § 331—359. Strafvollstreckung Nr. I 2 Anm. 60 d. W.

[18]) Endgültige Anstellung begründet Ausscheiden aus dem aktiven Heer u. damit vollen Zivilgerichtsstand.

[19]) Militärische Disziplinargewalt (Nr. III 2 d. W.) dauert fort, ebenso MilGerichtsstand wegen sonstiger (nicht Amts-)Delikte.

[20]) Nr. I 2 Anm. 11 d. W. Voraussetzung ist gerichtliche Bestrafung des milit. Vergehens; anders, wenn von der Befugnis EG. MStGB. § 3 Gebrauch gemacht wird.

[21]) KrAB. zu § 3 Abs. 2 (Anl. B). — Zusammentreffen StGB. § 73 u. 74. Bei realem Zusammentreffen eines Amtsvergehens mit sonstigen nichtmilitärischen Straftaten getrennte Aburteilung durch Zivil- u. MilGericht unter Anwendung des StGB. § 79.

[22]) Nichtzwingende Ausnahme von § 1. Vgl. auch § 9 Abs. 2. Bis zur Abtretung der Sache an das bürg. Gericht ist der MilGerichtsstand wie sonst begründet. Die Abtretung enthält einen Verzicht auf die Sondergerichtsbarkeit u. steht dem Gerichtsherrn (nicht dem erkennenden Ger.) in jeder Lage des Verfahrens (ausgenommen Berufungs- u. Revisionsinstanz) zu. Solange ihre Voraussetzungen vorliegen, ist sie unwiderruflich u. die Übernahme kann vom bürg. Gericht nicht abgelehnt werden. Die Abtretung ist auf die in § 4 u. 9 Abs. 2 bestimmten Fälle beschränkt.

[23]) Allgemeine Strafgesetze im Gegensatz zu Militärstrafgesetzen. Also ist bei milit. Vergehen (Nr. I 2 Anm. 11 d. W.) Abtretung unzulässig; ebenso beim Zusammentreffen (StGB. § 73 u. 74) einer an sich abtretbaren gemeinen Straftat mit einer militärischen, vorausgesetzt daß letztere nicht nach EG. MStGB. § 3 im Disziplinarweg geahndet wird.

[24]) Gleichviel, ob gemäß § 1, 5, 6, 11.

[25]) Auch in den Fällen der § 2, 3, 7, 9 Abs. 1, 10 Abs. 2.

[26]) Täter (im Unterschied von Mittäter) sind die Urheber eines u. desselben strafbaren Vorkommnisses auch ohne bewußtes u. gewolltes Zusammenwirken URGer. 22. April 01 (Strafs. XXXIV 256).

[27]) StGB. § 47 ff. Auch im Falle der sog. notwendigen Teilnahme, vgl. § 35.

[28]) StGB. § 257 ff.

[29]) Wechselseitig ist nicht gleichbedeutend mit „Erwiderung auf der Stelle" (StGB. § 199, 233), erfordert nur Verübung zwischen denselben Personen, nicht ursächlichen oder tatsächlichen Zusammenhang der beiderseitigen Handlungen.

[30]) Beleidigungen: StGB. § 185 ff. Körperverletzungen: StGB. § 223 ff. (namentlich auch 223a, 224), nicht dagegen bei Zutreffen von MStGB. § 91, 121, 122, 148, 149. Soweit Strafantrag oder Privatklage erforderlich (StGB. § 194, 232, StPO. 414 ff.), ist Abtretung vor deren Erhebung unmöglich, ebenso, wenn kein gemeinsamer örtlicher Gerichtsstand der Militär- u. Zivilpersonen begründet ist.

[31]) Freies Ermessen des GerH.

die betheiligte Militärperson dem bürgerlichen Gerichte zur Untersuchung und Aburtheilung[32]) des Falles übergeben werden.[33])

§ **5.**[34]) Der Militärstrafgerichtsbarkeit sind ferner unterstellt:

1. die Personen des Beurlaubtenstandes[35]) und die denselben gesetzlich gleichstehenden Personen[36]) wegen Zuwiderhandlungen gegen die auf sie Anwendung findenden Vorschriften der Militärstrafgesetze[37]);

Mitzeichnung eines MilJustizbeamten (§ 97 Abs. 2) ist nicht nötig, wenn nicht vorher Ermittelungsverfahren eingeleitet war (§ 156) URGer. 22. April 01 (Strafſ. XXXIV 256).

[32]) Für diese sind lediglich die allgemeinen Prozeßgesetze maßgebend, also auch die Bestimmungen über Privat- u. Nebenklage (StPO. § 414 bis 446.) — Stellen sich nach erfolgter Abtretung deren gesetzliche Voraussetzungen als nicht oder nicht mehr vorliegend heraus, so muß in der Regel Rückgabe der Sache an die MilBehörde, nach Eröffnung des Hauptverfahrens Unzuständigkeitserklärung des bürg. Ger. erfolgen. Im einzelnen Streit vgl. Schlayer (Anm. 3) S. 59ff., Weigel (das.) S. 87ff., Stenglein Nr. 7 zu § 4. Gegen unbegründete Ablehnung der Übernahme Dienstaufsichtsbeschwerde; im übrigen ist EG. § 14 Abs. 3 maßgebend. Unzuständigkeitserklärung des erkennenden MilGerichts ist jedoch unzulässig.

[33]) Übergabe erfolgt an die Staatsanwaltschaft. Diese ist durch Pr. JustMVf. 26. Aug. 01 angewiesen, in allen Fällen, wo § 4 zutrifft, noch vor Erhebung der Anklage die Akten der zuständigen MilBehörde zur Herbeiführung einer Entscheidung des GerH. gemäß § 4 zu übersenden. Nach KrMVf. 15. Sept. 01 hat der GerH. seine Entschließung darüber, ob von der Ermächtigung des § 4 Gebrauch gemacht wird, so zu beschleunigen, daß eine Verzögerung der zivilgerichtlichen Untersuchung vermieden wird. Gleichlautende Vf. sind in den übrigen Bundesstaaten ergangen. — Mit der Überweisung an das bürg. Ger. überläßt der GerH. den Straffall dieser Behörde zur völligen gerichtl. Erledigung einschl. der Strafvollstreckung; beim Vollzug von Freiheitsstrafen kommt jedoch der Grundsatz MStGB. § 15 Abs. 1 zur Anwendung. Geldstrafen fließen dem Ziviljustizfonds zu; die Beitreibung derselben sowie der Kosten des Verfahrens erfolgt nach den für das bürg. Verfahren gegebenen Vorschriften KrMVf. 23. Juni 02.

[34]) Beschränkter (außerordentlicher) MilGerichtsstand gewisser, nicht unter § 1 fallender Personen. Bei realem Zusammentreffen mit einem zur zivilgerichtlichen Zuständigkeit gehörigen Vergehen getrennte Aburteilung je der unter Militär- u. ZivilGerichtsbarkeit fallenden Straftaten u. Anwendung von StGB. § 79. — Zuständiger GerH. Bezirkskommandeur (niederer), vorgesetzter Divisionskommandeur (höherer). Im übrigen § 30.

[35]) Begriff Nr. I 2 Anm. 19 d. W. — Zum Dienst einberufene Personen des Beurlaubtenstandes zählen zu den MilPersonen des aktiven Heeres (Nr. I 2 Anm. 20 d. W.) u. haben daher nach § 1[1] den vollen MilGerichtsstand (§ 9 Abs. 2). Ausnahme bei den in die Heimat beurlaubten Rekruten (RMG. § 38 A 3) Nr. I 2 Anm. 19 Ziff. 3 d. W.

[36]) G. 11. Febr. 88 (RGB. 11) Art. II § 26, 30 stellt der Landwehr (Seewehr) gleich: nach Aufruf des Landsturms die davon betroffenen Landsturmpflichtigen sowie die nach freiwilliger Meldung in die Listen des Landsturms eingetragenen Personen bis zu dem Tag, zu welchem sie einberufen sind bezw. freiwillig eintreten. Von diesem Tag ab zählen sie zum aktiven Heer (MStGerO. § 1[1]).

[37]) Nr. I 2 Anm. 21, 22 d. W. Im übrigen unterstehen sie der ZivilGerichtsbarkeit. Vgl. jedoch § 11 des G. u. MStGB. § 42 (Nr. I 2 Anm. 162 d. W.).

2. die dem Beurlaubtenstand angehörenden Offiziere, Sanitätsoffiziere und Ingenieure des Soldatenstandes[38]) wegen Zweikampfs mit tödtlichen Waffen, wegen Herausforderung oder Annahme einer Herausforderung zu einem solchen Zweikampf und wegen Kartelltragens[39]);
3. die im § 1 Nr. 6 bezeichneten Personen, auch wenn sie nicht zur Dienstleistung zugelassen sind, wegen der in der Militäruniform begangenen Zuwiderhandlungen gegen die militärische Unterordnung[40]);
4. Ausländer und Deutsche wegen der in den §§ 160, 161 des Militärstrafgesetzbuchs bezeichneten strafbaren Handlungen.[41])

§ 6. Die Militärpersonen des aktiven Heeres und der aktiven Marine[5]) sind, soweit nicht die folgenden Paragraphen ein Anderes bestimmen, auch wegen der vor dem Diensteintritte begangenen strafbaren Handlungen der Militärstrafgerichtsbarkeit unterstellt.[42])

§ 7.[43]) Die zur Erfüllung ihrer gesetzlichen oder freiwillig übernommenen Dienstpflicht in das Heer oder in die Marine eingestellten Militärpersonen[44]) treten wegen einer vor dem Diensteintritte begangenen Zuwiderhandlung gegen die allgemeinen Strafgesetze[23]) nicht unter die Militärstrafgerichtsbarkeit:

1. wenn vor dem Diensteintritte wegen der Zuwiderhandlung ein verurtheilendes oder freisprechendes Urtheil ergangen oder ein Strafbefehl zugestellt war[45]),
2. wenn die Entlassung aus dem aktiven Dienste erfolgt[46]); die Entlassung[47]) findet statt, wenn eine Verurtheilung zu einer

---

[38]) Privilegierter MilGerichtsstand der Offiziere usw. des Beurlaubtenstandes. Erweiterung von Ziff. 1.

[39]) StGB. § 201—209. Anstiftung u. Beihilfe (abgesehen vom Kartelltragen) fallen nicht unter Ziff. 2.

[40]) EG. z. MStGB. § 2 Abs. 3.

[41]) Nr. I 2 d. W.

[42]) Regel, nur auf die in § 1^1 genannten Personen anwendbar. — Bei ZivilGer. anhängige Strafsachen sind nach dem Diensteintritt an den zuständigen GerH. (§ 15, 16, 19ff.) abzugeben StPO. § 6.

[43]) § 7—9 Abs. 1 enthalten Ausnahmen von der Regel in § 6.

[44]) Also nicht die im Heer angestellten Offiziere u. Beamten. Wegen der zum Dienst einberufenen MilPersonen § 9.

[45]) Strafbefehl StPO. § 447. Maßgebend ist beim Urteil der Zeitpunkt der Verkündigung, bei Strafbefehl der Zustellung. Rechtskraft ist in beiden Fällen nicht erforderlich. — Polizeiliche Strafverfügungen stehen dem Strafbefehl nicht gleich. Sie werden also (abgesehen von § 2) mit dem Diensteintritt unwirksam, falls sie nicht schon vorher Rechtskraft erlangt hatten. Zustellung vor dem Diensteintritt genügt nicht (BeschlRMGer. 12. Febr. 01, I 28). Eventuell Entlassung des Verurteilten nach HeerO. § 16^2, WehrO. § $82^{2c,\ bb}$.

[46]) Also vom Diensteintritt bis zur Entlassung ist zunächst MilGerichtsbarkeit begründet (§ 6). Ob Entlassung erfolgt, entscheiden ausschließlich die MilBehörden.

[47]) Zur Disposition der Ersatzbehörden HeerO. § 16^{1-3}; WehrO. 82, 2c. Vgl. auch RMG. § 18. Zuständig ist der kommandierende General oder

Freiheitsstrafe[47a]) von mehr als sechs Wochen oder im Falle der Verurtheilung zu einer Geldstrafe die Vollstreckung einer an Stelle derselben tretenden Freiheitsstrafe von gleicher Dauer zu erwarten ist.[48])

War vor dem Diensteintritte die Eröffnung des Hauptverfahrens[49]) bereits beschlossen, so muß, sofern die Entlassung nicht erfolgt, in der Sache militärgerichtlich erkannt werden.[50])

§ **8.**[43]) Die Bestimmungen des § 7 finden auf die bis zur Entscheidung über ihr ferneres Militärverhältniß zur Disposition der Ersatzbehörden entlassenen und später von Neuem für den aktiven Dienst ausgehobenen Mannschaften[51]) wegen der vor der Wiedereinziehung begangenen Zuwiderhandlungen gegen die allgemeinen Strafgesetze entsprechende Anwendung.

§ **9.**[43]) Die zum Dienst einberufenen Personen des Beurlaubtenstandes[35]) und die denselben gesetzlich gleichstehenden Personen[36]) treten wegen der Zuwiderhandlungen, die sie vor dem Tage, zu welchem sie einberufen sind, gegen die allgemeinen Strafgesetze[23]) begangen haben, nicht unter die Militärstrafgerichtsbarkeit. Während der Dauer der Dienstleistung darf jedoch ohne Zustimmung der Militärbehörden[52]) die Untersuchungshaft nicht verfügt, auch eine Hauptverhandlung nur abgehalten werden, wenn der Angeklagte von der Verpflichtung, in derselben zu erscheinen, entbunden ist.[53])

Marinestationschef (AO. 19. März 91 AVBl. 42). Zulieferung an die bürg. Gerichtsbehörden Allg. Vf. (Preußen JMB. 97 S. 98, Bayern JMB. 97 S. 229, Württemberg MilVB. 97 S. 167).

[47a]) Gefängnis, Festungshaft, Haft, StGB. § 16—18. Arrest kommt hier nicht in Frage.

[48]) Darüber befindet in erster Linie der zuständige GerH., der die Entlassung gegebenen Falls beantragt. Ansichtsäußerung der Staatsanwaltschaft ist nicht ausgeschlossen. Maßgebend ist, ob Verurteilung zu höherer als 6wöchiger Freiheitsstrafe *wahrscheinlich* ist (nicht Straf*drohung*). Die entscheidende Stelle (Anm. 47) ist an die Ansicht des GerH. nicht gebunden, ebensowenig das erkennende Ger., das (vorbehältlich der § 47, 330) trotz nichterfolgter Entlassung über das in Nr. 2 des § genannte Strafmaß hinausgehen kann, nicht aber deshalb, weil nach seiner Ansicht Entlassung hätte erfolgen sollen, Unzuständigkeit des MilGerichts (§ 328) aussprechen darf URMGer. 25. Jan. 02 (II 182). — *Zusammentreffen* teils vor, teils nach dem Diensteintritt verübter Vergehen *Schlayer* a. O. (Anm. 3) S. 30 f. Bei Zutreffen des § 4 ist Abgabe an das bürg. Ger. auch *ohne Entlassung* nach Ziff. 2 möglich.

[49]) StPO. § 201 ff.

[50]) D. h. der GerH. muß in solchem Fall nach § 250, 254 Anklage verfügen u. nach § 260 die Sache zur Aburteilung bringen (vorbehaltlich § 272) BeschlRMGer. 7. Dez. 01 (II 86). Vorheriges Ermittelungsverfahren (§ 156) ist nicht notwendig (PE. II 3).

[51]) RMG. § 52, 55; WehrO. § 82[5c].

[52]) *Zuständig* ist der GerH. der höheren Gerichtsbarkeit. Im Fall der Zustimmung ist die Entlassung des zu Verhaftenden aus dem aktiven Dienst herbeizuführen AAB. zu § 9 Abs. 1 (Anl. A).

[53]) StPO. § 232 (nicht 231). Im übrigen kann das zivilgerichtliche Verfahren seinen Fortgang nehmen, also ruht die Verjährung der Strafverfolgung nicht (bestritten).

Wegen einer während der Dienstleistung begangenen strafbaren Handlung können[31]) die im Absatz 1 bezeichneten Personen den bürgerlichen Gerichten[32]) übergeben werden[22]), sofern lediglich eine Zuwiderhandlung gegen die allgemeinen Strafgesetze[23]) in Frage steht.[54])

§ **10.**[55]) Durch die Beendigung des die Militärstrafgerichtsbarkeit begründenden Verhältnisses[56]) wird hinsichtlich der vorher begangenen strafbaren Handlungen die Zuständigkeit der Militärgerichte nicht aufgehoben.[57])

Sie hört jedoch auf[58]) in Ansehung solcher gegen die allgemeinen Strafgesetze[23]) begangenen Zuwiderhandlungen, welche mit einem militärischen Verbrechen oder Vergehen[20]) nicht zusammentreffen[59]), es sei denn, daß bereits[59a]) die Anklage erhoben (vergl. § 258) oder eine Strafverfügung des Gerichtsherrn (vergl. § 349) zugestellt[60]) war.

§ **11.**[61]) Macht sich eine der im § 1 Nr. 1 bezeichneten Personen innerhalb eines Jahres[62]) nach Beendigung des die Militärstrafgerichtsbarkeit begründenden Verhältnisses[56]) wegen der ihr während der Dienstzeit widerfahrenen Behandlung[63]) einer Beleidigung[68]), Körperverletzung[30])

---

[54]) Abs. 1 findet im Fall der Abtretung keine Anwendung. — Mit Beendigung der Dienstleistung muß unter Umständen Abgabe an bürg. Ger. erfolgen (§ 10 Abs. 2).

[55]) Abs. 1 Regel, Abs. 2 Ausnahme. Beides zwingende Vorschriften.

[56]) Bezieht sich auf alle in § 1 u. 5 genannten, den vollen oder beschränkten MilGerichtsstand begründenden Verhältnisse; also Fortdauer der milgerichtlichen Zuständigkeit auch für die am Tag der Kontrollversammlung von Kontrollpflichtigen verübten militärischen u. damit zusammentreffenden bürgerlichen Straftaten (Nr. I 2 Anm. 20 d. W.). Tritt der Beschuldigte mit Beendigung des betreffenden Verhältnisses unter eine andere Befehlsgewalt (z. B. bei Übertritt zum Beurlaubtenstand), so tritt nach § 259 Abs. 1 Wechsel des GerH. ein.

[57]) Gleichgültig, ob Untersuchung noch vor Beendigung des Dienstverhältnisses anhängig wurde oder erst nachher; ebenso, ob der Beschuldigte noch in irgend welchem MilVerhältnis steht oder nicht. — Auch verhaftete aktive MilPersonen sind mit dem Zeitpunkt des Ablaufs ihrer gesetzlichen oder freiwilligen Dienstverpflichtung zum Beurlaubtenstand überzuführen KrMVf. 7. Febr. 02. Auch dann erfolgt unter Umständen Aufhören der milgerichtlichen Zuständigkeit nach Abs. 2 oder wenigstens Übergabe an einen andern GerH. (den zuständigen Bezirkskommandeur oder den ihm vorgesetzten höheren GerH.) § 259 Anm. 546a. — Zulässigkeit milit. Ehrenstrafen wegen nichtmilit. Straftaten (Nr. I 2 Anm. 107, 158 d. W.).

[58]) Oder tritt nicht ein (Anm. 57).

[59]) StGB. § 73 u. 74. Beim Zusammentreffen vor Beendigung des Dienstverhältnisses verübter milit. Straftaten mit nachher verübten nichtmilit. Delikten gilt getrennte Zuständigkeit u. Anwendung von StGB. § 79.

[59a]) Maßgebender Zeitpunkt Anm. 547

[60]) § 138 ff.

[61]) Erweiterung des § 5 (beschränkter MilGerichtsstand). Zugehörigkeit zum Beurlaubtenstand ist hier nicht erforderlich.

[62]) Fristberechnung § 146. Je mit Beendigung eines neuen Dienstverhältnisses (z. B. Wiedereinberufung zur Dienstleistung, Kontrollversammlung) beginnt eine neue einjährige Frist hinsichtlich der in die Zeit der neuen Dienstleistung fallenden Vorgänge zu laufen. Die spätere Frist läuft unabhängig von der früheren, ohne sie zu unterbrechen Beschl. RMGer. 4. Nov. 01 (II 43).

[63]) Sie braucht keine vorschriftswidrige, strafbare zu sein; erfordert ist

oder Herausforderung zum Zweikampfe[64]) gegenüber einem früheren militärischen, noch im aktiven Dienst befindlichen Vorgesetzten[65]) schuldig, so ist wegen dieser strafbaren Handlungen und, wenn der Zweikampf stattgefunden hat, auch dieserhalb[66]) die Militärstrafgerichtsbarkeit begründet.[67])

Wegen Beleidigung ist die Militärstrafgerichtsbarkeit nur dann begründet, wenn sie im Verkehr mit dem früheren Vorgesetzten oder mit einer Militärbehörde begangen worden ist.[68])

Zweiter Titel.

Ausübung der Militärstrafgerichtsbarkeit.[69])

Erster Abschnitt.

Allgemeine Bestimmungen.

§ **12**. Die Militärstrafgerichtsbarkeit wird durch die Gerichtsherren und durch die erkennenden Gerichte ausgeübt.[69])

---

nur, daß Mißstimmung über das dienstliche Verhalten des Vorgesetzten gegen den Täter Beweggrund der Tat war. Außerdienstliche Vorkommnisse bleiben außer Betracht.

[64]) StGB. § 201f.

[65]) Begriff Nr. I 2 Anl. F d. W. — Unmittelbare Unterstellung ist nicht nötig; ebensowenig, daß der verletzte Vorgesetzte derselbe ist, dessen Behandlung den Beweggrund der Tat bildet.

[66]) StGB. § 205—208.

[67]) Für die materielle Beurteilung sind die allgemeinen (nicht die Militär-) Strafgesetze maßgebend. Milit. Ehrenstrafen sind unzulässig (Nr. I 2 Anm. 158 d. W.). Liegt das in Anm. 63 genannte Erfordernis oder ein sonstiges nicht vor, so ist nach § 153[4], 328 zu verfahren. Umgekehrt gilt für Zivil-Ger. StPO. § 6 vgl. § 178, 202, 259. — Zusammentreffen mit nicht unter § 11 fallenden Straftaten Anm. 34.

[68]) Verkehr kann mündlich od. schriftlich, dienstlich oder außerdienstlich u. muß kein unmittelbar persönlicher sein. Beleidigende Äußerungen gegenüber Dritten, die nicht zu unmittelbarem Gehör des früheren Vorgesetzten zu gelangen bestimmt sind, insbesondere Preßäußerungen fallen unter Zivilgerichtsbarkeit. — Bei dienstlichem Verkehr findet § 5[1] des G. mit MStGB. § 91, 113, Anwendung.

[69]) Titel 2 (§ 12—110) behandelt die Ausübung der MilStrafgerichtsbarkeit. Ausübende Organe sind: 1. die Gerichtsherren, die mit den ihnen zugeordneten richterlichen MilJustizbeamten oder Gerichtsoffizieren, Strafverfolgungsbehörde u. Untersuchungsgericht zugleich bilden, von der Rechtsprechung aber ausgeschlossen sind; 2. die erkennenden Gerichte, im wesentlichen auf die Urteilsfällung beschränkt (§ 12f.). Die Gerichtsherrlichkeit ist der Ausfluß einer bestimmten Kommandogewalt u. umfaßt die zum Befehlsbereich gehörenden Personen (§ 25). Die MilGerichtsbarkeit ist entweder niedere oder höhere; Abgrenzung beider sowohl in persönlicher als sachlicher Hinsicht § 14—17. Dementsprechend sind zu unterscheiden GerH. der niederen u. GerH. der höheren Gerichtsbarkeit (Aufzählung § 19 bis 23, 37; Unterordnungsverhältnis § 24; Abgrenzung der persönlichen Zuständigkeit zwischen den GerH. derselben Ordnung § 25—31, 36; Einfluß des Zusammenhanges verschiedener Strafsachen § 32—35). Die erkennenden Gerichte, die unabhängig sind (§ 18), stufen sich der Teilung in niedere u. höhere Gerichtsbarkeit u. dem Instanzenzug entsprechend ab: für die niedere Gerichtsbarkeit 1. Instanz Standgerichte (§ 38—48), Berufungsinstanz Kriegsgerichte (§ 49—64). Für die höhere Gerichtsbarkeit 1. Instanz Kriegsgerichte (§ 49—64), Berufungsinstanz Oberkriegsgerichte (§ 65—70), Re-

§ **13.** Gerichtsherren im Sinne dieses Gesetzes sind die Befehlshaber, welchen die niedere oder die höhere Gerichtsbarkeit nach Maßgabe dieses Gesetzes zusteht. [70])

Den Gerichtsherren der niederen Gerichtsbarkeit stehen Gerichtsoffiziere [71]) zur Seite.

Den Gerichtsherren der höheren Gerichtsbarkeit wird die erforderliche Zahl von richterlichen Militärjustizbeamten (Kriegsgerichtsräthe, Oberkriegsgerichtsräthe) [72]) zugeordnet.

§ **14.** [72a]) Die niedere Gerichtsbarkeit [73]) erstreckt sich nur auf Personen, welche nicht Offizierrang haben. [74])

§ **15.** [75]) Die niedere Gerichtsbarkeit umfaßt:

1. die nur mit Arrest bedrohten militärischen Vergehen; [76])
2. die Übertretungen. [77])

Der höheren Gerichtsbarkeit bleiben jedoch diejenigen Fälle vorbehalten, in denen die Verhängung einer Ehrenstrafe [78]) zu erwarten steht. [79])

Im Felde und an Bord [80]) findet die Bestimmung des Absatzes 2 hinsichtlich der Versetzung in die zweite Klasse des Soldatenstandes keine Anwendung.

§ **16.** [75]) Der niederen Gerichtsbarkeit bleiben außerdem überlassen, sofern nach dem Ermessen des Gerichtsherrn [79]) neben einer etwaigen

---

visionsinstanz Reichsmilitärgericht (§ 71—92). Die Gerichte sind mit Ausnahme der Kriegsgerichte insofern ständig, als die Berufung der Richter (zumal der militärischen) im voraus für 1 oder 2 Geschäftsjahre erfolgt (§ 41 bis 43, 68, 79, 88). Sie treten jedoch (vom RMGer. abgesehen, das keinen GerH. hat) nur auf Berufung des GerH. zusammen (§ 18 Abs. 3). Die rechtliche Stellung der richterlichen MilJustizbeamten (Kriegs- u. Oberkriegsgerichtsräte) u. Gerichtsoffiziere regeln § 93 bis 102, die der MilAnwaltschaft beim RMGer. § 103—107, die der MilGerichtsschreiber § 108—110. — Abweichungen im Feld u. an Bord § 419—435.

[70]) § 19ff.

[71]) § 99—102.

[72]) § 93—98.

[72a]) § 14 Persönlicher Umfang der niederen Gerichtsbarkeit.

[73]) § 45ff.

[74]) Auch Offiziere a. D. u. kriegsgefangene Offiziere sind ausgenommen, ebenso obere MilBeamte. — Bei Beförderung zu Offizierrang nach Einleitung der Untersuchung erfolgt Abgabe an den höheren GerH. § 259.

[75]) § 15—16 sachlicher Umfang. Im Feld u. an Bord Erweiterung durch § 63.

[76]) MStGB. § 89 Abs. 1, 90, 92, 141 Abs. 1, 146 Satz 1, 152 Abs. 2 Nr. I 2 d. W. In den Fällen des § 3 Abs. 2 GMStGB. ist Disziplinarbestrafung möglich.

[77]) Nur die strafgerichtlich verfolgbaren Übertretungen i. S. StGB. § 1 Abs. 3. Ausnahme § 2 (Anm. 11ff.) Ordnungsstrafen EG. § 19. Disziplinarbestrafung Nr. III d. W. Bei Übertretungen ist Strafverfügung zulässig § 349—355.

[78]) Es kommt hier in Betracht MStGB. § 37 Abs. 2 Z. 1, 38, 40 Abs. 1 Z. 2 u. Abs. 2[2], 42 (Degradation u. Versetzung in die 2. Klasse des Soldatenstandes), StGB. § 38 (Polizeiaufsicht.

[79]) Maßgebend ist die Ansicht des zuständigen niederen GerH., in der Hauptverhandlung aber die des Standgerichtes; eventuell Unzuständigkeitsbeschluß § 47 u. 330 (PE. I 5). Vgl. jedoch Anm. 527.

[80]) EG. § 5, 6.

Einziehung[80a]) keine höhere Strafe als Freiheitsstrafe[81]) bis zu sechs Wochen oder Geldstrafe bis zu einhundertfünfzig Mark, allein oder in Verbindung mit einander, zu erwarten steht:

1. die Vergehen gegen die §§ 64, 65, 89, 91 Absatz 1, §§ 93, 94, 102, 121 Absatz 1, §§ 137, 151 des Militärstrafgesetzbuchs,
   im Felde und an Bord[80]) alle militärischen Vergehen, bei denen Arreststrafe auch ohne Feststellung eines minder schweren Falles zulässig ist;[82])
2. die in dem Borgen von Geld oder in der Annahme von Geschenken ohne Vorwissen des gemeinschaftlichen Vorgesetzten bestehenden Vergehen gegen § 114 des Militärstrafgesetzbuchs;
3. die Vergehen gegen die §§ 123, 185[83]), 223, 230, 241, 291, 298, 303 des bürgerlichen Strafgesetzbuchs,
   im Felde und an Bord[80]) außerdem die Vergehen gegen die §§ 113, 242, 246, 292, 293, 296, 299, 304 desselben Strafgesetzbuchs;
4. die Zuwiderhandlungen gegen die §§ 81, 83, 84, 86 der Seemannsordnung vom 2. Juni 1902[84]);
5. die Zuwiderhandlungen gegen die Forst- und Feldpolizeigesetze, sowie gegen die Holz-(Forst-)Diebstahlsgesetze.[85])

Die Bestimmungen des § 15 Absatz 2 und 3 finden Anwendung.

§ **17.**[86]) Die höhere Gerichtsbarkeit erstreckt sich auf alle unter Militärstrafgerichtsbarkeit stehende Personen und umfaßt alle strafbaren Handlungen.[87])

§ **18.** Die erkennenden Gerichte sind unabhängig und nur dem Gesetz unterworfen.[88])

Die erkennenden Gerichte sind die Standgerichte[89]), die Kriegsgerichte[90]), die Oberkriegsgerichte[91]), und das Reichsmilitärgericht.[92])

Die Standgerichte, die Kriegsgerichte und die Oberkriegsgerichte treten nur auf Berufung des Gerichtsherrn und nur für den einzelnen Fall zusammen.[93])

[80a]) StGB. § 40, 41, 360 Abs. 2, 367 Abs. 2.

[81]) Bei Z. 1 u. 2 Arrest MStGB. § 17 Abs. 1, bei den Z. 3—5 genannten Vergehen Gefängnis u. Haft.

[82]) MStGB. § 77 Satz 1, 79, 83, 87, 101, 104, 116, 117, 120, 128, 132, 138 Abs. 1, 141 Abs. 1, 142, 144, 146 Satz 2, 147, 148 Satz 1, 152 Abs. 1.

[83]) Nicht StGB. § 200 (öffentliche Beleidigung), da Standgericht nicht auf Bekanntmachungsbefugnis erkennen darf BeschlRMGer. 7. Okt. 01 (II 19).

[84]) RGB. 175; früherer Text „vom 27. Dez. 1872."

[85]) Ausnahme § 2 Anm. 11, 12.

[86]) Persönlicher und sachlicher Umfang der höheren Gerichtsbarkeit. Diese zerfällt wieder in Gerichtsbarkeit erster u. zweiter Instanz § 49 ff., 65 ff.

[87]) Jedoch die in § 14—16 der niederen Gerichtsbarkeit zugewiesenen Sachen nur im Falle des Zusammenhanges (§ 32, 34) sowie in der Beschwerde- u. Berufungsinstanz. Vgl. auch § 31. Für das erkennende Gericht gilt § 329.

[88]) GVG. § 1, 97 Abs. 1, 325 Abs. 2.

[89]) § 38—84.

[90]) § 49—64.

[91]) § 65—70.

[92]) § 71—92.

[93]) Auch zur Beschlußfassung in Be-

Ist der Angeklagte ein General, so erfolgt die Berufung durch den zuständigen Kontingentsherrn[94]), im Felde durch den Kaiser. Hinsichtlich der Admirale, sowie der Generale der Marine erfolgt die Berufung stets durch den Kaiser.

Zweiter Abschnitt.[69])

Gerichtsherr.

§ **19.** Gerichtsherren der niederen Gerichtsbarkeit sind[94a]):

1. im Heere:

der Regimentskommandeur,
der Kommandeur eines selbständigen Bataillons,
der Kommandeur eines Landwehrbezirks[95]),
der Kommandant von Berlin,
der Kommandant einer kleinen Festung[95a]);

2. in der Marine:

der Kommandeur einer Matrosen- oder Werft-Division,
der Kommandeur eines selbständigen Bataillons oder einer selbständigen Abteilung.

§ **20.** Gerichtsherren der höheren Gerichtsbarkeit sind[94a]):

1. im Heere:

der kommandirende General[96])
der Divisionskommandeur,
der Gouverneur von Berlin,
der Gouverneur oder Kommandant einer großen Festung[97]), sowie
der Gouverneur, Kommandant oder sonstige Befehlshaber eines in Kriegszustand (Belagerungszustand)[98]) erklärten Ortes oder Distrikts;

2. in der Marine:

der kommandirende Admiral[98a]),
der Chef einer heimischen Marinestation.

---

schwerdesachen ist die Berufung u. der Zusammentritt des Beschwerdegerichts erforderlich (PE. I 5). Ebenso bei sonstigen Entscheidungen ohne vorgängige mündliche Verhandlung.

[94]) EG. § 4. — Auch in diesem Fall Zusammentritt nach § 261.

[94a]) Ergänzung durch AAB. (Anl. A) zu § 37.

[95]) In den Fällen der § 5, 11 auch über die in seinem Bezirk in Kontrolle stehenden Personen des Beurlaubtenstandes, solange sie nicht zum Dienst einberufen sind (Anm. 35).

[95a]) Anm. 97.

[96]) Jedoch nur in 2. Instanz § 31. — Der komm. General u. die ihm gleichgestellten GerH. (AAB. zu § 37) sind im Verhältnis zu den übrigen in § 20 Nr. 1 genannten GerH. höhere GerH. im Sinne des G.

[97]) AAB. zu § 19, 20 (Anl. A).

[98]) RVerf. § 68 (Nr. I 2 Anm. 33 d. W.) — G. 4. Juni 51 (Nr. I 2 Anl. C d. W.), vgl. auch § 27 des G.

[98a]) An dessen Stelle sind jetzt die Chefs der selbständigen Kommandobehörden getreten (Nr. I 2 Unteranl. D 2 Anm. 2 d. W.). Das Anm. 96 Gesagte gilt auch bei ihnen.

§ **21.** Hinsichtlich der Generale, welche nicht unter dem Befehl eines Divisionskommandeurs oder eines anderen dem kommandirenden General unterstellten Gerichtsherrn stehen[99]), bestimmt der zuständige Kontingentsherr[94]), im Felde der Kaiser, diejenigen Befehlshaber, welche die gerichtsherrlichen Befugnisse in erster oder höherer Instanz auszuüben haben. Hinsichtlich der Admirale, sowie der Generale der Marine erfolgt diese Bestimmung in den entsprechenden Fällen stets durch den Kaiser.

§ **22.** Hat eine Festung mehrere Kommandanten, so steht die höhere Gerichtsbarkeit dem ersten Kommandanten (Gouverneur), die niedere Gerichtsbarkeit dem zweiten Kommandanten zu.[100])

§ **23.** Im Verhinderungsfalle gehen die Befugnisse des Gerichtsherrn auf den Stellvertreter im Kommando über.[101]) Diese Bestimmung findet in den Fällen des § 21 keine Anwendung

§ **24.**[102]) Der höhere Gerichtsherr ist befugt, den ihm untergebenen Gerichtsherrn[103]) anzuweisen, eine Untersuchung einzuleiten oder fortzusetzen[104]), sowie ein Rechtsmittel[105]) einzulegen oder zurückzunehmen.[106]) Im Uebrigen darf er in den Gang einer eingeleiteten Untersuchung nicht eingreifen.

§ **25.**[107]) Der Gerichtsherr hat die Gerichtsbarkeit über die zu seinem Befehlsbereiche gehörenden Personen.[108])

---

[99]) Die übrigen unterstehen der Gerichtsbarkeit des GerH., dem sie unterstellt sind, § 25.

[100]) Umfang dieser Gerichtsbarkeit § 26, 27.

[101]) Als Verhinderungsfall ist nicht jede Abwesenheit dss GerH. aus seinem Standort oder dem Gerichtssitz anzusehen, vielmehr hat die Vertretung des GerH. in seinen Befugnissen grundsätzlich den Übergang des Kommandos auf den Stellvertreter zur notwendigen Voraussetzung URMGer. 5. Jan. 03 (IV 126). — Die Stellvertretung der GerH. 2. Instanz in denjenigen Fällen, in denen der nächstheranstehende Stellvertreter im Kommando schon als GerH. 1. Instanz tätig war, regelt AO. 12. März 01 (AVB. 109). Danach geht die Vertretung des kommandierenden Generals in solchen Fällen auf den demnächst ältesten General des Armeekorps über, die des Gouverneurs einer Festung auf den ältesten in der Festung anwesenden Divisions- oder Brigadekommandeur (des Gouverneurs von Berlin auf den kommandierenden General des Gardekorps), die Vertretung des Kommandanten einer großen Festung auf einen vom kommandierenden General zu bestimmenden Befehlshaber, der nicht schon in derselben Sache als GerH. 1. Instanz tätig war. — Der Chef des Stabes oder Adjutant ist für die Stellvertretung des GerH. nicht zuständig (KrMVf. 16. April 03, PE. IV 3).

[102]) § 114.

[103]) Auch ohne daß ein militärisches Unterordnungsverhältnis besteht, z. B. kommandierender General gegenüber Festungsgouverneur.

[104]) Nicht Untersuchung einzustellen, wohl aber Anklage zu erheben § 247 Abs. 2.

[105]) Rechtsbeschwerde u. Berufung (§ 363—396). Revision bleibt außer Betracht, da der hierfür zuständige kommand. General keinen höheren GerH. über sich hat. Vgl. auch § 367.

[106]) Einlegung nur innerhalb der Rechtsmittelfrist u. nur, wenn der GerH. auf das Rechtsmittel noch nicht verzichtet hatte; Zurücknahme ist auch nachher möglich (§ 371, 372, 379, 380f.). Ein auf Weisung eingelegtes Rechtsmittel kann der angewiesene GerH. nicht eigenmächtig zurücknehmen.

[107]) Ergänzt durch § 30.

[108]) Übertritt des Beschuldigten in

§ **26.**[107]) Der Gouverneur und der Kommandant von Berlin, sowie die Gouverneure und Kommandanten von Festungen haben innerhalb der im § 19 Nr. 1, § 20 Nr. 1, § 22 bestimmten Grenzen die Gerichtsbarkeit über alle unter Militärstrafgerichtsbarkeit stehende Personen, welche[109])

1. eine strafbare Handlung gegen die allgemeine Sicherheit, Ruhe und Ordnung des Ortes[110]),
2. eine Zuwiderhandlnng gegen eine besondere in Beziehung auf die Festungswerke und Vertheidigungsmittel bestehende Anordnung,
3. eine strafbare Handlung im Garnisondienste[110a]) begehen.

§ **27.**[109]) Der Gouverneur, Kommandant oder sonstige Befehlshaber eines in Kriegszustand (Belagerungszustand)[98]) erklärten Ortes oder Distrikts hat die Gerichtsbarkeit (§ 20) über alle zur Besatzung gehörende Militärpersonen.[111])

§ **28.**[109]) Detachierte[112]) Theile eines militärischen Verbandes können für die Dauer der Detachierung der Gerichtsbarkeit eines anderen Gerichtsherrn unterstellt werden.[113])

§ **29.** Einem militärischen Verbande[114]) vorübergehend überwiesene Personen sind für die Dauer der Ueberweisung[115]) hinsichtlich der Gerichtsbarkeit dem Gerichtsherrn dieses Verbandes unterstellt.[116])

§ **30.**[117]) Unter Militärstrafgerichtsbarkeit stehende Personen, für welche ein Gerichtsherr nicht ausdrücklich bestimmt ist[118]), sind der Ge=

---

einen anderen Befehlsbereich begründet nur, wenn vor Anklageerhebung erfolgt, Wechsel des GerH. § 259. Solcher kann namentlich vorkommen bei Versetzung, Kommandierung (§ 29), Ausscheiden aus dem aktiven Heer (Nr. I 2 Anm. 14 d. W.), Einstellung vorläufig beurlaubter Rekruten ins Heer (RMG. § 38 **A** 3). Letzteren Fall betrifft BeschlRMGer. 25. April 01 (I 98), wonach bis zum Eintritt solcher Rekruten in die Verpflegung der MilVerwaltung der Bezirkskommandeur oder der ihm vorgesetzte höhere GerH., vom genannten Zeitpunkt ab der GerH. des betreffenden Truppenteils, bei dem der Rekrut eingestellt wurde, zuständig ist für die RMG. § 60^{3} genannten Vergehen (Anm. 35).

[109]) Durchbrechung des Grundsatzes in § 25. Ausnahmen § 33—35.

[110]) Nicht jeder Straßenunfug u. dgl., sondern nur Ausschreitungen, die sich als Störungen des allgemeinen örtlichen Rechtsfriedens darstellen u. das Gefühl der Rechtsunsicherheit hervorrufen (Begr. S. 80). — Bei Zweifeln über Zuständigkeit § 36.

[110a]) Garnisondienstvorschrift 15. März 03. Nicht nur Wachvergehen, sondern alle im Garnisondienst verübten Vergehen.

[111]) Entspricht G. 4. Juni 51 § 7 (Anm. 98). Dieser Ausnahmegerichtsstand erstreckt sich auf alle strafbaren Handlungen.

[112]) Begriff DStO. § 13 (Nr. III 2 d. W.)

[113]) Weg § 37; Zuständigkeit EG. § 7, AAB. zu § 28 (Anl. A).

[114]) Z. B. milit. Erziehungsanstalt, Kriegsakademie, höherer Stab, Genesungsheim usw.

[115]) Überweisung im Sinne dieses Paragraphs liegt in der Regel vor bei Unterstellung unter die Disziplinargewalt des betr. Verbands.

[116]) AAB. zu § 29 (Anl. A).

[117]) Subsidiärer GerStand des Aufenthalts= oder Tatortes für die nicht unter § 25—29 fallenden Personen.

[118]) Besonders in den Fällen § 1^{2}, 1$^{7 u. 8}$; 5^{4}; 10, 11 von Bedeutung. Der GerStand des § 30 gilt also namentlich für die unter MilGerichtsbarkeit fallen=

richtsbarkeit des Divisionskommandeurs unterstellt, in dessen Bezirke[119]) sie sich befinden oder die That verübt haben. In Berlin, sowie in Festungen tritt die Zuständigkeit der Gouverneure oder Kommandanten, im Bereiche der heimischen Marinestationen die der Chefs dieser Stationen ein.

Unter mehreren zuständigen Gerichtsherren hat derjenige den Vorzug[120]), welcher den Beschuldigten verhaftet[121]) oder zuerst das Ermittelungsverfahren angeordnet[121a]) hat.

§ **31.**[122]) Von dem kommandirenden General (Admiral[98a])) wird, abgesehen von dem Verfahren im Felde und an Bord (§§ 419 bis 435), sowie vorbehaltlich der Bestimmung des § 21, die Gerichtsbarkeit nur in der Rechtsbeschwerde- oder Berufungsinstanz ausgeübt.[123]) Militärische Verbände und einzelne Militärpersonen, welche unmittelbar unter dem Befehle des kommandirenden Generals (Admirals) stehen, sind, soweit dies hiernach erforderlich[124]), hinsichtlich der Strafverfolgung einem anderen Gerichtsherrn zu unterstellen.

Diese Bestimmungen finden auf die sonstigen Gerichtsherren der höheren Gerichtsbarkeit[125]) hinsichtlich der zur Zuständigkeit der Standgerichte[126]) gehörigen Sachen entsprechende Anwendung. Das Gleiche gilt in den Fällen des § 30.

Die Unterstellung erfolgt in den Fällen des ersten Absatzes durch den kommandirenden General (Admiral), in den Fällen des zweiten Absatzes, wenn der höhere Gerichtsherr ein Divisionskommandeur oder ein Marinestationschef ist, durch diesen, im Uebrigen, soweit nicht dieses Gesetz Bestimmung getroffen hat (§ 22), durch die Militärjustizverwaltung.[127])

§ **32.**[128]) Stehen Strafsachen dadurch im Zusammenhange, daß eine Person mehrerer strafbarer Handlungen beschuldigt wird[129]), von denen

---

den reinen (nicht zum Beurlaubtenstand gehörigen) Zivilpersonen, aber auch für keinem bestimmten milit. Verband zugehörige MilPersonen.

[119]) Hierzu AAB. zu § 30 (Anl. A).

[120]) Abweichende Verständigung nicht ausgeschlossen (Begr. S. 82).

[121]) § 175.

[121a]) § 156.

[122]) § 31 will die aus § 17, 25 sich ergebende Möglichkeit ausschließen, daß ein u. derselbe GerH. gleichzeitig die höhere u. niedere Gerichtsbarkeit oder der GerH. der Berufungsinstanz gleichzeitig die Gerichtsbarkeit erster Instanz ausüben würde, was mit dem Instanzenzug u. dem Aufsichtsrecht des höheren gegenüber dem untergebenen GerH. (§ 24) unvereinbar wäre.

[123]) Und zwar nur in Sachen der höheren Gerichtsbarkeit § 20. — Erkennendes Gericht ist das Oberkriegsgericht § 65.

[124]) Also für die niedere Gerichtsbarkeit 1. u. 2. Instanz u. für die höhere Gerichtsbarkeit 1. Instanz.

[125]) § 20 u. Anl. A.

[126]) D. h. zur niederen Gerichtsbarkeit § 45 (Anm. 87).

[127]) § 111.

[128]) § 32—35 lassen beim Zusammenhang von Strafsachen Abweichungen von den regelmäßigen Zuständigkeitsgrundsätzen zu.

[129]) Sog. subjektiver Zusammenhang (objektiver Zusammenhang Anm. 136).

eine der höheren, eine andere der niederen Gerichtsbarkeit unterliegt, so kann[31]) der höhere Gerichtsherr auch diese an sich ziehen.[130])

Ist wegen einer der strafbaren Handlungen bereits die Anklage erhoben oder eine Strafverfügung zugestellt[131]), so kann die Verbindung nur durch Beschluß[93]) des gemeinsamen oberen Gerichts[132]) auf Antrag eines der zuständigen Gerichtsherren erfolgen.

In gleicher Weise[133]) kann die Verbindung wieder aufgehoben werden.

§ **33.**[128]) Wird eine Person mehrerer strafbarer Handlungen beschuldigt, welche theils zur Zuständigkeit eines mit der höheren Gerichtsbarkeit versehenen Gouverneurs oder Kommandanten[134]), theils zur Zuständigkeit eines anderen Gerichtsherrn gehören, so steht die Strafverfolgung hinsichtlich sämmtlicher strafbarer Handlungen demjenigen Gerichtsherrn zu, welcher für die schwerere Strafthat zuständig ist. Maßgebend in dieser Beziehung ist die angedrohte Strafart[135]), bei Strafen gleicher Art das höchste zulässige Maß derselben. Bei sich gleichstehenden Strafandrohungen haben die dem Beschuldigten vorgesetzten Gerichtsherren den Vorzug.

Die Bestimmungen des § 32 Absatz 2 und 3 finden Anwendung.

Gehören Strafsachen der niederen Gerichtsbarkeit theils zur Zuständigkeit eines nur mit niederer Gerichtsbarkeit versehenen Kommandanten, theils zur Zuständigkeit eines anderen Gerichtsherrn, so steht dem Erstgenannten die Strafverfolgung hinsichtlich sämmtlicher strafbarer Handlungen zu.

§ **34.**[128]) Sind bei einer strafbaren Handlung mehrere Personen[136]) als Thäter[26]), Theilnehmer[27]), Begünstiger oder Hehler[28]) beschuldigt und stehen die Beschuldigten unter der Gerichtsbarkeit verschiedener Gerichtsherren[137]), so kann der Gerichtsherr, welcher der gemeinschaftliche Vor-

---

[130]) Andernfalls getrennte Aburteilung u. Anwendung der StGB. § 79, 461 d. G.

[131]) Anklageerhebung § 258, Strafverfügung § 349—355, Zustellung § 136 bis 145. Eröffnung des Hauptverfahrens durch ein bürg. Gericht steht der Anklageerhebung nicht gleich BeschlRMGer. 7. Dez. 01 (II 86).

[132]) Je nachdem Oberkriegsgericht oder RMGer. Letzteres stets, wenn kein gemeinsamer vorgesetzter GerH. vorhanden ist (z. B. weil die zuständigen GerH. verschiedenen Armeekorps angehören). Besetzung § 66, 67, 84.

[133]) Sowohl Abs. 1 als 2 ist gemeint. Vor Anklageerhebung ist der GerH., nachher nur oberes Gericht zuständig. — Bei mehreren der Gerichtsbarkeit desselben GerH. unterliegenden Strafsachen ist Trennung ebenso wie Verbindung im Ermessen des GerH. oder erkennenden Gerichts KrMVf. 22. Feb. 02.

[134]) § 26, 27.

[135]) Abstufung der Strafarten: Todesstrafe, Zuchthaus, Gefängnis, Arrest, Haft, Geldstrafe.

[136]) Sog. objektiver Zusammenhang (subjektiver Zusammenhang Anm. 129).

[137]) Sei es gleichgestellter oder teils höherer teils niederer Gerichtsbarkeit.

gesetzte ist[138]), die Verbindung der Strafsachen und ihre gemeinsame Verfolgung anordnen.[139])

Ist ein gemeinschaftlicher höherer Gerichtsherr nicht vorhanden, so haben die betreffenden kommandierenden Generale, und wenn einer der Beschuldigten der Marine angehört, der kommandirende General und der kommandirende Admiral[98a]) darüber sich zu verständigen, welcher Gerichtsherr die Strafverfolgung zu übernehmen hat. Findet hierüber eine Einigung nicht statt, so steht, sofern die betheiligten kommandirenden Generale derselben Militärverwaltung angehören, die Entscheidung dem zuständigen Kontingentsherrn[94]), anderenfalls dem Kaiser zu. Der Gouverneur von Berlin steht in dieser Beziehung einem kommandirenden General gleich.

Ist gegen einen Beschuldigten die Anklage bereits erhoben, oder ist ihm eine Strafverfügung bereits zugestellt[131]), so kann die Verbindung nur durch Beschluß[93]) des gemeinsamen oberen Gerichts[140]) auf Antrag eines der zuständigen Gerichtsherren erfolgen.

In gleicher Weise[133]) kann die Verbindung wieder aufgehoben werden.[141])

§ **35.**[128]) Die Bestimmungen des § 34 finden bei strafbaren Handlungen, welche nach ihrem gesetzlichen Thatbestande das Zusammenwirken mehrerer voraussetzen[142]), entsprechende Anwendung.

§ **36.** Bestehen zwischen mehreren Gerichtsherren Zweifel darüber, welcher der zuständige ist, so entscheidet[143]) der ihnen gemeinsam vorgesetzte Gerichtsherr und in Ermangelung eines solchen das gemeinsame obere Gericht.[144])

---

[138]) Sowohl der den mehreren Ger-Herrn als der den mehreren Mitschuldigen gemeinsam vorgesetzte GerH. Beides kann auseinandergehen z. B. bei Detachierung hinsichtlich der Gerichtsbarkeit § 28. Der GerH., bei dem die Verbindung angeordnet wird, braucht also nicht Untergebener des anordnenden GerH. zu sein.

[139]) Mitzeichnung durch einen Mil-Justizbeamten ist erforderlich (PE. IV 4). — Verbindung ist auch erforderlich wenn solche im vorausgegangenen Zivilstrafverfahren (§ 6) schon erfolgt war, sobald die mehreren Beschuldigten nach dem Diensteintritt verschiedenen GerH. unterstehen.

[140]) Bei mehreren GerH. der niederen Gerichtsbarkeit kann dies das Kriegsgericht sein (Anm. 132).

[141]) Stellt sich die sachliche Unzuständigkeit des GerH., bei dem die Verbindung angeordnet ist, heraus, so muß die Verbindung aufgehoben u. neue Verbindung bei einem zuständigen GerH. beantragt werden.

[142]) Sog. notwendige Teilnahme z. B. Zweikampf, Ehebruch, Fahnenflucht im Komplott, Blutschande u. a.

[143]) Auf Antrag eines der beteiligten GerH. Der Angeklagte hat kein Beschwerderecht gegen die Entscheidung des GerH. in Zuständigkeitsfragen. Auch das erkennende Gericht darf sich (abgesehen von dem Fall, daß die Tat seine sachliche Zuständigkeit übersteigt § 330) nicht deshalb für unzuständig erklären, weil ein anderer GerH. zuständig gewesen wäre (§ 329).

[144]) Dies kann nur das RMGer. sein, da Kriegs- u. Oberkriegsgericht einen gemeinsam vorgesetzten GerH. voraussetzen, um gemeinsames oberes Gericht sein zu können.

§ **37.** Im Verordnungswege[145]) kann, soweit besondere Verhältnisse es erfordern, die Gerichtsbarkeit der in den §§ 19, 20, 22 bezeichneten Befehlshaber auf bestimmte Truppentheile oder Militärverbände eingeschränkt oder ausgedehnt, sowie auch anderen Befehlshabern Gerichtsbarkeit verliehen werden.[146])

Dritter Abschnitt.[69])
Erkennende Gerichte.

I. Standgerichte.[147])

§ **38.** Die Standgerichte bestehen aus drei Richtern[147a]), und zwar aus

einem Stabsoffizier[148]) als Vorsitzenden[149]),
einem Hauptmann (Rittmeister, Kapitänlieutenant) als erstem Beisitzer und
einem Premierlieutenant (Lieutenant zur See)[150]) als zweitem Beisitzer.

§ **39.**[151]) Sind Offiziere der vorgeschriebenen Dienstgrade nicht vorhanden oder sind die vorhandenen sämmtlich an der Ausübung des Richteramts verhindert[152]), so kann an die Stelle des fehlenden Offiziers ein Offizier[153]) des nächstniederen oder des nächsthöheren Dienstgrades[148]) treten.[154])

---

[145]) EG. § 7.

[146]) AAB. zu § 37, 65 (Anl. A), Marine AO. 28. Mai 00 (Unteranl. A 1).

[147]) Besetzung § 38—40, Bestellung u. Beeidigung der Richter § 41—44, sachliche Zuständigkeit § 45—48.

[147a]) Außer den Richtern müssen an der Hauptverhandlung teilnehmen: ein Vertreter der Anklage u. ein Gerichtsschreiber § 273.

[148]) Rangverhältnisse Nr. I 2 Anl. B d. W.

[149]) Befugnisse u. Pflichten § 275 Abs. 1 u. 3, 279 Abs. 1, 287, 288, 289, 290 Abs. 3, 292 Abs. 2, 295, 296 Abs. 1 u. 6, 297 Abs. 1, 302, 325 Abs. 1, 327 Abs. 1, 331, 336 Abs. 2 u. 4.

[150]) Benennung jetzt: Oberleutnant (Oberleutnant zur See), Oberstleutnant, Generalleutnant (statt: Premierlieutenant, Lieutenant zur See, Oberstlieutenant, Generallieutenant) AO. 1. Jan. 99 (ABB. 1).

[151]) Weitere Aushilfe gewährt § 262.

[152]) § 122 ff. Im übrigen steht Entscheidung über Verhinderung im pflichtmäßigen Ermessen des GerH., jedoch ist aktenmäßige Erklärung darüber nötig. Diese Erklärung ist nur hinsichtlich ihrer *tatsächlichen* Richtigkeit, nicht auch hinsichtlich der *rechtlichen* Auffassung über den Rechtsbegriff der Verhinderung der Nachprüfung in höherer Instanz entzogen. Der gewöhnliche laufende Dienst ist kein gesetzlicher Verhinderungsgrund, ebensowenig der Zusammentritt des Gerichtes an einem anderen Ort als dem Garnisonort des ständigen Richters URMGer. 10. Sept. 01 (I 272), 10. April 02 (II 270).

[153]) Sowohl als *ständiger Richter*, wie als *Ersatzrichter* im Sinne des § 43 Abs. 2. — Nur *aktive* Offiziere (einschließlich der in aktiven Offizierstellen befindlichen Offiziere z. D. u. der einberufenen Offiziere des Beurlaubtenstandes) kommen in Frage URMGer. 18. Dez. 02 (IV 101).

[154]) Die Berufung ist nur durch den GerH. zulässig URMGer. 10. Sept. 01 (Anm. 152), event. gemäß § 262. Mitzeichnung nach § 97 ist erforderlich (PE. II 32).

§ **40.**[155]) Als Richter kann nur mitwirken, wer seit mindestens einem Jahre dem Heere oder der Marine angehört.[156])

§ **41.** Der Vorsitzende und die Beisitzer werden vom Gerichtsherrn alljährlich vor dem Beginne des Geschäftsjahrs[157]) für die Dauer desselben als ständige Richter[158]) bestellt. Für die gleiche Dauer sind ständige Stellvertreter zu bezeichnen.[159])

§ **42.** Die Richter[160]) und deren Stellvertreter werden beim Antritte des Richteramts[161]) durch den Gerichtsherrn[162]) beeidigt.

Die Eidesformel lautet:

„Ich schwöre bei Gott dem Allmächtigen und Allwissenden, die Pflichten eines Richters getreulich zu erfüllen. So wahr mir Gott helfe."

Dem Schwörenden ist gestattet, den Schlußworten der Eidesformel eine seinem Glaubensbekenntniß entsprechende Bekräftigungsformel hinzuzufügen.

Ueber die erfolgte Beeidigung ist ein Protokoll aufzunehmen.

§ **43.** Scheidet im Laufe des Geschäftsjahrs[157]) einer der Richter oder Stellvertreter aus[163]) oder ist er an der Ausübung des Richteramts dauernd verhindert[152]), so ist erforderlichen Falles für den Rest des Geschäftsjahrs ein anderer Offizier als Richter zu bestellen.

Im Falle gleichzeitiger Verhinderung[152]) eines Richters und dessen Stellvertreters kann ein Offizier des entsprechenden Dienstgrades für den einzelnen Fall[164]) als Richter berufen werden.[154])

---

[155]) Ausnahme § 44 Abs. 1.

[156]) Nicht notwendig ist einjähriges Dienstalter als Offizier.

[157]) EG. § 22. — Ordnungsvorschrift. Spätere Bestellung ist nicht rechtsungültig URMGer. 11 Jan. 02 (II 153).

[158]) Die Berufung erfolgt im Dienstweg § 261 Abs. 2. — Zusammentritt § 18 Abs. 2, 261. — Berufung anderer als der ständigen Richter u. Stellvertreter ist nur ausnahmsweise (§ 43 Abs. 2) zulässig.

[159]) Für jeden Richter nur je ein bestimmt zu bezeichnender Stellvertreter (PE. III 4). — Auch die Heranziehung des ständigen Stellvertreters an Stelle des verhinderten ständigen Richters ist im einzelnen Fall durch besondere, nach § 97 mitzuzeichnende u. zu den Akten zu nehmende Vf. des GerH. anzuordnen (PE. III 25).

[160]) Nur die ständigen (§ 41). Für nichtständige Ersatzrichter (§ 39, 43) gilt ausschließlich § 296 URMGer. 3. Aug. 01 (I 251).

[161]) D. h. bei Beginn des Geschäftsjahrs, spätestens vor der ersten Hauptverhandlung des Standgerichts. Bei erneuter Bestellung desselben Offiziers ist neue Beeidigung erforderlich KrMVf. 2. Jan. 01.

[162]) Auch durch Ersuchen eines anderen GerH.

[163]) Ausscheiden aus dem betr. Verband oder Dienstgrad durch Versetzung, Beförderung u. dgl. Bloßer Wechsel der Garnison begründet noch kein „Ausscheiden", wohl aber unter Umständen dauernde Verhinderung.

[164]) Ausnahme von der Ständigkeit. Beeidigung des Ersatzrichters in der Hauptverhandlung Anm. 160. — Nur wenn ein Offizier des entsprechenden Grades nicht verfügbar ist, kann an Stelle des ständigen Richters u. seines Stellvertreters ein Offizier des nächst höheren oder nächst niederen Dienstgrades treten (§ 39) URMGer. 27. Aug. 02 (III 188).

§ **44.** Im Felde und an Bord[80]) erfolgt die Berufung sämmtlicher Richter für den einzelnen Fall. Die Bestimmung des § 40 findet keine Anwendung.

An Bord[80]) kann im Bedürfnißfall als zweiter Beisitzer ein Mitglied des Sanitätsoffizierkorps[165]) oder Maschineningenieurkorps[165]) oder ein Deckoffizier berufen werden.

§ **45.** Die Standgerichte sind zuständig für die Strafsachen der niederen Gerichtsbarkeit (§§ 15, 16).[165a])

§ **46.** Vor die Standgerichte gehören auch diejenigen Strafsachen, deren Verhandlung und Entscheidung ihnen in Folge der Bestimmungen des § 63 zufällt.

§ **47.** Das Standgericht darf neben einer etwa auszusprechenden Einziehung[79a]) auf keine andere[166]) und keine höhere Strafe als auf Freiheitsstrafe[81]) nicht über sechs Wochen und auf Geldstrafe nicht über einhundertfünfzig Mark, im Felde und an Bord[80]) neben Einziehung und Versetzung in die zweite Klasse des Soldatenstandes auf Freiheitsstrafe nicht über drei Monate und Geldstrafe nicht über dreihundert Mark, allein oder in Verbindung mit einander, erkennen.[79])

Auch im Falle des Zusammentreffens mehrerer strafbarer Handlungen (§§ 74, 77 des bürgerlichen Strafgesetzbuchs[167]), § 54 des Militärstrafgesetzbuchs) dürfen die verschiedenen Freiheitsstrafen zusammen die im Absatz 1 bestimmte Zeitdauer nicht überschreiten.

§ **48.** Die Standgerichte, welche im Felde zusammentreten, heißen Feldstandgerichte.

Die Standgerichte, welche an Bord zusammentreten, heißen Bordstandgerichte.[168])

II. Kriegsgerichte.[169])

§ **49.**[170]) Die Kriegsgerichte bestehen aus fünf Richtern[147a]) und zwar aus

---

[165]) Nr. I 2 Anl. B Anm. 8 u. 9 d. W.

[165a]) MilPersonen im Offizierrang sind ausgenommen (§ 14).

[166]) Ehrenstrafen § 15 Abs. 2 Anm. 78. — Verweis ist durch MStGB. § 50 ausgeschlossen. Buße ist nicht Strafe, kann also erkannt werden (StGB. § 188, 231). Für den Antrag auf Buße ist keine Form noch Frist vorgeschrieben (abweichend von StPO. § 443 ff.) URMGer. 29. Jan. 01 (I 14). — Bekanntmachungsbefugnis (StGB. § 200) Anm. 83.

[167]) Auch StGB. § 79 (besonders bei der sog. Zusatzstrafe). — Bei Gesamtstrafe ist nur diese, nicht die Summe der Einzelstrafen an die in Abs. 1 bestimmte Strafgrenze gebunden.

[168]) Erweiterte Zuständigkeit § 16[1, 3], 47, 63. Besonderheiten des Verfahrens im Feld und an Bord § 149 Abs. 4, 170, 222 Abs. 4, 224 Abs. 3, 239 Abs. 4, 253 Abs. 2, 255 Abs. 2, 256 Abs. 5, 266 Abs. 3, 267 Abs. 3, 348, 419—435.

[169]) Besetzung § 49—61, Zuständigkeit § 62, im Felde § 63, 64.

[170]) § 49, 50 Regel. Ausnahmen: mit Rücksicht auf die zu erwartende Strafe § 51, 52, auf den militärischen Charakter des Angeklagten § 55—59.

einem Kriegsgerichtsrathe[171]) (§ 13 Abs. 3) und
vier Offizieren.

§ **50.**[170]) Außer dem Kriegsgerichtsrathe sind als Richter zu berufen:

1.[172]) wenn der Angeklagte ein Gemeiner oder Unteroffizier ist:
ein Major, ein Hauptmann (Rittmeister) und zwei Premierlieutenants[150]);

2. wenn der Angeklagte[173]) ein Subalternoffizier oder ein Hauptmann (Rittmeister) ist:
ein Oberstlieutenant[150]), ein Major, ein Hauptmann (Rittmeister) und ein Premierlieutenant[150]);

3. wenn der Angeklagte ein Major ist:
ein Oberst, zwei Oberstlieutenants[150]) oder Majors und ein Hauptmann (Rittmeister);

4. wenn der Angeklagte ein Oberstlieutenant[150]) ist:
ein Generalmajor, ein Oberst, ein Oberstlieutenant und ein Major;

5. wenn der Angeklagte ein Oberst ist:
ein Generalmajor, zwei Obersten und ein Oberstlieutenant[150]);

6. wenn der Angeklagte ein Generalmajor ist:
ein Generallieutenant[150]), zwei Generalmajors und ein Oberst;

7. wenn der Angeklagte ein Generallieutenant[150]) ist:
ein General, zwei Generallieutenants und ein Generalmajor;

8. wenn der Angeklagte ein General oder ein im höheren Range stehender Offizier ist:
zwei Generale und zwei Generallieutenants.[150])

§ **51.** Die Kriegsgerichte werden zusammengesetzt aus:
zwei Kriegsgerichtsräthen[174]) und
drei Offizieren,

wenn der Gerichtsherr nach den Umständen des Falles annimmt[175]), daß auf Todesstrafe oder auf Freiheitsstrafe von mehr als sechs Monaten zu erkennen sei.[176]).

---

[171]) § 93—98. Strafgrenze bei Besetzung mit einem KrGerRat ein Jahr § 52. — Im Degradationsverfahren gemäß StGB. § 42 Abs. 2 ist das KriegsGer. stets nach § 50¹ (nicht § 51¹) zu besetzen (PE. IV 6).

[172]) Zu Ziff. 1—5 § 53 (Reihenfolge). Für Marine § 54.

[173]) Wegen verabschiedeter Offiziere Anm. 9.

[174]) AAB. zu § 50, 51 (Anl. A).

[175]) Unter Berücksichtigung aller Strafzumessungsgründe, auch gesetzlicher Strafmilderungsgründe (z. B. mildernde Umstände, minder schwerer Fall, MStGB. § 98). — Mitwirkung eines richterlichen MilJustizbeamten § 97.

[176]) Bei realem Zusammentreffen nur, wenn eine zu erwartende Einzelstrafe 6 Monate übersteigt; die Gesamtstrafe kann höher sein. Ebenso bei § 52 bezüglich der Strafgrenze von 1 Jahr (PE. I 8).

Als Richter sind außer den Kriegsgerichtsräthen zu berufen:

1.[172]) wenn der Angeklagte ein Gemeiner oder Unteroffizier ist:
ein Major, ein Hauptmann (Rittmeister) und ein Premierlieutenant[150])

2. wenn der Angeklagte[173]) ein Subalternoffizier oder ein Hauptmann (Rittmeister) ist:
ein Oberstlieutenant[150]), ein Major und ein Hauptmann (Rittmeister);

3. wenn der Angeklagte ein Major ist:
ein Oberst, zwei Oberstlieutenants[150]) oder Majors;

4. wenn der Angeklagte ein Oberstlieutenant[150]) ist:
ein Generalmajor, ein Oberst und ein Oberstlieutenant;

5. wenn der Angeklagte ein Oberst ist:
ein Generalmajor und zwei Obersten;

6. wenn der Angeklagte ein Generalmajor ist:
ein Generallieutenant[150]) und zwei Generalmajors;

7. wenn der Angeklagte ein Generallieutenant[150]) ist:
ein General und zwei Generallieutenants;

8. wenn der Angeklagte ein General oder ein im höheren Range stehender Offizier ist:
zwei Generale und ein Generallieutenant.[150])

§ **52.** Ist das Gericht gemäß § 49 besetzt und erscheint nach dem Ergebnisse der Hauptverhandlung eine die Dauer von sechs Monaten übersteigende Strafe verwirkt, so kann das Gericht auf Freiheitsstrafe bis zu einem Jahre erkennen.

Erachtet das Gericht eine höhere Strafe für verwirkt[176]), so hat es die Hauptverhandlung abzubrechen[177]) und die Berufung eines der Vorschrift des § 51 entsprechenden Gerichts herbeizuführen.

§ **53.** In den Fällen Nr. 1 bis 5 der §§ 50, 51[178]) erfolgt die Berufung[158]) der Offiziere nach einer vom Gerichtsherrn alljährlich vor dem Beginne des Geschäftsjahrs[157]) für die Dauer desselben festzustellenden Reihenfolge, von der nur aus dringenden Gründen abgewichen werden darf.[179])

---

[177]) Durch verkündeten Gerichtsbeschluß. — Vor dem richtig besetzten Gericht nicht Fortsetzung der Hauptverhandlung gemäß § 276, sondern Neubeginn derselben u. Wiederholung der Beweisaufnahme. — Zur neuen Zusammensetzung des Ger. bedarf es einer besonderen Vf. des GerH. (PE. IV 6).

[178]) Für Nr. 6—8 daselbst gilt § 18 Abs. 4.

[179]) Der GerH. hat selbst nach der bei ihm zu führenden Kommandierrolle die Offizierrichter für den einzelnen Fall zu berufen u. über etwaige Gründe zum Abweichen von der Reihenfolge zu entscheiden. Überlassung der Berufung an Truppenteile usw. ist unzulässig (Revisionsgrund) URMGer. 17. Juni 01 (I 193), 30. Nov. 01 (II 67). Die Verfügung des GerH., worin die berufenen Offizierrichter namentlich aufzuführen

§ **54.** Hinsichtlich der Bildung der Kriegsgerichte stehen den in den §§ 50, 51 bezeichneten Dienstgraden die entsprechenden Dienstgrade der Marine gleich.[180]) Ein Korvettenkapitän steht einem Major oder einem Oberstlieutenant[150]) gleich.

§ **55.** Ist der Angeklagte ein Sanitätsoffizier[165]) oder ein Ingenieur des Soldatenstandes[165]) oder ein Militärbeamter[181]), so erfolgt die Bildung des Kriegsgerichts unter Berücksichtigung des Ranges des Angeklagten nach Maßgabe des § 50. Es sind jedoch dem Range des Angeklagten entsprechend, in den Fällen des § 50 an Stelle der zwei Offiziere des niedrigsten Dienstgrades zwei Sanitätsoffiziere, zwei Ingenieure des Soldatenstandes oder zwei obere Militärbeamte und in den Fällen des § 51 an Stelle des Offizier des niedrigsten Dienstgrades ein Sanitätsoffizier, ein Ingenieur des Soldatenstandes oder ein oberer Militärbeamter als Richter zu berufen.[182])

§ **56.** Sind Personen, welche verschiedenen der im § 55 bezeichneten Dienststellungen angehören, oder ist eine dieser Personen mit einem der in den §§ 50, 51 bezeichneten Angeklagten gemeinschaftlich abzuurtheilen, so findet bei der Bildung des Kriegsgerichts eine Abweichung von den vorstehenden Bestimmungen nur insofern statt, als in den Fällen des § 50 an Stelle des Offiziers des niedrigsten Dienstgrades ein zweiter Kriegsgerichtsrath zu berufen ist.

§ **57.** Ist der Angeklagte eine Civilperson[183]), so erfolgt die Bildung des Kriegsgerichts nach Maßgabe der §§ 50 Nr. 1, 51 Nr. 1.

Wird eine Civilperson zugleich mit einer Militärperson angeklagt, so erfolgt die Bildung des Kriegsgerichts lediglich mit Rücksicht auf die letztere.

Bei kriegsgefangenen[183a]) Offizieren soll das militärische Rangverhältniß thunlichst berücksichtigt werden.

§ **58.** Richtet sich die Hauptverhandlung gegen mehrere Angeklagte verschiedenen Ranges, so ist, unbeschadet der Bestimmung des § 56, für

---

sind, ist aktenmäßig zu machen u. vom MilJustizbeamten mitzuzeichnen (PE. II 32, III 6d). Verhinderung Anm. 152. — Beeidigung der Offizierrichter in der Hauptverhandlung § 296. Eine Ergänzung der Kommandierrolle im Laufe des Geschäftsjahres ist nicht zulässig. Bei Mangel an Richtern infolge Ausscheidens von Offizieren müssen § 39, 43 entsprechende Anwendung finden.

[180]) Ein Kriegsgericht über Angeklagte des Heeres kann im Falle des § 262 ganz oder teilweise aus Angehörigen der Marine zusammengesetzt werden oder umgekehrt Begr. S. 88.

[181]) Oberer oder unterer MilBeamter.

[182]) Ausnahme im Feld u. an Bord § 59.

[183]) Alle Personen, die nicht zu den MilPersonen im Sinne des G. gehören, also ausgenommen z. B. Personen des Beurlaubtenstandes, Offiziere z. D. u. a. D. Kriegsgefangene gelten als Zivilpersonen, vgl. jedoch Abs. 3.

[183a]) Nr. I 2 Anm. 606—608 d. W.

die Besetzung des Kriegsgerichts der Dienstgrad des höchsten unter den Mitangeklagten maßgebend.

§ **59**. Im Felde und an Bord[80]) können die Sanitätsoffiziere, die Ingenieure des Soldatenstandes und die oberen Militärbeamten (§§ 55, 56), im Bedürfnißfalle durch Offiziere ersetzt werden.

§ **60**. Auf die aus dem Offizierstande zu berufenden Richter bei den Kriegsgerichten finden die Bestimmungen der §§ 39, 40 Anwendung.

§ **61**. In der Hauptverhandlung hat der rangälteste[184]) Offizier den Vorsitz[185]); der dienstälteste Kriegsgerichtsrath führt die Verhandlungen.[186])

§ **62**. Die Kriegsgerichte sind, abgesehen von den ihnen durch anderweite Bestimmungen dieses Gesetzes[187]) zugewiesenen Entscheidungen und Geschäften, zuständig:

1. für die Verhandlung und Entscheidung in erster Instanz in den nicht zur Zuständigkeit der Standgerichte gehörigen[188]) Strafsachen[189]);
2. für die Verhandlung und Entscheidung über das Rechtsmittel der Berufung[190]) gegen die Urtheile der Standgerichte.

§ **63**. Im Felde und an Bord[80]) kann[30]) der Gerichtsherr[191])

1. wegen der Vergehen gegen die §§ 113, 114, 117 Absatz 1, §§ 120, 123, 134, 135, 136, 138, 185, 189, 223, 223a, 230, 241, 242, 246, 257, 258 Nr. 1, §§ 259, 263, 291, 292, 293, 296, 298, 299, 303, 304, 327 Absatz 1, § 328 Absatz 1 des bürgerlichen Strafgesetzbuchs,
2. wegen der Vergehen gegen § 138 Absatz 1 des Militärstrafgesetzbuchs,
3. wegen der Vergehen gegen die §§ 81, 83, 84, 86 der Seemannsordnung vom 2. Juni 1902[84])

---

[184]) Bei gleichem Rang ist Dienstalter, in 2. Linie Lebensalter entscheidend.

[185]) Anm. 149, jedoch mit den in § 292 Abs. 1, 296, 327 Abs. 1, 336 Abs. 4 zugunsten des Verhandlungsführers bestimmten Abweichungen.

[186]) Befugnisse Anm. 185, ferner § 293, 320 Abs. 1, 324, 331, 333. — Abgabe der Verhandlungsführung an einen anderen KrGerRat ist unzulässig.

[187]) § 34 Abs. 3 u. 4, 97 Abs. 3, 102, 149 Abs. 1, 204, 205, 208, 230 Abs. 2, 299 Abs. 3, 461 Abs. 4, 464 Abs. 4, 470 Abs. 2, 471 Abs. 3. — Besetzung in diesen Fällen wie sonst (§ 51, 52 hier ausgeschlossen). Zusammentritt Anm. 93.

[188]) § 45—47. Vgl. jedoch § 32—34 u. 329.

[189]) Auch Hoch- und Landesverrat gegen Kaiser u. Reich (abweichend von GVG. § 136).

[190]) § 378—396.

[191]) Der GerH. der höheren Gerichtsbarkeit, der an sich zuständig wäre. Vor erfolgter Überweisung ist die niedere Gerichtsbarkeit nicht begründet (anders bei § 16). Die Überweisung ist auch vor der Anklageverfügung zulässig.

die Verfolgung dem Gerichtsherrn der niederen Gerichtsbarkeit[192]) überweisen, wenn er nach den Umständen des Falles annimmt[175]), daß neben Einziehung oder Versetzung in die zweite Klasse des Soldatenstandes auf keine andere und keine höhere Strafe als Freiheitsstrafe von drei Monaten oder Geldstrafe von sechshundert Mark, allein oder neben Haft oder in Verbindung mit einander, zu erkennen sein werde.[193])

§ **64**. Die Kriegsgerichte, welche im Felde zusammentreten, heißen Feldkriegsgerichte.

Die Kriegsgerichte, welche an Bord zusammentreten, heißen Bordkriegsgerichte.[168])

III. Oberkriegsgerichte.[194])

§ **65**. Die Oberkriegsgerichte sind, abgesehen von den ihnen durch anderweite Bestimmungen[195]) dieses Gesetzes zugewiesenen Entscheidungen und Geschäften, zuständig: für die Verhandlung und Entscheidung über das Rechtsmittel der Berufung[190]) gegen die Urtheile der Kriegsgerichte in erster Instanz.[196])

Die Oberkriegsgerichte werden bei den Generalkommandos und bei dem Oberkommando der Marine gebildet. Im Verordnungswege kann auch bei anderen Stellen die Bildung von Oberkriegsgerichten zugelassen werden.[146])

§ **66**. Die Oberkriegsgerichte[197]) bestehen aus sieben Richtern, und zwar aus

zwei Oberkriegsgerichtsräthen und
fünf Offizieren.

§ **67**. Als Richter sind, außer den Oberkriegsgerichtsräthen, zu berufen[198]):

---

[192]) Dieser muß auch bei abweichender Ansicht über die Strafhöhe die Verfolgung übernehmen, darf jedoch Anklage nur wegen eines überweisbaren oder unter § 15, 16 fallenden Vergehens verfügen. Andernfalls Rückgabe an den höheren GerH.

[193]) Hält das Standgericht eine seine Strafbefugnis (§ 45) übersteigende Strafe für verwirkt oder einen nicht überweisbaren Tatbestand für gegeben, dann Unzuständigkeitsbeschluß (§ 330).

[194]) Zuständigkeit § 65, Besetzung § 66, 67, 69—70, Bestellung u. Beeidigung der Richter § 68.

[195]) Anm. 187; ferner § 32 Abs. 2 u. 3, 33 Abs. 2, 290 Abs. 5. Besetzung auch in diesen Fällen nach § 66, 67. Ist über die Rechtsbeschwerde einer Zivilperson zu entscheiden oder ist der Angeklagte Zivilperson, so erfolgt die Bildung des OberkriegsGer. gemäß § 67¹ (§ 57, 69).

[196]) § 62¹.

[197]) § 70, 93—98. Die OKGerRäte können nach § 70 nicht nur im Fall der Verhinderung, sondern auch, weil nur ein OKGerRat dem GerH. zugeordnet ist, durch KGerRäte ersetzt werden URMGer. 3. Dez. 02 (IV 59).

[198]) Für den Befehlsbereich des kommandierenden Generals gibt es für jeden der in Nr. 1—5 genannten Angeklagten nur ein OberkriegsGer. URMGer. 11. Jan. 02 (II 153). Es sind also nur die zur einfachen Besetzung des OberkriegsGer. erforderlichen Offizierrichter u. Stellvertreter u. zwar für jeden der in Ziff. 1—5 genannten Fälle gesondert zu bestellen u. zu berufen. Beliebiger Wechsel zwischen den für verschiedene Fälle (Ziff. 1—5) be-

1. wenn der Angeklagte ein Gemeiner oder ein Unteroffizier ist:
ein Oberstlieutenant[150]) zwei Majors, ein Hauptmann (Rittmeister) und ein Premierlieutenant[150]);
2. wenn der Angeklagte ein Subalternoffizier oder ein Hauptmann (Rittmeister) ist:
ein Oberst, ein Oberstlieutenant[150]) ein Major und zwei Hauptleute (Rittmeister);
3. wenn der Angeklagte ein Major ist:
ein Oberst, zwei Oberstlieutenants[150]) und zwei Majors;
4. wenn der Angeklagte ein Oberstlieutenant[150]) ist:
ein Generalmajor, zwei Obersten und zwei Oberstlieutenants;
5. wenn der Angeklagte ein Oberst ist:
ein Generalmajor, drei Obersten und ein Oberstlieutenant[150]);
6. wenn der Angeklagte ein Generalmajor ist:
ein Generallieutenant[150]), drei Generalmajors und ein Oberst;
7. wenn der Angeklagte ein Generallieutenant ist:
ein General, drei Generallieutenants und ein Generalmajor;
8. wenn der Angeklagte ein General oder ein im höheren Range stehender Offizier ist:
drei Generale und zwei Generallieutenants.[150])

§ **68.**[199]) Die zur Bildung des Oberkriegsgerichts erforderlichen Offiziere werden in den Fällen des § 67 Nr. 1 bis 5 vom Gerichtsherrn alljährlich vor dem Beginne des Geschäftsjahrs[157]) für die Dauer desselben als ständige Richter[158]) bestellt. Für die gleiche Dauer sind ständige Stellvertreter zu bezeichnen.[159])

Auf die aus dem Offizierstande zu berufenden Richter finden die Bestimmungen der §§ 39, 40, 42, 43 Anwendung.[151—164])

§ **69.** Die Bestimmungen der §§ 54 bis 58, 61 finden auf die Oberkriegsgerichte entsprechende Anwendung.[200])

§ **70.** In den Oberkriegsgerichten können die Oberkriegsgerichtsräthe nur durch ständig angestellte richterliche Beamte vertreten werden.

IV. Reichsmilitärgericht.[201])

§ **71.** Das Reichsmilitärgericht ist, abgesehen von den ihm durch anderweite Bestimmungen[202]) dieses Gesetzes zugewiesenen Entscheidungen und Geschäften, zuständig:

---

stellten Offizieren desselben Dienstgrades ist unzulässig. — Bestellung von Offizieren z. D. als Richter soll nur in dringenden Fällen erfolgen KrMVf. 7. Juni 02. — Ein MilRichter, der für die Klasse, zu welcher der Angeklagte gehört, nicht als ständiger Richter oder Stellvertreter berufen ist, gilt für ihn als „nicht ständiger Richter" auch dann, wenn er für eine andere Klasse als ständiger Richter berufen ist URMGer. 29. Okt. 02 (IV 14).

[199]) KrAB. zu § 68 (Anl. B).

[200]) Anm. 180—186. Da der Fall

für die Verhandlung und Entscheidung über das Rechtsmittel der Revision.[203])

§ **72**. Der Sitz des Reichsmilitärgerichts ist Berlin.

Für den Kriegsfall kann der Kaiser den Sitz des Reichsmilitärgerichts oder einzelner Senate desselben verlegen.

§ **73**. An der Spitze des Reichsmilitärgerichts steht als Präsident[204]) ein General oder Admiral mit dem Range eines kommandirenden Generals. Demselben steht die Leitung der Geschäfte zu; an der Rechtsprechung nimmt er nicht Theil.

§ **74**. Der Präsident wird vom Kaiser ernannt.

§ **75**. Der Präsident leistet beim Antritte seines Amtes vor versammeltem Plenum folgenden Eid:

„Ich schwöre bei Gott dem Allmächtigen und Allwissenden, die Pflichten des Präsidenten des Reichsmilitärgerichts getreulich zu erfüllen. So wahr mir Gott helfe."

Die Bestimmungen des § 42 Absatz 3 und 4 finden Anwendung.

§ **76**. Für die Fälle der Verhinderung des Präsidenten bestimmt der Kaiser einen Stellvertreter.

Ein Mitglied des Reichsmilitärgerichts kann nicht Stellvertreter des Präsidenten sein.

§ **77**. Bei dem Reichsmilitärgerichte werden Senate gebildet.[205])

§ **78**. Jeder Senat besteht aus einem Senatspräsidenten und der erforderlichen Zahl von Räthen und Offizieren.

Die Zuziehung von Hülfsrichtern an Stelle der Senatspräsidenten und Räthe ist unzulässig.

§ **79**. Die militärischen Mitglieder des Reichsmilitärgerichts sollen mindestens im Range der Stabsoffiziere stehen.

Sie werden vom Kaiser auf Vorschlag der Kontingentsherren auf die Dauer von mindestens zwei Jahren bestimmt.[205])

§ **80**. Die Senatspräsidenten und die Räthe werden vom Kaiser auf Vorschlag des Bundesraths ernannt.[205]) Sie müssen in Gemäßheit

---

des § 51 für das OKrGer. nicht in Frage kommt, werden in den Fällen des § 55 die zwei Offiziere des niedrigsten Dienstgrades durch zwei Sanitätsoffiziere usw. zu ersetzen sein.

[201]) Zuständigkeit § 71; Sitz § 72; Präsident § 73—76; Senate § 77—78; Ernennung u. Beeidigung der Mitglieder § 79—82; Vorsitz u. Besetzung § 83, 84; Plenum § 85, 86; Abstimmung § 87; Geschäftsverteilung § 88—92.

[202]) Außer den in Anm. 187 genannten kommen § 32 Abs. 2 u. 3, 33 Abs. 2, 36, 247 Abs. 4, 328 Abs. 2, 385 Abs. 2 u. EG. 13 Abs. 1 in Betracht.

[203]) § 397—415.

[204]) Befugnisse § 82, 89—92, 105, 111, 113 Abs. 4, 138, 341 Abs. 3, 412, 418 (AAB.), 424, 468. GerH. im Sinne des § 13 ist der Präsident nicht. Seine Tätigkeit ist lediglich eine verwaltende. — Disziplinarverhältnisse der juristischen u. militärischen Mitglieder des RMGer. Nr. III 4 Anm. 10 d. W.

[205]) Bayrischer Senat Nr. 3 Anm. 58 (EG. § 33). — Das Plenum entscheidet nur in den Fällen § 85, 86.

des Gerichtsverfassungsgesetzes vom 27. Januar 1877 [206]) zum Richteramte befähigt sein und das fünfunddreißigste Lebensjahr vollendet haben.

§ **81**. Die Senatspräsidenten und die Räthe sind Militärbeamte. Auf dieselben finden die Bestimmungen der §§ 6, 7, 8 Absatz 1 und 2, §§ 9, 130 Absatz 2 und 3 des Gerichtsverfassungsgesetzes vom 27. Januar 1877 [206a]) entsprechende Anwendung.

§ **82**. Die militärischen Mitglieder des Reichsmilitärgerichts werden beim Antritt ihres Richteramts durch den Präsidenten vor versammeltem Plenum beeidigt. Die Eidesformel lautet:

„Ich schwöre bei Gott dem Allmächtigen und Allwissenden, die Pflichten eines Richters beim Reichsmilitärgerichte getreulich zu erfüllen. So wahr mir Gott helfe."

Die Bestimmungen des § 42 Absatz 3 und 4 finden Anwendung.

§ **83**. In den Senaten führt der rangälteste Offizier den Vorsitz; der Senatspräsident leitet die Verhandlungen.

Die außerhalb der Hauptverhandlung nothwendigen Verfügungen werden vom Senatspräsidenten erlassen.

§ **84**. Die Senate [207]) beschließen und entscheiden in der Besetzung von vier militärischen und drei juristischen Mitgliedern mit Einschluß des Vorsitzenden.

Sie beschließen und entscheiden in der Besetzung von vier juristischen und drei militärischen Mitgliedern mit Einschluß des Vorsitzenden, wenn das Rechtsmittel der Revision [208]) lediglich auf die Verletzung prozessualer Vorschriften, einer Vorschrift oder eines Rechtsgrundsatzes der allgemeinen bürgerlichen Gesetze [209]) gestützt wird.

§ **85**. [210]) Will ein Senat in einer Rechtsfrage von einer früheren Entscheidung eines anderen Senats oder des Plenums [211]) abweichen, so ist über die streitige Rechtsfrage eine Entscheidung des Plenums einzuholen.

Dasselbe gilt, wenn ein Senat in einer die Auslegung der bürgerlichen Strafgesetze betreffenden Rechtsfrage von einer früheren Entscheidung der vereinigten Strafsenate oder des Plenums des Reichsgerichts abweichen will. [212])

---

[206]) GVG. § 2—5 (Anl. C).

[206a]) Anlage C.

[207]) Aus § 84 folgt, daß jeder Senat mindestens vier juristische u. vier militärische Mitglieder haben muß.

[208]) Auch bei sonstigen Entscheidungen (Anm. 202) findet der Grundsatz des Abs. 2 sinngemäße Anwendung.

[209]) Auch des Privat- u. Staatsrechts usw. Beim Zusammentreffen mit einer Beschwerde wegen Verletzung militärischer Gesetze oder Dienstgrundsätze (§ 399 Abs. 2) tritt jedoch Besetzung nach Abs. 1 ein.

[210]) GVG. § 137.

[211]) Auch die gemäß § 113 erlassenen Prüfungsbescheide beruhen auf Beschlüssen des Plenums, ohne daß jedoch § 85 Abs. 1 auf sie Anwendung fände. Verfahren Anl. D.

[212]) Von Entscheidungen der einzelnen Senate des RGer. kann ein Senat des RMGer. ohne weiteres abgehen, ebenso das Plenum des RMGer. von Entscheidungen der vereinigten Strafsenate oder des Plenums des RGer.

Die Entscheidung der Rechtsfrage durch das Plenum ist in der zu entscheidenden Sache bindend. Sie erfolgt in allen Fällen ohne vorgängige mündliche Verhandlung.

Vor der Entscheidung ist die Militäranwaltschaft mit ihren schriftlichen Anträgen zu hören.

Soweit die Entscheidung der Sache eine vorgängige mündliche Verhandlung erfordert, erfolgt dieselbe durch den erkennenden Senat auf Grund einer erneuten mündlichen Verhandlung, zu welcher die Betheiligten unter Mittheilung der ergangenen Entscheidung der Rechtsfrage zu laden sind.

§ **86**. Zur Fassung der im § 85 vorgesehenen Plenarentscheidungen ist die Theilnahme von mindestens zwei Drittheilen aller Mitglieder, mit Einschluß des Vorsitzenden, erforderlich.

Je nach der Besetzung der Senate mit vier militärischen und drei juristischen Mitgliedern oder vier juristischen und drei militärischen Mitgliedern (§ 84) soll die Zahl der stimmberechtigten militärischen Mitglieder um eins größer sein, als diejenige der juristischen Mitglieder, oder umgekehrt. Entspricht das Zahlenverhältniß der anwesenden juristischen und militärischen Mitglieder nicht dem vorstehend angegebenen Stimmenverhältnisse, so haben auf der über dieses hinaus vertretenen Seite die jüngsten Mitglieder kein Stimmrecht.

Unter den juristischen Mitgliedern gilt derjenige Rath, welcher zuletzt ernannt ist, und bei gleichem Dienstalter derjenige, welcher der Geburt nach der jüngere ist, als der jüngste; unter den militärischen Mitgliedern entscheidet der Dienstrang.

Den Vorsitz im Plenum führt der rangälteste Offizier; der dem Dienstalter, und bei gleichem Dienstalter der der Geburt nach älteste Senatspräsident leitet die Verhandlungen.

§ **87**. Die Abstimmungen bei dem Reichsmilitärgericht erfolgen, vorbehaltlich näherer Regelung durch die Geschäftsordnung, in nachstehender Weise.

Ist ein Berichterstatter ernannt, so giebt derselbe seine Stimme zuerst ab. Der Vorsitzende stimmt in allen Fällen zuletzt. In den Senaten stimmt der Senatspräsident unmittelbar vor dem Vorsitzenden. Im Uebrigen giebt abwechselnd ein juristisches und ein militärisches Mitglied seine Stimme ab. Der im Dienstalter oder im Dienstrange Jüngere stimmt vor dem Aelteren.

§ **88**. Vor Beginn des Geschäftsjahres werden auf die Dauer desselben die Geschäfte unter die Senate vertheilt und die Präsidenten, sowie die ständigen Mitglieder der einzelnen Senate und für den Fall ihrer Verhinderung die regelmäßigen Vertreter bestimmt. Jedes militärische

Mitglied des Reichsmilitärgerichts kann zum Mitgliede mehrerer Senate bestimmt werden.[214])

Die getroffene Anordnung kann im Laufe des Geschäftsjahrs nur geändert werden, wenn dies wegen eingetretener Ueberlastung eines Senats oder in Folge Wechsels oder dauernder Verhinderung einzelner Mitglieder des Gerichts erforderlich wird.

§ **89.** Die im § 88 bezeichneten Anordnungen erfolgen durch den Präsidenten des Reichsmilitärgerichts nach Anhörung der Senatspräsidenten.

§ **90.** Im Falle der Verhinderung wird in einer durch die Geschäftsordnung zu regelnden Weise der Senatspräsident durch einen anderen Senatspräsidenten, nöthigenfalls durch den ältesten Rath des Senats, vertreten.

§ **91.** Im Falle der Verhinderung des regelmäßigen Vertreters eines Mitglieds wird ein zeitweiliger Vertreter durch den Präsidenten des Reichsmilitärgerichts bestimmt.

§ **92.** Im Uebrigen wird der Geschäftsgang durch eine Geschäftsordnung[212a]) geregelt, welche das Plenum unter dem Vorsitze des Präsidenten des Reichsmilitärgerichts und unter Zuziehung der Militäranwaltschaft auszuarbeiten und der Präsident dem Kaiser zur Bestätigung vorzulegen hat.

Vierter Abschnitt.

Oberkriegsgerichtsräthe, Kriegsgerichtsräthe und Gerichtsoffiziere.

§ **93.** Die Ernennung der Oberkriegsgerichtsräthe[213]) und der Kriegsgerichtsräthe[213]) erfolgt durch den zuständigen Kontingentsherren[94]), in der Marine durch den Kaiser.

§ **94.** Die Oberkriegsgerichtsräthe und die Kriegsgerichtsräthe müssen in Gemäßheit des Gerichtsverfassungsgesetzes vom 27. Januar 1877[206]) zum Richteramte befähigt sein.

Auf dieselben finden die §§ 6, 7, 9 des bezeichneten Gesetzes[206a]) entsprechende Anwendung.

§ **95.** Sind einem Gerichtsherrn mehrere Kriegsgerichtsräthe zugeordnet, so kann durch die oberste Militärjustizverwaltungsbehörde[127]) einzelnen der Amtssitz außerhalb des Garnisonorts des Gerichtsherrn angewiesen werden.[214])

[212a]) AO. 30. Jan. 02 Anlage D.

[213]) Sie sind richterliche MilJustizbeamte u. gehören zu den Reichsbeamten (RBG. § 1). Anstellung § 94; EG. § 27—32. Übertragung anderweitiger juristischer Geschäfte EG. § 20, 21. Disziplinarverhältnisse Nr. III 4 d. W. — Der Dienst- u. Geschäftsbetrieb ist durch die „Dienst- u. Geschäftsordnung für die MilGerichtsstellen der höheren u. niederen Gerichtsbarkeit" Anlage E geregelt.

[214]) Einer Versetzung gleichzuachten; ebenso die Zurückberufung, die nur mit Zustimmung des Beamten zulässig ist.

§ **96.** Die Oberkriegsgerichtsräthe und die Kriegsgerichtsräthe können wider ihren Willen nur kraft richterlicher Entscheidung und aus den Gründen und unter den Formen, welche das Gesetz bestimmt[215]), dauernd oder zeitweise ihres Amtes enthoben oder in eine andere Stelle oder in den Ruhestand versetzt werden. In den Fällen des § 95 bedarf es der Zustimmung zur Versetzung nicht.

Die richterlichen Militärjustizbeamten der Marine können durch die oberste Marineverwaltungsbehörde (Reichs-Marine-Amt) dem Befehlshaber einer Flotte oder eines Geschwaders zugeordnet werden. Ohne ihre Zustimmung darf in Friedenszeiten dieses Dienstverhältniß die Dauer von drei Jahren nicht überschreiten.

Bei einer Veränderung in der Organisation des Heeres oder der Marine können unfreiwillige Versetzungen in eine andere militärrichterliche Stelle oder Enthebungen vom Amte unter Belassung des vollen Gehalts durch die Militärjustizverwaltung verfügt werden.

Gleiche Befugniß in Beziehung auf unfreiwillige Versetzungen steht der Militärjustizverwaltung im Falle einer Mobilmachung mit der Maßgabe zu, daß die getroffenen Verfügungen nur für die Dauer der Mobilmachung gelten.

§ **97.** Die Oberkriegsgerichtsräthe und die Kriegsgerichtsräthe haben, soweit sie nicht als Richter bei den erkennenden Gerichten mitwirken[216]), den Weisungen des Gerichtsherrn Folge zu leisten.

Die im Laufe des Verfahrens ergehenden Entscheidungen und Verfügungen des Gerichtsherrn[217]) sind, soweit das Gesetz nicht ein Anderes

---

[215]) G. betr. die Dienstvergehen der richterlichen MilJustizbeamten 1. Dez. 98 Nr. III 4 d. W.

[216]) Insoweit ist § 18 maßgebend. Die sonstigen hauptsächlichen Dienstverrichtungen sind: Untersuchungsführung (§ 159), Anklagevertretung (§ 255, 273) u. überhaupt Beratung des GerH. bei allen auf dem Gebiete der MilStrafrechtspflege liegenden Entscheidungen (§ 97 Abs. 2). — Die Geschäftsverteilung (die regelmäßig nach Truppenteilen im voraus, nicht für den einzelnen Fall erfolgt), ist lediglich Sache des GerH. Es ist zulässig u. Regel, daß derselbe Beamte in verschiedenen Strafsachen je eine andere der obengenannten Dienstverrichtungen ausübt. In derselben Sache ist Ausübung des Richteramtes mit Untersuchungsführung oder Anklagevertretung gesetzlich unvereinbar (§ 122 Nr. 4). Vereinigung der beiden letztgenannten Geschäfte ist zwar nicht ausdrücklich verboten, entspricht aber als Regel nicht dem Willen des Gesetzes (Begr. S. 70; KB. S. 46, vgl. auch StPO. § 22 Nr. 4). In der Hauptverhandlung handelt auch der Vertreter der Anklage selbständig nach pflichtmäßigem Ermessen, ohne an vorherige Weisungen des GerH. gebunden zu sein (PE. II 31).

[217]) Der Lauf des Verfahrens beginnt erst nach der Vf. des GerH., welche das Ermittelungsverfahren anordnet URMGer. 28. Jan. 03 (IV 158). Zu den der Mitzeichnung bedürftigen Vf. gehören also nicht die Verfügungen im Sinne der § 24, 156 Abs. 1 u. 3, 247 Abs. 2, wohl aber z. B. die aus § 175 Abs. 2, 186 Abs. 3, 250, 251 Abs. 1, 253, 254, 272, 277. Außerdem ist Mitzeichnung vorgeschrieben in § 349, 360, 463. Da die Mitzeichnung selbstverständlich Recht u. Pflicht der Mitprüfung der zu erlassenden Anord-

bestimmt[218]), außer von diesem auch von einem richterlichen Militärjustizbeamten zu unterzeichnen. Letzterer übernimmt dadurch die Mitverantwortlichkeit für die Gesetzlichkeit.

Hält der Militärjustizbeamte eine Weisung, Verfügung oder Entscheidung mit den Gesetzen oder den sonst maßgebenden Vorschriften nicht vereinbar[219]), so hat er dagegen Vorstellung zu erheben. Bleibt diese erfolglos, so hat er der Weisung des Gerichtsherrn, welcher alsdann allein die Verantwortlichkeit trägt[220]), zu entsprechen, den Hergang jedoch aktenkundig zu machen. Die Akten sind unverzüglich von dem Gerichtsherrn dem Oberkriegsgerichte[221]) zur rechtlichen Beurtheilung der Sache vorzulegen. Diese Beurtheilung ist für die weitere Behandlung der Sache maßgebend.[222])

§ **98.** Die Oberkriegsgerichtsräthe und die Kriegsgerichtsräthe können, unbeschadet der Bestimmung des § 70, im Falle ihrer Verhinderung nur durch zum Richteramte befähigte Personen[206]) ersetzt werden. Im Felde und an Bord[80]) können sie, soweit die Umstände dies erfordern, durch Offiziere[223]) ersetzt werden.

§ **99.** Die Gerichtsoffiziere[224]) werden von den Gerichtsherren aus der Zahl der Subalternoffiziere bestellt.

---

nung enthält, so ist überall da, wo Mitzeichnung einer Vf. des GerH. erforderlich ist, unter „GerH." nicht dieser allein, sondern in Verbindung mit seinem gesetzlichen Berater zu verstehen. Andererseits genügt in solchen Fällen die Unterzeichnung durch den MilJustBeamten allein nicht den gesetzlichen Erfordernissen URMGer. 29. Jan. 03 (IV 166).

[218]) Ausnahmen nur in § 174, 175 (einschließlich 179, PE. I 23). Aber auch hier ist Mitberatung des Beamten nicht ausgeschlossen.

[219]) Nicht auch bei Meinungsverschiedenheit über Zweckmäßigkeit einer Maßregel. — § 97 Abs. 3 gilt überall, wo Mitzeichnung vorgeschrieben ist, auch z. B. bei § 360.

[220]) Also auch allein unterzeichnet (folgt aus Abs. 2). Findet sich jedoch ein anderer MilJustizbeamter zur Mitzeichnung bereit, so erübrigt eine Vorlage an das höhere Gericht.

[221]) Dem OberkriegsGer. auch, wenn der Militärjustizbeamte ein Oberkriegsgerichtsrat ist. Er selbst ist dann aber von der Entscheidung ausgeschlossen.

[222]) Der Vollzug der vom GerH. im Widerspruch mit dem MilJustizbeamten erlassenen Verfügung usw. wird durch die Vorlage der Akten an das OberkriegsGer. nicht aufgehalten. Soweit jedoch die Wirkungen der vom OberkriegsGer. als ungesetzlich befundenen Vf. oder Entsch. noch rückgängig zu machen sind, hat dies zu geschehen u. ist die Vf. usw. vom GerH. aufzuheben, so besonders, wenn es sich um Entscheidung des GerH. über ein Rechtsmittel handelt (§ 130 Abs. 4, 132 Abs. 2, 175 Abs. 2, 217 Abs. 3, 247 Abs. 2, 269 Abs. 3, 385 Abs. 1), aber auch bei sonstigen Verfügungen z. B. § 245, 250, 272, 338, 349, 360 Abs. 1. Eine Zurechtweisung des GerH. steht dagegen nur der MilJustizverwaltung zu (KB. 47 f.).

[223]) Befähigung zum Richteramt für diese ist nur im Fall § 425 verlangt.

[224]) Seine Verrichtungen (auf niedere Gerichtsbarkeit beschränkt § 18 Abs. 2) sind im wesentlichen dieselben wie bei den richterlichen MilJustizbeamten, abgesehen von derjenigen als Richter (Anm. 216). Die Zahl der GerOffiz. ist gesetzlich nicht bestimmt. Doch wird nach dem Anm. 216 gesagten je einer für die Untersuchungsführung u. einer für die Anklagevertretung vom GerH.

§ **100.** Zum Gerichtsoffizier darf nur bestellt werden, wer seit mindestens einem Jahre dem Heere oder der Marine angehört.[156]) Diese Einschränkung findet im Felde und an Bord keine Anwendung.

§ **101.** Der Gerichtsoffizier ist beim Antritte seines Amtes durch den Gerichtsherrn zu beeidigen.

Die Eidesformel lautet:

„Ich schwöre bei Gott dem Allmächtigen und Allwissenden, die Pflichten eines Gerichtsoffiziers getreulich zu erfüllen. So wahr mir Gott helfe."

Die Bestimmungen des § 42 Absatz 3 und 4 finden Anwendung.

§ **102.** Die Bestimmungen des § 97 finden auf die Gerichtsoffiziere entsprechende Anwendung.[225])

Fünfter Abschnitt.

Militäranwalt beim Reichsmilitärgerichte.

§ **103.** Beim Reichsmilitärgerichte wird eine aus einem Obermilitäranwalt und einem oder mehreren Militäranwälten bestehende Militäranwaltschaft eingerichtet.

§ **104.** Die Militäranwälte stehen unter der Aufsicht und Leitung des Obermilitäranwalts und haben seinen Anordnungen Folge zu leisten.

§ **105.** Der Obermilitäranwalt ist dem Präsidenten des Reichsmilitärgerichts unterstellt.[204])

In Fragen, welche die Geltung oder die Auslegung einer militärischen Dienstvorschrift oder eines militärdienstlichen Grundsatzes betreffen oder allgemeine militärische Interessen berühren, ist der Obermilitäranwalt gehalten, die Ansicht des Präsidenten zu vertreten.

§ **106.**[226]) Der Obermilitäranwalt und die Militäranwälte sind nichtrichterliche Militärbeamte.

Zu diesen Aemtern können nur zum Richteramte befähigte Beamte ernannt werden (§§ 80, 94).

§ **107.** Die Ernennung des Obermilitäranwalts und der Militäranwälte erfolgt durch den Kaiser auf Vorschlag des Bundesraths.[205])

---

zu bestellen sein. Vermag der GerH. der niederen Gerichtsbarkeit nach Lage der Verhältnisse die Bestellung des GerOffiz. nicht selbst zu bewirken, so hat er um Zuordnung eines solchen den vorgesetzten GerH. der höheren Gerichtsbarkeit zu ersuchen KrMVf. 13. Juni 00. Zulage usw. der GerOffiz. KrMVf. 13. Dez. 00 (AVB. 578).

[225]) Auch § 97 Abs. 2 u. 3 (Anm. 217 bis 219). Das Verhältnis des GerOffiz. zum GerH. ist nicht das gewöhnliche militärische Unterordnungsverhältnis, entspricht vielmehr der Stellung des MJBeamten. Pflichtverletzungen des GerOffiz. fallen daher unter MStGB. § 145.

[226]) GVG. § 149. — Richterliche Handlungen dürfen dem Obermilitäranwalt u. den Militäranwälten nicht übertragen werden (KB. 49).

Dieselben können durch Kaiserliche Verfügung jederzeit mit Gewährung des gesetzlichen Wartegeldes einstweilig in den Ruhestand versetzt werden.

Sechster Abschnitt.

Militärgerichtsschreiber.

§ **108.** Bei dem Reichsmilitärgericht und bei dem Stabe eines jeden Gerichtsherrn der höheren Gerichtsbarkeit werden Gerichtsschreiber[227]) angestellt.

Die Dienstverhältnisse der Militärgerichtsschreiber werden hinsichtlich des Reichsmilitärgerichts durch den Bundesrath, im Uebrigen durch die Militärjustizverwaltung bestimmt.[228])

§ **109.** Die Wahrnehmung der Geschäfte des Gerichtsschreibers bei den Gerichtsherren der niederen Gerichtsbarkeit ist geeigneten Personen des Soldatenstandes zu übertragen.

An Bord[80]) können die Geschäfte des Gerichtsschreibers einer geeigneten Person der Besatzung übertragen werden.

§ **110.** Wird die Wahrnehmung der Geschäfte des Gerichtsschreibers Personen übertragen, die nicht Reichs- oder Staatsbeamte sind, so haben dieselben schriftlich das eidesstattliche Gelöbniß abzugeben, daß sie die ihnen übertragenen Geschäfte treu und gewissenhaft verrichten und Verschwiegenheit über dieselben beobachten wollen.

Dritter Titel.

Militärjustizverwaltung.

§ **111.** Die Militärjustizverwaltung wird hinsichtlich des Reichsmilitärgerichts und der Militäranwaltschaft vom Präsidenten des Reichsmilitärgerichts, hinsichtlich der Marine von dem Reichskanzler (Reichs-Marine-Amt), im Uebrigen von den Kriegsministerien oder den ihnen in dieser Beziehung gleichstehenden Behörden[229]) ausgeübt.

§ **112.** Der Militärjustizverwaltung steht die Aufsicht über die Ausübung der Militärstrafgerichtsbarkeit zu.[230])

---

[227]) Tätigkeit § 120, 163, 224, 273, 331, 332, 336, ferner D.-u.GO. (Anl. E) — Ersatz § 109 Abs. 2, 163 Abs. 3.

[228]) AAB. zu § 108, 142 (Anl. A).

[229]) Kriegsministerien in Preußen, Bayern, Sachsen, Württemberg; in Mecklenburg-Schwerin das MilDepartement, in Mecklenburg-Strelitz das MilKollegium. Jede dieser Behörden übt die MilJustizverwaltung nur innerhalb ihres Verwaltungsbereiches aus.

[230]) In die Leitung eines militärgerichtlichen Verfahrens einzugreifen oder sonstwie Einfluß auf die Tätigkeit des GerH. u. seiner Organe zu nehmen, ist sie nicht befugt. Dagegen steht die Rüge gegen MilJustizbeamte wegen Verstöße gegen die Amtspflicht nur der MilJustizverwaltung, nicht dem GerH. zu (PE. II 13 u. III 11). Vgl. ferner EG. § 21; DStO. § 34; G. 1. Dez. 98 (Nr. III 4 d. W.) § 2, 15.

§ **113**. Die rechtskräftigen Urtheile[231]) der Standgerichte und der Kriegsgerichte sind nebst den Akten vierteljährlich einer Durchsicht zu unterziehen, um zu prüfen[232]), ob die gesetzlichen Vorschriften über das Verfahren beobachtet und hinsichtlich der Anwendung der Gesetze, sowie der militärdienstlichen Vorschriften und Grundsätze gleichmäßig und richtig verfahren worden ist.

Die Durchsicht der standgerichtlichen Urtheile und Akten geschieht bei dem Gerichtsherrn der Berufungsinstanz[233]) durch einen Kriegsgerichtsrath.[233a]) Eine Zusammenstellung der wahrgenommenen Mängel und Verstöße[234]) ist dem kommandirenden General (Admiral) zur Nachprüfung einzureichen.

Diese Nachprüfung, sowie die Durchsicht der kriegsgerichtlichen Urtheile und Akten geschieht bei dem kommandirenden General (Admiral) durch einen Oberkriegsgerichtsrath.[233a])

Die Urtheile der Oberkriegsgerichte sind zu dem im ersten Absatz angegebenen Zwecke halbjährlich an das Reichsmilitärgericht einzureichen. Demselben sind dabei die Ausstellungen[234]) mitzutheilen, zu welchen die standgerichtlichen und kriegsgerichtlichen Sachen im letzten halben Jahre Anlaß gegeben haben. Das Ergebniß der vom Reichsmilitärgerichte vorgenommenen Prüfungen ist durch den Präsidenten desselben der betreffenden Militärjustizverwaltung zur weiteren Veranlassung mitzutheilen.

§ **114**. Die näheren Anordnungen hinsichtlich der Bestimmungen der §§ 24, 113 erfolgen im Verordnungswege.[235])

---

[231]) Einschl. der Strafverfügungen § 349 KrMVf. 11. Juni 01 (AVB. 223).

[232]) Die Nachprüfung hat sich auf tatsächliche Fragen u. die Beweiswürdigung nicht zu erstrecken (PE. II 12); ebensowenig auf die Art u. Weise der Abfassung des Urteils, deren Rüge nur der MilJustizverw. zusteht (PE. IV 11). Die in früheren Prüfungsergebnissen enthaltenen Rechtsanschauungen des RMGer. sind für den prüfenden KrGRat (OberKrGRat) bindend (PE. IV 12). — Durch Rechtsirrtümer vorgekommene Härten sind im Gnadenweg auszugleichen. Eingriff in ein schwebendes Verfahren ist nur im Wege des Rechtsmittelzuges möglich, nicht gemäß § 113.

[233]) AAB. f. d. Mar. Anl. A Anm. 11.

[233a]) Nur von diesem, nicht vom GerH. sind die Ausstellungen zu unterzeichnen (PE. V 4).

[234]) Nur solche, bei denen es sich um falsche Rechtsauffassungen oder offensichtliche Gesetzesverletzungen handelt, sind in die Zusammenstellung aufzunehmen. Die auf dem Gebiet der Geschäftsordnung oder Dienstanweisungen liegenden Verfehlungen u. Verstöße dagegen sind zu den in der D.- u. GO. II B, 6 b (Anl. E) festgesetzten Zeiten dem Kriegsministerium zur Kenntnis zu bringen, soweit Abhilfe nicht durch den höheren GerH. erfolgen kann KrMBf. 28. Feb. 02.

[235]) Durch die Militärjustizverwaltung EG. § 8. Die AusfBest. zu § 113 enthält die D.- u. GO. Anl. E. Zu § 24 sind solche bis jetzt noch nicht ergangen; eine allgemeine Nachprüfung der nicht durch Urteil erledigten Sachen findet daher nicht statt.

Zweiter Theil.

Verfahren.[236])

Erster Titel.

Allgemeine Bestimmungen.[237])

Erster Abschnitt.

Gerichtssprache.

§ **115**.[238]) Die Gerichtssprache ist die deutsche.

§ **116**. Wird unter Betheiligung von Personen[239]) verhandelt, welche der deutschen Sprache nicht mächtig sind, so ist ein Dolmetscher zuzu-

---

[236]) Der 2. Teil regelt das Verfahren u. umfaßt nächst den „allgemeinen Bestimmungen" (1. Tit., § 115 bis 150) das Verfahren in erster Instanz (2. Tit., § 151—362), die ordentlichen Rechtsmittel (3. Tit., § 363—415), die Bestätigung der im ordentlichen Verfahren ergangenen Urteile (4. Tit., § 416—418), die Bestätigung u. Aufhebung der Urteile der Feld- u. Bordgerichte (5. Tit., § 419—435), die Wiederaufnahme des Verfahrens (6. Tit., § 436—449), die Strafvollstreckung (7. Tit., § 450—464), die Entschädigung der im Wiederaufnahmeverfahren freigesprochenen Personen (8. Tit., § 465—468), die Kosten des Verfahrens (9. Tit., § 469—471). In der Anordnung des Stoffes weicht dieser Teil der MStGerO. von der StPO. namentlich dadurch ab, daß er auch die von der bürgerlichen Gesetzgebung in das GVG. verwiesenen Bestimmungen prozessualer Art über Öffentlichkeit u. Sitzungspolizei, Gerichtssprache, Beratung u. Abstimmung enthält (1. Tit., 1. Abschn.; 2. Tit., 5. Abschn.), sowie daß die von der StPO. unter den „allgemeinen Bestimmungen" vorausgeschickten, einzelne Untersuchungsmaßregeln (Verhaftung, Vernehmung des Beschuldigten, der Zeugen u. Sachverständigen usw.) betreffenden Vorschriften als im Ermittelungsverfahren zunächst in Betracht kommende Untersuchungshandlungen erst beim Ermittelungsverfahren (2. Tit., 2. Abschn.) behandelt sind, ebenso die Verteidigung erst im 8. Abschn. des 2. Tit. Die hauptsächlichsten sachlichen Abweichungen des Verfahrens der MStGerO. von der StPO. sind:

a) Fehlen eines selbständigen Untersuchungsrichters, daher Wegfall des Unterschiedes zwischen Voruntersuchung u. staatsanwaltschaftlichem Ermittelungsverfahren.

b) Vereinigung der Rollen der Staatsanwaltschaft u. des Untersuchungsgerichts im GerH. mit seinen Organen; daher Zusammenfallen der Anklageerhebung u. Eröffnung des Hauptverfahrens in die „Anklageverfügung" durch den GerH., der staatsanwaltschaftlichen Einstellung (StPO. § 168) u. der gerichtlichen Außerverfolgungsetzung (StPO. § 202, 210) in die Einstellungsverfügung des GerH. (§ 245, 246 des G.).

c) Erweiterter Ausschluß der Öffentlichkeit (§ 283 des G. vgl. GVG. § 173).

d) Einführung des Nacheides u. erweiterte Zulassung der Nichtbeeidigung von Zeugen usw. (§ 196, 299 Abs. 4 des G.; StPO. § 59, 244).

e) Beschränkte Zulassung der Verteidigung (§ 337, 341, 344 des G.; StPO. § 137, 138, 142, 147), andrerseits Ausdehnung der notwendigen Verteidigung (§ 338 des G.; StPO. § 140).

f) Zulassung der Berufung auch gegen die Urteile der (den Strafkammern entsprechenden) Kriegsgerichte in 1. Instanz, der Revision dagegen nur gegen die Urteile der Oberkriegsgerichte, nicht auch der Kriegsgerichte in der Berufungsinstanz.

g) Erfordernis der Erteilung der Bestätigungsorder für rechtskräftige Urteile (§ 416—435 d. G.).

ziehen.[240]) Die Führung eines Nebenprotokolls in der fremden Sprache findet nicht statt, jedoch sollen Aussagen und Erklärungen in fremder Sprache, wenn und soweit dies mit Rücksicht auf die Wichtigkeit der Sache erforderlich erscheint, auch in der fremden Sprache in das Protokoll oder in eine Anlage niedergeschrieben werden. In den dazu geeigneten Fällen soll dem Protokoll eine durch den Dolmetscher zu beglaubigende Übersetzung beigefügt werden.

Die Zuziehung eines Dolmetschers kann unterbleiben, wenn die betheiligten Personen sämtlich der fremden Sprache mächtig sind.[241])

§ **117**. Zur Verhandlung mit tauben oder stummen[242]) Personen ist, sofern nicht eine mündliche oder schriftliche Verständigung erfolgt, eine Person als Dolmetscher zuzuziehen, mit deren Hilfe die Verständigung in anderer Weise erfolgen kann.

§ **118**. Personen, welche der deutschen Sprache nicht mächtig sind, leisten Eide in der ihnen geläufigen Sprache.

§ **119**. Der Dolmetscher hat einen Eid[243]) dahin zu leisten:

daß er treu und gewissenhaft übertragen werde.

Ist der Dolmetscher für Übertragungen der betreffenden Art im allgemeinen beeidigt[244]), so genügt die Berufung auf den geleisteten Eid.

§ **120**. Der Dienst des Dolmetschers kann von dem Militärgerichtsschreiber wahrgenommen werden. Einer besonderen Beeidigung bedarf es nicht.

§ **121**. Auf den Dolmetscher finden die Bestimmungen[245]) über Ausschließung und Ablehnung der Sachverständigen entsprechende Anwendung.

---

h) Ausschluß der Privat- u. Nebenklage (StPO. § 414—446).

i) Beschränkung der besonderen Verfahrensarten auf zwei (Strafverfügung u. Verfahren gegen Abwesende § 349 bis 362 des G.; StPO. 6. Buch).

k) Grundsatz der Kostenfreiheit des Verfahrens (§ 469 des G.; StPO. § 496—506).

[237]) Die „allgemeinen Bestimmungen" behandeln die Gerichtssprache (§ 115—121), Ausschließung u. Ablehnung von Gerichtspersonen (§ 122 bis 135), Entscheidungen, Verfügungen u. deren Bekanntmachung (§ 136—145), Fristenberechnung u. Wiedereinsetzung in den vorigen Stand (§ 146—150).

[238]) § 115—121 entspr. GVG. § 186 bis 188, 190—193.

[239]) In Betracht kommen Beschuldigte, Zeugen, Sachverständige.

[240]) KrAB. zu § 116 (Anl. B).

[241]) Damit ist nicht gestattet, eine Hauptverhandlung ganz in fremder Sprache zu führen. Verhandlungsleitung, Verkündigung von Entscheidungen, Schlußvorträge müssen in deutscher Sprache erfolgen (Löwe Nr. 10 zu GVG. § 187).

[242]) Eidesleistung Stummer § 197 Abs. 3 u. 4.

[243]) Ausnahmsweise Voreid. Nacheid ist hier unzulässig (PE. IV 13). Eidesformel § 197. — KrAB. zu § 119, 120 (Anl. B).

[244]) § 19 Dolmetscher-Ordnung 24. April 1886 (Preuß. JMB. 98).

[245]) § 210.

[246]) Die erkennenden Richter (§ 122 bis 129), die mit Untersuchungshandlungen beauftragten Beamten u. Offiziere (§ 130, 131 f.), die MilGerichtsschreiber (§ 132, 133), der GerH. (§ 135). — Auf den Anklagevertreter finden

Zweiter Abschnitt.

Ausschließung und Ablehnung der Gerichtspersonen[246])

§ **122.**[247]) Von der Ausübung des Richteramts bei den erkennenden Gerichten ist kraft Gesetzes ausgeschlossen:

1. wer selbst durch die strafbare Handlung verletzt[248]) ist;
2. wer Ehemann oder Vormund[249]) der beschuldigten oder Ehemann oder Vormund der verletzten[248]) Person ist oder gewesen ist;
3. wer mit dem Beschuldigten oder mit dem Verletzten[248]) in gerader Linie verwandt[250]), verschwägert[250]) oder durch Annahme an Kindesstatt verbunden, in der Seitenlinie bis zum dritten Grade[251]) verwandt, oder bis zum zweiten Grade[251]) verschwägert ist, auch wenn die Ehe, durch welche die Schwägerschaft begründet ist, nicht mehr besteht;

---

die Best. dieses Abschn. keine Anwendung. Er kann wegen Besorgnis der Befangenheit auch nicht abgelehnt werden URM-Ger. 29. Jan. 03 (IV 166). Auch kann ein in 1. Instanz als Richter tätig gewesener MilJBeamter in 2. Instanz mit Vertretung der Anklage beauftragt werden URMGer. 18. Dez. 02 (IV 101).

[247]) StPO. § 22 (Abweichung in Ziff. 4). — Die Mitwirkung eines gesetzlich ausgeschlossenen Richters ist absoluter Revisionsgrund § 400 Ziff. 2. Ausschließungsgründe (§ 122, 123) sind von Amtswegen zu berücksichtigen, Ablehnungsgründe (§ 124 Abs. 2) nur im Fall der Geltendmachung (§ 128, 130; vgl. jedoch auch § 131).

[248]) Verletzter ist derjenige, der durch die Straftat in seinen Rechten unmittelbar gekränkt ist u. bei Antragsdelikten der Antragsberechtigte wäre (StGB. § 61) URGer. 16. April 80 (Strafs. I 370). Bei Beleidigung eines ganzen Standes (Offizier-, Richterstand) ist nicht notwendig jeder Angehörige desselben „verletzt" URGer. 15. März 94 (Strafs. XXV 179). Bei militärischen Vergehen (Nr. I 2 Anm. 11 d. W.) insbesondere gegen MStGB. § 89—126 ist derjenige, gegenüber dem die Tat verübt wurde, nur dann „Verletzter", wenn er zugleich in einem persönlichen Rechtsgut verletzt ist (so z. B. bei MStGB. § 91, 98, 121, 122, 138); andernfalls sind nur öffentliche Interessen (Disziplin usw.) verletzt.

[249]) Auch der Gegenvormund (BGB. § 1792), nicht der Pfleger (BGB. § 1909 ff.).

[250]) BGB.:

§ 1589. Personen, deren eine von der andern abstammt, sind in gerader Linie verwandt. Personen, die nicht in gerader Linie verwandt sind, aber von derselben dritten Person abstammen, sind in der Seitenlinie verwandt. Der Grad der Verwandtschaft bestimmt sich nach der Zahl der sie vermittelnden Geburten.

Ein uneheliches Kind und dessen Vater gelten nicht als verwandt.

§ 1590. Die Verwandten eines Ehegatten sind mit dem andern Ehegatten verschwägert. Die Linie und der Grad der Schwägerschaft bestimmen sich nach der Linie und dem Grad der sie vermittelnden Verwandtschaft. Die Schwägerschaft dauert fort, auch wenn die Ehe, durch die sie begründet wurde, aufgelöst ist.

Zwischen ehelicher u. unehelicher Verwandtschaft wird nicht unterschieden URGer. 21. Sept. 80 (Strafs. II 239), 17. April 85 (Strafs. XII 143). Verwandtschaft mit einem andern Richter, mit dem GerH., Vertreter der Anklage oder Verteidiger bildet keinen gesetzlichen Ausschließungsgrund; gegebenenfalls § 124.

[251]) Einschließlich dieses Grades.

4. wer in der Sache als Gerichtsherr[252]), als Untersuchungsführer im Ermittelungsverfahren[253]), als Vertreter der Anklage[254]) oder als Vertheidiger[255]) thätig gewesen ist, oder als Vorgesetzter den Thatbericht[256]) (vergl. § 153 Absatz 2) eingereicht hat;
5. wer in der Sache als Zeuge oder Sachverständiger vernommen ist.[257])

§ **123.**[258]) Wer bei einer durch ein Rechtsmittel[259]) angefochtenen Entscheidung als Richter mitgewirkt hat, ist von der Mitwirkung bei der Entscheidung in höherer Instanz kraft Gesetzes ausgeschlossen.

§ **124.**[260]) Ein Richter kann sowohl in den Fällen, in denen er von der Ausübung des Richteramts kraft Gesetzes ausgeschlossen ist[261]), als auch wegen Besorgniß der Befangenheit abgelehnt werden.

Wegen Besorgniß der Befangenheit findet die Ablehnung statt, wenn ein Grund vorliegt, welcher geeignet ist, Mißtrauen gegen die Unparteilichkeit eines Richters zu rechtfertigen.

Das Ablehnungsrecht steht dem Beschuldigten[262]), im Verfahren vor dem Reichsmilitärgericht auch der Militäranwaltschaft zu.

Den zur Ablehnung Berechtigten sind auf Verlangen die zur Mitwirkung bei der Entscheidung berufenen Gerichtspersonen namhaft zu machen.

§ **125.**[260]) Das Ablehnungsgesuch wegen Besorgniß der Befangenheit ist in erster Instanz nur bis zur Verlesung der Verfügung über die Anklageerhebung, in der Hauptverhandlung über die Berufung und die Revision nur bis zum Beginne der Berichterstattung zulässig.[263])

Außerhalb der Hauptverhandlung ist das Ablehnungsgesuch[264]) von

---

[252]) § 135. Auch vorübergehende Stellvertretung des GerH. genügt.

[253]) § 156, 159, 357—362. Vornahme kommissarischer Vernehmungen (§ 159 Abs. 3, 270, 382, 404) u. protokollarischer Erklärungen außerhalb des Ermittelungsverfahrens (§ 256, 369 Abs. 2, 388 Abs. 5) schließen nicht aus, wohl aber stellvertretende Tätigkeit als Untersuchungsführer, mag sie von größerer oder geringerer Bedeutung für die Sache sein.

[254]) § 255 Abs. 2, 273, 393. Die Tätigkeit kann auch außerhalb der Hauptverhandlung liegen URMGer. 17. Nov. 02 (**IV** 31).

[255]) § 337—348.

[256]) Nicht auch sonstige im Lauf des Verfahrens erforderte Berichte. — Haben m e h r e r e Vorgesetzte Tatbericht eingereicht (z. B. bei Schlägerei), ist jeder ausgeschlossen.

[257]) Gerichtlich oder außergerichtlich.

[258]) StPO. § 23 Abs. 1.

[259]) Rechtsbeschwerde, Berufung, Revision, (nicht Wiederaufnahme des Verfahrens).

[260]) § 124—133 entsprechen StPO. § 24—31. Abweichungen in § 124 Abs. 3, 125 Abs. 2 u. 3, 127, 130 Abs. 3 u. 4.

[261]) § 122, 123 u. Anm. 247.

[262]) Dem Verteidiger steht (abweichend von StPO. § 23 Abs. 3) ein selbständiges Ablehnungsrecht nicht zu, ebensowenig dem Vertreter der Anklage.

[263]) Der Angeklagte ist vor diesen Zeitpunkten auf das Ablehnungsrecht hinzuweisen § 295, 391.

[264]) Abs. 2 handelt nur vom Ablehnungsgesuch gegen e r k e n n e n d e Richter außerhalb der Hauptverhandlung; wegen Ablehnung des U n t e r s u c h u n g s f ü h r e r s außerhalb der Hauptverhandlung § 130.

Mannschaften[265]) des aktiven Heeres oder der aktiven Marine[5]) zu Protokoll[266]) eines Gerichtsoffiziers oder eines richterlichen Militärjustizbeamten oder des nächsten mit Disziplinarstrafgewalt versehenen Vorgesetzten[267]) zu erklären oder schriftlich einzureichen, von anderen Personen schriftlich oder zu Protokoll des Gerichtsschreibers des Amtsgerichts anzubringen.

Beschuldigte, welche sich nicht auf freiem Fuße befinden, können die Erklärungen überdies zu Protokoll des mit der Aufsicht über das Gefängnis betrauten Offiziers oder Beamten, oder, sofern sie nicht dem aktiven Heere oder der aktiven Marine angehören, desjenigen Amtsgerichts[268]) geben, in dessen Bezirke das Gefängniß liegt.

§ **126.**[260]) Bei jedem Ablehnungsgesuch ist der Ablehnungsgrund glaubhaft zu machen[269]); der Eid ist als Mittel der Glaubhaftmachung ausgeschlossen. Zur Glaubhaftmachung kann auf das Zeugniß des Abgelehnten[270]) Bezug genommen werden.

§ **127.**[271]) Ist das Ablehnungsgesuch verspätet oder nicht unter Angabe und Glaubhaftmachung des Ablehnungsgrundes eingebracht worden, so hat das Gericht mit Einschluß des abgelehnten Richters das Ablehnungsgesuch als unzulässig zu verwerfen. Das Gesuch kann auch verworfen

---

[265]) Hier gleichbedeutend mit MilPersonen, also einschließlich derer im Offizierrange.

[266]) Besondere Förmlichkeiten sind für solche Protokolle nicht vorgeschrieben, namentlich nicht Unterschrift durch die erklärende Person. Beurkundung des Vorganges durch den aufnehmenden Beamten oder Offizier ist jedoch wesentlich. § 363, 364 finden nicht Anwendung; also Zuziehung eines MilGerichtsschreibers nicht erforderlich Beschl. RMGer. 1. Juni 01 (I 170), 25. Juli 01 (I 238), URMGer. 16. Juli 02 (III 141). — Auch in Fällen der höheren Gerichtsbarkeit kann die Erklärung zu Protokoll des Gerichtsoffiziers oder Disziplinarvorgesetzten abgegeben werden URMGer. 18. Mai 01 (I 141).

[267]) In der Regel der Kompagnie- usw. Chef DStO. (Nr. III 2 d. W.) § 5, 9. Bei diesem ist das Gesuch unmittelbar anzubringen, ohne vorgängige Meldung beim Feldwebel usw. KrMVf. 4. März 01; URMGer. 12. März 01 (I 57).

[268]) D. h. des Gerichtsschreibers des Amtsgerichts, nicht des Amtsrichters Beschl. RMGer. 27. Febr. 01 (I 41).

[269]) Es ist nicht voller Beweis, sondern nur ein nach Ermessen des Gerichts hinreichendes Maß von Wahrscheinlichkeit für die behaupteten Tatsachen zu erbringen. Auch schriftliche Erklärungen u. eidesstattliche Versicherungen sind zulässige Beweismittel, nur nicht der Eid des Ablehnenden URGer. 29. Okt. 85 (Straff. XXVIII 10).

[270]) § 128 Abs. 1.

[271]) § 127 ordnet, abweichend von der StPO., eine Vorprüfung über das Vorliegen der formellen Erfordernisse des Ablehnungsgesuches (Angabe u. Glaubhaftmachung des Ablehnungsgrundes u. Rechtzeitigkeit der Geltendmachung § 125 Abs. 1) sowie über dessen Ernstlichkeit durch das Gericht unter Teilnahme des abgelehnten Richters an. Nur wenn diese Vorprüfung nicht zur Verwerfung des Gesuchs als unzulässig führt, ist über die materielle Berechtigung der Ablehnung unter Ausschluß des Abgelehnten zu entscheiden, falls nicht der letztere das Gesuch für begründet hält. Erfolgte die Ablehnung wegen eines der in § 122, 123 genannten Ausschließungsgründe, so ist auch nach Verwerfung des Gesuchs als unzulässig über das Vorliegen des Ausschließungsgrundes gemäß § 131 zu entscheiden.

werden, wenn das Gericht einstimmig der Ansicht ist, daß dasselbe offenbar nur in der Absicht, das Verfahren zu verschleppen, eingebracht ist.

§ **128.**[260]) Wird das Gesuch nicht als unzulässig verworfen, so hat der abgelehnte Richter sich über den Ablehnungsgrund dienstlich zu äußern.

Über das Ablehnungsgesuch entscheidet das Gericht, welchem der Abgelehnte angehört. Der abgelehnte Richter darf bei der Entscheidung über das Ablehnungsgesuch nicht mitwirken.[272])

Einer Entscheidung bedarf es nicht, wenn der Abgelehnte das Ablehnungsgesuch für begründet hält.

§ **129.**[260]) Die Entscheidung eines Standgerichts, Kriegsgerichts oder Oberkriegsgerichts, durch welche ein Ablehnungsgesuch für unbegründet erklärt wird, kann nicht für sich allein, sondern nur mit der Entscheidung in der Hauptsache[273]) angefochten werden.

§ **130.** Die Bestimmungen der §§ 122, 124, 125 Absatz 2 und 3, §§ 126, 128 Absatz 1 und 3 finden auf die Gerichtsoffiziere und die Kriegsgerichtsräthe, soweit sie außerhalb der Hauptverhandlungen mit Untersuchungshandlungen[274]) beauftragt sind, entsprechende Anwendung.

Das Ablehnungsgesuch ist an denjenigen Gerichtsherrn zu richten, welcher den Auftrag ertheilt hat.

Ueber das Ablehnungsgesuch entscheidet der Gerichtsherr.[275])

Wird das Ablehnungsgesuch bei Vornahme der Untersuchungshandlung angebracht, so ist dasselbe zu Protokoll zu nehmen. Der Gerichtsoffizier oder Kriegsgerichtsrath kann das Ablehnungsgesuch, wenn es nicht unter Angabe und Glaubhaftmachung des Ablehnungsgrundes oder offenbar nur in der Absicht angebracht worden ist, das Verfahren zu verschleppen, als unzulässig zurückweisen.[276]) Hiergegen findet binnen der Frist von einem Tage die Rechtsbeschwerde[277]) an den Gerichtsherrn statt.

§ **131.**[260]) Die für die Erledigung eines Ablehnungsgesuchs zuständige Stelle (§ 128 Absatz 2, § 130 Absatz 3) hat auch dann zu entscheiden, wenn, ohne daß ein solches Gesuch angebracht ist, ein Richter oder eine

---

[272]) Es hat ein Stellvertreter für ihn einzutreten; eventuell Aussetzung § 275, 276.

[273]) D. h. mit dem gegen die Entscheidung in der Hauptsache zulässigen Rechtsmittel (Berufung, Revision), nicht mit besonderer Beschwerde § 395 Abs. 2, 400 Nr. 3. — Die Entsch., wodurch ein Ablehnungsgesuch als unzulässig verworfen wird (§ 127), ist überhaupt nicht anfechtbar URMGer. 7. März 03 (IV 251).

[274]) § 156, 159, 270, 382, 404. Auch Oberkriegsgerichtsräte können mit kommissarischen Vernehmungen beauftragt werden (§ 270, 388) u. fallen dann unter Abs. 1.

[275]) Vgl. § 134. Gegen die Entscheidung keine Rechtsbeschwerde (abweichend von StPO. § 28, der auch die Bestimmung Abs. 4 nicht kennt).

[276]) Entspricht dem § 127 (Anm. 271). Zurückweisung wegen Verspätung fällt hier weg. Vgl. auch § 134.

[277]) Anbringung § 369 Abs. 1; Entscheidung usw. § 374—377. Der abgelehnte KrGRat oder GerOffizier kann die Entscheidung über die Rechtsbeschwerde nicht mitzeichnen.

der im § 130 Absatz 1 bezeichneten Personen von einem Verhältniß Anzeige macht, welches die Ablehnung rechtfertigen könnte, oder wenn aus anderer Veranlassung Zweifel darüber entstehen, ob eine Ausschließung kraft Gesetzes begründet sei.

§ **132**. Die Bestimmungen der §§ 122, 125, 126, 131 finden auf den Militärgerichtsschreiber entsprechende Anwendung.[278]) Ueber die Ausschließung oder Ablehnung desselben entscheidet in der Hauptverhandlung das Gericht, außerhalb derselben der richterliche Militärjustizbeamte oder der Gerichtsoffizier, welchem der Gerichtsschreiber beigegeben ist.

Gegen die Entscheidung, sofern sie nicht in der Hauptverhandlung ergangen ist, findet binnen der Frist von einem Tage die Rechtsbeschwerde[277]) an den Gerichtsherrn statt.

§ **133**. In den Fällen der §§ 130, 132 hat der Abgelehnte vor Erledigung des Ablehnungsgesuchs nur solche Handlungen vorzunehmen, die keinen Aufschub gestatten.

§ **134**. Die ein Ablehnungsgesuch zurückweisende Verfügung ist in allen Fällen mit den Gründen aktenkundig zu machen.

§ **135**. Ein Gerichtsherr, bei welchem eine der Voraussetzungen des § 122 Nr. 1, 2, 3, 5 zutrifft, hat die Wahrnehmung der Gerichtsherrngeschäfte dem Stellvertreter im Kommando zu übertragen.[279])

Das Gleiche gilt, wenn sonstige Umstände vorliegen[280]), durch welche der Gerichtsherr sich in der Sache für befangen hält.

Dritter Abschnitt.

Entscheidungen, Verfügungen und deren Bekanntmachung.[281])

§ **136**. Entscheidungen und Verfügungen[282]), welche durch ein Rechtsmittel[259]) anfechtbar sind, oder durch die ein Antrag abgelehnt wird, sind mit Gründen zu versehen.[283])

---

[278]) Mitwirkung in der Hauptverhandlung der niederen Instanz schließt von solcher in der höheren Instanz nicht aus.

[279]) Ein Ablehnungsrecht gegenüber dem GerH. hat der Beschuldigte nicht. Die Tätigkeit eines kraft Gesetzes ausgeschlossenen GerH. kann auch keinen Grund zur Anfechtung des Urteils abgeben (§ 273 Abs. 2).

[280]) So insbesondere, wenn ein GerH. durch Stellvertretung, Beförderung usw. in die Lage käme, gleichzeitig oder nacheinander in zwei verschiedenen Instanzen in derselben Sache als GerH. zu fungieren (Anm. 101).

[281]) Die Bestimmungen des 3. Abschnittes entsprechen im allgemeinen der StPO. § 34—40, jedoch mit erheblichen, durch die militärischen Verhältnisse gebotenen Abweichungen. StPO. § 33 ist nicht aufgenommen; es erfolgen also Entscheidungen der erkennenden Gerichte außerhalb der Hauptverhandlung (z. B. über Rechtsbeschwerde) ohne vorherige Einholung einer Erklärung des GerH. Dagegen muß der Grundsatz, daß im Laufe der

§ **137.** Entscheidungen und Verfügungen, welche in Anwesenheit[283a]) der davon betroffenen Person ergehen, werden derselben durch Verkündung bekannt gemacht. Bei Mannschaften des aktiven Heeres und der aktiven Marine soll diese Art der Bekanntmachung die Regel bilden.[284]) Auf Verlangen ist eine Abschrift der Entscheidung oder Verfügung zu ertheilen.

Die Bekanntmachung der in Abwesenheit des Betheiligten ergehenden Entscheidungen und Verfügungen erfolgt durch Zustellung.[285])

Diese Bestimmungen finden auf die lediglich den inneren Dienst der Gerichte oder Gerichtspersonen betreffenden Entscheidungen und Verfügungen keine Anwendung.

§ **138.** Die erforderliche[284]) Zustellung oder Vollstreckung[286]) von Entscheidungen und Verfügungen wird durch den Gerichtsherrn, bei dem Reichsmilitärgerichte durch den Präsidenten desselben veranlaßt.

§ **139.** Die Zustellung besteht in der Übergabe einer beglaubigten Abschrift des zuzustellenden Schriftstücks.[287])

Hauptverhandlung ergehende Entscheidungen nach Anhörung der Beteiligten erfolgen, auch für das Mil-Strafverfahren als selbstverständlich angenommen werden.

[282]) Verfügungen nennt das G. die Entscheidungen des GerH. im Unterschied von denen der erkennenden Gerichte.

[283]) Die Begründung muß erkennbar machen, aus welchen Gründen (insbesondere ob tatsächlichen oder rechtlichen) die Entscheidung ergangen ist URMGer. 4. Sept. 02 (III 204). Nur Verfügungen usw., die weder anfechtbar sind noch eine Ablehnung enthalten, bedürfen der Begründung in der Regel nicht (Ausnahmen § 156 Abs. 3, 175, 176, 246 vgl. 247 Abs. 1, 254). Alle Verfügungen u. Entscheidungen sind jedoch aktenkundig zu machen, in der Hauptverhandlung im Protokoll zu beurkunden (§ 333 Abs. 1). — Ablehnung von Beweisanträgen § 269 Abs. 3, 298 Abs. 2, 299 Abs. 2, 400 Nr. 8.

[283a]) Berichtigung RGB. 99, 133 (ursprünglich falscher Text „Abwesenheit").

[284]) Diese Ordnungsvorschrift kann nur Anwendung finden auf Entscheidungen usw., die in der Hauptverhandlung oder einem sonstigen Termin, in dem die betroffene Person anwesend ist, ergehen. Alle sonstigen Entscheidungen usw., die außerhalb eines Termins in der Kanzlei, wenn auch am Standort des Betroffenen, erlassen werden, ergehen in Abwesenheit der betroffenen Person u. können daher nach Abs. 2 rechtswirksam nur durch Zustellung bekannt gemacht werden, so namentlich in den Fällen § 130, 149 175, 217, 246, 247 Abs. 1, 267, 268, 269 Abs. 3, 339 Abs. 2 u. 4, 377, 385, 416 Abs. 3, 470 Abs. 1. Ausnahmen § 256 Abs. 1 (Bekanntmachung der Anklageverfügung), 266 Abs. 3 (dienstliche Bekanntmachung des Hauptverhandlungstermins).

[285]) Begriff § 139, Arten: an aktive MilPersonen § 141, an sonstige Personen § 142, im Ausland usw. § 143, 144f.; öffentliche Zustellung § 145. — Besonders vorgeschrieben ist Zustellung in § 185, 208, 257, 327 Abs. 5, 328 Abs. 2, 350, 381, 384 Abs. 2, 385 Abs. 2, 398 Abs. 2, 407 Abs. 2. — Besondere Zustellung an den Verteidiger § 217, 256 Abs. 5, 381 Abs. 2, 398 Abs. 2. Im übrigen kann Zustellung an den Verteidiger diejenige an den Beschuldigten nur dann ersetzen, wenn letzterer den Verteidiger ausdrücklich zur Empfangnahme von Zustellungen ermächtigt hat, gleichviel ob generell oder für den einzelnen Fall (PE. III 53).

[286]) Ausnahme § 290 Abs. 3, 291.

[287]) StPO. § 37, CPO. § 166.

Die Beglaubigung geschieht bei den Gerichten der niederen Gerichtsbarkeit durch einen Gerichtsoffizier, bei den übrigen Gerichten durch einen richterlichen Militärjustizbeamten.[288])

§ **140.** Dem nicht auf freiem Fuße befindlichen Beschuldigten ist das zugestellte Schriftstück, wenn er des Lesens unkundig, vorzulesen, wenn er der deutschen Sprache unkundig, zu übersetzen.

§ **141.** Zustellungen, welche an aktive Militärpersonen[5]) erforderlich werden (§ 137), erfolgen dienstlich[289]) gegen Empfangsbescheinigung des Betheiligten.

Aus der Bescheinigung müssen die Person, der zugestellt ist, sowie Ort und Zeit der Zustellung sich ergeben.

§ **142.** Zustellungen an Personen, die nicht aktive Militärpersonen sind[290]), erfolgen gegen Empfangsbescheinigung (§ 141 Absatz 2) durch hierzu bestellte Militärpersonen oder Beamte[291]) oder durch Ersuchen der Staatsanwaltschaft.[292])

Sofern nicht zur Hauptverhandlung geladen wird oder mit der Zustellung der Lauf einer Frist beginnt, kann die Zustellung auch durch Aufgabe zur Post erfolgen.[293]) Diese besteht darin, daß das zu über-

---

[288]) Nicht durch den MilGerichtsschreiber. — KrAB. zu § 139 (Anl. B).

[289]) D. h. durch Vermittlung des Truppenteils usw. Auch Zustellung durch den Gerichtsoffizier ist zulässig, nicht aber durch den MilJustizbeamten. Andere Arten der Zustellung an aktive MilPersonen gibt es nicht.

[290]) Seien es dem Beurlaubtenstand angehörige oder in keinerlei MilVerhältnis stehende Personen, einschließlich der in § 1 Nr 2—8 genannten.

[291]) Nicht Zivilbeamte (PE. I 14). — KrAB. zu § 142 Abs. 1 (Anl. B). — MilPersonen i. S. dieses Paragraphen können ausnahmsweise auch GerOffiziere sein URMGer. 3. Dez. 02 (IV 62).

[292]) Für diese sind die allgemeinen Bestimmungen maßgebend, also nach StPO. § 37 die Vorschriften der CPO. § 166—213 (vgl. auch JMBf. 15. Okt. 01, JMB. 247) BeschlRMGer. 12. Dez. 01 (II 89). Dem Ersuchen um Zustellung ist daher außer der Urschrift eine beglaubigte Abschrift beizufügen. — Die Staatsanwaltschaft kann in allen Fällen durch die Post zustellen. Ersatzzustellung nach CPO. § 181—186 setzt nur tatsächliches Wohnen, nicht förmlichen Wohnsitz am Zustellungsort voraus. Vorübergehende Abwesenheit kein Hindernis BeschlRMGer. 8. Jan. 02 (II 113). — Nur bei den durch die Staatsanwaltschaft zu bewirkenden Zustellungen ist Ersatzzustellung zulässig BeschlRMGer. 5. Nov. 02 (IV 20).

[293]) Aufgabe zur Post ist hiernach ausgeschlossen bei Zustellung a) gemäß § 265, 267 (nicht auch 268), b) gemäß § 130 Abs. 4, 132 Abs. 2, 149 Abs. 4, 217 Abs. 3, 238 Abs. 4, 247 Abs. 2, 269 Abs. 3, 290 Abs. 5, 327 Abs. 5, 328 Abs. 2, 350, 385 Abs. 2, 389 Abs. 2, 394 Abs. 2, 470 Abs. 2, 471 Abs. 3. In diesen Fällen bleiben also nur die in Abs. 1 genannten Wege. Ist Zustellung trotzdem durch Aufgabe zur Post oder auf andere formlose Weise erfolgt, so wird zwar in den zu a genannten Fällen durch das Erscheinen des Geladenen der Mangel geheilt, bei dessen Ausbleiben aber können die in § 186, 213 (vgl. 299 Abs. 3), 278 Abs. 2, 389 Abs. 2 angedrohten Folgen nicht Platz greifen; in den zu b genannten Fällen kann der Lauf der Frist nicht vor Zustellung gemäß Abs. 1 beginnen. Ein vorher eingelegtes Rechtsmittel ist als unzulässig zurückzuweisen BeschlRMGer. 2. Juli 02 (III 127) Dasselbe gilt, wenn bei Zustellung durch MilGerichtsboten oder Ordonnanz die

gebende Schriftstück unter der Adresse der Person, an die zugestellt werden soll, zur Post gegeben wird. Die erfolgte Aufgabe zur Post ist zu den Akten zu beurkunden.[294]) Bleibt dieser Weg erfolglos, so geschieht die Zustellung nach Maßgabe des Absatzes 1.

§ **143**. Zustellungen an Personen, welche zu einem im Auslande[295]) befindlichen oder zu einem mobilen militärischen Verband oder zur Besatzung eines in Dienst gestellten Schiffes gehören[5]), können mittelst Ersuchens der vorgesetzten Kommandobehörde erfolgen.

§ **144**. Sind Zustellungen im Ausland[295]) an Personen, welche nicht aktive Militärpersonen sind[290]), zu bewirken, so ist, soweit nicht der unmittelbare Verkehr mit den ausländischen Gerichtsbehörden zugelassen ist[296]), das zu übergebende Schriftstück der obersten Militärjustizverwaltungsbehörde[127]) mittelst Berichts einzureichen.

Dasselbe gilt, wenn Zustellungen an Deutsche, welche das Recht der Exterritorialität genießen, oder an Vorsteher der Reichskonsulate erfolgen sollen.

Die weitere Veranlassung der Zustellung erfolgt in diesen Fällen in Gemäßheit der §§ 199, 200 der Zivilprozeßordnung.[297])

§ **145**. Kann eine Zustellung an einen Beschuldigten nicht in der vorgeschriebenen Weise bewirkt werden, oder lehnt im Falle des § 144 Absatz 1 die oberste Militärjustizverwaltungsbehörde die weitere Veranlassung als unausführbar und voraussichtlich erfolglos ab, so gilt die Zustellung als bewirkt, wenn der Inhalt des zuzustellenden Schriftstücks durch den Reichsanzeiger bekannt gemacht worden ist und seit dem Erscheinen dieses Blattes zwei Wochen verflossen sind. Die gleichzeitige Bekanntmachung durch ein anderes Blatt ist nicht ausgeschlossen.

Annahme der beglaubigten Abschrift verweigert wird BeschlRMGer. 11. April 01, I 85. Anders bei Zustellung durch die Staatsanwaltschaft (CPO. § 186).

[294]) Durch den MilJustizbeamten oder Gerichtsoffizier (nicht MilGerichtsschreiber) (PE. 115). Weitere Formvorschriften sind (abweichend von CPO. § 211, 213) nicht gegeben.

[295]) Ausland ist jedes nicht zum Deutschen Reich gehörige Gebiet (StGB. § 8). Auch die deutschen Schutzgebiete sind Ausland.

[296]) Vgl. hierüber PrKrMVf. 14. Nov. 01 Anlage F; AB. f. d. Mar. (Anl. B Anm. 7).

[297]) CPO. neue Fassung 1898 (RGB. S. 410):

§ 199. Eine im Ausland zu bewirkende Zustellung erfolgt mittels Ersuchens der zuständigen Behörde des fremden Staats oder des in diesem Staate residirenden Konsuls oder Gesandten des Reichs.

§ 200. Zustellungen an Deutsche, welche das Recht der Exterritorialität genießen, erfolgen, wenn dieselben zur Mission des Reichs gehören, mittels Ersuchens des Reichskanzlers; wenn dieselben zur Mission eines Bundesstaats gehören, mittels Ersuchens des Ministers der auswärtigen Angelegenheiten dieses Bundesstaats.

Vierter Abschnitt.

Berechnung der Fristen. Wiedereinsetzung in den vorigen Stand gegen Fristversäumniß.[298])

§ **146**. Bei der Berechnung einer Frist[299]), die nach Tagen bestimmt ist, wird der Tag nicht mitgerechnet[299a]), auf welchen der Zeitpunkt oder das Ereigniß fällt, nach welchem der Anfang der Frist sich richten soll. Auf die Frist kommen auch diejenigen Tage nicht in Anrechnung, an denen die Person, welcher die Frist gesetzt ist, durch militärischen Dienst an der Wahrnehmung ihrer Rechte verhindert war. Daß dies thatsächlich der Fall war, ist durch dienstliche Bescheinigung nachzuweisen.[300])

Eine Frist, die nach Wochen oder Monaten bestimmt ist, endigt mit Ablauf desjenigen Tages der letzten Woche oder des letzten Monats, welcher durch seine Benennung oder Zahl dem Tage entspricht, an welchem die Frist begonnen hat; fehlt dieser Tag in dem letzten Monate, so endigt die Frist mit Ablauf des letzten Tages dieses Monats.[301])

Fällt das Ende einer Frist auf einen Sonntag oder allgemeinen Feiertag, so endigt die Frist mit Ablauf des nächstfolgenden Werktags.[302])

§ **147**. Gegen die Versäumung einer für die Einlegung oder Rechtfertigung von Rechtsmitteln gesetzten Frist[303]) kann die Wiedereinsetzung

---

[298]) Inhalt: § 146 Fristberechnung; § 147 Wiedereinsetzungsgründe, § 148 Wiedereinsetzungsgesuch, § 149 Entscheidung darüber, Anfechtbarkeit; § 150 Vollstreckungsaufschub. Vgl. hierzu StPO. § 42—47 (in einigen Punkten abweichend).

[299]) Gesetzliche Fristen, d. h. solche, deren Dauer gesetzlich festgelegt ist, sind hauptsächlich diejenigen für Einlegung von Rechtsmitteln (§ 363ff., Form der Einlegung § 369, besonders Abs. 4); vgl. jedoch auch § 11, 177, 266, 267, 276, 327 Abs. 1, 339 Abs. 3, 407 Abs. 2, 456 Abs. 2, 468 Abs. 1. Richterliche Fristen, d. h. solche, deren Dauer im Einzelfall von Gerichtswegen bestimmt wird, in § 248, 316, 388, 444.

[299a]) Trotzdem kann jedoch schon an diesem Tage die betreffende Erklärung rechtswirksam abgegeben werden.

[300]) Hinsichtlich der Erteilung der Bescheinigung ist zu berücksichtigen, daß der militärische Dienst den Beteiligten nicht notwendig während des ganzen Tages in Anspruch genommen haben muß, daß es vielmehr genügt, wenn der Beteiligte in der Zeit des Tages, in der er sonst in der Lage gewesen wäre, seine Rechte wahrzunehmen, daran durch militärischen Dienst verhindert war. Auch werden sich bei gewissen Übungen, z. B. im Manöver, die Verhältnisse derart gestalten können, daß der Beteiligte für längere Zeit nicht imstande ist, seine Rechte wahrzunehmen, auch wenn er sich nicht fortdauernd in Ausübung des Dienstes befindet. Sofern der Dienstvorgesetzte die Erteilung der im Abs. 2 bezeichneten Bescheinigung ablehnt, ist dem Beteiligten durch den § 147 die Möglichkeit gegeben, auch eine dienstliche Verhinderung als Grund für die Wiedereinsetzung in den vorigen Stand geltend zu machen (Begr. 110).

[301]) Nicht auch umgekehrt; eine am 28. Febr. beginnende Monatsfrist endigt also am 28. (nicht 31.) März.

[302]) Abs. 3 gilt auch für Tagesfristen (Abs. 1). — Maßgebend für den Begriff „allgemeiner Feiertag“ sind die Landesgesetze URGer. 27. Juni 98 (Straff. XXXI 221). Für Preußen allgemeine Vf. 12. April 50 (JMB. 127) u. 10. Jan. 87 (JMB. 9).

[303]) Nicht auch auf die Versäumung der übrigen Anm. 299 genannten Fristen

in den vorigen Stand[304]) beansprucht werden, wenn der Antragsteller durch militärischen Dienst[300]), durch Naturereignisse oder andere unabwendbare Zufälle an der Einhaltung der Frist verhindert worden ist. Als unabwendbarer Zufall[305]) ist es anzusehen, wenn der Antragsteller von einer Zustellung ohne sein Verschulden keine Kenntniß erlangt hat.

§ **148.** Das Gesuch um Wiedereinsetzung in den vorigen Stand muß binnen drei Tagen nach Beseitigung des Hindernisses bei derjenigen Stelle, bei welcher die Frist wahrzunehmen gewesen wäre[305a]), unter Angabe und Glaubhaftmachung[269]) der Versäumungsgründe angebracht werden.

Mit dem Gesuch ist zugleich die versäumte Handlung selbst nachzuholen.[304])

§ **149.** Über die Wiedereinsetzung in den vorigen Stand entscheidet diejenige Stelle[306]), welcher die Prüfung und Entscheidung darüber zukommt, ob die Frist gewahrt ist.

Die Wiedereinsetzung kann auch in Ermangelung eines förmlichen hierauf gerichteten Gesuchs[307]) bewilligt werden.

anwendbar (anders StPO. § 44), ebensowenig auf die Versäumung des Hauptverhandlungstermins. Ausnahme § 389 Abs. 2.

[304]) Sie bezweckt Beseitigung der durch Versäumnis der Frist zur Einlegung eines Rechtsmittels dem Versäumenden erwachsenden Rechtsnachteile u. ist nicht zu verwechseln mit der nachträglichen Einlegung oder Rechtfertigung des Rechtsmittels selbst, die jedoch mit dem Wiedereinsetzungsgesuch zu verbinden ist (§ 148). — Nicht nur der Angeklagte, sondern auch der GerH. hat Anspruch auf Wiedereinsetzung BeschlRMGer. 26. Nov. 01 (II 62), ferner die in § 238, 247 Abs. 2, 290 Abs. 5, 470 Abs. 2, 471 Abs. 3 genannten, zur Rechtsbeschwerde berechtigten Personen.

[305]) Als solcher kommt hauptsächlich amtliches Verschulden in Betracht, z. B. falsche Belehrung des Angeklagten über die Erfordernisse rechtsgültiger Einlegung des Rechtsmittels durch den Verhandlungsführer BeschlRMGer. 25. Feb. 01 (I 39); unterlassene Aufnahme des Protokolls durch eine der nach § 369 Abs. 2 u. 3 zur Aufnahme verpflichteten Personen BeschlRMGer. 10. Aug. 01 (I 254); Unterlassung der vom verhafteten Angeklagten begehrten Vorführung zum Zweck der Anbringung des Rechtsmittels nach § 369 Abs. 2 u. 3 BeschlRMGer. 6. Dez. 00 (I 2); verspätete Abholung der Briefe bei der Post BeschlRMGer. 14. Feb. 98 (Straff. XXXI 19), dagegen nicht selbstverschuldeter Irrtum über den einzuschlagenden Weg für Einlegung des Rechtsmittels, z. B. Einreichung bei einer in § 369 nicht genannten Person (wie Feldwebel, MilGerichtsschreiber) BeschlRMGer. 12. März 01 (I 57).

[305a]) In der Regel beim GerH., der die angefochtene Verfügung erlassen oder das Gericht berufen hat, gegen dessen Entscheidung das versäumte Rechtsmittel sich richtet, § 369 Abs. 1. Hinsichtlich der Art u. Weise der Anbringung finden die § 368, 369 Abs. 2 bis 5, 370 entsprechende Anwendung.

[306]) Die § 148 Abs. 1 (Anm. 305) bezeichnete Stelle hat also das Gesuch der entscheidenden Stelle vorzulegen. Letztere ist je nach der Art des versäumten Rechtsmittels u. nach der Instanz, deren Entscheidung angefochten wird, entweder der höhere GerH. oder das nächst obere Ger. (Kriegs-, Oberkriegs-, RMGer.). — Verbindung der Entscheidung mit der über das nachgeholte Rechtsmittel selbst ist unzulässig, vgl. Abs. 4.

[307]) Es kann also Wiedereinsetzung von Amtswegen bewilligt werden, sobald die sie rechtfertigenden Tatsachen aktenkundig sind, z. B. durch Vorbringen bei der verspäteten Rechtsmitteleinlegung oder durch Aktenvermerk des Gerichts usw. Abweichend BeschlGMGer. 1. April 03 (IV 296), wonach die Anwendbarkeit des § 149 Abs. 2 voraussetzen soll, daß der

Die eine Wiedereinsetzung aussprechende Entscheidung unterliegt keiner Anfechtung.

Gegen die das Gesuch verwerfende Entscheidung[308]) findet binnen der Frist von drei Tagen nach deren Zustellung[293]) die Rechtsbeschwerde[277]) an das Reichsmilitärgericht statt. Im Felde und an Bord[80]) ist die Rechtsbeschwerde ausgeschlossen.

§ **150**. Durch das Gesuch um Wiedereinsetzung in den vorigen Stand wird die Vollstreckung einer Entscheidung oder Verfügung nicht gehemmt.

Es kann jedoch ein Aufschub der Vollstreckung angeordnet werden.[309])

Zweiter Titel.[310])

Verfahren in erster Instanz.

Erster Abschnitt.

(Ermittelungsverfahren.[311])

§ **151**. Anzeigen strafbarer Handlungen, sowie Anträge[312]) auf Strafverfolgung gegen Personen, welche der Militärstrafgerichtsbarkeit unterstehen[313]), sind von Personen des Soldatenstandes[314]), des aktiven

---

zur Wiedereinsetzung Berechtigte die sie rechtfertigenden Tatsachen selbst vorbringt u. den auf Wiedereinsetzung gerichteten Willen erkennen läßt.

[308]) Nicht, wenn sie vom RMGer. erlassen ist.

[309]) Zuständig zur Anordnung ist sowohl die § 148 (Anm. 5) bezeichnete, als die entscheidende Stelle § 375 Abs. 2. — Aufschub ist auch Unterbrechung der Vollstreckung.

[310]) Der 2. Titel umfaßt im 1. Abschnitt das Ermittelungsverfahren im allgemeinen (§ 151—170), im 2. Abschnitt die einzelnen Untersuchungsmaßregeln (Vernehmung des Beschuldigten § 171—173, einstweilige Enthebung vom Dienst § 174, Verhaftung und Festnahme § 175—184, Vernehmung von Zeugen § 185—207, von Sachverständigen § 208—221, Augenschein, Leichenschau u. Leichenöffnung § 222 bis 228, Beschlagnahme u. Durchsuchung § 229—242); im 3. Abschnitt den Abschluß des Ermittelungsverfahrens u. Erhebung der Anklage (§ 243—260); im 4. Abschnitt Vorbereitung der Hauptverhandlung (§ 261—272); im 5. Abschnitt die Hauptverhandlung (§ 273 bis 336); im 6. Abschnitt die Verteidigung (§ 337—348); im 7. Abschnitt Strafverfügung (§ 349—355); im 8. Abschnitt Verfahren gegen Abwesende (§ 356—362). — Die Bestimmungen gelten, von einzelnen Ausnahmen abgesehen, für die niedere u. höhere Gerichtsbarkeit in gleicher Weise.

[311]) Der 1. Abschnitt entspricht im allgemeinen StPO. § 156—195, jedoch mit den durch die militärische Gerichtsverfassung bedingten Abweichungen (Anm. 236). — Inhalt: Anzeigen u. Strafverfolgungsanträge § 151—153 Abs. 1; Tatbericht, dringliche Maßnahmen, Abgabe an zuständige Stelle § 153; Verpflichtungen der Militär- u. Zivilbehörden in Fällen nicht natürlichen Todes § 154, 155; Anordnung des Ermittelungsverfahrens § 156, wegen disziplinär abrügbarer Handlungen § 157, wegen Hochverrats usw. § 158; Aufgaben u. Befugnisse des Untersuchungsführers § 159—162; Protokollierung, Zuziehung des Gerichtsschreibers § 163—164; Anwesenheit des Beschuldigten u. Verteidigers bei Untersuchungshandlungen § 165, 166; Befugnisse des GerH. § 167; Umfang u. Ziel des Ermittelungsverfahrens § 168 (Anm. 354), Ausdehnung desselben § 169; Abweichungen im Feld usw. § 170.

[312]) StGB. § 61—65 (Anm. 316a).

[313]) § 1—11. Auch wenn für die betreffende Handlung u. Person nur

Heeres und der aktiven Marine[5]) auf dem Dienstwege[314a]), von Militärbeamten bei der vorgesetzten Dienstbehörde[315]) des Beschuldigten anzubringen.

Für die Anbringung solcher Anzeigen und Anträge durch andere als die im Absatz 1 bezeichneten Personen sind die Vorschriften des bürgerlichen Rechtes maßgebend.[316]) Es genügt jedoch auch das Anbringen bei der vorgesetzten Dienstbehörde[315]) des Beschuldigten.

§ **152.** Bei strafbaren Handlungen, deren Verfolgung nur auf Antrag eintritt[316a]), muß der Antrag aktenkundig gemacht werden.[317])

§ **153.** Anzeigen und Anträge, welche bei den Staatsanwaltschaften, den Amtsgerichten und den Behörden und Beamten des Polizei- und Sicherheitsdienstes angebracht werden, sind sofort an die vorgesetzte Dienstbehörde[315]) des Beschuldigten abzugeben.

Der militärische Vorgesetzte[318]) hat über die ihm angezeigten oder sonst zu seiner Kenntniß gelangten strafbaren Handlungen seiner Unter-

---

der beschränkte MilGerichtsstand begründet ist (Anm. 3), gilt § 151. Für Strafanträge von aktiven MilPersonen gegen der bürg. Gerichtsbarkeit unterstellte Personen ist StPO. § 156 maßgebend.

[314]) Nr. I 2 Anm. 15 d. W. (EG. § 2 Abs. 3).

[314a]) AAB. zu § 151 Abs. 1 (Anl. A). Anbringung auf dem Dienstweg ist die ausschließlich zulässige Form für Anbringung von rechtsgültigen Strafanträgen durch aktive Personen des Soldatenstandes. Der Dienstweg ist durch AAB. zu § 151 ausschließlich geregelt; ein bei einem KGerRat oder GerOffizier oder beim erkennenden Gericht angebrachter Strafantrag einer aktiven Person des Soldatenstandes ist rechtsungültig URMGer. 22. Dez. 02 (IV 111), 28. Febr. 03 (IV 243). Nur gegen Personen, die nicht der Militärgerichtsbarkeit unterstehen, können Strafanträge von aktiven Personen des Soldatenstandes auf dem StPO. § 156 (Anm. 316) bezeichneten Wege gestellt werden.

[315]) Sowohl der Disziplinarvorgesetzte als der zuständige GerH. fallen hierunter.

[316]) Anzeigen können bei der Staatsanwaltschaft, den Behörden u. Beamten des Polizei- u. Sicherheitsdienstes u. den Amtsgerichten mündlich oder schriftlich angebracht werden.

Bei strafbaren Handlungen, deren Verfolgung nur auf Antrag eintritt, muß der Antrag bei einem Gericht oder bei der Staatsanwaltschaft schriftlich oder zu Protokoll, bei einer anderen Behörde nur schriftlich angebracht werden (StPO. § 156). — Als schriftlich gilt auch der mündlich zu Protokoll gegebene Antrag, wenn das Protokoll vom Antragsteller unterschrieben ist andernfalls nicht, URGer. 28. Juni 80 (Straff. II 253). — Form des Protokolls (Anm. 266.) — Bescheidung des Antragstellers u. Rechtsmittel desselben § 247. Benachrichtigung von antragstellenden Zivilbehörden KrAB. zu § 450 (Anl. B). — Kostenzuscheidung an den Antragsteller § 470, 471.

[316a]) Antragsdelikte StGB. § 102, 103, 104, 123, 170, 172, 182, 189, 194—196, 232, 236, 237, 247, 263, 288, 289, 292, 299, 300—303, 370 Nr. 5 u. 6, sowie in anderen RG. Das MStGB. kennt keine Antragsdelikte (§ 51).

[317]) Die Rechtsgültigkeit des Antrags hängt von der Befolgung dieser Vorschrift nicht ab; ebensowenig ist für die nach § 151 Abs. 1 u. 2 auf dem Dienstweg bei der Dienstbehörde des Beschuldigten angebrachten Strafanträge Protokollierung oder Unterzeichnung durch den Antragsteller wesentliches Erfordernis, vielmehr tritt die Rechtswirksamkeit des Strafantrags bereits mit der mündlichen Erklärung an zuständiger Stelle ein URMGer. 22. Dez. 02 (IV 111). (Anders bei Anbringung des Antrags bei bürgerlichen Behörden Anm. 315).

[318]) AAB. zu § 153 (Anl. A).

gebenen, soweit die Handlungen gerichtlich zu verfolgen sind[319]), einen genauen, die Verdachtsgründe und Beweismittel umfassenden Thatbericht[318]) aufzustellen und denselben an den Gerichtsherrn einzusenden.

Die Staatsanwaltschaften, die Amtsgerichte, die Behörden und Beamten des Polizei- und Sicherheitsdienstes, sowie der militärische Vorgesetzte haben bis zum Einschreiten des Gerichtsherrn alle keinen Aufschub gestattenden Anordnungen[320]) zu treffen, um die Verdunkelung der Sache zu verhüten. Erscheint die schleunige Vornahme einer richterlichen Untersuchungshandlung[321]) erforderlich, so ist sie von dem nächsten Kriegsgerichtsrath oder Amtsrichter auf Ersuchen des militärischen Vorgesetzten, der Staatsanwaltschaft oder der Behörden und Beamten des Polizei- und Sicherheitsdienstes, äußersten Falles ohne solches Ersuchen vorzunehmen; im Nothfalle[322]) kann dieselbe auch durch einen Gerichtsoffizier herbeigeführt werden. Die Verhandlungen sind sofort an den Gerichtsherrn abzugeben.

Erachtet der angegangene[323]) Gerichtsherr sich für unzuständig, oder ergiebt sich seine Unzuständigkeit im Laufe des Ermittelungsverfahrens, so hat er die Sache an die zuständige Stelle[324]) abzugeben.

§ **154**. Sind Anhaltspunkte dafür vorhanden, daß eine aktive Militärperson[5]) eines nicht natürlichen Todes gestorben ist, oder wird der Leichnam einer unbekannten Militärperson gefunden, so sind die Polizei- und Gemeindebehörden zur sofortigen Anzeige an die nächste Militärbehörde verpflichtet.[325])

Die Beerdigung darf nur auf Grund einer schriftlichen Genehmigung der Militärbehörde oder, im Nothfalle, des Amtsrichters erfolgen.[326])

§ **155**. Bei Todesfällen anderer als der im § 154 bezeichneten Personen[290]) sind die Civilbehörden zur Anzeige an die Militärbehörde

[319]) In den Fällen EG. z. MStGB. § 3 Abs. 2 steht es im Ermessen des nächsten zuständigen Disziplinarvorgesetzten, ob Disziplinarbestrafung oder gerichtliche Verfolgung einzutreten hat (Nr. I 3 Anm. 8 d. W.). Reine Disziplinarverfehlungen (DStO. §1[1]) können nie Gegenstand gerichtlicher Bestrafung sein, auch nicht bei Zusammentreffen mit gerichtlich verfolgbaren Straftaten (PE. III 41e).

[320]) Z. B. vorläufige Festnahme (§ 180), Steckbrief (§ 183 Abs. 2), Durchsuchung u. Beschlagnahme (§ 229 bis 242), ärztliche Untersuchung.

[321]) Besonders Augenschein, Leichenschau, Zeugenvernehmung schwer verletzter od. später schwer auffindbarer Personen.

[322]) D. h. wenn ein KrGerRat oder Amtsrichter ohne erheblichen Zeitverlust nicht erreichbar ist (Begr. 112).

[323]) Gleichviel, ob nach Abs. 1 oder 2 angegangen. Der unzuständige GerH. (z. B. der niedere GerH. in einem zur höheren Gerichtsbarkeit gehörigen Fall) hat vor der Abgabe nur die in Abs. 3 genannten Anordnungen zu treffen, nicht etwa ein vorläufiges Ermittelungsverfahren zu veranlassen.

[324]) Anderer GerH. oder Staatsanwaltschaft.

[325]) Gilt auch in Selbstmordfällen. — Weiteres Verfahren nach § 223—228 eventuell § 153 Abs. 3, bei strafbarem Verschulden einer Zivilperson nach § 155 Abs. 4. Bis zur Leichenschau (§ 223) ist der Leichnam (von Rettungsmaßregeln abgesehen) möglichst in dem vorgefundenen Zustand zu belassen (§ 223 Abs. 3).

[326]) KrAB. zu § 154 Abs. 2 (Anl. B).

verpflichtet, wenn dringender Verdacht vorliegt, daß der Tod durch eine strafbare Handlung einer unter Militärstrafgerichtsbarkeit stehenden Person [327]) verursacht worden ist, oder wenn auch nur Anhaltspunkte dafür vorliegen, daß eine solche Person in strafbarer Weise an dem Tode betheiligt sei.

In den Fällen der ersteren Art ist die Feststellung des Thatbestandes, insbesondere die richterliche Leichenschau und Leichenöffnung, der Militärbehörde zu überlassen. [328])

In den Fällen der letzteren Art haben zunächst die bürgerlichen Behörden sich der Feststellung des Thatbestandes zu unterziehen. Der Militärbehörde ist jedoch thunlichst Gelegenheit zu geben, zur Theilnahme an der Leichenschau, der Leichenöffnung und der Ortsbesichtigung einen Kriegsgerichtsrath abzuordnen.

In entsprechender Weise haben die Militärbehörden zu verfahren [329]), wenn an dem Tode einer aktiven Militärperson eine unter der bürgerlichen Strafgerichtsbarkeit stehende Person in strafbarer Weise betheiligt ist oder betheiligt erscheint.

§ **156**. Sobald der Gerichtsherr durch eine Anzeige oder auf anderem Wege von dem Verdacht einer militärgerichtlich zu verfolgenden strafbaren Handlung Kenntniß erhält [330]), hat er [331]) durch ein von ihm anzuordnendes Ermittelungsverfahren den Sachverhalt erforschen zu lassen. [332]) Mit

---

[327]) § 1—11.

[328]) § 222—228. Bei Gefahr im Verzug ist auch der Amtsrichter zuständig (§ 153 Abs. 3).

[329]) In solchen Fällen ist sofort der zuständigen Staatsanwaltschaft Anzeige zu machen (KrAB. zu § 155 Anl. B). Liegt dringender Verdacht der Täterschaft einer Zivilperson vor, so kommt die Leichenschau usw. der Zivilbehörde zu; anderenfalls ist ihr wenigstens die Teilnahme an der militärischen Leichenschau freizustellen.

[330]) Anzeige (Tatbericht) § 151, 153 Abs. 1 u. 2. Anderer Weg: Mitteilung eines anderen GerH. oder einer bürgerlichen Behörde, Durchsicht der Strafbücher, unter Umständen auch anonyme Anzeige, Preßartikel usw., sofern ihr Inhalt trotz der Anonymität glaubhaft und durch sonstige Tatsachen (z. B. Spuren der Mißhandlung bei Anzeige eines Vergehens im Sinne MStGB. § 122) unterstützt ist. Auch außerdienstliche Kenntnis des GerH. kann unter dieser Voraussetzung genügen. — Ob „Verdacht" einer militärgerichtlich strafbaren Handlung vorliegt, entscheidet das pflichtmäßige Ermessen des GerH. Auf offensichtlich unbegründete oder keinerlei Beweise enthaltende Anzeigen braucht nicht eingegangen zu werden (vgl. Abs. 3). Anordnung vorläufiger Erhebungen z. B. durch den milit. Vorgesetzten ist nicht unzulässig.

[331]) Sofern er zuständig ist, anderenfalls § 153 Abs. 4.

[332]) Sog. Legalitätsprinzip. Es ist besondere Verf. des GerH. erforderlich (PE. IV 15). Unterlassen des Einschreitens kann nach MStGB. § 145, 147, StGB. § 346 strafbar sein. Dem GerH. ist hier dieselbe Rolle zugewiesen, wie nach StPO. § 152, 153, 158 der Staatsanwaltschaft. Anordnung des Ermittelungsverfahrens vertritt die Stelle der öffentlichen Klage (StPO. § 152, 153). Das Ermittelungsverfahren erstreckt sich nur auf die in der Verfügung des GerH. bezeichnete Tat u. Person, falls überhaupt Verdacht gegen eine bestimmte Person vorliegt, was nicht Voraussetzung eines Ermittelungsverfahrens ist (vgl. § 194 Abs. 1). Ausdehnung auf andere strafbare Handlungen u. Personen ist besonders vom GerH. zu verfügen (§ 169). — Das Ermittelungsverfahren soll (außer im Feld u. an

dem Ermittelungsverfahren wird vom Gerichtsherrn der niederen Gerichtsbarkeit ein Gerichtsoffizier, von dem Gerichtsherrn der höheren Gerichtsbarkeit ein Kriegsgerichtsrath beauftragt. Bei einfach liegenden Sachen genügt die Feststellung durch den Disziplinarvorgesetzten.[267]

Der Thatbestand muß festgestellt werden, auch wenn der Beschuldigte ein Geständniß abgelegt hat.

Giebt der Gerichtsherr einer Anzeige keine Folge, so ist die getroffene Verfügung mit den Gründen aktenkundig zu machen.[333]

§ **157**. In den Fällen des § 3 des Einführungsgesetzes zum Militärstrafgesetzbuch[333a] ist eine gerichtliche Strafverfolgung ausgeschlossen, wenn die Handlung von dem zuständigen Disziplinarvorgesetzten[267] im Disziplinarwege geahndet worden ist.[334]

In denselben Fällen kann der Gerichtsherr, sofern er nicht zugleich der höhere Disziplinarvorgesetzte ist[335], die gerichtliche Strafverfolgung nicht deshalb ablehnen, weil er abweichend von dem Disziplinarvorgesetzten die Disziplinarbestrafung für ausreichend erachtet.[336]

§ **158**. Bei Einleitung einer Strafverfolgung wegen Hochverraths oder Landesverraths oder wegen eines als Verbrechen oder Vergehen sich darstellenden Verraths militärischer Geheimnisse[337] hat der Gerichtsherr unverzüglich der obersten Militärjustizverwaltungsbehörde[127] Bericht zu erstatten.[338]

Bord, § 170) die Regel bilden, von der nur „bei einfach liegenden Sachen" abgewichen werden kann. — Ausnahmen vom Legalitätsprinzip StGB. § 4, 5, 61 (vgl. § 182 des G.), MStGB. § 88, § 253 des G., sowie bei Niederschlagung eingeleiteter Untersuchungen (die nach preuß. VerfU. Art. 49 Abs. 3 ausgeschlossen ist).

[333] Bescheidung des Antragstellers u. Rechtsmittel desselben § 247.

[333a] Nr. I 3 Anm. 8—12 d. W.

[334] Der gerichtlichen Verfolgung steht dann der Grundsatz ne bis in idem entgegen Anm. 712b. Dies gilt jedoch nur, wenn die Disziplinarbestrafung auf Grund EG. MStGB § 3, also mit Arrest, erfolgt ist, u. nur wenn wirklich ein unter den angef. § 3 fallendes Vergehen vorliegt, nicht aber, wenn bei richtiger Beurteilung das disziplinär geahndete Vergehen ein solches ist, das überhaupt nur gerichtlich bestraft werden konnte z. B. Disziplinarbestrafung auf Grund MStGB. § 92 oder 121, während tatsächlich § 94 bezw. 122 zutrifft URMGer. 7 Sept. 01 (I 265). Nur die Entscheidung des Disziplinarvorgesetzten, ob ein „leichterer Fall" im Sinne EG. MStGB. § 3 vorliegt, ist also, da der Disziplinarvorgesetzte allein die Verantwortlichkeit für die Disziplinarbestrafung trägt, der Nachprüfung des GerH. u. Ger. entzogen (vgl. auch Abs. 2). DStO. für das Heer § 45, 55, DStO. für die Marine § 55, 74 bleiben dagegen unberührt. — In der Hauptverhandlung ist beim Zutreffen des Abs. 1 Einstellung des Verfahrens (§ 314) auszusprechen.

[335] Ist er zugleich der höhere Disziplinarvorgesetzte (DStO. für das Heer § 11, 14, 15, MDStO. § 13, 17, 18, 20), so kann er selbst die Disziplinarstrafe festsetzen.

[336] Vgl. auch § 251. — Für das erkennende Gericht gilt derselbe Grundsatz, § 329.

[337] MStGB. § 56—61; StGB. § 80 bis 93; G. 3. Juli 93 (RGB. 205). — Auf Übertretungen im Sinne des letzteren Gesetzes ist der § nicht anwendbar.

[338] AAB. zu § 158 Abs. 1 (Anl. A): — Weiterer Bericht vor Anklageerhebung § 252.

Sind diese Handlungen gegen den Kaiser oder das Reich gerichtet, so hat er überdies in jedem Falle dem Reichskanzler sofort Anzeige zu erstatten.

§ **159.**[339]) Der mit der Führung des Ermittelungsverfahrens beauftragte Gerichtsoffizier oder Kriegsgerichtsrath (Untersuchungsführer)[340]) hat bei Erforschung des Sachverhalts nicht blos die zur Belastung, sondern auch die zur Entlastung dienenden Umstände zu ermitteln und die Erhebung aller Beweise herbeizuführen, deren Verlust zu besorgen steht, oder deren Aufnahme zur Vorbereitung der Vertheidigung des Beschuldigten erforderlich erscheint.

§ **160.** Zu dem im § 159 bezeichneten Zwecke kann der Untersuchungsführer Ermittelungen jeder Art, einschließlich richterlicher Untersuchungshandlungen, insbesondere eidliche Vernehmungen[341]) von Zeugen und Sachverständigen vornehmen.

Zu demselben Zwecke kann von allen öffentlichen Behörden Auskunft verlangt werden.

Die Vornahme einzelner Untersuchungshandlungen kann durch Ersuchen eines anderen Gerichtsherrn[342]) oder des Amtsrichters des Bezirkes, wo die Handlung vorzunehmen ist, herbeigeführt werden. Der Ersuchte hat zu prüfen, ob die beantragte Handlung nach den Umständen des Falles[343]) gesetzlich zulässig ist.

Die Ersuchungsschreiben sind in der Regel von dem Gerichtsherrn und dem Untersuchungsführer zu unterzeichnen.

§ **161.** Die Behörden und Beamten des Polizei- und Sicherheitsdienstes sind verpflichtet, Ersuchen des Untersuchungsführers um Ausführung einzelner Maßregeln oder um Vornahme von Ermittelungen zu genügen.

---

[339]) StPO. § 158, 188 Abs. 2.

[340]) Vgl. Anm. 236. — Verhältnis des Untersuchungsführers zum GerH. § 97, 102, 167 (Anm. 218, 222).

[341]) Nur unter den Voraussetzungen der § 195 Abs. 2, 208.

[342]) EG. § 11 (Nr. 3 Anm. 15). — Der GerH. beauftragt mit Vornahme der Untersuchungshandlung einen KrGerRat oder (wenn er niederer GerH. ist) einen GerOffizier. Auch in Sachen der höheren Gerichtsbarkeit kann ausnahmsweise das Ersuchen an einen niederen GerH. gerichtet werden, z. B. bei großer Entfernung eines Zeugen usw. vom Standort eines höheren GerH. (PE. II 17b). Ersuchen um Vernehmung von MilPersonen an Orten, wo sich mehrere MilGerichte befinden, sind in der Regel an die Stelle zu richten, welcher die zu Vernehmenden oder einer derselben in gerichtlicher Beziehung allgemein unterstehen KrMVf. 3. Feb. 03. — Ersuchen um Führung des ganzen Ermittelungsverfahrens ist unzulässig (PE. II 17c). — Beschwerde bei Weigerung des Ersuchten EG. § 11, 12 Abs. 3.

[343]) Abweichend EG. § 13. — Prüfung der Zweckmäßigkeit der angesonnenen Maßregel kommt der ersuchten Stelle nicht zu, so auch nicht der Notwendigkeit der Beeidigung nach § 195 Abs. 2 (PE. IV 23), wohl aber z. B. Prüfung der Zulässigkeit der Beeidigung (§ 199), sowie der Berechtigung der Zeugnisverweigerung bei Ersuchen gemäß § 186 Abs. 4, 203 Abs. 4.

§ **162**. Der Untersuchungsführer hat alle die Untersuchung berührenden Vorgänge und Thatsachen, insbesondere alle von ihm vorgenommenen oder veranlaßten Ermittelungen aktenkundig zu machen.

§ **163**. Ueber jede Untersuchungshandlung ist ein Protokoll aufzunehmen. Bei minder wichtigen Sachen genügt ein Aktenvermerk. Das Protokoll ist von dem Untersuchungsführer und dem zugezogenen Gerichtsschreiber[344]), der Aktenvermerk von dem Untersuchungsführer zu unterschreiben.

Ein Gerichtsschreiber[344]) muß zugezogen werden bei der Vernehmung des Beschuldigten, der Zeugen und der Sachverständigen, sowie bei der Einnahme des Augenscheins.

Im Falle dringenden Bedürfnisses[345]) kann für einzelne Untersuchungshandlungen jede geeignete Person als Gerichtsschreiber zugezogen werden. Dieselbe ist in Gemäßheit des § 110 durch den die Untersuchungshandlung vornehmenden Beamten oder Offizier zu verpflichten.

§ **164**.[346]) Das Protokoll muß Ort und Tag der Verhandlung, sowie die Namen der mitwirkenden oder betheiligten Personen angeben und ersehen lassen, ob die wesentlichen Förmlichkeiten des Verfahrens[347]) beobachtet sind.

Das Protokoll ist den bei der Verhandlung betheiligten Personen, soweit es dieselben betrifft, behufs der Genehmigung vorzulesen oder zur eigenen Durchlesung vorzulegen. Die erfolgte Genehmigung ist zu vermerken und das Protokoll von den Betheiligten zu unterschreiben. Unterbleibt die Unterschrift, so ist der Grund dafür in dem Protokolle zu vermerken.

§ **165**. Findet die Einnahme eines Augenscheins[348]) statt, so ist dem Beschuldigten und dem Vertheidiger die Anwesenheit bei der Verhandlung zu gestatten.[349])

---

[344]) § 108—110. — Zuziehung des Gerichtsschreibers bei Leichenschau (§ 223, 224) Anm. 482, 484. — Abänderung des Protokolls durch den richterlichen MilJustizbeamten ist nur nach vorausgegangener Verständigung mit dem Gerichtsschreiber zulässig. Meinungsverschiedenheiten sind im Protokoll zum Ausdruck zu bringen KrMVf 20. Dez. 01.

[345]) Nur bei Nichtverfügbarkeit des Gerichtsschreibers, nicht z. B. weil derselbe eine Dienstreise machen müßte. — Auf die Hauptverhandlung ist die Bestimmung nicht anwendbar (PE. IV 9).

[346]) Die Bestimmungen dieses Paragraphen finden auf außerhalb des Ermittelungsverfahrens aufgenommene Protokolle keine Anwendung (Anm. 266). Ausnahme § 270.

[347]) Vgl. Abs. 2, § 173 Abs. 2, 187 Abs. 2, 192, 193, 196, 197, 200 Abs. 2, 208, 226. Dies ist von Bedeutung im Hinblick auf § 305, 399.

[348]) § 222. — Der Paragraph ist auf andere als die Abs. 1 u. 2 genannten Untersuchungshandlungen nicht anwendbar.

[349]) Ein Verteidiger kann nur in den Fällen der § 244, 270 in Frage kommen, vgl. § 337 Abs. 1, der durch § 165 nicht durchbrochen wird. — Beschuldigter u. Verteidiger haben kein

Dasselbe gilt, wenn ein Zeuge oder Sachverständiger vernommen werden soll, welcher voraussichtlich am Erscheinen in der Hauptverhandlung verhindert, oder dessen Erscheinen wegen großer Entfernung besonders erschwert sein wird.[350])

Von den Terminen sind die zur Anwesenheit Berechtigten vorher zu benachrichtigen[351]), soweit dies ohne Aufenthalt für die Sache geschehen kann.

Beschuldigte, die dem aktiven Heere oder der aktiven Marine angehören[5]), oder welche sich nicht auf freiem Fuße befinden, haben einen Anspruch auf Anwesenheit nur bei solchen Terminen, welche an dem Orte abgehalten werden, wo sie sich dienstlich aufhalten oder in Haft befinden.

Auf die Verlegung eines Termins wegen Verhinderung haben die zur Anwesenheit Berechtigten keinen Anspruch.

§ **166**. Der Beschuldigte kann von der Anwesenheit bei der Verhandlung ausgeschlossen werden, wenn zu befürchten ist, daß ein Zeuge in seiner Gegenwart die Wahrheit nicht sagen werde.

§ **167**. Der Gerichtsherr ist stets berechtigt, von dem Stande des Verfahrens durch Einsicht der Akten Kenntniß zu nehmen und die ihm zur Aufklärung der Sache geeignet scheinenden Verfügungen zu treffen.[340]) Er ist jedoch nicht befugt, an den Untersuchungshandlungen Theil zu nehmen.[352])

Vom Gerichtsherrn kann, falls dies aus besonderen Rücksichten angezeigt erscheint, ein Offizier bestimmt werden, welcher den Untersuchungshandlungen des ersuchten Gerichts[353]) beizuwohnen und das Protokoll mit zu unterschreiben hat. Hat er Einwendungen gegen den Inhalt des Protokolls zu erheben, so sind sie von ihm unter demselben zu vermerken.

Der Untersuchungsführer ist berechtigt, den Gerichtsherrn zu ersuchen,

---

förmliches Fragerecht, können aber Anträge stellen, worüber die Entscheidung dem Untersuchungsführer zusteht.

[350]) Vgl. § 195 Abs. 2, 270, 305.

[351]) Auch wenn sie keinen Anspruch auf Anwesenheit haben (AM. PE. I 41). Bei Mehrheit von Angeklagten steht jedem Anspruch auf Benachrichtigung zu. — Benachrichtigung erfolgt durch Zustellung (§ 141 Abs. 1, 142, PE. IV 16), u. zwar im Fall § 160 Abs. 3 durch die ersuchte Stelle. Der Verteidiger ist besonders zu benachrichtigen. — Verzicht ist zulässig, auch im voraus (PE. I 17; II 19). — Folgen der Unterlassung der Benachrichtigung § 305 Abs. 2.

[352]) Zur Vornahme selbständiger militärpolizeilicher Nachforschungen soll der GerH. nach URMGer. 11. Jan. 02 (II 153) trotz dieser Bestimmung auch ohne Mitwirkung des Untersuchungsführers befugt sein. Ob dies mit der durch § 97, 156 Abs. 1, 160 dem Untersuchungsführer eingeräumten Stellung vereinbar ist, erscheint fraglich.

[353]) Auch eines Zivilgerichts, nicht aber des Untersuchungsführers. — Der beiwohnende Offizier soll dem Gericht namentlich über militärische Fragen Auskunft geben, um etwaige zur Aufrechthaltung der Disziplin erforderliche Anordnungen zu treffen. Zur Einmischung in die Verhandlungen ist er nicht befugt.

einen Offizier zu bestimmen, welcher den Untersuchungshandlungen beizuwohnen und das Protokoll mit zu unterschreiben hat.

§ **168**. Das Ermittelungsverfahren ist nicht weiter auszudehnen, als erforderlich ist, um eine Entscheidung darüber zu begründen, ob Anklage zu erheben oder die strafgerichtliche Verfolgung einzustellen sei.[354])

§ **169**. Ergiebt sich im Laufe des Ermittelungsverfahrens der Verdacht weiterer militärgerichtlich zu verfolgender strafbarer Handlungen, so hat der Untersuchungsführer in dringenden Fällen die in dieser Beziehung erforderlichen Untersuchungshandlungen von Amtswegen vorzunehmen.

Die Verhandlungen sind sofort dem Gerichtsherrn zu dessen Verfügung vorzulegen.[332])

§ **170**. Im Felde und an Bord[80]) kann von einem schriftlichen Ermittelungsverfahren im Sinne dieses Abschnitts Abstand genommen werden. In jedem Falle ist dasselbe thunlichst einzuschränken und zu beschleunigen.

Zweiter Abschnitt

Einzelne Untersuchungsmaßregeln.

I. Vernehmung des Beschuldigten.[355])

§ **171**. Beschuldigte, welche zu den Personen des Soldatenstandes[314]) des aktiven Heeres[5]) oder der Marine[5]) gehören, sind zu ihrer Vernehmung[356]) zu gestellen.[357])

Verhaftete Beschuldigte sind vorzuführen.

§ **172**. Beschuldigte, die nicht zu den im § 171 bezeichneten Personen gehören[358]), sind zu ihrer Vernehmung[356]) schriftlich zu laden.[359])

---

[354]) Das Ermittelungsverfahren hat jedoch auch den Zweck, dem GerH. ein möglichst zutreffendes Urteil über die für den Fall irgendwie erheblichen u. daher zur Hauptverhandlung herbeizuschaffenden Beweismittel zu ermöglichen u. so das Notwendigwerden einer Aussetzung derselben zum Zweck neuer Beweiserhebungen tunlichst zu vermeiden. Da die Verteidigung im Ermittelungsverfahren noch nicht zugelassen ist, gilt dies besonders auch von den Entlastungsbeweisen (§ 159). — Sobald sich zweifellos ergibt, daß eine aus Rechtsgründen (Schuld-Strafausschließungsgründe, Verjährung, Mangel des Strafantrags usw.) nicht verfolgbare Tat vorliegt, ist das Ermittelungsverfahren abzuschließen.

[355]) StPO. § 133—136, 190 Abs. 1.

[356]) KrAB. zu § 171, 185, 266 (Anl. B).

[357]) Gestellung ist das durch Anwendung der militärischen Befehlsgewalt seitens des Vorgesetzten bewirkte Erscheinen. Sie ist nicht gleichbedeutend mit Vorführung, es ist vielmehr im Ermessen des Vorgesetzten, welche dienstlichen Anordnungen nach den Umständen des Falles zu treffen sind, um das Erscheinen des zu Gestellenden zu sichern. Nichtbefolgung ist als Ungehorsam (MStGB. § 92) strafbar, auch ist militärische Vorführung zulässig.

[358]) Außer Zivilpersonen (einschließlich der dem Beurlaubtenstand angehörigen) auch MilBeamte, Offiziere z. D. usw.

[359]) § 138—145. Ladung MilBeamter erfolgt nach § 141, sonstiger Personen nach § 142. — Die Form richtet sich nach der Persönlichkeit usw. des Beschuldigten, ebenso die Aufnahme der Abs. 2 vorgesehenen Androhung. — Die Ladung von Personen des

Die Ladung kann unter der Androhung geschehen, daß im Falle des Ausbleibens die Vorführung erfolgen werde.

Die Vorführung ohne vorgängige Ladung[360]) kann verfügt werden, wenn Gründe vorliegen, welche die Untersuchungshaft rechtfertigen würden.[361]) Die Anordnung einer Vorführung ohne vorgängige Ladung steht dem Gerichtsherrn[217]), bei Gefahr im Verzug auch dem Untersuchungsführer zu.

In dem Vorführungsbefehl ist der Beschuldigte genau zu bezeichnen und die ihm zur Last gelegte strafbare Handlung, sowie der Grund der Vorführung anzugeben.

Der Vorgeführte ist sofort durch den Untersuchungsführer zu vernehmen.[362]) Ist dies nicht ausführbar, so kann er bis zu seiner Vernehmung, jedoch nicht über den nächstfolgenden Tag[363]) hinaus, festgehalten werden.

§ **173.** Der Beschuldigte ist in dem Ermittelungsverfahren zu vernehmen[362]), auch wenn er schon früher gehört worden ist.[364])

Bei Beginn der ersten Vernehmung ist dem Beschuldigten zu eröffnen, welche strafbare Handlung ihm zur Last gelegt wird.

Die Vernehmung soll dem Beschuldigten Gelegenheit zur Beseitigung der gegen ihn vorliegenden Verdachtsgründe und zur Geltendmachung der zu seinen Gunsten sprechenden Thatsachen geben.[365])

Bei der ersten Vernehmung des Beschuldigten ist zugleich auf die Ermittelung seiner persönlichen Verhältnisse[366]) Bedacht zu nehmen.

Beurlaubtenstandes enthält keinen Dienstbefehl, dessen Nichtbefolgung nach MStGB. § 92, 113 strafbar wäre.

360) Nicht zu verwechseln mit der Vorführung infolge vorläufiger Festnahme oder auf Grund Steckbriefes, die unter den Voraussetzungen der § 180, 181, 184 auch ohne Vorführungsbefehl erfolgen kann.

361) § 176. Wenn Haftgründe vorliegen oder Vorführung nach Abs. 2 angedroht war, kann auch nach erfolgloser Ladung Vorführung verfügt werden. Abs. 4 u. 5 gelten auch für diesen Fall.

362) Protokoll nach § 163, 164. — Vernehmung durch den DiszVorgesetzten genügt nicht (PE IV 20).

363) D. h. den auf die Einlieferung beim GerH. folgenden Tag, auch wenn dieser Tag ein Sonn- oder Feiertag ist. Der Tag ist aktenkundig zu machen. — Spätestens mit Ablauf dieses Tages muß entweder Freilassung erfolgen oder Haftbefehl (§ 175, 176) erlassen werden.

364) Auch wenn er im selben Ermittelungsverfahren über denselben Gegenstand schon als Zeuge vernommen wurde, ist er nochmals besonders als Beschuldigter zu vernehmen. Zweite Vernehmung vor Schluß des Ermittelungsverfahrens (Abs. 5) kann mit der ersten in einem Protokoll verbunden werden (PE. I 19).

365) Befragung des Beschuldigten, ob er etwas auf die Beschuldigung erwidern wolle, ist zwar nicht (wie StPO. § 136) vorgeschrieben. Trotzdem ist auch im MilStrafverfahren der Beschuldigte berechtigt, die Auslassung zu verweigern u. darf kein Zwang zur Wahrheitsangabe auf ihn geübt werden. — Leugnen des Beschuldigten darf nicht als Straferhöhungsgrund verwertet werden URM-Ger. 26. Mai 02 (III 68).

366) Einschließlich der Vorstrafen. Außerdem in der Regel Anfrage bei der Strafregisterbehörde (Aufzählung derselben in Unteranl. B 4;

Den Abschluß des Ermittelungsverfahrens (§ 168) bildet die Vernehmung des Beschuldigten über das Ergebniß der Ermittelungen.[367])

II. Einstweilige Enthebung vom Dienste. Verhaftung und vorläufige Festnahme.[368])

§ **174**. Dem Gerichtsherrn steht die Verfügung darüber zu, inwieweit ein Beschuldigter, welcher zu den Personen des Soldatenstandes[314]) gehört, aus Anlaß des eingeleiteten gerichtlichen Verfahrens einstweilen des militärischen Dienstes zu entheben sei.[369]) Die Verfügung ist vom Gerichtsherrn allein[218]) zu erlassen.[369a])

Die Befugniß der vorgesetzten Dienstbehörde zur vorläufigen Anordnung der Dienstenthebung wird durch Vorstehendes nicht berührt.

§ **175**. Darüber, ob ein Beschuldigter in Untersuchungshaft zu nehmen ist, entscheidet der Gerichtsherr.[370]) Der Haftbefehl[371]) ist von ihm allein[218]) zu erlassen.[369a])

Gegen die Verfügung der Untersuchungshaft findet die Rechtsbeschwerde[371a]) an den höheren Gerichtsherrn statt.[372])

---

im übrigen die Unteranl. B 3 enthaltenen BRbeschlüsse). — Verlesung von Straflisten in der Hauptverhandlung § 303, 310.

[367]) Diese in einem zusammenfassenden Vorhalt des Ergebnisses der Ermittelungen bestehende Vernehmung hat vor dem § 243 genannten Bericht des Untersuchungsführers zu erfolgen (PE. I 20). Eine Beweiswürdigung braucht damit nicht verbunden zu sein, doch ist dem Beschuldigten Gelegenheit zu einer Erklärung zu geben (PE. IV 17). — Wird das Ermittelungsverfahren, insbesondere infolge Anordnung des GerH. nach § 244 nachher noch fortgesetzt, so ist erneute Schlußvernehmung nötig.

[368]) § 112—132. — Inhalt: Dienstenthebung § 174; Haftbefehl § 175, Haftgründe § 176; Vernehmung u. Behandlung Verhafteter § 177, 178; Aufhebung der Haft § 179; vorläufige Festnahme § 180, 181; bei Antragsdelikten § 182; Steckbriefe § 183; Vorführung auf Grund Haftbefehls oder Steckbriefes § 184. — Sicherheitsleistung zur Abwendung der Haft (StPO. § 117—122) kennt die MStGerO. nicht.

[369]) Für MilBeamte gilt RBG. § 125—133 (Nr. III 2 Anl. C), für richterliche § 30, 31 des G. 1. Dez. 98 betr. die Dienstvergehen der richterlichen MilJustizbeamten usw. (Nr. III 4 d. W.). — Über Gehaltsabzug bei Dienstenthebung von Offizieren FrBesV. § 8. —

[369a]) Vorgeschriebene Anzeige AAB. zu § 250 (Anl. A).

[370]) Auch in u. nach der Hauptverhandlung § 277, 278. Er ist jedoch bei seiner Entscheidung an § 176 gebunden. — § 175 gilt auch für Verhaftung nach Abschluß des Ermittelungsverfahrens z. B. in der Berufungsinstanz.

[371]) Der Haftbefehl ist schriftlich abzufassen u. muß enthalten:

a) genaue Bezeichnung des Beschuldigten;

b) die ihm zur Last gelegte Tat unter Hervorhebung ihrer gesetzlichen Merkmale;

c) den Haftgrund;

(vgl. Begr. S. 119; § 172 Abs. 4 des G.; StPO. § 114). — Nur der zuständige GerH. kann ihn erlassen; sonstige milit. Vorgesetzte sind nur zur vorläufigen Festnahme (§ 180) befugt. — Der Haftbefehl ist dem Beschuldigten in der Regel zuzustellen § 137 (Anm. 284).

[371a]) Anm. 277. Die Rechtsbeschwerde ist fristlos, kann also während der ganzen Dauer des Verfahrens eingelegt werden. Die Ent-

§ **176**. Die Untersuchungshaft ist zulässig, wenn dringende Verdachtsgründe gegen den Beschuldigten vorhanden sind und[372a]) entweder

1. ein Verbrechen[373]) den Gegenstand der Untersuchung bildet, oder
2. der Beschuldigte der Flucht verdächtig ist, oder
3. die Aufrechterhaltung der militärischen Disziplin die Verhaftung erfordert, oder
4. Thatsachen vorliegen, aus denen zu schließen ist, daß der Beschuldigte Spuren der That vernichten, oder daß er Zeugen oder Mitschuldige zu einer falschen Aussage, oder Zeugen dazu verleiten werde, sich der Zeugnißpflicht zu entziehen, oder daß er seine Freiheit zur Begehung neuer strafbarer Handlungen mißbrauchen werde. Diese Thatsachen sind aktenkundig zu machen.[374])

§ **177**. Der Verhaftete muß[375]) spätestens am Tage nach seiner Einlieferung[363]) in das Gefängniß über den Gegenstand der Beschuldigung gehört[362]) werden. Dabei ist ihm zu eröffnen, daß ihm die Rechtsbeschwerde (§ 175 Absatz 2) gegen den Haftbefehl zusteht.

§ **178**.[376]) Der Verhaftete soll, soweit möglich, von Anderen gesondert und nicht in demselben Raume mit Strafgefangenen verwahrt werden.

Dem Verhafteten dürfen nur solche Beschränkungen auferlegt werden, welche zur Sicherung des Zweckes der Haft oder zur Aufrechterhaltung der Ordnung im Gefängnisse nothwendig sind.

Bequemlichkeiten und Beschäftigungen, die der Dienststellung oder dem Stande und den Vermögensverhältnissen des Verhafteten entsprechen, darf er sich auf seine Kosten verschaffen, soweit sie mit dem Zwecke der Haft vereinbart sind und weder die Ordnung im Gefängnisse stören, noch

---

scheidung über sie bedarf der Mitzeichnung nach § 97. —

[372]) Für den Fall, daß die Verfügung vom GerH. des Oberkriegsgerichts, der keinen höheren GerH. über sich hat, erlassen ist, besteht eine Lücke im Gesetz. Das RMGer. ist in solchem Falle zur Entscheidung nicht zuständig Beschl. RMGer. 9. Jan. u. 3. Febr. 02 (II 128, 186).

[372a]) Es muß außer dringendem Verdacht (allgemeiner Haftgrund) noch einer der in Nr. 1—4 genannten besonderen Haftgründe zutreffen. Auch das Vorliegen dringender Verdachtsgründe ist Gegenstand der Nachprüfung bei Rechtsbeschwerde (PE. II 20).

[373]) StGB. § 1, MStGB. § 1.

[374]) Bezieht sich formell nur auf Abs. 4 (PE. IV 18), ist aber auch für die Fälle Nr. 2 u. 3 sinngemäß anwendbar (StPO. § 112). Die Tatsachen sind im Haftbefehl selbst anzuführen (PE. IV 18).

[375]) Auch wenn er schon vor der Verhaftung zur Sache vernommen war (PE. III 18).

[376]) Für die nach § 178 zu treffenden Maßnahmen ist der GerH., nicht nur der die Aufsicht über das Gefängnis führende Offizier verantwortlich. — Verkehr des Verhafteten mit dem Verteidiger § 345. — Verhaftung von Personen des Beurlaubtenstandes begründet nicht Zugehörigkeit zum aktiven Heer im Sinne des § 171; die während der milit. Haft verübten strafbaren Handlungen fallen also nur, soweit § 5 zutrifft, unter MilGerichtsbarkeit Beschl. RMGer. 2. Juni 02 (III 72).

die Sicherheit gefährden. Mit dieser Maßgabe darf Lesen und Beschäftigung mit schriftlichen Arbeiten dem Verhafteten nicht untersagt werden.

Fesseln dürfen im Gefängnisse dem Verhafteten nur dann angelegt werden, wenn dies wegen besonderer Gefährlichkeit seiner Person, namentlich zur Sicherung Anderer erforderlich erscheint, oder wenn der Verhaftete einen Selbstentleibungs- oder Entweichungsversuch gemacht oder vorbereitet hat. Bei der Hauptverhandlung soll er ungefesselt sein.

§ **179.** Die Untersuchungshaft ist aufzuheben[377]), wenn ein Grund zur Verhaftung nicht mehr besteht[378]) oder wenn der Beschuldigte freigesprochen oder außer Verfolgung gesetzt[379]) wird. Das Gleiche gilt, wenn die Verurtheilung auf Geldstrafe lautet oder, sofern besondere Umstände[380]) nicht entgegenstehen, wenn die erkannte Freiheitsstrafe die Dauer von sechs Wochen nicht übersteigt.

Durch Einlegung eines Rechtsmittels[381]) darf die Freilassung des Angeklagten nicht verzögert werden. Auf Grund neuer Verdachtsgründe oder Beweismittel kann der höhere Gerichtsherr gegen den Angeklagten einen neuen Haftbefehl erlassen.[382])

§ **180.** Die Befugniß zur vorläufigen Festnahme[383]) steht zu:

[377]) Vom GerH. allein §175 u. Anm. 218. Es ist schriftliche Verfügung nötig.

[378]) Sei es, daß die Verdachtsgründe keine dringenden mehr sind oder daß der besondere Haftgrund (§176 Nr. 1—4) weggefallen ist. Liegt in letzterem Fall ein anderer Haftgrund vor (z. B. Nr. 2 statt Nr. 1), so ist der Haftbefehl unter Bezeichnung desselben ausdrücklich aufrecht zu erhalten.

[379]) § 245f. — Aufhebung, auch wenn gleichzeitig wegen einer anderen im Haftbefehl nicht erwähnten Straftat Anklageerhebung oder Verurteilung erfolgt. Gegebenenfalls neuer Haftbefehl.

[380]) Die „besonderen Umstände" (im Ermessen des GerH.) sind aktenkundig zu machen; ebenso die Freilassung nach erfolgter Freisprechung usw. (PE. II 21).

[381]) D. h. Berufung oder Revision gegen die Freisprechung oder die Abs. 1 Satz 2 bezeichnete Verurteilung, aber auch die § 247 zugelassene Rechtsbeschwerde gegen Außerverfolgungssetzung.

[382]) Neue Verdachtsgründe (Beweismittel) sind nur solche, die erst nach Verkündigung des freisprechenden Urteils hervorgetreten sind, also dem erkennenden Gericht nicht bekannt waren (PE. IV 19). Ein neuer besonderer Haftgrund (§ 176 1—4) z. B. Fluchtverdacht ohne neue Verdachtsgründe hinsichtlich der Schuld genügt nicht zur Wiederverhaftung. Auf den neuen Haftbefehl findet § 175, 176 Anwendung (vgl. jedoch Anm. 371).

[383]) Im Unterschied zum Erlaß des Haftbefehls § 175 (Anm. 371). — Die Befugnis zur vorläufigen Festnahme ist gegenüber dem StPO. § 127 erweitert für die milit. Vorgesetzten u. sonstigen Abs. 1 genannten MilPersonen, sofern sie bei ihnen an keine weiteren Voraussetzungen geknüpft ist als an diejenigen der Untersuchungshaft, beschränkt für sonstige Personen, insbesondere Polizei- u. Sicherheitsbeamte, sofern für die letzteren außer der eben genannten Voraussetzung noch weiter Gefahr im Verzug und Nichterreichbarkeit eines milit. Vorgesetzten oder einer Wache verlangt ist, während das allgemeine, jedermann zustehende Festnahmerecht (abweichend von StPO. § 127 Abs. 1) bei Übertretungen überhaupt, gegenüber im Offiziersrang Stehenden u. entsprechende Uniform Tragenden auch bei Vergehen ausgeschlossen ist. — Vorsätzliche Überschreitung der Festnahmebefugnis ist nach StGB. § 239, 341 strafbar.

den militärischen Vorgesetzten[384]), den militärischen Wachen[385]) und dem Untersuchungsführer[385a]), wenn die Voraussetzungen der Untersuchungshaft[386]) vorliegen;

den Polizei- und Sicherheitsbeamten in den Fällen des § 176 Nr. 1, 2, 4, wenn Gefahr im Verzug und ein militärischer Vorgesetzter des Beschuldigten oder eine militärische Wache nicht erreichbar ist.[387])

Wird eine der Militärstrafgerichtsbarkeit unterstellte Person[313]) bei Verübung eines Verbrechens oder Vergehens[373]) auf frischer That betroffen oder verfolgt, so kann, wenn sie der Flucht verdächtig oder ihre Persönlichkeit nicht sofort feststellbar ist, die vorläufige Festnahme durch Jedermann geschehen.

Bei einem im Offiziersrange stehenden und in entsprechender Uniform befindlichen Angehörigen der bewaffneten Macht[388]) ist die Annahme ausgeschlossen, daß er der Flucht verdächtig sei, oder daß seine Persönlichkeit nicht sofort festgestellt werden könne, es sei denn, daß er bei der Begehung eines Verbrechens auf frischer That betroffen oder verfolgt wird.[389])

§ **181**. Der Festgenommene ist unverzüglich, sofern er nicht wieder in Freiheit gesetzt wird, an die nächste Militärbehörde[390]) abzuliefern. Diese hat den Festgenommenen sofort zu vernehmen[391]) und, sofern sie nicht die Freilassung verfügt, dem zuständigen Gerichtsherrn[392]) zu überweisen.

§ **182**. Bei strafbaren Handlungen, deren Verfolgung nur auf An-

---

[384]) Die weitergehende Bestimmung der DStO. § 7 Abs. 2 (Nr. III 2 d. W.) wird hierdurch nicht berührt URMGer. 19. Dez. 01 (II 101).

[385]) StGB. § 111. GDV. 15. März 02 Ziff. 118—133 (Nr. I 2 Anl. G d. W.). Instruktion für die Wachen 29. Jan. 81 (Nr. I 2 Unteranl. J 1 d. W.).

[385a]) Andere MilJustizbeamten nur unter den Voraussetzungen der Abs. 2 u. 3.

[386]) § 176, Nr. 1—4. — Weitere Fälle der Festnahme in der Hauptverhandlung § 277, 291 (Gericht), 279 (Vorsitzender).

[387]) Erreichbar ist eine Wache usw. nur, wenn ohne Gefahr der Entweichung des Täters entweder sofort jemand von dort zur Stelle geholt werden kann, oder der Täter gutwillig mit zur Wache geht. Ob im einzelnen Fall die Voraussetzungen der Festnahme vorliegen, hat der Polizei- usw. Beamte nach pflichtmäßigem Ermessen zu prüfen. Sofern er innerhalb desselben (wenn auch objektiv unrichtig) handelt, ist der gegen ihn geleistete, gewaltsame Widerstand nach StGB. § 113 strafbar URGer. 5. Nov. 81 (Straff. V 297).

[388]) Hierzu gehören alle im Offizierrang stehenden Personen, die zum Tragen der Uniform berechtigt sind, so lange sie dieselbe tragen, nicht nur Angehörige des aktiven Heeres.

[389]) Abs. 4 entspricht der AO. 6. Dez. 55 (MilGS. V 371). — KrAB. zu § 180 (Anl. B).

[390]) AAB. zu § 181, 183 (Anl. A). Vorherige Vernehmung durch die Polizeibehörde ist damit nicht ausgeschlossen. Schon sie kann Freilassung verfügen z. B. nach Feststellung der Persönlichkeit.

[391]) Nur summarisch, um beurteilen zu können, ob Freilassung zu verfügen ist oder nicht.

[392]) Dieser hat nach Überweisung des Festgenommenen unverzüglich über Anordnung der Untersuchungshaft (§ 176, 177) zu entscheiden (PE. III 17).

trag eintritt[316a]), ist weder die vorläufige Festnahme, noch die Verhaftung von der Stellung eines solchen Antrags abhängig.

Ist die Verhaftung vor der Stellung des Antrags erfolgt, so ist der Antragsberechtigte, von mehreren wenigstens einer, sofort von der Verhaftung in Kenntniß zu setzen. Die Freilassung muß erfolgen, wenn nicht spätestens binnen einer Woche seit der Verhaftung ein Strafantrag eingegangen ist.

§ **183.** Steckbriefe können von dem Gerichtsherrn erlassen werden, wenn die Voraussetzungen der Untersuchungshaft[386]) vorliegen und der zu Verhaftende flüchtig ist oder sich verborgen hält.

Andere Militärbehörden sind zur Erlassung eines Steckbriefs befugt, wenn der Beschuldigte aus dem Gefängniß entweicht oder sonst der Bewachung sich entzieht oder der Fahnenflucht verdächtig ist.[393])

Der Steckbrief soll, soweit dies möglich, eine Beschreibung des zu Verhaftenden enthalten und die demselben zur Last gelegte strafbare Handlung, sowie die Behörde bezeichnen, an welche die Ablieferung zu erfolgen hat.

Die Bekanntmachung des Steckbriefs kann außer durch öffentliche Blätter auch durch öffentlichen Anschlag im Heimathsorte, Wohnort oder gewöhnlichen Aufenthaltsorte des zu Verhaftenden erfolgen.

§ **184.** Ist Jemand in Folge Haftbefehls (§ 175) oder auf Grund eines Steckbriefs (§ 183) ergriffen worden, und kann er nicht spätestens am Tage nach der Ergreifung bestimmungsgemäß[394]) abgeliefert werden, so ist er auf sein Verlangen[395]) sofort der nächsten Militärbehörde[390]) vorzuführen und von dieser unverzüglich zu vernehmen. Weist er bei der Vernehmung nach, daß er nicht die verfolgte Person, oder daß die Verfolgung durch die zuständige Behörde wieder aufgehoben sei, so hat die Militärbehörde seine Freilassung zu verfügen.

III. Vernehmung von Zeugen.[396])

§ **185.**[356]) Die Gestellung[357]) von Zeugen, welche Personen des Soldatenstandes[314]) des aktiven Heeres oder der aktiven Marine sind, erfolgt durch dienstliche Anordnung.

[393]) AAB. zu § 183 Abs. 2 (Anl. A). Marine Anm. 14 u. 15 das. — Haftbefehl braucht dem Steckbrief nicht vorauszugehen. — Über Steckbriefnachrichten BRBf. 9. Juli 96 (AVB. 249 ff.).

[394]) D. h. an den GerH., der den Steckbrief erlassen hat (§ 175) oder an die im Steckbrief bezeichnete Behörde (§ 183 Abs. 3).

[395]) Andernfalls steht es im Ermessen der Zivilbehörde, ob der Festgenommene an den GerH. oder an die nächste MilBehörde abgeliefert werden soll. Letztere ist aber ohne Verlangen zur Vernehmung vor Ablieferung an den GerH. nicht verpflichtet. § 181 findet hier keine Anwendung. Kosten der Ablieferung FrBesV. Anl. 8 III (Nr. I 2 Unteranl. B 2 d. W.).

[396]) Der StPO. § 48—71 nachgebildet. — Inhalt: Gestellung, Ladung § 185; Strafmaßregeln bei Ausbleiben

Anderen Personen[358]) ist, sofern nicht ein sonstiger Weg zweckdienlich erscheint, eine Ladung zuzustellen.[359]) In der Ladung[397]) ist auf die gesetzlichen Folgen des Ausbleibens hinzuweisen.[398])

§ **186.**[399]) Ein durch Zustellung geladener Zeuge (§ 185 Absatz 2) ist, wenn er nicht erscheint[400]), in die durch das Ausbleiben verursachten Kosten, sowie zu einer Geldstrafe bis zu dreihundert Mark, und für den Fall, daß diese nicht beigetrieben werden kann, zur Strafe der Haft bis zu sechs Wochen zu verurtheilen. Auch ist die zwangsweise Vorführung des Zeugen zulässig. Bleibt der Zeuge bei nochmaliger Vorladung in demselben Ermittelungsverfahren abermals aus, so kann derselbe noch einmal in Strafe und Kosten verurtheilt werden.[401])

Die Verurtheilung in Strafe und Kosten unterbleibt, wenn das Ausbleiben des Zeugen genügend entschuldigt ist.[402]) Erfolgt nachträglich genügende Entschuldigung, so werden die gegen den Zeugen getroffenen Anordnungen wieder aufgehoben.

Die Befugniß zu den im ersten Absatze bezeichneten Maßregeln steht hinsichtlich der im § 1 bezeichneten Personen, soweit sie zu laden sind (§ 185 Absatz 2), dem Gerichtsherrn zu.[403])

---

§ 186; Recht zur Zeugnisverweigerung § 187—189; Recht zur Auskunftsverweigerung § 190, 191; Vorschriften für Vernehmung § 192—194; Beeidigung im Ermittelungsverfahren § 195; Nacheid § 196; Eidesformel § 197, 198; eidesunfähige Zeugen § 199; Recht zur Eidesverweigerung § 200; Berufung auf früheren Eid § 201; Folgen ungerechtfertigter Zeugnis- oder Eidesverweigerung § 202—204; Zeugengebühren § 205; Sonderbestimmungen für Vernehmung von Landesherren usw. § 206, 207. — Ein Mitangeklagter kann im selben Strafverfahren nie als Zeuge vernommen werden, auch wenn die Vernehmung einen Straffall betrifft, bei welchem er der Beteiligung nicht verdächtig ist (PE. III 32). Bei mehreren in getrennten Strafverfahren Angeklagten kann im Falle ihrer Beteiligung an derselben Straftat jeder gegen den andern als Zeuge vernommen werden, jedoch gilt § 199 Ziff. 3 URMGer. 8. Sept 02 (III 232); ebenso in der Berufungsinstanz diejenigen Mitangeklagten, die kein Rechtsmittel eingelegt haben, wenn das Urteil gegen sie Rechtskraft erlangt hat. — Die Bestimmungen dieses Abschn. finden in der Hauptverhandlung entsprechende Anwendung § 299 Abs. 3.

[397]) KrAB. zu § 185 Abs. 2 (Anl. B).

[398]) § 186. Dieser Hinweis ist wesentliches Erfordernis einer förmlichen Ladung, ebenso die Zustellung (Anm. 359).

[399]) § 186 findet nicht Anwendung auf die im § 185 Abs. 1 genannten Personen u. nicht auf Personen, die nicht förmlich (Anm. 398) geladen sind. — Nichterscheinen der dienstlich befohlenen Zeugen (§ 185 Abs. 1) ist auf Meldung des Untersuchungsführers als Ungehorsam MStGB. § 92 zu bestrafen (Anm. 357).

[400]) Oder sich vorzeitig entfernt (RB. 64, 65).

[401]) Mehr wie zweimalige Bestrafung ist im Ermittelungsverfahren nicht zulässig, wohl aber erneute Bestrafung in der Hauptverhandlung; würde diese vertagt u. erginge neue Ladung ohne Erfolg, wäre wiederholte Bestrafung auch hier zulässig.

[402]) Ist dies nicht der Fall, so muß Verurteilung erfolgen. Vorherige Erhebungen sind zulässig. — Vorschützen unwahrer Tatsachen zur Entschuldigung ist aus StGB. § 138 strafbar.

[403]) Z. B. gegen MilBeamte, Offiziere z. D. — Mitzeichnung gemäß § 97. — Rechtsbeschwerde nach § 204 Abs. 1.

[404]) Beschwerde § 204 Abs. 2.

Hinsichtlich anderer Personen erfolgt die Festsetzung und die Vollstreckung dieser Maßregeln auf Ersuchen durch den Amtsrichter, in dessen Bezirke der Zeuge seinen Wohnsitz oder in Ermangelung eines solchen seinen gewöhnlichen Aufenthaltsort hat.[404]) Die Vorführung des Zeugen ist durch Ersuchen der Staatsanwaltschaft oder der Polizeibehörde zu bewirken.

§ **187**. Zur Verweigerung des Zeugnisses[405]) sind berechtigt[406]):

1. der Verlobte[407]) des Beschuldigten[408]);
2. der Ehegatte des Beschuldigten[408]), auch wenn die Ehe nicht mehr besteht;
3. diejenigen, welche mit dem Beschuldigten[408]) in gerader Linie verwandt[250]), verschwägert[250]) oder durch Annahme an Kindesstatt verbunden oder in der Seitenlinie bis zum dritten Grade[251]) verwandt oder bis zum zweiten Grade verschwägert sind, auch wenn die Ehe, durch welche die Schwägerschaft begründet ist, nicht mehr besteht.

Die bezeichneten Personen sind vor jeder Vernehmung über ihr Recht zur Verweigerung des Zeugnisses zu belehren.[409]) Sie können den Verzicht auf dieses Recht auch während der Vernehmung widerrufen.

§ **188**. Zur Verweigerung des Zeugnisses[410]) sind ferner berechtigt[406]):

---

[405]) Nicht auch zur Verweigerung des Erscheinens vor dem Gericht. Ebensowenig zur Verweigerung eines an ihrem Eigentum oder Körper (z. B. durch ärztliche Untersuchung) vorzunehmenden Augenscheins URGer. 8. Juli 89 (Straff. XIX 364). — Über das Eidesverweigerungsrecht dieser Zeugen § 200.

[406]) Eventuell Glaubhaftmachung des Weigerungsgrundes § 191.

[407]) Verlöbnis ist ein ernstlich gemeintes gegenseitiges Heiratsversprechen; einer besonderen Form oder der Veröffentlichung bedarf es nicht. Liebesverhältnis genügt nicht. Entscheidend ist das Ermessen des Richters, nicht die Ansicht des Zeugen URGer. 28. Jan. 84 (Straff. X 117), 1. April 86 (XIV 7), 14. Febr. 87 (Rechtspr. IX 129).

[408]) Steht der Zeuge nur zu einem von mehreren Mitbeschuldigten in einem Verhältnis der § 187 bezeichneten Art, so kann er hinsichtlich aller das Zeugnis verweigern, jedoch insoweit nicht, als bei mehreren prozessual verbundenen sachlich voneinander unabhängigen Straffällen das Zeugnis nur über einen solchen Straffall verlangt wird, bei welchem der Angehörige nicht beteiligt ist. So URGer. 10. Jan. 88 u. 13. Dez. 87 (Rechtspr. X 24, 27), 24. Juni 87 (Straff. XVI 154) u. a. U.

[409]) Die Belehrung ist im Protokoll zu vermerken. Unterlassung der Belehrung kann Revisionsgrund sein. — Vor Verlesung von Aussagen der § 187 genannten Zeugen in der Hauptverhandlung (§ 205, 389) keine wiederholte Belehrung über das Recht der Zeugnisverweigerung erforderlich URMGer. 21. Mai 01 (I 144). — Verlesung oder anderweite Feststellung der früheren gerichtlichen (nicht auch außergerichtlichen) Aussage eines Zeugen, der in der Hauptverhandlung vom Recht der Zeugnisverweigerung Gebrauch macht, ist verboten § 306.

[410]) Das Zeugnisverweigerungsrecht ist hier nicht ein allgemeines, sondern auf bestimmte Tatsachen beschränktes. — Belehrung ist nicht vorgeschrieben. Auch Eidesverweigerung ist nicht zulässig.

1. Geistliche in Ansehung desjenigen, was ihnen bei Ausübung der Seelsorge anvertraut ist;
2. Vertheidiger in Ansehung desjenigen, was ihnen in dieser ihrer Eigenschaft anvertraut ist[411]);
3. Rechtsanwälte und Aerzte in Ansehung desjenigen, was ihnen bei Ausübung ihres Berufs anvertraut ist.[411])

Die unter Nr. 2 und 3 bezeichneten Personen dürfen das Zeugniß nicht verweigern, wenn sie von der Verpflichtung zur Verschwiegenheit entbunden sind.[412])

§ **189**. Oeffentliche Beamte und Personen des Soldatenstandes, auch wenn sie nicht mehr im Dienste sind, dürfen über Umstände, auf welche sich ihre Pflicht zur Dienstverschwiegenheit bezieht[413]), als Zeugen nur mit Genehmigung ihrer vorgesetzten Dienstbehörde oder der ihnen zuletzt vorgesetzt gewesenen Dienstbehörde vernommen werden.[410]) Für den Reichskanzler bedarf es der Genehmigung des Kaisers, für die Minister der Genehmigung des Landesherrn, für die Mitglieder der Senate der freien Hansestädte der Genehmigung des Senats.

Die Genehmigung darf nur versagt werden, wenn die Ablegung des Zeugnisses dem Wohle des Reichs oder eines Bundesstaats Nachtheil bereiten würde.

§ **190**. Jeder Zeuge kann die Auskunft[410]) auf solche Fragen verweigern[414]), deren Beantwortung ihm selbst oder einem der im § 187 Nr. 1 bis 3 bezeichneten Angehörigen die Gefahr strafgerichtlicher Verfolgung[415]) zuziehen würde.

---

[411]) Gleichviel wann, von wem u. in welcher Sache es ihnen anvertraut ist. Verteidiger können auch andere Personen als Rechtsanwälte sein § 341.

[412]) Nämlich vom Anvertrauenden. Eine Pflicht zur Nachsuchung dieser Entbindung besteht nicht. Ebensowenig aber eine Pflicht zur Zeugnisverweigerung. Ablegung des Zeugnisses ohne vorherige Entbindung ist nicht als „unbefugte" Offenbarung von Privatgeheimnissen aus StGB. § 300 strafbar URGer. 8. Juli 89 (Anm. 405).

[413]) Ob dies der Fall, entscheidet zunächst der Beamte usw. selbst, im Zweifel die vorgesetzte Dienstbehörde. Das Gesuch um Entbindung vom Dienstgeheimnis können die Prozeßbeteiligten oder das Gericht oder der Beamte usw. selbst stellen. Die Entscheidung der vorgesetzten Dienstbehörde ist für den Richter bindend URGer. 18. Sept. 82 (Straff. VII 74). — Für Reichsbeamte RBG. 31. März 73 (RGB. 61 ff.) § 12 Abs. 2.

[414]) Nur ausdrückliche Verweigerung ist zulässig; Verschweigen nicht. — Beeidigung kann nur beim Zutreffen des § 199 Ziff. 3 unterlassen werden. — Fragen an den Zeugen können nicht deshalb abgelehnt werden, weil er durch Beantwortung sich selbst beschuldigen müßte URGer. 17. Jan. 84 (Straff. IX 426).

[415]) Ob dies der Fall, beurteilt der Richter. Gegebenenfalls Glaubhaftmachung § 191. — Gefahr disziplinarer Bestrafung oder Gefahr eines Nachteils für Vermögen oder Ehre genügt nicht, ebensowenig schon erfolgte rechtskräftige Verurteilung (PE. II 22). Dagegen schließt rechtskräftige Freisprechung von der in Frage stehenden strafbaren Handlung die Auskunftsverweigerung im Hinblick auf § 438 Nr. 4 nicht aus,

§ **191.** Die Thatsache, auf welche der Zeuge die Verweigerung des Zeugnisses in den Fällen der §§ 187, 188 Nr. 2, 3 stützt, sowie die Behauptung des Zeugen in dem Falle des § 190[416]) sind auf Verlangen glaubhaft zu machen.[269]) Es genügt die Versicherung an Eidesstatt.[417])

§ **192.** Jeder Zeuge ist einzeln und in Abwesenheit[418]) der später abzuhörenden Zeugen zu vernehmen.[362])

Eine Gegenüberstellung mit anderen Zeugen oder mit dem Beschuldigten ist zulässig.[419])

§ **193.** Die Vernehmung beginnt damit, daß der Zeuge über Vornamen und Zunamen, Alter, Religionsbekenntniß, Stand oder Gewerbe und Wohnort befragt wird. Erforderlichen Falles sind dem Zeugen Fragen[420]) über solche Umstände, welche seine Glaubwürdigkeit in der vorliegenden Sache betreffen, insbesondere über seine Beziehungen zu dem Beschuldigten oder dem Verletzten[248]), vorzulegen.

§ **194.** Der Zeuge ist zu veranlassen, dasjenige, was ihm von dem Gegenstande seiner Vernehmung bekannt ist, im Zusammenhang anzugeben.[421]) Vor seiner Vernehmung ist dem Zeugen der Gegenstand der

---

noch weniger Außerverfolgungsetzung (§ 245).

[416]) Im Fall des § 190 ist nur die Behauptung des Zeugen, er besorge durch Beantwortung der Frage, sich oder Angehörige strafgerichtlicher Verfolgung auszusetzen, glaubhaft zu machen, nicht auch die Tatsachen, worauf er diese Befürchtung stützt. Die Glaubhaftmachung wird daher in diesem Falle nur durch Versicherung an Eidesstatt möglich sein.

[417]) Falsche Versicherung ist nach StGB. § 156 strafbar. — Eid ist hier als Mittel der Glaubhaftmachung nicht ausgeschlossen. — Im Fall § 188 Nr. 1 kann (abweichend von StPO. § 55) Glaubhaftmachung nicht verlangt werden.

[418]) Nur reglementäre Vorschrift. Vernehmung eines bei früheren Vernehmungen anwesend gewesenen Zeugen ist in der Hauptverhandlung zulässig URGer. 15. April 80 (Straff. I 366).

[419]) Ohne die Einschränkung des StPO. § 58 Abs. 2.

[420]) Auch die Frage nach etwaigen Vorstrafen u. verwandtschaftlichen Beziehungen (§ 187) ist durchaus nicht regelmäßig zu stellen, sondern nur bei hinreichender Veranlassung je nach Persönlichkeit, Stand usw. des Zeugen. Und auch dann ist die Befragung unter Schonung des Ehrgefühls des Zeugen auf solche Vorstrafen zu beschränken, die für die Glaubwürdigkeit des Zeugen oder seine Eidesfähigkeit (§ 199 Nr. 2) von Bedeutung sind. Auch sonstige private Verhältnisse u. Beziehungen des Zeugen sind nur, soweit unumgänglich, zu erforschen u. dabei zu berücksichtigen, daß die Beantwortung solcher Fragen unter den Eideszwang fällt. Unterlassung der Befragung nach § 193 kann nur dann Revisionsgrund sein, wenn sie Verletzung z. B. der § 187 Abs. 2, 199 Nr. 1 oder 2 zur Folge hatte URGer. 10. Dez. 80 (Straff. III 100) u. a. — Über Fragen der Prozeßbeteiligten Anm. 349, in der Hauptverhandlung § 292 Abs. 3, 293.

[421]) a) Der Zeuge ist zu selbständiger zusammenhängender Erzählung seiner Wahrnehmungen zu veranlassen; es ist unzulässig, ihm die Aussage anderer Zeugen oder seine eigene frühere Aussage vorzulesen u. von ihm als richtig bestätigen zu lassen. Ausnahme nur § 307 (PE. I 28). Abweichung von der Regel das Abs. 1 Satz 1 ist nach Lage des Falls (insbesondere bei Sachverständigen) zulässig u. kein Revisionsgrund URMGer. 12. Nov. 02 (IV 25).

b) Gegenstand des Zeugenbeweises können im allgemeinen nur solche

Untersuchung und die Person des Beschuldigten, sofern ein solcher vorhanden ist, zu bezeichnen.

Zur Aufklärung und zur Vervollständigung der Aussage, sowie zur Erforschung des Grundes, auf welchem die Wissenschaft des Zeugen beruht, sind nöthigenfalls weitere Fragen zu stellen.

§ **195.** Die Beeidigung der Zeugen bleibt der Regel nach bis zur Hauptverhandlung ausgesetzt.[422])

Sie hat jedoch schon in dem Ermittelungsverfahren[423]) zu erfolgen[424]), wenn die Beeidigung als Mittel zur Herbeiführung einer wahrheitsgetreuen Aussage über eine Thatsache, von der die Erhebung der Anklage abhängig ist, erforderlich erscheint.[425]) Das Gleiche gilt für den Fall[426]), daß der Zeuge voraussichtlich am Erscheinen in der Hauptverhandlung verhindert oder sein Erscheinen wegen großer Entfernung besonders erschwert sein wird, sofern seine Aussage nicht für die Feststellung des Thatbestandes bedeutungslos erscheint.[427])

§ **196.**[427a]) Die Zeugen sind nach der Vernehmung und einzeln zu beeidigen.[428]) Sie sind vor der Leistung des Eides in angemessener Weise auf die Bedeutung und die Heiligkeit desselben hinzuweisen.[429])

---

bestimmte Tatsachen sein, die durch die äußeren Sinneswerkzeuge wahrnehmbar sind, nur ausnahmsweise auch Urteile der einfachsten Art, die sich jedem normal gebildeten Menschen mit zwingender Kraft aufdrängen u. besondere Fachkenntnis nicht voraussetzen. Andernfalls muß Vernehmung als Sachverständiger erfolgen ÜRMGer. 21. Mai u. 4. Aug. 02 (III 45 u. 174).

c) Die Zeugnispflicht erstreckt sich auf alle innerhalb dieser Grenzen sich bewegenden Fragen des Richters, ausgenommen nur die Fälle der § 187 bis 190. Eintretendenfalls Zwangsmaßregeln § 202 f.

422) Weitere Ausnahme von dieser Regel im Verfahren gegen Abwesende § 357 Abs. 4 u. im Wiederaufnahmeverfahren § 445 Abs. 2.

423) Auch zwischen Abschluß des Ermittelungsverfahrens u. Hauptverhandlung noch gemäß § 270, 271.

424) Ob die Voraussetzungen des Abs. 2 vorliegen, entscheidet zunächst der Untersuchungsführer, in zweiter Linie der GerH. (§ 167), und zwar auch bei Ersuchen nach § 160 (Anm. 343). Der im einzelnen Falle maßgebende Grund der Beeidigung ist im Protokoll oder Ersuchungsschreiben zu bemerken; allgemeine Bezugnahme auf § 195 genügt nicht (PE. II 23; III 21). — Benachrichtigung der § 165 Abs. 1 genannten Personen § 165 Abs. 2—5 u. Anm. 351.

425) D. h. sobald Grund zur Annahme vorliegt, der Zeuge werde ohne Beeidigung die Wahrheit nicht angeben oder habe sie nicht angegeben, u. das Zeugnis wesentlich ist.

426) In diesem Fall kann die Vernehmung des Zeugen in der Hauptverhandlung durch Verlesung des Protokolls über seine eidliche Aussage ersetzt werden (§ 305). — Die Beeidigung kann bei Gefahr im Verzug vom ersuchten Gericht auch ohne Ersuchen vorgenommen werden (PE. IV 23).

427) Wird vom Beschuldigten oder Verteidiger (§ 165) Beeidigung beantragt, so empfiehlt es sich, sie vorzunehmen, da sonst die Verlesung des Protokolls in der Hauptverhandlung unzulässig ist (§ 299 Abs. 4, 305 Abs. 3).

427a) Da im Ermittelungsverfahren die Beeidigung Ausnahme ist (§ 195), haben die § 196—204 hauptsächlich für die Hauptverhandlung Bedeutung.

428) In der Hauptverhandlung darf die Beeidigung nur bei Vorliegen eines

§ **197.** Der von den Zeugen unter Erhebung der rechten Hand zu leistende Eid lautet:

„Ich schwöre bei Gott dem Allmächtigen und Allwissenden, daß ich nach bestem Wissen und Gewissen die reine Wahrheit gesagt, nichts verschwiegen und nichts hinzugesetzt habe. So wahr mir Gott helfe."

Die Bestimmung des § 42 Absatz 3 findet Anwendung.

Der Eid wird mittelst Nachsprechens oder Ablesens der die Eidesnorm enthaltenden Eidesformel geleistet.[430])

Stumme, welche schreiben können, leisten den Eid mittelst Abschreibens und Unterschreibens der Eidesformel.

Stumme, welche nicht schreiben können, leisten den Eid mit Hülfe eines Dolmetschers[431]) durch Zeichen.

§ **198.** Der Eidesleistung wird gleichgeachtet, wenn ein Mitglied einer Religionsgesellschaft, welcher das Gesetz den Gebrauch gewisser Betheuerungsformeln an Stelle des Eides gestattet[432]), eine Erklärung unter der Betheuerungsformel dieser Religionsgesellschaft abgiebt.

§ **199.** Nicht zu beeidigen sind[433]):

1. Personen, welche zur Zeit der Vernehmung das sechszehnte Lebensjahr noch nicht vollendet, oder wegen mangelnder Verstandesreife oder wegen Verstandesschwäche von dem Wesen und der Bedeutung des Eides keine genügende Vorstellung haben;
2. Personen, welche nach den Bestimmungen der Strafgesetze unfähig sind, als Zeugen eidlich vernommen zu werden;[434])
3. Personen[435]), welche hinsichtlich der den Gegenstand der Unter-

---

gesetzlichen Grundes der Nichtbeeidigung (§ 199, 200, 299 Abs. 4), der dann im Protokoll ausdrücklich zu bemerken ist, unterbleiben. Unbegründete Nichtbeeidigung ist Revisionsgrund URMGer. 6. Mai 01 (I 119). — Auch Beamte sind als Zeugen zu beeidigen; Berufung auf den Diensteid ist nur bei Sachverständigen zulässig (§ 215 Abs. 2). — Berufung auf den früher geleisteten Eid statt Beeidigung § 201.

[429]) Nicht notwendig einzeln. — Form des Hinweises KrAB. zu § 196 (Anl. B). Strafrechtliche Folgen des Falscheids StGB. § 153—163. — Wegen Unterlassung des Hinweises kann das Urteil nicht angefochten werden URGer. 8. Mai 82 (Straff. VI 267).

[430]) Jeder Zeuge hat die ganze Eidesformel für sich allein nachzusprechen oder abzulesen, nicht etwa nur die Worte „So wahr mir Gott helfe". Anders beim Richtereid des § 296.

[431]) § 117.

[432]) Maßgebend sind die Landesgesetze. Für Preußen: Mennoniten V. 11. März 27 (GS. 28), Philipponen AO. 19. Nov. 36 (Kamptz, Jahrb. XLIX 175). Die Zugehörigkeit zur Sekte hat der Zeuge glaubhaft zu machen.

[433]) Anm. 428. Beeidigung infolge Irrtums des Gerichts über die Eidesfähigkeit ist Revisionsgrund URMGer. 27. Nov. 01 (II 66).

[434]) Nur derjenige, dem wegen Meineids die Eidesfähigkeit aberkannt ist (StGB. § 161).

[435]) Nur Personen, die nicht im selben Strafverfahren Mitbeschuldigte sind, können als Zeugen im Sinne der Nr. 3 in Betracht kommen (Anm. 396). — Die beantragte Vernehmung als Zeuge kann nicht lediglich wegen des Verdachts der Teilnahme usw. abgelehnt werden, ebenso-

suchung bildenden That[436]) als Theilnehmer[437]), Begünstiger oder Hehler[28]) verdächtig[438]) oder bereits verurtheilt[439]) sind.

§ **200.** Hat eine Vernehmung von Personen stattgefunden, welche nach § 187 zur Verweigerung des Zeugnisses berechtigt sind, so hängt es von dem richterlichen Ermessen[440]) ab, ob sie unbeeidigt zu lassen oder zu beeidigen sind.

Dieselben können auch nach der Vernehmung die Beeidigung des Zeugnisses verweigern und sind über dieses Recht zu belehren.[441])

§ **201.** Wird ein eidlich vernommener Zeuge in derselben Straf-

---

wenig wegen der bloßen Möglichkeit, daß der Zeuge gemäß § 190 die Auskunft verweigern werde URMGer. 21. Okt. 01 (II 40). — Bilden mehrere selbstständige strafbare Handlungen (StGB. § 74) den Gegenstand der Untersuchung, so kann Beeidigung eines Zeugen auch hinsichtlich einer der Straftaten durch Abs. 3 ausgeschlossen sein (PE. IV 24).

[436]) Hierunter ist nicht lediglich der durch die Anklageverfügung abgegrenzte gesetzliche Tatbestand, sondern der gesamte historische Vorgang zu verstehen, innerhalb dessen der Tatbestand der dem Angeklagten zur Last gelegten strafbaren Handlung verwirklicht wurde URMGer. 6. Mai 01 (I 121).

[437]) Nicht nur Teilnahme im Sinne StGB. § 47—50, sondern jede strafbare Mitwirkung an der Tat (Anm. 436) nach ein u. derselben Richtung, mag sie auch unter einen andern strafrechtlichen Gesichtspunkt fallen als die Beteiligung des Angeklagten, so z. B. Bedrohung bei Körperverletzung, fahrlässige Verursachung desselben Erfolgs durch mehrere URGer. 1. Dez. 84 (Straff. XI 300), 24. März 85 (Straff. XII 122) u. 9. Jan. 88 (Straff. XVII 101) u. a. Daß der Zeuge verdächtig ist, bei demselben Vorgang gegen den Angeklagten eine strafbare Handlung verübt zu haben, macht ihn nicht zum Teilnehmer im Sinne § 56 Nr. 3, so bei Verdacht wechselseitiger Körperverletzung, Beleidigung usw., anders bei Schlägerei im Sinne StGB. § 227 (PE. II 24). — Nichtbeeidigung auch dann, wenn der Zeuge nicht neben, sondern anstatt des Angeklagten verdächtig ist, so daß seine Schuld die des Angeklagten ausschließen würde URGer. 4. Jan. 82 (Straff. V 362). Auch der bereits verurteilte Dieb kann im Verfahren gegen den Hehler als „Teilnehmer" nicht beeidigt werden URMGer. 9. Febr. 03 (IV 176).

[438]) Über Verdächtigsein entscheidet das Gericht (in der Hauptverhandlung nur bei Beanstandung § 292 Abs. 3) nach freier Überzeugung, jedoch erst nach der Vernehmung des Zeugen. Der Angabe von Beweisgründen für den Verdacht bedarf es nicht, wohl aber der bestimmten Bezeichnung der Art der Teilnahme URMGer. 25. April 01 (I 112) u. 6. Okt. 02 (III 288); teilweise abweichend URMGer. 30. Jan. 03 (IV 172), das die Bezeichnung der Art der Teilnahme nicht erfordert. — Frühere Freisprechung schließt die Nichtbeeidigung des Zeugen als verdächtig nicht aus URMGer. 2. Aug. 01 (I 248). Auch ein Zeuge, der vom Recht der Auskunftsverweigerung (§ 190) nicht Gebrauch macht, kann als verdächtig unbeeidet gelassen werden. — Prüfungsrecht des ersuchten Richters Anm. 343.

[439]) Rechtskraft nicht erforderlich. — Ein bisheriger, jedoch außer Verfolgung gesetzter Mitbeschuldigter kann als Zeuge beeidigt werden, ebenso ein Zeuge, gegen den zur Zeit ein getrenntes Verfahren wegen Beteiligung schwebt, solange Verurteilung nicht erfolgt ist URGer. 4. Juli 87 (Straff. XIV 209).

[440]) In der Hauptverhandlung Ermessen des Verhandlungsführers, bei Beanstandung (§ 292 Abs. 3) des Gerichts. § 299 Abs. 4 gilt hier nicht (PE. II 25). — Bei Verwandtschaft mit einem von mehreren Beschuldigten kann Beeidigung insoweit unterbleiben, als das Recht zur Zeugnisverweigerung reicht (Anm. 408).

[441]) Besondere Belehrung neben der § 187 Abs. 2 vorgeschriebenen ist erforder-

sache[442]) nochmals vernommen, so ist es zulässig, statt der nochmaligen Beeidigung den Zeugen die Richtigkeit seiner Aussage unter Berufung auf den früher geleisteten Eid versichern[443]) zu lassen.

§ **202.**[444]) Personen des Soldatenstandes[314]) des aktiven Heeres[5]) oder der aktiven Marine[5]), welche die Ablegung des Zeugnisses oder die Eidesleistung ohne gesetzlichen Grund[445]) verweigern, sind disziplinarisch[446]) mit Arrest zu bestrafen.

Die Bestrafung kann wiederholt werden, jedoch nicht über die Zeit der Beendigung des Verfahrens in der Instanz, auch nicht über die Zeit von sechs Monaten[447]), und bei Uebertretungen[77]) nicht über die Zeit von sechs Wochen hinaus.

Die Bestrafung erfolgt, sofern nicht der Gerichtsherr zugleich der Disziplinarvorgesetzte ist[335]), auf dessen Ersuchen durch den betreffenden Disziplinarvorgesetzten.

Der ersuchten Stelle steht eine Nachprüfung, ob die Verweigerung des Zeugnisses ohne gesetzlichen Grund erfolgt ist, nicht zu.

§ **203.** Ein Zeuge, welcher nicht zu den im § 202 bezeichneten Personen gehört[358]), ist, wenn er ohne gesetzlichen Grund[445]) das Zeugniß oder die Eidesleistung verweigert, in die durch die Weigerung verursachten Kosten, sowie zu einer Geldstrafe bis zu dreihundert Mark und für den Fall, daß diese nicht beigetrieben werden kann, zur Strafe der Haft bis zu sechs Wochen zu verurtheilen.

Auch kann zur Erzwingung des Zeugnisses oder der Beeidigung die Haft angeordnet werden[448]), jedoch nicht über die Zeit der Been-

---

lich, jedoch erst, wenn Beeidigung des Zeugen beschlossen ist. — Unterlassung Anm. 409.

442) Abweichend von StPO. § 66 ist im Hauptverfahren auch Berufung auf den im Vorverfahren (Ermittelungsverfahren) geleisteten Eid zulässig. — Auch Berufung auf den in derselben Sache vor dem (ursprünglich zuständigen oder ersuchten) Zivilgericht geleisteten Eid ist zulässig (PE. II 26).

443) Verweisung auf den Eid durch den Richter genügt nicht; es ist ausdrückliche Versicherung des Zeugen unter Berufung auf den früheren Eid nötig (PE. IV 25). Bestimmte Form ist nicht vorgeschrieben. — Die Versicherung kann wie der Eid nur nach der Vernehmung erfolgen. Macht der Zeuge nach der Versicherung (oder Beeidigung) nochmals eine Aussage, so muß deren Richtigkeit abermals in der oben genannten Weise versichert werden (PE. II 26). — Die Versicherung steht vollständig dem Eid selbst gleich, auch hinsichtlich der Straffolgen ihrer Verletzung StGB. § 155 Nr. 2, 163. Hinweis nach § 196 ist daher angezeigt.

444) Bei Zeugnisverweigerung von Militärpersonen vor bürgerlichen Gerichten findet nur EG. § 19 Anwendung.

445) § 187—191, 200 Abs. 2. — Auch teilweise Zeugnisverweigerung fällt unter § 202 f. (Anm. 421 zu c).

446) Nur nach DStO. § 1 Ziff. 1, nicht als Ungehorsam nach MStGB. § 92 bis 95. — Der Arrest darf für den einzelnen Weigerungsfall das in DStO. § 3 festgesetzte Höchstmaß nicht überschreiten; auch bezüglich der zulässigen Arrestarten ist DStO. § 3 maßgebend.

447) Die Gesamtdauer der mehrfachen Bestrafungen darf 6 Monate oder 6 Wochen nicht übersteigen.

448) Die Zwangshaft (Abs. 2) kann neben oder nach der Abs. 1 genannten Strafe verhängt werden, während diese letztere bei ungerechtfertigter Weigerung

digung des Verfahrens in der Instanz, auch nicht über die Zeit von sechs Monaten, und bei Uebertretungen[77]) nicht über die Zeit von sechs Wochen hinaus.

Die Bestimmungen des § 186 Absatz 3 und 4 finden entsprechende Anwendung.

Sind die Maßregeln gegen den Zeugen erschöpft[449]), so können sie in demselben oder in einem anderen Verfahren, welches dieselbe That zum Gegenstande hat, nicht wiederholt werden.

§ **204**. Soweit die Verhängung der in den § 186 und 203 gedachten Maßregeln vom Gerichtsherrn verfügt ist, findet die Rechtsbeschwerde[450]) an das obere Gericht[450a]) statt.

Gegen die Verfügungen des Amtsrichters ist die Beschwerde nach den Vorschriften der bürgerlichen Strafprozeßordnung[451]) zulässig.

§ **205**. Die Gebührenansprüche der auf Bestellung oder Ladung erschienenen Zeugen, welche nicht zu den aktiven Militärpersonen gehören[290]), regeln sich nach der allgemeinen Gebührenordnung für Zeugen.[452]) Gegen die Festsetzung der Gebühren findet die Rechtsbeschwerde[450]) an das obere Gericht[450a]) statt.

Hinsichtlich der aktiven Militärpersonen zukommenden Gebühren wird im Verwaltungswege Bestimmung getroffen.[452])

§ **206**. Die Landesherren und die Mitglieder der landesherrlichen Familien, die Mitglieder der Fürstlichen Familie Hohenzollern, sowie die Mitglieder des vormaligen Hannoverschen Königshauses, des vormaligen Kurhessischen und des vormaligen Herzoglich Nassauischen Fürstenhauses sind in ihrer Wohnung zu vernehmen.

Den Eid leisten dieselben mittelst Unterschreibens der Eidesformel.

Zur Hauptverhandlung werden sie nicht geladen. Das Protokoll über ihre gerichtliche Vernehmung ist in der Hauptverhandlung zu verlesen.

---

ausgesprochen werden muß. — Bei Aufgabe der Weigerung hört zwar die Zwangshaft, nicht aber die Vollstreckung der ausgesprochenen Strafe auf.

[449]) Es kann also in demselben Verfahren (einschließlich der höheren Instanzen) auch bei wiederholter Weigerung nur einmalige Bestrafung (Abs. 1) erfolgen u. Zwangshaft in höherer Instanz nur verhängt werden, soweit das Abs. 2 genannte Höchstmaß nicht schon in 1. Instanz erreicht wurde. Die Haft nach Abs. 1 ist auf die Abs. 2 bestimmte Höchstdauer der Zwangshaft nicht anzurechnen.

[450]) Die Rechtsbeschwerde kann sowohl bei dem GerH., der die angefochtene Vf. erlassen hat, als beim höheren GerH. gültig angebracht werden. Bestimmte Form nicht vorgeschrieben URMGer. 7. Okt. 01 (II 19). — Entscheidung § 374, 377.

[450a]) Je nach der Dienststellung des verfügenden GerH. KriegsGer., OberkriegsGer., RMGer.

[451]) StPO. § 346—353. Anbringung StPO. § 348, Entscheidung GVG. § 72, 77. — Prüfungsrecht des ersuchten Amtsrichters Anm. 343 (§ 202 Abs. 4 gilt hier nicht).

[452]) KrAB. zu § 205, 208 (Anl. B). — Die Festsetzung der Gebühren erfolgt vom MilJustizbeamten (Gerichtsoffizier) KrMVf. 26. Juni 03; abweichend Beschl. RMGer. 14. Mai 02 (III 35), der Mitzeichnung des GerH. verlangt.

§ **207**. Der Reichskanzler, die Minister eines Bundesstaats, die Mitglieder der Senate der freien Hansestädte, die Vorstände der obersten Reichsbehörden[453]) und die Vorstände der Ministerien sind an ihrem Amtssitz oder, wenn sie sich außerhalb desselben aufhalten, an ihrem Aufenthaltsorte zu vernehmen.[454])

Die Mitglieder des Bundesraths sind während ihres Aufenthalts am Sitze des Bundesraths an diesem Sitze, und die Mitglieder einer deutschen gesetzgebenden Versammlung während der Sitzungsperiode und ihres Aufenthalts am Orte der Versammlung an diesem Orte zu vernehmen.[454])

Die kommandirenden Generale (Admirale), sowie die im Range derselben oder in einem höheren Range stehenden Offiziere sind an ihrem Aufenthaltsorte zu vernehmen.[454])

Zu einer Abweichung von den vorstehenden Bestimmungen bedarf es:

in Betreff des Reichskanzlers und der im dritten Absatze bezeichneten Admirale der Genehmigung des Kaisers,

in Betreff der im dritten Absatze bezeichneten Generale der Genehmigung des Kontingentsherrn[94]),

in Betreff der Minister und der Mitglieder des Bundesraths der Genehmigung des Landesherrn,

in Betreff der Mitglieder der Senate der freien Hansestädte der Genehmigung des Senats,

in Betreff der übrigen vorbezeichneten Beamten der Genehmigung ihres unmittelbaren Vorgesetzten,

in Betreff der Mitglieder einer gesetzgebenden Versammlung der Genehmigung der letzteren.

IV. Zuziehung von Sachverständigen.[455])

§ **208**. Auf Sachverständige finden die auf Zeugen bezüglichen Vorschriften der §§ 185 bis 207 entsprechende Anwendung, insoweit nicht in den nachfolgenden Paragraphen abweichende Bestimmungen getroffen sind.

Die Gebührenansprüche der nicht zu den aktiven Militärpersonen

---

[453]) Verzeichnis V. 27. Dez. 99 (RGB. 730), ergänzt durch V. 14. Mai 01 (RGB. 173).

[454]) Gilt auch für die Hauptverhandlung. — Abs. 3 Abweichung von StPO. § 49.

[455]) Vgl. StPO. § 72—85, 92—93. — **Inhalt**: Allgemeine Verweisung auf die Vorschriften für Zeugen § 208; Auswahl der Sachverst. § 209; Ausschließung u. Ablehnung § 210; Sachverst.pflicht § 211; Verweigerungsrecht § 212; Folgen ungerechtfertigter Weigerung usw. § 213; Leitungsrecht des Untersuchungsführers § 214; Eid § 215; Vorbereitung des Gutachtens § 216; Beobachtung des Beschuldigten in einer Irrenanstalt § 217; Obergutachten § 218; Gutachten bei Münzdelikten § 219; Schriftvergleichung § 220; sachverständige Zeugen § 221. — Grenze zwischen Zeugen- u. Sachverständigenbeweis Anm. 421[b]. — Vereinbarkeit beider Eigenschaften in einer Person Anm. 465, 475.

gehörenden Sachverständigen regeln sich nach der allgemeinen Gebührenordnung für Sachverständige.[452]) Im Uebrigen findet der § 205 Anwendung.

§ **209**. Die Auswahl der zuzuziehenden Sachverständigen und die Bestimmung ihrer Anzahl erfolgt durch den Gerichtsherrn, in dringlichen Fällen durch den Untersuchungsführer.[456]) Die Auswahl darf auch einer anderen Behörde im Wege des Ersuchens überlassen werden.

Sind für gewisse Arten von Gutachten Sachverständige öffentlich bestellt[457]), so sollen andere Personen nur dann gewählt werden, wenn besondere Umstände es erfordern.

§ **210**. Auf die Ausschließung und Ablehnung von Sachverständigen finden die Bestimmungen des § 122 Nr. 1 bis 4, sowie der §§ 124, 126, 130 Absatz 2 bis 4, §§ 131, 133, 134 entsprechende Anwendung.

§ **211**. Der zum Sachverständigen Ernannte hat der Ernennung Folge zu leisten, wenn er zur Erstattung von Gutachten der erforderten Art öffentlich bestellt ist, oder wenn er die Wissenschaft, die Kunst oder das Gewerbe, deren Kenntniß Voraussetzung der Begutachtung ist, öffentlich zum Erwerb ausübt, oder wenn er zur Ausübung derselben öffentlich bestellt oder ermächtigt ist.[458])

Zur Erstattung des Gutachtens ist auch derjenige verpflichtet, welcher sich dazu vor Gericht bereit erklärt hat.

§ **212**. Dieselben Gründe, welche einen Zeugen berechtigen, das Zeugniß zu verweigern[459]), berechtigen einen Sachverständigen zur Verweigerung des Gutachtens. Auch aus anderen Gründen kann ein Sachverständiger von der Verpflichtung zur Erstattung des Gutachtens entbunden werden.

Die Vernehmung eines öffentlichen Beamten oder einer Person des Soldatenstandes als Sachverständigen findet nicht statt, wenn die vorgesetzte Behörde erklärt, daß die Vernehmung den dienstlichen Interessen Nachtheile bereiten würde.[460])

---

[456]) KrAB. zu § 209, 299 (Anl. B). — In der Hauptverhandlung ist die Notwendigkeit der Zuziehung Sachverständiger u. deren Auswahl dem freien Ermessen des Ger. überlassen. Die Ablehnung eines Antrags auf Zuziehung Sachverständiger kann keine unzulässige Beschränkung der Verteidigung enthalten. Das Ger. ist auch an den Inhalt abgegebener Gutachten nicht gebunden URMGer. 29. März 02 (II 235) u. dort angef. weitere Entsch. — Gegen Ablehnung der Ladung der vom Angeklagten beantragten Sachverständigen zur Hauptverhandlung Rechtsbeschwerde nach § 269 Abs. 3 u. 4. Im übrigen gegen die Auswahl der Sachverst. keine Beschwerde. — Durchbrechung des Grundsatzes Abs. 1 nur bei Augenschein unter Zuziehung Sachverst. § 222 Abs. 2 u. 3.

[457]) Hierzu gehören auch die nach den Urheberrechtsgesetzen gebildeten Sachverständigenkammern (ZB. 01 S. 337), das Patentamt, Medizinalkollegien usw.

[458]) Inwieweit hierunter auch Staatsbeamte fallen, bestimmt Vf. der Min. des Innern usw. 6. April 83 (MB. 80).

[459]) § 187—190.

[460]) Allg. Vf. des preuß. JustM.

§ **213.** Im Falle des Nichterscheinens oder der Weigerung eines zur Erstattung des Gutachtens verpflichteten[461]) Sachverständigen, welcher nicht zu den Personen des Soldatenstandes des aktiven Heeres oder der aktiven Marine gehört[358]), wird der Sachverständige zum Ersatze der Kosten und zu einer Geldstrafe bis zu dreihundert Mark verurtheilt. Im Falle wiederholten Ungehorsams kann noch einmal auf eine Geldstrafe bis zu sechshundert Mark erkannt werden.[462])

§ **214.** Der mit der gerichtlichen Vernehmung des Sachverständigen befaßte Untersuchungsführer hat, soweit ihm dies erforderlich erscheint, die Thätigkeit des Sachverständigen zu leiten.[463])

§ **215.** Der Sachverständige hat nach Erstattung des Gutachtens einen Eid[464]) dahin zu leisten:

daß er das von ihm erforderte Gutachten unparteiisch und nach bestem Wissen und Gewissen erstattet habe.[465])

Ist der Sachverständige für Erstattung von Gutachten der betreffenden Art im Allgemeinen beeidigt[466]), so genügt die Berufung[443]) auf den geleisteten Eid.

§ **216.** Dem Sachverständigen kann auf sein Verlangen zur Vorbereitung des Gutachtens durch Vernehmung von Zeugen oder des Beschuldigten weitere Aufklärung verschafft werden.

Zu demselben Zwecke kann ihm gestattet werden, die Akten ein-

---

10. März 85 (JMB. 103), 17. Mai 83 (JMB. 155), 13. März 84 (JMB. 54). Hiernach hat der Beamte von der Aufstellung als Sachverst. die vorgesetzte Behörde zu benachrichtigen.

[461]) § 211, 212. Voraussetzung der Bestrafung ist bei Ausbleiben Ladung durch Zustellung § 185 Abs. 2, 186.

[462]) Umwandlung der Geldstrafe in Haft, sowie Zwangsmaßregeln (Vorführung, Zwangshaft) sind ausgeschlossen. — Festsetzung der Strafe nach § 186 Abs. 2—4, Beschwerde § 204. — Oeftere als zweimalige Bestrafung im selben Verfahren ist unzulässig. — Für aktive Pers. des Soldatenstands gilt bei Ausbleiben Anm. 399; bei Weigerung § 202.

[463]) Besonders Angabe der zu beantwortenden Fragen, Ermöglichung der erforderlichen Untersuchungen usw. Ob der Richter letzteren beiwohnen will, steht in seinem Ermessen.

[464]) Im Ermittelungsverfahren erfolgt Beeidigung nur in den Fällen des § 195 (Anm. 424—427), in der Hauptverhandlung gilt das Anm. 428 Gesagte (PE. II 27). — Verlesung unbeeidigter Gutachten in der Hauptverhandlung ist nur in den Fällen des § 310 zulässig.

[465]) Die übrige Eidesformel § 197, 198. — Der Sachverst. Eid deckt alle vom Sachverst. in dieser Eigenschaft gemachten Wahrnehmungen. Hat der Sachverst. zugleich Auskunft über Tatsachen gegeben, die nicht in den Rahmen seiner sachverständigen Beobachtung fielen (z. B. der Arzt über Mitteilungen des Verletzten), so ist er auch als Zeuge zu beeidigen. Jedoch deckt der Zeugeneid auch den Sachverst.-Eid, nicht aber umgekehrt URGer. 8. Mai, 26. Okt. 80, 10. Dez. 80, 19. Mai 81 (Strafs. II 154 u. 389, III 101, IV 231). Vgl. jedoch § 221 u. Anm. 421.

[466]) Für die Art der Beeidigung sind die Landesgesetze maßgebend. Ob ein für allemal geleisteter Eid das Gutachten deckt, ist Rechtsfrage u. in der Revisionsinstanz nachprüfbar URGer. 29. Jan. 81, 8. Mai 82 (Strafs. III 326, VI 267).

zusehen, der Vernehmung von Zeugen oder des Beschuldigten beizuwohnen und an dieselben unmittelbar Fragen zu stellen.

Die Vorschrift des § 192 findet auf Sachverständige keine Anwendung.

Es kann angeordnet werden, daß der Sachverständige sein Gutachten schriftlich[467]) erstatte.

§ **217.** Zur Vorbereitung eines Gutachtens über den Geisteszustand eines Beschuldigten, gegen welchen die Anklage erhoben ist, kann der Gerichtsherr auf Antrag eines Sachverständigen[468]) nach Anhörung des Vertheidigers anordnen[283]), daß der Angeklagte in eine öffentliche Irrenanstalt gebracht und dort beobachtet werde.

Hat der Angeklagte keinen Vertheidiger, so ist ihm ein solcher zu bestellen.[469])

Die im Absatz 1 bezeichnete Anordnung ist dem Angeklagten und dem Vertheidiger bekannt zu machen.[284]) Gegen die Anordnung findet binnen der Frist von einer Woche die Rechtsbeschwerde[277]) an den höheren Gerichtsherrn[372]) statt. Dieselbe hat aufschiebende Wirkung.

Die Verwahrung in der Anstalt darf die Dauer von sechs Wochen nicht übersteigen.[470])

§ **218.** Wird ein Gutachten als ungenügend befunden, so kann eine neue Begutachtung durch dieselben oder durch andere Sachverständige angeordnet werden.[471])

Auch kann die Begutachtung durch einen anderen Sachverständigen angeordnet werden, wenn ein Sachverständiger nach Erstattung des Gutachtens mit Erfolg abgelehnt ist.

---

[467]) StPO. § 82. Das schriftliche Gutachten ersetzt für die Regel nicht die Vernehmung des Sachverst. in der Hauptverhandlung. Ausnahmen § 310 (Anm. 464). Dasselbe kann jedoch vom Sachverst. bei Erstattung des mündlichen Gutachtens in der Hauptverhandlung verwertet, auch kann im Protokoll darauf Bezug genommen werden.

[468]) Nicht ohne Antrag eines Sachverst., auch (abweichend von StPO. § 81) nicht vor Anklageerhebung (§ 258). Freies Ermessen des GerH. — Die Anordnung der Beobachtung des Beschuldigten in einem Lazarett (auch schon im Ermittelungsverfahren) ist jedoch durch § 217 nicht ausgeschlossen (so württembergische KrAB. zu § 217). — Das erkennende Gericht ist an § 217 nicht gebunden, kann also auch ohne Antrag des Sachverst. die Beobachtung die Angeklagten in einer Irrenanstalt anordnen (§ 299 Abs. 3) URGer. 8. Juli 95 (Straff. XXVII 348); URMGer. 25. Mai 01 (I 157).

[469]) Auch im standgerichtlichen Verfahren. Ausnahme von § 337 Abs. 1 u. 2. — Verteidiger § 341, 342. — Der Verteidiger kann den Antrag nicht selbständig stellen, wohl aber beim Sachverst. in Anregung bringen. Rechtsbeschwerde (Abs. 3) kann der Verteidiger selbständig einlegen.

[470]) Die Zeitgrenze gilt nicht für die vom erkennenden Gerichte angeordnete Beobachtung (Anm. 468). — Je nach dem Ergebnis der vom GerH. angeordneten Beobachtung kann dieser die Anklageverfügung zurücknehmen (§ 272).

[471]) Werden Anträge hierauf in der Hauptverhandlung gestellt, so gilt das Anm. 456 Gesagte.

In wichtigeren Fällen kann das Gutachten[472]) einer Fachbehörde eingeholt werden.[472a])

§ **219.** Bei Münzverbrechen und Münzvergehen[473]) sind die Münzen oder Papiere erforderlichen Falles derjenigen Behörde vorzulegen, von welcher echte Münzen oder Papiere dieser Art in Umlauf gesetzt werden. Das Gutachten dieser Behörde ist über die Unechtheit oder Verfälschung sowie darüber einzuholen, in welcher Art die Fälschung muthmaßlich begangen worden sei.

Handelt es sich um ausländische Münzen oder Papiere, so kann an Stelle des Gutachtens der ausländischen Behörde dasjenige einer deutschen erfordert werden.

§ **220.** Zur Ermittelung der Echtheit oder Unechtheit eines Schriftstücks, sowie zur Ermittelung des Urhebers desselben kann eine Schriftvergleichung unter Zuziehung von Sachverständigen vorgenommen werden.[474])

§ **221.** Insoweit zum Beweise vergangener Thatsachen oder Zustände, zu deren Wahrnehmung eine besondere Sachkunde erforderlich war, sachkundige Personen zu vernehmen sind, kommen die Vorschriften über den Zeugenbeweis zur Anwendrng.[475])

V. Einnahme des Augenscheins. Leichenschau. Leichenöffnung.[476])

§ **222.** Findet die Einnahme eines Augenscheins statt[477]), so ist im Protokolle der vorgefundene Sachbestand festzustellen und darüber Auskunft

---

[472]) AAB. zu § 218 Abs. 3 (Anl. A). Verlesung des Gutachtens nach § 310 zulässig.

[472a]) Fachbehörde ist nur eine Amtsstelle, die einen Teil des staatlichen Behördenorganismus bildet, dergestalt, daß ihr Bestand von der physischen Person der Inhaber unabhängig bleibt. Eine auf Grund KrAB. zu § 209 (Anm. 156) berufene Ärztekommission ist keine Fachbehörde, ihr Gutachten daher auch nicht verlesbar URMGer. 1. Sept. 02 (III 202). Vgl. auch Anm. 457.

[473]) StGB. § 146ff. — KrAB. zu § 219 (Anl. B).

[474]) Schriftstücke zur Vergleichung können gemäß § 229—242 beschafft werden; Zwang des Beschuldigten zur Anfertigung von Schriftproben ist unzulässig.

[475]) Sind jedoch die Wahrnehmungen erst nach der Bestellung als Sachverst. gemacht oder wird neben der Bekundung früherer Wahrnehmungen auch ein Gutachten vom sachverständigen Zeugen abgegeben, so muß er auch den Sachverständigeneid, event. diesen allein leisten (Anm. 465).

[476]) StPO. § 86—91. — Augenschein § 222, Leichenschau ohne Arzt § 223, mit Arzt § 224, Leichenöffnung § 225 bis 228.

[477]) Freies Ermessen des Gerichts. Ablehnung eines Antrags auf Augenschein kein Revisionsgrund URMGer. 23. Juni 02 (III 116). — Das Protokoll über den Augenschein (§ 163 Abs. 2, 164), nicht auch über die Angaben dabei vernommener Zeugen u. Sachverst., ist in der Hauptverhandlung verlesbar § 303 (Anm. 672). — Gegenstand des Augenscheins können nur sinnliche Wahrnehmungen, jedoch auch solche an Personen sein, sowohl an verdächtigen wie andern. Zur Duldung der körperlichen Besichtigung besteht jedoch eine Pflicht nur insoweit, als die Pflicht zur Duldung der Durchsuchung (§ 235) geht.

zu geben, welche Spuren oder Merkmale, deren Vorhandensein nach der besonderen Beschaffenheit des Falles vermuthet werden konnte, gefehlt haben.

Findet die Einnahme eines Augenscheins unter Zuziehung von Sachverständigen statt, so kann der Beschuldigte[478]) beantragen, daß die von ihm für die Hauptverhandlung in Vorschlag zu bringenden Sachverständigen zu dem Termine geladen werden und, wenn der Antrag abgelehnt wird, sofern dieselben nicht zu den Personen des aktiven Heeres[5]) und der aktiven Marine[5]) gehören, deren Zuziehung auf seine Kosten verlangen.[479]) In letzterem Falle wird die Gestellung oder Ladung[359]) durch den Untersuchungsführer veranlaßt, sobald der erforderliche Betrag der gesetzlichen Entschädigung für Reisekosten und Versäumniß bei der Militärgerichtsschreiberei hinterlegt wird.[480])

Den vom Beschuldigten benannten Sachverständigen ist die Theilnahme am Augenschein und an den erforderlichen Untersuchungen insoweit zu gestatten, als dadurch die Thätigkeit der amtlich bestellten Sachverständigen nicht behindert wird.

Die Bestimmungen der Absätze 2 und 3 finden im Felde und an Bord[80]) keine Anwendung.

§ **223.**[481]) Ist der Tod einer Militärperson nicht auf natürlichem Wege erfolgt, so hat der Gerichtsherr, in dringenden Fällen jeder militärische Befehlshaber, welcher die Anzeige oder Meldung von dem Todesfall erhält, die Leichenschau durch einen Kriegsgerichtsrath oder in Ermangelung eines solchen durch den zunächst erreichbaren Amtsrichter zu veranlassen.

Ist nach den bekannt gewordenen Thatsachen die Annahme begründet, daß der Tod durch Selbstmord, durch einen Unfall oder sonst ohne Verschulden eines Anderen herbeigeführt ist, so bedarf es der Zuziehung eines Arztes zur Leichenschau nicht.[482])

Die Umstände, unter denen die Leiche gefunden und der Tod erfolgt ist, sind sorgfältig zu untersuchen und zu Protokoll zu verzeichnen. In allen Fällen des Selbstmordes sind die Beweggründe thunlichst aufzuklären.[483])

§ **224.** Ergiebt sich der Verdacht, daß der Tod durch die strafbare Handlung eines Anderen herbeigeführt sei, so ist zur Leichenschau ein

---

Im übrigen kann die Duldung des Augenscheins stets erzwungen werden URGer. 11. Juni 86 (Straff. XIV 189).

[478]) Benachrichtigung des Beschuldigten usw. § 165, 271.

[479]) Ausnahme vom Grundsatze des § 209. — Ein Recht auf Vertagung des Termins hat der Beschuldigte nicht.

[480]) KrAB. zu § 222 Abs. 2, 269 Abs. 4 (Anl. B).

[481]) KrAB. zu § 223 (Anl. B). Vgl. auch § 154 f. u. Anm. 325.

[482]) Ebensowenig der Leichenöffnung § 224 Abs. 2. Zuziehung des Gerichtsschreibers ist nicht nötig PrKrMBf. 10. Mai 03.

[483]) AAB. zu § 223 (Anl. A).

Militärarzt oder, wenn ein solcher nicht erreichbar, ein als Sachverständiger zu beeidigender[484]) anderer Arzt zuzuziehen.

Erscheint der Verdacht nach der Leichenschau in Verbindung mit den sonst ermittelten Thatsachen nicht als beseitigt, so ist die Leichenöffnung im Beisein des Kriegsgerichtsraths oder Amtsrichters und des Gerichtsschreibers von zwei Aerzten, und zwar thunlichst Militärärzten, vorzunehmen.[485]) In allen Fällen soll einer der Aerzte ein Militärarzt mindestens vom Range eines Stabsarztes oder ein Gerichtsarzt sein. Demjenigen Arzte, welcher den Verstorbenen in der dem Tode unmittelbar vorausgegangenen Krankheit behandelt hat, ist die Leichenöffnung nicht zu übertragen. Derselbe kann jedoch aufgefordert werden, der Leichenöffnung anzuwohnen, um aus der Krankheitsgeschichte Aufschlüsse zu geben.

Im Feld und an Bord[80]) genügt es, wenn die Leichenöffnung lediglich von einem Militärarzte vorgenommen wird. Die Einschränkungen des zweiten Absatzes finden keine Anwendung.

§ **225.** Behufs der Besichtigung oder Oeffnung einer schon beerdigten Leiche ist ihre Ausgrabung statthaft.[486])

§ **226.** Vor der Leichenöffnung ist, wenn nicht besondere Hindernisse entgegenstehen, die Persönlichkeit des Verstorbenen, insbesondere durch Befragung von Personen, welche den Verstorbenen gekannt haben, festzustellen. Ist ein Beschuldigter vorhanden, so ist ihm die Leiche, sofern dies ausführbar, zur Anerkennung vorzuzeigen.

§ **227.** Die Leichenöffnung muß sich, soweit der Zustand der Leiche dies gestattet, stets auf die Oeffnung der Kopf-, Brust- und Bauchhöhle erstrecken.[487])

Bei Oeffnung der Leiche eines neugeborenen Kindes ist die Untersuchung insbesondere auch darauf zu richten, ob dasselbe nach oder während der Geburt gelebt habe und ob es reif oder wenigstens fähig gewesen sei, das Leben außerhalb des Mutterleibs fortzusetzen.[488])

§ **228.** Liegt der Verdacht einer Vergiftung[489]) vor, so ist die Untersuchung der in der Leiche oder sonst gefundenen verdächtigen Stoffe durch einen Chemiker oder durch eine für solche Untersuchungen bestehende Fachbehörde vorzunehmen.

Erforderlichen Falles hat diese Untersuchung unter Mitwirkung oder Leitung eines Arztes stattzufinden.

---

[484]) § 215. — § 222 Abs. 2 u. 3 finden auch hier Anwendung, ebenso § 165; hier ist auch Zuziehung des Gerichtsschreibers erforderlich PrKrMVf. 10. Mai 03.

[485]) KrAB. zu § 224 Abs. 2 (Anl. B). Zuziehung des Beschuldigten § 226.

[486]) KrAB. zu § 225 (Anl. B).

[487]) KrAB. zu § 227 (Anl. B). Für Preußen ist maßgebend Regulativ 6. Jan. / 13. Febr. 75 (JMB. 75, vgl. JMB. 81 S. 30).

[488]) Im Hinblick auf StGB. § 217, 48, 49.

[489]) Gilt für alle Arten von Vergiftung, auch wenn nur Körperverletzung verursacht ist (StGB. § 229, 230, 324, 367 [3 u. 5]).

VI. Beschlagnahme und Durchsuchung.[490])

§ **229.** Gegenstände, welche als Beweismittel für die Untersuchung von Bedeutung sein können oder der Einziehung unterliegen[491]), sind in Verwahrung zu nehmen oder in anderer Weise sicher zu stellen.

Befinden sich die Gegenstände in dem Gewahrsam einer Person und werden dieselben nicht freiwillig herausgegeben, so bedarf es der Beschlagnahme.[492])

§ **230.** Wer einen Gegenstand der vorbezeichneten Art in seinem Gewahrsame hat, ist verpflichtet, denselben auf Erfordern[493]) vorzulegen und auszuliefern.

Er kann im Falle der Weigerung nach Maßgabe der Bestimmungen in den §§ 202 bis 204 hierzu angehalten werden. Gegen Personen, welche zur Verweigerung des Zeugnisses berechtigt sind[459]), ist die Verhängung einer Strafe oder Zwangshaft ebenso wie die Verurtheilung zur Tragung der durch die Weigerung verursachten Kosten ausgeschlossen.[494])

§ **231.** Die Vorlegung oder Auslieferung von Akten oder anderen in dienstlicher Verwahrung befindlichen Schriftstücken und Gegenständen durch Behörden, öffentliche Beamte oder Personen des Soldatenstandes darf nicht gefordert werden[495]), wenn deren oberste Dienstbehörde[496]) erklärt, daß das Bekanntwerden dieser Gegenstände oder des Inhalts

---

[490]) StPO. § 94—111. — Inhalt: Gegenstand der Beschlagnahme § 229; Herausgabepflicht, Zwangsmittel § 230; der Beschlagnahme entzogene Gegenstände § 231, 232; Beschlagnahme auf der Post usw. § 233; Beschlagnahme bei Antragsvergehen § 234; Durchsuchung, Zulässigkeit § 235; zur Nachtzeit § 236; Vornahme der Durchsuchung in nichtdienstlichen Räumen § 237; Anordnung von Durchsuchung u. Beschlagnahme gegenüber aktiven MilPersonen § 238; in andern Fällen § 239; einstweilige Beschlagnahme verdächtiger Gegenstände § 241; Verzeichnung u. Kenntlichmachung beschlagnahmter Gegenstände § 242; Rückgabe an den Verletzten § 242.

[491]) StGB. § 40, 42, 152, 295, 296a, 360 Abs. 2, 367 Abs. 2, 369 Abs. 2 u. sonstige Reichs- u. Landesgesetze. — Eingezogene Gegenstände MStGB. § 31a (Nr. I 2 Anl. D).

[492]) Beschlagnahme ist erst unter den Voraussetzungen des Abs. 2 erforderlich. Mittel zur Ausführung der Beschlagnahme sind hauptsächlich: Zwang zur Herausgabe (§ 230), Durchsuchung (§ 235 ff.) u. das an eine Behörde gerichtete Ersuchen um Auslieferung (§ 231, 233, 239 Abs. 3). — Zuständigkeit zur Anordnung der Beschlagnahme § 238, 239, 153.

[493]) Neben der Aufforderung zur Herausgabe ist wahlweise auch die Durchsuchung und zwangsweise Wegnahme des beschlagnahmten Gegenstandes zulässig. Sie ist an die Beschränkung des Abs. 2 nicht gebunden. — Beseitigung usw. beschlagnahmter Gegenstände ist aus StGB. § 137 strafbar.

[494]) Ebenso gegen den Beschuldigten; vgl. jedoch Anm. 493.

[495]) § 231 setzt die Pflicht der Behörden u. öffentlichen Beamten zur Auslieferung von Akten usw. zu Zwecken der Strafverfolgung stillschweigend voraus.

[496]) Für den Bereich der Militärverwaltung ist das Kriegsministerium die oberste Dienstbehörde, für den Bereich der Marineverwaltung der Reichskanzler (Reichsmarineamt) AB. zu § 231 (Anl. A).

dieser Akten oder Schriftstücke dem Wohle des Reichs oder eines Bundesstaats Nachtheil bereiten würde.

§ **232**. Schriftliche Mittheilungen zwischen dem Beschuldigten und denjenigen Personen, die wegen ihres Verhältnisses zu ihm nach §§ 187, 188 zur Verweigerung des Zeugnisses berechtigt sind[159]), unterliegen der Beschlagnahme nicht[497]), falls sie sich in den Händen der letzteren Personen befinden und diese nicht einer Theilnahme[437]), Begünstigung oder Hehlerei[28]) verdächtig sind.

§ **233**. Zulässig ist die Beschlagnahme[498]) der an den Beschuldigten gerichteten Briefe und Sendungen auf der Post, sowie der an ihn gerichteten Telegramme auf den Telegraphenanstalten; desgleichen ist zulässig an den bezeichneten Orten die Beschlagnahme[498]) solcher Briefe, Sendungen und Telegramme, in Betreff derer Thatsachen[499]) vorliegen, aus welchen zu schließen ist, daß sie von dem Beschuldigten herrühren oder für ihn bestimmt sind, und daß ihr Inhalt für die Untersuchung Bedeutung habe.

§ **234**. Bei strafbaren Handlungen, deren Verfolgung nur auf Antrag eintritt[316a]), ist die Beschlagnahme auch vor Stellung des Antrags zulässig. Erfolgt die Beschlagnahme, bevor der Antrag gestellt ist, so ist der Antragsberechtigte, von mehreren wenigstens einer derselben, sofort von der Beschlagnahme in Kenntniß zu setzen. Die Beschlagnahme ist von Amtswegen wieder aufzuheben, wenn der Antrag nicht binnen einer Woche seit dem Vollzuge der Beschlagnahme gestellt ist.

§ **235**. Bei demjenigen, welcher als Thäter oder Theilnehmer[437]) einer strafbaren Handlung oder als Begünstiger oder als Hehler[28]) ver-

---

[497]) Mitteilungen Dritter an eine zur Zeugnisverweigerung berechtigte Person oder letzterer Personen untereinander sowie Mitteilungen des Beschuldigten, die sich nicht mehr im Besitz des Adressaten, sondern einer anderen (wenn auch zur Zeugnisverweigerung berechtigten Person z. B. dessen Erben) befinden, unterliegen der Beschlagnahme. Ebenso alle im Besitz des Beschuldigten befindlichen Schriftstücke.

[498]) Zuständig zur Anordnung ist, wenn der Beschuldigte aktive Mil-Person ist, oder zu einer der § 1 Nr. 3, 5, 6, 7 genannten Personenklassen gehört, der Ger.H. (§ 238 Abs. 1), andernfalls (z. B. auch bei Offizieren z. D. u. a. D. u. Personen des Beurlaubtenstandes) der Amtsrichter, bei Gefahr im Verzug (sofern nicht bloß eine Übertretung Gegenstand der Untersuchung ist) die Staatsanwaltschaft, für welche StPO. § 100, 101 maßgebend sind (§ 239 Abs. 1 bis 3). — Der Vollzug der Beschlagnahme erfolgt stets durch Ersuchen der Post-(Telegraphen-)Behörde PostG. 28. Okt. 71 (RGB. 347) § 5, Telegraphen-G. 6. April 92 (RGB. 467). — Auch Briefe usw. an u. von den zur Zeugnisverweigerung berechtigten Personen (auch des Verteidigers) unterliegen der Beschlagnahme auf der Post usw. — Sendungen, deren Zurückhaltung nach Eröffnung nicht erforderlich ist, sind den Beteiligten auszufolgen, auch der Teil eines Briefes, dessen Vorenthaltung nicht geboten ist, dem Empfangsberechtigten abschriftlich mitzuteilen (StPO. § 101.)

[499]) Diese Tatsachen sind der Post usw. anzugeben.

dächtig ist, kann eine Durchsuchung[500]) seiner Person, der Wohnung und anderer Räume, sowie der ihm gehörigen Sachen, sowohl zum Zwecke seiner Ergreifung, als auch dann vorgenommen werden, wenn zu vermuthen ist, daß die Durchsuchung zur Auffindung von Beweismitteln oder Einziehungsstücken[491]) führen werde.

Bei anderen Personen sind nur Durchsuchungen der Wohnung und anderer Räume, sowie der ihnen gehörigen Sachen[501]) behufs der Ergreifung des Beschuldigten oder behufs der Verfolgung von Spuren einer strafbaren Handlung oder behufs der Beschlagnahme[492]) bestimmter Gegenstände und nur dann zulässig, wenn Thatsachen vorliegen, aus denen zu schließen ist, daß die gesuchte Person, Spur oder Sache sich in den zu durchsuchenden Räumen oder Gegenständen befinde. Diese Beschränkung findet keine Anwendung auf zum dienstlichen Gebrauch angewiesene Räume, sowie auf Räume, in welchen der Beschuldigte ergriffen worden ist, oder welche er während der Verfolgung betreten hat.

§ **236**. Zur Nachtzeit dürfen die Wohnung, die Geschäftsräume und das befriedete Besitzthum ohne Einwilligung des berechtigten Inhabers nur bei Verfolgung auf frischer That oder bei Gefahr im Verzug oder dann durchsucht werden, wenn es sich um die Wiederergreifung eines entwichenen Gefangenen handelt.

Diese Beschränkung findet keine Anwendung auf die zum dienstlichen Gebrauch angewiesenen Räume.

Die Nachtzeit umfaßt in dem Zeitraume vom ersten April bis dreißigsten September die Stunden von neun Uhr Abends bis vier Uhr Morgens und in dem Zeitraume vom ersten Oktober bis einunddreißigsten März die Stunden von neun Uhr Abends bis sechs Uhr Morgens.

§ **237**. Findet eine Durchsuchung außerhalb der im § 236 Absatz 2 bezeichneten Räume statt[502]), so gelten folgende Bestimmungen:

Wird die Durchsuchung ohne Beisein des Untersuchungsführers[503]) oder eines Offiziers vorgenommen, so sind, wenn dies möglich ist, zwei Zeugen zuzuziehen. Der Inhaber der zu durchsuchenden Räume oder Gegenstände darf der Durchsuchung beiwohnen. Im Falle seiner Ab-

---

[500]) Zuständigkeit zur Anordnung § 238, 239.

[501]) Also auch der Kleider. Dagegen ist abweichend von StPO. § 103 Durchsuchung der Person bei Nichtverdächtigen ausgeschlossen, also auch Zwang zur Duldung körperlicher Besichtigung (Anm. 477).

[502]) Die Befugnis der Disziplinarvorgesetzten, bei ihren Untergebenen jederzeit Revision vorzunehmen (ohne weitere Förmlichkeiten u. ohne Zusammenhang mit einer Untersuchung) wird durch § 237, 238 nicht berührt (Begr. 128).

[503]) Der GerH. kann also statt des Untersuchungsführers auch einen Offizier oder eine sonstige Militärperson mit Vornahme der Durchsuchung beauftragen, auch die Bestimmung dieser Person einer unterstellten Behörde überlassen. — Freiwillige Herausgabe des Gesuchten macht im Fall § 235 Abs. 2 die Durchsuchung entbehrlich.

wesenheit ist, wenn dies möglich ist, sein Vertreter oder ein erwachsener Angehöriger, Hausgenosse oder Nachbar zuzuziehen. Dem Inhaber oder der in dessen Abwesenheit zugezogenen Person ist in den Fällen des § 235 Absatz 2 der Zweck der Durchsuchung vor dem Beginne bekannt zu machen.

Dem von der Durchsuchung Betroffenen ist nach deren Beendigung eine schriftliche Mittheilung zu machen, welche den Grund der Durchsuchung (§ 235 Absatz 1 und 2) sowie im Falle des § 235 Absatz 1 die strafbare Handlung bezeichnen muß. Auch ist demselben auf Verlangen ein Verzeichniß der in Verwahrung oder Beschlag genommenen Gegenstände, falls aber nichts Verdächtiges gefunden wird, eine Bescheinigung hierüber zu geben.

Eine Durchsicht der Papiere des von der Durchsuchung Betroffenen steht nur dem Gerichtsherrn und dem Untersuchungsführer zu. Andere Personen[504]) sind zur Durchsicht der aufgefundenen Papiere nur dann befugt, wenn der Inhaber derselben die Durchsicht ausdrücklich genehmigt; mangels einer solchen Genehmigung haben sie die Papiere, deren Durchsicht sie für geboten erachten, in einem Umschlage, welcher in Gegenwart des Inhabers oder seines Vertreters zu versiegeln ist, an den Gerichtsherrn oder den Untersuchungsführer abzuliefern. Dem Inhaber der Papiere oder dessen Vertreter ist die Beidrückung seines Siegels gestattet, auch ist er, falls demnächst die Entsiegelung und Durchsicht der Papiere angeordnet wird, wenn dies möglich ist, aufzufordern, derselben beizuwohnen.

§ **238.** Die Anordnung[502]) von Beschlagnahmen und Durchsuchungen bei aktiven Militärpersonen[5]) steht dem Gerichtsherrn[504a]), bei Gefahr im Verzug, auch dem Untersuchungsführer[505]) zu. Das Gleiche gilt für die Fälle des § 233, sofern der Beschuldigte zu den aktiven Militärpersonen gehört.[498])

Den im Absatz 1 bezeichneten Personen ist auch außerhalb der Fälle des § 237 auf Verlangen ein Verzeichniß der in Verwahrung oder Beschlag genommenen Gegenstände auszuhändigen.

Diese Bestimmungen finden auf die im § 1 Nr. 3, 5, 6, 7 bezeich-

---

[504]) Auch ein Offizier, der die Durchsuchung vornimmt.

[504a]) Mitzeichnung nach § 97. — In der Hauptverhandlung ist auch das Gericht zur Anordnung berechtigt URMGer. 6. Okt. 02 (III 288). — Der Befehlshaber, der nicht zuständiger GerH. ist, kann nur nach § 229 Abs. 1 verfahren, nicht Beschlagnahme anordnen (PE. I 31). Durchsuchung Anm. 502.

[505]) Dieser entscheidet, ob Gefahr im Verzug. Vgl. auch § 153. — Für Vornahme von Durchsuchungen bei aktiven MilPersonen u. den Abs. 3 genannten Personen gilt § 237 nur, wenn die Durchsuchung außerhalb dienstlicher Räume z. B. in Privatwohnungen erfolgt. Im übrigen sind für Durchsuchungen bei solchen Personen keine Formvorschriften gegeben URMGer. 6. Okt. 02 (III 288); vgl. jedoch Abs. 2.

neten Personen Anwendung, solange sie der Militärstrafgerichtsbarkeit unterstellt sind.

Gegen die Anordnung der Beschlagnahme und Durchsuchung in anderen als den zum dienstlichen Gebrauch angewiesenen Räumen findet binnen drei Tagen vom Vollzug an die Rechtsbeschwerde[277]) an den höheren Gerichtsherrn[372]) statt.

§ **239**. Beschlagnahmen und Durchsuchungen in anderen als den im § 238 bezeichneten Fällen erfolgen durch Ersuchen des Amtsgerichts.[506])

Bei Gefahr im Verzuge kann das Ersuchen an die Staatsanwaltschaft[507]) oder diejenigen Polizei- oder Sicherheitsbeamten[507]) gerichtet werden, welche als Hülfsbeamte der Staatsanwaltschaft den Anordnungen derselben Folge zu leisten haben.

Für die Befugniß der ersuchten Behörden und Beamten zur Anordnung von Beschlagnahmen und Durchsuchungen und das Verfahren bei dem Vollzuge der getroffenen Anordnung sind die Vorschriften der bürgerlichen Strafprozeßordnung maßgebend.[506]) In allen Fällen ist die Militärbehörde auf Verlangen zum Vollzuge zuzuziehen.

Im Felde und an Bord[80]) bleiben die vorstehenden Bestimmungen außer Anwendung. Für die Beschlagnahmen und Durchsuchungen gelten allgemein die Vorschriften des § 238 Absatz 1 bis 3.

§ **240**. Werden bei Gelegenheit einer Durchsuchung Gegenstände gefunden, welche zwar in keiner Beziehung zu der Untersuchung stehen, aber auf die erfolgte Verübung einer anderen strafbaren Handlung hindeuten, so sind dieselben einstweilen in Beschlag zu nehmen. Der Militärbehörde oder der zuständigen Staatsanwaltschaft ist hiervon Kenntniß zu geben.

§ **241**. Die in Verwahrung oder in Beschlag genommenen Gegenstände sind genau zu verzeichnen und zur Verhütung von Verwechselungen durch amtliche Siegel oder in sonst geeigneter Weise kenntlich zu machen.

§ **242**. Gegenstände, welche durch die strafbare Handlung dem Verletzten[248]) entzogen wurden[508]), sind, falls nicht Ansprüche Dritter

[506]) Auch die Anordnung der Beschlagnahme u. Durchsuchung steht dem Amtsgericht zu. Dieses hat die Zulässigkeit der Maßregel nach den Umständen des Falles zu prüfen (§ 160 Abs. 3), nicht aber die Zweckmäßigkeit. Maßgebend ist für den Amtsrichter StPO. § 94ff., 346, 347. — Bei Weigerung der ersuchten Behörde Beschwerde nach § 12 Abs. 3. Kosten ebenda Abs. 4.

[507]) Diese sind in den Fällen des § 233 ausgeschlossen StPO. § 100 u. Abs. 3 des Paragraphen. Die Staatsanwaltschaft ist jedoch auch hier zuständig bei Gefahr im Verzug, wenn die Untersuchung nicht bloß eine Übertretung betrifft. Im übrigen Anm. 506.

[508]) Nicht Gegenstände, die mittels entwendeten Geldes oder mittels des Erlöses aus entwendeten Sachen angeschafft wurden RGer. 12. Jan. 80 (Straff. I 144), auch nicht eingewechseltes Geld RGer. 3. Juni 80 (Rechtspr. II 20), wohl aber Sachen, die beim Hehler gefunden wurden RGer. 25. März 89 (Straff. XIX 98).

entgegenstehen[509]), nach Beendigung der Untersuchung und geeigneten Falles schon vorher von Amtswegen dem Verletzten zurückzugeben, ohne daß es eines Urtheils hierüber bedarf.[509a])

Dem Betheiligten bleibt die Geltendmachung seiner Rechte im Civilverfahren vorbehalten.

Dritter Abschnitt.

Abschluß des Ermittlungsverfahrens. Erhebung der Anklage.[510])

§ **243.** Erachtet der Untersuchungsführer das Ermittelungsverfahren[354]) für abgeschlossen (§§ 168, 173 Absatz 5), so hat er unter Vorlegung der Akten dem Gerichtsherrn über das Ergebniß mündlich oder schriftlich Vortrag zu erstatten. Der von dem Untersuchungsführer gestellte Antrag ist zu den Akten zu bringen.[511])

§ **244.** Der Gerichtsherr kann eine Vervollständigung des Ermittelungsverfahrens anordnen.[512])

---

[509]) Dies ist namentlich der Fall, wenn der Dritte der Besitzer war, bei dem die Sache beschlagnahmt wurde. Bei Zweifeln können die Beteiligten auf den Zivilrechtsweg verwiesen werden (Abs. 2).

[509a]) Durch eine gemäß § 97 mitzuzeichnende Vf. des GerH.

[510]) Entspricht StPO. § 168, 195 bis 211 (vgl. jedoch den Anm. 236b hervorgehobenen wesentlichen Unterschied, der eine Reihe von Abweichungen von der StPO. bedingt). — Inhalt des 3. Abschnitts: Vortrag über das Ergebnis der Ermittelungen § 243; Vervollständigung des Ermittelungsverfahrens § 244; Entscheidung über Einschreiten oder Nichteinschreiten § 245; Einstellung des Verfahrens, Bekanntmachung § 246; Rechte des Antragstellers (Bescheidung, Rechtsbeschwerde, Antrag auf gerichtliche Entscheidung) § 247; Verfahren bei Antrag auf gerichtliche Entscheidung § 248, 249; Einschreiten, Voraussetzung u. verschiedene Arten desselben § 250; Disziplinarbestrafung nach EG. z. MStGB. § 3, § 251; Bericht bei Hochverrat usw. § 252; vorläufige teilweise Ausscheidung einzelner Punkte von Erhebung der Anklage § 253; Anklageverfügung § 254, Anklageschrift § 255; Bekanntmachung beider § 256, 257; Zeitpunkt der Anklageerhebung § 258; Wirkungen: 1. Festlegung der Zuständigkeit § 259, 2. Notwendigkeit der Aburteilung § 260.

[511]) War er mündlich gestellt, in Form eines Aktenvermerks. — Der Antrag kann auf Einstellung, Anklageverfügung, Disziplinarbestrafung, Erlaß einer StrafVf. oder Abgabe an die zuständige Stelle gehen (§ 245, 250); er muß die Punkte, hinsichtlich deren Anklage oder Einstellung beantragt wird, genau bezeichnen.

[512]) Auch nach Erhebung der Anklage, wenn neue Tatsachen oder Beweise oder Verdacht weiterer strafbarer Handlungen sich herausstellen, oder der mit Verhandlungsführung Beauftragte weitere Erhebungen für erforderlich hält (§ 272). — Die Vf. des GerH., in welcher die Ergänzung des Ermittelungsverfahrens ausdrücklich als solche anzuordnen ist, ist von einem anderen MilJustizbeamten (GerOffizier) mitzuzeichnen (§ 97) u. muß die der Vervollständigung bedürftigen Punkte u. Maßregeln bezeichnen. Bei Meinungsverschiedenheiten zwischen GerH. u. Untersuchungsführer gilt § 97 Abs. 3.

§ **245**. Auf Grund der Ergebnisse des Ermittelungsverfahrens hat der Gerichtsherr darüber zu befinden[513]), ob der Beschuldigte außer Verfolgung zu setzen[514]), oder ob gegen ihn einzuschreiten sei.

§ **246**. Wird die Verfolgung eingestellt[515]), so ist der Beschuldigte hiervon in Kenntniß zu setzen[516]), sofern er im Laufe des Ermittelungsverfahrens unter der Anschuldigung einer bestimmten strafbaren Handlung verantwortlich vernommen[517]) oder gegen ihn ein Steckbrief veröffentlicht worden war.

§ **247**. In allen Fällen, in denen die Einleitung eines Ermittelungsverfahrens abgelehnt[517a]) oder die Einstellung verfügt wird, ist derjenige, welcher die Strafverfolgung beantragt hat[518]), unter Angabe der Gründe zu bescheiden.[516])

Ist der Antragsteller zugleich der Verletzte[248]), so steht ihm gegen diesen Bescheid[518a]) innerhalb einer Woche nach dessen Zustellung[293]) die Rechtsbeschwerde[450]) an den höheren Gerichtsherrn[519]) und gegen dessen

---

[513]) Waren mehrere strafbare Handlungen Gegenstand des Ermittelungsverfahrens, so muß der GerH. bezüglich sämtlicher Entscheidung treffen; stillschweigendes Übergehen einzelner Straftaten ist ungesetzlich (PE. I 32).

[514]) Außerverfolgungsetzung erfolgt durch Einstellungsverfügung. Sie ist möglich wegen mangelnder Beweise oder aus rechtlichen Gründen z. B. wegen Mangels eines Tatbestandserfordernisses, eines rechtzeitigen u. formrichtigen Strafantrags oder Zurücknahme desselben, wegen Vorliegens eines Schuld- oder Strafausschließungsgrunds (Notwehr, Verjährung StGB. § 193 usw.) Die Vf. auf Einstellung muß diese Gründe erkennbar machen (§ 247 Abs. 1). — Die Einstellung des Verfahrens schließt gleichzeitige oder spätere Disziplinarbestrafung des Beschuldigten wegen einer zu Tage getretenen Verfehlung gegen militärische Zucht u. Ordnung (DStO. § 1[1]) nicht aus (vgl. jedoch DStO. § 44.) — Disziplinarbestrafung nach EG. z. MStGB. § 3 vgl. § 251. — Aufhebung des Haftbefehls § 179 (Anm. 381).

[515]) Ein eingestelltes Verfahren kann (abweichend von StPO. § 210) nicht bloß auf Grund neuer Tatsachen oder Beweismittel, sondern auch ohne solche jederzeit (solange nicht Verjährung eingetreten ist) vom GerH. wieder eröffnet werden, sei es aus eignem Antrieb, sei es auf Rechtsbeschwerde nach § 247 oder anderweitige Anregung eines Beteiligten oder auf Weisung des höheren GerH. (§ 24). Ausnahme § 249 Abs. 1.

[516]) Durch Zustellung § 137—145 (Anm. 284).

[517]) § 173. Sog. informatorische d. h. zur Vorbereitung der Entscheidung darüber, gegen wen Ermittelungsverf. gerichtet werden soll, erfolgte Vernehmung genügt nicht.

[517a]) § 156 Abs. 3.

[518]) Nicht nur bei sog. Antragsdelikten (StGB. § 61), sondern allgemein derjenige, der zur Verfolgung einer strafbaren Handlung willentlich den Anstoß gegeben hat, z. B. auch der Vorgesetzte, der solche zur Meldung gebracht oder Tatbericht aufgestellt hat. — Rechtsbeschwerde gegen den Bescheid steht nur dem „Verletzten" (Anm. 248) zu. — Eine Vorschrift, daß auch im Fall der Anklageerhebung die Benachrichtigung über den Ausgang der Sache zu erfolgen habe, ist nur zu Gunsten der Zivilbehörde, von der der Antrag auf Untersuchung ausgegangen ist, sowie der vorgesetzten Dienstbehörde des Angeklagten gegeben KrAB. Ziff. 2 zu § 450 Anl. B.

[518a]) Wird dieser Bescheid verweigert, so ist hiergegen zwar nicht Rechtsbeschwerde, wohl aber Dienstaufsichtsbeschwerde an die MJVerwaltungsbehörde (§ 111, 112) zulässig (Anm. 231).

[519]) Dieser kann nach § 24 auf die

ablehnenden Bescheid[283]) binnen vierzehn Tagen nach der Bekanntmachung[293]) der Antrag auf gerichtliche Entscheidung[519a]) zu.

Der Antrag muß die Thatsachen, welche das strafrechtliche Einschreiten begründen sollen, sowie die Beweismittel angeben[520]) und bei dem für die Entscheidung zuständigen Gericht eingereicht werden.

Zur Entscheidung ist das Reichsmilitärgericht zuständig.

§ **248**. Ist der Antrag auf gerichtliche Entscheidung nicht in der gesetzlichen Frist oder Form[520]), oder ohne Anführung von Thatsachen und Beweismitteln eingebracht, so ist derselbe vom Reichsmilitärgericht als unzulässig zu verwerfen.

Ist der Antrag rechtsgültig gestellt, so kann das Reichsmilitärgericht die Vorlegung der bisher geführten Verhandlungen verlangen, auch dem Beschuldigten den Antrag unter Bestimmung einer Frist zur Erklärung mittheilen.

Zur Vorbereitung der Entscheidung kann das Reichsmilitärgericht Ermittelungen durch einen Kriegsgerichtsrath oder Amtsrichter veranlassen.

Dem Antragsteller kann vor der Entscheidung über den Antrag die Leistung einer Sicherheit für die durch das Verfahren über den Antrag und durch die Untersuchung der Militärjustizverwaltung und dem Beschuldigten voraussichtlich erwachsenden Kosten durch Beschluß des Reichsmilitärgerichts auferlegt werden. Die Sicherheit ist bei der Gerichtsschreiberei des Reichsmilitärgerichts durch Hinterlegung in baarem Gelde oder in Werthpapieren zu leisten. Die Höhe der zu leistenden Sicherheit wird von dem Reichsmilitärgerichte nach freiem Ermessen festgesetzt. Dasselbe hat zugleich eine Frist zu bestimmen, binnen welcher die Sicherheit zu leisten ist. Wird die Sicherheit binnen der bestimmten Frist nicht geleistet, so hat das Reichsmilitärgericht den Antrag für zurückgenommen zu erklären.

§ **249**. Ergiebt sich kein genügender Anlaß zum strafrechtlichen Einschreiten, so verwirft das Reichsmilitärgericht den Antrag und setzt den Gerichtsherrn, dessen Bescheid angefochten worden ist, den Antragsteller und den Beschuldigten von der Verwerfung in Kenntniß. Ist der Antrag verworfen, so kann das strafrechtliche Einschreiten gegen den Beschuldigten

---

Rechtsbeschwerde Einleitung bezw. Fortsetzung des Ermittelungsverfahrens oder Anklageverfügung anordnen.

[519a]) Dieser Antrag ist also nicht gegen die Einstellungs- usw. Verfügung selbst, sondern erst nach erfolglos eingelegter Rechtsbeschwerde an den höheren GerH. zulässig BeschlRMGer. 16. Juni 02 (III 100)).

[520]) Bezugnahme auf Schriftstücke, die nicht Bestandteil des Antrags selbst sind, genügt nicht BeschlRMGer. 14. April 02 (II 277)). — Unrichtige Bezeichnung des Antrags ist unschädlich BeschlRMGer. 15. Juli 01 (I 229). — Mitunterzeichnung eines Rechtsanwalts ist (abweichend von StPO. § 170) nicht erforderlich, wohl aber schriftliche Form.

nur auf Grund neuer Thatsachen oder Beweismittel wiederaufgenommen werden.[521])

Wird der Antrag als unzulässig oder als unbegründet verworfen oder durch Verzicht oder Unterlassung der Sicherheitsleistung zurückgenommen, so sind dem Antragsteller die durch das Verfahren über den Antrag veranlaßten Kosten aufzuerlegen.

Erachtet dagegen das Reichsmilitärgericht den Antrag für begründet, so beschließt es, daß ein strafrechtliches Einschreiten gegen den Beschuldigten stattzufinden habe. Auf Grund dieses Beschlusses hat der Gerichtsherr nach Maßgabe des § 250 zu verfahren.[522])

§ **250.** Liegt gegen den Beschuldigten hinreichender Verdacht[523]) einer strafbaren und militärgerichtlich verfolgbaren[524]) Handlung vor, so hat[332]) der Gerichtsherr[217]), sofern nicht Disziplinarbestrafung eintritt (§ 3 des Einführungsgesetzes zum Militärstrafgesetzbuch)[333a]) oder eine Strafverfügung[525]) erlassen wird, die Anklage zu verfügen[526]) oder die Sache an den zuständigen Gerichtsherrn abzugeben.[527])

§ **251.** Ist der Beschuldigte einer strafbaren Handlung überführt, die nach § 3 des Einführungsgesetzes zum Militärstrafgesetzbuch[333a]) im Disziplinarwege geahndet werden kann, so hat der Gerichtsherr darüber

---

[521]) Die Verwerfung des Antrags schließt nicht aus, daß der „Verletzte" auf Grund neuer Tatsachen oder Beweise einen Antrag auf Wiederaufnahme des strafrechtlichen Einschreitens beim GerH. stellt, gegen dessen ablehnenden Bescheid abermals Rechtsbeschwerde erhebt u. erneuten Antrag auf gerichtliche Entscheidung stellt.

[522]) Gegen Freisprechung oder Einstellung durch das erkennende Gericht hat der Verletzte kein Rechtsmittel, da er abweichend von StPO. § 435—446 nicht als Nebenkläger auftreten kann. — Möglichkeit der Kostenzuscheidung an den Verletzten § 471.

[523]) Pflichtmäßiges Ermessen des GerH. Feste Überzeugung von der Schuld ist jedoch nicht erforderlich, es genügt vielmehr überwiegende Wahrscheinlichkeit der Verurteilung. Ist von der Hauptverhandlung die Beseitigung von Zweifeln, die nach dem Ermittelungsverfahren bestehen, zu erwarten, so ist im öffentlichen wie im eignen Interesse des Beschuldigten meist Anklageerhebung geboten.

[524]) Andernfalls Abgabe an die zuständige Staatsanwaltschaft, falls nicht EG. § 14 zutrifft.

[525]) § 349—355. — Betrifft die Beschuldigung neben einer Übertretung ein gerichtlich zu ahndendes Vergehen, so darf nicht getrennte Strafverfügung u. Anklageverfügung erlassen werden, sondern gemeinsame Anklageverfügung (PE. III 49). Dasselbe muß gelten bei Zusammentreffen eines unter EG. MStGB. § 3 fallenden Vergehens mit nur gerichtlich verfolgbaren Vergehen.

[526]) § 254—260. — AAB. zu § 250 (Anl. A).

[527]) Nach § 24 kann der höhere GerH. auch eine Sache, die der GerH. der niederen Gerichtsbarkeit wegen vermeintlicher Unzuständigkeit oder unzureichender Strafbefugnis (§ 16, 45) an ihn abgegeben hat, wieder zurückgeben mit der Weisung, Anklage zu erheben. — Weitere Möglichkeiten bieten § 4 (Abtretung an Zivilgericht), § 7 Nr. 2 (Herbeiführung der Entlassung des Beschuldigten), § 360 (Bf. der Vermögensbeschlagnahme oder Fahnenflüchtigerklärung). — Die vorläufige Einstellung der StPO. § 203 kennt die MStGerO. nicht. Aus dem Anm. 515 genannten Gründe bedarf es ihrer auch nicht.

zu befinden, ob eine solche Ahndung nach Lage der Sache für ausreichend zu erachten ist.[528]) In dieser Beziehung ist, wenn der Gerichtsherr nicht zugleich Disziplinarvorgesetzter des Beschuldigten ist, bei Meinungsverschiedenheit die Ansicht des Disziplinarvorgesetzten maßgebend (§ 157 Absatz 2).[529])

Ist der Gerichtsherr zugleich der Disziplinarvorgesetzte[335]), so hat er entweder die Disziplinarstrafe selbst zu verhängen oder die Verhängung derselben einem ihm unterstellten Disziplinarvorgesetzten des Beschuldigten zu überlassen.

§ **252.** Vor der Anklageverfügung wegen einer der im § 158 bezeichneten strafbaren Handlungen ist, wenn sie gegen den Kaiser oder das Reich gerichtet ist, an den Reichskanzler[530]), in anderen Fällen an die oberste Militärjustizverwaltungsbehörde Bericht zu erstatten.

§ **253.**[531]) Fallen dem Beschuldigten nach dem Ergebnisse des Ermittelungsverfahrens mehrere strafbare Handlungen zur Last, und erscheint für die Strafzumessung die Feststellung des einen oder des anderen Straffalls unwesentlich[532]), so kann der Gerichtsherr[217]) in Ansehung eines solchen bis zur rechtskräftigen Entscheidung über die anderen Fälle von einer Anklage absehen.

Im Felde und an Bord[80]) soll regelmäßig in dieser Weise verfahren werden.

Die Verfügung ist von dem Gerichtsherrn zu den Akten zu bringen.

Erachtet der Gerichtsherr nachträglich die weitere Anklage für ge-

---

[528]) Sofern nicht schon vor Einleitung des Ermittelungsverfahrens Disziplinarbestrafung vom zuständigen Disziplinarvorgesetzten verfügt war § 157 Abs. 1; vgl. jedoch Anm. 334.

[529]) Dies kann hier nur heißen, daß der Disziplinarvorgesetzte, dem Disziplinarbestrafung vom GerH. überlassen ist, wenn er Disziplinarbestrafung nicht für ausreichend hält, sie ablehnen u. damit den GerH. (wenn er nicht selbst höherer Disziplinarvorgesetzter ist) zur Anklageverfügung zwingen kann, nicht aber umgekehrt, daß er auch nach Einleitung des Ermittelungsverfahrens noch im Widerspruch zur Ansicht des GerH. Disziplinarbestrafung nach EG.MStGB. § 3 eintreten lassen kann. — Im Fall des Abs. 1 bedarf die Überlassung der Disziplinarbestrafung der Mitzeichnung nach § 97.

[530]) AAB. zu § 252 (Anl. A). Die Einsendung der Berichte erfolgt stets unmittelbar.

[531]) Ausnahme vom Legalitätsprinzip, vgl. StPO. § 208. — Es ist ausdrückliche Vf. erforderlich, die ersehen lassen muß, wegen welcher Straffälle von AnklageVf. vorläufig abgesehen wird (PE. IV 29). Nur auf diese Fälle bezieht sich Abs. 3. — Rechtsbeschwerde des Verletzten nach § 247 ist auch hier möglich. — Vor Abschluß des Ermittelungsverfahrens ist Ausscheidung einzelner Straffälle nicht zulässig, wohl aber, wenn nach Aburteilung weitere Straftaten zur Anzeige kommen u. eine Erhöhung der nach StGB. § 79 festzusetzenden Gesamtstrafen nicht zu erwarten ist.

[532]) Dies ist namentlich der Fall, wenn nach Überzeugung des GerH. auch bei Aburteilung der betr. Fälle keine höhere Gesamtstrafe zu erwarten wäre, aber auch z. B. wenn Übertretungen mit schweren Verbrechen zusammentreffen, trotzdem hier nach StGB. § 77 auf gesonderte Strafe zu erkennen wäre (Begr. zur StPO. S. 175).

boten, so kann diese nur innerhalb eines Monats nach Rechtskraft des Urtheils erhoben werden.[533])

§ **254.** Die Anklageverfügung[534]) des Gerichtsherrn[217]) (§ 250) hat die dem Beschuldigten zur Last gelegte That[535]) unter Hervorhebung ihrer gesetzlichen Merkmale und des anzuwendenden Strafgesetzes[536]) zu bezeichnen, sowie die Angabe zu enthalten, ob die Aburtheilung der Sache durch ein Standgericht oder durch ein Kriegsgericht erfolgt.[537])

§ **255.** Die Anklageverfügung ist dem Beschuldigten gleichzeitig mit einer die Angabe der Beweismittel[538]) und die wesentlichen Ergebnisse der stattgehabten Ermittelungen enthaltenden Anklageschrift bekannt zu machen.

---

[533]) Sofern nicht inzwischen Verjährung eingetreten ist. Die Vf. nach § 253 unterbricht die Verjährung EG. § 10, StGB. § 68.

[534]) Die Anklageverfügung steht hinsichtlich ihrer gesetzlichen Erfordernisse u. Bedeutung nicht der Anklageschrift der Staatsanwaltschaft (StPO. § 198), sondern der Eröffnung des Hauptverfahrens (StPO. § 201) gleich § 260, 317—319 des G. vgl. mit StPO. § 263 bis 265. — Anfechtbar ist sie nicht, dagegen ist (abweichend von der StPO.) ihre Abänderung u. Zurücknahme zulässig § 272.

[535]) Es bedarf also bestimmter Bezeichnung der Person des oder der Beschuldigten, u. es sind die tatsächlichen Vorgänge, worin die gesetzlichen Tatbestandsmerkmale gefunden werden, so genau anzugeben, daß die den Gegenstand der Aburteilung bildende Tat von anderen Taten unterschieden werden kann (also auch Zeit u. Ort der Begehung). Lassen sich nicht sämtliche einzelne Fälle feststellen, so muß sich die AnklVf. auf eine Mindestzahl beschränken (PE. IV 30). — Dagegen wird in den Fällen MStGB. § 42 Abs. 2 (nachträgliches Degradationsverfahren) an Stelle der dem Beschuldigten zur Last gelegten „Tat" die Tatsache der rechtskräftigen zivilgerichtlichen Verurteilung in die Anklageverfügung aufzunehmen sein, da hier nicht die Frage der Begehung der Tat Gegenstand der Urteilsfindung ist, sondern nur die Frage, ob auf Grund der für das MilGer. bindenden Verurteilung durch das ZivilGer. Degradation geboten sei oder nicht URMGer. 2. Juni 02 (III 83). — Auch einer Anklageschrift soll es nach KrMVf. 28. Febr. 02 in Fällen MStGB. § 42 nicht bedürfen.

[536]) Hierzu gehören diejenigen Strafgesetze, die den Begriff der für vorliegend erachteten Straftat aufstellen u. die anzuwendende Strafdrohung enthalten, also auch Strafschärfungsgründe (z. B. StGB. § 55) u. die Bestimmungen über Zusammentreffen der Straftaten StGB. § 73, 74, MStGB. 54 (PE. II 28; IV 30). Ebenso Bestimmungen über Versuch, Teilnahme.

[537]) Hieraus folgt nicht etwa, daß der höhere GerH. unmittelbar eine Sache durch Anklageverfügung vor ein Standgericht verweisen könnte oder gar umgekehrt der niedere GerH. vor das KriegsGer. (§ 250 u. Anm. 527). Anders StPO. § 207. — Durch die Verweisung an das Kriegs- oder Standgericht wird die örtliche Zuständigkeit des zur Aburteilung berufenen Gerichts unanfechtbar festgelegt § 259 Abs. 2, 329.

[538]) Nur solche, die in der Hauptverhandlung verwendbar sind, also nicht Schriftstücke, die nicht verlesen werden dürfen (§ 303—306, 310). Zeugen sind genau u. einzeln zu bezeichnen, ebenso Urkunden, die in Akten enthalten sind (PE. IV 31). Das Geständnis kann als Beweismittel bezeichnet werden (PE. I 34, II 29). — In der Anklageschrift bezeichnete Zeugen usw. sind damit gemeinschaftliche geworden. Die Ladung solcher Zeugen zur Hauptverhandlung darf daher (abgesehen von § 270, 272) nur dann unterlassen werden, wenn auch der Angeklagte darauf verzichtet. Nachträgliche Ergänzung der Beweismittelliste (z. B. Ladung weiterer Zeugen) ist dem Angeklagten

Die Anklageschrift ist in Sachen der niederen Gerichtsbarkeit von dem Gerichtsoffizier, in Sachen der höheren Gerichtsbarkeit von dem Kriegsgerichtsrathe, welchen der Gerichtsherr mit der Vertretung der Anklage [216]) vor dem erkennenden Gerichte beauftragt, anzufertigen und zu unterzeichnen.

Im Felde und an Bord bedarf es der Anfertigung einer besonderen Anklageschrift nicht.

§ **256.** Die im § 255 vorgeschriebene Bekanntmachung [538a]) erfolgt an Beschuldigte, welche dem aktiven Heere [5]) oder der aktiven Marine [5]) angehören oder sich in Haft [539]) befinden, mündlich durch einen Gerichtsoffizier [540]) oder Kriegsgerichtsrath. Der Beschuldigte ist dabei aufzufordern, sich rechtzeitig zu erklären [541]), ob und welche Anträge [542]) er in Bezug auf seine Vertheidigung zu stellen habe.

Die mündliche Bekanntmachung und Aufforderung kann auch durch Ersuchen eines Amtsrichters [543]) herbeigeführt werden.

Ueber die Bekanntmachung und die Aufforderung, sowie über die von dem Beschuldigten abgegebene Erklärung ist ein Protokoll [266]) aufzunehmen.

In kriegsgerichtlichen Fällen soll [544]) dem Beschuldigten eine Abschrift der Anklageverfügung und der Anklageschrift mitgetheilt werden; dasselbe hat in standgerichtlichen Fällen auf Verlangen des Beschuldigten zu geschehen.

Ist der Beschuldigte verhaftet, so ist gleichzeitig dem Vertheidiger [255]) die Anklageverfügung und die Anklageschrift mitzutheilen. [545]) Im Felde und an Bord [80]) findet diese Bestimmung keine Anwendung.

§ **257.** Gehört der Beschuldigte nicht zu den im § 256 Absatz 1 bezeichneten Personen [290]), so erfolgt die Bekanntmachung und Aufforderung an ihn mündlich (§ 256) oder mittelst Zustellung (§§ 139, 142 ff.)

---

rechtzeitig vor der Hauptverhandlung bekannt zu machen (PE. III 23). Andernfalls § 300 Abs. 2.

[538a]) Gleichzeitige Bekanntmachung des Termins der Hauptverhandlung ist unzulässig § 266 (PE. IV 34).

[539]) Nicht bloß Untersuchungs-, sondern auch Strafhaft.

[540]) Beauftragung eines GerOffiziers ist ausnahmsweise auch in kriegsgerichtlichen Fällen zulässig, im Feld u. an Bord stets § 98 (PE. I 35). — Unterlassung der Bekanntmachung kann Revisionsgrund sein.

[541]) Anträge auf Verteidigerbestellung binnen drei Tagen nach Bekanntmachung § 339 Abs. 3. Hierüber ist der Angeklagte zu belehren. — Beweisanträge nach § 269.

[542]) Entscheidung über diese u. spätere Anträge § 269, 339 Abs. 4 Anm. 569.

[543]) Vgl. KrAB. zu EG. § 12 Abs. 3.

[544]) Instruktionelle Vorschrift. Der Angeklagte kann daher darauf verzichten. Der Angeklagte soll von vornherein um etwaigen Verzicht gefragt werden (PE. IV 33). — Kriegsgerichtliche oder standgerichtliche Fälle, je nachdem die Verweisung vor ein Kriegs- oder Standgericht erfolgt ist.

[545]) Durch Zustellung § 139—142. Nur wenn zur Zeit der Bekanntmachung schon ein Verteidiger des Angeklagten dem GerH. benannt oder von ihm bestellt ist (arg. „gleichzeitig"). — Benachrichtigung vom Hauptverhandlungstermin § 268.

§ **258**. Mit der Bekanntmachung der Anklageverfügung an den Beschuldigten (§§ 256, 257) gilt die Anklage für erhoben.[546]

§ **259**. Haben vor der Erhebung der Anklage oder der Zustellung der Strafverfügung[525]) Veränderungen in der persönlichen Dienststellung des Beschuldigten[108]), insbesondere durch Versetzung, Beförderung oder in den Fällen des § 29 durch Zurücknahme der Ueberweisung stattgefunden, in Folge deren der Beschuldigte unter die Gerichtsbarkeit eines anderen Gerichtsherrn getreten ist, so ist die Sache an diesen abzugeben.[546a]) Die Bestimmungen der §§ 34, 35 finden entsprechende Anwendung.

Später eingetretene Veränderungen[547]) ziehen eine Aenderung der gerichtlichen Zuständigkeit[548]) nur dann nach sich, wenn der Angeklagte durch Beförderung der niederen Gerichtsbarkeit entzogen wird.[549])

§ **260**. Nach der Erhebung der Anklage muß, vorbehaltlich der Bestimmung des § 272, die Sache zur Aburtheilung gebracht werden.[550])

Der Aburtheilung muß eine mündliche Verhandlung vor dem erkennenden Gerichte (Hauptverhandlung) vorangehen.[551])

---

[546]) Wirkungen: § 259, 260, 319, 329 (Anm. 537), 345 Abs. 2 u. 3, 451.

[546a]) Dies gilt insbesondere auch bei verhafteten aktiven MilPersonen mit dem Tage, an dem ihre Entlassung nach Ablauf ihrer aktiven Dienstzeit, einer Übung oder (bei Unteroffizieren) ihrer Kapitulationszeit zu erfolgen hätte KrMVf. 7. Febr. 02, URMGer. 2. Juni 02 (III 72).

[547]) Soweit die Veränderung auf Willenshandlungen von Behörden usw. beruht (Zurücknahme der Überweisung nach § 29, Versetzung, Ausscheiden von Offizieren), ist sie mit dem Zeitpunkt als erfolgt anzusehen, zu dem die die Veränderung aussprechende Verfügung der Dienststelle zugegangen ist, welche die Bekanntmachung derselben an den Beschuldigten zu veranlassen hatte; ob diese Bekanntmachung sowie die förmliche Entlassung (im Fall § 29 die Rückkehr zum überweisenden Truppenteil) schon erfolgt ist, ist gleichgiltig BeschlRMGer. 13. April 01 (I 89). Erfolgt dagegen die Veränderung kraft Gesetzes (z. B. Übertritt in den Beurlaubtenstand nach Ablauf der gesetzlichen aktiven Dienstzeit, der Kapitulationszeit, Anm. 57) oder durch einen tatsächlichen Akt (z. B. Einstellung von ausgehobenen Rekruten Anm. 108), so ist der Eintritt des gesetzlich bestimmten Zeitpunkts oder der Tatsache maßgebend.

[548]) Auch die zur Zeit der Anklageerhebung begründete militärgerichtliche Zuständigkeit überhaupt wird durch spätere Beendigung des sie begründenden Verhältnisses nicht mehr aufgehoben § 10. Dagegen ist der GerH. auch nach Erhebung der Anklage noch zur Abgabe der Sache an das Zivilgericht berechtigt u. verpflichtet, wenn sich ergibt, daß aus anderem Grunde die Militärgerichtsbarkeit wegen der den Gegenstand der Anklage bildenden Tat gar nicht begründet ist, oder das erkennende Gericht seine Unzuständigkeit gemäß § 328 ausgesprochen hat.

[549]) § 14. — Die Sache ist dann nach Abs. 1 auch ohne vorausgegangenen Unzuständigkeitsbeschluß des Standgerichts (§ 330 Abs. 2) an den höheren GerH. abzugeben, der (abgesehen von § 272) die bereits vorhandene Anklageverfügung u. -Schrift dem weiteren Verfahren zugrunde zu legen hat (PE. II 30). Verweisung vor ein Kriegsgericht muß jedoch ausdrücklich erfolgen (§ 254). — Sind Mitangeklagte vorhanden, auf die Abs. 2 nicht zutrifft, kann Verbindung nach § 34 erfolgen.

[550]) Die gleichen Wirkungen hat der Verweisungsbeschluß des § 330 u. der Einspruch gegen Strafverfügung § 354.

Vierter Abschnitt.

Vorbereitung der Hauptverhandlung.[552])

§ **261**. Der Zusammentritt[553]) des erkennenden Standgerichts oder Kriegsgerichts[554]) erfolgt, nachdem die Anklage erhoben ist, auf Befehl des Gerichtsherrn.[217])

Die Richter werden im Dienstwege berufen. Ist der Angeklagte ein General oder Admiral, so erfolgt die Berufung nach Maßgabe des § 18 Absatz 4.[94])

§ **262**. Insoweit der Gerichtsherr wegen Mangels oder wegen gesetzlicher Verhinderung (§§ 122 ff.) der zur vorschriftsmäßigen Bildung des Gerichts erforderlichen Personen innerhalb seines Befehlsbereichs zur Berufung des erkennenden Gerichts[554]) außer Stande ist[555]), kann er einen anderen Gerichtsherrn[556]) ersuchen, entweder ihm einzelne fehlende Richter zuzuweisen oder selbst die Aburtheilung der Sache herbeizuführen.[557])

— Erfolgt gemäß Anm. 548 Abgabe an das Zivilgericht, so muß dieses das Hauptverfahren eröffnen, falls nicht vorher der GerH. von § 272 Gebrauch macht.

[551]) Grundsatz der Mündlichkeit, nur für die Aburteilung, nicht auch für sonstige den erkennenden Gerichten zugewiesene Entscheidungen anwendbar. Hauptsächliche Folgen in § 273, 378, 304, 357.

[552]) Vgl. StPO. § 212—224 (teilweise abweichend). — Inhalt des 4. Abschnitts: Berufung u. Zusammentritt des Gerichts § 261; Richterzuweisung u. Aburteilung durch Ersuchen eines anderen GerH. § 262, 263; Ort u. Zeit der Hauptverhandlung § 264; Bewirkung der Ladungen usw. zur Hauptverhandlung § 265; Gestellung, Ladung des Angeklagten, Terminsbekanntmachung, Zwischenfristen § 266, 267; Terminsbekanntmachung an den Verteidiger § 268; Beweisanträge des Angeklagten vor der Hauptverhandlung § 269; kommissarische Vernehmung von Zeugen u. Sachverständigen wegen Verhinderung am Erscheinen in der Hauptverhandlung § 270, 271; Abänderung u. Zurücknahme der Anklageverfügung § 272. — In der Berufungsinstanz finden § 261 bis 271 mit der Maßgabe des § 388 Anwendung.

[553]) Über die hiervon rechtlich zu unterscheidende, wenn auch tatsächlich häufig damit zusammentreffende Berufung der Richter (Übertragung des Richteramts) vgl. Abs. 2, § 18 Abs. 4, § 41—44, 53, 68 (Anm. 152, 154, 158, 159, 179).

[554]) Gilt auch für das Oberkriegsgericht § 388 Abs. 1.

[555]) Nur, wenn auch § 39 keine Abhilfe bietet. — „Mangel" ist nicht nur das Nichtvorhandensein, sondern auch die durch Krankheit, Urlaub, dringenden Dienst usw. bedingte Nichtverfügbarkeit KrMVf. 6. Nov. 00.

[556]) Heer u. Marine haben sich gegenseitig Rechtshilfe zu leisten EG. § 11. Bei Ablehnung des Ersuchens Beschwerde im Aufsichtsweg Abs. 2 das.

[557]) Für die Wahl des einen oder anderen Wegs, sowie des „anderen GerH." müssen in erster Linie Zweckmäßigkeits- u. Kostenrücksichten maßgebend sein. Der zweite Weg ist namentlich für Fälle, in denen von Bezirkskommandeuren Anklage verfügt ist, von Bedeutung. — Der um Aburteilung ersuchte höhere GerH. kann, wenn er die niedere Gerichtsbarkeit für begründet erachtet, das Ersuchen ablehnen u. umgekehrt; unmittelbare Abgabe der Sache an einen niederen (bez. höheren) GerH. zur Aburteilung ist unzulässig, da sie den Instanzenzug verwirren würde. — Abgrenzung der Befugnisse des ersuchenden u. ersuchten GerH. § 263. — Das vom ersuchten GerH. berufene Gericht hat das Zutreffen der Voraussetzungen des § 262 nicht nachzuprüfen URMGer. 30. Nov. 01 (II 76).

Das Letztere kann auch geschehen, falls große Entfernung des Angeklagten oder der Zeugen[558]) oder militärdienstliche Gründe der Berufung des erkennenden Gerichts durch den zuständigen Gerichtsherrn entgegenstehen.

§ **263**. Ist in den Fällen des § 262 ein anderer Gerichtsherr um Herbeiführung der Aburtheilung ersucht worden, so verbleibt dem ersuchenden Gerichtsherrn das Recht der Einlegung von Rechtsmitteln und der Strafvollstreckung.[559])

Derselbe ist befugt, mit der Vertretung der Anklage vor dem erkennenden Gericht einen seiner Gerichtsoffiziere oder einen der ihm zugeordneten Kriegsgerichtsräthe zu beauftragen.

Im Uebrigen werden die gerichtsherrlichen Befugnisse von dem ersuchten Befehlshaber wahrgenommen.[560])

§ **264**. Ort und Zeit der Hauptverhandlung[561]) werden von dem Gerichtsherrn[217]) festgesetzt.

§ **265**. Die zur Hauptverhandlung erforderlichen[538]) Ladungen und die Herbeischaffung der als Beweismittel dienenden Gegenstände hat der Gerichtsherr[217]) zu veranlassen.

Die Gestellung[357]) oder Ladung[562]) der Zeugen und Sachverständigen regelt sich nach Vorschrift der §§ 185, 206, 207.

§ **266**. Angeklagte, welche zu den Personen des Soldatenstandes[314]) des aktiven Heeres[5]) oder der aktiven Marine[5]) gehören, sind zu dem anberaumten Termin zu gestellen.[356])[357])

Zwischen der Bekanntmachung der Anklageverfügung an den Angeklagten (§ 258) und der Hauptverhandlung muß, wenn die Hauptverhandlung vor dem Standgerichte stattfindet, eine Frist von drei Tagen[563]), in allen anderen Fällen von einer Woche[563]) liegen.

---

[558]) Weiterer Ausweg in diesem Fall § 270, 280. — Angeklagter heißt der Beschuldigte nach Erhebung der Anklage StPO. § 155.

[559]) Durch das Ersuchen wird der an sich zuständige GerH. in Ausübung seiner Befugnisse nicht weiter beschränkt als das Ersuchen bedingt. Mit Fällung des Urteils ist das Ersuchen erledigt. Die Entscheidung über die Berufung hat das dem ersuchenden GerH. übergeordnete Gericht, nicht das des ersuchten GerH. BeschlRMGer. 22. Mai u. 10. Juni 01 (I 173). — Rechtsmittel des Angeklagten gegen das Urteil können sowohl beim ersuchenden wie beim ersuchten GerH. eingelegt werden URMGer. 10. Febr. 03 (IV 188). Bestätigungsrecht § 418 (Anm. 934).

[560]) Der ersuchte GerH. hat demnach alle im 4.—6. Abschnitt dem GerH. zugewiesenen Entscheidungen u. Verfügungen zu treffen. Über die hiergegen eingelegte Rechtsbeschwerde entscheidet der ihm vorgesetzte höhere GerH. bezw. dessen erkennendes Gericht.

[561]) Sie braucht nicht am Garnisonort des GerH. stattzufinden URMGer. 29. März 02 (II 239). Die Regel soll dies aber sein KrMVf. 10. Dez. 02.

[562]) Anm. 293, 359, 397—399.

[563]) § 146. Die Frist ist bei mündlicher Bekanntmachung der Anklageverfügung usw. von dieser, nicht erst von Aushändigung der § 256 Abs. 4 genannten Abschriften ab zu berechnen (PE. II 35). — Bei Nichteinhaltung der Frist § 275 Abs. 3. Im Fall der

Der Termin zur Hauptverhandlung ist spätestens am vorhergehenden Tage dem Angeklagten dienstlich bekannt zu machen.[284]) Die Meldung, daß und wann dies geschieht, ist zu den Akten zu bringen.

Die im Absatze 2 und 3 bezeichneten Fristen können mit Zustimmung[564]) des Angeklagten abgekürzt werden. Im Felde[565]) finden dieselben keine Anwendung.

§ **267.** Angeklagte, welche nicht zu den im § 266 bezeichneten Personen gehören[358]), sind zu dem anberaumten Termine schriftlich zu laden.[562]) Die Ladung eines auf freiem Fuße befindlichen Angeklagten kann unter der Warnung geschehen, daß im Falle seines unentschuldigten Ausbleibens seine Vorführung oder Verhaftung erfolgen werde. Bei der Ladung eines nicht auf freiem Fuße befindlichen Angeklagten findet der § 140 Anwendung.

Zwischen der Ladung und dem Tage der Hauptverhandlung muß die im § 266 Absatz 2 vorgeschriebene Frist liegen.[566])

Im Verfahren vor den Feldgerichten und Bordgerichten[80]) bedarf es einer Ladung des Angeklagten nicht. Die Gestellung richtet sich nach den Umständen des Falles.

§ **268.** Der Termin zur Hauptverhandlung ist den zur Zeit der Anberaumung dieses Termins bereits bekannten Vertheidigern[567]) zugleich mit der Benachrichtigung (§ 266) oder Vorladung (§ 267) des Angeklagten, den erst später bestellten Vertheidigern gleichzeitig mit der Bestellung bekannt zu machen.[568])

§ **269.** Verlangt der Angeklagte vor dem Termine die Gestellung oder Ladung von Zeugen oder Sachverständigen oder die Herbeischaffung anderer Beweismittel zur Hauptverhandlung, so hat er unter Angabe der Thatsachen, über welche der Beweis erhoben werden soll, seine Anträge, soweit sie nicht bereits zu Protokoll erklärt sind (§ 256 Absatz 3)[569]), an

---

Aussetzung der Hauptverhandlung ist nicht nochmalige Fristeinhaltung erforderlich (PE. II 36).

[564]) Ausdrückliche Zustimmung erforderlich. Sie ist aktenkundig zu machen.

[565]) EG. § 5. Anders an Bord.

[566]) Die Frist ist von Zustellung oder (im Fall § 141) von dienstlicher Mitteilung der Ladungsabschrift ab zu berechnen. Im übrigen Anm. 563.

[567]) § 337—348. — Bekannt d. h. als Wahlverteidiger dem GerH. benannt oder als Verteidiger von Amtswegen von diesem bestellt. — Benennung als Wahlverteidiger für die 1. Instanz wirkt, falls nicht auf diese ausdrücklich beschränkt, auch für die höhere Instanz URMGer. 12. März 02 (II 225). Bestellung von Amtswegen wirkt dagegen nur für die betreffende Instanz URMGer. 30. Sept. 01 (II 8).

[568]) Durch Zustellung (Anm. 284, 545). — Unterlassung begründet Recht auf Aussetzung der Hauptverhandlung, wenn dadurch die Möglichkeit der Akteneinsicht (§ 344) entzogen wurde. Wird Aussetzung nicht beantragt, ist der Fehler geheilt URMGer. 12. März 02 (II 225).

[569]) Auch die nicht in der Form eines Antrags auf Ladung oder Gestellung zu Protokoll genommene Benennung von Zeugen durch den Angeklagten ist als solcher Antrag anzusehen, über den Entscheidung nach Abs. 3 u. 4 erfolgen

den Gerichtsherrn zu richten. Die Anträge sind von Mannschaften[265] des aktiven Heeres[5]) und der aktiven Marine[5]) dem nächsten mit Disziplinarstrafgewalt versehenen Vorgesetzten[267]) zu Protokoll zu erklären.[570])

Ist der Angeklagte verhaftet, so findet die Bestimmung des § 125 Absatz 3 Anwendung.

Die Verfügung des Gerichtsherrn[571]) ist dem Angeklagten bekannt zu machen. Gegen die Verfügung findet binnen drei Tagen nach der Bekanntmachung die Rechtsbeschwerde[277]) an den höheren Gerichtsherrn[372]) statt.

Den Anträgen des Angeklagten ist zu entsprechen, wenn dieselben begründet[572]) erscheinen oder wenn der Angeklagte, soweit es sich nicht um Personen des aktiven Heeres[5]) und der aktiven Marine[5]) handelt[573]), den erforderlichen Betrag der gesetzlichen Entschädigung für Reisekosten und Versäumniß der Zeugen oder Sachverständigen bei der Militärgerichtsschreiberei hinterlegt.[574])

Ergiebt sich in der Hauptverhandlung, daß die Vernehmung einer auf Kosten des Angeklagten geladenen Person zur Aufklärung der Sache dienlich war, so hat das Gericht[575]) auf Antrag anzuordnen, daß dem Angeklagten die hinterlegte Summe zurückzugeben sei.

§ **270.**[576]) Stehen dem Erscheinen eines Zeugen oder Sachverständigen in der Hauptverhandlung für eine längere oder ungewisse Zeit Krankheit oder

---

muß (PE. III 27). Ebenso ein Antrag des Verteidigers (gleichviel ob Wahlverteidiger oder bestellter Verteidiger PE. IV 90).

[570]) Oder auch zu Protokoll eines Gerichtsoffiziers oder Militärjustizbeamten.

[571]) Mitzeichnung nach § 97. — Entscheidung auch dann, wenn Angabe der Tatsachen, worüber die benannten Zeugen aussagen sollen, fehlt. Die ablehnende Vf. ist mit Gründen zu versehen § 136 (PE. III 27). — Bekanntmachung nur durch Zustellung § 137, 145 (PE. II 16).

[572]) D. h. wenn sie formell begründet (Abs. 1) u. materiell erheblich sind. — Verspätete Anträge können nicht deshalb zurückgewiesen werden, wenn die Ladung usw. noch möglich ist, § 300. Unbegründete Ablehnung eines außerhalb der Hauptverhandlung gestellten Beweisantrags kann nicht Revision begründen, wenn der Angeklagte ihn in der Hauptverhandlung nicht wiederholt hat URGer. 29. Nov. 79 (Straff. I 106); URMGer. 30. Jan. 03 (IV 170).

[573]) Nicht nur, wenn der Angeklagte, sondern auch wenn die zu gestellenden oder zu ladenden Zeugen oder Sachverständigen zum aktiven Heer gehören, ist Erzwingung der Ladung usw. durch Hinterlegung ausgeschlossen (PE. I 39). — Unmittelbare Ladung steht dem Angeklagten überhaupt nicht zu (anders StPO. § 219), wohl aber kann er selbst Zeugen in die Hauptverhandlung gestellen u. deren Vernehmung beantragen § 298 Abs. 2 u. 3.

[574]) KrAB. zu § 222 Abs. 2, 269 Abs. 4 (Anl. B). — Vertagung des Termins kann bei verspätetem Antrag auch durch Hinterlegung nicht erzwungen werden.

[575]) Nicht auch nach der Hauptverhandlung der GerH. Die Anordnung erfolgt durch Beschluß. Sie setzt nicht Freisprechung voraus.

[576]) Sog. kommissarische Vernehmung. Ausnahme vom Grundsatz der Mündlichkeit, sofern die nach § 270, 271 aufgenommenen Protokolle in der Hauptverhandlung verlesbar sind § 305. Weitere Fälle in § 195, 298 Abs. 2. —

Gebrechlichkeit oder andere nicht zu beseitigende Hindernisse entgegen, so kann der Gerichtsherr die Vernehmung desselben durch einen richterlichen Militärjustizbeamten oder Gerichtsoffizier [540]) oder durch Ersuchen eines Amtsrichters herbeiführen. Die Vernehmung [346]) erfolgt, soweit nicht gesetzliche Hindernisse oder erhebliche Bedenken [577]) dagegen obwalten, eidlich.

Dasselbe gilt, wenn ein Zeuge oder ein Sachverständiger vernommen werden soll, dessen Erscheinen wegen großer Entfernung besonders erschwert sein wird. [578])

§ **271.** Von den zum Zweck dieser Vernehmung anberaumten Terminen sind der Gerichtsherr, sofern dieser den Termin nicht selbst angeordnet hat, der Angeklagte und der Vertheidiger [567]) vorher zu benachrichtigen [351]), insoweit dies nicht wegen Gefahr im Verzug unthunlich ist. [578a]) Einer Vertretung der Anklage oder des Angeklagten bei der Vernehmung bedarf es nicht. Das aufgenommene Protokoll ist dem Gerichtsherrn und dem Angeklagten oder dem Vertheidiger vorzulegen. [579]) Die Bestimmungen des § 165 Absatz 4 und 5 finden Anwendung.

Das Gleiche gilt, wenn zur Vorbereitung einer Hauptverhandlung noch ein richterlicher Augenschein [348]) einzunehmen ist.

§ **272.** [580]) Auf Grund neu hervorgetretener Umstände kann der Gerichtsherr [217]) vor der Hauptverhandlung zu Gunsten des Angeklagten die

---

Auch die im Ausland durch einen deutschen Konsul erfolgte Vernehmung ist eine gerichtliche im Sinne § 270 G. 8. Nov. 67 (BGBl. 137). — Bei ausländischen Protokollen genügt es, wenn sie den am Ort der Aufnahme geltenden Prozeßvorschriften entsprechen URGer. 15. Mai 85 (Rechtspr. VII 293).

[577]) Gesetzliche Hindernisse § 199. — Erhebliche Bedenken nicht nur im Fall § 200, sondern auch bei offenbarer Unglaubwürdigkeit oder Unerheblichkeit der Aussage § 299 Abs. 4 (vgl. jedoch Anm. 427). Hält jedoch das erkennende Gericht nicht einstimmig diese Bedenken für zutreffend, so ist die Beeidigung, wenn noch ausführbar, nachzuholen § 305 Abs. 3 (PE. II 45). — Ist bei einer im Ausland bewirkten Vernehmung die Beeidigung nach den ausländischen G. unmöglich, so hindert dies die Verlesung nicht.

[578]) Hierbei kommt in Betracht: der dem Zeugen erwachsende Aufwand an Mühe u. Zeit, Beschaffenheit der Verkehrsmittel, Kosten der Reise, Wichtigkeit der Aussage für den Beweis u. a. — Die Frage kann bei zwei am gleichen Ort wohnenden Zeugen verschieden zu entscheiden sein URGer. 14. Mai 86 (Rechtspr. VIII 358). Nachprüfung des Zutreffens „großer Entfernung" ist in der Revisionsinstanz nicht ausgeschlossen URGer. 13. Mai 81 (Straff. IV 174) u. a. U.

[578a]) Nicht gleichbedeutend mit „Aufenthalt für die Sache" (§ 165), sondern andere Gefahr als Verzögerung gemeint, z. B. drohender Verlust des Beweismittels. Gefahr des Notwendigwerdens der Verlegung der Verhandlung genügt nicht URGer. 24. April 80 (Rechtspr. I 655).

[579]) Verzicht zulässig. Er ist anzunehmen, wenn in der Hauptverhandlung Vorlegung des Protokolls vor dessen Verlesung nicht verlangt wird URGer. 2. Juli 80 (Rechtspr. II 156).

[580]) Anm. 470, 512, 534, 549, 550.

[581]) Nicht auf die Fälle § 330, 354 auszudehnen.

[582]) Neu hervorgetretene Umstände können tatsächliche oder rechtliche sein, also z. B. auch Zurücknahme des erforderlichen Strafantrags, nachträglich erkanntes Fehlen eines gültigen Straf-

Anklageverfügung[581]) abändern oder zurücknehmen.[582]) Auf eine solche Entschließung finden die Bestimmungen der §§ 243 ff. entsprechende Anwendung.[583])

Fünfter Abschnitt.

Hauptverhandlung.[584])

§ **273**. Die Hauptverhandlung[585]) (§ 260) erfolgt vor dem vorschriftsmäßig besetzten[586]) Standgericht oder Kriegsgericht in ununter-

antrags oder Vorliegen eines sonstigen Schuld- oder Strafausschließungsgrunds, auch neue Entscheidungen oberer Gerichte (arg. „neue Umstände", nicht wie § 249 „neue Tatsachen oder Beweismittel"). Die Gründe sind aktenkundig zu machen. — Abänderung zu Ungunsten des Angeklagten ist nicht zulässig, auch nicht mit Zustimmung des Angeklagten, vgl. jedoch in der Hauptverhandlung § 319. Verweisung an das KriegsGer. statt an das StandGer. ist zulässig § 259 (Anm. 549). — Zurücknahme nicht nur behufs Einstellung (246—249), sondern auch zwecks Disziplinarbestrafung nach EG. MStGB. § 3, Erlaß von StrafVf. auf Grund eines nicht schwereren StrafG. (§ 349) oder Abgabe an das ZivilGer. (Anm 548). — Äußerster Zeitpunkt der Zurücknahme § 294.

[583]) Besonders § 246—249. Die Zurücknahme ist dem Angeklagten nach § 256, 257 bekannt zu machen. — Spätere Wiedererhebung der Anklage schließt das G. nicht aus (z. B. wenn der nach der Tat in Geisteskrankheit verfallene Angeklagte nach Zurücknahme der Anklageverfügung wieder gesund wird).

[584]) Der 5. Abschnitt schließt sich mit geringen Abweichungen dem entsprechenden Abschnitt der StPO. (§ 225—275) an, enthält jedoch außerdem eine Reihe in das GVG. aufgenommener Bestimmungen (Anm. 236). — Inhalt: Mündlichkeit, mitwirkende notwendige Personen, Ausschluß des GerH. § 273, 274 f.; Aussetzung u. Unterbrechung § 275, 276; Festnahme des Angeklagten in der Hauptverhandlung § 277; Folgen der Abwesenheit oder Entfernung des Angeklagten § 278 f.; Entbindung des Angeklagten vom Erscheinen, Vertretung durch Verteidiger § 280, 281; Öffentlichkeit § 282; Ausschluß derselben, Zulässigkeit § 283, 284; Verhandlung über Ausschluß § 285; Schweiggebot § 286; beschränkter Zutritt von aktiven MilPersonen § 287; ausnahmsweise Versagung u. Gestattung des Zutritts, Zutrittsrecht des Verletzten § 288; Ausübung der Sitzungspolizei § 289, 290; strafbare Handlungen in der Sitzung § 291; Verhandlungsführung § 292; Fragerecht der Beisitzer u. Prozeßbeteiligten § 293; Beginn der Hauptverhandlung, Aufruf § 294; Bildung des Gerichts, Verlesung der Richterliste, Hinweis auf Ablehnungsrecht, Richterbeeidigung § 295, 296; Verhandlung in der Sache, Vernehmung des Angeklagten, Verlesung der Anklageverfügung § 297; Beweisaufnahme, Ausdehnung derselben auf weitere Beweismittel auf Antrag oder von Amtswegen § 298; Erstreckung derselben auf die herbeigeschafften Beweismittel, Unterlassung der Zeugenbeeidigung § 299; verspätetes Vorbringen von Beweisen, Folgen § 300; zeitweiliges Abtreten des Angeklagten § 301; Entfernung vernommener Zeugen usw. § 302; Urkundenbeweis § 303; Grundsatz der Unmittelbarkeit § 304, Ausnahmen hiervon, Verlesung § 305—310; Gehör (Befragung) § 311; Schlußvorträge § 312, 313; Schluß der Hauptverhandlung, Urteilsarten § 314; freie Beweiswürdigung § 315; vorentscheidendes bürgerliches Rechtsverhältnis § 316; Urteilsbefugnis, Grenzen § 317; Veränderung des rechtlichen Gesichtspunktes § 318; Ausdehnung der Anklage auf andere Taten § 319; Urteilsberatung und Abstimmung § 320—325; Urteilsgründe § 326; Urteilsverkündung § 327; Unzuständigkeitserklärung des Gerichts § 328—330; Protokoll über die Hauptverhandlung § 331—335; Urteilsförmlichkeiten, Ausfertigungen § 336. — Die Bestimmungen dieses Abschnitts

brochener Gegenwart[587]) der zur Urtheilsfindung berufenen Personen[588]) sowie des mit der Vertretung der Anklage beauftragten[216]) Gerichtsoffiziers oder Kriegsgerichtsraths und eines Gerichtsschreibers.[345])

Die Hauptverhandlung findet in Abwesenheit des Gerichtsherrn[589]) statt.

§ **274.** Es können in der Hauptverhandlung mehrere Gerichtsschreiber, mehrere Vertreter der Anklage, sowie mehrere Vertheidiger mitwirken[590]) und sich in die ihnen obliegenden Verrichtungen theilen.

§ **275.** Wird in der Hauptverhandlung die Aussetzung[591]) derselben beantragt, so entscheidet das Gericht. Kürzere Unterbrechungen ordnet der Vorsitzende an.

Eine Verhinderung des Vertheidigers giebt nur in den Fällen der nothwendigen Vertheidigung (vergl. § 338) dem Angeklagten das Recht, die Aussetzung der Verhandlung zu verlangen.[592])

Ist die Frist des § 266 Absatz 2 und des § 267 Absatz 2 nicht eingehalten, so soll[593]) der Vorsitzende den Angeklagten mit der Befugniß, Aussetzung der Verhandlung zu verlangen, bekannt machen.

---

gelten von einzelnen Ausnahmen abgesehen (§ 280 Abs. 2, 281, 292 Abs. 1 u. 2, 296 Abs. 1, 299 Abs. 1, 318 Abs. 3, 324, 327, Abs. 1, 330, 336 Abs. 4) gleichmäßig für das Stand- u. KriegsGer. Verteidiger kommen vor dem StandGer. nicht in Betracht § 337. — In der Berufungsinstanz sind nur die § 273—279, 282—293, 331 bis 335 für anwendbar erklärt (§ 390); in der Revisionsinstanz § 274, 275 Abs. 1, 282—289, 290 Abs. 1—4, 291, 320, 321, 322 (§ 409 Abs. 4).

585) Einschließlich der Urteilsverkündung § 327, ausschließlich der Beratung § 325.

586) StandGer. § 38—44, KriegsGer. § 49—60; OberkriegsGer. § 66—70. — Zuziehung von Ergänzungsrichtern (GVG. § 194 Abs. 2) ist nicht zulässig.

587) In Fällen der notwendigen oder für sachgemäß erachteten Verteidigung (§ 338, 339) ist auch ununterbrochene Gegenwart eines Verteidigers erforderlich § 346. Die Person desselben kann jedoch wechseln § 274. — Abwesenheit (auch nur teilweise) einer der notwendigen Personen ist absoluter Revisionsgrund § 400 Nr. 5. Zu diesen Personen gehört, abgesehen von den Ausnahmen der § 279, 280, 301, auch der Angeklagte (§ 278), nicht aber der Wahlverteidiger, auch wenn er dem Gericht benannt ist § 275 Abs. 2 (vgl. jedoch § 346).

588) Vgl. jedoch § 128 Abs. 2 (Verhandlung über Ablehnung).

589) Nur desjenigen, auf dessen Befehl oder Ersuchen das erkennende Gericht zusammengetreten ist URMGer. 22. Febr. 02 (II 207). — Auch Vernehmung dieses GerH. als Zeugen ist ausgeschlossen.

590) Sie können gleichzeitig oder nacheinander mitwirken URGer. 5. Juli 87 (Straff. XVI 180).

591) Aussetzung (auf Antrag oder von Amtswegen) § 275 Abs. 3, 278, 298 Abs. 2, 318 Abs. 3, 346, 392. — Abbrechung der Hauptverhandlung § 52 Abs. 2 (Anm. 177) oder wenn sich während der Hauptverhandlung einer der Ausschließungsgründe des § 122 herausstellt. — Festsetzung des Termins zur Fortsetzung oder zum Neubeginn der Hauptverhandlung kann sofort durch das Ger. erfolgen (Verkündung nach § 137 Abs. 1), andernfalls durch den GerH. nach § 266 Abs. 3, 267 Abs. 1, 268. Einhaltung der Fristen (§ 266 Abs. 2) nach einer Aussetzung nicht erforderlich (PE. II 36).

592) § 346. Aussetzung bei Ausbleiben des gewählten Verteidigers steht im Ermessen des Ger.

593) Sollvorschrift. Unterlassung kein Anfechtungsgrund (PE. I 43), wohl

§ **276.** Eine unterbrochene Hauptverhandlung muß spätestens am vierten Tage nach der Unterbrechung fortgesetzt werden[594]), widrigenfalls mit dem Verfahren von Neuem zu beginnen ist.

§ **277.** Im Falle der Aussetzung oder Unterbrechung der Hauptverhandlung kann das Gericht die Festnahme des bis dahin auf freiem Fuße befindlichen Angeklagten anordnen.[595]) Dasselbe gilt im Falle der Verurtheilung.[596]) Von der Anordnung der Festnahme ist der Gerichtsherr in Kenntniß zu setzen. Derselbe hat zu bestimmen, ob die Festnahme aufrecht zu erhalten ist.[597])

§ **278.** Gegen einen ausgebliebenen Angeklagten findet eine Hauptverhandlung nicht statt.[598])

Ist das Ausbleiben eines gemäß § 267 Absatz 1 geladenen[599]) Angeklagten nicht genügend entschuldigt, so kann die Vorführung angeordnet oder die Verhaftung veranlaßt werden.[600])

---

aber Unterlassung der Aussetzung trotz Antrag des Angeklagten gemäß Abs. 3.

[594]) Der Tag der Unterbrechung zählt nicht mit (PE. III 28). — § 146 Abs. 3 findet nicht Anwendung. — Wiederholte Unterbrechung u. Fortsetzung innerhalb vier Tagen ist zulässig. — Bei Fortsetzung innerhalb vier Tagen ist Anwesenheit derselben Richter, nicht aber Wiederholung des vor der Unterbrechung liegenden Teils der Hauptverhandlung erforderlich. Bei späterem Neubeginn ist die Hauptverhandlung von Anfang an zu wiederholen, als ob sie noch nie begonnen hätte. Beeidigung kann jedoch nach § 201 erfolgen. — Für die ausgesetzte Urteilsverkündigung nur 3tägige Frist § 327 Abs. 1.

[595]) Die Anordnung ist nur eine vorläufige Maßregel. Die Voraussetzungen der § 176, 180 sind nicht verlangt. — Die Festnahme darf nur wegen derjenigen Tat erfolgen, die nach der Anklageverfügung oder nach § 319 Gegenstand der Anklage ist (PE. II 39). — Protokollierung § 333. — Anderweite Möglichkeit § 279 Abs. 1.

[596]) In den Fällen § 179 Abs. 1 Satz 2 wird auch bei Verurteilung die Festnahme regelmäßig ausgeschlossen sein, wenn das Gesetz dies auch nicht ausdrücklich bestimmt.

[597]) Benachrichtigung des GerH. erfolgt am geeignetsten durch den Vertreter der Anklage u. zwar ohne Verzug. — Die Vf. des GerH., wodurch die Festnahme aufrecht erhalten wird, hat in der Form eines Haftbefehls (§ 175, 176) zu erfolgen (PE. III 29). Der Festgenommene muß gemäß § 177 gehört u. über die ihm zustehende Rechtsbeschwerde belehrt werden (PE. I 25, IV 38). Ausnahme Anm. 372. — Aufhebung der Festnahme § 179.

[598]) Ausnahmen § 280, sowie in Berufungs- u. Revisionsinstanz (§ 389, 408). Die Ausnahme der StPO. § 231, 319—326, 470—476 kennt die MStGerO. nicht. — Das Verfahren gegen Abwesende (§ 356—362) beschränkt sich auf Sicherung der Beweise. — Bei Ausbleiben eines von mehreren Angeklagten kann nach Ermessen des Ger. gegen die Erschienenen getrennt verhandelt werden.

[599]) Bei Ausbleiben der § 266 genannten Personen sind militärische Straf- u. Zwangsmittel anzuwenden Anm. 357.

[600]) Zur Anordnung der Vorführung (§ 172 Abs. 4 u. 5) ist auch das Ger., zum Erlaß des Haftbefehls nur der GerH. zuständig. Das G. stellt hier einen selbständigen Vorführungs- u. Haftgrund auf; die Voraussetzungen des § 176 sind nicht erforderlich. — Kann die neue Hauptverhandlung nicht spätestens bis Ablauf des auf die Vorführung folgenden Tages stattfinden, so muß Freilassung oder Verhaftung erfolgen (§ 172 Abs. 5).

[601]) Vorsitzender u. Verhandlungsführer sind bei Kriegs- u. OberkriegsGer. stets, bei Standgericht möglicher-

§ **279.** Der erschienene Angeklagte darf sich aus der Verhandlung nicht entfernen. Der Vorsitzende[601]) kann die geeigneten Maßregeln treffen, um die Entfernung desselben zu verhindern; auch kann er ihn während einer Unterbrechung der Verhandlung in Gewahrsam halten lassen.[602])

Entfernt der Angeklagte sich dennoch, oder bleibt er bei der Fortsetzung einer unterbrochenen Hauptverhandlung aus, so kann diese in seiner Abwesenheit zu Ende geführt werden[603]), wenn seine Vernehmung über die Anklage schon erfolgt war und das Gericht seine fernere Anwesenheit nicht für erforderlich erachtet.[604])

§ **280.** Der Angeklagte kann mit seiner Zustimmung[605]) wegen großer Entfernung seines Aufenthaltsorts[606]) von dem Erscheinen in der Hauptverhandlung entbunden werden. Ueber einen darauf gerichteten Antrag des Angeklagten entscheidet, wenn er vor der Hauptverhandlung eingeht, der Gerichtsherr[217]), anderenfalls das erkennende Gericht nach Anhörung des Vertreters der Anklage.

Für die Hauptverhandlung vor einem Kriegsgerichte darf eine Entbindung des Angeklagten vom Erscheinen nur dann eintreten, wenn voraussichtlich keine andere als eine innerhalb der Strafbefugnisse der Standgerichte liegende Strafe[607]) zu erwarten steht.[604])

---

weise verschiedene Personen § 38, 61, 69 (Anm. 149, 185).

[602]) Dauert die Unterbrechung nicht bloß kurze Zeit, sondern mehrere Tage (§ 276), so ist nach § 277 zu verfahren oder Haftbefehl vom GerH. zu erlassen.

[603]) Nur bei verschuldeter Entfernung oder Ausbleiben, nicht bei Krankheit URGer. 1. Dez. 91 (Straff. XXII 247) u. a. U. — Eröffnung des Urteils nach § 327 Abs. 4 u. 5. — Bei Entfernung des von Amtswegen bestellten Verteidigers findet Abs. 2 keine Anwendung § 346. — Dagegen steht Entfernung des Angeklagten der Fortführung der Verteidigung durch den mit schriftlicher Vollmacht versehenen Verteidiger nicht im Wege § 281.

[604]) Andernfalls Aussetzung der Hauptverhandlung u. Gestellung oder Ladung, nötigenfalls Vorführung oder Verhaftung des Angeklagten gemäß § 278 Abs. 2. So besonders, wenn der Angeklagte über neue Tatsachen zu hören oder auf Veränderung des rechtlichen Gesichtspunktes hinzuweisen ist (§ 318). Hinweis des Vertreters (§ 281) genügt nicht URGer. 20. Febr. 85 (Straff. XII 45).

[605]) Nicht notwendig Antrag (anders StPO. § 232). Zustimmung kann vom GerH. eingeholt werden. Sie darf nicht durch dienstliche Verbietung des Erscheinens erzwungen werden. — Auch der nach § 281 legitimierte Verteidiger kann namens des Angeklagten dessen Zustimmung erklären oder den Antrag auf Entbindung stellen (PE. IV 40). — In der Berufungsinstanz gilt § 389 statt § 280.

[606]) Anm. 578. Der körperliche Zustand des Angeklagten kann für Feststellung großer Entfernung von Einfluß sein URGer. 20. Mai 89 (Straff. XIX 248). Entbindung aus sonstigen Gründen ist unzulässig. — Ladung des Angeklagten nach § 267 ist trotz erfolgter Entbindung vom Erscheinen erforderlich, jedoch ohne die dort genannte Warnung. — Urteilsverkündung § 327 Abs. 4 u. 5.

[607]) Im Frieden § 47, im Feld u. an Bord § 63. — § 47 Abs. 2 u. Anm. 167 (Gesamtstrafe) gilt auch hier. — Auf eine höhere Strafe darf in Abwesenheit des Angeklagten nicht er-

Das erkennende Gericht bleibt befugt, nachträglich das persönliche Erscheinen des Angeklagten zu beschließen.[608])

§ **281.** Insoweit die Hauptverhandlung vor dem Kriegsgericht ohne Anwesenheit des Angeklagten stattfinden kann[609]), ist letzterer befugt, sich durch einen mit schriftlicher Vollmacht versehenen Vertheidiger vertreten[610]) zu lassen.

§ **282.** Die Hauptverhandlung erfolgt öffentlich.[611])

§ **283.** Die Oeffentlichkeit kann für die ganze Verhandlung oder für einen Theil derselben durch Beschluß des Gerichts[612]) ausgeschlossen[613]) werden, wenn sie eine Gefährdung der öffentlichen Ordnung, insbesondere der Staatssicherheit, oder eine Gefährdung militärdienstlicher Interessen[614]) oder eine Gefährdung der Sittlichkeit besorgen läßt.

Unberührt bleibt die nach § 8 des Reichsmilitärgesetzes vom

---

kannt werden, auch wenn er nach § 281 vertreten ist URGer. 13. Jan. 87 (Straff. XV 337); auch auf Bekanntmachungsbefugnis nicht (Anm. 83).

[608]) In den Anm. 604, 607 genannten Fällen muß dies geschehen. Ebenso auch, wenn das Protokoll über Vernehmung des Angeklagten im Ermittelungsverfahren nicht verlesen werden kann, weil weder ein Geständnis des Angeklagten noch seines Vertreters (§ 281) oder kein gerichtliches Protokoll vorliegt (§ 308), da Verurteilung ohne jede Kenntnis des Ger. von den Angaben des Angeklagten nicht erfolgen kann, eine dem Schlußsatz des § 232 entsprechende Bestimmung aber, wonach das Protokoll über Vernehmung des Angeklagten in solchen Fällen stets verlesbar wäre, in MStGerO. fehlt.

[609]) Nicht nur § 280, sondern auch § 279 Abs. 2.

[610]) Verteidiger § 337—348, besonders 341. — Vertretung (weitergehend als Verteidigung) schließt in sich die Befugnis, sowohl prozessuale Rechte für den Angeklagten wahrzunehmen (Beweisanträge, Erklärungen nach § 299 Abs. 2 u. 4, 300, 302, 305 Abs. 2, 311) als tatsächliche Erklärungen, auch Zugeständnisse abzugeben. Auf die Fälle § 318, 319 erstreckt sich jedoch die Vertretungsbefugnis nicht (Anm. 604). — Der gemäß § 338, 339 bestellte Verteidiger muß auch ohne Vollmacht zugelassen werden, ist jedoch ohne solche zur Vertretung im obigen Sinne nicht befugt. — Frühere Beweisanträge des Angeklagten müssen, falls nicht ausdrücklich vom Vertreter zurückgenommen, nach § 298 beschieden werden URGer. 4. Febr. 84 (Straff. X 135).

[611]) Verletzung ist absoluter Revisionsgrund § 400 Nr. 6. Ausnahmen: § 283, 287, 288 Abs. 1, 290 Abs. 1, 325. — Recht auf Zutritt nur soweit Raum vorhanden AAB. zu § 283 (Anl. A).

[612]) Nicht auf Anordnung des Vorsitzenden oder Verhandlungsführers. Der Gerichtsbeschluß ist von Amtswegen oder auf Antrag, in jedem Stadium der Verhandlung möglich. — Protokollierung des Beschlusses § 332 Nr. 6, 333. — Verfahren bei Ausschluß (§ 284, 285): zuerst Schließung der Türen; darauf Verhandlung über Ausschluß in nichtöffentlicher Sitzung; geheime Beratung; Wiederherstellung der öffentlichen u. Verkündung des Beschlusses über Ausschluß; sodann wieder endgültige Schließung der Türen. Diese sämtlichen Vorgänge sind zu protokollieren. — Zur Wiederherstellung der Öffentlichkeit genügt, wenn der Verschluß der Türen aufgehoben wird URMGer. 7. Jan. 03 (IV 132).

[613]) Ausnahmsweise Gewährung des Zutritts bei Ausschluß der Öffentlichkeit § 288 Abs. 2. — Schweiggebot, Preßverbot § 286; EG. § 18.

[614]) Erweiterung von GVG. § 183. Besonderer Fall hiervon Gefährdung der Disziplin Abs. 2.

2. Mai 1874 dem Kaiser zustehende Befugniß, allgemeine Vorschriften[615]) darüber zu erlassen, unter welchen Voraussetzungen das Gericht die Oeffentlichkeit der Verhandlung wegen Gefährdung der Disziplin auszuschließen hat.

§ **284.** Die Verkündung des Urtheils und der Urtheilsgründe erfolgt öffentlich.

Durch einen besonderen Beschluß[616]) des Gerichts[612]) kann für die Verkündung der Urtheilsgründe oder eines Theiles derselben die Oeffentlichkeit aus einem der im § 283 bezeichneten Gründe ausgeschlossen werden.

§ **285.**[617]) Die Verhandlung über die Ausschließung der Oeffentlichkeit findet in nicht öffentlicher Sitzung statt.[617a]) Der Beschluß, welcher die Oeffentlichkeit ausschließt, muß öffentlich verkündet werden. Bei der Verkündung ist anzugeben, aus welchem der im § 283 bezeichneten Gründe die Ausschließung erfolgt.[618])

§ **286.** Ist die Oeffentlichkeit wegen Gefährdung der Staatssicherheit oder wegen Gefährdung militärdienstlicher Interessen[614]) ausgeschlossen, so kann das Gericht[612]) den anwesenden Personen die Geheimhaltung von Thatsachen, welche durch die Verhandlung, durch die Anklageschrift oder durch andere amtliche Schriftstücke des Prozesses zu ihrer Kenntniß

[615]) Diese sind ergangen durch AO. 28. Dez. 99 (AVB. 00 S. 360):

Die Disziplin verlangt, daß auch im gerichtlichen Verfahren das Ansehen der Kommandogewalt, der militärischen Einrichtungen, Verordnungen u. Gebräuche erhalten, der Sinn für die unbedingte Unterordnung des Untergebenen unter den Vorgesetzten jeden Grades gewahrt, und dem berechtigten Ehrgefühl aller Betheiligten, insbesondere derjenigen des Offizierstandes, Rechnung getragen wird.

Sobald dieser Grundsatz gefährdet ist, sei es nach dem Gegenstande der Anklage, nach den Eigenheiten des zur Verhandlung kommenden Falles, nach der Persönlichkeit des Angeklagten oder der Zeugen, nach zeitlichen oder örtlichen besonderen Verhältnissen, ist die Oeffentlichkeit auszuschließen.

Die Prüfung, ob der Ausschluß der Oeffentlichkeit zu beantragen, gehört in erster Linie zu den Pflichten des Gerichtsherrn und des Vertreters der Anklage. Aber auch die erkennenden Gerichte sind verpflichtet, ohne solchen Antrag die Oeffentlichkeit für die ganze Verhandlung oder einen Theil derselben auszuschließen, wenn die Voraussetzungn hierfür nach dem vorstehend von Mir gegebenen Grundsatz eintreten.

[616]) D. h. der Ausschluß der Öffentlichkeit für Verkündung der Urteilsgründe muß *besonders* ausgesprochen u. begründet werden. Dies kann aber *gleichzeitig* mit dem die Öffentlichkeit für die Verhandlung ausschließenden *Beschluß* geschehen. Andernfalls ist das Anm. 612 genannte Verfahren zu wiederholen. — *Verkündung der Urteilsformel erfolgt stets öffentlich.*

[617]) Sowohl im Fall § 283, als § 284 Abs. 2 anwendbar.

[617a]) Die Verhandlung erfordert das Gehör aller Prozeßbeteiligten. Sie muß stets, auch ohne Antrag stattfinden (anders GVG. § 175). Protokollierung erforderlich.

[618]) Es bedarf nur der Anführung eines der fünf in § 283 bezeichneten Ausschließungsgründe, keiner weiteren Begründung. Ungenügende Verkündung (Protokoll!) ist absoluter Revisionsgrund § 400 Nr. 6, 402.

[619]) *Bestrafung* bei Zuwiderhandlung EG. § 18 Abs. 1. — Preßverbot Abs. 2 das.

gelangen, zur Pflicht machen.[619]) Der Beschluß[620]) ist in das Sitzungsprotokoll aufzunehmen.

§ **287**. Der Zutritt zu öffentlichen Verhandlungen ist aktiven Militärpersonen[620a]) nur insoweit gestattet, als dieselben im Range[148]) nicht unter dem Angeklagten und, wenn mehrere Personen verschiedenen militärischen Ranges angeklagt sind, nicht unter dem Range des höchstgestellten[148]) Mitangeklagten stehen. Doch kann auch in diesen Fällen dem Verletzten[248]) der Zutritt gestattet[621]) werden.

§ **288**. Der Zutritt zu öffentlichen Verhandlungen kann weiblichen, sowie unerwachsenen und solchen Personen versagt[622]) werden, welche sich nicht im Besitze der bürgerlichen Ehrenrechte[623]) befinden, oder welche in einer der Würde des Gerichts nicht entsprechenden Weise erscheinen.

Zu nicht öffentlichen Verhandlungen kann der Zutritt einzelnen Personen von dem Vorsitzenden gestattet werden; dem Verletzten[248]) ist der Zutritt, sofern nicht die Oeffentlichkeit wegen Gefährdung der Staatssicherheit ausgeschlossen ist, stets zu gestatten. Das Gericht[622]) kann aus Gründen der Disziplin die Entfernung des Verletzten anordnen[624]), wenn derselbe zu den Personen des aktiven Heeres[5]) oder der aktiven Marine[5]) gehört.

§ **289**. Die Aufrechterhaltung der Ordnung in der Sitzung liegt dem Vorsitzenden[625]) ob.

§ **290**. Angeklagte, Zeugen, Sachverständige oder bei der Verhandlung nicht betheiligte Personen, welche den zur Aufrechterhaltung der Ordnung erlassenen Befehlen nicht gehorchen, können auf Beschluß des Gerichts[612]) von der Gerichtsstelle entfernt werden.[626])

---

[620]) Nicht anfechtbar (anders GVG. § 175 Abs. 2).

[620a]) Begriff Anm. 5. Auf aktive MilPersonen, die als Zeugen vernommen sind, bezieht sich § 287 nicht (PE. IV 41). Unteroffiziere haben in Hauptverhandlungen gegen Sergeanten als Zuhörer Zutritt URMGer. 18. Okt. 02 (IV 3).

[621]) Vom Vorsitzenden § 38, 61, 69.

[622]) Gerichtsbeschluß erforderlich (PE. I 44).

[623]) StGB. § 32.

[624]) Trifft § 287 zu, so ist Entfernung des Verletzten die Regel. — Wird der Verletzte als Zeuge vernommen, so gelten bis zu seiner Vernehmung § 192 Abs. 1, 297 Abs. 1. Nach der Vernehmung ist unfreiwillige Entfernung des Verletzten nur nach § 288, nicht nach § 302 zulässig.

[625]) Anm. 601. — Sitzungspolizeiliche Befugnisse des Gerichts § 277, 290 Abs. 1, 3, 4; § 301 Abs. 2. — Einschränkung zu weitläufiger Ausführungen des Angeklagten u. Verteidigers durch Wortentziehung gehört zur Sachleitung u. steht daher dem Verhandlungsführer, nicht dem Vorsitzenden zu § 392. Zu Mahnungen u. Rügen der Prozeßbeteiligten (auch des Anklagevertreters) wegen unangemessener Ausdrucksweise oder Betragens ist dagegen der Vorsitzende allein befugt. — Unangemessenes Verhalten milit. Richter (auch des Vorsitzenden) kann vom GerH. nur sofern er zugleich Disziplinarvorgesetzter ist, geahndet werden.

[626]) Nötigenfalls gewaltsam. Der Angeklagte kann in Gewahrsam gehalten werden § 279 (vgl. auch § 301 Abs. 2).

Personen des Soldatenstandes[314]) des aktiven Heeres[5]) und der Marine[5]), welche sich in der Sitzung einer Ungebühr schuldig machen[626a]), **sind**, sofern nicht gerichtliche Verfolgung eintritt, disziplinarisch mit Arrest zu bestrafen. Die Bestimmung des § 202 Absatz 3 findet Anwendung.[627])

Gegen andere Personen[358]) kann das Gericht[612]) in einem solchen Falle, vorbehaltlich der strafrechtlichen Verfolgung, eine Ordnungsstrafe bis zu einhundert Mark oder bis zu drei Tagen Haft[627a]) festsetzen[283]) **und** sofort vollstrecken lassen. Die erforderlichen Anordnungen[628]) trifft der Vorsitzende.

Gegen einen Rechtsanwalt, der als Vertheidiger in der Sitzung einer Ungebühr sich schuldig macht, kann das Gericht, vorbehaltlich der disziplinaren[629]) oder strafgerichtlichen Verfolgung, eine Ordnungsstrafe bis zu einhundert Mark festsetzen.[283])

Ist eine Ordnungsstrafe festgesetzt, so findet binnen der Frist von einer Woche nach der Bekanntmachung[284]) der Entscheidung die Rechtsbeschwerde[630]) an das Oberkriegsgericht statt. Dieselbe hat nur in den Fällen des Absatzes 4 aufschiebende Wirkung.

§ **291.** Wird eine strafbare Handlung in der Sitzung begangen, so hat das Gericht[612]) den Thatbestand festzustellen und der zuständigen Behörde das darüber aufgenommene Protokoll mitzutheilen. In geeigneten Fällen ist die vorläufige Festnahme des Thäters zu verfügen.[631])

§ **292.** Bei dem Kriegsgericht erfolgt die Vernehmung des Angeklagten und die Aufnahme des Beweises[632]) durch den die Verhandlung führenden Kriegsgerichtsrath[633]) (§ 61).

[626a]) Gleichviel, ob als Angeklagte, Zeugen, Sachverständige, Verteidiger, Vertreter der Anklage oder Zuhörer.

[627]) Disziplinarbestrafung erfolgt durch den **Disziplinarvorgesetzten**, nicht durch das Ger. (PE. IV 42). Bei Disziplinarbestrafung gemäß EG. MStGB. § 3 findet § 251 Anwendung. — Der Täter kann nach § 291 festgenommen werden.

[627a]) Mindestbetrag ein Tag StGB. § 18 (bestritten).

[628]) D. h. die den **Vollzug**, insbesondere einer Haftstrafe betreffenden Anordnungen. Die Vollstreckung sowohl der Geld- wie der Haftstrafe erfolgt auch gegen Zivilpersonen auf militärischem Wege § 462 des G., MStV. (Nr. 2 Anl. D d. W.) § 28—30.

[629]) Ehrengerichtliches Verfahren RechtsanwO. 1. Juli 78 (RGB. 177) § 62—97.

[630]) Anbringung seitens des Angeklagten § 369, seitens sonstiger Personen Anm. 450. Entscheidung usw. § 375 ff. — Ist die Ordnungsstrafe vom OberkriegsGer. selbst verhängt, so muß über die Rechtsbeschwerde das RMGer. entscheiden.

[631]) Vom **Gericht**. — **Weiteres Verfahren** bei der MilGerichtsbarkeit unterstellten Personen nach § 181, 156 ff., bei anderen Personen nach StPO. § 128.

[632]) Sog. **Sachleitung**. Sie umfaßt außer Vernehmung von Angeklagten, Zeugen u. Sachverständigen, Verlesung von Urkunden usw. alle auf die Beweisaufnahme bezüglichen Entscheidungen, soweit sie nicht ausdrücklich dem **Gericht** zugewiesen sind (§ 292 Abs. 3, 298, 299, 300 Abs. 4, 301, 305 Abs. 3, 316 Abs. 2, 318 Abs. 3, 319). Auch die Entschließung über Beeidigung oder Nichtbeeidigung von Zeugen in den Fällen § 199, 200, ebenso die Wiedereröffnung der geschlossenen Beweisauf-

Bei den Standgerichten kann der Vorsitzende die Führung der Verhandlung einem Beisitzer überlassen.[634])

Wird eine auf die Sachleitung[632]) bezügliche Anordnung als unzulässig beanstandet[635]), so entscheidet das Gericht.

§ **293**. Jedem Mitgliede des Gerichts, dem Vertreter der Anklage, dem Angeklagten und dem Vertheidiger ist auf Verlangen zu gestatten, Fragen an die Zeugen und Sachverständigen zu stellen.[636]) Der Vertheidiger kann die Fragen nur durch den die Verhandlung Führenden stellen.

Ungeeignete oder nicht zur Sache gehörige Fragen[637]) können von dem die Verhandlung Führenden zurückgewiesen werden.

Zweifel[638]) über die Zulässigkeit einer Frage entscheidet das Gericht.[622])

§ **294**. Die Hauptverhandlung beginnt mit dem Aufrufe[639]) des Angeklagten, des Vertheidigers[567]), der Zeugen und der Sachverständigen.

§ **295**. Nachdem der Aufruf erfolgt ist, verliest der Vorsitzende[601]) die Namen der zur Hauptverhandlung berufenen Richter und weist den Angeklagten auf die Bestimmung des § 125 Absatz 1[640]) hin.

---

nahme steht zunächst dem Verhandlungsführer zu (PE. I 45, II 40). — Wortentziehung Anm. 625.

[633]) Ausschließliche u. unübertragbare Befugnis des Verhandlungsführers (Anm. 601). — Der Vorsitzende des Kriegs- u. OberkriegsGer. hat kein selbständiges Recht zur Befragung von Angeklagten u. Zeugen; hat sich vielmehr, wie jedes andere Gerichtsmitglied, dieserhalb an den Verhandlungsführer zu wenden. Fragen an den Angeklagten können nur durch den Verhandlungführer selbst gestellt werden, von dessen Ermessen es abhängt, ob er die Frage stellen will (vorbehältlich Abs. 3) URMGer. 31. Jan. 01 (I 22). Fragen an Zeugen u. Sachverständige § 293.

[634]) Dann gilt für Fragen des Vorsitzenden das Anm. 633 Gesagte (PE. II 40).

[635]) Nur Beanstandung der Gesetzlichkeit, nicht auch der Zweckmäßigkeit (z. B. der Reihenfolge der Zeugenvernehmungen) ist zulässig. — Die Beanstandung kann sowohl von einem Prozeßbeteiligten als einem GerMitglied ausgehen. — Abs. 3 gilt auch gegenüber den dem Vorsitzenden zugewiesenen Anordnungen.

[636]) Die Frageberechtigten (mit Ausnahme des Verteidigers) können die Fragen selbst u. unmittelbar an Zeugen u. Sachverständige stellen. — Befragung des Angeklagten nur durch den Verhandlungsführer Anm. 633. — Das sog. Kreuzverhör (StPO. § 238) kennt die MStGerO. nicht. — Fragerecht des Sachverständigen an Zeugen u. Angeklagte § 216 Abs. 2, 299 Abs. 3.

[637]) Ungeeignete sind unpassend gefaßte, den Zeugen usw. unnötig verletzende oder schon ausreichend von ihm beantwortete Fragen URMGer. 11. Jan. 02 (II 153). — Wegen bloßer Unerheblichkeit können Fragen, die nicht außer Beziehung zur Sache stehen, nicht zurückgewiesen werden URGer. 8. März 83 (Straff. VIII 161) u. a. — Fragen, deren Beantwortung nach § 190 verweigert werden kann Anm. 414.

[638]) Zweifel können sowohl gegenüber Gestattung als Zurückweisung von Fragen durch den Verhandlungsführer, wie auch gegenüber Fragen des letzteren selbst von jedem Prozeßbeteiligten u. GerMitglied angeregt werden.

[639]) Durch den Verhandlungsführer (§ 292). — Bei Fehlen eines Angeklagten § 278, 280 (Anm. 598), eines Zeugen oder Sachverständigen § 186, 213, 299 Abs. 3 (Aussetzung der Hauptverhandlung hier nur vorbehaltlich § 299 Abs. 2 erforderlich), des Verteidigers § 346 (Anm. 587).

[640]) Ablehnungsrecht.

§ **296.** An die Verlesung der Richterliste schließt sich die Beeidigung der nichtständigen Richter.[641]) Dieselbe erfolgt bei den Standgerichten durch den Vorsitzenden[642]), bei den Kriegsgerichten durch den die Verhandlung führenden Kriegsgerichtsrath.

Der den Eid Abnehmende richtet an die zu Beeidigenden die Worte:

„Sie schwören bei Gott dem Allmächtigen und Allwissenden, die Pflichten eines Richters getreulich zu erfüllen und Ihre Stimmen nach bestem Wissen und Gewissen abzugeben."

Die betreffenden Richter leisten den Eid[643]), indem sie die Worte sprechen:

„Ich schwöre es, so wahr mir Gott helfe."

Die Schwörenden sollen bei der Eidesleistung die rechte Hand erheben.

Die Bestimmung des § 42 Absatz 3 findet Anwendung.

Stehen an demselben Tage mehrere Verhandlungen an, zu denen dasselbe Richterpersonal berufen ist, so genügt es, daß der Vorsitzende[644]) in den späteren Verhandlungen auf den in einer vorhergegangenen Verhandlung geleisteten Richtereid verweist.

§ **297.** Nach der Bildung des Gerichts (§§ 295, 296) läßt der Vorsitzende[601]) die Zeugen[645]) abtreten.[418]) Hierauf erfolgt die Verhandlung in der Sache selbst.

Dieselbe beginnt mit der Vernehmung[633]) des Angeklagten über seine persönlichen Verhältnisse.[366]) Hieran schließt sich die Verlesung der Anklageverfügung[646]) durch den Vertreter der Anklage.

Sodann erfolgt die weitere Vernehmung der Angeklagten nach Maßgabe des § 173.[647])

---

[641]) Bei Stand- u. OberkriegsGer. sind nichtständige Richter nur ausnahmsweise (§ 43 Abs. 2, 44, 68 Abs. 2) möglich; bei KriegsGer. sind alle Richter nichtständig (§ 53). — Beeidigung eines nichtständigen Richters nach § 42 statt nach § 296 begründet Revision URMGer. 3. Aug. 01 (I 251). — Protokollierung § 333.

[642]) Ist dieser selbst ein nichtständiger Richter, so ist er durch den GerH. oder einen von ihm beauftragten Offizier zu beeidigen (PE. I 47). — Beim OberkriegsGer. erfolgt Beeidigung durch den Verhandlungsführer § 391.

[643]) Gemeinsame Eidesleistung ist hier abweichend von § 197 zulässig.

[644]) Anm 601. Ist jedoch der Vorsitzende im OberkriegsGer. nichtständiger Richter, so muß, da eine Verweisung der eignen Person auf den früheren Eid kaum möglich ist, erneute Vereidigung des Vorsitzenden durch den Verhandlungsführer erfolgen URMGer. 29. Okt. 02 IV 14).

[645]) Vorher können sie gemeinsam über den Eid belehrt werden (Anm. 429). — Sachverständige, auch wenn sie zugleich Zeugen sind, treten nicht ab.

[646]) Im Fall § 330 des Verweisungsbeschlusses, im Fall § 354 der StrafVf. — Verlesung der Anklageschrift ist unzulässig. — Bei mehreren trennbaren Anklagepunkten ist Teilung der Verlesung der AnklageVf. sowie der Vernehmung des Angeklagten u. der Beweisaufnahme nach einzelnen Punkten zulässig.

[647]) Zwang zur Erklärung ist unzulässig (Anm. 365). — Der Angeklagte

§ **298.** Nach der Vernehmung des Angeklagten erfolgt die Beweisaufnahme.[648])

Es bedarf eines Gerichtsbeschlusses[649]), wenn ein Beweisantrag[650]) abgelehnt[651]) werden soll, oder wenn die Vornahme einer Beweishandlung eine Aussetzung der Hauptverhandlung erforderlich macht.

---

hat seine Erklärungen mündlich abzugeben; Verlesung oder Vorlegung einer Verteidigungsschrift ist unstatthaft, nicht aber Benutzung von Notizen zur Unterstützung des Gedächtnisses (PE. I 49); URMGer. 10. Sept. 01 (I 268).

[648]) Anm. 632, 633. — Auch durch das Geständnis des Angeklagten wird das Ger. der Notwendigkeit einer Beweisaufnahme nur insoweit enthoben, als gegen dessen Glaubwürdigkeit keine Bedenken bestehen u. im Verfahren vor Kriegs- u. OberkriegsGer. § 299 Abs. 2 zutrifft. Unter diesen Voraussetzungen ist es nicht unzulässig, die Verurteilung ausschließlich auf das Geständnis zu gründen (PE. II 42).

[649]) Es ist besonderer Beschluß des Gerichts (nicht des Verhandlungsführers allein) erforderlich, der vor Schluß der Beweisaufnahme zu verkünden ist, so daß der Antragsteller im Hinblick auf die Ablehnung anderweite Anträge stellen kann. Bescheidung des Beweisantrags in den Urteilsgründen genügt nur, wenn er nur eventuell gestellt war URGer. 21. Jan. 80 (Straff. I 171), URMGer. 19. Dez. 01 (II 107). — Anträgen auf Herbeischaffung weiterer Beweismittel kann der Verhandlungsführer (vorbehältlich § 292 Abs. 3) auch ohne GerBeschluß stattgeben, sofern sie eine Aussetzung der Hauptverhandlung nicht erforderlich machen (PE. II 41).

[650]) Des Gerichtsbeschlusses bedarf es nur, wenn ein Beweisantrag vorliegt, sei es des Angeklagten, Verteidigers oder Anklagevertreters. Der Beweisantrag muß das Verlangen erkennen lassen, daß über eine bestimmte (äußere oder innere) Tatsache (Anm. 421b) durch ein bestimmtes, erst herbeizuschaffendes Beweismittel Beweis erhoben werden solle. Es genügt, daß der Sinn eines ungenügend begründeten Beweisantrags sich aus dem Zusammenhang der Verhandlung ergibt. Pflicht des Verhandlungsführers, den Angeklagten durch Fragen zu prozessual zulässiger Formulierung eines unvollständigen oder unklaren Antrags zu veranlassen URGer. 29. Jan. 86 (Straff. XIII 316) u. a.; URMGer. 21. Mai 02 (III 45). — Vor der Hauptverhandlung gestellte Beweisanträge Anm. 572, 610.

[651]) Die Ablehnung bedarf der Begründung § 136 (Anm. 283). Die Gründe müssen mit dem Gerichtsbeschluß verkündet werden (Ausnahme bei Eventualanträgen Anm. 649). Sie müssen so vollständig sein, um dem höheren Richter eine Nachprüfung zu ermöglichen. Ablehnung eines Beweisantrages als „belanglos" oder „tatsächlich unerheblich" oder „als dem bisherigen Beweisergebnis gegenüber nicht mehr in Betracht kommend" oder „weil die Sache genügend aufgeklärt sei" oder „weil der Zeuge möglicher Weise vom Zeugnisverweigerungsrecht Gebrauch machen könne", ist keine ausreichende Begründung URMGer. 12. Febr. u. 21. Okt. 01; 25. Sept. 02 (I 33, II 40, III 273). Grundsätzlich unzulässig ist ferner die Begründung eines ablehnenden Beschlusses, die über das Ergebnis des beantragten Beweises urteilt, ohne ihn erhoben zu haben z. B. „weil das angebotene Beweismittel nicht geeignet sei, die Aussagen der vernommenen Zeugen zu entkräften" oder „weil die fr. negative Tatsache überhaupt nicht bewiesen werden könne", URMGer. 19. Dez. 01, 25. Sept. 02 (II 107; III 273). Zulässig ist dagegen Ablehnung, weil mit Rücksicht auf bestimmte Tatsachen (z. B. Verwandtschaft mit dem Angeklagten) die Aussagen eines Zeugen das bereits vorliegende Beweisergebnis nicht zu erschüttern vermögen URGer. 29. Juni 82 (Rechtspr. IV 633); ferner weil die zu beweisende Tatsache für die Bildung der Überzeugung des Gerichts über das Beweisergebnis ohne Einfluß sei URMGer. 10. Sept. 01 (I 268), ferner, weil das Ger. auf

Das Gericht kann auf Antrag und von Amtswegen die Ladung[652]) von Zeugen und Sachverständigen, sowie die Herbeischaffung anderer Beweismittel anordnen.[653])

Die Bestimmungen der §§ 270, 271 finden entsprechende Anwendung.

§ **299.**[653a]) In den Verhandlungen vor den Standgerichten und vor den Kriegsgerichten in der Berufungsinstanz[654]) bestimmt das Gericht den Umfang der Beweisaufnahme, ohne hierbei durch Anträge, Verzichte oder frühere Beschlüsse gebunden zu sein.

Im Uebrigen[655]) ist die Beweisaufnahme auf die sämmtlichen gestellten und geladenen Zeugen und Sachverständigen (§§ 185, 208), sowie auf die anderen herbeigeschafften Beweismittel zu erstrecken.[656]) Von der Erhebung einzelner Beweise kann jedoch abgesehen werden, wenn der Vertreter der Anklage und der Angeklagte hiermit einverstanden sind.[657])

Grund bestimmter, anzuführender Tatsachen die Überzeugung gewonnen hat, daß der Beweisantrag lediglich zur Verschleppung der Sache gestellt sei URMGer. 29. März 02 (II 235); weil die Nachforschungen nach einem Zeugen erfolglos waren u. neue Angaben zu seiner Ermittelung nicht gemacht sind URMGer. 23. Sept. 01 (I 294). — Ungenügend begründete Ablehnung von Beweisanträgen ist Revisionsgrund § 400 Nr. 8. — Ablehnung von Anträgen auf Sachverständigenbeweis oder Augenschein Anm. 456, 477.

652) Oder Gestellung. Auch kommissarische Vernehmung § 270, 271.

653) Dieser Beschluß bedarf keiner weiteren Begründung, auch wenn dem Antrag widersprochen wurde. Um von einer beschlossenen Beweisaufnahme Abstand zu nehmen, ist neuer Gerichtsbeschluß nötig (PE. III 33). — Die weitere Veranlassung wegen kommissarischer Vernehmung, Ladung, Gestellung der Zeugen usw. u. Herbeischaffung der Beweismittel (nötigenfalls mittels Durchsuchung u. Beschlagnahme) liegt dem GerH. ob, falls nicht die Zeugen usw. sofort zur Hand sind.

653a) § 299, insbesondere Abs. 2, bezieht sich nur auf die zur Hauptverhandlung herbeigeschafften Beweismittel (also auch auf die gestellten u. geladenen u. auch erschienenen Zeugen), nicht auf Anträge, welche die Herbeischaffung des Beweismittels erst bezwecken. Für solche Beweisanträge gilt § 298 URMGer. 4. Sept. 02 (III 204).

654) § 62², 392. — Zur Ablehnung von Beweisanträgen, auch der auf gegenwärtige Zeugen usw. bezüglichen, ist auch hier begründeter Gerichtsbeschluß erforderlich (Anm. 651, PE. II 42).

655) Also vor dem KriegsGer. als Erstinstanz (§ 62 Nr. 1) u. dem OberkriegsGer. (§ 65, 392).

656) Diese Regel ist für das Ger. zwingend, auch wenn es selbst die Vernehmung aller Zeugen usw. nicht für erforderlich hält. Ausnahmen hiervon sind nur in den zwei in Anm. 657, 658 genannten Fällen zulässig. Die Regel findet jedoch nur Anwendung auf solche geladene oder gestellte Zeugen usw., die auch wirklich erschienen sind (PE. IV 45), u. auf andere herbeigeschaffte Beweismittel (namentlich die in der Anklageschrift bezeichneten oder in oder vor der Hauptverhandlung zu den Akten übergebenen Schriftstücke). Über Vernehmung nicht erschienener oder in die Sitzung gestellter Zeugen usw. entscheidet das Ger. frei nach § 298 Abs. 2 (Anm. 649, 650) URGer. 29. Jan., 10. Febr., 14. Febr., 19. April 80 (Strafs. I 175, 198, 297, 383) u. a. U.

657) Erste Ausnahme der in Satz 1 aufgestellten Regel (entspr. StPO. § 244). Das Einverständnis kann, wenn die Prozeßbeteiligten zur Erklärung auf-

Das Gericht kann die Erhebung eines einzelnen Beweises ablehnen, falls es die zu beweisende Thatsache einstimmig für unerheblich oder zu Gunsten des Angeklagten für erwiesen erachtet.[658]) Die Gründe, aus welchen die Thatsache für unerheblich erachtet wird, sind in dem Beschluß anzugeben.

Die Bestimmungen der §§ 186 bis 215, § 216 Absatz 1, 2, 3, §§ 218 bis 221 finden entsprechende Anwendung.[659]) Bezüglich der Ausschließung und Ablehnung von Sachverständigen gelten die §§ 128, 129.

Die Beeidigung eines Zeugen darf unterlassen werden[660]), wenn dessen Aussage nach der einstimmigen Ueberzeugung des Gerichts sich als offenbar unglaubwürdig oder als unerheblich darstellt und im letzteren Falle die Beeidigung nicht beantragt ist.

§ **300**. Eine Beweiserhebung darf nicht deshalb abgelehnt werden, weil das Beweismittel oder die zu beweisende Thatsache zu spät vorgebracht worden sei.[661])

Ist jedoch ein zu vernehmender Zeuge oder Sachverständiger dem anderen Theile[662]) so spät namhaft gemacht, oder eine als Beweismittel zu benutzende Urkunde so spät bekannt gegeben, oder eine zu beweisende Thatsache so spät vorgebracht worden, daß es dem anderen Theile an der zur Einziehung von Erkundigungen erforderlichen Zeit gefehlt hat, so kann derselbe bis zum Schlusse der Beweisaufnahme die Aussetzung der Hauptverhandlung zum Zwecke der Erkundigung beantragen.

---

gefordert waren, auch stillschweigend erfolgen (PE. II 42). Einverständnis des Verteidigers ist für den nichtwidersprechenden Angeklagten bindend. — Gerichtsbeschluß auch bei Einverständnis der Beteiligten stets erforderlich; Begründung u. Einstimmigkeit ist jedoch nicht verlangt URMGer. 9. April 02 (II 266); (PE. II 42, III 34). — Vgl. auch Anm. 648.

[658]) Zweite Ausnahme von der Regel Abs. 2 Satz 1 (Erweiterung der StPO. § 244). — Nur Unerheblichkeit der zu beweisenden Tatsache, nicht auch des Beweismittels als solchen rechtfertigt Abstandnahme von der Beweiserhebung ohne Einverständnis des Angeklagten u. Anklagevertreters. — Einstimmiger (bei Unerheblichkeit näher begründeter) Gerichtsbeschluß ist hier erforderlich. Vgl. auch Anm. 648, 651, 653[a].

[659]) Wegen § 217 vgl. Anm. 468.

[660]) Diese Ausnahme von der gesetzlichen Regel der Beeidigung bezieht sich nur auf Zeugen, nicht auch auf Sachverständige (PE. IV 48). Es bedarf in diesem Fall (abweichend von den sonstigen Fällen der Unterlassung der Beeidigung § 199, 200, Anm. 428, 438, 440) stets eines förmlichen, verkündeten u. zwar einstimmig gefaßten Gerichtsbeschlusses, der den Grund der Nichtbeeidigung ausdrücklich und bestimmt ersichtlich machen, auch bei Unerheblichkeit konstatieren muß, daß Beeidigung nicht beantragt ist (PE. III 34). — Ist Beeidigung von einem Prozeßbeteiligten (Angeklagten, Verteidiger, Anklagevertreter) beantragt, wozu Gelegenheit zu geben ist, so kann Beeidigung wegen Unerheblichkeit nicht unterlassen werden, wohl aber wegen Unglaubwürdigkeit oder eines der § 199, 200 genannten Gründe. Die Annahme der Unglaubwürdigkeit bedarf jedoch dann näherer Begründung § 136 URMGer. 17. Sept. 02 (III 252).

[661]) Ablehnung wegen offenbarer Verschleppungsabsicht zulässig Anm. 651.

[662]) D. h. dem GerH. vom Angeklagten (Verteidiger) nach § 269 (Anm. 572) oder dem Angeklagten vom GerH. (Anm. 538).

Dieselbe Befugniß haben der Vertreter der Anklage und der Angeklagte in Betreff der auf Anordnung des Gerichts herbeigeschafften Beweismittel.[663])

Ueber die Anträge entscheidet das Gericht nach freiem Ermessen.[664])

§ **301.** Das Gericht[665]) kann den Angeklagten, wenn zu befürchten ist, daß ein Mitangeklagter oder ein Zeuge bei seiner Vernehmung in Gegenwart des Angeklagten die Wahrheit nicht sagen werde, während dieser Vernehmung aus dem Sitzungszimmer abtreten lassen. Der Angeklagte ist jedoch, sobald er wieder vorgelassen worden, von dem wesentlichen Inhalte desjenigen zu unterrichten, was während seiner Abwesenheit ausgesagt oder sonst verhandelt worden ist.[666])

In gleicher Weise ist zu verfahren, wenn das Gericht wegen ordnungswidrigen Benehmens des Angeklagten zeitweise dessen Entfernung von der Gerichtsstelle angeordnet hat.[667])

§ **302.** Die vernommenen Zeugen und Sachverständigen dürfen sich nur mit Genehmigung oder auf Anweisung des Vorsitzenden[625]) von der Gerichtsstelle entfernen.[668]) Der Vertreter der Anklage und der Angeklagte sind vorher zu hören.[669])

§ **303.** Urkunden und andere als Beweismittel dienende Schriftstücke werden in der Hauptverhandlung verlesen.[670]) Dies gilt ins-

[663]) § 298 Abs. 3.

[664]) Ein Recht der Prozeßbeteiligten auf Aussetzung besteht nicht.

[665]) Begründeter u. verkündeter Gerichtsbeschluß erforderlich (PE. I 51). Er kann von vornherein auf die Vernehmung mehrerer Angeklagter oder Zeugen erstreckt werden. Ausdehnung auf Vernehmung Sachverständiger u. Verlesung von Urkunden ist unstatthaft. — Abtreten vernommener Zeugen Anm. 668.

[666]) Die Mitteilung hat sofort nach Wiedervorlassung u. nach Vernehmung jedes einzelnen Angeklagten oder Zeugen zu erfolgen URGer. 14. April 99 (Straff. XXXII 120). — Was als „wesentlicher Inhalt" der Aussage mitzuteilen ist, hat der Verhandlungsführer zu ermessen URMGer. 11. Jan. 02 (II 153). — Protokollierung des Vorgangs § 333.

[667]) § 290 Abs. 1.

[668]) § 302 bezieht sich nur auf Entlassung von Zeugen usw. aus dem Gerichtsgebäude überhaupt. Zeitweilige Entfernung vernommener Zeugen während Vernehmung anderer Zeugen kann der Verhandlungsführer anordnen, bei Beanstandung das Ger. (Anm. 666 angef. URMGer.).

[669]) Ihrer Zustimmung bedarf es nicht (PE. II 43). Sie können jedoch nochmalige Vernehmung des Zeugen usw. auch nach seiner Entlassung nach § 299 Abs. 2 beantragen.

[670]) Soweit nicht § 304—310 der Verlesung entgegenstehen. — Die Verlesung erfolgt durch den Verhandlungsführer oder in dessen Auftrag durch den Gerichtsschreiber. — Eines Gerichtsbeschlusses bedarf es, abgesehen von § 292 Abs. 3, nur in den Fällen § 305, 392. Akte der Beweisaufnahme dürfen nicht durch sog. Feststellung (Konstatierung) seitens des Verhandlungsführers, sondern nur in der gesetzlich zulässigen Weise erfolgen (PE. II 44). Insbesondere kann die Verlesung von Schriftstücken, die als Beweismittel angerufen sind, hierdurch nicht ersetzt werden URGer. 4. Nov., 6. Dez. 80; 20. Jan. 81 (Straff. III 142, 161, 282). — Nur verlesene Schriftstücke können im Urteil verwertet werden. Protokollierung § 333, 335.

besondere von früher ergangenen Strafurtheilen[671]), von Straflisten und von Auszügen aus Kirchenbüchern und Personenstandsregistern und findet auch Anwendung auf Protokolle über die Einnahme des richterlichen Augenscheins.[672])

§ **304.**[673]) Beruht der Beweis einer Thatsache auf der Wahrnehmung einer Person, so ist die letztere in der Hauptverhandlung zu vernehmen.[674]) Die Vernehmung darf nicht durch Verlesung des über eine frühere Vernehmung aufgenommenen Protokolls oder einer schriftlichen Erklärung ersetzt werden.[675])

§ **305.**[675a]) Ist ein Zeuge, Sachverständiger oder Mitbeschuldigter verstorben oder in Geisteskrankheit verfallen, oder ist sein Aufenthalt nicht zu ermitteln gewesen[676]), so kann das Protokoll[677]) über seine

---

[671]) Auch der Urteilsgründe, soweit es sich nicht um den Beweis der darin festgestellten Tatsachen unter Umgehung des § 304 handelt, sondern nur darum, Vorstrafen oder prozessuale Vorgänge zu beweisen URGer. 9. Juni 80 (Rechtspr. II 45), Anm. 675. — Das Revisionsurteil, wodurch die Sache zur anderweiten Verhandlung in die Vorinstanz zurückverwiesen wird, braucht in der neuen Hauptverhandlung nicht verlesen zu werden URGer. 15. Mai 91 (Straff. XXI 436). — Auch Disziplinarbeschlüsse u. Strafverfügungen sind verlesbar. — Wegen amtlicher Äußerungen § 310.

[672]) Hierzu gehört auch das Protokoll über die Leichenschau (§ 223, 224). — Leidet das Protokoll an einem gesetzlichen Mangel (§ 163 Abs. 1 u. 2) oder sind die Vorschriften betr. Zuziehung der vorgeschriebenen Personen (§ 165, 222—224, 271) nicht beobachtet, so kann das Protokoll nicht bezw. (im 2. Fall) nur mit Zustimmung der Prozeßbeteiligten (§ 305 Abs. 2) verlesen werden. — Das Protokoll über eine Leichenöffnung (§ 224 Abs. 2) ist nur unter den Voraussetzungen des § 305 verlesbar, andernfalls ist Vernehmung des Arztes als Sachverständigen erforderlich. — Für Verlesung der im Augenscheinsprotokoll enthaltenen Zeugenaussagen gelten § 304, 305: ebenso für etwaige im Augenscheinsprotokoll enthaltene gutachtliche Äußerungen der Gerichtspersonen (PE. VI 27).

[673]) Grundsatz der Unmittelbarkeit. Ausnahmen von der Regel in § 305 bis 310. — Die unterlassene Vorladung eines Zeugen ist kein Grund zur Verlesung seiner früheren Aussage (PE. IV 53).

[674]) Als Zeuge oder Sachverständiger § 299 Abs. 3.

[675]) Also auch nicht durch Verlesung des Tatberichts (§ 153) oder eines Briefes (PE. IV 52). — Ebensowenig durch Bezugnahme oder Verlesung einer in einem anderen gerichtlichen Verfahren erfolgten Feststellung der zu beweisenden Tatsache. Verzicht der Prozeßbeteiligten ändert daran nichts (PE. III 36). Anm. 671.

[675a]) In der Berufungsinstanz gilt § 392.

[676]) Es müssen erfolglose Nachforschungen angestellt u. deren Ergebnis dem Gericht mitgeteilt (PE. IV 54b) sein. Bloße Unbestellbarkeit der Ladung genügt nicht (PE. III 37). — Auch die übrigen Voraussetzungen des Abs. 1 (Tod, Geisteskrankheit) müssen objektiv vorliegen, wenn Verlesung zulässig sein soll. Guter Glaube des Gerichts oder Zustimmung der Prozeßbeteiligten genügt nicht URMGer. 21. Okt. 01 (II 40).

[677]) Das Protokoll muß den gesetzlichen Vorschriften (§ 163, 164 des G., StPO. 185, 186) entsprechen. Heilung wesentlicher Formmängel durch Verzicht der Prozeßbeteiligten ist ausgeschlossen. — Von Polizeibeamten oder Disziplinarvorgesetzten aufgenommene Protokolle sind nie verlesbar, auch nicht im Fall Abs. 2 (PE. IV 54). — Wegen ausländischer Protokolle Anm. 576. — Mit Genehmigung der Prozeßbe-

frühere durch einen Gerichtsoffizier, einen Kriegsgerichtsrath oder einen anderen richterlichen Beamten erfolgte Vernehmung[678]) verlesen werden.[679]) Dasselbe gilt von dem bereits verurtheilten Mitschuldigen.

Unter den Voraussetzungen des § 165 Absatz 2, § 270[680]) ist die Verlesung des Protokolls[677]) über die frühere Vernehmung statthaft[680a]), wenn die Vernehmung unter Beobachtung der für dieselbe gegebenen Vorschriften (§ 165 Absatz 3 und 4, §§ 270, 271)[681]) erfolgt ist oder wenn im Falle der Nichtbeobachtung dieser Vorschriften die Verlesung sowohl vom Vertreter der Anklage als von dem Angeklagten beantragt[682]) wird.

Die Verlesung kann nur durch Gerichtsbeschluß[683]) angeordnet, auch muß der Grund derselben verkündet und bemerkt werden, ob die Beeidigung der vernommenen Personen stattgefunden hat. An den Bestimmungen über die Beeidigung wird hierdurch für diejenigen Fälle, in denen die nochmalige Vernehmung ausführbar ist, nichts geändert.[684])

§ **306.** Das Protokoll über die Aussage[685]) eines vor der Haupt-

---

teiligten kann auch teilweise Verlesung des Protokolls erfolgen URGer. 2. März 86 (Straff. XIV 1).

[678]) Eidliche Vernehmung ist in diesen Fällen nicht erforderlich. Gleichgiltig ist auch, ob das Protokoll in derselben oder einer andern Strafsache oder in einer Zivilprozeßsache aufgenommen ist (PE. II 45); URGer. 10. Nov. 82 (Straff. VII 156), 5. Jan. 84 (Straff. X 30).

[679]) Abs. 3 gilt auch hier.

[680]) Fälle der noch ausführbaren, aber besonders erschwerten Vernehmung von Zeugen u. Sachverständigen (nicht auch Mitbeschuldigten). — Die Fortdauer der Gründe der kommissarischen Vernehmung (§ 165, 270) zur Zeit der Hauptverhandlung muß durch begründeten Gerichtsbeschluß festgestellt sein. — Die Verlesung der Aussage eines bei der früheren Vernehmung über das Zeugnisverweigerungsrecht belehrten Zeugen ist unter diesen Voraussetzungen statthaft URMGer. 21. Mai 01 (I 144).

[680a]) In der Regel nur, wenn die Vernehmung eidlich erfolgt ist Abs. 3.

[681]) Benachrichtigung der zur Anwesenheit Berechtigten vom Termin. Wenn es einer Benachrichtigung nicht bedurfte (wegen Gefahr im Verzug, Verzicht usw.), ist Antrag der Prozeßbeteiligten nicht erforderlich (PE. I 305).

[682]) Abweichung von StPO. § 250. Formaler Antrag wird von keiner Seite erfordert; es genügt das ausdrücklich erklärte gegenseitige Einverständnis URMGer. 18. Febr. 03 (IV 221). Zustimmung des Verteidigers Anm. 657.

[683]) Der Gerichtsbeschluß muß unter Angabe des Grundes der Verlesung u. der Tatsache, ob Beeidigung erfolgt ist, verkündet und protokolliert werden. Unterlassung begründet Revision.

[684]) Anm. 428, 577. Liegt ein gesetzlicher Grund der Nichtbeeidigung nicht vor u. wird die Unterlassung der Beeidigung auch nicht gemäß § 299 Abs. 4 (Anm. 660) einstimmig beschlossen, so muß die noch ausführbare Beeidigung nachgeholt u. deshalb die Hauptverhandlung ausgesetzt werden (PE. II 45); URMGer. 20. Okt. 02 (IV 5). — Verlesung der Aussage eines gesetzwidrig unbeeidet gebliebenen Zeugen kann Revision begründen. — Ist die kommissarische Vernehmung durch Ersuchen eines Amtsrichters erfolgt, so steht Beeidigung vor der Vernehmung (StPO. § 60) der Verlesung nicht entgegen (PE. II 40).

[685]) Das Verbot bezieht sich nur auf die bei gerichtlicher Zeugenvernehmung gemachten Aussagen, nicht auf außergerichtliche Vernehmungen oder Mitteilungen solcher Personen URGer. 1. Juli 86 (Straff. XIV 266),

verhandlung vernommenen Zeugen, welcher in der Hauptverhandlung von seinem Rechte, das Zeugniß zu verweigern, Gebrauch macht, darf nicht verlesen, die Aussage auch nicht in anderer Weise festgestellt werden.[686])

§ **307.**[687]) Erklärt ein Zeuge oder Sachverständiger, daß er sich einer Thatsache nicht mehr erinnert, so kann[688]) der hierauf bezügliche Theil des Protokolls über seine frühere Vernehmung[689]) zur Unterstützung seines Gedächtnisses verlesen[690]) werden.

Dasselbe kann geschehen, wenn ein in der Vernehmung hervortretender Widerspruch mit der früheren Aussage nicht auf andere Weise ohne Unterbrechung der Hauptverhandlung festgestellt oder gehoben werden kann.

§ **308.**[687]) Erklärungen des Angeklagten, welche in einem von einem Untersuchungsführer aufgenommenen oder gerichtlichen Protokoll[691]) enthalten sind, können[688]) zum Zwecke der Beweisaufnahme über ein Geständniß[692]) verlesen[690]) werden.

Dasselbe kann geschehen, wenn ein in der Vernehmung hervortretender Widerspruch mit der früheren Aussage nicht auf andere Weise ohne Unterbrechung der Hauptverhandlung festgestellt oder gehoben werden kann.

§ **309.** In den Fällen der §§ 307, 308 ist die Verlesung und der

---

28. Mai 85 (Rechtspr. VII 336). Ebensowenig gilt es, wenn der Zeuge, der vor der Hauptverhandlung unter Verzicht auf das Zeugnisverweigerungsrecht ausgesagt hatte, gar nicht in der Hauptverhandlung vernommen wird (Anm. 680).

[686]) Damit ist (abweichend von StPO. § 251) auch Vernehmung des Untersuchungsführers u. Anklagevertreters über die frühere Aussage des Zeugen ausgeschlossen (ausgenommen die Anm. 685 genannten Fälle) URMGer. 22. Febr. 02 (II 207). Auch Konstatierungen oder Vorhalte an den Angeklagten aus dem früheren Protokoll sind unzulässig URGer. 14. Febr. 95 (Straff. XXVII 29).

[687]) Protokollierung nur auf Antrag § 209.

[688]) Ermessen des Verhandlungsführers. Gerichtsbeschluß nur im Fall § 292 Abs. 3. — Die Zulässigkeit der Verlesung ist vom Gericht unabhängig von Anträgen der ProzBeteiligten von Amtswegen zu prüfen URMGer. 19. Febr. 03 (IV 221).

[689]) Auch außergerichtliche URGer. 7. Mai 80 (Straff. I 409); auch frühere Berichte oder Gutachten können nach § 307 verlesen werden. Das Anm. 678 Gesagte gilt auch hier.

[690]) Führen bloße Vorhalte nicht zur Aufklärung, so muß förmliche Verlesung erfolgen, um die frühere Aussage bei der Entscheidung verwerten zu können URGer. 28. März 95 (Straff. XXVII 163); URMGer. 4. Aug. 02 (III 175).

[691]) Anm. 677, 678. Verlesung nichtrichterlicher Protokolle ist nur zulässig, wenn der Angeklagte sich damit einverstanden erklärt hat, daß seine außergerichtliche Aussage bei späterer richterlicher Vernehmung in Bezug genommen wurde URGer. 5. Jan. 94 (Straff. XVII 31).

[692]) Geständnis ist nicht nur eine die Schuld zugebende Erklärung, sondern jedes Zugeben einer Tatsache, woraus die Schuld des Angeklagten oder eines Mitangeklagten gefolgert werden kann URGer. 23. Sept. 84 (Rechtspr. VI 554).

Grund derselben auf Antrag des Angeklagten oder des Vertreters der Anklage im Protokolle zu erwähnen.

§ **310**. Die ein Zeugniß[693]) oder ein Gutachten enthaltenden Erklärungen militärischer Vorgesetzter, Zeugnisse über Vorstrafen, die ein Gutachten enthaltenden Erklärungen öffentlicher Behörden[694]), sowie ärztliche Atteste[695]) über Körperverletzungen, welche nicht zu den schweren gehören, können[688]) verlesen werden.

Ist das Gutachten einer kollegialen Fachbehörde[472a]) eingeholt worden, so kann das Gericht die Behörde ersuchen, eines ihrer Mitglieder mit der Vertretung des Gutachtens in der Hauptverhandlung zu beauftragen und dem Gerichte zu bezeichnen.

§ **311**. Nach der Vernehmung eines jeden Zeugen, Sachverständigen oder Mitangeklagten, sowie nach Verlesung eines jeden Schriftstücks soll der Angeklagte gefragt werden, ob er etwas zu erklären habe.[696])

§ **312**.[697]) Nach dem Schlusse der Beweisaufnahme[698]) erhalten[633]) der Vertreter der Anklage[699]) und sodann der Angeklagte oder dessen Vertheidiger zu ihren Ausführungen und Anträgen das Wort.[700])

[693]) Zeugnisse sind nur solche Erklärungen, die der Vorgesetzte über von ihm selbst vermöge seiner dienstlichen Stellung gemachte Wahrnehmungen abgibt, nicht aber Kundgebungen des Vorgesetzten über Tatsachen, die seiner eigenen Wahrnehmung entzogen waren. Für diese letzteren gilt § 304 URMGer. 9. Jan. 02 (II 136). — Hauptsächlich kommen als verlesbar in Betracht Führungszeugnisse u. solche über persönliche Eigenschaften von Angeklagten oder Zeugen (PE. II 46).

[694]) Unverlesbar sind Leumundszeugnisse bürgerlicher Behörden u. Äußerungen öffentlicher Behörden, die weder ein Gutachten noch Erklärungen über eigene amtliche Wahrnehmungen enthalten URMGer. 12. März 01 (I 51). Ebenso Erklärungen einzelner Beamten, die nicht eine Behörde repräsentieren, sondern nur einer Behörde angehören (z. B. Universitätsprofessoren).

[695]) Ärzte sind nur die in Deutschland approbierten (Gewerbeordnung § 29), nicht auch Veterinärärzte (PE. II 46). — Atteste sind sowohl Erfundberichte wie Gutachten, nicht aber Protokolle über gerichtliche Vernehmung, die nur unter den Voraussetzungen § 305 verlesbar sind URGer. 8. Juli 89 (Straff. XIX 364); (PE. III 39). — Unverlesbar sind die Atteste über Körperverletzungen im Sinne StGB. § 224 bis 226 (nicht auch im Sinne StGB. § 223a, 230), sofern sie nicht Gutachten öffentlicher Behörden sind. Mit demselben Vorbehalt sind unverlesbar alle ärztlichen Gutachten, die nicht Körperverletzungen betreffen. Vgl. Anm. 467.

[696]) Protokollierung § 333. Allgemeine Konstatierung im Protokoll genügt. — Verstoß gegen § 311 ist nur Revisionsgrund, wenn Beschränkung der Verteidigung vorliegt URMGer. 19. April 02 (III 3).

[697]) Wesentliche Formvorschrift. Verletzung Revisionsgrund URGer. 24. Sept. 89 (Straff. IX 69). — In der Berufungsinstanz gilt § 393. — Protokollierung der Anträge § 333.

[698]) Den Zeitpunkt des Schlusses bestimmt der Verhandlungsführer, vorbehaltlich § 292 Abs. 3. Wird nach den Schlußvorträgen oder nach der Beratung die Beweisaufnahme nochmals eröffnet, was bis zur Urteilsverkündung ohne Gerichtsbeschluß zulässig ist, so muß abermals nach § 312 verfahren werden URMGer. 31. Jan. 01 (I 22); (PE. III 40).

[699]) Der Anklagevertreter muß einen bestimmten Antrag stellen, bei meh-

Dem Vertreter der Anklage steht das Recht der Erwiderung zu; dem Angeklagten gebührt das letzte Wort.[701])

Der Angeklagte ist, auch wenn ein Vertheidiger für ihn gesprochen hat, zu befragen, ob er selbst noch etwas zu seiner Vertheidigung anzuführen habe.[701])

§ **313**. Einem der Gerichtssprache nicht mächtigen Angeklagten müssen aus den Schlußvorträgen mindestens die Anträge des Vertreters der Anklage und des Vertheidigers durch den Dolmetscher[702]) bekannt gemacht werden.

Dasselbe gilt von einem tauben Angeklagten, sofern nicht eine mündliche oder schriftliche Verständigung erfolgt.

§ **314**. Die Hauptverhandlung schließt mit der Erlassung des Urtheils.[703]) Das Urtheil kann nur auf Freisprechung[704]), Verurtheilung oder Einstellung des Verfahrens lauten.[705])

---

reren Straftaten gesonderte Anträge hinsichtlich der Einzelstrafen; er muß sich auch über die rechtliche Qualifikation der Straftaten äußern (PE. IV 56). Läßt er die Anklage fallen, so ist hierin ein Antrag auf Freisprechung oder Einstellung zu finden, an den das Gericht aber nicht gebunden ist (PE. I 53, II 47). — Verhältnis zum GerH. Anm. 216.

[700]) Die Erklärungen sind mündlich abzugeben Anm. 647. — Verlesung von Beweisstücken, Benutzung von Aussagen, die nicht Gegenstand der Verhandlung waren, ist nicht zulässig, wohl aber Verlesung juristischer u. anderer Literatur URGer. 30. Juni 90 (Strafs. XXI 69). — Wortentziehung gegenüber dem Angeklagten u. Verteidiger Anm. 625; gegenüber dem Anklagevertreter URGer. 2. März 81 (Rechtspr. III 96).

[701]) Es ist nur erforderlich, daß der Angeklagte neben dem Verteidiger zum Wort kommt, nicht, daß dies nach diesem geschehe URGer. 23. März 85 (Rechtspr. VII 191). — Mehr als zweimalige Worterteilung ist zulässig. — Einen bestimmten Antrag braucht weder der Angeklagte noch der Verteidiger zu stellen.

[702]) § 116—121.

[703]) Sie kann auch mit Beschluß enden z. B. § 275, 278, 298 Abs. 2 u. 3, 318, 328, 330, 346. — Verkündung des Urteils § 327, Gründe desselben § 326. — Das Urteil muß sämtliche Anklagepunkte erschöpfen (Anm. 712). Der Antrag auf Zuerkennung einer Buße (StGB. § 188, 231) kann bis zur Vollendung des Urteils 1. Instanz gestellt werden u. ist von Amtswegen zum Gegenstand der Verhandlung zu machen (PE. II 48).

[704]) Freisprechung kann nur von einer Handlung, nicht von einem bestimmten rechtlichen Gesichtspunkt erfolgen. Weicht das Ger. hinsichtlich der rechtlichen Beurteilung einer u. derselben Tat von derjenigen der Anklageverfügung ab, so kann nur Verurteilung aus dem vom Ger. zugrund gelegten rechtlichen Gesichtspunkt, nicht zugleich Freisprechung von dem in der Anklageverfügung angenommenen rechtlichen Gesichtspunkt erfolgen (PE. III 41). Nimmt das Ger. abweichend von der Anklageverfügung mehrere selbständige Straftaten an, so kann Freisprechung von einer derselben erfolgen. — Freisprechung hat auch bei Vorliegen eines Schuldausschließungsgrundes (StGB. § 51 bis 59) zu erfolgen. — Auch in der Berufungsinstanz hat Freisprechung von der in der Anklageverfügung bezeichneten Tat, nicht von dem in erster Instanz angenommenen rechtlichen Gesichtspunkt zu erfolgen (PE. III 41).

[705]) Weitere mögliche Formen des Urteils sind: Unzulässigkeit der Strafverfolgung, z. B. bei schon erfolgter rechtskräftiger Aburteilung (ne bis in idem) Anm. 712, im Fall des EG. § 14 Abs. 3 URGer. 18. Dez. 82

Die Einstellung des Verfahrens ist insbesondere auszusprechen[706]), wenn bei einer nur auf Antrag[707]) zu verfolgenden strafbaren Handlung sich ergiebt, daß der erforderliche Antrag nicht vorliegt, oder wenn der Antrag rechtzeitig zurückgenommen ist.[708])

§ **315**. Ueber das Ergebniß der Beweisaufnahme entscheidet das Gericht nach seiner freien[709]), aus dem Inbegriffe der Verhandlung geschöpften[710]) Ueberzeugung.

§ **316**. Hängt die Strafbarkeit einer Handlung von der Beurtheilung eines bürgerlichen Rechtsverhältnisses ab, so entscheidet das Strafgericht

---

(Straff. VII 356); Straffreierklärung in den Fällen StGB. § 199, 233.

[706]) Einstellung ferner bei Ausschluß der Strafverfolgung wegen Verjährung (StGB. § 66—72), auf Grund völkerrechtlicher Verträge oder, wenn sich die Tat als bloße Disziplinarverfehlung (DStO. § 1[1]) darstellt, zu deren Bestrafung die MilitärGer. nicht zuständig sind (PE. III 41). Einstellung wegen mangelnden Strafantrags auch dann, wenn abweichend von der Anklageverfügung eine nur auf Antrag verfolgbare Straftat (z. B. StGB. § 223 statt § 223[a]) angenommen wird (PE. IV 58b). — Freisprechung, nicht Einstellung hat zu erfolgen, wenn der Nachweis für die den Gegenstand der Anklage bildende Tat nicht als erbracht erachtet wird (PE. III 41). — Vorläufige Einstellung i. S. StPO. § 203 kennt das G. nicht.

[707]) Das Vorliegen des Strafantrags kann das Ger. aus den Akten entnehmen. Feststellung oder Verlesung desselben in der Hauptverhandlung ist nur bei Beanstandung geboten (PE. II 55).

[708]) Die Einstellung steht anderweiter Strafverfolgung derselben Tat als Nichtantragsdelikt entgegen, nicht aber erneuter Aburteilung des Antragsdelikts im Fall nachträglicher Stellung eines giltigen Strafantrags URGer. 13. März 88 (Rechtspr. X 245); 31. Mai 81 (Straff. IV 211). Wird ein rechtswirksamer Strafantrag erst in der Berufungsinstanz gestellt, so muß das Berufungsgericht in der Sache entscheiden, obwohl in der 1. Instanz der Antrag noch nicht gestellt war URMGer. 19. März 03 (IV 274).

[709]) Freie Überzeugung bedeutet nur, daß das Ger. nicht an gesetzliche Beweisregeln, nicht an Aussagen von Zeugen u. Sachverständigen, Geständnisse, Feststellungen anderer Behörden usw. gebunden ist, nicht aber, daß es sich über die allgemein giltigen Grundsätze der Logik u. Erfahrung willkürlich hinwegsetzen könnte. Wird entgegen bestimmten Aussagen von Zeugen oder Sachverständigen eine Tatsache als erwiesen oder nicht erwiesen angenommen, so ist dies im Urteil zu begründen § 326. — Für die rechtliche Beurteilung gilt das G., außerdem bei Zurückverweisung in die frühere Instanz § 415. Das Ger. hat auch gesetzliche Strafmilderungsgründe (z. B. MStGB. § 98) von Amtswegen zu berücksichtigen (PE. IV 60).

[710]) Es müssen alle in der Hauptverhandlung zur Sprache gekommenen Beweise berücksichtigt u. es darf das Urteil nicht auf Beweise gestützt werden, die nicht ordnungsmäßig Gegenstand der Verhandlung waren, namentlich also nicht auf den Inhalt der Akten. Eine Ausnahme von dieser Regel bilden die sog. notorischen u. gerichtskundigen Tatsachen. — Daraus, daß das Urteil eine Tatsache feststellt, die aus den Akten u. dem Sitzungsprotokoll sich nicht ergibt, folgt noch nicht, daß diese Tatsache nicht Gegenstand der Hauptverhandlung war (PE. II 48). Andererseits dürfen sich aber die Urteilsfeststellungen nicht mit dem aus dem Sitzungsprotokoll sich ergebenden Inhalt von Zeugen- usw. Aussagen in Widerspruch setzen. Nachprüfung in der Revisionsinstanz in dieser Richtung ist jedoch ausgeschlossen; für diese sind die tatsächlichen Feststellungen in den Urteilsgründen maßgebend URMGer. 19. April 02 (III 3).

auch über dieses nach den für das Verfahren und den Beweis in Strafsachen geltenden Vorschriften.

Das Gericht ist jedoch befugt, das Urtheil auszusetzen und einem der Betheiligten zur Erhebung der Civilklage eine Frist zu bestimmen, oder das Urtheil des Civilgerichts abzuwarten.

§ **317.** Gegenstand der Urtheilsfindung ist die in der Anklageverfügung bezeichnete That, wie sich dieselbe nach dem Ergebnisse der Verhandlung darstellt.[711])

Das Gericht ist an diejenige Beurtheilung der That, welche der Anklageverfügung zu Grunde liegt, nicht gebunden.[712])

§ **318.** Eine Verurtheilung des Angeklagten auf Grund eines anderen als des in der Anklageverfügung angeführten Strafgesetzes[713]) darf

---

[711]) Es muß Identität der in der Anklageverfügung bezeichneten Tat mit der abgeurteilten vorliegen (Ausnahme § 319). „Tat" bedeutet jedoch nicht bloß die Tatsachen, worin die Anklageverfügung die gesetzlichen Merkmale des von ihr angenommenen Tatbestandes findet, sondern denselben gesamten tatsächlichen Vorgang, wie er sich nach dem Ergebnis der Verhandlung darstellt. Dem Ger. ist also nicht nur in rechtlicher, sondern auch in tatsächlicher Hinsicht jede Abweichung von Anklageverfügung- u. Schrift gestattet, sofern es sich nur um dasselbe tatsächliche Vorkommnis handelt, mag auch eine in anderem konkreten Tun bestehende Beteiligung an diesem Vorkommnis in Frage kommen, so namentlich bei Kollektiv- u. fortgesetztem Delikt (PE. II 49); URMGer. 24. Mai 02 (III 53). — **Beispiele zulässiger Abweichung** (nach der Rechtsprechung des RGer.): betr. Ort u. Zeit der Tat, Person des Verletzten u. Objekt des Delikts; Anstiftung oder Beihilfe statt Täterschaft u. umgekehrt; Versuch statt Vollendung u. umgekehrt; Fahrlässigkeit statt Vorsatz und umgekehrt; Hehlerei an derselben Sache statt Diebstahl u. umgekehrt; Unterschlagung statt Diebstahl; Betrug statt Unterschlagung; StGB. § 139 statt Teilnahme an Brandstiftung oder Mord; Mehrzahl selbständiger Straffälle statt einheitlicher Handlung u. umgekehrt.

[712]) a) Hierdurch ist dem Ger. die Verpflichtung auferlegt, von Amtswegen alle in der Hauptverhandlung hervorgetretenen Umstände in Betracht zu ziehen u. die Tat (Anm. 711) nach allen bei ihr möglichen strafrechtlichen Gesichtspunkten zu prüfen URMGer. 2. Aug. 02 (III 166). Diese Verpflichtung gilt auch für solche rechtliche Gesichtspunkte, deren Annahme **Unzuständigkeitserklärung** (§ 330) zur Folge haben mußte. — **Ausdrücklicher Erörterung** im Urteil bedürfen rechtliche Gesichtspunkte im Fall der Nichtannahme nur, wenn sie der Anklageverfügung zugrunde liegen oder vom Anklagevertreter oder Angekl. (Verteidiger) hervorgehoben wurden URGer. 20. Mai 87 (Straff. XVI 111) u. a. — Bei veränderter rechtlicher Beurteilung gilt § 318.

b) Aus § 317 folgt ferner, daß nach rechtskräftiger Aburteilung einer Tat, mag Verurteilung, Freisprechung oder Einstellung erfolgt sein, der Angeklagte wegen dieser selben Tat (Anm. 711) auch nicht unter verändertem rechtlichen Gesichtspunkt von neuem verfolgt werden darf (ne bis in idem) — (PE. II 117). Ausnahme Anm. 706.

[713]) Auch, wenn das andere StrafG. ein **milderes** ist, so auch, wenn Ideal- statt Realkonkurrenz oder außer dem in der Anklageverfügung angenommenen noch ein ideal zusammentreffendes StrafG. angenommen wird (anders, wenn ein solches wegfällt) URMGer. 12. Febr. u. 13. Juni 01 (I 33 u. 185); PE IV 63, 64. Ebenso, wenn es sich um Anwendung einer anderen Alternative **eines u. desselben** StrafG. handelt, so bei § 243 (anderer Erschwerungsgrund), § 223a (andere Alternative) URGer. 23. Febr. 85 (Rechtspr. VII

nicht erfolgen, ohne daß der Angeklagte zuvor auf die Veränderung des rechtlichen Gesichtspunkts besonders hingewiesen[714]) und ihm Gelegenheit zur Vertheidigung gegeben worden ist.

In gleicher Weise ist zu verfahren, wenn erst in der Verhandlung solche vom Strafgesetze besonders vorgesehene Umstände behauptet werden, welche die Strafbarkeit erhöhen.[715])

Das Gericht[665]) hat auf Antrag oder von Amtswegen die Hauptverhandlung auszusetzen, falls dies in Folge der veränderten Sachlage zur genügenden Vorbereitung der Anklage oder der Vertheidigung angemessen erscheint. Seitens des Kriegsgerichts ist einem dahin gerichteten Antrage des Angeklagten stattzugeben, wenn derselbe neu hervorgetretene Umstände, welche die Anwendung eines schwereren Strafgesetzes zulassen oder die Strafbarkeit erhöhen, bestreitet.[716])

§ **319.** Wird der Angeklagte im Laufe der Hauptverhandlung noch einer anderen That[717]) beschuldigt, als wegen welcher die Anklageverfügung gegen ihn erlassen ist, so kann auf Antrag des Vertreters der Anklage[718]) jene That mit seiner Zustimmung[564]) zum Gegenstande derselben Aburtheilung gemacht werden.[719])

Diese Bestimmung findet nicht Anwendung, wenn die That sich als

---

138); 15. Juni 85 (Strafs. XII 379). Abweichungen bloß in tatsächlicher Hinsicht (betr. Ort, Zeit, Objekt der Tat, Person des Verletzten usw.) machen den Hinweis nicht erforderlich.

[714]) Vom Verhandlungsführer. — Für den Hinweis ist weder bestimmte Zeit noch Form vorgeschrieben; er muß jedoch vor der Urteilsverkündung u. derart erfolgen, daß der Angeklagte zu erkennen vermag, aus welchem andern rechtlichen Gesichtspunkt er möglicherweise verurteilt werden kann. Die allgemeine Bemerkung des Protokolls, der Angeklagte sei auf Veränderung des rechtlichen Gesichtspunkts hingewiesen worden, genügt nicht (PE. III 42). — Unterlassung des Hinweises ist Revisionsgrund. — In der Berufungsinstanz kann vom Hinweis dann abgesehen werden, wenn der Angeklagte schon in 1. Instanz dem veränderten Gesichtspunkt entsprechend verurteilt u. ihm das Urteil zugestellt war URMGer. 8. u. 17. Sept. 02 (III 229, 252).

[715]) Z. B. StGB. § 123 Abs. 3, 223 [a], 224, 243, 244, 250, 268; MStGB. § 72—89 Abs. 2, 93, 94, 95, 123.

[716]) Nur in diesem Fall hat der Angeklagte einen gesetzlichen Anspruch auf Aussetzung. Bei Nichtaussetzung § 400 Nr. 8.

[717]) Andere Tat ist nur eine solche, welche überhaupt nicht (auch nicht als ideell zusammentreffend) von der Anklageverfügung umfaßt ist, u. welche vom Ger. als selbständiger Straffall aufgefaßt wird. Nimmt das Ger. Idealkonkurrenz (oder fortgesetzte Straftat) an, so gilt nicht § 319, sondern 318 URMGer. 24. Mai 02 (III 53). — Die Tat darf nur Vergehen oder Übertretung sein Abs. 2.

[718]) Gegen den Willen des GerH. ist er zur Stellung solchen Antrags nicht befugt; durch einen Verstoß hiergegen wird jedoch die Rechtsgiltigkeit seiner Erklärung nicht berührt (PE. II 12, 51). Besonderer Einholung der Bestimmung des GerH. bedarf es für die Regel nicht.

[719]) Freies Ermessen. Gerichtsbeschluß erforderlich, der den Erfordernissen einer Anklageverfügung (§ 254) entsprechen muß (abgesehen von der wegfallenden Bezeichnung des Ger. PE. II 51). — § 319 ist auch anwendbar, wenn die Tat in der Hauptverhandlung selbst verübt wurde.

ein bürgerliches oder militärisches Verbrechen[373]) darstellt, oder die Aburtheilung derselben die Zuständigkeit des Gerichts überschreitet.[720])

§ **320.** Die Leitung der Urtheilsberathung und das Sammeln der Stimmen erfolgt durch denjenigen, der die Verhandlungen geführt hat.[721])

Etwaige Vorfragen[722]) sind einzeln vor der Hauptfrage, die Festsetzung des Strafmaßes ist erst nach beschlossener Anwendung des Strafgesetzes, die Gesammtstrafe erst nach Festsetzung der Einzelstrafen und die Verhängung einer Nebenstrafe erst nach der Bemessung der Hauptstrafe zur Abstimmung zu bringen.[723])

Meinungsverschiedenheiten über den Gegenstand, die Fassung und die Reihenfolge der Fragen oder über das Ergebniß der Abstimmung entscheidet das Gericht.

§ **321.** Kein Richter darf die Abstimmung über eine Frage verweigern, weil er bei der Abstimmung über eine vorhergegangene Frage in der Minderheit geblieben ist.[724])

§ **322.** Zu einer jeden Entscheidung des Gerichts ist Stimmenmehrheit erforderlich.[725])

Bilden sich bei einer Abstimmung mehr als zwei Meinungen, von denen keine die Mehrheit für sich hat, so werden die dem Angeklagten nachtheiligsten Stimmen den zunächst minder nachtheiligen so lange hinzugerechnet, bis sich nach Vorschrift des ersten Absatzes eine Entscheidung herausstellt. Ist es zweifelhaft, welche der Meinungen die nachtheiligere ist, so muß hierüber besonders abgestimmt werden.

---

[720]) Kommt nur für das StandGer. in Betracht § 15, 16, 45 vgl. § 17, 62 Abs. 1.

[721]) Anm. 633. — Ein Protokoll wird über die Abstimmung nicht geführt, auch das Stimmenverhältnis ist nicht anzugeben (PE. II 54). — An der Beratung u. Abstimmung müssen alle das erkennende Ger. bildenden Richter teilnehmen. Sie ist geheim § 325. — Beweismittel, die nicht Gegenstand der Hauptverhandlung waren, dürfen in der Beratung nicht zur Kenntnis des Ger. gebracht werden.

[722]) Vorfragen sind solche, bei denen es sich darum handelt, ob die Strafverfolgung vor dem erkennenden Ger. selbst zulässig ist, so ob rechtsgiltiger u. rechtzeitiger Strafantrag vorliegt, ob der Angeklagte vernehmungsfähig ist, ferner die Fragen der Verjährung, der Zuständigkeit, ne bis in idem.

[723]) Reihenfolge der Abstimmung hiernach: Vorfragen, Schuldfrage (Anm. 726), Hauptstrafe, Nebenstrafe, Gesamtstrafe. — Die Gründe des Urteils (§ 326) sind in der beratenden Sitzung in tatsächlicher wie in rechtlicher Beziehung festzustellen (PE. II 52). Der Verhandlungsführer ist daher berechtigt u. verpflichtet, die eine Verurteilung aussprechende Mehrheit bez. die eine solche hindernde Minderheit (§ 323) zur Angabe ihrer Gründe sowohl in tatsächlicher wie in rechtlicher Hinsicht zu veranlassen. Dies gilt auch für die Strafzumessungsgründe (§ 326).

[724]) Daß der überstimmte Richter Beschlüsse der Mehrheit seiner weiteren Abstimmung zugrunde legen müsse, ist nicht vorgeschrieben. Er ist also in seinen ferneren Abstimmungen frei.

[725]) Regel ist absolute Mehrheit; Ausnahme: Zweidrittelmehrheit bei der Schuldfrage § 323 Abs. 1, Einstimmigkeit § 299 Abs. 4.

§ **323.** Zu einer jeden dem Angeklagten nachtheiligen Entscheidung, welche die Schuldfrage[726]) betrifft, ist eine Mehrheit von zwei Drittheilen der Stimmen[727]) erforderlich.

Die Schuldfrage begreift auch solche von dem Strafgesetze besonders vorgesehene Umstände, welche die Strafbarkeit ausschließen[728]), vermindern oder erhöhen.[729]) Die Schuldfrage begreift nicht die Voraussetzungen des Rückfalls und der Verjährung.[730])

§ **324.** Bei den Standgerichten richtet sich die Reihenfolge der Abstimmenden nach dem Dienstrange[184]), der Jüngste im Range stimmt zuerst.

Bei den Kriegsgerichten[731]) stimmt der die Verhandlungen führende Kriegsgerichtsrath zuerst; die übrigen Richter stimmen in der für die Standgerichte vorgeschriebenen Reihenfolge. Wirken außer dem bezeichneten Kriegsgerichtsrathe noch andere Militärbeamte als Richter mit, so stimmen diese vor den Offizieren.

§ **325.** Bei der Berathung und Abstimmung dürfen außer den zur Entscheiduug berufenen Richtern nur die bei demselben Gerichte zu ihrer juristischen Ausbildung beschäftigten Personen[732]) zugegen sein, soweit der Vorsitzende deren Anwesenheit gestattet.

---

[726]) Schuldfrage (Abs. 2) im Gegensatz zur Straffrage, bei der absolute Mehrheit genügt. Zur Straffrage gehören auch die Fragen, ob „mildernde Umstände" oder ein „minder schwerer" oder ein „schwererer" Fall vorliegt (z. B. StGB. § 228, MStGB. § 97, 114) URMGer. 12. Juli 01 (I 220); ferner die Frage der Anrechnung der Untersuchungshaft, der Rechtsgiltigkeit des Strafantrags, der Verjährung, des Rückfalls. — Die Abstimmung über die Schuldfrage muß eine ungeteilte, einheitliche sein. Getrennte Abstimmung über Beweis- u. Rechtsfrage, Vorliegen der einzelnen Tatbestandsmerkmale, Zutreffen von Schuldausschließungsgründen usw. ist nur nach erfolgter Gesamtabstimmung über die ganze Schuldfrage zulässig zur Feststellung der Urteilsgründe (Anm. 723) URGer. 17. April 83 (Straff. VIII 220), URMGer. 21. Juli 02 (III 145). Dagegen kann über gesetzliche Straferhöhungs- u. Strafminderungsgründe (Anm. 729) gesondert abgestimmt werden, wobei jedoch auch zum Ausschluß eines Strafminderungsgrundes Zweidrittelmehrheit erforderlich ist URGer. 28. Jan. 82 (Straff. V 404).

[727]) Bei StandGer. zwei Stimmen (ebenso wie bei absoluter Mehrheit), bei KriegsGer. vier, bei OberkriegsGer. fünf Stimmen. — Kommt auch nach Anwendung von § 322 Abs. 2 für keine von mehreren möglichen rechtlichen Beurteilungen der Tat die Zweidrittelmehrheit zustande, so muß Freisprechung erfolgen, da die Abstimmung nicht auf Schuldig im allgemeinen, sondern nur auf Verletzung eines bestimmten Strafgesetzes gerichtet werden kann.

[728]) Z. B. StGB. § 46, 51—72, 163 Abs. 2, 204, 310; MStGB. § 61, 124.

[729]) Strafminderungsgründe z. B. StGB. § 157, 158, 213, 216, 370^5 (gegenüber StGB. § 242, MStGB. 138); MStGB. § 75, 98. — Straferhöhungsgründe Anm. 715.

[730]) Rückfall MStGB. § 13, 70, 71, 114 Abs. 2, 122 Abs. 2, StGB. § 244, 245, 250^5, 252, 255, 261, 264. — Verjährung MStGB. § 2, 52, 76, StGB. § 66, 67.

[731]) Gilt auch für OberkriegsGer. § 394 Abs. 2.

[732]) Gerichtsschreiber nur, wenn sie zu diesen Personen gehören. — Verstoß gegen die Vorschrift Abs. 1 kann Revision begründen.

Ueber den Hergang bei der Berathung und Abstimmung ist von den dabei anwesenden Personen Stillschweigen zu beobachten.[733])

§ **326.** Wird der Angeklagte verurtheilt, so müssen die Urtheilsgründe[734]) die für erwiesen erachteten Thatsachen[735]) angeben, in welchen die gesetzlichen Merkmale der strafbaren Handlung gefunden werden, und die nähere Darlegung enthalten, weshalb diese Thatsachen für erwiesen erachtet worden sind.[736])

Waren in der Verhandlung solche vom Strafgesetze besonders vorgesehene Umstände behauptet worden, welche die Strafbarkeit ausschließen[728]), vermindern oder erhöhen[729]), so müssen die Urtheilsgründe sich darüber aussprechen[737]), ob diese Umstände für festgestellt oder für nicht festgestellt erachtet werden.

Die Gründe des Strafurtheils müssen ferner das zur Anwendung gebrachte Strafgesetz[536]) bezeichnen und sollen die Umstände anführen, welche für die Zumessung der Strafe[738]) bestimmend gewesen sind. Macht

[733]) Zuwiderhandlung kann disziplinare Bestrafung zur Folge haben. — Auch Feststellung der Abstimmung des einzelnen Richters durch den GerH. ist unzulässig.

[734]) Im Unterschied von der Urteilsformel, die nur den eigentlichen Schuldausspruch, d. h. bei Verurteilung die strafbare Handlung, die erkannte Strafe, bei mehreren Vergehen nur die Gesamtstrafe, sowie etwaige Nebenstrafen zu enthalten hat. Annahme mildernder Umstände gehört nicht in die Urteilsformel, wohl aber Angabe, ob ideales oder reales Zusammentreffen angenommen wurde (PE. III 101). Tatbestände, für die eine kurze Bezeichnung fehlt, können durch Anführung der § des betr. StrafG. in der Urteilsformel bezeichnet werden (PE. I 98). — Widersprüche zwischen Urteilsformel u. -Gründen begründen Revision URMGer. 26. Jan. 03 (IV 153).

[735]) Es muß also in den Urteilsgründen festgestellt werden, für welche Tatsachen sich die richterliche Überzeugung gebildet hat. Bloße Geschichtserzählung genügt nicht (PE. I 99). — Das Vorhandensein auch des subjektiven Tatbestandes (Vorsatz usw., auch Zurechnungsfähigkeit) ist in jedem Fall von Amtswegen zu prüfen. Eine prozessuale Pflicht zur Feststellung desselben besteht nur, wenn das G. selbst einen bestimmten Vorsatz (Absicht) verlangt oder ein dem subjektiven Tatbestand angehöriges Merkmal vom Angeklagten oder sonst von zuständiger Seite bestritten ist URMGer. 25. April 01 (I 105). — Aufzählung der der Feststellung bedürftigen Merkmale bei einzelnen Delikten (PE. I 99, II 121, III 101). Nur unterlassene Feststellung wesentlicher Tatbestandsmerkmale ist absoluter Revisionsgrund (§ 400 Nr. 7), nicht bloße Mangelhaftigkeit der Begründung URMGer. 12. März 01 (I 49), 19. April 02 (III 4). — Widersprüche zwischen Urteilsfeststellung u. Protokoll Anm. 710. — Feststellung der Urteilsgründe Anm. 723. — Erörterung rechtlicher Gesichtspunkte im Urteil Anm. 712[a].

[736]) Angabe der Beweisgründe ist (abweichend von StPO. § 266 Abs. 1) stets vorgeschrieben.

[737]) Dieser Ausspruch muß ein ausdrücklicher sein URMGer. 30. Sept. 01 (II 12). — Ausdrücklicher Feststellung des Strafantrags im Urteil bedarf es nicht, wenn die Rechtzeitigkeit u. Rechtsförmlichkeit aus den Akten hervorgeht u. nicht bestritten ist (PE. III 101).

[738]) Auch etwaiger Nebenstrafen. — Bei mehreren selbständigen Straffällen ist für jede Einzelhandlung die ausgeworfene Einzelstrafe einschließlich einer etwaigen Ehrenstrafe in den Gründen zu nennen, auch zum Ausdruck zu bringen, auf Grund welcher Einsatzstrafe die Gesamtstrafe gebildet wurde (PE. II 121). — Leugnen des Angekl. als Strafzumessungsgrund Anm. 365.

das Strafgesetz die Anwendung einer geringeren Strafe von dem Vorhandensein mildernder Umstände oder eines minder schweren Falles abhängig, so müssen die Urtheilsgründe die hierüber getroffene Entscheidung und die dafür maßgebend gewesenen Erwägungen ergeben, sofern das Vorhandensein mildernder Umstände oder eines minder schweren Falles angenommen oder einem in der Verhandlung gestellten Antrag entgegen verneint wird.

Wird der Angeklagte freigesprochen, so müssen die Urtheilsgründe ergeben, ob der Angeklagte für nicht überführt, oder ob und aus welchen Gründen die für erwiesen angenommene That für nicht strafbar erachtet worden ist.[739]

§ **327.** Die Verkündung des Urtheils[740] erfolgt durch Verlesung der Urtheilsformel[741] und Eröffnung der Urtheilsgründe am Schlusse der Verhandlung oder spätestens innerhalb dreier Tage[742] nach dem Schlusse der Verhandlung bei den Standgerichten durch den Vorsitzenden, bei den Kriegsgerichten[743] durch den die Verhandlung führenden Kriegsgerichtsrath.

Die Eröffnung der Urtheilsgründe geschieht durch Verlesung oder durch mündliche Mittheilung ihres wesentlichen Inhalts.[744]

---

[739]) Es ist zum mindesten klares Auseinanderhalten tatsächlicher u. rechtlicher Gesichtspunkte erforderlich. Wird der Angeklagte nicht für überführt erachtet, so ist dies in den Gründen klar auszusprechen. Auch müssen die für erwiesen u. nicht erwiesen angenommenen Tatsachen insoweit bestimmt angegeben werden, daß rechtliche Nachprüfung möglich ist. Erfolgt aus Rechtsgründen Freisprechung, so müssen diese Gründe bestimmt bezeichnet werden URGer. 3. Dez. 81; 27. Okt. 85 (Strafs. V 225, XIII 30).

[740]) Sie muß in Anwesenheit derselben Richter, die das Urteil beschlossen haben, sowie der übrigen in § 273 genannten Personen (Anm. 587) erfolgen. Identität des Anklagevertreters u. Gerichtsschreibers ist nicht erforderlich. Verteidiger § 346. — Nach der Urteilsverkündung ist Wiederaufnahme der Verhandlung unzulässig. Ist Verkündung eines Teils der beschlossenen Urteilsformel unterblieben, so kann sie innerhalb der Abs. 2 genannten Frist nachgeholt werden URGer. 15. Dez. 87 (Strafs. XV 271). Dagegen ist nochmalige, von der ersten Verkündung inhaltlich abweichende Verkündung des Urteils auch dann nicht zulässig, wenn die ursprüngliche Verkündung dem tatsächlichen Ergebnis der Urteilsberatung nicht entsprach.

[741]) Sie muß demnach vorher schriftlich festgestellt sein. Daß Niederschrift u. Verlesung aus dem Sitzungsprotokoll erfolgen müsse, ist nicht vorgeschrieben URMGer. 30. April 02 (III 17). — Abänderung oder Ergänzung einer verkündeten Urteilsformel ist unzulässig. Berichtigungen offensichtlicher, für jeden erkennbarer Schreibfehler sind zulässig, jedoch nur durch Gerichtsbeschluß (PE. I 100); URGer. 22. Jan. 86 (Strafs. XIII 268). — Bei Widersprüchen zwischen protokollierter u. ausgefertigter Urteilsformel ist das Sitzungsprotokoll maßgebend (PE. IV 69).

[742]) Abkürzung der § 276 bestimmten Frist. Im übrigen gilt das Anm. 594 Gesagte.

[743]) Entsprechend anwendbar für das OberkriegsGer. (§ 394).

[744]) Auf Mangelhaftigkeit der mündlich mitgeteilten Gründe oder Nichtübereinstimmung derselben mit den schriftlichen Urteilsgründen kann Revision nicht gestützt werden URMGer. 25. Mai u. 28. Aug. 01 (I 157, 163). — Jedoch ist

Der Angeklagte[745]) ist über die Zulässigkeit der Berufung und, falls derselbe erklärt, daß er sich bei dem Urtheile nicht beruhige[746]), über die bei Einlegung der Berufung einzuhaltende Frist (§ 379), sowie den einzuschlagenden Weg (§ 369) zu belehren.[747])

Ein in Abwesenheit des Angeklagten[748]) verkündetes Urtheil und die im Absatze 3 vorgeschriebene Belehrung kann dem Angeklagten auch durch einen Gerichtsoffizier[540]) oder Kriegsgerichtsrath zu Protokoll eröffnet werden.[749])

Im Falle der Zustellung[293]) des Urtheils (§ 137 Absatz 2) ist die Belehrung mit der Zustellung zu verbinden.

§ **328**. Findet das Gericht im Laufe der Verhandlung, daß der Angeklagte nicht unter der Militärstrafgerichtsbarkeit steht[750]), so hat es durch Beschluß seine Unzuständigkeit auszusprechen.[751])

Wiedereinsetzung in den vorigen Stand (§ 147) gegen Versäumung der Frist zur Begründung der Revision möglich, falls das Urteil auch zur Zeit der § 404 vorgeschriebenen Vernehmung dem Angeklagten noch nicht zugestellt war. — Gänzliche Unterlassung der Verkündung der Urteilsgründe begründet zwar nicht Revision, hindert aber den Beginn der Rechtsmittelfrist URGer. 6. Febr. 80 (Straff. I 192).

[745]) Nur der verurteilte, nicht auch der freigesprochene Angeklagte ist zu belehren (PE. III 44a), URMGer. 6. Mai 01 (I 117). — Ist der Angekl. in 1. Instanz verurteilt, so muß er, auch wenn die lediglich vom GerH. eingelegte Berufung verworfen wird, über Zulässigkeit der Revision belehrt werden § 394 (PE. III 44).

[746]) Es genügt hierzu jede Kundgebung des Angeklagten dahin, daß er das Urteil als ein endgiltiges noch nicht anerkennen wolle, z. B. auch die Erklärung, er behalte sich die Entschließung über Einlegung des Rechtsmittels vor. Bloßes Schweigen genügt nicht (PE. I 54, IV 70). — Befragung des Angeklagten, ob er sich bei dem Urteil beruhigen oder auf Rechtsmittel verzichten wolle, ist nicht gestattet URMGer. 12. März 01 (I 49). — Verzichtserklärung des Angeklagten vor dem erkennenden Ger. ist rechtswirksam, nicht aber die vor dem erkennenden Ger. abgegebene Erklärung, Berufung (Revision) einlegen zu wollen. Belehrung ist also trotzdem erforderlich URMGer. 6. Dez. 00; 8. Jan. 01; 29. Jan., 1. Juli 01 (I 2, 13, 17, 205).

[747]) Die Belehrung muß nach der Anm. 746 genannten Erklärung erfolgen URMGer. 11. April 01 (I 85). — Der Angeklagte ist über alle für Einlegung des Rechtsmittels in Betracht kommenden Wege zu belehren, auch wenn er auf den für ihn bequemsten Weg aufmerksam gemacht wird (PE. I 54). — Falsche Belehrung kann Wiedereinsetzungsgrund (§ 147) für den Angeklagten sein URMGer. 25. Febr. 01 (I 39). — Belehrung u. Erklärung des Angeklagten ist zu protokollieren.

[748]) Mögliche Fälle § 279, 280, 389, 408.

[749]) Ausnahme von § 137 Abs. 2. Beide Wege sind wahlweise zulässig. — Beginn der Rechtsmittelfrist in solchen Fällen § 379 Abs. 2, 398 Abs. 2.

[750]) Es kommt nur darauf an, ob er wegen der angeklagten Tat unter Militärgerichtsbarkeit steht oder nicht § 1—11. Sobald die Unzuständigkeit des Militärgerichts feststeht, hat die Beweisaufnahme oder deren Fortsetzung zu unterbleiben. Vor der Vernehmung des Angeklagten darf das Gericht seine Unzuständigkeit nicht aussprechen URMGer. 10. Febr. 02 (II 187). Der weiter dort aufgestellte Satz, daß das Gericht bei seiner Entscheidung neben der Anklageverfügung auch den sonstigen Akteninhalt zu berücksichtigen habe, widerspricht dem Grundsatz der Mündlichkeit (Anm. 710).

[751]) In der Berufungsinstanz hat das Gericht seine Unzuständigkeit nicht nach

Gegen diesen Beschluß steht sowohl dem Gerichtsherrn wie dem Angeklagten binnen einer Woche nach der Verkündung des Beschlusses die Rechtsbeschwerde [752]) an das Reichsmilitärgericht zu. Hat die Verkündung in Abwesenheit des Angeklagten stattgefunden, so läuft für diesen die Frist vom Tage der Zustellung [293]) des Beschlusses.

§ **329**. Das Gericht darf sich nicht für unzuständig erklären, weil die Sache vor ein Gericht niederer Ordnung gehöre, oder weil die Erhebung der Anklage von einem unzuständigen Gerichtsherrn verfügt sei [537]), oder weil zur Ahndung der strafbaren Handlung die Bestrafung im Disziplinarwege nach Maßgabe des § 3 des Einführungsgesetzes zum Militärstrafgesetzbuch ausreichend gewesen wäre. [753])

§ **330**. Stellt sich nach dem Ergebnisse der Verhandlung [712]) vor einem Standgerichte die That als eine solche dar, welche die Zuständigkeit des Standgerichts [754]) überschreitet, so hat dasselbe durch Beschluß seine Unzuständigkeit auszusprechen und die Sache an die zuständige Stelle zu verweisen. Dieser Beschluß hat die Wirkung der Anklageerhebung für das weitere Verfahren. [755])

Das Gleiche gilt, wenn der Angeklagte mit Rücksicht auf seinen Rang der niederen Gerichtsbarkeit entzogen ist, oder die zu erkennende Strafe die dem Standgerichte gezogenen Grenzen überschreitet (§§ 14, 15, 16, 47, 63).

§ **331**. Ueber die Hauptverhandlung ist ein Protokoll aufzunehmen, welches außer von dem Vorsitzenden [625]) und dem Gerichtsschreiber [756]) auch von dem die Verhandlung Führenden zu unterschreiben ist. [757])

---

§ 328, sondern nach § 395 Abs. 3, also durch Urteil auszusprechen URMGer. 25. Sept. 02 (III 268).

[752]) Anbringung seitens des Angekl. § 369, des GerH. § 368. Im Fall des § 262 läuft dem ersuchenden GerH. (§ 263 Abs. 1) die Frist vom Tage der erlangten Kenntnis an. — Wirkung des rechtskräftigen Unzuständigkeitsbeschlusses EG. § 14.

[753]) § 157 (Anm. 336). — Bei Vorliegen einer reinen Disziplinarverfehlung (DStO. § 1[1]) nicht Unzuständigkeitsbeschluß, sondern Einstellung durch Urteil § 314 (Anm. 706).

[754]) § 15, 16, 47. Vgl. Anm. 48, 79, 193. — Beim KriegsGer. kann dieser Fall nicht vorkommen § 62 Nr. 1.

[755]) Anm. 546, 581; § 259, 260, 317 bis 319. — Ist der Beschluß in Abwesenheit des Angekl. verkündet, so ist er ihm zuzustellen (§ 137). — Der Beschluß muß den Erfordernissen einer Anklageverfügung entsprechen (StPO. § 270). Neue Anklageschrift ist nicht erforderlich, jedoch ist Bezeichnung neuer Beweismittel seitens des GerH. u. Angekl., sowie nötigenfalls Ergänzung des Ermittelungsverfahrens (§ 244) möglich. — Überschreitet von mehreren angeklagten Straftaten nur die eine oder andere die sachliche Zuständigkeit des StandGer., so kann Aburteilung der übrigen Fälle durch das StandGer. u. Verweisung nur der die Zuständigkeit überschreitenden Fälle an das KriegsGer. erfolgen. Verweisung einzelner von mehreren an sich standgerichtlichen Fällen nur deshalb, weil andernfalls die Strafbefugnis des StandGer. nicht ausreichen würde (Abs. 2), ist unstatthaft.

[756]) Im Fall § 274 von sämtlichen.

[757]) Bei Verhinderung einer dieser Personen muß § 336 Abs. 2 entsprechende Anwendung finden. — Fehlende Unterschriften können auch nach

§ **332**. Das Protokoll über die Hauptverhandlung enthält:

1. den Ort und den Tag [758]) der Verhandlung;
2. die Namen der Mitglieder des Gerichts, des Vertreters der Anklage, des Gerichtsschreibers und des etwa zugezogenen Dolmetschers;
3. die Bezeichnung der strafbaren Handlung nach der Anklage;
4. die Namen der Angeklagten und ihrer Vertheidiger;
5. die Namen der vernommenen Zeugen und Sachverständigen und den Vermerk über die stattgehabten Bedingungen;
6. die Angabe, daß öffentlich verhandelt oder die Oeffentlichkeit ausgeschlossen ist. [759])

§ **333**. Das Protokoll muß den Gang und die Ergebnisse der Hauptverhandlung im Wesentlichen wiedergeben und die Beobachtung aller wesentlichen Förmlichkeiten [760]) ersichtlich machen, auch die Bezeichnung der verlesenen Schriftstücke, sowie die im Laufe der Verhandlung gestellten Anträge [761]), die ergangenen Entscheidungen [762]) und die Urtheilsformel [763]) enthalten.

Von dem Inhalte der Erklärungen des Vertreters der Anklage, des Angeklagten und Vertheidigers, der Zeugen und der Sachverständigen wird nur das Wesentliche in das Protokoll aufgenommen. Insoweit diese Personen bereits im Ermittelungsverfahren vernommen waren, ist in dem Protokolle nur zu vermerken, ob und inwiefern ihre Erklärungen etwa von den früheren Aussagen in erheblichen Punkten abweichen.

Einlegung eines Rechtsmittels nachgeholt werden URGer. 14. Juli 85 (Straff. XIII 351). Randvermerke bedürfen besonderer Unterschrift der Urkundspersonen (PE. III 45). — Nach Vollziehung des Protokolls durch die drei Urkundspersonen ist jede Änderung oder Ergänzung nur dann zulässig, wenn sie als nachträgliche erkennbar gemacht u. von den Urkundspersonen unterschrieben ist (PE. I 55). Solche Änderungen können auch von den Prozeßbeteiligten beantragt werden. — Nach Einlegung eines Rechtsmittels sind Berichtigungen zu Ungunsten des Rechtsmitteleinlegenden unzulässig URGer. 12. Juli 89, 13. Okt. 90, 10. Febr. 91 (Straff. XIX 367; XXI 200, 323).

[758]) Bei mehrtägiger Hauptverhandlung braucht nicht für jeden Tag ein besonderes Protokoll aufgenommen zu werden; ein einheitliches genügt URGer. 1. Juli 97 (Straff. XXX 205).

[759]) Anm. 612, 617a, 618.

[760]) Hierunter sind nicht nur Formalakte im eigentlichen Sinne, sondern alle in der Hauptverhandlung vorgekommenen Vorgänge zu verstehen, die für die Rechtsbeständigkeit des Verfahrens von Einfluß sein können z. B. auch Beweisanträge URMGer. 3. April 01, 30. Jan. 03 (I 72, IV 172). — § 334 gibt den Prozeßbeteiligten die Möglichkeit, sich den nach § 335 erforderlichen Beweis hierfür zu sichern (Anm. 765, 766).

[761]) Bei Beweisanträgen sowohl die behaupteten Tatsachen als die bezeichneten Beweismittel URGer. 16. Dez. 79 (Straff. I 32).

[762]) Soweit Gründe für einen Beschluß erforderlich u. verkündet sind (§ 136), sind auch diese aufzunehmen. Ausgefertigte Beschlüsse können dem Protokoll als Anlage beigefügt werden.

[763]) Widersprüche zwischen Protokoll u. Urteilsausfertigung Anm. 741.

Kommt es auf die Feststellung eines Vorganges in der Hauptverhandlung oder des Wortlauts einer Aussage oder einer Aeußerung an, so hat der die Verhandlung führende Richter die vollständige Niederschreibung und Verlesung anzuordnen.[764]) In dem Protokoll ist zu bemerken, daß die Verlesung geschehen und die Genehmigung erfolgt ist, oder welche Einwendungen erhoben sind.

§ **334**. Erfolgt die Beobachtung der vorgeschriebenen Förmlichkeiten[760]) nach Ansicht eines bei der Verhandlung Betheiligten in mangelhafter oder ungenügender Weise, so ist dieser berechtigt, die Feststellung des Vorganges und dessen Aufnahme in das Protokoll zu verlangen.

§ **335**. Die Beobachtung der für die Hauptverhandlung vorgeschriebenen Förmlichkeiten[760]) kann nur durch das Protokoll bewiesen werden.[765]) Gegen den diese Förmlichkeiten betreffenden Inhalt desselben ist der Nachweis der Unrichtigkeit zulässig.[766])

§ **336**. Das Urtheil mit den Gründen soll[767]) binnen drei Tagen nach der Verkündung zu den Akten gebracht werden, falls es nicht bereits vollständig in das Protokoll aufgenommen worden ist.

Es ist von den Richtern, welche bei der Entscheidung mitgewirkt haben, zu unterschreiben.[768]) Ist ein Richter verhindert, seine Unterschrift

---

[764]) Ermessen des Verhandl.-Führers, so lange nicht von einer zuständigen Seite Antrag gestellt ist URMGer. 24. Mai 01 (I 155). Vgl. § 292 Abs. 3. Unterschrift desjenigen, dessen Aussage usw. protokolliert ist, so wenig als bei sonstigen ins Protokoll aufgenommenen Aussagen erforderlich URGer. 1. Mai 80 (Straff. II 34).

[765]) Andere Beweismittel (auch die Urteilsgründe) sind ausgeschlossen, so lange nicht die Unrichtigkeit des Protokolls behauptet ist (URMGer. 30. Jan. 03 (IV 172). — Das Protokoll erbringt auch den Beweis dafür, daß nicht beurkundete Vorgänge auch nicht geschehen sind URMGer. 17. Dez. 02 (III 252). — Mängel des Protokolls bilden als solche keinen Revisionsgrund, sondern nur insofern, als infolge des Mangels für die Beobachtung wesentlicher Förmlichkeiten der Nachweis fehlt URMGer. 4. Nov. 01 (II 49).

[766]) Nicht bloß der Nachweis der Fälschung (so StPO. § 274), sondern der Unrichtigkeit ist zulässig. Der Beweis kann durch alle Beweismittel geführt werden. Darüber, ob der Nachweis der Unrichtigkeit erbracht ist, entscheidet das höhere Instanzgericht selbständig, ohne an das Einverständnis der Prozeßbeteiligten hierüber gebunden zu sein URMGer. 6. Okt. 02 (III 288).

[767]) Ordnungsvorschrift. Nichteinhaltung kann nur disziplinare Folgen haben. — Angefertigt werden kann das Urteil nur von einem Richter, der bei der Verhandlung u. Entscheidung mitgewirkt hat; selbst zu schreiben braucht er es nicht; zulässig ist auch die Entwerfung des Urteils durch einen Referendar usw., sofern dieser bei der Verhandlung u. Beratung zugegen war (PE. I 56).

[768]) Jeder Richter ist gesetzlich verpflichtet, das Urteil so, wie es beschlossen ist, ohne jeden Zusatz einer abweichenden Meinung zu unterschreiben. Zweifel über die Fassung entscheidet das Ger., das erkannt hat (PE. II 52). Nachträgliche Änderungen der bereits unterschriebenen Urteilsgründe bedürfen der Zustimmung sämtlicher Richter u. erneuter Unterschrift. — Änderung der Urteilsformel Anm. 741.

beizufügen, so wird dies unter Angabe des Verhinderungsgrundes von dem Vorsitzenden oder bei dessen Verhinderung von dem ältesten beisitzenden Offizier unter dem Urtheile vermerkt.

Die Bezeichnung des Tages der Sitzung, sowie der Namen der Richter, des Vertreters der Anklage und des Gerichtsschreibers, welche an der Sitzung Theil genommen haben, sind in das Urtheil aufzunehmen.

Die Ausfertigungen und Auszüge der Urtheile sind bei den Standgerichten vom Vorsitzenden, bei den Kriegsgerichten von dem Kriegsgerichtsrathe, der die Verhandlung geführt hat, zu unterschreiben und mit dem Gerichtssiegel zu versehen.

Sechster Abschnitt.
Vertheidigung.[769]

§ **337**. Der Angeklagte kann sich nach Abschluß des Ermittelungsverfahrens[770] (§ 173 Absatz 5) des Beistandes eines Vertheidigers bedienen.[771]

Diese Bestimmung findet in dem Verfahren vor den Standgerichten keine Anwendung.[772]

[769]) Abschnitt 6 entspricht StPO. § 137—150, jedoch mit wesentlichen Einschränkungen hinsichtlich des Zeitpunktes der Zulässigkeit der Verteidigung u. der zugelassenen Personen. — Inhalt: Zulässigkeit der Verteidigung § 337; notwendige Verteidigung § 338; sachgemäße Verteidigung § 339; gemeinschaftlicher Verteidiger § 340; zugelassene Personen § 341; Wünsche des Angeklagten bei Verteidigerbestellung § 342; Zurücknahme der Verteidigerbestellung § 343; Akteneinsicht § 344; Verkehr des Angeklagten mit dem Verteidiger § 345; Ausbleiben des notwendigen oder sachgemäßen Verteidigers in der Hauptverhandlung § 346; Gebührenansprüche § 347; im Feld u. an Bord § 348. — Die Vorschriften gelten auch für die Berufungsinstanz § 389 Abs. 3; für die Revisionsinstanz nur diejenigen über Wahlverteidigung § 408 Abs. 1.

[770]) In den Fällen § 165 Abs. 1 u. 2 ausnahmsweise schon vorher. Anordnung der Ergänzung des Ermittelungsverfahrens steht der schon vorher erfolgten Wahl nicht entgegen.

[771]) Nur der Angeklagte, nicht auch dessen gesetzlicher Vertreter (abweichend StPO. § 137 Abs. 2) kann einen Wahlverteidiger aufstellen. Ausnahme § 357. Schriftliche Vollmacht oder vorherige Anzeige beim Ger. ist nicht vorgeschrieben (PE. II 58). — Prozessuale Erklärungen u. Anträge des Verteidigers (nicht auch Erklärungen tatsächlicher Art, vgl. jedoch § 281 Anm. 610) sind als solche des Angeklagten zu behandeln, soweit dieser nicht widerspricht, vgl. Anm. 650, 657, 682. Auch im Widerspruch mit Erklärungen des Angeklagten ist der Verteidiger zur Wahrnehmung der Rechte der Verteidigung zu gunsten des Angeklagten befugt, namentlich zu Beweisanträgen URGer. 1. Mai 88 (Straff. XVII 315). Terminsbenachrichtigung des Verteidigers § 165 Abs. 3, 268, 271, 388, 408. — Ausbleiben des Verteidigers in der Hauptverhandlung Anm. 587, 603, 740. — Berechtigung zur Einlegung usw. von Rechtsmitteln § 369 Abs. 5, 371 Abs. 2. — Zustellungen an den Verteidiger Anm. 285. — Vgl. ferner § 122 Nr. 4, 188 Nr. 2, 290 Abs. 4, 469 Abs. 2.

[772]) Ausnahmen § 217 (Anm. 469). In der Berufungsinstanz ist auch in standgerichtlichen Strafsachen Verteidigung zulässig.

§ **338**. Bildet ein Verbrechen[773]) den Gegenstand der Anklage, so hat der Gerichtsherr[217]) dem Angeklagten, sofern derselbe einen Vertheidiger nicht erwählt hat, einen solchen von Amtswegen zu bestellen.[774])

Diese Bestimmung findet nicht Anwendung, wenn die strafbare Handlung nur deshalb als ein Verbrechen sich darstellt, weil sie im Rückfalle[730]) begangen ist, oder weil die Voraussetzungen des § 55 des Militärstrafgesetzbuchs vorliegen.

§ **339**. Erachtet außer den Fällen der nothwendigen Vertheidigung (§ 338) der Gerichtsherr oder das erkennende Gericht[774a]) die Bestellung eines Vertheidigers für sachgemäß, so ist dieselbe von Amtswegen zu veranlassen.

Der Angeklagte kann die Bestellung eines Vertheidigers beantragen, sofern dieselbe nicht von Amtswegen erfolgt.

Der Antrag ist binnen einer Frist von drei Tagen[775]) nach der Bekanntmachung der Anklageverfügung (§§ 256, 257) zu stellen. Für das Verfahren in der Berufungsinstanz ist der Antrag auf Bestellung eines Vertheidigers, sofern er nicht schon in erster Instanz gestellt war[776]), spätestens binnen einer Frist von drei Tagen nach Bekanntmachung des Termins der Hauptverhandlung (§ 266 Absatz 3, § 267 Absatz 2, § 388) zu stellen.

Ueber den Antrag entscheidet außerhalb der Hauptverhandlung der Gerichtsherr[777]), in der Hauptverhandlung das Gericht[777a]) nach freiem Ermessen.

---

[773]) Begriff StGB. § 1 Abs. 1, MStGB. § 1 Abs. 1 (Nr. I 2 Anm. 4, 5 d. W.). — Auch in der Berufungsinstanz kommt es nur darauf an, ob die Anklage auf ein Verbrechen gerichtet ist URMGer. 12. Febr. 03 (IV 216).

[774]) Sog. notwendige oder Offizialverteidigung (erweitert gegenüber StPO. § 140). Weiterer Fall der Bestellung von Amtswegen § 339. — Die Bestellung hat in Fällen des § 338 regelmäßig mit Erlaß der Anklageverfügung (§ 254) zu erfolgen, wie sich aus § 339 Abs. 2 u. 3 ergibt; ist sie bei Bekanntmachung der Anklageverfügung (§ 256, 257) noch nicht erfolgt, so kann der Angeklagte sie beantragen. Vorherige Befragung des Angeklagten nach § 342. Die Bestellung eines Verteidigers wirkt grundsätzlich nur für die Instanz, wofür Bestellung erfolgt ist URMGer. 30. Sept. 01 (II 8). — In der Revisionsinstanz findet Bestellung von Amtswegen nicht statt URMGer. 7. Okt. 01 (II 23). — Substitution Anm. 780.

[774a]) Das Ger. entscheidet lediglich über die Bedürfnisfrage; Auswahl u. Bestellung des Verteidigers kommt auch in diesem Fall dem GerH. zu (Begr. 150). Erforderlichenfalls Aussetzung der Hauptverhandlung (§ 275, 276).

[775]) Auch einem verspäteten Antrag kann der GerH. oder das Ger. stattgeben, wenn sie die Verteidigung für sachgemäß halten (Abs. 1).

[776]) Der vom Angeklagten rechtzeitig in 1. Instanz gestellte Antrag wirkt auch für die Berufungsinstanz fort, nicht aber die Bestellung selbst URMGer. 30. Sept. 01 (Anm. 774).

[777]) Die ablehnende Entscheidung des GerH. (§ 97, 136) ist dem Angeklagten nicht erst in der Hauptverhandlung, sondern schon vorher bekannt

§ **340.** Die Vertheidigung mehrerer Angeklagter kann, insofern dies der Aufgabe der Vertheidigung nicht widerstreitet, durch einen gemeinschaftlichen Vertheidiger geführt werden.

§ **341.** Als Vertheidiger[778]) werden zugelassen und können von Amtswegen bestellt werden:

1. Personen des Soldatenstandes[314]) des aktiven Heeres[5]) und der aktiven Marine[5]) im Offizierrange[778a]);
2. Kriegsgerichtsräthe und die bei den Militärgerichten beschäftigten Assessoren und Referendare (Praktikanten);
3. nichtrichterliche obere Militärbeamte;
4. Personen des Beurlaubtenstandes im Offizierrange[779]);
5. Rechtsanwälte, welche von der obersten Militärjustizverwaltung ernannt sind.

Die unter Nr. 1 bis 3 bezeichneten Personen bedürfen zur Uebernahme von Vertheidigungen der Genehmigung der vorgesetzten Dienstbehörde.[780])

Bei den Kriegsgerichten und Oberkriegsgerichten werden durch die oberste Militärjustizverwaltung aus den im Bereiche der Oberkriegsgerichte, bei dem Reichsmilitärgerichte durch seinen Präsidenten aus den am Sitze des Reichsmilitärgerichts wohnenden Rechtsanwälten nach Maßgabe des

---

zu machen (Zustellung Anm. 284), damit er sich noch einen Verteidiger wählen kann. Der Fehler wird geheilt, wenn der Angeklagte in der Hauptverhandlung Wiederholung seines Antrags versäumt oder ein solcher vom Ger. abgelehnt wird. — Der auf Antrag oder von Amtswegen bestellte Verteidiger ist dem Angeklagten namentlich zu bezeichnen (PE. III 47).

[777a]) Ablehnung des Antrags durch das erkennende Ger. ohne Angabe von Gründen ist Revisionsgrund (§ 400 Nr. 8) URMGer. 26. Mai 02 (III 60).

[778]) Soweit Rechtsanwälte nicht als Verteidiger, sondern z. B. als Vertreter des Verletzten (§ 247) im MilGerichtsverfahren auftreten, finden die Beschränkungen des § 341 nicht Anwendung.

[778a]) Im Feld u. an Bord ist Offizierrang nicht erforderlich § 348. — Ein ständiger Offizierrichter des Oberkriegs-Ger. darf in einer seinem Richteramt unterfallenden Untersuchung auch mit seiner Zustimmung nicht als Verteidiger bestellt werden URMGer. 27. Sept. 02 (III 279).

[779]) Auch Rechtsanwälte, die Offiziere des Beurlaubtenstandes sind, u. zwar auch ohne Hinweis ihrerseits auf diese Eigenschaft URMGer. 19. April 02 (III 3).

[780]) Dieser Genehmigung bedarf es nur zur Übernahme einer Wahlverteidigung, nicht auch bei Bestellung von Amtswegen. Sie kann nur aus zwingenden Gründen des dienstlichen Interesses versagt werden. — Zur Übernahme einer Verteidigung von Amtswegen sind die Nr. 1, 2, 3 u. 5 genannten Personen verpflichtet (betr. Rechtsanwälte Abs. 3 des Paragraphen u. Rechtsanwaltsordnung 1. Juli 78 § 39 RGB. 177), nicht aber zur Annahme einer Wahlverteidigung. — Der gewählte Verteidiger kann, sofern er nach Nr. 1—5 zugelassen ist, eine andere zugelassene Person auch ohne Zustimmung des Angeklagten für sich substituieren. Seitens des bestellten Verteidigers ist Substitution nur mit Genehmigung des GerH., die als Bestellung eines anderen Verteidigers anzusehen ist, zulässig URGer 9. Febr. 88 (Rechtspr. X 104).

Bedürfnisses und nach Befragung der Anwaltskammer mehrere Rechtsanwälte ernannt[781]), welchen die Vertheidigung übertragen werden kann und welche die Uebernahme der Vertheidigung nicht verweigern dürfen.[782])

Einem bei den deutschen Gerichten zugelassenen[782a]) Rechtsanwalt ist, insoweit Verbrechen oder Vergehen gegen die §§ 133, 156, 159, 160, 253, 263, 266, 267 bis 271, 273, 274 des bürgerlichen Strafgesetzbuchs den Gegenstand der Anklage bilden, auf seinen Antrag[783]) die Uebernahme einer Vertheidigung vor dem Militärgerichte vom Gerichtsherrn zu gestatten, wenn nicht eine Gefährdung militärdienstlicher Interessen oder eine Gefährdung der Staatssicherheit zu besorgen ist. Gegen die Versagung[784]) der Genehmigung steht dem Antragsteller die Rechtsbeschwerde[450]) an die oberste Militärjustizverwaltung[127]) zu; der Fortgang des Verfahrens wird durch die Einlegung der Rechtsbeschwerde nicht gehemmt.

§ **342.**[785]) Bevor im einzelnen Falle ein Vertheidiger von Amtswegen bestellt wird, ist, sofern nicht Dringlichkeit obwaltet, der Angeklagte zu befragen, ob er besondere Wünsche in Betreff der Person des zu bestellenden Vertheidigers zu äußern habe. Die vorgebrachten Wünsche sind nach Möglichkeit zu berücksichtigen.[786])

§ **343.** Die Bestellung eines Vertheidigers unterbleibt, oder ist, falls sie bereits erfolgt war, zurückzuziehen, wenn der Angeklagte einen von ihm gewählten Vertheidiger benennt, welcher den Erfordernissen des § 341 entspricht und zur Uebernahme der Vertheidigung bereit ist.

§ **344.**[785]) Nach Abschluß des Ermittelungsverfahrens[787]) müssen dem Vertheidiger[788]) die Untersuchungsakten auf Verlangen vorgelegt werden.

Sofern keine Bedenken entgegenstehen, können die Akten mit Ausnahme der Ueberführungsstücke dem Vertheidiger in seine Wohnung verabfolgt werden.

---

[781]) AAB. zu § 341 Abs. 3 (Anl. A); KrAB. zu § 341 (Anl. B).

[782]) Nur die Übernahme der Bestellung von Amtswegen dürfen sie nicht verweigern (§ 343). — Ob sie am Sitze des Ger. wohnhaft sind, ist gleichgiltig RechtsanwaltsO. (Anm. 780) § 39.

[782a]) RechtsanwaltsO. § 1—25.

[783]) Also ist Bestellung solcher nicht unter Nr. 4 oder 5 oben fallender Rechtsanwälte als Offizialverteidiger ausgeschlossen.

[784]) Sie bedarf der Begründung (§ 136) u. kann nur aus den zuvor genannten Gründen erfolgen.

[785]) Feld u. Bord § 348.

[786]) Ein Recht auf Bestellung einer bestimmten Person als Verteidiger steht dem Angeklagten nicht zu URMGer. 10. Sept. 01 (I 268).

[787]) § 173 Abs. 5, 243.

[788]) Sowohl dem bestellten als dem gewählten Verteidiger (nicht aber dem Beschuldigten). — Recht auf Aussetzung der Hauptverhandlung behufs vorheriger Akteneinsicht besteht nicht.

§ **345.** Dem verhafteten Angeklagten ist schriftlicher und mündlicher Verkehr mit dem Vertheidiger gestattet.

Solange die Anklage nicht erhoben ist[789]), kann der Gerichtsherr schriftliche Mittheilungen zurückweisen[790]), falls deren Einsicht ihm nicht gestattet wird.

Bis zu demselben Zeitpunkte kann der Gerichtsherr, sofern die Verhaftung nicht lediglich wegen Verdachts der Flucht[791]) gerechtfertigt ist, anordnen, daß den Unterredungen mit dem Vertheidiger ein Kriegsgerichtsrath oder Gerichtsoffizier beiwohne.

§ **346.** Bleibt in einem Falle der nothwendigen Vertheidigung (§ 338) oder in einem Falle, in welchem das Gericht[792]) die Vertheidigung für sachgemäß erachtet hat (§ 339), der bestellte oder gewählte Vertheidiger in der Hauptverhandlung[585]) aus, so muß die Verhandlung ausgesetzt werden.[793]) An Stelle des Wahlvertheidigers ist in einem solchen Falle demnächst ein Vertheidiger von Amtswegen zu bestellen.

Wird durch die Schuld des Vertheidigers eine Aussetzung erforderlich, so sind demselben vorbehaltlich dienstlicher Ahndung[629]), die hierdurch verursachten Kosten aufzuerlegen.[794])

§ **347.** Den bestellten[795]) Vertheidigern, welche sich nicht am Gerichtsorte befinden, sind, sofern sie zu den im § 341 Nr. 1 bis 3 bezeichneten Personen gehören, die verordnungsmäßigen Fuhrkosten und Tagegelder[796]) zu zahlen. Vertheidigungsgebühren stehen denselben nicht zu.[797])

§ **348.** Im Felde und an Bord[80]) finden die Bestimmungen der §§ 342, 344 nur insoweit Anwendung, als die Verhältnisse dies gestatten.

---

789) § 258. — Nach Anklageerhebung fallen die Beschränkungen Abs. 2 u. 3 weg.

790) Beschlagnahme unzulässig § 232 (vgl. jedoch Anm. 498).

791) § 176 Nr. 2.

792) Oder der GerH. (§ 339) URM-Ger. 30. Sept. 01 (II 8).

793) Auf Antrag (§ 275 Abs. 2) oder von Amtswegen. — Dem Ausbleiben steht vorzeitiges, auch nur vorübergehendes Sichentfernen gleich. — Unterlassung der Aussetzung ist absoluter Revisionsgrund Anm. 792 angef. URM-Ger. — Ist jedoch sofortige Bestellung eines anderen Verteidigers (durch den GerH. Anm. 774) möglich, etwa mittels kürzerer Unterbrechung der Hauptverhandlung (§ 275 Abs. 1), so kann Aussetzung unterbleiben (vgl. StPO. § 145).

794) Durch Beschluß, der bei nachträglicher genügender Entschuldigung zurückgenommen werden kann. Daß das Ger. die Schuld des Verteidigers an der Aussetzung angenommen hat, ist im Beschluß zum Ausdruck zu bringen (PE. III 48). — Rechtsbeschwerde ist nicht gegeben.

795) Nicht auch den gewählten § 469 Abs. 2, selbst wenn ein Fall notwendiger Verteidigung vorlag.

796) ReiseO. (Heer) 5. Sept. 01 (Berl., Mittler & Sohn), (Marine) 28. März 92 (Berl. das.). V. betr. Tagegelder usw. der Reichsbeamten 25. Juni 01 (RGB. 241), der Beamten der Mil.- u. Marineverwaltung 20. Mai 80 (RGB. 113), erg. 27. Juli 86 (RGB. 235) u. 16. Febr. 91 (RGB. 16).

797) Wohl aber den Rechtsanwälten EG. § 17.

Außer den im § 341 bezeichneten Personen können im Bedürfnißfall auch Angehörige des Heeres oder der Marine, die nicht Offizierrang haben, als Vertheidiger zugelassen und bestellt werden.

Siebenter Abschnitt.

Strafverfügung.[798]

§ 349. Betrifft die Beschuldigung lediglich eine Uebertretung[77], so kann nach vorausgegangenem Ermittelungsverfahren[799] durch schriftliche Strafverfügung des Gerichtsherrn[800] ohne vorgängige Hauptverhandlung eine Strafe festgesetzt werden. Die Verfügung ist außer von dem Gerichtsherrn von einem Gerichtsoffizier oder einem Kriegsgerichtsrathe zu unterzeichnen.

Durch eine Strafverfügung darf jedoch keine andere Strafe[801] als Haft bis zu vierzehn Tagen oder Geldstrafe[802] und diejenige Haft, welche für den Fall der Unbeibringlichkeit der Geldstrafe an deren Stelle tritt[803], sowie eine etwa verwirkte Einziehung[79a] festgesetzt werden.

Bestehen Bedenken gegen die Festsetzung der Strafe innerhalb dieser Grenzen, so ist nach den im dritten, vierten und fünften Abschnitte dieses Titels gegebenen Vorschriften zu verfahren.[804]

§ 350. Die Strafverfügung ist dem Beschuldigten zuzustellen[293] (§§ 139, 141, 142).

§ 351. Die Strafverfügung muß außer der Festsetzung der Strafe die strafbare Handlung[535], das angewendete Strafgesetz[536] und die Beweismittel bezeichnen, auch die Eröffnung enthalten, daß sie vollstreckbar werde, wenn der Beschuldigte nicht binnen einer Woche nach der Zustellung bei dem Gerichtsherrn Einspruch erhebe.

---

[798]) Zulässigkeit § 349; Zustellung § 350; Erfordernisse, Einspruch § 351, 352; Rechtskraft § 353; ordentliches Verfahren § 354, 355. — Die Strafverfügung steht dem amtsrichterlichen Strafbefehl (StPO. § 447—452) gleich. — Die durch Strafverfügung ausgesprochenen Strafen sind als gerichtliche Strafen in die Strafbücher einzutragen. § 113 erstreckt sich auch auf sie KrMVf. 11. Juni 01 (AVB. 223).

[799]) Ein solches muß stets vorausgehen (PE. I 105), unbeschadet § 156 Abs. 1 Schlußsatz (Feststellung durch den Disziplinarvorgesetzten). § 173, 243 finden Anwendung.

[800]) Je nach der Person des Beschuldigten der niedere oder höhere (§ 14, 15). — In Fällen des § 21 ist der GerH. vorher zu bestimmen.

[801]) Auch bei Zusammentreffen mehrerer Übertretungen (§ 77) ist keine höhere Strafe zulässig.

[802]) Mindestbetrag StGB. § 27, Höchstbetrag der im betr. StrafG. angedrohte. Geldstrafe neben Haft ist nicht zulässig. — Geldstrafe ist ausgeschlossen in Fällen des MStGB. § 29. — Vollzug § 462.

[803]) StGB. § 28, 29. In diesem Fall ist die Höchstdauer der Haft nicht auf 14 Tage beschränkt StGB. § 29 Abs. 2. Nachträgliche Umwandlung § 463.

[804]) Gilt namentlich bei Bedenken des Abs. 1 genannten KrGerRates oder GerOffiz.

Hinsichtlich der Erhebung des Einspruchs finden die Bestimmungen des § 369 Absatz 2 bis 4 über die Einlegung von Rechtsmitteln Anwendung.[805]

In der dem Beschuldigten zu machenden Eröffnung ist derselbe auf einen oder mehrere der hiernach für die Erhebung des Einspruchs offenstehenden Wege zu verweisen.[806]

§ **352**. Auf den Einspruch kann vor Ablauf der Frist verzichtet[807] werden.

§ **353**. Eine Strafverfügung, gegen die nicht rechtzeitig Einspruch erhoben worden ist, erlangt die Wirkung eines rechtskräftigen Urtheils.[808]

§ **354**. Bei rechtzeitigem Einspruche[809] wird zur Hauptverhandlung geschritten, sofern nicht bis zur Bekanntmachung des Termins derselben (§ 266, 267) der Einspruch zurückgenommen wird.

§ **355**. Das Gericht ist bei der Urtheilsfällung an den in der Strafverfügung enthaltenen Ausspruch nicht gebunden.[810]

Achter Abschnitt.

Verfahren gegen Abwesende.[811]

§ **356**. Ein Beschuldigter gilt als abwesend[812], wenn sein Aufenthalt unbekannt ist, oder wenn er sich im Ausland[813] aufhält und seine

[805] Da der Einspruch kein Rechtsmittel im Sinne des G. ist, finden § 147—150 bei Fristversäumung nicht Anwendung.

[806] Dieser Hinweis muß ebenso wie die Eröffnung Abs. 1 in der Strafverfügung selbst enthalten sein.

[807] Verzicht ist unwiderruflich. Form desselben § 369 Abs. 2—4.

[808] Ebenso bei Verzicht oder Zurücknahme des Einspruchs. — Wirkung Anm. 712b, EG. § 14. Die Anm. 334 genannte Einschränkung des Satzes ne bis in idem gilt auch hier URGer. 2. Juni 81, 21. Dez. 83 (Strafs. IV 243, IX 321).

[809] Bei rechtzeitigem u. formrichtigem Einspruch (§ 351 Abs. 1 u. 2) ersetzt die Strafverfügung die Anklageverfügung. Anklageschrift ist nicht erforderlich. Vgl. Anm. 546, 581, 755. — Verspäteter oder nicht auf dem vorgeschriebenen Weg eingelegter Einspruch ist vom GerH. (§ 97) durch Beschluß (§ 136) zurückzuweisen.

[810] Die Bestimmungen des 5. Abschn. finden Anwendung, auch § 317, 318, 328—330. — Reformatio in pejus ist zulässig.

[811] Vgl. StPO. § 318—337. — Inhalt: Begriff des Abwesenden § 356; Zulässige Maßregeln § 357, 358; Aufforderung zur Aufenthaltsanzeige § 359; Vermögensbeschlagnahme § 360, 361; Aufhebung derselben § 362. — Durch diesen Abschnitt sind die prozessualen u. materiellen seitherigen Bestimmungen über Bestrafung Fahnenflüchtiger im Kontumazialverfahren (PrMStGerO. § 242ff., EG. MStGB. § 2) aufgehoben u. ersetzt (EG. § 2).

[812] Hiervon zu unterscheiden der in der Hauptverhandlung ausgebliebene oder vom Erscheinen entbundene Angeklagte, für den § 278—281, 389 gelten. — Ob ein Beschuldigter als „abwesend" anzusehen ist, entscheidet der GerH.

[813] Ausland ist jedes nicht zum Deutschen Reich gehörige Gebiet (StGB. § 8).

Gestellung vor das zuständige Militärgericht nicht ausführbar oder nicht angemessen erscheint.[814])

§ **357**. Gegen einen Abwesenden findet eine Hauptverhandlung nicht statt.[815])

Das Verfahren gegen denselben hat sich auf die Sicherung der Beweise für den Fall seiner künftigen Gestellung zu beschränken.

Die Zulassung eines Vertheidigers wird durch die Abwesenheit des Beschuldigten, soweit es sich nicht um Fahnenflüchtige[816]) handelt, nicht ausgeschlossen. Zur Wahl eines Vertheidigers sind auch Angehörige[817]) des Beschuldigten befugt.

Zeugen und Sachverständige sind, insofern keine Bedenken[577]) entgegenstehen, eidlich zu vernehmen.

§ **358**. Ein Anspruch auf Benachrichtigung über den Fortgang und das Ergebniß des Verfahrens steht dem abwesenden Beschuldigten nicht zu.[818])

Der Gerichtsherr ist jedoch befugt, einem Abwesenden, dessen Aufenthalt bekannt ist, Benachrichtigungen zugehen zu lassen.[819])

§ **359**. Der Abwesende, dessen Aufenthalt unbekannt ist, kann auf Anordnung des Gerichtsherrn in öffentlichen Blättern zur Gestellung oder zur Anzeige seines Aufenthaltsorts aufgefordert werden.

§ **360**. Sind die Voraussetzungen vorhanden, wonach der Abwesende wegen eines Verbrechens oder eines Vergehens vor ein Kriegsgericht zu stellen wäre[820]), so kann[820a]) durch einen von dem Gerichtsherrn und dem Kriegsgerichtsrathe zu unterzeichnenden[219]) Beschluß das im Reiche befindliche Vermögen des Abwesenden mit Beschlag belegt und, sofern die Voraussetzungen der Fahnenflucht[816]) vorliegen, der Abwesende für fahnenflüchtig erklärt werden.

---

[814]) KrMVf. 14. Nov. 01 (Anl. F).

[815]) Die Ausnahmen in StPO. § 319ff. sind nicht aufgenommen. — Gegen einen wegen Aufenthalts im Ausland am Erscheinen in der Hauptverhandlung verhinderten Angeklagten kann jedoch unter den Voraussetzungen § 280 Hauptverhandlung stattfinden. In der Berufungsinstanz kann gegen den abwesenden Angeklagten, wenn er vorschriftsmäßig (erforderlichen Falles gemäß § 145) geladen ist, nach § 398 Abs. 2 verhandelt werden.

[816]) MStGB. § 69—78.

[817]) § 187.

[818]) Dagegen dem Verteidiger, soweit Benachrichtigung vorgeschrieben (§ 165, 270, 271).

[819]) Gilt namentlich für den Fall, daß dem Beschuldigten seine Verfolgung unbekannt ist.

[820]) „Hinreichender Verdacht" ist erforderlich § 250, nicht aber vorgängige Anklageerhebung. Bei Übertretungen ist Vermögensbeschlagnahme ausgeschlossen, ebenso aber auch Erlaß einer Strafverfügung (§ 349) gegen den Abwesenden. — Sobald gegen einen Offizier, Sanitätsoffizier oder Fähnrich Verdacht der Fahnenflucht vorliegt, sowie wenn einer der Genannten für fahnenflüchtig erklärt wird, ist vom GerH. auf dem Dienstweg Allerhöchsten Orts Meldung zu erstatten KrMVf. 21. Juni 01.

[820a]) Nicht bindend vorgeschrieben! Von Vermögensbeschlagnahme kann ins-

Dieser Beschluß ist durch den Reichsanzeiger bekannt zu machen[821]) und kann auch noch durch andere Blätter veröffentlicht werden.

§ **361**. Mit dem Zeitpunkte der ersten Bekanntmachung in dem Reichsanzeiger verliert der Beschuldigte das Recht, über das in Beschlag genommene Vermögen unter Lebenden zu verfügen.[822])

Der die Beschlagnahme verhängende Beschluß ist derjenigen Behörde mitzutheilen, welche für die Einleitung einer Vormundschaft über Abwesende zuständig ist. Diese Behörde hat eine Güterpflege einzuleiten.[823])

§ **362**. Die Beschlagnahme ist aufzuheben, wenn die Gründe derselben weggefallen sind.[824])

Die Aufhebung der Beschlagnahme ist durch dieselben Blätter bekannt zu machen, durch welche die Beschlagnahme selbst veröffentlicht worden war.

Eine entsprechende Bekanntmachung hat zu erfolgen, sobald der Zustand der Fahnenflucht aufhört.

Dritter Titel.[825])

Ordentliche Rechtsmittel.

Erster Abschnitt.

Allgemeine Bestimmungen.

§ **363**. Ordentliche Rechtsmittel im Sinne dieses Gesetzes sind die Rechtsbeschwerde, die Berufung und die Revision.[826])

---

besondere abgesehen werden, wo sie wegen Vermögenslosigkeit zwecklos ist KrMVf. 22. Febr. 02.

[821]) Auf Veranlassung des GerH. — Eine weitere Bekanntmachung des Beschlusses hat auch bei Offizieren nicht zu erfolgen KrMVf. 14. Jan. 02.

[822]) Bestehende Forderungen Dritter u. deren Befriedigung aus dem beschlagnahmten Vermögen werden nicht berührt.

[823]) BGB. § 1911; G. üb. d. freiw. Gerichtsbarkeit 17. Mai 98 (RGB. 195) § 35 ff.

[824]) Die Aufhebung erfolgt, sobald die Gründe der Beschlagnahme weggefallen sind (also namentlich nach Beibringung des Beschuldigten), durch Beschluß des GerH. (§ 97), unabhängig von der nach EG. § 24⁴ im neuen Urteil auszusprechenden Aufhebung eines früheren Kontumazialerkenntnisses (PE. I 57).

[825]) Der 3. Titel behandelt die ordentlichen Rechtsmittel d. h. die Rechtsbehelfe, durch welche gegen noch nicht rechtskräftige Entscheidungen ein höheres Gericht angerufen werden kann, u. das hierbei geltende Verfahren. Abschnitt 1 (§ 363—372) enthält die allgemeinen Bestimmungen; Abschnitt 2 (§ 373—377) die Rechtsbeschwerde; Abschnitt 3 (§ 378 bis 396) die Berufung; Abschnitt 4 (§ 397—415) die Revision. — Die hauptsächlichsten Abweichungen von der StPO. liegen in der beschränkten Zulässigkeit der Rechtsbeschwerde (die sowohl die einfache, wie die sofortige Beschwerde der StPO. umfaßt); in der Zulassung der Berufung gegen alle Erstinstanzurteile u. im Ausschluß der Berufung u. Revision gegen die im Feld u. an Bord ergangenen Urteile (§ 365 Abs. 2, 419 ff.). — Über den Instanzenzug der MStGerO. Anm. 69.

[826]) Also nicht das Gesuch um

§ **364.** Die Rechtsbeschwerde findet nur gegen Beschlüsse und Verfügungen statt.[827])

§ **365.** Die Berufung und die Revision finden nur gegen Urtheile der erkennenden Gerichte statt.[828]) Diese Rechtsmittel stehen gleichmäßig dem Gerichtsherrn und dem Angeklagten[829]) zu.

Hinsichtlich der Urtheile der Feldgerichte und der Bordgerichte sind in diesem Gesetze besondere Bestimmungen getroffen.[830])

§ **366.** Gegen die Entscheidungen des Reichsmilitärgerichts findet ein ordentliches Rechtsmittel nicht statt.

§ **367.** Der Gerichtsherr kann von den ihm zuständigen Rechtsmitteln auch zu Gunsten[831]) des Angeklagten Gebrauch machen.

Jedes seitens des Gerichtsherrn eingelegte Rechtsmittel hat die Wirkung, daß die angefochtene Entscheidung auch zu Gunsten des Angeklagten abgeändert oder aufgehoben werden kann.[832])

Wiedereinsetzung in den vorigen Stand (§ 146—150), der Antrag auf gerichtliche Entscheidung (§ 247—249), auf Wiederaufnahme des Verfahrens (§ 436 bis 449) und der Einspruch gegen Strafverfügung (§ 351—355).

[827]) Nur, soweit sie ausdrücklich zugelassen ist, § 373 (abweichend StPO. § 346). — Die Rechtsbeschwerde ist zu unterscheiden von der Beschwerde im Sinne der Beschwerdeordnungen (Nr. I 2 Anl. H u. H 1 d. W.), die z. B. gegen Disziplinarbestrafung in den Fällen § 157, 202, 250, 251, 290 (Anm. 357, 514, 599) zulässig ist.

[828]) Und zwar die Berufung gegen stand- u. kriegsgerichtliche, die Revision nur gegen oberkriegsgerichtliche Urteile, nicht auch gegen Urteile der KriegsGer. als Berufungsinstanz (§ 378, 397). — Durch diese beiden Rechtsmittel ist der Begriff der Rechtskraft bedingt. Ein Urteil ist rechtskräftig, wenn es durch keines dieser zwei Rechtsmittel mehr angefochten werden kann (§ 383, 405), also bei Verzicht auf Berufung oder Revision, Nichteinlegung der Berufung oder Revision innerhalb der gesetzlichen Frist (vorbehältlich § 147—150), Zurücknahme der eingelegten Rechtsmittel, Verwerfung der Berufung gegen ein standgerichtliches Urteil, der Revision gegen ein oberkriegsgerichtliches Urteil, der Rechtsbeschwerde im Sinne § 385 Abs. 2. Bei Zurückverweisung einer Sache in die frühere Instanz zur nochmaligen Entscheidung (§ 395 Abs. 2, 412 Abs. 2) ist stets wieder neue Berufung oder Revision u. insofern unbegrenzter Aufschub der Rechtskraft möglich. — Über teilweise u. relative Rechtskraft Anm. 832, 860, 883.

[829]) GerH. § 24, 263, 367, 368. — Angeklagter § 369. Neben dem Angeklagten können nicht auch dessen gesetzliche Vertreter, Eltern usw. selbständig von den Rechtsmitteln Gebrauch machen (abweichend StPO. § 340) URMGer. 10. Juni 01 (I 181). — Die Befugnis des GerH. zur Einlegung von Rechtsmitteln endet nicht schon mit dem Erlaß einer seine Verabschiedung aussprechenden AO., sondern erst mit dem Augenblick ihrer dienstlichen Bekanntgabe URMGer. 11. Juni 02 (III 93). — Über Einlegung des Rechtsmittels hat der GerH. allein zu befinden, § 97 Abs. 3 findet nicht Anwendung.

[830]) § 419 435.

[831]) Ausdrückliche Hervorhebung, daß das Rechtsmittel zu gunsten des Angeklagten eingelegt werde, ist nicht vorgeschrieben, aber angezeigt.

[832]) Das Urteil wird also nicht zu Ungunsten des Angeklagten relativ rechtskräftig, wohl aber im Falle des Abs. 1 zu seinen Gunsten (§ 396, 415). — Die Frage, in welchem Umfang der höhere Richter durch das Rechtsmittel überhaupt befaßt wird, inwieweit also Abänderung oder Aufhebung des Urteils zu Gunsten (oder Ungunsten) des Angeklagten möglich

§ **368**. Die auf Einlegung oder die Zurücknahme von Rechtsmitteln bezüglichen Erklärungen[833]) des Gerichtsherrn sind in Sachen der niederen Gerichtsbarkeit durch einen Gerichtsoffizier, in Sachen der höheren Gerichtsbarkeit durch einen richterlichen Militärjustizbeamten zu den Akten zu beurkunden.[834])

§ **369**. Seitens des Beschuldigten[835]) sind die auf die Einlegung oder die Zurücknahme von Rechtsmitteln bezüglichen Erklärungen[836]) in den Fällen des § 130 Absatz 4 und des § 132 Absatz 2 bei dem Gerichtsherrn anzubringen, welchem die Entscheidung zusteht, im Uebrigen bei dem Gerichtsherrn, welcher die angefochtene Verfügung erlassen oder herbeigeführt, oder das Gericht berufen hat, dessen Entscheidung angefochten wird.[837])

Die Erklärungen können schriftlich eingereicht[838]) oder zu Protokoll[266]) eines Gerichtsoffiziers oder eines richterlichen Militärjustizbeamten oder

---

ist, wird durch Abs. 2 nicht betroffen, sondern ist nach § 380, 382, 394, 410 zu beurteilen URMGer. 29. Mai 01 (I 162), 18. Nov. 01 (II 61), 29. März 02 (II 237), 17. Sept. 02 (III 258).

[833]) Hierzu gehört auch der Verzicht auf Einlegung eines Rechtsmittels (PE. IV 82; im Widerspruch hierzu PE. I 58, wonach die Erteilung der Bestätigungsorder (§ 418), die der Beurkundung nicht bedarf, eine giltige Verzichtleistung in sich schließen soll).

[834]) Die Beurkundung ist für die Rechtsgiltigkeit der Erklärung des GerH. wesentliche Form. Eigenhändiger Vermerk des GerH. zu den Akten genügt nicht. Die Beurkundung braucht jedoch nicht, wie die Erklärung des GerH. selbst, innerhalb der Rechtsmittelfrist zu erfolgen, um rechtswirksam zu sein URMGer. 12. März 01 (I 51) (PE. II 63).

[835]) Anbringung der Rechtsbeschwerde seitens anderer Personen als des Beschuldigten Anm. 450.

[836]) Hierzu gehört auch die Verzichtserklärung auf Rechtsmittel (§ 371). Sie kann jedoch — abweichend von der Einlegung eines Rechtsmittels (Anm. 746) — auch vor dem erkennenden Ger. unter Beurkundung zum Sitzungsprotokoll rechtswirksam abgegeben werden (vgl. die Anm. 746 angef. URMGer). — Erklärungen über Rechtsmitteleinlegung müssen unbedingt abgegeben werden.

[837]) Rechtsmittel des Angeklagten im Falle des § 262, 263 (Anm. 559).

[838]) Der Untergebene darf seine Rechtsmittelerklärungen ohne Einhaltung des vorgeschriebenen Dienstweges unmittelbar an den GerH. richten URMGer. 1. Juli 01 (I 203). — Es genügt, wenn die Erklärung innerhalb der Frist bei einem vom GerH. zur Empfangnahme bestellten oder ermächtigten Offizier oder Beamten eingegangen ist. Auch durch Annahme nach Ablauf der Bureaustunden u. außerhalb der Diensträume wird die Frist gewahrt, sofern sie nicht durch besondere Dienstvorschriften untersagt ist (PE. III 51). Durch nachweisliche Aufgabe zur Post innerhalb der Frist wird diese nicht gewahrt (auch bei Rechtsbeschwerde nicht) URMGer. 18. Febr. 03 (IV 218). — Gelangt eine bei unzuständiger Stelle eingegangene schriftliche Erklärung oder ein von unzuständiger Stelle (z. B. dem Verteidiger) aufgenommenes, vom Beschwerdeführer unterzeichnetes Protokoll durch Zufall, jedoch mit Willen des Angeklagten innerhalb der Frist an den zuständigen GerH., so ist die Frist gewahrt URMGer. 11. Juni 01 (I 183), 13. Sept. 02 (III 246); (PE. IV 83). Telegraphische oder sonstige Mitteilungen der unzuständigen Stelle an den zuständigen GerH., daß das Rechtsmittel eingelegt sei, genügen jedoch nicht (PE. IV 83).

des nächsten mit Disziplinarstrafgewalt versehenen Vorgesetzten [267]) abgegeben werden. [838a])

Angeklagte, welche sich nicht auf freiem Fuße befinden, können die Erklärungen überdies zu Protokoll des mit der Aufsicht über das Gefängniß betrauten Offiziers oder Beamten oder, sofern sie nicht dem aktiven Heere oder der aktiven Marine angehören, desjenigen Amtsgerichts [268]) geben, in dessen Bezirke das Gefängniß liegt.

Zur Wahrung einer Frist genügt es, wenn innerhalb derselben das Protokoll aufgenommen wird.

Für den Beschuldigten kann auch der Vertheidiger [839]), jedoch nur in dessen ausdrücklichem Auftrage [840]), Rechtsmittel einlegen.

§ **370.** Ein Irrthum in der Bezeichnung des zulässigen Rechtsmittels ist unschädlich.

§ **371.** Die Zurücknahme eines Rechtsmittels, sowie der Verzicht [841]) auf die Einlegung eines Rechtsmittels kann auch vor Ablauf der Frist zur Einlegung desselben wirksam erfolgen. Ein seitens des Gerichtsherrn zu Gunsten des Angeklagten eingelegtes Rechtsmittel kann jedoch nur zurückgenommen werden, wenn letzterer auf dasselbe ausdrücklich verzichtet.

[838a]) Es ist Aufnahme eines Protokolls durch den Disziplinarvorgesetzten erforderlich. Bloße mündliche Erklärung des Angeklagten u. Meldung des Disziplinarvorgesetzten hierüber genügt nicht. Unterschrift des Angeklagten ist jedoch unwesentlich für das aufgenommene Protokoll Beschl. RMGer. 11. April 01, 9. Jan. 02 (I 83, II 129); URMGer. 1. Juni 01 (I 170). — Unterlassung rechtzeitiger Aufnahme zu Protokoll seitens der Abs. 2 u. 3 genannten Personen ist Wiedereinsetzungsgrund (Anm. 305).

[839]) § 337—348. Nicht nur der bisherige, sondern auch der erst nach ergangenem Urteil mit der Rechtsmitteleinlegung speziell beauftragte u. zu diesem Zweck neu gewählte oder bestellte Verteidiger URMGer. 21. März 01 (I 65).

[840]) Der ausdrückliche Auftrag kann in jeder Form (nicht nur in schriftlicher), jedoch nicht vor Erlaß bezw. Verkündung der anzufechtenden Entscheidung erteilt werden. Nachträgliche Genehmigung der vom Verteidiger ohne ausdrücklichen Auftrag bewirkten Einlegung eines Rechtsmittels ist unwirksam URMGer. 23. April, 15. Mai, 17. Juni, 28. Dez. 01 (I 95, 132, 187; II 110). — Die Erteilung des ausdrücklichen Auftrags hat, wenn der Verteidiger ohne hierfür den Nachweis zu erbringen, ein Rechtsmittel einlegt, die entscheidende Stelle vor Zurückweisung des Rechtsmittels festzustellen. Der Nachweis hierfür kann auch nach Ablauf der Rechtsmittelfrist erbracht werden (PE. III 51).

[841]) Form Anm. 833, 836. — Ein mit dem inneren Willen des Angeklagten übereinstimmender Verzicht ist unwiderruflich. Irrtum im Beweggrund ist unerheblich, insbesondere Mißverstehen des Rats des Verteidigers. Entspricht die Straffestsetzung des Urteils dem vom Angeklagten angenommenen, in der Verzichtserklärung bezeichneten Tenor nicht, so ist der Verzicht unwirksam URMGer. 19. April 02 (II 289), 21. Mai 02 (III 45). Im Zweifel ist anzunehmen, daß kein Verzicht vorliegt URMGer. 12. März 01 (I 50). — Nur teilweise Anfechtung eines mehrere selbständige Straftaten umfassenden Urteils enthält teilweisen Verzicht hinsichtlich der übrigen Straftaten § 383, 405. — Schriftlicher Verzicht wird rechtswirksam mit Eingang beim GerH., protokollarischer mit Aufnahme des Protokolls § 369.

Der Vertheidiger bedarf zur Zurücknahme einer ausdrücklichen Ermächtigung.[840]

§ **372**. Hat die Entscheidung über das Rechtsmittel auf Grund mündlicher Verhandlung stattzufinden[842], so ist die Zurücknahme nach Beginn der Hauptverhandlung[843] nicht mehr zulässig.

Zweiter Abschnitt.

Rechtsbeschwerde.[825, 827]

§ **373**. Die Rechtsbeschwerde findet nur statt, soweit sie in diesem Gesetz[844] ausdrücklich zugelassen ist.

§ **374**. Erachtet die Stelle, deren Verfügung oder Entscheidung angefochten wird, die Rechtsbeschwerde für begründet, so hat sie derselben abzuhelfen.[845] Anderenfalls ist die Beschwerde sofort der zur Entscheidung darüber zuständigen Stelle vorzulegen.[846] Auf Rechtsbeschwerden gegen die Entscheidung erkennender Gerichte findet der erste Satz keine Anwendung.

§ **375**. Durch Einlegung der Rechtsbeschwerde wird der Vollzug der angefochtenen Verfügung oder Entscheidung nicht gehemmt. Die Bestimmung des § 217 Absatz 3 bleibt unberührt.[847]

Die Aussetzung des Vollzugs kann jedoch von demjenigen, der die angefochtene Verfügung oder Entscheidung erlassen hat, oder, sofern es sich um die Entscheidung eines erkennenden Gerichts handelt, von dem Gerichtsherrn, welcher dasselbe berufen hat, angeordnet werden. Gleiche Befugniß hat die zur Entscheidung über die Rechtsbeschwerde zuständige Stelle.

§ **376**. Die zur Entscheidung über die Rechtsbeschwerde zuständige Stelle kann etwa erforderliche Ermittelungen anordnen oder selbst vornehmen.

§ **377**. Die Entscheidung über die Rechtsbeschwerde erfolgt ohne vorgängige mündliche Verhandlung.[848]

[842] Also bei Berufung u. Revision.

[843] § 294. — Zurücknahme ist dann (abweichend von StPO. § 345) auch nicht mit Zustimmung des anderen Teiles möglich. — Auch teilweise Zurücknahme (Beschränkung auf einzelne Anklagepunkte) ist nach Beginn der Hauptverhandlung nicht mehr zulässig.

[844] § 130 Abs. 4, 121, 210, 132 Abs. 2, 149 Abs. 4, 175 Abs. 2, 204 Abs. 1, 205 Abs. 1, 208, 213 (299 Abs. 3, 392), 217 Abs. 3, 230 Abs. 2, 238 Abs. 4, 247 Abs. 2, 269 Abs. 3 (388 Abs. 1), 290 Abs. 5 (390), 328 Abs. 2, 341 Abs. 4, 385 Abs. 2, 461 Abs. 4, 464 Abs. 4, 470 Abs. 2, 471 Abs. 3. — Gegen die Entscheidung der bereits angerufenen BeschwInstanz findet weitere RBeschwerde nur statt, wenn solche ausdrücklich im G. zugelassen ist (nicht z. B. in den Fällen § 464, 470, 471) BeschlRMGer. 31. Dez. 02, 29. Jan. 03 (IV 122, 164).

[845] Durch Änderung oder Zurücknahme der angefochtenen Verfügung usw.

[846] Stets durch den GerH. u. zwar auch, wenn er von der formellen Unzulässigkeit des Rechtsmittels überzeugt ist.

[847] Weitere Ausnahme § 290 Abs. 5.

[848] Zusammentritt u. Besetzung des

Steht dem Reichsmilitärgerichte die Entscheidung zu, so ist vor derselben die Militäranwaltschaft mit einer schriftlichen oder mündlichen Erklärung zu hören.

Wird die Rechtsbeschwerde für begründet erachtet, so ist zugleich die in der Sache erforderliche Anordnung zu treffen.

Dritter Abschnitt.

Berufung.[849]

§ **378**. Die Berufung findet statt gegen Urtheile der Standgerichte und gegen die Urtheile der Kriegsgerichte in erster Instanz.[850].

Durch Berufung kann das Urtheil erster Instanz sowohl in thatsächlicher wie in rechtlicher Beziehung angefochten werden.[851]

§ **379**. Die Berufung muß binnen einer Woche nach Verkündung des Urtheils eingelegt werden.[852]

Diese Frist beginnt, falls die Verkündung nicht in Anwesenheit des Angeklagten stattgefunden hat[748], für diesen mit der Zustellung.[853]

§ **380**. Legt der Gerichtsherr Berufung ein, so muß er zugleich erklären, weshalb und inwieweit das Urtheil von ihm angefochten wird.[854]

---

erkennenden Gerichts Anm. 93, 187, 195, 208. — Begründung der Entscheidung § 136. Mitzeichnung der Entscheidung des GerH. § 97.

[849]) Vgl. StPO. § 354-373 u. Anm. 825. — Inhalt: Zulässigkeit der Berufung § 378; Berufungsfrist § 379; Erfordernisse der Berufung des GerH. § 380; Zustellung des Urteils bei Berufung des Angeklagten § 381; Vernehmung des Angeklagten über Beschwerdepunkte § 382; Hemmung der Rechtskraft § 383; Aktenvorlage § 384; Entscheidung des GerH. über formelle Zulässigkeit § 385; Zusammentritt des Berufungsgerichts § 386, 387; Vorbereitung der Hauptverhandlung § 388; Verhandlung in Abwesenheit des Angeklagten § 389; Hauptverhandlung § 390—393; Urteil, Umfang des richterlichen Prüfungsrechts § 394; Möglichkeiten des Berufungsurteils § 395; Verbot der reformatio in pejus § 396.

[850]) In standgerichtlichen Sachen ist das KriegsGer. letzte Instanz (Ausnahme § 395 Abs. 3, Anm. 890). In kriegsgerichtlichen Sachen ist das OberkriegsGer. Berufungsinstanz (§ 65), das RMGer. Revisionsinstanz (§ 71, 397).

[851]) Eine für das Berufungsgericht bindende Trennung der Anfechtung nach der tatsächlichen oder rechtlichen Seite ist nicht möglich. Die Entscheidung der Schuldfrage ist unteilbar URMGer. 29. März 02 (II 239) u. 21. Juli 02 (III 145). — Über anderweite Teilbarkeit der Anfechtung Anm. 860.

[852]) Verkündung des Urteils § 327 (Anm. 744). — Fristberechnung § 146 ff. — Weg § 369. Die schriftlich eingelegte Berufung muß innerhalb der Frist beim zuständigen GerH. eingehen URMGer. 18. Juli 01 (I 237); bei protokollarisch erklärter Berufung gilt § 369 Abs. 4.

[853]) § 327 Abs. 4 u. 5, also Zustellung in weiterem Sinne zu nehmen. — Für den GerH. läuft auch dann die Frist von Verkündung ab.

[854]) Auch die Erklärung des GerH., weshalb (Grund der Anfechtung) u. inwieweit (Umfang der Anfechtung) das Urteil von ihm angefochten werde, muß innerhalb der Berufungsfrist (wenn auch nicht notwendig gleichzeitig mit der Berufungseinlegung) abgegeben werden, widrigenfalls die Berufung nicht rechtsgültig eingelegt

§ **381.** Legt der Angeklagte Berufung ein[855]), so ist ihm das Urtheil mit den Gründen, soweit dies noch nicht geschehen, sofort zuzustellen.[856])

Ist der Angeklagte verhaftet, so ist das Urtheil auch dem Vertheidiger zuzustellen.

§ **382.** Sind vom Angeklagten bei Einlegung der Berufung bestimmte Beschwerdepunkte nicht aufgestellt[857]), ist namentlich nicht klar erkennbar, ob er die auf die Schuldfrage bezügliche Entscheidung oder welchen anderen Theil des Urtheils er anfechten will, so ist er durch einen Gerichtsoffizier[540]) oder einen Kriegsgerichtsrath darüber zu vernehmen[857a]), weshalb und inwieweit das Urtheil von ihm angefochten wird.[858])

Bei der Vernehmung hat sich der Gerichtsoffizier oder Kriegsgerichtsrath jeder Einwirkung auf die Entschließung des Angeklagten zu enthalten.

---

ist. Bloße Erklärung des Umfangs (inwieweit) der Anfechtung genügt nicht URMGer. 9. Jan. 02 (II 142). — Ist die Erklärung unklar, so steht ihre Auslegung dem BerufungsGer. zu u. ist der Nachprüfung in der Revisionsinstanz entzogen URMGer. 21. Juli 02 (III 145) — Die Erklärung nach § 380 bedarf der Beurkundung nach § 368 (Anm. 834). Mündliche oder schriftliche Abgabe der Erklärung innerhalb der Frist genügt, auch wenn sie erst nach Ablauf der Frist zu den Akten kommt u. beurkundet wird (PE. II 64). — Bei telegraphischer Einvernahme zwischen GerH. u. KrGerRat (GerOffizier) über Einlegung der Berufung, kann für die Begründung der Berufung der gesamte Depeschenwechsel, der zu den Akten zu nehmen ist, in Betracht kommen URMGer. 12. Juli 01 (I 220); (PE. II 64a, III 50g).

[855]) Die Berufung des Angeklagten bedarf, um rechtsgültig zu sein, einer Begründung nicht (§ 382). Die Frist der StPO. § 358 für Rechtfertigung der Berufung kennt das G. nicht. Begründung der Berufung durch den Angeklagten oder Verteidiger kann also bis zum Hauptverhandlungstermin nachgeholt werden (vgl. jedoch Anm. 857).

[856]) § 139—145. Zustellung an den zur Empfangnahme von Zustellungen ermächtigten Verteidiger ersetzt die Zustellung an den Angeklagten (PE. III 53). — Hat nur der GerH. Berufung eingelegt, so ist Urteilszustellung an den Angeklagten nicht vorgeschrieben. — Der Verteidiger hat nur dann Anspruch auf Zustellung, wenn er vor Ablauf der Rechtsmittelfrist Verteidiger geworden ist URMGer. 22. Dez. 02 (IV 120).

[857]) Die Beschwerdepunkte betreffen sowohl den Grund als den Umfang der Anfechtung des Urteils. Sind die, wenn auch nach Ablauf der Berufungsfrist aufgestellten Beschwerdepunkte (Anm. 855) klar erkennbar, so ist eine nochmalige Vernehmung des Angeklagten ohne rechtliche Bedeutung (PE. I 60). — Soweit die Aufstellung bestimmter Beschwerdepunkte teilweisen Verzicht auf Berufung enthält (Anm. 841), ist nachträgliche Erweiterung der Beschwerdepunkte unzulässig.

[857a]) Vernehmung durch ein Amtsgericht ist als ungesetzlich nicht zu beachten URMGer. 1. Juli 01 (I 203), 31. Dez. 02 (IV 123) betr. den analogen § 404.

[858]) Die Beurteilung der Frage, ob mit Recht die Anwendbarkeit des § 382 Abs. 1 u. 3 verneint wurde, unterliegt der Nachprüfung in der Revisionsinstanz URMGer. 3. u. 4. April 02 (II 251, 280). Für Auslegung der Berufungserklärung durch das BerufungsGer. ist nicht der Wortlaut, sondern der Wille des Angeklagten maßgebend URMGer. 13. Sept. 02 (III 233).

Ist die im Absatz 1 vorgeschriebene Vernehmung nicht durchführbar[859]), so gilt im Zweifel der ganze Inhalt des Urtheils als angefochten.

§ **383**. Durch rechtzeitige Einlegung der Berufung wird die Rechtskraft des Urtheils, soweit dasselbe angefochten ist, gehemmt.[860])

§ **384**. Ist die Berufung eingelegt, so hat der Gerichtsherr erster Instanz die Akten dem Gerichtsherrn der Berufungsinstanz vorzulegen.[846])

Gleichzeitig sind, wenn die Berufung vom Gerichtsherrn eingelegt ist, dem Angeklagten die Schriftstücke über Einlegung und Begründung der Berufung zuzustellen.[861])

Der Angeklagte und der Gerichtsherr erster Instanz sind befugt, eine schriftliche Gegenerklärung auf die Begründung der Berufung vor dem Termine zur Hauptverhandlung zu den Akten einzureichen.

§ **385**. Der Gerichtsherr[217]) der Berufungsinstanz kann das Rechtsmittel als unzulässig zurückweisen, wenn dasselbe nicht innerhalb der gesetzlichen Frist (§ 379) oder nicht auf dem vorgeschriebenen Wege (§ 369) eingelegt ist.[862])

Gegen diese Verfügung findet binnen drei Tagen nach der Zustellung[293]) die Rechtsbeschwerde[277]) an das Reichsmilitärgericht statt.

§ **386**. Wird die Berufung zugelassen, so hat der Gerichtsherr der

[859]) Nicht nur wegen Abwesenheit, Krankheit des Angeklagten, sondern auch bei Verweigerung oder Unklarheit seiner Auslassung. Ferner gilt Abs. 3, wenn sich erst in der Hauptverhandlung für das BerufungsGer. die Notwendigkeit der Vernehmung des Angeklagten nach Abs. 1 herausstellt URMGer. 13. Sept. 02 (III 233).

[860]) Soweit es nicht angefochten ist, wird es rechtskräftig u. vollstreckbar (Anm. 828). Da jedoch einzelne Anfechtungsgründe der Rechtskraft nicht fähig sind, innerhalb einer u. derselben Straftat eine Teilung der Rechtskraft also nicht möglich ist, kann § 383 nur auf die Fälle bezogen werden, daß das Urteil nur hinsichtlich einzelner von mehreren selbständigen Straftaten angefochten ist. Insbesondere geht bei Beschränkung der Anfechtung auf die Straffrage der Schuldausspruch nicht in Rechtskraft über URMGer. 21. Aug. 02 (III 188) u. dort angef. weitere URMGer. — Die hieraus für den Umfang der Prüfung des BerufungsGer. sich ergebenden Folgen Anm. 883.

[861]) Gilt auch im Fall § 367 Abs. 1, sowie wenn von beiden Teilen Berufung eingelegt ist. Zustellung (§ 139, 145) an sämtliche von der Berufung betroffene Angeklagte. — Auch die Erklärung des GerH. über Zurücknahme der Berufung wird dem Angeklagten zuzustellen sein.

[862]) Nur bei Nichteinhaltung der Frist oder des vorgeschriebenen Weges kann der GerH. die Berufung zurückweisen. Zurückweisung wegen mangelnder Legitimation des Verteidigers (§ 369 Abs. 5) oder aus sonstigen Gründen (z. B. vorausgegangener Verzicht des Angeklagten auf Berufung) steht dem erkennenden Ger., nicht dem GerH. zu BeschlRMGer. 21. März, 23. April, 5. Okt. 01 (I 66, 95; II 18); (PE. I 61). — Im Fall § 262 kommt die Entscheidung nach § 385 dem ersuchenden GerH. zu BeschlRMGer. 10. Juni 01 (I 175). — Macht der GerH. von der Befugnis des § 385 keinen Gebrauch, so hat das BerufungsGer. über die formelle Zulässigkeit zu entscheiden u. bei Verneinung derselben die Berufung durch Urteil als unzulässig zu verwerfen URMGer. 9. Jan. 02 (II 142; PE. IV 88).

Berufungsinstanz den Zusammentritt des erkennenden Gerichts (§ 62 Nr. 2, § 65) zu veranlassen.[863]) Mit der Vertretung der Anklage in der Hauptverhandlung ist ein Oberkriegsgerichtsrath oder ein Kriegsgerichtsrath zu beauftragen.

§ **387**. Ist in Sachen der niederen Gerichtsbarkeit der kommandirende General (Admiral) Gerichtsherr der Berufungsinstanz, so kann er mit der Zusammenberufung des erkennenden Kriegsgerichts einen ihm unterstellten Gerichtsherrn beauftragen.

§ **388**. Auf die Vorbereitung der Hauptverhandlung finden die Vorschriften der §§ 261 bis 267, 268 bis 271 mit nachstehenden Maßgaben Anwendung.[864])

Insoweit eine wiederholte Vernehmung der in erster Instanz vernommenen Zeugen und Sachverständigen zur Aufklärung der Sache nicht erforderlich erscheint, kann ihre Gestellung oder Ladung unterbleiben.[864 a])

Neue Beweismittel sind zulässig.[865])

Bei der Auswahl der Zeugen und Sachverständigen ist auf die zur Rechtfertigung der Berufung benannten Personen Rücksicht zu nehmen.

Dem Angeklagten sind gleichzeitig mit der Bekanntgebung des Termins der Hauptverhandlung die von Amtswegen zu ladenden Zeugen und Sachverständigen namhaft zu machen.[866]) Läßt der Gerichtsherr nur einen Theil[867]) der in erster Instanz vernommenen Zeugen und Sachverständigen laden, so ist der Angeklagte darauf hinzuweisen[868]), daß, wenn er die

---

[863]) Über Berufung der ständigen Richter, Stellvertreter oder Ersatzrichter, Verhinderungsgründe usw. Anm. 152, 154, 158, 159, 179. Vgl. auch § 261.

[864]) Nur die Bestimmung des § 266 Abs. 3, nicht auch die Abs. 2 das. bestimmte Frist ist in der Berufungsinstanz einzuhalten URMGer. 2. Juli 02 (III 133); (PE. I 62). — Benachrichtigung des in 1. Instanz gewählten (nicht auch bestellten) Verteidigers vom Hauptverhandlungstermin ist erforderlich § 268. — Antrag auf Bestellung eines Verteidigers § 339 Abs. 3. — Anträge auf Ladung von Zeugen usw. § 269 (Anm. 572), gleichviel ob sie in 1. Instanz vernommen waren oder nicht.

[864 a]) Das BerufungsGer. kann sie jedoch nachträglich beschließen § 298, 390 Abs. 1.

[865]) Anordnung eines neuen Ermittelungsverfahrens ist nicht zulässig, wohl aber Vernehmung von Zeugen usw. zur Vorbereitung der Hauptverhandlung; unter den Voraussetzungen der § 270, 271 auch eidliche URMGer. 11. Jan. 02 (II 153).

[866]) Von neuer mündlicher Beweisaufnahme kann insbesondere abgesehen werden, wenn nicht die Tatsachenfeststellung, sondern Rechtsfragen Gegenstand der Anfechtung sind. Beweisaufnahme durch Verlesung (§ 392) wird jedoch auch in solchen Fällen meist unumgänglich sein, da keine Bestimmung besteht, wonach das BerufungsGer. die in 1. Instanz festgestellten Tatsachen ohne weiteres seinem Urteil zugrunde legen dürfte, vielmehr eine neue selbstständige Verhandlung des Falles u. Beweiswürdigung erfolgen muß („zweite Erstinstanz!").

[867]) Oder gar keinen (PE. II 65).

[868]) Unterlassung des Hinweises oder der Namhaftmachung der Zeugen usw. überhaupt gibt dem Angeklagten das Recht, Aussetzung der Hauptverhandlung

wiederholte Vernehmung anderer, in der Hauptverhandlung erster Instanz vernommener Zeugen oder Sachverständigen verlangen wolle, er deren Ladung rechtzeitig beantragen müsse (§ 269 Absatz 4), widrigenfalls die Verlesung des über ihre Aussagen aufgenommenen Protokolls ohne seine Zustimmung zulässig sei.[869])

§ **389.** Ist das Erscheinen des Angeklagten in der Hauptverhandlung nach dem Ermessen des Gerichts besonders erschwert oder befindet sich derselbe nicht auf freiem Fuße[539]), so kann das Gericht mit seiner Zustimmung[605]) beschließen, daß in seiner Abwesenheit zu verhandeln sei.[870])

Im Uebrigen[871]) ist, wenn bei dem Beginne der Hauptverhandlung weder der nach § 267 Absatz 1 geladene Angeklagte noch in den Fällen, in welchen solches zulässig[872]), ein Vertreter desselben erschienen und das Ausbleiben nicht genügend entschuldigt ist[873]), ohne Anwesenheit des Angeklagten über die von dem Angeklagten eingelegte Berufung, sowie über die von dem Gerichtsherrn eingelegte Berufung zu verhandeln[874]) oder

---

zu verlangen. Macht er hiervon keinen Gebrauch, so ist der Mangel geheilt URMGer. 12. März 02 (II 225), 24. Mai 02 (III 57).

[869]) Abs. 5 bezieht sich nicht bloß auf die zu ladenden, sondern auch auf die zu gestellenden Zeugen u. Sachverständigen (§ 185, 208 vgl. § 392). Nur kann die Gestellung der letzteren durch Hinterlegung der Gebühren vom Angeklagten nicht erzwungen werden (§ 269 Abs. 4, Anm. 573). Dagegen hat auch bei den zum aktiven Heer (Marine) gehörigen Zeugen u. Sachverständigen rechtzeitiger Antrag des Angeklagten auf Gestellung zur Hauptverhandlung die Folge, daß Verlesung ihrer Angaben ohne Zustimmung des Angeklagten nicht zulässig ist (§ 392). — Unterlassung der Abs. 5 vorgeschriebenen Verwarnung (die durch Zustellung oder zu Protokoll erfolgen kann) ist ohne Rechtsfolge, wenn Angeklagter in der Hauptverhandlung der Verlesung zugestimmt hat URMGer. 15. Juli 01 (I 232).

[870]) Die Voraussetzungen des § 280 Abs. 2 brauchen nicht vorzuliegen. Nur das Gericht ist für den Beschluß zuständig. Entbindung vom Erscheinen durch den GerH. (§ 280 Abs. 1) ist unstatthaft. Jedoch kann der GerH. in Voraussicht, daß das Ger. diesen Beschluß fassen werde, von Gestellung oder Vorführung des Angeklagten mit dessen Zustimmung absehen.

[871]) Abs. 2 bezieht sich nur auf die nach § 267 Abs. 1 zur Hauptverhandlung zu ladenden, nicht auf die nach § 266 zu gestellenden Angeklagten URMGer. 15. Sept. 02 (III 248). Bei Ausbleiben der letzteren ist, sofern nicht Abs. 1 (Anm. 605) zutrifft, nach § 278 zu verfahren. — Ist der Angeklagte nicht nach § 267 Abs. 1 geladen, so darf nicht in seiner Abwesenheit verhandelt werden (PE. IV 91).

[872]) Was für Fälle dies sind, sagt das G. nicht. Es kann nur der (in § 390 Abs. 1 allerdings anscheinend aus Uebersehen nicht aufgeführte) § 281 gemeint sein, der die Vertretung des Angeklagten durch einen mit schriftlicher Vollmacht versehenen Verteidiger (Anm. 610) zuläßt, jedoch nur für die § 280 Abs. 2 genannten Fälle, was auch für das Berufungsverfahren gilt. — Bei Ausbleiben des bestellten Verteidigers § 346 (Anm. 793).

[873]) Ermessen des Ger., zutreffendenfalls Aussetzung der Hauptverhandlung. — Ist der Angeklagte abwesend im Sinne des § 356, so kann nach Abs. 2 verhandelt werden, wenn er ordnungsmäßig (Anm. 562) nach § 267 geladen war. Öffentliche Zustellung der Ladung (§ 145) dürfte jedoch nicht genügen.

[874]) Abweichung von StPO. § 370. —

die Vorführung des Angeklagten anzuordnen oder dessen Verhaftung zu veranlassen.[600]) Der Angeklagte kann binnen einer Woche nach Zustellung[875]) des Urtheils die Wiedereinsetzung in den vorigen Stand unter den in den §§ 147, 148 bezeichneten Voraussetzungen beanspruchen.

Hinsichtlich der Vertheidigung gelten auch für die Vorbereitung der Hauptverhandlung, wie für die Hauptverhandlung die Bestimmungen der §§ 337 ff.[876])

§ **390.** Auf die Hauptverhandlung in der Berufungsinstanz finden die §§ 273 bis 279, 282 bis 293, 331 bis 335 entsprechende Anwendung.

§ **391.** Nachdem die Hauptverhandlung nach Vorschrift der §§ 294 bis 296 begonnen hat[876a]), erstattet der die Verhandlung führende Kriegsgerichtsrath oder Oberkriegsgerichtsrath in Abwesenheit der Zeugen[645]) Bericht über die Ergebnisse des bisherigen Verfahrens. Das Urtheil erster Instanz ist stets zu verlesen.[877])

Sodann folgt die Vernehmung[647]) des Angeklagten, falls dieser anwesend ist, und die Beweisaufnahme.[633], [648])

§ **392.** Bei der Berichterstattung und der Beweisaufnahme können Schriftstücke verlesen werden.[878]) Protokolle über Aussagen der in der Hauptverhandlung erster Instanz vernommenen Zeugen und Sachverständigen dürfen, abgesehen von den Fällen der §§ 305, 307[879]), ohne

---

Verlesung der Angaben des Angeklagten Anm. 608. Ist Vernehmung des Angeklagten zur Aufklärung erforderlich, muß Vorführung oder Verhaftung erfolgen.

[875]) Der nach Beginn der Hauptverhandlung erschienene, bei der Urteilsverkündung anwesende Angeklagte hat keinen Anspruch auf Zustellung des Urteils. Die Wiedereinsetzungsfrist läuft ihm also von der Urteilsverkündung ab URMGer. 29. Dez. 00 (I 6).

[876]) Anm. 772, 773, 776 ff. — Der bestellte Verteidiger darf, wenn in Abwesenheit des ausgebliebenen Angeklagten verhandelt wird, von der Teilnahme an der Hauptverhandlung nicht ausgeschlossen werden. Die Zulässigkeit der Verteidigung wird durch unentschuldigtes Ausbleiben des Angeklagten nicht berührt. Hiervon zu trennen ist die Frage der Zulässigkeit der Vertretung im Sinne § 281 URMGer. 13. Mai 02 (III 31).

[876a]) Richterbeeidigung Anm. 197, 641—644.

[877]) Mit den Gründen, sofern sich diese nicht auf Punkte beziehen, die nicht Gegenstand der Berufung sind. Verlesung des Revisionsurteils im Fall der Zurückverweisung nach § 412 Abs. 2 Anm. 671.

[878]) Schriftstücke, deren Verlesung in der Hauptverhandlung 1. Instanz unzulässig ist, können auch in der Berufungsinstanz nicht verlesen werden, sofern es sich nicht um Protokolle über Aussagen der in 1. Instanz vernommenen Zeugen u. Sachverständigen handelt (vgl. Anm. 670—672, 675) (PE. II 66). Auch der Grundsatz der Unmittelbarkeit (§ 304) ist nur insoweit für die Berufungsinstanz durchbrochen, als die nochmalige Vernehmung der in 1. Instanz in der Hauptverhandlung schon vernommenen Zeugen u. Sachverständigen unter den Voraussetzungen des § 392 Satz 2 durch Verlesung des Protokolls ersetzt werden kann.

[879]) Nur unter den Voraussetzungen dieser Paragraphen können Protokolle über nicht in der Hauptverhandlung 1. Instanz gemachte Aussagen

die Zustimmung des Vertreters der Anklage und des Angeklagten nicht verlesen werden, wenn die Zeugen oder Sachverständigen wiederholt gestellt oder auf wiederholte Ladung erschienen sind oder wenn deren Vorladung von dem Angeklagten rechtzeitig vor der Hauptverhandlung nach Maßgabe des § 269 Absatz 4 beantragt worden ist.[880]) Im Uebrigen gelten bezüglich der Beweisaufnahme die Bestimmungen der §§ 298 bis 311.[881])

§ **393**. Nach dem Schlusse der Beweisaufnahme[698]) werden der Vertreter der Anklage[699]), sowie der Angeklagte und sein Vertheidiger mit ihren Ausführungen und Anträgen — und zwar derjenige Theil, welcher die Berufung eingelegt hat, zuerst[882]) — gehört.[700]) Dem Angeklagten gebührt das letzte Wort.[701]) Die Vorschrift des § 313 findet Anwendung.

§ **394**. Der Prüfung des Gerichts unterliegt das Urtheil nur, soweit es angefochten ist.[883])

---

verlesen werden. Der Zustimmung des Anklagevertreters u. Angeklagten zur Verlesung bedarf es in solchen Fällen nur bei Nichtbeobachtung der § 165 Abs. 3, 4, § 270, 271 (§ 305 Abs. 2) (PE. II 66). — Das Verbot des § 306 gilt auch in der Berufungsinstanz.

[880]) Andernfalls kann Verlesung erfolgen ohne besonderen Ger.Beschluß URMGer. 16. Sept. 03 (noch nicht veröff.), wodurch die frühere abweichende Entsch. I 144 aufgehoben ist. — Die Bezugnahme auf § 269 Abs. 4 bedeutet nicht, daß die Befugnis des Angeklagten, durch rechtzeitigen Antrag auf Ladung die Verlesung zu hindern, sich nur auf nicht zum aktiven Heer gehörige Zeugen u. Sachverständige erstrecke, u. daß Hinterlegung der Gebühren Vorbedingung dieser Befugnis sei (Anm. 869).

[881]) Anm. 649 ff. (PE. III 56c). — Verlesung der in der Hauptverhandlung 1. Instanz gemachten Aussagen von Mitangeklagten, die keine Berufung eingelegt haben, ist nur unter den Voraussetzungen des § 305 Abs. 1 zulässig, auch wenn der Angeklagte ihre Ladung (Gestellung) zur Hauptverhandlung in 2. Instanz nicht beantragt hatte. Dagegen ist Vernehmung solcher früherer Mitangeklagter als Zeugen zulässig (Anm. 396); vgl. jedoch § 199³ u. Anm. 435, 437 bis 439.

[882]) Haben beide Teile Berufung eingelegt, so erhält zuerst der Vertreter der Anklage das Wort.

[883]) Inwieweit eine Beschränkung der Anfechtung auf bestimmte Beschwerdepunkte für den Berufungsrichter bindend wirkt, ist strittig. Aus § 383 u. dem Anm. 860 Gesagten ergibt sich, daß der Nachprüfung des BerufungsGer. nur solche Teile des Urteils entzogen sind, die infolge unterlassener Anfechtung in Rechtskraft übergegangen sind, daß jedoch innerhalb einer u. derselben Straftat eine Teilung der Rechtskraft, insbesondere zwischen Schuld- u. Strafausspruch nicht möglich ist, also auch nicht eine Beschränkung der Urteilsbefugnis des BerufungsGer. Die Vorschrift Abs. 1 kann sich also nur auf den Fall beziehen, daß ein mehrere selbständige Straftaten umfassendes Urteil nur hinsichtlich einzelner derselben angefochten wird oder von mehreren durch dasselbe Urteil verurteilten Angeklagten nur ein Teil Berufung einlegt oder durch die Berufung des GerH. betroffen wird. (Nähere Ausführungen des Verfassers in Zeitschr. f. d. ges. Strafrechtswissenschaft Bd. XXIII S. 702). Das RMGer. teilt diesen Standpunkt insoweit, als es annimmt, daß bei Anfechtung der Schuldfrage nicht bloß die speziell vorgebrachten Anfechtungsgründe, sondern die ganze Schuldfrage ungeteilt nach tatsächlicher u. rechtlicher Seite u. einschließlich der Straffrage

Im Uebrigen finden die Vorschriften über die Feststellung, Abfassung und Verkündung des Urtheils in erster Instanz (§§ 315 bis 323, § 324 Absatz 2, §§ 325 bis 327) auf das Verfahren vor dem Berufungsgericht entsprechende Anwendung.[884])

§ **395.** Insoweit die Berufung für begründet befunden wird[885]), hat das Berufungsgericht unter Aufhebung des Urtheils in der Sache selbst zu erkennen.[886])

Gegenstand der Nachprüfung sei, ferner daß bei Beschränkung der Berufung auf die Straffrage (Anm. 726) auch der Schuldausspruch in der Richtung einer Nachprüfung zu unterziehen sei, ob auf den vom Vorderrichter festgestellten Sachverhalt das angewandte StrafG. mit Recht angewandt sei URMGer. 30. Jan., 29. März, 21. Aug. 02, 11. Febr. 03 (II 184, 240; III 186; IV 195). Dagegen erachtet das RMGer. bei Anfechtung bloß des Strafmaßes den Berufungsrichter an die vom Erstinstanzrichter getroffenen tatsächlichen Feststellungen gebunden URMGer. 28. Aug. 01 (I 258), 17. Sept. 02 (III 258) u. die zuletzt angef. Urteile. Nach URMGer. 7. April 02 (II 264) soll, wenn nur die Straffrage angefochten ist, das BerufungsGer. nicht zur Anwendung des § 74 an Stelle des in 1. Instanz angewandten § 73 befugt sein. Beschränkung der Prüfung auf eine allein angefochtene Nebenstrafe URMGer. 17. Juni 01 (I 190), auf die Frage der Anrechnung der Untersuchungshaft PE. IV 93c, Prüfung der Gesetzmäßigkeit des Verfahrens in 1. Instanz Anm. 887. — Die Gesamtstrafe u. die neben ihr erkannte Ehrenstrafe gilt immer als angefochten, wenn bezüglich einer der real zusammentreffenden Straftaten die Schuld- oder Straffrage angefochten ist URMGer. 20. Nov. 02 (IV 37).

[884]) Auch § 326 gilt für das Urteil. Dieses muß, sofern eine Beweisaufnahme stattgefunden hat, grundsätzlich einen selbständigen Tatbestand enthalten. Auch wenn die Beweisaufnahme zu demselben Ergebnis wie in 1. Instanz geführt hat, genügt Bezugnahme auf den Tatbestand 1. Instanz nur, wenn dieser den Erfordernissen des § 326 entspricht, also außer allem Zweifel läßt, was nach der Überzeugung des Beruf.-Gerichts das tatsächliche Ergebnis der Hauptverhandlung ist URMGer. 28. Feb. 03 (IV 243, PE. I 65). Hinsichtlich ein u. derselben Tat desselben Angeklagten muß, auch wenn von beiden Teilen Berufung eingelegt ist, über sämtliche Beschwerden durch ein u. dasselbe Urteil entschieden werden URMGer. 9. Jan. 02 (II 142). — Belehrung des Angeklagten über Revision Anm. 745f.

[885]) In der Urteilsformel muß zum Ausdruck kommen, inwieweit die Berufung für begründet befunden oder verworfen wird; ist von beiden Seiten Berufung eingelegt, so gilt dies von beiden Berufungen. Wird die Berufung nur teilweise (z. B. hinsichtlich der Strafhöhe) begründet befunden, so ist das Urteil nur insoweit aufzuheben. Weicht das Berufungsurteil nur darin vom Urteil 1. Instanz ab, daß die Untersuchungshaft angerechnet wird, so ist das Urteil nicht aufzuheben, sondern unter Anrechnung der Untersuchungshaft die Berufung im übrigen zu verwerfen (PE. II 68, III 57, IV 94). Es ist unzulässig, das angefochtene Urt. aufzuheben u. gleichzeitig die Berufung wegen unzutreffender Begründung derselben zu verwerfen. Geht z. B. die Berufung des GerH. auf Verurteilung wegen einer schwereren Straftat, während das BerufGer. auf Freisprechung erkennt, so ist nur die Aufhebung des Urt. auszusprechen (nicht zugleich die Beruf. zu verwerfen) URMGer. 19. März 03 (IV 274; PE. V 370).

[886]) Dies ist die Regel; Zurückverweisung in die 1. Instanz (Abs. 2) die Ausnahme. Namentlich ist bei Prozeßmängeln, deren Beseitigung oder Heilung in der Berufungsinstanz möglich ist, Zurückverweisung nicht erforderlich.

Leidet das Urtheil an einem Mangel, welcher die Revision wegen einer Gesetzesverletzung im Verfahren begründen würde[887]), so kann das Berufungsgericht unter Aufhebung des Urtheils die Sache, wenn die Umstände des Falles es erfordern, zur Entscheidung in die erste Instanz zurückverweisen.[888]) In diesem Falle hat der Gerichtsherr der ersten Instanz von Neuem ein erkennendes Gericht zu berufen.

Hat das Gericht erster Instanz mit Unrecht seine Zuständigkeit angenommen,[889]) so hat das Berufungsgericht unter Aufhebung des Urtheils die Sache der zuständigen Stelle zu überweisen[751]) oder, wenn es selbst für diese Sache als Gericht erster Instanz bestellt werden könnte, in der Sache zu erkennen.[890])

§ **396.**[891]) War das Urtheil nur von dem Angeklagten oder zu Gunsten des Angeklagten angefochten, so darf eine härtere Strafe als die in erster Instanz erkannte nicht verhängt werden.[892]) Die einer Gesammtstrafe zu Grunde liegenden Einzelstrafen dürfen nicht höher als in dem angefochtenen Urtheile bemessen werden.[893])

---

[887]) § 399, 400. Verletzung der StGB. § 74—79 ist kein Mangel im Verfahren URMGer. 17. Juni 01 (I 194). — Daß der Verfahrensmangel vom Beschwerdeführer ausdrücklich gerügt ist, oder daß sich die Anfechtung überhaupt auch gegen das Verfahren richtet, ist nicht Voraussetzung der Befugnis der Zurückverweisung, da das Ger. (im Unterschied vom RevisionsGer. § 410) nicht auf die geltend gemachten Anfechtungsgründe beschränkt ist (Anm. 860). Abweichend URMGer. 17. Juni 01 (I 190); (PE. IV 95). Jedoch kann Aufhebung u. Zurückverweisung nur innerhalb der durch § 383, 394 Abs. 1 gegebenen Grenzen (Anm. 883) erfolgen, sofern nicht der Mangel notwendig das ganze Urteil ergreift.

[888]) Nichtzurückverweisung bei vorliegendem wesentlichem, in der Berufungsinstanz nicht heilbarem Mangel entspricht zwar nicht der Absicht des G., bildet aber keinen Revisionsgrund URMGer. 17. Juni 01 (I 194).

[889]) Außer der Unzuständigkeit des MilGer. überhaupt kommt nur der Fall, daß das StandGer. sachlich unzuständig war in Betracht, da die örtliche Zuständigkeit nach § 329 nicht Gegenstand der Nachprüfung sein kann.

[890]) Nur denkbar, wenn in einer vom StandGer. abgeurteilten Sache das über die Berufung urteilende KriegsGer. sich selbst zur Aburteilung in 1. Instanz für zuständig erachtet. Die Verhandlung u. Aburteilung erfolgt dann nach den für die erste Instanz geltenden Vorschriften; gleichzeitig mit dem Urteil in der Sache ist das Urteil 1. Instanz aufzuheben. Zurückverweisung ist in solchem Fall nicht zulässig. Gegen das neue Urteil ist wie gegen jedes andere Erstinstanzurteil des KriegsGer. wieder Berufung an das OberkriegsGer. möglich. Also ausnahmsweise 4 Instanzen. § 396 findet auch in diesem Fall Anwendung (ohne Rücksicht auf das vom KriegsGer. angewandte StrafG. u. dessen Mindestmaß).

[891]) Sog. Verbot der reformatio in pejus; gilt sowohl für das BerufungsGer. als für das Ger., an welches die Sache nach § 395 Abs. 2, 3 zurückverwiesen ist, möglicherweise also auch für ein bürgerl. Ger. — Das Verbot gilt nicht, wenn nicht bloß vom Angekl., sondern auch zu seinen Ungunsten vom GerH. Berufung eingelegt ist.

[892]) Die Strafe darf weder der Art noch dem Maß nach härter sein (Vergleichungsmaßstab Anm. 135). Dies gilt auch dann, wenn das höhere Gericht ein härteres StrafG. für anwendbar erachtet. Auch Nichtanrechnung von Untersuchungshaft oder Verhängung einer Nebenstrafe fällt unter das Verbot, nicht aber schwerere rechtliche Beurteilung

Vierter Abschnitt.

Revision.[894]

§ **397**. Die Revision findet statt gegen die Urtheile der Oberkriegsgerichte.[895]

Insoweit das Urtheil eine der im § 15 bezeichneten strafbaren Handlungen zum Gegenstande hat, ist die Revision ausgeschlossen.[896]

§ **398**. Die Revision muß binnen einer Woche nach Verkündung des Urtheils eingelegt und nach Maßgabe der nachfolgenden Bestimmungen gerechtfertigt werden.[897]

Die §§ 379 Absatz 2, 381 finden entsprechende Anwendung.

§ **399**. Die Revision kann nur[898] darauf gestützt werden, daß das Urtheil auf einer Gesetzesverletzung beruhe.[899]

---

der Tat ohne Verschärfung der Strafe URMGer. 16. Sept. 01 (I 285), 11 Febr. 03 (IV 195).

[893]) Zusatz zu StPO. § 372. Nicht unzulässig ist, auch bei Wegfall einzelner von mehreren Straftaten auf dieselbe Gesamtstrafe wie in 1. Instanz ohne Erhöhung der Einzelstrafen zu erkennen URGer. 12. April 94 (Straff. XXV 244).

[894]) Die Revision ist derjenigen der StPO. (§ 374—398) mit unwesentlichen Abweichungen nachgebildet, ihre Zulässigkeit jedoch gegenüber der StPO. insofern beschränkt, als sie gegen die in der Berufungsinstanz erlassenen Urteile der KriegsGer. überhaupt ausgeschlossen ist (§ 397 vgl. StPO. § 380). — Inhalt: Zulässigkeit § 397; Frist, Erfordernisse § 398; Revisionsgründe § 399, 400; zugunsten des Angeklagten gegebene Rechtsnormen § 401; dem Urteil vorausgegangene Entscheidungen § 402; Revisionsrechtfertigung 403, 404; Hemmung der Rechtskraft 405; Aktenvorlage § 406; Entscheidung über Zulässigkeit, Gegenerklärung § 407; Hauptverhandlung 408—409; Umfang der Prüfung § 410; Revisionsurteil, verschiedene Möglichkeiten § 411, 412; Verkündung § 413; Einfluß der Urteilsaufhebung auf Mitverurteilte § 414; reformatio in pejus § 415.

[895]) RevisionsGer. ist ausschließlich das RMGer. § 71 (Anm. 828, 894). Vgl. auch § 366.

[896]) Entscheidend ist lediglich die im angefochtenen Urteil ausgesprochene rechtliche Beurteilung der Tat, nicht die der Anklageverfügung URMGer. 28. Aug. 01 (I 261).

[897]) Vgl. Anm. 852. Rechtfertigung innerhalb der Frist ist bei Revision des Angeklagten nicht Bedingung der Rechtsgiltigkeit der Revision; nach Ablauf der Frist kann aber nur noch eine im Weg des § 404 zu Protokoll gegebene, nicht auch eine vom Angekl. oder Verteidiger schriftlich eingereichte Rechtfertigung Berücksichtigung finden URMGer. 19. April 02 (III 3). — Für die Revision des GerH. gilt das Anm. 854 Gesagte. Wegen des Grundes der Anfechtung § 403 Abs. 2. — Unterlassung der Rechtfertigung § 407. — Die Bestimmungen StPO. § 385 (besondere Rechtfertigungsfrist, Unterzeichnung durch den Verteidiger) sind nicht aufgenommen.

[898]) Gegenstand der Revision kann nicht die Entscheidung der Tat- (Beweis)-Frage, sondern nur die richtige Anwendung des StrafG. auf den festgestellten Tatbestand u. die Beobachtung der für das Verfahren gegebenen Vorschriften sein. Nur sofern die tatsächlichen Feststellungen oder die Strafzumessung auf irriger Rechtsauffassung (Abs. 2) oder gesetzwidrigem Verfahren beruhen, können sie durch Revision mit Erfolg angefochten werden.

[899]) GVerletzung als solche ist nur in den Fällen § 400 absoluter Revisionsgrund. Im übrigen ist ein ersichtlicher oder wenigstens mutmaßlicher ursächlicher Zusammenhang zwischen G.-Verletzung u. Urteil in dem Sinn erforderlich, daß ohne die GVerletzung die

Gesetzesverletzung ist vorhanden, wenn eine ausdrückliche Vorschrift der Gesetze oder ein Rechtsgrundsatz oder eine militärische Dienstvorschrift oder ein militärdienstlicher Grundsatz nicht oder nicht richtig angewendet worden ist.

§ **400**. Ein Urtheil ist stets als auf einer Verletzung des Gesetzes beruhend anzusehen:[900])

1. wenn das anerkennende Gericht nicht vorschriftsmäßig besetzt war[901]);
2. wenn bei dem Urtheil ein Richter mitgewirkt hat, welcher von der Ausübung des Richteramts kraft des Gesetzes ausgeschlossen war[902]);
3. wenn bei dem Urtheil ein Richter mitgewirkt hat, nachdem derselbe wegen Besorgniß der Befangenheit abgelehnt war, und das Ablehnungsgesuch entweder für begründet erklärt war oder mit Unrecht verworfen worden ist[903]);
4. wenn das Gericht seine Zuständigkeit mit Unrecht angenommen hat[904]);
5. wenn die Hauptverhandlung in Abwesenheit einer Person, deren Anwesenheit das Gesetz vorschreibt, stattgefunden hat[905]);
6. wenn das Urtheil auf Grund einer mündlichen Verhandlung ergangen ist, bei welcher die Vorschriften über die Oeffentlichkeit des Verfahrens verletzt sind[906]);
7. wenn das Urtheil keine Entscheidungsgründe enthält[907]);
8. wenn die Vertheidigung, in einem für die Entscheidung wesentlichen Punkte durch eine Verfügung des Gerichtsherrn oder einen Beschluß des Gerichts unzulässig beschränkt worden ist[908]);

Entscheidung möglicherweise anders ausgefallen wäre URMGer. 7. u. 12. März 01 (I 43, 51). Alles dasjenige, was Gegenstand der Hauptverhandlung war, kann von Einfluß auf die Bildung der richterlichen Überzeugung gewesen sein. Das Gegenteil ist nur dann anzunehmen, wenn dasselbe mit Sicherheit aus den Urteilsgründen hervorgeht URMGer. 20. Okt. 02 (IV 5). — Die Revision kann nur auf die schriftlichen Urteilsgründe gestützt werden URMGer. 25. Mai u. 28. Aug. 01 (I 157, 263).

[900]) Anm. 899. Auch in diesen Fällen jedoch nicht absolute Nichtigkeit des Urteils, sondern nur Aufhebung auf Rüge des Mangels § 410.

[901]) § 67—70 (Anm. 151—164, 200).

[902]) § 122, 123.

[903]) § 124—129.

[904]) Es kommt hier nur irrtümliche Annahme der MilGerichtsbarkeit überhaupt in Frage § 329, 330 (Anm. 889).

[905]) § 273, 278, 346, 390 (Anm. 587, 793).

[906]) § 282—288 (Anm. 611—623).

[907]) § 326, 394 (Anm. 735).

[908]) Namentlich § 298, 299, 338 bis 348, 388; Anm. 456 (Sachverständige), 477 (Augenschein), 572, 864 (Ablehnung vor der Hauptverhandlung gestellter Anträge auf Ladung von Zeugen usw.), 593 (Unterlassung der Aussetzung der Hauptverhandlung im Falle § 175 Abs. 3), 649—651 (Ablehnung von Beweisanträgen in der Hauptverhandlung), 656, 657 (Umfang der Beweisaufnahme), 666 (betr. § 301), 696 (betr. § 311), 698, 701 (Schlußwort), 714, 716 (betr. Veränderung des rechtlichen

9. wenn das Urtheil in Beziehung auf die Geltung oder Auslegung einer militärischen Dienstvorschrift oder eines militärdienstlichen Grundsatzes mit einer darüber ergangenen Allerhöchsten Entscheidung nicht im Einklange steht.[909])

§ **401**. Die Verletzung von Rechtsnormen, welche lediglich zu Gunsten des Angeklagten gegeben sind[910]), kann nicht zu dem Zwecke geltend gemacht werden, um eine Aufhebung des Urtheils zum Nachtheile des Angeklagten herbeizuführen.

§ **402**. Der Beurtheilung des Revisionsgerichts unterliegen auch diejenigen Entscheidungen, welche dem Urtheile vorausgegangen sind, sofern dasselbe auf ihnen beruht.[911])

§ **403**. Die Rechtfertigung[912]) der Revision muß erkennen lassen, inwieweit das Urtheil angefochten und dessen Aufhebung beantragt werde, und die Anträge (Revisionsanträge) begründen.[913])

Aus der Begründung[914]) muß, falls die Verletzung einer gesetzlichen

---

Gesichtspunkts), 777, 778 (Ablehnung von Anträgen auf Verteidigerbestellung); 868, 869 (Unterlassung des § 388 Abs. 5 vorgeschriebenen Hinweises); 876 (Zurückweisung des Verteidigers bei Ausbleiben des Angeklagten in der Hauptverhandlung).

[909]) Die betr. Allerhöchste Entscheidung muß allgemeine, grundsätzliche Bedeutung haben u. muß sich auf dem Militär eigentümliche, die Organisation, Verwaltung u. Ausbildung des Heers (Marine) betreffende Bestimmungen u. Grundsätze beziehen, z. B. nicht auf solche, die für die Reichsbeamten überhaupt u. nur darum auch für MilBeamte gelten.

[910]) Z. B. § 318 (URMGer. 8. u. 17. Sept. 02 (III 229, 253), § 396, 400 8, nicht aber § 278, 400 6. — Dagegen kann der GerH. bei Revision zu Gunsten des Angeklagten jede GVerletzung geltend machen.

[911]) Die in der Hauptverhandlung ergangenen Beschlüsse können demnach vom Angeklagten u. GerH. stets nur durch Revision, nicht durch Rechtsbeschwerde angefochten werden. Ausnahme § 127 (Anm. 273). — Ungesetzliche Akte des Vorverfahrens können als Revisionsgründe nur in Frage kommen, wenn sie in der Hauptverhandlung verwertet wurden. Revisionsgrund ist das gänzliche Fehlen einer Anklageverfügung oder wesentlicher prozessualer Mangel derselben URGer. 13. Jan. 80 (Strafs. I 66), 29. Jan. 84 (Strafs. X 56), nicht aber mangelndes Ermittelungsverfahren URMGer. 24. Mai 01 (I 155).

[912]) Frist § 398 (Anm. 897). — Bedeutung der Rechtfertigung für den Umfang der Prüfung des Revisionsgerichts § 410.

[913]) Als begründeter Revisionsantrag ist nur ein auf die Behauptung einer GVerletzung gestützter, nicht auch ein mit Gründen tatsächlicher Art (z. B. der Behauptung, unschuldig zu sein) gerechtfertigter Antrag anzusehen. Eine nur auf letztgenannte Art begründete Revision ist (vorbehältlich § 404) als unzulässig zurückzuweisen § 407 BeschlRMGer. 7. März 01 (I 42), 23. Juni 02 (III 113). — Ein formulierter, ausdrücklicher Antrag ist nicht erforderlich, wenn sich aus der Revisionsrechtfertigung mit Sicherheit ergibt, inwieweit das Urteil angefochten wird URMGer. 12. März, 3. April 01 (I 49, 72).

[914]) Die Behauptung, daß das Urteil seinem ganzen Inhalt nach angefochten werde, kann im Zweifel als ausreichende Rechtfertigung angesehen werden, nicht aber eine Begründung dahin, daß das Urteil seinem ganzen Umfang nach angefochten werde URMGer. 16. Sept. 01 (I 284), 10. Febr. 02 (II 190). — Bezugnahme auf anderweitige Schriftsätze bei der Revisionsbegründung ist rechtsungiltig URMGer. 12. Juli, 2. Aug. 01 (I 226, 245).

Vorschrift oder eines Rechtsgrundsatzes behauptet wird, hervorgehen, ob die Vorschrift oder der Grundsatz das Verfahren betrifft oder anderer Art[915]) ist. Ersterenfalls müssen die den Mangel enthaltenden Thatsachen[916]) angegeben werden.

§ **404**. Hat der Angeklagte Revision eingelegt, jedoch binnen der im § 398 bestimmten Frist einen begründeten Revisionsantrag[917]) bei dem Gerichtsherrn der Berufungsinstanz nicht eingereicht, so ist er durch einen Kriegsgerichtsrath[857a]) nach Maßgabe des § 403 über seine Anträge und deren Begründung zu Protokoll zu vernehmen.[918])

§ **405**. Durch rechtzeitige Einlegung der Revision wird die Rechtskraft des Urtheils, soweit dasselbe angefochten ist, gehemmt.[860])

§ **406**. Der Gerichtsherr der Berufungsinstanz hat die Revisionsanträge mit den Akten an den Präsidenten des Reichsmilitärgerichts einzusenden.

§ **407**. Das Reichsmilitärgericht hat das Rechtsmittel durch Beschluß als unzulässig zu verwerfen, wenn dasselbe nicht innerhalb der gesetzlichen Frist (§ 398) oder nicht auf dem vorgeschriebenen Wege (§ 369) eingelegt worden, oder wenn die Revision ungerechtfertigt geblieben ist (§§ 403, 404).[919])

Anderenfalls entscheidet das Reichsmilitärgericht durch Urtheil. Vor der Entscheidung ist die Revisionsrechtfertigung dem anderen Theile zuzustellen.[920]) Diesem steht frei, binnen einer Woche eine Gegenerklärung

---

915) Bei Geltendmachung materieller, d. h. die Anwendung des StrafG. betreffender Gesetzesverletzung ist Bezeichnung des verletzten G. nicht erforderlich. Das Revisionsgericht ist in Beurteilung der Frage, welche materielle GVerletzung vorliege, völlig frei u. von den Angriffen des Beschwerdeführers unabhängig (§ 410 Abs. 2) URGer. 2. Dez. 81 (Straff. V 186); URMGer. 10. März 02 (II 217).

916) Angabe der verletzten GStellen nicht erforderlich URMGer. 7. März 01 (I 48).

917) Ein begründeter Revisionsantrag liegt auch dann nicht vor, wenn die Revision vom Angeklagten lediglich auf Gründe tatsächlicher Art gestützt ist (Anm. 913). Also ist auch dann Vernehmung erforderlich. Der vernehmende KrGerRat hat dem Angeklagten Rechtsbelehrung zu erteilen u. auf eine dem Gesetz entsprechende Rechtfertigung des Rechtsmittels hinzuwirken URMGer. 11. Febr. 03 (IV 192). Er hat daher das Recht u. die Pflicht, die Untersuchungsakten einzusehen u. zu benutzen (PE. II 69). Die Vernehmung hat regelmäßig erst nach Fertigstellung des Urteils u. Sitzungsprotokolls zu erfolgen.

918) Auch hier ist Bezugnahme auf andere Schriftstücke unzulässig URMGer. 26. Nov. 02 (II 62). — Herbeiführung der Vernehmung ist in erster Linie Sache des GerH. 2. Instanz, eventuell des erkennenden Senats des RMGer. — Eine trotz Nichtvorliegens der Voraussetzungen des § 404 erfolgte Vernehmung wird vom RMGer. nicht berücksichtigt.

919) D. h. wenn der Angeklagte auch bei seiner nach Ablauf der Revisionsfrist erfolgten Vernehmung nach § 404 keine dem § 403 entsprechende Rechtfertigung zu erklären vermocht hat. Ist die innerhalb der Frist erfolgte Vernehmung erfolglos geblieben, so hat nochmalige Vernehmung nach Fristablauf stattzufinden URMGer. 19. April 02 (III 3). — Im übrigen Anm. 897, 913f.

920) Durch das RMGer. — Förmliche Zustellung wird vom RMGer.

entweder schriftlich einzureichen oder, falls er der Angeklagte ist, einem Kriegsgerichtsrathe zu Protokoll zu erklären.[921])

§ **408.** Der Angeklagte, oder auf dessen Verlangen der Vertheidiger, ist von dem Tage der Hauptverhandlnng zu benachrichtigen. Der Angeklagte kann in dieser erscheinen[922]) oder sich durch seinen Vertheidiger[923]) vertreten lassen.

Der nicht auf freiem Fuß befindliche Angeklagte[924]) hat keinen Anspruch auf Anwesenheit.

§ **409.** Die Hauptverhandlung beginnt mit dem Vortrag eines Berichterstatters.

Hierauf werden die Militäranwaltschaft, sowie der Angeklagte und sein Vertheidiger mit ihren Ausführungen und Anträgen gehört.

Derjenige, welcher die Revision nachgesucht hat, ist zuerst zu hören; dem Angeklagten gebührt in allen Fällen das letzte Wort.[701])

Auf die Hauptverhandlung finden die Bestimmungen der § 274, § 275 Absatz 1, §§ 282 bis 289, § 290 Absatz 1 bis 4, §§ 291, 320, 321, 322 entsprechende Anwendung.

§ **410.** Der Prüfung des Revisionsgerichts unterliegen nur die gestellten Revisionsanträge[925]) und, insoweit die Revision auf Mängel des Verfahrens gestützt wird, nur diejenigen Thatsachen, welche bei Anbringung der Revisionsanträge bezeichnet worden sind.

Eine weitere Begründung der Revisionsanträge als die im § 403 Absatz 2 vorgeschriebene ist nicht erforderlich und, wenn sie unrichtig ist, unschädlich.

---

nicht für erforderlich erachtet. Der „andere Teil" ist entweder der Angekl. oder der GerH. 2. Instanz. — Nach der Praxis des RMGer. kann die Zustellung der Revisionsrechtfertigung seitens des GerH. an den Angeklagten u. die Abgabe der Gegenerklärung sowohl des Angeklagten wie des GerH. schon vor Vorlage der Akten an das RMGer. erfolgen, wodurch nochmalige Zustellung durch das RMGer. entbehrlich wird KrMVf. 26. Juni 01.

[921]) Nach Ablauf der Frist einlaufende Gegenerklärungen sind zu berücksichtigen, wenn sie vor der Hauptverhandlung beim RMGer. eingehen URMGer. 20. April 01 (I 91). Beurkundung der Gegenerklärung des GerH. § 368. Die Gegenerklärung des GerH. ist von diesem selbst abzugeben (PE. IV 96).

[922]) KrAB. zu § 408 (Anl. B.).

[923]) Nur ein Wahlverteidiger kommt in der Revisionsinstanz in Betracht (Anm. 773).

[924]) Über Erlaß u. Aufhebung des Haftbefehls entscheidet auch während des Revisionsverfahrens der GerH. 2. Instanz URGer. 14. März 81 (Straff. III 421).

[925]) Begriff § 403. Aus § 410 folgt, daß die Prüfung des RevGer. nicht nur innerhalb des prozessualen Gebiets auf die bezeichneten Mängel beschränkt ist, sondern auch, daß das RevGer. bei einer bloß auf Verfahrensmängel gestützten Rechtfertigung nicht die Anwendung des materiellen StrafG. nachprüfen darf u. umgekehrt. Hierin liegt ein wesentlicher Unterschied von der Berufung (Anm. 883). — Auch bei Beschränkung der Revisionsbeschwerde auf die Straffrage ist das Revisionsgericht berechtigt, die GAnwendung nach allen Richtungen zu prüfen u. gegebenenfalls das ganze Urteil aufzuheben, sobald nur die Revision auf materielle GVerletzung gestützt ist URGer. (Straff. XXII 214, XXIX 331, XXXIII 21). Im übrigen Anm 915.

§ **411.** Insoweit die Revision für begründet erachtet wird, ist das angefochtene Urtheil aufzuheben.[926])

Gleichzeitig sind die dem Urtheile zu Grunde liegenden Feststellungen aufzuheben, sofern sie durch die Gesetzesverletzung betroffen werden, wegen deren die Aufhebung des Urtheils erfolgt.[927])

§ **412.** Erfolgt die Aufhebung des Urtheils nur wegen Gesetzesverletzung bei Anwendung des Gesetzes auf die dem Urtheile zu Grunde liegenden Feststellungen, so hat das Reichsmilitärgericht in der Sache selbst zu entscheiden, sofern ohne weitere thatsächliche Erörterungen nur auf Einstellung des Verfahrens oder auf Freisprechung zu erkennen ist.[928])

In anderen Fällen ist die Sache zur anderweiten Verhandlung und Entscheidung in die Berufungsinstanz zurückzuverweisen.[929])

Der Präsident des Reichsmilitärgerichts hat behufs weiterer Veranlassung mit dem zuständigen Gerichtsherrn sich in Verbindung zu setzen.

§ **413.** Die Verkündung des Urtheils erfolgt durch den Senatspräsidenten nach Vorschrift des § 327 Absatz 1 und 2 mit der Maßgabe, daß an die Stelle der Frist von drei Tagen eine solche von einer Woche tritt.

§ **414.** Erfolgt zu Gunsten eines Angeklagten die Aufhebung des Urtheils wegen Gesetzesverletzung bei Anwendung des Strafgesetzes[930]), und erstreckt sich das Urtheil, soweit es aufgehoben wird, noch auf andere Angeklagte, welche die Revision nicht oder wegen anderer Beschwerdepunkte eingelegt haben, so ist zu erkennen, als ob sie gleichfalls dieselbe Revisionsbeschwerde eingelegt hätten.

Dasselbe gilt, wenn mehrere Personen bei derselben strafbaren Handlung als Thäter[26]), Theilnehmer[27]), Begünstiger oder Hehler[28]) betheiligt und hiervon ein Theil durch vorausgegangene militärgerichtliche Erkenntnisse abgeurtheilt ist.[931])

[926]) Durch Aufhebung einer Einzelstrafe u. darum auch der Gesamtstrafe werden die übrigen Einzelstrafen regelmäßig nicht berührt, sie bleiben vielmehr für das neu erkennende OberkriegsGer. bindend URGer. 18. April 94 (Straff. XXV 298). — Aufhebung einer Nebenstrafe hat auch Aufhebung der Hauptstrafe zur Folge URGer. 2. Nov. 83 (Rechtspr. V 663).

[927]) Teilweise Aufhebung kann nur erfolgen, sofern es sich um einen trennbaren Teil des Urteils handelt URGer. 7./18. Dez. 99 (Straff. XXXIII 17). Aufgehobene Feststellungen können für das neue Urteil nicht verwertet werden; nichtaufgehobene bleiben bindend.

[928]) Verurteilung kann das RMGer. nie selbst aussprechen, auch nicht in den StPO. § 394 zugelassenen Fällen.

[929]) Zurückverweisung an ein anderes OberkriegsGer., als das, welches das angefochtene Urteil erlassen hat, ist (abgesehen vom Falle des § 262 Abs. 2) unzulässig (abweichend StPO. § 394 Abs. 2) URMGer. 25. April 01 (I 112). Das OberkriegsGer. kann in der früheren Besetzung urteilen. — Auch bei Aufhebung wegen Unzuständigkeit des Berufungsgerichts bez. des MilGer. überhaupt erfolgt (abweichend von StPO. § 395) Zurückweisung in die Berufungsinstanz.

[930]) Auch bei Revision des GerH. möglich § 367 Abs. 2.

[931]) Auch wenn diese Urteile schon rechtskräftig sind.

§ **415.** Das Gericht, an welches die Sache zur anderweiten Verhandlung und Entscheidung verwiesen ist, hat die rechtliche und militärdienstliche Beurtheilung, welche der Aufhebung des Urtheils zu Grunde gelegt ist, auch seiner Entscheidung zu Grunde zu legen.[932])

War das Urtheil nur von dem Angeklagten oder zu Gunsten desselben angefochten worden, so darf[891]) das neue Urtheil eine härtere Strafe als die in dem aufgehobenen erkannte nicht verhängen.[892]) Die einer Gesammtstrafe zu Grunde liegenden Einzelstrafen dürfen nicht höher als in dem aufgehobenen Urtheile bemessen werden.[893])

Vierter Titel.

Bestätigung der im ordentlichen Verfahren ergangenen Urtheile.

§ **416.** Urtheile die durch ein ordentliches Rechtsmittel nicht mehr anfechtbar sind, werden mit einer Bestätigungsorder versehen[933])

In der Bestätigungsorder ist zum Ausdrucke zu bringen, daß das Urtheil rechtskräftig geworden und, soweit es auf Verurtheilung lautet, zu vollstrecken ist.

Die Bestätigungsorder ist dem Angeklagten bekannt zu machen.[284])

§ **417.** Auf Strafverfügungen (§ 349) finden die Bestimmungen des § 416 keine Anwendung.

§ **418.** Von wem die Bestätigungsorder ertheilt wird, bestimmt für die bei der Marine ergehenden Urtheile der Kaiser, im Uebrigen der zuständige Kontingentsherr.[934])

---

[932]) Anm. 927, 929. Sind die tatsächlichen Feststellungen aufgehoben, so kann das Berufungs-Ger. tatsächliche Feststellungen, die von den früheren abweichen, treffen u. diese auch einer andern rechtlichen Beurteilung unterziehen, soweit dieselbe nicht mit derjenigen des RMGer. in Widerspruch tritt URMGer. 5. Mai 02 (III 21). — Gegen das neue Urteil ist wieder Revision zulässig (Anm. 828). Das Revisionsgericht ist jedoch dann an seine eigene frühere rechtliche Beurteilung gebunden.

[933]) Die Bestätigungsorder setzt ein rechtskräftiges Urteil (Anm. 828) voraus, also, wenn sie vor Ablauf der Rechtsmittelfrist erteilt wird, ausdrücklichen Rechtsmittelverzicht des Angekl. u. des GerH. (Anm. 833). Bedingte Bestätigung ist gesetzlich nicht zulässig (PE. I 68, widersprechend PE. I 58). — Urteile, die keine Entscheidung in der Sache enthalten, sondern lediglich auf Zurückverweisung der Sache in die Vorinstanz auf Grund § 395 Abs. 2 lauten (Zwischenurteile), bedürfen, auch wenn rechtskräftig geworden, einer Bestätigungsorder nicht KrMVf. 22. Okt. 02.

[934]) AAB. zu § 418 (Anl. A). — Im Fall des § 262 steht die Erteilung der Bestätigungsorder dem ersuchenden, nicht dem ersuchten GerH. zu (PE. I 69). — Eine weitergehende Milderung der Strafe, als die durch die AAB. den Befehlshabern übertragene, kann nur durch Allerhöchsten Gnadenakt erfolgen. Das Begnadigungsrecht, sowie das der Allerhöchsten Stelle vorbehaltene Milderungsrecht steht (vorbehältlich abweichender staatsrechtlicher Vereinbarung) dem Kontingentsherrn, zu dessen Kontingent der Verurteilte gehört, hinsichtlich der Angehörigen der Marine stets dem Kaiser zu. Gnadengesuche Anm. 960, 968.

Fünfter Titel.

Bestätigung und Aufhebung der Urtheile der Feldgerichte und der Bordgerichte.

§ **419.** Gegen die im Felde oder an Bord ergangenen Urtheile finden die Rechtsmittel der Berufung und der Revision nicht statt.

§ **420.** Die im § 419 bezeichneten Urtheile erlangen Rechtskraft und Vollstreckbarkeit durch die Bestätigung.[935])

§ **421.** Die Bestimmung des § 420 gilt auch hinsichtlich derjenigen militärgerichtlichen Urtheile, welche zu der Zeit, wo der Angeklagte in ein mobiles Verhältniß tritt, die Rechtskraft noch nicht erlangt haben.

§ **422.** Wem das Bestätigungsrecht und das Aufhebungsrecht zusteht, bestimmt der Kaiser.[936])

§ **423.** Vor der Entschließung über die Bestätigung hat der Gerichtsherr den Angeklagten, falls dieser verurtheilt ist, durch einen Kriegsgerichtsrat oder einen Offizier protokollarisch darüber vernehmen zu lassen, ob und welche Beschwerden er gegen das Urtheil vorzubringen habe.

Dieser Vernehmung bedarf es nicht, wenn in den Fällen des § 421 der Angeklagte bereits ein ordentliches Rechtsmittel eingelegt und begründet hatte.

§ **424.** Die Urtheile, deren Bestätigung der Kaiser sich vorbehält, sind demselben durch den Präsidenten des Reichsmilitärgerichts mit einem Gutachten der Militäranwaltschaft vorzulegen.

§ **425.** Die Bestätigung anderer Urtheile darf nur auf Grund des schriftlichen Rechtsgutachtens eines richterlichen Militärjustizbeamten oder, in Ermangelung eines solchen, eines zum Richteramte befähigten Beamten oder Offiziers erfolgen, wenn auf Tod, auf Zuchthaus oder auf Gefängniß oder Festungshaft von mehr als einem Jahre[937]) erkannt ist.

Lautet ein kriegsgerichtliches Urtheil auf Freisprechung oder auf eine geringere als die im ersten Absatze bezeichnete Strafe, so hat der Befehlshaber, dem die Bestätigung zusteht, eine Begutachtung nur dann anzuordnen, wenn die Entscheidung des Kriegsgerichts vom Antrage des Vertreters der Anklage wesentlich abweicht, oder wenn ihm die Entscheidung aus sonstigen Gründen bedenklich erscheint.

§ **426.** Die Begutachtung soll nicht durch einen Beamten oder Offizier geschehen, welcher in der Hauptverhandlung als Richter oder als Vertreter der Anklage oder als Vertheidiger mitgewirkt hat.

---

[935]) Die Bestätigung hat hier eine ganz andere Bedeutung als die Bestätigung i. S. der § 416—418. Sie bildet einen Ersatz für Rechtsmittel.

[936]) Heer Kais. V. 28. Dez. 99 (nicht veröffentlicht), Marine 28. Mai 01 (Unteranl. A 1).

[937]) Diese Worte beziehen sich nicht auf Zuchthaus.

§ **427**. Der Befehlshaber, welchem die Bestätigung zusteht, kann eine Vervollständigung der Untersuchung anordnen.

§ **428**. War das Urtheil in den Fällen des § 421 durch ein ordnungsmäßig eingelegtes Rechtsmittel bereits angefochten, oder werden in dem Rechtsgutachten (§ 425) gegen die Gesetzlichkeit des Urtheils oder gegen die thatsächliche Feststellung wesentliche Bedenken erhoben, so hat der zur Bestätigung berechtigte Befehlshaber, sofern er nicht selbst über die Aufhebung des Urtheils befinden kann, die Entscheidung des hierfür zuständigen Befehlshabers[938]) herbeizuführen.

In derselben Weise ist zu verfahren, wenn der zur Bestätigung berechtigte Befehlshaber entgegen dem Rechtsgutachten Anstand nimmt, die beantragte Bestätigung zu ertheilen. Die Versagung derselben ist schriftlich zu begründen.

§ **429**. Bei Urtheilen der Feldstandgerichte und der Bordstandgerichte findet eine Begutachtung nicht statt. Glaubt der Gerichtsherr die Bestätigung versagen zu müssen, so hat er unter Begründung der Versagung die Entscheidung des für die Aufhebung zuständigen Befehlshabers[938]) herbeizuführen.

§ **430**. Der zur Aufhebung berechtigte Befehlshaber hat nach Einholung des Gutachtens[939]) eines ihm zugeordneten richterlichen Militärjustizbeamten darüber zu entscheiden, ob das Urtheil dem Gerichtsherrn zur Ertheilung der Bestätigung zurückzusenden, oder ob dasselbe aufzuheben sei.

§ **431**. Die ertheilte Bestätigung ist auf der Urschrift des Urtheils zu vermerken und dem Angeklagten auf dem in den §§ 256, 257 bezeichneten Wege bekannt zu machen.

§ **432**. Im Falle der Aufhebung des Urtheils ist die Berufung eines neuen erkennenden Gerichts zu veranlassen. Soweit es erforderlich oder sachgemäß erscheint, ist mit dieser Berufung ein anderer Gerichtsherr als der zuerst mit der Sache befaßte zu betrauen. Zu dem neu zu berufenden Gerichte dürfen die Personen als Richter nicht zugezogen werden, welche bei der früheren Hauptverhandlung mitgewirkt haben.

Der die Aufhebung aussprechende Befehlshaber kann auch die Erledigung der Sache im ordentlichen Verfahren verfügen, sofern die Erledigung nach Lage des Falles bis zur Beendigung des die Anwendbarkeit dieses Titels begründenden Verhältnisses aufgeschoben werden kann.[940])

---

[938]) Welche Befehlshaber zur Aufhebung zuständig sind, ergibt sich aus den § 422 (Anm. 936) genannten Bestimmungen.

[939]) Liegen Bestätigungs- u. Aufhebungsrecht in derselben Hand, so bedarf es nicht doppelter Begutachtung.

[940]) Insbesondere, wenn der Angekl.

§ **433**. Wird im Laufe eines im Felde oder an Bord eingeleiteten Strafverfahrens der Beschuldigte zu einem immobilen militärischen Verbande versetzt oder einem solchen überwiesen, so findet die Ueberleitung in das ordentliche Verfahren statt.[941])

War jedoch ein Urtheil bereits ergangen, so hat über die Bestätigung der bis dahin zuständige Befehlshaber nach Maßgabe dieses Titels zu befinden. Wird die Bestätigung versagt, so ist das Urtheil dem Angeklagten nach dessen Uebertritt in den immobilen Verband bekannt zu machen (§ 137). Gegen das Urtheil ist binnen der gesetzlichen Frist (§ 379) die Berufung zulässig. Die Frist läuft auch für den Gerichtsherrn vom Tage der Bekanntmachung des Urtheils an den Angeklagten.[941a]) Die gerichtsherrlichen Befugnisse gehen in einem solchen Falle auf den Gerichtsherrn des immobilen Verbandes über.

§ **434**. Bei der Marine steht dem Uebertritte zu einem immobilen Verbande (§ 433) die Ablösung von Bord gleich.

§ **435**. Mit der Demobilmachung[942]) treten die Bestimmungen dieses Titels außer Anwendung. Noch nicht erledigte Strafsachen sind in das ordentliche Verfahren überzuleiten.

Auf die bei Eintritt der Demobilmachung noch nicht bestätigten Urtheile finden die im § 433 Absatz 2 für den Fall der Versagung der Bestätigung gegebenen Bestimmungen Anwendung.

Sechster Titel.

Wiederaufnahme eines durch rechtskräftiges Urtheil geschlossenen Verfahrens.[943])

§ **436**. Die Wiederaufnahme eines durch rechtskräftiges Urtheil geschlossenen Verfahrens zu Gunsten des Verurtheilten findet statt:

---

durch Überweisung an einen immobilen Verband oder Ablösung von Bord aus jenem Verhältnis ausscheidet.

[941]) § 259 Abs. 2 findet hier nicht Anwendung BeschlRMGer. 12. Dez. 01 (II 88).

[941a]) Mit diesem Zeitpunkt beginnt die Überleitung in das ordentliche Verfahren. Eine vorher eingelegte Berufung ist rechtsunwirksam URMGer. 17. Dez. 02 (IV 77).

[942]) AAB. f. d. Mar. (Anl. A Anm. 29).

[942a]) Der Demobilmachung steht die Rückkehr eines Schiffes in die heimischen Gewässer gleich EG. § 6.

[943]) Vgl. StPO. § 399—413. — Inhalt: Wiederaufnahme zugunsten des Verurteilten § 436; Antragsbefugnis § 437; Wiederaufnahme zuungunsten des Verurteilten § 438; Zweck § 439; strafbare Handlung als Wiederaufnahmegrund § 440; Befugnis des GerH., Verteidiger § 441; Antrag auf Wiederaufnahme, Erfordernisse, Anbringung § 442; Entsch. über Zulassung des Antrags § 443f.; weiteres Verfahren bei Zulassung § 445; endgiltige Entsch. über den zugelassenen Antrag, Anordnung der Wiederaufnahme § 446; Tod oder Geisteskrankheit des Verurteilten § 447; neue Hauptverhandlung § 448; Freisprechung § 449. — Die Wiederaufnahme ist kein ordentliches Rechtsmittel (Anm. 826). Sie bezweckt Aufhebung eines rechtskräftigen Urteils

1. wenn eine in der Hauptverhandlung zu seinen Ungunsten als echt vorgebrachte Urkunde fälschlich angefertigt oder verfälscht war;
2. wenn durch ein zu seinen Ungunsten abgelegtes Zeugniß oder abgegebenes Gutachten der Zeuge oder Sachverständige sich einer vorsätzlichen oder fahrlässigen Verletzung der Eidespflicht[944]) oder einer wissentlich falschen uneidlichen Aussage schuldig gemacht hat;
3. wenn bei dem Urtheil ein Richter mitgewirkt hat, welcher sich in Beziehung auf die Sache einer Verletzung seiner Amtspflichten schuldig gemacht hat, sofern diese Verletzung mit einer im Wege des gerichtlichen Strafverfahrens zu verhängenden öffentlichen Strafe bedroht[944a]) und nicht vom Verurtheilten selbst veranlaßt ist;
4. wenn ein civilgerichtliches Urtheil, auf welches das Strafurtheil begründet ist, durch ein anderes rechtskräftig gewordenes Urtheil aufgehoben ist;
5.[945]) wenn neue Thatsachen oder Beweismittel beigebracht sind, aus denen allein oder in Verbindung mit den früher erhobenen Beweisen sich die Unschuld des Verurtheilten, sei es bezüglich der ihm zur Last gelegten That überhaupt, sei es bezüglich eines die Anwendung eines härteren Strafgesetzes begründenden Umstandes, ergiebt oder doch dargethan wird, daß ein begründeter Verdacht gegen den Angeklagten nicht mehr vorliegt.

§ **437**. Der Antrag auf Wiederaufnahme des Verfahrens wird weder durch die erfolgte Strafvollstreckung, noch durch den Tod des Verurtheilten, noch durch die Beendigung des die Militärstrafgerichtsbarkeit über den Verurtheilten begründenden Verhältnisses[56]) ausgeschlossen.

(Anm. 828) zwecks Freisprechung eines Verurteilten oder Verurteilung eines freigesprochenen Angeklagten oder Anwendung eines milderen oder strengeren StrafG., nicht aber behufs anderer Strafzumessung innerhalb desselben gesetzlichen Strafrahmens (§ 439). — Der Antrag auf Wiederaufnahme ist an keine Frist gebunden u. kann wiederholt werden. — Gegen ein Kontumazialurteil ist Antrag auf Wiederaufnahme unzulässig, wenn die Aufhebung desselben im gewöhnlichen Verfahren möglich ist BeschlRMG. 11. April 01 (I 81). Im übrigen ist Wiederaufnahme auch gegen vor Inkrafttreten der MStGerO. ergangene Urteile zulässig EG. § 24 Nr. 5.

[944]) StGB. § 154 ff. vgl. § 440 des G.

[944a]) StGB. § 331 ff., § 440 des G.

[945]) Von StPO. § 399 Nr. 5 abweichende Fassung. — Neue Tatsachen sind nur solche für die Schuldfrage in tatsächlicher Hinsicht wesentliche Vorkommnisse, die bei der Entscheidung dem erkennenden Ger. unbekannt waren u. die Beweisgrundlagen zu erschüttern oder beseitigen geeignet sind, nicht auch veränderte, in späteren Urteilen u. Beschlüssen niedergelegte Rechtsanschauungen BeschlRMGer. 2. Aug. 02 (III 163). — Nachträglich festgestellte Geisteskrankheit ist neue Tatsache BeschlRMGer. 13. Juli 01 (I 228), ebenso unrichtige eidliche, aber nicht nach StGB. § 154 ff. strafbare Angaben eines Belastungszeugen.

Im Falle des Todes[946]) sind der Ehegatte, die Verwandten aufsteigender und absteigender Linie, sowie die Geschwister des Verstorbenen zu dem Antrage befugt.

§ **438**. Die Wiederaufnahme eines durch rechtskräftiges Urtheil geschlossenen Verfahrens zu Ungunsten des Angeklagten findet statt[947]):

1. wenn eine in der Hauptverhandlung zu seinen Gunsten als echt vorgebrachte Urkunde fälschlich angefertigt oder verfälscht war;
2. wenn durch ein zu seinen Gunsten abgelegtes Zeugniß oder abgegebenes Gutachten der Zeuge oder Sachverständige sich einer vorsätzlichen oder fahrlässigen Verletzung der Eidespflicht[944]) oder einer wissentlich falschen uneidlichen Aussage schuldig gemacht hat;
4. wenn bei dem Urtheil ein Richter mitgewirkt hat, welcher sich in Beziehung auf die Sache einer Verletzung seiner Amtspflichten schuldig gemacht hat, sofern diese Verletzung mit einer im Wege des gerichtlichen Strafverfahrens zu verhängenden öffentlichen Strafe bedroht ist[944a]);
4. wenn von dem Freigesprochenen vor Gericht oder außergerichtlich ein glaubwürdiges Geständniß der strafbaren Handlung abgelegt wird.[948])

§ **439**. Eine Wiederaufnahme des Verfahrens zum Zwecke der Aenderung der Strafe innerhalb des durch dasselbe Gesetz[949]) bestimmten Strafmaßes findet nicht statt.

§ **440**. Ein Antrag auf Wiederaufnahme des Verfahrens, welcher auf die Behauptung einer strafbaren Handlung gegründet werden soll, ist nur dann zulässig, wenn wegen dieser Handlung eine rechtskräftige Verurtheilung ergangen ist, oder wenn die Einleitung oder Durchführung eines Strafverfahrens aus anderen Gründen[950]) als wegen Mangels an Beweis nicht erfolgen kann.

§ **441**. Die Bestimmungen der §§ 367[950a]), 369 Absatz 5 und des

---

[946]) Nicht auch zu Lebzeiten des Verurteilten, selbst nicht bei Geisteskrankheit desselben BeschlRMGer. 19. Febr. 01 (I 28), 23. Sept. 02 (III 262).

[947]) Sie ist nur auf Antrag des GerH. innerhalb der Verjährungsfrist zulässig. — Wiederaufnahme eines eingestellten Verfahrens Anm. 515, 521 (§ 249), 708.

[948]) Nicht auch auf den unter milderem rechtlichen Gesichtspunkte verurteilten Angeklagten anwendbar, falls dessen nachträgliches Geständnis die Anwendung eines schwereren StrafG. rechtfertigen würde URGer. 5. März 81 (Straff. III 399).

[949]) GBestimmungen, die einen besonderen Straferhöhungs- oder Strafmilderungsgrund enthalten, gelten im Verhältnis zum nicht qualifizierten Tatbestand nicht als „dasselbe G." so z. B. auch MStGB. § 98 BeschlRMGer. 18. Dez. 02 (IV 95). — Wiederaufnahmeantrag zwecks Zubilligung mildernder Umstände oder Annahme eines minder schweren Falles fällt unter § 439.

[950]) Z. B. Abwesenheit, Tod, Verjährung.

[950a]) Sowohl der GerH. 1. wie der 2. Instanz kann den Antrag stellen. § 368 findet nicht Anwendung.

§ 370 finden auch bei dem Antrag auf Wiederaufnahme des Verfahrens entsprechende Anwendung.

§ **442**. In dem Antrage müssen der gesetzliche Grund[951]) der Wiederaufnahme des Verfahrens, sowie die Beweismittel angegeben werden.

Der Antrag ist seitens des Angeklagten oder einer der im § 437 Absatz 2 bezeichneten Personen[952]) bei dem Gerichtsherrn erster Instanz[953]) in Gemäßheit des § 369 Absatz 2 und 3 anzubringen.

§ **443**. Ueber die Zulassung des Antrags entscheidet das Reichsmilitärgericht.

Die Entscheidung erfolgt ohne mündliche Verhandlung nach Anhörung der Militäranwaltschaft.

Das Reichsmilitärgericht kann einen Aufschub, sowie eine Unterbrechung der Strafvollstreckung anordnen.

§ **444**. Ist der Antrag nicht in der vorgeschriebenen Form[954]) angebracht oder ist darin kein gesetzlicher Grund der Wiederaufnahme geltend gemacht oder kein geeignetes Beweismaterial angeführt[955]), so ist der Antrag als unzulässig zu verwerfen.

Anderenfalls ist der Antrag, wenn er von dem Verurtheilten oder im Falle des § 437 Absatz 2 zu dessen Gunsten gestellt war, der Militäranwaltschaft, wenn er zu Ungunsten des Verurtheilten gestellt war, diesem unter Bestimmung einer Frist zur Erklärung mitzutheilen.

§ **445**. Wird der Antrag an sich für zulässig befunden, so veranlaßt das Reichsmilitärgericht die Aufnahme der angetretenen Beweise, soweit diese erforderlich ist, mittelst Ersuchens an einen Gerichtsherrn oder an einen Amtsrichter.

Die Vernehmung der Zeugen und Sachverständigen erfolgt eidlich, soweit die Beeidigung zulässig ist.[956])

---

[951]) Im Fall § 436 Nr. 5 muß der Antrag auch die besondere Angabe der neuen Tatsachen enthalten BeschlRMGer. 29. Juli 01 (I 244). — Der Antrag selbst muß die Erfordernisse Abs. 1 erfüllen; Bezugnahme auf andere Schriftstücke ist unzulässig BeschlRMGer. 15. Nov. 00 u. 29. Juli 01 (I 2, 243).

[952]) Oder durch einen von ihnen ausdrücklich beauftragten Verteidiger (§ 441). Ein Rechtsanwalt muß den Erfordernissen des § 341 entsprechen BeschlRMGer. 9. Nov. 00 (I 1).

[953]) Zuständiger GerH. ist stets der GerH., der in dem rechtskräftig erledigten Verfahren GerH. 1. Instanz war oder, falls das Urteil vor Inkrafttreten der MStGerO. erlassen ist, nach den Vorschriften dieses G. GerH. 1. Instanz gewesen sein würde. Durch Veränderungen der persönlichen Dienststellung des Verurteilten tritt kein Wechsel in der Zuständigkeit bezüglich des Wiederaufnahmeverfahrens ein BeschlRMGer. 1. Sept. 02 (III 196).

[954]) § 369 Abs. 2 u. 3, 442 Abs. 2 (nicht § 368).

[955]) § 436, 438, 442 Abs. 1.

[956]) § 199, 200. Beeidigung ist nicht bloß gestattet, wie StPO. § 409, sondern vorgeschrieben.

Hinsichtlich der Berechtigung der Betheiligten zur Anwesenheit bei der Beweisaufnahme finden die Vorschriften der §§ 165 bis 167 entsprechende Anwendung.

Nach Schluß der Beweisaufnahme sind die Militäranwaltschaft und der Angeklagte unter Bestimmung einer Frist zur ferneren Erklärung aufzufordern.

§ **446.** Das Reichsmilitärgericht entscheidet über den zugelassenen Antrag auf Wiederaufnahme des Verfahrens nach Maßgabe des § 443 Absatz 2.

Der Antrag wird als unbegründet verworfen, wenn die darin aufgestellten Behauptungen keine genügende Bestätigung gefunden haben, oder wenn in den Fällen des § 436 Nr. 1 und 2 oder des § 438 Nr. 1 und 2 nach Lage der Sache die Annahme ausgeschlossen ist, daß die in diesen Bestimmungen bezeichnete Handlung auf die Entscheidung Einfluß gehabt hat.

Anderenfalls verordnet das Reichsmilitärgericht die Wiederaufnahme des Verfahrens, sowie die Erneuerung der Hauptverhandlung unter Bezeichnung des Gerichts, bei welchem die letztere stattfinden soll.[957])

§ **447.** Ist der Verurtheilte bereits verstorben oder in eine unheilbare Geisteskrankheit verfallen, so findet eine Erneuerung der Hauptverhandlung nicht statt. Das Reichsmilitärgericht hat vielmehr auf Grund der neuen Ermittelungen ohne mündliche Verhandlung auf Freisprechung zu erkennen[958]) oder den Antrag auf Wiederaufnahme abzulehnen.[958])

Mit der Freisprechung ist die Aufhebung des früheren Urtheils zu verbinden.

§ **448.** In der erneuten Hauptverhandlung ist entweder das frühere Urtheil aufrecht zu erhalten oder unter Aufhebung desselben anderweit in der Sache zu erkennen.[959])

Ist die Wiederaufnahme des Verfahrens nur von dem Verurtheilten oder zu Gunsten desselben seitens des Gerichtsherrn beantragt worden, so darf[891]) das neue Urtheil eine härtere Strafe als die in dem früheren erkannte nicht verhängen.[892])

---

[957]) Mit dieser Anordnung verliert das frühere Urteil seine Wirkung. Es muß vollständig von neuem verhandelt u. auf Grund dieser neuen Verhandlung allein das neue Urteil erlassen werden. Formelle Aufhebung § 447 Abs. 2, 448. — Die Verweisung erfolgt in diejenige Instanz, deren Urteil durch den anerkannten Wiederaufnahmegrund betroffen wird, jedoch nicht notwendig an das ursprünglich zuständige Gericht.

[958]) Vgl. § 465, 467. Die Bestimmung StPO. § 411 Abs. 2, wonach das RGer. auch in anderen Fällen selbst erkennen kann, ist nicht aufgenommen. — Die Ablehnung des Antrags erfolgt durch Beschluß Beschl-RMGer. 20. Nov. 02 (IV 34).

[959]) Gegen das neue Urteil (Anm. 957) sind die regelmäßigen Rechtsmittel zulässig. — Bei Freisprechung § 465, 467.

§ **449**. Wird im Wiederaufnahmeverfahren auf Freisprechung erkannt, so ist auf Verlangen des Freigesprochenen, in den Fällen des § 447 auf Verlangen des Antragstellers, die Aufhebung des früheren Urtheils durch den Deutschen Reichsanzeiger bekannt zu machen. Das Gericht kann anordnen, daß die Bekanntmachung auch durch andere öffentliche Blätter erfolgen soll.

Siebenter Titel.

Strafvollstreckung.[960])

§ **450**. Militärgerichtliche[961]) Strafurtheile sind nach Maßgabe der Bestätigungsorder, Strafverfügungen (§ 349) nach Maßgabe ihres Inhalts zu vollstrecken.[962])

§ **451**. Die Strafvollstreckung wird durch den Gerichtsherrn angeordnet, welcher die Erhebung der Anklage verfügt hat.[963])

§ **452**. An geisteskranken oder schwangeren Personen darf ein Todesurtheil nicht vollstreckt werden.

---

[960]) Vgl. StPO. § 481—495. — Inhalt: Vollstreckbarkeit § 450; Vollstreckungsbehörde § 451; Todesstrafe § 452—455; Strafaufschub: wegen Krankheit § 455, auf Antrag wegen erheblicher Nachteile § 456, im Interesse des Dienstes § 457; Strafberechnung bei Verhafteten § 458, 459; Einrechnung von Krankheitsdauer § 460; nachträgliche Gesamtstrafenbildung § 461; Vollstreckung von Geldstrafen, nachträgliche Umwandlung § 462f.; gerichtliche Entscheidung bei Zweifeln u. Einwendungen § 464. — Übergang der Strafvollstreckung an bürg. Behörden: bei Todesstrafe § 454, Freiheitsstrafen StGB. § 15 Abs. 3, EG. z. MStGerO. (Nr. 3 d. W.) § 15, MStVB. (Nr. I 2 Anl. D d. W.) § 5, 43, 44, 45 u. Anl. 2. — Kosten der Strafvollstreckung § 469. — Übergang der Strafvollstreckung von den bürg. Behörden auf MilBehörden MStGB. § 15 Abs. 1, 45 (Nr. I 2 Anm. 62, 63 d. W.), § 2 des G. — Strafvollstreckungsbehörde im Sinne StPO. § 483, 490, § 451, 455, 456 des G. bleibt auch bei Übergang der Vollstreckung die Behörde, von der die Vollstreckung angeordnet wurde. — Begnadigungsgesuche Anm. 934, 968. Geschäftsgang bei solchen KrMVf. 2. Sept. 00 (AVB. 435), 13. Sept. 02 (AVB. 290).

[961]) Zivilgerichtliche Urteile sind nach Maßgabe ihres Inhalts (StPO. § 483 Abs. 1) zu vollstrecken. Mögliche Fälle § 2—4, 7—9 des G., MStGB. § 15 Abs. 1 (Anm. 960). Einer Bestätigungsorder bedürfen sie nicht. Die Anordnung der Strafvollstreckung muß demjenigen GerH. zukommen, der im Fall milgerichtlicher Zuständigkeit Anklage zu verfügen gehabt hätte (sinngemäße Anwendung von § 451).

[962]) Für die Vollstreckung sind die Bestimmungen der MStVB. (Anm. 960) maßgebend. — Soweit einem teilweise rechtskräftigen Urteil die Bestätigungsorder erteilt werden kann (Unteranl. A 2 unter b), steht der sofortigen Vollstreckung der Umstand nicht entgegen, daß das Urteil im übrigen durch Rechtsmittel angefochten ist. — KrAB. zu § 450 (Anl. B).

[963]) Die dienstordnenden Bestimmungen über Rechte u. Pflichten der mit dem eigentlichen Strafvollzug betrauten Behörden (vgl. MStVB.) werden hierdurch nicht berührt. — Befugnisse des erkennenden Ger. § 464, der obersten Militärjustizverwaltungsbehörde StGB. § 23ff. (vorläufige Entlassung). — Vollstreckung zivilgerichtlicher Urteile durch MilBehörde Anm. 961.

§ **453**. Die Vollstreckung einer durch Erschießen zu vollziehenden Todesstrafe[964]) erfolgt durch die Militärbehörde.

§ **454**. Die Vollstreckung einer durch Enthauptung zu vollziehenden Todesstrafe[965]) erfolgt durch die bürgerlichen Behörden auf Grund einer mit der Bescheinigung der Rechtskraft versehenen beglaubigten Abschrift des Urtheils, welcher eine beglaubigte Abschrift der Bestätigungsorder beizufügen ist. Die Bescheinigung und die Beglaubigungen geschehen durch den Gerichtsherrn (§ 451).

§ **455**. Die Vollstreckung einer Freiheitsstrafe ist aufzuschieben[966]), wenn der Verurtheilte in Geisteskrankheit verfällt.

Dasselbe gilt bei anderen Krankheiten, wenn von der Vollstreckung eine nahe Lebensgefahr für den Verurtheilten zu besorgen steht.[967])

§ **456**. Auf Antrag eines Verurtheilten, welcher nicht zu den Militärpersonen des aktiven Heeres[5]) oder der aktiven Marine[5]) gehört, kann[966]) die Vollstreckung aufgeschoben werden, sofern durch die sofortige Vollstreckung dem Verurtheilten oder der Familie desselben erhebliche, außerhalb des Strafzwecks liegende Nachtheile erwachsen.

Der Strafaufschub darf den Zeitraum von vier Monaten nicht übersteigen.[968])

Die Bewilligung desselben kann an eine Sicherheitsleistung oder andere Bedingungen geknüpft werden.

§ **457**. Die Vollstreckung von Arreststrafen kann im Interesse des Dienstes auf Anordnung des kommandirenden Generals (Admirals) aufgeschoben werden.[969])

---

[964]) MStGB. § 1, 14 (Nr. I 2 Anm. 48 d. W.).

[965]) StGB. § 13; StPO. 486.

[966]) Zuständigkeit zur Anordnung § 451, gegebenenfalls § 464.

[967]) Unterbrechung des begonnenen Strafvollzugs MStV. (Nr. I 2 Anl. D d. W.) § 42; § 443 Abs. 3, 464 Abs. 2 des G.

[968]) Weitergehender Strafaufschub kann, abgesehen von § 455, 457, nur im Gnadenweg bewilligt werden. — Gnadengesuche sollen in der Regel den Strafvollzug nicht aufhalten. Ausnahmen sind zulässig:

a) bei Todesstrafe AO. 15. Okt. 1810 (MGS. I 84), 31. Jan. 36 (MGS. II 4);

b) wenn dem Verurteilten durch Antritt der Freiheitsstrafe unwiederbringlicher Schaden an seiner Ehre zugefügt würde u. er eine derartige Strafe nicht schon einmal erlitten hat; sowie dann, wenn dem Verurteilten nach Ermessen des GerH. oder Ger. so erhebliche Begnadigungsgründe zur Seite stehen, daß eine Ermäßigung oder der Erlaß der Strafe zu erwarten steht AO. 29. Aug. 38 u. 21. Dez. 43 (MGS. III 121); KrMVf. 11. Dez. 01.

c) Alle unter gleichzeitiger Anwendung von MStGB. § 149, StGB. 228 gegen Mannschaften vom Feldwebel abwärts ergangenen Erkenntnisse, bei denen Begnadigung irgendwie angezeigt erscheinen könnte, sind vor Vollstreckung der Strafe gem. AAB. Ziff. 7 zu MStGerO. § 418 (Anl. A) Allerhöchsten Orts zur Entscheidung über etwaige Milderung vorzulegen. In der Bestätigungsorder ist vorläufige Aussetzung des Strafvollzugs anzuordnen KrMVf. 28. März 01. — Die erkennenden Ger. sind befugt, Gnadengesuche um Erlaß oder Milderung der erkannten Strafe einzureichen. Vorlage gem. Ziff. 7 der angef. AAB. (KrMVf. 5. Juni 01).

[969]) Aufschub anderer Strafen nur

§ **458.** Für den in Untersuchungshaft befindlichen Angeklagten, welcher zu einer Freiheitsstrafe verurtheilt wird, ist die zu verbüßende Strafe vom Tage der Rechtskraft[828]) des Urtheils zu berechnen.[970])

Hat der Angeklagte auf Einlegung eines Rechtsmittels verzichtet[833]), so wird die Strafe bereits vom Tage des Verzichts berechnet.[971]) Eine entsprechende Berechnung tritt ein, wenn der Angeklagte das eingelegte Rechtsmittel zurückgenommen oder, ohne eine Erklärung abzugeben, die Einlegungsfrist hat verstreichen lassen.[972])

§ **459.** Erfolgt in den Fällen des § 458 die Verhaftung des Angeklagten erst nach den dort berechneten Zeitpunkten, so wird die Strafe vom Tage der Verhaftung berechnet.

§ **460.** Ist der Verurtheilte nach Beginn der Strafvollstreckung, ohne daß eine Unterbrechung derselben angeordnet wird, wegen Krankheit in eine von der Strafanstalt getrennte Krankenanstalt gebracht worden, so ist die Dauer des Aufenthalts in der Krankenanstalt in die Strafzeit einzurechnen, sofern er nicht mit der Absicht, die Strafvollstreckung zu unterbrechen, die Krankheit herbeigeführt oder verlängert hat.[973])

§ **461.** Ist Jemand durch verschiedene rechtskräftige Urtheile[974]) zu Strafen verurtheilt worden, und sind dabei die Vorschriften über die Zu-

---

im Felde MStB. § 22² (Nr. I 2 Anl. D d. W.). Im übrigen kann aktiven MilPersonen Strafaufschub nur im Gnadenweg bewilligt werden.

[970]) Jeder Tag der Untersuchungshaft gilt als voller Straftag. Der ganze Tag des Eintritts der Rechtskraft (im Fall Abs. 2 des Verzichtes) zählt mit (PE. III 59).

[971]) Gleichviel, ob der GerH. ein Rechtsmittel eingelegt hat oder nicht URMGer. 16. Sept. 01 (I 281). — Hat der Angeklagte auf Berufung verzichtet, aber gegen das auf die Berufung des GerH. ergangene oberkriegsgerichtliche Urteil Revision eingelegt, so muß ihm die zwischen Berufungsverzicht und Revisionseinlegung liegende Untersuchungshaft als Strafzeit gezählt werden.

[972]) Die Strafe ist also vom Tag der Zurücknahme oder des Ablaufs der Rechtsmittelfrist ab zu berechnen. Dem zu einer Gesamtstrafe verurteilten, verhafteten Angeklagten, der nicht wegen aller Einzelstraftaten Rechtsmittel eingelegt hat, ist die Strafe ebenfalls nach Abs. 2 zu berechnen (PE. III 59, abweichend PE. V 74). — Ist zur Zeit der Aburteilung in der Berufungsinstanz die nicht angefochtene Teilstrafe schon als verbüßt anzusehen, so kann diese Strafe nicht mehr mit den vom Berufungsgericht erkannten Einzelstrafen zu einer Gesamtstrafe vereinigt werden URGer. 3. Febr. 99 (Straff. XXXII 7).

[973]) Anordnung der Unterbrechung MStB. § 6⁷, Urlaub 6⁸ (Nr. I 2 Anl. D d. W.).

[974]) Nicht notwendig alle milgerichtliche. — Vollstreckung der Gesamtstrafe bei Festsetzung der Einzelstrafen von Gerichten verschiedener Bundesstaaten ist von demjenigen Bundesstaat zu bewirken, dessen Gericht sie festgesetzt hat. Auf Ersuchen der zuständigen Behörde dieses Staates ist jedoch die Vollstreckung von demjenigen Bundesstaat zu übernehmen, der nach dem Betrag der von seinen Gerichten erkannten Einzelstrafen an der Gesamtstrafe am höchsten beteiligt ist Bundesratsbeschl. 11. Juni 85 (CB. 270). — In entsprechender Anwendung dieses Grundsatzes kommt die Vollstreckung einer Gesamtstrafe, die sich aus Einzelstrafen teils von Militär- teils von ZivilGer. zusammensetzt den Mil.- oder Zivilbehörden zu, je nachdem die militär- oder zivilgerichtliche Einzelstrafe die höchste ist.

erkennung einer Gesammtstrafe (§ 79 des bürgerlichen Strafgesetzbuchs) außer Betracht geblieben, so sind die erkannten Strafen auf eine Gesammtstrafe zurückzuführen.[975])

Die Entscheidung steht demjenigen Gerichte zu, welches die schwerste Strafart oder bei Strafen gleicher Art die höchste Strafe erkannt hat, falls hiernach aber mehrere Gerichte zuständig sein würden, demjenigen, dessen Urtheil zuletzt ergangen ist. War das hiernach maßgebende Urtheil von einem Gerichte höherer Instanz erlassen, so setzt das Gericht erster Instanz die Gesammtstrafe fest. Sind die Urtheile von Gerichten verschiedener Kontingente erlassen, so ist die Entscheidung von dem Reichsmilitärgerichte zu treffen.

Die Entscheidung erfolgt ohne mündliche Verhandlung; vor der Entscheidung ist dem Vertreter der Anklage und dem Verurtheilten Gelegenheit zu geben, Anträge zu stellen und zu begründen.

Gegen die Entscheidung findet, insofern sie nicht vom Reichsmilitärgericht erlassen ist, die Rechtsbeschwerde[277]) an das obere Gericht[450a]) statt.

§ **462.**[975a]) Die Vollstreckung der auf Geldstrafe lautenden Urtheile und der über eine Vermögensstrafe ergangenen Entscheidungen erfolgt im Wege des Verwaltungszwangsverfahrens nach Maßgabe der dafür geltenden landesherrlichen Bestimmungen.[976])

Die Intendanturen bilden die zur Anordnung und Leitung des Zwangsverfahrens zuständigen Vollstreckungsbehörden.

§ **463.** Kann eine verhängte Geldstrafe nicht beigetrieben werden, und ist die Festsetzung der für diesen Fall eintretenden Freiheitsstrafe unterlassen worden, so ist die Geldstrafe durch Verfügung des Gerichtsherrn der höheren Gerichtsbarkeit in die entsprechende Freiheitsstrafe umzuwandeln.[977]) Die Verfügung ist von einem richterlichen Militärjustizbeamten mit zu unterzeichnen.

§ **464.** Bestehen über die Auslegung eines Strafurtheils oder über die Berechnung der erkannten Strafe Zweifel, oder sind Einwendungen gegen die Zulässigkeit der Strafvollstreckung[978]) erhoben, so ist die Entscheidung des Gerichts[979]), welches erkannt hat, einzuholen.

---

[975]) Durch Beschluß Abs. 3. Ohne Antrag. Maßgebend sind StGB. § 74 bis 79, MStGB. 54. — Ist ein Teil der Strafen schon vollzogen, so ist er als an der Gesamtstrafe erstanden zu erklären.

[975a]) Der Paragraph findet nur auf militärgerichtliche Entscheidungen Anwendung. Beitreibung der von bürg. Behörden gegen MilPersonen erkannten Geldstrafen verbleibt den ersteren (Anm. 14, 33).

[976]) Für Preußen KV. 15. Nov. 99 (GS. 545). Einziehung u. Abführung MStV. (Nr. I 2 Anl. D d. W.) § 28 bis 30. Vollstreckung in den Nachlaß StGB. § 30.

[977]) Umwandlung der von bürg. Behörden verhängten Geldstrafen Anm. 15 u. § 2 d. G.

[978]) Z. B. § 453, 455. — Einwendungen gegen die Art u. Weise des Strafvollzugs MStV. § 9.

[979]) An der Entscheidung brauchen

Dasselbe gilt, wenn nach Maßgabe der §§ 455, 456 Einwendungen gegen die Ablehnung eines Antrags auf Aufschub der Strafvollstreckung erhoben werden.

Der Fortgang der Vollstreckung wird hierdurch nicht gehemmt; der Gerichtsherr kann jedoch den Aufschub oder die Unterbrechung der Vollstreckung anordnen.

Die Bestimmungen des § 461 Absatz 3 und 4 finden entsprechende Anwendung.

Achter Titel.

Entschädigung der im Wiederaufnahmeverfahren freigesprochenen Personen.

§ **465**. Die Vorschriften des Gesetzes, betreffend die Entschädigung der im Wiederaufnahmeverfahren freigesprochenen Personen finden auf die im militärgerichtlichen Verfahren verurtheilten Personen entsprechende Anwendung.[980])

Die Entschädigung wird von der Militärverwaltung desjenigen Kontingents[981]) gezahlt, bei dessen Gerichte das Strafverfahren in erster Instanz anhängig war.

§ **466**. Bis zum Betrage der geleisteten Entschädigung tritt die Kontingentsverwaltung[981]) in die Rechte ein, welche dem Entschädigten gegen Dritte um deswillen zusteht[981a]), weil durch deren rechtswidrige Handlungen seine Verurtheilung herbeigeführt war.

§ **467**. Ueber die Verpflichtung der Kontingentsverwaltung[981]) zur Entschädigung wird durch das im Wiederaufnahmeverfahren erkennende Urtheil Bestimmung getroffen.[982])

§ **468**.[983]) Wer auf Grund des die Verpflichtung einer Kontingentsverwaltung[981]) zur Entschädigung aussprechenden Urtheils einen Anspruch geltend macht, hat diesen Anspruch bei Vermeidung des Verlustes binnen drei Monaten nach Zustellung des Urtheils durch Antrag bei dem Gerichtsherrn, auf dessen Befehl im Wiederaufnahmeverfahren das Gericht erster Instanz erkannt hat, in den Fällen des § 447 bei dem Präsidenten des Reichsmilitärgerichts zu erheben.

Ueber den Antrag entscheidet die oberste Militärjustizverwaltungsbehörde.[127])

---

nicht die früheren Richter teilzunehmen (KB. S. 133).

[980]) KrAB. zu § 465 (Anl. B).

[981]) Bez. der Marineverwaltung.

[981a]) Druckfehler. Richtig „zustehe".

[982]) Diese Bestimmung ist durch Rechtsmittel nicht anfechtbar Beschl. RMGer. 7. April 02 (II 257).

[983]) KrAB. zu § 468 (Anl. B).

Neunter Titel.

Kosten des Verfahrens.[984])

§ **469.** Die Kosten des militärgerichtlichen Verfahrens und der durch die Militärbehörden bewirkten Strafvollstreckung fallen der Militärjustizverwaltung zur Last.[985])

Diese Bestimmung findet hinsichtlich der durch die Wahl eines Vertheidigers[986]) entstandenen Kosten keine Anwendung.

Die Kosten der durch die bürgerlichen Behörden bewirkten Strafvollstreckung hat der Verurtheilte zu tragen.[987])

§ **470.** Sind Strafverfolgungsmaßregeln durch eine wider besseres Wissen gemachte oder auf grober Fahrlässigkeit beruhende Anzeige veranlaßt worden, so kann der Gerichtsherr[217]), nach Beginn der Hauptverhandlung das Gericht dem Anzeigenden, nachdem derselbe gehört worden, die der Militärjustizverwaltung und dem Beschuldigten erwachsenen baaren Auslagen auferlegen.[988])

Binnen vier Wochen nach erfolgter Bekanntmachung[293]) findet gegen die Verfügung des Gerichtsherrn die Rechtsbeschwerde[989]) an den höheren Gerichtsherrn, gegen die Entscheidung des Gerichts die Rechtsbeschwerde an das obere Gericht[450a]) statt. Das obere Gericht entscheidet ohne mündliche Verhandlung.

§ **471.** Erfolgt die Einstellung[990]) eines Strafverfahrens wegen

---

[984]) Vgl. StPO. § 496ff. Es gilt jedoch im MilStrafverfahren (im Gegensatz zu StPO. § 496) der Grundsatz der Kostenfreiheit § 469 Abs. 1. Ausnahmen § 469 Abs. 2 u. 3, 470, 471. Weitere Fälle der Kostenauferlegung § 186, 203, 213 (Ausbleiben von Zeugen u. Sachverständigen), 249 (Verwerfung des Antrags auf gerichtliche Entscheidung), 346 Abs. 2 (Ausbleiben des bestellten Verteidigers). — Kosten der Rechtshilfe werden nicht erstattet EG. § 12, 13.

[985]) Der Grundsatz der Kostenfreiheit gilt bei Wechsel der Zuständigkeit nicht auch für ein vorangegangenes zivilgerichtliches Verfahren. Über die Kosten dieses Verfahrens hat jedoch nicht das MilGer. zu befinden. Auch die Kosten eines zurückgenommenen oder verworfenen Rechtsmittels fallen der Militärjustizverwaltung zur Last (dagegen StPO. § 505). — Die Kosten der öffentlichen Bekanntmachung im Fall StGB. § 200 hat stets der Verurteilte zu tragen (PE. I 71).

[986]) § 337 (Anm. 771). — Bestellte Verteidiger § 347 (Anm. 795), EG. § 17.

[987]) Strafvollstreckung durch bürg. Behörden Anm. 960. Besonderen Ausspruches im Urteil bedarf es nicht (PE. II 142). — Kosten der milit. Strafvollstreckung MStB. II. Teil.

[988]) Durch einen mit Gründen versehenen Beschluß (§ 136). — Auch wenn die Kostenauflage unrichtigerweise mit dem Urteil verbunden wurde, ist sie mit Rechtsbeschwerde anfechtbar URGer. 2. Nov. 82 (Straff. VII 233).

[989]) Anm. 450. — Auch der GerH. kann gegen die Entscheidung des Ger. Rechtsbeschwerde einlegen, u. zwar nicht nur zu Gunsten des Antragenden, sondern auch wenn ein Antrag auf Kostenzuscheidung vom Ger. abgelehnt wurde.

[990]) Durch den GerH. § 245, durch das erkennende Ger. § 314.

Zurücknahme desjenigen Antrags, durch welchen dasselbe bedingt war[991]), so sind dem Antragsteller die der Militärjustizverwaltung und die dem Beschuldigten erwachsenen baaren Auslagen zur Last zu legen.[992])

Wird in dem Falle des § 249 Absatz 3 auf Freisprechung oder Einstellung des Verfahrens erkannt, so kann das Gericht dem Antragsteller die Kosten der Militärjustizverwaltung und die dem Beschuldigten erwachsenen nothwendigen Auslagen ganz oder theilweise zur Last legen.[993]) Vor der Entscheidung ist der Antragsteller zu hören.

Die Bestimmungen des § 470 Absatz 2 finden Anwendung.[994])

Anlagen zur Militärstrafgerichtsordnung.

Anlage A (zu Anmerkung 1).

Allerhöchste Ausführungs-Bestimmungen zur Militärstrafgerichtsordnung. Vom 28. Dezember 1899. (AVB. 00 S. 2).[1])

Zu § 2.

Für den Vollzug der an die Stelle der Geldstrafe tretenden Freiheitsstrafe ist, wenn es sich um eine Freiheitsstrafe bis zu sechs Wochen handelt (vergl. § 16 der Militärstrafgerichtsordnung), der Gerichtsherr der niederen, sonst der der höheren Gerichtsbarkeit zuständig.

Zu § 9.

Die in den Fällen des § 9 Absatz 1 erforderliche Zustimmung der Militärbehörde zur Verhängung der Untersuchungshaft bleibt dem zuständigen Gerichtsherrn der höheren Gerichtsbarkeit vorbehalten.

Im Falle der Zustimmung ist die Entlassung des zu Verhaftenden aus dem aktiven Dienste herbeizuführen.

Zu den §§ 19, 20.[2])

Als eine „große Festung" ist diejenige anzusehen, deren Kommandant mindestens das Gehalt eines Brigadekommandeurs bezieht.

---

[991]) Fälle StGB. § 102, 103, 104, 194, 232, 247, 263 Abs. 4, 292 Abs. 2, 303, 370⁵⁻⁶.

[992]) Die Kostenzuscheidung muß erfolgen (Beschluß Anm. 988); im Fall Abs. 2 kann sie erfolgen. — Gehör des Antragstellers ist nur bei Abs. 2 vorgeschrieben. Es kann mündlich oder schriftlich sein.

[993]) Durch Beschluß Anm. 988. Daß der Antragsteller wider besseres Wissen oder grob fahrlässig gehandelt hat, ist hier nicht gesetzliche Voraussetzung. Doch wird ohne diese Voraussetzung in der Regel von Kostenzuscheidung abzusehen sein.

[994]) Auf Abs. 1 u. 2 zu beziehen.

[1]) Entsprechende, nur in unerheblichen Einzelheiten abweichende AusfBest. sind ergangen für Bayern, Sachsen u. Württemberg, sowie für die Marine 26. März 00. Die Abweichungen der letzteren AusfBest. von denjenigen f. d. Heer sind in den Anm. angegeben. — Allerh. AusfBest. für die Schutztruppen Nr. 3 Anl. C d. W.

[2]) Fehlt in den AAB. f. d. Mar.

Zu § 28.

Erfolgt in Friedenszeiten innerhalb eines Armeekorpsbereichs[3]) eine Detachirung, welche eine Uebertragung der gerichtsherrlichen Befugnisse wünschenswerth macht, so hat der kommandirende General[4]) durch das Kriegsministerium[5]) Meine Entscheidung herbeizuführen.

Zu § 29.

Gehören der Beschuldigte und der militärische Verband, dem er überwiesen ist, verschiedenen selbständigen Kontingenten an, so hat der Gerichtsherr vor Verfügung der Anklage oder vor Erlaß einer Strafverfügung bei der Stelle, welche die Ueberweisung verfügt hat, die Entscheidung über Fortdauer oder Zurücknahme der Ueberweisung (vergl. § 259) herbeizuführen.

Diese Bestimmung findet auf die Angehörigen der Marine sinngemäße Anwendung.

Zu § 30.

Der „Bezirk des Divisionskommandeurs" umfaßt die Aushebungsbezirke der ihm unterstellten Brigaden.

Zu den §§ 37, 65.[6])

1. Den kommandirenden Generalen werden in gerichtsherrlicher Beziehung gleichgestellt:[7])
   der Gouverneur von Berlin,
   der Chef der Landgendarmerie,[7a])
   in Kriegszeiten die stellvertretenden kommandirenden Generale.
2. Den Divisionskommandeuren werden in gerichtsherrlicher Beziehung in Kriegszeiten gleichgestellt[8])
   die stellvertretenden Infanterie-Brigadekommandeure,
   der Inspekteur der immobilen Garde-Infanterie.
3. Sind militärische Verbände oder einzelne Militärpersonen seitens der kommandirenden Generale nach § 31 Absatz 1 der Militärstrafgerichtsordnung hinsichtlich der Strafverfolgung einem anderen Gerichtsherrn zu unterstellen, so soll die Zuweisung, soweit nicht in den folgenden Nummern ein Anderes bestimmt ist, an die Divisionskommandeure erfolgen.

   Das Fußartillerie-Regiment von Hindersin (Pommersches) Nr. 2 ist ungetheilt der 4. Division zuzuweisen.

   Die Divisionskommandeure haben ferner die höhere Gerichtsbarkeit über die Angehörigen der Landgendarmerie.
4. Unbeschadet der Bestimmungen der §§ 25, 26 der Militärstrafgerichtsordnung haben:
   a) die Gouverneure und ersten Kommandanten großer Festungen die höhere Gerichtsbarkeit über die ungetheilt in der Festung garnisonirenden

---

[3]) Die Worte „innerhalb eines Armeekorpsbereichs" fehlen in AAB. f. d. Marine.

[4]) AAB. f. d. Mar.: „Chef der selbständigen Kommandobehörde."

[5]) AAB. f. d. Mar.: „Durch den Reichskanzler (Reichsmarineamt)."

[6]) An Stelle dieser Best. tritt für die Marine die AO. 28. Mai 00 Unteranlage A 1.

[7]) Die Gerichtsbarkeit des Oberbefehlshabers einer Armee ist verliehen dem Kommandeur der Ostasiat. Besatzungsbrigade, die eines Divisionskommandeurs den Kommandeuren des 1. u. 2. Ostasiat. Infanterie-Regiments AB. 3. Juli 01 (AVB. 293).

[7a]) Die Gerichtsbarkeit des Chefs der Landgendarmerie ist durch AO. 12. Nov. 03 (AVB. 284) auf alle früheren Angehörigen der Landgendarmerie ausgedehnt, die nach dem Ausscheiden aus ihrer Dienststellung gemäß MStGerO. § 10 militärgerichtlich verfolgt werden.

[8]) Ferner Anm. 7 u. 10.

Fußartillerie-Regimenter, die Pionier-Bataillone, die Telegraphen-Bataillone und die Train-Bataillone, sowie über die am Orte befindlichen Militärbehörden, militärischen Institute und Stäbe, soweit nicht die letzteren zu dem Befehlsreich eines Divisionskommandeurs gehören;

b) die Kommandanten kleiner Festungen und die zweiten Kommandanten großer Festungen die niedere Gerichtsbarkeit über die am Orte befindlichen Stäbe, welche nicht anderen Gerichtsherren der niederen Gerichtsbarkeit unterstellt sind, sowie über die daselbst befindlichen Militärbehörden und militärischen Institute, deren Vorsteher nicht selbst die niedere Gerichtsbarkeit haben.

5. Die niedere Gerichtsbarkeit wird verliehen:
dem Kommandeur der Schloßgardekompagnie,
den Kommandeuren der Infanterie- und der Fußartillerie-Schießschule,
dem Kommandeur des Lehr-Regiments der Feldartillerie-Schießschule,[9])
den Kommandeuren der Unteroffizierschulen,
dem Kommandeur des Militärknabenerziehungsinstituts in Annaberg,
dem Kommandeur der Offizierreitschule,
" " " Kavallerieunteroffizierschule,
" " " Oberfeuerwerkerschule,
dem Vorsteher der Versuchsabtheilung der Artillerieprüfungskommission,
dem Direktor der Militäreisenbahn,
dem Kommandeur des Luftschifferbataillons,
den Gendarmerie-Brigadiers,
den Kommandeuren der Kriegsschulen,
dem Kommandeur der Hauptkadettenanstalt,
dem Inspekteur der Ersatzeskadrons.

6. Für die Garnison Berlin tritt folgende Regelung ein:

a) die Bestimmung in Nr. 4 findet auf das Gardekorps keine Anwendung. Für dieses gilt lediglich die Vorschrift in Nr. 3 Absatz 1;

b) die Stäbe und Behörden des III. Armeekorps, die Landwehr Inspektion Berlin und die Bezirkskommandos Berlin I—IV[10]) unterstehen der Gerichtsbarkeit der 6. Division und des Generalkommandos III. Armeekorps;

c) im Uebrigen werden die in Berlin garnisonirenden militärischen Verbände, soweit sie nicht eigene Gerichtsbarkeit haben, sowie die in Berlin befindlichen Militärpersonen und Stäbe, soweit nicht eine andere Gerichtsbarkeit begründet ist, der Gerichtsbarkeit des Gouvernements unterstellt, und zwar soll die Gerichtsbarkeit in allen Sachen für die erste Instanz dem Kommandanten, für die Berufungsinstanz dem Gouverneur zustehen.

Zu den §§ 50, 51.[2])

Kann aus der Zahl der dem Gerichtsherrn zugeordneten Kriegsgerichtsräthe ein Kriegsgericht nicht vorschriftsmäßig besetzt werden, so hat der Gerichtsherr einen anderen Gerichtsherrn derselben oder einer nahe gelegenen Garnison um Aushülfe zu ersuchen (vergl. § 262).

---

[9]) Abänderung durch AO. 20. Okt. 00 (AVB. 520).

[10]) Dem Landwehr-Inspekteur ist die höhere Gerichtsbarkeit über den Stab der Landwehr-Inspektion und die Bezirkskommandos I bis IV Berlin verliehen worden AKO. 20. März 02 (AVB. 75).

Zu den §§ 108, 142.

Die Bestimmungen über Anstellung der Militärgerichtsschreiber und Militärgerichtsboten erläßt das Kriegsministerium.[5])

Die Militärgerichtsschreiber und die Militärgerichtsboten stehen in einem doppelten Unterordnungsverhältnisse. Der Gerichtsherr ist der Militärvorgesetzte; der Dienstälteste unter den diesem zugeordneten richterlichen Militärjustizbeamten ist der Verwaltungsvorgesetzte.

Zu § 113.[11])

Zu § 151 Absatz 1.

Offiziere und Sanitätsoffiziere[12]) haben Anzeigen strafbarer Handlungen, sowie Anträge auf Strafverfolgung gegen Personen, die der Militärstrafgerichtsbarkeit unterstehen, bei dem Gerichtsherrn oder einem mit Disziplinargewalt versehenen Vorgesetzten des Beschuldigten mündlich oder schriftlich anzubringen.

Für die Anbringung von Strafanträgen und Strafanzeigen der Personen des Soldatenstandes vom Feldwebel &c. abwärts finden die Vorschriften der Beschwerdeordnung II vom 14. Juni 1894 Anwendung.[12a])

Ein mündlich vorgebrachter Antrag auf Strafverfolgung ist zu Protokoll zu nehmen.

Zu § 153.

Der Thatbericht ist in der Regel von dem nächsten Disziplinarvorgesetzten aufzustellen und unmittelbar an den ihm zunächst vorgesetzten Gerichtsherrn einzureichen. Der bei Einreichung des Thatberichts übergangenen Dienststelle ist Meldung zu erstatten.

Zu § 158 Absatz 1.

In den Bericht ist zutreffenden Falls aufzunehmen, daß die im Absatz 2 vorgeschriebene Anzeige an den Reichskanzler erstattet ist.

Zu den §§ 181, 184.

Unter „Militärbehörde" ist hier der Truppentheil,[13]) das Bezirkskommando beziehungsweise die militärische Wache zu verstehen.

Das bezüglich einer der Wache zugeführten Person zu beobachtende Verfahren regelt sich nach den Vorschriften der Wachinstruktion.

Zu § 183 Absatz 2.

In den hier bezeichneten Fällen sind außer dem Gerichtsherrn zur Erlassung von Steckbriefen befugt: die Militärvorgesetzten vom Regiments- oder selbständigen Bataillons- und Bezirkskommandeur[14]) ab aufwärts, beziehungsweise die mit den Befugnissen dieser Befehlshaber ausgestatteten Militärvorgesetzten, sowie bei Entweichungen aus Gefangenanstalten oder Arbeiterabtheilungen die Gouverneure, Kommandanten und Garnisonältesten.[15])

Zu § 218 Absatz 3.

Bedarf es bei Verbrechen des Landesverraths oder des Verraths militärischer Geheimnisse zur Feststellung des Thatbestandes des Gutachtens einer Militär-

---

[11]) AAB. f. d. Mar. zu § 113: Im „Bordverfahren" erfolgt die Durchsicht der standgerichtlichen Erkenntnisse und Akten bei dem vorgesetzten, mit höherer Gerichtsbarkeit versehenen Befehlshaber.

[12]) AAB. f. d. Mar.: „Offiziere, Sanitätsoffiziere u. Ingenieure des Soldatenstandes".

[12a]) Abänderung durch AO. 29. April 03 (AVB. 131). — AAB. f. d. Mar.: „Vom Deckoffizier usw. abwärts usw."

[13]) AAB. f. d. Mar.: „Marineteil".

[14]) Desgl.: „vom selbständigen Abteilungs-, Bataillons- u. Bezirkskommandeur".

[15]) In den AAB. f. d. Mar. folgen die Worte: „Die gleiche Befugnis haben die Kommandanten Meiner Schiffe".

behörde, so ist dasselbe stets durch Vermittelung des Kriegsministeriums[5]) einzuholen.

Zu § 223.

Die eine Selbstentleibung betreffenden Verhandlungen sind nach Abschluß der Ermittelungen dem Generalkommando[4]) und von diesem, nachdem es das im Interesse der Disziplin etwa noch Erforderliche veranlaßt hat, dem Kriegsministerium[5]) einzusenden.

Gleiches gilt in den übrigen Fällen des § 223.

Zu § 231.

Für den Bereich der Militärverwaltung[16]) ist das Kriegsministerium[5]) die „oberste Dienstbehörde".

Zu § 250.

Wird der Beschuldigte in Untersuchungshaft genommen oder die Anklage gegen ihn verfügt, so hat der Gerichtsherr,

wenn der Beschuldigte Offizier oder Sanitätsoffizier[12]) ist, dem höchsten der diesem vorgesetzten Militärbefehlshaber im Dienstweg Anzeige zu erstatten,

wenn der Beschuldigte Sanitätsoffizier ist,

außerdem den Generalstabsarzt der Armee zu benachrichtigen,

wenn der Beschuldigte Militärbeamter ist,

die diesem vorgesetzte Verwaltungsstelle, und, falls der Militärbeamte im doppelten Unterordnungsverhältnisse steht, auch den nächsten vorgesetzten Militärbefehlshaber zu benachrichtigen.

In gleicher Weise ist zu verfahren, wenn ein Offizier oder Sanitätsoffizier[12]) aus Anlaß des eingeleiteten gerichtlichen Verfahrens einstweilen des militärischen Dienstes enthoben wird (vergl. §§ 174, 175).

Zu § 252.

Von dem Berichte, der wegen eines gegen den Kaiser oder das Reich gerichteten Hochverraths oder Landesverraths oder wegen eines als Verbrechen oder Vergehen sich darstellenden Verraths militärischer Geheimnisse an den Reichskanzler zu erstatten ist, ist dem Kriegsministerium[17]) auf dem Dienstweg Abschrift einzureichen.

Zu § 283.

Müssen in Ermangelung sonstiger geeigneter Räume die Hauptverhandlungen in Kasernen, Arrestanstalten oder ähnlichen, auch zu anderen als militärgerichtlichen Zwecken dienenden militärischen Dienstgebäuden[18]) stattfinden, so erfolgt die Zulassung der Zuhörer nach Maßgabe des verfügbaren Raumes gegen Karten, die auf Anordnung des Gerichtsherrn am Tage der Hauptverhandlung ausgegeben werden.

Bei Ausgabe der Karten sind, sofern nicht besondere Bedenken entgegenstehen, die nächsten Verwandten und Verschwägerte des Angeklagten thunlichst zu berücksichtigen.

Zu § 341 Absatz 3.

Die kommandirenden Generale[4]) haben nach Feststellung des für ihren Bereich bestehenden Bedürfnisses sich mit den Vorständen der Anwaltskammern (§§ 41 ff. der Rechtsanwaltsordnung vom 1. Juli 1878 Reichs-Gesetzblatt Seite 177 ff.) in Verbindung zu setzen, um diejenigen Rechtsanwälte zu ermitteln, welche geeignet und bereit sind, zu Vertheidigern ernannt zu werden.

---

[16]) A.A.B. f. d. Mar.: „Marineverwaltung".

[17]) A.A.B. f. d. Mar.: „dem Staatssekretär des Reichsmarineamts".

[18]) In den A.A.B. f. d. Mar. folgen die Worte: „oder an Bord".

Das Ergebniß der Ermittelungen ist unter Beifügung der Verhandlungen und der eigenen Vorschläge dem Kriegsministerium[5]) vorzulegen.

Beim Abgang eines von der Militärjustizverwaltung ernannten Rechtsanwalts ist in gleicher Weise zu verfahren.

Zu § 418.

1. Ich behalte Mir die Ertheilung der Bestätigungsorder vor:
   a) für die Urtheile, durch die auf Todesstrafe, auf lebenslängliche Freiheitsstrafe oder wegen eines militärischen Verbrechens auf eine die Dauer von 10 Jahren übersteigende Freiheitsstrafe erkannt ist; bei einer Gesammtstrafe kommt nur die höchste wegen eines militärischen Verbrechens festgesetzte Einzelstrafe in Betracht; — Freiheitsstrafe im Sinne dieser Bestimmungen ist auch Zuchthaus (vergl. § 16 Militärstrafgesetzbuchs); —
   b) für die Urtheile gegen Offiziere, Sanitätsoffiziere[12]) und obere Militärbeamte;
   c) für die Urtheile, durch die gegen einen Fähnrich auf Degradation erkannt ist.
2. Im Uebrigen ertheilen die Bestätigungsorder:
   a) der kommandirende General, sowie der Gouverneur von Berlin[19]) hinsichtlich der auf Freiheitsstrafe von mehr als einem Jahre lautenden Urtheile in denjenigen Strafsachen, für die sie die Gerichtsherren der Berufungsinstanz sind, sowie in denjenigen Fällen, in denen gegen einen Preußischen Landgendarmen und eine Militärperson ihres Befehlsbereichs durch dasselbe erkannt ist;[19])
   b)[20]) der Chef der Landgendarmerie — von den Fällen zu 2a abgesehen — für alle im kriegsgerichtlichen Verfahren ergangenen Urtheile gegen Landgendarmen sowie für die Urtheile, die gegen ehemalige Landgendarmen im kriegsgerichtlichen Verfahren auf Grund des § 10 der Militärstrafgerichtsordnung ergehen;[20a])
   c)[20]) in den sonstigen Fällen der Gerichtsherr derjenigen Instanz, welche das zu bestätigende Urtheil gefällt hat; in den Fällen der § 412 Absatz 1, § 447 der Militärstrafgerichtsordnung der Präsident des Reichsmilitärgerichts.[21])
3. Ist durch dasselbe Urtheil gegen mehrere Angeklagte erkannt worden, so steht die Bestätigung hinsichtlich sämmtlicher Angeklagten demjenigen Befehlshaber zu, dem die höhere Bestätigungsbefugniß, wenn auch nur hinsichtlich eines der Angeklagten, zukommt.
4. Urtheile, deren Bestätigung Ich Mir vorbehalten habe, werden Mir von dem Gerichtsherrn erster Instanz mit den Akten und einem von einem Kriegsgerichtsrath anzufertigenden und zu unterschreibenden Aktenauszuge durch den Präsidenten des Reichsmilitärgerichts eingereicht. Dem vorgesetzten Gerichtsherrn ist Meldung zu erstatten.

   Der Aktenauszug hat in gedrängter Kürze die persönlichen und dienstlichen Verhältnisse des Angeklagten, eine aktenmäßige Darstellung des

---

[19]) AAB. f. d. Mar.: „Der Chef einer selbständigen Kommandobehörde"; die Schlußworte „sowie in denjenigen Fällen — erkannt ist" fehlen.

[20]) Fehlt in den AAB. f. d. Mar.; die Best. unter lit. c trägt die lit. b).

[20a]) Ergänzung durch AO. 12. Nov. 03 (AVB. 284).

[21]) Allerh. Erläuterungen zu c KrMVf. 13. Juni 02, abgedruckt als Unteranlage A2.

Sachverhalts, die Angabe der in Anwendung gebrachten Gesetze und die Formel des Urtheils zu enthalten.[22])

5. Der zur Bestätigung berechtigte Befehlshaber kann das Urtheil bei der Bestätigung nach Maßgabe nachstehender Bestimmungen mildern:

In den Fällen der §§ 85 bis 87 des Militärstrafgesetzbuchs kann unter der in § 88 daselbst angegebenen Voraussetzung die Milderung des Urtheils in den im § 88 dem Gerichte für die Strafbemessung gezogenen Grenzen stattfinden.

Zeitige Freiheitsstrafen können bis auf den Mindestbetrag der gesetzlichen Strafandrohung herabgesetzt werden.[23])

Hierbei ist eine Aenderung der Strafart nur dann zulässig, wenn in den Militärstrafgesetzen[24]) die strafbare Handlung wahlweise mit Arrest oder mit Gefängniß oder Festungshaft bedroht ist.

In diesen Fällen kann die erkannte Gefängnißstrafe auf Festungshaft oder die im gegebenen Falle gesetzlich zulässige Arrestart[25]) und die erkannte Festungshaft auf Arrest der bezeichneten Art gemildert werden.

Ist ein militärisches Vergehen mit Arrest ohne Bezeichnung der Arrestart bedroht, so kann an die Stelle der erkannten härteren Arrestart eine gelindere[26]) treten.

In den Fällen des § 40 Absatz 2 Nr. 1 und 2 des Militärstrafgesetzbuchs kann die erkannte Degradation und in dem Falle des § 75 daselbst die erkannte Versetzung in die zweite Klasse des Soldatenstandes erlassen werden.[27])

6. Die Bestätigungsorder hat dahin zu lauten:

„Ich bestätige, daß das Urtheil rechtskräftig geworden ist."

Im Falle der Verurtheilung ist hinzuzusetzen:

„Das Urtheil ist zu vollstrecken."[28])

oder im Falle der Milderung der Strafe (Nr. 5):

„Ich mildere die erkannte Strafe auf ....

Die Vollstreckung hat demgemäß zu erfolgen."

---

[22]) Hierzu KrMVf. 16. März 02.

[23]) Der Befehlshaber ist hierbei an den Schuldausspruch des erkennenden Gerichts auch hinsichtlich der Annahme oder Nichtannahme bestimmter gesetzlicher Straferhöhungs- u. Milderungsgründe, „mildernder Umstände", „minder schwerer" oder „schwerer" Fälle gebunden, kann also z. B. wenn im Urteil mildernde Umstände ausgeschlossen sind, nicht auf das für den Fall der Annahme mildernder Umstände angedrohte gesetzliche Strafmindestmaß mildern. Beim Zusammentreffen mehrerer selbständiger Straffälle ist der Grundsatz StGB. § 74 Abs. 1 zu berücksichtigen. — Weitergehende Milderung ist nur im Gnadenweg möglich.

[24]) Bei Zuwiderhandlungen gegen die allgemeinen StrafG., die Arrest nicht kennen, ist hiernach eine Änderung der Strafart (z. B. Arrest statt Gefängnis) unzulässig.

[25]) Also nicht auch auf eine im betr. StrafG. nicht angedrohte mildere Arrestart. Sind mehrere Arrestarten wahlweise oder ist Arrest allgemein angedroht, so kann im 1. Fall auf die gelindere, im 2. Fall auf die überhaupt zulässige gelindeste Arrestart gemildert werden.

[26]) Nicht nur die nächstgelinde, sondern auch die überhaupt gelindeste.

[27]) Im übrigen ist Erlaß von erkannten Ehrenstrafen (auch Degradation u. Dienstentlassung) nur im Gnadenweg möglich.

[28]) Ist die Berufung verworfen, so hat die Bestät.-Order auf das zu vollstreckende erstinstanzliche Urteil hinzuweisen (PE. IV 133).

7. Die Mir in Gnadenangelegenheiten bisher durch das General-Auditoriat erstatteten Berichte erstattet in Zukunft der Präsident des Reichsmilitärgerichts.

Zu § 434.[29])

Unteranlage A 1 (zu Anlage A Anmerkung 6).

Allerhöchster Befehl betreffend die gerichtsherrlichen Befugnisse der Befehlshaber der Marine. Vom 28. Mai 1900 (MVB. 189).

A. Zu §§ 37, 65 der Militärstrafgerichtsordnung:

1. Ich verleihe die gerichtsherrlichen Befugnisse des Kommandirenden Admirals:
   a) dem Chef der Marinestation der Ostsee,
   b) dem Chef der Marinestation der Nordsee,
   c) dem Inspekteur des Bildungswesens Meiner Marine,
   d) dem Chef des I. Geschwaders,
   e) dem Chef des Kreuzergeschwaders,
   f) dem Gouverneur des Kiautschougebiets.
2. Ich verleihe die höhere Gerichtsbarkeit:
   a) dem Inspekteur der I. Marineinspektion über alle zum Befehlsbereiche der Marinestation der Ostsee gehörenden Personen,
   b) dem Inspekteur der II. Marineinspektion über alle zum Befehlsbereiche der Marinestation der Nordsee gehörenden Personen,
   c) dem Direktor der Marineakademie über alle zum Befehlsbereiche der Inspektion des Bildungswesens der Marine gehörenden Personen,
   d) dem rangältesten dem Chef des I. Geschwaders unterstellten Befehlshaber über alle zum Befehlsbereiche des I. Geschwaders gehörenden Personen.

   Werden Personen beschuldigt, welche einen höheren Rang oder — bei gleichem Range — ein höheres Dienstalter als der hiernach zuständige Gerichtsherr besitzen, so ist durch Vermittelung der obersten Militärjustizverwaltung Meine Entscheidung einzuholen.
3. Ich verleihe die gesetzlich — § 19 der Militärstrafgerichtsordnung — den Kommandeuren:
   a) einer Matrosendivision,
   b) einer Werftdivision,
   c) einer Matrosenartillerieabtheilung,
   d) einer Torpedoabtheilung,
   e) eines Seebataillons

zustehenden gerichtsherrlichen Befugnisse:

dem Direktor der Marineschule,

ferner — vorbehaltlich der Bestimmung des § 31 der Militärstrafgerichtsordnung —

den Befehlshabern von Schiffen, Flottillen und Divisionen, soweit diese Befehlshaber mindestens den Rang eines Korvettenkapitäns haben oder nach dem Besatzungsetat haben können,

---

[29]) AAB. f. d. Mar. zu § 434: „Die Ablösung ist erfolgt, wenn das Ablösungskommando, oder das den Angeschuldigten zu dem immobilen Verbande überführende Schiff in die heimischen Gewässer eintritt. Bis dahin gelten die Bordbestimmungen (EG. § 6)“.

ferner — unabhängig von der Rangstellung — in den außerheimischen Gewässern:
den Kommandanten sämmtlicher Schiffe, welche selbstständige Segelordre haben,

endlich

dem Kommandanten von Helgoland.

B. Zu § 422 der Militärstrafgerichtsordnung:

1. Bezüglich der Bestätigung von bordgerichtlichen Urteilen finden die von Mir durch Meine Ordre vom 26. März 1900 zu § 418 der MStGerO. erlassenen Ausführungsbestimmungen[1]) entsprechende Anwendung.

   Urtheile, deren Bestätigung Ich Mir hiernach vorbehalten habe, sind Mir von dem Gerichtsherrn mit den Akten und einem von einem Kriegsgerichtsrathe anzufertigenden und zu unterschreibenden Aktenauszuge durch den Präsidenten des Reichsmilitärgerichts einzureichen.

2. Die Bestätigung bordgerichtlicher Urtheile hat zu lauten:

   „Ich bestätige das Urtheil lediglich."

   Im Falle der Milderung der Strafe hat die Bestätigungsordre zu lauten:

   „Ich bestätige das Urtheil unter Milderung der erkannten Strafe auf . . . .

3. Das Recht der Aufhebung gerichtlicher Urtheile steht bezüglich der bordstandgerichtlichen Erkenntnisse
   a) dem Chef des Kreuzergeschwaders,
   b) dem Gouverneur des Kiautschougebiets zu.

   Ich behalte Mir im Uebrigen das Recht der Aufhebung gerichtlicher Urtheile vor.

4. Die Urtheile, bezüglich deren Ich Mir das Aufhebungsrecht vorbehalten habe, werden Mir von dem Gerichtsherrn mit den Akten und einem von einem Kriegsgerichtsrathe — in bordstandgerichtlichen Fällen von dem Gerichtsoffizier — zu fertigenden und zu unterschreibenden Aktenauszuge vorgelegt.

   Die Vorlegung erfolgt unter Anschluß eines Gutachtens des Obermilitäranwaltes durch den Präsidenten des Reichsmilitärgerichts.

Unteranlage A 2 (zu Anlage A Anmerkung 21).

Erläuterung zu den Allerhöchsten AusfBest. zu MStGerO. § 418. Verfügung des Kriegsministeriums vom 13. Juni 1902.

Die Vorschrift 2 c der Allerhöchsten Bestimmungen vom 28. Dez. 1899 zu § 418 MStGerO. hat bisher verschiedene Auslegung erfahren in solchen Strafsachen, in denen mehrere Instanzen erkannt haben. Um Einheitlichkeit in der Anwendung dieser Bestimmung herbeizuführen, wird zu derselben mit Allerhöchster Ermächtigung nachfolgende Erläuterung gegeben:

a) Wenn in einer Strafsache zweitinstanzlich erkannt ist, ist regelmäßig das Urtheil des Berufungsgerichts, sofern dasselbe Rechtskraft erlangt, durch den Gerichtsherrn II. Instanz zu bestätigen, gleichviel, ob die Berufung verworfen, oder das angefochtene Urtheil abgeändert worden ist. Bei Berufungsurtheilen, die sich lediglich auf die Verwerfung des Rechtsmittels beschränkt haben, ist in der Bestätigungsformel auf das zu vollstreckende Urtheil hinzuweisen.

---

[1]) Anl. A.

b) Ist durch die Berufung ein Urtheil nur theilweise angefochten, sei es, daß von mehreren Verurtheilten nicht alle das Rechtsmittel eingelegt hatten, sei es, daß ein Verurtheilter bei mehreren Straffestsetzungen nur die eine oder die andere Strafe angefochten hat, so wird dieses durch den Gerichtsherrn I. Instanz insoweit bestätigt, als es nicht angegriffen, mithin nach § 383 MStGerO. rechtskräftig geworden ist.

Wenn und soweit indessen der nicht angegriffene Theil des Urtheils keine selbstständig vollstreckbare Strafentscheidung, sondern eine Verurtheilung zu Einzelstrafen enthält, die der Zusammenziehung bedürfen, findet eine Bestätigung desselben durch den Gerichtsherrn I. Instanz nicht statt. Bestätigt wird demnächst allein das Urtheil, welches die Gesammtstrafe festsetzt.

c) Ist gegen ein oberkriegsgerichtliches Urtheil Revision eingelegt und letzteres verworfen worden, so fällt die Bestätigung wiederum dem Gerichtsherrn der Berufungsinstanz zu.

d) Das Recht der Strafmilderung gebührt stets dem bestätigenden Gerichtsherrn in dem Umfange, als er zur Bestätigung berufen ist.

Anlage B (zu Anmerkung 1).

Kriegsministerielle Ausführungs-Bestimmungen zur Militärstrafgerichtsordnung. Vom 2. Januar 1900 (AVB. 7).[1])

Zu § 3 Absatz 2.

In den Fällen des § 3 Absatz 2 hat der Gerichtsherr, der die Vollstreckung der Freiheitsstrafe anordnet (§ 451), den Zeitpunkt des Strafantritts der zunächst vorgesetzten Civilbehörde des Bestraften ungesäumt mitzutheilen.

Zu § 68.[2])

Die Oberkriegsgerichte treten der Regel nach am Sitze des Generalkommandos[3]) ꝛc. zusammen.

In einzelnen Fällen wird es aber aus praktischen Gründen geboten sein, sie an einem anderen Orte zur Hauptverhandlung zusammentreten zu lassen.[4])

Für die Fälle der letzteren Art empfiehlt es sich, als ständige Stellvertreter der aus dem Offizierstande zu berufenden Richter auch Offiziere auswärtiger Garnisonen zu bezeichnen, deren Beeidigung im Auftrage des kommandirenden Generals durch einen anderen Gerichtsherrn der höheren Gerichtsbarkeit erfolgen kann. Das hierüber aufzunehmende Protokoll ist dem kommandirenden General einzureichen.[4])

---

[1]) Die KrAB. sind auf Grund der in der AO. 28. Dez. 99 (Anl. A.) enthaltenen Ermächtigung ergangen. Das in Anm. 1 zu Anl. A gesagte gilt auch hier. Die Abweichungen der vom Reichsmarineamt für die Marine erlassenen AB. 26. März 00 sind in den Anm. genannt. Ebenso die Abweichungen der vom Reichskanzler für die Schutztruppen erlassenen AusfBest. (Nr. 3 Unteranl. C 1 d. W.).

[2]) In AB. f. d. Schutztr. nicht enthalten.

[3]) AB. f. d. Mar.: „der selbständigen Kommandobehörde" (AAB. zu EG. § 6, Nr. 3 Anl. A d. W.).

[4]) In AB. f. d. Mar. folgen die Worte: „Dies wird namentlich bei den zur Zuständigkeit des I. Geschwaders gehörenden Straffällen zu geschehen haben." Abs. 3 fehlt in den AB. f. d. Marine.

Zu § 116.

1. Zu Dolmetschern sind in erster Linie Militärpersonen zu wählen, die die Sprache des zu Vernehmenden sprechen und, wo möglich, auch schreiben.

   Kann der Dienst des Dolmetschers dem Militärgerichtsschreiber (§ 120) nicht übertragen werden, so sind dazu aus den Truppentheilen rc. der betreffenden Garnison[5]) zuverlässige Militärpersonen auszuwählen.

   Unteroffiziere und Gemeine erhalten für jeden Termin, bei dem sie Dolmetscherdienste leisten, 25 Pfennige für jede angefangene halbe Stunde der Dauer ihrer Dienstleistung. Die Zahlung erfolgt auf Grund der nach dem Formular Nr. 4 für die höhere Gerichtsbarkeit und nach dem Formular Nr. 5 für die niedere Gerichtsbarkeit aufzustellenden Nachweisung durch den Truppentheil, von dem der Dolmetscher gestellt worden ist. Die gezahlten Beträge fallen dem Ausgabekapitel 18 Titel 6 zur Last.

2. Müssen in Ermangelung geeigneter Militärpersonen Dolmetscher aus dem Civilstande verwendet werden, so sind für die Auswahl die landesrechtlichen Vorschriften maßgebend.

   Sie beziehen Gebühren nach der Gebührenordnung für Zeugen und Sachverständige vom 30. Juni 1878 (Reichs-Gesetzblatt Seite 173 ff.) in der Fassung der Bekanntmachung vom 20. Mai 1898 (Reichs-Gesetzblatt Seite 369, 689 ff.)[6])

   Die Berechnung erfolgt nach dem Formular Nr. 5 für die höhere Gerichtsbarkeit und nach dem Formular Nr. 6 für die niedere Gerichtsbarkeit.

Zu §§ 119, 120.

Soweit die Beeidigung des Dolmetschers erforderlich ist, erfolgt sie vor dem Beginne der Uebertragung, und zwar im Ermittelungsverfahren durch den Untersuchungsführer, in der Hauptverhandlung der Standgerichte durch den Vorsitzenden, in derjenigen der Kriegs- und Oberkriegsgerichte durch den die Verhandlung führenden Militärjustizbeamten — unter Beobachtung der in den §§ 208, 197 für Sachverständige vorgeschriebenen Formen.

Ueber die Beeidigung im Ermittelungsverfahren ist ein Protokoll aufzunehmen; erfolgt die Beeidigung in der Hauptverhandlung, so ist in das Protokoll über diese (§ 332) ein bezüglicher Vermerk aufzunehmen.

Zu § 139.

Die Beglaubigung geschieht in folgender Form:

„Die Richtigkeit der Abschrift beglaubigt.

....

.... leutnant und Gerichtsoffizier —

(Kriegsgerichtsrath rc.)."

Zu § 142 Absatz 1.

Zustellungen an Personen, die nicht aktive Militärpersonen sind, sich aber an dem Orte befinden, wo die Untersuchung geführt wird, erfolgen in der Regel

a) durch hierzu bestellte Militärpersonen (Ordonnanzen), sofern es sich um eine standgerichtliche Untersuchung[7]) handelt,

---

[5]) AB. f. d. Mar.: „aus den Marineteilen usw." — Ziff. 1 Abs. 3 fehlt in AB. f. d. Schutztr., ebenso Ziff. 2 Abs. 3.

[6]) Als Unteranlage B1 abgedruckt.

[7]) AB. f. d. Schutztr.: „standgerichtliche Untersuchung im außerordentlichen Verfahren".

b) durch Militärgerichtsboten (vergl. Abschnitt IV Ziffer 8f. der „Dienst- und Geschäftsordnung“)[8]), sofern es sich um eine Untersuchung handelt.

Zu § 144.[9])

Zu § 154 Absatz 2.

Die schriftliche Genehmigung zur Beerdigung des Leichnams einer Militärperson in den Fällen des Absatz 1 dieses Paragraphen wird in der Regel von dem zuständigen richterlichen Militärjustizbeamten ertheilt (vergl. §§ 223 ff.)[10])

Zu § 155 Absatz 4.

Ist oder erscheint an dem Tode einer aktiven Militärperson eine unter der bürgerlichen Strafgerichtsbarkeit stehende Person in strafbarer Weise betheiligt, so hat die Militärbehörde sofort der zuständigen Staatsanwaltschaft Anzeige zu machen.

Zu § 171 Absatz 1, § 185 Absatz 1, § 266 Absatz 1.

Bei der Vernehmung als Beschuldigte, Angeklagte, Zeugen oder Sachverständige erscheinen Offiziere oder Sanitätsoffiziere[11]) im Dienstanzuge (vergl. O. Bkl. V.); Personen des Soldatenstandes vom Feldwebel ꝛc. abwärts erscheinen im Ordonnanzanzuge; sofern sie verhaftet sind, in Mütze ohne Seitengewehr.

Auf Beamte der Militärverwaltung, denen eine Dienstuniform verliehen ist, findet diese Bestimmung sinngemäße Anwendung.

Zu § 180.

Vorläufig festgenommene Personen werden in derselben Art, wie die in Untersuchungshaft genommenen (§ 178) behandelt.

Zu § 185 Absatz 2.

Die Ladung von Reichs- oder Staatsbeamten ist der vorgesetzten Dienstbehörde derselben mitzutheilen.

Zu § 196.

Der Hinweis auf die Bedeutung und die Heiligkeit des Eides darf nicht als eine formularmäßige Vorhaltung behandelt werden; vielmehr muß dieser Hinweis in einer das religiöse Bewußtsein anregenden Weise erfolgen und im einzelnen Falle dem Bildungsstand und der Persönlichkeit des Schwurpflichtigen angepaßt werden.

Soweit es erforderlich erscheint, sind die strafrechtlichen Folgen des Falscheides besonders hervorzuheben.

Es ist ferner darauf zu halten, daß bei der Eidesabnahme die gebührende Feierlichkeit gewahrt werde, und namentlich sämmtliche Anwesende vor der Eidesabnahme sich von ihren Sitzen erheben und während der Eidesleistung eine der Heiligkeit der Handlung entsprechende Haltung beobachten.

---

[8]) Nr. 2 Anl. E d. W. — Zu Zustellungen, Ladungen u. Erkundigungen außerhalb des Gerichtsorts dürfen MilGerichtsboten grundsätzlich nicht verwendet werden, sofern nicht außergewöhnliche Umstände eine Ausnahme unumgänglich notwendig machen. In solchen Ausnahmefällen bedarf die Erteilung des Auftrags eingehender aktenmäßiger Begründung u. der Genehmigung des GerH. KrMVf. 23. März 01 (AVB. 128).

[9]) AB. f. d. Mar. u. Schutztr. zu § 144: „Der unmittelbare Verkehr mit den Gerichtsbehörden der deutschen Schutzgebiete ist zugelassen“.

[10]) In AB. f. d. Schutztr. folgt als Abs. 2: „In den Schutzgebieten kann die Genehmigung durch jeden Offizier erfolgen; sobald mehrere Offiziere zur Stelle sind, hat der diensttälteste Offizier über die Genehmigung zu befinden.“

[11]) AB. f. d. Mar.: „Offiziere, Sanitätsoffiziere, Ingenieure des Soldatenstands oder Deckoffiziere.“

Zu §§ 205, 208.

Für die Gebührenansprüche der nicht zu den aktiven Militärpersonen gehörenden Zeugen und Sachverständigen ist die Gebührenordnung für Zeugen und Sachverständige vom 30. Juni 1878 (Reichs-Gesetzblatt Seite 173 ff.) in der Fassung der Bekanntmachung vom 20. Mai 1898 (Reichs-Gesetzblatt Seite 369, 689 ff.)[6]) maßgebend.

Hinsichtlich der aktiven Militärpersonen als Zeugen oder Sachverständigen zustehenden Reisegebühren wird auf die „Reiseordnung für die Personen des Soldatenstandes"[12]) und auf die Anlage 8. V. 4. Absatz 1 der „Friedensbesoldungsvorschrift" vom 10. März 1898[13]) verwiesen (vergl. auch Gesetz vom 11. Juni 1890, Reichs-Gesetzblatt Seite 73).

Zu §§ 208, 299.

A. Im Allgemeinen.

Die Auswahl der Sachverständigen ist, soweit nicht die Militärstrafgerichtsordnung ausdrückliche Vorschriften enthält, in das Ermessen des Gerichtsherrn, in dringlichen Fällen des Untersuchungsführers, gestellt.

Bei gerichtlich-medizinischen Fragen dürften indeß aus militärischen Rücksichten nachstehende Gesichtspunkte zu beobachten sein.

1. Stabs- und Oberstabsärzte erscheinen für solche Fragen in militärgerichtlichen Untersuchungen als die zunächst gegebenen Sachverständigen.
2. Bedarf es noch eines Obergutachtens, so wird es sich in der Regel empfehlen, dessen Erstattung einer Kommission, bestehend aus dem Korpsgeneralarzt[14]) und zwei Stabs- oder Oberstabsärzten zu übertragen.
3. Bestehen auch nach diesem Obergutachten noch Zweifel, so kann ein Gutachten des Generalstabsarztes der Armee[15]) erfordert werden. Zur Erstattung dieses Gutachtens wird der Generalstabsarzt der Armee[15]) eine Kommission,[16]) bestehend aus Mitgliedern des Lehrkörpers der Kaiser Wilhelms-Akademie für das militärärztliche Bildungswesen oder sonstigen hervorragenden Fachmännern, heranziehen; andererseits werden etwaige Anträge der zuständigen militärischen Stelle auf Zuziehung hervorragender Vertreter der medizinischen Wissenschaft Berücksichtigung finden. Dieses Gutachten wird in der Regel den Abschluß der Begutachtung bilden können.
4. Die technische Kontrole über die bei Leichenöffnungen und Gemüthszustands-Untersuchungen in militärgerichtlichen Untersuchungen abgegebenen Gutachten der Militär- oder nicht beamteten Civilärzte liegt den Korpsgeneralärzten[17]) ob; die Gutachten und Verhandlungen sind nach ihrem Eingange zu den Untersuchungsakten ohne Verzug in

---

[12]) Nr. 2 Anm. 796 d. W. — Abs. 2 fehlt in AB. f. d. Schutztr.

[13]) Unteranlage B 2. — AB. f. d. Mar.: „Besoldungsvorschrift für die Kais. Marine im Frieden § 120."

[14]) AB. f. d. Mar.: „dem Stationsarzt (oder Geschwaderarzt)". — In AB. f. d. Schutztr. fehlen die Worte „bestehend aus — Oberstabsärzten".

[15]) AB. f. d. Mar.: „der Marine". — AB. f. d. Schutztr.: „des rangältesten SanOffiz. bei dem Oberkommando der Schutztruppen."

[16]) In AB. f. d. Mar. u. Schutztr. folgen hier die Worte „bestehend aus hervorragenden Fachmännern". — Durch AO. 26. März 01 ist bei der Kaiser-Wilhelms-Akademie ein „wissenschaftlicher Senat" mit der oben im Text bezeichneten Aufgabe gebildet worden.

[17]) AB. f. d. Mar. wie Anm. 14. — AB. f. d. Schutztr. wie Anm. 15.

beglaubigter Abschrift dem zuständigen Sanitätsamt einzusenden. Der Gang der Untersuchung darf hierdurch nicht aufgehalten werden.[18])

B. Bei besonderen Strafhandlungen.

Bei Körperverletzungen.

1. Bei Körperverletzungen, bei denen eine der im § 224 des bürgerlichen Strafgesetzbuchs vorgesehenen Folgen eingetreten ist oder möglicherweise noch eintreten kann, ist die ärztliche Untersuchung von zwei Aerzten, und zwar in der Regel von zwei Sanitätsoffizieren, vorzunehmen. Jedenfalls soll einer der Aerzte ein Sanitätsoffizier mindestens vom Range eines Stabsarztes oder ein Gerichtsarzt sein.[19])

   Wird angeordnet, daß das abzugebende Gutachten schriftlich erstattet werde, so ist es von den Sachverständigen gemeinschaftlich, wenn sie aber verschiedener Meinung sind, von einem jeden besonders auszustellen.

   Bei leichten Körperverletzungen wird zur Feststellung des Thatbestandes in der Regel die Aussage des Verletzten genügen. Hat ein gerichtlicher Augenschein stattgefunden, so ist dessen Ergebniß in das Protokoll aufzunehmen.

2. Ist bei verletzten Frauenspersonen die Besichtigung der Geburtstheile nothwendig, so kann sie auch einer beeidigten Hebamme übertragen werden. Sind jedoch die Geburtstheile so verletzt, daß eine ärztliche Behandlung nothwendig ist, so ist nach den ersten beiden Absätzen der Ziffer B. 1 zu verfahren. Bei derartigen Untersuchungen soll regelmäßig der Untersuchungsführer nicht zugegen sein, wie überhaupt das Schamgefühl auch bei männlichen Personen möglichst zu schonen ist.

   Der (die) Sachverständige ist über die Verletzung, ihre Entstehung und die möglichen Folgen ausführlich zu Protokoll zu vernehmen; die Einreichung eines schriftlichen Gutachtens, dessen Richtigkeit eidlich zu bestätigen bleibt, ist zulässig.

Zu § 219.

Falsche Münzen sind an die Münzdirektion in Berlin behufs Begutachtung oder Prüfung einzusenden, wobei jedesmal die Untersuchungssache oder, falls noch keine Untersuchung eingeleitet worden, die verdächtigen Personen, sowie der letzte Besitzer der falschen Münze näher zu bezeichnen sind.

Nach Beendigung der Untersuchung sind die falschen Münzen und Ueberführungsstücke an die Münzdirektion mit Hinweis auf deren Gutachten abzuliefern.

Zu § 222 Absatz 2, § 269 Absatz 4.

Die Entschädigungen an Reisekosten ꝛc. für die auf Antrag des Beschuldigten zu ladenden Zeugen oder Sachverständigen sind bei der zu § 469 Absatz 1 unter Nr. 2 bezeichneten Kassenverwaltung zu hinterlegen.

Zu § 223.

1. Die Leichenschau darf[20]) nicht durch einen Gerichtsoffizier bewirkt werden.

   Als der „zunächst erreichbare" Amtsrichter ist der örtlich zuständige Amtsrichter anzusehen (vergl. § 167 des Gerichtsverfassungsgesetzes). In

---

[18]) Neufassung durch KrMVf. 17. Jan. 02 (AVB. 8).

[19]) AB. f. d. Mar. u. Schutztr.: „An Bord (in den Schutzgebieten) genügt die Zuziehung eines Arztes".

[20]) In AB. f. d. Schutztr. folgen die Worte „in den Fällen des ordentlichen Verfahrens".

dem Ersuchungsschreiben ist zugleich um Einsendung der über den Fall aufgenommenen Verhandlungen zu ersuchen.

2. Die Militärbehörden haben darauf zu achten, daß gegebenen Falles ohne Zeitverlust die zur Rettung des vielleicht Scheintodten erforderlichen Maßnahmen ergriffen werden, auch stets Vorsorge für geeignete Aufbewahrung des Leichnams zu treffen.

3. Insofern bei einem Selbstmorde[21]) hinsichtlich der Beweggründe Zweifel oder Umstände obwalten, die eine nähere Ermittelung nöthig machen, muß der Gerichtsherr[22]) sie verfügen. Dies gilt namentlich dann, wenn der Verdacht besteht, daß der Verstorbene durch strafbare Handlungen eines Dritten zum Selbstmorde getrieben worden ist.

In den Akten, betreffend die Todesermittelung einer Militärperson, ist zu vermerken, ob die nach Vorschrift des § 58 Absatz 2 des Gesetzes vom 6. Februar 1875 über die Beurkundung des Personenstandes rc. (Reichs-Gesetzblatt Seite 23 ff.)[23]) bezw. des Erlasses des Kriegsministeriums vom 11. September 1874 (Armee-Verordnungsblatt Seite 190)[24]) erforderliche Anzeige des Todesfalles beim Standesamt erfolgt ist.

Zu § 224 Absatz 2.

Die Heranziehung zweier Sanitätsoffiziere soll die Regel bilden.

Zu § 225.

Von der beabsichtigten Ausgrabung einer Leiche ist die Ortspolizeibehörde zu benachrichtigen.

Zu § 227.

Die Leichenöffnung ist nach den im bürgerlichen Strafverfahren geltenden Vorschriften vorzunehmen.[25])

Zu § 341.

Als Vertheidiger erscheinen in der Hauptverhandlung

die in Nr. 1 bis 4 bezeichneten Personen in der Dienstuniform,

---

[21]) Auch bei Selbstmordversuch.

[22]) Stets der höhere GerH. 1. Instanz, wie sich aus Ziff. 1 Abs. 1 ergibt.

[23]) G. 6. Febr. 75 § 58 Abs. 2:

Findet eine amtliche Ermittelung über den Todesfall statt, so erfolgt die Eintragung auf Grund der schriftlichen Mitteilung der zuständigen Behörde.

[24]) In AV. f. d. Mar. fehlen die Worte „bzw. des Erlasses — Seite 190)", in AV. f. d. Schutztr. die Worte „nach Vorschrift des § 58 Absatz 2 usw. — Seite 190)". — KMVf. 11. Sept. 74 lautet:

Bei nachstehenden Sterbefällen von Militärpersonen hat die dem Standesbeamten in amtlicher Form schriftlich zu machende Anzeige zu erstatten:

a) hinsichtlich der in Lazarethen Verstorbenen der Chef-Arzt, und wo statt dessen dem Lazarethe eine Lazareth-Kommission vorsteht, diese letztere, indem genannte Organe im Sinne des Gesetzes als Anstalts-Vorsteher anzusehen sind;

b) in Betreff der in Kasernen und ähnlichen Dienstgebäuden, sowie in Bivouaks vorkommenden Fälle der nächste mit Disziplinar-Strafgewalt versehene Vorgesetzte des Verstorbenen, da in diesen Fällen regelmäßig die Voraussetzung im zweiten Absatz des § 41 zutreffen wird;

c) bezüglich der in Bürgerquartieren eintretenden Fälle, insofern die Voraussetzung im zweiten Absatz des § 41 auch hier zutrifft, ebenfalls der nächste mit Disziplinar-Strafgewalt versehene Vorgesetzte, eventl. bei außerhalb der Garnison Kommandirten der am Sterbe-Orte etwa vorhandene Garnison-Aelteste.

[25]) Für Preußen Nr. II 2 Anm. 487.

Rechtsanwälte in der Amtstracht oder, wenn sie zugleich Offiziere sind, nach Wahl in der militärischen Dienstuniform,

Beamte, denen eine Dienstuniform nicht verliehen ist, im schwarzen Anzuge.

Zu § 368.

Die auf die Einlegung oder die Zurücknahme von Rechtsmitteln bezüglichen Beurkundungen der Gerichtsoffiziere und der richterlichen Militärjustizbeamten (vergl. §§ 380, 398) müssen auch die Angaben enthalten, an welchem Tage der Gerichtsherr die betreffende Erklärung abgegeben hat. Ist dieselbe schriftlich oder auf telegraphischem Wege erfolgt, so ist das Schriftstück oder Telegramm der Beurkundung beizufügen.

Zu § 408.

Angeklagte, die in der Hauptverhandlung des Reichsmilitärgerichts persönlich erscheinen wollen, können zu diesem Zwecke beurlaubt werden.

Reise- oder Marschgebührnisse werden nicht gewährt.

Zu § 450.

1. Jedes rechtskräftige Strafurtheil muß dem Truppentheile (der Dienst- bezw. Verwaltungsbehörde) des Angeklagten[26]) unter Beifügung der Akten zugehen und ist nach unten bekannt zu geben, soweit es erforderlich erscheint. Der Gerichtsherr bestimmt, welchen vorgesetzten Kommandostellen des Truppentheils Urtheil und Akten außerdem mitzutheilen sind.

2.[26]) War der Antrag auf Untersuchung von einer Civilbehörde ausgegangen, so ist ihr von dem Ausfalle der rechtskräftigen Entscheidung Nachricht zu geben.

3.[26]) Im Uebrigen wird auf die Bundesrathsbeschlüsse vom 16. Juni 1882 (Armee-Verordnungsblatt Seite 137 ff.) und vom 8. Juli 1896 (Armee-Verordnungsblatt Seite 249 ff.), betreffend die Führung von Strafregistern,[27]) verwiesen.

In den im § 1 des Bundesrathsbeschlusses vom 16. Juni 1882 erwähnten Fällen erfolgt die Mittheilung einer militärgerichtlichen Verurtheilung an die Registerbehörde (vergl. kriegsministerielle Verfügungen vom 20. Dezember 1882, Armee-Verordnungsblatt Seite 218/219[28]) und vom 11. August 1883, Armee-Verordnungsblatt Seite 147)[28]) durch die unter Ziffer 1 und 2 der Kriegsministeriellen Verfügung vom 31. Juli 1882 (Armee-Verordnungsblatt Seite 166)[29]) bezeichneten Truppentheile und Militärbehörden, und zwar sobald für den Verurtheilten der Militärgerichtsstand gänzlich aufhört oder sobald der Verurtheilte in das Beurlaubtenverhältniß übergeführt bezw. wieder übergeführt wird (§ 6 des Bundesrathsbeschlusses vom 16. Juni 1882).

Das für diese Mittheilungen erforderliche Material erhalten die Truppentheile 2c. durch die Gerichtsherren.

Es ist dafür zu sorgen, daß Alles für die Mittheilung an die Re-

---

[26]) In AB. f. d. Mar. folgen hier die Worte: „an Bord dem Kommando desjenigen Schiffes, zu welchem der Angeklagte gehört". — In AB. f. d. Schutztr. treten an Stelle von „dem Truppenteile" die Worte „dem zuständigen Schutztruppenkommando". Der letzte Satz der Ziff. 1 fehlt in AB. f. d. Schutztr., ebenso die Ziff. 2 u. 3.

[27]) Auszugweise abgedruckt in Unteranlage B3.

[28]) Unteranlage B4. — Für die Marine treten an die Stelle die Vf. 24. Nov. u. 28. Dez. 82 (MVB. 220 u. 246).

[29]) Unteranlage B5. — AB. f. d. Mar.: „durch die Truppenteile am Lande".

gisterbehörde Erforderliche schon im Laufe des Verfahrens aktenmäßig festgestellt wird.

4. Die vom Gerichtsherrn und dem Kriegsgerichtsrathe zu fassenden Beschlüsse, durch die ein Abwesender für fahnenflüchtig erklärt oder dessen Vermögen mit Beschlag belegt wird (§ 360), sind in die Strafregister nicht einzutragen.

Zu § 465.

Maßgebend ist das Gesetz vom 20. Mai 1898 (Reichs-Gesetzblatt Seite 345 ff.).[30])

Zu § 468.

1. Der Gerichtsherr legt den Antrag mit den Akten dem Kriegsministerium (Versorgungs- und Justizdepartement)[31]) vor.

Er äußert sich dabei darüber:

a) wann der Anspruch erhoben ist;

b) ob und in welcher Höhe ein nach § 465 der Militärstrafgerichtsordnung und nach § 2 des Gesetzes vom 20. Mai 1898 zu ersetzender Vermögensschaden entstanden ist.

Vorher ist, soweit erforderlich, die Richtigkeit der Angaben des Antragstellers festzustellen. Werden diese Angaben im Wesentlichen nicht bestätigt, so ist der Antragsteller zu vernehmen.

2. Die Zustellung der Entscheidung veranlaßt der Gerichtsherr (§ 138).

3. Anträge, die bei einer nicht zuständigen Stelle eingehen, sind ohne Verzug an die nach § 468 Absatz 1 zuständige Stelle abzugeben.

Zu § 469 Absatz 1.

1. Die in Untersuchungssachen entstehenden, verordnungsmäßig zuständigen Kosten für Reisen und Märsche sind[32]), soweit sie nicht zu den baaren Auslagen im Sinne der Ziffer 2 V. der Anlage 8 zur Fr. Bes. V.[33]) zählen, bei den betheiligten Ausgabekapiteln des Militäretats (34 und 25) zu verrechnen. Der Verrechnungsstelle ist eine Bescheinigung des Gerichtsoffiziers oder eines richterlichen Militärjustizbeamten über Tag und Stunde der Entlassung aus dem Termine mitzutheilen.

2. Die Berechnung der Zeugen- 2c. Gebühren wird schon vor der Verhandlung entworfen und vorbereitet; sie wird festgestellt im Ermittelungsverfahren durch den Untersuchungsführer[34]), in der Hauptverhandlung der Standgerichte durch den Gerichtsoffizier, in derjenigen der Kriegs- und Oberkriegsgerichte durch den die Verhandlung führenden Militärjustizbeamten.[35])

Die Gebühren sind möglichst sofort nach der Vernehmung und an Gerichtsstelle zu zahlen; zu diesem Zweck erhält bei dem Gerichtsherrn der höheren Gerichtsbarkeit ein Militärgerichtsschreiber, bei dem Gerichtsherrn der niederen Gerichtsbarkeit der Gerichtsoffizier einen Vorschuß, der bei der vom Gerichtsherrn zu bezeichnenden Kassenverwaltung verrechnet und im Bedarfsfall ergänzt wird.

---

[30]) Als Unteranlage B 6 abgedruckt.

[31]) AB. f. d. Mar.: „dem Reichskanzler (Reichsmarineamt)".

[32]) In AB. f. d. Schutztr. folgen die Worte: „bei den im Etat der Schutztruppen ausgebrachten Reisekosten- usw. Fonds zu verrechnen".

[33]) AB. f. d. Mar.: „§ 120 1 u. 2 der FrBesV. bei Ausgabekapitel 58 Tit. 1 u. 2."

[34]) Ohne Mitzeichnung des GerH. (Nr. II 2 Anm. 452 d. W.).

[35]) Anm. 34. — AB. f. d. Mar. u. Schutztr.: „An Bord (in den Schutzgebieten) kann auch der als Ersatz des fehlenden MilJustizbeamten kommandierte Offizier die Gebührenrechnung feststellen (MStGerO. § 98)."

Der Aufsichtsbehörde ist der Vorschuß auf Verlangen in baar oder in Quittungen nachzuweisen.

Im Uebrigen wird auf die Bestimmungen der Anlage 8 Abschnitt V der Fr. Bes. V.[33]) verwiesen.[36])

3. Die Verrechnung der Strafvollstreckungskosten erfolgt nach der Militärstrafvollstreckungs-Vorschrift vom 9. Februar 1888. Auch in den Vorschriften der §§ 128, 129, 130, 131, 134 Ziffer 1 und 4, §§ 135, 137 a. a. O. tritt eine Aenderung nicht ein.

Unteranlage B 1 (zu Anlage B Anmerkung 5).

Gebührenordnung für Zeugen und Sachverständige (vom 30. Juni 1878).

Neufassung 20. Mai 1898 (RGB. 689).

§ 1. In den vor die ordentlichen Gerichte gehörigen Rechtssachen, auf welche die Civilprozeßordnung, die Strafprozeßordnung oder die Konkursordnung Anwendung findet, erhalten die Zeugen und Sachverständigen Gebühren nach Maßgabe der folgenden Bestimmungen.

§ 2. Der Zeuge erhält eine Entschädigung für die erforderliche Zeitversäumniß im Betrage von zehn Pfennig bis zu einer Mark auf jede angefangene Stunde.

Die Entschädigung ist unter Berücksichtigung des von dem Zeugen versäumten Erwerbes zu bemessen und für jeden Tag auf nicht mehr als zehn Stunden zu gewähren.

Personen, welche durch gemeine Handarbeit, Handwerksarbeit oder geringeren Gewerbebetrieb ihren Unterhalt suchen, oder sich in gleichen Verhältnissen mit solchen Personen befinden, erhalten die nach dem geringsten Satze zu bemessende Entschädigung auch dann, wenn die Versäumniß eines Erwerbes nicht stattgefunden hat.

§ 3. Der Sachverständige erhält für seine Leistung eine Vergütung nach Maßgabe der erforderlichen Zeitversäumniß im Betrage bis zu zwei Mark auf jede angefangene Stunde.

Die Vergütung ist unter Berücksichtigung der Erwerbsverhältnisse des Sachverständigen zu bemessen und für jeden Tag auf nicht mehr als zehn Stunden zu gewähren.

Außerdem sind dem Sachverständigen die auf die Vorbereitung des Gutachtens verwendeten Kosten, sowie die für eine Untersuchung verbrauchten Stoffe und Werkzeuge zu vergüten.

§ 4. Bei schwierigen Untersuchungen und Sachprüfungen ist dem Sachverständigen auf Verlangen für die aufgetragene Leistung eine Vergütung nach dem üblichen Preise derselben und für die außerdem stattfindende Theilnahme an Terminen die im § 3 bestimmte Vergütung zu gewähren.

§ 5. Als versäumt gilt für den Zeugen oder Sachverständigen auch die Zeit, während welcher er seine gewöhnliche Beschäftigung nicht wieder aufnehmen kann.

§ 6. Mußte der Zeuge oder Sachverständige außerhalb seines Aufenthaltsortes einen Weg bis zur Entfernung von mehr als zwei Kilometer zurücklegen, so ist ihm außer den nach §§ 2 bis 5 zu bestimmenden Beträgen eine Entschädigung für die Reise und für den durch die Abwesenheit vom Aufenthaltsorte verursachten Aufwand nach Maßgabe der folgenden Bestimmungen zu gewähren.

---

[36]) Dieser Absatz fehlt in AV. f. d. Mar.

§ 7. Soweit nach den persönlichen Verhältnissen des Zeugen oder Sachverständigen oder nach äußeren Umständen die Benutzung von Transportmitteln für angemessen zu erachten ist, sind als Reiseentschädigung die nach billigem Ermessen in dem einzelnen Falle erforderlichen Kosten zu gewähren. In anderen Fällen beträgt die Reiseentschädigung für jedes angefangene Kilometer des Hinweges und des Rückweges fünf Pfennig.

§ 8. Die Entschädigung für den durch Abwesenheit von dem Aufenthaltsorte verursachten Aufwand ist nach den persönlichen Verhältnissen des Zeugen oder Sachverständigen zu bemessen, soll jedoch den Betrag von fünf Mark für jeden Tag, an welchem der Zeuge oder Sachverständige abwesend gewesen ist, und von drei Mark für jedes außerhalb genommene Nachtquartier nicht überschreiten.[1])

§ 9. Mußte der Zeuge oder Sachverständige innerhalb seines Aufenthaltsortes einen Weg bis zu einer Entfernung von mehr als zwei Kilometer zurücklegen, so ist ihm für den ganzen zurückgelegten Weg eine Reiseentschädigung nach den Vorschriften des § 7 zu gewähren.

§ 10. Konnte der Zeuge oder Sachverständige den erforderlichen Weg ohne Benutzung von Transportmitteln nicht zurücklegen, so sind die nach billigem Ermessen erforderlichen Kosten auch außer den in den §§ 6, 9 bestimmten Fällen zu gewähren.

§ 11. Abgaben für die erforderliche Benutzung eines Weges sind in jedem Falle zu erstatten.

§ 12. Bedarf der Zeuge wegen jugendlichen Alters oder wegen Gebrechen eines Begleiters, so sind die bestimmten Entschädigungen für Beide zu gewähren.

§ 13. Soweit für gewisse Arten von Sachverständigen besondere Taxvorschriften bestehen, welche an dem Orte des Gerichts, vor welches die Ladung erfolgt, und an dem Aufenthaltsorte des Sachverständigen gelten, kommen lediglich diese Vorschriften in Anwendung. Gelten solche Taxvorschriften nur an einem dieser Orte, oder gelten an demselben verschiedene Taxvorschriften, so kann der Sachverständige die Anwendung der ihm günstigeren Bestimmungen verlangen.

Dolmetscher erhalten Entschädigung als Sachverständige nach den Vorschriften dieses Gesetzes, sofern nicht ihre Leistungen zu den Pflichten eines von ihnen versehenen Amtes gehören.

§ 14. Oeffentliche Beamte[2]) erhalten Tagegelder und Erstattung von Reisekosten nach Maßgabe der für Dienstreisen geltenden Vorschriften,[3]) falls sie zugezogen werden:

---

[1]) Die Entschädigung soll nur ein Ausgleich für den Mehraufwand sein, der dem Zeugen oder Sachverständigen durch den Aufenthalt an fremdem Ort gegenüber den gewöhnlichen Unterhaltskosten an seinem sonstigen Wohnort erwächst BeschlRMGer. 27. Sept. 02 (III 283).

[2]) Hierzu gehören auch die Landgendarmen u. zwar auch da, wo sie im übrigen als Personen des Soldatenstands gelten (Nr. I 3 Anm. 3 d. W.) KrMVf. 15. April 02. Auf Probe angestellte Gendarmen sind hinsichtlich der Zeugengebühren wie ernannte Gendarmen zu behandeln KrMVf. 1. Okt. 03 (AVB. 260).

[3]) Für Reichsbeamte V. 25. Juni 01 (RGB. 241) nebst AusfBest. 12. Okt. 03 (RGB. 291); MilBeamte V. 20. Mai 80 (RGB. 113), 27. Juli 86 (RGB. 235), Vf. 13. Juni 95 (CB. 207), 23. Mai 96 (das. 125), 1. Juni 99 (das. 184); Marine Vf. 1. Nov. 95 (das. 382); Preuß. Staatsbeamte G. 24. März 73 (GS. 122), Neufassung G. 21. Juni 97 (GS. 193), AusfBest. 1. Sept. 97 (MB. 148), Staats-MinBeschl. 25. Okt. 98 (Reichsanz. 99 Nr. 32), 9. Juli 98 (MB. 195) u. 17. Mai 99 (MB. 85).

1. als Zeugen über Umstände, von denen sie in Ausübung ihres Amtes Kenntniß erhalten haben;[4])
2. als Sachverständige, wenn sie aus Veranlassung ihres Amtes zugezogen werden und die Ausübung der Wissenschaft, der Kunst oder des Gewerbes, deren Kenntniß Voraussetzung der Begutachtung ist, zu den Pflichten des von ihnen versehenen Amtes gehört.

Werden nach den Vorschriften dieses Paragraphen Tagegelder und Reisekosten gewährt, so findet eine weitere Vergütung an den Zeugen oder Sachverständigen nicht statt.

Die vorstehenden Bestimmungen finden auf Personen des Soldatenstandes entsprechende Anwendung.[5])

§ **15.** Ist ein Sachverständiger für die Erstattung von Gutachten im Allgemeinen beeidigt, so können die Gebühren für die bei bestimmten Gerichten vorkommenden Geschäfte durch Uebereinkommen bestimmt werden.

§ **16.** Die Gebühren der Zeugen und Sachverständigen werden nur auf Verlangen derselben gewährt. Der Anspruch erlischt, wenn das Verlangen binnen drei Monaten nach Beendigung der Zuziehung oder Abgabe des Gutachtens bei dem zuständigen Gerichte nicht angebracht wird.[6])

§ **17.**[7]) Die einem Zeugen oder Sachverständigen zu gewährenden Beträge werden durch das Gericht oder den Richter, vor welchem die Verhandlung stattfindet, festgesetzt.

Sofern die Beträge aus der Staatskasse gezahlt und dieser nicht erstattet sind, kann die Festsetzung von dem Gericht oder dem Richter, durch welche sie erfolgt ist, sowie von dem Gerichte der höheren Instanz von Amtswegen berichtigt werden.

Gegen die Festsetzung findet Beschwerde nach Maßgabe des § 567 Absatz 2 und der §§ 568 bis 575 der Civilprozeßordnung sowie des § 4 Absatz 3 des Gerichtskostengesetzes, in Strafsachen nach Maßgabe der §§ 346 bis 352 der Strafprozeßordnung statt.

Unteranlage B 2 (zu Anlage B Anmerkung 13).

Friedensbesoldungsvorschrift. Vom 10. März 1898. Anlage 8. (Auszug.)

Besondere Ausgaben.

III. Für Fahnenflüchtige und andere Militärarrestaten.

1. Die Civilgemeinden — Ortspolizeibehörden — sind verpflichtet, die in ihren Bezirken angehaltenen Fahnenflüchtigen und anderen Militärarrestaten an die nächste Militärbehörde abzuliefern. Diese oder die den Arrestaten später übernehmende Militärbehörde veranlaßt den Weitertransport des Arrestaten, wenn es mit der Eisenbahn möglich ist, bis zu seinem Truppentheil; nöthigenfalls erfolgt der Transport von einem Standort zum anderen.

[4]) Betrifft das Zeugnis Wahrnehmungen, die der Zeuge nur gelegentlich der Ausübung seines Amts gemacht hat, die also nicht in seinen amtlichen Wirkungskreis fallen, so stehen ihm nur die Gebühren nach § 2 zu BeschlRMGer. 22. März 02 (II 230).

[5]) Im MilStrafverfahren nicht anwendbar MStGerO. § 205 Abs. 2, 208 u. KrAB. hierzu.

[6]) Andernfalls Verjährung in 2 Jahren BGB. § 196[17].

[7]) Für das MilStrafverfahren ist § 17 durch MStGerO. § 205 Abs. 1, 208 u. KrAB. zu § 469 Ziff. 2 (Anl. B) ersetzt.

Steckbriefe oder Schreiben an Civilbehörden sollen stets die Aufforderung enthalten, die Entwichenen

„an die nächste Militärbehörde“

abzuliefern.

2. Zur Verpflegung von Fahnenflüchtigen und anderen Militärarrestaten darf von ihrer Ergreifung bis zur Ablieferung beim eigenen Truppentheil für Rechnung des Militärfonds der Betrag von 50 Pf. täglich aufgewendet werden. Siehe § 61, 2 der Fr. Bes. V.

Erfolgt der Transport auf der Eisenbahn oder zu Schiff, so wird ihnen daneben an jedem Tage, an dem sie Fahrten ohne Unterbrechung von im Ganzen mindestens achtstündiger Dauer zurücklegen, ein Erfrischungszuschuß von 50 Pf. gewährt. Siehe § 20, 9 und § 13 der Fr. V. V.[1]) Ebenso werden die auf dem Transport erweislich nothwendig gewordenen besonderen Ausgaben erstattet.

Auf Entschädigungen für die Bewachung, Begleitung und den Transport der vorgenannten Arrestaten bis zur Ablieferungsstelle haben die Civilgemeinden keinen Anspruch.

3. Für die von Civilbehörden zur Haft Gebrachten, die im Laufe der Untersuchung als Personen des Soldatenstandes und der Fahnenflucht verdächtig befunden und deshalb an die nächste Militärbehörde abgeliefert werden, sind den Civilbehörden die bis zur Ermittelung des Militärverhältnisses entstandenen Haftkosten nach ortsüblichen Sätzen zu vergüten.*)

Bei Ergreifung flüchtig gewordener Militärpersonen im Auslande findet die Erstattung die Unterhaltungskosten und Gewährung von Fangprämien insoweit statt, als dies durch Konventionen oder sonst vereinbart worden ist.**)

4. Die unter Ziffer 1 bis 3 bezeichneten Arrestaten werden auf dem Marsche von der absendenden Behörde nach Vorstehendem verpflegt, bis ein Wechsel in der Person des Transportführers eintritt; die übernehmende Behörde erstattet die bis dahin aufgelaufenen, auf dem Transportzettel zu erläuternden Kosten durch den rückkehrenden Begleiter und läßt sich diese und die weiter auflaufenden Kosten in der gleichen Weise von der nächst übernehmenden Behörde ersetzen. Von dem das letzte Begleitkommando vor der Ablieferung des Arrestaten stellenden Truppentheil werden sämmtliche Kosten auf Grund des Transportzettels zur Erstattung für Rechnung des Etatskapitels „Verpflegung der Ersatz- und Reservemannschaften“ bei der Intendantur liquidirt.

---

*) Zwischen den unter preußischer Militärverwaltung stehenden Bundeskontingenten einerseits und den Königlich bayerischen, sächsischen und württembergischen Kontingenten andererseits findet die Zuführung von Fahnenflüchtigen und anderen Militärarrestaten in der Weise statt, daß die durch die militärischen Begleitkommandos entstehenden Kosten gegenseitig auf den Etat des Kontingents übernommen werden, von dem die Kommandos gestellt sind, daß dagegen solche Kosten erstattet werden, welche nach militärischerseits erfolgter Übernahme der Fahnenflüchtigen und Militärarrestaten dem einen Kontingent für Rechnung des anderen bestimmungsmäßig durch die Verpflegung und den Transport des Fahnenflüchtigen bis zu dem von der ersuchenden Behörde bezeichneten Ort erwachsen.

**) Zwischen Preußen und Dänemark besteht die Kartellkonvention vom 25. Dezember 1820 (Pr. GS. von 1821 S. 33ff.), wonach preußischerseits an Unterhaltungskosten für jeden ausgelieferten diesseitigen Fahnenflüchtigen vom Tage der Verhaftung bis zum Tage seiner Auslieferung einschließlich 38 Pf. täglich und für ein Pferd die konventionsmäßig zu berechnenden Futterkosten vergütet werden (§ 9). Außerdem werden für einen Mann ohne Pferd 15 Mk. und für einen Mann mit Pferd 30 Mk. als Gratifikation für den Untertan gewährt, welcher den Fahnenflüchtigen eingeliefert hat (§ 11).

Mit Österreich ist die Verabredung getroffen, daß für die Auslieferung von Fahnenflüchtigen gegenseitig auf jede Entschädigung verzichtet wird.

---

[1]) = Friedensverpflegungsvorschrift 3. April 02.

V. Gerichtliche Kosten.

1. In Untersuchungssachen, die Militärpersonen betreffen und bei Militärgerichten geführt werden, fallen die baaren Auslagen dem Etatskapitel „Militär-Justizverwaltung" zur Last.

Auf das Etatskapitel „Militär-Justizverwaltung" werden ferner die baaren Auslagen übernommen, die bei den Militärgerichten auf Ersuchen der Civilgerichte in deren Untersuchungen herbeigeführt werden, wogegen die baaren Auslagen, die bei den Civilgerichten durch Ersuchen der Militärgerichte in Untersuchungen wider Militärpersonen erwachsen, vom Civiljustizfonds getragen werden.

Die im gegenseitigen Verkehr der Militärgerichte der selbständigen Reichs-Militärkontingente erwachsenden Kosten der Rechtshülfe, soweit sie in baaren Auslagen bestehen, werden auf die Fonds des Kontingents übernommen, dem das ersuchte Militärgericht angehört.

2. Zu den baaren Auslagen gehören die Reisekosten und Tagegelder der Medizinalbeamten, sowie der bestellten Verteidiger im Falle des § 347 der MStGerO., die Gebühren der Zeugen und Sachverständigen, das unvermeidliche Porto, die Insertionsgebühren, die an ausländische Behörden zu erstattenden Kosten, die etwa zulässigen Gebühren der Vertheidiger, sowie die Kosten, welche bei Civilgerichten durch die Verwahrung, den Transport, die Beköstigung, Bekleidung, Reinigung, Heilung, Beerdigung der Gefangenen, sowie durch Heizung und Erleuchtung der Gefängnisse entstehen.

Zu den baaren Auslagen gehören auch die durch Ueberweisung eines Beschuldigten an eine öffentliche Irrenanstalt (§ 217 d. MStGerO.) entstehenden Kosten.

Dies sind:

a) die Kosten der Ueberführung und Zurückführung, soweit solche nach den gegebenen Sonderbestimmungen zahlbar sind,

b) die gesammten an die Irrenanstalt zu zahlenden Kosten.

Den Beschuldigten verbleibt während dieser Zeit die ihnen bei einer Untersuchung sonst zustehende Besoldung bezw. der Besoldungstheil, den Löhnungsempfängern die Löhnung für Rechnung der entsprechenden Fonds.[2])

3. Die baaren Auslagen werden im Ermittelungsverfahren durch den Untersuchungsführer, in der Hauptverhandlung der Standgerichte durch den Gerichtsoffizier, in derjenigen der Kriegs- und Oberkriegsgerichte durch den die Verhandlung führenden Militärjustizbeamten festgestellt, durch den von dem Gerichtsherrn bestimmten Truppentheil gezahlt und bei der Intendantur zur Erstattung liquidirt.

Die Gebühren der Zeugen und Sachverständigen sind möglichst sofort nach der Vernehmung und an Gerichtsstelle zu zahlen; zu diesem Zweck erhält bei dem Gerichtsherrn der höheren Gerichtsbarkeit ein Militärgerichtsschreiber, bei dem Gerichtsherrn der niederen Gerichtsbarkeit der Gerichtsoffizier einen Vorschuß, der bei der vom Gerichtsherrn zu bezeichnenden Kassenverwaltung verrechnet und im Bedarfsfall ergänzt wird.

Der Aufsichtsbehörde ist der Vorschuß auf Verlangen in Baar oder in Quittungen nachzuweisen.

Zu den auf das Etatskapitel „Militär-Justizverwaltung" anzuweisenden

---

[2]) Erg. KrMVf. 25. April 01 (AVB. 164).

Kosten gehören nur solche, die als baare Auslagen in den Untersuchungssachen bei den Militärgerichten, d. h. im unmittelbaren Zusammenhange mit der Thätigkeit der Militärgerichte selbst sich darstellen und als solche vor der Liquidirung von den Militärgerichten selbst festgestellt werden.

4. Betreffs der Reisegebührnisse für aktive Militärpersonen, die in den bei Militärpersonen schwebenden Untersuchungen Reisen machen müssen, siehe die ReiseO. Mannschaften, die auf Tagegelder keinen Anspruch haben, empfangen die Verpflegungsgebührnisse wie bei Kommandos nach der Fr. V. V.[1]) Mannschaften des Beurlaubtenstandes, die von Militärgerichten als Angeschuldigte vorgeladen werden, empfangen für die Hin- und Rückreisr Marschverpflegungsgebührnisse nach der Fr. V. V., soweit ihnen nicht als Portepeeunteroffizieren Reisegebührnisse zustehen.[3])

Die Liquidirung dieser Ausgaben erfolgt durch den Truppentheil oder die Behörde, denen die Betheiligten angehören.

Offiziere und Mannschaften des Beurlaubtenstandes erhalten, wenn sie während ihres Urlaubsverhältnisses bei einem Militärgericht als Zeugen auftreten, die ordnungsmäßigen Gebühren wie Civilpersonen. Die Liquidirung erfolgt in der unter Ziffer 3 angegebenen Weise.

5. Für Dienstleistungen als Dolmetscher bei militärgerichtlichen Verhandlungen oder bei der Vereidigung von Rekruten erhalten Mannschaften ohne Unterschied des Dienstgrades auf die Dauer jeder angefangenen halben Stunde 25 Pfennig. Die Zahlung leistet der Truppentheil, der den Dolmetscher gestellt hat; die Anweisung bewirkt die Intendantur auf die Etatskapitel „Militär-Justizverwaltung, sächliche Ausgaben zu den Kosten in militärgerichtlichen Untersuchungssachen", oder „Verpflegung der Ersatz- und Rerservemannschaften".

Unteranlage B 3 (zu Anlage B Anmerkung 27).

Verordnung des Bundesraths betreffend die Einrichtung von Strafregistern und die wechselseitige Mittheilung der Strafurtheile. Vom 16. Juni 1882.

(CB. 309, AVB. 137).[1]) (Auszug.)

§ 1. [Einrichtung der Register.] Ueber die rechtskräftigen Verurtheilungen in Strafsachen werden Register geführt:

1. bei den von den Landesregierungen zu bestimmenden Behörden bezüglich aller Personen, deren Geburtsort im Bezirke derselben gelegen

---

[3]) Mannschaften, die nach ihrem Ausscheiden aus jedem MilVerhältnis zur militärgerichtlichen Untersuchung gezogen u. aus diesem Anlaß vor ein Militärgericht geladen werden, erhalten für die dieserhalb ausgeführten Reisen, falls sie in ihrem Militärverhältnis den Portepeeunteroffizieren (ReiseO. § 35[1]) zugehört haben, die Reisegebührnisse nach den Sätzen dieses Dienstgrades, sonst die tatsächlich aufgewendeten notwendigen Beförderungskosten, bei Eisenbahnfahrten die der 3. Wagenklasse (Rückfahrkarte), daneben Tagegelder nach den Sätzen ihres letzten Dienstgrades im Heere (ReiseO. § 40[1]). Kosten fallen Kapitel 34, [1] des MilEtats zur Last KrMVf. 23. März 02.

[1]) Die V. ist abgeändert u. ergänzt durch BundRatsV. 9. Juli 96 (CB. 426, AVB. 249). Die Änderungen sind in den Text aufgenommen. Zu den V. sind AusfBest. der JustMin. ergangen (für Preußen AVB. 82 S. 160, JMB. 96 S. 265, für Bayern MilVB. 82 S. 381, 83 S. 15, 96 S. 278, für Württemberg MilVB. 82 S. 189, 96 S. 186).

ist. Die Aufsicht und Leitung der Registerführung liegt in allen Fällen der Staatsanwaltschaft bei den Landgerichten ob;

2. bei dem Reichs-Justizamt bezüglich derjenigen Personen, deren Geburtsort außerhalb des Reichsgebiets belegen oder nicht zu ermitteln ist.

§ 2. In die Register sind aufzunehmen alle durch richterliche Strafbefehle, durch polizeiliche Strafverfügungen, durch Strafurtheile der bürgerlichen Gerichte einschließlich der Konsulargerichte, sowie durch Strafurtheile der Militärgerichte ergehenden Verurtheilungen wegen Verbrechen, Vergehen und wegen der im § 361 Nr. 1 bis 8 des Strafgesetzbuchs vorgesehenen Uebertretungen.

Ausgenommen sind die Verurtheilungen:

1. in den auf Privatklage verhandelten Sachen,
2. in Forst- und Feldrügesachen,
3. wegen Zuwiderhandlungen gegen Vorschriften über Erhebung öffentlicher Abgaben und Gefälle,
4. wegen der militärischen Verbrechen oder Vergehen wider die §§ 62 bis 68, 79, 80, 84 bis 90, 92 bis 95, 101 bis 104, 112 bis 120, 132, 139, 141 bis 144, 146, 147, 150 bis 152 des Militärstrafgesetzbuchs vom 20. Juni 1872.

§ 3. In die Register sind ferner aufzunehmen:

1. die auf Grund des § 362 Absatz 2 des Strafgesetzbuchs ergehenden Beschlüsse der Landespolizeibehörden über die Unterbringung verurtheilter Personen in ein Arbeitshaus oder deren Verwendung zu gemeinnützigen Arbeiten;
2. die aus dem Auslande eingehenden Mittheilungen über dort erfolgte Verurtheilungen.

§ 4. Den Landesregierungen bleibt es unbenommen, in die § 1 Nr. 1 bezeichneten Register auch andere, den Zwecken der Strafrechtspflege oder der Polizei dienliche Nachweisungen aufnehmen zu lassen.

§ 5. [Mittheilung der zu registrirenden Entscheidungen.] Die Mittheilung zum Zwecke der Registrirung erfolgt:

1. bei Verurtheilungen, mit Ausnahme der militärgerichtlichen, nach Eintritt der Rechtskraft durch diejenige Behörde, welche die Strafvollstreckung zu veranlassen hat oder — je nach näherer Bestimmung der Landesregierungen — durch die Beamten der Staatsanwaltschaft;
2. bei den im § 3 Nr. 1 bezeichneten Beschlüssen der Landespolizeibehörden durch die beschließende Behörde.

§ 6. Die Mittheilung einer militärgerichtlichen Verurtheilung erfolgt, sobald für den Verurtheilten der Militärgerichtsstand gänzlich aufhört.

Abgesehen von diesem Falle erfolgt die Mittheilung mit der Ueberführung des Verurtheilten in den Beurlaubtenstand beziehungsweise mit der Wiederüberführung desselben in das Beurlaubtenverhältniß.

Die Mittheilung ist von demjenigen Truppentheile zu machen, welchem der Verurtheilte bei seinem Ausscheiden aus dem Militärgerichtsstande beziehungsweise bei seinem Uebertritt oder Rücktritt in den Beurlaubtenstand angehört hat.

Gehörte der Verurtheilte einem Truppentheile nicht an, so erfolgt die Mittheilung von derjenigen Militärbehörde, welcher der Verurtheilte im gedachten Zeitpunkte unterstellt war, oder wenn er auch einer solchen nicht unterstellt war, vom Kriegsministerium.

In Ansehung der mit Pension verabschiedeten Offiziere und Militärbeamten, insofern letztere der Militärgerichtsbarkeit unterworfen sind, erfolgt die Mittheilung von demjenigen Generalkommando, in dessen Bezirke der Verurtheilte beim Ausscheiden aus dem Militärgerichtsstande seinen Wohnsitz hatte.

Von den bei den Gerichten der Kaiserlichen Marine erfolgten Verurtheilungen ist die Mittheilung durch diejenige Marinestation zu machen, welcher der Verurtheilte bei seinem Ausscheiden aus dem Militärgerichtsstand beziehungsweise bei seinem Uebertritt oder Rücktritt in den Beurlaubtenstand angehört hat. Gehörte der Verurtheilte zu diesem Zeitpunkte einer Marinestation nicht an, so erfolgt die Mittheilung durch das Reichsmarineamt.[2])

§ 7. Die Mittheilungen sind, für jeden Verurtheilten besonders, in der Regel binnen 14 Tagen nach eingetretener Rechtskraft der Entscheidung beziehungsweise nach Eintritt des aus § 6 sich ergebenden Zeitpunkts zu richten:

1. wenn der Geburtsort des Verurtheilten ermittelt und in Deutschland belegen ist, an diejenige Registerbehörde, zu deren Bezirk der Geburtsort gehört, oder — sofern diese Behörde der mittheilenden Behörde nicht bekannt ist — an die Staatsanwaltschaft desjenigen Landgerichts, zu dessen Bezirk der Geburtsort gehört; werden die Register nicht bei der Staatsanwaltschaft selbst geführt, so hat letztere die Mittheilungen der Registerbehörde unverzüglich zu übersenden;
2. wenn der Geburtsort nicht zu ermitteln war oder außerhalb Deutschlands belegen ist, an das Reichs-Justizamt.

Die Mittheilungen erfolgen durch Zusendung von Vermerken, welche die Entscheidung auszugsweise enthalten. Inwieweit die Mittheilung der bei den Konsulargerichten ergehenden Verurtheilungen an die im Absatz 1 unter 1 und 2 bezeichneten Stellen direkt oder durch Vermittelung des Auswärtigen Amts zu geschehen hat, bleibt der Bestimmung des Reichskanzlers überlassen.

§ 8. Die Vermerke sind in den Fällen des § 2 als Strafnachricht A, in den Fällen des § 3 Nr. 1 als Strafnachricht B zu bezeichnen und auf starkem Papier in Gemäßheit der anliegenden Formulare aufzustellen.

Die letzteren sind auch in Bezug auf Größe, Format und Farbe des Papiers maßgebend.

Die Strafnachrichten müssen hiernach, und zwar in möglichst deutlicher Schrift, enthalten:

1. den durch die Größe der Buchstaben besonders hervortretenden Familiennamen des Verurtheilten (bei Frauen den Geburtsnamen), sowie etwaige Beinamen und die Vornamen desselben; bei mehreren Vornamen ist der Rufname zu unterstreichen;
2. die Namen seiner Eltern;
3. Tag und Ort der Geburt; liegt letzterer in Berlin, so ist womöglich Straße oder Stadttheil hinzuzufügen;
4. Wohnort und Beruf des Verurtheilten;
5. Familienstand des Verurtheilten und gegebenenfalls Namen und Stand des Ehegatten;
6. einen Auszug aus der verurtheilenden Entscheidung, aus welchem insbesondere zu ersehen ist:
   a) die erkennende Behörde,
   b) das Datum der Verurtheilung,
   c) der Charakter der für erwiesen erachteten Strafthaten und die zur Anwendung gebrachten gesetzlichen Bestimmungen,
   d) die ausgesprochene Strafe.

---

[2]) Entspricht den veränderten Verhältnissen in der Marine.

Auf die Vollständigkeit und aktenmäßige Richtigkeit dieser Angaben ist die größte Sorgfalt zu verwenden. Insoweit die betreffenden Thatsachen nicht zweifellos, sei es in den Akten, sei es durch nachträgliche Erhebungen der mittheilenden Behörde, festgestellt sind, muß dies in der Strafnachricht ausdrücklich hervorgehoben werden. Z. B. Tag und Monat der Geburt „nicht ermittelt" oder Geburtsjahr „angeblich 1859".

§ 9. Bestehen Zweifel über die Richtigkeit des in die Strafnachricht aufgenommenen Geburtsorts, so ist außer der Strafnachricht für das Register des Geburtsorts noch ein zweiter Vermerk für das Strafregister desjenigen Bezirks zu fertigen, in welchem der gewöhnliche oder mangels eines solchen der letzte Aufenthaltsort gelegen ist.

Aus jedem Vermerke muß ersichtlich sein, wo sich die anderen Exemplare befinden.

§ 10. Ergiebt sich im Laufe einer Untersuchung, daß ein Angeschuldigter früher unter falschem Namen verurtheilt ist, oder daß Vorstrafen desselben an der nach dieser Verordnung zuständigen Stelle (§ 1 Nr. 1 bezw. 2) noch nicht registrirt sind, so ist am Schlusse der Untersuchung zu veranlassen, daß

1. nachträglich den Bestimmungen der §§ 7, 8 entsprechende Strafnachrichten ergehen,
2. die Berichtigung oder Vernichtung der etwa in die Register aufgenommenen falschen Strafnachrichten erfolgt.

§ 11. Führt ein Verurtheilter befugter oder unbefugter Weise mehrfache Familiennamen, so ist auf jeden Namen eine besondere Strafnachricht — unter ausdrücklicher Verweisung auf die andere Strafnachricht — aufzustellen und abzusenden.

§ 12. Wird eine zur Registrirung mitgetheilte Verurtheilung in Folge einer Wiederaufnahme des Verfahrens aufgehoben, so hat hiervon, nach eingetretener Rechtskraft der Entscheidung, die Behörde, welche für deren Vollzug zu sorgen hat, der mit der Führung des betreffenden Registers betrauten Behörde bezw. der zuständigen Staatsanwaltschaft Mittheilung zu machen. Die Registerbehörde hat den Inhalt der Mittheilung auf dem im Register niedergelegten Vermerke der Verurtheilung einzutragen.

§ 13—16.[3])

§ 17. [Auskunftsertheilung aus den Registern.] Gerichtlichen und anderen öffentlichen deutschen Behörden ist auf jedes, eine bestimmte Person betreffende Ersuchen über den Inhalt der Register kostenfrei amtliche Auskunft zu ertheilen.

Das Ersuchen ist nach Maßgabe des Formulars C an die zuständige Register führende Behörde oder an den Staatsanwalt bei dem Landgerichte des Geburtsorts der betreffenden Person zu richten. Die Register führende Behörde ertheilt ihre Auskunft durch Ausfüllung des zugegangenen Formulars und zwar:

a) im Falle die betreffende Person sich im Register nicht vorfindet, durch die Einfügung des Wortes „nicht" vor das Wort „verurtheilt" in der Zeile: „ist ausweislich des Registers verurtheilt;"
b) anderenfalls durch genaue Ausfüllung der weiteren Rubriken des Formulars auf Grund der im Register sich vorfindenden Vermerke.

Ergiebt sich, daß die in dem Ersuchen bezeichnete Person an dem angegebenen Orte in dem Bezirke der ersuchten Behörde nicht geboren ist, worüber

[3]) § 13—16 (betr. die Form der Registerführung) haben für das Militärstrafverfahren keine Bedeutung.

diese sich thunlichst Gewißheit zu verschaffen hat, so ist das Ersuchen mit einer entsprechenden kurzen Bemerkung zurückzusenden. Wird auf Verlangen die Auskunft telegraphisch ertheilt, so ist dennoch schriftliche Auskunft nachzusenden.

§ 17a.[4]) Ist die Person, über welche die Auskunft ertheilt werden soll, wegen einer oder mehrerer der im § 361 Nr. 1 bis 8 des Strafgesetzbuchs bezeichneten Uebertretungen wiederholt verurtheilt, und hat die ersuchende Behörde nicht ausdrücklich einen vollständigen Auszug verlangt, so brauchen für die einzelnen Arten dieser Uebertretungen nur je die drei letzten Verurtheilungen und außerdem diejenigen, bei welchen zugleich gemäß § 362 Absatz 2 des Strafgesetzbuchs auf Ueberweisung an die Landespolizeibehörde erkannt worden ist, gesondert und vollständig in die Auskunft nach Formular C aufgenommen zu werden. Hinsichtlich der übrigen Verurtheilungen genügt es, wenn für jede Uebertretungsart die Zahl dieser Verurtheilungen angegeben wird.

§ 18. Inwieweit auswärtigen Behörden kostenfrei oder gegen Erhebung einer Gebühr Auskunft zu geben ist, bleibt, soweit nicht bezügliche Abmachungen seitens des Reichs mit der betreffenden auswärtigen Regierung getroffen sind, der Bestimmung der Landesregierung, bezüglich des bei dem Reichs-Justizamt geführten Registers der Bestimmung des Reichskanzlers überlassen.

§ 18a.[4]) [Steckbriefnachrichten.] Die Strafregister können zur Ermittelung steckbrieflich Verfolgter benutzt werden. Zu diesem Zwecke giebt die verfolgende Behörde unter Verwendung des Formulars D der zuständigen Registerbehörde von dem Erlasse des Steckbriefs Nachricht. Führt der Verfolgte befugter- oder unbefugterweise mehrere Familiennamen, so werden auf die einzelnen Namen besondere Steckbriefnachrichten ausgefertigt; jede dieser Nachrichten hat einen Hinweis auf die anderen zu enthalten.

Erledigt sich der Steckbrief durch Ergreifung des Verfolgten oder auf andere Weise, so ist dies der Registerbehörde mitzutheilen.

Der mit der Führung des Registers betraute Beamte hat sofort nach dem Eingang einer Steckbriefnachricht zu prüfen, ob Strafnachrichten über den Verfolgten vorhanden sind. Ergiebt sich, daß mit Rücksicht auf den Geburtsort des Verfolgten eine andere Registerbehörde zuständig ist, so hat er die Steckbriefnachricht an diese abzugeben und der verfolgenden Behörde hiervon Mittheilung zu machen.

Ist nach dem Inhalt des Strafregisters anzunehmen, daß der Verfolgte sich in Haft befindet oder ist sein Aufenthalt sonst bekannt, so hat der Registerbamte die Steckbriefnachricht mit der entsprechenden Auskunft der verfolgenden Behörde wieder zu übersenden. Ist der Aufenthalt des Verfolgten nicht bekannt, liegt aber aus der letzten Zeit eine Strafnachricht oder ein Ersuchen um Auskunft über den Verfolgten seitens einer anderen Behörde vor, so hat der Beamte hierüber der verfolgenden Behörde unter Zurückbehaltung der Steckbriefnachricht besondere Mittheilung zu machen.

Nach Maßgabe des vorhergehenden Absatzes ist auch zu verfahren, wenn später der Aufenthalt des Verfolgten bekannt wird

---

[4]) Erg. V. 9. Juli 96 (Anm. 1).

oder von einer anderen Behörde eine Strafnachricht oder ein Ersuchen um Auskunftsertheilung eingeht.

Liegen hinsichtlich einer Person Steckbriefnachrichten von verschiedenen Behörden vor, so ist jeder dieser Behörden von den Nachrichten der anderen Behörden Mittheilung zu machen.

Solange der Aufenthalt des Verfolgten nicht bekannt ist, wird die Steckbriefnachricht im Strafregister aufbewahrt. Sie wird vernichtet, wenn eine Mittheilung über die Erledigung des Steckbriefs eingeht oder wenn seit der Niederlegung drei Jahre verflossen sind.

§ **19.** [Schlußbestimmungen.] Den Landesregierungen — hinsichtlich des Zentralregisters dem Reichskanzler — bleiben auch die sonstigen zur Ausführung dieser Verordnung erforderlichen Bestimmungen vorbehalten.

§ **20.** Durch die gegenwärtige Verordnung wird die Geltung von Vorschriften in den Bundesstaaten über anderweitig in Strafsachen von den Behörden zu machende Mittheilungen nicht berührt.

Insbesondere bleiben unberührt die Vorschriften, wonach einzelnen ausländischen Regierungen die Verurtheilungen ihrer Staatsangehörigen vertragsmäßig in bestimmter Form mitzutheilen sind.

Muster.[5]

Muster A u. B zu § 8 Strafnachricht.
„ C u. C 1, 2, 3 zu § 17 Ersuchen um Auskunft aus dem Strafregister.
„ D zu § 18a Steckbriefnachricht.

Unteranlage B 4 (zu Anlage B Anmerkung 28).

1. Nachweisung derjenigen Behörden, welche auf Grund des § 1 Nr. 1 der Verordnung des Bundesraths vom 16. Juni 1882, betreffend die Einrichtung von Strafregistern ꝛc. zur Führung der dort bezeichneten Strafregister von den Regierungen der einzelnen Bundesstaaten bestimmt worden sind.[1]

Königreich Preußen: die Staatsanwaltschaft bei den Landgerichten; für den preußischen Kreis Ziegenrück die Staatsanwaltschaft bei dem Landgerichte zu Rudolstadt, für die preußischen Kreise Schleußingen und Schmalkalden die Staatsanwaltschaft bei dem Landgerichte zu Meiningen;
Königreich Bayern: die Amtsanwälte;
Königreich Sachsen: die Amtsrichter;
Königreich Württemberg: die Ortsvorsteher jeder Gemeinde;
Großherzogthum Baden: die Amtsgerichte;
Großherzogthum Hessen: die Staatsanwaltschaft bei den Landgerichten;
Großherzogthum Mecklenburg-Schwerin: die Staatsanwaltschaft bei den Landgerichten;
Großherzogthum Sachsen-Weimar: die Staatsanwaltschaft bei den Landgerichten;

---

[5]) Die Muster enthalten nur Formulare u. sind nicht abgedruckt. Die Formulare sind ebenfalls durch BundRatsV. 9. Juli 96 abgeändert.

[1]) Die Nachweisung u. deren Ergänzung (Nr. 2) ist durch Bek. d. KrMin. 20. Dez. 82 (AVB. 218) u. 11. Aug. 83 (AVB. 147) veröffentlicht (vgl. auch CB. 82 S. 447, 83 S. 244).

Großherzogthum Mecklenburg-Strelitz: die Staatsanwaltschaft bei dem Landgericht zu Neu-Strelitz;

Großherzogthum Oldenburg:
- a) für den Bezirk des Herzogthums Oldenburg die Staatsanwaltschaft bei dem Großherzoglichen Landgerichte zu Oldenburg,
- b) für den Bezirk des Fürstenthums Lübeck die Staatsanwaltschaft bei dem Landgerichte zu Lübeck,
- c) für den Bezirk des Fürstenthums Birkenfeld die Staatsanwaltschaft bei dem Königlich preußischen Landgerichte zu Saarbrücken;

Herzogthum Braunschweig-Lüneburg: die Staatsanwaltschaft bei den Landgerichten;

Herzogthum Sachsen-Meiningen:
- a) für die Bezirke der Amtsgerichte Meiningen, Salzungen, Wasungen, Themar, Römhild, Hildburghausen, Heldburg, Eisfeld, Schalkau, Sonneberg und Steinach die Staatsanwalt bei dem Landgerichte zu Meiningen,
- b) für die Bezirke der Amtsgerichte Saalfeld, Gräfenthal, Pößneck, Camburg und Kranichfeld die Staatsanwaltschaft bei dem Landgerichte zu Rudolstadt;

Herzogthum Sachsen-Altenburg: die Staatsanwaltschaft bei dem Landgerichte;

Herzogthum Sachsen-Koburg-Gotha: die Staatsanwaltschaft bei den Landgerichten;

Herzogthum Anhalt: der Herzogliche Erste Staatsanwalt in Dessau;

Fürstenthum Schwarzburg-Sondershausen: die Staatsanwaltschaft bei dem Landgerichte zu Erfurt;

Fürstenthum Schwarzburg-Rudolstadt: die Staatsanwaltschaft bei dem Landgerichte zu Rudolstadt;

Fürstenthum Waldeck und Pyrmont: die Staatsanwaltschaft bei den Landgerichten;

Fürstenthum Reuß älterer Linie: die Staatsanwaltschaft bei dem Landgerichte zu Greiz;

Fürstenthum Reuß jüngerer Linie: die Staatsanwaltschaft bei den Landgerichten;

Fürstenthum Schaumburg-Lippe: die Staatsanwaltschaft bei dem Landgerichte zu Bückeburg;

Fürstenthum Lippe: die Staatsanwaltschaft bei dem Landgerichte zu Detmold;

Freie und Hansestadt Lübeck: die Staatsanwaltschaft bei dem Landgerichte zu Lübeck;

Freie Hansestadt Bremen: der Amtsanwalt bei dem Amtsgerichte Bremen;

Freie und Hansestadt Hamburg: die Staatsanwaltschaft bei dem Landgericht zu Hamburg;

Elsaß-Lothringen: die Gerichtsschreibereien der Landgerichte.

2. Ergänzung der Nachweisung der Behörden zur Führung der Strafregister.[1])

Zur Führung der Strafregister sind bestimmt:

für die dem Bezirke des Königlich Preußischen Amtsgerichts zu Lippstadt angeschlossenen Theile des Fürstlich Lippischen Staatsgebiets (Amt Lipperode und Stift Cappel):

die Staatsanwaltschaft bei dem Landgerichte zu Paderborn,

für das Fürstenthum Waldeck:
die Staatsanwaltschaft bei dem Landgerichte zu Cassel,
und für das Fürstenthum Pyrmont:
die Staatsanwaltschaft bei dem Landgerichte zu Hannover.

Unteranlage B 5 (zu Anlage B Anmerkung 29).

Ausführungs-Bestimmungen des Kriegsministeriums zur Verordnung des Bundesrathes betreffend die Einrichtung von Strafregistern ꝛc. 16. Juni 1882. Vom 31. Juli 1882. (AVB. 166.) (Auszug.)

1. Unter Truppentheil im Sinne des § 6 Absatz 3 der Verordnung sind die Regimenter, die selbständigen Bataillone (einschließlich der Hessischen Train-Kompagnie) und die Landwehrbezirkskommandos zu verstehen.

Zu den Militärbehörden im Sinne des Absatz 4 a. a. O. zählen die höheren Kommando-Behörden, sowie alle übrigen militärischen Behörden, Formationen und Institute; namentlich auch die Festungsgefängnisse, Arbeiterabtheilungen und Festungs-Reserve-Abtheilungen.

2. Die Mittheilungen an die Registerbehörden — Strafnachricht A (cfr. § 8 der Verordnung) — sind in den Fällen des § 6 Absatz 3 daselbst von dem Kommandeur des Truppentheils, in den Fällen des Absatzes 4 daselbst von dem Chef bezw. dem Vorstande der Militärbehörde, in Ansehung der Militärgefangenen und der Arbeitssoldaten sowie der Mannschaften der Festungs-Reserve-Abtheilungen von dem Vorstande bezw. Führer dieser Formationen zu vollziehen.

Die bezeichneten Vorgesetzten haben auch für die rechtzeitige Absendung an die Registerbehörde (§ 7 und 6 Absatz 1 und 2 der Verordnung) Sorge zu tragen.

Unteranlage B 6 (zu Anlage B Anmerkung 30).

Gesetz, betreffend die Entschädigung der im Wiederaufnahmeverfahren freigesprochenen Personen. Vom 20. Mai 1898. (RGB. 345.)

§ **1.** Personen, welche im Wiederaufnahmeverfahren freigesprochen oder in Anwendung eines milderen Strafgesetzes mit einer geringeren Strafe belegt werden, können Entschädigung aus der Staatskasse verlangen, wenn die früher erkannte Strafe ganz oder theilweise gegen sie vollstreckt worden ist. Das Wiederaufnahmeverfahren muß die Unschuld des Verurtheilten bezüglich der ihm zur Last gelegten That oder bezüglich eines die Anwendung eines schwereren Strafgesetzes begründenden Umstandes ergeben oder doch dargethan haben, daß ein begründeter Verdacht gegen den Angeklagten nicht mehr vorliegt.

Außer dem Verurtheilten haben diejenigen, denen gegenüber er kraft Gesetzes unterhaltspflichtig war, Anspruch auf Entschädigung.

Der Anspruch auf Entschädigung ist ausgeschlossen, wenn der Verurtheilte die frühere Verurtheilung vorsätzlich herbeigeführt oder durch grobe Fahrlässigkeit verschuldet hat.

Die Versäumung der Einlegung eines Rechtsmittels ist nicht als eine Fahrlässigkeit zu erachten.

§ **2.** Gegenstand des dem Verurtheilten zu leistenden Ersatzes ist der für ihn durch die Strafvollstreckung entstandene Vermögensschaden.

Unterhaltsberechtigten ist insoweit Ersatz zu leisten, als ihnen durch die Strafvollstreckung der Unterhalt entzogen worden ist.

§ **3.** Die Entschädigung wird aus der Kasse desjenigen Bundesstaats gezahlt, bei dessen Gerichte das Strafverfahren in erster Instanz anhängig war.

Bis zum Betrage der geleisteten Entschädigung tritt die Kasse in die Rechte ein, welche dem Entschädigten gegen Dritte um deswillen zustehen, weil durch deren rechtswidrige Handlungen seine Verurtheilung herbeigeführt war.

§ **4.** Ueber die Verpflichtung der Staatskasse zur Entschädigung wird durch besonderen Beschluß des im Wiederaufnahmeverfahren erkennenden Gerichts Bestimmung getroffen.

Der Beschluß ist von dem Gerichte gleichzeitig mit dem Urtheile zu fassen, aber nicht zu verkünden, sondern durch Zustellung bekannt zu machen. Der Beschluß unterliegt nicht der Anfechtung durch Rechtsmittel. Er tritt außer Kraft, wenn das Urtheil aufgehoben wird.

§ **5.** Wer auf Grund des die Verpflichtung der Staatskasse zur Entschädigung aussprechenden Beschlusses einen Anspruch geltend macht, hat diesen Anspruch bei Vermeidung des Verlustes binnen drei Monaten nach Zustellung des Beschlusses durch Antrag bei der Staatsanwaltschaft zu verfolgen. Der Antrag ist bei der Staatsanwaltschaft desjenigen Landgerichts zu stellen, in dessen Bezirke das Urtheil ergangen ist.

Ueber den Antrag entscheidet die oberste Behörde der Landesjustizverwaltung. Eine Ausfertigung der Entscheidung ist dem Antragsteller nach den Vorschriften der Civilprozeßordnung zuzustellen.

Gegen die Entscheidung ist die Berufung auf den Rechtsweg zulässig. Die Klage ist binnen einer Ausschlußfrist von drei Monaten nach Zustellung der Entscheidung zu erheben. Für die Ansprüche auf Entschädigung sind die Civilkammern der Landgerichte ohne Rücksicht auf den Werth des Streitgegenstandes ausschließlich zuständig.

Bis zur endgültigen Entscheidung über den Antrag ist der Anspruch weder übertragbar, noch der Pfändung unterworfen.

§ **6.** In den zur Zuständigkeit des Reichsgerichts in erster Instanz gehörigen Sachen ist statt der Staatskasse die Reichskasse ersatzpflichtig.

In diesen Fällen tritt an die Stelle der Staatsanwaltschaft des Landgerichts die Staatsanwaltschaft bei dem Reichsgericht, an die Stelle der obersten Behörde der Landesjustizverwaltung der Reichskanzler.

Anlage C (zu Anmerkung 206a).

1. Gerichtsverfassungsgesetz. Vom 27. Januar 1877. (RGB. 41.) (Auszug.)

§ **2.** Die Fähigkeit zum Richteramte wird durch die Ablegung zweier Prüfungen erlangt.

Der ersten Prüfung muß ein dreijähriges Studium der Rechtswissenschaft auf einer Universität vorangehen. Von dem dreijährigen Zeitraume sind mindestens drei Halbjahre dem Studium auf einer deutschen Universität zu widmen.

Zwischen der ersten und zweiten Prüfung muß ein Zeitraum von drei Jahren liegen, welcher im Dienste bei den Gerichten und bei den Rechtsanwälten zu verwenden ist, auch zum Theil bei der Staatsanwaltschaft verwendet werden kann.

In den einzelnen Bundesstaaten kann bestimmt werden, daß der für das Universitätsstudium oder für den Vorbereitungsdienst bezeichnete Zeitraum verlängert wird, oder daß ein Theil des letzteren Zeitraums, jedoch höchstens ein Jahr, im Dienste bei Verwaltungsbehörden zu verwenden ist oder verwendet werden darf.

§ **3.** Wer in einem Bundesstaate die erste Prüfung bestanden hat, kann in jedem anderen Bundesstaate zur Vorbereitung für den Justizdienst und zur zweiten Prüfung zugelassen werden.

Die in einem Bundesstaate auf die Vorbereitung verwendete Zeit kann in jedem anderen Bundesstaate angerechnet werden.

§ **4.** Zum Richteramte befähigt ist ferner jeder ordentliche öffentliche Lehrer des Rechts an einer deutschen Universität.

§ **5.** Wer in einem Bundesstaate die Fähigkeit zum Richteramte erlangt hat, ist, soweit dieses Gesetz keine Ausnahme bestimmt, zu jedem Richteramte innerhalb des Deutschen Reichs befähigt.

§ **6.** Die Ernennung der Richter erfolgt auf Lebenszeit.

§ **7.** Die Richter beziehen in ihrer richterlichen Eigenschaft ein festes Gehalt mit Ausschluß von Gebühren.

§ **8.** Richter können wider ihren Willen nur kraft richterlicher Entscheidung und nur aus den Gründen und unter den Formen, welche die Gesetze bestimmen, dauernd oder zeitweise ihres Amts enthoben oder an eine andere Stelle oder in Ruhestand versetzt werden.

Die vorläufige Amtsenthebung, welche kraft Gesetzes eintritt, wird hierdurch nicht berührt.

§ **9.** Wegen vermögensrechtlicher Ansprüche der Richter aus ihrem Dienstverhältnisse, insbesondere auf Gehalt, Wartegeld oder Ruhegehalt darf der Rechtsweg nicht ausgeschlossen werden.

§ **18.** Die inländische Gerichtsbarkeit erstreckt sich nicht auf die Chefs und Mitglieder der bei dem Deutschen Reiche beglaubigten

Missionen. Sind diese Personen Staatsangehörige eines der Bundesstaaten, so sind sie nur insofern von der inländischen Gerichtsbarkeit befreit, als der Staat, dem sie angehören, sich der Gerichtsbarkeit über sie begeben hat.

Die Chefs und Mitglieder der bei einem Bundesstaate beglaubigten Missionen sind der Gerichtsbarkeit dieses Staats nicht unterworfen. Dasselbe gilt von den Mitgliedern des Bundesraths, welche nicht von demjenigen Staate abgeordnet sind, in dessen Gebiete der Bundesrath seinen Sitz hat.

§ **19.** Auf die Familienglieder, das Geschäftspersonal der im § 18 erwähnten Personen und auf solche Bedienstete derselben, welche nicht Deutsche sind, finden die vorstehenden Bestimmungen Anwendung.

§ **21.** Die im Deutschen Reiche angestellten Konsuln sind der inländischen Gerichtsbarkeit unterworfen, sofern nicht in Verträgen des Deutschen Reichs mit anderen Mächten Vereinbarungen über die Befreiung der Konsuln von der inländischen Gerichtsbarkeit getroffen sind.

§ **130.** Wenn ein Mitglied durch ein körperliches Gebrechen oder durch Schwäche seiner körperlichen oder geistigen Kräfte zur Erfüllung seiner Amtspflichten dauernd unfähig wird, so tritt seine Versetzung in den Ruhestand gegen Gewährung eines Ruhegehalts ein.

Das jährliche Ruhegehalt beträgt bis zur Vollendung des zehnten Dienstjahres $^{20}/_{60}$ des Gehalts; es erhöht sich mit der Vollendung eines jeden folgenden Dienstjahres und bis zur Vollendung des fünfzigsten Dienstjahres um je $^{1}/_{60}$ des Gehalts.

Bei Berechnung der Dienstzeit wird die Zeit mitgerechnet, während welcher das Mitglied sich im Dienste des Reichs oder im Staats- oder Gemeindedienste eines Bundesstaates befunden oder in einem Bundesstaate als Anwalt, Advokat, Notar, Patrimonialrichter oder als öffentlicher Lehrer des Rechts an einer deutschen Universität fungirt hat.

2. Einführungsgesetz zum Gerichtsverfassungsgesetz. Vom 27. Januar 1877.

(RGB. 77.) (Auszug.)

§ **5.** In Ansehung der Landesherren und der Mitglieder der landesherrlichen Familien, sowie der Mitglieder der Fürstlichen Familie Hohenzollern finden die Bestimmungen des Gerichtsverfassungsgesetzes nur insoweit Anwendung, als nicht besondere Vorschriften der Hausverfassungen oder der Landesgesetze abweichende Bestimmungen enthalten.[1])

---

[1]) Dieselbe Bestimmung enthält EG. z. StPO. § 4.

Anlage D (zu Anmerkung 212a).

Geschäftsordnung für das Reichsmilitärgericht.[1])

1. Der Präsident des Reichsmilitärgerichts leitet und beaufsichtigt den ganzen Geschäftsgang.

2. Bei dem Reichsmilitärgerichte werden drei Senate gebildet, welche die Bezeichnung

I. Senat,
II. Senat,
III. (bayerischer) Senat

führen.

3. Der Präsident des Reichsmilitärgerichts bestimmt nach Anhörung der Senatspräsidenten vor Beginn des Geschäftsjahrs auf dessen Dauer:

a) die Präsidenten für den I. und II. Senat;
b) die ständigen juristischen und militärischen Mitglieder dieser Senate und deren regelmäßige Vertreter;
c) die militärischen Mitglieder, die etwa diesen Senaten gemeinsam angehören sollen;
d) die Vertheilung der Geschäfte unter diese Senate.

4. Für die Vertretung gilt Folgendes:

a) Im Falle der Verhinderung wird der Präsident des I. Senats durch den des II. vertreten und umgekehrt. Sind beide Präsidenten gleichzeitig verhindert, so nimmt der älteste Rath jedes Senats die Geschäfte des Senatspräsidenten in seinem Senat wahr.

Im III. (bayerischen) Senat wird der Senatspräsident stets durch den dienstältesten Rath des Senats vertreten.

b) die Vertretung der etatsmäßigen militärischen Mitglieder im Falle der Verhinderung regelt sich sinngemäß nach dem unter a bezüglich der Vertretung der Senatspräsidenten Festgesetzten.

c) Im Falle der Verhinderung des regelmäßigen Vertreters eines juristischen oder militärischen Mitglieds des I. oder II. Senats wird vom Präsidenten des Reichsmilitärgerichts ein zeitweiliger Vertreter bestimmt. In diesem Falle können Mitglieder des I. und II. Senats gegenseitig als Stellvertreter bestimmt werden.

d) Die juristischen und militärischen Mitglieder des III. (bayerischen) Senats können weder Mitglieder der beiden anderen Senate vertreten noch durch solche vertreten werden.

5. Jeder Senat bearbeitet die ihm zugewiesenen Sachen selbständig, jedoch ist bei der vom Senatspräsidenten im Einvernehmen mit dem rangältesten Offizier bei Beginn jedes Geschäftsjahrs anzuordnenden Vertheilung der Geschäfte auf die Räthe und Offiziere des I. und II. Senats daran festzuhalten, daß die Bearbeitung der Angelegenheiten des sächsischen und württembergischen Kontingents sowie der Marine und der Schutztruppen den Räthen und Offizieren zugewiesen werden, die aus diesen Verbänden hervorgegangen sind bezw. ihnen angehören.

6. Die Thätigkeit des III. (bayerischen) Senats ist auf die im § 2 des Gesetzes vom 9. März 1899 bezeichneten Angelegenheiten beschränkt. Im Uebrigen findet § 5 sinngemäße Anwendung.

[1]) Die GeschO. f. d. RMGer. ist durch AO. 30. Jan. 02 (CB. 59) vom Kaiser bestätigt.

7. Bei dem Reichsmilitärgericht eingehende Sachen werden zunächst dem Obermilitäranwalt zugewiesen, der sie mit seiner Erklärung an den zuständigen Senatspräsidenten abgiebt.

8. Nach Eintragung der Eingänge in die Tagesliste des Senats übermittelt der Senatspräsident die Sache an den nach der Geschäftsvertheilung zuständigen Reichsmilitärgerichtsrath. Der Berichterstatter fertigt eine schriftliche Bearbeitung der Sache an und stellt sie mit den Akten dem Senatspräsidenten zu. Letzterer kann den Berichterstatter von der schriftlichen Bearbeitung entbinden, wenn keine Hauptverhandlung in Aussicht steht.

Die von dem Berichterstatter bearbeitete Sache gelangt — gegebenenfalls unter Beifügung der Bearbeitung — durch Vermittelung des Senatspräsidenten an den rangältesten Offizier, welcher, falls militärische Fragen im Sinne des § 105 Absatz 2 der Militärstrafgerichtsordnung berührt werden, entweder selbst die Mitberichterstattung übernimmt oder den nach der Geschäftsvertheilung zuständigen Offizier — § 5 — hiermit beauftragt.

Der Mitberichterstatter muß sich schriftlich äußern.

Die Sache geht hierauf durch den rangältesten Offizier an den Senatspräsidenten; letzterer befindet darüber, ob die Akten sämmtlichen an der Spruchsitzung theilnehmenden Mitgliedern zugänglich gemacht werden sollen.

9. Demnächst bestimmt der Senatspräsident Zeit und Ort der Sitzung, die Besetzung des Senats nach der Vorschrift des § 84 der Militärstrafgerichtsordnung in Verbindung mit § 5 dieser Geschäftsordnung sowie die Berufung der Richter. Vor Erlaß dieser Verfügungen ist — abgesehen von dringenden Fällen — dem rangältesten Offizier Gelegenheit zur Stellungnahme zu geben.

10. Ist das Zusammentreten des III. (bayerischen) und eines anderen Senats erforderlich (Gesetz vom 9. März 1899 § 2 Absatz 2), so erläßt der zur Leitung der Verhandlungen berufene Senatspräsident die im § 9 aufgeführten Verfügungen.

Dem anderen Senatspräsidenten und den in den beiden Senaten rangältesten Offizieren ist vorher Gelegenheit zur Stellungnahme zu geben. § 8 der Geschäftsordnung findet entsprechende Anwendung.

11. a) In den Fällen des § 85 der Militärstrafgerichtsordnung stellt der Senat, welcher die Entscheidung des Plenums einholen will, die zu entscheidende Frage in einem Beschlusse fest und begründet seine Stellungnahme. Auf Anordnung des zur Leitung der Verhandlung berufenen Senatspräsidenten erfolgt sodann zur Vorbereitung der Plenarentscheidung die Berichterstattung. Hierzu ist neben dem Mitgliede, welches den Beschluß ausgearbeitet hat, noch ein anderes juristisches und gegebenenfalls auch militärisches Mitglied zu bestimmen. Diese letzteren Mitglieder sind, falls von der früheren Entscheidnng eines anderen Senats des Reichsmilitärgerichts abgewichen werden soll, diesem Senat zu entnehmen. § 10 Absatz 2 der Geschäftsordnung findet entsprechende Anwendung.

b) Der zur Leitung der Verhandlungen berufene Senatspräsident legt die Akten mit dem begründeten Beschluß und den Berichten dem Präsidenten des Reichsmilitärgerichts vor. Dieser beraumt den Termin der Plenarsitzung an und leitet die Sache durch den Obermilitäranwalt zurück. Letzterer fügt seine Anträge bei. Für das Verfahren gelten im Uebrigen die Bestimmungen des § 8 der Geschäftsordnung.

c) Vor das Plenum gehören auch die auf Allerhöchsten Befehl vom Reichsmilitärgerichte zu erstattenden Gutachten.

d) Den Vorsitz im Plenum führt bei Berathungen über die Geschäftsordnung oder über eine sonstige mit der Rechtsprechung nicht zusammenhängende Frage der Präsident des Reichsmilitärgerichts. Letzterer leitet in diesen Fällen auch die Verhandlungen.

e) Jedem Mitgliede des Plenums ist eine Abschrift des begründeten Beschlusses, der Berichte und des Antrags des Obermilitäranwalts — gegebenenfalls auch der Allerhöchsten Order — spätestens bei Anberaumung der Sitzung zuzustellen.

12. Ueber jede Hauptverhandlung wird ein Protokoll aufgenommen. Die §§ 331, 332, 333 der Militärstrafgerichtsordnung finden sinngemäße Anwendung.

13. Die Berathungen in den Senaten wie im Plenum (§ 85 der Militärstrafgerichtsordnung) erfolgen ohne Zuziehung des Protokollführers und ohne schriftliche Aufzeichnung des Ganges der Berathung, der Abstimmung der einzelnen Mitglieder und der von ihnen geltend gemachten Gründe. Indessen hat jedes Mitglied das Recht, seine von dem gefaßten Beschluß abweichende Ansicht mit kurzer Begründung in den Akten des Reichsmilitärgerichts niederzulegen.

Die Berathung beginnt mit dem Vortrag eines Berichterstatters. Eine schriftliche Abstimmung, insbesondere durch Umlauf, findet nicht statt.

14. Die Urtheile, Beschlüsse, Verfügungen ꝛc. werden unter dem Namen: „Das Reichsmilitärgericht" erlassen. Gehen dieselben von einzelnen Senaten aus, so ist ein entsprechender Zusatz beizufügen, z. B.: „Das Reichsmilitärgericht I. Senat." Die Urschriften der Urtheile und Beschlüsse werden von sämmtlichen betheiligten Mitgliedern des Senats, die Ausfertigungen von Urtheilen und Beschlüssen sowie alle Verfügungen und Anordnungen von dem Senatspräsidenten allein unterzeichnet. Ist ein Mitglied verhindert seine Unterschrift beizufügen, so wird dies unter Angabe des Verhinderungsgrundes von dem Senatspräsidenten unter der Urschrift des Urtheils vermerkt.

15. Der entscheidende Theil des Urtheils wird mit der Schlußformel: „Von Rechtswegen" versehen. Auf die Urtheilsformel folgen die Urtheilsgründe, welche in bündiger Kürze, unter strenger Beschränkung auf den Gegenstand der Entscheidung und thunlicher Vermeidung von Fremdwörtern und nicht allgemein üblichen Ausdrücken abzufassen sind.

Wenn die Fassung der Gründe nicht bereits bei Erledigung der Sache durch Gerichtsbeschluß festgestellt ist, so liegt sie nach Maßgabe der beschlossenen Entscheidung dem juristischen Berichterstatter und, wenn ein solcher ausgeschieden oder verhindert ist, einem vom Senatspräsidenten damit zu beauftragenden anderen juristischen Mitglied ob. Im Falle der §§ 10, 11 der Geschäftsordnung bestimmt der betheiligte älteste Senatspräsident unter den juristischen Berichterstattern denjenigen, dem die fragliche Abfassung obliegt.

Den Entwurf prüft zunächst der Senatspräsident oder läßt ihn durch ein anderes damit zu beauftragendes juristisches Mitglied prüfen. Werden Bedenken gegen die Fassung des Entwurfs erhoben und diese nicht vom Verfasser durch Aenderung seines Entwurfs beseitigt, so werden die Urtheilsgründe durch Gerichtsbeschluß festgestellt.

16. Das Reichsmilitärgericht führt zwei Siegel:

a) ein großes Siegel, welches dem beim Reichsgerichte geführten großen Siegel entspricht und nur bei den förmlichen Ausfertigungen, insbesondere der Urtheile, gebraucht wird;

b) ein kleines Siegel, welches den bei den Reichsbehörden üblichen Siegeln entspricht, mit der Umschrift: „Reichsmilitärgericht."

17. Die nach § 202 der Militärstrafgerichtsordnung in Verbindung mit §§ 409 und 290 Absatz 2 derselben erforderlich werdenden Maßnahmen trifft auf Grund einer von den Vorsitzenden des Senats zu erstattenden schriftlichen Meldung der Präsident des Reichsmilitärgerichts.

18. Ueber die Veröffentlichung von Urtheilen und Beschlüssen 2c. erläßt der Präsident des Reichsmilitärgerichts die erforderlichen Anordnungen.

19. Am Schlusse des Geschäftsjahres, das erste Mal am Ende des Jahres 1901, wird bei der Militäranwaltschaft eine Kriminalstatistik mit Jahresbericht und Geschäftsübersicht aufgestellt und vom Präsidenten des Reichsmilitärgerichts Seiner Majestät dem Kaiser vorgelegt.

20. Die zur Durchsicht und Prüfung eingehenden Urtheile der Oberkriegsgerichte und die Ausstellungen der Vorinstanzen werden zunächst durch den Senatspräsidenten an die zuständigen juristischen Berichterstatter übermittelt.

Bedarf es der Einsicht der Akten oder einer sonstigen Aufklärung, so wird das Erforderliche, nöthigenfalls im unmittelbaren Verkehre mit den Generalkommandos oder mit anderen militärischen und bürgerlichen Behörden, vom Senatspräsidenten verfügt.

Die Ausarbeitungen der einzelnen Berichterstatter werden zunächst einer Besprechung in demjenigen Senat, dem sie angehören, unterzogen.

Das Ergebniß dieser Besprechung gelangt zur Drucklegung und wird demnächst dem Präsidenten des Reichsmilitärgerichts behufs Vertheilung an sämmtliche Mitglieder überreicht.

Bedenken gegen die erhobenen Ausstellungen sowie Anträge auf Ergänzung der Ausstellungen werden durch das Plenum erledigt, bei dessen Berathung der Obermilitäranwalt mit seinen Anträgen schriftlich oder mündlich zu hören ist.

Die dem Plenum vorzulegenden Fragen sind auf Grund von Besprechungen innerhalb der Senate in einer Vorbesprechung der rangältesten militärischen Mitglieder, der Senatspräsidenten sowie des Obermilitäranwalts vorläufig festzustellen.

Bedenken und Anträge, über deren Erledigung bei der Vorbesprechung Einstimmigkeit erzielt wird, sind dem Plenum nicht vorzulegen. Es bleibt aber jedem Mitglied überlassen, selbständig weitere Anträge im Plenum zur Entscheidung zu bringen.

Nach Erledigung der erhobenen Bedenken werden die Ausstellungen durch die Senatspräsidenten unter Zuziehung des Obermilitäranwalts und eines juristischen Mitglieds einheitlich zusammengestellt und nach Drucklegung und Vertheilung an die Mitglieder dem Plenum zur endgültigen Beschlußfassung unterbreitet.

Der Präsident des Reichsmilitärgerichts erhält demnächst Ausfertigung dieses Beschlusses zur Mittheilung an die Militärjustizverwaltungen.

Uebergangsbestimmungen.

21. a) Militärgerichtliche Erkenntnisse, die am 1. Oktober 1900 noch nicht rechtskräftig sind, werden, soweit sie nach den bisherigen Prozeßgesetzen dem preußischen General-Auditoriat eingereicht werden mußten, von dem I. Senat des Reichsmilitärgerichts, die Erkenntnisse gegen Angehörige der Schutztruppen vom II. Senat bearbeitet.

b) Der zuständige Senatspräsident vertheilt die Sachen an die juristischen Mitglieder des Senats und ernennt nach Bedürfniß einen zweiten Berichterstatter.

Der Senat beschließt und entscheidet in der Besetzung von vier juristischen und drei militärischen Mitgliedern.

c) Die Beschlußfassung und Entscheidung findet ohne mündliche Verhandlung und ohne Mitwirkung der Militäranwaltschaft in nicht öffentlicher Sitzung statt.

Die von den Senaten zu erstattenden sachlichen Berichte sowie die vom Senat als zweite Instanz im spruchgerichtlichen Verfahren gegen Militärbeamte gefällten Urtheile werden von sämmtlichen mitwirkenden Richtern unterzeichnet.

d) Andere Verfügungen und Entscheidungen des Senats ergehen unter der Unterschrift des Senatspräsidenten.

Die Allerhöchsten Orts vorzulegenden Berichte ꝛc. werden dem Präsidenten des Reichsmilitärgerichts eingereicht.

e) Die vorstehenden Bestimmungen finden auch dann entsprechende Anwendung, wenn gegen eine von dem preußischen General-Auditariat ergangene Verfügung oder Entscheidung Rekurs eingelegt worden (Preuß. MStGerO. § 87 Absatz 2) und der Bericht erst nach dem 1. Oktober 1900 zu erstatten ist.

Anlage E (zu Anmerkung 213).

Dienst- und Geschäftsordnung für die Militärgerichtsstellen der höheren und der niederen Gerichtsbarkeit.[1])

I. Allgemeine Bestimmungen.

1. Der Dienst- und Geschäftsgang bei den Militärgerichtsstellen wird durch den Gerichtsherrn geregelt, soweit nicht nachstehend besondere Bestimmungen getroffen sind.

Dienstanzug für Beamte.

2. Die Militärjustizbeamten erscheinen im Dienste in Uniform.

Die richterlichen Militärjustizbeamten und die Militärgerichtsschreiber tragen bei der Hauptverhandlung den Waffenrock mit Achselstücken; die ersteren dürfen bei gerichtlichen Vernehmungen den Ueberrock tragen, bei den übrigen dienstlichen Verrichtungen innerhalb der Gerichtsräume auch die Litewka mit Achselstücken. Den Militärgerichtsschreibern ist das Tragen der Litewka außerhalb der Hauptverhandlung überhaupt gestattet.

Die Militärgerichtsboten tragen bei den Hauptverhandlungen und bei Dienstverrichtungen außerhalb der Geschäftsräume den Überrock; bei sonstigen Dienstverrichtungen können sie die Litewka tragen. Bei Verrichtung der unter IV, 9 erwähnten Kastellangeschäfte sind sie nicht verpflichtet, Uniform anzulegen.

Amtsverschwiegenheit.

3. Die Beobachtung des Amtsgeheimnisses ist Pflicht aller im Militärjustizdienst angestellten oder beschäftigten Personen.

Es ist selbstverständlich, daß über amtliche Vorgänge, deren Geheimhaltung auf allgemeiner oder besonderer Vorschrift beruht, und über den Inhalt eines

---

[1]) Eingeführt durch KrMVf. 2. Jan. 00 (AVB. 15). Gleichzeitig ist bestimmt, daß die MilGerBehörden Formulare nach den Mustern des vom KrMin. herausgegebenen Formularbuchs benutzen sollen. Dasselbe ist bei E. S. Mittler & S., Berlin erschienen u. inzwischen mehrfach abgeändert. — Die bis Dez. 03 genehmigten Änderungen der D. u. GO. — Deckblätter 1—7 u. zugehörige handschriftliche Berichtigungen — sind im Texte nachgetragen.

jeden amtlich als geheim oder vertraulich bezeichneten Schriftstücks unbedingte Verschwiegenheit beobachtet werden muß. Die Verwerthung derartigen Materials bei wissenschaftlichen oder sonstigen Veröffentlichungen, sei es mit oder ohne Quellenangabe, ist nur mit Genehmigung des Kriegsministeriums zulässig.

Die Militärjustizbeamten werden aber ihrer Stellung nur dann in vollem Maße gerecht, wenn sie sich auch hinsichtlich solcher dienstlicher Wahrnehmungen, die nicht unmittelbar in den Bereich des Amtsgeheimnisses fallen, möglichste Zurückhaltung auferlegen. Das persönliche Taktgefühl wird die Grenze erkennen, wo das an sich Erlaubte zur Indiskretion wird.

Müssen bei Erledigung einer geheim zu behandelnden Angelegenheit Hülfskräfte (Schreiber 2c.), denen die Pflicht zur Amtsverschwiegenheit nicht obliegt, herangezogen werden, so ist ihnen Verschwiegenheit zur Pflicht zu machen. Personen des Soldatenstandes, die hierbei im Allgemeinen nur in Frage kommen, ist die Geheimhaltung von ihren militärischen Vorgesetzten ausdrücklich zu befehlen.

Urlaubsertheilung.

4. Den Militärjustizbeamten (Oberkriegsgerichtsräthen, Kriegsgerichtsräthen, Militärgerichtsschreibern, Militärgerichtsboten) wird Urlaub ertheilt:

a) ohne Zeitbeschränkung:
durch den Kriegsminister;

b) bis zu 3 Monaten:
durch das Kriegsministerium (Versorgungs- und Justizdepartement);

c) bis zu $1^1/_2$ Monaten:
durch den Gerichtsherrn.

Anträge auf Belassung des vollen Diensteinkommens bei einem Urlaube von mehr als $1^1/_2$ Monaten unterliegen der Entscheidung des Kriegsministeriums.

Militärische Uebungen.

5. Von Einberufungen zu militärischen Uebungen haben die richterlichen Militärjustizbeamten, sobald sie Kenntniß erhalten, daß eine solche Einziehung beabsichtigt ist, dem Kriegsministerium (Versorgungs- und Justizdepartement) durch Vermittelung des Gerichtsherrn Anzeige zu erstatten, damit über Abkömmlichkeit und Stellvertretung rechtzeitig befunden werden kann.

Verheirathung, Uebernahme von kirchlichen 2c. Aemtern und von Vormundschaften.

6. Anträge wegen Ertheilung der Genehmigung

a) zur Verheirathung, § 40 des Reichsmilitärgesetzes vom 2. Mai 1874, HeiratsV. vom 25. Mai 1903 III 12,

b) zur Uebernahme von Vormundschaften (Gegenvormundschaften) § 41 a. a. O.,

c) zur Annahme von Aemtern in der Verwaltung und Vertretung der kirchlichen oder politischen Gemeinden 2c., § 47 a. a. O.

sind von den richterlichen Militärjustizbeamten im Dienstweg an das Kriegsministerium (Versorgungs- und Justizdepartement), von den Militärgerichtsschreibern durch den Verwaltungsvorgesetzten zu a an den Gerichtsherrn, zu b u. c auf dem Dienstweg an das Kriegsministerium (Versorgungs- und Justizdepartement), von den Militärgerichtsboten an den Verwaltungsvorgesetzten zu richten.

Einschränkung der Dienstreisen.

7. Dienstreisen der Militärjustizbeamten sind auf das nothwendige Maß zu beschränken.[2])

Die in gleichzeitig schwebenden Untersuchungssachen außerhalb der Garnison nothwendig werdenden Dienstgeschäfte der Militärjustizbeamten sind thunlichst zu verbinden, soweit nicht wichtigere Interessen der Untersuchungsführung dem entgegenstehen.

Vorschriften betreffend den Schriftenwechsel.

8. In allen Berichten und Antwortschreiben ist Datum und Nummerzeichen des Ersuchungsschreibens anzugeben.

Beigefügte Akten oder sonstige Anlagen sind am Rande der Zahl nach genau zu bezeichnen.

In Untersuchungen gegen verhaftete Beschuldigte sind sämmtliche Schriftstücke am Kopfe mit der Bezeichnung „Haftsache" zu versehen. Dieses Wort ist roth zu unterstreichen.

Nicht miteinander in Verbindung stehende Sachen, die gleichzeitig an dieselbe Behörde gehen, sind mit besonderen Anschreiben einzusenden

Einrichtung der Akten.

9. In die Untersuchungsakten sind alle auf die Untersuchung Bezug habenden Schriftstücke, und zwar nach der Reihenfolge ihres Datums, einzuheften. Ebenso sind alle im Laufe der Untersuchung ergangenen Verfügungen und Mittheilungen aktenkundig zu machen.

Die einzelnen Blätter sind mit fortlaufenden Nummern zu versehen.

Jedem Aktenband ist ein auf die Blattzahlen verweisendes Inhaltsverzeichniß vorzuheften, in dem die vernommenen Personen namentlich aufzuführen sind.

Die Aktendeckel sind nach Muster A und B einzurichten.

Aufbewahrung der Akten.

Die Registratur für Strafjustiz bildet einen besonderen Theil der Geschäftsregistratur der Gerichtsherren.

In dieser Registratur sind die Generalakten, die Akten der erledigten Sachen und die Akten der laufenden Untersuchungen von einander zu trennen, und sämmtliche Akten derart geordnet aufzubewahren, daß sie leicht aufgefunden werden können.

Bei der Ordnung der Akten in der Registratur ist auch der Kriegszustand zu berücksichtigen und darauf Bedacht zu nehmen, daß die Akten, die im Falle eines Krieges mit ins Feld zu nehmen sind, von denen, die zurückzulassen, schnell gesondert werden können.

Generalakten.

11. Zu den Generalakten zählt Alles, was nicht zu den Prozeßakten gehört, insbesondere also

a) das auf die Gerichtsorganisation, z. B. Bestellung der Gerichtsoffiziere und der ständigen Mitglieder der Militärgerichte, Bezügliche;

b) Verordnungen, allgemeine Verfügungen und grundsätzliche Entscheidungen;

---

[2]) Nähere Vorschriften KrMVf. 10. Dez. 02.

c) die Personalakten der Militärjustizbeamten;
d) Verzeichniß der als Vertheidiger zugelassenen Rechtsanwälte;
e) Zeiteingaben.

Schriftstücke oder Drucksachen, die denselben Gegenstand betreffen, sind in einem Aktenhefte zu vereinigen. Die Aktenhefte sind mit Aufschrift und einem Inhaltsverzeichnisse zu versehen.

Es ist ein

„Verzeichniß der Generalakten"

anzulegen. Darin muß der Titel der Akten, der Jahrgang und die Zahl der dazu gehörigen Bände angegeben werden.

Formulare.

12. Die Militärgerichtsstellen haben die vom Kriegsministerium (Versorgungs- und Justizdepartement) vorgeschriebenen Formulare zu benutzen.[3])

II. Besondere Bestimmungen.

A. Für die Militärgerichtsstellen der niederen Gerichtsbarkeit.

Strafprozeßliste.

1. Jeder Gerichtsoffizier hat über die ihm zur Erledigung überwiesenen Untersuchungssachen eine Strafprozeßliste nach Muster C unter Beobachtung der beigedruckten Bemerkungen zu führen.

Durchsicht der Urtheile und Untersuchungsakten.

2. Am 10. Januar, 10. April, 10. Juli und 10. Oktober jeden Jahres haben die Gerichtsherrn der niederen Gerichtsbarkeit, in Ausführung des § 113 der Militärstrafgerichtsordnung, die während des letztverflossenen Vierteljahres ergangenen rechtskräftigen Urtheile der Standgerichte mit den Akten und mit Abschriften der Strafprozeßliste, in welche alle in dem letztverflossenen Vierteljahr anhängig gewordenen und alle aus den früheren Vierteljahren unerledigt gebliebenen Untersuchungen aufzunehmen sind, dem zuständigen Gerichtsherrn der Berufungsinstanz einzureichen.

B. Für die Militärgerichtsstellen der höheren Gerichtsbarkeit.

Listenführung.

1. Bei den Gerichtsstellen der höheren Gerichtsbarkeit erster Instanz sind folgende Listen zu führen:
a) eine Tagesliste nach Muster E über die den richterlichen Militärjustizbeamten zur Bearbeitung überwiesenen Sachen;
b) Strafprozeßlisten nach Muster F über die von den einzelnen Beamten bearbeiteten Untersuchungssachen erster Instanz;
c) Berufungslisten nach Muster G über die von ihnen bearbeiteten Berufungssachen und
d) ein Verzeichniß der weggelegten Untersuchungsakten nach Muster H für die beendeten Strafprozeßsachen.

2. Für jeden Kriegsgerichtsrath ist außerdem über die unter seiner Mitwirkung erfolgten Fahnenfluchtserklärungen (MStGerO. § 360) eine Liste nach Muster J zu führen.

---

[3]) Anm. 1.

Zweck dieser Listen ist, einer Verjährung der Strafverfolgung wegen Fahnenflucht vorzubeugen.

Die Eintragungen in diese Liste erfolgen nach Jahrgängen.

Sind in einer Verfügung mehrere Abwesende für fahnenflüchtig erklärt worden, so ist jeder unter einer besonderen Nummer zu führen.

In den Untersuchungsakten ist bei den die Unterbrechung der Verjährung betreffenden Verfügungen die Nummer der Liste anzugeben.

Kehrt der Abwesende zurück oder wird sein Tod ermittelt, so ist die Nummer zu löschen und der Grund der Löschung in der Kolonne X anzugeben.

Um die Unterbrechung der Verjährung zu bewirken, ist die Liste in regelmäßigen Zeitabschnitten einer Durchsicht zu unterwerfen und, daß und wann dies geschehen, zu den Handakten zu vermerken.

Sollten im Bereich eines Gerichtsherrn die Fahnenfluchtsachen einen solchen Umfang gewinnen, daß die Liste allein die erforderliche Uebersicht nicht gewährt, so ist überdies eine Wiedervorlagenachweisung zu führen, in der nach Jahrgängen diejenigen Untersuchungen zu verzeichnen sind, bei denen im Laufe des Jahres die Unterbrechung der Verjährung bewirkt werden muß.

Treten Truppentheile unter eine andere Gerichtsbarkeit, so verbleiben, wie alle anderen gegen Mannschaften dieser Truppentheile geführten und bereits weggelegten Untersuchungsakten, so auch die Fahnenfluchtakten bei derjenigen Stelle, bei der sie weggelegt worden sind. Diese letzten Akten sind so lange aufzubewahren, bis der Fahnenflüchtige zurückgekehrt und die Akten von demjenigen Gerichtsherrn eingefordert werden, dem die Strafverfolgung des Zurückgekehrten obliegt, oder bis der Tod des Abwesenden ermittelt wird. Da jedoch die Unterbrechung der Verjährung der Strafverfolgung (§ 76 Militärstrafgesetzbuchs) zur Zuständigkeit desjenigen Gerichtsherrn gehört, auf den die Gerichtsbarkeit über den Beschuldigten übergegangen ist, so müssen diesem die erforderlichen Unterlagen für die Unterbrechung gegeben werden, und es sind zu diesem Zwecke vollständige Verzeichnisse der zu den betreffenden Truppentheilen gehörigen, für fahnenflüchtig erklärten Militärpersonen nach Muster K zu übersenden.

3. Bei den Gerichtsstellen der höheren Gerichtsbarkeit zweiter Instanz sind zu führen:

a) eine Tagesliste nach Muster E;
b) Berufungslisten nach Muster L über die von den einzelnen Oberkriegsgerichtsräthen bearbeiteten Berufungssachen.

4. Die Listen und Verzeichnisse werden von den Militärgerichtsschreibern unter Beobachtung der den Mustern beigedruckten Bemerkungen geführt. Für die ordnungsgemäße Führung der Strafprozeßlisten, der Berufungslisten und der Listen der Fahnenflüchtigen ist jedoch der betreffende Kriegsgerichtsrath oder Oberkriegsgerichtsrath mit verantwortlich.

Der detachirte Kriegsgerichtsrath ist auch für die Tagesliste mit verantwortlich.

Im Uebrigen überwacht der dienstälteste Kriegsgerichtsrath oder Oberkriegsgerichtsrath die ordnungsmäßige Führung der Listen ꝛc.

Zeiteingaben.

5. Es sind einzureichen:

a) am 5. jeden Monats Nachweisungen der im vorhergehenden Monate bestätigten Urtheile, durch die wegen militärischer Verbrechen oder Vergehen auf Entfernung aus dem Heere oder auf eine Freiheitsstrafe von mehr als drei Jahren erkannt ist, nach Muster M. Das letztere ist auch da anzunehmen, wo der Gesammtbetrag der wegen militärischer Delikte erkannten Einzelstrafen mehr als drei Jahre beträgt;

b) am 10. Januar, 10. April, 10. Juli und 10. Oktober jeden Jahres Nachweisungen der von den einzelnen Militärjustizbeamten im Laufe des letzten Kalendervierteljahres ausgeführten Dienstreisen nach Muster N;

c) am 15. Januar jeden Jahres Geschäftsnachweisungen nach Muster O und P;

d) am 1. Oktober jeden Jahres Nachweisungen der seit dem 1. Oktober des vorhergehenden Jahres stattgehabten Zweikämpfe von Militärpersonen nach Muster Q.

Die Einsendung erfolgt zu a an den Präsidenten des Reichsmilitärgerichts, im Uebrigen an das Kriegsministerium (Versorgungs- und Justizdepartement).

Die Einsendung liegt ob:

zu a dem dienstältesten Oberkriegsgerichtsrathe,
zu b und c dem dienstältesten Kriegsgerichtsrath oder Oberkriegsgerichtsrathe,
zu d dem dienstältesten Kriegsgerichtsrathe.

Durchsicht der Urtheile und Untersuchungsakten.

6. Zur Prüfung der Urtheile (§ 113 der Militärstrafgerichtsordnung) wird Folgendes bestimmt:

a) den kommandirenden Generalen und den in dieser Beziehung gleichgestellten Befehlshabern sind von den ihnen untergebenen Gerichtsherren einzureichen:

am 10. Januar, 10. April, 10. Juli und 10. Oktober jeden Jahres die während des letztverflossenen Vierteljahres ergangenen rechtskräftigen Urtheile der Kriegsgerichte mit den Akten, mit Abschriften der Berufungsliste und mit Abschriften der Strafprozeßliste, in welche alle in dem letztverflossenen Vierteljahr anhängig gewordenen und alle aus den früheren Vierteljahren unerledigt gebliebenen Untersuchungen aufzunehmen sind;

am 1. Februar, 1. Mai, 1. August und 1. November jeden Jahres die Zusammenstellungen der bei der Durchsicht der standgerichtlichen Urtheile und Akten wahrgenommenen Mängel und Verstöße nach Muster S;

b) die kommandirenden Generale 2c. reichen in jedem Jahre am 1. Oktober die in der Zeit vom 1. Januar bis 30. Juni des laufenden Jahres und am 1. April die in der Zeit vom 1. Juli bis 31. Dezember des letztverflossenen Jahres ergangenen rechtskräftigen Urtheile der Oberkriegsgerichte mit den Auszügen aus den Berufungslisten dem Reichsmilitärgericht ein nach Muster T. Gleichzeitig werden die Ausstellungen, zu denen die standgerichtlichen und kriegsgerichtlichen Sachen in den betreffenden Halbjahren Anlaß gegeben haben, mitgetheilt nach Muster U.

Sonstige Eingaben.

7. Von allen Aufsehen erregenden Vorgängen auf dem Gebiete des Militärstrafrechts ist dem Kriegsministerium unverzüglich von dem Gerichtsherrn Mittheilung zu machen.

Verfahren im Falle einer Mobilmachung.

Alle Untersuchungen, die immobil gebliebene oder einem immobilen Truppentheil überwiesene Beschuldigte betreffen, sind an die zuständige immobile Stelle abzugeben.

Für die Frage, inwieweit die mobilen Truppen von solchen Untersuchungen, die vor dem Ausmarsche nicht mehr erledigt werden können, durch Ueberweisung des Beschuldigten an einen immobilen Truppentheil zu entlasten sind, kommt in Betracht,

a) daß im Felde die Führung von Untersuchungen und die Strafvollstreckung unter Umständen mit Schwierigkeiten verbunden ist, und daß mobile Truppen nicht unnöthig zu belasten sind,

b) andererseits aber auch, daß der ins Feld rückenden Armee brauchbare Kräfte, soweit thunlich, nicht entzogen werden dürfen.

9. Beschuldigte, bei denen die Fortdauer der Untersuchungshaft geboten ist, sind immobilen Truppentheilen zu überweisen.

Ebenso ist die Abgabe anhängiger Untersuchungen an die immobile Stelle dann zweckmäßig, wenn die Fortführung und Erledigung der Untersuchung bei dem mobilen Truppentheil erhebliche Unzuträglichkeiten verursachen würde, und es überdies unthunlich erscheint, dieselbe längere Zeit ruhen zu lassen.

10. Bei den mobilen Truppentheilen sind neue Tageslisten, neue Strafprozeßlisten und neue Verzeichnisse der weggelegten Akten anzulegen und bis zur Demobilmachung fortzuführen.

Lassen sich infolge der Kriegsereignisse 2c. festgesetzte Termine nicht innehalten, so ist der zuständigen Stelle Meldung zu erstatten, das Unterbliebene aber möglichst bald nachzuholen.

11. Nach erfolgter Demobilmachung sind, soweit nicht besondere Anordnungen ergehen,

a) die laufenden Akten an diejenige Stelle, deren Gerichtsbarkeit der Beschuldigte zur Zeit der Demobilmachung unterworfen ist,

b) die weggelegten Akten an die Stelle, deren Gerichtsbarkeit der Beschuldigte im Frieden unterworfen gewesen wäre,

abzugeben.

III. Militärgerichtsschreiber.

A. Bei den Stäben der Gerichtsherren der höheren Gerichtsbarkeit.

Bedingung für die Zulassung.

1. Zur Anstellung als Militärgerichtsschreiber gelangen Militäranwärter, die sich tadellos geführt haben und geistig wie körperlich zu dieser Stellung befähigt sind. In erster Linie werden solche Militäranwärter zugelassen, die die Prüfung als Civilgerichtsschreiber bestanden haben.

In Ermangelung solcher Personen ergänzen sich die Militärgerichtsschreiber aus Militäranwärtern, die

a) die Prüfung als Gerichtsschreibergehülfe bestanden haben, oder

b) während ihrer aktiven Militärdienstzeit längere Zeit (mindestens ein Jahr) hindurch die Geschäfte des Militärgerichtsschreibers bei einem Gerichtsherren der niederen Gerichtsbarkeit zur vollen Zufriedenheit ihrer Vorgesetzten wahrgenommen haben, oder

c) das Schulzeugniß über die wissenschaftliche Befähigung für den einjährig-freiwilligen Militärdienst besitzen.

2. Gesuche um Zulassung sind an das Kriegsministerium (Justizabtheilung) zu richten und, soweit es sich um Gesuche aktiver Militäranwärter handelt, durch den Truppentheil auf dem Dienstwege vorzulegen.

Im Uebrigen findet § 12 der „Anstellungsgrundsätze" vom Jahre 1882[4]) Anwendung.

Dem Gesuche sind beizufügen:

a) ein selbst abgefaßter und eigenhändig geschriebener Lebenslauf;
b) die etwaigen Zeugnisse über die Prüfung als Gerichtsschreiber oder Gerichtsschreibergehülfe;
c) die Zeugnisse der Militärvorgesetzten über bisherige Dienstleistung und Führung, event. auch über die Leistungen als Militärgerichtsschreiber bei einem Gerichtsherrn der niederen Gerichtsbarkeit (vergl. oben Ziffer 1); von den bereits ausgeschiedenen Militäranwärtern ist außerdem ein amtlicher Ausweis über ihr Verhalten seit dem Austritt aus dem aktiven Militärdienste beizufügen;
d) eine pflichtmäßige Erklärung des Bewerbers, daß er keine Schulden habe;
e) der Civilversorgungsschein.

Die militärische Untersuchung durch einen Stabs- oder Oberstabsarzt (gemäß § 52 der Dienstanweisung zur Beurtheilung der Militärdienstfähigkeit ꝛc. vom 1. Februar 1894) erfolgt bei aktiven Militärpersonen auf Veranlassung des Truppentheils, der das ausgestellte Zeugniß dem Gesuche des Bewerbers beizufügen hat, im Uebrigen auf Veranlassung des Kriegsministeriums (Justizabtheilung).

Ausbildung.

3. Militäranwärter, die die Civilgerichtsschreiberprüfung abgelegt haben, bedürfen einer besonderen Ausbildung als Militärgerichtsschreiber nicht mehr.

4. Sonstige Anwärter, die den aufgestellten Bedingungen genügen, werden vom Kriegsministerium (Justizabtheilung) zum Vorbereitungsdienste bei einer Militärgerichtsstelle der höheren Gerichtsbarkeit zugelassen.

Dieser Vorbereitungsdienst währt in der Regel sechs Monate und ist durch einen richterlichen Militärjustizbeamten in der Weise zu leiten, daß der Anwärter Gelegenheit erhält, sich mit den den Gegenstand der Militärgerichtsschreiberprüfung bildenden Dienstzweigen vertraut zu machen.

Für Anwärter, die die Gerichtsschreibergehülfenprüfung gut bestanden haben, ist eine Abkürzung des Vorbereitungsdienstes bis auf drei Monate zulässig, worüber der die Ausbildung leitende richterliche Militärjustizbeamte zu befinden hat.

Letzterer hat bei Ablauf des Vorbereitungsdienstes seinem Gerichtsherrn über die Ausbildung des Anwärters Meldung zu erstatten und dabei ein schriftliches Gutachten über dessen voraussichtliche Befähigung zum Militärgerichtsschreiber vorzulegen. Von dem Gerichtsherrn wird hierauf geeigneten Falles die Zulassung des Anwärters zur Prüfung bei dem Generalkommando beantragt oder, sofern die Ausbildung unter Leitung eines Oberkriegsgerichtsrathes erfolgt ist, von dem Generalkommando verfügt.

Prüfung.

5. Am Sitze eines jeden Generalkommandos wird eine Prüfungskommission für Militärgerichtsschreiber eingerichtet, die aus

[4]) 25. März 82 (CB. 123, MB. 225).

einem Stabsoffizier als Vorsitzenden,
einem Oberkriegsgerichtsrath und
einem Kriegsgerichtsrathe

besteht. Der kommandirende General ernennt den Vorsitzenden und die Mitglieder.

6. Die Prüfung ist eine schriftliche und eine mündliche.

Die schriftliche Prüfung leitet der Kriegsgerichtsrath.

Der Kandidat hat:

a) unter Aufsicht des Kriegsgerichtsraths einen kurzen Aufsatz über einen in das Gebiet der Militärstrafgerichtsbarkeit oder des Militärstrafverfahrens fallenden Gegenstand auszuarbeiten und

b) der Hauptverhandlung eines Kriegsgerichts oder Oberkriegsgerichts, in der eine umfangreichere Beweiserhebung stattfindet — in nicht amtlicher Eigenschaft — beizuwohnen und über diese Hauptverhandlung, unter Beobachtung der Vorschriften der Militärstrafgerichtsordnung, ein Protokoll aufzunehmen.

Befriedigen diese Arbeiten, so wird der Kandidat zur mündlichen Prüfung zugelassen.

Bei dieser hat der Vorsitzende nach dem Grade der allgemeinen Bildung des Kandidaten zu forschen und ihn über die Pflichten und die Stellung eines Militärgerichtsschreibers, sowie über die Einrichtung des Heerwesens im Allgemeinen zu prüfen; der Oberkriegsgerichtsrath und der Kriegsgerichtsrath haben ihre Prüfung darauf zu richten, ob der Anwärter für die Protokollführung bei gerichtlichen Verhandlungen und für die Zweige des Militärgerichtsschreiberdienstes, insbesondere für den Expeditions- und Registraturdienst und für Rechnungsarbeiten, sich die erforderliche Kenntniß und praktische Gewandtheit erworben hat.

7. Ueber den Verlauf und das Ergebniß der mündlichen Prüfung wird von der Prüfungskommission eine Verhandlung aufgenommen, die sich darüber auszusprechen hat, ob der Bewerber die Prüfung

gut,
ausreichend oder
nicht bestanden hat.

Darüber, ob und wie die Prüfung bestanden ist, entscheidet die Prüfungskommission durch Stimmenmehrheit.

Von dem Ausfalle der Prüfung erhält der Bewerber und — wenn er zu den aktiven Militärpersonen gehört — auch der Truppentheil Kenntniß.

Die Prüfungsverhandlung selbst wird mit den Prüfungsarbeiten durch das Generalkommando dem Kriegsministerium (Justizabtheilung) vorgelegt.

8. Hat der Bewerber die Prüfung bestanden, so wird er in die beim Kriegsministerium (Justizabtheilung) geführte Anwärterliste eingetragen, und zwar mit dem Tage der Militärgerichtsschreiberprüfung, jedoch unter Hinzurechnung eines Zeitraums von 10 Monaten bei denjenigen Bewerbern, welche, ohne die Prüfung als Civilgerichtsschreibergehülfe abgelegt zu haben, zum Vorbereitungsdienst zugelassen sind (vergl. III. A 1 b und c).

Haben mehrere Anwärter an demselben Tage die Prüfung bestanden, so bestimmt sich die Reihenfolge nach den Prüfungsprädikaten (vergl. Ziffer 7), bei gleichem Prüfungsprädikate nach dem militärischen Dienstgrade und bei gleichem Dienstgrade nach der Dienstzeit innerhalb des letzteren.

9. Diejenigen Militäranwärter, die die Prüfung nicht bestanden haben, können nach dem Ermessen der Prüfungskommission nochmals zum Vorbereitungsdienst und zur Wiederholung der Prüfung binnen einer von ihr zu bestimmenden Frist, die aber mindestens drei Monate beträgt, zugelassen werden.

Hiervon hat der Vorsitzende der Prüfungskommission dem Generalkommando Meldung zu erstatten, das seinerseits dem Kriegsministerium (Justizabtheilung) Mittheilung macht.

Probedienstleistung und Anstellung.

10. Die in die Anwärterliste aufgenommenen Militäranwärter werden unter Berücksichtigung der „Anstellungsgrundsätze" (insbesondere des § 18, 3)[4]) beim Eintritte der Stellenerledigungen zunächst probeweise auf sechs Monate durch das Kriegsministerium (Versorgungs- und Justizdepartement) angestellt.

Abkürzung der Probezeit ist zulässig.

11. Anwärter, die nicht unmittelbar nach erfolgter Notirung einberufen werden, sind vor dem Dienstantritte durch einen Stabs- oder Oberstabsarzt ihres Truppentheils oder — bei nicht mehr aktiven Militärpersonen — durch einen seitens des Kriegsministeriums (Justizabtheilung) dem Bewerber zu bezeichnenden Stabs- oder Oberstabsarzt auf ihre körperliche Brauchbarkeit zu untersuchen. Die Untersuchung findet am Wohnorte des Anwärters oder im nächsten Garnisonorte statt. Reisekosten werden nicht vergütet.

Ferner haben sich diese Anwärter vor ihrer Anstellung auf Probe über ihre tadellose Führung in der Zwischenzeit auszuweisen, sowie eine nochmalige pflichtmäßige Erklärung darüber abzugeben, daß sie keine Schulden haben.

Diese Erklärung, sowie das Führungs- und das militärärztliche Zeugniß sind dem Kriegsministerium (Justizabtheilung) vorzulegen.

12. Nach Darlegung ihrer praktischen Befähigung werden die Anwärter durch das Generalkommando dem Kriegsministerium (Versorgungs- und Justizdepartement) zur endgültigen Anstellung in Vorschlag gebracht.

Für die beim Inkrafttreten der Militärstrafgerichtsordnung anzustellenden Militärgerichtsschreiber gelten die in der Anlage enthaltenen Uebergangsbestimmungen.[5])

Dienstliche Pflichten.

13. Abgesehen von den Bestimmungen der §§ 120, 163, 224, 273, 331, 332, 336 der Militärstrafgerichtsordnung umfaßt der Dienst der Militärgerichtsschreiber alle Bureaugeschäfte, insbesondere daher:

Die Anfertigung der Expeditionen, Ausfertigungen, Abschriften und Rechnungsarbeiten; die Ordnung, Vervollständigung und Aufbewahrung der Akten und sonstigen Schriften; die Führung aller Register und Listen; die Aufstellung der vorgeschriebenen Auszüge und Geschäftsübersichten; die Verwaltung der Drucksachen; die Führung der Inventarien und alle ähnlichen Arbeiten.

Endlich haben die Militärgerichtsschreiber sich allen denjenigen Verrichtungen zu unterziehen, die im Interesse des Geschäftsbetriebes von den betreffenden richterlichen Militärjustizbeamten für erforderlich erachtet werden, wozu auch das Heften der Akten, sowie die Verpackung und der Verschluß von Versendungen gehört, soweit derartige Geschäfte nicht von dem Miliärgerichtsboten ausgeführt werden können, oder die Versendungen nicht vom Geschäftszimmer des Gerichtsherrn aus erfolgen.

14. Die gewöhnlichen Dienststunden werden durch den Verwaltungsvorgesetzten festgesetzt.

Eilige Sachen müssen auch außerhalb der gewöhnlichen Dienststunden erledigt werden.

---

[5]) Nicht abgedruckt, weil jetzt nicht mehr von praktischer Bedeutung.

B. Bei den Stäben der Gerichtsherren der niederen Gerichtsbarkeit.

1. Die Wahrnehmung der Geschäfte des Militärgerichtsschreibers wird von dem Gerichtsherrn geeigneten Personen des Soldatenstandes (Bataillonsschreibern ꝛc.) übertragen.

2. Der Militärgerichtsschreiber hat mittels einer von dem Gerichtsoffizier aufzunehmenden Verhandlung nachstehendes Gelöbniß abzulegen:

„Ich gelobe hierdurch an Eidesstatt, daß ich die mir als Militärgerichtsschreiber übertragenen Geschäfte treu und gewissenhaft verrichten und Verschwiegenheit über dieselben beobachten will."

3. Ein Militärgerichtsschreiber wird zugezogen bei der Vernehmung des Beschuldigten, der Zeugen und Sachverständigen, sowie bei der Einnahme des Augenscheins, namentlich aber erfolgt die Hauptverhandlung in ununterbrochener Gegenwart eines Militärgerichtsschreibers (§§ 163, 224, 273, 331, 332, 336 Militärstrafgerichtsordnung). Auch kann der Dienst des Dolmetschers von dem Militärgerichtsschreiber wahrgenommen werden, (§ 120 a. a. O.)

IV. Militärgerichtsboten.

1. Bei den Gerichtsherren der höheren Gerichtsbarkeit werden Militärgerichtsboten angestellt.

Bedingungen für die Zulassung.

2. Zur Anstellung als Militärgerichtsboten gelangen Militäranwärter, die
   a) sich tadellos geführt haben,
   b) die erforderliche körperliche Rüstigkeit besitzen,
   c) durch einen Probedienst bis zu sechs Monaten ihre Befähigung dargethan haben.

3. Gesuche um Zulassung sind an den Gerichtsherrn, bei dem eine solche Stelle zu besetzen ist, oder bei dem der Bewerber angestellt zu werden wünscht, zu richten und, soweit es sich um Gesuche aktiver Militäranwärter handelt, durch den Truppentheil auf dem Dienstwege vorzulegen.

Im Uebrigen findet § 12 der „Anstellungsgrundsätze" vom Jahre 1882 Anwendung.[4])

Dem Gesuche sind beizufügen:
   a) ein selbstverfaßter und selbstgeschriebener Lebenslauf;
   b) die Zeugnisse der Militärvorgesetzten über bisherige Dienstleistung und Führung; von den bereits ausgeschiedenen Militäranwärtern außerdem ein amtlicher Ausweis über ihr Verhalten seit dem Austritt aus dem aktiven Militärdienste;
   c) eine pflichtmäßige Erklärung des Bewerbers, daß er keine Schulden habe;
   d) der Civilversorgungsschein.

Die militärärztliche Untersuchung durch einen Stabs- oder Oberstabsarzt (gemäß § 52 der Dienstanweisung vom 1. Februar 1894) erfolgt bei aktiven Militärpersonen auf Veranlassung des Truppentheils, der das ausgestellte Zeugniß dem Gesuche des Bewerbers beizufügen hat, im Uebrigen auf Veranlassung des Gerichtsherrn.

Probedienstleistung und Anstellung.

4. Ist durch das Zulassungsgesuch und dessen Anlagen dargethan, daß der Bewerber den bestehenden Bestimmungen genügt, so ordnet der Gerichtsherr seine

Zulassung zum Probedienst als Militärgerichtsbote und seine Aufnahme in die Anwärterliste an.

Während der Probezeit wird das volle Stelleneinkommen gewährt.

5. Spätestens bei Beendigung des Probedienstes entscheidet der Gerichtsherr auf den Vortrag des ihm zugeordneten dienstältesten richterlichen Militärjustizbeamten darüber, ob der Anwärter in seiner Stelle zu bestätigen oder wieder zu entlassen ist.

Im letzteren Falle ist der Anwärter mit einer Bescheinigung über den Grund der Entlassung zu versehen.

6. Die endgültige Anstellung erfolgt auf Lebenszeit.

Von jeder Anstellung ist dem Kriegsministerium (Justizabtheilung) und der das Gehalt anweisenden Intendantur Mittheilung zu machen.

Dienstliche Pflichten.

7. Zu den Obliegenheiten der Militärgerichtsboten gehört in erster Linie die Wahrnehmung des inneren Dienstes.

8. Zum inneren Dienste gehören insbesondere:

a) die Wahrnehmung des Dienstes in den Terminen und Sitzungen;
b) die Dienstleistungen für das Gerichtspersonal und in den Geschäftszimmern, das Heften der Akten und dergleichen;
c) das Abholen und Abtragen der Postsachen;
d) das Abtragen der Akten in die Wohnungen der Offiziere und Beamten und das Wiederabholen der Akten.

Die Militärgerichtsboten sind ferner verpflichtet:

e) die ihnen ertheilten Dienstbefehle ihrer Vorgesetzten auszuführen und bei Ausführung von Dienstbefehlen, Verfügungen und Entscheidungen, wie sie z. B. die Verhaftung, Vorführung, Festhaltung oder vorläufige Festnahme einer Person, die Vornahme von Durchsuchungen und Beschlagnahmen betreffen können, Hülfe zu leisten;
f) am Orte ihrer Anstellung Zustellungen von Entscheidungen oder Verfügungen vorzunehmen, Erkundigungen einzuziehen oder mündliche Mittheilungen zu besorgen.

9. Denjenigen Boten, denen eine Dienstwohnung gewährt wird, liegt außerdem die Eröffnung und Verschließung der Geschäftsräume, sowie die Beaufsichtigung derselben und der darin befindlichen Gegenstände ob.

Die Reinigung, Heizung und Beleuchtung der Gerichtsräume sowie die Reinigung der zugehörigen Aborte (Klosetanlagen) haben jene Boten ohne Entgeld nur insoweit auszuführen, als sie diese Arbeiten nach dem Urtheil des betreffenden Gerichtsherrn ohne Schädigung ihres sonstigen Dienstes (vergl. Nr. 8) und ohne fremde Hülfe zu leisten im Stande sind. Andernfalls ist ihnen für diese Mehrarbeit bezw. für die anzunehmenden Hülfskräfte eine angemessene Entschädigung zu gewähren.

Muster zur Dienst- und Geschäftsordnung für die Militärgerichtsstellen.[6])

Muster A zu I 9. } Aktendeckel für die Stellen der niederen und
" B zu I 9. } höheren Gerichtsbarkeit.
" C zu II A 1. Strafprozeßliste für niedere Gerichtsbarkeit.
" D zu II A 2.[7])

[6]) Die Muster enthalten nur Formulare u. Bemerkungen hierzu u. sind nicht abgedruckt.

[7]) Fortgefallen.

Muster E zu II B1a. Tagesliste.
" F zu II B1b. Strafprozeßliste für höhere Gerichtsbarkeit 1. Instanz.
" G zu II B1c. Berufungsliste für dieselbe.
" H zu II B1d. Verzeichniß der weggelegten Untersuchungsakten.
" J zu II B2. Liste über die gegen abwesende Fahnenflüchtige anhängigen Untersuchungen usw.
" K zu II B2. Verzeichniß der für fahnenflüchtig erklärten Angehörigen von Truppentheilen, die unter andere Gerichtsbarkeit treten.
" L zu II B 3b. Berufungsliste für höhere Gerichtsbarkeit 2. Instanz.
" M zu II B5a. Nachweisung der wegen militärischer Verbrechen oder Vergehen ergangenen Verurtheilungen zu Entfernung aus dem Heere oder mehr als dreijähriger Freiheitsstrafe.
" N zu II B5b. Nachweisung der Dienstreisen der Militärjustizbeamten.
" O zu II B5c. } Geschäftsnachweisungen für höhere Gerichtsbarkeit 1. und 2. Instanz.
" P " }
" Q zu II B5d. Nachweisung der stattgehabten Zweikämpfe.
" R zu II B 6a.[6])
" S zu II B6a. Zusammenstellung der bei Prüfung der standgerichtlichen Urtheile wahrgenommenen Verstöße.
" T zu II B6b. Nachweisung der bei den Gerichtsstellen der höheren Gerichtsbarkeit in der Berufungsinstanz ergangenen Urtheile.
" U zu II B6b. Zusammenstellung der Ausstellungen, zu denen die stand- und kriegsgerichtlichen Urtheile Anlaß gegeben haben.

Anlage F (zu Anmerkung 296).

Anweisungen des Kriegsministeriums. Vom 14. November 1901.[1])

Anweisung I betreffend Ersuchen an Behörden im Auslande.

I. Rechtshülfe.

A. Allgemeine Bemerkungen.

Form der Ersuchungsschreiben.

1. Die im Auslande zu erledigenden Ersuchen erfolgen mittels eines in deutscher Sprache — (s. jedoch Nr. 3 und 19) — an die ersuchte Behörde gerichteten Schreibens, das von dem ersuchenden Militärgerichte (dem Gerichtsherrn und dem richterlichen Militärjustizbeamten oder dem Gerichtsoffizier) zu unterzeichnen ist. Unstatthaft ist die Form des Randschreibens. Den Unterschriften ist das Dienstsiegel oder der Stempel beizudrücken.

[1]) Die Anw. haben nur für Preußen Giltigkeit. Für die übrigen Bundesstaaten erleiden die darin enthaltenen Grundsätze durch die zwischen diesen Bundesstaaten u. ausländischen Staaten abgeschlossenen besonderen Verträge teilweise Abänderungen.

Die Beifügung einer Uebersetzung in die fremde Landessprache ist im Allgemeinen nicht erforderlich, vielmehr zu unterlassen.

Hinsichtlich der Ausnahmen siehe Nr. 16, 19, 20.

Inhalt der Ersuchungsschreiben.

2. Das Ersuchungsschreiben muß den Gegenstand des Ersuchens vollständig und deutlich bezeichnen.

Die Uebersendung von Akten zur Erläuterung des Ersuchens ist unstatthaft. Ist zur Erledigung des Ersuchens die Kenntniß des Akteninhalts erforderlich, so ist eine gedrängte Darstellung des Sachverhalts in das Ersuchungsschreiben aufzunehmen oder demselben als Anlage beizufügen. Bedarf es der Mittheilung von Urkunden, so ist eine beglaubigte Abschrift beizufügen, die Urschrift aber nur dann, wenn deren Einsicht unentbehrlich erscheint. Die Bezugnahme auf Bestimmungen der deutschen Prozeßgesetze ist zu vermeiden, da hierdurch der Schein erweckt wird, als sollten die ausländischen Behörden bei der Ausführung des Ersuchens das für sie nicht verbindliche deutsche Recht zur Anwendung bringen.

Adressirung direkter Ersuchungsschreiben.

3. Zur Erleichterung der postalischen Behandlung der im unmittelbaren Geschäftsverkehr abgehenden Schreiben empfiehlt sich für die äußere Adresse derselben die Anwendung lateinischer Schriftzeichen, soweit in dem betreffenden Lande die deutsche Sprache nicht als Landessprache gilt.

Frankirung der direkten Ersuchungsschreiben.

4. Alle im unmittelbaren Geschäftsverkehr beförderten Ersuchungsschreiben, insbesondere auch die an die Konsuln abgehenden Sendungen sind von der absendenden Behörde zu frankiren.

Eilsachen.

5. Alle Berichte, Anträge oder Mittheilungen, die einer Beschleunigung bedürfen, sind auch in der Reinschrift an einer in die Augen fallenden Stelle als Eilsache zu bezeichnen.

Mittheilung veränderter Verhältnisse.

6. Aenderungen, die nach Einreichung eines Ersuchens in den thatsächlichen Verhältnissen eintreten und für die Erledigung jenes Ersuchens von Wichtigkeit sind, müssen sofort der ersuchten Stelle oder dem Kriegsministerium, Versorgungs- und Justiz-Departement, (vergl. Nr. 7) zur Kenntniß gebracht werden.

B. Ersuchen an Militärgerichte im Ausland und an Gerichte in den Schutzgebieten.

7. Unter den Gerichten des Heeres und der Marine findet, auch wenn sich das ersuchende wie das ersuchte Gericht oder eines von ihnen im Auslande befindet, bei der Rechtshülfe, die sie einander zu leisten haben, der unmittelbare Verkehr statt.

Der unmittelbare Verkehr mit den Gerichtsbehörden der deutschen Schutzgebiete ist gleichfalls zugelassen.

C. Ersuchen an deutsche Konsuln.

Unmittelbarer Verkehr mit den deutschen Konsuln. Vermittelung des Generalkonsuls in London.

8. Die an einen deutschen Konsul gerichteten Ersuchungsschreiben sind in der Regel unmittelbar zu übersenden. Eine Ausnahme findet statt, wenn es sich um Leistung der Rechtshülfe in einer britischen Kolonie oder auswärtigen britischen Besitzung handelt. In diesem Falle ist das Ersuchen an den für den Bezirk zuständigen Konsul zu richten und dem Kriegsministerium, Versorgungs- und Justiz-Departement, mit der Bitte um Vermittelung der Erledigung unverschlossen zu überreichen.

Vermittelung des Kriegsministeriums.

Soll die Rechtshülfe in Großbritannien selbst oder in Irland geleistet werden, so ist das Ersuchungsschreiben stets an den Generalkonsul in London zu richten, der die Erledigung auch dann veranlassen oder vermitteln wird, wenn sie im vereinigten Königreich außerhalb Londons stattzufinden hat.

Vermittelung des Herrn Ministers der auswärtigen Angelegenheiten.

Uebrigens ist auch der Herr Minister der auswärtigen Angelegenheiten bereit, in eigentlichen Rechtshülfesachen für die an einen Konsul gerichteten Ersuchungsschreiben auf Ansuchen seine Vermittelung eintreten zu lassen. Machen die Militärgerichte hiervon Gebrauch, so ist dem an das Kriegsministerium, Versorgungs- und Justiz-Departement, deshalb zu erstattenden Berichte das an den Konsul gerichtete Ersuchungsschreiben unverschlossen beizulegen.

Adresse der an deutsche Konsuln gerichteten Ersuchungsschreiben.

9. Die an die Konsuln gerichteten Ersuchen sind zur Vermeidung von Verzögerungen in der Erledigung der gestellten Anträge auf dem Briefumschlage nicht als für die Person des zuständigen Beamten, sondern als für die betreffende Amtsstelle bestimmt zu bezeichnen und deshalb z. B.: An das Kaiserlich deutsche Konsulat zu N zu adressiren.

Zuständigkeit der Konsuln.

10. Die amtliche Zuständigkeit der Konsuln im Allgemeinen ergiebt sich aus dem Gesetz vom 8. November 1867 (RGBl. S. 137), die der Konsuln mit Gerichtsbarkeit insbesondere aus dem Gesetze vom 10. Juli 1879 (RGB. S. 197).

Die im Auslande bestehenden Konsulate, sowie die Abgrenzung ihrer Amts- beziehentlich Jurisdiktionsbezirke weist das alljährlich durch das Auswärtige Amt veröffentlichte, im Buchhandel erscheinende „Verzeichniß der Kaiserlich deutschen Konsulate", sowie das „Handbuch für das Deutsche Reich" nach.

a) zur Ausübung der Gerichtsbarkeit befugte Konsuln.

Eine Uebersicht über die zur Ausübung der Gerichtsbarkeit befugten Konsuln ist in der Anlage I beigefügt.

Soll die Rechtshülfe in einem Lande geleistet werden, in dem Konsulargerichtsbarkeit geübt wird, so ist, selbst wenn der Konsul zur eigenen Erledigung des Ersuchens nicht zuständig ist, doch das Ersuchungsschreiben an ihn mit der Bitte um amtliche Verwendung zu richten. In der Regel wird der Konsul durch Verwendung bei der zuständigen Landesbehörde oder bei dem zuständigen Richterkonsul einer anderen Macht die Leistung der Rechtshülfe herbeiführen können.

b) Zur Abnahme von Eiden und Vernehmung von Zeugen ermächtigte Konsuln.

11. Außer den mit Gerichtsbarkeit ausgestatteten Konsuln sind zur Abnahme von Eiden und zur Vernehmung von Zeugen nur diejenigen Konsuln befugt, denen hierzu die Ermächtigung von dem Herrn Reichskanzler auf Grund des § 20 des Gesetzes vom 8. November 1867 (RGBl. S. 137) ausdrücklich ertheilt ist. Eine Uebersicht derselben ist in der Anlage II beigefügt.

Für den einzelnen Fall können die Militärgerichte die Ertheilung dieser Ermächtigung an einen nicht allgemein mit der entsprechenden Befugniß ausgestatteten Konsul durch Vermittelung des Kriegsministeriums, Versorgungs- und Justiz-Departement, unter gleichzeitiger Einreichung des an den Konsul gerichteten offenen Ersuchungsschreibens nachsuchen.

Regelmäßig sind Ersuchen wegen Abhörung eines Zeugen nur dann an einen nicht mit Gerichtsbarkeit ausgestatteten Konsul zu richten, wenn

a) die Militärgerichte sich zuvor versichert haben, daß derjenige, um dessen Beeidigung oder Vernehmung es sich handelt, an dem Amtssitze des Konsuls selbst oder in dessen unmittelbarer Nähe sich aufhält, und daß er Reichsangehöriger ist, sowie wenn

b) nach Lage der Sache anzunehmen ist, daß er bereit sein wird, sich vernehmen zu lassen,

weil der Konsul nur unter diesen Voraussetzungen in der Lage ist, dem Ersuchen Folge zu geben (vergl. jedoch für Großbritannien Nr. 17).

D. Ersuchen an ausländische Behörden.

12. Der Grundsatz, daß in dem Bereiche des Heeres jeder unmittelbare Verkehr mit ausländischen Behörden unstatthaft ist, findet, soweit nicht in der Anweisung II oder nachstehend (Nr. 14—21) Ausnahmen zugelassen sind, auch auf den Geschäftsverkehr der Militärgerichte Anwendung. Es bedarf daher (von jenen Ausnahmen abgesehen) zur Beförderung von Ersuchen an ausländische Behörden stets diplomatischer Vermittlung.

Zur Herbeiführung dieser Vermittlung ist ein unmittelbarer Geschäftsverkehr mit den im Auslande beglaubigten diplomatischen Vertretern des Reichs in keinem Falle gestattet. Vielmehr ist die erforderliche diplomatische Vermittlung bei dem Kriegsministerium, Versorgungs- und Justiz-Departement, zu beantragen, dem das Ersuchungsschreiben unverschlossen mittels Berichts einzureichen ist. Ist die Adresse der ausländischen Behörde dem Gerichte nicht bekannt, so kann sie zur Ausfüllung durch den diplomatischen Vertreter des Reichs offen gelassen werden. Auch wenn das ersuchte Gericht bekannt ist, empfiehlt es sich, der Adresse hinzufügen: „oder an die sonst zuständige Behörde", damit, wenn die Unzuständigkeit der ersuchten Behörde sich nachträglich ergiebt, das Ersuchungsschreiben ohne Weiteres an die zuständige anderweitige Behörde des fremden Staates abgegeben werden kann.

E. Besondere Bemerkungen über den Rechtshülfeverkehr mit einzelnen fremden Ländern.

Umfang der von ausländischen Staaten gewährten Rechtshülfe.

13. Abgesehen von den besonderen Bestimmungen der Auslieferungsverträge gewähren die Behörden der fremden Kulturstaaten theils auf Grund anderweiter Verträge (vergl. Art. XXVI des Konsularvertrags mit Serbien vom 6. Januar 1883 — RGB. S. 62 — und Art. 31 des Freundschafts- und Handels-Vertrages mit der südafrikanischen Republik vom 22. Januar 1885 — RGB. von 1886 S. 209 — und Art. 23 des Freundschafts-, Handels- und Schifffahrts-Vertrages mit dem Freistaate Kolumbien vom 23. Juli 1892 — RGB. von 1894 S. 471 —), theils auch ohne Vertrag nach internationalem Herkommen und auf Grund bestehender Gegenseitigkeit den deutschen Justizbehörden Rechtshülfe, indessen mit den Beschränkungen, die sich aus internationalem Gebrauch und den betreffenden Landesgesetzen ergeben.

Unmittelbarer Verkehr mit den Justizbehörden Oesterreich-Ungarns.

14. Zwischen den diesseitigen Militärgerichten und den Justizbehörden Oesterreich-Ungarns ist unmittelbarer Schriftwechsel zulässig, und es findet diplomatische Vermittelung nur dann statt, wenn besondere Verhältnisse, wie z. B. sprachliche Schwierigkeiten, eine solche Vermittelung unvermeidlich oder wünschenswerth erscheinen lassen.

Unmittelbarer Verkehr mit den Justizbehörden der Schweiz.

15. Zwischen den diesseitigen Militärgerichten und den Justizbehörden der Schweiz ist unmittelbarer Schriftwechsel in allen den Fällen zulässig, in denen nicht der diplomatische Verkehr durch Staatsverträge vorgeschrieben ist oder in Folge besonderer Verhältnisse räthlich erscheint. Ein Verzeichniß der kantonalen Gerichtsbehörden der Schweiz ist in der Anlage III beigefügt.

Unmittelbarer Verkehr mit den russischen Justizbehörden.

16. Nach Maßgabe des Abkommens zwischen Preußen und Rußland vom 29./17. August 1883 (GS. von 1884 S. 72) und der zusätzlichen Erklärung vom 28./16. Januar 1893 (GS. 83—85) findet unmittelbarer Schriftwechsel statt zwischen den preußischen Korpsgerichten des Gardekorps, sowie des I., II., III., V., VI. und XVII. Armeekorps einerseits und den dort erwähnten russischen Justizbehörden, einschließlich den die staatsanwaltlichen Geschäfte versehenden Beamten, andererseits. Die Preußischen Gerichte der Armeekorps im Sinne jenes Abkommens bleiben nach § 9 des Einführungsgesetzes zur Militärstrafgerichtsordnung bestehen.

Bei diesem direkten Geschäftsverkehr sind alle Sendungen an russische Gerichte, selbst solche von größerem Umfang, in einem Papierumschlage zu befördern und nicht in Leinwand einzunähen; denn im letzteren Falle werden diese Sendungen zollamtlich nicht als Briefe, sondern als Packete behandelt, an der Grenze von der russischen Zollbehörde geöffnet und mit den hierdurch entstehenden Gebühren, zu deren Tragung die ersuchte russische Justizbehörde sich nicht für verpflichtet erachtet, beschwert.

Insoweit das oben gedachte Abkommen nicht Platz greift, sind den nach Rußland ergehenden, schlechthin auf diplomatischem Wege (Nr. 12) zu befördernden Ersuchungsschreiben Uebersetzungen in die russische Sprache beizufügen. Diese letzteren werden, falls sie nicht gleichzeitig mit dem Ersuchungsschreiben eingereicht worden sind, auf Veranlassung des Herrn Ministers der auswärtigen Angelegenheiten durch die Botschaft in St. Petersburg gegen Erstattung der Uebersetzungskosten besorgt.

Großbritannien.

17. Der Erlaß von Ersuchungsschreiben an britische Justizbehörden empfiehlt sich wegen der dabei zu beobachtenden Förmlichkeiten und der daraus sich leicht ergebenden Weiterungen im Allgemeinen nicht, ist aber auch entbehrlich, da die im vereinigten Königreich in den britischen Kolonien und auswärtigen Besitzungen bestellten deutschen Konsuln (Nr. 8) vorkommendenfalls die Rechtshülfe selbst gewähren oder deren Gewährung bei den Landesbehörden erwirken können. Insbesondere gilt dies von Zeugenvernehmungen.

Belgien, Frankreich, Luxemburg und Spanien.

18. In Belgien, Frankreich, Luxemburg und Spanien ist nur das nach Erlaß des Anklagebeschlusses (arrêt d'accusation) wissentlich falsch abgegebene eidliche Zeugniß strafbar. Ersuchen um eidliche Vernehmung von Zeugen, die in jenen Ländern erledigt werden sollen, sind deshalb, wenn thunlich, erst nach der Erhebung der Anklage zu erlassen.

Niederlande.

19. Ersuchungsschreiben an niederländische Behörden (Artikel 12 des Auslieferungsvertrags zwischen dem Reiche und den Niederlanden vom 31. Dezember 1896, RGB. von 1897 S. 73), sowie die dazu gehörigen Anlagen sind — um dem Verlangen der Beifügung einer Uebersetzung vorzubeugen — mit lateinischen Buchstaben zu schreiben.

Portugal.

20. Den Ersuchungsschreiben an portugiesische Justizbehörden sind Uebersetzungen in die portugiesische Sprache beizugeben, die, gleich den Ersuchungsschreiben selbst, von einem portugiesischen Konsul zu beglaubigen sind. Das Kriegsministerium wird die Beschaffung der Beglaubigung und erforderlichenfalls der Uebersetzung vermitteln.

Vereinigte Staaten von Amerika.

21. Soll die Vernehmung von Zeugen in den Vereinigten Staaten von Amerika erfolgen und kann die Gewährung dieser Rechtshülfe nach Nr. 9 nicht durch einen Konsul bewirkt werden, so ist das Ersuchen entsprechend der Gesetzgebung der in Rede stehenden Staaten in die nachstehend angegebene Form einer Kommission zu kleiden und unter Offenlassung der Adresse mit der Bitte um Vermittelung an denjenigen Konsul zu übersenden, in dessen Bezirke der Zeuge sich aufhält. Die Kommission ist in folgender Form auszufertigen:

> Das Königlich preußische Gericht der . . . Division zu . . . . . . an Herrn . . . . . . zu . . . . . . Sie werden hierdurch benachrichtigt, daß das obengenannte Gericht Sie zum Kommissioner bestellt hat und durch Gegenwärtiges ermächtigt, den zu . . . . . . in dem Bezirke . . . . . . im Staate . . . . . . wohnenden A. in der bei dem genannten Gerichte schwebenden Untersuchungssache gegen den N. wegen . . . . . . als Zeugen in Gemäßheit der hier beigefügten Instruktionen eidlich zu vernehmen. Urkundlich unter der Unterschrift der Mitglieder des genannten Militärgerichts zu . . . . . . unter Beidrückung des Gerichtssiegels ausgefertigt.
>
> Siegel. Unterschriften des Gerichtsherrn und des Kriegsgerichtsraths unter Beifügung des Dienstgrads bezw. des Amtscharakters.

Außer der beglaubigten Abschrift eines Gerichtsbeschlusses über die vorzunehmende Zeugenvernehmung ist eine gleichfalls beglaubigte Abschrift der gesetzlichen Bestimmungen über das Verfahren bei Zeugenvernehmungen, soweit dies erforderlich erscheint, dem Ersuchen beizufügen.

Neben dem Wohnort der zu vernehmenden Person ist auch der Staat und der Bezirk (county), in dem dieser belegen ist, genau anzugeben.

Ist der hiernach zuständige Konsul nicht zu ermitteln, so ist das Ersuchen dem Kriegsministerium, Versorgungs- und Justiz-Departement, einzureichen.

Das in die obige Form gekleidete Ersuchen wird von dem Konsul unter Ausfüllung der Adresse einer nach dem Rechte des betreffenden Staates zur Erledigung zuständigen und befugten Person übergeben, die alsdann das Ersuchen ausführt.

Es ist nicht rathsam, das Ersuchen um Rechtshülfe in der Weise zu stellen, daß ein förmliches Ersuchungsschreiben an ein Gericht in den Vereinigten Staaten gerichtet wird, da die Erledigung eines solchen Schreibens nur nach vielen Weiterungen und mit erheblichen Kosten würde herbeigeführt werden können.

F. Kosten der im Auslande geleisteten Rechtshülfe.

Ersuchen an Konsuln.

22. Die Erstattung der bei einem ersuchten Konsul in Gemäßheit des Gesetzes vom 1. Juli 1872 (RGB. 245) entstehenden Gebühren und Auslagen ist von dem ersuchenden Gerichte nach Maßgabe des § 469 Militärstrafgerichtsordnung unverzüglich nach Eingang der auf die Erledigung des Ersuchens bezüglichen Schriftstücke zu veranlassen. Die Erstattung hat in der Regel nicht an den ersuchten Konsul selbst, sondern an die Legationskasse in Berlin W, Wilhelmstraße Nr. 75, kostenfrei zu erfolgen.

Ersuchen an österreichische und ungarische Gerichte.

23. Die österreichischen und die ungarischen Gerichte berechnen für die Erledigung von Ersuchen um Rechtshülfe sowohl baare Auslagen, wie auch, falls eine ersatzpflichtige und zahlungsfähige Partei vorhanden ist, Gebühren; die ungarischen Gerichte insbesondere auch die Kosten, die für die Uebersetzung des Ersuchungsschreibens in die ungarische Sprache erwachsen.

Ersuchen an schweizerische Behörden.

24. An die schweizerischen Behörden sind für die Vernehmung von Zeugen oder für die Vornahme anderer Untersuchungsverhandlungen Kosten nicht zu erstatten, soweit es sich nicht um strafgerichtliche, kommerzielle oder medizinische Gutachten handelt.

Ersuchen an russische Behörden.

25. In Rußland wird die Rechtshülfe bei dem unmittelbaren Geschäftsverkehr (Nr. 16) kostenfrei gewährt.

II. Gesuche außerhalb des Gebietes der Rechtshülfe.

Im Allgemeinen.

26. Außerhalb des Gebiets der im Auslande zu erwirkenden Rechtshülfe hat ein Schriftwechsel mit Behörden des Auslandes regelmäßig nicht stattzufinden, auch nicht in der Form, daß ein an eine ausländische Behörde gerichtetes Ersuchungsschreiben dem Kriegsministerium, Versorgungs- und Justiz-Departement, oder dem Herrn Minister der auswärtigen Angelegenheiten zur Beförderung auf diplomatischem Wege überreicht wird. Vielmehr ist in allen Fällen, in denen die Anregung einer außerhalb des Gebiets der Rechtshülfe liegenden Thätigkeit der Behörden eines außerdeutschen Staates in Frage kommt, deshalb an das Kriegsministerium, Versorgungs- und Justiz-Departement, zu berichten.

Dies gilt auch für den Fall, daß ein Militärgericht eine amtliche Auskunft über fremdes Recht zu erhalten wünscht. Zu diesem Zweck hat das Militärgericht seinem Antrage eine in deutscher Sprache abgefaßte kurze Darstellung des Thatbestandes

bestandes, um dessen rechtliche Beurtheilung es sich handelt sowie den Wortlaut der nach inländischem Recht zur Anwendung kommenden Bestimmungen beizufügen.

Soweit jedoch ein unmittelbarer Schriftwechsel mit ausländischen Behörden statthaft ist (vergl. Nr. 14 Oesterreich-Ungarn, 15 Schweiz und 16 Rußland), können Militärgerichte mit auswärtigen Staatsanwälten und Polizeibehörden insofern in unmittelbaren Schriftwechsel treten, als bei der Untersuchung oder der Strafvollstreckung Handlungen in Frage kommen, die nicht in das Gebiet der Rechtshülfe fallen, z. B. polizeiliche Ermittelungen, Auskunftsertheilung u. dergl.

Beitreibung von Gerichtskosten im Auslande.

27. Mit keinem ausländischen Staate sind Verträge abgeschlossen, die die Beitreibung von im Inlande entstandenen Gerichtskosten im Auslande gewährleisten, auch lehnen es erfahrungsgemäß die ausländischen Regierungen ab, zu diesem Zwecke ihre Mitwirkung eintreten zu lassen. Anträge um zwangsweise Erziehung solcher Kosten von Personen, die in außerdeutschen Staaten sich aufhalten, können deshalb, abgesehen von den Ländern, in denen Konsulargerichtsbarkeit geübt wird (vergl. Nr. 10), keinen Erfolg haben und sind zu unterlassen.

Die Einziehung der Gerichtskosten im Auslande ist vielmehr nur im Wege einer vor dem zuständigen ausländischen Gerichte gegen den Kostenschuldner anzustellenden Klage möglich; dieser Weg soll indeß grundsätzlich nicht beschritten werden.

Anlage I. [1])

Uebersicht der Orte, an denen sich Kaiserliche, zur Ausübung der Gerichtsbarkeit befugte Konsularbeamte befinden.

1. In China: Amoy, Canton, Hankau, Schanghai, Swatau, Tientsin und Tschifu;
2. in Korea: Söul;
3. in Marocco: Casablanca und Tanger;
4. in Persien: Buschär und Teheran;
5. in Rumänien:[2]) Bukarest, Galatz und Jassy;
6. auf den Inseln der Südsee, soweit sie nicht zu einem deutschen Schutzgebiete gehören und sofern sie nicht zu einer vom Reiche anerkannten anderweiten Jurisdiktion unterworfen sind: Apia (Insel Upolu der Schiffer-[Samoa-]Inseln);
7. in Serbien:[3]) Belgrad;
8. in Siam: Bangkok;
9. auf der Balkanhalbinsel und in der Levante: Alexandrien,[4]) Beirut, Cairo, Jaffa, Jerusalem, Konstantinopel, Rustschuk, Salonik, Smyrna, Sofia und Varna;
10. in Zanzibar: Zanzibar.

[1]) Die Anlagen sind der amtlichen Bekanntmachung der Anw. beigegeben.

[2]) Tatsächlich wird von den Kaiserlichen Konsulatsbehörden in Rumänien die Gerichtsbarkeit nicht mehr in vollem Umfang ausgeübt.

[3]) Konsularvertrag mit Serbien 6. Jan. 83 (RGB. 62) Art. XXV.

[4]) G. 30. März 74 (RGB. 23), 5. Juni 80 (RGB. 145), 23. Dez. 75 (RGB. 381), 23. Dez. 80 (RGB. 192) u. 15. Febr. 97 (RGB. 17).

Anlage II.[1])

Uebersicht der Orte, an denen sich Kaiserliche Konsularbeamte befinden, welchen die Befugniß zur Abhörung von Zeugen und zur Abnahme von Eiden ertheilt ist.

1. In der Argentinischen Republik: Buenos Aires;
2. in Brasilien: Bahia (Sao Salvador), Curititba, Desterro, Porto Alegre, Rio di Janeiro und Sao Paulo;
3. in Chile: Valparaiso;
4. in China: Amoy, Canton, Futschau, Hankau, Schanghai, Swatau, Tientsin und Tschifu;
5. in Columbien: Bogotá;
6. in Großbritanien und dessen Kolonien: Bombay, Capstadt, Hongkong, London, Melbourne, Singapore und Sydney;
7. in Italien: Genua und Messina;
8. in Japan: Hiogo=Osaka, Nagasaki, Tamsui=Twatutia und Yokohama;
9. in Korea: Söul;
10. in Marocco: Casablanca und Tanger;
11. in den Niederlanden und den niederländischen Besitzungen: Amsterdam, Batavia und Rotterdam;
12. in Paraguay: Asuncion;
13. in Persien: Buschär und Teheran;
14. in Rumänien: Bukarest, Galatz und Jassy;
15. auf den Inseln der Südsee: Apia (Insel Upola der Schiffer=[Samoa=] Inseln);
16. in Serbien: Belgrad;
17. in Siam: Bangkok;
18. in der Südafrikanischen Republik: Johannesburg und Pretoria;
19. auf der Balkanhalbinsel und in der Levante: Alexandrien, Beirut, Cairo, Jaffa, Jerusalem, Konstantinopel, Port Said, Rustschuk, Salonik, Sarajevo, Smyrna und Varna;
20. in Tunis: Tunis;
21. in Uruguay: Montevideo;
22. in den Vereinigten Staaten von Amerika und deren Besitzungen: Chicago, Cincinnati, Havanna, Manila, New=York, San Franzisko und St. Louis;
23. in Zanzibar: Zanzibar.

Anlage III.[1])

Verzeichniß der Schweizerischen Gerichtsbehörden in den Kantonen.

Kanton Zürich.

das Obergericht in Zürich,
„ Bezirksgericht in Zürich,
die Staatsanwaltschaft in Zürich,
„ Bezirksanwaltschaft in Zürich,
das Bezirksgericht in Affoltern,
„ Statthalteramt in Affoltern,
„ Bezirksgericht in Horgen,
„ Statthalteramt in Horgen,
„ Bezirksgericht in Meilen,

das Statthalteramt in Meilen,
" Bezirksgericht in Hinweil,
" Statthalteramt in Hinweil,
" Bezirksgericht in Uster,
" Statthalteramt in Uster,
" Bezirksgericht in Pfäffikon,
" Statthalteramt in Pfäffikon,
" Bezirksgericht in Winterthur,
die Bezirksanwaltschaft in Winterthur,
das Bezirksgericht in Großandelfingen,
" Statthalteramt in Großandelfingen,
" Bezirksgericht in Bülach,
" Statthalteramt in Bülach,
" Bezirksgericht in Dielsdorf,
" Statthalteramt in Dielsdorf.

Kanton Bern.

Der Appellations- und Kassationshof des Kantons, in Bern.
Der Generalprokurator des Kantons, in Bern.
Der Gerichtspräsident, in Aarberg.
Das Amtsgericht und der Regierungsstatthalter in Aarberg.
Der Regierungsstatthalter in:
Aarwangen,
Bern,
Biel,
Büren,
Burgdorf,
Courtelary,
Delsberg (Délémont),
Erlach,
Fraubrunnen,
Der Gerichtspräsident, das Amtsgericht und der Regierungsstatthalter in Saignelégier,
Der Regierungsstatthalter in:
Frutigen,
Interlaken,
Schloßwil,
Der Regierungsstatthalter in:
Laufen,
Laupen,
Münster (Moutier),
Neuenstadt (Neuveville),
Wimmis,
Nidau,
Meiringen,
Blankenburg,
Pruntrut (Porrentruy),
Saanen,
Schwarzenburg,
Belp,
Langnau,

Thun,
Trachselwald,
Wangen (an der Aare).

Kanton Luzern.

Das Obergericht, die Staatsanwaltschaft, das Statthalteramt in Luzern.

Das Statthalteramt in:

Hochdorf,
Sursee.
Willisau,
Entlebuch.

Das Bezirksgericht von:

Luzern,
Habsburg,
Kriens und Malters,
Weggis,
Hochdorf,
Hitzkirch,
Rothenburg.

Das Bezirksgericht von:

Münster,
Ruswil,
Sempach,
Sursee,
Triengen,
Altishofen,
Reiden und Pfaffnau,
Willisau,
Zell,
Entlebuch,
Escholzmatt,
Schüpfheim.

Kanton Uri.

Das Kantonsgericht in Altdorf.
Das Kriminalgericht in Altdorf.
Das Bezirksgericht in Altdorf.
Das Bezirksgericht in Andermatt.

Kanton Schwyz.

Das Kantonsgericht in Schwyz.
Das Kriminalgericht in Schwyz.
Das Verhöramt in Schwyz.

Das Bezirksgericht in:

Schwyz,
Gersau,
Lachen.

Das Bezirksgericht in:

Einsiedeln,
Küßnacht,
Wollerau.

Kanton Unterwalden, ob dem Wald.

Das Landammann-Amt in Sarnen.

Kanton Unterwalden, nid dem Wald.

Das Obergericht in Stans.
Das Kantonsgericht in Stans.

Kanton Glarus.

Das Obergericht in Glarus.
Das Kriminalgericht in Glarus.
Das Zivilgericht in Glarus.

Kanton Zug.

Das Kantonsgericht in Zug.
Das Obergericht in Zug.

Kanton Freiburg.

Das Kantonsgericht (Tribunal cantonal) in Freiburg.
Der Präsident des Bezirksgerichts in:
Freiburg,
Tavel,
Bulle,
Murten,
Estavayer,
Romont,
zu Châtel St. Denis.

Kanton Solothurn.

Das Obergericht des Kantons, in Solothurn.
Die Anklagekammern des Kantons, in Solothurn.
Die Staatsanwaltschaft des Kantons, in Solothurn.
Das Amtsgericht:
Solothurn-Lebern, in Solothurn,
Bucheggberg-Kriegstetten, in Solothurn,
in Balsthal,
Olten-Gösgen, in Olten,
Dorneck-Thierstein, in Dorneck.

Kanton Basel-Stadt.

Das Appellationsgericht des Kantons, in Basel.
Das Civilgericht in Basel.
Die Staatsanwaltschaft in Basel.

Kanton Basel-Landschaft.

Das Obergericht des Kantons, in Liestal,
Das Kriminalgericht des Kantons, in Liestal,
Die Staatsanwaltschaft des Kantons, in Liestal.
Das Bezirksgericht in:
Arlesheim,
Liestal,
Sissach,
Gelterkinden,
Waldenburg.

Das Statthalteramt in:

Arlesheim,
Liestal,
Sissach,
Waldenburg.

Kanton Schaffhausen.

Das Obergericht des Kantons, in Schaffhausen.
Das Kantonsgericht in Schaffhausen.
Das Verhöramt des Kantons, in Schaffhausen.
Die Justiz- und Polizeidirektion des Kantons, in Schaffhausen.

Das Bezirksgericht in:

Neunkirch,
Thayingen,
Schaffhausen,
Schleitheim,
Stein,
Unterhallau.

Kanton Appenzell, Außerrhoden.

Das Obergericht des Kantons, Präsident in Gais.
Das Kriminalgericht des Kantons, Präsident in Gais.
Das Bezirksgericht des Hinterlandes, Präsident in Herisau.
Das Bezirksgericht des Mittellandes, Präsident in Bühler.
Das Bezirksgericht des Vorderlandes, Präsident in Rehtobel.

Kanton Appenzell, Innerrhoden.

Das Kantonsgericht in Appenzell.
Das Bezirksgericht in Appenzell.
Das Bezirksgericht in Oberegg.

Kanton St. Gallen.

Das Kantonsgericht in St. Gallen,
Die Staatsanwaltschaft des Kantons in St. Gallen,
Das Landjägerkommando in St. Gallen.

Das Bezirksgericht und der Bezirksammann der Bezirke:

St. Gallen, in St. Gallen,
Tablat, in Wittenbach.
Rorschach, in Rorschach,
Unterrheinthal, in Reineck,
Oberrheinthal, in Altstätten,
Werdenberg, in Räfis,
Sargans, in Mels,
Gaster, in Benken,
Seebezirk in Uznach,
Obertoggenburg, in Neu St. Johann,
Neutoggenburg, in Wattwil,
Alttoggenburg, in Kirchberg,
Untertoggenburg, in Flawyl,
Wyl, in Wyl,
Gossau, in Gossau.

Kanton Graubünden.

Das Kantonsgericht in Chur.

Das Bezirksgericht:

Plessur, in Chur,
Im Boden, im Reichenau,
Unterlandquart, in Malans,
Oberlandquart, in Klosters,
Albula, in Tiefenkasten,
Heinzenberg, in Thusis,
Hinterrhein, in Andeer,
Moësa, in Grono,
Vorderrhein, in Truns,
Glenner, in Ilanz,
Maloja, in Silvaplana,
Bernina, in Poschiavo,
Inn, in Schuls,
Münsterthal, in St. Maria.

Kanton Aargau.

Das Obergericht des Kantons Aargau, in Aarau.
Das Kriminalgericht des Kantons Aargau, in Arau.
Die Staatsanwaltschaft des Kantons Aargau, in Aarau.

Das Bezirksgericht und das Bezirksamt in:

Aarau,
Baden,
Bremgarten,
Brugg,
Kulm,
Laufenburg,
Lenzburg,
Muri,
Rheinfelden,
Rofingen,
Zurzach.

Kanton Thurgau.

Das Obergericht des Kantons Thurgau, in Frauenfeld.
Die Kriminalkammer des Kantons Thurgau, in Frauenfeld.
Die Anklagekammer des Kantons Thurgau, in Frauenfeld.
Die Staatsanwaltschaft des Kantons Thurgau, in Frauenfeld.
Das Verhörrichteramt des Kantons Thurgau, in Frauenfeld.

Das Bezirksgericht und das Bezirksamt:

Arbon,
Bischofszell,
Dießenhofen,
Frauenfeld,
Kreuzlingen,
Münchweilen,
Steckborn,
Weinfelden.

Kanton Tessin.

Das Appellationsgericht des Kantons Tessin, Präsident in Lugano. (Tribunale d'Appello del Cantone del Ticino. Presidente in Lugano.)

Der Staatsanwalt des Kantons Tessin, in Lugano. (Procuratore Publico del Cantone del Ticino, in Lugano.)

Der Verhörrichter des Kantons Tessin, in Locarno. (Istruttore Giudiziario del Cantone del Ticino in Locarno.)

Das Bezirksgericht (Tribunale distrettuale) in:

Mendrisio,
Lugano,
Locarno,
Cevio,
Bellinzona,
Lottigna,
Faido.

Kanton Waadt,

Das Kantonsgericht in Lausanne (Tribunal cantonal à Lausanne).

Der General-Prokurator (Procureur général) des Kantons Waadt, in Lausanne.

Der Untersuchungsrichter (Juge d'instruction) des Kantons Waadt, in Lausanne.

Der Präsident des Bezirksgerichts in:
(Le Président du Tribunal du District à):

Aigle,
Aubonne,
Avenches,
Cossonay,
Echallens,
Grandson,
Lausanne,
La Vallée,
Lavaux,
Morges,
Mondon,
Nyon,
Orbe,
Oron,
Payerne,
Pays-d'Enhaut,
Rolle,
Vevey,
Yverdon.

Kanton Wallis.

Der Appellations- und Kassationshof des Kanton Wallis, in Sitten. (La Cour d'Appel et de Cassation).

Der Einleitungsrichter des Bezirks (Juge d'Instruction du District.)

Couches zu Münster,
Rarogne-Oriental in Moerel,
Brigue,
Viège (Visp),

Rarogne-Occidental in Rarogne,
Loësche (Leuk),
Sierre (Siders),
Herens zu Sitten (Sion),
Sitten,
Conthey,
Martigny-Ville,
Entremont, in Bagnes,
St. Maurice,
Monthey.

Kanton Neuenburg.

Das Kantonsgericht des Kantons Neuenburg, in Neuenburg. (Le Tribunal cantonal du Canton, à Neuchâtel.)
Der Präsident des Kriminalgerichts des Kantons, in Neuenburg. (Le Président du Tribunal criminel du Canton à Neuchâtel.)
Der Staatsanwalt des Kantons Neuenburg, in Neuenburg. (Le Procureur général du Canton, à Neuchâtel.)
Der Präsident des Bezirksgerichts in Neuenburg. (Le Président du Tribunal du District de Neuchâtel.)
(Le Président du Tribunal du District):
de Boudry,
du Val de Travers,
du Val de Ruz,
du Locle,
de la Chaux de fonds.

Kanton Genf.

Le Président de la Cour de Justice du Canton de Genève.
Le Président du Tribunal civil du Canton de Genève.
Le Président du Tribunal de Commerce du Canton de Genève.
Le Procureur général du Canton, à Genève.
Le Juge d'instruction du Canton, à Genève.

Anweisung II betreffend Auslieferungsanträge.

A. Im Allgemeinen.

Haftsachen.

1. Alle Berichte, Anträge oder Mittheilungen, die die Ablieferung, Auslieferung oder vorläufige Festnahme eines Verfolgten bezwecken, sind auch in der Reinschrift an einer in die Augen fallenden Stelle als Haftsache zu bezeichnen.

Mittheilung von thatsächlichen Aenderungen oder von Erledigung des Antrags.

2. Aenderungen, die nach Anbringung eines Antrags auf Ablieferung oder Auslieferung in den thatsächlichen Verhältnissen eintreten und für die Erledigung jenes Antrags von Wichtigkeit sind, müssen sofort dem Kriegsministerium, Versorgungs- und Justiz-Departement, unter möglichst bestimmter Angabe der in Betracht kommenden Daten angezeigt werden. Insbesondere ist von jeder Erledigung eines Ab- oder Auslieferungsantrags durch freiwillige Gestellung oder Ergreifung des Verfolgten, durch Aufhebung des Haftbefehls, durch Einstellung des Strafverfahrens oder durch sonstige Umstände unverzüglich, nöthigenfalls

telegraphisch, Anzeige zu erstatten, damit der Antrag schleunigst auf diplomatischem Wege zurückgezogen werden kann.

Hinsichtlich der im unmittelbaren Geschäftsverkehr beförderten Auslieferungsersuchen ist die ersuchte Behörde von etwa eingetretenen Aenderungen ebenfalls unverzüglich zu benachrichtigen.

Ist die Festnahme und Ablieferung einer verfolgten Person unmittelbar bei einem zur Ausübung der Gerichtsbarkeit befugten Kaiserlichen Konsul beantragt, oder ist auf Grund der in einzelnen Auslieferungsverträgen enthaltenen Bestimmungen eine ausländische Behörde unmittelbar um die vorläufige Festnahme eines Verfolgten ersucht worden, wegen Herbeiführung oder Auslieferung aber noch nicht an das Kriegsministerium, Versorgungs- und Justiz-Departement, berichtet, so ist die ersuchte Behörde in gleicher Weise ungesäumt zu benachrichtigen, wenn der gestellte Antrag hinfällig wird.

B. Im Besonderen.

I. Ablieferung aus Deutschen Schutzgebieten und aus Ländern, in welchen Konsulargerichtsbarkeit geübt wird.

Schutzgebiete.

1. Wenn eine im Inlande strafrechtlich verfolgte Person sich in ein Deutsches Schutzgebiet geflüchtet hat und aus diesem Gebiete abgeliefert werden soll, so sind die erforderlichen Anträge an das Kriegsministerium, Versorgungs- und Justiz-Departement, unter Beifügung einer mit Bestätigungsordre versehenen Ausfertigung des gegen den Verfolgten ergangenen rechtskräftigen Strafurtheils oder, falls ein solches Urtheil noch nicht gesprochen ist, eines gegen den Verfolgten erlassenen Haftbefehls zu richten. Die durch die Ablieferung entstehenden Kosten sind den Gerichtsbehörden in den Schutzgebieten zu erstatten. Es ist daher in jedem Falle zu prüfen, ob die in Betracht kommenden erheblichen Kosten des Rücktransports des Verfolgten zu der Schwere der That im Verhältniß stehen; in dem Berichte sind die Gründe, welche die Ablieferung wünschenswerth erscheinen lassen, darzulegen.

Konsuln mit Gerichtsbarkeit.

2. Hinsichtlich der mit Gerichtsbarkeit ausgestatteten Konsuln, der Abgrenzung ihrer Jurisdiktionsbezirke, sowie der Adresse, welche den Ersuchungsschreiben an die Konsuln zu geben ist, wird auf die Anweisung I Nr. 9 und 10 verwiesen.

Die Ablieferung ist bei dem Konsul zu beantragen.

3. Liegen Anhaltspunkte dafür vor, daß eine im Inlande strafrechtlich verfolgte Person sich nach einem der in Anlage I zu Nr. 10 Absatz 3 der vorerwähnten Anweisung bezeichneten Länder gewendet hat, so hat sich das verfolgende Militärgericht unmittelbar mit dem örtlich zuständigen Konsul behufs Festnahme und Ablieferung des Verfolgten in Verbindnng zu setzen. Dabei wird jedoch zu erwägen sein, ob das Interesse der Strafrechtspflege und die Schwere der That die Aufwendung der für den Rücktransport erforderlichen, bei den entlegeneren Ländern nicht unbeträchtlichen Kosten rechtfertigen.

Die Festnahme des Flüchtigen durch den Konsul kann auch erfolgen, während sich der Verfolgte im Ankunftshafen noch an Bord des zur Ueberfahrt benutzten Schiffes befindet und zwar in der Regel selbst dann, wenn dieses kein deutsches ist, da der Konsul in letzterem Falle die Mitwirkung des Konsuls des Heimathsstaates des Schiffes oder der einheimischen Regierung wird in Anspruch nehmen können.

Ausführung der Ablieferung.

4. Die Maßregeln behufs Ablieferung der festgenommenen Person nach dem Reich trifft der Konsul. Dieser benachrichtigt die ersuchende Behörde, auf welchem Wege oder nach welchem deutschen Hafen der Transport des Verfolgten bewirkt wird. Die verfolgende Behörde hat sich alsdann mit den Polizeibehörden dieses Hafenorts zum Zweck der Ueberführung des Verfolgten in das zu bezeichnende Gefängniß in Verbindung zu setzen.

Durchlieferung.

5. Muß der Transport des Abzuliefernden nach dem Inlande durch das Gebiet dazwischenliegender Staaten, in denen keine Konsulargerichtsbarkeit geübt wird, stattfinden, so bedarf es hierzu der Genehmigung der Regierung des betreffenden Staates. Behufs Einholung dieser Genehmigung ist an das Kriegsministerium, Versorgungs- und Justiz-Departement, zu berichten und eine Ausfertigung des Strafurtheils, oder ein Haftbefehl, welche Urkunden gemäß Nr. 12 ff. aufzustellen und zu beglaubigen sind, für die Regierung eines jeden der in Betracht kommenden Durchgangsstaaten beizufügen. So in diesem Falle der Festgenommene von den deutschen Behörden zu übernehmen ist, wird dem verfolgenden Militärgericht im einzelnen Falle mitgetheilt (vergl. auch Nr. 28 fl.).

Kosten.

6. Die baaren Auslagen, die durch die Ablieferung des Festgenommenen bei dem Konsul entstehen, sind letzterem gemäß § 469 der Militärstrafgerichtsordnung alsbald zu erstatten. Die Erstattung hat in der Regel nicht an den Konsul unmittelbar, sondern an die Legationskasse in Berlin W., Wilhelmstraße 75, portofrei zu erfolgen.

II. Auslieferungen aus anderen Ländern.

Auslieferung aus Staaten, mit denen ein bezüglicher Vertrag geschlossen ist.

7. Die Auslieferung flüchtiger, von inländischen Justizbehörden strafrechtlich verfolgter oder verurtheilter Personen in dem Deutschen Reich beziehungsweise Preußen seitens einer Reihe auswärtiger Staaten ist durch Verträge oder Vereinbarungen gewährleistet. Diese Staaten sind: Belgien (Nr. 31), Brasilien (Nr. 32), Frankreich (Nr. 34), Großbritannien (Nr. 35), Italien (Nr. 36), Japan (Nr. 37), Kolumbia (Nr. 38) Luxemburg (Nr. 39), Niederlande (Nr. 40), Oesterreich-Ungarn (Nr. 41), Rußland (Nr. 42), Schweden und Norwegen (Nr. 43), Schweiz (Nr. 44), Serbien (Nr. 45), Spanien (Nr. 46), Südafrikanische Republik (Nr. 47), Uruguay (Nr. 48), Vereinigte Staaten von Amerika (Nr. 49).

Sobald Anhaltspunkte vorhanden sind, daß eine verfolgte Person sich nach einem jener Länder geflüchtet hat, ist zu prüfen, ob die strafbare Handlung, die zu der Verfolgung Anlaß gegeben, eine solche ist, daß wegen deren nach dem mit dem betreffenden Zufluchtsstaate abgeschlossenen Vertrage die Auslieferung beansprucht werden kann, und ob nicht Gründe vorliegen, die die Auslieferung nach dem Vertrage unzulässig erscheinen lassen — insbesondere, ob es sich etwa um ein politisches oder ein mit einem politischen in Verbindung stehendes Vergehen oder Verbrechen handelt, ob die strafbare Handlung, wegen deren die Auslieferung beansprucht werden soll, nach den Gesetzen des betreffenden Staates, falls diese bekannt sind, etwa verjährt ist u. s. w.

Auslieferungen aus Ländern, mit denen kein Vertrag besteht.

8. Auch diejenigen Kulturstaaten, mit denen Auslieferungsverträge nicht abgeschlossen sind, pflegen dem Reiche gegen Zusicherung der Gegenseitigkeit die Auslieferung flüchtiger Verbrecher zu gewähren, sobald sie nach den Gesetzen des betreffenden Staates zulässig erscheint und besondere aus dem vorliegenden Einzelfall herzuleitende Bedenken nicht entgegenstehen. Wird die verfolgte Person in einem solchen Staate vermuthet, so ist vor Einreichung eines Gesuchs um Stellung des Auslieferungsantrags zu erwägen, ob die Auslieferung nach den in neuerer Zeit seitens des Reichs geschlossenen Verträgen beansprucht werden könnte. Die in diesen Verträgen enthaltenen Voraussetzungen für die Auslieferung sind im Allgemeinen auch denjenigen Staaten gegenüber maßgebend, mit denen bezügliche Verträge nicht bestehen. Es wird also die Auslieferung nicht nachgesucht werden dürfen, wenn die begangene strafbare Handlung einen politischen Charakter hat, wenn sie nach den Gesetzen des Zufluchtsstaats verjährt ist rc.

Antrag auf Auslieferung kann nur von Regierung zu Regierung gestellt werden.

9. Die Militärgerichte haben Anträge auf Auslieferung eines flüchtigen, im Auslande befindlichen Verbrechers an das Kriegsministerium, Versorgungs- und Justiz-Departement, zu richten. Eine Ausnahme findet statt, wenn es sich um die Auslieferung Fahnenflüchtiger auf Grund der bestehenden Kartell-Konventionen (Kartell-Konvention mit Oesterreich-Ungarn vom 10. Februar/12. März 1831 und mit Dänemark vom 25. Dezember 1820) oder um die Auslieferung sonstiger Verbrecher aus Oesterreich-Ungarn (Nr. 41) handelt.

Besteht mit dem Staate, in dem sich der Fahnenflüchtige aufhält, ein Staatsvertrag über die Auslieferung flüchtiger Verbrecher, so ist zu prüfen, ob das Hauptverbrechen oder Vergehen in der Fahnenflucht besteht, oder ob mit der Fahnenflucht eine andere strafbare Handlung des gemeinen Strafrechts zusammentrifft, die als das Hauptverbrechen oder Vergehen sich darstellt. Nur in dem letzteren Falle ist ein Antrag auf Herbeiführung der Auslieferung bei dem Kriegsministerium, Versorgungs- und Justiz-Departement, zu stellen und zwar deshalb, weil nach dem übereinstimmenden Inhalte jener Auslieferungsverträge die strafrechtliche Verfolgung des Ausgelieferten wegen Fahnenflucht, unzulässig sein, andererseits aber es den militärischen Interessen widersprechen würde, wenn der Fahnenflüchtige nur wegen einer konkurrirenden strafbaren Handlung geringer Art bestraft würde, dagegen wegen des schweren Verbrechens oder Vergehens der Fahnenflucht straflos bleiben müßte. Besteht also das Hauptverbrechen oder Vergehen in der Fahnenflucht, so ist von Maßregeln, die auf die Auslieferung des Flüchtigen hinzielen, gänzlich Abstand zu nehmen. Derselbe Grundsatz gilt auch dann, wenn ein anderes militärisches Verbrechen oder Vergehen mit der Fahnenflucht zusammentrifft, weil auch wegen eines solchen die strafrechtliche Verfolgung nach den betreffenden Staatsverträgen nicht statthaft sein würde.

Inhalt des Berichts.

10. Der dem Kriegsministerium, Versorgungs- und Justiz-Departement, zu erstattende Bericht, in dem die Herbeiführung und Auslieferung nachgesucht wird, hat den derzeitigen Aufenthaltsort des Verfolgten, soweit er bekannt ist, sowie eine kurze Darstellung der dem Verfolgten zur Last gelegten strafbaren Handlung nach Zeit, Ort und den näheren Umständen zu enthalten. Eines Eingehens auf die Verdachtsgründe bedarf es nicht; dagegen sind in dem Bericht etwaige zweifelhaft gebliebene Punkte, die für die Auslieferung von Wichtigkeit sein können, zu erörtern, z. B. die Staatsangehörigkeit des Verfolgten, die Frage, ob die strafbare Handlung nach den Gesetzen des Auslandes, falls sie bekannt sind, verjährt ist, oder weshalb dies nicht angenommen wird ꝛc. Der Bericht hat sich ferner darüber auszulassen, ob auch die Beschlagnahme und Verabfolgung der im Besitz des Verfolgten etwa gefundenen Geldbeträge und Gegenstände beantragt werden soll.

Anlagen des Berichts.

11. Dem Berichte sind die zur Stellung des Auslieferungsantrags erforderlichen Urkunden beizufügen. Welche Urkunden dies sind, ist aus den Verträgen mit den einzelnen Staaten und aus den Bemerkungen in Abschnitt V zu entnehmen. In jedem Falle ist, auch wenn das Abkommen mit dem in Betracht kommenden Staate hierüber nichts enthält, oder wenn die Auslieferung aus einem Staate erwirkt werden soll, mit dem ein Abkommen nicht besteht, entweder eine Urtheilsausfertigung (Nr. 12) oder ein gerichtlicher Haftbefehl (Nr. 13 ff.) einzureichen; nach Verschiedenheit der Fälle können auch noch andere gerichtliche Bescheinigungen in Frage kommen. Alle diese Urkunden sind in deutscher Sprache abzufassen und auf dauerhaftem weißen Papier ohne Durchstreichungen deutlich zu schreiben. Der Beifügung einer Uebersetzung in die fremde Sprache bedarf es nicht. Der Haftbefehl ist von dem Gerichtsherrn allein, die übrigen Urkunden sind von dem Gerichtsherrn und dem richterlichen Militärjustizbeamten unter Beifügung des Dienstgrads bezw. des Amtscharakters und eines Abdrucks des Dienstsiegels oder Stempels zu unterschreiben.

Urtheilsausfertigung.

12. Handelt es sich um die Auslieferung einer im Inlande bereits rechtskräftig verurtheilten Person, so ist dem Berichte (Nr. 10) eine gerichtliche, von dem richterlichen Militärjustizbeamten unterschriebene Ausfertigung oder von demselben beglaubigte Abschrift des ergangenen Urtheils mit Gründen und mit Bestätigungsordre beizufügen, auch wenn das Urtheil verschiedene strafbare Handlungen zum Gegenstande hat und nur wegen einer oder einiger derselben die Auslieferung nachgesucht werden kann.

Lassen die Urtheilsgründe den Wortlaut der zur Anwendung gebrachten strafgesetzlichen Bestimmungen nicht ersehen, so ist der Wortlaut jener Bestimmungen in den Beglaubigungsvermerk aufzunehmen. Derselbe Vermerk wird, falls der Verurtheilte einen Theil der Strafe verbüßt hat, die Angabe zu enthalten haben, wie viel von der Strafe bereits vollstreckt ist, und wie viel noch zu vollstrecken bleibt. Endlich ist in diesen Vermerk, wenn möglich, eine genaue Personalbeschreibung des Verurtheilten aufzunehmen. Die in diesem Absatz erwähnten Vermerke können auch in einer besonderen von dem richterlichen Militärjustizbeamten ausgestellten Urkunde der Urtheilsausfertigung angeschlossen werden.

Von Nutzen erweist sich häufig die Beifügung einer Abbildung des Verurtheilten. Dieselbe ist auf Papier zu befestigen, und es ist auf dem letzteren auf Grund der Akten von dem richterlichen Militärjustizbeamten zu bescheinigen, daß sie den Verurtheilten darstellt.

Der Beifügung eines Haftbefehls bedarf es nicht.

Haftbefehl. Allgemeines.

13. Wird die Auslieferung einer Person nachgesucht, gegen die ein rechtskräftiges Urtheil noch nicht ergangen ist, so ist ein Haftbefehl erforderlich, aber auch ausreichend. Die Einreichung anderer gerichtlicher Beschlüsse, z. B. der Anklageverfügung, kann unterbleiben. Zwar genügt meist auch eine beglaubigte

Abschrift des Haftbefehls, wenn diese den Formen entspricht, die die Gesetzgebung des die Auslieferung begehrenden Staates vorschreibt (Ausnahme: vergl. Nr. 36; Großbritannien). In der Regel ist aber ein von dem Gerichtsherrn ausgefertigtes zweites Exemplar des Haftbefehls einzureichen. Sollte aus besonderer Veranlassung eine beglaubigte Abschrift eingereicht werden, so ist sie von dem richterlichen Militärjustizbeamten zu beglaubigen. Der Einsendung mehrerer Exemplare desselben Haftbefehls bedarf es nicht; es genügt hinsichtlich jeder Person, deren Auslieferung begehrt wird, ein Exemplar (vergl. Nr. 21; Ausnahme 5 und 29).

Auf die Aufstellung des Haftbefehls ist besondere Sorgfalt zu verwenden. Dabei sind insbesondere die folgenden Punkte zu beachten.

Insbesondere. Personal-Beschreibung.

14. Der auf weißem Papier auszufertigende Haftbefehl hat eine möglichst genaue Bezeichnung und Beschreibung des Verfolgten zu enthalten. Wesentlich ist hierbei die Angabe der Vor- und Zunamen, des Berufs und des letzten Wohnorts oder Standorts im Inlande, wünschenswerth die Angabe des Alters und der Staatsangehörigkeit, sowie eine Personalbeschreibung (vergl. Nr. 32: Brasilien, 36: Italien, 44: Schweiz). Neben oder auch statt der Personalbeschreibung wird eine Abbildung häufig von Nutzen sein. Diese ist auf Papier zu befestigen und darauf von dem richterlichen Militärjustizbeamten zu bescheinigen, daß die Abbildung den Verfolgten darstelle.

Dagegen empfiehlt es sich nicht, in dem Haftbefehl den etwa bekannten Aufenthaltsort im Auslande oder auch nur das fremde Land selbst, in dem sich der Verfolgte befinden soll, zu bezeichnen, damit aus einem inzwischen etwa erfolgten Wechsel des Aufenthaltsortes nicht Verzögerungen entstehen.

Zuweilen sind von den Behörden Schriftstücke, die der Verfolgte eigenhändig geschrieben hatte, eingereicht, um eine Vergleichung der Handschrift zu ermöglichen. Da dieses Beweismittel meist ein sehr unsicheres ist und in den vornehmlich in Betracht kommenden fremden Ländern zur Feststellung der Persönlichkeit des Verfolgten nicht für ausreichend erachtet wird, so ist von der Bezugnahme auf solche Schriftstücke abzusehen.

Bezeichnung der strafbaren Handlung.

15. Der Haftbefehl hat ferner zu enthalten: die Bezeichnung der dem Verfolgten zur Last gelegten strafbaren Handlung nach der Ausdrucksweise des zur Anwendung kommenden inländischen Strafgesetzes. Soll die Auslieferung aus einem Lande nachgesucht werden, mit dem ein Vertrag abgeschlossen ist, so ist der dem inländischen Rechte entsprechenden Bezeichnung der Strafthat auch diejenige Bezeichnung hinzuzufügen, unter der sie in dem Vertrage aufgeführt ist (vergl. Nr. 35: Großbritannien).

Thatbestand.

16. In dem Haftbefehl ist ferner in gedrängter Darstellung der Thatbestand aufzunehmen. Insbesondere ist der Ort und die Zeit der Handlung hervorzuheben und dabei ersichtlich zu machen, ob die That im Inlande und in welchem Bundesstaate, oder im Auslande begangen ist. Der Thatbestand muß ergeben, daß alle einzelnen, in dem inländischen Strafgesetze vorgesehenen Merkmale der strafbaren Handlung erfüllt sind, ohne jedoch in eine Würdigung der Verdachtsgründe oder Beweismittel einzugehen. Er muß so ausführlich sein, daß die ausländische Regierung zu prüfen vermag, ob auch nach ihren Gesetzen die

That mit Strafe bedroht ist, da nur unter dieser Voraussetzung die Auslieferung bewilligt wird. Ist daher die fremde Gesetzgebung bekannt, so sind die nach ihr etwa erforderlichen besonderen Merkmale in dem Thatbestand ebenfalls zu berücksichtigen.

Befehl zur Verhaftung.

17. Der Haftbefehl muß ferner die Anordnung enthalten, daß die verfolgte Person zu verhaften sei.

Wortlaut des Strafgesetzes.

18. In den Haftbefehl ist endlich der Wortlaut der inländischen strafrechtlichen Bestimmungen aufzunehmen, die auf die dem Verfolgten zur Last gelegte That Anwendung finden. Der Hinweis auf die strafgesetzlichen Vorschriften der ausländischen Gesetzgebung oder auf die Vorschriften des Auslieferungsvertrags ist, da diese Gesetze für den Erlaß des Haftbefehls ohne Bedeutung sind, zu unterlassen; ebensowenig bedarf es der Angabe des Wortlauts strafprozessualer Bestimmungen.

Muster eines Haftbefehls.

19. Der zur Begründung eines Antrags auf Auslieferung erforderliche Haftbefehl ist hiernach etwa nach folgendem Muster aufzustellen:

Haftbefehl.

Der Musketier Adolf Schulze des . . . Regiments geboren am 1. Mai 1880 zu Rixdorf bei Berlin, im Königreich Preußen, Preußischer Staatsangehöriger, 1,50 m groß (folgt Personalbeschreibung), zuletzt wohnhaft in Spandau, ist wegen dringenden Verdachts der Unterschlagung in Untersuchungshaft zu bringen.

Er wird beschuldigt: am 1. September 1900 in Spandau im Königreich Preußen, Provinz Brandenburg, den Betrag von dreitausend Mark, die ihm vom Feldwebel R. in Spandau zur Auszahlung an den Zahlmeister B. daselbst übergeben war, also fremde bewegliche Sachen, die ihm anvertraut waren, sich rechtswidrig zugeeignet und sich durch diese Handlung des im § 246 des bürgerlichen und § 138 des Militärstrafgesetzbuches unter Strafe gestellten Vergehens der Unterschlagung schuldig gemacht zu haben.

Die in Bezug genommenen Strafbestimmungen lauten: § 246 des bürgerlichen Strafgesetzbuchs (folgt Wortlaut) und § 138 des Militärstrafgesetzbuchs (folgt Wortlaut).

Die Untersuchungshaft wird verhängt, weil der Beschuldigte flüchtig geworden ist.

Gegen diesen Haftbefehl ist die Rechtsbeschwerde zulässig.

Berlin, den . . . . . .

Das Königlich Preußische Gericht der . . . Division.

(Siegel oder Stempel) — Unterschrift des Gerichtsherrn unter Beifügung des Dienstgrades.

Mehrere strafbare Handlungen.

20. Wird der Beschuldigte wegen mehrerer selbständigen strafbaren Handlungen verfolgt, so ist entweder hinsichtlich jeder That ein besonderer Haftbefehl aufzustellen, oder es in dem Haftbefehl ersichtlich zu machen, daß die Verfolgung wegen mehrerer Strafhandlungen stattfindet. Das erste Verfahren empfiehlt sich, wenn das Militärgericht im Zweifel darüber ist, ob wegen aller Strafthaten oder nur wegen der einen oder der anderen die Auslieferung zulässig ist. Wird der

Beschuldigte außer einer Handlung, wegen der die Auslieferung beansprucht werden kann, noch wegen einer anderen That verfolgt, wegen der die Auslieferung nicht zulässig ist, so ist in den Haftbefehl nur die erstere aufzunehmen, wegen der letzteren dagegen einstweilen das Verfahren einzustellen.

Wird die Auslieferung einer Person in Anregung gebracht, gegen die einerseits bereits ein Urtheil vorliegt, und die andererseits wegen einer anderen Strafthat noch in Untersuchung befangen ist, so ist zur Begründung des Auslieferungsantrags sowohl eine Urtheilsausfertigung als auch ein Haftbefehl einzureichen, falls wegen beider strafbaren Handlungen der Auslieferungsantrag zulässig erscheint.

Mehrere Verfolgte.

21. Werden wegen der That, die zu dem Auslieferungsverfahren Anlaß giebt, mehrere Personen verfolgt, so ist es zur Vermeidung von Verzögerungen bei deren Festnahme zweckmäßig, auch wenn die Beschuldigten sämmtlich nach demselben ausländischen Staate sich geflüchtet haben, für jede Person einen besonderen Haftbefehl einzureichen.

III. Vorläufige Festnahme flüchtiger Personen zur Sicherung ihrer Auslieferung.

Anträge auf die bloße Ermittelung sind unzweckmäßig.

22. Anträge, die dahin gehen, daß im diplomatischen Wege lediglich Ermittelungen darüber angestellt werden möchten, ob eine wegen einer strafbaren Handlung verfolgte Personen sich in einem bestimmten fremden Lande aufhalte, sind unzweckmäßig. Liegt die Vermuthung vor, daß eine verfolgte Person sich in einem bestimmten fremden Staate aufhält, so empfiehlt es sich, alsbald unter Beifügung der erforderlichen Urkunden (Nr. 11 ff.) die Auslieferung nachzusuchen, wobei abzuwarten bleibt, ob die Ermittelung des Verfolgten gelingt. In diesem Falle ist die Beibringung einer Anzahl von Abbildungen des Verfolgten oder doch eine genaue Personalbeschreibung von besonderem Werth.

Antrag auf vorläufige Festnahme erfolgt im diplomatischen Wege.

23. Wird befürchtet, daß der Verfolgte bis zu dem Zeitpunkt, in dem das zur Begründung des Auslieferungsantrags erforderliche Material beigebracht werden kann und die Stellung des Auslieferungsantrags im diplomatischen Wege erfolgt, sich seiner Verhaftung im Auslande durch weitere Flucht entzieht, so kann seine vorläufige Festnahme zur Sicherung demnächstiger Auslieferung beantragt werden. Ein derartiger Antrag kann jedoch in der Regel ebenfalls nur im diplomatischen Wege (vergl. Nr. 9), also nur seitens der Zentralbehörde oder in deren Auftrage durch den in dem betreffenden Lande beglaubigten diplomatischen Vertreter des Reichs gestellt werden. Es ist deshalb an das Kriegsministerium, Versorgungs- und Justiz-Departement, wenn erforderlich telegraphisch zu berichten. Der Bericht hat insbesondere Ort und Zeit der begangenen That zu enthalten; auch muß aus dem Berichte hervorgehen, daß und wegen welcher Handlungen ein Strafurtheil oder ein Haftbefehl erlassen ist (vergl. auch Nr. 82: Brasilien, Nr. 36: Italien, Nr. 37: Luxemburg, Nr. 39: Schweden und Norwegen, Nr. 44: Schweiz, Nr. 48: Uruguay).

Der Haftbefehl oder ein sonstiges, die Strafthaten des Flüchtigen genau bezeichnendes Schriftstück wird dem Antrage auf vorläufige Festnahme nicht beigefügt; dagegen sind die von dem Verfolgten vom Auslande her nach Deutschland gerichteten schriftlichen oder telegraphischen Mittheilungen nebst Umschlägen in Urschrift mit vorzulegen.

Ausnahme von der Regel unter Nr. 23.

24. Einzelne Auslieferungsverträge enthalten die Bestimmung, daß die inländischen Behörden sich mit einem Antrag auf vorläufige Festnahme der flüchtigen Person unmittelbar an die zuständigen Behörden des anderen Landes wenden dürfen (vergl. Nr. 31: Belgien, Nr. 39: Luxemburg, Nr. 41: Schweiz. Nr. 46; Spanien). Derartige Anträge müssen ebenfalls, auch wenn sie durch Telegramm gestellt werden, die Bezeichnung der dem Verfolgten zur Last gelegten That nach Zeit, Ort u. s. w. in Gemäßheit des Auslieferungsantrags, sowie insbesondere die Angabe enthalten, daß und wegen welcher Handlungen ein Strafurtheil oder ein Haftbefehl erlassen ist (vergl. auch Nr. 39: Luxemburg, Nr. 40: Niederlande, Nr. 44: Schweiz). Ueber die Fälle, in denen die vorläufige Festnahme durch Vermittelung der Kaiserlichen Gesandten oder Konsuln bewirkt werden kann, vergl. Nr. 32: Brasilien, Nr. 34: Frankreich, Nr. 35: Großbritannien, Nr. 40: Niederlande, Nr. 42: Rußland, Nr. 47: Vereinigte Staaten von Amerika.

Der Haftbefehl oder ein sonstiges, die Strafthaten des Flüchtigen genau bezeichnendes Schriftstück ist auch einem auf diesem Wege (Abs. 1) gestellten Antrage nicht beizufügen, noch der ersuchten Stelle nachträglich mitzutheilen.

Schleunige Einsendung der zur Stellung des Auslieferungsantrags erforderlichen Urkunden bei vorläufiger Festnahme des Verfolgten.

25. Ist die vorläufige Festnahme eines Verfolgten beantragt worden, so ist die Einsendung der zur Stellung des Auslieferungsantrags erforderlichen Urkunden besonders zu beschleunigen, besonders wenn der Verfolgte thatsächlich schon durch die ausländische Behörde einstweilen festgenommen worden ist. Die Verträge setzen meist eine zum Theil kurze Frist für die Dauer der vorläufigen Festhaltung fest, derartig, daß der Festgenommene wieder in Freiheit gesetzt wird, wenn nicht innerhalb der bestimmten Frist der gehörig begründete Auslieferungsantrag im diplomatischen Wege gestellt ist (vergl. Nr. 31: Belgien, Nr. 32: Brasilien, Nr. 35: Großbritannien, Nr. 36: Italien, Nr. 39: Luxemburg, Nr. 40: Niederlande, Nr. 43: Schweden und Norwegen, Nr. 44: Schweiz, Nr. 46: Spanien, Nr. 48: Uruguay).

Nach Anregung des Auslieferungsantrags kein unmittelbarer Verkehr mehr zulässig.

26. Ist von dem Militärgerichte die Auslieferung eines Beschuldigten bei dem Kriegsministerium, Versorgungs- und Justiz-Departement, bereits beantragt worden, so hat sich das erstere des weiteren unmittelbaren Verkehrs mit den Behörden im Auslande, die auf seinen Antrag die vorläufige Festnahme des Verfolgten bewirkt oder veranlaßt haben (fremde Behörden, Gesandten, Konsuln) zu enthalten, weitere Anträge vielmehr lediglich an das Kriegsministerium, Versorgungs- und Justiz-Departement, zu richten. Insbesondere hat dies auch dann zu geschehen, wenn in Folge nachträglicher Ermittelungen der auf den Festgenommenen gefallene Verdacht beseitigt ist, oder der Auslieferungsantrag aus anderen Gründen zurückgezogen werden soll, der Festgenommene also wieder in Freiheit gesetzt werden muß. Durch einen unmittelbaren Schriftwechsel mit den

Behörden im Auslande können in solchen Fällen, wenn inzwischen der Auslieferungsantrag bereits der fremden Regierung übermittelt ist, leicht Weiterungen entstehen.

Anträge auf vorläufige Festnahme an Bord des Schiffes.

27. Personen, die nach überseeischen Staaten sich geflüchtet haben, können wegen einer die Auslieferung aus dem fremden Lande nicht begründenden strafbaren Handlung ehe sie den Boden des Auslandes betreten haben, also noch an Bord des sie nach dem Auslande führenden Schiffes durch den Konsul festgenommen werden, wenn von diesem Gerichtsbarkeit geübt wird. In diesem Falle ist der Antrag — unter Umständen telegraphisch — bei dem Konsul des betreffenden Küstenplatzes unmittelbar zu stellen (vergl. Nr. 3). In anderen Fällen, insbesondere auch den Vereinigten Staaten von Amerika gegenüber, kann ein derartiger Antrag keinen Erfolg haben, da der Verfolgte sich in dem fremden Hafen im Bereich der Gerichtsbarkeit der fremden Behörden, nicht in derjenigen des Konsuls befindet und deshalb ohne Vermittelung der fremden Behörden seine Festnahme unzulässig ist.

IV. Ausführung der Auslieferung.

Allgemeines.

28. Die Ausführung der Auslieferung erfolgt in der Regel in der Weise, daß die fremde Regierung die festgenommene Person durch ihre Beamten an die Grenze schaffen läßt und daselbst den deutschen Behörden übergiebt. An welchem deutschen Grenzpunkte diese Uebergabe stattfinden soll, muß in der Regel der fremden Regierung überlassen bleiben; gewöhnlich wird es der dem Orte, an dem der Verfolgte in Haft gehalten wird, nächstliegende deutsche Ort sein. Die fremde Regierung pflegt den bei ihr beglaubigten diplomatischen Vertreter des Reichs so zeitig von dem Zeitpunkt und dem Orte der Uebergabe in Kenntniß zu setzen, daß die deutsche Grenzbehörde rechtzeitig hiervon verständigt werden kann.

Mit einzelnen Staaten sind Vereinbarungen getroffen, nach denen die Uebergabe regelmäßig an bestimmten Orten erfolgt; im Verkehr mit anderen Staaten ist es wenigstens üblich, daß die Uebergabe an bestimmten Orten stattfindet (vergl. Nr. 31: Belgien, Nr. 35: Großbritannien, Nr. 49: Vereinigte Staaten von Amerika). Wegen der Weiterführung des Ausgelieferten und seiner Ablieferung an die nächste Militärbehörde haben die Militärgerichte mit den zuständigen Behörden des deutschen Grenzorts selbst in Verbindung zu treten, spätestens sobald ihnen die Mittheilung zugeht, daß die Auslieferung bewilligt worden ist. Anträge an das Kriegsministerium, Versorgungs- und Justiz-Departement sind deshalb zu unterlassen.

Durchlieferungen.

29. Muß die Person, deren Auslieferung bewilligt worden ist, durch einen zwischen dem Reich und dem Zufluchtsstaate liegenden Staat hindurch geführt werden, um den deutschen Behörden übergeben werden zu können, so bedarf es hierzu der Einwilligung dieses Staates. In einzelnen der abgeschlossenen Auslieferungsverträge haben die fremden Staaten die Genehmigung zur Durchlieferung gegen Beibringung gewisser Urkunden unter der Voraussetzung zugesichert, daß die Auslieferung nach dem zwischen dem Durchgangsstaate und dem Reich geschlossenen Vertrage zulässig gewesen wäre. Derartige Vereinbarungen finden sich in den Artikeln 11 der Verträge mit Belgien, Luxemburg, den Niederlanden,

Spanien und Uruguay, und im Artikel VII des Bundesbeschlusses vom 26. Januar 1854 hinsichtlich Oesterreich-Ungarns, andere Vereinbarungen in den Artikeln 10 der Verträge mit Italien und der Schweiz. Aber auch, wenn die Durchführung eines Ausgelieferten durch Staaten in Frage kommt, mit denen solche Abreden nicht bestehen, sind von dem verfolgenden Militärgerichte neben dem für die Regierung des Zufluchtsstaats bestimmten Exemplare des Haftbefehls oder der Urtheilsausfertigung ein oder mehrere Exemplare einzureichen, damit auf Grund derselben die Genehmigung zur Durchführung des Ausgelieferten bei der oder den Regierungen der Durchgangsstaaten eingeholt werden kann. Diese Genehmigung kann nur im diplomatischen Wege erbeten werden; die Militärgerichte haben deshalb, auch wenn es sich um eine Durchlieferung durch Oesterreich-Ungarn handelt, sich niemals mit den Behörden des Durchgangsstaats in Verbindung zu setzen.

Kosten.

30. Die durch die Festnahme, den Unterhalt und den Transport der Person, deren Auslieferung bewilligt worden ist, bis zur Grenze des Zufluchtsstaats oder bis an Bord des nach dem Reich abgehenden Schiffes entstehenden Kosten werden in der Regel von dem Zufluchtsstaate getragen, auch ohne eine vertragsmäßige Verpflichtung. Die Auslieferungsverträge enthalten hierüber meist besondere Abreden. Ausnahmen gelten nur hinsichtlich des Verkehrs mit Oesterreich-Ungarn (Nr. 41) und mit den Vereinigten Staaten von Amerika (Nr. 49). Diesen Staaten müssen die sämmtlichen durch die Auslieferung erwachsenden Kosten vertragsmäßig erstattet werden.

V. Besondere Bemerkungen bezüglich einzelner Länder.

Belgien.

31. Maßgebend ist der Auslieferungsvertrag zwischen dem Reich und Belgien vom 24. Dezember 1874 (RGBl. 1875 S. 73) und der Zusatzvertrag vom 28. November 1900 (RGBl. 1901 S. 203).

Bemerkt wird zu Artikel 1 des Vertrags:

Nr. 11: Die Auslieferung erfolgt auch wegen des nach § 176 Ziffer 2 des bürgerlichen Strafgesetzbuchs strafbaren Verbrechens;

Nr. 15: ebenso wegen Theilnahme an einer Schlägerei, die die erwähnte Folge gehabt hat (§ 227 bürgerlichen StGB.).

Nr. 16: Nach belgischem Recht (Art. 462 des belgischen StGB.) bleibt ein von Verwandten absteigender Linie gegen Verwandte aufsteigender Linie begangener Diebstahl straflos, selbst wenn ein Antrag des Bestohlenen vorliegt; die Auslieferung kann in diesem Falle nicht beansprucht werden.

Nr. 18: Nach belgischem Recht (Art. 496 des belgischen StGB.) wird wegen Betruges bestraft: quiconque dans le but de s'approprier une chose appartenant à autrui, se sera fait remettre ou délivrer des fonds, meubles, obligations, quittances, décharges soit en faisant usage de faux noms ou de fausses qualités, soit en employant des manœuvres frauduleuses pour persuader l'existence de fausses entreprises, d'un pouvoir ou d'un crédit imaginaire, pour faire naitre l'espérance ou la crainte d'un succès, d'un accident ou de tout autre évènement chimérique ou pour abuser autrement de la confiance ou de la crédulité. Die Auslieferung wegen Betrugs kann deshalb nicht beansprucht werden, wenn der Thäter die Gegenstände, zu deren Erlangung die Täuschung erfolgt ist, nicht erhalten oder bei der

Täuschung keine listigen Kunstgriffe angewendet hat. In welchen Handlungen diese Kunstgriffe gefunden werden, ist in dem Haftbefehl hervorzuheben.

Der Versuch des Betrugs ist nach belgischem Recht nicht mit Strafe bedroht (vergl. Art. 7 des Vertrags).

Nr. 20 und 21 beziehen sich nur auf wissentlich falsch geschworene Eide.

Nr. 22 kommt nur zur Anwendung, wenn die Verleitung von Erfolg begleitet, der Eid in der That falsch geleistet wurde; ist dies nicht der Fall, so liegt nur ein nach belgischem Recht strafloser Versuch der Verleitung vor.

Nr. 30 umfaßt die aktive und passive Bestechung.

Zu Artikel 7 des Vertrags:

Nach belgischem Recht verjährt die Strafverfolgung wegen Verbrechen in zehn, wegen Vergehen in drei Jahren. Die Verjährung wird nicht durch bloße Ermittelungshandlungen, sondern nur durch Instruktions- und Verfolgungshandlungen (im Wesentlichen also nur durch richterliche) Akte unterbrochen. Aber auch diese Unterbrechung wirkt nur innerhalb des Doppelten der Verjährungszeit, nicht darüber hinaus, so daß z. B. die Auslieferung aus Belgien behufs Strafverfolgung niemals mehr verlangt werden kann, wenn seit der Begehung des Vergehens sechs Jahre verflossen sind. Die Vollstreckung erkannter Strafen verjährt, wenn auf kriminelle Strafen im Sinne des belgischen Rechts (Zuchthausstrafe von mindestens fünf Jahren) erkannt ist, innerhalb zwanzig, wenn auf Gefängnißstrafe von mehr als drei Jahren erkannt ist, innerhalb zehn, wenn auf Gefängnißstrafe von geringerer Dauer erkannt ist, innerhalb fünf Jahren. Die Frist beginnt mit dem Tage, an dem das Urtheil rechtskräftig geworden ist, und wird nur durch die Verhaftung des Verurtheilten unterbrochen.

Welche Urkunden zur Begründung des Auslieferungantrags vorzulegen sind, bestimmt Artikel 8 des Vertrags (vergl. auch Nr. 12 ff.).

Die vorläufige Festnahme kann nach Artikel 9 des Vertrags unmittelbar bei der zuständigen belgischen Behörde nachgesucht werden. Die zuständigen Behörden sind für Brüssel der Verwalter der öffentlichen Sicherheit (administrateur de la sûreté publique), daselbst für die belgischen Provinzen der betreffende Staatsanwalt (procureur). An diese Beamten ausschließlich sind deshalb die entsprechenden Ersuchen zu richten und im Wege des unmittelbaren Geschäftsverkehrs zu befördern. An dieselben Beamten ausschließlich — nicht an die Polizeibehörden — sind von den Militärgerichten in den an Belgien grenzenden diesseitigen Bezirken auch etwaige Ersuchen um Ermittelung von Personen zu richten, falls solche Ersuchen der Dringlichkeit halber für angezeigt erachtet werden. Den übrigen Militärgerichten ist für solche Angelegenheiten ein unmittelbarer Verkehr mit den belgischen Behörden gestattet.

Die Einsendung der zur Stellung des Auslieferungsantrags erforderlichen Urkunden ist vorzugsweise zu beschleunigen, ohne daß abgewartet zu werden braucht, ob die beantragte vorläufige Festnahme in Belgien thatsächlich gelingt.

Der Artikel 9 des Vertrags vom 24. Dezember 1874 hat nach Fassung des Zusatzvertrags vom 28. November 1900 folgenden Wortlaut:

> „Der wegen einer in Art. 1 und 2 aufgezählten strafbaren Handlungen Verfolgte darf in dringenden Fällen vorläufig festgenommen werden, gegen Beibringung eines Haftbefehls, welcher von dem Untersuchungsrichter desjenigen Ortes, an welchem der Verfolgte sich auf Grund einer amtlichen Mittheilung der zuständigen Behörde des die Auslieferung betreibenden Staates aufhält, erlassen ist.
>
> In diesem Falle kann der vorläufig Festgenommene wieder auf freien Fuß gesetzt werden, wenn nicht binnen achtzehn Tagen nach dem

Tage seiner Festnahme der Auslieferungsantrag mit einem der in Artikel 8 des gegenwärtigen Vertrags aufgeführten gerichtlichen Schriftstücke auf diplomatischen Wege bei der ersuchten Regierung eingegangen ist.

Der vorläufig Festgenommene muß in Freiheit gesetzt werden, wenn ihm nicht binnen drei Wochen nach dem Tage seiner Festnahme von einem der im vorstehenden Absatze bezeichneten Schriftstücke Mittheilung gemacht worden ist.

Die vertragschließenden Theile machen sich verbindlich, die Stellung des Auslieferungsantrags zu beschleunigen, sobald die vorläufige Festnahme, sei es unmitelbar, sei es auf diplomatischem Wege, beantragt worden ist."

Die Uebergabe der aus Belgien ausgelieferten Personen an die deutschen Behörden erfolgt regelmäßig in Herbesthal; die diesseitigen Behörden haben deshalb wegen Weiterbeförderung des Ausgelieferten mit der Polizei-Direktion in Aachen sich in Verbindung zu setzen.

Die Kosten der Festnahme, des Unterhalts und des Transports des Auszuliefernden bis zur deutschen Grenze trägt Belgien.

Brasilien.

32. Maßgebend ist der Auslieferungsvertrag zwischen dem Reich und Brasilien vom 17. September 1877 (RGB. für 1878 S. 293 ff.).

Welche Urkunden zur Begründung des Antrags erforderlich sind, bestimmt Artikel 9; danach sind die Angabe der Staatsangehörigkeit und eine Personalbeschreibung des Verfolgten, sowie etwaige andere zur Feststellung der Identität desselben dienende Angaben wesentlich (vergl. auch Nr. 12 ff.).

Die vorläufige Festnahme des Verfolgten kann in der Regel nur im diplomatischen Wege beantragt werden; es ist also an das Kriegsministerium, Versorgungs- und Justiz-Departement, erforderlichenfalls telegraphisch zu berichten.

Der Antrag kann nur gestellt werden, wenn bereits ein Haftbefehl gegen den Verfolgten erlassen ist; der Bericht hat sich hierüber zu äußern (vergl. Nr. 23). — Ist jedoch besondere Eile geboten, und liegt zugleich begründeter Anhalt für die Annahme vor, daß sich der Verfolgte, dessen vorläufige Festnahme herbeigeführt werden soll, in einem bestimmten Konsulatsbezirke aufhält, so ist den diesseitigen Behörden ausnahmsweise gestattet, das Ersuchen um vorläufige Festnahme unter Angabe der dem Verfolgten zur Last gelegten strafbaren Handlung und mit thunlichst genauer Beschreibung seiner Person, sowie unter Berufung darauf, daß ein Haftbefehl erlassen sei, telegraphisch an diejenige Kaiserlich Deutsche Konsulationsbehörde in Brasilien zu richten, in deren Bezirk der Verfolgte vermuthet wird. In dem Ersuchen ist zu erwähnen, daß der Kaiserlichen Gesandtschaft in Rio de Janeiro Mittheilung gemacht sei, und daß die Stellung der nach dem Auslieferungsvertrage erforderlichen Anträge bei der Brasilianischen Regierung seitens der Kaiserlichen Gesandtschaft erfolgen werde. Von dem Ersuchen ist die Kaiserlich Deutsche Gesandtschaft in Rio de Janeiro gleichzeitig auf telegraphischem Wege in Kenntniß zu setzen. Die Einreichung der zur Begründung des Auslieferungsantrags erforderlichen Urkunden an das Kriegsministerium, Versorgungs- und Justiz-Departement, ist in diesen Fällen besonders zu beschleunigen.

Die vorläufige Festhaltung dauert höchstens neunzig Tage.

Die Kosten der Festnahme, des Unterhalts und des Transports des Auszuliefernden bis an Bord des Schiffes, das ihn nach Europa bringt, trägt Brasilien.

Dänemark.

33. Die Auslieferung Fahnenflüchtiger erfolgt nach Maßgabe der Kartell-Konvention mit Dänemark vom 25. Dezember 1820.

Ein sonstiger Auslieferungsvertrag mit Dänemark besteht nicht; die Auslieferung kann deshalb nur unter Zusicherung der Gegenseitigkeit beantragt werden. Die Gesuche sind auf solche strafbaren Handlungen zu beschränken, wegen deren nach den neueren Verträgen des Reichs, insbesondere im Vertrage mit Belgien, die Auslieferung vereinbart ist. Dabei ist zu prüfen, ob auch die anderen in diesen Verträgen niedergelegten Voraussetzungen vorhanden sind.

Der Antrag auf Auslieferung kann in dem Falle des Absatz 2 nur im diplomatischen Wege gestellt werden (Nr. 9); zur Begründung ist entweder eine Urtheilsausfertigung oder ein Haftbefehl (vergl. Nr. 12 ff.) einzureichen. Ist der Verfolgte aus der Provinz Schleswig-Holstein gebürtig, so ist mit Rücksicht auf die Vereinbarung im Artikel XIX des am 30. Oktober 1864 zu Wien abgeschlossenen Friedensvertrages mit besonderer Sorgfalt zu prüfen, ob er Reichsangehöriger oder dänischer Staatsangehöriger ist, da im letzteren Falle seine Auslieferung nicht verlangt werden kann. Daß diese Prüfung stattgefunden hat, ist in dem Berichte (Nr. 10) hervorzuheben.

Frankreich.

34. Maßgebend ist der nach Beendigung des Krieges mit Frankreich in Folge der Zusatzkonvention vom 11. Dezember 1871 znm Frankfurter Frieden wieder in Kraft getretene und auf Elsaß-Lothringen ausgedehnte Vertrag zwischen Preußen und Frankreich wegen gegenseitiger Auslieferung flüchtiger Verbrecher vom 21. Juni 1845 (GS. 579 ff.), der jedoch durch Austausch von Gegenseitigkeits-Erklärungen und in anderer Weise die folgenden Erweiterungen und Ergänzungen erfahren hat:

I.

A. Auf Grund förmlicher Gegenseitigkeitserklärungen findet die Auslieferung statt:

1. wegen Körperverletzung mit tödtlichem Ausgange;
2. wegen Blutschande, wenn die Handlung zugleich nach § 173 des Reichs-Strafgesetzbuchs und nach Art. 331 Abs. 2 des Code pénal strafbar ist;
3. wegen Entführung von Minderjährigen, gleichviel ob die That sich nach dem Rechte des einen wie des anderen Theiles als Verbrechen oder Vergehen darstellt;
4. wegen einfachen Diebstahls ohne Rücksicht auf den Werth des Gegenstandes, sofern die betreffende Handlung nach der Gesetzgebung des einen wie des anderen Theiles als Verbrechen oder Vergehen unter Strafe gestellt ist;
5. wegen Unterschlagung ohne Rücksicht auf den Werth des Gegenstandes, wenn die Handlung nach deutschem Rechte als Unterschlagung und nach französischen Rechte als abus de confiance strafbar ist;
6. wegen Betrugs, sofern die Handlung gleichzeitig nach deutschem Rechte als Betrug und nach französischem Rechte als escroquerie strafbar ist;
7. wegen aktiver und passiver Beamtenbestechung, wenn die Handlung gleichzeitig nach deutschem Rechte als Bestechung öffentlicher Beamter zum Zwecke einer Verletzung einer Amtspflicht (RStGB. §§ 332 bis

334) und nach französischem Rechte als **corruption de fonctionnaires publics** (Code **pénal art.** 177 bis 179, 181, 182) mit Strafe bedroht ist;

8. wegen Begünstigung, wenn die Handlung als Begünstigung nach §§ 257, 258 und 260 des RStGB. und nach Art. 248 des Code pénal mit Strafe bedroht ist.

B. Wegen Versuchs der im Auslieferungsvertrag und in den sonstigen Abmachungen vorgesehenen Strafthaten ist zwar die Gegenseitigkeit nicht allgemein vereinbart worden, jedoch erscheint sie aus Anlaß einzelner Fälle gewährleistet, nämlich wegen:

1. Versuchs des Todtschlags,
2. Versuchs der Nothzucht,
3. Versuchs der Brandstiftung,
4. Versuchs des schweren Diebstahls,
5. Versuchs des einfachen Diebstahls,
6. Versuchs des Betrugs.

II.

Ferner besteht wechselseitiges Einverständniß über erweiternde Auslegung des Auslieferungsvertrags hinsichtlich folgender Punkte:

1. Die Hehlerei ist als Theilnahme an dem Verbrechen oder Vergehen aufzufassen, durch das die verhehlten Sachen erlangt sind. Die Auslieferung wegen Hehlerei hat daher in gleicher Weise wie wegen sonstiger Theilnahme stattzufinden.
2. Unter dem in Art. 2 Nr. 3 des Auslieferungsvertrags vom 21. Juni 1845 aufgeführten Verbrechen der Verfälschung von authentischen Schriften oder Handelspapieren und von Privatschriften ist nicht nur die Fälschung einer dieser Urkunden, sondern auch das Gebrauchmachen von einem solchen verfälschten Schriftstücke verstanden.
3. Auch nach Uebergabe einer ausgelieferten Person soll noch die nachträgliche Genehmigung zur Strafverfolgung wegen solcher in dem ursprünglichen Auslieferungsantrage nicht enthaltener Handlungen bewilligt werden, wegen deren die Auslieferung nach dem Auslieferungsvertrage vom 21. Juni 1845 und den zu seiner Erläuterung oder Ergänzung getroffenen sonstigen Abmachungen überhaupt zu bewilligen ist.
4. Wenn eine ausgelieferte Person nach rechtskräftiger Aburtheilung wegen der Strafthat, wegen deren die Auslieferung erfolgt ist, es unterlassen sollte, das Gebiet des Staates, an den sie ausgeliefert worden ist, innerhalb einer ihr gestellten Frist, deren Bemessung der Justizverwaltung zusteht, zu verlassen, so kann sie auch wegen eines vor der Auslieferung begangenen gemeinen Verbrechens oder Vergehens, wegen dessen die Auslieferung nicht erfolgt ist, (d. h. also auch wegen eines in dem Auslieferungsvertrag oder den sonstigen Abmachungen nicht vorgesehenen gemeinen Verbrechens oder Vergehens), vor den Gerichten des ersuchenden Staates strafrechtlich verfolgt werden.

Welche Urkunden zur Begründung des Antrags erforderlich sind, bestimmt Art. 4 (vergl. Nr. 12 ff.).

Die vorläufige Festnahme des Beschuldigten kann in der Regel nur im diplomatischen Wege beantragt werden (vergl. Nr. 23). Es ist jedoch in solchen Fällen, in denen die Festnahme auf diesem Wege nicht mehr herbeizuführen sein würde, also namentlich dann, wenn der Beschuldigte über einen der französischen

Hafenorte, wie Havre, Bordeaux oder Marseille, flieht, und die verfolgende Behörde erst kurz vor der Abfahrt des vom Flüchtlinge vermuthlich benutzten Schiffes hiervon Kenntniß erhält, zulässig, die Vermittelung des zuständigen Kaiserlichen Konsulats behufs Herbeiführung der vorläufigen Festnahme in Anspruch zu nehmen. Sollte der Verfolgte in Paris vermuthet werden, so darf, wenn besondere Beschleunigung geboten ist, die dortige Kaiserliche Botschaft unmittelbar um Vermittelung ersucht werden.

Die Kosten der Festnahme, des Unterhalts und des Transports des Auszuliefernden bis zur deutschen Grenze trägt Frankreich.

Großbritannien.

35. Maßgebend ist der Vertrag zwischen dem Reich und Großbritannien vom 14. Mai 1872 (RGB. 229 ff.).

Zu Artikel II desselben, Nr. 7 wird bemerkt, daß jetzt die Strafvorschriften der Konkursordnung maßgebend sind; jedoch ist es nach englischem Rechte für den Thatbestand des betrüglichen Bankerutts wesentlich, daß die Eröffnung des gerichtlichen Konkursverfahrens stattgefunden hat, und daß die Handlungen in denen der Thatbestand des betrüglichen Bankerutts gefunden wird, innerhalb der, der Konkursöffnung vorhergehenden letzten vier Monate begangen sind. Neben den sonstigen Urkunden ist deshalb, falls diese Voraussetzung zutrifft, eine gerichtlich beglaubigte Abschrift des Beschlusses über die Eröffnung des Konkursverfahrens einzureichen. Liegen jene Voraussetzungen nicht vor, und kann auch die Eröffnung des gerichtlichen Konkursverfahrens nicht mehr erwirkt werden, so hat der Antrag auf Auslieferung keine Aussicht auf Erfolg.

Welche Urkunden mit dem Antrag auf Auslieferung vorzulegen sind, bestimmt Artikel VIII. Danach muß, falls es sich um die Auslieferung einer bereits verurtheilten Person handelt, die beizufügende Urtheilsausfertigung (Nr. 12) ausdrücklich die Bescheinigung enthalten, daß die Hauptverhandlung in Anwesenheit des Angeklagten stattgefunden hat. Kann eine solche Bescheinigung nicht beigebracht werden, so ist zu verfahren, wie wenn es sich um die Auslieferung einer noch in Untersuchung befangenen Person handelt. In dem letzteren Fall ist neben einem Haftbefehl (Nr. 13 ff.) die Beibringung des Beweismaterials erforderlich, da die britischen Behörden dasselbe einer Nachprüfung zu unterziehen haben und nach Artikel X des Vertrags die Auslieferung nur dann erfolgt, wenn die Beweise für genügend befunden sind, um nach britischem Recht die Verweisung des Ergriffenen zur Hauptuntersuchung zu rechtfertigen, falls die strafbare Handlung auf britischem Gebiete begangen wäre.

Soll eine Auslieferung aus Großbritannien nachgesucht werden, so sind insbesondere die nachstehenden formalen Vorschriften zu befolgen, da anderenfalls diese Anträge in Großbritannien leicht auf Weiterungen stoßen.

Bei der Vorbereitung des Beweismaterials ist zu beachten, daß Aussagen von Zeugen und Sachverständigen in Großbritannien zur Belastung des Beschuldigten nur dann in Betracht kommen, wenn sie beschworen sind, daß diensteidliche Versicherungen oder Versicherungen auf den in derselben Untersuchung bei einer früheren Vernehmung bereits geleisteten Zeugen- oder Sachverständigen-Eid nicht ausreichend sind, daß vielmehr der Zeuge, der etwa mehrere Male vernommen wird, bei jeder Vernehmung den Zeugeneid zu leisten hat. Der Niederschrift der Zeugenaussagen ist folgende oder eine gleichbedeutende Ueberschrift vorauszuschicken:

„Zeugenvernehmung, die am . . . . . . vor dem Untersuchungsführer Kriegsgerichtsrath N. N. und dem Militärgerichtsschreiber A. A. — dem Beisitzer B. B. — (Vor- und Zuname sowie Dienstgrad), —

zu . . . . . . (Ort der Vernehmung) in der Untersuchungssache gegen den zuletzt in . . . . . . wohnhaften (Vor- und Zuname des Beschuldigten) stattgefunden hat, der beschuldigt ist, am . . . . . . das Verbrechen des (Bezeichnung der That nach Maßgabe des Auslieferungsvertrags) begangen zu haben."

Bei der Aufnahme der Zeugenaussagen ist darauf Bedacht zu nehmen, daß Vor- und Zuname, Wohnort, Wohnung und Beruf oder Stand des Zeugen aus der Aussage hervorgehen, und daß jeder Zeuge seine Aussage unterschreibt und beeidigt. Nach Schluß der Verhandlung hat der Untersuchungsführer unter Mitzeichnung des Militärgerichtsschreibers — des Beisitzers — unter die letzte der an dem gleichen Tage abgegebenen Zeugenaussagen folgende Bescheinigung zu setzen:

„Die Zeugen A., B. u. s. w. haben vorstehende Aussagen vor uns in (Ort der Vernehmung) erklärt und eidlich bekräftigt,"

diese Bescheinigung zu datiren und mit Namen unter Beifügung von Amtscharakter bezw. Dienstgrad zu unterzeichnen.

Von den so aufgenommenen Aussagen ist demnächst eine genaue Abschrift zu fertigen und am Schlusse durch den richterlichen Militärjustizbeamten folgende Bescheinigung hinzuzufügen:

„Ich bescheinige hiermit, daß das Vorstehende eine richtige Abschrift der Aussagen der Zeugen A., B. u. s. w. ist, auf Grund deren am (Datum des Haftbefehls) ein Haftbefehl gegen den (Namen des Beschuldigten) erlassen wurde, der beschuldigt ist, am . . . . . . zu . . . . . . in Preußen das Verbrechen (Vergehen) des (Bezeichnung der That) begangen zu haben."

Datum. Unterschrift
des richterlichen Militär-Justizbeamten
unter Beifügung des Amtscharakters.

Dieser Bescheinigung ist das Gerichtssiegel beizudrücken.

Bedarf das Beweismaterial einer Ergänzung, nachdem bereits der Auslieferungsantrag im diplomatischen Wege gestellt ist, so ist jene Bescheinigung seitens des Gerichtsherrn auszustellen und etwa dahin zu fassen:

auf Grund deren der am . . . . gegen den . . . . erlassene Haftbefehl bestätigt wird.

Auslassungen von Mitbeschuldigten oder von Zeugen, deren Beeidigung aus irgend einem Grunde nicht erfolgen konnte, sind in die Abschrift des Beweismaterials nicht mit aufzunehmen.

Wird in den Zeugenaussagen auf Ueberführungsstücke, z. B. auf gefälschte Urkunden, Bezug genommen, so sind der Abschrift der Zeugenaussagen von dem richterlichen Militärjustizbeamten zu beglaubigende Abschriften der Urkunden anzuhängen. Die Mitsendung der Urschriften bedarf es regelmäßig nicht.

Der Haftbefehl muß insbesondere die Namen und den letzten bekannten Aufenthaltsort des Verfolgten im Inlande, die strafbare Handlung, deren er beschuldigt wird, nach der Ausdrucksweise des deutschen Textes des Auslieferungsvertrags, sowie die Angabe der Zeit und des Ortes enthalten, an dem die That begangen ist. Eine beglaubigte Abschrift oder eine Ausfertigung des Haftbefehls, auch wenn diese von einem richterlichen Militärjustizbeamten beglaubigt wäre, ist nicht ausreichend; es ist vielmehr eine zweite Ausfertigung des Haftbefehls (vergl. Nr. 13) einzusenden.

Es wird noch besonders darauf aufmerksam gemacht, daß, da nach der Schlußbescheinigung unter den Zeugenaussagen der Haftbefehl auf Grund jener

Aussagen erlassen wird, derselbe kein früheres Datum tragen darf, als dasjenige des Tages, an dem die letzte der Zeugenvernehmungen stattgefunden hat.

Bestreitet der Festgenommene seine Identität mit der verfolgten Person, so kann, falls der Nachweis der Identität nicht auf andere Weise zu führen ist, die Nothwendigkeit eintreten, daß Jemand, der den Verfolgten bei eidlicher Vernehmung zu indentifiziren vermag, nach Großbritannien entsendet werden muß. Sind deshalb der verfolgenden Behörde in Großbritannien wohnhafte Personen bekannt, die den Verfolgten zu erkennen vermögen, so sind sie in dem Berichte mit dem die Auslieferung nachgesucht wird, unter Angabe ihrer Wohnung namhaft zu machen. Andernfalls sind, wenn möglich, im Inlande wohnhafte zuverlässige Personen namhaft zu machen, die bereit wären, falls erforderlich, zur Identifizirung des Verfolgten vor dem englischen Gerichte zu erscheinen. Im Uebrigen sind Abbildungen des Verfolgten, falls solche vorhanden, beizufügen und mit der in Nr. 12 und 14 angegebenen Bescheinigung zu versehen.

Es ist erwünscht, daß alle Urkunden von demselben richterlichen Militärjustizbeamten beglaubigt werden, und daß dieser auch die Vernehmung der Zeugen leitet.

Die Anträge auf vorläufige Festnahme des Verfolgten sind von der verfolgenden Behörde unmittelbar an denjenigen Konsul in Großbritannien zu richten, in dessen Bezirke der Verfolgte vermuthet wird. Von jedem derartigen Ersuchen ist gleichzeitig dem General-Konsul in London Mittheilung zu machen, und zwar, wenn das Ersuchen an den örtlichen zuständigen Konsul durch Telegramm erfolgte, ebenfalls telegraphisch. An den General-Konsul in London ist das Ersuchen ausschließlich zu richten, wenn der verfolgenden Behörde der örtlich zuständige Konsul nicht bekannt ist, oder wenn zwar Anhaltspunkte dafür vorhanden sind, daß der Verfolgte sich nach dem Vereinigten Königreiche geflüchtet hat, nähere Nachrichten über seinen Zufluchtsort jedoch fehlen.

Das Ersuchen um vorläufige Festnahme muß, auch wenn es telegraphisch gestellt wird, die dem Verfolgten zur Last gelegte strafbare Handlung und seine genaue Personalbeschreibung enthalten; ebenso sind, wenn der Zufluchtsort nicht ermittelt ist, etwaige Anhaltspunkte, die zur Ermittelung des Verfolgten dienen können, dem General-Konsul in London mitzutheilen. Gelingt die vorläufige Festnahme des Verfolgten, so ist auf desfallsige Mittheilung dem General-Konsul alsbald eine beglaubigte Abschrift des Beweismaterials und des Haftbefehls mit dem Ersuchen zu übersenden, die weitere Festhaltung des Verfolgten zu veranlassen.

Gleichzeitig sind die zur Stellung des Auslieferungsantrags erforderlichen Urkunden dem Kriegsministerium, Versorgungs- und Justiz-Departement, einzureichen. In dem Einsendungsbericht ist zu erwähnen, ob die Absendung der Abschriften an den Generalkonsul in London bereits stattgefunden hat, oder wann dieselbe erfolgen wird.

Der vorläufig Festgenommene wird nach Artikel XII des Vertrags wieder in Freiheit gesetzt, wenn nicht binnen zwei Monaten nach dem Tage seiner Ergreifung die zur Auslieferung genügenden Beweise beigebracht werden.

Nach Artikel XV des Vertrags kommen die Bestimmungen desselben auch dann zur Anwendung, wenn die Auslieferung aus einer britischen Kolonie oder auswärtigen Besitzung nachgesucht werden soll. Wird in solchen Fällen die vorläufige Festnahme des Flüchtlings für erforderlich oder für wünschenswerth erachtet, so ist mit thunlichster Beschleunigung erforderlichenfalls telegraphisch an das Kriegsministerium, Versorgungs- und Justiz-Departement, zu berichten. An die in den Kolonien und auswärtigen Besitzungen angestellten Konsuln oder an die britischen Behörden daselbst haben die Militärgerichte derartige Ersuchen nicht zu richten.

Die Kosten der Festnahme, des Unterhalts und des Transports des Auszuliefernden bis zur Einschiffung in London trägt Großbritannien. Nach einer Vereinbarung mit der großbritannischen Regierung wird der Transport der ausgelieferten Person in der Regel bis Hamburg durch britische Polizeibeamte gegen Erstattung der hierdurch entstehenden Kosten ausgeführt. Wenn daher ausnahmsweise die Abholung des Festgenommenen von London durch preußische Polizeibeamte erwünscht ist, so sind die bezüglichen Anträge so zeitig zu stellen, daß eine vorgängige Verständigung mit der bezeichneten Regierung getroffen werden kann.

Italien.

36. Maßgebend ist der Auslieferungsvertrag zwischen dem Reich und Italien vom 31. Oktober 1871 (RGBl. S. 446 ff.).

Nach Artikel 7 ist neben der Urtheilsausfertigung oder dem Haftbefehl (vergl. Nr. 12 ff.) die Einreichung einer Personalbeschreibung des Verfolgten erforderlich, auch sind sonstige zur Feststellung der Identität geeignete Angaben zu machen.

Nach Artikel 3 kann die vorläufige Festnahme nur im diplomatischen Wege beantragt werden. In Fällen, die einer besonderen Beschleunigung bedürfen, ist es den Militärgerichten jedoch gestattet, nach Maßgabe der folgenden Bestimmungen zu verfahren:

1. Das Ersuchen, die vorläufige Festnahme einer Person herbeizuführen, deren Auslieferung auf Grund des Auslieferungsvertrags zwischen dem Deutschen Reich und Italien vom 31. Oktober 1871 beantragt werden soll, ist unter Angabe der dem Verfolgten zur Last gelegten strafbaren Handlung und mit thunlichst genauer Beschreibung seiner Person sowie unter Berufung darauf, daß ein Strafurtheil, eine Anklageverfügung oder ein Haftbefehl erlassen sei, an diejenige Kaiserlich Deutsche Konsulatsbehörde in Italien zu richten, in deren Bezirke der Verfolgte vermuthet wird. In dem Ersuchen ist zu erwähnen, daß der Kaiserlichen Botschaft in Rom Mittheilung gemacht sei und daß die Stellung der nach dem Auslieferungsvertrag erforderlichen formellen Anträge bei der Königlich Italienischen Regierung seitens der Kaiserlichen Botschaft erfolge.
2. Von dem Ersuchen (Nr. 1) ist die Kaiserlich deutsche Botschaft zu Rom gleichzeitig und, wenn das Ersuchen telegraphisch erfolgt, ebenfalls telegraphisch in Kenntniß zu setzen.
3. Die Einsendung der zur Stellung des Auslieferungsantrags erforderlichen Schriftstücke an das Kriegsministerium, Versorgungs- und Justiz-Departement, ist in solchen Fällen besonders zu beschleunigen, weil die Frist für die vorläufige Festhaltung nur zwanzig Tage beträgt.

Japan.

37. Nach Nr. 2 des Protokolls zu dem Konsularvertrage zwischen dem Reiche und Japan vom 4. April 1896 (RGBl. S. 742) stehen, bis zum Inkrafttreten einer besonderen Vereinbarung über die gegenseitige Auslieferung von Verbrechern, dem Reiche in Japan dieselben Rechte und Begünstigungen, die von Seiten Japans einem anderen Lande mit Bezug auf die Auslieferung eingeräumt worden sind oder in Zukunft eingeräumt werden, insoweit zu, als von Seiten des Reichs bei der Stellung des Antrags für gleichartige Fälle die Gegenseitigkeit zugesichert wird.

Die Anträge auf vorläufige Festnahme und Auslieferung sind im diplomatischen Wege zu stellen; es ist daher in jedem Falle unter Beifügung der entsprechenden Urkunden (vergl. Nr. 9, 12 ff.), an das Kriegsministerium, Versorgungs- und Justiz-Departement, zu berichten.

Kolumbien.

38. Nach Artikel 23 des Freundschafts-, Handels- und Schifffahrtsvertrags mit dem Freistaate Kolumbien vom 28. Juli 1892 (RGBl. 194 S. 471) stehen, bis zum Inkrafttreten einer besonderen Vereinbarung über die Auslieferung von Verurtheilten und Angeschuldigten, dem ersuchenden Theile gegenüber dem ersuchten Theile dieselben Rechte und Begünstigungen, die von dem ersuchten Theile der meistbegünstigten Nation mit Bezug auf die Auslieferung eingeräumt sind oder in Zukunft eingeräumt werden sollten, insoweit zu, als seitens des ersuchenden Theiles bei Stellung des Antrags für gleichartige Fälle die Gegenseitigkeit dem ersuchenden Theile zugesichert wird.

Die Anträge auf vorläufige Festnahme und Auslieferung sind im diplomatischen Wege zu stellen, es ist daher in jedem Falle unter Beifügung der entsprechenden Urkunden (vergl. Nr. 9, 12 ff.) an das Kriegsministerium, Versorgungs- und Justiz-Departement, zu berichten.

Luxemburg.

39. Maßgebend ist der Auslieferungsvertrag zwischen dem Reich und Luxemburg vom 9. März 1876 (RGBl. S. 223 ff.).

Bemerkt wird:

Zu Artikel 1 Nr. 11 des Vertrags: Als Nothzucht wird nach Artikel 375 und 377 des Luxemburgischen Strafgesetzbuchs auch der Thatbestand der Blutschande behandelt, falls dabei Gewaltthätigkeiten, schwere Drohungen, List oder Kunstgriffe angewendet oder das Verbrechen gegen eine Person verübt ist, die ihre Zustimmung frei zu geben oder Widerstand zu leisten außer Stande war.

Zu Nr. 18 und Artikel 2: der Versuch des Betrugs ist in Luxemburg nicht strafbar: die Auslieferung wegen dieses Vergehens kann daher nicht beantragt werden.

Zu Artikel 7: Die Strafvollstreckung verjährt, falls auf kriminelle Strafen im Sinne des Luxemburgischen Strafgesetzbuchs (Zuchthausstrafe von mindestens fünf Jahren) erkannt ist, in zwanzig Jahren, falls auf Gefängnißstrafe über drei Jahre erkannt ist, in zehn Jahren, und wenn die Gefängnißstrafe weniger beträgt, in fünf Jahren. Die Unterbrechung erfolgt nur durch Verhaftung. Die Strafverfolgung verjährt wegen Verbrechen in zehn Jahren, wegen Vergehen in drei Jahren; die Verjährung wird nur durch Untersuchungs- oder Verfolgungshandlungen (actes d'instruction ou de poursuite), also wesentlich richterliche Handlungen unterbrochen.

Artikel 8 giebt an, welche Urkunden zur Stellung des Auslieferungsantrags erforderlich sind (vergl. Nr. 12 ff.).

Die vorläufige Festnahme kann von dem verfolgenden Militärgericht im Wege des unmittelbaren Geschäftsverkehrs bei der örtlich zuständigen Luxemburgischen Behörde, unter Umständen bei dem Generalprokurator in Luxemburg beantragt werden unter Berufung darauf, daß ein Strafurtheil oder ein Haftbefehl gegen den Verfolgten ergangen ist.

Die vorläufige Festhaltung dauert höchstens fünfzehn Tage (Artikel 9). Die Einsendung der zur Stellung des Auslieferungsantrags erforderlichen Urkunden ist deshalb, falls die vorläufige Festnahme erfolgt oder beantragt ist, vorzugsweise zu beschleunigen.

Die Kosten der Festnahme, des Unterhalts nnd des Transports des Auszuliefernden bis zur deutschen Grenze trägt Luxemburg.

Niederlande.

40. Maßgebend ist der Auslieferungsvertrag zwischen dem deutschen Reich und den Niederlanden vom 31. Dezember 1896 (RGB. 1897 S. 731 ff.).

Zu Artikel 1 Nr. 24 des Vertrags wird bemerkt, daß Artikel 326 des niederländischen Strafgesetzbuchs in Uebersetzung lautet: „Wer in der Absicht, sich oder einem Anderen einen widerrechtlichen Vortheil zu verschaffen, durch Annahme eines falschen Namens oder einer falschen Eigenschaft oder durch listige Kunstgriffe oder durch ein Lügengewebe Jemanden zur Herausgabe einer Sache oder Eingehung einer Schuld oder Aufhebung einer Forderung bewegt, wird wegen Betrugs mit Gefängniß bis zu drei Jahren bestraft". Hiernach genügt nicht ein bloßes Vorspiegeln einer falschen oder Unterdrücken einer wahren Thatsache, vielmehr sind listige Kunstgriffe oder ein Lügengewebe erforderlich, das geeignet ist, auch verständige, umsichtige Personen zu täuschen. Der Haftbefehl muß diese Thatsachen ersichtlich machen. Bezieht sich der Betrug auf die Aufhebung einer Forderung, so müssen die Kunstgriffe 2c. das Erlöschen der Forderung durch einen Akt der getäuschten Person zur Folge haben; die Unmöglichkeit, die Schuld beizutreiben, ist nicht ausreichend zum Thatbestande des Betrugs.

Welche Urkunden zur Stellung des Auslieferungsantrags erforderlich sind, ergiebt Artikel 7 des Vertrags (vergl. Nr. 12 ff.). Alle Urkunden, die der niederländischen Regierung mitgetheilt werden, sind ausnahmsweise mit lateinischen Schriftzeichen zu schreiben.

Die vorläufige Festnahme kann nach Artikel 8 des Vertrags von den Militärgerichten unmittelbar beantragt werden.

Die niederländischen Behörden, bei denen derartige Anträge gestellt werden können, sind in dem anliegenden Verzeichnisse unter Angabe ihres Sitzes und Amtsbezirks einzeln aufgeführt. Aus dem Verzeichniß ergeben sich auch die Voraussetzungen, unter denen der Antrag an die eine oder die andere der genannten niederländischen Behörden je nach Lage des einzelnen Falles zu richten ist.

Erscheint die unmittelbare Stellung des Antrags bei den niederländischen Behörden aus thatsächlichen oder rechtlichen Gründen,

> z. B. weil der Aufenthaltsort des Verfolgten in den Niederlanden unbekannt oder weil die Berechtigung, die Auslieferung zu verlangen, zweifelhaft ist,

unthunlich, so kann auch in Zukunft der Antrag auf Herbeiführung der vorläufigen Festnahme an das Kriegsministerium, Versorgungs- und Justiz-Departement, und in Fällen, die besonderer Beschleunigung bedürfen, unmittelbar an die Kaiserliche Gesandtschaft im Haag gerichtet werden.

In jedem Falle ist die Einsendung der zur Stellung des Auslieferungsantrags erforderlichen Schriftstücke an das Kriegsministerium, Versorgungs- und Justiz-Departement, besonders zu beschleunigen, da die in den Niederlanden vorläufig festgenommenen Personeu gemäß Art. 9 des Vertrages nach Ablauf einer Frist von 20 Tagen wieder auf freien Fuß gesetzt werden, falls nicht der Auslieferungsantrag unter Vorlegung der erforderlichen Schriftstücke bis dahin gestellt worden ist.

Die Kosten der Festnahme, des Unterhalts und des Transports des Auszuliefernden bis zur deutschen Grenze tragen die Niederlande.

Oesterreich-Ungarn.

41. Maßgebend ist im Auslieferungsverkehr mit Oesterreich-Ungarn der Beschluß der deutschen Bundesversammlung vom 26. Januar 1854 wegen gegenseitiger Auslieferung von Personen, welche wegen gemeiner Verbrechen oder Vergehen zur Untersuchung gezogen worden sind (vergl. Patent vom 10. Juni 1854 und Bekanntmachung vom 20. Oktober 1854 — GS. 359 ff. und 555 —).

Bemerkt wird, daß der im Artikel I dieses Beschlusses erwähnte Bundesbeschluß vom 18. August 1836 (GS. 309) bezüglich der Auslieferung politischer Verbrecher nicht mehr als in Kraft befindlich erachtet wird, die Auslieferung also nur wegen gemeiner Verbrechen und Vergehen beansprucht werden kann. Die Bestimmung, wonach die Auslieferungspflicht solche Personen umfaßt, die von einem Gericht desjenigen Staates, in welchem oder gegen welchen das Verbrechen oder Vergehen begangen worden, verurtheilt &c. sind, ist dahin ausgelegt worden, daß darunter alle strafbaren Handlungen gemeint sind, wegen deren im Inlande eine Strafverfolgung stattfinden kann, also auch solche, die im Auslande begangen sind, wenn wegen deren ein Strafverfahren im Inlande schwebt.

Abweichend von der Regel, daß ein Auslieferungsantrag nur von der Regierung des betreibenden Staates bei der Regierung des Zufluchtsstaats, also nur von der Zentralbehörde gestellt werden kann (vergl. Nr. 9), gestattet Artikel IV des Beschlusses die Stellung des Antrags auf Auslieferung seitens der verfolgenden Behörde im Wege des unmittelbaren Geschäftsverkehrs bei der zuständigen österreichischen oder ungarischen Behörde. Die Militärgerichte können deshalb, wenn es sich um die Auslieferung einer nach Oesterreich-Ungarn geflüchteten Person handelt, die zuständige österreichische oder ungarische Behörde unmittelbar zu diesem Behuf ersuchen, und dieser unmittelbare Verkehr wird die Regel zu bilden haben, so daß nur in besonders gearteten Ausnahmefällen die Vermittelung des Kriegsministeriums, Versorgungs- und Justiz-Departement, in Anspruch zu nehmen ist. Wenn auch die Beifügung einer Urtheilsausfertigung oder eines Haftbefehls in dem Bundesbeschlusse nicht erwähnt wird, so ist sie doch zweckmäßig, da auf diese Weise am einfachsten die im Artikel IV Absatz 2 erforderten Angaben über die strafbare Handlung, wegen deren die Auslieferung nachgesucht wird, erbracht werden (vergl. Nr. 12 ff.).

Ist eine Auslieferung wegen mehrerer Strafthaten nachgesucht, so muß die Verfolgung des Ausgelieferten jedenfalls insoweit ausgeschlossen bleiben, als bei der Auslieferungsbewilligung ein ausdrücklicher Vorbehalt auf Nichtbestrafung wegen einzelner Strafthaten gemacht ist. Einem derartigen Vorbehalt ist es gleich zu achten, wenn die Auslieferung wegen einzelner Strafthaten aus dem Grunde ausdrücklich abgelehnt ist, weil insoweit eine Auslieferungspflicht nicht begründet sei. Soll einem Auslieferungsantrage nicht im vollen Umfang entsprochen werden, so ist die Auslieferung nicht früher in Vollzug zu setzen, als bis durch Rückfrage sicher gestellt ist, daß der Auslieferungsantrag trotzdem aufrecht erhalten wird.

Die vorläufige Festnahme von nach Oesterreich-Ungarn geflüchteten Personen kann, da zwischen den Behörden beider Staaten der unmittelbare Geschäftsverkehr nachgelassen ist, ebenfalls durch ein unmittelbar zu übersendendes Ersuchungsschreiben beantragt werden.

Die Kosten der Festnahme, des Unterhalts und des Transports des Auszuliefernden sind der österreichischen oder ungarischen Behörde nach Artikel VI des Beschlusses zu erstatten.

Nach der von der Kaiserlich und Königlich österreichisch-ungarischen Regierung abgegebenen Erklärung ist, auch wenn die Person, deren vorläufige Festnahme und Auslieferung erwirkt werden soll, sich in Bosnien oder in der Herzegowina aufhält, in Gemäßheit des Bundesbeschlusses vom 26. Januar 1853 zu verfahren.

Die Auslieferung Fahnenflüchtiger erfolgt nach Maßgabe der Kartell-Konvention vom 10. Februar/12. März 1831.

Rußland.

42. Maßgebend ist das zwischen Preußen und Rußland durch Austausch identischer Noten des Kaiserlichen Botschafters in St. Petersburg und des Kaiserlich russischen Ministers der auswärtigen Angelegenheiten vom 13./1. Januar 1885 geschlossene Abkommen (veröffentlicht im Deutschen Reichsanzeiger vom 23. Januar 1885). Danach ist auf Grund der Gegenseitigkeit die Auslieferung zugesichert wegen aller gemeinen strafbaren Handlungen, sowie wegen einiger bestimmt bezeichneten politischen und besonderen Delikte. Ueber das Verfahren enthält das Abkommen keine Vorschriften.

Es finden deshalb die oben angegebenen allgemeinen Grundsätze Anwendung. Der Auslieferungsantrag kann sonach nur im diplomatischen Wege gestellt werden (Nr. 9); zu seiner Begründung bedarf es der Einreichung einer Urtheilsausfertigung oder eines Haftbefehls (vergl. Nr. 12 ff.).

Bei der Stellung von Anträgen auf vorläufige Festnahme von Beschuldigten, die nach Rußland geflüchtet sind, ist — soweit nicht das betreffende Ersuchen gemäß dem preußisch-russischen Abkommen von 29./17. August 1883 (GS. vom 1884 S. 72) und der zusätzlichen Erklärung vom 28./16. Januar 1893 (GS. 83 bis 85) im Wege des unmittelbaren Geschäftsverkehrs an die dafür in Betracht kommende russische Justizbehörde gerichtet werden kann (vergl. Anweisung I, Nr. 16) — nach Maßgabe der folgenden Bestimmungen zu verfahren:

Das Ersuchen ist im Allgemeinen und namentlich alsdann, wenn kein bestimmter Anhalt dafür vorliegt, nach welchem Orte in Rußland der Verfolgte sich gewandt hat, an die Kaiserliche Botschaft in St. Petersburg zu richten.

Liegen Anhaltspunkte dafür vor, daß sich der Verfolgte an einem bestimmten Orte Rußlands aufhält, so darf das Ersuchen um vorläufige Festnahme auch an die betreffende Kaiserliche Konsularbehörde gerichtet werden. In solchem Falle ist aber die Kaiserliche Botschaft in St. Petersburg von dem Ersuchen stets gleichzeitig, und zwar, wenn dasselbe telegraphisch erfolgt, ebenfalls telegraphisch, in Kenntniß zu setzen.

In allen Fällen ist wegen Stellung des Auslieferungsantrages unter Beifügung der erforderlichen Urkunden ungesäumt an das Kriegsministerium, Versorgungs- und Justiz-Departement, zu berichten.

Wird der Flüchtige lediglich wegen einer Uebertretung verfolgt, so wird von der Nachsuchung der Auslieferung abzusehen sein.

Die Kosten der Festnahme, des Unterhalts und des Transports des Auszuliefernden bis zur deutschen Grenze trägt Rußland.

Schweden und Norwegen.

46. Maßgebend ist der Auslieferungsvertrag zwischen dem Reich und Schweden und Norwegen vom 19. Januar 1878 (RGB. 110 ff.).

Zu Artikel 1 Nr. 16 ist im Hinblick darauf, daß die Auslieferung nur dann beansprucht werden kann, wenn die strafbare Handlung, die zu diesem Antrag Anlaß giebt, in Schweden bezw. Norwegen mit schwererer Strafe als Gefängnißstrafe bedroht ist, zu bemerken, daß der Betrug in Schweden nur, wenn er unter besonders erschwerenden Umständen begangen ist, mit Strafarbeit, d. i. mit einer schwereren als Gefängnißstrafe bedroht ist, sonst nur mit Gefängniß bis zu sechs Monaten. Es kann also die Auslieferung wegen Betrugs nur bei dem Vorhandensein besonders erschwerender Umstände verlangt werden, und es ist im Haftbefehl anzugeben, worin diese erschwerenden Umstände gefunden werden.

Die zur Stellung des Auslieferungsantrags erforderlichen Urkunden sind im Artikel 8 bezeichnet (Nr. 12 ff.).

Die vorläufige Festnahme kann nur im diplomatischen Wege (Nr. 9) beantragt werden, und nur, wenn bereits ein Strafurtheil oder ein Haftbefehl gegen den Flüchtigen ergangen ist (Artikel 9). Das verfolgende Militärgericht hat sich deshalb über diesen Punkt in seinem Berichte (Nr. 23) zu äußern.

Die zulässige Dauer der vorläufigen Festhaltung ist auf sechs Wochen bestimmt (Artikel 9 des Vertrags).

Die Kosten der Festnahme, des Unterhalts und des Transports des Auszuliefernden bis zu seiner Einschiffung trägt Schweden bezw. Norwegen.

Schweiz.

44. Maßgebend ist der Auslieferungsvertrag zwischen dem Reich und der Schweiz vom 24. Januar 1874 (RGB. 113 ff.).

Bemerkt wird zu Artikel 1 Nr. 10: Die Auslieferung ist verweigert worden wegen Tödtung im Zweikampf (§ 206 bürgerlichen StGB.).

Zu Nr. 12: Nach dem Strafgesetzbuche des Kantons Zürich ist Unterschlagung nur dann von Amtswegen strafbar, wenn sie von der Ableugnung des Besitzes der fremden Sache oder von solchen positiven Handlungen begleitet ist, die darauf berechnet sind, über die rechtswidrige Aneignung zu täuschen; andernfalls ist der Antrag des Geschädigten erforderlich. Bei der Fassung des Haftbefehls wird deshalb auf diese Umstände besondere Rücksicht zu nehmen sein.

Außerdem findet die Auslieferung auch wegen der in dem Auslieferungsvertrage vom 24. Januar 1874 nicht aufgeführten strafbaren Handlungen statt:

I. Auf Grund förmlicher Gegenseitigkeitserklärungen:

1. wegen vorsätzlicher Körperverletzung, die eine Arbeitsunfähigkeit von mehr als 20 Tagen zur Folge gehabt hat:
2. a) wegen Verstrickungsbruchs im Sinne des § 137 des Reichs-Strafgesetzbuchs, sofern die Verstrickung mit Rücksicht auf ein schwebendes oder bevorstehendes Zwangsvollstreckungs- oder Konkursverfahren erfolgt ist, und
   b) wegen der im § 228 a. a. O. vorgesehenen Handlungen zur Benachtheiligung eines Gläubigers bei drohender Zwangsvollstreckung; beide Vergehen fallen nach schweizerischem Rechte unter den Begriff der „Pfandunterschlagung“;
3. wegen Kuppelei mit großjährigen Personen, sofern die betreffende Handlung nach deutschem Rechte als gewohnheitsmäßig oder aus Eigennutz betriebene und nach schweizerischem Rechte als gewerbsmäßige Kuppelei zu beurtheilen ist.

II. Auf Grund gegenseitigen Einverständnisses über erweiternde Auslegung des Vertrags:

4. wegen Blutschande als unter Art. 1 Nr. 8 (Nothzucht) und Nr. 9 (Kuppelei) fallend;
5. wegen Hehlerei als einer Form der in Art. 1 Abs. 1 vorgesehenen Theilnahme.

III. Was die Auslieferung

6. wegen unzüchtiger Handlungen betrifft, die von Geistlichen, Lehrern und Erziehern mit ihren minderjährigen Schülern und Zöglingen, oder die mit Personen unter 14 Jahren vorgenommen werden, so ist wegen dieser Handlungen bisher zwar ein völliges Einvernehmen mit der Schweiz nicht erreicht worden. Die Schweiz hat sich indessen bereit erklärt, auf Auslieferungsanträge wegen derartiger Handlungen einzugehen und ihnen, soweit die schweizerischen Gesetze es gestatten, Folge zu geben.

Nach Artikel 7 des Vertrags sollen neben den daselbst sonst aufgeführten Urkunden, wenn möglich, eine Personalbeschreibung des Verfolgten und andere zur Feststellung seiner Identität dienende Angaben beigebracht werden (vergl. Nr. 14). Der Auslieferungsantrag darf nur im diplomatischen Wege gestellt werden (vergl. Nr. 9).

Hingegen ist es nach Artikel 9 des Vertrags gestattet, die schweizerischen Behörden unmittelbar um die vorläufige Festnahme des Verfolgten zu ersuchen. Ein solches Ersuchen kann jedoch nur dann Erfolg haben, wenn bereits ein Strafurtheil oder ein Haftbefehl gegen den Flüchtigen ergangen ist und dieses Umstandes in dem Antrage Erwägung geschieht (vergl. Nr. 24).

Das Verzeichniß der schweizerischen Justizbehörden in den Kantonen ist in der Anweisung I, Anlage III enthalten.

Die vorläufige Festhaltung dauert höchstens 20 Tage.

Die Kosten der Festnahme, des Unterhalts und des Transports des Auszuliefernden bis zur deutschen Grenze trägt die Schweiz.

Serbien.

85. In Gemäßheit des Artikels XXV des Konsularvertrags zwischen dem Reich und Serbien vom 6. Januar 1883 (RGBl. S. 62 ff.) erfolgt bis auf Weiteres die Auslieferung flüchtiger Personen aus Serbien gegen Zusicherung der Gegenseitigkeit nach Maßgabe der von Serbien mit anderen Staaten abgeschlossenen Auslieferungsverträge. Nach Inhalt dieser letzteren ist die Auslieferung flüchtiger Verbrecher aus Serbien im Allgemeinen an dieselben Voraussetzungen geknüpft und wegen derselben Verbrechen und Vergehen zulässig, die in den durch das Reich in neuerer Zeit abgeschlossenen Verträgen, insbesondere in demjenigen mit Belgien, festgestellt sind.

Die Anträge auf vorläufige Festnahme wie um Auslieferung können nur im diplomatischen Wege gestellt werden; es ist deshalb in jedem Falle unter Beifügung der entsprechenden Urkunden zu berichten (vergl. Nr. 9, 12 ff., 23).

Spanien.

46. Maßgebend ist der Auslieferungsvertrag zwischen dem Reich und Spanien vom 2. Mai 1878 (RGBl. S. 213 ff.).

Welche Urkunden zur Stellung des Auslieferungsantrags erforderlich sind, ergiebt Artikel 8 (vergl. Nr. 12 ff.).

Um die vorläufige Festnahme darf nach Artikel 9 das verfolgende Militärgericht die zuständige spanische Behörde im Wege des unmittelbaren Geschäftsverkehrs ersuchen (vergl. Nr. 24). Macht ein Militärgericht hiervon Gebrauch, so hat es ungesäumt wegen Stellung des Auslieferungsantrags zu berichten.

Die vorläufige Festhaltung dauert höchstens zwei, und falls die Festnahme in den überseeischen Besitzungen Spaniens stattfand, höchstens drei Monate.

Die Kosten der Festnahme, des Unterhalts und des Transports des Auszuliefernden bis zur spanischen Grenze oder bis zur Einschiffung trägt Spanien.

Südafrikanische Republik (Transvaal).

47. In Gemäßheit des Artikels 31 des Freundschafts- und Handelsvertrags zwischen dem Reich und der südafrikanischen Republik vom 22. Januar 1885 (RGBl. 1886 S. 209) wird seitens der genannten Republik bis auf Weiteres unter Zusicherung der Gegenseitigkeit die Auslieferung nach Maßgabe der durch die Republik mit anderen Staaten abgeschlossenen bezüglichen Verträge gewährt. Etwaige Gesuche sind an das Kriegsministerium, Versorgungs- und Justiz-Departement, zu richten (vergl. Nr. 9, 12 ff., 23). Der beizufügende Haftbefehl muß neben den sonstigen Erfordernissen die wesentlichen Verdachtsgründe und den wesentlichen Inhalt der Zeugenaussagen, auch möglichst genaue Angben zur Feststellung der Identität des Beschuldigten enthalten. Außerdem ist eine von dem Haftbefehl getrennte beglaubigte Abschrift der Aussagen der Zeugen und des sonstigen Beweismaterials einzureichen.

Uruguay.

48. Maßgebend ist der Auslieferungsvertrag zwischen dem Reich und Uruguay vom 12. Februar 1880 (RGBl. für 1883 S. 287 ff.).

Artikel 8 giebt an, auf welche Urkunden der Auslieferungsantrag zu stützen ist (vergl. Nr. 12 ff.). Dieser Antrag kann nur im diplomatischen Wege gestellt werden; wenn Absatz 3 des Artikels 8 die Möglichkeit vorsieht, daß der Antrag im konsularischen Wege gestellt wird, so haben doch die Militärgerichte ihre Gesuche um Herbeiführung der Auslieferung nicht an einen in Uruguay befindlichen deutschen Konsul zu richten, sondern gemäß Nr. 9 zu berichten.

Nach Artikel 9 kann auch der Antrag auf vorläufige Festnahme nur im diplomatischen Wege gestellt werden und nur dann, wenn ein Strafurtheil oder ein Haftbefehl gegen den Verfolgten vorliegt (Nr. 23). Der hierauf bezügliche Bericht des verfolgenden Militärgerichts muß deshalb über diesen Umstand Auskunft geben.

Die vorläufige Festhaltung dauert höchstens 90 Tage.

Die Kosten der Festnahme, des Unterhalts und des Transports des Auszuliefernden bis zur Grenze von Urugauy oder bis zur Einschiffung trägt Uruguay, die Kosten während des Seetransports der Militärfiskus nach § 469 Militärstrafgerichtsordnung.

Vereinigte Staaten von Amerika.

49. Maßgebend ist der zwischen Preußen und anderen Staaten des Deutschen Bundes einerseits und den Vereinigten Staaten von Amerika andererseits wegen der in gewissen Fällen zu gewährenden Auslieferung der vor der Justiz flüchtigen Verbrecher abgeschlossene Vertrag vom 16. Juni 1852 (GS. für 1853 S. 655 ff.), der nach Artikel 3 des Vertrags zwischen dem Norddeutschen Bunde und den Vereinigten Staaten von Amerika vom 22. Februar 1868 (BGBl. S. 228 ff.) auf alle Staaten des Norddeutschen Bundes ausgedehnt ist.

Da die Herbeiführung einer Auslieferung aus den Vereinigten Staaten in Folge des daselbst stattfindenden Verfahrens regelmäßig einen sehr erheblichen Kostenaufwand verursacht, so hat das Militärgericht, bevor es die zur Begründung des Auslieferungsantrags erforderlichen Urkunden einreicht, über die Angelegenheit zu berichten und sich dabei über die Natur und Schwere des begangenen Verbrechens, sowie darüber zu äußern, ob im öffentlichen Interesse trotz der voraussichtlich erheblichen Kosten die Stellung des Auslieferungsantrags angezeigt erscheint.

Nach Artikel I des Vertrags erfolgt die Auslieferung nur auf Grund solcher Beweise, die nach dem Gesetze des Ortes, wo der Flüchtling aufgefunden wird, dessen Verhaftung und Stellung vor Gericht rechtfertigen würden, wenn das Verbrechen oder Vergehen dort begangen wäre. Es werden also in den Vereinigten Staaten die gegen den Verfolgten vorhandenen Beweise einer richterlichen Prüfung unterzogen. Der Auslieferungsantrag muß deshalb gestützt werden auf das gegen den Verfolgten erbrachte Beweismaterial. Dieses gilt auch dann, wenn es sich um die Auslieferung eines im Inlande bereits verurtheilten Verbrechers handelt. Demgemäß ist eine beglaubigte Abschrift der für die Ueberführung des Verfolgten wesentlichen Beweisverhandlungen einzureichen. Dabei ist zu bemerken, daß nur beschworene Aussagen geeignet sind, vor den amerikanischen Gerichten als Beweismittel zu dienen, daß deshalb jeder Zeuge oder Sachverständige bei seiner Vernehmung zu beeiden ist, und daß die Versicherung der Richtigkeit einer Aussage auf einen früher bereits in derselben Sache geleisteten Eid oder auf einen Diensteid nicht ausreicht. Sprechen sich Sachverständige über eigene Wahrnehmungen aus, so sind sie auch als Zeugen zu beeidigen; es empfiehlt sich, daß das Gutachten Sachverständiger in Form eines Protokolls und nicht in Form einer schriftlichen Erklärung beigebracht wird. Auslassungen von Mitbeschuldigten oder von Zeugen, die aus irgend einem Grunde nicht beeidigt werden können, sind aus der Abschrift des Beweismaterials fortzulassen.

Von den Ueberführungsstücken, insbesondere von gefälschten Urkunden, ist ebenfalls Abschrift beizubringen. Handelt es sich um kurze Urkunden, wie Wechsel und dergleichen, so ist die Abschrift der Urkunde am besten in das Protokoll über die Vernehmung der Zeugen, von denen die Urkunde überreicht, oder denen sie vorgelegt wird, mit aufzunehmen. Soweit dieses nicht geschehen ist, hat die Beglaubigung der Abschriften der Ueberführungsstücke dahin zu lauten, daß das Schriftstück eine wortgetreue Abschrift der bei den Gerichtsakten befindlichen Urschrift ist, daß letztere dem Zeugen (Vor- und Zuname) bei seiner (nach Ort und Tag näher zu bezeichnenden) Vernehmung vorgelegen hat, und daß die Aussage des Zeugen sich auf vorstehende Urkunde bezieht.

Urtheile und Beschlüsse des die Untersuchung führenden deutschen Gerichts können nicht als Beweismittel angesehen werden. Dasselbe gilt von Feststellungen dieses Gerichts (z. B. Augenschein) oder anderer öffentlicher Behörden, soweit es sich nicht um die Beglaubigung von Abschriften und Auszügen aus gerichtlichen Akten und öffentlichen Büchern handelt.

Die Beifügung des gerichtlichen Haftbefehls ist vertragsmäßig und gesetzlich in den Vereinigten Staaten nicht erforderlich; es empfiehlt sich jedoch aus praktischen Gründen, den vom Gerichtsherrn ausgestellten Haftbefehl beizufügen.

Besonders wichtig ist die Beibringung einer genauen Personalbeschreibung und womöglich einer Abbildung des Verfolgten. Wenn die Personalbeschreibung oder Abbildung nicht zur Ermittelung des Verfolgten, sondern auch für den Fall, daß er seine Identität bestreitet, als Beweismittel dienen soll, so genügt es nicht, daß unter der Beschreibung oder Abbildung die Identität der beschriebenen oder abgebildeten Person mit dem Verfolgten gerichtlich bescheinigt ist, sondern es muß die Identität durch eidliche Aussage eines Zeugen, der die Personalbeschreibung oder Abbildung überreicht, oder dem sie bei seiner Vernehmung vom Richter vorgelegt wird, bekundet, und unter der Personalbeschreibung oder Abbildung vom Richter bescheinigt werden, daß diese von dem Zeugen (Vor- und Zuname) bei seiner (nach Ort und Tag näher zu bezeichnenden) Vernehmung überreicht, oder ihm vorgelegt worden ist, und daß die Aussage des Zeugen sich auf dieselbe bezieht. Sind in den Vereinigten Staaten wohnhafte Personen bekannt, die als Identitätszeugen verwendet werden können, so ist deren Aufenthaltsort in dem Bericht anzugeben.

Gemäß Abschnitt 5 des Gesetzes der Vereinigten Staaten vom 3. August 1882 sollen die zur Erwirkung der Auslieferung vorgelegten Dokumente dann als Beweismittel zugelassen werden, wenn sie gehörig und gesetzlich beurkundet und so ausgestellt sind, daß sie für ähnliche Zwecke auch von den Gerichten des Landes, von dem der Beschuldigte entflohen ist, zugelassen werden. Dieser Beweis wird durch die entsprechende Bescheinigung der betreffenden diplomatischen oder konsularischen Vertreters der Vereinigten Staaten erbracht. Die Bescheinigung wird von dem Herrn Minister der auswärtigen Angelegenheiten herbeigeführt werden.

Die Stellung des Auslieferungsantrags hat in jedem Falle im diplomatischen Wege stattzufinden; von der im Vertrage den betreffenden Beamten oder Behörden gegebenen Befugniß, derartige Requisitionen zu erlassen, werden die Militärgerichte keinen Gebrauch machen dürfen.

Besondere Sorgfalt ist zu verwenden, wenn es sich darum handelt, die vorläufige Festnahme eines Flüchtigen, dessen Auslieferung aus den Vereinigten Staaten vertragsmäßig beansprucht werden kann, herbeizuführen. Da nach den gemachten Erfahrungen die Festnahme der Verfolgten sich erheblich leichter erreichen läßt, wenn schon vor dem Eintreffen des Verfolgten in den Vereinigten Staaten die erforderlichen Anordnungen daselbst getroffen werden können, so kommt es in solchen Fällen darauf an, mit möglichster Beschleunigung vorzugehen, namentlich auch ohne Zeitverlust dahin zu wirken, daß alsbald im Inland ein Haftbefehl gegen den Verfolgten erlassen wird.

Behufs Festnahme des Verfolgten in den Vereinigten Staaten kann der Generalkonsul in New-York von dem verfolgenden Militärgericht unmittelbar ersucht werden, und zwar auch dann, wenn der Bestimmungshafen des Schiffes, das der Verfolgte zu seiner Flucht benutzt hat, ein anderer als New-York ist; es empfiehlt sich jedoch, die Vermittelung des Kriegsministeriums, Versorgungs- und Justiz-Departement, nicht zu umgehen, da andernfalls durch etwaige Telegramme an den Generalkonsul, die nicht alle erforderlichen Angaben enthalten und deshalb vervollständigt werden müssen, leicht Verzögerungen und nicht unbeträchtliche Mehrkosten entstehen. Erscheint die Festnahme des Verfolgten alsbald bei seiner Ankunft in den Vereinigten Staaten nach Maßgabe der über seine Abfahrt aus einem europäischen Hafen eingetroffenen Nachrichten noch möglich, so wird in der Regel doch die Zeit zur Erstattung schriftlicher Berichte nicht ausreichen; alsdann sind alle Angaben dem Kriegsministerium, Versorgungs- und Justiz-Departement, telegraphisch mitzutheilen, und das Telegramm hat sich in diesem Falle auch über die Schwere der That kurz auszulassen. Hat jedoch die verfolgte Person inzwischen bereits Amerika erreicht, so ist nur bei besonderer Dringlichkeit der bezügliche Antrag telegraphisch zu stellen.

Der Bericht oder das Telegramm, in dem Maßregeln zur vorläufigen Festnahme des Verfolgten in Anregung gebracht werden, hat zu enthalten: die

Vor- und Zunamen des Verfolgten, dessen Stand, letzten Wohnort und Geburtsort, dessen Personalbeschreibung, die Bezeichnung des ihm zur Last gelegten Verbrechens, den Ort und die Zeit der verübten That nebst kurzer Angabe der näheren Umstände, so daß sich beurtheilen läßt, ob die That unter diejenigen Verbrechen fällt, wegen deren vertragsmäßig die Auslieferung beansprucht werden kann; bei Wechsel- und anderen Urkundenfälschungen ist genaue Beschreibung der Urkunde (Tag der Ausstellung und Zeitpunkt der Fälligkeit, Summe, Name des Ausstellers, des Bezogenen und der Person, an welche gezahlt werden soll), sowie die Angabe, welcher Name oder welcher andere Theil der Urkunde gefälscht wurde; die Angabe, daß, wann und von wem ein Haftbefehl im Inlande gegen ihn erlassen ist; die genaue Bezeichnung des geschädigten Theiles nach seinem Vor- und Zunamen, bei einer Firma die Namen der Inhaber derselben, bei einer öffentlichen Kasse die amtliche Benennung derselben, der ungefähre Betrag des durch das Verbrechen verursachten Schadens. Wünschenswerth ist ferner: die Benennung etwa bekannter Identitätszeugen und die Angabe des Namens des Dampfschiffs, auf dem der Flüchtling sich eingeschifft hat; ist dieser Name nicht bekannt, so ist der Abgangshafen, der Zeitpunkt der Abfahrt, sowie ferner mitzutheilen, ob der Verfolgte die Ueberfahrt auf einem Segelschiff oder einem Dampfschiff gemacht und nach welchem amerikanischen Hafen das Schiff bestimmt war. Hat hierüber nichts ermittelt werden können, so ist wenigstens anzuzeigen, bis wohin die Spur des Flüchtlings verfolgt worden ist, sofern daraus Muthmaßungen hinsichtlich der zur Ueberfahrt benutzten Gelegenheit sich ergeben können.

Sind jene Maßnahmen telegraphisch beantragt, so ist nachträglich noch ein ausführlicher schriftlicher Bericht zu erstatten. Werden die beantragten Maßnahmen aus irgend einem Grunde überflüssig, so ist hiervon sofort telegraphisch dem Kriegsministerium, Versorgungs- und Justiz-Departemant, Anzeige zu erstatten, damit die alsbaldige Freilassung des etwa inzwischen Festgenommenen durch Depesche veranlaßt werden kann.

Hat die Verhaftung eines Verfolgten auf Grund eines telegraphischen Antrags in den Vereinigten Staaten stattgefunden, so sind die wesentlichen schriftlichen Beweismittel mit thunlichster Beschleunigung einzureichen, da die amerikanischen Richter den Verhafteten in Ermangelung solcher Beweismittel in der Regel nicht länger als drei bis vier Wochen in Haft behalten.

Anträge, in Amerika nach dem Verfolgten zu fahnden, haben, wenn keine Anhaltspunkte dafür vorliegen, daß der Verfolgte sich in der That nach Amerika gewendet hat, in der Regel keinen Erfolg und sind daher zu unterlassen. Mehr Erfolg ist in solchem Falle zu erwarten, wenn die betreffenden Behörden in den europäischen, insbesondere englischen Hafenplätzen, zu einer genauen Beobachtung der nach Amerika abgehenden Schiffe veranlaßt werden. Es empfiehlt sich, hierzu die Mitwirkung der Konsuln in den Hafenplätzen in Anspruch zu nehmen.

Die Kosten der Festnahme, des Unterhalts und des Transports des Auszuliefernden bis zum Einschiffungshafen sind den Vereinigten Staaten zu erstatten, desgleichen die Kosten des vor dem amerikanischen Richter über den Auslieferungsantrag stattfindenden Verfahrens.

Die Uebergabe des Verfolgten an die deutschen Behörden pflegt regelmäßig in New-York stattzufinden; der Ausgelieferte wird dann auf einem deutschen Schiffe, in der Regel nach Bremerhaven oder Hamburg, übergeführt.

Das Auslieferungsverfahren betrifft in Amerika nur die Person des Flüchtigen, nicht auch die von ihm etwa mitgeführten Gegenstände. Soll die Beschlagnahme und Ablieferung der letzteren erwirkt werden, so bedarf es hierzu einer von dem geschädigten Theile gegen den Flüchtigen in Amerika zu erhebenden

Klage. Die Militärgerichte haben hierbei nur auf Antrag des geschädigten Theils und unter denselben, unten näher bezeichneten Voraussetzungen mitzuwirken, wie in Fällen, in denen die Auslieferung der Person des Flüchtlings nicht in Frage kommt, die Geschädigten aber die Aushändigung der von dem Verfolgten mitgeführten Gegenstände herbeiführen wollen. Ist der geschädigte Theil jedoch eine Reichs- oder Staatskasse, so ist auf den Antrag dieser Kasse die Beschlagnahme der von dem Flüchtlinge mitgeführten Gegenstände alsbald bei dem Gesuch um Festnahme oder Auslieferung in Anregung zu bringen, ohne daß die nachstehend angegebenen Grundsätze insbesondere hinsichtlich der Sicherstellung der Kosten des Beschlagnahmeverfahrens zu beachten sind.

In denjenigen Fällen, in denen ein Auslieferungsantrag vertragsmäßig nicht zulässig ist, z. B. wenn der nach den Vereinigten Staaten Geflüchtete des betrüglichen Bankerutts oder der Unterschlagung von Geldern, die Privatpersonen gehören ꝛc. beschuldigt ist, wird von den Geschädigten zuweilen beantragt, zu erwirken, daß sie wenigstens wieder in den Besitz der von dem Flüchtigen mitgenommenen Gelder und anderen Gegenstände gelangen. Die Beschlagnahme und Herausgabe dieser Sachen kann, wie bemerkt, in den Vereinigten Staaten nur im Wege eines Civilprozesses erwirkt und daher eine Vermittelung der Konsuln in Amerika nur in der Weise geübt werden, daß diese Namens der Geschädigten durch einen Anwalt eine Klage erheben lassen. Da hierbei die Konsuln nach der amerikanischen Gesetzgebung die thatsächlichen Vorgänge, unter denen die die Gläubiger des Geflüchteten schädigende strafbare Handlung begangen ist, eidlich zu vertreten haben, so können sie in dieser Richtung im Interesse der Geschädigten nicht eher vorgehen, bis sie in amtlicher Weise von jenen Thatsachen zuverlässig unterrichtet worden sind. Aus diesem Grunde erscheint es zweckmäßig, daß die verfolgenden Militärgerichte den Geschädigten, falls diese hierzu die Vermittelung der ersteren in Anspruch nehmen, zur Anstrengung der Klage hülfreiche Hand leisten. Da jedoch die Kosten des in Amerika anzustellenden Verfahrens ausschließlich von den Gläubigern zu tragen sind, so haben die Militärgerichte, bevor von ihnen irgend etwas in dieser Richtung veranlaßt wird, die die Angelegenheit betreibenden geschädigten Personen zu Protokoll darauf aufmerksam machen zu lassen, daß sie zur Tragung aller aus der Führung des Civilprozesses, insbesondere auch für die dem Anwalt in Amerika zustehenden Gebühren, sowie für die Kosten der zur Benachrichtigung des betreffenden Konsuls erforderlichen Telegramme ꝛc. verpflichtet sind, daß die Militärkasse irgend welche Zahlungen für sie auch nicht vorschußweise leisten werde, und daß sie deshalb Sicherheit für die entstehenden Auslagen zu bestellen haben, ferner, daß die Verfolgung derartiger Rechtsansprüche in Amerika mit sehr erheblichen Kosten, deren Höhe im Voraus auch nicht annähernd zu bestimmen sei, verknüpft ist, und daß häufig, insbesondere wenn es sich um nicht erhebliche Beträge handelt, die von den Geschädigten zu tragenden Kosten nicht allein die bei dem Flüchtigen mit Beschlag belegten Summen aufgezehrt, sondern noch überstiegen haben, so daß die Gläubiger den Mehrbetrag haben erstatten müssen. Erst nachdem sich die Geschädigten zur Tragung sämmtlicher durch das Beschlagnahmeverfahren entstehenden Kosten bedingungslos und schriftlich verpflichtet, die Hinterlegung einer Sicherheit, die nach Auskunft des Herrn Ministers der auswärtigen Angelegenheiten regelmäßig mindestens dem Betrage der in Anspruch genommenen Forderungen gleichkommen muß, versprochen und wenigstens den Betrag von Eintausend Mark thatsächlich bei der Kasse eines Truppentheils oder bei der Legationskasse in Berlin W., Wilhelmstraße 75, eingezahlt haben, hat das Militärgericht die erforderlichen weiteren Anträge unter Beachtung der folgenden Gesichtspunkte zu stellen:

Da es auch bei diesem Vorgehen besonderer Eile bedarf, damit, wenn möglich, die entsprechenden Maßregeln in Amerika getroffen werden können, ehe der Flüchtige den amerikanischen Boden betritt, so sind derartige Anträge regelmäßig telegraphisch zu stellen und an den Herrn Minister der auswärtigen Angelegenheiten unmittelbar zu richten.

Das Telegramm hat zu enthalten den Vor- und Zunamen, Stand, Geburtsort und letzten Wohnort des Flüchtigen, seine Personalbeschreibung, etwaige Angaben, die seine Identifizirung in Amerika ermöglichen, den Namen des Schiffes, auf dem die Flucht bewerkstelligt ist, den Tag der Abfahrt, den Abfahrtshafen, die Vor- und Zunamen der Geschädigten, den Betrag des Gläubigers, Zeit, Ort und in Kürze die näheren Umstände der begangenen Strafthat, den Antrag auf Einwirkung der Beschlagnahme der von dem Flüchtigen mitgeführten Gelder und anderen Sachen, endlich die Angabe, daß die Gläubiger sich zur Tragung und Sicherstellung der entstehenden Kosten verpflichtet haben, und welcher Betrag zu diesem Behufe vorläufig eingezahlt sei.

Liegt zwischen dem Zeitpunkte, zu dem ein solcher Antrag gestellt werden kann, und dem muthmaßlichen Tage der Ankunft des Schiffes, auf dem sich der Flüchtige befindet, in Amerika nur ein Zeitraum von drei Tagen oder weniger, so hat das Militärgericht das nach vorstehenden Angaben abgefaßte Telegramm unmittelbar an den Konsul im Ankunftshafen, unter Umständen an den Generalkonsul in New-York abzulassen, gleichzeitig aber dem Herrn Minister der auswärtigen Angelegenheiten hiervon telegraphisch Mittheilung zu machen.

In beiden Fällen ist von dem Veranlaßten dem Kriegsministerium, Versorgungs- und Justiz-Departement, alsbald schriftlicher Bericht zu erstatten.

Es ist darauf zu halten, daß der volle Betrag der erforderlichen Kaution thunlichst bald von den Geschädigten hinterlegt werde, damit etwa nicht später für die Behörden, die dabei ausschließlich im Interesse der Privatpersonen handeln, Weiterungen entstehen. Sollten die Geschädigten, nachdem die Einleitungen zur Beschlagnahme der von dem Flüchtigen mitgeführten Gelder getroffen, sich der Einzahlung der Kaution entziehen, so ist hierüber ungesäumt an den Herrn Minister der auswärtigen Angelegenheiten zu berichten, damit erforderlichen Falles die Einstellung des in Amerika eingeleiteten Verfahrens herbeigeführt werden kann.

Verzeichniß der Behörden der Niederlande, bei denen die vorläufige Festnahme zur Sicherung einer Auslieferung von den deutschen Behörden gemäß Artikel 8 des deutsch-niederländischen Auslieferungsvertrags vom 31. Dezember 1896 (RGB. 1897 S. 731) unmittelbar beantragt werden kann.

1. Der Antrag auf vorläufige Festnahme ist in der Regel an den Officier van Justitie (Staatsanwalt) zu richten, der für den Gerichtsbezirk (Arrondissement), in dem der Verfolgte vermuthet wird, zuständig ist. Die Orte, an denen sich der Sitz eines Officier van Justitie (Staatsanwalt) befindet, sind nachstehend aufgeführt, indem jedem Orte (in Klammern) die Namen der Kantone beigefügt sind, die zu dem betreffenden Gerichtsbezirke gehören. Diese Orte sind:

Alkmaar (Kantone: Alkmaar, Helder, Hoorn, Medemblik, Schagen),
Almelo (Kantone: Almelo, Enschede, Goor),
Amsterdam (Kantone: Amsterdam I—IV, Hilversum),
Arnhem (Kantone: Arnhem, Doesburg, Elst, Nijmegen, Terborgh, Wageningen).
Assen (Kantone: Assen, Emmen, Hoogeveen, Meppel).

Breda (Kantone: Bergen-op-Zoom, Breda, Oosterhout, Tilburg, Zevenbergen),
Dordrecht (Kantone: Dordrecht, Gorinchem, Oud-Beijerland, Ridderkerk, Sliedrecht),
Groningen (Kantone: Appingedam, Groningen, Onderdendam, Zuidhorn),
Haag (Kantone: Alphen, Delft, Haag, Leiden),
Haarlem (Kantone: Haarlemmermeer, Purmerend, Zaandam),
Heerenveen (Kantone: Beetsterzwaag, Heerenveen, Lemmer, Steenwijk),
Herzogenbusch (Kantone: Boxmeer, Eindhoven, Herzogenbusch, Heusden, Oirschot, Oß, Veghel, Waalwijk),
Leeuwarden (Kantone: Bergum, Berlikum, Bolsward, Dokkum, Harlingen, Leeuwarden, Sneek),
Maastricht (Kantone: Gulpen, Heerlen, Maastricht, Sittard),
Middelburg (Kantone: Goes, Hulst, Middelburg, Oostburg, Terneuzen),
Roermond (Kantone: Helmond, Roermond, Venlo, Weert),
Rotterdam (Kantone: Brielle, Gouda, Rotterdam I—III, Schiedam, Schoonhoven, Sommelsdijk),
Tiel (Kantone: Druten, Geldermalsen, Tiel, Vianen, Zalt-Bommel),
Utrecht (Kantone: Amersfoort, Breukelen-Nijenrode, Utrecht, Wijk-bij-Duurstede, Woerden),
Winschoten (Kantone: Winschoten, Zuidbroek),
Zierikzee (Kantone: Tholen, Zierikzee),
Zutphen (Kantone: Apeldoorn, Deventer, Groenlo, Zutphen),
Zwolle (Kantone: Harderwijk, Kampen, Ommen, Zwolle).

2. Statt an den Staatsanwalt (zu 1) kann der Antrag auf vorläufige Festnahme auch, wenn der Verfolgte in einem der nachstehend verzeichneten Orte vermuthet wird, sofern besondere Beschleunigung geboten erscheint, unmittelbar gerichtet werden:

a) in Amsterdam und Rotterdam an den Hoofdcommisaris van Politie (Haupt-Polizeikommissar), in Vlissingen an den Commissaris van Politie (Polizeikommissar);

b) im Haag (wozu auch Scheveningen gehört) an den Hoofdcommisaris van Politie (Haupt-Polizeikommissar) im Haag, und in Utrecht an den Hoofdcommisaris van Politie (Haupt-Polizeikommissar) in Utrecht;

c) in Alkmaar, Amersfoort, Arnhem, Bergen-op-Zoom, Breda, Culenborg, Delft, Deventer, Dordrecht, Goes, Gouda, Gorinchen, Groningen, Haag, Haarlem, Harderwijk, Harlingen, Helder, Hellevoetsluis, Herzogenbusch, Hilversum, Horn, Kampen, Leeuwarden, Leiden, Maaßluis, Maastricht, Middelburg, Nijmegen, Roermond, Schiedam, Sneek, Tiel, Tilburg, Venlo, Vlaardingen, Wageningen, Zaandam, Zalt-Bommel, Zierikzee, Zutphen, Zwolle an den Commissaris van Politie (Polizeikommissar) in dem betreffenden Orte.

3. Der Antrag kann auch an die nachbezeichneten Behörden gerichtet werden, aber nur dann, wenn die betreffenden Behörden und der Aufenthalt des Verfolgten in deren Amtsbezirk der verfolgenden deutschen Behörde genau bekannt sind, und die unmittelbare Inanspruchnahme der Behörden dringend geboten erscheint, um einer Entweichung des Verfolgten vorzubeugen, nämlich:

a) an den Burgemeester (Bürgermeister) in anderen Städten als in den zu 2 aufgeführten:

b) an den Kantonrechter (Kantonsrichter) je für seinen Kanton (die Hauptorte der Kantone, an denen der Kantonsrichter seinen Sitz hat, sind zu 1 neben den Sitzen der Staatsanwälte in Klammern aufgeführt);

c) an den zuständigen Officier oder Onder-officier der maréchaussée (Gendarmerie-Offizier oder Gendarmerie-Wachtmeister).

Die maréchaussée (Gendarmerie) der Niederlande zerfällt in 4 Divisionen. Für jede Division ist der Standort ihres Kommandanten nachstehend aufgeführt, indem jedem dieser Orte (in Klammern) die Standorte der unter dem Kommandanten stehenden Distrikts-Kommandanten beigefügt sind:

1. Division: Herzogenbusch (Distrikts-Kommandanten in Breda, (Sas-van-Gent, Eindhoven, Herzogenbusch);
2. Division: Maastricht (Distriks-Kommandanten in Maastricht, Roermond, Nijmegen);
3. Division: Zwolle (Distrikts-Kommandanten in Zutphen, Almelo, Zwolle);
4. Division: Leeuwarden (Distrikts-Kommandanten in Groningen, Assen, Leeuwarden).

---

3. Einführungsgesetz zur Militärstrafgerichtsordnung. Vom 1. Dezember 1898. (RGB. 1289 ff.)[1]

§ 1. Die Militärstrafgerichtsordnung tritt an einem durch Kaiserliche Verordnung mit Zustimmung des Bundesraths festzusetzenden Tage, spätestens am 1. Januar 1901, in Kraft.[2]

§ 2. Mit diesem Tage treten für die Strafsachen, deren Entscheidung nach den Bestimmungen der Militärstrafgerichtsordnung zu erfolgen hat,

---

[1]) Inhalt: Inkrafttreten der MStGerO. § 1; Außerkrafttreten früherer Vorschriften § 2; Sonderbestimmungen für Kriegsgefangene usw. § 3; Zuständiger Kontingentsherr § 4; Feld u. Bord, Begriff § 5, 6; Zuständigkeit zum Erlaß von AusfBest. § 7, 8; Bezeichnung der GerStellen § 9; Unterbrechung der Verjährung § 10; Rechtshilfe der MilGerStellen untereinander § 11, zwischen Mil.- u. ZivilGerStellen § 12, 13; Zuständigkeitsstreit § 14; Strafvollzug durch bürg. Behörden, zuständiger Bundesstaat § 15; objektives Verfahren § 16; Gebühren der Rechtsanwälte § 17; Verletzung des Schweigbefehls u. Preßverbotes bei Ausschluß der Öffentlichkeit § 18; Festsetzung u. Vollstreckung von Ordnungsstrafen gegen MilPersonen als Zeugen usw. vor bürg. Ger. § 19; Verrichtungen der MilJustizbeamten außerhalb der MilStrafrechtspflege § 20, 21; Geschäftsjahr § 22; Übergangsbestimmungen § 23, 24; Aufhebung bestehender Behörden, Rechtsverhältnisse der bisherigen MilJustizbeamten § 25—32; Bayern u. Württemberg § 33. — Entstehung, Quellen u. Bearbeitungen Nr. 2 Anm. 1 d. W. — AAB. Anlage A, KrAB. Anlage B.

[2]) „Die MStGerO. tritt am 1. Okt. 1900 in Kraft." Kaiserl. V. 28. Dez. 99 (StGB. 00 S. 1). — Auch für die Kaiserlichen Schutztruppen (Deutsch-Ostafrika, Südwestafrika u. Kamerun) ist nunmehr die MStGerO. (mit einzelnen Abweichungen) eingeführt durch Kaiserl. V. betr. das strafgerichtl. Verf. gegen MilPersonen der Kaiserl. Schutztruppen 18. Juli 00 Anlage C, nebst AusfBest. des Reichskanzlers hierzu 23. Juli 00 Unteranlage C1. Ebenso im Kiautschougebiet durch G. 25. Juni 00 (RGB. 304).

alle im Reichsgebiete geltenden militärstrafprozeßrechtlichen Vorschriften[3]), insbesondere diejenigen über die Bestrafung der Fahnenflüchtigen im Wege des Ungehorsams-(Kontumazial-)Verfahrens[4]), außer Kraft.

Dasselbe gilt von der Bestimmung im § 2 Absatz 2 des Einführungsgesetzes zum Militärstrafgesetzbuch, insoweit sich dieselbe auf die Bestrafung der Fahnenflüchtigen bezieht.[4])

Unberührt bleiben die Vorschriften, durch welche die Mitglieder der Landgendarmeriekorps der Militärstrafgerichtsbarkeit unterstellt sind.[5]) Insoweit Letztere nach diesen Vorschriften der Militärstrafgerichtsbarkeit unterstehen, gelten sie im Sinne der Militärstrafgerichtsordnung[5a]) als Personen des Soldatenstandes des aktiven Heeres.

§ **3.** Hinsichtlich der Ausübung der Strafgerichtsbarkeit über Kriegsgefangene und Ausländer in Kriegszeiten und bei kriegerischen Unternehmungen können die Bestimmungen über Bildung der Militärgerichte und das Verfahren durch Kaiserliche Verordnung abgeändert werden.

§ **4.** Zuständiger Kontingentsherr im Sinne der Militärstrafgerichtsordnung und dieses Gesetzes ist, soweit nicht Militärkonventionen ein

---

[3]) Indem das G. nur die im Reichsgebiete geltenden militärstrafprozeßrechtlichen Vorschriften außer Kraft setzt, bleiben die prozeßrechtlichen Vorschriften der Reichsgesetze, die sich nicht ausschließlich auf das militärgerichtliche Verfahren beziehen, unberührt. Dies gilt insbesondere von den das Antragsrecht betreffenden Vorschriften des bürg. StGB. (§ 61 ff.) u. anderer G. (z. B. der über das Urheberrecht, den unlauteren Wettbewerb usw.), sowie von den prozeßrechtlichen Vorschriften des G. über die Presse 7. Mai 74, der Seemannsordnung 2. Juni 02 usw. Ebensowenig wird EG. z. MStGB. § 3, der die Grenzen für die Ausübung der Disziplinarstrafgewalt in Strafsachen zieht, durch den § 2 berührt. Hinsichtlich der nicht milstrafprozeßrechtlichen Vorschriften der Landesgesetze geht das G. davon aus, daß dieselben, soweit sie mit den Bestimmungen der MStGerO. nicht im Einklange stehen, nach RVerf. Art. 2 aufgehoben sind, sonst aber fortbestehen. Daß Vorschriften öffentlichrechtlicher Natur, wie die der § 18, 19 u. 21 des GVG. (Nr. 2 Anl. C d. W.) durch den § 2 nicht berührt werden, ist als selbstverständlich angesehen (Begr. S. 181). — Unberührt bleiben ferner die Bestimmungen über Zusammensetzung, Zuständigkeit u. Verfahren der im Fall der Erklärung des Kriegs- (Belagerungs-) Zustandes vorgesehenen außerordentlichen KriegsGer. gegen NichtmilPersonen (RVerf. Art. 68, G. 4. Juni 51 Nr. I 2 Anl. C d. W.), da diese reichsgesetzlich bestellten oder zugelassenen SonderGer. nicht auf milprozeßrechtlichem, sondern auf staatsrechtlichem Gebiet liegen.

[4]) Nr. II 2 Anm. 811 d. W.

[5]) Hierfür sind u. bleiben also die LandesG. maßgebend. In Preußen, Baden, Hessen, Elsaß-Lothringen, Schaumburg-Lippe, Lippe, Waldeck-Pyrmont sind die Mitglieder der Landgendarmeriekorps wegen aller strafbaren Handlungen der MilStrafgerichtsbarkeit unterworfen; in Bayern (mit Ausnahme der Offiziere, die den vollen MilGerichtsstand haben) nur wegen milit. Verbrechen u. Vergehen (bayr. MStGerO. 29. April 68 Art. 4; EG. hierzu Art. 7; G. 28. April 72 Art. 93; G. 27. Sept. 72 Art. 16 Abs. 2). In Württemberg unterstehen sie (mit Ausnahme der Offiziere) ausschließlich der bürgerlichen Gerichtsbarkeit Kgl. V. 11. Okt. 98 (RegBl. 241) § 15, 61 ff.

[5a]) In sonstiger Beziehung sind sie nicht Personen des Soldatenstandes, sondern Beamte z. B. auch hinsichtlich Zeugengebühren KrMVf. 3. April 02.

Anderes bestimmen, der Landesherr, dessen Kriegsministerium die Verwaltung hinsichtlich des betreffenden militärischen Verbandes ausübt.[6])

§ **5.** Die in der Militärstrafgerichtsordnung für das „Feld" gegebenen Vorschriften[7]) gelten:

1. für die Dauer des mobilen Zustandes[8]) des Heeres, der Marine oder einzelner Theile des Heeres oder der Marine;
2. für die Besatzung eines festen Platzes, solange derselbe vom Feinde bedroht ist.[8]) Der Eintritt, sowie die Beendigung dieses Zustandes ist vom Gouverneur oder Kommandanten dienstlich bekannt zu machen.

§ **6.** Die in der Militärstrafgerichtsordnung für das Verhältniß „an Bord" gegebenen Vorschriften[7]) finden Anwendung:

1. auf die zum Dienste in außerheimischen Gewässern bestimmten Schiffe vom Zeitpunkte des Antritts der Reise bis zur Rückkehr in die heimischen Gewässer[9]);

außerdem

2. auf alle Schiffe, solange sie sich im Kriegszustande befinden.[9a])

§ **7.** Anordnungen auf Grund der §§ 28, 37 der Militärstrafgerichtsordnung werden im Kriegsfalle, sowie allgemein für die Marine durch den Kaiser, im Uebrigen von den zuständigen Kontingentsherren erlassen.

Anordnungen auf Grund des § 65 Absatz 2 der Militärstrafgerichtsordnung erfolgen für die Marine durch den Kaiser, für das Heer durch die zuständigen Kontingentsherren.

§ **8.** Die näheren Anordnungen in Gemäßheit des § 114 der Militärstrafgerichtsordnung erfolgen hinsichtlich des Reichsmilitärgerichts in der Geschäftsordnung desselben, im Uebrigen durch die Militärjustizverwaltungen.[10])

---

[6]) Nr. II 2 Anm. 230 d. W.

[7]) Nr. II 2 Anm. 168 d. W.

[8]) Umfang, Beginn u. Ende der Mobilmachung wird Allerh. Ortes jedesmal befohlen. Auf die im Kriegsfall im immobilen Zustand verbleibenden Truppen finden die für das Feld gegebenen Sonderbestimmungen keine Anwendung. Dies gilt auch für die Besatzungstruppen der im Kriegszustand befindlichen Festungen, solange sie nicht tatsächlich vom Feinde bedroht sind. Der Ausdruck „im Feld" hat hiernach in der MStGerO. eine engere Bedeutung als nach MStGB. § 9 (Begr. S. 183). — Auch die Erklärung des Kriegs- (Belagerungs-) Zustandes (RVerf. § 68) hat ohne gleichzeitige Mobilmachung nur das Inkrafttreten der materiellen KriegsG. (MStGB. § 9), nicht aber auch der für das „Feld" gegebenen prozessualen Sonderbestimmungen (abgesehen von MStGerO. § 27) zur Folge (Nr. I 2 Anm. 31 d. W.).

[9]) Nr. I 2 Anm. 256 d. W. — AAB. für d. Mar. zu § 6 (Anl. A). — Auch für die zum Kaiserl. Gouvernement Kiautschou gehörigen MilPersonen gelten die Bordbestimmungen G. 25. Juni 00 (Anm. 2).

[9a]) MStGB. § 164.

[10]) Nr. II 2 Anm. 235 d. W.

§ **9.** Entscheidungen und Verfügungen, welche von dem Gerichtsherrn und einem richterlichen Militärjustizbeamten oder einem Gerichtsoffizier gemeinsam zu unterzeichnen sind (Militärstrafgerichtsordnung § 97 Absatz 2, § 102 rc.), ergehen nach außen hin, je nach dem Befehlsbereiche des Gerichtsherrn, unter der Bezeichnung [11]):

Gericht des . . . Regiments;
Gericht der . . . Division;
Kommandantur-(Gouvernements-)Gericht; rc. [12])

§ **10.** Einer richterlichen Handlung im Sinne des § 68 des bürgerlichen Strafgesetzbuchs [13]) steht gleich jede Handlung, welche von dem Gerichtsherrn, dem untersuchungsführenden und dem die Anklage vertretenden Gerichtsoffizier, Kriegsgerichtsrath oder Oberkriegsgerichtsrathe, sowie in den Fällen des § 3 des Einführungsgesetzes zum Militärstrafgesetzbuche vom Disziplinarvorgesetzten wegen der begangenen That gegen den Thäter gerichtet wird.

§ **11.** Die zur Ausübung der Militärstrafgerichtsbarkeit berufenen Stellen [14]) haben sich gegenseitig Rechtshülfe zu leisten. [15])

Beschwerden über verweigerte Rechtshülfe werden im Aufsichtsweg [16]) erledigt.

§ **12.** Die bürgerlichen Gerichte [17]) haben den zur Ausübung der Militärstrafgerichtsbarkeit berufenen Stellen und diese jenen in den zu ihrer Zuständigkeit gehörigen Strafsachen [18]) Rechtshülfe zu leisten.

Insoweit die bürgerlichen Gerichte angegangen werden müssen [19]), ist das Gesuch an das Amtsgericht zu richten, in dessen Bezirke die Amtshandlung vorgenommen werden soll.

---

[11]) Mit dieser Bezeichnung können also auch die an den GerH. gerichteten Schriftstücke versehen werden. Vgl. § 13.

[12]) AAB. zu § 9 (Anl. A).

[13]) Nr. I 2 Anl. A d. W.

[14]) GerH. u. erkennendes Ger. § 12; unter Umständen auch die Organe des GerH. allein MStGerO. § 153, 169, 238, 248 Abs. 3.

[15]) Besondere Fälle von Rechtshilfe MStGerO. § 160 Abs. 3 (Nr. 2 Anm. 342), 262, 263. Das Ersuchen ist an den zuständigen GerH. zu richten. Ersuchen um Vernehmung in Berlin wohnender Zivilpersonen sind der Regel nach nicht an ein MilGer., sondern an das Amtsgericht (I) oder an das Polizeipräsidium zu richten KrMVf. 16. Jan. 01. Im Verfahren erster Instanz kann Rechtshilfe nur von Ger. Stellen erster Instanz gefordert werden KrMVf. 18. Febr. 02. — Rechtshilfepflicht besteht auch zwischen GerStellen des Heeres, der Marine u. der Schutztruppen Kaiserl. V. 26. Juli 96 (RGB. 669) § 12.

[16]) MStGerO. § 112. KrMVf. 27. Nov. 02.

[17]) Auf die von den Staatsanwaltschaften den MilGer. zu leistende Rechtshilfe (MStGerO. § 142 Abs. 1, 186 Abs. 4, 239 Abs. 2) findet § 12 nicht Anwendung. Bei Ablehnung des Ersuchens um Rechtshilfe findet hier Beschwerde an die Aufsichtsbehörde (Oberstaatsanwaltschaft, JustizMin.) statt.

[18]) Hierzu gehören an sich Disziplinar- u. Ehrengerichtsstrafen nicht. Doch kann auch in solchen Sachen Rechtshilfe der Ger. geboten sein (Nr. III 2 Anl. C Anm. 20, Nr. III 5 Anm. 96, 100 d. W.).

[19]) KrAB. zu § 12 (Anl. B).

Das Ersuchen darf nur abgelehnt werden, wenn dem ersuchten Gerichte die örtliche Zuständigkeit mangelt oder die vorzunehmende Handlung nach dem Rechte des ersuchten Gerichts verboten ist.[20]) Beschwerden über Ablehnung des Gesuchs[21]) sind an das Oberlandesgericht, zu dessen Bezirke das ersuchte Gericht gehört, in letzter Instanz an das Reichsgericht zu richten. Die Entscheidungen erfolgen ohne vorgängige mündliche Verhandlung.

Kosten der Rechtshülfe[22]) werden von der ersuchenden Behörde nicht erstattet.

§ **13.** Die bürgerlichen Gerichtsbehörden[23]) haben Ersuchen um Rechtshülfe in den zu ihrer Zuständigkeit gehörigen Strafsachen an die im § 9 bezeichnete Stelle zu richten.[24]) Das Ersuchen darf nur abgelehnt werden, wenn die Erledigung desselben außerhalb des Zuständigkeitsbereichs des angegangenen Gerichtsherrn liegt und eine Abgabe an die zuständige Stelle unthunlich erscheint, oder die vorzunehmende Handlung nach dem Rechte der ersuchten Stelle verboten ist.[20]) Beschwerden gegen eine ablehnende Verfügung[21]) sind an den höheren Gerichtsherrn[25]), in letzter Instanz an das Reichsmilitärgericht zu richten. Die Entscheidungen erfolgen ohne vorgängige mündliche Verhandlung.

Bei Gewährung der Rechtshülfe findet die Bestimmung des § 12 Absatz 4 entsprechende Anwendung.

§ **14.**[26]) Hat eine Aburtheilung des Angeklagten sowohl durch ein

---

[20]) Nicht auch, weil die an sich nicht verbotene Handlung (z. B. Beeidigung eines Zeugen) nach den Umständen des Falles unzulässig sei (Ausnahme MStGerO. § 160 Abs. 3). Ebensowenig hat das ersuchte Ger. die Zuständigkeit des ersuchenden, sowie die Notwendigkeit bez. Zweckmäßigkeit der angesonnenen Handlung zu prüfen. Die Rechtshilfe des Amtsrichters muß in Anspruch genommen werden in den Fällen MStGerO. § 186 Abs. 3, 203 Abs. 3, 208, 213, 230, 239 Abs. 1. Ausdrücklich zugelassen ist seine Inanspruchnahme in MStGerO. § 125 Abs. 3, 130, 151 Abs. 2, 153 Abs. 3, 154 Abs. 2, 160 Abs. 3, 223, 248 Abs. 3, 256 Abs. 2, 269 Abs. 2, 270, 369 Abs. 3, 442 Abs. 3, ausgeschlossen in den Fällen MStGerO. § 382, 404.

[21]) Als solche hat auch eine dem Ersuchen nur teilweise entsprechende Ausführung zu gelten; wegen bloßer Verzögerung ist nur Beschwerde im Aufsichtsweg zulässig.

[22]) FrBesV. Anl. 8 V 1 Abs. 3 u. 4 (Unteranl. B 2 zu Nr. II 2 d. W.).

[23]) Die Staatsanwaltschaften sind hier inbegriffen.

[24]) Wenn es sich um Vernehmungen handelt, der Regel nach an dasjenige MilGer. erster Instanz, dessen GerH. (höherer oder niederer) dem zu Vernehmenden vorgesetzt ist, oder, wenn letzterer keinem bestimmten milit. Verband zugehört, an das Ger. der Division, in deren Bezirk er sich befindet MStGerO. § 30 (Nr. 2 Anm. 342 d. W).

[25]) MStGerO. § 19, 20 (Anm. 96, 98a das.)

[26]) Abs. 1 regelt den sog. positiven, Abs. 2 u. 3 den sog. negativen Kompetenzkonflikt. Für den vor Erlaß eines Urteils entstehenden Kompetenzkonflikt bieten diese Bestimmungen keine Abhilfe. Es muß in solchen Fällen eine Verständigung der Ger. angestrebt werden.

Militärgericht, wie durch ein bürgerliches Gericht in einer denselben Gegenstand[27]) betreffenden Strafsache stattgefunden, so gilt von den ergangenen Urtheilen[28]) dasjenige, welches zuerst die Rechtskraft erlangt hat.[29])

Ist in einer bei einem Militärgericht anhängigen Untersuchung durch nicht mehr anfechtbare Entscheidung[30]) die Unzuständigkeit der Militärgerichte ausgesprochen worden, weil die Sache zur Zuständigkeit der bürgerlichen Gerichte gehöre, so dürfen die letzteren sich in der Sache nicht mehr deshalb für unzuständig erklären, weil die Militärgerichtsbarkeit Platz greife.

Das Entsprechende gilt für die Militärgerichte, wenn seitens bürgerlicher Gerichte durch nicht mehr anfechtbare Entscheidungen[31]) die Unzuständigkeit ausgesprochen ist, weil die Sache zur Zuständigkeit der Militärgerichte gehöre.

§ **15.**[32]) Geht die Vollstreckung einer Freiheitsstrafe gegen eine aktive Militärperson gemäß den gesetzlichen Bestimmungen auf die bürgerlichen Behörden über[33]), so erfolgt die Strafvollstreckung durch die Behörden des Heimathsstaats, wenn entweder die strafbare Handlung außerhalb des Bundesgebiets verübt worden ist, oder der Verurtheilte sich im Gebiete des Heimathsstaats aufhält; in anderen Fällen erfolgt die Strafvollstreckung durch die bürgerlichen Behörden des Bundesstaats, in dessen Gebiete die strafbare Handlung verübt worden ist.

§ **16.** In den Fällen, in welchen nach § 42 des bürgerlichen Strafgesetzbuchs oder nach anderweiten gesetzlichen Bestimmungen[34]) auf Einziehung, Vernichtung oder Unbrauchbarmachung von Gegenständen

---

[27]) Nr. II 2 Anm. 711 d. W. — Hat das zuletzt erkennende Ger. vom Vorliegen eines rechtskräftigen Urteils der anderen Gerichtsbarkeit Kenntnis, so gilt ne bis in idem (Nr. II 2 Anm. 712b d. W.).

[28]) Auch der amtsrichterliche Strafbefehl (StPO. § 449) u. die Strafverfügung des GerH. (MStGerO. § 349 bis 355) haben bei nicht rechtzeitigem Einspruch die Wirkung des rechtskräftigen Urteils, nicht aber die polizeiliche Strafverfügung (StPO. § 453).

[29]) Rechtskraft Nr. II 2 Anm. 828 d. W. (auch auf zivilgerichtliche Urteile anwendbar). Das später zur Rechtskraft gelangende Urteil wird ohne weiteres hinfällig; einer Anfechtung bedarf es hierzu nicht.

[30]) MStGerO. § 328, 395 Abs. 3, 400⁴ vgl. 412 Abs. 2.

[31]) StPO. § 178, 181, 202, 209 Abs. 2, 259 Abs. 1, 369 Abs. 3, 395.

[32]) Entsprechend dem BundRatBeschl. 19. Febr. 75 (MStV. § 5 1). — Vollstreckung von Gesamtstrafen (StGB. § 74), wenn nach § 15 zur Vollstr. der Einzelstrafen die bürg. Behörden verschiedener Bundesstaaten zuständig sein würden KrMVf. 30. Sept. 03 (AVB. 259).

[33]) Mögliche Fälle vgl. Nr. II 2 Anm. 960 d. W.

[34]) StGB. § 152, 295, 296 a, 335, 360, 367, 369 2; G. betr. das Urheberrecht an Werken der Literatur usw. 19. Juni 01 (RGB. 227) § 42, 46, 47; G. 9. Jan. 76 betr. Urheberrechte an Werken der bildenden Kunst (RGB. 4) § 16; G. 10. Jan. 76 betr. den Schutz der Photographien (RGB. 8) § 9; G. 11. Jan. 76 betr. Urheberrecht an Mustern u. Modellen (RGB. 11) § 14; MarkenschutzG. 30. Nov. 74 (RGB. 143) § 17 u. a.

selbständig erkannt werden kann, finden, wenn im Falle der Verfolgung einer bestimmten Person der Militärgerichtsstand begründet sein würde[35]), die Bestimmungen der §§ 477 bis 479 der bürgerlichen Strafprozeßordnung[36]) mit der Maßgabe Anwendung, daß der Antrag von dem Gerichtsherrn bei demjenigen Gerichte[37]) zu stellen ist, in dessen Bezirke die strafbare Handlung begangen ist oder die Gegenstände sich befinden.

§ **17**. Auf die Berufsthätigkeit der zum Auftreten vor den Militärgerichten zugelassenen Rechtsanwälte (vergl. § 341 Nr. 5 der Militärstrafgerichtsordnung)[38]) finden der § 150 der bürgerlichen Strafprozeßordnung[39]) und die Gebührenordnung für Rechtsanwälte vom 7. Juli 1879 (Reichs-Gesetzbl. S. 176)[40]) entsprechende Anwendung.

---

[35]) D. h. wenn ein der MilGerichtsbarkeit unterstellter Täter zwar bekannt, aber nicht verfolgbar ist z. B. wegen Abwesenheit, Geisteskrankheit, Verjährung, Mangel des erforderlichen Strafantrags usw.

[36]) StPO.:

§ 477. In den Fällen, in welchen nach § 42 des Strafgesetzbuchs oder nach anderweiten gesetzlichen Bestimmungen auf Einziehung, Vernichtung oder Unbrauchbarmachung von Gegenständen selbständig erkannt werden kann, ist der Antrag, sofern die Entscheidung nicht in Verbindung mit einem Urtheil in der Hauptsache erfolgt, seitens der Staatsanwaltschaft oder des Privatklägers bei demjenigen Gerichte zu stellen, welches für den Fall der Verfolgung einer bestimmten Person zuständig sein würde.

An die Stelle des Schwurgerichts tritt die an dessen Sitzungsorte bestehende Strafkammer.

§ 478. Die Verhandlung und Entscheidung erfolgt in einem Termine, auf welchen die Bestimmungen über die Hauptverhandlung entsprechende Anwendung finden.

Personen, welche einen rechtlichen Anspruch auf den Gegenstand der Einziehung, Vernichtung oder Unbrauchbarmachung haben, sind, soweit dies ausführbar erscheint, zu dem Termine zu laden.

Dieselben können alle Befugnisse ausüben, welche einem Angeklagten zustehen, sich auch durch einen mit schriftlicher Vollmacht versehenen Vertheidiger vertreten lassen. Durch ihr Nichterscheinen wird das Verfahren und die Urtheilsfällung nicht aufgehalten.

§ 479. Die Rechtsmittel gegen das Urtheil stehen der Staatsanwaltschaft, dem Privatkläger und den im § 478 bezeichneten Personen zu.

[37]) Gemeint ist das bürgerliche Gericht.

[38]) Muß auch für die als Offiziere des Beurlaubtenstandes zugelassenen Rechtsanwälte, sowie im Fall MStGerO. § 341 Abs. 4 gelten. — Betr. sonstige Verteidiger MStGer.O § 347.

[39]) StPO. § 150 Abs. 1:

Dem zum Vertheidiger bestellten Rechtsanwalt sind für die geführte Vertheidigung die Gebühren nach Maßgabe der Gebührenordnung aus der Staatskasse zu bezahlen.

Abs. 2 findet nach MStGerO. § 469 keine Anwendung. — Nur die Gebühren des bestellten, nicht auch des gewählten Verteidigers fallen der MilJustizverwaltung zur Last MStGerO. § 469.

[40]) Insbesondere GebO. § 63 ff. Anlage D. — Gegen die dem GerH. (MStGerO. § 97) obliegende Festsetzung der Rechtsanwaltsgebühren ist Rechts-

Im Sinne des § 63 der Gebührenordnung[41]) stehen den Strafkammern die Kriegsgerichte, dem Reichsgerichte das Reichsmilitärgericht gleich.

§ **18.**[42]) Wer die nach § 286 der Militärstrafgerichtsordnung ihm auferlegte Pflicht der Geheimhaltung durch unbefugte[43]) Mittheilung verletzt, wird mit Geldstrafe bis zu eintausend Mark oder mit Haft oder mit Gefängniß bis zu sechs Monaten bestraft. Gegen Personen des Soldatenstandes des aktiven Heeres oder der aktiven Marine tritt Freiheitsstrafe (Militärstrafgesetzbuch § 16) bis zu sechs Monaten ein; die Ahndung kann in leichteren Fällen im Disziplinarweg erfolgen (§ 3 des Einführungsgesetzes zum Militärstrafgesetzbuche).

Soweit im militärgerichtlichen Verfahren die Oeffentlichkeit der Verhandlung wegen Gefährdung der Staatssicherheit oder der militärdienstlichen Interessen (§ 283 der Militärstrafgerichtsordnung) ausgeschlossen war, dürfen Berichte über die Verhandlung durch die Presse nicht veröffentlicht werden. Das Gleiche gilt auch nach der Beendigung des Verfahrens in Betreff der Veröffentlichung der Anklageschrift oder anderer amtlicher Schriftstücke des Verfahrens. Zuwiderhandlungen unterliegen der im Absatz 1 bestimmten Strafe.

§ **19.** Die in den Fällen der §§ 380, 390, 409 der Civilprozeßordnung[44]) und der §§ 50, 69, 77 der bürgerlichen Strafprozeßordnung[44]) den Militärgerichten zugewiesene Festsetzung der Strafe erfolgt durch den Gerichtsherrn nach Maßgabe des § 97 Absatz 2ff. der Militärstrafgerichtsordnung[45]), die den Militärgerichten zugewiesene Vollstreckung[46]) der Strafe erfolgt auf Anordnung des Gerichtsherrn.

---

beschwerde nicht zulässig; Differenzen sind im Aufsichtsweg (MStGerO. § 112), eventuell im ordentlichen Zivilrechtsweg zu erledigen BeschlRMGer. 19. April 02 (II 285).

[41]) Anl. D.

[42]) Materielle Strafbestimmung entsprechend RG. 5. April 88 (RGB. 133) Art. II u. III. Vgl. ferner StGB. § 184 Abs. 2 (Art. IV des angef. G.). Der Paragraph findet auch auf Zivilpersonen Anwendung. — Ist der Täter der MilGerichtsbarkeit unterworfen (MStGerO. § 1, 6, 10 Abs. 1), so ist das KriegsGer. zuständig, sofern nicht Disziplinarbestrafung nach EG. z. MStGB. § 3 eintritt (MStGerO. § 157, 251). — Personen des Soldatenstandes Nr. I 2 Anm. 15 d. W.

[43]) Mitteilung der Urteilsformel u. der öffentlich verkündeten Gründe ist nicht unbefugt.

[44]) Neue Fassung (RGB. 98 S. 410). Im Texte stand § 345, 355, 374. — Die Best. betreffen die den MilGer. zugewiesene Festsetzung u. Vollstreckung von Ordnungsstrafen gegen MilPersonen des aktiven Heeres (Marine) im Fall unentschuldigten Ausbleibens als Zeugen oder Sachverständigen vor bürgerlichen Gerichten, sowie unrechtmäßiger Verweigerung des Zeugnisses oder Gutachtens. — Ladung von Personen des Soldatenstandes (nicht auch MilBeamten) kann nur durch Ersuchen der MilBehörde erfolgen (StPO. § 48; ZPO. 388).

[45]) Zuständig ist der höhere GerH. Er hat auch die Entschuldbarkeit des Ausbleibens oder Rechtmäßigkeit der Weigerung zu beurteilen. — Anordnung der Zwangshaft (die nicht Strafe ist) steht dem bürgerlichen Ger. zu, Vollstreckung dem GerH.

[46]) Kosten MStGerO. § 469 Abs. 1. — Verurteilung in sonstige durch Aus-

§ **20.** Soweit reichs- oder landesrechtlich den Auditeuren außerhalb des Bereichs der Militärstrafrechtspflege Handlungen der streitigen oder freiwilligen Gerichtsbarkeit, Verrichtungen der Staatsanwaltschaft oder andere juristische Geschäfte zugewiesen sind, treten an die Stelle der Auditeure die Kriegsgerichtsräthe oder Oberkriegsgerichtsräthe.[47])

§ **21.** Außerhalb des Gebiets der Militärstrafrechtspflege können im Verwaltungswege den Kriegsgerichtsräthen oder Oberkriegsgerichtsräthen dienstliche Verrichtungen insoweit übertragen werden, als es sich um Geschäfte der freiwilligen Gerichtsbarkeit oder andere juristische Geschäfte im Bereiche der Militärverwaltung handelt.[48])

§ **22.** Das Geschäftsjahr ist das Kalenderjahr.

Tritt die Militärstrafgerichtsordnung nicht mit Beginn des Kalenderjahrs in Kraft, so gilt das angefangene Kalenderjahr als erstes Geschäftsjahr.

§ **23.** Die am Tage des Inkrafttretens der Militärstrafgerichtsordnung bei den bürgerlichen Gerichten anhängigen Strafsachen, für welche nach den Vorschriften der Militärstrafgerichtsordnung in Zukunft die Militärgerichte zuständig sein würden, gehen an die letzteren nur dann über, wenn das Hauptverfahren noch nicht eröffnet worden war.

§ **24.** Für die am Tage des Inkrafttretens der Militärstrafgerichtsordnung anhängigen militärgerichtlichen Strafsachen gilt Folgendes:

1. Die Erledigung einer anhängigen Strafsache erfolgt nach den Vorschriften der Militärstrafgerichtsordnung.
2. War vor dem Tage des Inkrafttretens der Militärstrafgerichtsordnung ein Endurtheil erster Instanz ergangen, so finden auf die Erledigung der Sache bis zur rechtskräftigen Entscheidung die bisherigen Prozeßgesetze Anwendung.
3. Wird ein vor dem Tage des Inkrafttretens der Militärstrafgerichtsordnung ergangenes Endurtheil erster Instanz aufgehoben und die Sache zur nochmaligen Entscheidung verwiesen, so regelt sich das weitere Verfahren nach den Vorschriften der Militärstrafgerichtsordnung.
4. War das vor dem Tage des Inkrafttretens der Militärstrafgerichtsordnung ergangene Urtheil ein die Bestrafung eines Fahnenflüchtigen betreffendes Ungehorsams-(Kontumazial-)Urtheil, so regelt sich das nach der Rückkehr des Verurtheilten einzuleitende gewöhnliche Verfahren nach den Vorschriften der Militär-

bleiben oder Weigerung verursachte Kosten erfolgt durch das bürgerl. Ger. StPO. § 50 Abs. 1, 69 Abs. 1, 77 Abs. 1; ZPO. § 380 Abs. 1, 390 Abs. 1, 409 Abs. 1.

[47]) RMG. § 39 Abs. 3, 44; EG-BGB. Art. 44.

[48]) AAB. zu § 21 (Anl. A). — Kr-MVf. 19. Febr. 02.

strafgerichtsordnung.[49]) In dem ergehenden neuen Urtheil ist das frühere Ungehorsams-(Kontumazial-)Urtheil aufzuheben. Hinsichtlich einer bereits eingezogenen Geldstrafe finden die bisherigen Bestimmungen Anwendung.[50])

5. Für die Wiederaufnahme eines durch rechtskräftiges Urtheil geschlossenen Verfahrens sind die Vorschriften der Militärstrafgerichtsordnung[51]) auch dann maßgebend, wenn das Urtheil vor dem Tage des Inkrafttretens der Militärstrafgerichtsordnung erlassen oder rechtskräftig geworden war.

6. Auf die Strafvollstreckung finden die Vorschriften der Militärstrafgerichtsordnung[52]) Anwendung, auch wenn die Strafe nach den bisherigen Vorschriften über das Verfahren erkannt ist.

§ 25. Ueber die Aufhebung der bestehenden Militärgerichte und staatsanwaltschaftlichen Behörden bei denselben, sowie darüber, ob und inwieweit solche mit Rücksicht auf die Vorschrift des § 24 Nr. 2 einstweilen fortbestehen, oder welche Beamte im Falle der Aufhebung an die Stelle der bisherigen Militärjustizbeamten treten sollen, wird für die Marine durch Kaiserliche Verordnung, im Uebrigen durch Verordnung des betreffenden Kontingentsherrn Bestimmung getroffen.

Für die Fälle des § 24 Nr. 2 können die Befugnisse der obersten Militärgerichte durch Kaiserliche Verordnung auf Antrag der Kontingentsherren dem Reichsmilitärgericht übertragen werden.[53])

§ 26.[54]) Die bei den aufgehobenen Behörden etatsmäßig angestellten Beamten müssen sich ihre anderweite Verwendung nach Maßgabe der in den §§ 27 bis 31 enthaltenen Bestimmungen gefallen lassen.

§ 27. Die richterlichen Militärjustizbeamten, die Beamten der Militärstaatsanwaltschaft und die rechtskundigen Sekretäre bei den Militärgerichten sind als Militärrichter im Sinne der Militärstrafgerichtsordnung, oder als Beamte der Militäranwaltschaft beim Reichsmilitärgericht anzustellen.

Sie dürfen in ihrem Range und in ihrem Diensteinkommen nicht verkürzt werden. Als eine Verkürzung des Diensteinkommens ist es nicht

[49]) Zulässigkeit der Wiederaufnahme gegen Kontumazialurteile Nr. II 2 Anm. 943 d. W.; Aufhebung der durch Kontum.-Urteile verfügten Vermögensbeschlagnahme Anm. 824 das.

[50]) PrMStGerO. 3. April 45 § 258 in Verbindung mit G. 11. März 1850. Wird der Zurückgekehrte in dem neuen Erkenntnis wegen Desertion gestraft, so verbleibt es bei der erkannten Geldstrafe, soweit sie bereits eingezogen ist.

[51]) § 436 ff.

[52]) § 450 ff.

[53]) Kaiserl. V. 28. Dez. 99 (AVB. 1900 S. 1):

Ich übertrage hiermit auf Grund des § 25 Abs. 2 EG. MStGerO. für die im § 24 Nr. 2 daselbst bezeichneten Fälle die Befugnisse des Preuß. Generalauditoriats dem ersten Senate des Reichsmilitärgerichts.

[54]) Die § 26—31 sind dem Pr. AusfG. z. GVG. 24. April 78 (GS. 248) § 95 ff. nachgebildet.

anzusehen, wenn die Gelegenheit zur Verwaltung von Nebenämtern entzogen wird oder die Beziehung der für die Dienstunkosten besonders ausgesetzten Einnahmen mit diesen Unkosten selbst fortfällt. Servis und Wohnungsgeldzuschuß werden nach dem Orte der neuen Anstellung gewährt.

Im Uebrigen erfolgt die Berechnung des Diensteinkommens nach den für den Fall der Pensionirung maßgebenden Grundsätzen.[55])

§ **28**. Sofern diese Beamten nicht anderweit angestellt oder in den Ruhestand versetzt werden, bleiben sie während eines Zeitraums von drei Jahren zur Verfügung der Militärjustizverwaltung und werden auf einem besonderen Etat geführt.

Beamte, welche das 65. Lebensjahr vollendet haben, können ihre Versetzung in den Ruhestand beanspruchen.

§ **29**. Die zur Verfügung der Militärjustizverwaltung verbleibenden Beamten haben sich nach Anordnung derselben der zeitweiligen Wahrnehmung solcher Aemter zu unterziehen, zu deren dauernder Uebernahme sie verpflichtet sein würden.

Erfolgt die Beschäftigung außerhalb des Ortes ihrer letzten Anstellung, so erhalten sie die gesetzmäßigen Reisegebührnisse.

Diejenigen, welche während des dreijährigen Zeitraums eine etatsmäßige Stellung nicht erhalten, treten nach Ablauf desselben in den Ruhestand.

§ **30**. Auf Beamte, welche in Gemäßheit der Bestimmungen dieses Gesetzes in den Ruhestand treten oder zur Verfügung der Militärjustizverwaltung verbleiben, auf letztere auch dann, wenn sie während des im § 28 bezeichneten Zeitraums dienstunfähig werden, finden die Vorschriften des § 27 mit der Maßgabe Anwendung, daß den in den Ruhestand tretenden Beamten Servis und Wohnungsgeldzuschuß nach den für den Fall der Pensionirung geltenden Durchschnittssätzen, den zur Verfügung der Militärjustizverwaltung stehenden Beamten der Wohnungsgeldzuschuß und Servis während des dreijährigen Zeitraums in dem vollen Betrage zu gewähren ist.

§ **31**. Die nicht im höheren Militärjustizdienst angestellten Beamten sind ihren bisherigen Verhältnissen, ihren Fähigkeiten und ihrem Dienstalter thunlichst entsprechend anzustellen.

Auf die von neuem angestellten Beamten finden die Vorschriften des § 27 entsprechende Anwendung.

Beamte, welche nicht wieder angestellt werden, treten einstweilen in den Ruhestand. Denselben ist, vorbehaltlich weitergehender wohlerworbener Rechte, ein nach § 26 des Reichsbeamtengesetzes vom 31. März 1873 zu bemessendes Wartegeld zu gewähren. Die Berechnung des dem Warte-

---

[55]) RBG. § 42ff.

gelde zu Grunde zu legenden Diensteinkommens erfolgt nach den für den Fall der Pensionirung maßgebenden Grundsätzen.[55]) Servis und Wohnungsgeldzuschuß werden mit dem für die Pensionirung geltenden Durchschnittssatze dem übrigen Diensteinkommen hinzugerechnet.

Diese Beamten haben sich nach Anordnung der Militärjustizverwaltung der zeitweiligen Wahrnehmung solcher Aemter zu unterziehen, welche ihren Fähigkeiten und ihren bisherigen Verhältnissen entsprechen. Während der Dauer dieser Beschäftigung erhalten sie ihr früheres Diensteinkommen unverkürzt und, sofern die Beschäftigung außerhalb des Ortes ihrer letzten Anstellung erfolgt, die gesetzmäßigen Reisegebührnisse und eine von der Militärjustizverwaltung nach dem erforderlichen Mehraufwande festzusetzende Entschädigung.

§ **32.** Die Bestimmungen der Militärstrafgerichtsordnung im § 80 Satz 2, § 94 Absatz 1, § 106 Absatz 2 finden auf richterliche und staatsanwaltschaftliche Militärjustizbeamte, welche vor dem Inkrafttreten der Militärstrafgerichtsordnung bereits angestellt sind, keine Anwendung.

§ **33.** Die Militärstrafgerichtsordnung und dieses Gesetz kommen in Bayern nach näherer Bestimmung des Bündnißvertrags vom 23. November 1870[56]), in Württemberg nach näherer Bestimmung der Militärkonvention vom 21./25. November 1870[57]) zur Anwendung.

Die Einrichtung der obersten militärgerichtlichen Instanz mit Rücksicht auf die Verhältnisse Bayerns wird anderweit gesetzlich geregelt.[58])

Anlagen zum Einführungsgesetz zur Militärstrafgerichtsordnung.

Anlage A (zu Anmerkung 1).

Allerhöchste Ausführungsbestimmungen zum Einführungsgesetze zur Militärstrafgerichtsordnung. Vom 28. Dezember 1899. (AVB. 00 S. 2.)[1])

Zu § 9.[2])

Innerhalb der Preußischen Militärjustizverwaltung führen die zur Ausübung der Militärstrafgerichtsbarkeit berufenen Stellen, soweit nicht durch Militär-

[56]) RGB. 1871 S. 9.

[57]) BGBl. 1870 S. 658.

[58]) G. betr. Errichtung eines besonderen Senats für das bayr. Heer beim RMGer. 9. März 99 Anlage E.

[1]) Wie Anm. 1 zu Nr. 2 Anl. A d. W.

[2]) AAB. f. d. Mar. (26. März 00): **Zu § 6.** Ob ein Schiff im Sinne des § 6 des Einführungsgesetzes zur Militärstrafgerichtsordnung zum Dienste in außerheimischen Gewässern bestimmt ist, hat der bei der Entsendung dem Schiffskommando vorgesetzte Chef einer selbständigen Kommandobehörde in jedem Falle schriftlich anzuordnen. Chef einer selbständigen Kommandobehörde im Sinne dieser Bestimmung sind die mit den gerichtsherrlichen Befugnissen eines

konventionen besondere Festsetzungen getroffen sind, Dienstsiegel und Stempel mit dem aufliegenden preußischen Adler und der Umschrift:

Königlich Preußisches Gericht des . . . Regiments . . .
oder
Königlich Preußisches Gericht der . . . Division . . .
oder
Königlich Preußisches Kommandantur-(Gouvernements-)gericht . . .
u. s. w.

In Elsaß-Lothringen führen die Gouvernements und Kommandanturen die Bezeichnung „Kaiserlich" und den deutschen Reichsadler.

Zu § 11.

An Bord können Untersuchungshandlungen der höheren Gerichtsbarkeit auch durch einen Gerichtsherrn der niederen Gerichtsbarkeit erledigt werden.

Zu § 21.

Richterliche Militärjustizbeamte bedürfen zur Übernahme nebenamtlicher oder anderer fremder Geschäfte der Genehmigung des Kriegsministeriums.[3]) Die Anträge sind durch Vermittelung des Gerichtsherrn auf dem Dienstweg einzureichen. Soweit die Genehmigung zur Zeit des Inkrafttretens der Militärstrafgerichtsordnung bereits ertheilt war, bedarf es einer Erneuerung nicht.

Anlage B (zu Anmerkung 1).

Kriegsministerielle Ausführungs-Bestimmungen zum Einführungsgesetz zur Militärstrafgerichtsordnung. Vom 2. Januar 1900. (AVB. 7).[1])

Zu § 9.[2])

Kosten für Neubeschaffung von Gerichtssiegeln und Stempeln sind aus den Büreaugeldern der Gerichtsherren zu bestreiten.

Zu § 12.

Militärgerichtliche Untersuchungen sind thunlichst von den hierzu berufenen militärischen Stellen zu erledigen.

Die Hülfe der bürgerlichen Gerichte ist nur ausnahmsweise in Anspruch zu nehmen.

Befindet sich am Orte, wo eine militärgerichtliche Untersuchungshandlung vorgenommen werden soll, eine zur Vornahme derselben an sich zuständige militärische Stelle, so ist das Ersuchen um Rechtshülfe in der Regel an diese zu richten.[3])

Kommandirenden Admirals betrauten, Mir unmittelbar unterstellten Befehlshaber.

Zu § 9. Innerhalb der Militärjustizverwaltung Meiner Marine führen die zur Ausübung der Militärstrafgerichtsbarkeit berufenen Stellen Dienstsiegel und -Stempel mit dem Deutschen Reichsadler und der Umschrift:

Kaiserliche Marine.
Gericht der . . . . . Division.
(Abtheilung . . . Seebataillon.)
(S. M. S. . . . .)
oder Kaiserliche Marine.
Gericht der . . . . Inspektion.
(des Gouvernements Kiautschou)
(. . . . Marinestation der . . . .) u. s. w.

Im übrigen gleichlautend mit den oben abgedruckten AAB. f. d. Heer.

[3]) AAB. f. d. Mar.: „des Reichskanzlers (Reichs-Marine-Amts)."

[1]) Wie Anm. 1 zu Nr. 2 Anl. A d. W.

[2]) In AB. f. d. Schutztr. nicht enthalten. — AB. f. d. Mar.: „Etwaige Neubeschaffungen von Gerichtssiegeln und -Stempeln sind bei dem Staatssekretär des Reichs-Marine-Amts zu beantragen."

[3]) In Berlin gilt diese Regel nur für Vernehmungen von MilPersonen. Ersuchen um Vernehmung in Berlin wohnhafter Zivilpersonen sind dagegen in der Regel an das AmtsGer. I bezw. Polizeipräsidium zu richten, an die

In den Ersuchungsschreiben um Rechtshülfe sind diejenigen Punkte, um deren Ermittelung oder Aufklärung es sich handelt, genau und bestimmt anzugeben.

Anlage C (zu Anmerkung 2).

Kaiserliche Verordnung, betreffend das strafgerichtliche Verfahren gegen Militärpersonen der Kaiserlichen Schutztruppen. Vom 18. Juli 1900.[1]

(RGB. 831.)

Wir Wilhelm ꝛc., verordnen auf Grund des Artikels II § 4 des Gesetzes vom 7. Juli 1896 wegen Abänderung des Gesetzes vom 22. März 1891 (RGB. 53), betreffend die Kaiserliche Schutztruppe für Deutsch-Ostafrika, und des Gesetzes vom 9. Juni 1895 (RGB. 258), betreffend die Kaiserlichen Schutztruppen für Südwestafrika und für Kamerun, im Namen des Reichs, was folgt:

1. Das strafgerichtliche Verfahren gegen die Angehörigen der Schutztruppen (§ 3 der Schutztruppen-Ordnung) regelt sich nach den Vorschriften der Militärstrafgerichtsordnung für das Deutsche Reich vom 1. Dezember 1898 und des Einführungsgesetzes hierzu von demselben Tage, soweit nicht im Nachstehenden abweichende oder ergänzende Bestimmungen erlassen sind.

2. Für Angehörige der Schutztruppen gelten während ihres Aufenthalts außerhalb Europas die für das Verhältniß am Bord (außerordentliches Verfahren) gegebenen gesetzlichen Vorschriften (§ 6 des Einführungsgesetzes zur Militärstrafgerichtsordnung). Im Uebrigen greift das ordentliche Verfahren Platz.

3. Gerichtsherren der niederen Gerichtsbarkeit sind die Befehlshaber einer selbständigen Abtheilung. Der Gouverneur bestimmt, welche Abtheilungen als selbständig anzusehen sind. Treten mehrere Abtheilungen örtlich unter gemeinsamen Befehl, so übt der rangälteste Offizier die gerichtsherrlichen Befugnisse aus (§ 18 MStGerO.)

4. Gerichtsherren der höheren Gerichtsbarkeit sind:

a) der kommandirende General des Gardekorps mit den gerichtsherrlichen Befugnissen eines kommandirenden Generals über alle militärischen Angehörigen der Schutztruppen, und zwar im ordentlichen Verfahren als unmittelbarer Befehlshaber im Sinne des § 31 MStGerO.;

b) in jedem Schutzgebiet der dort angestellte rangälteste Offizier, und zwar mit den Befugnissen eines Divisionskommandeurs.

5. gleichlautend mit AAB. f. d. Mar. zu MStGerO. § 418 (Nr. 2 Anl. A Anm. 1, 20, 21).[2]

6. Ich behalte Mir hinsichtlich der im außerordentlichen Verfahren ergangenen kriegsgerichtlichen Urtheile das Aufhebungsrecht vor. Zur Aufhebung

---

dortigen Militärgerichte nur dann, wenn besondere Rücksichten die Vernehmung durch ein MilGer. geboten erscheinen lassen KrMVf. 16. Jan. 01.

[1]) Zu der V. sind die als Unteranlage C 1 abgedruckten AusfBest. ergangen.

[2]) Mit nachstehenden Abweichungen:

a) Ziff. 2a lautet:
Der in § 4a bezeichnete Befehlshaber hinsichtlich der auf Freiheitsstrafe von mehr als einem Jahre lautenden Urteile.

b) Ziff. 3—7 der AAB. f. d. Mar. tragen die Bezeichnung 2c—g.

c) Am Schlusse der Ziff. 2f (Ziff. 6 der AAB. f. d. Mar.) folgen die Worte:
Die Bestätigung im außerordentlichen (Bord-)Verfahren hat dahin zu lauten:
„Ich bestätige das Urtheil lediglich."
Oder im Falle der Milderung der Strafe:
„Ich bestätige das Urtheil unter Milderung der Strafe auf . . . . ."

der im außerordentlichen Verfahren ergangenen standgerichtlichen Urtheile ist innerhalb seines Befehlsbereichs der Gerichtsherr der höheren Gerichtsbarkeit befugt (§ 422 MStGerO. und § 4b dieser Verordnung).

7. Hinsichtlich des Kommandeurs einer Schutztruppe behalte ich Mir die Bestimmung des Befehlshabers, welcher die gerichtsherrlichen Befugnisse auszuüben hat, vor (§ 21 MStGerO.).

8. Im außerordentlichen Verfahren können die aktiven Offiziere und die Militärbeamten — einschließlich der Kriegsgerichtsräthe — als Richter im Bedarfsfalle auch durch Sanitätsoffiziere, Offiziere des Beurlaubtenstandes oder durch Ingenieure des Soldatenstandes, bei Aburtheilung von Mannschaften auch durch andere geeignete Militärpersonen ersetzt werden.

9. Die Gerichte des Heeres, der Marine und der Schutztruppen haben einander Rechtshülfe zu leisten. Dem gegenseitigen Ersuchen um Führung des Ermittelungsverfahrens, Zuweisung einzelner Richter und Aburtheilung einzelner Sachen ist thunlichst Folge zu geben.

10. Erfolgt im außerordentlichen Verfahren die Aufhebung eines Urtheils, so können — soweit dies nicht zu vermeiden — zu dem neu erkennenden Gerichte die Richter des erst erkennenden Gerichts wieder zugezogen werden. Das neu erkennende Gericht hat die rechtliche und militärdienstliche Beurtheilung, welche der Aufhebung des Urtheils zu Grunde gelegt ist, auch seiner Entscheidung zu Grunde zu legen.

11. Die Vollstreckung einer im außerordentlichen Verfahren erkannten Freiheitsstrafe bis zu einem Jahre einschließlich erfolgt, soweit dies angängig, an Ort und Stelle. Der Gerichtsherr, welchem die Anordnung der Strafvollstreckung obliegt, ist dann befugt, eine gegen Offiziere, Sanitätsoffiziere oder Ingenieure des Soldatenstandes erkannte Gefängnißstrafe oder Festungshaft in Stubenarrest von gleicher Dauer umzuwandeln, soweit es sich um Festungshaft oder Gefängnißstrafe von weniger als sechs Wochen handelt.

Die Vollstreckung einer Freiheitsstrafe von längerer Dauer als einem Jahre erfolgt in der Heimath und ist vom Gerichtsherrn in Gemäßheit der Militärstrafvollstreckungsvorschrift für das Heer zu veranlassen.

12. Die Militärjustizverwaltung wird von dem Reichskanzler ausgeübt (§ 111 MStGerO.).

13. Die Durchsicht der im außerordentlichen Verfahren ergangenen, standgerichtlichen Urtheile erfolgt bei dem im § 4b bezeichneten Gerichtsherrn. Die Nachprüfung der dabei gemachten Ausstellungen sowie die Durchsicht der kriegsgerichtlichen Urtheile geschieht bei dem im § 4a bezeichneten Befehlshaber (§ 113 MStGerO.).

14. Der jedesmalige Chef des Stabes bei dem Oberkommando der Schutztruppen ist Mir gemäß § 79 Absatz 2 MStGerO. behufs Ernennung zum außeretatsmäßigen militärischen Mitgliede des Reichsmilitärgerichts in Vorschlag zu bringen. Er ist bei der Bearbeitung aller Schutztruppen-Angelegenheiten zuzuziehen.

15. Innerhalb der Militärjustizverwaltung der Schutztruppen führen die zur Ausübung der Militärstrafgerichtsbarkeit berufenen Stellen Dienstsiegel und Stempel mit dem deutschen Reichsadler und der Umschrift:

Kaiserliche Schutztruppe von Ost- rc. Afrika, Kamerun.

Gouvernements-Gericht.

Abtheilungs-Gericht.

Kaiserliche Schutztruppe. Gericht beim Gardekorps.

(§ 9 des Einführungsgesetzes der MStGerO.)

16. Untersuchungshandlungen der höheren Gerichtsbarkeit können auf Ersuchen auch von einem Gerichtsherrn der niederen Gerichtsbarkeit erledigt werden (§ 11 des Einführungsgesetzes zur MStGerO.).

17. gleichlautend mit AAB. zu MStGerO. § 2 (Nr. 2 Anl. A d. W.).

18. desgl. mit AAB. zu MStGerO. § 9.

19. desgl. mit AAB. f. d. Mar. zu MStGerO. § 151.

20. desgl. mit AAB. zu MStGerO. § 153.

21. In den Bericht, welcher in Gemäßheit des § 158 Absatz 1 der MStGerO. zu erstatten ist, ist zutreffendenfalls aufzunehmen, daß die im Absatz 2 vorgeschriebene Anzeige an den Reichskanzler erfolgt ist.

22. In den Fällen der §§ 181 und 184 der MStGerO. ist unter „Militärbehörde" der Truppentheil beziehungsweise die nächste militärische Wache zu verstehen. Das Verfahren gegen die einer solchen Wache zugeführten Personen regelt sich nach den Vorschriften der Wachinstruktion.

23. Zur Erlassung von Steckbriefen sind außer dem Gerichtsherrn befugt: die Befehlshaber selbständiger Abtheilungen beziehungsweise die mit den Befugnissen eines solchen von Seiten des Gouverneurs ausgestatteten Befehlshaber sowie bei Entweichungen aus Gefangenen-Anstalten oder Arbeiter-Abtheilungen die Gouverneure, Kommandanten und Garnison-Aeltesten. In Deutschland soll jeder Militärbefehlshaber vom Hauptmann aufwärts zum Erlaß von Steckbriefen befugt sein (§ 183 Absatz 2 MStGerO.).

24. Bedarf es bei Verbrechen des Landesverraths oder des Verraths militärischer Geheimnisse zur Feststellung des Thatbestandes des Gutachtens einer Militärbehörde, so ist dasselbe stets durch Vermittelung des Oberkommandos der Schutztruppen einzuholen (§ 218 Absatz 3 MStGerO.).

25. Die eine Selbstentleibung betreffenden Verhandlungen (§ 223 MStGerO.) sind nach Abschluß der Ermittelungen dem höhereren Gerichtsherrn und von diesem, nachdem er das im Interesse der Disziplin etwa Erforderliche veranlaßt hat, dem Reichskanzler einzusenden.

Gleiches gilt in den übrigen Fällen des § 223.

Die Leichenschau darf in den Schutzgebieten auch durch einen Gerichtsoffizier bewirkt werden.

26. Für den Bereich der Kaiserlichen Schutztruppen ist der Reichskanzler die „oberste Dienstbehörde" (§ 231 MStGerO.).

27. gleichlautend mit AAB. zu MStGerO. § 250.[3])

28. Von dem Berichte, welcher nach § 252 MStGerO. wegen eines gegen den Kaiser oder das Reich gerichteten Hochverraths oder Landesverraths oder wegen eines als Verbrechen oder Vergehen sich darstellenden Verraths militärischer Geheimnisse an den Reichskanzler zu erstatten ist, ist dem Oberkommando der Schutztruppen auf dem Dienstwege Abschrift einzureichen.

29. gleichlautend mit AAB. zu MStGerO. § 283.

30. Rechtsanwälte können als Vertheidiger auftreten, sofern sie bei einem Kriegsgerichte oder Oberkriegsgerichte der Armee oder Marine ernannt sind. § 341 letzter Absatz MStGerO. findet Anwendung.

31. Die Zuziehung eines *gewählten* Vertheidigers kann abgelehnt werden, wenn durch sie eine Verzögerung des Verfahrens herbeigeführt werden würde.

32. Ich übertrage auf Grund des § 25 Absatz 2 des Einführungsgesetzes

---

[3]) *Abweichung*: am Schlusse des § 27 der V. folgen die Worte: „In allen diesen Fällen ist zu gleicher Zeit dem Reichskanzler Meldung zu erstatten."

zur Militärstrafgerichtsordnung für die im § 24 Nr. 2 daselbst bezeichneten Fälle die Befugnisse des preußischen Generalauditoriats dem zweiten Senate des Reichsmilitärgerichts.

33. Die Verordnung des Bundesraths vom 16. Juni 1882 und 9. Juli 1896, betreffend die Einrichtung von Strafregistern und die wechselseitige Mittheilung der Strafurtheile (CentrBl. f. d. D. R. 309)[4]), findet, soweit im Folgenden nicht ein Anderes bestimmt wird, auf die Angehörigen der Kaiserlichen Schutztruppen sinngemäße Anwendung.

I. In die Register sind nicht aufzunehmen: Die von dem Gerrichtsherrn und Kriegsgerichtsrathe gemäß § 360 MStGerO. zu erlassenden Beschlüsse, durch die das im Reiche befindliche Vermögen eines Abwesenden mit Beschlag belegt oder der Abwesende für fahnenflüchtig erklärt wird.

II. Von den bei den Schutztruppengerichten erfolgten Verurtheilungen hat die Mittheilung durch das Oberkommando zu erfolgen, wenn und sobald der Verurtheilte aus dem Verbande der Schutztruppe ausscheidet, ohne in das Heer oder in die Kaiserliche Marine überzutreten.

Tritt der Verurtheilte in das Heer oder die Kaiserliche Marine über, so hat die Mittheilung nach Maßgabe des § 5 Absatz 4 der Bundesraths-Verordnung zu erfolgen.

III. Die die Vollstreckung veranlassenden Gerichtsherren haben nach Eintritt der Rechtskraft des Urtheils dem Oberkommando eine Strafnachricht gemäß §§ 7 ff. der Bundesraths-Verordnung zu übersenden.

34. Vorstehende Verordnung tritt am 1. Oktober 1900 in Kraft.

Unteranlage C 1 (zu Anlage C Anmerkung 1).

Ausführungs-Bestimmungen des Reichskanzlers zur Kaiserlichen Verordnung betreffend das strafgerichtliche Verfahren gegen Militärpersonen der Kaiserlichen Schutztruppen. Vom 23. Juli 1900. (RGB. 839.)

I. Bestimmungen zu § 4b dieser Verordnung.

Dem Gouverneur ist — falls er nicht selbst die gerichtsherrlichen Befugnisse ausübt — von jeder Einleitung und Einstellung eines Ermittelungsverfahrens sofortige Meldung zu erstatten, auch jedes rechtskräftige Urtheil zur Kenntnißnahme vorzulegen.

II. Bestimmungen zum Einführungsgesetze zur Militärstrafgerichtsordnung.[1])

III. Bestimmungen zur Militärstrafgerichtsordnung.[1])

---

[4]) Nr. 2 Unteranl. B 3.

[1]) Die Best. zur MStGerO. u. zum EG. z. MStGerO. lauten im wesentlichen gleich mit den AB. d. KrMin. u. RMarAmts zu den genannten G. (Nr. 2 Anl. B u. Nr. 3 Anl. B d. W.) u. sind daher nicht nochmals abgedruckt. Die Abweichungen ergeben die Anm. 2, 4, 5a, 7a, 9, 11, 12, 13, 13a, 15, 19, 21 zu Nr. 2 Anl. B u. Anm. 2 zu Nr. 3 Anl. B d. W.

Anlage D (zu Anmerkung 40).

Gebührenordnung für Rechtsanwälte. Vom 7. Juli 1879. Neufassung 20. Mai 1898 (RGB. 692) (Auszug).[1]

Gebühren in Strafsachen.

§ 63. In Strafsachen erhält der Rechtsanwalt als Vertheidiger in der Hauptverhandlung erster Instanz:

1. vor dem Schöffengerichte . . . . 12 Mark;
2. vor der Strafkammer . . . . 20 Mark;
3. vor dem Schwurgericht oder dem Reichsgerichte . . . . 40 Mark.

§ 64. Erstreckt sich die Verhandlung auf mehrere Tage, so erhöhen sich die im § 63 bestimmten Gebühren für jeden weiteren Tag der Vertheidigung um fünf Zehntheile.

§ 66. In der Berufungsinstanz sowie in der Revisionsinstanz stehen dem Rechtsanwalte die in den §§ 63 bis 65 bestimmten Sätze zu. Die Stufe bestimmt sich nach der Ordnung des Gerichts, welches in erster Instanz erkannt hat.

§ 67. Für die Vertheidigung im Vorverfahren erhält der Rechtsanwalt:

1. in den zur Zuständigkeit der Schöffengerichte gehörigen Sachen 6 Mark;
2. in den zur Zuständigkeit der Strafkammer gehörigen Sachen 10 Mark;
3. in den zur Zuständigkeit der Schwurgerichte oder des Reichsgerichts gehörigen Sachen . . . . 20 Mark.

§ 68. Fünf Zehntheile der im § 63 bestimmten Sätze stehen dem Rechtsanwalte zu für Anfertigung;

1. einer Schrift zur Rechtfertigung einer Berufung;
2. einer Schrift zur Begründung einer Revision;
3. eines Antrags auf Wiederaufnahme des Verfahrens;
4. eines Gnadengesuchs.

Die Stufe bestimmt sich nach der Ordnung des Gerichts, welches in erster Instanz erkannt hat.

§ 69. Für Einlegung eines Rechtsmittels sowie für Anfertigung anderer, als der im § 68 bezeichneten Anträge, Gesuche und Erklärungen erhält der Rechtsanwalt je 2 Mark.

§ 70. Die in den §§ 63 bis 66 sowie die im § 67 bestimmten Gebühren umfassen die Anfertigung der zu derselben Instanz oder zu dem Vorverfahren gehörigen Anträge, Gesuche und Erklärungen, sowie die Einlegung von Rechtsmitteln gegen Entscheidungen oder Verfügungen derselben Instanz oder des Vorverfahrens.

§ 71. Auf die Gebühr für Rechtfertigung der Berufung (§ 68 Nr. 1) und auf die Gebühr für Begründung der Revision (§ 68 Nr. 2) wird die Gebühr für Einlegung des Rechtsmittels (§ 69) angerechnet.

§ 72. Im Falle der Vertheidigung mehrerer Beschuldigter durch einen gemeinschaftlichen Vertheidiger erhöhen sich die Gebühren um fünf Zehntheile.

§ 74. Für Anfertigung eines Antrags auf gerichtliche Entscheidung im Falle des § 170 der Strafprozeßordnung erhält der Rechtsanwalt die im § 67 bestimmten Sätze.

§ 75. Nach Maßgabe der Vorschriften des zweiten Abschnitts (§ 23) stehen dem Rechtsanwalte Gebühren besonders zu für die Vertretung:

1. in dem Verfahren behufs Festsetzung der zu erstattenden Kosten (Strafprozeßordnung § 496 Absatz 2);

[1]) Abgedruckt sind nur die für die MilGerBehörden wesentlichen Bestimmungen.

2. in der Zwangsvollstreckung aus Entscheidungen, welche über eine Buße oder über Erstattung von Kosten ergangen sind (Strafprozeßordnung §§ 495, 496).

Auslagen.

§ 76. Für die Höhe der dem Rechtsanwalte zustehenden Schreibgebühren sind die Vorschriften des § 80 des Gerichtskostengesetzes maßgebend.

§ 77. Für Verpackung von Briefen und Akten dürfen Auslagen nicht berechnet werden.

§ 78. Bei Geschäftsreisen erhält der Rechtsanwalt, vorbehaltlich der Bestimmungen, in den §§ 18, 37, 39 Absatz 2 der Rechtsanwaltsordnung:[2])

I. an Tagegeldern . . . . 12 Mark — Pf.;
II. für ein Nachtquartier . . . . 5 Mark — Pf.;
III. an Fuhrkosten einschließlich der Kosten der Gepäckbeförderung:
1. wenn die Reise auf Eisenbahnen oder Dampfschiffen gemacht werden kann, für das Kilometer . . . . — Mark 13 Pf.
und für jeden Zu- und Abgang . . . . 3 Mark — Pf.;
2. andernfalls . . . . — Mark 60 Pf.
für das Kilometer der nächsten fahrbaren Straßenverbindung.

Haben höhere Fuhrkosten aufgewendet werden müssen, so werden diese erstattet.

§ 79. Die Fuhrkosten werden für die Hin- und Rückreise besonders berechnet.

Hat ein Rechtsanwalt Geschäfte an verschiedenen Orten unmittelbar nach einander ausgerichtetet, so ist der von Ort zu Ort zurückgelegte Weg ungetheilt der Berechnung der Fuhrkosten zu Grunde zu legen.

Bei einer Reise zur Ausführung der Aufträge mehrerer Auftraggeber findet die Vorschrift des § 3 entsprechende Anwendung.

§ 80. Für Geschäfte am Wohnorte stehen dem Rechtsanwalte weder Tagegelder noch Fuhrkosten zu; dasselbe gilt von Geschäften außerhalb des Wohnortes in geringerer Entfernung als zwei Kilometer von demselben.

War der Rechtsanwalt durch außergewöhnliche Umstände genöthigt, sich eines Fuhrwerks zu bedienen, oder waren sonstige nothwendige Unkosten, wie Brücken- oder Fährgeld, aufzuwenden, so sind die Auslagen zu erstatten.

Für einzelne Ortschaften kann durch die Landesjustizverwaltung bestimmt werden, daß den Rechtsanwälten bei den nicht an der Gerichtsstelle vorzunehmenden Geschäften die verauslagten Fuhrkosten zu erstatten sind.

§ 81. Bei Berechnung der Entfernungen wird jedes angefangene Kilometer für ein volles Kilometer gerechnet.

---

[2]) RechtsanwO. 1. Juli 78 (RGB. 177) § 39 Abs. 2:

„In denjenigen Fällen, in welchen nach § 144 der Strafprozeßordnung die Bestellung des Vertheidigers durch den Vorsitzenden des Landgerichts oder den Amtsrichter zu erfolgen hat, stehen den am Sitze des Gerichts wohnhaften Rechtsanwälten die innerhalb des Bezirks desselben wohnhaften und bei demselben zugelassenen gleich. Auf Reisekosten und Tagegelder für die Reise nach dem Sitze des Gerichts haben dieselben keinen Anspruch."

Hiernach haben die innerhalb des Bezirks eines KriegsGer., nicht aber am Sitze des GerH. wohnhaften Rechtsanwälte, wenn sie als Verteidiger von Amtswegen bestellt werden, keinen Anspruch auf Reisekosten u. Tagegelder. Ob dieser Grundsatz auch auf die im Bereich eines OberkriegsGer., nicht aber an dessen Sitz wohnhaften Rechtsanwälte auszudehnen ist, erscheint fraglich.

Anlage E (zu Anmerkung 58).

Gesetz, betreffend die Einrichtung eines besonderen Senats für das bayerische Heer bei dem Reichsmilitärgericht in Berlin. Vom 9. März 1899 (RGB. 135).

§ **1.** Für das bayerische Heer wird bei dem Reichsmilitärgericht in Berlin ein besonderer Senat gebildet.

Der König von Bayern ernennt den Präsidenten und die Räthe des bayerischen Senats sowie einen Militäranwalt für denselben; er bestimmt überdies die militärischen Mitglieder dieses Senats.

§ **2.** Der bayerische Senat ist für alle dem Reichsmilitärgerichte zugewiesenen Entscheidungen und Geschäfte zuständig, welche das Urtheil oder die Entscheidung eines bayerischen Militärgerichts oder die Entscheidung oder Verfügung eines bayerischen Gerichtsherrn zum Gegenstande haben.

Betrifft eine Sache zugleich Angehörige des bayerischen Heeres und eines anderen Kontingents oder der Marine, oder sind in den Fällen des § 461 der Militärstrafgerichtsordnung die verschiedenen Urtheile theils von einem bayerischen, theils von einem anderen Militärgericht erlassen, so treten der bayerische und ein von dem Präsidenten des Reichsmilitärgerichts zu bestimmender anderer Senat zu gemeinsamer Verhandlung und Entscheidung zusammen. In diesem Falle finden die Bestimmungen des § 86 Abs. 2 bis 4 der Militärstrafgerichtsordnung entsprechende Anwendung. Die außerhalb der Hauptverhandlung nothwendigen Verfügungen erläßt derjenige Senatspräsident, welchem die Leitung der Hauptverhandlung zusteht.

Die Bestimmungen des Abs. 2 finden auch dann Anwendung, wenn es sich um eine Entscheidung darüber handelt, ob ein bayerisches Militärgericht oder ein anderes Militärgericht, ein bayerischer Gerichtsherr oder ein anderer Gerichtsherr für zuständig zu erklären ist.

§ **3.** Der § 38 des Disziplinargesetzes für richterliche Militärjustizbeamte vom 1. Dezember 1898[1]) gilt auch für den Präsidenten und die Räthe des bayerischen Senats. Diese bleiben bei der Bildung des allgemeinen Disziplinarhofs unberücksichtigt, sofern für sie sowie für die bayerischen richterlichen Militärjustizbeamten ein besonderer Disziplinarhof errichtet wird. Wird ein solcher nur für die letzteren errichtet, so werden der Präsident und die Räthe des bayerischen Senats bei der Bildung des allgemeinen Disziplinarhofs nur dann berücksichtigt, wenn es sich um ein Mitglied des Reichsmilitärgerichts handelt.

§ **4.** Soweit sich nicht aus vorstehenden Bestimmungen Abweichungen ergeben, gelten die Vorschriften der Militärstrafgerichtsordnung vom 1. Dezember 1898 auch für den bayerischen Senat.

[1]) Nr. III 4 d. W.

III. Disziplinarstrafrecht und ehrengerichtliches Verfahren.

1. Einleitung.

Die dienstlichen Pflichten der Heeresangehörigen reichen über die positiven Vorschriften der allgemeinen und Militärstrafgesetze weit hinaus. Dementsprechend tritt dem Militärstrafrecht im engern Sinn als notwendige Ergänzung[1]) zur Seite das Disziplinarstrafrecht, welches, ohne Aufstellung bestimmter strafbarer Tatbestände, die Erfüllung dieser weitergehenden Pflichten durch besondere Strafen minder schwerer Art sichern und damit die Grundlage jedes Heerwesens, militärische Zucht und Ordnung, erhalten soll. Zweck und Rechtsgrund der Disziplinarstrafe ist also von dem der gerichtlichen Strafe verschieden.[2]) Die Ausübung der Disziplinarstrafgewalt regeln die Disziplinarstrafordnungen für das Heer und für die Marine (**Nr. 2** und **3**), welche hinsichtlich der MilBeamten im allgemeinen durch die DiszVorschriften des Reichsbeamtengesetzes 31. März 73 (Anlage C zu **Nr. 2**), hinsichtlich der richterlichen Militärjustizbeamten im Besonderen durch das Richterdisziplinar-Gesetz 1. Dez. 98 (**Nr. 4**) ergänzt werden.

Einen besonderen Teil des Disziplinargebiets im weitern Sinn bildet das ehrengerichtliche Verfahren.[3]) Seine Besonderheiten liegen einerseits in der Beschränkung seiner Anwendbarkeit auf Offiziere und Sanitätsoffiziere, sodann in dem besonderen, auf Reinhaltung der Standesehre gerichteten Zweck des ehrengerichtlichen Verfahrens und in der seinen Gegenstand bildenden besonderen Art der Pflichtverletzung sowie den besonders gearteten Strafmitteln und endlich in der Übertragung der Untersuchung und des Spruches[4]) an einen nur aus Standesgenossen bestehenden Verband. Das ehrengerichtliche Verfahren ist geregelt durch die Verordnungen über die Ehrengerichte der Offiziere des Heeres und der Marine (**Nr. 5**), sowie der Sanitätsoffiziere des Heeres und der Marine (**Nr. 6**).

---

[1]) In den Fällen des EG. z. MStGB. § 3, DStO. § 1[2] (Nr. I 3 Anm. 12, III 2 Anm. 3 d. W.) greift die DiszStrafgewalt in das Gebiet des eigentlichen MilStrafrechts über.

[2]) Daraus folgt, daß gerichtliche u. disziplinare Bestrafung einer u. derselben Handlung sich nicht ausschließen (Nr. 2 Anm. 2).

[3]) Hieraus ergibt sich einerseits, daß auch für das ehrengerichtliche Verfahren das in Anm. 2 Gesagte gilt (Nr. 5 Anm. 15), andererseits, daß ehrengerichtliches Verfahren u. Disziplinarbestrafung wegen derselben Handlung sich grundsätzlich ausschließen (Nr. 5 Anm. 14).

[4]) Rechtliche Bedeutung dieses Spruchs Nr. 2 Anm. 10.

2. Disziplinar-Strafordnung für das Heer.[1])

Erster Abschnitt.

Umfang der Disziplinarstrafgewalt.

§ 1. Der Disziplinarbestrafung unterliegen:

1. Handlungen gegen die militärische Zucht und Ordnung und gegen die Dienstvorschriften, für welche die Militärgesetze keine Strafbestimmungen enthalten[2]);
2. diejenigen militärischen Vergehen, deren Bestrafung im Disziplinarwege in leichteren Fällen durch das Einführungsgesetz zum Militärstrafgesetzbuche für das Deutsche Reich vom 20. Juni 1872 § 3 ausdrücklich gestattet ist.[3])

§ 2. Der Disziplinarstrafgewalt sind unterworfen:

1. alle zum Heere gehörenden Militärpersonen[4]);

---

[1]) Die DStO. f. d. Heer ist vom Kaiser genehmigt durch AO. 31. Okt. 72 (AVB. 330), welche gleichzeitig bestimmt, daß, wenn gegen einen Regimentskommandeur oder einen höheren Befehlshaber im Disziplinarweg Arrest verhängt wird, hiervon Allerhöchsten Ortes in jedem einzelnen Falle sofort Meldung zu machen ist. Die DStO. ist für sämtliche deutschen Kontingente gleichmäßig eingeführt (RMG. § 8). — Inhalt: 1. Abschn. (§ 1, 2) Umfang der DiszStrafgewalt; 2. Abschn. (§ 3—22) DiszBestrafung der zum Soldatenstande gehörigen MilPersonen des aktiven Dienststandes (I. zulässige DiszStrafen § 3—4, II. Zuständigkeit der Verhängung von DiszStrafen: 1. Der MilBefehlshaber § 5—21; 2. der im Vorgesetztenverhältnis stehenden Mitglieder des Sanitätskorps § 22); 3. Abschn. (§ 23—31) DiszBestrafung der zum Soldatenstand gehörigen MilPersonen des Beurlaubtenstandes; 4. Abschn. (§ 32—37) DiszBestrafung der MilBeamten; 5. Abschn. (§ 38) DiszBestrafung sonstiger Personen; 6. Abschn. (§ 39—51) Ausübung der DiszStrafgewalt (§ 39—45) u. Vollstreckung der DiszStrafen (§ 46—51); 7. Abschn. (§ 52—53) Beschwerdeführung über DiszBestrafung; 8. Abschn. (§ 54 bis 55) Aufsichtsrecht- u. pflicht der MilVorgesetzten; 9. Abschn. (§ 56—57) Schlußbestimmungen. — Bearb. v. Solms (in dem Nr. I 2 Anm. 1 genannten Werk), Keller, Erläuterungen zu den DiszStrafordnungen (Berl. 78).

[2]) Sog. reine DiszVerfehlungen (im Gegensatz zu den Nr. 2 genannten, die auch im Fall der disziplinaren Erledigung militärische Vergehen bleiben). — Zuwiderhandlungen gegen die allgemeinen StrafG. (insbesondere Übertretungen im Sinne des StGB.) können neben gerichtlicher Bestrafung auch aus dem Gesichtspunkt des § 1¹ disziplinarisch strafbar sein. Es liegt hierin kein Verstoß gegen den Grundsatz ne bis in idem (Nr. 1 d. W.). Unter das MStGB. fallende Handlungen dagegen können (abgesehen von den Fällen der Ziff. 2) nur gerichtlich bestraft werden, nicht daneben noch im Disziplinarweg DStO. § 45, EG. z. MStGB. § 3 Abs. 1. — Unbefugtes Tragen von Gefreitenknöpfen ist in der Regel nur nach § 1¹ strafbar; ebenso unbefugtes Tragen der MilKokarde durch Soldaten 2. Klasse (Nr. I 2 Anm. 150 d. W.).

[3]) Für die Bestrafung dieser uneigentlichen DiszVergehen bleiben die Bestimmungen des MStGB. maßgebend. Näheres hierüber (Voraussetzungen der Disz-Bestrafung, zulässige Strafarten, Strafdauer, Wirkungen usw.) Nr. I 3 Anm. 9—13 d. W.

[4]) Sie zerfallen in solche des aktiven Heeres u. des Beurlaubtenstandes (Nr. I 2 Anm. 14 u. 19). Von den ersteren handelt der 2. u. 4. Abschn., von den letzteren der 3. Abschn. — Zur Disposition gestellte Offiziere sind nach DStO. § 30 gleichfalls der

2. die Offiziere à la suite[5]), wenn und insolange sie zu vorübergehender Dienstleistung zugelassen sind, sowie in Bezug auf solche disziplinarisch strafbare Handlungen gegen die militärische Unterordnung[6]), welche sie begehen, während sie die Militäruniform tragen;
3. alle Personen, welche während eines Krieges sich in irgend einem Dienst- oder Vertragsverhältnisse bei dem kriegführenden Heere befinden, oder sonst sich bei demselben aufhalten oder ihm folgen[7]);
4. die Kriegsgefangenen.[8])

Zweiter Abschnitt.

Von der Disziplinarbestrafung der zum Soldatenstande gehörenden Militärpersonen des aktiven Dienststandes.[9])

I. Disziplinarstrafen.[10])

§ 3.

A. Für Offiziere.

1. Verweis:
   a) einfacher, — ohne Zeugen oder im Beisein eines Vorgesetzten;
   b) förmlicher, — vor versammeltem Offizierkorps;
   c) strenger, — durch Parolebefehl, mit Eintragung der Veranlassung in die Parolebücher.
2. Stubenarrest bis zu vierzehn Tagen.[11])

B. Für Unteroffiziere.

1. Verweis:
   a) einfacher, — im Beisein eines Vorgesetzten;
   b) förmlicher, — vor versammelten Offizieren und Unteroffizieren der Kompagnie, Eskadron oder Batterie;

DStO. unterworfen, nicht aber die mit Pension verabschiedeten Offiziere, auch wenn sie das Recht zum Tragen der MilUniform haben. Letzterenfalls unterstehen sie aber den Ehren-Ger. (Nr. 5 u. 6). — Nachträgliche Disz-Bestrafung von Mannschaften, die als Ganzinvalide aus allen MilVerhältnissen entlassen sind, ist rechtlich ausgeschlossen KrMVf. 27 Mai 89; nicht aber milgerichtliche Bestrafung (Nr. II 2 Anm. 57 d. W.) -- Einstweilig im Zivildienst verwendete MilPersonen bleiben der DiszStrafgewalt der MilBehörden unterworfen, welchen auch die Strafvollstreckung zukommt. Rechtzeitige Mitteilung an die vorgesetzte Zivilbehörde des Bestraften über Strafantritt ist geboten KMVf. 10. Okt. 91 (AVB. 233). — Gerichtsbarkeit über solche MilPersonen MStGerO. § 3.

5) Nr. II 2 Anm. 8 d. W.

6) MStGB. § 89, Abs. 1, 90, 91 Abs. 1, 92; EG. z. MStGB. § 3 Abs. 2[1] vgl. mit DStO. § 1[2].

7) MStGB. § 155 (Nr. I 2 Anm. 601, 602 d. W.); DStO. § 38.

8) MStGB. § 158, 159 u. Anm. hierzu; DStO. § 38.

9) Nr. I 2 Anm. 15 d. W. — Wo die Landgendarmen als Personen des Soldatenstandes gelten, unterstehen sie der DStO. (Nr. I 3 Anm. 3 d. W.). Unfreiwillige Dienstentlassung derselben im Disziplinarweg ist in Preußen gemäß AO. 21. Febr. 23, 16. Aug. 26 u. 4. Sept. 27 möglich.

10) Andere DiszStrafen als die in § 3 genannten sind unzulässig u. ihre Verhängung ist strafbar MStGB. § 118.

11) Stubenarrest MStGB. § 23, 80 u. Anm. dazu. Geschärfter Stubenarrest kann im DiszWeg nicht verhängt werden (Nr. I 2 Anm. 97 d. W.). Auch in Fällen der Bestrafung gemäß) EG. z. MStGB. § 3 (DStO. § 1[2]

c) strenger, — durch Parolebefehl, mit Eintragung der Veranlassung in die Parolebücher.

2. Die Auferlegung gewisser Dienstverrichtungen außer der Reihe, z. B. Strafwachen.[12])

3. Arreststrafen:

a) Kasernen-, Quartier- oder gelinder[13]) Arrest bis zu vier Wochen;

b) mittlerer Arrest[14]) bis zu drei Wochen.

C. Für Gemeine, mit Einschluß der Obergefreiten und Gefreiten.

1. Kleinere Disziplinarstrafen:

a) die Auferlegung gewisser Dienstverrichtungen außer der Reihe, z. B. Strafexerzieren, Strafwachen, Strafdienst in der Kaserne, den Ställen, den Montirungskammern oder auf den Schießständen, Erscheinen zum Rapport oder zum Appell in einem bestimmten Anzuge;[15])

b) die Entziehung der freien Verfügung über die Löhnung und die Ueberweisung derselben an einen Unteroffizier zur Auszahlung in täglichen Raten bis auf die Dauer von vier Wochen;

c) die Auferlegung der Verpflichtung, zu einer bestimmten Zeit vor dem Zapfenstreich in die Kaserne oder in das Quartier zurückzukehren, bis auf die Dauer von vier Wochen.

3. Arreststrafen:

a) Kasernen-, Quartier- oder gelinder[13]) Arrest bis zu vier Wochen;

b) mittlerer Arrest[13]) bis zu drei Wochen;

c) strenger Arrest[16]) bis zu vierzehn Tagen.

Außerdem:

3. für Obergefreite und Gefreite:

die Entfernung von diesem Dienstgrade[17]) und

4. für Gemeine der zweiten Klasse des Soldatenstandes nach fruchtloser Anwendung der vorstehend erwähnten Strafen:[18])

die Einstellung in eine Arbeiterabtheilung.[17])

---

kann trotz der Bestimmungen des Abs. 3 daselbst die DiszStrafgrenze von 14 Tagen Stubenarrest nicht überschritten werden.

[12]) Die Verhängung von Rapportstrafen ist gegen Unteroffiziere unzulässig KrMVf. 30. Nov. 93 (AVB. 327). Ebenso die Auferlegung sonstiger persönlicher, mit dem Dienst nicht zusammenhängender Beschränkungen.

[13]) Vollzug des gelinden, mittleren u. strengen Arrestes MStGB. § 24—28 (Nr. I 2 Anm. 99 d. W.)

[14]) Anm. 13. Gegen Portepeeunteroffiziere unzulässig § 4 Abs. 3.

[15]) Die Aufzählung ist nicht erschöpfend.

[16]) Vollzug Anm. 13. Die Einschränkung des MStGB § 22 Abs. 3 findet bei DiszBestrafung gemäß § 1[1] keine Anwendung, wohl aber bei DiszBestrafungen gemäß § 1[2] (Nr. I 2 Anm. 91 d. W.)

[17]) Die Strafe kann mit einer Arreststrafe verbunden werden § 41. Gerichtlich kann sie nicht erkannt werden (Nr I 2 Anm. 112 d. W.); vgl. aber Anm. 104.

[18]) Es genügt die fruchtlose Anwender zu Ziff. 1 u. 2 genannten Strafen vor erfolgter Versetzung in die II. Klasse d. SoldStandes, u. ist sonach die Einstellung eines Unverbesserlichen in eine Arbeiterabteilung schon unmittelbar nach der die Versetzung in die II. Kl. d. S. aussprechenden gerichtlichen Bestrafung zulässig. Doch soll bei längeren Freiheitsstrafen erst gegen Ende der Strafzeit darüber entschieden werden, ob alsdann noch die Bedingungen des § 364 zutreffen KrMVf. 23. Jan. 74. — Geboten ist die Einstellung in eine

D. Für die Mitglieder des Sanitätskorps.[19])

Nach Maßgabe ihres Militärranges die vorstehend aufgeführten Strafen.

§ 4. Bloße Zurechtweisungen oder Rügen[20]) sind als Disziplinarstrafen nicht anzusehen.

Arreststrafen dürfen nicht unter vierundzwanzig Stunden verhängt werden.

Gegen Unteroffiziere, welche das Portepee tragen[21]), darf mittlerer Arrest nicht verhängt werden.

II. Zuständigkeit zur Verhängung von Disziplinarstrafen.

1. Der Militärbefehlshaber.

A. Im Allgemeinen.

§ 5. Die Disziplinarstrafgewalt steht nur solchen Offizieren[22]) zu, denen der Befehl über eine Truppenabtheilung, über ein abgesondertes Kommando, über eine Militärbehörde, oder über eine militärische Anstalt, mit Verantwortlichkeit für die Disziplin, übertragen ist, und erstreckt sich auf die Untergebenen dieses Befehlsbereichs.[23])

§ 6. Die Disziplinarstrafgewalt ist nicht an den Dienstgrad, sondern an die Dienststellung geknüpft[24]) und geht von selbst auf den Stellvertreter im Kommando, sofern er Offizier ist, über.[25])

Der Stellvertreter des Landwehr-Bezirkskommandeurs[26]) hat jedoch, insofern er Subalternoffizier ist, nur die im § 8 sub 2 und nach § 9 angegebenen Strafbefugnisse.

Arbeiterabteilung in den in der Dienst-Vorschr. f. d. Arbeiterabt. 31. Aug. 81 (Anlage A) § 3¹⁻⁴ genannten Fällen. — Auch Mannschaften, welche sich nicht in der II. Klasse des Soldstandes befinden, können nach AO. 8. Dez. 87 in eine Arbeiterabt. eingestellt werden, wenn sie:

a) auf Grund des § 95 StGB. verurteilt sind,

b) auf andere Weise in Handlungen oder Worten eine ehrlose und die die Manneszucht gefährdende Gesinnung betätigen, oder

c) vor ihrer Einstellung wegen Diebstahls, Bettelei oder Landstreicherei usw. wiederholte Vorstrafen erlitten haben und sich dauernd als unverbesserlich erweisen. —

Zuständigkeit zur Einstellung § 14 Abs. 2; Unterstellung der Arb.-Abt., Rehabilitierung u. Rückversetzung zur Truppe Dienstvorschr. f. d. Arb.-Abt. (Anl. A) § 6, 7, 27, 29, 30.

[19]) Zusammensetzung, Einteilung u. Rangverhältnisse des Sanitätskorps Anl. B Anm. 7 zu Nr. I 2 d. W.

[20]) Wann solche nach MStGB. § 121 strafbar sind, ergibt Nr. I 2 Anm. 471 d. W.

[21]) Nr. I 2 Anm. 83a d. W.

[22]) Unteroffiziere haben nie DiszStrafgewalt, auch wenn sie (z. B. im Feld) Offiziersdienst tun § 7. Detachierte Offiziere § 12 Abs. 2, 13. — Anmaßung von Strafgewalt MStGB. § 120.

[23]) Zur Verhängung von DiszStrafen ist derjenige mit DiszStrafgewalt versehene MilVorgesetzte zuständig, unter dessen Befehl sich der Untergebene zur Zeit des Notwendigwerdens seiner Bestrafung befindet KrMVf. 14. Aug. 95. Zuständigkeit bei Übertritt zum Beurlaubtenstand Anm. 76.

[24]) D. h. für den Besitz u. Umfang der DiszStrafgewalt ist (insbesondere bei Stellvertretung) nicht der Dienstgrad z. B. des Stellvertreters, sondern lediglich die Dienststellung, die er inne hat, maßgebend.

[25]) Stellvertreter im Kommando ist nicht derjenige Offizier, dem nur die einstweilige Fortführung der laufenden Geschäfte zukommt (Adjutant, Generalstabschef usw.).

§ 7. Diejenigen Offiziere, welche sich nicht in einer der im § 5 erwähnten dienstlichen Stellungen befinden, und die Unteroffiziere haben keine Disziplinarstrafgewalt.

Indessen ist jeder Offizier und Unteroffizier berechtigt, die nach dem Dienstgrade oder dem Patent oder dem Dienstalter unter ihm stehenden Personen des Soldatenstandes nöthigenfalls vorläufig zu verhaften oder ihre vorläufige Verhaftung zu bewirken.[27]) Eine solche Verhaftung aber muß von ihm sofort einem mit Disziplinarstrafgewalt versehenen Vorgesetzten des Verhafteten gemeldet werden.

§ 8. Jeder mit Disziplinarstrafgewalt versehene Befehlshaber[28]) ist berechtigt:

1. gegen Offiziere einfache und förmliche Verweise[29]), sowie
2. gegen Unteroffiziere und Gemeine[30]) die für dieselben nach § 3 B. 1, 2 und C. 1 zulässigen Disziplinarstrafen zu verhängen.

B. Insbesondere.

§ 9. Der Chef einer Kompagnie, Eskadron oder Batterie ist berechtigt, außer den im § 8 erwähnten Disziplinarstrafen

1. gegen Unteroffiziere und Gemeine:[30])
   Kasernen-, Quartier- oder gelinden[13]) Arrest bis zu acht Tagen;
2. gegen Unteroffiziere, die nicht das Portepee tragen, und gegen Gemeine:[30])
   mittleren Arrest[13]) bis zu fünf Tagen und
3. gegen Gemeine:[30])
   strengen Arrest[16]) bis zu drei Tagen

zu verhängen.[31])

§ 10. Der Kommandeur eines nicht selbständigen Bataillons bezw. einer solchen Artillerie-Abtheilung ist berechtigt, außer den im § 8 erwähnten Disziplinarstrafen

1. gegen Unteroffiziere oder Gemeine:[30])
   Kasernen-, Quartier- oder gelinden[13]) Arrest bis zu vierzehn Tagen;
2. gegen Unteroffiziere, die nicht das Portepee tragen, und gegen Gemeine:[30])
   mittlern Arrest[13]) bis zu zehn Tagen, und

---

[26]) Der Bezirksadjutant ist nicht Stellvertreter des Bezirkskommandeurs im Sinne des § 6 Abs. 2 hat also keine DiszStrafgewalt. Abwesenheit des Bezirkskommandeurs zur Ausübung des Bezirksdienstes ist kein Stellvertretungsgrund; wird aus anderer Veranlassung eine Stellvertretung im Kommando erforderlich, so ist sie vom zuständigen MilBefehlshaber zu regeln KrMVf. 24. Febr. 82.

[27]) § 7 Abs. 2 bleibt durch MStGerO. § 180 unberührt. MStGerO. § 181 findet auch bei Festnahme nach DStO. § 7 Anwendung. — Ein Vorgesetzter, der auf Grund dieser Bestimmung eingeschritten ist, hat die dienstliche Pflicht, seinen Forderungen u. Befehlen Geltung zu verschaffen (Nr. I 2 Anm. 182 d. W. u. dort angef. URMGer.). — Haftbefehl wird stets vom GerH. erlassen MStGerO. § 176 ff.

[28]) § 5, 6 Abs. 1 (Ausnahme § 6 Abs. 2).

[29]) Nicht auch strengen Verweis.

[30]) Einschl. der Gefreiten u. Obergefreiten.

[31]) Welchen sonstigen Vorgesetzten die DiszStrafgewalt eines Kompagnie- usw. Chefs verliehen ist, ergibt Anl. B.

3. gegen Gemeine:[30])
strengen Arrest[16]) bis zu sieben Tagen
zu verhängen.[32])

Gegen die ihm untergebenen Offiziere darf derselbe zwar Stubenarrest verhängen, muß jedoch hiervon sofort dem ihm vorgesetzten Regimentskommandeur zur Bestimmung der Dauer des Arrestes Meldung machen.[33])

§ **11.** Der Kommandeur eines Regiments oder selbständigen Bataillons, der Landwehr-Bezirkskommandeur[34]) und jeder andere mit den gerichtsherrlichen Befugnissen eines Regimentskommandeurs versehene Befehlshaber[35]) ist berechtigt, außer den im § 8 erwähnten Disziplinarstrafen

1. gegen Offiziere:
   a) strengen Verweis,
   b) Stubenarrest[10]) bis zu sechs Tagen,
2. gegen Unteroffiziere und Gemeine:[30])
   Kasernen-, Quartier- oder gelinden[13]) Arrest bis zu vier Wochen;
3. gegen Unteroffiziere, die nicht das Portepee tragen, und gegen Gemeine:[30])
   mittleren Arrest[13]) bis zu drei Wochen, und
4. gegen Gemeine:[30])
   strengen Arrest[16]) bis zu vierzehn Tagen

zu verhängen.[36])

Auch ist derselbe berechtigt:

5. Obergefreite und Gefreite von diesem Dienstgrade zu entfernen.[17])

§ **12.** Die detachirten[37]) Stabsoffiziere, Hauptleute und Rittmeister sind berechtigt, außer den im § 8 erwähnten Disziplinarstrafen

1. gegen Offiziere:
   a) strengen Verweis,
   b) Stubenarrest[10]) bis zu drei Tagen;
2. gegen Unteroffiziere und Gemeine:[30])
   Kasernen-, Quartier- oder gelinden[13]) Arrest bis zu vierzehn Tagen;
3. gegen Unteroffiziere, die nicht das Portepee tragen, und gegen Gemeine:[30])
   mittleren Arrest[13]) bis zu zehn Tagen, und
4. gegen Gemeine:[30])
   strengen Arrest[16]) bis zu sieben Tagen

zu verhängen.[36])

Detachirte Subalternoffiziere haben in gleichem Umfange die Disziplinarstrafgewalt über die ihnen untergebenen Unteroffiziere und Gemeinen. Gegen die ihnen untergebenen Offiziere aber dürfen sie Arreststrafen nicht verhängen.

---

[32]) Desgl. (Anm. 31) hinsichtlich der Verleihung der DiszStrafgewalt eines nicht selbständigen Bataillonskommandeurs.

[33]) Dem Regimentskommandeur steht nur die Bestimmung der Dauer des Stubenarrestes zu, nicht die Nachprüfung der Frage, ob überhaupt Stubenarrest angezeigt sei (Ausnahme § 55[1]).

[34]) Der Bezirkskommandeur hat diese DiszStrafgewalt bezüglich der aktiven Mannschaften u. Offiziere des Bezirkskommandos im vollem Umfang, bezüglich der im Bezirk in Kontrolle stehenden Angehörigen des Beurlaubtenstandes innerhalb der durch § 23—30 gezogenen Grenzen.

[35]) MStGerO. § 19[1], AAB. zu MStGerO. § 37[5] (Nr. II 2 Anl. A d. W.).

[36]) Dieselbe DiszStrafbefugnis ist verliehen den in Anl. B genannten Offizieren.

[37]) Begriff § 13.

Jede von einem detachierten Offizier über einen Offizier verhängte Disziplinarbestrafung muß dem Vorgesetzten des Letzteren angezeigt werden.

§ 13. Als detachirt sind Truppenabtheilungen anzusehen, welche von ihrem nächsthöheren Befehlshaber örtlich so weit getrennt sind, daß sie die täglichen Befehle desselben nicht unmittelbar empfangen können, insofern sie nicht unter den Befehl eines anderen, die Stelle dieses Vorgesetzten einnehmenden Befehlshabers getreten sind.[38])

§ 14.[39]) Die dem Kommandeur eines Regiments oder selbstständigen Bataillons und die dem Landwehr-Bezirkskommandeur vorgesetzten Befehlshaber, sowie die Gouverneure und Kommandanten sind in Betreff aller ihnen untergebenen Unteroffiziere und Gemeinen innerhalb derselben Grenzen zur Verhängung von Disziplinarstrafen berechtigt, wie der Kommandeur eines Regiments (§ 11).

Dem kommandirenden General steht außerdem die Befugniß zu, Gemeine der zweiten Klasse des Soldatenstandes einer Arbeiterabtheilung zu überweisen (§ 3 C. 4).[40])

Offiziere seines Befehlsbereichs[41]) darf:

1. der kommandirende General bis zu vierzehn Tagen,
2. der Divisionskommandeur, der Gouverneur[42]), sowie der Kommandant einer großen Festung (für welchen mindestens das Gehalt eines Brigadekommandeurs etatsmäßig ist)[39]) bis zu zehn Tagen,
3. der Brigadekommandeur und der Kommandant eines offenen Ortes sowie einer der übrigen Festungen[39]) bis zu acht Tagen

mit Stubenarrest bestrafen.[36])

§ 15. Die Zuständigkeit der höheren Militärbefehlshaber vom Bataillons- oder Abtheilungskommandeur aufwärts zur Disziplinarbestrafung tritt ein[43]), wenn die zur Disziplinarbestrafung geeignete Handlung:

1. unter ihren Augen, oder
2. gegen ihre dienstliche Autorität, oder

---

[38]) Die unter den Direktoren der technischen Institute stehenden, örtlich von diesen getrennten Abnahmekommandos sind als detachierte Truppenteile nicht anzusehen. Den Führern derselben steht daher DiszStrafgewalt nicht zu. Dieselbe wird nach § 16^5, 17 oder in Orten ohne Garnison von dem zuständigen Direktor des technischen Instituts ausgeübt KrMVf. 13. April 99.

[39]) Neue Fassung des § 14 Abs. 3 Ziff. 2 u. 3 auf Grund der AO. 31. Dez. 88 (AVBl. 89 S. 5).

[40]) Anm. 18. Erfordernisse der Einstellungsverfügung usw. Dienstvorschr. für Arb.-Abt. (Anl. A) § 18.

[41]) Offiziere von der Armee ohne Dienststellung sind in disziplinarer Beziehung dem Generalkommando unterstellt, in dessen Bezirk sie wohnen AO. 12. April 84 (AVB. 85).

[42]) Haben Gouverneure in besonderen Fällen die gerichtsherrlichen Befugnisse eines kommandierenden Generals, so steht ihnen auch die DiszStrafbefugnis eines solchen (Ziff. 1) zu KrMVf. 12. März 73.

[43]) Abgesehen von den in Ziff. 1—5 genannten Fällen ist ein Eingreifen der höheren Vorgesetzten in die DiszStrafgewalt der niederen Befehlshaber nicht statthaft (vorbehältlich § 55). Insbesondere kann also ohne eine der Voraussetzungen des § 15 der höhere Befehlshaber nicht lediglich auf Grund der Annahme, der niedere DiszVorgesetzte werde die Strafe zu nieder oder zu hoch festsetzen, die Strafe selbst aussprechen; ebensowenig darf er die von demselben vorschriftsmäßig ausgesprochene Strafe aufheben, erhöhen oder ermäßigen AO. 16. Nov. 99 (Anm. 127) u. 18. Febr. 04.

3. von Militärpersonen verschiedener Truppentheile ihres Befehlsbereichs begangen, oder
4. ihnen zur Entscheidung oder zur Bestimmung der Strafe gemeldet, oder
5. von dem niederen Befehlshaber unbestraft gelassen ist.

§ **16.**[44]) Die Zuständigkeit der Gouverneure und der Kommandanten tritt gegen alle am Orte befindlichen[45]) Offiziere und Mannschaften ein, wenn die zur Disziplinarbestrafung geeignete Handlung:[46])

1. als Exzeß gegen die allgemeine Sicherheit, Ruhe und Ordnung zu betrachten[47]), oder
2. gegen eine besondere, in Beziehung auf die Festungswerke und Vertheidigungsmittel bestehende Anordnung, oder
3. gegen eine von ihnen erlassene militärpolizeiliche Vorschrift, oder sonst gegen ihre dienstliche Autorität[48]), oder
4. im Wacht- oder sonstigen Dienste des Platzes, oder
5. von einem Offizier, Unteroffizier oder Gemeinen begangen ist, von deren eigenen, mit Disziplinarstrafgewalt versehenen Vorgesetzten Keiner in dienstlicher Eigenschaft am Orte ist.[49])

In denjenigen Festungen, in welchen sich neben dem Gouverneur ein Kommandant befindet, hat Letzterer die Disziplinarstrafbefugniß eines Regimentskommandeurs.[50])

Gleiche Befugnisse hat der neben einem ersten Kommandanten in Festungen angestellte zweite Kommandant.[44])

§ **17.** Die Zuständigkeit der Garnison- und Kantonnementsältesten[51]) und in größeren Lagern oder in Biwaks der Lagerkommandanten tritt gegen alle am Orte befindlichen Offiziere und Mannschaften in den im § 16 sub 3 und 5 genannten Fällen ein.[52])

---

[44]) Neufassung der Abs. 2 u. 3 durch AO. 20. Juni 78 (ABB. 145).

[45]) Maßgebend ist, ob sich der zu Bestrafende zur Zeit der Verfügung der Strafe noch am Ort befindet. Andernfalls tritt die DiszStrafgewalt der Vorgesetzten des Schuldigen zur Zeit der Bestrafung ein (Anm. 23).

[46]) Ist gerichtliche Verfolgung angezeigt oder gesetzlich vorgeschrieben, so greifen MStGerO. § 26, 27 Platz.

[47]) Nr. II 2 Anm. 110 d. W.

[48]) Erweisung einer falschen Ehrenbezeugung dem Gouverneur oder Kommandanten gegenüber fällt nur dann unter Ziff. 3, wenn Nachlässigkeit oder Absicht des Mannes nachgewiesen ist KrMVf. 21. Sept. 96. — Aus Ziff. 3 ergibt sich die DiszStrafbefugnis des Gouverneurs (Kommandanten, Garnisonältesten) über die ihnen unterstellten Garnisonarrestanstalten (MStV. § 34) u. Garnisonlazarette (Anm. 58).

[49]) Gouverneure u. Kommandanten haben über die am Ort befindlichen Arbeiterabteilungen u. Festungsgefängnisse DiszStrafgewalt in Grenzen des § 16 der MStV. Wird in einer gerichtlichen Untersuchung eine außerhalb dieser Grenzen disziplinar zu ahndende Handlung eines Angehörigen obiger Anstalten vermittelt, so bleibt die Bestrafung dem DiszVorgesetzten überlassen KrMVf. 3. März 90 u. 16. Juni 91.

[50]) Für den ihnen vom Gouverneur zu übertragenden Wirkungskreis (hauptsächlich den Garnisondienst) Anm. 55 angef. AO. — Bei Stellvertretung des Gouverneurs durch den Kommandanten gilt § 6. DiszStrafgewalt des Kommandanten von Berlin Anl. B.

[51]) Der Garnisonälteste ist dienstlich Vorgesetzter allen Offizieren der Garnison gegenüber KrMVf. 3. Aug. 94. — DiszStrafgewalt der Garnisonältesten über Garnisonarrestanstalten u. Garnisonlazarette Anm. 48, 58.

[52]) Also nicht auch wegen Wachvergehen KrMVf. 3. Nov. 91.

Die genannten Militärbefehlshaber üben diese Disziplinarstrafgewalt in demselben Umfange, wie über ihre eigenen Untergebenen aus.[53])

Wenn im Kriege Offiziere zu Kantonnements-, Etappen- oder Lager-kommandanten ernannt werden, erstreckt sich ihre Zuständigkeit auch auf die im § 16 sub 1 und 4 genannten Fälle.

§ 18. Für den Umfang der Disziplinarstrafgewalt der in den §§ 9 bis 17 nicht ausdrücklich genannten Befehlshaber und für die Fälle, in denen ausnahmsweise Einzelnen der dort genannten Befehlshaber eine andere, als die daselbst angegebene Disziplinarstrafgewalt verliehen ist, sind die in den betreffenden besonderen Erlassen und Instruktionen ertheilten Bestimmungen maßgebend.[54])

§ 19. Wenn außer den Fällen der §§ 16 und 17 von mehreren der Disziplinarstrafgewalt verschiedener Truppenbefehlshaber unterworfenen Offizieren oder Mannschaften gemeinschaftlich eine zur Disziplinarbestrafung geeignete strafbare Handlung begangen wird, so steht die Bestimmung der Strafe gegen alle Betheiligten dem nächsten gemeinschaftlichen Befehlshaber[55]), oder wenn ein solcher sich nicht in dienstlicher Eigenschaft am Orte befindet, dem Gouverneur oder Kommandanten und in Ermangelung desselben dem Garnison- oder Kantonnementsältesten[56]) zu.

§ 20. Nach den Bestimmungen der §§ 8 bis 19 regelt sich der Umfang der Disziplinarstrafgewalt der Militärbefehlshaber auch in dem Falle, wenn Truppenabtheilungen, welche aus ihrem ordentlichen Verbande zeitweilig ausgeschieden sind, mit anderen kombinirt und einem gemeinsamen Befehlshaber unterstellt werden.

Ueber Offiziere und Mannschaften, welche von ihrem Truppentheile zu einem anderen, oder zu einer Militärbehörde oder militärischen Anstalt abkommandirt sind, üben nach Maßgabe der Bestimmungen der §§ 8 bis 19 diejenigen Militärbefehlshaber die Disziplinarstrafgewalt aus, denen die Abkommandirten in dem neuen Dienstverhältniß unterstellt sind.[57])

---

[53]) Der Umfang der DisStrafgewalt des Garnisonältesten usw. bestimmt sich also nach der Dienststellung, die er abgesehen von dieser Eigenschaft inne hat. — Der Garnisonälteste von Münster hat in diesem Verhältnis die DisStrafgewalt der Kommandanten einer kleinen Festung AO. 20. Febr. 72.

[54]) Die hauptsächlichen derartigen Fälle ergibt die Zusammenstellung Anlage B.

[55]) Ist ein solcher nicht vorhanden (z. B. weil die Beteiligten verschiedenen Armeekorps angehören) u. kann auch gemeinsame Bestrafung durch den Garnisonältesten nicht erfolgen, weil die Beteiligten sich nicht an ein- u. demselben Ort befinden, so muß getrennte Bestrafung erfolgen. — Sind Mannschaften verschiedener Truppenteile als beteiligt angezeigt, aber bei der Klarstellung nur diejenigen eines Truppenteils als schuldig befunden, so ist nicht der gemeinschaftliche Befehlshaber zur Bestrafung zuständig, sondern die Truppenvorgesetzten der tatsächlich Beteiligten KrMVf. 18. Mai 78.

[56]) Nämlich derjenigen Garnison, wo sich die Beteiligten befinden. Sind sie in verschiednen Garnisonen, so ist nur der gemeinschaftliche Befehlshaber zuständig.

[57]) Mannschaften, welche den einer MilBehörde oder milit. Anstalt angehörigen oder zu denselben kommandierten Offizieren als Burschen zugeteilt sind, gelten als abkommandierte Mannschaften im Sinne des § 20 u. unterstehen der DisStrafgewalt des Chefs dieser Behörde KrMVf. 31. März 77 (AVB. 61). Diejenigen Befehlshaber, denen abkommandierte Offiziere u. Mannschaften in dem neuen Dienstverhältnis unterstellt sind, haben die DisStrafgewalt uneingeschränkt über alle Abkommandierten, also auch über die bei ihrem Truppenteil im Quartier u. in Verpflegung Bleibenden sowie über die vorübergehend Abkommandierten, u.

§ **21.** Die Militärbefehlshaber sind berechtigt, über Mitglieder des Sanitätskorps nach Maßgabe des Militärranges [19]) derselben Disziplinarstrafen unter den gleichen Voraussetzungen und innerhalb derselben Grenzen zu verhängen, innerhalb deren sie nach den Bestimmungen der §§ 8 bis 20 gegen die übrigen ihnen untergebenen Personen des Soldatenstandes zur Verhängung von Disziplinarstrafen zuständig sind.[58])

2. Der im Vorgesetztenverhältniß stehenden Mitglieder des Sanitätskorps.

§ **22.** Von den im Vorgesetztenverhältniß stehenden Mitgliedern des Sanitätskorps im Offizierrange [19]) üben:

1. der Generalstabsarzt der Armee die Disziplinarstrafgewalt eines Divisionskommandeurs; [59])
2. die Korps-Generalärzte diejenige eines Regimentskommandeurs; [60])
3. die Chefärzte der Lazarethe diejenige eines nicht detachirten Kompagniechefs aus. [61])

Den hier nicht genannten, im Vorgesetztenverhältniß stehenden Mitgliedern des Sanitätskorps im Offizierrange steht nur insoweit Disziplinarstrafgewalt zu, als sie ihnen durch besondere Erlasse oder Instruktionen verliehen ist. [62])

Die Zuständigkeit der im Vorgesetztenverhältniß stehenden Mitglieder des Sanitätskorps im Offizierrange zur Verhängung von Disziplinarstrafen über Personen des Soldatenstandes ist auf die Aerzte, Sanitätsmannschaften [19]) und

---

zwar wegen aller von diesen begangenen DiszVergehen KrMVf. 30. Oktober 92 (AVB. 213); vgl. übrigens Anm. 62 a. E. — Den Offizieren der Landgendarmerie steht über die ihnen als Burschen kommandierten Mannschaften keine DiszStrafgewalt zu. Ihre DiszBestrafung regelt sich gegebenenfalls nach DStO. § 17, 18, KrMVf. 95. März 87 u. 22. Juli 90. — Mannschaften bei der Festungs- u. Militär-Telegraphie in Berlin AO. 20. Okt. 92 (AVB. 213). — DiszBestrafung der zu Zivilbehörden kommandierten MilPersonen Anm. 4.

[58]) Der Kommandant (Garnisonälteste) hat die DiszStrafgewalt über das Lazarettpersonal vom Chefarzt einschließlich abwärts sowie über die Kranken im Lazarett wegen Verstöße gegen die Lazarettdisziplin oder eine vom Kommandanten usw. erlassene militärpolizeiliche Anordnung FriedSanitO. § 61¹, DStO. § 16³. Ein mit Aufrechterhaltung der Mannszucht im Lazarett beauftragter Offizier hat die DiszStrafgewalt eines nichtdetachierten Kompagniechefs (§ 9). Er teilt die verhängten Strafen dem Chefarzt sofort mit FriedSanitO. § 61. Im übrigen unterstehen die Lazarettkranken der DiszStrafgewalt ihrer Truppenvorgesetzten. — Die militärärztlichen Mitglieder der Musterungs- u. Ober-Ersatzkommission sind der DiszStrafgewalt des MilVorsitzenden dieser Kommission unterworfen KrMVf. 9. Okt. 77. — Abgrenzung der DiszBefugnisse der MilVorgesetzten u. der ärztlichen Vorgesetzten Anm. 63.

[59]) § 14 Abs. 1 u. 3².

[60]) § 11.

[61]) § 9. — Der Chefarzt hat die DiszStrafgewalt auch über die zu freiwilligen Uebungen in Garnisonlazaretten einberufenen Geistlichen KrMVf. 22. Jan. 99.

[62]) Verliehen ist die DiszStrafgewalt eines Regiments-Kommandeurs dem Subdirektor der Kaiser Wilhelms-Akademie, diejenige eines nicht selbständigen Bataillonskommandeurs den Divisions- u. Marine-Stationsärzten V. über die Organisation des SanitKorps 6. Febr. 73 (AVB. 103) § 16. — Durch die KrMVf. 31. März 77 (Anm. 57) wird § 22 nicht abgeändert. Der Subdirektor der Kaiser Wilhelms-Akademie hat also keine DiszStrafgewalt über die Burschen der zu dieser Akademie kommandierten Sanitätsoffiziere KrMVf. 27. Mai 77.

militärischen Krankenwärter ihres Dienstbereichs beschränkt.[63]) Nur die Chefärzte der Feldlazarethe sind außerdem berechtigt, über die zu diesen Lazarethen gehörenden, bezw. in dieselben aufgenommenen Mannschaften des Trains und über die Kranken vom Stande der Unteroffiziere und Gemeinen, nach Maßgabe des Militärranges dieser Personen, Disziplinarstrafen zu verhängen.

Die §§ 6, 7 und 20 finden auf die Mitglieder des Sanitätskorps analoge Anwendung.

Dritter Abschnitt.

Von der Disziplinarbestrafung der zum Soldatenstande gehörenden Militärpersonen des Beurlaubtenstandes.[64])

§ 23. Auf die Personen des Beurlaubtenstandes kommen die Strafvorschriften dieser Verordnung nur in der Zeit durchweg zur Anwendung, während welcher sie sich im Dienst befinden.[65])

Außerhalb dieser Zeit tritt Disziplinarbestrafung nur ein: wegen Zuwiderhandlungen gegen die zum Zwecke der Aufrechthaltung der militärischen Kontrole ertheilten Dienstvorschriften[66]), sowie wegen derjenigen militärischen Vergehen, deren Bestrafung im Disziplinarwege in leichteren Fällen auch bei Personen des Beurlaubtenstandes durch das Militärstrafgesetzbuch für das Deutsche Reich vom 20. Juni 1872 und den § 3 des Einführungsgesetzes zu demselben ausdrücklich gestattet ist.[67])

---

[63]) Ferner unterstehen der DiszStrafgewalt der ärztlichen Vorgesetzten die Zöglinge der Kaiser Wilhelms-Akademie, die MilApotheker u. Lazarettbeamten (zulässige Strafen gegen letztere FriedSanitO. § 58³). Dieser DiszStrafgewalt unterfallen alle gegen die Autorität der ärztlichen Vorgesetzten verübten Vergehen u. die Verstöße gegen die Vorschriften über die Krankenpflege. Alle andern DiszVerfehlungen unterliegen grundsätzlich der Bestrafung durch den Militärvorgesetzten (§ 21). Den ärztlichen Vorgesetzten ist jedoch ausdrücklich die Befugnis beigelegt, auch in Beziehung auf die sittliche Führung aller Mitglieder des Sanitätskorps im Disziplinarwege einzuschreiten. Die militärischen und die ärztlichen Vorgesetzten haben sich gegenseitig von jeder Bestrafung Mitteilung zu machen, sofern die Strafe nicht bloß in Verweis besteht § 17, 19, 20 der V. 6. Febr. 73 (Anm. 62). — Über die in den Friedens-Lazaretten befindlichen Kranken (Passanten) haben ausschließlich deren militärische Vorgesetzte DiszStrafgewalt sowie der Kommandant (Garnisonälteste) in dem Anm. 58 bezeichneten Umfang.

[64]) Begriff Nr. I 2 Anm. 19 d. W. — Nach Aufruf des Landsturms finden auch auf die Landsturmpflichtigen die Best. dieses Abschn. Anwendung G. 11. Febr. 88 (RGB. 11) § 26.

[65]) MStGB. § 6 (Nr. I 2 Anm. 20 d. W.).

[66]) § 28 u. KontrollG. 15. Febr. 75 (RGB. 65) § 6 (Anm. 84).

[67]) MStGB. § 113, 126. — Die Disz. Bestrafung kann also (abgesehen vom § 28) nur gemäß DStO. § 1² (nicht § 1¹) erfolgen, und gilt daher das Anm. 3 Gesagte hier stets. — Beschränkung der zulässigen Strafhöhe in den Fällen § 26, 27, 29 Abs. 1. In allen übrigen Fällen kann die Strafe auch gegen Personen des Beurlaubtenstandes bis zu der in EG. z. MStGB. § 3 Abs. 3 zugelassenen Grenze gehen. — Die im Disziplinarweg verhängten Arreststrafen vollstreckt die MilBehörde. Ist innerhalb 20 Kilometer vom Aufenthaltsort des Bestraften keine MilArrestanstalt, so sind Arreststrafen unter 8 Tagen auf Ansuchen durch die Zivilbehörden zu vollstrecken. Die Kosten sind aus MilFonds zu erstatten KontrollG. 15. Febr. 75 § 7, WehrO. § 119³, DStO. § 49. Das Ersuchen um Straf-

Dies ist der Fall:

1. wenn Personen des Beurlaubtenstandes des Ungehorsams gegen einen in Gemäßheit der Dienstordnung ertheilten Befehl durch Nichtbefolgung oder durch eigenmächtige Abänderung oder Ueberschreitung desselben sich schuldig machen[68]);
2. wenn Personen des Beurlaubtenstandes im dienstlichen Verkehr mit dem Vorgesetzten[69]) oder in der Militäruniform:[69])
   a) die dem Vorgesetzten schuldige Achtung verletzen, insbesondere laut Beschwerde oder gegen einen Verweis Widerrede führen[70]),
   b) auf Befragen in dienstlichen Angelegenheiten dem Vorgesetzten wissentlich die Unwahrheit sagen[71]),
   c) einen Vorgesetzten oder im Dienstrange Höheren beleidigen[72]);
3. wenn Personen des Beurlaubtenstandes im dienstlichen Verkehr mit dem Untergebenen[73]) oder in der Militäruniform:[69])
   a) einen Untergebenen beleidigen oder einer vorschriftswidrigen Behandlung desselben sich schuldig machen[74]),
   b) von dem Untergebenen ohne Vorwissen des gemeinschaftlichen Vorgesetzten Geld borgen oder Geschenke annehmen.[75])

§ **24.** Die Befugniß, über Personen des Beurlaubtenstandes nach Maßgabe der Bestimmungen dieser Verordnung Disziplinarstrafen zu verhängen, steht den Landwehr-Bezirkskommandeuren und deren Stellvertretern[26]), sowie eintretenden Falles den ihnen vorgesetzten höheren Militärbefehlshabern, und zwar in dem in den §§ 11, 6 und 14 angegebenen Umfange zu.[76])

---

vollstreckung ist an die Zivilpolizeibehörde des Aufenthaltsorts des Bestraften zu richten KrMVf. 22. Juni 92. Die in Zivilgerichtsgefängnissen zu verbüßenden Arreststrafen sind genau nach den Bestimmungen der MStV. (Anl. D zu Nr. I 2 d. W.) zu vollstrecken KrMVf. 23. Jan. 89. Liquidation der Strafvollstreckungskosten Anm. 89. — Die MilBehörden haben sich behufs Bewirkung des militärischen Strafvollzugs gegenseitig Rechtshilfe zu leisten. Das ersuchte Bezirkskommando usw. darf die Vollstreckung nur ablehnen, wenn eine der Voraussetzungen des § 55 1 u. 2 zutrifft. — Entfernung von Gefreiten des Beurlaubtenstandes vom Dienstgrad während der Beurlaubung Nr. I 2 Anm. 163 d. W.

68) MStGB. § 92, 113 u. Anm. hierzu.

69) Nr. I 2 Anm. 435, 436 d. W.

70) MStGB. § 89 u. Anm. dazu.

71) MStGB. § 90 u. Anm. dazu.

72) MStGB. § 91 Abf. 1 u. Anm. dazu.

73) Nr. I 2 Anm. 435, 442 d. W.

74) MStGB. § 121 Abf. 1 u. Anm. hierzu.

75) MStGB. § 114 (Nr. I 2 Anm. 446).

76) Die DiszStrafgewalt über beurlaubte Rekruten steht demjenigen Bezirkskommandeur zu, in dessen Bezirk sie als Mannschaften des Beurlaubtenstandes kontrolliert werden KrMVf. 25. Nov. 80, WehrO. § 80 1, 109 4b. — Die den Bezirkskommandos zugeteilten Stabsoffiziere haben nur über die ihrem Geschäftsbereich zugewiesenen Mannschaften des Beurlaubtenstandes DiszStrafgewalt, nicht aber über die Stammmannschaften des Bezirkskommandos AO. 9. Mai 76 (ABB. 129); KrMVf. 14. Juli 90. — Die Bezirksoffiziere haben DiszStrafgewalt über die ihnen unterstellten Stammmannschaften sowie über Unteroffiziere u. Gemeine des Beurlaubtenstandes nach Maßgabe der DStO. § 12, 28 AO. 26. März 88 (ABB. 59); KrMVf. 20. Febr. 90 (ABB. 33). — Mit dem Übertritt eines Mannes zur Reserve geht die Zuständigkeit sowohl zur Festsetzung wie zur Vollstreckung der von ihm vor diesem Zeitpunkt verwirkten DiszStrafen auf den Bezirkskommandeur, in dessen Kontrolle der Schuldige sich befindet u. auf die diesem vorgesetzten MilBefehlshaber über KrMVf. 11. Febr. 86; 20. Dez. 93; 11. Dez. 94. — Bei Ausscheiden aus allen MilVerhältnissen Anm. 4.

Die Gouverneure, Kommandanten und Garnisonältesten dürfen die ihnen nach den §§ 14 und 17 zustehende Disziplinarstrafgewalt nur dann gegen Personen des Beurlaubtenstandes ausüben, wenn die Letzteren in der Militäruniform einer der in §§ 23 Nr. 2 und 3a bezeichneten strafbaren Handlungen sich schuldig machen.[45])

§ **25.** Besteht der Ungehorsam (§ 23 Nr. 1) in der Nichtbefolgung der Einberufungsordre zu einer Uebung[77]), so darf nur dann die Bestrafung im Disziplinarwege erfolgen, wenn entweder der Einberufene nur zu spät sich an dem ihm bestimmten Orte gestellt hat, oder wenn die Umstände sonst eine milde Beurtheilung zulassen.

§ **26.** Ist eine zur Disziplinarbestrafung[78]) geeignete Handlung von im Dienst befindlichen Mannschaften des Beurlaubtenstandes während der Dauer einer Kontrolversammlung[79]) oder während eines anderen Dienstes, für welchen die Verpflegungskompetenz nicht gewährt wird[80]), begangen, so darf die deshalb zu verhängende Arreststrafe die Dauer von drei Tagen gelinden oder mittleren Arrest nicht übersteigen.[81])

Erachtet der zur Disziplinarbestrafung berechtigte Militärbefehlshaber eine Arreststrafe von solcher Dauer nicht für ausreichend, so hat er die Einleitung der gerichtlichen Untersuchung zu veranlassen.[82])

§ **27.** Die über Mannschaften des Beurlaubtenstandes wegen der im § 23 aufgeführten, außer dem Dienst von ihnen begangenen militärischen Vergehen im Disziplinarwege zu verhängende Strafe darf das Maß von drei Tagen gelinden oder mittleren Arrest in folgenden Fällen nicht übersteigen:[67]) [81])

1. wenn der Ungehorsam (§ 23 Nr. 1)[68]) besteht:
   a) in der Nichtbefolgung der Berufung zur Kontrolversammlung oder zu einem anderen Dienst, für welchen die Verpflegungskompetenz nicht gewährt wird[79]),
   b) in der Abweichung von dem vorgeschriebenen Dienstwege bei Anbringung von Gesuchen in militärischen Dienstangelegenheiten[83]);

---

[77]) § 25 kann nur auf *fahrlässige* Nichtbefolgung der Einberufungsorder bezogen werden. *Vorsätzliche* Nichtbefolgung der Einberufungsorder ist nur als *unerlaubte Entfernung*, nicht als Ungehorsam strafbar (Nr. I 2 Anm. 20c d. W.). Da der Einberufene ohne Unterschied, ob er der Einberufung Folge geleistet hat oder nicht, zum aktiven Heer zählt, kann DiszBestrafung gegen ihn *während der Dauer der Einberufung* innerhalb der Grenzen des EG. z. MStGB. 3 Abs. 2 u. 3 ohne die Beschränkung des § 25 erfolgen (§ 23 Abs. 1). Dauert die versäumte Übung länger als 7 Tage, so muß *gerichtliche* Bestrafung aus MStGB. § 66 erfolgen. — *Wechsel der Zuständigkeit* in solchen Fällen MStGerO. § 259 (Nr. II 2 Anm. 546a d. W.).

[78]) Gleichviel, ob nach DStO. § 1[1] oder 1[2], also nicht nur in den § 23 Abs. 2 u. 3 bezeichneten Fällen.

[79]) Die zur *Kontrollversammlung* einberufenen Personen des Beurlaubtenstandes sind während des betreffenden ganzen Tags als zum aktiven Heer gehörige anzusehen (Nr. I 2 Anm. 20 d. W.). § 26 Abs. 1 enthält also eine *Ausnahme* von § 23 Abs. 1. Bei *Nichtbefolgung der Einberufung zur Kontrollversammlung* usw. gilt das Anm. 77 Gesagte. Zulässige DiszStrafen § 27[1a].

[80]) Nr. I 2 Anm. 20 a u. d d. W.

[81]) *Strenger* Arrest ist überhaupt *unzulässig*. Offiziere des Beurlaubtenstandes § 29.

[82]) Vorausgesetzt, daß überhaupt eine auch *gerichtlich* verfolgbare Handlung vorliegt (EG. z. MStGB. § 3). — *Zuständigkeit* MStGerO. § 16, 17, 19, 20.

[83]) *Mannschaften des Beurlaubtenstandes* haben ihre Gesuche an den Bezirksfeldwebel, Offiziere d. B. an das Bezirkskommando zu richten

2. wenn der Beurlaubte bei Verübung eines der im § 23 Nr. 2 genannten Vergehen sich nicht in der Militäruniform[69]) befunden hat

Erachtet der zur Disziplinarbestrafung berechtigte Militärbefehlshaber eine Arreststrafe von solcher Dauer nicht für ausreichend, so hat er die Einleitung der gerichtlichen Untersuchung zu veranlassen.[82])

§ 28.[84]) Zuwiderhandlungen gegen die zum Zwecke der Aufrechthaltung der militärischen Kontrole ertheilten Dienstvorschriften[85]) über Meldung des Aufenthaltsorts und der Wohnung in diesem Orte sowie über Meldung einer jeden Veränderung des Aufenthaltsorts oder der Wohnung werden an Mannschaften des Beurlaubtenstandes wahlweise[85a]) mit Geldbuße von Ein bis zu sechzig Mark[86]), oder mit Haft von Einem bis zu acht Tagen geahndet.[87])

Die Festsetzung dieser Strafen geschieht durch das Landwehr-Bezirkskommando[88]), die Vollstreckung auf Requisition desselben durch die Civilbehörde des Aufenthaltsortes des Bestraften.[89])

§ 29. Auf die zum Beurlaubtenstande gehörenden Offiziere finden die Bestimmungen der §§ 26 und 27 mit der Maßgabe Anwendung, daß die über sie

---

HeerO. § 51² u. Muster 6 zu § 17. — Beschwerdeweg Anl. H u. H 1 zu Nr. I 2 d. W. — Gesuche dienstlichen Inhalts dürfen nur von Generalen (auch z. D.) vom Generalleutnant (Divisionskommandeur) aufwärts unmittelbar an S. Majestät gerichtet werden KrMVf. 3. Jan. 72. Auf dienstliche Angelegenheiten Bezug habende Gesuche, die andere Offiziere sowie Mannschaften (auch des Beurlaubtenstandes) mit Umgehung des Dienstweges an S. Maj. richten, gehen unbeantwortet an den Kommand. General zurück, u. die Gesuchsteller sind sofort mit Arrest zu bestrafen KrMVf. 27. März 61. Von der Bestrafung ist nur mit Allerh. Genehmigung abzusehen KrMVf. 13. März 70. — DiszBestrafung von Personen des BeurlStandes wegen leichtfertig oder wider besseres Wissen vorgebrachter unbegründeter Beschwerden Nr. I 2 Anm. 593 d. W.

[84]) KontrollG. 15. Febr. 75 § 6:

Als Disziplinarstrafmittel dürfen gegen Personen des Beurlaubtenstandes außerhalb der Zeit, während welcher sie zum aktiven Heere gehören, abgesehen von den nach § 3 des Einführungsgesetzes zum Militärstrafgesetzbuch zulässigen Arrestarten, nur Geldstrafen bis zu sechzig Mark und Haft bis zu acht Tagen zur Anwendung gebracht werden. —

Wenn es sich in § 28 auch nicht um eine Übertretung im Sinne des StGB. § 1, sondern um eine DiszVerfehlung handelt, so müssen doch für Umwandlung der Geldstrafe in Haft u. für das Zusammentreffen mit andern Strafen die StGB. § 28, 77, 78 entsprechende Anwendung finden. Verjährung Anm. 111.

[85]) WehrO. § 114. Nicht nur vorsätzliche, sondern auch fahrlässige Zuwiderhandlungen fallen unter § 28.

[85a]) Nach Wahl des BezKommandeurs, nicht des Bestraften.

[86]) Früher: „Ein Dritteil bis zu zwanzig Thalern".

[87]) Die im Unvermögensfall an Stelle der Geldstrafe tretende Haftstrafe ist in der Regel zugleich mit der Geldstrafe festzusetzen. Auch in diesem Fall darf die Haftstrafe 8 Tage nicht überschreiten.

[88]) Gerichtliche Bestrafung kann nie erfolgen, auch nicht bei gleichzeitigem Vorliegen milgerichtlich zu verfolgender Straftaten. Weitere zulässige Strafmaßregel RMG. § 67.

[89]) KontrollG. § 7 Abs. 3:

Die Vollstreckung von Haft- und Geldstrafen erfolgt stets durch die Zivilbehörden. —

MStW. § 31¹ (Anl. D zu Nr. I 2 d. W.). — Strafvollstreckung bei Verzug des zu Bestrafenden in einen andern Landwehrbezirk KrMVf. 12. Jan. 75. — Kosten des Strafvollzugs gegen Mannschaften des Beurl.-Stands des Heeres u. der Marine KrMVf. 15. Dez. 98 (AVB. 422).

zu verhängende Disziplinarstrafe, insofern sie in Arrest besteht, das Maß von sechs Tagen Stubenarrest[11]) nicht übersteigen darf.

In den Fällen des § 28 ist gegen Offiziere keine andere Strafe als Stubenarrest[11]) bis zu der vorangegebenen Dauer zulässig.[90]) Die Vollstreckung dieser Strafe liegt dem Landwehr-Bezirkskommandeur ob.[67])

§ 30. Die in diesem Abschnitt über Disziplinarbestrafung der Offiziere des Beurlaubtenstandes ertheilten Vorschriften finden auf die Offiziere gleichmäßig Anwendung, welche mit Pension zur Disposition gestellt[91]), sowie auf diejenigen, welche mit dem Vorbehalt der gesetzlichen Dienstverpflichtung aus dem aktiven Dienste entlassen sind.

§ 31. Auf die zum Beurlaubtenstande gehörenden Mitglieder des Sanitätskorps kommen unter Berücksichtigung des Militärranges[19]) derselben die in den §§ 23 bis 30 enthaltenen Bestimmungen gleichfalls zur Anwendung.

Vierter Abschnitt.

Von der Disziplinarbestrafung der Militärbeamten.[92])

§ 32. Die Militärbefehlshaber[93]) sind berechtigt, über Militärbeamte als Disziplinarstrafen Warnungen und einfache Verweise, sowie:

1. über untere Militärbeamte die gegen Unteroffiziere, welche das Portepee tragen, zulässigen Arreststrafen (§ 3 B 3, § 4);
2. über obere Militärbeamte:
   a) Geldbuße bis zu dreißig Mark[94]),
   b) Stubenarrest[11]) bis zu vierzehn Tagen

zu verhängen.

---

[90]) Die Bestimmung ist auch nach Inkrafttreten des KontrollG. § 6 (Anm. 84) in Geltung geblieben u. will sagen, daß Verfehlungen gegen die Kontrollvorschriften gegen Offiziere des Beurl.-Standes stets als Ungehorsam (§ 23¹) mit Stubenarrest bis zu 6 Tagen zu bestrafen sind, nie mit Haft oder Geldstrafe.

[91]) Zur Bestrafung der Stabsoffiziere z. D. ist nur der Brigadekommandeur (u. dessen Vorgesetzte § 15) zuständig AO. 31. Mai 77 (AVB. 108). — Die mit Pension verabschiedeten Offiziere unterstehen der DiszStrafgewalt nicht, auch wenn sie das Recht zum Tragen der Uniform haben. In letzteren Fall unterstehen sie aber den Ehrengerichten, EhrenGerV. (Nr. 5 d. W.) § 4⁵.

[92]) Begriff u. Klasseneinteilung Anl. B u. B1 zu Nr. I 2 d. W. — Die MilBeamten unterstehen außer der DStO. auch den DiszBestimmungen des ReichsbeamtenG. 31. März 73 insbesondere § 71—133, abgedruckt als Anlage C; die richterlichen MilJustizbeamten dem RichterdisziplinarG. 1. Dez. 98 (Nr. 4 d. W.). Die Vorschriften der DStO. werden durch beide Gesetze nicht berührt. — Richterliche Marinejustizbeamte MDStO. § 38. — Zivilbeamte der MilVerwaltung unterstehen an sich der DStO. nur unter den Voraussetzungen des § 2³ (Anm. 7). Die Gouverneure usw. haben jedoch auch im Frieden DiszStrafgewalt über die ihnen unterstellten Zivilbeamten der MilVerwaltung, insbesondere solche der Garnisonlazarette, jedoch nicht nach Maßgabe der DStO., sondern des RBG. 31. März 73 (Anl. C) § 80—83 AV. 23. Nov. 74 (RGB. 135); KrMVf. 8. Dez. 74 (AVB. 240); 3. Jan. 75; FriedSanO. 16. Mai 91 § 61¹.

[93]) D. h. die den MilBeamten unmittelbar vorgesetzten sowie die in § 16, 17 genannten Befehlshaber u. zwar innerhalb der in § 32, 33 gezogenen Grenzen. — Die Diszgewalt über Oberveterinäre hat nicht der Eskadron- usw. Chef, sondern nur der Regiments- (Abteilungs-, Bataillons-)Kommandeur KrMVf. 10. Nov. 96.

[94]) Früherer Text: „bis zu zehn Thalern".

Der Stubenarrest darf jedoch über diejenigen oberen Militärbeamten, welche sowohl unter einem Militärbefehlshaber, als auch unter einem Verwaltungsvorgesetzten (oder einer Verwaltungsbehörde) stehen[95]), nur in der Zeit verhängt werden, während welcher sie unter den Kriegsgesetzen stehen (§ 9 des Militärstrafgesetzbuches für das Deutsche Reich vom 20. Juni 1872).

§ 33. Die Militärbefehlshaber üben die Disziplinarstrafgewalt über die Militärbeamten nach Maßgabe des Militärranges der Letzteren innerhalb derselben Grenzen aus, innerhalb deren sie nach den Bestimmungen der §§ 8 bis 20 zur Verhängung der Disziplinarstrafen gegen Personen des Soldatenstandes zuständig sind.

Zur Verhängung von Geldbußen sind nur diejenigen Militärbefehlshaber befugt, welche Offiziere mit Stubenarrest, unter Bestimmung der Dauer desselben, bestrafen dürfen.[96]) Die kommandirenden Generale dürfen Geldbuße bis zum höchsten zulässigen Betrage, die übrigen Befehlshaber nur bis zum Betrage von neun Mark[97]) verhängen.

§ 34. Militärbeamte, welche sowohl unter einem Militärbefehlshaber als auch unter einem Verwaltungsvorgesetzten (oder einer Verwaltungsbehörde) stehen[95]), sind bei Verletzung der Dienstvorschriften, welche die Grundlage ihrer Amtswirksamkeit bilden, ausschließlich der Disziplinarbestrafung des Verwaltungsvorgesetzten (oder der Verwaltungsbehörde) unterworfen.[98])

Alle anderen zur Disziplinarbestrafung geeigneten Handlungen solcher Militärbeamten gehören zur Zuständigkeit des ihnen vorgesetzten Militärbefehlshabers.[93]) Hierdurch wird jedoch die Mitaufsicht der Verwaltungsvorgesetzten (oder der Verwaltungsbehörden) über die sittliche Führung der Beamten und die Befugniß, auch ihrerseits dieserhalb, wo nöthig, im Disziplinarwege einzuschreiten, nicht ausgeschlossen.

Wo die Grenzen dieser beiden Unterordnungsverhältnisse zweifelhaft sein sollten, müssen bei Ausübung der Disziplinarstrafgewalt die für die betreffenden Militärbeamten ertheilten besonderen Dienstvorschriften und Instruktionen berücksichtigt werden.

§ 35. Die Disziplinarstrafgewalt der Verwaltungsvorgesetzten (oder der Verwaltungsbehörden) über die im doppelten Unterordnungsverhältniß stehenden Militärbeamten regelt sich nach besonderen Bestimmungen.[98])

§ 36. Auf die zum Beurlaubtenstande gehörenden Militärbeamten kommen die in den §§ 23 bis 30 ertheilten Bestimmungen nach Maßgabe ihres Militärranges zur Anwendung.

§ 37. Die Befugniß der Mitglieder des Sanitätskorps im Offizierrange[19]) zur Verhängung von Disziplinarstrafen über die zu ihrem Dienstbereich gehörenden Militärbeamten regelt sich nach den besonderen Vorschriften und Erlassen.[99])

Fünfter Abschnitt.

Von der Disziplinarbestrafung der im § 2 unter Nr. 3 und 4 genannten Personen.

§ 38. Auf die im § 2 unter Nr. 3 und 4 genannten Personen finden die für Personen des Soldatenstandes in dieser Verordnung ertheilten Vorschriften

[95]) Nr. 12 Unteranl. B 1 d. W. unter II.

[96]) Es sind dies die in § 11, 12, 14, 16 Genannten.

[97]) Früherer Text: „bis zu 3 Thalern".

[98]) Maßgebend sind hierbei für nichtrichterliche MilBeamte G. 31. März 73 § 71—133 (Anl. C.), für richterliche MilJustizbeamte G. 1. Dez. 98 (Nr. 4 d. W.) — Gegenseitige Mitteilung verhängter DiszStrafen zwischen Militär- u. Verwaltungsvorgesetzten § 51.

[99]) Anm. 63. FriedSanitO. § 58³. — Zivilbeamte der MilVerwaltung Anm. 92.

Anwendung.[100]) Gehören sie nicht zum Soldatenstande, so ist bei der Wahl der Strafart die Bildungsstufe, auf welcher dieselben stehen, und ihre Stellung im bürgerlichen Leben zu berücksichtigen.

Sechster Abschnitt.

Von der Ausübung der Disziplinarstrafgewalt und von der Vollstreckung der Disziplinarstrafen.

I. Ausübung der Disziplinarstrafgewalt.

§ 39. Jeder mit Disziplinarstrafgewalt versehene Militärvorgesetzte (§ 5, 22) muß mit strenger Unparteilichkeit verfahren, und wenn die strafbare Handlung nicht mit Gewißheit aus seiner eigenen Wahrnehmung oder aus einer dienstlichen Meldung oder aus dem Geständniß des Beschuldigten hervorgeht, sowie überhaupt, wenn er über die Schuld und den Grad der Strafbarkeit zweifelhaft ist, den Hergang der Sache durch mündliche oder schriftliche Verhandlungen aufzuklären suchen.[101])

§ 40. Die Art und das Maß der Disziplinarstrafe hat der Militärvorgesetzte innerhalb der Grenzen seiner Disziplinarstrafgewalt, unter möglichster Schonung des Ehrgefühls des zu Bestrafenden, mit Berücksichtigung der Eigenart und der bisherigen Führung desselben, sowie der Natur der zu bestrafenden Handlung und des durch dieselbe mehr oder minder gefährdeten Dienstinteresses zu bestimmen.[101a])

Wenn Militärpersonen mit Dienststellungen betraut sind, die über ihren Dienstgrad hinausgehen, so ist bei der Wahl der Strafart auf diese Dienststellungen Rücksicht zu nehmen.[102])

§ 41. Eine und dieselbe strafbare Handlung darf nur von einem Vorgesetzten bestraft und dafür nicht mehr als eine Disziplinarstrafe auferlegt werden.[103]) Dies schließt jedoch die Befugniß nicht aus, mit einer Arreststrafe[104])

1. gegen Obergefreite und Gefreite die Entfernung von ihrem Dienstgrade[105]),
2. gegen Gemeine:[30])

---

[100]) Gilt auch für die Zivilbeamten der MilVerwaltung unter den Voraussetzungen des § 2³.

[101]) In den Fällen § 1² kann die Feststellung des Tatbestands auch auf gerichtlichem Wege (MStGerO. § 153 Abs 2, 156) erfolgen.

[101a]) Die Kompagnie- usw. Chefs sollen sich bei Ausübung der DisGewalt allein von dem Gesichtspunkt der Aufrechterhaltung u. Festigung der Disziplin leiten lassen AO. 18. Febr. 04.

[102]) Andre Strafarten als die nach dem Dienstgrad des zu Bestrafenden zulässigen (§ 3) können auch in diesem Fall nicht verhängt werden. Gegen unteroffizierdiensttuende Gefreite ist also z. B. Verweis unzulässig.

[103]) Anm. 43. Sind gleichzeitig mehrere Verfehlungen zu bestrafen, so ist es zulässig, wegen aller nur eine DisStrafe unter Anwendung der Grundsätze des StGB. § 74, MStGB. § 54 auszusprechen.

[104]) Die zu Nr. 1 u. 2 genannten DisMaßregeln können auch als Folgen einer gerichtlich erkannten Freiheitsstrafe vom zuständigen DisVorgesetzten (nicht vom Gericht) ausgesprochen werden; Versetzung in eine Arbeiterabteilung auch unabhängig von einer solchen auf Grund der Voraussetzungen des § 3 C 4 u. der AO. 8. Dez. 87 (Anm. 18).

[105]) Gegen Gefreite des Beurlaubtenstandes Nr. I 2 Anm. 163 d. W.

a) die Entziehung der freien Verfügung über die Löhnung und die Ueberweisung derselben an einen Unteroffizier zur Auszahlung in täglichen Raten,

b) insofern sie sich in der zweiten Klasse des Soldatenstandes befinden, die Einstellung in eine Arbeiterabtheilung[18])

zu verbinden.

§ **42.** Wird nach erfolgter Disziplinarbestrafung dasselbe Disziplinarvergehen von dem Bestraften wieder verübt[106]), so ist, wenn nicht Gründe für eine mildere Beurtheilung vorhanden sind, eine härtere Strafe, als bei der Vorbestrafung, zu verhängen.

§ **43.** Wenn ein nicht mit der höchsten Strafbefugniß versehener Militärvorgesetzter zwar eine Disziplinarstrafe für zulässig, die ihm zustehende Strafbefugniß aber nicht für ausreichend erachtet, so hat er dem nächsthöheren Vorgesetzten von dem Straffalle zur weiteren Verfügung Meldung zu machen.

Entstehen bei einem mit Disziplinarstrafgewalt versehenen Vorgesetzten Bedenken darüber, ob eine strafbare Handlung disziplinarisch oder gerichtlich zu bestrafen sei, so muß der Fall dem nächsthöheren Vorgesetzten vorgetragen werden, welcher darüber Bestimmung zu treffen oder nöthigenfalls behufs Einholung höherer Entscheidung weiter zu berichten hat.[107])

§ **44.** Strafbare Handlungen der Militärpersonen, welche nur der Disziplinarbestrafung unterliegen (§ 1 Nr. 1)[108]), dürfen drei Monate nach der Verübung[109]) nicht mehr mit Strafe belegt werden.[110])

---

[106]) Auch frühere Bestrafung wegen eines anderen DiszVergehens kann strafschärfend berücksichtigt werden. Handelt es sich um DiszBestrafung gemäß § 1² (EG. z. MStGB. § 3), so kommen bei wiederholtem Rückfall die in MStGB. § 34 Abs. 2², 37 Abs. 2, 38, 40 Abs. 2² vorgesehenen Ehrenstrafen in Betracht, die jedoch nur gerichtlich erkannt werden können.

[107]) Handelt es sich um ein gemäß EG. z. MStGB. § 3 gerichtlich oder disziplinar zu ahndendes Vergehen, so ist jeder DiszVorgesetzte, an welchen der Fall nach Abs. 2 gebracht ist, zur Entscheidung zuständig, ob disziplinare oder gerichtliche Bestrafung einzutreten habe MStGerO. § 157, 251 (Nr. II 2 Anm. 334, 335 d. W.) Steht jedoch ein überhaupt nur gerichtlich verfolgbares Vergehen in Frage, so können Zweifel über die Notwendigkeit gerichtlicher Bestrafung nur vom zuständigen Gerichtsherrn (MStGerO. § 15, 16, 17, 19, 20, 26) entschieden werden.

[108]) Abs. 1 bezieht sich nur auf die Strafverfolgung der sog. reinen DiszVerfehlungen (§ 1¹), nicht auf die Fälle der DiszBestrafung gemäß EG. z. MStGB. § 3 Abs. 2 (DStO. § 1²). Für die Verjährung der letzteren mil. Vergehen bleiben auch im Falle disziplinarer Bestrafung ausschließlich die Bestimmungen MStGB. § 52, StGB. § 67 (Nr. I 2 Anm. 191, 182 d. W.) maßgebend. Unterbrechung der Verjährung durch richterliche Handlungen u. solche der DiszVorgesetzten in den Fällen des EG. z. MStGB. § 3 vgl. StGB. § 68, EG. z. MStGerO. § 10. In sinngemäßer Anwendung dieser Grundsätze auf die reinen DiszVerfehlungen (§ 1¹) wird deren Verjährung unterbrochen durch jede innerhalb der 3monatlichen Frist wegen der Tat gegen den Täter gerichtete Verfolgungshandlung der EG. z. MStGerO. § 10 genannten Personen (einschließlich des DiszVorgesetzten) KrMVf. 3. April 74 (neuerdings bestritten). Von jeder Unterbrechungshandlung ab beginnt eine neue 3monatliche Frist zu laufen. Abweichend MDStO. § 54.

[109]) Besteht die Verfehlung in einem Unterlassen, so läuft die 3monatliche Frist erst vom Aufhören des strafbaren Unterlassens an. — Die Frist ist nach Kalenderzeit zu berechnen (MStGerO. § 146).

[110]) Hinsichtlich Verjährung der Straf-

Ausgenommen hiervon sind die in § 28 unter Strafe gestellten Handlungen.[111])

§ **45.** Ist eine strafbare Handlung, welche gerichtlich hätte bestraft werden sollen, nur mit einer Disziplinarstrafe geahndet worden, so ist dadurch die Strafbarkeit nicht getilgt, sondern — wenn inzwischen nicht nach den Vorschriften der Strafgesetze die Verjährung eingetreten ist — die gerichtliche Untersuchung einzuleiten.[112])

II. Vollstreckung der Disziplinarstrafen.

§ **46.** Die Vollstreckung der Disziplinarstrafen muß, sofern die Umstände es gestatten, gleich nach deren Festsetzung erfolgen.[113])

Ist die Strafe von einem höheren Militärvorgesetzten verhängt, so bleibt es seinem Ermessen überlassen, die Vollstreckung derselben entweder selbst anzuordnen, oder dem nächsten Vorgesetzten des zu Bestrafenden zu übertragen.

§ **47.** Beim Kasernen- oder Quartier-Arrest kann der zu Bestrafende zwar zum Dienst herangezogen werden, er darf aber außerdem die Kaserne oder das Gebäude, in welchem er sein Quartier hat, nebst den dazu gehörigen Hofräumen nicht verlassen.

Für die Vollstreckung aller anderen Arreststrafen sind die bestehenden Bestimmungen über die Vollstreckung gerichtlich erkannter Arreststrafen maßgebend.[114])

Wenn im Felde[115]) der über Unteroffiziere und Gemeine verhängte gelinde, mittlere oder strenge Arrest den örtlichen Verhältnissen nach weder in einem Ortsgefängniß, noch in einem anderen zur Arrestvollstreckung geeigneten Lokale verbüßt werden kann, so ist, insofern die Strafvollstreckung aus dienstlichen Gründen keinen Aufschub erleidet, statt der genannten Arreststrafen für die Dauer der Strafe dem Verurtheilten während seiner dienstfreien Zeit der Auf-

---

vollstreckung finden die allgemeinen Bestimmungen (MStGB. § 52, StGB. § 70^{6}, 72) entsprechende Anwendung KrMVf. 20. Dez. 94.

[111]) Abs. 2 will nicht die Verjährung für die Zuwiderhandlungen gegen die Kontrollvorschriften überhaupt anschließen, sondern nur besagen, daß die 3monatliche Frist bei solchen Diszverfehlungen nicht schon mit der Entziehung aus der Kontrolle, sondern erst mit Aufhören des strafbaren Zustandes der Kontrollentziehung zu laufen beginnt (Anm. 109).

[112]) § 45 bezieht sich nur auf strafbare Handlungen, deren Bestrafung im DiszWeg überhaupt gesetzlich ausgeschlossen ist. Die Aufhebung der DiszStrafe erfolgt hier gemäß § 55. In den Fällen des EG. z. MStGB. § 3 (DStO. § 1^{2}) gilt MStGerO. § 157 Abs. 1, 251 Abs. 1 (Nr. II 2 d. W., vgl. jedoch auch Anm. 334 das.).

[113]) Mit dem Tage des Ablaufs der aktiven Dienstzeit (bei den in der Zeit vom 2. Okt. bis 31. März eingestellten Mannschaften ist dies der 30. Sept.) ist auch der in Verbüßung einer DiszStrafe begriffene Soldat zur Reserve zu beurlauben. Die begonnene Vollstreckung wird jedoch hierdurch nicht unterbrochen. Kann aber die Strafe nicht spätestens am letzten Tage der gesetzlichen aktiven Dienstzeit angetreten werden, so geht die Vollstreckung auf das zuständige Bezirkskommando über (Anm. 76) KrMVf. 7. Juni 02. — Gebührnisse der zur Fortsetzung der Strafvollstreckung zurückbehaltenen Mannschaften KrMVf. 11. Febr. 02 (AVB. 44). Vollstreckung von DiszStrafen während der Verbüßung einer gerichtlich erkannten Freiheitsstrafe Nr. I 2 Anl. D Anm. 9 d. W.

[114]) MStGB. § 24—27 MStV. (Nr. I 2 Anl. D) § 16—20.

[115]) Begriff MStGB. § 9, 10. Im Manöver usw. findet Abs. 3 u. 4 keine Anwendung.

enthalt auf einer Wache als Arrestat, ohne Entziehung seiner Kompetenzen, anzuweisen.

Hiermit wird verbunden

1. wenn die verhängte Arreststrafe in mittlerem Arrest besteht: die Heranziehung zu beschwerlichen Dienstverrichtungen außer der Reihe;
2. wenn die verhängte Arreststrafe in strengem Arrest besteht: Anbinden[116]), zwei Stunden täglich.

§ 48. [117]) Das Anbinden des Arrestaten geschieht auf eine der Gesundheit desselben nicht nachtheilige Weise, in aufrechter Stellung, den Rücken nach einer Wand oder einem Baume zu gekehrt, dergestalt, daß er sich weder setzen noch niederlegen kann.

Zweistündiges Anbinden, in Verbindung mit dem Aufenthalt des Arrestaten auf der Wache (§ 47), steht einem eintägigen strengen Arreste gleich. Am vierten, achten und demnächst an jedem dritten Tage fällt das Anbinden fort.

Die Strafvollstreckung erfolgt unter militärischer Aufsicht an einem vor den Augen des Publikums möglichst geschützten Orte.

§ 49. An den nicht im Dienst befindlichen Mannschaften des Beurlaubtenstandes sind Arreststrafen, unter Aufnahme derselben in die Militärverpflegung des betreffenden Landwehr-Bezirkskommandos, in einem Militärarrestlokale zu vollstrecken. Die militärische Einkleidung des zu Bestrafenden ist hierbei in der Regel nicht erforderlich.

Ist innerhalb drei Meilen vom Aufenthaltsorte des zu Bestrafenden ein Militärarrestlokal nicht vorhanden, so müssen[118]) Arreststrafen unter acht Tagen auf Requisition des Landwehr-Bezirkskommandos durch die Civilbehörden in einem bürgerlichen Gefängniß vollstreckt werden.

Arreststrafen, welche zur Uebung eingezogene Mannschaften des Beurlaubtenstandes während der Uebung oder vorher verwirkt haben, sind, soweit dies die Erhaltung der Disziplin zuläßt, erst nach Ablauf der Uebungszeit zu vollstrecken.[119])

§ 50. Wird eine Militärperson des Beurlaubtenstandes, welche in ihren Civilverhältnissen zu den im unmittelbaren oder im mittelbaren Staatsdienste stehenden Beamten gehört, disziplinarisch mit Arrest bestraft, so ist ihrer nächstvorgesetzten Dienstbehörde sogleich nach Verhängung der Strafe davon Nachricht zu geben.[120])

§ 51. Die Militär- und Verwaltungsvorgesetzten haben von der gegen eine ihnen untergebene Militärperson verhängten Disziplinarstrafe sich gegenseitig Mittheilung zu machen.

---

[116]) Der Zusatz der ursprünglichen Fassung: „oder Gewehr- oder Satteltragen" ist zufolge AO. 4. Aug. 87 (AVB. 241) weggefallen.

[117]) Die jetzige Fassung des § beruht auf AO. 4. Aug. 87 (Anm. 116).

[118]) Nach KontrollO. 15. Febr. 75 § 7 Abs. 2 ist statt „können" zu setzen: „müssen" (Anm. 67). — Vollstreckung der Haft § 28 Abs. 2.

[119]) Die Arreststrafen sind vor der Entlassung zu vollstrecken, wenn der Strafantritt am letzten Übungstag erfolgen kann KrMVf. 30. Nov. 97.

[120]) Die Benachrichtigung hat so rechtzeitig zu erfolgen, daß die Behörde für Vertretung sorgen oder begründeten Strafaufschub im dienstlichen Interesse beantragen kann KrMVf. 17. Febr. 90.

Siebenter Abschnitt.

Von der Beschwerdeführung über Disziplinarbestrafung.

§ 52. Beschwerden über eine von den zuständigen Militärvorgesetzten verhängte Disziplinarstrafe dürfen nur von einem Vorgesetzten des Bestraften[121]) oder von diesem selbst, und im letzteren Fall erst nach der Strafvollstreckung und ohne Mitwirkung eines Dritten, in der für dienstliche Beschwerden vorgeschriebenen Form angebracht werden.[122])

§ 53. Wird diese Beschwerde (§ 52) für begründet erachtet[123]), so ist der hierauf bezügliche Bescheid in die Strafbücher, in welche die Strafe eingetragen worden, unter Löschung derselben, seinem Inhalte nach aufzunehmen und dem Beschwerdeführer davon Kenntniß zu geben.

Unbegründete Beschwerden unterliegen, insofern nicht nach § 152 des Militärstrafgesetzbuches für das Deutsche Reich vom 20. Juni 1872 gerichtliche Verfolgung geboten ist, der Disziplinarbestrafung.[124])

Achter Abschnitt.

Von der Beaufsichtigung der Militärvorgesetzten in Absicht auf die richtige Anwendung der Disziplinarstrafen.

§ 54. Die höheren Militärvorgesetzten haben die gerechte und zweckentsprechende Anwendung der den niederen Vorgesetzten zustehenden Strafbefugnisse und die vorschriftsmäßige Strafvollstreckung sorgfältig zu überwachen.

Sie haben zu diesem Behuf die Strafbücher[125]), welche bei den Truppentheilen, den Militärbehörden und den militärischen Anstalten, deren Vorsteher mit Disziplinarstrafgewalt bekleidet sind, geführt werden müssen, und welche den Grund, die Art und das Maß der Strafe, sowie den Namen des Vorgesetzten, welcher die Strafe verhängt hat, auszuweisen haben, genau zu kontrolieren.[126])

---

[121]) Auch Vorgesetzte haben das Beschwerderecht, da diese den Untergebenen zu vertreten haben. Das Beschwerderecht kann jedoch naturgemäß nur dem niederen Vorgesetzten gegenüber dem höheren, welcher die DiszStrafe ausgesprochen hat, zustehn.

[122]) Form, Frist der Anbringung, Entscheidung usw. BeschwO. I u. II f. d. H. u. BeschwO. f. d. Marine (Anl. H u. H1 zu Nr. I 2 d. W.). Die Beschwerdefrist kann erst mit Ablauf der Strafverbüßung beginnen.

[123]) Der zur Entscheidung über die Beschwerde berufene Vorgesetzte ist zur Aufhebung oder Abänderung der Disz-Strafe nicht nur innerhalb der Grenzen des § 55, sondern auch dann befugt, wenn er die Bestrafung aus tatsächlichen oder rechtlichen Gründen als sachlich ungerechtfertigt oder zu hart erachtet.

[124]) Maßgebend sind BeschwO. f. d. H. **I** I A 7, B 4; **II** II 6, II 8 (Anl. H zu Nr. I 2 d. W.). Bestrafung von Personen des Beurlaubtenstandes Nr. I 2 Anm. 593 d. W.

[125]) Führung der Strafbücher AO. 2. März 93, ergänzt durch AO. 13. Juni 02 (AVB. 192). Danach haben die nachsehenden Vorgesetzten jegliche Einflußnahme, zu der sie durch § 54 verpflichtet sind, in den Revisionsheften niederzulegen. Mündliche Erläuterungen der gemachten Bemerkungen sind aber zulässig. Die Revisionshefte sind geheim zu behandeln. Die Revision der höheren Vorgesetzten hat sich besonders darauf zu erstrecken, daß die niederen DiszVorgesetzten in einer den Bestimmungen entsprechenden Ausübung der DiszBefugnis nicht beschränkt werden. — Bemerkungen, die als eine Beurteilung der Qualifikation der Kompagnie- usw. Chefs aufgefaßt werden können, gehören nicht in die Revisionshefte KrMVf. 6. März 94.

[126]) Jede Aufstellung von Vergleichen über die Zahl der bei den einzelnen Truppenteilen verhängten Strafen sowie die Festsetzung u. Empfehlung eines bestimmten Zahlenverhältnisses zwischen den kleinen Disziplinar-

§ 55. Finden die höheren Militärvorgesetzten, daß
1. eine von dem niederen Vorgesetzten verhängte Disziplinarstrafe ihrer Art oder ihrer Dauer nach unzulässig, oder
2. der Strafende zu deren Verhängung nicht befugt gewesen ist,

so ist von ihnen die Strafe abzuändern oder aufzuheben.[127])

Schlußbestimmungen.

§ 56. Die Befugniß der Militärvorgesetzten zur Verhängung von Disziplinarstrafen in Gemäßheit der Bestimmungen dieser Verordnung tritt auch in dem Falle ein, wenn die Militärperson, welche die Disziplinarstrafe verwirkt hat, einem anderen Kontingente des deutschen Heeres angehört.[128])

§ 57. Diese Disziplinar-Strafordnung tritt mit dem 15. November d. J. in Kraft. Von diesem Tage ab sind alle hiermit nicht in Einklang stehenden Bestimmungen über die Disziplinarbestrafung im Heere aufgehoben.

Ueber die Handhabung der Disziplin in den Militärstrafanstalten bleiben besondere Bestimmungen vorbehalten.[129])

Anlagen zur Disziplinar-Strafordnung für das Heer.

Anlage A (zu Anmerkung 18).

Dienstvorschrift für die Arbeiter-Abtheilungen.[1]) (Auszug.)

§ 3. [Bezeichnung der in die Arbeiter-Abtheilungen einzustellenden Mannschaften.] In die Arbeiter-Abtheilungen sind einzustellen:
1. Diejenigen Mannschaften, welche als Arbeitssoldaten ausgehoben worden sind (§ 30, 4 und 43, 2 der WO.[2])).
2. a) Diejenigen Mannschaften des aktiven Heeres (§ 38 RMG. u. Art. II. § 13 des G. vom 11. Februar 1888 — S. 328 bezw. 351 der WO.[2])),
   b) diejenigen in die Heimath vorläufig beurlaubten Rekruten und Freiwilligen,

---

u. Arreststrafen muß unterbleiben. Jede Truppe soll nach ihrem Zustand u. ihren Leistungen, nicht nach Zahl u. Art der verhängten Strafen beurteilt werden AO. 18. Febr. 04. — Die Waffenvorgesetzten der Spezialtruppen vom Brigadekommandeur, Inspekteur oder Traindirektor aufwärts haben sich, wenn sie sich auf Grund des § 54 Abs. 2 zum Erlaß allgemeiner Anweisungen über die Handhabung der DiszStrafgewalt veranlaßt finden, vorher stets des Einverständnisses des betr. Kommand. Generals zu versichern AO. 4. Jan. 83 (AVB. 13), 25. März 99 (AVB. 149), 16. Juni 99 (AVB. 263); KrMVf. 20. Nov. 02.

[127]) Eine Erläuterung hierzu enthält AO. 16. Nov. 99 Anlage D. — Ist der Bestrafte inzwischen durch Versetzung usw. aus der DiszStrafgewalt des nachsehenden höheren Vorgesetzten ausgeschieden, so steht dem letzteren nur die Aufhebung, dem neuen DiszVorgesetzten dagegen die Verfügung der etwa an die Stelle tretenden neuen DiszStrafe zu (MDStO. § 74 Abs. 2). Ist die im § 44 genannte Frist seit Ausspruch der abzuändernden DiszStrafe bereits abgelaufen, so kann nur Aufhebung derselben, nicht aber neue Bestrafung erfolgen (Anm. 108).

[128]) Ebenso, wenn es sich um eine MilPerson der Marine handelt AO. 25. März 97 (AVB. 110).

[129]) Sie sind enthalten in MStV. § 59, 60, 102—105, 116. Vgl. auch Anm. 49.

[1]) Die Dienstvorschr. ist vom Kaiser genehmigt durch AO. 31. Aug. 81.

[2]) = WehrO.

c) die bis zur Entscheidung über ihr ferneres Militärverhältniß zur Disposition der Ersatzbehörden entlassenen Mannschaften,

d) die vor erfüllter aktiver Dienstpflicht zur Disposition der Truppentheile beurlaubten Mannschaften,

welche auf Grund des § 81 des Militär-Strafgesetzbuches für das deutsche Reich militärgerichtlich bestraft worden, zu Arbeiten für militärische Zwecke aber noch fähig geblieben sind (§§ 56, 2 bis 4, 60 RMG.).

3. Diejenigen Mannschaften des Beurlaubtenstandes, welche auf Grund des § 142 des Strafgesetzbuches für das deutsche Reich zivilgerichtlich bestraft worden, zu Arbeiten für militärische Zwecke aber fähig geblieben sind.

Die Ueberweisung der unter 2 b c d und 3 bezeichneten Mannschaften an die Arbeiter-Abtheilungen erfolgt bei Einberufungen zum aktiven Dienst (§ 25).

Ist die Ueberweisung an eine Arbeiter-Abtheilung nicht möglich, so werden die Einberufenen anderwärts mit Arbeiten für militärische Zwecke beschäftigt (25, 8 u. 9).

4. Diejenigen Mannschaften des aktiven Dienststandes, welche militärgerichtlich mit dem Verlust der bürgerlichen Ehrenrechte bestraft worden sind und gemäß § 46, 2 der MStB.[3]) zur weiteren Erfüllung ihrer aktiven Dienstpflicht einer Arbeiter-Abtheilung überwiesen werden.

5. Gemeine der zweiten Klasse des Soldatenstandes, welche vom kommandirenden General in Gemäßheit des § 3 C 4 bezw. § 14 der DStO. den Arbeiter-Abtheilungen überwiesen werden.

6. Gemeine, welche vom kommandirenden General auf Grund der AKO. vom 8. Dezember 1887[4]) den Arbeiter-Abtheilungen überwiesen werden.

§ **6.** [Unterstellung der Arbeiter-Abtheilungen.] Die Arbeiter-Abtheilungen sind dem Inspekteur der militärischen Strafanstalten unterstellt.

Der kommandirende General übt bezüglich der in seinem Korpsbereiche befindlichen Arbeiter-Abtheilung die allgemeinen territorialen Rechte und Pflichten, der Gouverneur ꝛc. dieselben Rechte und Pflichten aus, wie über alle in der betreffenden Garnison befindlichen Truppen-Abtheilungen. Die Ausübung der Militärstrafgerichtsbarkeit über die Arbeiter-Abtheilungen regelt sich nach der Anlage 2a.

§ **7.** [Befugnisse des Gouverneurs ꝛc. unter besonderen Verhältnissen.] In einer vom Feinde bedrohten Festung gehen die Befugnisse des Inspekteurs über die Arbeiter-Abtheilung auf den Gouverneur ꝛc. über, ebenso wenn bei eintretender Mobilmachung die Inspektion der militärischen Strafanstalten aufgelöst wird.

§ **18.** [Ueberweisung, Versetzungen.] 1. Die Ueberweisung eines Gemeinen an die Arbeiter-Abtheilung erfolgt mittelst einer vom kommandirenden General zu erlassenden Einstellungsverfügung. Letztere muß erkennen lassen, auf Grund welcher Ziffer ꝛc. des § 3 dieser Dienstvorschrift die Ueberweisung erfolgt.

Der Einstellungsverfügung ist ein vollständiger Auszug aus der Truppen-Stammrolle und ein genaues Verzeichniß sämmtlicher erlittenen Strafen, einschließlich derjenigen vor dem Diensteintritt, bei Mannschaften, welche als Arbeitssoldaten ausgehoben worden sind, nur eine Nationalliste beizufügen.

Die Verfügung zur Einstellung der aus dem Ersatzbezirke der Großherzoglich Hessischen (25.) Division ausgehobenen Mannschaften (§ 3, 1) giebt der Kommandeur dieser Division.

---

[3]) Nr. I 2 Anl. D d. W.

[4]) Nr. 2 Anm. 18 d. W.

2. Unmittelbar nach dem Eingang der Einstellungsverfügung bei dem betreffenden Truppentheil ꝛc. wird der einer Arbeiter-Abtheilung zu Ueberweisende dorthin in Marsch gesetzt und, falls befürchtet werden muß, daß er seinen Marsch nicht in vorgeschriebener Weise ausführen werde, durch einen Unteroffizier oder Gefreiten an seinen Bestimmungsort transportiert. Gleichzeitig ist er mit sämmtlichen Papieren der Arbeiter-Abtheilung zu überweisen.

3. Die Ueberweisung der als Arbeitssoldaten ausgehobenen Mannschaften erfolgt am 1. Oktober jedes Jahres (§§ 30, 4 und 43, 2 WO.[2])).

4. Unsichere Dienstpflichtige können zunächst ohne die Einstellungsverfügung zur Einstellung in die Arbeiter-Abtheilung gelangen. Diese Verfügung ist aber nachträglich herbeizuführen und der Arbeiter-Abtheilung zu übermitteln.

5. Versetzungen von einer Arbeiter-Abtheilung zu einer anderen verfügt der Inspekteur. Sie sind auf das Nothwendigste zu beschränken.

§ 27. [Rehabilitirung. Allgemeine Bestimmungen.] 1. Die Rehabilitirung der Arbeitssoldaten erfolgt nach den für die anderen Personen des Soldatenstandes gegebenen Bestimmungen. (Anlage 8 der HO.[5])).

2. Diejenigen Mannschaften, welche sich zum Dienst untauglich gemacht haben ꝛc. (§ 3, 2), dürfen nur ausnahmsweise in Vorschlag gebracht werden.

§ 28. [Rehabilitirungsvorschläge.] Die Rehabilitirungsvorschläge für Arbeitssoldaten legt der Inspekteur am 1. Januar, 1. April, 1. Juli und 1. Oktober jedes Jahres dem Kriegsministerium zur Herbeiführung der Allerhöchsten Entscheidung vor, nachdem er sich betreffs der aus den Truppentheilen überwiesenen Arbeitssoldaten zuvor des Einverständnisses derjenigen kommandirenden Generale versichert hat, welche die Einstellungsverfügung erlassen haben.

Die Rehabilitirungsvorschläge sind unter Beachtung des Musters zu Anlage 8 der HO.[5]) anzufertigen und von der Inspektion zusammenzustellen.

§ 29. [Bestimmung über die Arbeitssoldaten nach erfolgter Rehabilitirung bezw. nach Wiedererlangung der bürgerlichen Ehrenrechte.] 1. Arbeitssoldaten, welche auf Grund des § 3 C 4 der DStO. bezw. § 46, 2 der MStGB.[3]) in die Arbeiter-Abtheilung eingestellt worden sind, scheiden nach erfolgter Rehabilitirung sogleich aus der Arbeiter-Abtheilung aus und werden nach näherer Bestimmung des kommandirenden Generals, welcher seiner Zeit die Einstellungsverfügung erlassen hat, ihrem früheren oder einem anderen Truppentheil des betreffenden Armeekorps zur Erfüllung der weiteren aktiven Dienstpflicht überwiesen.

Dieser Truppentheil ist so rechtzeitig dem Inspekteur zu bezeichnen, daß die Ueberweisung nach geschehener Rehabilitirung ohne Zeitverlust erfolgen kann.

2. Ebenso scheiden die Arbeitssoldaten, welche auf Grund des § 30, 4 der WO. in eine Arbeiter-Abtheilung eingestellt worden sind, aus dieser nach Wiedererlangung der bürgerlichen Ehrenrechte alsbald aus und werden einem Truppentheil zur ferneren Erfüllung der aktiven Dienstpflicht überwiesen.

Den Truppentheil bestimmt der kommandirende General des Ersatzbezirks, aus welchem der Betreffende ausgehoben worden ist, bezw. in Ansehung der aus dem Großherzogthum Hessen ausgehobenen Arbeitssoldaten (§ 18, 1) der Kommandeur der Großherzoglich Hessischen (25.) Division.

3. Wenn bei den auf Grund des § 30, 4 der WO.[2]) in eine Arbeiter-Abtheilung eingestellten Mannschaften die Voraussetzungen der AKO. vom 8. Dezember 1887[4]) zutreffen, darf ihr Verbleiben in der Arbeiter-Abtheilung, auch nachdem sie die bürgerlichen Ehrenrechte wiedererlangt haben, durch diejenige

---

[5]) Nr. I 2 Unteranl. D 3 d. W.

Stelle angeordnet werden, welche die Einstellung in die Arbeiter-Abtheilung verfügt hatte.

4. Die auf Grund des § 30, 4 der WO.[2]) eingestellten Arbeitssoldaten, welche als solche in die zweite Klasse des Soldatenstandes versetzt worden sind, verbleiben, so lange sie sich in der zweiten Klasse des Soldatenstandes befinden, in der Arbeiter-Abtheilung und werden erst nach erfolgter Rehabilitirung einem Truppentheile zur weiteren Erfüllung der aktiven Dienstpflicht überwiesen.

5. Die Rückversetzung der auf Grund der AKO. vom 8. Dezember 1887[4]) in eine Arbeiter-Abtheilung eingestellten Mannschaften zur Truppe darf auf Antrag des Inspekteurs durch das Generalkommando, welches die Einstellung veranlaßt hat, verfügt werden, wenn die Führung des Mannes und die sonst in Betracht kommenden Verhältnisse eine derartige Maßnahme angezeigt erscheinen lassen.

§ 30. [Rehabilitirung von Arbeitssoldaten des Beurlaubtenstandes.] 1. Arbeitssoldaten der Reserve und Landwehr, welche der zweiten Klasse des Soldatenstandes angehören, treten nach erfolgter Rehabilitirung zur Reserve und Landwehr ihrer Waffe, sofern sie ihrer aktiven Dienstpflicht aber nur in einer Arbeiter-Abtheilung genügt haben sollten, zur Reserve und Landwehr der Infanterie über.

2. Arbeitssoldaten der Reserve und Landwehr bezw. der Ersatzreserve, welche sich vorsätzlich verstümmelt haben (§ 3, 2), verbleiben auch nach erfolgter Rehabilitirung in dem Verhältniß als Arbeitssoldaten des Beurlaubtenstandes.

Anlage B (zu Anmerkung 54).

Zusammenstellung der gemäß DStO. § 18 verliehenen Disziplinarstrafbefugnisse.

Es ist verliehen:

1. Die Disziplinarstrafgewalt eines Kompagnie- usw. Chefs (DStO. § 9):

Dem zweiten Artillerieoffizier vom Platz in Spandau über das Anschießkommando daselbst AO. 7. Febr. 78 (AVB. 41);

den zur Führung der Stamm- und Lehr-Kompagnie und der Offizier-Abteilung bestimmten Direktionsmitgliedern der Militär-Schießschule AO. 14. Febr. 80 (AVB. 51);

dem Führer der bei der Gewehr-Prüfungs-Kommission gebildeten Versuchskompagnie AO. 23. Nov. 82 (AVB. 83 S. 73);

dem Direktionsmitglied der Militär-Telegraphen-Schule AO. 13. Jan. 87 (AVB. 35);

dem Chef der Betriebskompagnie der Militär-Eisenbahn AO. 3. Okt. 88 (AVB. 197);

den mit Leitung der Werkstatt bei den Bekleidungsämtern betrauten Offizieren AO. 26. März 88 (AVB. 60);

dem militärischen Vorstandsmitglied der Wilhelms-Heilanstalt in Wiesbaden über Militär-Kurgäste vom Feldwebel usw. abwärts sowie über die kommandierten Ordonnanzen AO. 12. Nov. 96 (AVB. 288);

den Vorständen der Militär-Arrestanstalten über die kommandierten Mannschaften und Unteroffiziere sowie über Arrestanten AO. 3. Juni 97 (AVB. 160);

den Abteilungsführern der Maschinengewehrabteilungen und Versuchs-Maschinengewehrabteilungen AO. 28. März 01 (AVB. 140);

den Führern der Bespannungsabteilungen der Fußartillerie, des Luftschifferbataillons und der Telegraphenbataillone (mit Ausnahme der Zeit, in welcher die Bespannungsabteilungen mit Kompagnien genannter Truppenteile zu einem bespannten Verband zusammentreten) AO. 5. Febr. 03 (AVB. 19);

den Adjutanten bei den Kommandanturen der Truppenübungs- und Fußartillerieschießplätze über die Mannschaften der Arbeitskommandos AO. 28. März 03 (AVB. 67).

2. Die Disziplinarstrafgewalt eines nicht selbständigen Bataillonskommandeurs (DStO. § 10):

Dem ersten Artillerieoffizier vom Platz in Spandau über das Anschießkommando daselbst AO. 7. Febr. 78 (AVB. 41);

dem Kommandeur der Lehrabteilung und dem Vorstand der Versuchsabteilung der Militär-Schießschule AO. 14. Febr. 80 (AVB. 51);

den etatsmäßigen Stabsoffizieren der Infanterie über die Oekonomiearbeiter des Regiments und die zur Regiments-Handwerksstätte kommandierten Mannschaften AO. 24. April 84 (AVB. 85);

desgl. dem zweiten Stabsoffizier bezw. dem ältesten Hauptmann der Pionierbataillone AO. 17. Juli 86 (AVB. 608);

den Vorsitzenden der Verwaltungen der Feldartillerieschießplätze Falkenberg, Lockstedt, Hammerstein über die ihnen unmittelbar unterstellten Mannschaften und über die auf den Schießplätzen befindlichen Mannschaften hinsichtlich der DStO. § 16 bezeichneten Handlungen AO. 1. Juni 93 (AVB. 169);

dem Kommandeur der Oberfeuerwerkerschule AO. 29. März 96 (AVB. 94);

dem Direktionsmitglied der Kriegsakademie, das mit Aufsicht über die Burschen der zur Anstalt kommandierten Offiziere betraut ist AO. 21. Dez. 95 (AVB. 96 S. 3);

dem Kommandeur der Betriebsabteilung der Eisenbahnbrigade AO. 25. März 99 Anl. 4 (AVB. 149).

3. Die Disziplinarstrafgewalt eines detachierten Stabsoffiziers usw. (DStO. § 12):

dem Direktor der Festungsbauschule AO. 26. Juni 86 (AVB. 197);

den Bezirksoffizieren (Nr. III 2 Anm. 76 d. W.);

den Kommandanten der Invalidenhäuser Karlshafen und Stolp AO. 12. Nov. 91 (AVB. 252);

dem ersten Artillerieoffizier vom Platz in denjenigen Festungen, in denen besondere Vorstände der Artilleriedepots angestellt sind AO. 31. März 98 Ziff. 9 (AVB. 86);

denjenigen Divisionsadjutanten, die mit Befehlserteilung über die Divisions-Telegraphenabteilung beauftragt sind AO. 19. Aug. 02 (AVB. 188).

4. Die Disziplinarstrafgewalt eines Regimentskommandeurs (DStO. § 11):

dem Kommandeur der Leibgendarmerie innerhalb seines Befehlsbereichs AO. 1. April 80 (AVB. 106);

dem Präses der Gewehr-Prüfungskommission AO. 23. Nov. 82 (AVB. 83 S. 73);

den 2. inaktiven Stabsoffizieren des Bezirkskommandos Hamburg AO. 20. Febr. 90 (AVB. 33), der Bezirkskommandos Frankfurt a. M., Hannover, Teltow, Magdeburg, Stettin, Dortmund, Kiel, Barmen, Bernau AO. 31. März 93 (AVB. 76);

den 3. inaktiven Stabsoffizieren bei den Bezirkskommandos I u. II Berlin AO. 31. März 92 (AVB. 73);

den Direktoren der Gewehr- u. Munitionsfabriken AO. 31. Aug. 91 (AVB. 219);

dem Direktor der Militär-Telegraphenschule AO. 30. Okt. 94 (AVB. 285).

dem Inspektor der Telegraphentruppen u. dem Kommandeur eines Telegraphenbataillons AO. 25. März 99 Anl. 4 (AVB. 149);

dem Kommandeur des Lehrregiments bei der Feldartillerie-Schießschule 31. März 00 (AVB. 184);

dem Vorstand der Versuchs-Abteilung der Verkehrstruppen AO. 26. März 01 (AVB. 83);

den Traindirektoren gegenüber dem Personal der Traindepots u. der Trainbataillone ihres Befehlsbereichs AO. 13. Juli 02 (AVB. 245);

dem Chef der 3. (elektrotechnischen) Abteilung des Ingenieurkomitees über das Personal der Festungstelegraphen, des Militärtelegraphen von Berlin u. der Militärbrieftaubenstationen AO. 20. März 02 (AVB. 74);

5. Die Disziplinarstrafgewalt eines Brigadekommandeurs usw. (DStO. § 14[3]):

dem Chef der Landesaufnahme AO. 14. Aug. 75 (AVB. 183);

dem Inspekteur der Kriegsschulen AO. 28. Jan. 75 (AVB. 36);

dem Präses des Ingenieurkomitees gegenüber dem Personal u. den Schülern der Festungsbauschulen AO. 26. Juni 86 (AVB. 197);

dem Chef der Remonteabteilung im Kriegsministerium AO. 3. Aug. 85 (AVB. 170);

dem Inspekteur der Gewehr- und Munitionsfabriken AO. 31. Aug. 91 (AVB. 219);

den Kommandeuren der Truppenübungsplätze AO. 15. Okt. 91 (AVB. 241), 31. März 92 (AVB. 74), 26. März 93 (AVB. 75), 29. März 96 (AVB. 94);

dem Kommandeur der Feldartillerie-Schießschule AO. 31. März 00 (AVB. 184);

dem Traininspekteur gegenüber dem Personal der Traindepots und den Trainbataillonen seines Befehlsbereichs AO. 13. Juli 02 (AVB. 245);

dem Garnisonältesten von Rastatt AO. 12. Febr. 01 (AVB. 48);

6. Die Disziplinarstrafgewalt eines Divisionskommandeurs usw. (DStO. § 14[2]):

dem Kommandanten von Berlin AO. 9. Jan. 68 (AVB. 45);

den Departements-Direktoren im preuß. Kriegsministerium für ihren Dienstbereich AO. 3. Aug. 85 (AVB. 170);

dem Inspekteur der Feldartillerie AO. 1. Mai 89 (AVB. 106);

dem Gouverneur des Invalidenhauses zu Berlin AO. 12. Nov. 91 (AVB. 252);

dem Landwehr-Inspekteur in Berlin über den Stab der Landwehr-Inspektion und die Bezirkskommandos I—IV Berlin AO. 20. März 02 (AVB. 75).

7. Die Disziplinarstrafgewalt eines kommandierenden Generals (DStO. § 14[1]):

dem preuß. Kriegsminister über die Militärpersonen seines Dienstbereichs sowie das Personal der Traininspektion, der Inspektoren der Infanterieschulen und der Gewehrfabriken AO. 3. Aug. 85 (AVB. 170);

dem Generalinspekteur der Kavallerie gegenüber seinem Stab sowie den ihm unterstellten Inspektionen und Instituten AO. 5. April 98 (AVB. 126);

dem Inspekteur der Verkehrstruppen AO. 25. März 99 Anl. 4 (AVB. 149);

dem Präsidenten des Reichsmilitärgerichts gegenüber den militärischen Mitgliedern dieses Gerichts AO. 16. Dez. 02 (AVB. 03 S. 3).

Anlage C (zu Anmerkung 92).

Reichsbeamtengesetz. Vom 31. März 1873. (RGB. 61.) (Auszug).*)

§ 72. [Allgemeine Bestimmungen über Dienstvergehen und deren Bestrafung][1]. Ein Reichsbeamter, welcher die ihm obliegenden Pflichten (§ 10) verletzt, begeht ein Dienstvergehen und hat die Disziplinarbestrafung verwirkt.

§ 73. Die Disziplinarstrafen bestehen in:

1. Ordnungsstrafen,[2]
2. Entfernung aus dem Amte.[3]

§ 74. Ordnungsstrafen sind:[4]

1. Warnung,
2. Verweis,
3. Geldstrafe,
   bei besoldeten Beamten bis zum Betrage des einmonatlichen Diensteinkommens, bei unbesoldeten bis zu dreißig Thalern.

Geldstrafe kann mit Verweis verbunden werden.

§ 75. Die Entfernung aus dem Amte kann bestehen:

1. In Strafversetzung.

Dieselbe erfolgt durch Versetzung in ein anderes Amt von gleichem Range, jedoch mit Verminderung des Diensteinkommens um höchstens ein Fünftel.

*) Bearb. v. Pieper-Brand (Berl. 02), Kannegießer (Berl. 74), Perels-Spilling (Berl. 90).

[1]) Die Amtspflichten sind für die einzelnen Ämter verschieden und können deshalb nicht besonders aufgeführt u. unter Strafe gestellt werden. Ihre Verletzung (Dienstvergehen) kann die strafrechtliche Verfolgung nach sich ziehen (StGB., besonders § 331—359; MStGB. § 153). Die Amtspflichten reichen aber über das Strafgesetz hinaus, u. hier tritt die Disziplinarbestrafung ergänzend ein (§ 72—133), die in der Ordnungsstrafe einen bessernden Zweck verfolgt, in der Entfernung aus dem Amte aber den Beamtenstand auch ganz von ungeeigneten Mitgliedern befreien will (§ 73). — Bedeutung der Disziplinarentscheidungen für die Gerichte § 155. — Die reichsgesetzlichen Disziplinarvorschriften sind dem preuß. DiszG. für nicht richterliche Beamte 21. Juli 52 (GS. 465) nachgebildet. — Handlungen, die vor dem Eintritt in das Amt begangen sind, bilden nicht Gegenstand der Disziplinarbestrafung UOV. 30 März 92 (XXII 423).

[2]) Zuständigkeit u. Verfahren § 80 bis 83.

[3]) Desgl. § 84—124.

[4]) Arreststrafe kann gegen Mil-Beamte nur vom MilBefehlshaber unter den Voraussetzungen der DStO. f. d. H. § 32, MDStO. § 39—41 verhängt werden.

Statt der Verminderung des Diensteinkommens kann eine Geldstrafe verhängt werden, welche ein Drittel des Diensteinkommens eines Jahres nicht übersteigt.

Die Strafversetzung wird durch die oberste Reichsbehörde[5]) in Ausführung gebracht.

2. In Dienstentlassung.

Dieselbe hat den Verlust des Titels und Pensionsanspruchs von Rechts wegen zur Folge. Hat vor Beendigung des Disziplinarverfahrens das Amtsverhältniß bereits aufgehört, so wird, falls nicht der Angeschuldigte unter Uebernahme der Kosten freiwillig auf Titel und Pensionsanspruch verzichtet, auf deren Verlust an Stelle der Dienstentlassung erkannt.

Gehört der Angeschuldigte zu den Beamten, welche einen Anspruch auf Pension haben, und lassen besondere Umstände eine mildere Beurtheilung zu, so ist die Disziplinarbehörde ermächtigt, in ihrer Entscheidung zugleich festzusetzen, daß dem Angeschuldigten ein Theil des gesetzlichen Pensionsbetrages auf Lebenszeit oder auf gewisse Jahre zu belassen sei.

§ **76.** Welche der in den §§ 73 bis 75 bestimmten Strafen anzuwenden sei, ist nach der größeren oder geringeren Erheblichkeit des Dienstvergehens mit besonderer Rücksicht auf die gesammte Führung des Angeschuldigten zu ermessen.

§ **77.** Im Laufe einer gerichtlichen Untersuchung darf gegen den Angeschuldigten ein Disziplinarverfahren wegen der nämlichen Thatsachen nicht eingeleitet werden.

Wenn im Laufe eines Disziplinarverfahrens wegen der nämlichen Thatsachen eine gerichtliche Untersuchung gegen den Angeschuldigten eröffnet wird, so muß das Disziplinarverfahren bis zur Beendigung des gerichtlichen Verfahrens ausgesetzt werden.

§ **78.**[6]) Wenn von den gewöhnlichen Strafgerichten auf Freisprechung erkannt ist[7]), so findet wegen derjenigen Thatsachen, welche in der gerichtlichen Untersuchung zur Erörterung gekommen sind, ein Disziplinarverfahren nur noch insofern statt, als dieselben an sich und ohne ihre Beziehung zu dem gesetzlichen Thatbestande der strafbaren Handlung, welche den Gegenstand der Untersuchung bildete, ein Dienstvergehen enthalten.

Ist in einer gerichtlichen Untersuchung eine Verurtheilung ergangen, welche den Verlust des Amtes nicht zur Folge gehabt hat[8]), so bleibt derjenigen Be-

---

[5]) Verzeichnis derselben V. 27. Dez. 99 (RGB. 730) unter I.

[6]) An die strafrechtliche Entscheidung über die Tat u. die Schuldfrage — mag sie verneinend oder bejahend sein — ist der Disziplinarrichter trotz der ihm durch § 108 Abs. 1 gewährten freien Beurteilung gebunden Erk. d. RDiszHofes 1. April 74 (CB. 143), UOV. 31. Okt. 91 (XXII 428).

[7]) Ein die strafrechtliche Verfolgung einstellender Beschluß oder der Eintritt der strafrechtlichen Verjährung hat diese Wirkung nicht. Disziplinarvergehen unterliegen der Verjährung nicht.

[8]) Der Verlust des Amtes folgt kraft Gesetzes aus der Verurteilung zu Zuchthaus StGB. § 31 u. der Aberkennung der bürgerlichen Ehrenrechte § 33, sowie der Fähigkeit zur Bekleidung öffentlicher Ämter § 35 Abs. 2. Daneben kann in einzelnen Fällen auf den Verlust der bekleideten Ämter erkannt werden StGB. § 81, 83, 84, 87—91, 94, 95, 319, gegen MilBeamte außerdem MStGB. § 43 u. 153. — Die Bestimmung, daß auch die Verurteilung zu mehrjähriger Freiheitsstrafe u. zu Polizeiaufsicht den Amtsverlust nach sich zieht (PrDiszG. § 7) ist nicht aufgenommen, weil sie als mit dem StGB. unvereinbar erachtet wurde. — Der Amtsverlust als Folge gerichtlicher Verurteilung zieht den Verlust des Pensionsanspruchs auch dann nach sich, wenn die Verurteilung nach verfügter Pensionierung, jedoch

hörde, welche über die Einleitung des Disziplinarverfahrens zu verfügen hat (§ 84 Abs. 1), die Entscheidung darüber vorbehalten, ob außerdem ein Disziplinarverfahren einzuleiten oder fortzusetzen ist.

§ **79.** Spricht das Gesetz bei Dienstvergehen, welche Gegenstand eines Disziplinarverfahrens werden, die Verpflichtung zur Wiedererstattung oder zum Schadenersatze oder eine sonstige civilrechtliche Verpflichtung aus, so gehört die Klage der Betheiligten vor das Civilgericht. Die Befugniß der vorgesetzten Behörde, einen Beamten zur Erstattung eines widerrechtlich erhobenen oder vorenthaltenen Werthbetrages anzuhalten, wird hierdurch nicht ausgeschlossen.

§ **80.** [Von dem Disziplinarverfahren.][9]) Jeder Dienstvorgesetzte ist zu Warnungen oder Verweisen gegen die ihm untergeordneten Reichsbeamten befugt.

§ **81.** Geldstrafen können

1. von der obersten Reichsbehörde[5]) gegen alle Reichsbeamte, und zwar bis zum höchsten zulässigen Betrage (§ 74 Nr. 3),
2. von den derselben unmittelbar untergeordneten Behörden[10]) und Vorstehern von Behörden bis zum Betrage von zehn Thalern,
3. von den den letzteren untergeordneten Behörden und Vorstehern von Behörden bis zum Betrage von drei Thalern

verhängt werden.

§ **82.** Vor der Verhängung einer Ordnungsstrafe ist dem Beamten Gelegenheit zu geben, sich über die ihm zur Last gelegte Verletzung seiner amtlichen Pflichten zu verantworten.

Die Verhängung der Ordnungsstrafen erfolgt unter Angabe der Gründe durch schriftliche Verfügung oder zu Protokoll.

Ist eine Geldstrafe für den Fall der Nichterledigung einer speziellen dienstlichen Verfügung binnen einer bestimmten Frist angedroht, so kann nach Ablauf der Frist die Geldstrafe ohne Weiteres festgesetzt werden.[11])

§ **83.** Gegen die Verhängung von Ordnungsstrafen findet nur Beschwerde im Instanzenzuge[12]) statt.

§ **84.** Der Entfernung aus dem Amte muß ein förmliches Disziplinarverfahren vorhergehen. Die Einleitung desselben wird von der obersten Reichsbehörde[5]) verfügt.

Das Disziplinarverfahren besteht in einer schriftlichen Voruntersuchung und einer mündlichen Verhandlung.

---

vor dem Zeitpunkt, zu dem der Eintritt in den Ruhestand erfolgen soll, eintritt URGer. 11. Febr. 87 (Zivils. XVII 240).

[9]) Für Ordnungsstrafen (§ 74) besteht ein einfaches Verfahren (§ 80 bis 83); für die Entfernung aus dem Amte (§ 75) ist es zu größerer Sicherung des Angeschuldigten förmlicher gestaltet (§ 84) u. mit schriftlicher Voruntersuchung (§ 85, 94—97) und einer vor kollegialen Behörden (§ 86—93) stattfindenden mündlichen Verhandlung (§ 101—109) und Berufung (§ 110—117) verbunden. — Das Disziplinarverfahren ist dem Strafverfahren nachgebildet u. gestattet, wo das DiszG. keine abweichenden Vorschriften enthält, die Heranziehung der Vorschriften der StPO. Dies gilt namentlich, wo allgemeine, überall anwendbare Rechtsgrundsätze in Frage kommen (Befangenheit der Richter Anm. 18, Beweisaufnahme Anm. 20, mündliche Verhandlung Anm. 37, Zustellungen u. Ladungen Anm. 54). Beamte der Schutzgebiete V. 9. Aug. 96 (RGB. 691) Art. 8 bis 10.

[10]) Höhere Behörden Verzeichnis II. der V. 27. Dez. 99 (Anm. 5).

[11]) Diese Strafe bildet keine förmliche Disziplinar-, sondern nur eine dem Aufsichtsrechte entspringende Zwangsstrafe.

[12]) § 81. Die Beschw. ist an keine Frist gebunden.

§ 85. Die oberste Reichsbehörde[5]) ernennt den untersuchungsführenden Beamten und diejenigen Beamten, welche im Laufe des Disziplinarverfahrens die Verrichtungen der Staatsanwaltschaft wahrzunehmen haben.

Ist Gefahr im Verzuge, so kann die Verfügung der Einleitung des Disziplinarverfahrens und die Ernennung des untersuchungsführenden Beamten vorläufig von einer der im § 81 unter Nr. 2 bezeichneten Behörden oder einem der dort bezeichneten Beamten ausgehen. Es ist alsdann die Genehmigung der obersten Reichsbehörde[5]) einzuholen und, sofern diese versagt wird, das Verfahren einzustellen.

§ 86. Die entscheidenden Disziplinarbehörden, welche je nach Bedürfniß zusammentreten, sind

1. in erster Instanz die Disziplinarkammern,
2. in zweiter Instanz der Disziplinarhof.

§ 87. An folgenden Orten:

Potsdam, Frankfurt a. O., Königsberg, Danzig, Stettin, Köslin, Bromberg, Posen, Magdeburg, Erfurt, Breslau, Liegnitz, Oppeln, Münster, Arnsberg, Düsseldorf, Köln, Trier, Darmstadt, Frankfurt a. M., Kassel, Hannover, Schleswig, Leipzig, Karlsruhe, Schwerin, Lübeck und Bremen

wird je eine Disziplinarkammer errichtet.[13])

Durch Anordnung des Kaisers können im Einvernehmen mit dem Bundesrath einzelne Disziplinarkammern auch an anderen Orten errichtet werden.

Der Disziplinarhof tritt am Sitze des Reichsgerichts[14]) zusammen.

§ 88. Die Bezirke der Disziplinarkammern werden vom Kaiser im Einvernehmen mit dem Bundesrathe abgegrenzt.[15])

Zuständig im einzelnen Falle ist die Disziplinarkammer, in deren Bezirk der Angeschuldigte zur Zeit der Einleitung des förmlichen Disziplinarverfahrens seinen dienstlichen Wohnsitz hat, und wenn dieser Wohnsitz im Auslande sich befindet, die Disziplinarkammer in Potsdam.[16])

Streitigkeiten über die Zuständigkeit verschiedener Disziplinarkammern werden vom Disziplinarhof entschieden.

§ 89. Jede Disziplinarkammer besteht aus sieben Mitgliedern. Der Präsident und wenigstens drei andere Mitglieder müssen in richterlicher Stellung in einem Bundesstaate sein.

Die mündliche Verhandlung und Entscheidung in den einzelnen Disziplinarsachen erfolgt durch fünf Mitglieder. Der Vorsitzende und wenigstens zwei Beisitzer müssen zu den richterlichen Mitgliedern gehören.[17])

§ 90. Wenn auf den Antrag des Beamten der Staatsanwaltschaft oder des Angeschuldigten der Disziplinarhof das Vorhandensein von Gründen anerkennt, welche die Unbefangenheit der zuständigen Disziplinarkammer zweifelhaft machen, so tritt eine andere durch den Disziplinarhof ernannte Disziplinarkammer an deren Stelle.[18])

---

[13]) Dazu sind gemäß Abs. 2 die Disziplinarkammern in Stuttgart u. Straßburg getreten Unteranl. C 1.

[14]) An Stelle des Reichsoberhandelsgerichts ist das Reichsgericht getreten G. 16. Juni 79 (RGB. 157) § 1 Abs. 1.

[15]) V. 11. Juli 73 Unteranlage C 1. MilDisziplinarkommissionen Anm. 45.

[16]) Für die Beamten der Schutzgebiete ist eine besondere Disziplinarkammer u. ein besonderer Disziplinarhof in Berlin gebildet V. 9. Aug. 96 (Anm. 9) Art. 9.

[17]) Ernennung und Reihenfolge der Einberufung § 92, 93.

[18]) Nähere Anhaltspunkte (Anm. 9) bietet StPO. § 22—30, welche auch für die Ablehnung einzelner Mitglieder entsprechend anwendbar sind Erk. d. R-DisHofs 10. Febr. 81, 5. Nov. 83.

§ 91. Der Disziplinarhof besteht aus elf Mitgliedern, von denen wenigstens vier zu den Bevollmächtigten zum Bundesrathe, der Präsident und wenigstens fünf zu den Mitgliedern des Reichsgerichts[14]) gehören müssen.

Die mündliche Verhandlung und Entscheidung in den einzelnen Disziplinarsachen erfolgt durch sieben Mitglieder. Der Vorsitzende und wenigstens drei Beisitzer müssen zu den richterlichen Mitgliedern gehören.[17])

§ 92. Die Geschäftsordnung bei den Disziplinarbehörden, insbesondere die Befugnisse des Präsidenten und die Reihenfolge, in welcher die richterlichen Mitglieder an den einzelnen Sitzungen theilzunehmen haben, wird durch ein Regulativ geordnet, welches der Disziplinarhof zu entwerfen und dem Bundesrath zur Bestätigung einzureichen hat.[19])

§ 93. Die Mitglieder der Disziplinarkammern und des Disziplinarhofs werden für die Dauer der zur Zeit ihrer Ernennung von ihnen bekleideten Reichs- oder Staatsämter vom Bundesrath gewählt, vom Kaiser ernannt, und für die Erfüllung der Obliegenheiten ihres Amts verpflichtet.

§ 94. In der Voruntersuchung wird der Angeschuldigte unter Mittheilung der Anschuldigungspunkte vorgeladen und der Beamte der Staatsanwaltschaft zugezogen. Dieselben werden, wenn sie erscheinen, mit ihren Erklärungen und Anträgen gehört. Die Zeugen werden, nach Befinden eidlich, vernommen und die sonstigen Beweise erhoben.[20]) Den Vernehmungen der Zeugen darf weder der Beamte der Staatsanwaltschaft noch der Angeschuldigte beiwohnen.

Die Verhaftung, vorläufige Festnahme oder Vorführung des Angeschuldigten ist unzulässig.[21])

§ 95. Ueber jede Untersuchungshandlung ist durch einen vereideten[22]) Protokollführer ein Protokoll aufzunehmen. Den vernommenen Personen ist ihre Aussage unmittelbar nach der Protokollirung vorzulesen, um denselben Gelegenheit zur Berichtigung und Ergänzung zu geben.[23])

§ 96. Wenn der Voruntersuchungs-Beamte die Voruntersuchung für geschlossen erachtet, so theilt er die Akten dem Beamten der Staatsanwaltschaft mit. Hält dieser eine Ergänzung der Voruntersuchung für erforderlich, so hat er dieselbe bei dem Voruntersuchungs-Beamten zu beantragen, welcher, wenn er entgegengesetzter Ansicht ist, die Entscheidung der obersten Reichsbehörde[5]) einzuholen hat.

§ 97. Nach geschlossener Voruntersuchung ist dem Angeschuldigten der Inhalt der erhobenen Beweismittel mitzutheilen. Darauf werden die Akten an die oberste Reichsbehörde[5]) eingesendet.

§ 98. Die oberste Reichsbehörde[5]) kann mit Rücksicht auf den Ausfall der Voruntersuchung das Verfahren einstellen und geeigneten Falls eine Ordnungsstrafe[24]) verhängen.

Der Angeschuldigte erhält Ausfertigung des darauf bezüglichen, mit Gründen zu unterstützenden Beschlusses.[25])

---

[19]) GeschO. 18. April 80.

[20]) Für die Beweisaufnahme kommen die Grundsätze der StPO. — Zeugen § 48—71 (letzterer erg. G. 98 RGB. 252 Art. II), Sachverständige u. Augenschein § 72—86 u. 93 — zur Anwendung. — Zivil- u. Militärgerichte sind zur Rechtshilfe gegenüber den Disziplinarbehörden verpflichtet. Gegebenenfalls Beschwerde nach GVG. § 160, EG. z. MStGerO. § 13. Zeugniszwang wie Nr. 5 Anm. 100 d. W.

[21]) Die Beschlagnahme u. die Durchsuchung (StPO. § 94—111) sind zulässig URGer. 3. Juni §4 (Strafs. X 429).

[22]) Bei Beamten bedarf es keiner besonderen Vereidigung UOV. 11. Jan. 88 (MB. 33).

[23]) Entsprechend StPO. § 185, 186.

[24]) § 74.

[25]) § 133.

§ **99.** Die Wiederaufnahme des Disziplinarverfahrens wegen der nämlichen Anschuldigungspunkte ist nur auf Grund neuer Beweise und während eines Zeitraums von fünf Jahren, vom Tage des Einstellungsbeschlusses ab, zulässig.

War eine Ordnungsstrafe verhängt (§ 98), so findet eine Wiederaufnahme des eingestellten Disziplinarverfahrens nicht statt.

§ **100.** Die Einstellung des Verfahrens muß erfolgen, sobald der Angeschuldigte seine Entlassung aus dem Reichsdienste mit Verzicht auf Titel, Gehalt und Pensionsanspruch nachsucht, vorausgesetzt, daß er seine amtlichen Geschäfte bereits erledigt und über eine ihm etwa anvertraute Verwaltung von Reichsvermögen vollständige Rechnung gelegt hat.

Die Verhängung einer Ordnungsstrafe ist in diesem Falle[26]) nicht zulässig. Die Kosten des eingestellten Verfahrens (§ 124) fallen dem Angeschuldigten zur Last.

§ **101.** Beschließt die oberste Reichsbehörde[5]) die Verweisung der Sache vor die Disziplinarkammer, so wird der Angeschuldigte nach Eingang einer von dem Beamten der Staatsanwaltschaft anzufertigenden Anschuldigungsschrift unter abschriftlicher Mittheilung der letzteren zu einer von dem Vorsitzenden der Disziplinarkammer zu bestimmenden Sitzung zur mündlichen Verhandlung vorgeladen.[27])

Der Angeschuldigte kann sich des Beistandes eines Advokaten oder[28]) Rechtsanwalts[29]) als Vertheidiger bedienen. Dem Letzteren ist die Einsicht der Voruntersuchungs-Akten zu gestatten.

§ **102.** Die mündliche Verhandlung findet statt, auch wenn der Angeschuldigte nicht erschienen ist. Derselbe kann sich durch einen Advokaten oder[28]) Rechtsanwalt vertreten lassen. Der Disziplinarkammer steht es jedoch, sofern der Angeschuldigte seinen dienstlichen Wohnsitz im Deutschen Reiche hat, jederzeit zu, das persönliche Erscheinen des Angeschuldigten unter der Warnung zu verordnen, daß bei seinem Ausbleiben ein Vertheidiger zu seiner Vertretung nicht werde zugelassen werden[27]).

§ **103.** Die mündliche Verhandlung ist öffentlich. Die Öffentlichkeit kann aus besonderen Gründen auf den Antrag des Angeschuldigten, des Beamten der Staatsanwaltschaft oder von Amts wegen durch Beschluß der Disziplinarkammer ausgeschlossen oder auf bestimmte Personen beschränkt werden. Die Gründe der Ausschließung oder Beschränkung der Öffentlichkeit müssen aus dem Sitzungsprotokoll hervorgehen[30]).

§ **104**[31]). Bei der mündlichen Verhandlung wird der wesentliche Inhalt der Anschuldigungsschrift von den Beamten der Staatsanwaltschaft mündlich vor-

---

[26]) Gegensatz zu § 98 Abs. 1.

[27]) § 133 u. GeschO. § 22^1. Das persönliche Erscheinen kann nicht durch Vorführungs- oder Haftbefehl erzwungen werden § 94 Abs. 2.

[28]) Advokaten kennt das GVG. nicht mehr.

[29]) Nicht anderer Personen, wie nach StPO. § 138, 139 u. 322.

[30]) Die Öffentlichkeit ist — abweichend von Preußen DiszG. (Anm. 1) § 35 — zugelassen, ihr Ausschluß aber nicht — wie im GVG. § 173 — von bestimmten Voraussetzungen (Gefährdung der öffentlichen Ordnung oder der Sittlichkeit) abhängig gemacht, sondern in das freie Ermessen des Gerichts gestellt. Verfahren GeschO. § 22^2.

[31]) Mit der Öffentlichkeit (vor. Anm.) ist — gegenüber dem preuß. DiszG. § 35 — auch eine erweiterte Mündlichkeit verbunden, indem das Verfahren nicht mit der Sachdarstellung beginnt u. neue Zeugenvernehmungen auch auf Antrag der Parteien erfolgen müssen, sofern die Tatsachen erheblich sind § 106, 107 u. GeschO. § 22^3.

getragen. Der Angeschuldigte wird vernommen. Gesteht derselbe die den Gegenstand der Anschuldigung bildenden Tatsachen ein und walten gegen die Glaubwürdigkeit seines Geständnisses keine Bedenken ob, so beschließt die Disziplinarkammer, daß eine Beweisverhandlung nicht stattfinde.

Andernfalls giebt ein von dem Vorsitzenden der Disziplinarkammer aus der Zahl der Mitglieder[32]) ernannter Berichterstatter auf Grund der bisherigen Verhandlungen eine Darstellung der Beweisaufnahme, soweit sie sich auf die in der Anschuldigungsschrift enthaltenen Anschuldigungspunkte bezieht.[33])

Zum Schluß wird der Beamte der Staatsanwaltschaft mit seinem Vor- und Antrage und der Angeschuldigte mit seiner Vertheidigung gehört. Dem Angeschuldigten steht das letzte Wort zu.

§ 105. Wenn die Disziplinarkammer vor oder im Laufe der mündlichen Verhandlung auf den Antrag des Angeschuldigten oder des Beamten der Staatsanwaltschaft oder von Amts wegen die Vernehmung von Zeugen, sei es vor der Disziplinarkammer oder durch einen beauftragten Beamten, oder die Herbeischaffung anderer Beweismittel für angemessen erachtet, so erläßt sie die erforderliche Verfügung und verlegt nöthigenfalls die Fortsetzung der Verhandlung auf einen anderen Tag, welcher dem Angeschuldigten bekannt zu machen ist.

§ 106. Die Vernehmung der Zeugen muß auf Antrag des Beamten der Staatsanwaltschaft oder des Angeschuldigten in der mündlichen Verhandlung erfolgen, sofern die Thatsachen erheblich sind, über welche die Vernehmung stattfinden soll, und die Disziplinarkammer nicht die Ueberzeugung gewonnen hat, daß der Antrag nur auf Verschleppung der Sache abzielt.

§ 107. Stehen dem Erscheinen eines Zeugen Krankheit, große Entfernung oder andere unabwendbare Hindernisse entgegen, so ist von der Disziplinarkammer dessen Vernehmung durch einen damit beauftragten Beamten unter Beiladung der Staatsanwaltschaft und des Angeschuldigten anzuordnen.

Als große Entfernung im Sinne dieses Gesetzes ist es nicht anzusehen, wenn der Zeuge sich im Bezirke der entscheidenden Disziplinarkammer aufhält.

§ 108. Bei der Entscheidung hat die Disziplinarkammer, ohne an positive Beweisregeln gebunden zu sein, nach ihrer freien, aus dem Inbegriffe der Verhandlungen und Beweise geschöpften Ueberzeugung zu beurtheilen, inwieweit die Anschuldigung für begründet zu erachten[34]).

Ist die Anschuldigung nicht begründet, so spricht die Disziplinarkammer den Angeschuldigten frei. Vorläufige Freisprechung (Entbindung von der Instanz) ist nicht statthaft[35]). Gegen den freigesprochenen Angeschuldigten darf wegen der nämlichen den Gegenstand der Anschuldigung bildenden Handlung ein Disziplinarverfahren nicht wieder eingeleitet werden.

Ist die Anschuldigung begründet, so kann die Entscheidung auch auf eine bloße Ordnungsstrafe[24]) lauten.

Die Entscheidung, welche mit Gründen versehen sein muß, wird in der Sitzung, in welcher die mündliche Verhandlung beendigt worden ist oder spätestens innerhalb der darauf folgenden vierzehn Tage verkündet. Eine Ausfertigung der Entscheidung wird dem Angeschuldigten ertheilt[36]).

---

[32]) Der in § 89 genannten Mitglieder.

[33]) Der Regel nach soll eine erneute Beweisaufnahme in der mündlichen Verhandlung (abweichend vom Strafprozeßverfahren) nicht stattfinden. Ausnahmen hiervon enthalten § 105—107.

[34]) Einschränkung durch voraufgegangenes strafgerichtliches Urteil Anm. 6. — Ebenso StPO. § 260. — Verfahren GeschO. § 6, 9, 14, 15.

[35]) Mit der StPO. allgemein fortgefallen.

[36]) GeschO. § 15 u. 22[4]. Zustellung RBeamtG. § 133.

§ 109. Ueber die mündliche Verhandlung wird ein Protokoll aufgenommen, welches die Namen der Anwesenden und die wesentlichen Momente der Verhandlung enthalten muß[37]). Das Protokoll wird von dem Vorsitzenden und dem Protokollführer unterzeichnet.

§ 110. Gegen die Entscheidung der Disziplinarkammer steht die Berufung an den Disziplinarhof sowohl dem Beamten der Staatsanwaltschaft als dem Angeschuldigten offen[38]).

Neue Thatsachen, welche die Grundlage einer anderen Beschuldigung bilden, dürfen in der Berufungsinstanz nicht vorgebracht werden.

§ 111. Die Anmeldung der Berufung geschieht zu Protokoll oder schriftlich bei der Disziplinarkammer, welche die anzugreifende Entscheidung erlassen hat. Von Seiten des Angeschuldigten kann sie auch durch einen Bevollmächtigten geschehen.

Die Frist dieser Anmeldung ist eine vierwöchentliche. Sie beginnt für den Beamten der Staatsanwaltschaft mit dem Ablaufe des Tages, an welchem die Entscheidung verkündet, für den Angeschuldigten mit dem Ablaufe des Tages, an welchem ihm die Ausfertigung der Entscheidung zugestellt worden ist.

§ 112. Zur schriftlichen Rechtfertigung[39]) der Berufung steht demjenigen, der dieselbe rechtzeitig angemeldet hat, eine vierzehntägige Frist, vom Ablaufe der Anmeldefrist gerechnet, offen.

§ 113. Die Anmeldung der Berufung und die etwa eingegangene Berufungsschrift wird dem Gegner in Abschrift zugestellt[25]), und falls dies der Beamte der Staatsanwaltschaft ist, in Urschrift vorgelegt.

Innerhalb vierzehn Tagen nach erfolgter Zustellung oder Vorlegung kann der Gegner eine Beantwortungsschrift einreichen.

§ 114. Befindet sich der Angeschuldigte im Auslande, so hat die Disziplinarkammer die Fristen zur Anmeldung und Rechtfertigung seiner Berufung und zur Beantwortung der Berufung des Beamten der Staatsanwaltschaft mit Rücksicht auf die Entfernung des dienstlichen Wohnsitzes des Angeschuldigten von Amts wegen zu erweitern und die betreffende Verfügung gleichzeitig mit dem Urtheil beziehungsweise mit der Anmeldung der Berufung des Beamten der Staatsanwaltschaft dem Angeschuldigten zuzustellen.

§ 115. Die Fristen zur Rechtfertigung und Beantwortung der Berufung (§§ 112 bis 114)[40]) können auf Antrag von der Disziplinarkammer verlängert werden.

§ 116. Nach Ablauf der in den §§ 113 bis 115 bestimmten Fristen werden die Akten an den Disziplinarhof eingesandt[41]).

Der Disziplinarhof kann die zur Aufklärung der Sache etwa erforderlichen Verfügungen erlassen. Er bestimmt sodann eine Sitzung zur mündlichen Verhandlung, zu welcher der Angeschuldigte vorzuladen und der Beamte der Staatsanwaltschaft zuzuziehen ist.

---

[37]) GeschO. § 22⁵. — Nähere Bestimmungen (Anm. 9) enthält StPO. § 271—273.

[38]) Auch der Staatsanwalt kann — wie nach StPO. § 338 Abs. 2 u. 344 — zu Gunsten des Angeschuldigten Berufung einlegen. Außer diesem Falle kann keine Partei aus der gegnerischen Berufung eine ihr günstigere Entscheidung herbeiführen Begr. u. UOV. 20. Dez. 84 (XII 431). Entsprechend StPO. § 372, während § 343, der auch bei einseitiger Berufung des Staatsanwalts eine Strafmilderung zuläßt, nicht anwendbar ist.

[39]) Die Berufung kann auf formelle oder materielle Gründe gestützt werden. Neue Tatsachen können geltend gemacht werden.

[40]) Nicht die Fristen zur Anmeldung § 111 u. 114.

[41]) GeschO. § 22⁶.

In der mündlichen Verhandlung giebt zunächst ein von dem Vorsitzenden des Disziplinarhofs aus der Zahl seiner Mitglieder ernannter Berichterstatter eine Darstellung der bis dahin stattgefundenen, auf die in der Anschuldigungsschrift enthaltenen Anschuldigungspunkte bezüglichen Verhandlungen.

Im Uebrigen wird nach Maßgabe der in den § 101 Absatz 2, § 102, § 103, § 104 Absatz 2 und 3, § 105, § 106, § 107 Absatz 1, § 108 und § 109 enthaltenen Bestimmungen verfahren[41a]).

§ 117. Ein anderes Rechtsmittel als die Berufung, insbesondere auch das Rechtsmittel des Einspruchs (Opposition[42]) oder Restitution[43])) findet im Disziplinarverfahren nicht statt[44]).

§ 118. Der Kaiser hat das Recht, die von den Disziplinarbehörden verhängten Strafen zu erlassen oder zu mildern.

§ 119. Die Vorschriften der §§ 84 bis 118 gelten auch in Ansehung der einstweilig in den Ruhestand versetzten Beamten.

Der letzte dienstliche Wohnsitz derselben ist für die Zuständigkeit im Disziplinarverfahren entscheidend.

§ 120. [Besondere Bestimmungen in Betreff der Beamten der Militärverwaltung.] Gegen Militärbeamte, welche ausschließlich unter Militärbefehlshabern stehen[45]), verfügt der kommandierende General des Armeekorps, beziehungsweise der Chef einer selbständigen Kommandobehörde in der Marine[46]) die Einleitung der Untersuchung und ernennt den Voruntersuchungsbeamten.

§ 121. Die entscheidende Disziplinarbehörde erster Instanz ist die Militär-Disziplinarkommission.

Für jedes Armeekorps tritt die Militär-Disziplinarkommission am Garnisonorte des General-Kommandos zusammen. Dieselbe wird aus einem Obersten als Vorsitzenden und sechs anderen Mitgliedern, von denen drei zu den Stabsoffizieren, Hauptleuten oder Rittmeistern, die übrigen zu den oberen Beamten der Militärverwaltung gehören müssen, gebildet.

Die Militär-Disziplinarkommissionen für die Marine haben ihren Sitz an den betreffenden Marine-Stationsorten und bestehen aus einem Kapitän zur See als Vorsitzenden und sechs anderen Mitgliedern, von denen drei zu den Stabsoffizieren der Marine, oder zu den Kapitän-Leutnants, die übrigen zu den oberen Beamten der Marineverwaltung gehören müssen.

Die Mitglieder der Kommission werden von der obersten Reichsbehörde[47]) ernannt.

[41a]) GeschO. § 23.

[42]) Opposition ist ein der StPO. unbekanntes, gegen Versäumnisurteile gerichtetes Rechtsmittel des französischen Rechts.

[43]) Die Wiedereinsetzung in den vorigen Stand ist nach StPO. § 44 bis 47, MStGerO. § 147 bis 150 zugelassen.

[44]) Ebensowenig die Wiederaufnahme des Verfahrens.

[45]) Es sind dies die in der V. betr. die Klasseneinteilung der MilBeamten (Nr. I Unteranl. B 1 d. W.). unter I Genannten. Nur für diese sind, soweit die Entfernung aus dem Amte in Frage steht (§ 73), besondere Militär-Disziplinarkommissionen eingerichtet § 121, 122, während für die übrigen MilBeamten (mit Ausnahme der richterlichen Nr. 4) die allgemeinen Vorschriften § 84 ff. gelten. Das Ordnungsstrafrecht wird, je nachdem die militärischen oder die Verwaltungs-Vorgesetzten in Frage stehen, von diesen nach den militärischen Disziplinarordnungen oder nach dem RBeamtG. ausgeübt § 123.

[46]) Entspricht der veränderten Einrichtung der Marine (Nr. II 2 Anm. 98 a d. W.).

[47]) Die oberste Reichsbehörde (Anm. 5), nicht der kommandierende

§ **122.** Die Verrichtungen der Staatsanwaltschaft bei den Militär-Disziplinarkommissionen werden von einem der dem kommandierenden General bezw. dem Chef der selbständigen Kommandobehörde in der Marine zugeordneten Oberkriegsgerichtsräte oder Kriegsgerichtsräte[48]) wahrgenommen. Im Behinderungsfalle wird von der obersten Reichsbehörde[5]) ein anderer Oberkriegs- oder Kriegsgerichtsrath[49]) mit der Stellvertretung beauftragt.

§ **123.** Gegen Militärbeamte kommen in Betreff der Verfügung von Disziplinarstrafen, die nicht in der Entfernung aus dem Amte bestehen, die auf jene Beamten bezüglichen besonderen Bestimmungen zur Anwendung[45]). Dasselbe gilt von der Amtssuspension aller Beamten der Militärverwaltung im Falle des Krieges.

§ **124.** [Kosten des Disziplinarverfahrens.] Für das Disziplinarverfahren werden weder Gebühren noch Stempel, sondern nur baare Auslagen in Ansatz gebracht.

Insoweit im förmlichen Disziplinarverfahren (§ 84) der Angeschuldigte verurteilt wird, ist er schuldig, die baaren Auslagen[50]) des Verfahrens ganz oder theilweise zu erstatten. Ueber die Erstattungspflicht entscheidet das Disziplinar-Erkenntniß[51]).

§ **125.** [Vorläufige Dienstenthebung[52]).] Die vorläufige Dienstenthebung eines Reichsbeamten (Suspension vom Amte) tritt kraft des Gesetzes ein:

1. wenn im gerichtlichen Strafverfahren seine Verhaftung beschlossen oder gegen ihn ein noch nicht rechtskräftig gewordenes Urtheil erlassen ist, welches den Verlust des Amtes kraft des Gesetzes nach sich zieht[8]);
2. wenn im Disziplinarverfahren eine noch nicht rechtskräftige Entscheidung ergangen ist, welche auf Dienstentlassung lautet.

§ **126.** Im Falle des § 125 Nr. 1 dauert die Suspension bis zum Ablauf des zehnten Tages nach Wiederaufhebung des Verhaftungsbeschlusses oder nach eingetretener Rechtskraft desjenigen Urtheils höherer Instanz, durch welches der angeschuldigte Beamte zu einer anderen Strafe als der bezeichneten verurtheilt wird.

Lautet das rechtskräftige Urtheil auf Freiheitsstrafe, so dauert die Suspension, bis das Urtheil vollstreckt ist. Wird die Vollstreckung des Urtheils ohne Schuld des Verurtheilten aufgehalten oder unterbrochen, so tritt für die Zeit des

---

General verfügt auch die Verweisung vor die DiszKammer oder Einstellung (§ 98, 101).

[48]) Diese sind an Stelle der Korpsauditeure getreten MStGerO. § 13 Abs. 3, EG. § 20. Da die Zahl dieser MilJustizbeamten stets mindestens 2 beträgt, bedarf es der Bestellung eines Stellvertreters nach Satz 2 in der Regel nicht mehr.

[49]) An Stelle der Auditeure getreten EG. z. MStGerO. § 20.

[50]) Begriff der baren Auslagen E. d. Reichskanzlers 25. April 74 (CB. 158), 22. Juli 76 (CB. 405).

[51]) Das Disziplinargericht kann somit auf einen Teil der Kosten herabgehen. — Der Betrag ist tunlichst in der Entscheidung festzustellen GeschO. § 22[7].

[52]) Die vorläufige Dienstenthebung erfolgt kraft Gesetzes § 125, 126 oder durch Verfügung § 127, 131. Sie stellt keine Strafe, sondern eine im Dienstinteresse getroffene Maßregel dar, u. die teilweise Einbehaltung des Diensteinkommens § 128 u. (Wartegeldempfänger) § 132 bildet nur eine Beschlagnahme zur Sicherung der Untersuchungs- und Stellvertretungskosten Begr. S. 77. Danach ist der nicht dazu verwendete Betrag zurückzuerstatten, und zwar — abweichend vom pr. DiszG. (Anm. 1) § 52 — auch im Falle der Freisprechung § 129, 130.

Aufenthalts oder der Unterbrechung eine Gehaltskürzung (§ 128) nicht ein. Dasselbe gilt für die im ersten Absatze dieses Paragraphen erwähnte Zeit von zehn Tagen, wenn nicht vor Ablauf derselben die Suspension vom Amte im Wege des Disziplinarverfahrens beschlossen wird.

Im Falle des § 125 Nr. 2 dauert die Suspension bis zur Rechtskraft der in der Disziplinarsache ergehenden Entscheidung.

§ 127. Die oberste Reichsbehörde[5]) kann die Suspension, sobald gegen den Beamten ein gerichtliches Strafverfahren eingeleitet, oder die Einleitung eines förmlichen Disziplinarverfahrens (§ 84) verfügt wird, oder auch demnächst im Laufe des einen oder anderen Verfahrens bis zur rechtskräftigen Entscheidung verfügen.

§ 128. Während der Suspension des Beamten wird vom Ablauf des Monats ab, in welchem dieselbe verfügt ist, die Hälfte seines Diensteinkommens innebehalten[52]).

In Fällen der Noth des Beamten ist die oberste Reichsbehörde[5]) ermächtigt, die Innebehaltung des Diensteinkommens auf den vierten Theil desselben zu beschränken.

Auf die für Dienstunkosten besonders angesetzten Beträge ist bei Berechnung des innezuhaltenden Theils vom Diensteinkommen keine Rücksicht zu nehmen.

Der innebehaltene Theil des Diensteinkommens ist zu den Kosten, welche durch die Stellvertretung des Angeschuldigten verursacht werden, der etwaige Rest zu den Untersuchungskosten (§ 124) zu verwenden. Einen weiteren Beitrag zu den Stellvertretungskosten zu leisten, ist der Beamte nicht verpflichtet.

§ 129. Der zu den Kosten (§ 128) nicht verwendete Theil des Einkommens wird dem Beamten auch in dem Falle nachgezahlt, wo das Verfahren die Entfernung aus dem Amte zur Folge gehabt hat.

Dem Beamten ist auf Verlangen ein Nachweis über die Verwendung zu ertheilen. Erinnerungen gegen die Verwendung können im Rechtswege nicht geltend gemacht werden.

§ 130. Wird der Beamte freigesprochen, so muß ihm der innebehaltene Theil des Diensteinkommens vollständig nachgezahlt werden[53]).

Wird er nur mit einer Ordnungsstrafe belegt, so ist ihm der innebehaltene Theil insoweit nachzuzahlen, als derselbe nicht zur Deckung der ihn treffenden Untersuchungskosten und der Ordnungsstrafe erforderlich ist. Ein Abzug wegen der Stellvertretungskosten findet nicht statt.

§ 131. Wenn Gefahr im Verzuge ist, kann einem Beamten auch von solchen Vorgesetzten, die seine Suspension zu verfügen nicht ermächtigt sind, die Ausübung der Amtsverrichtungen vorläufig untersagt werden; es ist aber darüber sofort an die oberste Reichsbehörde[5]) zu berichten.

Diese Untersagung hat eine Kürzung des Diensteinkommens nicht zur Folge.

§ 132. Dem unter Gewährung des gesetzlichen Wartegeldes einstweilen in den Ruhestand versetzten Beamten wird ein Viertel des Wartegeldes innebehalten[52]), wenn im Disziplinarverfahren eine noch nicht rechtskräftige Entscheidung ergangen ist, welche auf Dienstentlassung lautet.

Wegen der Nachzahlung des innebehaltenen Theils vom Wartegelde kommen die Grundsätze der §§ 129 und 130 zur Anwendung.

§ 133. Alle nach den Bestimmungen der §§ 61 bis 132 erfolgenden Aufforderungen, Mittheilungen, Zustellungen und Vorladungen sind gültig und be-

[53]) Dasselbe gilt bei Einstellung des Verfahrens (abgesehen vom Fall des § 100).

wirken den Lauf der Fristen, wenn sie unter Beobachtung der für gerichtliche Insinuation in Strafsachen vorgeschriebenen Formen demjenigen, an den sie ergehen, zugestellt sind[54]). Die vereideten Verwaltungsbeamten haben dabei den Glauben der Gerichtsvollzieher[55]).

Hat der Angeschuldigte seinen dienstlichen Wohnsitz verlassen, ohne daß seine vorgesetzte Behörde Kenntniß von seinem Aufenthalt hat, so erfolgt die Insinuation in der letzten Wohnung des Angeschuldigten an dem dienstlichen Wohnort desselben.

Unteranlage C1 (zu Anlage C Anmerkung 15).

Verzeichniß der Disziplinarkammern und ihrer Bezirke.[1])

Disziplinarkammer	Bezirk
Potsdam	Preußischer Regierungsbezirk Potsdam.
Frankfurt a. O. . .	Preußischer Regierungsbezirk Frankfurt a. O.
Königsberg	Preußische Regierungsbezirke Königsberg und Gumbinnen.
Danzig	Preußische Regierungsbezirke Danzig und Marienwerder.
Stettin	Preußische Regierungsbezirke Stettin und Stralsund.
Köslin	Preußischer Regierungsbezirk Köslin.
Bromberg	Preußischer Regierungsbezirk Bromberg.
Posen	Preußischer Regierungsbezirk Posen.
Magdeburg	Preußische Regierungsbezirke Magdeburg und Merseburg und Herzogthum Anhalt.
Erfurt	Preußischer Regierungsbezirk Erfurt, Großherzogthum Sachsen, Herzogthum Sachsen-Meiningen, Herzogthum Sachsen-Koburg-Gotha, Fürstenthum Schwarzburg-Rudolstadt, Fürstenthum Schwarzburg-Sondershausen, Fürstenthum Reuß älterer Linie und Fürstenthum Reuß älterer Linie und Fürstenthum Reuß jüngerer Linie.
Breslau	Preußischer Regierungsbezirk Breslau.
Liegnitz	Preußischer Regierungsbezirk Liegnitz.
Oppeln	Preußischer Regierungsbezirk Oppeln.
Münster	Preußische Regierungsbezirke Münster und Minden und Fürstenthum Lippe.
Arnsberg	Preußischer Regierungsbezirk Arnsberg.
Düsseldorf	Preußischer Regierungsbezirk Düsseldorf.
Köln	Preußische Regierungsbezirke Köln, Koblenz und Aachen.
Trier	Preußischer Regierungsbezirk Trier und oldenburgisches Fürstenthum Birkenfeld.

[54]) Die GeschO. § 22⁸ verweist auf StPO., diese neben den Bestimmungen § 40 u. (Abwesende) § 318—327 — im § 37 auf die Vorschriften über Zustellungen in der CPO. § 166—213.

[55]) CPO. § 166 Abs. 1.

[1]) Das Verzeichnis ist durch V. betr. die Abgrenzung der Bezirke der Disziplinarkammern 11. Juli 73 (RGB. 293) festgestellt.

Disziplinarkammer	Bezirk
Darmstadt	Großherzogthum Hessen mit Ausschluß des Kreises Wimpfen.
Frankfurt a. M. . .	Preußischer Regierungsbezirk Wiesbaden.
Kassel	Preußischer Regierungsbezirk Kassel mit Ausschluß des Kreises Rinteln und Fürstenthum Waldeck.
Hannover	Preußische Provinz Hannover mit Ausschluß des Jadegebiets, preußischer Kreis Rinteln, Herzogthum Braunschweig und Fürstenthum Schaumburg-Lippe.
Schleswig	Preußische Provinz Schleswig-Holstein und freie und Hansestadt Hamburg.
Leipzig	Königreich Sachsen und Herzogthum Sachsen-Altenburg.
Stuttgart	Königreich Württemberg.
Karlsruhe	Preußische Fürstenthümer Hohenzollern, Großherzogthum Baden, hessischer Kreis Wimpfen.
Schwerin	Großherzogthum Mecklenburg-Schwerin und Großherzogthum Mecklenburg-Strelitz.
Lübeck	Herzogthum Lauenburg, Fürstenthum Lübeck und freie und Hansestadt Lübeck.
Bremen	Preußisches Jadegebiet, Herzogthum Oldenburg und freie Hansestadt Bremen.
Straßburg . . .	Elsaß-Lothringen.[2])

Anlage D (zu Anmerkung 127).

Allerhöchste Kabinetsordre vom 16. November 1899.

Die Disziplinar-Strafordnung geht von der Auffassung aus, daß der höhere Disziplinarvorgesetzte im Allgemeinen nicht in die Disziplinarstrafgewalt des niederen Befehlshabers eingreifen, ihn in seiner Selbständigkeit nicht beschränken darf. Dem niederen Befehlshaber (Kompagnie- 2c. Chef) liegt die grundlegende militärische Ausbildung und die Erziehung der ihm anvertrauten Truppe ob.

Hierzu bedarf er eines hohen Dienstansehens und einer Selbständigkeit, die dem Maße seiner Verantwortlichkeit entspricht. Namentlich ist in den Fällen des § 1 Nr. 1 der Disziplinar-Strafordnung dem Ermessen des niederen Disziplinarvorgesetzten ein weiter Spielraum — und zwar mit vollem Vorbedacht — eingeräumt worden, da es hierfür einen bestimmt umgrenzten Thatbestand nicht giebt, diese Fälle vielmehr lediglich aus dem Gesichtspunkte des militärischen Interesses und Bedürfnisses beurtheilt werden können. Wäre in allen diesen Fällen die subjektive Auffassung des höheren Vorgesetzten dafür, ob die Handlung gegen die militärische Zucht und Ordnung verstößt bezw. für die Aufhebung der Disziplinarstrafe maßgebend, so würden dadurch nicht nur Dienstansehen und Einfluß des niederen Befehlshabers in empfindlicher Weise leiden, sondern auch seine Selbständigkeit in der Handhabung der Disziplinarstrafgewalt in einer dem Sinne der Disziplinar-Strafordnung zuwiderlaufenden Weise beschränkt werden.

[2]) V. 7. Jan. 74 (RGB. 3).

Die Disziplinar-Strafordnung trägt diesen Gesichtspunkten dadurch Rechnung, daß sie den höheren Vorgesetzten ein Eingreifen **nur** in bestimmten, genau festgestellten Fällen (§ 45) gestattet; insbesondere, wenn eine zur Disziplinarbestrafung geeignete Handlung von dem niederen Befehlshaber unbestraft gelassen worden ist, der Vorgesetzte also nur eine Versäumniß des Untergebenen nachholt.

Von diesen Fällen abgesehen, steht die Handhabung der Disziplinarstrafgewalt im pflichtmäßigen Ermessen des niederen Befehlshabers.

Allerdings übt der höhere Befehlshaber auch in dieser Beziehung die Dienstaufsicht aus (§ 54 u. 55). Allein sein unmittelbares Eingreifen ist im § 55 ausdrücklich auf die Fälle beschränkt, in denen der niedere Befehlshaber die Grenzen der ihm übertragenen Befugniß überschritten hat, und zwar sowohl in objektiver Beziehung durch Verhängung einer ihrer Art und Dauer nach unzulässigen Strafe (zum Beispiel strenger Arrest gegen einen Unteroffizier oder Entziehung der freien Verfügung über die Löhnung auf länger als vier Wochen), wie in subjektiver durch Uebergreifen in die Befugnisse eines anderen Befehlshabers (zum Beispiel Bestrafung eines Mannes, der seiner Strafgewalt nicht unterworfen ist). Der Ausdruck „befugt" im § 55 Nr. 2 ist daher lediglich als gleichbedeutend mit „zuständig" anzusehen.

Es handelt somit ein Kompagnie- 2c. Chef, welcher die Ueberzeugung gewonnen hat, daß ein seiner Disziplinarstrafgewalt Unterworfener eine zur Disziplinarbestrafung geeignete Handlung begangen hat, und welcher in Bezug auf Art und Dauer der Strafe die ihm gezogenen Grenzen einhält, nicht unbefugt, sondern pflichtgemäß, selbst dann, wenn ein thatsächlicher Irrthum untergelaufen oder ein Vorgesetzter anderer Ansicht ist.

Für derartige sachwidrige Disziplinarstrafen ist das Beschwerderecht (§ 52, 53) gegeben. In Fällen dieser Art, in welchen von dem Beschwerderecht kein Gebrauch gemacht und daher der höhere Vorgesetzte nicht in die Lage versetzt wird, die Abänderung oder Aufhebung sachwidrig verhängter Strafen zu veranlassen, kann Abhülfe nur durch Anrufung Meiner Gnade erfolgen.

---

3. Disziplinar-Strafordnung für die Marine.[1])

An Bord. | Am Lande.

Erster Abschnitt.

Umfang der Strafgewalt.

§ **1** (1).

Der Disziplinarbestrafung unterliegen:

1. Vergehen gegen die militärische Zucht und Ordnung und gegen die Dienstvorschriften, für welche die Militärgesetze keine Strafbestimmungen enthalten,

---

[1]) Die MDStO. ist vom Kaiser unter Aufhebung aller ältern Vorschriften, insbesondere der MDStO. 4. Juni 91 genehmigt AO. 1. Nov. 02 (MVB. 361). Sie ist hinsichtlich der Einteilung u. des Inhalts der DStO. f. d. Heer (Nr. 2) nachgebildet. Die Abweichungen sind teils durch die veränderten Verhältnisse der Marine (namentlich die Bordverhältnisse) begründet, teils betreffen sie nur die Fassung. Hinsichtlich der Erläuterungen ist auf die Anm. zu den entsprechenden, jeweils in Klammer beigesetzten Paragraphen der DStO. f. d. Heer zu verweisen.

An Bord.	Am Lande.

2. diejenigen militärischen Vergehen, deren Bestrafung im Disziplinarwege in leichteren Fällen durch § 3 des Einführungsgesetzes zum Militär-Strafgesetzbuche für das Deutsche Reich vom 20. Juni 1872 ausdrücklich gestattet ist.

§ 2 (2).

Der Disziplinarstrafgewalt sind unterworfen:

An Bord.	Am Lande.
1. alle zu einem Schiffsbesatzungs-Verbande oder zu dem Stabe einer Kommandobehörde zur See gehörenden Personen vom Augenblick der Bildung desselben bis zu seiner Auflösung;	1. alle zur Marine gehörenden oder zu ihr kommandirten Militärpersonen des Soldatenstandes und die im § 36 aufgeführten Beamten sowie die Personen des Beurlaubtenstandes nach Maßgabe der §§ 27—35;
2. alle anderen auf einem in Dienst gestellten Schiffe der Kaiserlichen Marine eingeschifften Personen des Soldatenstandes und Militärbeamten (§ 36) vom Augenblick der Indienststellung bis zur Außerdienststellung;	2. die Offiziere à la suite für die Dauer einer Dienstleistung und in Bezug auf solche disziplinarisch strafbaren Handlungen gegen die militärische Unterordnung, welche sie in Marineuniform begehen;

3. alle Personen, welche sich der Disziplinarstrafordnung der Marine freiwillig unterworfen haben;
4. alle anderen Personen, welche sich während eines Krieges in irgend einem Dienst- und Vertragsverhältnisse bei der kriegführenden Marine befinden oder sonst sich bei ihr aufhalten;
5. die Kriegsgefangenen;
6. alle zu einem Transport auf See gehörenden Personen vom Augenblick der Bildung des Transportes bis zu seiner Auflösung.

Zweiter Abschnitt.

A. Bestrafung der zum Soldatenstande gehörenden Militärpersonen des aktiven Dienststandes.

I. Strafen.

§ 3 (3).

Strafen für Offiziere.*)

1. Verweis
   einfacher } (siehe § 61).
   strenger }
2. Arreststrafen bis zu vierzehn Tagen und zwar:

An Bord.	Am Lande.
einfacher Kammerarrest	Stubenarrest.

*) Zu den „Offizieren" im Sinne dieser DStO. gehören:
die Seeoffiziere,
die Offiziere der Marineinfanterie,
die Marine-Ingenieure,
die Torpedo-Ingenieure,
die Feuerwerks-, Zeug- und Torpedooffiziere,
die Sanitätsoffiziere,
die Offiziere des Reichsheeres und der Schutztruppen.

An Bord.	Am Lande.

§ 4 (3).

Strafen für Unteroffiziere mit Portepee:

a) Deckoffiziere (einschl. der Ingenieur- und Zahlmeisteraspiranten) und Unterärzte.

1. Verweis:

einfacher } (siehe § 61).
strenger }

2. Strafwachen bis zu drei, wenn der zu Bestrafende in drei oder mehr Wachen geht und er die strafbare Handlung nicht als Offiziersdienstthuer begangen hat.

Das Höchstmaß einer Strafwache beträgt zwei Stunden.	

3. Arreststrafen, und zwar:

Einfacher oder geschärfter Kammer- oder gelinder Arrest bis zu vier Wochen.	Quartier- oder gelinder Arrest bis zu vier Wochen.

b) Die übrigen Unteroffiziere mit Portepee:

1. Wie zu a 1.
2. Die Auferlegung gewisser Dienstverrichtungen außer der Reihe mit angemessener Zeitbestimmung, wie Strafwachen bis zu drei, wenn der zu Bestrafende in drei oder mehr Wachen geht und er die strafbare Handlung nicht als Offiziersdienstthuer begangen hat, Kommandirung zur Beaufsichtigung oder zur Ausübung besonderer Dienstverrichtungen bis zu zehn Stunden, an Bord jedoch nicht über zwei Stunden an einem Tage.

Das Höchstmaß einer Strafwache beträgt zwei Stunden.	

3. Arreststrafen und zwar:

Gelinder Arrest bis zu vier Wochen.	Kasernen-, Quartier- oder gelinder Arrest bis zu vier Wochen.

§ 5 (3).

Strafen für Unteroffiziere ohne Portepee:

1. Verweis:

einfacher } (siehe § 61).
strenger }

2. Die Auferlegung gewisser Dienstverrichtungen außer der Reihe mit angemessener Zeitbestimmung, wie Strafwachen bis zu drei, wenn der zu Bestrafende in drei oder mehr Wachen geht, Kommandirung zur Beaufsichtigung oder zur Ausübung besonderer Dienstverrichtungen bis zu zehn Stunden, an Bord jedoch nicht über zwei Stunden an einem Tage.

Das Höchstmaß einer Strafwache beträgt zwei Stunden.	

3. Arreststrafen:

	Kasernen- oder Quartierarrest bis zu vier Wochen,

gelinder Arrest bis zu vier Wochen,
mittlerer Arrest bis zu drei Wochen,

4. Versetzung in die nächst niedere Löhnungsklasse bis zur Dauer von drei Monaten.

An Bord.	Am Lande.

§ 6 (3).

Strafen für Gemeine:

1. Kleine Strafen:

a) Die Auferlegung gewisser Dienstverrichtungen außer der Reihe mit angemessener Zeitbestimmung, wie Strafexerziren bis zu sechs Stunden, jedoch nicht über zwei Stunden an einem Tage, Strafrapporte bis zu sechs, Strafwachen oder -posten bis zu drei, wenn der zu Bestrafende in drei oder mehr Wachen geht, Strafarbeitsdienst bis zu zehn Stunden, an Bord jedoch nicht über zwei Stunden an einem Tage.

An Bord	Am Lande
Das Höchstmaß einer Strafwache beträgt zwei Stunden.	

b) Die Entziehung der freien Verfügung über die Löhnung und deren Ueberweisung an einen Unteroffizier zur Auszahlung in Tagesbeträgen bis auf die Dauer von dreißig Tagen.

An Bord	Am Lande
c) Stehen an Deck mit oder ohne Hängematte bis zu sechs Stunden, jedoch nicht über zwei Stunden an einem Tage. d) Entern über den Topp bis zu drei Mal in angemessenen Zeiträumen, je nach der Höhe des Mastes.	c) Die Auferlegung der Verpflichtung, zu einer bestimmten Zeit vor dem Zapfenstreich in die Kaserne zurückzukehren, bis auf die Dauer von vier Wochen.

2. Arreststrafen:

An Bord	Am Lande
	Kasernen- oder Quartierarrest bis zu vier Wochen,

gelinder Arrest bis zu vier Wochen,
mittlerer Arrest bis zu drei Wochen,
strenger Arrest bis zu vierzehn Tagen.

Strenger Arrest ist nur zulässig:

a) gegen Denjenigen, welcher bereits wegen militärischer Verbrechen, Vergehen oder, falls es sich um Disziplinarvergehen des § 1 Nr. 1 handelt, wegen Handlungen gegen die militärische Disziplin mit einer Freiheitsstrafe bestraft ist.

b) In den Fällen militärischer Vergehen, die nach § 3 des Einführungsgesetzes zum Militär-Strafgesetzbuch disziplinarisch mit strengem Arrest bestraft werden dürfen (vergl. § 1 Nr. 2).

3. Entfernung aus dem Dienstgrade eines Obermatrosen 2c.*)

4. Einstellung in eine Arbeiterabtheilung (vergl. § 19).

Sie ist zulässig:

I. gegen Gemeine der zweiten Klasse des Soldatenstandes nach fruchtloser Anwendung mehrerer strenger Arrest- oder Gefängnißstrafen;

II. gegen Gemeine, welche sich nicht in der zweiten Klasse des Soldatenstandes befinden, wenn sie von unzweifelhaft ehrlosem Charakter sind und entweder

a) auf Grund des § 95 des Strafgesetzbuchs für das Deutsche Reich (Beleidigung Seiner Majestät des Kaisers oder des eigenen Landesherrn) verurtheilt sind, oder

---

*) Personen der Obermatrosen- 2c. Klasse, welche mit Entfernung aus diesem Dienstgrade bestraft sind, dürfen bei fortgesetzt guter Führung frühestens nach drei Monaten wieder zu ihrem früheren Dienstgrad ernannt werden.

An Bord.	Am Lande.

b) auf andere Weise in Handlungen oder Worten eine ehrlose und die Manneszucht gefährdende Gesinnung bethätigt haben, oder

c) vor ihrer Einstellung wegen Diebstahls, Bettelei, Landstreicherei oder ähnlicher Vergehen oder Uebertretungen wiederholte Bestrafungen erlitten haben und ungebessert geblieben sind.

§ 7.

Gegen Seekadetten, Ingenieuranwärter und Zahlmeistereleven ist Strafarbeit und Stehen an Deck nicht zu verhängen.

II. Zuständigkeit.

§ 8 (5—7).

Die Disziplinarstrafgewalt wird durch Disziplinarvorgesetzte ausgeübt.

Jeder Disziplinarvorgesetzte hat Strafgewalt nur über die zu seinem Befehlsbereich gehörenden Personen.

Disziplinarvorgesetzte können nur sein:

Seeoffiziere, Offiziere der Marineinfanterie, des Reichsheeres und der Schutztruppen und Sanitätsoffiziere.

Die Strafgewalt ist nicht an den Dienstgrad, sondern an die Dienststellung gebunden und geht im Behinderungsfalle von selbst auf den Stellvertreter in der Dienststellung über, sofern er Disziplinarvorgesetzter sein kann (verg. Abs. 3); andernfalls geht die Disziplinarstrafgewalt auf den nächsthöheren Disziplinarvorgesetzten und von dem Kommandanten eines Torpedobootes, welches zu einer von einem Seeoffizier geführten Rotte gehört, auf den Rottenführer über.

Die Uebernahme der Stellvertretung soll den Untergebenen bekannt gegeben werden.

§ 9 (9—10).

I.

An Bord.	Am Lande.
Der Gruppenführer eines Transports zur See, wenn er Subalternoffizier ist, ist berechtigt, zu verhängen a) gegen Unteroffiziere ohne Portepee 1. Verweise, gemäß § 5; 2. Auferlegung gewisser Dienstverrichtungen außer der Reihe, gemäß § 5; b) gegen Gemeine kleine Strafen gemäß § 6.	

II.

An Bord.	Am Lande.
Der Gruppenführer eines Transports zur See, wenn er Kapitänleutnant oder Hauptmann ist, der Chefarzt eines Marinelazarethschiffs, wenn er Kapitänleutnantsrang hat (siehe unten),	Der Führer einer Kompagnie, der Führer einer Zweigkompagnie, der Führer einer zu anderen als lediglich zu Uebungszwecken ausgeschifften Landungskompagnie, die mit der Führung der nach Berlin kommandirten Mannschaften beauftragten Offiziere, die Fähnrichsoffiziere der Marineschule, der als Führer der Marine-Abtheilung zur

An Bord.	Am Lande.
	Oberfeuerwerkerschule kommandirte Offizier, der mit der Aufrechterhaltung der Ordnung in einem Marinelazareth beauftragte Offizier, der Chefarzt eines Feldlazareths, wenn er Kapitänleutnantsrang hat,

sind berechtigt zu verhängen:

a) gegen Offiziere:

	Verweise gemäß § 3,

b) gegen Unteroffiziere mit Portepee, und zwar:

gegen Deckoffiziere (einschl. der Ingenieur- und Zahlmeisteraspiranten) und Unterärzte:

1. Verweise
2. Strafwachen

} gemäß § 4a,

gegen die übrigen Unteroffiziere mit Portepee:

1. Verweise
2. Auferlegung gewisser Dienstverrichtungen außer der Reihe

} gemäß § 4b,

3. Arreststrafen und zwar:

gelinden Arrest bis zu acht Tagen.	Kasernen-, Quartier- oder gelinden Arrest bis zu acht Tagen.

c) gegen Unteroffiziere ohne Portepee:

1. Verweise
2. Auferlegung gewisser Dienstverrichtungen außer der Reihe

} gemäß § 5,

3. Arreststrafen, und zwar:

—	Kasernen- oder Quartierarrest bis zu acht Tagen

gelinden Arrest bis zu acht Tagen,
mittlerer Arrest bis zu fünf Tagen.

d) gegen Gemeine:

1. kleine Strafen gemäß § 6,
2. Arreststrafen und zwar:

—	Kasernen- oder Quartierarrest bis zu acht Tagen,

gelinden Arrest bis zu acht Tagen,
mittleren Arrest bis zu fünf Tagen,
strengen Arrest bis zu drei Tagen.

Der Chefarzt eines Marinelazarethschiffes darf außerdem Sanitätsoffizieren Verweise ertheilen.	

III.

Der Gruppenführer eines Transports zur See, wenn er Stabsoffizier ist, der Gruppenführer und der Detachementsführer auf Beischiffen,	Der Kommandeur einer nicht selbständigen Abtheilung, der Kommandeur eines nicht selbständigen Bataillons, der Kommandeur einer nicht selbständigen, zu anderen als lediglich Uebungszwecken

An Bord.	Am Lande.
der Chefarzt eines Marinelazareth-schiffs, wenn er Stabsoffizierrang hat (siehe unten)	ausgeschifften Landungsabtheilung, der Führer der ersten Kompagnie einer Werftdivision, die Ressortdirektoren der Werften, wenn sie Offiziere sind, der Garnisonarzt als Vorstand des Sanitätsdepots, der Chefarzt eines Marinelazareths, sowie des Gouvernements-Lazareths in Kiautschou, der Chefarzt eines Feldlazareths, wenn er Stabsoffizierrang hat, der Führer eines detachirten Kommandos (siehe unten), der Direktor der Marinetelegraphenschule, der Vorstand eines Artilleriedepots, eines Minendepots, einer Fortifikation, eines Bekleidungsamts, der Ingenieuroffizier vom Platz in Kiautschou, die Vorstände der Artillerieverwaltung in Helgoland und Kiautschou, der Direktor der Torpedowerkstatt, der Küstenbezirksinspektor, der Hafenkapitän, der Vorstand eines Abwickelungsbureaus, der Präses einer Schiffsbesichtigungskommission und einer Schiffsrequisitionskommission

sind berechtigt zu verhängen:

a) gegen Offiziere:

—	1. Verweise gemäß § 3, 2. Stubenarrest bis zu drei Tagen, — Von jeder gegen Offiziere verhängten Arreststrafe ist dem nächsthöheren Disziplinarvorgesetzten Meldung zu erstatten. —

b) gegen Unteroffiziere mit Portepee:

und zwar:

gegen Deckoffiziere (einschl. der Ingenieur- und Zahlmeisteraspiranten) und Unterärzte:

1. Verweise } gemäß § 4a,
2. Strafwachen } gemäß § 4a,
3. Arreststrafen, und zwar:

Kammer- oder gelinden Arrest bis zu vierzehn Tagen;	Quartier- oder gelinden Arrest bis zu vierzehn Tagen;

An Bord.	Am Lande.

gegen die übrigen Unteroffiziere mit Portepee:
1. Verweise
2. Auferlegung gewisser Dienstverrichtungen außer der Reihe } gemäß § 4b,
3. Arreststrafen, und zwar:

gelinden Arrest bis zu vierzehn Tagen;	Kasernen-, Quartier- oder gelinden Arrest bis zu vierzehn Tagen;

c) gegen Unteroffiziere ohne Portepee:
1. Verweise
2. Auferlegung gewisser Dienstverrichtungen außer der Reihe } gemäß § 5,
3. Arreststrafen, und zwar:

—	Kasernen- oder Quartierarrest bis zu vierzehn Tagen,

gelinden Arrest bis zu vierzehn Tagen,
mittleren Arrest bis zu zehn Tagen;

d) gegen Gemeine:
1. kleine Strafen gemäß § 6,
2. Arreststrafen, und zwar:

—	Kasernen- oder Quartierarrest bis zu vierzehn Tagen,

gelinden Arrest bis zu vierzehn Tagen,
mittleren Arrest bis zu zehn Tagen,
strengen Arrest bis zu sieben Tagen.

Der Chefarzt eines Marinelazarethschiffs darf außerdem Sanitätsoffiziere mit Verweisen gemäß § 3 und Kammerarrest bis zu drei Tagen bestrafen.	Wenn der Führer eines detachirten Kommandos Subalternoffizier ist, darf er Offiziere nur mit Verweisen bestrafen.

Als detachirt gilt ein Kommando, das räumlich so weit von seinem Marinetheil entfernt ist, daß es die täglichen Befehle des Kommandeurs oder Kommandanten dieses Marinetheils nicht am Tage der Ausgabe empfangen kann, und welches nicht ausdrücklich einem anderen Befehlshaber unterstellt worden ist (siehe auch § 13 letzter Absatz).

An Bord.

§ 10.

Der erste Offizier ist berechtigt, zu verhängen:

I. wenn er nach dem Besatzungsetat ein Oberleutnant zur See ist, gegen Gemeine kleine Strafen gemäß § 6;

II. wenn er nach dem Besatzungsetat ein Kapitänleutnant ist,
a) gegen Unteroffiziere ohne Portepee
1. Verweise
2. Auferlegung gewisser Dienstverrichtungen außer der Reihe } gemäß § 5;

b) gegen Gemeine
1. kleine Strafen gemäß § 6,
2. Arreststrafen
gelinden Arrest bis zu fünf Tagen,
mittleren Arrest bis zu drei Tagen;

An Bord.

III. wenn er nach dem Besatzungsetat ein Stabsoffizier ist,
die im § 9, II nnter „an Bord" aufgeführten Strafen.

§ 11.

Der Chef einer Division von Torpedobooten oder sonstigen Fahrzeugen ist berechtigt, zu verhängen

a) gegen Offziere:
  1. Verweise gemäß § 3,
  2. einfachen Kammerarrest bis zu drei Tagen;

b) gegen Unteroffiziere mit Portepee, und zwar gegen Deckoffiziere (einschl. der Ingenieur- und Zahlmeisteraspiranten) und Unterärzte:
  1. Verweise } gemäß § 4a,
  2. Strafwachen } gemäß § 4a,
  3. Kammer- oder gelinden Arrest bis zu 14 Tagen;

gegen die übrigen Unteroffiziere mit Portepee:
  1. Verweise } gemäß § 4b,
  2. Auferlegung gewisser Dienstverrichtungen außer der Reihe } gemäß § 4b,
  3. gelinden Arrest bis zu vierzehn Tagen;

c) gegen Unteroffiziere ohne Portepee
  1. Verweise } gemäß § 5,
  2. Auferlegung gewisser Dienstverrichtungen außer der Reihe } gemäß § 5,
  3. Arreststrafen,
     gelinden Arrest bis zu vierzehn Tagen,
     mittleren Arrest bis zu zehn Tagen,
  4. Versetzung in die nächst niedere Löhnungsklasse bis zur Dauer von zwei Monaten;

d) gegen Gemeine
  1. kleine Strafen gemäß § 6,
  2. Arreststrafen,
     gelinden Arrest bis zu vierzehn Tagen,
     mittleren Arrest bis zu zehn Tagen,
     strengen Arrest bis zu sieben Tagen,
  3. Entfernung aus dem Dienstgrade eines Obermatrosen ꝛc.

Außerhalb der heimischen Gewässer kann er unter den Voraussetzungen des § 13, abgesehen von den vorstehend genannten Strafen, verhängen:

a) gegen Offiziere
   einfachen Kammerarrest bis zu sechs Tagen;

b) gegen Unteroffiziere mit Portepee,
   und zwar
   gegen Deckoffiziere (einschl. der Ingenieur- und Zahlmeisteraspiranten) und Unterärzte Kammer- oder gelinden Arrest bis zu drei Wochen;
   gegen die übrigen Unteroffiziere mit Portepee gelinden Arrest bis zu drei Wochen,

c) gegen Unteroffiziere ohne Portepee
   gelinden Arrest bis zu drei Wochen,
   mittleren Arrest bis vierzehn Tagen;

d) gegen Gemeine
   gelinden Arrest bis zu drei Wochen,

An Bord.

mittleren Arrest bis zu vierzehn Tagen,
strengen Arrest bis zu zehn Tagen.

§ 12.

Der Kommandant, sofern er nach dem Besatzungsetat nicht Stabsoffizier ist,
der Führer eines Transportes zur See, wenn er nicht Stabsoffizier ist,
der Segeloffizier

sind berechtigt zu verhängen:

a) gegen Offiziere
Verweise gemäß § 3;

b) gegen Unteroffiziere mit Portepee,
und zwar
gegen Deckoffiziere (einschl. der Ingenieur- und Zahlmeisteraspiranten) und Unterärzte
1. Verweise
2. Strafwachen } gemäß § 4a,
3. Kammer oder gelinden Arrest bis zu acht Tagen;
gegen die übrigen Unteroffiziere mit Portepee
1. Verweise
2. Auferlegung gewisser Dienstverrichtungen außer der Reihe } gemäß § 4b,
3. gelinden Arrest bis zu acht Tagen;

c) gegen Unteroffiziere ohne Portepee
1. Verweise
2. Auferlegung gewisser Dienstverrichtungen außer der Reihe } gemäß § 5,
3. Arreststrafen,
gelinden Arrest bis zu acht Tagen,
mittleren Arrest bis zu fünf Tagen,
4. Versetzung in die nächst niedere Löhnungsklasse bis zur Dauer von einem Monat;

d) gegen Gemeine
1. kleine Strafen gemäß § 6,
2. Arreststrafen
gelinden Arrest bis zu acht Tagen,
mittleren Arrest bis zu fünf Tagen,
strengen Arrest bis zu drei Tagen;
3. Entfernung aus dem Dienstgrade eines Obermatrosen 2c.

Außerhalb der heimischen Gewässer können diese Disziplinarvorgesetzten unter den Voraussetzungen des § 13, abgesehen von vorstehend genannten Strafen, verhängen:

a) gegen Offiziere einfachen Kammerarrest bis zu drei Tagen;

b) gegen Unteroffiziere mit Portepee und zwar gegen Deckoffiziere (einschl. der Ingenieur- und Zahlmeisteraspiranten) und Unterärzte
Kammer- oder gelinden Arrest bis zu vierzehn Tagen;
gegen die übrigen Unteroffiziere mit Portepee
gelinden Arrest bis zu vierzehn Tagen;

c) gegen Unteroffiziere ohne Portepee
gelinden Arrest bis zu vierzehn Tagen,
mittleren Arrest bis zu zehn Tagen, und

An Bord.

Versetzung in die nächst niedere Löhnungsklasse bis zur Dauer von zwei Monaten;

d) gegen Gemeine
gelinden Arrest bis zu vierzehn Tagen,
mittleren Arrest bis zu vierzehn Tagen,
strengen Arrest bis zu sieben Tagen.

§ 13 (11).

An Bord.	Am Lande.
Der Kommandant, der Chef einer Flottille (einschl. Torpedobootsflottille), der Chef einer Panzerkanonenbootsdivision, sofern sie nach dem Besatzungsetat Stabsoffiziere sind, der Führer eines Transports zur See, wenn er Stabsoffizier ist,	Sämmtliche Befehlshaber, welchen die niedere Gerichtsbarkeit zusteht, ferner der Präses der Schiffsprüfungskommission, der Präses der Torpedoversuchskommandos, der Präses des Artillerieversuchskommandos, der Präses der Minenversuchskommission, der mit der Aufsicht über das militärische Personal des Marinelazareths zu Yokohama und über die in demselben aufgenommenen Militärpersonen betraute Befehlshaber, der Stationsarzt, der Generalarzt der Inspektion des Bildungswesens, der Kommissar für den Kaiser Wilhelm-Kanal

sind berechtigt zu verhängen:

a) gegen Offiziere:
1. Verweise gemäß § 3,
2. Arreststrafen und zwar:

einfachen Kammerarrest bis zu sechs Tagen,	Stubenarrest bis zu sechs Tagen,

b. gegen Unteroffiziere und Gemeine

die höchsten zulässigen Disziplinarstrafen mit Ausnahme der Einstellung in eine Arbeiterabtheilung.

Gehört das Schiff einem Flotten-, Geschwader- oder Divisionsverbande nicht an, oder ist es detachirt, so ist der Kommandant außerhalb der heimischen Gewässer befugt, auch gegen Offiziere die höchste zulässige Strafe zu verhängen.

Das Gleiche gilt von dem Führer eines Transports zur See und von dem Chef einer Flotille, der dem Chef eines anderen Verbandes nicht untersteht oder detachirt ist.

An Bord.	Am Lande.
Als detachiert gilt ein Schiff (Transport zur See, Flottille, Torpedobootsdivision), das selbständige Segelordre hat.	

§ 14.

Der Chef des Stabes bei Flotten- und Geschwaderkommandos	Der Chef des Stabes bei Kommandobehörden am Lande, der Vorstand der Centralabtheilung im Reichs-Marine-Amt und im Admiralstab der Marine

haben die Disziplinarstrafgewalt

eines Kommandanten, wenn er nach dem Besatzungsetat Stabsoffizier ist (§ 13)	eines Befehlshabers mit niederer Gerichtsbarkeit (§ 13)

über alle ihnen unterstellten Unteroffiziere und Gemeine.

§ 15 (16, 17).

	Der Garnisonälteste, der Allerhöchst mit Wahrnehmung der Geschäfte beauftragte Kommandant von Kiel, der Etappen-, Lager-, Orts- oder Biwakskommandant haben als solche die ihnen in ihrer sonstigen Stellung zustehende Strafgewalt über alle am Orte an Land befindlichen Offiziere und Mannschaften, 1. sofern deren eigene Disziplinarvorgesetzte nicht am Orte oder in erreichbarer Nähe sind, wegen aller Disziplinarvergehen, 2. sofern sie am Orte oder in erreichbarer Nähe sind, nur wegen derjenigen Disziplinarvergehen, welche a) gegen eine von ihnen erlassene polizeiliche Vorschrift oder sonst gegen ihre Autorität, oder b) im Wach- oder sonstigen Dienste des Platzes begangen sind. Der Etappen-, Lager-, Orts- und Biwakskommandant übt im Kriege die Strafgewalt auch in den Fällen des § 16, 1 aus.

§ 16.

	Der Hafenkapitän ist Disziplinarvorgesetzter der ihm unterstellten Personen. Außerdem hat er Strafgewalt über alle in seinem Befehlsbereiche befindlichen Militärpersonen, soweit es sich um ein Vergehen handelt

An Bord.	Am Lande.
	1. gegen die allgemeine Sicherheit, Ruhe und Ordnung oder 2. gegen eine für seinen Befehlsbereich erlassene polizeiliche Vorschrift oder sonst gegen seine Autorität. Seine Zuständigkeit erstreckt sich nicht gegen die Personen, welche die strafbare Handlung unter den Augen oder unter dem unmittelbaren Kommando ihres eigenen Disziplinarvorgesetzten begehen.

§ 17 (14).

An Bord.	Am Lande.
Der zweite Admiral hat Strafgewalt 1. über die zu seinem Stabe gehörenden Personen des Soldatenstandes; 2. über die Besatzung des Schiffes, auf dem er eingeschifft ist; 3. im Gerichtsdienst, falls er Gerichtsherr ist; 4. über die Besatzungen eines Verbandes von Schiffen, der unter seinem Befehl detachirt ist (siehe § 13). Der Chef einer selbständigen Division von Linienschiffen oder Kreuzern hat Strafgewalt über alle zu seinem Verbande gehörenden Personen. Die Höhe der Strafgewalt ist dieselbe wie die eines Kommandanten, wenn er nach dem Besatzungsetat Stabsoffizier ist (§ 13). Jedoch können sie gegen Offiziere bis zu acht Tagen einfachen Kammerarrest, im Auslande, wenn sie mit einem Schiff oder einem Verbande von Schiffen detachiert sind, die höchste zulässige Strafe verhängen.	Der Marineinspekteur, der Inspekteur der Marineartillerie, der Inspekteur des Torpedowesens, der Inspekteur der Marineinfanterie, der Marinedepotinspekteur, der Direktor der Marineakademie, der Oberwerftdirektor, der Kommandant eines offenen Ortes und einer kleinen Festung sowie der im Frieden mit Wahrnehmung der Geschäfte eines Kommandanten für die Befestigungen der Wesermündung bei Geestemünde und für die Befestigungen bei Cuxhaven beauftragten Offiziere nach Maßgabe des § 21 sind berechtigt zu verhängen: a) gegen Offiziere 1. Verweise gemäß § 3, 2. Stubenarrest bis zu acht Tagen; b) gegen Unteroffiziere und Gemeine die höchsten zulässigen Disziplinarstrafen mit Ausnahme der Einstellung in eine Arbeiterabtheilung.

§ 18 (14).

An Bord.	Am Lande.
Der Chef einer Flotte oder eines Geschwaders hat im Inlande und im Auslande	Der Staatssekretär des Reichs-Marine-Amts, der Chef des Admiralstabes der Marine, der Chef des Marinekabinets, der Marine-Stationschef, der Inspekteur des Bildungswesens der Marine, der Gouverneur oder Kommandant einer großen Festung (Kiel, Wilhelmshaven) nach Maßgabe des § 21, der Kommandant eines zu anderen als lediglich zu Uebungszwecken ausgeschifften Landungskorps,

An Bord.	Am Lande.
	der Generalstabsarzt der Marine haben

die höchste zulässige Disziplinarstrafgewalt gegen sämmtliche Untergebene.

Die Einstellung in eine Arbeiterabtheilung kann jedoch nur von den im § 19 genannten Disziplinarvorgesetzten verfügt werden.

§ **19** (14).

Der Chef einer Flotte, der Chef des I. Geschwaders, der Chef des Kreuzergeschwaders	Der Marine-Stationschef, der Inspekteur des Bildungswesens der Marine, der Gouverneur von Kiautschou

können die Einstellung in eine Arbeiterabtheilung verfügen.

§ **20** (15).

Zur Ahndung eines Disziplinarvergehens ist grundsätzlich der nächste mit Disziplinarstrafgewalt versehene Disziplinarvorgesetzte zuständig, unbeschadet der Bestimmungen der §§ 15, 16, 21 (siehe auch § 8).

Die Zuständigkeit der höheren Disziplinarvorgesetzten tritt ein, wenn das Disziplinarvergehen

1. unter ihren Augen,
2. gegen ihre Autorität,
3. von Militärpersonen begangen ist, die verschiedenen Disziplinarvorgesetzten ihres Befehlsbereichs angehören,
4. ihnen zur Entscheidung oder zur Bestimmung der Strafe gemeldet, oder
5. von dem niederen Befehlshaber unbestraft gelassen ist.

§ **21** (16).

	Der Gouverneur und der Kommandant einer Festung, sowie die im § 17 aufgeführten, mit Wahrnehmung der Geschäfte eines Kommandanten beauftragten Offfziere üben die ihnen zustehende Strafgewalt über alle am Orte an Land befindlichen Offiziere und Mannschaften 1. sofern deren eigene Disziplinarvorgesetzte nicht am Orte oder in erreichbarer Nähe sind, wegen aller Disziplinarvergehen, 2. sofern sie am Orte oder in erreichbarer Nähe sind, nur wegen derjenigen Disziplinarvergehen, welche a) gegen die allgemeine Sicherheit, Ruhe und Ordnung des Ortes, b) gegen eine besondere, in Beziehung auf die Festungswerke und Vertheidigungsmittel bestehende Anordnung, c) gegen eine von ihnen erlassene polizeiliche Vorschrift oder sonst gegen ihre Autorität gerichtet, oder

An Bord.	Am Lande.
	d) im Wach- oder sonstigen Dienste des Platzes
	begangen sind.

§ **22** (19).

Wenn außer den Fällen der §§ 15, 16, 21 von mehreren der Strafgewalt verschiedener Befehlshaber unterworfenen Offizieren oder Mannschaften gemeinschaftlich ein Disziplinarvergehen begangen ist, so steht die Bestimmung der Strafe gegen alle Betheiligte dem nächsten gemeinschaftlichen Disziplinarvorgesetzten, oder wenn ein solcher in dienstlicher Eigenschaft nicht am Orte ist, dem Gouverneur, Kommandanten, Garnisonältesten, Etappen-, Orts-, Lager- oder Biwakskommandanten zu.

§ **23**.

An Bord.	Am Lande.
Die zu einem Stabe gehörenden Offiziere und Mannschaften unterstehen ausschließlich der Strafgewalt der zum Stabe gehörenden Disziplinarvorgesetzten.	

Sind die zu einem Stabe gehörenden Offiziere und Mannschaften detachirt (siehe § 9 letzterer Absatz), so unterstehen sie der Disziplinarstrafgewalt desjenigen Befehlshabers, in dessen Verband ꝛc. sie sich zur Zeit befinden, falls dieser dem Dienstalter nach älter ist als sie, mit der Maßgabe, daß eine Bestrafung nur in zwingenden Fällen stattfindet und dem eigentlichen Disziplinarvorgesetzten sofort gemeldet wird.

§ **24** (22).

An Bord.	Am Lande.
Der Chefarzt eines Lazarethschiffs	Die Sanitätsoffiziere am Lande, denen nach den §§ 9, II und III, 13 und 18 Disziplinarstrafbefugnisse verliehen sind,

haben Strafgewalt

1. über die ihnen unterstellten Sanitätsoffiziere, Unterärzte, einjährig-freiwilligen Aerzte, Sanitätsmannschaften und Marinekrankenwärter wegen derjenigen strafbaren Handlungen, welche
   a) gegen ihre Autorität begangen sind, oder
   b) sich als Verstöße gegen die Vorschriften über Krankenpflege darstellen.

Außerdem haben Strafgewalt

An Bord.	Am Lande.
der Chefarzt eines Lazarethschiffs	der Chefarzt eines Feldlazareths, der Chefarzt des Marinelazareths zu Yokohama

2. über die zum Lazareth gehörenden Mannschaften und über die Kranken vom Deckoffizier an abwärts.

An Bord.	Am Lande.
3. über die übrigen Mannschaften vom Deckoffizier einschließlich an abwärts des auf dem Lazarethschiff eingeschifften Detachements, falls kein besonderer Offizier als Detachementsführer kommandirt ist.	

§ **25** (20).

Von ihrem Marinetheile zu einem anderen Marinetheil oder zu einer Marinebehörde oder Anstalt oder umgekehrt kommandirte Offiziere und mit Löh-

An Bord. | Am Lande.

nung überwiesene Mannschaften stehen nach Maßgabe der Bestimmungen der §§ 8—24 unter der Disziplinarstrafgewalt der Vorgesetzten der Marinetheile ꝛc., zu denen sie kommandirt, bezw. denen sie überwiesen sind.

§ 26.

I. Mannschaften vom Deckoffizier einschließlich an abwärts, welche zu einem anderen Marinetheil (Behörde oder Anstalt) ohne Löhnungsüberweisung kommandirt sind, sind für die Dauer dieses Kommandos wegen derjenigen strafbaren Handlungen, welche sie

a) im Dienste jenes Marinetheils ꝛc. oder
b) gegen die Autorität eines jenem Marinetheil ꝛc. angehörenden Vorgesetzten verüben,

der Strafgewalt des Disziplinarvorgesetzten jenes Marinetheils ꝛc. unterworfen.

II. Wegen aller übrigen strafbaren Handlungen unterstehen sie der Strafgewalt des Disziplinarvorgesetzten des Marinetheils, zu welchem sie gehören, oder welchem sie mit Löhnung überwiesen sind. Befindet sich dieser Marinetheil nicht am Orte, so unterstehen sie wegen aller strafbaren Handlungen dem Disziplinarvorgesetzten des Marinetheils, zu welchem sie kommandirt sind.

Auf die Mannschaften, welche lediglich zum Dienst einem anderen Marinetheil ꝛc. gestellt sind, kommen die Bestimmungen unter Nr. 1 nicht in Anwendung; diese Mannschaften unterstehen allein der Strafgewalt ihres eigentlichen Disziplinarvorgesetzten.

B. Bestrafung der Militärpersonen des Beurlaubtenstandes.

§ 27.[2])

§ 28 (25).

Besteht der Ungehorsam (§ 27 Abs. 3 Nr. 1) in der Nichtbefolgung des Gestellungsbefehls oder der öffentlichen Aufforderung zu einer Uebung, so darf nur dann die Bestrafung im Disziplinarwege erfolgen, wenn entweder der Einberufene nur zu spät sich an dem ihm bestimmten Orte gestellt hat, oder wenn die Umstände sonst eine milde Beurtheilung zulassen.

§ 29 (26).

Ist eine Strafhandlung von im Dienst befindlichen Mannschaften des Beurlaubtenstandes während der Dauer einer Kontrollversammlung oder während eines anderen Dienstes, für welchen die Verpflegungsgebührnisse nicht gewährt werden, begangen, so ist die höchste zulässige Disziplinarstrafe drei Tage gelinder oder mittlerer Arrest. Wird diese Strafe nicht für ausreichend erachtet, so hat gerichtliche Strafverfolgung einzutreten.

§ 30 (27).

Werden Mannschaften des Beurlaubtenstandes wegen der in dem § 27 aufgeführten, außer dem Dienst von ihnen begangenen militärischen Vergehen im Disziplinarwege bestraft, so ist die höchste zulässige Strafe drei Tage gelinder oder mittlerer Arrest:

1. wenn der Ungehorsam (§ 27 Abs. 3 Nr. 1) sich darstellt:
   a) als Nichtbefolgung der Berufung zur Kontrollversammlung oder zu

---

[2]) Gleichlautend mit DStO. f. d. Heer (Nr. 2) § 23. Zeile 6—7 trägt jedoch die Bezeichnung a), Zeile 8—12 die Bezeichnung b).

An Bord. | Am Lande.

einem anderen Dienst, für welchen die Verpflegungsgebührnisse nicht gewährt werden;

b) als Nichtbeachtung des vorgeschriebenen Dienstweges bei Anbringung von Gesuchen in militärischen Dienstangelegenheiten;

2. wenn der Beurlaubte bei Verübung eines der im § 27 Abs. 3 Nr. 2 genannten Vergehen sich nicht in der Marine- oder Militäruniform befunden hat.

Wird diese Strafe nicht für ausreichend erachtet, so hat gerichtliche Strafverfolgung einzutreten.

§ 31.[3])

§ 32 (29).

1. Auf die zum Beurlaubtenstande gehörenden Offiziere finden die Bestimmungen der §§ 30, 31 mit der Maßgabe Anwendung, daß die über sie zu verhängende Strafe, insofern sie in Arrest besteht, das Maß von sechs Tagen Stubenarrest nicht übersteigen darf.

2. In den Fällen des § 31 ist gegen Offiziere keine andere Strafe als Stubenarrest bis zu dieser Dauer zulässig. Die Vollstreckung der Strafe liegt dem Bezirkskommandeur ob.

§ 33 (30).

Die in diesem Abschnitt über Bestrafung der Offiziere des Beurlaubtenstandes ertheilten Vorschriften finden auf die Offiziere Anwendung, welche mit Pension zur Disposition gestellt, sowie auf diejenigen, welche mit dem Vorbehalt der gesetzlichen Dienstverpflichtung aus dem aktiven Dienst entlassen sind.

Stabsoffiziere zur Disposition unterstehen jedoch lediglich der Strafgewalt der dem Bezirkskommandeur übergeordneten Disziplinarvorgesetzten.

§ 34 (24).

1. Die Befugniß, über Personen des Beurlaubtenstandes nach Maßgabe der Bestimmungen dieser Verordnung Strafen zu verhängen, steht den Bezirkskommandeuren sowie den diesen vorgesetzten höheren Befehlshabern zu. Ist der Stellvertreter des Bezirkskommandeurs Subalternoffizier, so hat er nur die in § 9, II angegebenen Strafbefugnisse mit der Einschränkung, daß er gegen Offiziere Strafen nicht verhängen darf.

2. Die Gouverneure, Kommandanten, die mit Wahrnehmung der Geschäfte beauftragten Kommandanten, die Garnisonältesten und Hafenkapitäne dürfen die ihnen nach den §§ 9, III, 15, 16, 17, 18, 21 zustehende Strafgewalt nur dann gegen Personen des Beurlaubtenstandes ausüben, wenn die letzteren in der Marine- oder Militäruniform einer der im § 30 bezeichneten strafbaren Handlungen sich schuldig machen, oder wenn dieselben als Kranke oder Arrestanten einer Garnisonanstalt überwiesen sind.

§ 35.

Wegen der zum Beurlaubtenstande gehörenden Militärbeamten der Marine siehe § 43.

Dritter Abschnitt.

Bestrafung der Militärbeamten der Marine.

§ 36 (32).

Der Disziplinarstrafgewalt der Marinebefehlshaber unterstehen nur diejenigen Militärbeamten der Marine, die

[3]) Gleichlautend mit DStO. f. d. Heer (Nr. 2) § 28. Abs. 1 trägt jedoch die Ziffer 1, Abs. 2 die Ziff. 2.

An Bord. | Am Lande.

1. nur den ihnen vorgesetzten Marinebefehlshabern untergeordnet sind oder
2. in einem doppelten Unterordnungsverhältnisse stehen, und zwar einerseits zu den ihnen vorgesetzten Marinebefehlshabern, andererseits zu den ihnen vorgesetzten höheren Beamten oder Behörden der Marine. Vergl. Verordnung vom 12. August 1901 — MVBl. Seite 362 ff.[4])

§ **37** (34).

Militärbeamte der Marine, die in einem doppelten Unterordnungsverhältnisse stehen, sind, falls sie Dienstvorschriften, welche die Grundlage ihrer Amtswirksamkeit bilden, verletzen, ausschließlich der Disziplinarstrafgewalt der ihnen vorgesetzten höheren Beamten oder Behörden unterworfen.

In allen anderen Fällen unterstehen sie der Disziplinarstrafgewalt der vorgesetzten Marinebefehlshaber, wodurch jedoch die Mitaufsicht der vorgesetzten höheren Beamten oder Behörden über ihre sittliche Führung und deren Befugniß, auch ihrerseits einzuschreiten, nicht ausgeschlossen wird.

Bestehen Zweifel darüber, welcher von den beiden vorerwähnten Fällen vorliegt, so sind die einschlägigen Dienstvorschriften maßgebend.

§ 23 findet auf die Militärbeamten der Marine entsprechende Anwendung.

§ **38.**

Die richterlichen Marinejustizbeamten unterstehen der Disziplinarstrafgewalt ihres Gerichtsherrn und des Gerichtsherrn der höheren Instanz nach Maßgabe des § 20.

Der Disziplinargewalt des Kommandanten des Schiffes, auf dem sie eingeschifft sind, unterstehen sie nur, falls:

1. das Schiff einem Verbande nicht angehört oder detachirt ist, und
2. einer der im ersten Absatz dieses Paragraphen aufgeführten Disziplinarvorgesetzten sich nicht an Bord dieses Schiffes oder in erreichbarer Nähe befindet, und
3. es sich um ein Disziplinarvergehen handelt, dessen Ahndung nicht aufgeschoben werden kann, und
4. der Kommandant im Dienstrange mindestens gleichstehend und dem Dienstalter nach älter ist als der zu Bestrafende.

Die Disziplinarstrafgewalt über die richterlichen Marinejustizbeamten wird, unbeschadet der gesetzlichen Bestimmungen, durch diesen Paragraphen ausschließlich geregelt.

§ **39** (32).

Disziplinarstrafen für obere Militärbeamte der Marine sind:

1. Warnung;
2. Verweis;
3. Geldstrafe bis zu dreißig Mark;
4. Arreststrafen bis zu vierzehn Tagen, und zwar

einfacher Kammerarrest. | Stubenarrest.

§ **40** (32).

Disziplinarstrafen für untere Militärbeamte der Marine sind:

1. Warnung;
2. Verweis;
3. Arrest bis zu vier Wochen, und zwar

Kammer- oder gelinder Arrest. | Stuben- oder gelinder Arrest.

---

[4]) Nr. I 2 Unteranl. B 1 d. W.

An Bord.	Am Lande.

§ 41.

An Bord.	Am Lande.
	Stubenarrest darf an Land über diejenigen oberen Militärbeamten der Marine, welche in einem doppelten Unterordnungsverhältnisse stehen, nur in der Zeit verhängt werden, während welcher sie unter den Kriegsgesetzen stehen. (§ 9 MStGB.)

§ **42** (33).

Sämmtliche in den §§ 9 bis 24 aufgeführten Disziplinarvorgesetzten haben Disziplinarstrafgewalt über die ihnen unterstellten Militärbeamten der Marine unter Berücksichtigung der §§ 36 bis 41, sowie folgender Bestimmungen:

1. Alle Disziplinarvorgesetzten, die mit Disziplinarstrafgewalt über Offiziere versehen sind, sind berechtigt, gegen obere Militärbeamte der Marine:
   a) Warnung;
   b) Verweis;
   c) Arrest

   zu verhängen.

   Bei der Bestrafung sind sie an diejenigen Vorschriften gebunden, die für sie bei der Bestrafung von Offizieren maßgebend sind.

   Außerdem dürfen obere Militärbeamte der Marine bestraft werden:
   a) von den im § 9, III unter „am Lande" und den im § 13 aufgeführten Disziplinarvorgesetzten mit Geldstrafe bis zu 9 Mark. Der Direktor der Marineschule, der Präses der Schiffsprüfungskommission, der Stationsarzt und der Generalarzt der Inspektion des Bildungswesens sind jedoch berechtigt, Geldstrafen bis zu 30 Mark zu verhängen,
   b) von den in den §§ 17 und 18 aufgeführten Disziplinarvorgesetzten mit Geldstrafe bis zu 30 Mark.

   Der Staatssekretär des Reichs-Marine-Amts verhängt Geldstrafen bis zu der im § 74 des Reichs-Beamten-Gesetzes festgesetzten Höhe.
2. Alle Disziplinarvorgesetzten, die mit Disziplinarstrafgewalt über Deckoffiziere versehen sind, sind berechtigt, gegen untere Marinebeamte:
   a) Warnung;
   b) Verweis;
   c) Arrest

   zu verhängen.

   Die Vorschrift der Nr. 1 Abs. 2 über Zulässigkeit und Dauer der Strafe findet entsprechende Anwendung.
3. Die in den §§ 15, 16, 21 genannten Disziplinarvorgesetzten haben unter den dort aufgeführten Voraussetzungen Disziplinarstrafgewalt auch über Militärbeamte der Marine.

§ **43** (36).

Auf die zum Beurlaubtenstande gehörenden Militärbeamten der Marine kommen die in den §§ 27—34 enthaltenen Bestimmungen unter Berücksichtigung ihres Ranges zur Anwendung.

An Bord. | Am Lande.

Vierter Abschnitt.

Bestrafung der im § 2 unter den Ziffern 2 (an Bord), 3 und 4 aufgeführten und der vertragsmäßig angestellten Personen sowie der Kriegsgefangenen.

§ 44 (38).

Auf die im § 2 unter den Ziffern 2 (an Bord), 3 und 4 genannten Personen, wenn sie zum Soldatenstande gehören, sowie auf die Kriegsgefangenen finden die für Personen des Soldatenstandes ertheilten Vorschriften nach Maßgabe ihres Ranges Anwendung.

Gehören sie nicht zum Soldatenstande, so ist bei der Bestrafung die Bildungsstufe, auf welcher sie stehen, und ihre Stellung im bürgerlichen Leben zu berücksichtigen.

Vertragsmäßig verpflichtete Köche, Kellner, Barbiere ꝛc. werden wie Unteroffiziere ohne Portepee bestraft. An Stelle der Versetzung in die nächst niedere Löhnungsklasse tritt für Köche, Kellner ꝛc. Lohnabzug bis zu einem Viertel des Lohnes von einem Tage bis zu drei Monaten. Für Barbiere tritt an Stelle des Lohnabzugs entsprechende Geldstrafe ein; jedoch muß diese Strafart in dem Vertrage vorgesehen sein.

Fünfter Abschnitt.

Bestrafung der Schiffsjungen.

§ 45.

Disziplinarstrafen für Schiffsjungen sind:

1. öffentlicher Tadel durch einmaliges Verlesen bei der Hauptmusterung und Aushängen des Namens des Getadelten — letzteres bis zur Dauer von drei Tagen,
2. Essen an einem gesonderten Platze — bis zu acht Tagen,
3. Strafexerzieren bis zu vier Stunden, jedoch nicht über eine Stunde an einem Tage,
4. Anbinden hinter einem Vorhange dergestalt, daß der Bestrafte zwar aufrecht stehen, nicht aber sich setzen oder niederlegen kann, jedoch nur täglich eine Stunde und höchstens drei Tage hintereinander, und nur im ersten Dienstjahre (siehe § 46 Abs. 6),
5. Arreststrafen (siehe § 46 Abs. 5 und 6):
   mittlerer Arrest bis zu fünf Tagen,
   strenger Arrest bis zu drei Tagen,

und außerdem:

6. Stehen an Deck während der Freizeit bis zu vier Tagen, täglich nicht länger als eine Stunde;
7. körperliche Züchtigung bis zu zehn Hieben im Beisein des Divisions- bezw. Zugoffiziers, des Divisionsfeldwebels und der Korporalschaftsführer des Zuges, jedoch ohne weitere Zeugen (siehe auch § 46 Abs. 1, 2 und 4).

An Bord. | Am Lande.

§ 46.

Körperliche Züchtigung darf im Allgemeinen nur im ersten Dienstjahre und nur für grobe Vergehen und auch nur dann verhängt werden, wenn zuvor die übrigen Strafen ohne Erfolg angewendet worden sind. Liegt Diebstahl, Entlaufen oder Versuch des Entlaufens vor, so ist die körperliche Züchtigung auch ohne die letztgenannte Einschränkung zulässig.

Die Entwendung oder Veruntreuung von Eßwaaren, Getränken, Tabak, sowie von Reinigungs- und Ausbesserungsgegenständen dürfen nicht mit körperlicher Züchtigung geahndet werden.

Liegt eine gerichtlich zu ahndende Handlung vor, so wird die Handlung durch die Disziplinarbestrafung als solche nicht gesühnt und muß außerdem die gerichtliche Erledigung erfolgen.

Die Schiffsjungen, welche sich im zweiten Jahre an Bord befinden, sind nur noch ausnahmsweise für grobe Vergehen, welche einen schlechten Charakter bezeugen, mit Prügelstrafe zu belegen.

Arreststrafen sind nur gegen Schiffsjungen, welche im zweiten Jahre dienen, und nur für grobe Verstöße gegen die militärische Zucht und Ordnung zulässig.

Diejenigen Schiffsjungen, welche wegen Minderjährigkeit ein zweites Jahr an Bord bleiben müssen, unterstehen den für Schiffsjungen des ersten Jahrgangs gegebenen Vorschriften.

§ 47.

Der erste Offizier eines in Dienst gestellten Schulschiffes ist berechtigt, über eingeschiffte Schiffsjungen

1. öffentlichen Tadel,
2. Essen an gesondertem Platze,
3. Strafexerziren,
4. Stehen an Deck

zu verhängen.

Der Führer einer Schiffsjungen-Kompagnie ist berechtigt, über die am Lande befindlichen, ihm unterstellten Schiffsjungen

1. öffentlichen Tadel,
2. Essen an gesondertem Platze,
3. Strafexerziren

zu verhängen.

§ 48.

Der Kommandant eines in Dienst gestellten Schulschiffes und die ihm vorgesetzten Disziplinarvorgesetzten sind berechtigt, über Schiffsjungen alle im § 45 aufgeführten Strafen zu verhängen.

Der Kommandeur der Schiffsjungen-Division und die ihm vorgesetzten Disziplinarvorgesetzten sind berechtigt, über die am Lande befindlichen, ihnen unterstellten Schiffsjungen die im § 45 Nr. 1 bis 5 aufgeführten Strafen zu verhängen.

Sechster Abschnitt.

Ausübung der Strafgewalt.

§ 49 (39).

Jeder mit Strafgewalt versehene Disziplinarvorgesetzte muß mit strenger Unparteilichkeit verfahren. Erforderlichenfalls ist der Hergang der Sache durch mündliche oder schriftliche Verhandlung aufzuklären.

Bei Ausübung der Disziplinarstrafgewalt ist lediglich die Schaffung und Aufrechterhaltung einer gesunden Mannszucht im Auge zu behalten. Jedwede Rücksicht anderer Art sowie Bedenken persönlicher Natur sind unbedingt fernzuhalten.

An Bord. | Am Lande.

§ **50** (40).

Die Art und das Maß der Strafe hat der Disziplinarvorgesetzte unter möglichster Schonung des Ehrgefühls des zu Bestrafenden zu bestimmen. Hierbei ist ferner die Eigenart und die bisherige Führung des zu Bestrafenden sowie die Natur des Vergehens und die Gefährdung des Dienstinteresses zu berücksichtigen.

Wenn Militärpersonen mit einer Dienststellung betraut sind, die über ihren Dienstgrad hinausgeht, so ist bei der Wahl der Strafart auf diese Dienststellung Rücksicht zu nehmen.

§ **51** (41).

Ein und dieselbe strafbare Handlung darf nur von einem Vorgesetzten und nur mit einer Disziplinarstrafe geahndet werden.

Dies schließt jedoch die Befugniß nicht aus, mit einer Arreststrafe

1. gegen Unteroffiziere ohne Portepee die Versetzung in die nächst niedere Löhnungsklasse,
2. gegen Personen der Obermatrosen 2c. Klasse die Entfernung aus ihrem Dienstgrade,
3. gegen Gemeine:
   a) die Entziehung der freien Verfügung über die Löhnung und deren Ueberweisung an einen Unteroffizier zur Auszahlung in Tagesbeträgen,
   b) die Einstellung in eine Arbeiterabtheilung

zu verbinden.

Gegen Personen der Obermatrosen- 2c. Klasse, gegen welche gerichtlich auf Arrest oder Gefängnis erkannt ist, kann auch unmittelbar nach Bestätigung des Urtheils noch die Entfernung aus dem Dienstgrade des Obermatrosen 2c. von dem zuständigen Vorgesetzten verfügt werden.

§ **52** (42).

Wird nach erfolgter Bestrafung dasselbe Vergehen oder eine gleichartige strafbare Handlung von dem Bestraften wieder verübt, so ist eine härtere Strafe als bei der Vorbestrafung zu verhängen, sofern nicht Gründe für eine mildere Beurtheilung vorhanden sind.

§ **53** (43).

Wenn ein nicht mit der höchsten Strafbefugniß versehener Disziplinarvorgesetzter zwar eine Strafe für zulässig, die ihm zustehende Strafbefugniß aber nicht für ausreichend erachtet, so hat er dem nächsthöheren Vorgesetzten von dem Straffalle Meldung zu machen.

§ **54** (44).

Vergehen, welche nur der Disziplinarbestrafung unterliegen (§ 1 Nr. 1), dürfen drei Monate nach der Verübung nicht mehr mit Strafe belegt werden. Der Disziplinarvorgesetzte kann jedoch, falls gegen den zu Bestrafenden ein gerichtliches Ermittelungsverfahren schwebt oder beantragt ist, auch noch nach Ablauf der Frist eine Disziplinarstrafe verhängen, wenn er innerhalb der Frist die Entscheidung über die Disziplinarbestrafung sich vorbehalten hat und seit Beendigung des gerichtlichen Verfahrens vier Wochen noch nicht verflossen sind.

In außerheimischen Gewässern begangene Disziplinarvergehen, die als solche erst im Inlande festgestellt werden, und die im § 31 unter Strafe gestellten Handlungen verjähren erst sechs Monate, nachdem der zuständige Disziplinarvorgesetzte dienstlich davon Kenntniß erhalten hat.

An Bord. | Am Lande.

Disziplinarvergehen des § 1 Nr. 2 verjähren erst drei bezw. fünf Jahre nach Verübung der That (RStGB. § 67).

§ 55 (54).

Ist eine strafbare Handlung, welche gerichtlich hätte bestraft werden müssen, mit einer Disziplinarstrafe geahndet worden, so ist dennoch, wenn inzwischen nicht nach den Vorschriften der Strafgesetze die Verjährung eingetreten ist, die gerichtliche Untersuchung einzuleiten.

Wird der Bestrafte wegen desselben Vergehens rechtskräftig zu einer Strafe verurtheilt, so ist die Disziplinarstrafe nachträglich nach Maßgabe des § 74 von dem höheren Disziplinarvorgesetzten aufzuheben.

Siebenter Abschnitt.

Meldung und Mittheilung von einer Bestrafung.

§ 56.

Wird gegen einen Kapitän zur See oder einen im gleichen oder höheren Range stehenden Offizier im Disziplinarwege Arrest verhängt, so ist dies Seiner Majestät dem Kaiser sogleich auf dem Dienstwege zu melden. Siehe auch § 9, IIIa, Abs. 2.

§ 57.

Bestrafungen von Militärpersonen, welche in einem doppelten Unterordnungsverhältnisse stehen, hat der die Strafe verfügende Disziplinarvorgesetzte dem anderen Vorgesetzten unter Angabe des Grundes mitzutheilen.

§ 58 (50).

Wird eine Militärperson des Beurlaubtenstandes, welche in ihren Civilverhältnissen zu den Reichs- oder Staatsbeamten gehört, disziplinarisch mit Arrest bestraft, so ist ihrer nächst vorgesetzten Dienstbehörde sogleich nach Verhängung der Strafe davon Nachricht zu geben.

Achter Abschnitt.

Vollstreckung der Strafen.

§ 59 (46).

Die Vollstreckung der Strafen muß, sofern die Umstände es gestatten, gleich nach der Verhängung erfolgen.

Eine Aussetzung der Strafvollstreckung darf nur aus dringenden Gründen von dem Disziplinarvorgesetzten angeordnet werden.

§ 60 (46).

Ist die Strafe von einem höheren oder einem der in § 26 Abs. 1 aufgeführten Disziplinarvorgesetzten verhängt, so bleibt es seinem Ermessen überlassen, ihre Vollstreckung entweder selbst anzuordnen oder dem sonstigen Vorgesetzten des zu Bestrafenden zu überlassen.

Die im § 26 Abs. II aufgeführten Disziplinarvorgesetzten haben eine von ihnen verhängte Strafe erst zu vollstrecken, wenn der im § 26 Abs. 1 aufgeführte Disziplinarvorgesetzte den Bestraften dienstlich für abkömmlich erklärt hat oder der Bestrafte von seinem Kommando abgelöst ist.

§ 61 (3).

Der einfache Verweis ist ohne Zeugen oder im Beisein eines Vorgesetzten dem Bestraften bekannt zu geben.

An Bord.	Am Lande.
Der strenge Verweis ist: a) einem Offizier vor versammeltem Offizierkorps b) einem Unteroffizier vor versammeltem Unteroffizierkorps	von dem Dienstgrade des Bestraften an aufwärts

bekannt zu geben.

§ 62.

Die kleinen Strafen, wie Strafarbeitsdienst, Strafexerziren, Auferlegung gewisser Dienstverrichtungen, Stehen an Deck ꝛc. werden während der Freizeit vollstreckt, in der Regel jedoch nicht an Sonn- und Festtagen.

Die an Bord verhängten kleinen Strafen, wie Entern über den Topp ꝛc. sind bei Abkommandirung oder Ausschiffung in die entsprechenden kleinen Strafen an Land umzuwandeln.

§ 63.

Die Versetzung in die nächst niedere Löhnungsklasse wird in der Art vollstreckt, daß während der Dauer der Strafe Obermaate ꝛc. die Löhnung der Maate ꝛc. und Maate ꝛc. die Löhnung der Obermatrosen ꝛc. erhalten. Die Einbehaltung der Löhnung darf, falls ein entsprechendes Löhnungsguthaben nicht vorhanden ist, nur bis zu einem solchen Betrage erfolgen, daß eine Kürzung der bereits angemeldeten Familienzahlungen nicht eintritt.

Die von vertragsmäßig angestellten Personen eingezogenen Lohnabzüge werden dem „Unterstützungsfonds für hülfsbedürftige Familien vom Feldwebel abwärts" überwiesen.

§ 64 (47).

Gelinde, mittlere und strenge Arreststrafen werden in den heimathlichen Kriegshäfen, wenn angängig am Lande verbüßt.

Ueber die Vollstreckung der Arreststrafen an Bord siehe Anlage 2.

Kammerarrest, welchen ein Deckoffizier bei seiner Zurücküberweisung an seinen Marinetheil am Lande noch nicht verbüßt hat, ist von ihm am Lande als Stubenarrest zu verbüßen.

Bei Kasernen- oder Quartierarrest kann der zu Bestrafende zwar zum Dienst herangezogen werden, er darf aber außerdem die Kaserne oder das Gebäude, in welchem er sein Quartier hat, mit den dazu gehörenden Hofräumen nicht verlassen.

Die Vollstreckung der anderen Arreststrafen erfolgt am Lande nach den Bestimmungen über die Vollstreckung gerichtlich erkannter Arreststrafen. (MSt-VB. § 16 folg.)

§ 65 (47).

Wenn im Felde der über Unteroffiziere und Gemeine verhängte gelinde, mittlere oder strenge Arrest den örtlichen Verhältnissen nach in einem hierzu geeigneten Raume nicht verbüßt und die Strafvollstreckung aus dienstlichen Gründen nicht aufgeschoben werden kann, so ist für die Dauer der Strafe dem Verurtheilten während seiner dienstfreien Zeit der Aufenthalt auf einer Wache als Arrestat, ohne Entziehung seiner Gebührnisse, anzuweisen.

An Bord.	Am Lande.
	Hiermit wird verbunden: a) wenn die Strafe in mittlerem Arrest besteht, die Heranziehung zu beschwerlichen Dienstverrichtungen außer der Reihe, b) wenn die Strafe in strengem Arrest besteht, Anbinden bis zu zwei Stunden täglich [5]). Am vierten, achten und demnächst an jedem dritten Tage fällt das Anbinden fort.

§ 66 (49).

Arreststrafen, welche zur Uebung eingezogene Mannschaften des Beurlaubtenstandes während der Uebung oder vorher verwirkt haben, sind erst nach Ablauf der Uebungszeit zu vollstrecken, falls die Aufrechterhaltung der Disziplin dies zuläßt.

An den nicht im Dienst befindlichen Mannschaften des Beurlaubtenstandes sind Arreststrafen unter Aufnahme in die Militärverpflegung des betreffenden Landwehrbezirkskommandos in einer Militärarrestanstalt zu vollstrecken. Die militärische Einkleidung des Bestraften ist hierbei in der Regel nicht erforderlich.

Ist innerhalb zwanzig Kilometer vom Aufenthaltsorte des Bestraften eine Militärarrestanstalt nicht vorhanden, so können Arreststrafen unter acht Tagen auf Ersuchen des Bezirkskommandeurs durch die Ortspolizeibehörden vollstreckt werden.

§ 67.

Wenn mehrere Arreststrafen zusammentreffen, so darf die Strafe nicht über die Dauer des zulässigen Höchstmaßes der Strafart (4 Wochen strenger, 6 Wochen mittlerer, 6 Wocher gelinder Arrest) ununterbrochen vollstreckt werden. Ueber die Dauer der dann eintretenden Unterbrechung, die jedoch mindestens drei Tage betragen muß, entscheidet der zuständige Disziplinarvorgesetzte.

Neunter Abschnitt.

Beschwerdeführung.

§ 68 (52).

Beschwerden über eine Disziplinarstrafe dürfen von dem Bestraften erst nachdem die Strafe vollstreckt ist, in der für dienstliche Beschwerden vorgeschriebenen Form und auf dem Dienstwege angebracht werden.

§ 69 (53).

Für die Erledigung von Beschwerden sind die Bestimmungen der Beschwerde-Ordnung [6]) maßgebend.

Wird die Beschwerde für begründet erachtet und die verhängte Strafe aufgehoben oder abgeändert, so ist dies in das Führungsbuch des Bestraften einzutragen und dem Beschwerdeführer mitzutheilen.

---

[5]) AO. 4. Aug. 87 (Nr. 2 Anm. 117).

[6]) Nr. I 2 Unteranl. H 1 d. W.

An Bord. | Am Lande.

Zehnter Abschnitt.

Führung der Strafbücher.

§ 70.

Es sind drei Strafbücher zu führen:

1. Ein Buch für Offiziere und obere Marinebeamte sowie für die Fähnriche zur See und Unterärzte.
   Dieses Buch ist als „Persönliches" zu behandeln.
2. Ein Buch für die im § 6 Nr. 1 aufgeführten kleinen Strafen der Gemeinen einschließlich Seekadetten (Kleines Strafbuch).
3. Ein Buch für alle übrigen Strafen der Gemeinen einschließlich Seekadetten und für alle Strafen der Unteroffiziere einschließlich der Deckoffiziere, Ingenieur- und Zahlmeisteraspiranten (Großes Strafbuch).

§ 71.

Strafbücher über Offiziere (§ 70 Nr. 1) haben die Disziplinarvorgesetzten zu führen, welche Offiziere mit Arrest bestrafen können.

Ihnen haben die untergebenen Befehlshaber die über Offiziere verhängten Disziplinarstrafen zur Aufnahme in die Strafbücher sofort schriftlich zu melden.

Die Strafbücher über Unteroffiziere und Gemeine hat der nächste Disziplinarvorgesetzte zu führen.

In die Strafbücher sind auch die von höheren Vorgesetzten verhängten Disziplinarstrafen und die gerichtlichen Strafen einzutragen. Die höheren Vorgesetzten haben den Befehlshabern, die die Strafbücher zu führen haben, schriftlich die erforderlichen Mittheilungen zu machen.

Die von den in den §§ 15, 16, 21 aufgeführten Disziplinarvorgesetzten verfügten Strafen sind nur in die Strafbücher aufzunehmen, welche von diesen Disziplinarvorgesetzten geführt werden.

§ 72.

Ueber die Führung der Strafbücher trifft die Anlage 3 die näheren Bestimmungen.

Weitere Ausführungsbestimmungen über die Führung der Strafbücher dürfen nicht erlassen werden.

Elfter Abschnitt.

Beaufsichtigung der Ausübung der Strafgewalt.

§ 73 (54).

Jeder Disziplinarvorgesetzte hat die gerechte und zweckentsprechende Anwendung der seinen Untergebenen zustehenden Strafbefugnisse und die vorschriftsmäßige Strafvollstreckung sorgfältig zu überwachen und zu dem Zwecke die Eintragungen in den Strafbüchern von Zeit zu Zeit zu prüfen.

Die Ausstellungen sind in einem Prüfungsheft niederzulegen, das als „Persönliches" zu behandeln ist.

Die Prüfungshefte sind mit den Strafbüchern einzureichen und mit diesen, mit einem Prüfungsvermerk versehen, zurückzugeben.

§ 74 (55).

Findet ein Disziplinarvorgesetzter, daß

1. eine von seinen Untergebenen verhängte Strafe ihrer Art oder Dauer nach unzulässig, oder

An Bord. | Am Lande.

2. daß der Untergebene zur Verhängung der Strafe nicht zuständig gewesen ist,

so hat er die Strafe abzuändern oder aufzuheben.

Muß eine Strafe aufgehoben oder abgeändert werden, die über eine inzwischen zu einem anderen Marinetheil oder zu einer anderen Marinebehörde kommandierte oder überwiesene Person (§ 25) verhängt war, so ist die Aufhebung durch den früheren zuständigen Disziplinarvorgesetzten zu verfügen. Die etwa erforderliche neue Strafe wird durch den nunmehrigen Disziplinarvorgesetzten verhängt.

Die Bestimmung des § 69 Abs. 2 findet entsprechende Anwendung.

Zwölfter Abschnitt.

Bestrafung von Angehörigen des Reichsheeres und der Schutztruppen.

§ **75** (56).

Die Disziplinarvorgesetzten der Kaiserlichen Marine sind auch befugt, Disziplinarstrafen in Gemäßheit dieser Disziplinarstrafordnung gegen die ihnen unterstellten Angehörigen des Reichsheeres und der Kaiserlichen Schutztruppen zu verhängen.

Anlagen zur Marine-Disziplinarstrafordnung[7].

Anlage 1 zu § 36: Klasseneintheilung der Militärbeamten[8]).

Anlage 2 zu § 64: Auszug aus den Bestimmungen über die Vollstreckung der Freiheitsstrafen an Bord[9]).

Anlage 3 zu § 72: **Führung der Strafbücher.**

§ **1—4.**[10])

§ **5.**

1. Termin für Einreichung der Strafbücher zur Prüfung durch die höheren Diszplinarvorgesetzten ist der 1. Februar und der 1. August.
2. Die Strafbücher sind auf dem Dienstwege einzureichen.
3. Selbständige Schiffskommandos auf außerheimischen Stationen reichen eine vom Kommandanten unterzeichnete Abschrift der Eintragungen ein.
4. Die Ausstellungen, zu welchen alle Disziplinarvorgesetzten, denen die Strafbücher im Instanzenwege zugehen, gegebenenfalls verpflichtet sind, sind in einem „Strafprüfungsheft" einzutragen.
   Dieses Heft ist als „Persönliches" zu behandeln.
5. Die Rückgabe der Strafbücher wie der Prüfungshefte erfolgt auf dem Dienstwege. Die betreffenden Disziplinarvorgesetzten haben die Kenntniß der Prüfungsbemerkungen durch einen schriftlichen Vermerk in dem Prüfungsheft zu bestätigen und gestellte Fragen zu beantworten.
6. Außerterminlich sind die Strafbücher von Schiffen bei Außerdienststellung sowie von Ablösungstransporten bei ihrer Auflösung einzureichen.

---

[7]) Die Anlagen sind der amtlichen Ausgabe der MDStO. beigegeben.

[8]) Als Unteranl. B 1 zu Nr. I 2 d. W. abgedruckt.

[9]) Desgl. als Unteranl. D 1.

[10]) § 1—4 sowie die zugehörigen Muster sind hier nicht von Interesse u. daher nicht abgedruckt.

4. Gesetz, betreffend die Dienstvergehen der richterlichen Militärjustizbeamten und die unfreiwillige Versetzung derselben in eine andere Stelle oder in den Ruhestand. Vom 1. Dezember 1898.

(RGB. 1297).[1]

Allgemeine Bestimmungen über Dienstvergehen und deren Bestrafung.

§ 1. Ein richterlicher Militärjustizbeamter[2]), welcher die Pflichten verletzt, die ihm sein Amt auferlegt, oder in oder außer dem Amte sich ein seiner amtlichen Stellung nicht würdiges Verhalten zu Schulden kommen läßt (Reichsbeamtengesetz vom 31. März 1873 § 10)[3]), macht sich eines Dienstvergehens schuldig.

§ 2. Wegen geringer Dienstvergehen können im Aufsichtswege Mahnungen[4]) ertheilt werden. Bei dem Reichsmilitärgericht erfolgen sie durch den Präsidenten desselben im Einverständnisse mit dem Vorsitzenden

---

[1]) Inhalt: Das G. enthält in § 1 bis 6 allgemeine Bestimmungen über Dienstvergehen u. deren Bestrafung, insbesondere den Grund der DiszBestrafung (§ 1, 2), die zulässigen Strafen (§ 3, 4) u. das Verhältnis zu einer denselben Gegenstand betreffenden gerichtlichen Untersuchung (§ 5, 6). Die Verfassung u. Zuständigkeit der DiszGerichte behandeln § 7—14, das Verfahren § 15 bis 29, die vorläufige Dienstenthebung § 30, 31. Außerdem regelt das G. die nicht eigentlich in das Disziplinargebiet fallende unfreiwillige Versetzung in eine andere Stelle (§ 34, 35) und in den Ruhestand (§ 34, 35). Übergangs- u. Schlußbest. enthalten § 36—38. — Das G. lehnt sich, soweit dies die Richtereigenschaft der in Betracht kommenden Personen zuläßt, an das RBG. 31. März 73 (Nr. 2 Anl. C) an. Soweit die Best. beider übereinstimmen, ist daher auf die Erläuterungen zu den entsprechenden Paragraphen des RBG. zu verweisen. Die Abweichungen des G. bestehen hauptsächlich darin, daß es die Einteilung in Ordnungsstrafen u. Entfernung aus dem Amt (RBG. § 74, 75, 80, 84) nicht kennt, sondern in allen Fällen der DiszBestrafung (sofern solche nicht gemäß der DiszStrafordnungen erfolgt) ein förmliches DiszVerfahren voraussetzt (§ 3, 15 d. G.), daß die Strafversetzung keine Verminderung des Diensteinkommens zur Folge hat, wohl aber mit Geldstrafe verbunden werden kann (§ 3 d. G.), ferner daß die Disziplinargerichte sich ausschließlich aus richterlichen MilJustizbeamten zusammensetzen, u. der Disziplinarhof nicht nur 2. Instanz, sondern zugleich 1. Instanz für die juristischen Mitglieder des RMGer. ist (§ 7, 8, 11), endlich daß zur Ergänzung des G. nicht die StPO., sondern die MStGerO. heranzuziehen ist (§ 14, 18, 25, 28). — Bearb. in der Mehrzahl der Nr. II 2 Anm. 1 d. W. angef. Werke.

[2]) Richterliche MilJustizbeamte sind die Kriegsgerichtsräte, Oberkriegsgerichtsräte u. die juristischen Mitglieder des Reichsmilitärgerichts. Die MilGerichtsschreiber fallen unter das RBG. (Anm. 1).

[3]) RBG. § 10:
Jeder Reichsbeamte hat die Verpflichtung, das ihm übertragene Amt der Verfassung und den Gesetzen entsprechend gewissenhaft wahrzunehmen und durch sein Verhalten in und außer dem Amte der Achtung, die sein Beruf erfordert, sich würdig zu zeigen.

[4]) Die Mahnung ist keine eigentliche DiszStrafe. Sie ist (abweichend vom preuß. G. 7. April 79, GS. 345, § 25) unanfechtbar.

des Disziplinarhofs, im Uebrigen durch die oberste Behörde der Militärjustizverwaltung (vergl. Militärstrafgerichtsordnung §§ 111, 112).

Erscheint eine Mahnung nicht ausreichend, so tritt Disziplinarbestrafung nach Maßgabe der Bestimmungen dieses Gesetzes ein.

Die Vorschriften der Disziplinarstrafordnungen für das Heer und die Marine, betreffend die Disziplinarstrafgewalt der Militärbefehlshaber über Militärbeamte, bleiben unberührt.[5])

§ **3.** Disziplinarstrafen sind:[6])

1. Warnung,
2. Verweis,
3. Geldstrafe,
4. Strafversetzung[7]),
5. Dienstentlassung.

Die Geldstrafe darf den Betrag des einmonatlichen Diensteinkommens nicht übersteigen. Neben einem Verweis und neben der Strafversetzung kann auf Geldstrafe erkannt werden.[1])

Gegen Mitglieder des Reichsmilitärgerichts kann auf Strafversetzung nicht erkannt werden.

Die Strafversetzung erfolgt in ein anderes Amt von gleichem Range ohne Verminderung des Diensteinkommens[1]) und wird durch die oberste Behörde der Militärjustizverwaltung[8]) in Ausführung gebracht.

Die Dienstentlassung hat den Verlust des Titels und des Pensionsanspruchs von Rechtswegen zur Folge.

Lassen besondere Umstände eine mildere Beurtheilung zu, so ist das Disziplinargericht berechtigt, in seiner Entscheidung zugleich festzusetzen, daß dem Beschuldigten ein Theil des gesetzlichen Pensionsbetrags auf Lebenszeit oder auf gewisse Jahre zu belassen sei.

§ **4.**[9]) Welche der im § 3 bestimmten Strafen anzuwenden sei, ist nach der größeren oder geringeren Erheblichkeit des Dienstvergehens mit besonderer Rücksicht auf die gesammte Führung des Beschuldigten zu ermessen.

§ **5.** Im Laufe einer gerichtlichen Untersuchung darf gegen den Beschuldigten ein Disziplinarverfahren wegen der nämlichen Thatsachen nicht eingeleitet werden.

---

[5]) DStO. f. d. H. § 32—34, MDStO. § 36—39, 41, 42 (Nr. 2 Anm. 92, 98 d. W.). Für die DiszBestrafung der richterlichen MilJustizbeamten ist hiernach nur unter den Voraussetzungen des § 34 Abs. 1 der DStO. f. d. H., § 37 Abs. 1 der MDStO. das RichterDiszG. maßgebend, im übrigen die DStO. (MDStO.).

[6]) Sie können alle nur im Weg des förmlichen DiszVerfahrens ausgesprochen werden § 15 (Anm. 1).

[7]) Bei Strafversetzung erhalten die MilJustizbeamten wie die übrigen Reichsbeamten Umzugskosten (Begr.).

[8]) MStGerO. § 111 (Nr. II 2 Anm. 230 d. W.).

[9]) § 4—6 entspr. RBG. (Anl. C zu Nr. 2 d. W.) § 76—78.

Ist im Laufe eines Disziplinarverfahrens wegen der nämlichen Thatsachen eine gerichtliche Untersuchung gegen den Beschuldigten eröffnet, so ist das Disziplinarverfahren bis zur Beendigung des gerichtlichen Verfahrens auszusetzen.

§ **6.** Ist strafgerichtlich auf Freisprechung erkannt, so findet wegen derjenigen Thatsachen, welche den Gegenstand der Untersuchung gebildet haben, ein Disziplinarverfahren nur noch insofern statt, als dieselben an sich und ohne ihre Beziehung zu dem gesetzlichen Thatbestande der strafbaren Handlung, auf welche die Untersuchung sich erstreckte, ein Dienstvergehen enthalten.

Ist in einer gerichtlichen Untersuchung eine Verurtheilung erfolgt, welche den Verlust des Amtes nicht zur Folge gehabt hat, so bleibt der zuständigen Stelle (vergl. §§ 15, 21) die Entscheidung darüber vorbehalten, ob außerdem ein Disziplinarverfahren einzuleiten oder fortzusetzen sei.

Verfassung und Zuständigkeit der Disziplinargerichte.

§ **7.** Disziplinargerichte sind:

in erster Instanz die Disziplinarkammern,

in zweiter Instanz der Disziplinarhof.

Für die juristischen Mitglieder des Reichsmilitärgerichts bildet der Disziplinarhof die erste und letzte Instanz.[10])

§ **8.** Für den Bereich eines oder mehrerer Armeekorps, sowie für die Marine wird je eine Disziplinarkammer gebildet, die ihren Sitz am Orte eines der betheiligten Generalkommandos, bei der Marine am Sitze des Oberkommandos derselben hat.[11])

---

[10]) Abweichend von RBG. § 158 u. GVG., welche ein DiszVerfahren gegen Mitglieder des Reichsgerichts nicht zulassen. — Zulässigkeit von Mahnungen § 2 des G. DiszGewalt des Präsidenten des RMGer. gegen militärische Mitglieder AO. 16. Dez. 02 (Nr. 2 Anl. B). — Betreffend die juristischen Mitglieder des bayr. (III.) Senats § 38 des G. (Anm. 30).

[11]) Heer: AAB. 28. Dez. 99 (ABB. 6):

„Es werden gebildet:

Eine Disziplinarkammer für den Bereich des Gardekorps, III., IV., VI. Armeekorps mit dem Sitze in Berlin,

eine Disziplinarkammer für den Bereich des I., II., V., XVII. Armeekorps mit dem Sitze in Danzig,

eine Disziplinarkammer für den Bereich des VII., IX., X., XI. Armeekorps mit dem Sitze in Hannover,

eine Disziplinarkammer für den Bereich des VIII., XIV., XV., XVI., XVIII. Armeekorps mit dem Sitze in Karlsruhe."

Marine: AAB. 26. März 00:

„Für den Bereich der Marine ist eine Disziplinarkammer mit dem Sitze in Kiel gebildet."

Hierzu treten für Bayern (AAB. 17. Sept. 00) eine Disziplinarkammer für den Bereich des I. bayr. AKorps mit dem Sitz in München, eine Disziplinarkammer für den Bereich des II. u. III. bayr. AKorps mit dem Sitz in Würzburg; für Sachsen (AAB. 15. Jan. 00) eine Disziplinarkammer für die sächs. AKorps mit dem Sitz in Dresden;

Die Disziplinarkammer besteht aus fünf Mitgliedern, und zwar aus den in ihrem Bereich angestellten Oberkriegsgerichtsräthen und der erforderlichen Zahl von Kriegsgerichtsräthen.

Sind in dem Bereiche der Disziplinarkammer mehr als fünf Oberkriegsgerichtsräthe vorhanden, so bilden die fünf dienstältesten und bei gleichem Dienstalter die der Geburt nach älteren die Disziplinarkammer. Die übrigen Oberkriegsgerichtsräthe treten bei Verhinderung von Mitgliedern der Disziplinarkammer in gleicher Reihenfolge als Stellvertreter ein.

Soweit die vorhandenen Oberkriegsgerichtsräthe zur Bildung der Disziplinarkammer nicht ausreichen, werden von der obersten Behörde der Militärjustizverwaltung [8]) Kriegsgerichtsräthe für die Dauer ihres Hauptamts zu Mitgliedern der Disziplinarkammer und zu Stellvertretern ernannt.

Wird eine Disziplinarkammer durch Ausscheiden ausgeschlossener oder abgelehnter Mitglieder und deren Stellvertreter (vergl. § 14) oder aus einem anderen Grunde beschlußunfähig, so können die fehlenden Mitglieder durch Mitglieder einer anderen richterlichen Disziplinarkammer ersetzt werden. Die Anordnung erfolgt im Verwaltungswege.

Den Vorsitz in der Disziplinarkammer führt der dem Dienstalter beziehungsweise der Geburt nach älteste Oberkriegsgerichtsrath, in Ermangelung eines Oberkriegsgerichtsraths der älteste Kriegsgerichtsrath.

§ **9.** Zuständig ist diejenige Disziplinarkammer, in deren Bezirke der Beschuldigte zur Zeit der Eröffnung des Disziplinarverfahrens seinen dienstlichen Wohnsitz hat. [12])

Die Disziplinarkammer der Marine ist zuständig für alle richterlichen Militärjustizbeamten der Marine.

§ **10.** [13]) Der Disziplinarhof kann auf Antrag des Vertreters der Staatsanwaltschaft [14]) oder des Beschuldigten die Verweisung der Sache an eine andere Disziplinarkammer beschließen, wenn Gründe vorliegen, welche die Unbefangenheit der zuständigen Disziplinarkammer zweifelhaft erscheinen lassen.

§ **11.** Der Disziplinarhof wird bei dem Reichsmilitärgericht aus den juristischen Mitgliedern dieses Gerichts gebildet. Zur Beschlußfähigkeit gehört die Anwesenheit von mindestens sieben derselben, einschließlich des Vorsitzenden.

---

für Württemberg (AAB. 30. März 00) eine Disziplinarkammer für das XIII. AKorps mit dem Sitz in Stuttgart.

[12]) Bestehen Zweifel darüber, an welchem Ort der Beschuldigte seinen dienstlichen Wohnsitz hat, so entscheidet die zu Anm. 8 genannte Behörde (Begr.).

[13]) Entspr. RBG. (Anm. 1) § 90.

[14]) § 13 d. G.

Den Vorsitz führt derjenige Senatspräsident, welcher dem Dienstalter und bei gleichem Dienstalter der Geburt nach der älteste ist.

Im Behinderungsfalle gehen die Geschäfte des Vorsitzenden auf den nächstältesten Senatspräsidenten und in Ermangelung eines solchen auf den ältesten Rath des Reichsmilitärgerichts über.

§ **12.** Der Geschäftsgang bei dem Disziplinarhofe wird durch eine Geschäftsordnung [15]) geregelt, welche von diesem auszuarbeiten und durch den Präsidenten des Reichsmilitärgerichts dem Kaiser zur Bestätigung vorzulegen ist.

Die Geschäftsordnung der Disziplinarkammern [16]) ist von der obersten Behörde der Militärjustizverwaltung [8]) zu erlassen.

§ **13.** Die Verrichtungen der Staatsanwaltschaft werden bei den Disziplinarkammern von einem durch die oberste Behörde der Militärjustizverwaltung [8]) für jeden einzelnen Fall besonders zu benennenden Kriegsgerichtsrath, bei dem Disziplinarhofe von dem Obermilitäranwalte wahrgenommen.

Den Dienst des Gerichtsschreibers versieht bei den Disziplinarkammern der Gerichtsschreiber eines der betreffenden Oberkriegsgerichte, bei dem Disziplinarhofe ein Gerichtsschreiber des Reichsmilitärgerichts.

§ **14.** Die Bestimmungen der Militärstrafgerichtsordnung über Ausschließung und Ablehnung der Gerichtspersonen (§§ 122 bis 134) finden auf die Mitglieder der Disziplinargerichte entsprechende Anwendung.

Im Verfahren vor dem Disziplinarhofe steht das Ablehnungsrecht auch dem Obermilitäranwalte zu. [17])

Ueber die Ausschließung oder Ablehnung entscheidet das Disziplinargericht, welchem der abgelehnte Richter angehört.

Ablehnungsgesuche wegen Besorgniß der Befangenheit sind bei Vermeidung des Ausschlusses spätestens vor Beginn der Hauptverhandlung bei demjenigen Disziplinargericht anzubringen, welchem die ablehnenden Mitglieder angehören.

Die Entscheidungen sind endgültig.

Verfahren bei den Disziplinargerichten.

§ **15.** Der Verhängung einer Disziplinarstrafe muß ein förmliches Disziplinarverfahren vorhergehen. Die Einleitung desselben wird hinsichtlich der Mitglieder des Reichsmilitärgerichts durch den Präsidenten desselben im Einverständnisse mit dem Vorsitzenden des Disziplinarhofs, hinsichtlich der übrigen richterlichen Militärjustizbeamten durch die oberste Behörde der Militärjustizverwaltung [8]) verfügt.

---

[15]) Anlage A.

[16]) Anlage B.

[17]) Also nicht auch dem Vertreter der Staatsanwaltschaft vor der Disz.-Kammer.

§ **16.** Das Disziplinarverfahren besteht in einem schriftlichen Ermittelungsverfahren und in einer mündlichen Verhandlung.

§ **17.** Mit der Vornahme der Ermittelungen wird von dem Vorsitzenden des Disziplinargerichts ein Mitglied des letzteren beauftragt.

Das Ermittelungsverfahren[18]) hat den Zweck, den Sachverhalt soweit aufzuklären, daß eine Entscheidung darüber getroffen werden kann, ob das Verfahren einzustellen, oder die Sache zur Hauptverhandlung zu verweisen sei.

Der Beschuldigte wird unter Mittheilung der Beschuldigungspunkte vorgeladen[19]) und der Vertreter der Staatsanwaltschaft[14]) zugezogen. Sie werden, wenn sie erscheinen, mit ihren Erklärungen und Anträgen gehört.

Die Zeugen werden, nach Befinden eidlich, vernommen und die sonstigen Beweise erhoben.

Den Vernehmungen der Zeugen darf weder der Vertreter der Staatsanwaltschaft noch der Beschuldigte beiwohnen.

Die Verhaftung, vorläufige Festnahme oder Vorführung des Beschuldigten ist unzulässig.

§ **18.** Ueber jede Untersuchungshandlung ist ein Protokoll unter Beobachtung der im § 163 der Militärstrafgerichtsordnung enthaltenen Vorschriften aufzunehmen.

§ **19.**[20]) Erachtet der mit Vornahme der Ermittelungen beauftragte Richter die Untersuchung für geschlossen, so legt er die Akten dem Vertreter der Staatsanwaltschaft vor.

Beantragt dieser eine Ergänzung der Ermittelungen, so hat der Untersuchungsführer, wenn er dem Antrage nicht stattgeben will, die Entscheidung des Disziplinargerichts einzuholen.

§ **20.** Nach geschlossenem Ermittelungsverfahren ist dem Beschuldigten der Inhalt der erhobenen Beweismittel mitzutheilen. Darauf werden die Akten dem Vertreter der Staatsanwaltschaft[14]) zur Stellung seiner Anträge vorgelegt.[21])

§ **21.** Auf Grund der Ergebnisse des Ermittelungsverfahrens hat hinsichtlich der Mitglieder des Reichsmilitärgerichts der Präsident desselben im Einverständnisse mit dem Vorsitzenden des Disziplinarhofs, im Uebrigen die oberste Behörde der Militärjustizverwaltung[8]) darüber zu

---

[18]) Für die Beweisaufnahme sind die Grundsätze der MStGerO. anwendbar § 25. — Gerichtsschreiber § 13 Abs. 2.

[19]) § 26 u. GeschO. (Anl. B) § 12.

[20]) § 19—23 entspr. RBG. (Anm. 1) § 96—100.

[21]) Entspr. StPO. § 195 Abs. 1. Unter den „Anträgen" sind also nicht nur diejenigen im Sinne des § 19 Abs. 2 d. G. zu verstehen, vielmehr hat der Vertreter der Staatsanwaltschaft einen ausdrücklichen Antrag auf Einstellung des Verfahrens oder Verweisung der Sache zur Hauptverhandlung zu stellen.

befinden, ob der Beschuldigte außer Verfolgung zu setzen und das Verfahren einzustellen[22]), oder ob die Sache zur Hauptverhandlung zu verweisen sei.

§ **22**. Einstellung des Verfahrens hat auch dann zu erfolgen, wenn der Beschuldigte seine Entlassung aus dem Dienste mit Verzicht auf Titel, Gehalt und Pensionsanspruch nachsucht, vorausgesetzt, daß er seine amtlichen Geschäfte bereits erledigt hat.

Die Kosten des eingestellten Verfahrens fallen dem Beschuldigten zur Last.

§ **23**. Wegen der nämlichen Anschuldigungspunkte ist die Wiederaufnahme eines eingestellten Disziplinarverfahrens nur auf Grund neuer Beweise und nur während eines Zeitraums von fünf Jahren, vom Tage des Einstellungsbeschlusses ab, zulässig.

§ **24**. Wird die Sache zur Hauptverhandlung verwiesen, so finden im Weiteren die Bestimmungen der §§ 101 bis 118 des Reichsbeamtengesetzes vom 31. März 1873[1]) entsprechende Anwendung.

§ **25**. Die Bestimmungen der Militärstrafgerichtsordnung, betreffend die Berechnung der Fristen (§ 146), die Wiedereinsetzung in den vorigen Stand (§ 147, 148, 149 Absatz 1 bis 3), die Vernehmung von Zeugen (§§ 185 ff.) und die Zuziehung von Sachverständigen (§§ 208 ff.), finden mit der Maßgabe entsprechende Anwendung, daß gegen Entscheidungen des Disziplinarhofs eine Rechtsbeschwerde nicht stattfindet, und daß über Rechtsbeschwerden gegen Entscheidungen und Verfügungen der Disziplinarkammern der Disziplinarhof entscheidet.[23])

§ **26**. Die im Disziplinarverfahren an den Vertreter der Staatsanwaltschaft[14]) nöthig werdenden Zustellungen erfolgen durch Vorlegung der Urschrift des zuzustellenden Schriftstücks. Beginnt mit der Zustellung der Lauf einer Frist, so ist der Tag der Vorlegung auf der Urschrift zu vermerken.

Die sonstigen Zustellungen erfolgen nach Maßgabe der §§ 136 bis 145 der Militärstrafgerichtsordnung.

§ **27**. Die im Disziplinarverfahren ergehenden Entscheidungen sind mit Gründen zu versehen.

§ **28**. Für die Abstimmung finden bei den Disziplinargerichten die Vorschriften der §§ 322, 324 der Militärstrafgerichtsordnung[24]) mit der Maßgabe entsprechende Anwendung, daß im Disziplinarhofe bei Stimmengleichheit die Stimme des Vorsitzenden den Ausschlag giebt.

---

[22]) Mit der Einstellung kann eine Mahnung (§ 2) verbunden werden. Die Kosten trägt auch in diesem Fall die Staatskasse. Ordnungsstrafen kennt das G. nicht (Anm. 1).

[23]) Gegen Urteile der DiszKammern findet nicht Rechtsbeschwerde, sondern ausschließlich Berufung statt (entspr. RBG. § 110—116).

[24]) Nicht auch § 323. Es entscheidet also auch hinsichtlich der Schuldfrage einfache Stimmenmehrheit.

§ **29.**[25]) Für das Disziplinarverfahren werden weder Gebühren noch Stempel, sondern nur baare Auslagen in Ansatz gebracht.

Wird der Beschuldigte verurtheilt, so hat er die baaren Auslagen des Verfahrens ganz oder theilweise zu erstatten. Ueber die Erstattungspflicht entscheidet das Disziplinarerkenntniß.

Vorläufige Dienstenthebung.

§ **30.** Die Bestimmungen der §§ 125 bis 130 Absatz 1, § 131 des Reichsbeamtengesetzes vom 31. März 1873[1]) finden mit der Maßgabe entsprechende Anwendung, daß an die Stelle der obersten Reichsbehörde diejenige Behörde tritt, welcher die Einleitung des Disziplinarverfahrens zusteht (§ 15).

§ **31.** Für die Verhältnisse im Felde und an Bord[26]) kann durch Kaiserliche Verordnung den höheren Befehlshabern die Befugniß eingeräumt werden, einen richterlichen Militärjustizbeamten, der nach ihrer pflichtmäßigen Ueberzeugung seine Bestimmung nicht erfüllt, aus seiner Feldstelle (Bordstelle) zu entlassen.

Unfreiwillige Versetzung in eine andere Stelle.[27])

§ **32.** Die unfreiwillige Versetzung eines Mitgliedes des Reichsmilitärgerichts findet nicht statt.

Die unfreiwillige Versetzung eines Oberkriegsgerichtsraths oder Kriegsgerichtsraths kann, abgesehen von den Fällen der §§ 95, 96 der Militärstrafgerichtsordnung und von dem Falle einer Strafversetzung, nur erfolgen, wenn sie durch das Interesse der Militärrechtspflege dringend geboten ist.

Die Versetzung darf in diesem Falle nur in eine andere Militärrichterstelle von gleichem Range ohne Verminderung des Diensteinkommens erfolgen.

§ **33.** Die Anerkennung der Nothwendigkeit der unfreiwilligen Versetzung in eine andere Stelle erfolgt auf Antrag der obersten Behörde der Militärjustizverwaltung[8]) durch den Disziplinarhof.[28]) Die Ausführung geschieht durch die genannte Verwaltungsbehörde.

Unfreiwillige Versetzung in den Ruhestand.[27])

§ **34.** Die zwangsweise Versetzung eines richterlichen Militärjustizbeamten in den Ruhestand tritt ein, wenn er durch ein körperliches Ge-

---

[25]) Entspr. RBG. (Anm. 1) § 124.

[26]) EG. z. MStGerO. § 5, 6.

[27]) Es handelt sich hier nicht um eine Disziplinarstrafe, sondern um eine dem Aufsichtsrecht entspringende Maßregel. Der Grundsatz in MStGerO. § 96 Abs. 1 wird hierdurch nicht berührt.

brechen oder wegen Schwäche seiner körperlichen oder geistigen Kräfte zur Erfüllung seiner Amtspflichten dauernd unfähig geworden ist.

§ **35.** Sucht der Beamte die Versetzung in den Ruhestand nicht nach, obgleich die Voraussetzungen derselben vorliegen, so ist unter Angabe der Gründe und unter Bezeichnung des zu gewährenden Pensionsbetrags die Aufforderung an ihn zu erlassen, binnen einer bestimmten Frist den Antrag auf Versetzung in den Ruhestand zu stellen. Die Aufforderung ergeht an einen Oberkriegsgerichtsrath oder Kriegsgerichtsrath durch die oberste Behörde der Militärjustizverwaltung[8]), an ein Mitglied des Reichsmilitärgerichts durch den Präsidenten dieses Gerichts. Wird der Aufforderung innerhalb der festgesetzten Frist nicht Folge geleistet, so hat der Disziplinarhof über die Zulässigkeit der Versetzung in den Ruhestand zu entscheiden.[28])

Schluß- und Uebergangsbestimmungen.

§ **36.** Die Gebührenordnung für die Rechtsanwälte vom 7. Juli 1879[29]) findet auf die Berufsthätigkeit des Rechtsanwalts im Disziplinarverfahren gegen richterliche Militärjustizbeamte mit der Maßgabe entsprechende Anwendung, daß den Strafkammern die Disziplinarkammern, dem Reichsgerichte der Disziplinarhof gleichzustellen sind.

§ **37.** Dieses Gesetz tritt zugleich mit der Militärstrafgerichtsordnung in Kraft.

Mit diesem Zeitpunkte treten alle entgegenstehenden Bestimmungen, soweit sie auf die richterlichen Militärjustizbeamten Bezug haben, außer Kraft.

Hinsichtlich der beim Inkrafttreten dieses Gesetzes anhängigen Disziplinarsachen sind für das weitere Verfahren die Vorschriften dieses Gesetzes maßgebend.

§ **38.** Dieses Gesetz kommt in Bayern nach näherer Bestimmung des Bündnißvertrags vom 23. November 1870 zur Anwendung; die Errichtung eines Disziplinarhofs für die bayerischen richterlichen Militärjustizbeamten bleibt der Landesgesetzgebung vorbehalten.[30])

---

[28]) Ein besonderes Verfahren ist nicht vorgesehen. Der Disziplinarhof beschließt auf Grund der Akten. Der betroffene Beamte wird zu hören sein.

[29]) Nr. II 3 Anl. D d. W.

[30]) Die Bildung des besonderen Disziplinarhofs für die bayr. richterlichen MilJustizbeamten ist erfolgt durch bayr. AusfG. 11. Juli 00 (GBl. 706) Art. 1. — Bezüglich der Mitglieder des bayr. (III.) Senats des RMGer. G. 9. März 99 (Nr. II 3 Anl. E d. W.) § 3.

Anlagen zum Richterdisziplinargesetz.

Anlage A (zu Anmerkung 15).

Geschäftsordnung für den bei dem Reichsmilitärgerichte bestehenden Disziplinarhof für richterliche Militärjustizbeamte.[1])

1. Die Geschäfte werden (vorbehaltlich der im § 5 dieser Geschäftsordnung bestimmten Ausnahmen) durch Entscheidungen und Beschlüsse des Disziplinarhofs erledigt. Die Erledigung erfolgt in Sitzungen, die nach Bedürfniß von dem Vorsitzenden bestimmt werden. Soweit nicht mündlich verhandelt wird, ist die Oeffentlichkeit für die Sitzungen ausgeschlossen.

2. Bei Entscheidungen und Beschlüssen, die auf Grund einer mündlichen Verhandlung erlassen werden, dürfen nur Mitglieder mitwirken, vor denen die mündliche Verhandlung stattgefunden hat.

3. Ein Mitglied, welches zu einer Sitzung einberufen ist, hat im Falle der Verhinderung diese rechtzeitig vor der Sitzung dem Vorsitzenden anzuzeigen.

4. Der Vorsitzende leitet die Berathung, stellt die Fragen und sammelt die Stimmen. Zuerst stimmen der oder die Berichterstatter. Im Falle einer Meinungsverschiedenheit über die Stellung der Fragen oder das Ergebniß der Abstimmung entscheidet der Disziplinarhof.

5. Verfügungen, die eine sachliche Entscheidung nicht enthalten, insbesondere diejenigen, die nur die Leitung eines anhängigen Disziplinarverfahrens betreffen, werden ohne Vortrag in dem Disziplinarhofe, von dem Vorsitzenden oder unter dessen Zustimmung von demjenigen Mitglied erlassen, dem die Bearbeitung der Sache von dem Vorsitzenden übertragen ist.

Im Falle einer Meinungsverschiedenheit zwischen dem Vorsitzenden und dem gedachten Mitglied oder wenn über den gegen eine Verfügung erhobenen Widerspruch eines Betheiligten zu entscheiden ist, muß der Beschluß des Disziplinarhofs eingeholt werden.

Dasselbe gilt, wenn der Vorsitzende den Vortrag in der Sitzung angeordnet hat.

6. In jeder einen Beschluß des Disziplinarhofs erfordernden Sache werden von dem Vorsitzenden der oder die Berichterstatter ernannt.

Der Vortrag in der Sitzung wird, unbeschadet der Bestimmung des § 15 Ziffer 3 Abs. 4, mündlich erstattet.

7. Der Disziplinarhof erläßt seine Entscheidungen u. s. w. unter dem Namen:

„Kaiserlicher Disziplinarhof für richterliche Militärjustizbeamte".

8. In den Entscheidungen sind die Mitglieder namentlich aufzuführen, die an der Entscheidung Theil genommen haben. Auch ist darin der Tag der Sitzung zu bezeichnen, in der die Entscheidung erfolgt ist.

9. Der Disziplinarhof führt zwei Siegel:

1. ein großes Siegel, welches dem beim Reichsmilitärgerichte geführten großen Siegel entspricht und nur bei den Ausfertigungen der Endentscheidungen gebraucht wird,
2. ein kleines Siegel, welches den bei den Reichsbehörden üblichen Siegeln entspricht, mit der Umschrift: „Disziplinarhof für richterliche Militärjustizbeamte."

[1]) Die GeschO. ist vom Kaiser bestätigt AE. 30. Jan. 02 (CB. 62).

10. Die Disziplinarsachen gelten in Ansehung der portofreien Beförderung als Reichsdienstsachen.

11. Dem Vorsitzenden liegt die Leitung und Beaufsichtigung des ganzen Geschäftsganges ob. Er öffnet die eingehenden Sendungen, versieht dieselben mit dem Eingangsvermerke, vertheilt die Geschäfte, ernennt den oder die Berichterstatter, bestimmt die Sitzungen und veranlaßt die Berufung der Mitglieder zu denselben, leitet die Berathungen und Abstimmungen, zeichnet die Entwürfe aller Verfügungen und vollzieht alle Reinschriften. Die Ausfertigungen von Urtheilen und Beschlüssen sind ohne abschriftliche Beifügung der übrigen Unterschriften von dem Vorsitzenden allein zu unterzeichnen. Der Vorsitzende trifft in Bezug auf die Führung der Geschäftskontrolen die erforderlichen Anordnungen. Er verfügt ferner in allen, den Disziplinarhof als solchen betreffenden Angelegenheiten.

12. Die erforderlichen Zustellungen werden durch den Vorsitzenden des Disziplinarhofs veranlaßt.

Die Beglaubigung (Ausfertigung) des zuzustellenden Schriftstücks geschieht durch den Berichterstatter, sofern zwei Berichterstatter ernannt sind, durch den Dienstältesten.

13. Das Geschäftsjahr ist das Kalenderjahr. Am Schlusse des Jahres überreicht der Vorsitzende, sofern Disziplinarsachen beim Disziplinarhof erledigt worden sind, dem Präsidenten des Reichsmilitärgerichts eine Nachweisung, aus der sich die einzelnen Disziplinarsachen und die in denselben erlassenen Endentscheidungen ergeben.

14. In Betreff der Fonds, aus denen die baaren Auslagen, insbesondere die Zeugengebühren zu bestreiten sind, sowie hinsichtlich der Einziehung der in Disziplinarsachen dem Beschuldigten etwa zur Last gelegten baaren Auslagen wird der Präsident des Reichsmilitärgerichts im einzelnen Falle das Erforderliche veranlassen.

Die Bureaubedürfnisse des Disziplinarhofs werden aus den Vorräthen und Fonds des Reichsmilitärgerichts bestritten.

Als Geschäftsraum des Disziplinarhofs dient nach näherer Anordnung des Präsidenten des Reichsmilitärgerichts das Geschäftsgebäude des Reichsmilitärgerichts.

15. Für das mündliche Verfahren sind im Anschluß an den § 24 des Gesetzes, betreffend die Dienstvergehen der richterlichen Militärjustizbeamten und die unfreiwillige Versetzung derselben in eine andere Stelle oder in den Ruhestand, vom 1. Dezember 1898 nachstehende Vorschriften zu befolgen:

1. Zu den §§ 101 und 102 des Reichsbeamtengesetzes vom 31. März 1873:

Die Sitzung ist dergestalt zu bestimmen, daß dem Beschuldigten vom Tage der Zustellung der Vorladung an eine Frist von mindestens zwei Wochen frei bleibt.

In der Vorladung ist die zur Verhandlung der Sache bestimmte Stunde anzugeben, sowie dem Beschuldigten bekannt zu machen, daß er sich des Beistandes eines Rechtsanwalts als Vertheidiger bedienen oder durch einen solchen sich vertreten lassen könne, und daß auch im Falle seines Ausbleibens die Verhandlung der Sache und die Entscheidung erfolgen werde.

Ist das persönliche Erscheinen des Beschuldigten beschlossen, so muß die Vorladung unter der Verwarnung erfolgen, daß im Falle des Ausbleibens ein Vertheidiger zur Vertretung nicht zugelassen werde.

2. Zu § 103:

Die Verhandlung über den Ausschluß oder die Beschränkung der Oeffentlichkeit erfolgt in nicht öffentlicher Sitzung. Der Beschluß, der die Oeffentlichkeit ausschließt oder beschränkt, muß öffentlich verkündet werden.

Die Befolgung dieser Vorschrift muß aus dem Sitzungsprotokolle sich ergeben.

3. Zu den §§ 104 bis 107:

Die mündliche Verhandlung erfolgt in Gegenwart des Obermilitäranwalts und eines Obersekretärs als Gerichtsschreiber.

Die Geschäfte des Gerichtsschreibers werden von dem dienstältesten Obersekretär des I. Senats des Reichsmilitärgerichts wahrgenommen.

Der Berichterstatter faßt eine schriftliche Darstellung ab, zu welcher der Mitberichterstatter sich schriftlich äußert. Die Bearbeitungen werden dem Vorsitzenden eingereicht.

In der Sitzung wird der Bericht durch Verlesung der Darstellung oder nach Wahl des Berichterstatters mündlich an der Hand der schriftlichen Darstellung erstattet.

Die Leitung der Verhandlung, die Vernehmung des Beschuldigten, die etwaige Aufnahme des Beweises und die Handhabung der Ordnung liegt dem Vorsitzenden ob. Er kann Jeden, welcher Störungen verursacht, aus der Sitzung entfernen lassen.

Der Vorsitzende kann die Vernehmung des Beschuldigten und die Beweisaufnahme einem anderen Mitglied übertragen.

4. Zu § 108:

Mit der Urtheilsformel, welche zu verlesen ist, sind zugleich die Gründe zu verkünden.

Es genügt die mündliche Mittheilung des wesentlichen Inhalts der Gründe. Die Verkündung erfolgt durch den Vorsitzenden.

Die schriftlichen Entscheidungsgründe werden mittelst Verlesung in der Sitzung oder auf dem Wege des schriftlichen Umlaufs festgestellt und in Urschrift von sämmtlichen Mitgliedern, die an der Entscheidung Theil genommen haben, unterschrieben.

Werden Bedenken gegen die Fassung des Entwurfs erhoben und diese nicht von dem Verfasser durch Aenderung seines Entwurfs beseitigt, so entscheidet der Disziplinarhof. Beschlüsse, durch welche ein Antrag abgelehnt wird, sind mit Gründen zu versehen.

5. Zu § 109:

Das Sitzungsprotokoll muß insbesondere auch die verkündete Entscheidung enthalten.

16. Vorstehende Bestimmungen finden auf die Fälle der §§ 32, 33, 35 des Gesetzes, betreffend die Dienstvergehen der richterlichen Militärjustizbeamten und die unfreiwillige Versetzung derselben in eine andere Stelle oder in den Ruhestand, vom 1. Dezember 1898 entsprechende Anwendung.

Anlage B (zu Anmerkung 16).

Geschäftsordnung für die Disziplinarkammern im Bereiche der Preußischen Militärjustizverwaltung.[1])

In Ausführung des § 12 Abs. 2 des Gesetzes vom 1. Dezember 1898, betreffend die Dienstvergehen der richterlichen Militärjustizbeamten und die unfrei-

[1]) Die GeschO. ist durch KrMVf. 2. Jan. 00 (AVB. 12) erlassen. Übereinstimmende GeschO. sind für Bayern, Sachsen u. Württemberg, sowie für die Marine (26. März 00) ergangen.

willige Versetzung derselben in eine andere Stelle oder in den Ruhestand, wird hierdurch die nachfolgende Geschäftsordnung für die Disziplinarkammern der Militärjustizverwaltung erlassen.

§ 1. Die Geschäfte werden (vorbehaltlich der im § 5 bestimmten Ausnahmen) durch Beschlüsse der Disziplinarkammer erledigt. Die Erledigung erfolgt in Sitzungen, die nach Bedürfniß von dem Vorsitzenden bestimmt werden. Soweit nicht mündlich verhandelt wird, ist die Oeffentlichkeit für die Sitzungen ausgeschlossen.

§ 2. Bei Entscheidungen und Beschlüssen, die auf Grund einer mündlichen Verhandlung erlassen werden, dürfen nur Mitglieder mitwirken, vor denen die mündliche Verhandlung stattgefunden hat.

§ 3. Ein Mitglied, welches zu einer Sitzung, in der eine mündliche Verhandlung stattfinden soll oder zu einer anderen Sitzung unter der Verpflichtung zur Theilnahme einberufen ist, hat im Falle der Verhinderung diese zeitig vor der Sitzung dem Vorsitzenden anzuzeigen.

§ 4. Der Vorsitzende leitet die Berathung, stellt die Fragen und sammelt die Stimmen.

Im Falle einer Meinungsverschiedenheit über die Stellung der Fragen oder über das Ergebniß der Abstimmung entscheidet die Disziplinarkammer.

Für die Abstimmung bei Entscheidungen finden die Vorschriften der §§ 322, 323, 324 der Militärstrafgerichtsordnung entsprechende Anwendung.

§ 5. Verfügungen, die eine sachliche Entscheidung nicht enthalten, insbesondere diejenigen, die nur die Leitung eines anhängigen Disziplinarverfahrens betreffen, werden ohne Vortrag in der Disziplinarkammer von dem Vorsitzenden oder unter dessen Zustimmung von demjenigen Mitgliede erlassen, dem die Bearbeitung der Sachen von dem Vorsitzenden übertragen ist. Im Falle einer Meinungsverschiedenheit zwischen dem Vorsitzenden und dem gedachten Mitgliede, oder wenn über den gegen eine Verfügung erhobenen Widerspruch eines Betheiligten zu entscheiden ist, muß der Beschluß der Disziplinarkammer eingeholt werden. Dasselbe gilt, wenn der Vorsitzende den Vortrag in der Sitzung angeordnet hat.

§ 6. In schleunigen Fällen kann, sofern nicht die Entscheidung eine mündliche Verhandlung erfordert, der Vorsitzende eine schriftliche Abstimmung anordnen. Ergiebt sich hierbei eine Meinungsverschiedenheit, so muß die Entscheidung in einer Sitzung erfolgen.

§ 7. In jeder einen Beschluß der Disziplinarkammer erfordernden Sache wird von dem Vorsitzenden ein Berichterstatter ernannt.

Der Vortrag in der Sitzung wird unbeschadet der Bestimmung des § 15 Ziffer 3 mündlich erstattet.

§ 8. Die Disziplinarkammern erlassen alle Entscheidungen, Beschlüsse, Verfügungen, Berichte u. s. w. unter dem Namen:

„Disziplinarkammer in N. für richterliche Militärjustizbeamte des . . . Armeekorps.“ [2])

§ 9. In den Endentscheidungen sind die Mitglieder namentlich aufzuführen, die an der Entscheidung theilgenommen haben. Auch ist darin der Tag der Sitzung zu bezeichnen, in der die Entscheidung erfolgt ist. Die Ausfertigungen der Endentscheidungen sind mit der Ueberschrift zu versehen: „Im Namen des Königs“. [3])

---

[2]) GeschO. f. d. Mar.: „Disziplinarkammer in Kiel für . . . . der Marine.“

[3]) Marine: „des Kaisers.“

§ **10.** Die Disziplinarkammern führen ein Siegel mit der Umschrift:

„Disziplinarkammer in N. für richterliche Militärjustizbeamte"

und den auffliegenden preußischen Adler.[4])

§ **11.** Die Disziplinarsachen gelten in Ansehung der portofreien Beförderung als Reichs-Dienstangelegenheiten.

§ **12.** Dem Vorsitzenden liegt die Leitung und Beaufsichtigung des ganzen Geschäftsgangs ob. Er öffnet die eingehenden Sendungen, versieht dieselben mit dem Tage des Eingangs, vertheilt die Geschäfte, ernennt den Berichterstatter (§ 7), bestimmt die Sitzungen (§ 1) und veranlaßt die Zustellung an den Vertreter der Staatsanwaltschaft (§ 26 des Gesetzes vom 1. Dezember 1898) und die Einladung der Mitglieder zu den Sitzungen, leitet die Berathungen und Abstimmungen (§ 4), zeichnet die Entwürfe aller Verfügungen u. s. w., vollzieht alle Reinschriften und trifft in Bezug auf die Führung der Geschäftskontrolen die erforderlichen Anordnungen. Er verfügt ferner in allen die Disziplinarkammer als solche betreffenden Angelegenheiten.

§ **13.** Das Geschäftsjahr ist das Kalenderjahr. Am Schlusse des Jahres überreicht der Vorsitzende, sofern Disziplinarsachen anhängig geworden sind, dem Kriegsministerium (Versorgungs- und Justizdepartement)[5]) eine Nachweisung, aus der sich die einzelnen Disziplinarsachen und die in denselben erlassenen Entscheidungen ergeben.

§ **14.** In Betreff der Fonds, aus denen die baaren Auslagen, insbesondere die Zeugengebühren zu bestreiten sind, sowie hinsichtlich der Einziehung der in Disziplinarsachen dem Beschuldigten etwa zur Last gelegten baaren Auslagen (§ 29 Absatz 2 des Gesetzes vom 1. Dezember 1898) wird das Kriegsministerium (Versorgungs- und Justizdepartement)[5]) im einzelnen Falle das Erforderliche anordnen.

§ **15.** Für das mündliche Verfahren sind im Anschluß an den § 24 des Gesetzes vom 1. Dezember 1898 nachstehende Vorschriften zu befolgen:

1. Zu §§ 101 und 102 des Reichsbeamtengesetzes vom 31. März 1873.

Die Sitzung ist dergestalt zu bestimmen, daß dem Beschuldigten vom Tage der Zustellung der Vorladung an eine Frist von mindestens einer Woche frei bleibt.

In der Vorladung ist die zur Verhandlung der Sache bestimmte Stunde anzugeben, sowie dem Beschuldigten bekannt zu machen, daß er sich des Beistandes eines Rechtsanwalts als Vertheidigers bedienen oder durch einen solchen sich vertreten lassen könne, und daß auch im Falle seines Ausbleibens die Verhandlung der Sache und die Entscheidung erfolgen werde.

Ist das persönliche Erscheinen des Beschuldigten beschlossen, so muß die Vorladung unter der Verwarnung erfolgen, daß im Falle des Ausbleibens ein Vertheidiger zur Vertretung nicht zugelassen werde.

2. Zu § 103.

Die Verhandlung über den Ausschluß oder die Beschränkung der Oeffentlichkeit erfolgt in nicht öffentlicher Sitzung. Der Beschluß, der die Oeffentlichkeit ausschließt oder beschränkt, muß öffentlich verkündet werden.

Die Befolgung dieser Vorschrift muß aus dem Sitzungsprotokolle sich ergeben.

9. Zu §§ 104 bis 107.

Die mündliche Verhandlung erfolgt in Gegenwart des Vertreters der Staatsanwaltschaft und eines Militärgerichtsschreibers (vgl. § 13 des Gesetzes vom 1. Dezember 1898.)

---

[4]) Marine: „den deutschen Reichsadler." | [5]) Marine: „dem Reichsmarineamt."

Der Berichterstatter wird von dem Vorsitzenden bei Bestimmung der Sitzung ernannt.

Der Berichterstatter hat eine schriftliche Darstellung abzufassen und dieselbe dem Vorsitzenden vor der Sitzung vorzulegen.

In der Sitzung wird der Bericht durch Verlesung der Darstellung oder nach Wahl des Berichterstatters mündlich an der Hand der schriftlichen Darstellung erstattet.

Die Leitung der Verhandlung, die Vernehmung des Beschuldigten, die etwaige Aufnahme des Beweises und die Handhabung der Ordnung liegt dem Vorsitzenden ob. Er kann Jeden, der Störungen verursacht, aus der Sitzung entfernen lassen.

Der Vorsitzende kann die Vernehmung des Beschuldigten und die Beweisaufnahme einem anderen Mitgliede übertragen.

Für das Beweisverfahren sind im Uebrigen die Vorschriften der Militärstrafgerichtsordnung maßgebend (vgl. § 25 des Gesetzes vom 1. Dezember 1898).

4. Zu § 108.

Mit der Entscheidung sind zugleich die Gründe zu verkünden.

Es genügt jedoch die mündliche Mittheilung des wesentlichen Inhalts der Gründe. Die Verkündung erfolgt durch den Vorsitzenden.

Die schriftlichen Entscheidungsgründe werden mittels Verlesung in der Sitzung oder auf dem Wege des schriftlichen Umlaufs festgestellt und im Entwurfe von sämmtlichen Mitgliedern, die an der Entscheidung theilgenommen haben, unterschrieben.

5. Zu § 109.

Das Sitzungsprotokoll muß insbesondere auch die verkündete Entscheidung enthalten.

6. Zu § 116.

Die Akten sind vor der Einsendung an den Disziplinarhof mit einem Inhaltsverzeichnisse zu versehen.

7. Zu § 124.

Die Kosten, die der Beschuldigte zu erstatten hat, sind, wenn thunlich, in der verurtheilenden Entscheidung selbst dem Betrage nach festzustellen.

---

5. Allerhöchste Verordnungen über die Ehrengerichte a) der Offiziere im Preußischen Heere vom 2. Mai 1874[1]; b) der Offiziere in der Kaiserlichen Marine vom 26. Juli 1895.[2])

(MVB. 185)

a) Heer. | b) Marine.

Ich will, daß die heute von Mir vollzogene Verordnung über die Ehrengerichte der Offiziere in Meinem Heere[3]) in dem Geiste verstanden und angewendet wird, der Mein Heer von Alters her[4]) ausgezeichnet hat.

---

[1]) Die V. ist an Stelle der V. I u. II 20. Juli 43 über Ehrengerichte u. die Bestrafung der Offiziere wegen Zweikampfs im Preuß. Heer (erg. AO. 13. Nov. 56) getreten. Gleichzeitig ist bestimmt, daß, wenn in einzelnen Fällen über die Zuständigkeit der EhrenGer. oder über die Auslegung u. Anwendung der Vorschriften über die Behandlung der ehrengerichtlichen Angelegenheiten Zweifel entstehen sollten, solche durch die kommandierenden Generale zu erledigen,

a) Heer. | b) Marine.

Ich erwarte daher von dem gesammten Offizierkorps Meines Heeres[3]), daß ihm, wie bisher so auch in Zukunft, die Ehre das höchste Kleinod sein wird; dieselbe rein und fleckenlos zu erhalten, muß die heiligste Pflicht des ganzen Standes, wie des Einzelnen bleiben. Die Erfüllung dieser Pflicht schließt die gewissenhafte und vollständige Erfüllung aller anderen Pflichten des Offiziers in sich. Wahre Ehre kann ohne Treue bis in den Tod, ohne unerschütterlichen Muth, feste Entschlossenheit, selbstverleugnenden Gehorsam, lautere Wahrhaftigkeit, strenge Verschwiegenheit, wie ohne aufopfernde Erfüllung selbst der anscheinend kleinsten Pflichten nicht bestehen. Sie verlangt, daß auch in dem äußeren Leben des Offiziers sich die Würde ausdrücke, die aus dem Bewußtsein hervorgeht, dem Stande anzugehören, dem die Vertheidigung von Thron und Vaterland anvertraut ist. — Der Offizier soll bestrebt sein, nur diejenigen Kreise für seinen Umgang zu wählen, in denen gute Sitte herrschend ist, und darf am wenigsten an öffentlichen Orten aus dem Auge lassen, daß er nicht bloß als gebildeter Mann, sondern auch als Träger der Ehre und der gesteigerten Pflichten seines Standes auftritt. Von allen Handlungen, welche dem Ruf des Einzelnen oder der Genossenschaft nachtheilig werden können, besonders von allen Ausschweifungen, Trunk und Hazardspiel, von der Uebernahme solcher Verpflichtungen, mit denen

---

nötigenfalls darüber die Allerh. Entscheidung einzuholen ist. — In Bayern, Sachsen u. Württemberg ist die V. gleichmäßig eingeführt. — Einteilung u. Inhalt der V.: Die vorausgeschickte Einleitung (EinfOrdre) spricht sich über die Standespflichten der Offiziere u. die Aufgabe der EhrenGer. im allgemeinen aus. Vom Zweck der Ehrengerichte handelt § 1; von deren Zuständigkeit (sachlicher u. persönlicher) § 2—4; von der Bildung der EhrenGer. im allgemeinen § 5—7, im besondern der EhrenGer. über Hauptleute (Rittmeister) u. Subalternoffiziere § 8—12, der Ehren-Ger. über Stabsoffiziere § 13; vom Ehrenrate § 14—26; vom ehrengerichtlichen Verfahren § 27—62. — Zur Ergänzung der EinfOrdre sind durch AO. 1. Jan. 97 Bestimmungen ergangen, die als Anlage A abgedruckt sind. — Für die Offiziere der Schutztruppen ist die EhrenGerV. mit einzelnen Abweichungen eingeführt durch AO. 15. Juni 97 Anlage B. — Die ehrengerichtlichen Verhältnisse der nach Preußen kommandierten Württemb. Offiziere u. der nach Württemberg kommandierten Preuß. Offiziere regelt AO. 16. Sept. 98 Anlage C.

²) Die V. ist an Stelle der entsprechenden V. 2. Nov. 75 getreten. In der AO. 26. Juli 95 ist bestimmt, daß die an den Chef der Admiralität gerichtete EinfOrdre 2. Nov. 75 auch für die neue V. maßgebend bleibt. In Abänderung der AO. 26. Juli 95 bestimmt ferner die AO. 20. März 99 (MVB. 79), daß in allen Fällen, in denen über die Zuständigkeit oder über die Auslegung u. Anwendung der Vorschriften über die Behandlung der ehrengerichtlichen Angelegenheiten Zweifel entstehen, unmittelbar die Allerh. Entsch. einzuholen ist. — Einteilung u. Inhalt der V. entspricht demjenigen der EhrenGerV. f. d. Heer (Anm. 1). Die gleichlautenden Bestimmungen beider V. sind über die ganze Seitenbreite gedruckt. Sofern die Paragraphenzahlen der V. f. d. Mar. von denen der V. f. d. Heer abweichen, sind sie in Klammer beigesetzt; unerhebliche sonstige Abweichungen der V. f. d. Mar. sind aus den Anm. ersichtlich. Soweit dagegen beide V. wesentlich auseinandergehen, sind die Best. der V. f. d. Heer in der linken, die der V. f. d. Mar. in der rechten Spalte abgedruckt. — Die als Anlage A abgedruckte AO. ist nach AO. 1. Jan. 97 mit geringen, aus den Anm. zu Anl. A ersichtlichen Abweichungen auch für die Marine maßgebend.

³) In der V. f. d. Marine ist anstatt Heer (stehendes Heer) überall Marine zu lesen.

⁴) V. f. d. Mar. „Meine Marine seit ihrem Bestehen".

a) Heer. | b) Marine.

auch nur der Schein unredlichen Benehmens verbunden sein könnte, vom hazardmäßigen Börsenspiel, von der Theilnahme an Erwerbsgesellschaften, deren Zweck nicht unantastbar und deren Ruf nicht tadellos ist, sowie überhaupt von jedem Streben nach Gewinn auf einem Wege, dessen Lauterkeit nicht klar erkennbar ist, muß der Offizier sich weit abhalten. Sein Ehrenwort darf er nie leichtsinnig verpfänden.

Je mehr anderwärts Luxus und Wohlleben um sich greifen, um so ernster tritt an den Offizierstand die Pflicht heran, nie zu vergessen, daß es nicht materielle Güter sind, welche ihm die hochgeehrte Stellung im Staate und in der Gesellschaft erworben haben und erhalten werden. Nicht nur, daß die kriegerische Tüchtigkeit des Offiziers durch eine verweichlichende Lebensweise beeinträchtigt werden könnte, sondern völlige Erschütterung des Grund und Bodens, worauf der Offizierstand steht, ist die Gefahr, welche das Streben nach Gewinn und Wohlleben mit sich bringen würde.

Je treuer die Offizierkorps treue Kameradschaft und richtigen Korpsgeist pflegen, um so leichter werden sie Ausschreitungen vorbeugen, auf Abwege gerathende Kameraden in die richtigen Bahnen zurückleiten, unnütze Händel und unwürdige Zänkereien vermeiden.

Niemals darf das berechtigte Selbstgefühl des Offiziers in Mangel an Achtung oder in Ueberhebung gegen andere Stände ausarten. Je mehr der Offizier seinen Beruf liebt und je höher er dessen Zwecke auffaßt, um so mehr wird er ermessen, in wie hohem Grade das volle Vertrauen aller Stände zum Offizierstande eine Bedingung für die erfolg- und ruhmreiche Lösung der letzten und höchsten Aufgabe des Heeres[3]) ist.

Ich habe das Vertrauen zu den Offizieren des Beurlaubtenstandes und zu den verabschiedeten Offizieren, welchen Ich die Beibehaltung der äußeren Zeichen des Standes bewilligt habe, daß, wie sie fortdauernd Antheil an der Standesehre haben, sie der Verpflichtung, für die Wahrung dieser Ehre zu sorgen, auch in ihren bürgerlichen Verhältnissen stets eingedenk bleiben werden.

Dafür, daß in den Offizierkorps des stehenden Heeres[3]) und des Beurlaubtenstandes ein geläutertes Ehrgefühl sich lebendig erhalte, sind Mir zunächst die Regimentskommandeure[5]) und diejenigen Befehlshaber, welchen gleiche Pflichten obliegen, verantwortlich. Sie vor allen besitzen in den ihnen für die Heranbildung der jüngeren Offiziere zu Gebot stehenden Mitteln die Möglichkeit, auf die Erhaltung des Geistes, welcher allein ein Heer[3]) groß macht, weit über den Bereich und die Dauer ihrer eigenen Wirksamkeit hinaus Einfluß zu üben. Dieser Pflicht werden sie besonders dann mit Erfolg genügen, wenn sie die jüngeren Offiziere ernstlich anhalten, den wohlgemeinten Weisungen ihrer älteren Kameraden nachzukommen, und wenn sie ebenso diese nicht im Zweifel darüber lassen, daß es eine wesentliche Pflicht der älteren Offiziere ist, ihre jüngeren Kameraden zu überwachen und sie zu sich heranzubilden.

Wenn in dieser Art durch Erziehung, Beispiel, Belehrung, Warnung und Befehl entsprechend gewirkt wird, müssen Vorkommnisse, welche den in der Verordnung über die Ehrengerichte angeordneten Spruch der Standesgenossen erheischen, immer seltener werden.

Die Bestimmungen dieser Verordnungen haben den Zweck, die Pflege der bewährten Ueberlieferungen ritterlichen Sinnes im Offizierstande zu fördern, und

[5]) V. f. d. Mar. „Die Kommandeure der Matrosendivisionen, die Kommandanten Meiner Schiffe u. Fahrzeuge u. diejenigen Befehlshaber usw."

a) Heer. | b) Marine.

gewähren die Mittel, da, wo einen Offizier der Vorwurf trifft, er habe Schaden an seiner Ehre gelitten, oder wo er selbst dies befürchtet, im geordneten Wege einzuschreiten.

Hierbei sollen die Ehrenräthe die Organe der Kommandeure bilden, während diesen die Leitung der Ehrengerichte und die Verantwortung für die richtige Behandlung der in ihrem Dienstbereich vorkommenden ehrengerichtlichen Angelegenheiten ausschließlich obliegt. Auch sollen die Ehrenräthe denjenigen ihrer Kameraden, welche an sie in Ehrensachen sich wenden, mit kameradschaftlichem Rath zur Seite stehen. Indem Ich die Zusammensetzung der Ehrenräthe der Offizierkorps von der Wahl der Kameraden abhängig gemacht habe, ist es nicht allein Meine Absicht, den Kommandeuren für die oft schwierigen Geschäfte in Ehrensachen besonders geeignete Organe zu geben, sondern auch die, solche Offiziere für diese Dienststellungen zu finden, welche das Vertrauen ihrer Kameraden in so hohem Grade besitzen, daß sie mit Erfolg als deren berufene Rathgeber in Ehrensachen wirken können. Ich setze voraus, daß kein Offizier sich bei der Wahl von anderen als mit dieser Meiner Absicht übereinstimmenden Beweggründen wird leiten lassen.

Die Ehrengerichte aber haben die doppelte Aufgabe, sowohl durch ihren Spruch die Ehre des Einzelnen von unbegründeten Verdächtigungen, insoweit ihm andere standesgemäße Wege hierzu nicht offen stehen, zu reinigen, als auch zur Wahrung der Ehre des Standes gegen diejenigen Mitglieder desselben, deren Benehmen dem richtigen Ehrgefühl und den Verhältnissen des Offizierstandes nicht entspricht, einzuschreiten. Die Fälle, in denen ein solches Einschreiten erforderlich werden kann, lassen sich nicht erschöpfend voraus bestimmen; sie im Einzelnen zu erkennen, soll Mein vorstehend ausgesprochener Wille einen Anhalt geben.

Zugleich halte Ich hierbei mich versichert, daß die Befehlshaber, in richtiger Würdigung der zur Wahrung der Disziplin und zur Aufrechterhaltung ihrer Autorität ihnen verliehenen Strafbefugnisse solche Fälle, welche im Disziplinarwege füglich erledigt werden können, nicht zum ehrengerichtlichen Verfahren verweisen werden, um die gewichtige Bedeutung eines ehrengerichtlichen Spruchs nicht herabzudrücken.

Bei allen Verhandlungen der Ehrenräthe und der Ehrengerichte soll neben den Rücksichten auf die Erhaltung der Standesehre der Sinn wechselseitigen Wohlwollens walten. Das Verfahren soll auf Erörterung der Anschuldigungspunkte sich beschränken und nicht auf Nebendinge eingehen, oder durch unnöthige Förmlichkeiten erschwert und aufgehalten werden. Auch ist hierbei stets ernstlich darauf zu halten, daß innere Angelegenheiten eines Offizierkorps nicht weiter aus dessen Kreis hinausgetragen werden, als unumgänglich nöthig ist.

In dem Vertrauen, daß edle Sitte und guter Ton in den Offizierkorps Meines Heeres[3]) sich heimisch erhalten, und Privatstreitigkeiten und Beleidigungen der Offiziere untereinander immer seltener vorkommen werden, habe Ich das durch die Verordnung II. vom 20. Juli 1843 vorgeschriebene Verfahren außer Kraft gesetzt. Nur soll für den Offizier, welcher mit einem anderen Offizier in eine die Ehre berührende Privatzwistigkeit geräth, die Verpflichtung fortbestehen, seinem Ehrenrath und zwar spätestens, wenn er eine Herausforderung zum Zweikampf erläßt oder erhält, hiervon Anzeige zu machen, oder durch einen Kameraden Anzeige machen zu lassen. Der Ehrenrath hat alsdann sofort und möglichst noch vor Vollziehung des Zweikampfes dem Kommandeur Meldung zu er-

a) Heer. | b) Marine.

statten und[6]) da, wo die Standessitte es irgend zuläßt, einen Sühneversuch vorzunehmen; falls dieser aber nicht gelingt, dahin zu wirken, daß die Bedingungen des Zweikampfes zur Schwere des Falles in keinem Mißverhältniß stehen. Kommt es zum Zweikampf, so hat der Präses des Ehrenraths oder ein Mitglied desselben sich als Zeuge auf den Kampfplatz zu begeben und darauf zu achten, daß bei Vollziehung des Zweikampfes die Standessitte gewahrt wird.

Auf ehrengerichtlichem Wege soll wegen eines Zweikampfes nur dann gegen Offiziere eingeschritten werden, wenn der Eine oder der Andere der Betheiligten bei dem Anlaß oder dem Austrag der entstandenen Privatstreitigkeit gegen die Standesehre gefehlt hat. — Dies muß insbesondere in dem immerhin möglichen Falle geschehen, wenn ein Offizier in frevelhafter Weise einem Kameraden ohne jede Veranlassung eine schwere Beleidigung zugefügt haben sollte. Denn einen Offizier, welcher im Stande ist, die Ehre eines Kameraden in frevelhafter Weise zu verletzen, werde Ich ebensowenig in Meinem Heere[3]) dulden, wie einen Offizier, welcher seine Ehre nicht zu wahren weiß.

Die Regimentskommandeure und die ihnen gleichstehenden Befehlshaber[7]) haben dafür Sorge zu tragen, daß jeder neu ernannte Offizier des stehenden Heeres[3]) und des Beurlaubtenstandes von dieser Meiner Ordre Kenntniß erhält. Auch ist durch gelegentliches Vorlesen bei Versammlungen der Offizierkorps Mein hier ausgesprochener Wille den Offizieren Meines Heeres[3]) öfter in Erinnerung zu bringen.

An das Kriegsministerium.[8])

I. Zweck der Ehrengerichte.

§ 1. Die Ehrengerichte der Offiziere[9]) haben zum Zweck, die gemeinsame Ehre der Genossenschaft, sowie die Ehre des Einzelnen zu wahren.

Ihre Aufgabe ist es:

1. gegen diejenigen Offiziere, deren Benehmen dem richtigen Ehrgefühl oder den Verhältnissen des Offizierstandes nicht entspricht, auf dem durch gegenwärtige Verordnung bezeichneten Wege einzuschreiten und, wo es zur Erhaltung und Reinheit der Ehre des Offizierstandes nöthig, auf die Entfernung unwürdiger Mitglieder aus der Genossenschaft anzutragen;[10]) sowie
2. die Offiziere von unbegründeten Verdächtigungen ihrer Ehrenhaftigkeit zu reinigen, insofern andere standesgemäße Wege hierzu nicht vorhanden sind.[11])

---

[6]) Die Worte „sofort u. möglichst usw. — und" fallen in der V. f. d. Mar. weg.

[7]) V. f. d. Mar. „Die Kommandeure der Matrosen-Division, die Kommandanten Meiner Schiffe u. Fahrzeuge u. die in entsprechendem Verhältnis stehenden Befehlshaber".

[8]) V. f. d. Mar. „An den Chef der Admiralität".

[9]) Die V. f. d. Mar. enthält hierzu die Fußnote: „Unter Offizieren der Kaiserlichen Marine werden im Sinne dieser Verordnung verstanden: Seeoffiziere und Offiziere der Marineinfanterie, Marine- und Torpedoingenieure, sowie Zeug-, Feuerwerks- und Torpedooffiziere."

[10]) Der ehrengerichtliche Spruch hat nie die rechtliche Bedeutung eines rechtskräftigen Erkenntnisses im eigentlichen Sinn, sondern stets nur diejenige eines mit bestimmtem Antrag verbundenen Gutachtens, welches der freien Allerhöchsten Entscheidung unterliegt § 51, 59, 60 d. V.

[11]) Zu diesem Zweck kann jeder Offizier auf einen ehrengerichtlichen Spruch gegen sich selbst antragen § 2b, 26 d.

a) Heer. | b) Marine.

II. Zuständigkeit der Ehrengerichte.[12])

§ 2.[13]) Zur Beurtheilung der Ehrengerichte gehören:

a) alle Handlungen und Unterlassungen von Offizieren, welche dem richtigen Ehrgefühl oder den Verhältnissen des Offizierstandes zuwider sind und daher die gemeinsame Ehre der Genossenschaft gefährden oder verletzen;[14])

b) diejenigen Fälle, in welchen Offiziere zum Schutz ihrer eigenen Ehre auf einen ehrengerichtlichen Spruch antragen.[11])

§ 3.[15]) Ist eine zur Zuständigkeit der Ehrengerichte gehörende Handlung oder Unterlassung zugleich in den Strafgesetzen mit Strafe bedroht und dieser-

---

V. Der Anlaß kann auch hier wie im Fall Ziff. 1 in dienstlichen oder außerdienstlichen Vorkommnissen liegen. Gegen die den Antrag ablehnende Entscheidung des in § 28 genannten Befehlshabers ist Berufung an die Allerhöchste Entscheidung zulässig § 30 d. V.

[12]) Sachliche Zuständigkeit § 2 u. 3, persönliche Zuständigkeit § 4 d. V.

[13]) § 2 bezieht sich nur auf Handlungen und Unterlassungen von Offizieren, mithin an sich nicht auf Vorkommnisse, die vor der Ernennung zum Offizier liegen. Solche eignen sich jedoch insoweit zur ehrengerichtlichen Beurteilung, als sie durch Verschulden des Betreffenden noch fortwirken, nachdem er Offizier geworden ist KabSchr. 2. Okt. 99 (Marine 31. Aug. 01).

[14]) Enthält die Handlung usw. zugleich eine Zuwiderhandlung gegen die (allgemeinen oder Militär-)Straf-Gesetze, so findet § 3 Anwendung. Eine feste Grenze des ehrengerichtlichen Gebiets gegenüber dem Disziplinarstrafgebiet ist nicht zu ziehen (Nr. 1). Ob Disziplinarbestrafung genügt oder ehrengerichtliche Behandlung erforderlich ist, entscheidet im einzelnen Fall das pflichtmäßige Ermessen des zuständigen Befehlshabers (§ 27). Grundsätzlich ist aber von ehrengerichtlicher Verfolgung einer Handlung oder Unterlassung insolange abzusehen, als Disziplinarbestrafung ausreicht EinfOrdre Abs. 12. Ist jedoch ein Fall, in dem ehrengerichtliche Entscheidung geboten war, zu Unrecht im Disziplinarweg erledigt worden, so ist hierdurch die nachträgliche Einleitung des ehrengerichtlichen Verfahrens nicht ausgeschlossen, u. bleibt es dem EhrenGer. überlassen, die verbüßte DiszStrafe bei seinem Spruch zu berücksichtigen KrMVf. 26. Juli 46.

[15]) § 3 spricht den Grundsatz aus, daß gerichtliche u. ehrengerichtliche Verfolgung einer u. derselben Handlung, die zugleich gegen die StrafG. u. gegen die Ehren- u. Standespflichten verstößt, neben- und unabhängig voneinander zulässig sind, daß jedoch das ehrengerichtliche Einschreiten nicht vor Erledigung des gerichtlichen Verfahrens erfolgen darf. Ein Verstoß gegen den Grundsatz ne bis in idem liegt darin wegen des verschiedenen Rechtsgrunds u. Zwecks des ehrengerichtlichen Verfahrens (Nr. 1 d. W.) nicht. Es ergeben sich hieraus nachstehende Folgen:

a) Ehrengerichtliches Einschreiten kann sowohl nach gerichtlicher Verurteilung als nach gerichtlicher Freisprechung wegen derselben Handlung erfolgen.

b) An die tatsächlichen Feststellungen des Gerichts (Zivil- oder MilGer.) ist das EhrenGer. nicht gebunden; es kann sie jedoch seinem Spruch zugrunde legen u. wird nur aus ganz dringenden Gründen davon abzuweichen Anlaß haben (§ 38 beider V.).

c) Sowohl im Fall der gerichtlichen Verurteilung wie im Fall der Freisprechung unterliegt dem ehrengerichtl. Spruche nicht die den Gegenstand des gerichtl. Verfahrens bildende Verletzung des StrafG. als solche, sondern lediglich der in den abgeurteilten Handlungen etwa liegende Verstoß gegen die Standes- u. Ehrenpflichten. Dies ist hinsichtlich der Freisprechung in Abs. 2 ausdrücklich hervorgehoben.

a) Heer. | b) Marine.

halb ein gerichtliches Verfahren eingeleitet, so darf erst nach Beendigung desselben[16]) ehrengerichtliches Einschreiten erfolgen.

In einem solchen Falle dürfen, wenn gerichtlich auf Freisprechung erkannt ist[17]), diejenigen Thatsachen, welche in dem gerichtlichen Verfahren zur Erörterung gekommen sind, nur noch insoweit dem Spruch eines Ehrengerichts unterstellt werden, als dieselben an sich eine Verletzung der Ehre des Offizierstandes enthalten.[18])

Ist dagegen eine gerichtliche Verurtheilung erfolgt, so bleibt lediglich demjenigen Befehlshaber, welcher ein ehrengerichtliches Verfahren anzuordnen berechtigt ist[19]), überlassen, darüber Entscheidung zu treffen, ob außerdem noch ein ehrengerichtlicher Spruch zu fällen sei.[20])

a) Heer.

§ **4.** Den Ehrengerichten sind unterworfen[21]):

1. alle Offiziere des aktiven Dienststandes[22]);
2. alle Offiziere des Beurlaubtenstandes (Reserve und Landwehr), mit Einschluß der unter Vorbehalt der Dienstverpflichtung[23]) aus dem aktiven Dienste entlassenen Offiziere;
3. die Offiziere à la suite der Armee[24]);
4. die zur Gendarmerie übergetretenen Offiziere[25]);

b) Marine.

§ **4.** Den Ehrengerichten sind unterworfen:

1. alle Offiziere des aktiven Dienststandes[21]);
2. alle Offiziere des Beurlaubtenstandes (Reserve und Seewehr);
3. die Offiziere à la suite der Marine und à la suite des Seeoffizierkorps[23]);
4. die mit Pension zur Disposition gestellten und die unter Verleihung der Befugniß, Marineuniform zu tragen, verabschiedeten Offiziere.[26])

---

d) Wird nach eingeleitetem ehrengerichtl. Verfahren wegen derselben Handlung ein gerichtliches Verfahren eingeleitet, so muß mit dem ehrengerichtl. Verfahren bis nach Erledigung desselben innegehalten werden.

§ 3 Abs. 1 gilt auch für das SpruchGer., wenn fehlerhafterweise ein ehrengerichtl. Verfahren eingeleitet worden ist (Anm. 137).

[16]) D. h. nach rechtskräftiger Erledigung.

[17]) Ein auf Einstellung des Verfahrens oder Außerverfolgungsetzung lautender Beschluß hat diese Wirkung nicht. Ebensowenig die strafrechtliche Verjährung. Ehrengerichtlich zu verfolgende Handlungen unterliegen der Verjährung nicht.

[18]) Es dürfen also diese Tatsachen nicht deshalb zum Gegenstand eines ehrengerichtl. Verfahrens gemacht werden, weil der Befehlshaber entgegen dem gerichtlichen Spruche eine Verletzung der StrafG. darin erblickt, sondern nur weil sie an sich, d. h. ohne Rücksicht auf eine etwa darin liegende strafbare Handlung eine Verletzung der Standesehre enthalten. An die gerichtliche Tatsachenfeststellung ist das EhrenGer. hierbei nicht durchaus gebunden (Anm. 15).

[19]) § 28 beider V.

[20]) Ein solcher kann nur dann in Frage kommen, wenn nicht schon das Gericht auf eine das ehrengerichtl. Verfahren ausschließende Ehrenstrafe (MStGB. § 31—35) erkannt hat.

[21]) Zuständiges Ehrengericht: für Ziff. 1: § 8, 10 Abs. 1, 13; für Ziff. 2: § 9, 10 Abs. 1, 13; für Ziff. 3 u. 4: § 10 Abs. 2—4, 13; für Ziff. 5: § 11, 13 d. V. f. d. Heer u. die entspr. Paragraphen d. V. f. d. Mar. — Zweifel über Zuständigkeit der EhrenGer. Anm. 1 u. 2.

[22]) Begriff Nr. I 1 Anm. 14 d. W.; § 6 d. V.

[23]) D. h. der Erfüllung der gesetzlichen Dienstpflicht.

[24]) Nr. II 2 Anm. 8 d. W.

[25]) Die aus nichtpreußischen Diensten in die Gendarmerie-Brigade in Elsaß-

a) Heer.

5. die mit Pension zur Disposition gestellten und die unter Verleihung der Befugniß, Militäruniform zu tragen, verabschiedeten Offiziere.[26])

b) Marine.

III. Bildung der Ehrengerichte.

a) Heer.

§ **5.** An der Bildung von Ehrengerichten Theil zu nehmen sind nur diejenigen Offiziere berechtigt, welche:

1. Mitglieder von Offizierkorps[27]) sind, oder
2. auf Grund der nachstehenden Vorschriften (§ 13) besonders dazu gewählt werden.

Alle übrigen Offiziere sind den Ehrengerichten unterstellt, ohne zur thätigen Theilnahme an denselben berechtigt zu sein.[28])

§ **6.** Mitglieder eines Offizierkorps[27]) im Sinne der gegenwärtigen Verordnung sind

1. bei den Offizierkorps des aktiven Dienststandes: alle Offiziere, welche im Etat eines Regiments, eines selbständigen Bataillons oder einer selbständigen Abtheilung stehen[29]), sowie diejenigen, welche die Uniform eines solchen Truppentheils tragen, insofern sie nicht durch Abkommandirung in den Etat eines anderen Truppentheils getreten sind[30]);

b) Marine.

§ **5.** An der Bildung von Ehrengerichten theilzunehmen sind nur berechtigt:

1. die aktiven Seeoffiziere und Offiziere der Marineinfanterie;
2. die Seeoffiziere und Offiziere der Marineinfanterie des Beurlaubtenstandes, während sie zum aktiven Dienst einberufen sind;
3. die Offiziere z. D. in aktiven Stellungen.

Die übrigen im § 4 aufgeführten Offiziere sind den Ehrengerichten unterstellt, ohne zur thätigen Theilnahme an denselben berechtigt zu sein.

Lothringen übernommenen Offiziere sind für die Dauer dieses Dienstverhältnisses demselben Ehrengericht, wie die à la suite der Preußischen Landgendarmerie und zur Gendarmerie-Brigade in Elsaß-Lothringen gehörenden Offiziere zu unterstellen AO. 12. Nov. 91.

[26]) Diese Best. ist durch G. 3. Mai 90 (Nr. I 1 Anm. 124 d. W.) unberührt. Die übrigen verabschiedeten Offiziere unterstehen den EhrenGer. nicht. Inaktive Offiziere der Marine sind den MarineEhrenGer., nicht den in § 11 u. 13 d. V. bezeichneten EhrenGer. des Heeres unterstellt.

[27]) Dieser Begriff (§ 6) kommt nur für die Bildung der Ehrengerichte über Hauptleute und Subalternoffiziere in Betracht § 8.

[28]) Also die in § 4[3—5] Genannten, mit der in § 6 Abs. 2 d. V. f. d. Heer bestimmten Ausnahme, ferner die nicht zu einem Offizierkorps gehörigen, aber gemäß § 10, 11 (Anm. 30) dem EhrenGer. eines solchen unterstellten Offiziere.

[29]) Einschließlich der aus dem Beurlaubtenstand einberufenen Offiziere, sowie der Abs. 2 genannten inaktiven Offiziere.

[30]) Also insbesondere die dem Truppenteil aggregierten oder à la suite derselben gestellten u. die abkommandierten Offiziere, sofern sie nicht in den Etat eines andern Regiments usw. ge-

a) Heer.

2. bei den Offizierkorps des Beurlaubtenstandes: der Bezirkskommandeur, die bei den Bezirkskommandos im aktiven Dienste wieder angestellten Offiziere, die Bezirksoffiziere[31]) und alle Reserve- und Landwehroffiziere eines Landwehrbezirks, ohne Unterschied der Waffengattung.

Inaktive Offiziere, welche im aktiven Heere in einer Offiziersstelle wieder Verwendung gefunden haben, sind für die Dauer dieses Dienstverhältnisses in Beziehung auf die Theilnahme an der Bildung der Ehrengerichte und auf die Unterstellung unter dieselben als Offiziere des aktiven Dienststandes anzusehen (§§ 5, 10 und 13).[32])

§ 7. Die Ehrengerichte zerfallen in:

1. Ehrengerichte über Hauptleute oder Rittmeister und Subalternoffiziere; sie werden durch Offizierkorps[34]) gebildet, und in
2. Ehrengerichte über Stabsoffiziere; sie werden durch besonders dazu gewählte Stabsoffiziere gebildet.[35])

b) Marine.

§ 6. Die Ehrengerichte zerfallen in:

1. Ehrengerichte über Kapitänleutnants oder Hauptleute und Subalternoffiziere[33])
   und in
2. Ehrengerichte über Stabsoffiziere.[33])

Tritt die Nothwendigkeit ein, gegen einen Admiral oder einen in einer Ad-

---

treten sind. — Offiziere, welche à la suite ihrer Truppentheile stehen und sich im Etat von Behörden und Anstalten befinden, sind nicht als Mitglieder derjenigen Offizierkorps, deren Uniform sie tragen, zu betrachten, sondern es findet auf sie die Bestimmung des § 10 Abs. 2 Anwendung AO. 13. Okt. 94. Diese Bestimmung findet auch auf alle diejenigen Offiziere Anwendung, welche, ohne à la suite gestellt zu sein, aus dem Etat ihres Truppenteils ausgeschieden und in den Etat einer Behörde oder Anstalt, z. B. Unteroffizierschulen, Kadettenanstalten und dergl. getreten sind KabSchr. 2. Okt. 99.

[31]) Nicht auch die zu den Bezirkskommandos kommandierten aktiven Offiziere (z. B. Adjutanten).

[32]) Neufassung durch AO. 27. Juni 90 (AVB. 157).

[33]) Die unter 1. wie die unter 2. genannten Marine-EhrenGer. werden nicht durch Wahl gebildet, sondern bestehen aus sämtlichen dem EhrenGer. unterstellten Offizieren, soweit sie unter § 5 1—3 fallen, wozu noch der Kommandeur des Ehrengerichts (§ 11, 12) u. bei den EhrenGer. für Kapitänleutnants usw. die Stabsoffiziere, bei den EhrenGer. für Stabsoffiziere die Flaggoffiziere der zu demselben gehörigen Marineteile treten § 43 Abs. 2, 46 Abs. 2 d. V. — Aufzählung der EhrenGer. für KapLeutnants usw. § 7, für Stabsoffiziere § 12.

[34]) Zusammensetzung u. persönliche Zuständigkeit derselben § 6, 8—12 d. V.

[35]) § 13 d. V.

a) Heer.

Tritt die Nothwendigkeit ein, gegen einen General oder einen in einer Generalsstellung stehenden Stabsoffizier, oder einen von Mir ernannten Kommandanten, oder einen Mir direkt unterstellten Offizier, oder einen Adjutanten der Prinzen Meines Hauses oder eines deutschen Fürsten, oder gegen einen außerhalb des Verbandes Meines Heeres abkommandirten Stabsoffizier ehrengerichtlich einzuschreiten, so werde ich das Nöthige jedesmal besonders bestimmen.[36])

A. Bildung der Ehrengerichte über Hauptleute oder Rittmeister und Subalternoffiziere.

§ 8. Ehrengerichte über Hauptleute oder Rittmeister und Subalternoffiziere bestehen[37]):

bei einem jeden Regiment,

bei einem jeden selbständigen Bataillon,

bei einer jeden selbständigen Abtheilung, und

in einem jeden Landwehr-Bataillonsbezirk.

Das gesammte Offizierkorps[38]) (§ 6) bildet das Ehrengericht.

§ 9. Hat das Offizierkorps eines Landwehr-Bataillons[39]) mehr als 120 Mitglieder, so kann es durch den Landwehr-Bezirkskommandeur in so viel Ehrengerichte getheilt werden, daß jedes derselben zwischen 60 und 120 Mitglieder zählt.

§ 10. Hauptleute oder Rittmeister und Subalternoffiziere sind, sofern sie Mitglieder eines Offizierkorps sind (§ 6), dem Ehrengericht dieses Offizierkorps unterworfen.[40])

b) Marine.

miralsstellung stehenden Stabsoffizier, oder einen von Mir ernannten Platz- oder Festungs-Kommandanten, oder einen Mir direkt unterstellten Offizier, oder einen Adjutanten der Prinzen Meines Hauses oder eines deutschen Fürsten, oder gegen einen außerhalb des Verbandes Meiner Marine abkommandirten Staboffizier ehrengerichtlich einzuschreiten, so werde Ich das Nöthige jedesmal besonders bestimmen.[36])

A. Bildung der Ehrengerichte über Kapitänleutnants oder Hauptleute u. Subalternoffiziere.

§ 7. Es werden folgende Ehrengerichte über Kapitänleutnants oder Hauptleute und Subalternoffiziere gebildet[40]):

I. An Land.

a) In Berlin:

Ein gemeinsames Ehrengericht für die Offiziere des Reichs-Marine-Amts, des Admiralstabes der Marine und die Offiziere, welche sonst ihren Garnisonort in Berlin haben oder dahin kommandirt sind.

b) In Kiel:

1. Ein gemeinsames Ehrengericht für die der I. Marineinspektion unterstellten Marinetheile, einschließlich der nicht unter b) 2, 3, 4 und c) 2 angeführten Offiziere der Ostseestation, sowie für die Offiziere der dem Stationskommando unterstellten, in den heimischen Gewässern befindlichen Schiffe;
2. ein gemeinsames Ehrengericht für die der Inspektion des Torpedowesens unterstellten Marinetheile und Schiffe;

[36]) Der Allerh. Bestimmung bleibt also sowohl die Einleitung des ehrengerichtl. Verfahrens als die Bestimmung des EhrenGer. u. des Leitenden wie des Ehrenrats vorbehalten.

[37]) Andere als die hier genannten Truppenteile, sowie MilBehörden usw. können kein EhrenGer., sondern nur gegebenenfalls einen Ehrenrat bilden § 19 d. V.

[38]) Einschließlich der Stabsoffiziere § 43 d. V.

[39]) Oder Landwehr-Regiments (Berlin, Breslau, Köln).

[40]) Ausnahmsweise sind die hier genannten Offiziere dem EhrenGer. über

a) Heer.

Sind Offiziere des vorgedachten Dienstgrades nicht Mitglieder eines Offizierkorps, so werden sie auf Antrag ihrer direkten Vorgesetzten durch den kommandirenden General desjenigen Armeekorps, in dessen Territorialbezirk sie garnisoniren, dem Ehrengerichte eines Offizierkorps seines Befehlsbereichs unterstellt.[41]) Diese Zutheilung entweder alljährlich oder nur im gegebenen Falle zu beantragen, bleibt den gedachten Vorgesetzten überlassen.

Als Territorialbezirk des Gardekorps werden im Sinne der gegenwärtigen Verordnung die Städte Berlin, Potsdam, Charlottenburg und Spandau angesehen. Während des Kriegszustandes[42]) geht die Befugniß, Offiziere[43]) einem Ehrengerichte ihres Befehlsbereichs zu unterstellen, auf diejenigen Befehlshaber über, welche berechtigt sind, ein ehrengerichtliches Verfahren anzuordnen (§ 28).

§ 11. Hauptleute oder Rittmeister und Subalternoffiziere der im § 4 unter Nr. 5 aufgeführten Kategorien sind im Frieden dem Ehrengerichte desjenigen Landwehr-Bataillons, in dessen Bezirk sie ihren Wohnsitz haben, unterstellt; während des Kriegszustandes[42]) wird auch hinsichtlich dieser Offiziere in der im § 10 angegebenen Weise verfahren.

b) Marine.

3. ein gemeinsames Ehrengericht für die der Inspektion des Bildungswesens der Marine unterstellten Institute und Schiffe;
4. ein Ehrengericht für die Marineinfanterie.

c) In Wilhelmshaven:

1. Ein gemeinsames Ehrengericht für die der II. Marineinspektion unterstellten Marinetheile einschließlich der nicht unter b) 2, 3, 4 und c) 2 aufgeführten Offiziere der Nordseestation, sowie für die Offiziere der dem Stationskommando unterstellten, in den heimischen Gewässern befindlichen Schiffe;
2. ein gemeinsames Ehrengericht für die der Inspektion der Marineartillerie unterstellten Marinetheile und Schiffe.

d) In Tsingtau:

Ein gemeinsames Ehrengericht für die im Kiautschou-Gebiet kommandirten Offiziere.

II. An Bord.

1. Ein Ehrengericht für das I. Geschwader und für den Verband des Kreuzergeschwaders;
2. ein Ehrengericht für jede außerhalb der heimischen Gewässer fahrende selbständige Division;
3. ein Ehrengericht für einem Verbande nicht angehörende Schiffe außerhalb der heimischen Gewässer, wenn außer dem Kommandanten wenigstens acht stimmberechtigte Mitglieder vorhanden sind.[44])

§ 8. Ist die vorgeschriebene Anzahl stimmberechtigter Mitglieder auf einem

---

Stabsoffiziere unterstellt im Fall § 13 Abs. 7 d. V. f. d. Heer, § 12 Abs. 4 d. V. f. d. Mar. — Marine-Offiziere des Beurlaubtenstandes u. inaktive Marine-Offiziere sind den Marine-EhrenGer. unterstellt V. f. d. Mar. § 4 (Anm. 26).

[41]) Aktive Mitglieder des Ehren-Ger. sind sie nicht § 5 Abs. 2 d. V. — Für die zur Disposition gestellten u. mit Mil-Uniform verabschiedeten Offiziere gilt § 11.

[42]) Der Kriegszustand beginnt an Land mit eingetretener Mobilmachung (Nr. I 2 Anm. 32 d. W.) oder mit der Erklärung des Kriegszustands (Nr. I 2 Anm. 33 d. W.). Für das Bordverhältnis ist MStGB. § 164 Abs. 1 maßgebend.

[43]) Bezieht sich nicht auf Stabsoffiziere § 13 Abs. 6.

[44]) Andernfalls ist nach § 8, 9 d. V. zu verfahren.

a) Heer.

§ 12. Das Ehrengericht eines Offizierkorps des aktiven Dienststandes wird von dem an der Spitze desselben stehenden (Regiments-, Bataillons-, Abtheilungs-)Kommandeur; das Ehrengericht eines Offizierkorps des Beurlaubtenstandes von dem Landwehr-Bezirkskommandeur geleitet.[46])

Wo in der gegenwärtigen Verordnung vom „Kommandeur" die Rede ist, sind darunter die hier genannten Kommandeure zu verstehen.

b) Marine.

Schiffe (vergl. § 7, II, 3) nicht vorhanden, so treten die Offiziere mehrerer Schiffe, sobald letztere voraussichtlich in spätestens vier Wochen zusammentreffen, zur Bildung eines Ehrengerichtes zusammen.

§ 9. Steht eine Vereinigung von Schiffen außerhalb der heimischen Gewässer, welche zusammen die vorgeschriebene Anzahl von stimmberechtigten Mitgliedern (vergl. § 7, II, 3) aufweisen, innerhalb von vier Wochen nicht in Aussicht, so werden die Verhandlungen mit der nächsten sich darbietenden Gelegenheit an den Chef derjenigen Station, von welcher die Besatzung des Schiffes gestellt ist, gesandt, welcher dieselben einem der heimischen Ehrengerichte seines Befehlsbereichs zuweist.

§ 10. Kapitänleutnants oder Hauptleute und Subalternoffiziere, welche infolge ihrer dienstlichen Stellung einem der im § 7 angeführten Ehrengerichte nicht unterstellt sind, werden auf Antrag ihrer direkten Vorgesetzten durch den Stationschef einem Ehrengericht seines Befehlsbereichs zugewiesen.[45]) Entstehen Zweifel darüber, welchem Ehrengericht ein Offizier zugehört, so ist Meine Entscheidung einzuholen.

§ 11. Die Ehrengerichte werden geleitet:[46])

In Berlin von dem ältesten Kontreadmiral oder Kapitän zur See, welcher sich in einer Immediatstellung nicht befindet,

bei den Marineinspektionen und bei den Inspektionen der Marineartillerie, des Torpedowesens und der Marineinfanterie von dem Inspekteur,

bei der Inspektion des Bildungs-

---

[45]) Sie sind dann auch aktive Mitglieder dieses EhrenGer., sofern sie unter § 5[1—3] fallen (Anm. 33).

[46]) Befugnisse u. Pflichten des Leitenden § 23—25, 27, 29, 34, 35, 40, 41 Abs. 4, 42, 44, 50, 56, 59, 60, 61 d. V. f. d. Heer u. die entspr. Paragraphen d. V. f. d. Mar. — Diese Befugnisse gehen von selbst auf den Stellvertreter im Kommando, bei der Marine in den Fällen, wo die Eigenschaft als Kommandeur nicht an eine bestimmte Dienststellung, sondern an das höhere Dienstalter geknüpft ist (§ 11, 13), auf den Nächstältesten über.

a) Heer.

b) Marine.

wesens der Marine von dem ältesten Direktor der Marineakademie bezw. der Marineschule,

in Tsingtau von dem nächst dem Gouverneur ältesten Stabsoffizier,

bei einem Geschwader von dem 2. Admiral desselben und bei einzelnen Divisionen von dem ältesten Kommandanten,

bei einzelnen Schiffen von dem Kommandanten und bei der Vereinigung mehrerer Schiffe (§ 8) von dem ältesten Kommandanten.

Während des Kriegszustandes[42]) ist jeder Divisionschef zur Bildung eines Ehrengerichts über Kapitänleutnants oder Hauptleute und Subalternoffiziere innerhalb seines Befehlsbereichs berechtigt.

B. Bildung der Ehrengerichte über Stabsoffiziere.

a) Heer.

§ **13.** In dem Territorialbezirk eines jeden Armeekorps[47]) wird über sämmtliche in demselben ihre Garnison, oder — sofern sie den im § 4 unter Nr. 5 bezeichneten Kategorien angehören — ihren Wohnsitz habende Stabsoffiziere ein aus einem General und neun Stabsoffizieren bestehendes Ehrengericht über Stabsoffiziere gebildet.

Der General wird von dem kommandirenden General aus den aktiven Generalen seines Befehlsreichs bestimmt; er nimmt zu dem Ehrengericht die Stellung des Kommandeurs[46]) (§ 12) ein und verkehrt mit dem kommandirenden General direkt.

Die übrigen Mitglieder des Ehrengerichts und zugleich für einen Jeden derselben ein Stellvertreter, werden auf Anordnung des kommandirenden Generals zu gleichen Theilen aus den im Territorialbezirk des Armeekorps garnisonirenden Obersten, Oberstleutnants und Majors des aktiven Dienststandes[48]), jedesmal auf ein Jahr, durch relative

[47]) Territorialbezirk des Gardekorps § 10 Abs. 3 d. V.

[48]) Die in § 4[5] d. V. genannten Stabsoffiziere können sonach nicht aktive Mitglieder des EhrenGer. sein (Ausnahme § 6 Abs. 2).

b) Marine.

§ **12.** Es werden folgende Ehrengerichte über Stabsoffiziere gebildet:

1. In Berlin:
ein gemeinsames Ehrengericht für die Stabsoffiziere des Reichs-Marine-Amts, des Admiralstabes der Marine und diejenigen Stabsoffiziere, deren Stationsort ihrer Zugehörigkeit nach Berlin ist, oder die sonst dahin kommandirt sind;

2. in Kiel:
ein gemeinsames Ehrengericht für sämmtliche Stabsoffiziere an Bord und an Land, deren Stationsort ihrer Zugehörigkeit nach Kiel ist;

3. in Wilhelmshaven:
ein gemeinsames Ehrengericht für sämmtliche Stabsoffiziere an Bord und an Land, deren Stationsort ihrer Zugehörigkeit nach Wilhelmshaven ist.

Die Ehrengerichte werden geleitet:[46])

In Berlin von dem ältesten Seeoffizier (der Staatssekretär des

a) Heer.

Stimmenmehrheit der Art gewählt, daß sämmtliche wahlberechtigte Stabsoffiziere an der Wahl aller dieser neun Mitglieder des Ehrengerichts und deren Stellvertreter Theil nehmen. Bei Stimmengleichheit entscheidet das Dienstalter in dem Dienstgrade. Die Stabsoffiziere der Landgendarmerie sind in Bezug auf die Berechtigung zur Theilnahme an der Bildung der Ehrengerichte über Stabsoffiziere denjenigen des aktiven Dienststandes gleich zu achten.[49])

Die Mitglieder des Ehrengerichts und deren Stellvertreter sind nach Ablauf der Wahlperiode wieder wählbar.

Die Wahl erfolgt am 1. September jeden Jahres oder an einem der nächstfolgenden Tage.[50])

Während des Kriegszustandes[42]) ist jeder mit den Gerechtsamen eines kommandirenden Generals betraute Befehlshaber zur Bildung eines Ehrengerichts über Stabsoffiziere innerhalb seines Befehlsbereichs in derselben Weise berechtigt.

Offiziere niederen Grades sind den Ehrengerichten über Stabsoffiziere in den Fällen unterworfen, in welchen sie mit Stabsoffizieren gemeinsam betheiligt sind.

b) Marine.

Reichs-Marine-Amts, der Chef des Admiralstabes der Marine und der Chef des Marinekabinets sind ausgeschlossen), in Kiel und Wilhelmshaven von dem, nach den Stationschefs ältesten Seeoffizier aus dem Befehlsbereiche des betreffenden Stationschefs.

Während des Kriegszustandes[42]) ist jeder mit den gerichtsherrlichen 2c. Befugnissen eines Stationschefs betraute Befehlshaber zur Bildung eines Ehrengerichts über Stabsoffiziere innerhalb seines Befehlsbereichs in derselben Weise berechtigt.

Offiziere niederen Grades sind den Ehrengerichten über Stabsoffiziere in den Fällen unterworfen, in welchen sie mit Stabsoffizieren gemeinsam betheiligt sind.

Welchem Ehrengericht Stabsoffiziere zugewiesen werden sollen, welche infolge ihrer dienstlichen Stellung einem der der hier angeführten Ehrengerichte nicht unterstellt sind, werde Ich jedesmal besonders bestimmen.

IV. Vom Ehrenrath.[51])

§ 14 (13). Bei jedem Ehrengericht wird ein Ehrenrath gebildet. Derselbe hat unter der Leitung des Kommandeurs[52]) als dessen Organ die Geschäfte des Ehrengerichts zu führen.[53])

---

[49]) Neufassung durch AO. 5. Nov. 91 (AVB. 246).

[50]) Bei vorzeitigem Ausscheiden eines Mitglieds des EhrenGer. u. seines Stellvertreters wird auch schon vor diesem Zeitpunkt erforderlichenfalls eine Ersatzwahl stattzufinden haben (entsprechend § 18).

[51]) Inhalt: Stellung des Ehrenrats u. Verhältnis zum Kommandeur § 14 (13); Bildung des Ehrenrats der EhrenGer. über Hauptleute (Kapitänleutnants) usw. § 15—20 (14—19), der EhrenGer. über Stabsoffiziere 21 (20—21); Anbringung von Ehrensachen beim Ehrenrat u. Meldepflicht desselben § 22, 23; Feststellung des Tatbestands durch den Ehrenrat § 24, 25; Rechte u. Pflichten der Offiziere gegenüber dem Ehrenrat § 26.

[52]) § 12, 13 Abs. 2 (11, 12 Abs. 2) d. V.

[53]) Der Ehrenrat ist begutachtendes u. ausführendes Organ des Kommandeurs. Seine Tätigkeit ist keine selbständige, sondern erfolgt unter Leitung

a) Heer.

Das älteste Mitglied des Ehrenraths ist Präses des Ehrenraths.[54])

§ 15. Der Ehrenrath eines Ehrengerichts über Hauptleute oder Rittmeister und Subalternoffiziere besteht aus:

einem Hauptmann oder Rittmeister,
einem Oberleutnant und
einem Leutnant.

Derselbe wird aus den Mitgliedern des Ehrengerichts jedesmal auf Ein Jahr durch relative Stimmenmehrheit[55]) derart gewählt, daß das gesammte Offikorps den Leutnant, die Stabsoffiziere, Hauptleute und Oberleutnants den Oberleutnant, die Stabsoffiziere und Hauptleute den Hauptmann wählen. Gleichzeitig wird für jedes Mitglied des Ehrenraths in derselben Weise ein ein Stellvertreter gewählt.[56])

Die nach Verlauf des Jahres ausscheidenden Mitglieder des Ehrenraths sind wieder wählbar.

Sind ein oder zwei Dienstgrade im Offizierkorps nicht vertreten, so werden für sie aus dem nächstniederen Dienstgrade ein zweites und nöthigenfalls noch ein drittes Mitglied des Ehrenraths und deren Stellvertreter gewählt. Ist der niedrigste Dienstgrad nicht vertreten, so wird das für denselben bestimmte Mitglied des Ehrenraths und dessen Stellvertreter aus dem nächsthöheren Dienstgrad gewählt.

Beförderung in einen höheren Dienstgrad bewirkt das Ausscheiden des betreffenden Mitgliedes aus dem Ehrenrath.[57])

b) Marine.

§ 14. Der Ehrenrath eines Ehrengerichts über Kapitänleutnants bezw. Hauptleute und Subalternoffiziere besteht aus:

einem Kapitänleutnant oder Hauptmann,
einem Oberleutnant,
einem Leutnant.

Derselbe wird aus den Mitgliedern des Ehrengerichts jedesmal auf ein Jahr durch relative Stimmenmehrheit derart gewählt, daß sämmtliche Mitglieder den Leutnant; die Mitglieder vom Oberleutnant aufwärts den Oberleutnant; die Mitglieder vom Kapitänleutnant (Hauptmann) den Kapitänleutnant (Hauptmann) wählen. Gleichzeitig sind für jedes Mitglied des Ehrenraths zwei Stellvertreter derart zu wählen, daß jeder für die betreffende Kategorie in Betracht kommende Wähler drei Namen ohne besondere Bezeichnung der als Mitglieder oder Stellvertreter Vorgeschlagenen angiebt. Aus der Berechnung der auf die Einzelnen gefallenen gefallenen Stimmenzahl geht als Mitglied dasjenige hervor, welches die meisten Stimmen auf sich vereinigt.[55]) Der in der Stimmenzahl Folgende wird erster, der nächste zweiter Stellvertreter.

Die nach Verlauf des Jahres ausscheidenden Mitglieder des Ehrenraths sind wieder wählbar.

Sind einzelne Dienstgrade unter den Mitgliedern des Ehrengerichts nicht

---

u. Verantwortlichkeit des Kommandeurs. An diesen hat der Ehrenrat seine Anträge zu richten; seinen Weisungen hat er zu entsprechen § 24, 34, 35, 39, 40, 41 Abs. 4 beider V. *Weitere Tätigkeit* des EhrenR. bei *Ehrenhändeln* ErgänzungsV. (Anl. A) II, IX.

[54]) Im Falle des § 15 (14) der Hauptmann (Rittmeister, Kapitänleutnant), im Falle des § 21 (20) der Oberst (Kapitän z. S.) bzw. deren gewählte Stellvertreter.

[55]) Bei *Stimmengleichheit* entscheidet die Stimme des den Wahlakt leitenden Kommandeurs oder seines Stellvertreters AO. 12. Okt. 76.

[56]) Und zwar in der Weise, daß die Stellvertreter *unter ausdrücklicher Bezeichnung als solche* gewählt werden u. unter den Gewählten Stimmenmehrheit den Ausschlag gibt. Abweichend V. f. d. Mar. § 14, 20.

[57]) Der Zusatz in V. f. d. Mar. § 14 Abs. 5 wird auch für die Ehrenräte im Heer entsprechend anwendbar sein. — *Beim Ausscheiden sowohl des Mitglieds als seines Stellvertreters* Ersatzwahl § 18 (17).

a) Heer.

§ 16. Haben Bataillone oder Abtheilungen eines Infanterie- oder Artillerie-Regiments verschiedene Garnisonen, so wird für jedes einzeln zu garnisonirende Bataillon, bezw. jede solche Abtheilung ein besonderer Ehrenrath gebildet.

§ 17. Die Wahl des Ehrenraths hat am 1. September jeden Jahres oder an einem der nächstfolgenden Tage, möglichst in gemeinsamer Vereinigung der wahlberechtigten Offiziere stattzufinden.

Den Wahlakt leitet der Kommandeur;[52]) die Wahl erfolgt durch Abgabe bezw. Einsendung von Stimmzetteln.

An der Wahl des Ehrenraths für einzeln garnisonirende Bataillone oder Abtheilungen nehmen nur deren Offiziere Theil.

b) Marine.

vertreten, so wird in erster Linie aus den nächst niederen Dienstgraden, in zweiter Linie aus den nächst höheren Dienstgraden gewählt.

Beförderung in einen höheren Dienstgrad bewirkt das Ausscheiden des betreffenden Mitgliedes aus dem Ehrenrath, falls Ersatz für denselben innerhalb des Ehrengerichts vorhanden ist.[56])

§ 15. Haben Abtheilungen bezw. Kompagnien der zu einem Ehrengerichte vereinigten Marinetheile verschiedene Garnisonen, so wird in jeder Garnison ein besonderer Ehrenrath gebildet.

§ 16. Die Wahl des Ehrenraths hat baldmöglichst nach erfolgtem Hauptstellenwechsel im Herbst jeden Jahres, möglichst in gemeinsamer Vereinigung der wahlberechtigten Offiziere stattzufinden.

Den Wahlakt leitet der Kommandeur.[52]) Die Wahl erfolgt durch Abgabe bezw. Einsendung von Stimmzetteln.

An der Wahl des Ehrenraths für einzeln garnisonirende Abtheilungen oder Kompagnien der zu einem Ehrengerichte vereinigten Marinetheile nehmen nur deren Offiziere theil.

Der neue Ehrenrath tritt in Funktion, sobald die Wahl durch den Kommandeur konstatirt ist.

§ 18 (17). Ersatzwahl für den Ehrenrath im Laufe des Jahres finden nur dann statt, wenn ein Mitglied und auch dessen Stellvertreter fehlt.[58])

a) Heer: § 19. Auch bei denjenigen Truppentheilen, welche kein eigenes Ehrengericht zu bilden berechtigt sind, sowie bei

b) Marine: § 18. Auch bei denjenigen Marinetheilen und den allein segelnden oder einem Geschwaderverbande angehören-

[58]) Der Ausdruck „fehlt“ in diesem Paragraph bezieht sich nicht auf jede vorübergehende Verhinderung eines Mitgliedes des Ehrenrats, sondern nur auf solche Umstände, die das Ausscheiden aus dem Ehrenrat an und für sich zur Folge haben oder doch eine dauernde Behinderung begründen. Hierzu gehören außer den im § 15 (14) erwähnten Beförderungen z. B. Kommandos von längerer Dauer, Verurteilung zu längerer Freiheitsstrafe usw. Wenn aber ein Mitglied und sein Stellvertreter gleichzeitig einen kürzeren Urlaub haben oder gleichzeitig leicht erkrankt sind, so treffen die Voraussetzungen des § 18 (17) nicht zu. Ebensowenig auch, wenn ein Mitglied dauernd, sein Stellvertreter aber nur vorübergehend verhindert ist. Erscheint in solchen Fällen die Sache nicht aufschiebbar, so muß durch Ersuchen an einen anderen Ehrenrat Abhilfe geschaffen werden KabSchr. 2. Okt. 99 (Marine 31. Aug. 01).

a) Heer.

Militärbehörden und militärischen Anstalten kann, nach Maßgabe der §§ 15, 17 und 18, für Hauptleute oder Rittmeister und Subalternoffiziere ein Ehrenrath gebildet werden, wenn der Befehlshaber oder Vorstand derselben es für nöthig hält.[59]) Dieser Ehrenrath tritt zu dem betreffenden Truppenbefehlshaber bezw. zu dem Vorstande der Behörde oder der Anstalt in dasselbe Verhältniß, wie der Ehrenrath eines Ehrengerichts (§ 14) zu dem Kommandeur.[60])

§ **20.** Während des Kriegszustandes[42]) können die im § 28 bezeichneten Befehlshaber mehrere Truppentheile, die zu schwach sind, um einen eigenen Ehrenrath zu bilden, einen gemeinsamen Ehrenrath bilden lassen.

§ **21.** Der Ehrenrath eines Ehrengerichts über Stabsoffiziere besteht aus:

einem Obersten,
einem Oberstleutnant und
einem Major.

Derselbe wird jedesmal aus denjenigen Mitgliedern des Ehrengerichts gebildet, welche bei ihrer Wahl als solche (§ 13) die meisten Stimmen erhalten haben.[61])

b) Marine.

den Schiffen, welche kein eigenes Ehrengericht zu bilden berechtigt sind, sowie bei anderen Marinebehörden und Marineinstituten kann nach Maßgabe der §§ 14, 15, 16 für Kapitänleutnants oder Hauptleute und Subalternoffiziere ein Ehrenrath gebildet werden, wenn der Befehlshaber, Kommandant oder Vorstand derselben es für nöthig hält. Auf Schiffen, welche weniger als neun Offiziere einschl. des Kommandanten haben, sowie bei in gleichem Maße in der Zahl der Offiziere beschränkten Abtheilungen oder Kompagnien besteht der Ehrenrath aus einem Kapitänleutnant und einem Oberleutnant. Dieser Ehrenrath tritt zu dem betreffenden Befehlshaber oder dem Vorstande der Behörde oder der Anstalt in dasselbe Verhältniß, wie der Ehrenrath eines Ehrengerichts (§ 13) zu dem Kommandeur.[60])

§ **19.** Während des Kriegszustandes[42]) können die im § 28 bezeichneten Befehlshaber mehrerer Marinetheile oder Schiffe, welche nicht die erforderliche Anzahl von Offizieren haben, um einen eigenen Ehrenrath (§ 14) zu bilden, einen gemeinsamen Ehrenrath bilden lassen.

§ **20.** Der Ehrenrath eines Ehrengerichts über Stabsoffiziere besteht aus:

einem Kapitän zur See oder Oberst,
zwei Fregatten- bezw. Korvettenkapitäns oder Oberstleutnants bezw. Majors.

Der Ehrenrath wird auf Anordnung des im § 12 bezeichneten Kommandeurs aus den aktiven zu dem Bezirk des betreffenden Ehrengerichts gehörenden und am Lande sowie an Bord der in den heimischen Gewässern stationirten Schiffe befindlichen Stabsoffizieren gewählt. Für jedes Mitglied des Ehrenraths werden gleichzeitig zwei Stellvertreter gewählt.

---

[59]) Für das reitende Feldjägerkorps (Anm. 76) ist dies ausdrücklich vorgeschrieben durch AO. 21. April 77.

[60]) Weiteres Verfahren nach § 25 beider V.

[61]) Bei Stimmengleichheit entscheidet nicht wie im Falle Anm. 55 die Stimme des Kommandeurs, sondern das Dienstalter in dem Dienstgrad § 13 Abs. 3.

a) Heer.

b) Marine.

Die Wahl geschieht am 1. November jeden Jahres jedesmal auf ein Jahr und durch relative Stimmenmehrheit derart, daß sämmtliche stimmpflichtige Flaggoffiziere und Stabsoffiziere an der Wahl der drei Mitglieder und der sechs Stellvertreter theilnehmen.

Mitglieder und Stellvertreter werden, wie im § 14 für den Ehrenrath der Kapitänleutnants ꝛc. angegeben, gleichzeitig gewählt, so daß jeder Wähler drei Kapitäns zur See oder Obersten und sechs Fregatten- bezw. Korvettenkapitäns oder Oberstleutnants bezw. Majors ohne besondere Bezeichnung der als Mitglieder oder Stellvertreter Vorgeschlagenen anzugeben hat. Bei Stimmengleichheit entscheidet das Dienstalter in dem Dienstgrade. Die Mitglieder des Ehrenraths und deren Stellvertreter sind nach Ablauf der Wahlperiode wieder wählbar.

§ 21. Sind auf Schiffen eines im Auslande stationirten Geschwaders oder einer Division mindestens sieben Stabsoffiziere eingeschifft, so steht es dem Geschwader- bezw. Divisionschef frei, vorkommenden Falles einen Ehrenrath durch Wahl zu installiren.

§ 22. Jeder Offizier hat das Recht, Handlungen und Unterlassungen jedes anderen Offiziers des Deutschen Heeres oder der Marine, welche die Ehre desselben oder die des Standes gefährden oder verletzen, zur Kenntniß des Ehrenraths[62]) oder des direkten Vorgesetzten des Bezichtigten[63]) zu bringen.

§ 23. Der Ehrenrath hat die Pflicht, sobald Handlungen oder Unterlassungen, welche die Ehre eines Offiziers gefährden oder verletzen können, zu seiner Kenntniß kommen, dem ihm vorgesetzten Kommandeur davon Meldung zu machen.[64]) Der Kommandeur[52]) entscheidet dann nach Anhörung des Ehrenraths, ob und auf welchem Wege die Sache weiter zu verfolgen ist.[65])

[62]) Oder eines Mitglieds desselben, welchem dann die Weitergabe obliegt. Die Anzeige kann mündlich oder schriftlich erfolgen. Der Ehrenrat ist zu ihrer Entgegennahme *verpflichtet*. Eine Anzeige, deren Inhalt sich nicht als wahr erweist, kann nach StGB. § 185 bis 187, MStGB. § 91, 121 strafbar, unter Umständen aber nach StGB. § 193 straflos sein. — *Anzeigepflicht* an den Ehrenrat ErgänzungsV. (Anl. A) I, IX.

[63]) Dieser ist zur Weitermeldung an den Kommandeur oder Ehrenrat verpflichtet.

[64]) Der Ehrenrat verkehrt *unmittelbar*, mündlich oder (z. B. im Falle des § 16) schriftlich mit dem Kommandeur. *Ausnahme* § 25.

[65]) Der Kommandeur ist an das Gutachten des Ehrenrats nicht gebunden. Die weitere Verfolgung kann bestehen entweder im Verfahren gemäß § 27 beider V. oder in Herbeiführung der

a) Heer.	b) Marine.

§ **24.**[66]) Hält der Kommandeur[52]) Ermittelungen zur Feststellung des Thatbestandes für nöthig, so hat der Ehrenrath dieselben in seinem Auftrage vorzunehmen und ihm nach seiner Bestimmung über das Ergebniß mündlich oder schriftlich zu berichten.

Dasselbe gilt von Vorgängen, mit deren Feststellung der Kommandeur den Ehrenrath ohne vorherige Anzeige desselben beauftragt.[67])

Befinden sich die Mitglieder des Ehrenraths nicht an einem Orte, so hat der Kommandeur die Berechtigung, den Ehrenrath, wenn es ihm geboten erscheint, an einem von ihm zu bestimmenden Orte zur Erledigung der demselben übertragenen Geschäfte zusammentreten zu lassen.[68])

a) Heer.

§ **25.** Die von einem bei den im § 19 bezeichneten Truppentheilen, Militärbehörden oder militärischen Anstalten fungirenden Ehrenrath aufgenommenen Verhandlungen[69]) werden durch dessen Vorgesetzten an denjenigen Kommandeur zur weiteren Beschlußfassung abgegeben, welcher das zuständige Ehrengericht zu leiten hat (12).

b) Marine.

§ **25.** Die nach Maßgabe der §§ 21 und 18 auf Geschwadern, Divisionen und Schiffen oder bei Marinetheilen, Marinebehörden oder Marineinstituten, welche ein eigenes Ehrengericht nicht zu bilden vermögen, aufgenommenen Verhandlungen des Ehrenraths werden durch den betreffenden Geschwader- 2c. Chef, Kommandanten, Befehlshaber oder Vorstand an denjenigen Kommandeur (vergl. §§ 11 und 12) gesandt, welcher das zuständige Ehrengericht zu leiten hat.

Mit den aus dem Auslande abzusendenden, abgeschlossenen Verhandlungen des Ehrenraths muß die Vertheidigungsschrift des Angeschuldigten sowie dessen Erklärung wegen einer eventuellen Stellvertretung vor dem Gericht eingesandt werden. Läßt aber das Gutachten des Ehrenraths einen auf die im § 52, 5 und 6 angegebenen Strafen

---

Disziplinarbestrafung oder gerichtlichen Verfolgung (Anm. 14, 15).

[66]) Die in § 24 genannten Ermittlungen zur Feststellung des Tatbestands sind zu unterscheiden vom förmlichen ehrengerichtlichen Verfahren, das nur von dem § 28 bezeichneten Befehlshaber angeordnet werden kann. Sie bilden vielmehr lediglich ein Vorverfahren für die Entscheidung des Kommandeurs darüber, ob und auf welchem Wege die Sache weiter zu verfolgen sei (Anm. 65). § 33 d. V. findet also hier keine Anwendung. Vernehmungen von Zeugen usw. durch den Ehrenrat sind im Vorverfahren zulässig; Rechtshilfepflicht für die Gerichte besteht dagegen vor Einleitng des förmlichen ehrengerichtlichen Verfahrens nicht. Berichte des Beschuldigten Anm. 94. — Der Kommandeur ist befugt, den Bezichtigten, falls er seinem Befehlsbereich untersteht, schon vor Einholung der Entscheidung gemäß § 27 vom Dienste zu suspendieren § 29 Abs. 2 (Anm. 78).

[67]) Also bei Anzeigen, die entweder unmittelbar oder durch den § 22 d. V. genanntem Vorgesetzten zu seiner Kenntnis kommen.

[68]) Die Mitglieder des Ehrenrats erhalten alsdann Reisegebührnisse nach der ReiseO. 5. Sept. 01.

[69]) § 25 bezieht sich nur auf die nach § 24 aufgenommenen Verhandlungen. Nach Anordnung des ehrengerichtlichen Verfahrens (§ 28) verkehren auch die in § 19 bezeichneten Ehrenräte unmittelbar mit dem Kommandeur des EhrenGer.

a) Heer.	b) Marine.
	lautenden Spruch des Ehrengerichts erwarten, so ist der Angeschuldigte zur persönlichen Gestellung nach der Heimath zu überweisen.

§ **26**. Jeder den Ehrengerichten unterstellte Offizier hat das Recht, auf einen ehrengerichtlichen Spruch gegen sich selbst anzutragen[70]), sowie die Pflicht, jedem Ehrenrath Rede zu stehen und demselben Auskunft zu ertheilen.[71])

V. Von dem ehrengerichtlichen Verfahren.[72])

§ **27**. Findet der Kommandeur[52]), daß die Handlung oder Unterlassung eines Offiziers ehrengerichtlichen Spruch erfordert, so hat derselbe nach Feststellung des Thatbestandes[73]) die Entscheidung des Befehlshabers, welcher be-

---

[70]) § 1^2, 2^b d. V. (Anm. 11). Der Antrag kann beim Ehrenrat oder Kommandeur gestellt werden. Ersterer verfährt nach § 53, letzterer ist in solchen Fällen verpflichtet, Entscheidung gemäß § 27 einzuholen (Anm. 73). Berufung gegen diese Entscheidung § 30.

[71]) Ein Auskunftsverweigerungsrecht des Offiziers ist also (abweichend vom gerichtlichen Strafverfahren) überhaupt nicht anerkannt, weder für den Beschuldigten noch für Zeugen. Dies gilt jedoch nur für die Vernehmung durch einen Ehrenrat, gleichviel ob den eignen oder einen fremden. Bei Vernehmung von Offizieren im Requisitionsweg durch ein Militär- oder Zivilgericht dürften die Bestimmungen der StPO. u. MStGerO. über Zeugnis- und Auskunftsverweigerungsrecht ebenso wie bei sonstigen Personen anwendbar sein.

[72]) Der V. Abschn. handelt vom förmlichen ehrengerichtlichen Verfahren im Unterschied von dem § 24 (Anm. 66) genannten Vorverfahren. Die Veranlassung desselben durch den Kommandeur regelt § 27, die Zuständigkeit zur Anordnung des Verfahrens u. der damit zusammenhängenden Maßregeln § 28, 29, die Anfechtbarkeit dieser Entscheidung § 30; Zuständigkeitsregel u. Ausnahmen hiervon § 31, 32; Wirkungen der Anordnung des Verfahrens § 33; Leitung des Verfahrens durch den Kommandeur § 34, 39; Vernehmung von Angeschuldigten u. Zeugen § 35, 36, bei vorausgegangener gerichtlicher Untersuchung § 38; Akteneinsicht § 37; Ausdehnung der Untersuchung auf weitere Handlungen § 40; Verteidigung des Angeschuldigten § 41; Spruchsitzung, Zweck derselben § 42, Einladung der Stimmberechtigten u. Ort der Spruchsitzung eines EhrenGer. über Hauptleute (Kapitänleutnants) usw. § 43, 44 (Marine § 43—45), eines EhrenGer. über Stabsoffiziere § 45 (46), Teilnahmepflicht, Ablehnung u. Ausschluß von Mitgliedern § 46 (47), Mindestzahl der Teilnehmer, Verfahren bei Nichtvorhandensein der Mindestzahl § 47—49 (48—50), Gang der Spruchsitzung § 50 (51), mögliche Arten des Spruchs § 51—53 (52—54), Verfahren bei der Abstimmung § 54, 55 Abs. 2, 56 Abs. 2, 57, 58 (55, 56 Abs. 2, 57 Abs. 2, 58, 59); Verfahren bei Unzuständigkeitserklärung des EhrenGer. durch Stimmenmehrheit § 55 (56) Abs. 1, bei Stimmenmehrheit für Vervollständigung der Untersuchung § 56 (57) Abs. 1; Ausfertigung u. Vorlage des Spruchs an Allerh. Stelle § 59 (60); Bekanntgabe des Allerh. Spruchs an den Angeschuldigten § 60 (61), an Behörden und Privatpersonen § 61 (62), Rechtskraft des Spruchs nach Allerh. Entscheidung, Ausnahmen hiervon § 62 (63).

[73]) Erforderlichenfalls nach § 24, 25. Die Feststellung des Tatbestands ist nur soweit auszudehnen, bis sich beurteilen läßt, ob die Handlung ehrengerichtlichen Spruch erfordert oder nicht, bzw. ob etwa gerichtliche Verfolgung nötig erscheint (in welchem Fall § 3 maßgebend ist), oder Disziplinarbestrafung ausreicht (Anm. 14). — Lehnt der Kommandeur im Fall des § 26 den Antrag auf Einholung der Entsch. über Einleitung des ehrengerichtl. Verfahrens unzulässigerweise von sich aus ab, so

a) Heer. | b) Marine.

rechtigt ist, ein ehrengerichtliches Verfahren über den Bezichtigten anzuordnen (§ 28), auf dem Instanzenwege einzuholen.

Dem hiernach zu erstattenden Berichte [74]) hat der Kommandeur:

a) die bisherigen Verhandlungen nebst einem Gutachten des Ehrenraths [65]), — zu welchem auch die Zwischeninstanzen ihr Gutachten abzugeben haben — und

b) einen Personalbericht (nicht Qualifikationsbericht) des Bezichtigten beizufügen, welcher zugleich über die Führung desselben das für den Zweck Nothwendige enthalten muß. [75])

Kann der Kommandeur den Personalbericht zu b nicht selbst aufstellen, so ist derselbe im Wege der Requisition zu beschaffen. [75])

a) Heer.

§ 28. Das ehrengerichtliche Verfahren über einen Hauptmann, Rittmeister oder Subalternoffizier anzuordnen, ist nur der mit Gerichtsbarkeit über Offiziere betraute direkte Befehlshaber desjenigen Truppentheils berechtigt, dessen Ehrengericht der Bezichtigte unterstellt ist (§ 10). [76])

Die Anordnung des ehrengerichtlichen Verfahrens über einen Stabsoffizier steht nur dem kommandirenden General (§ 13) zu und während des Kriegszustandes dem nächsten mit glei-

b) Marine.

§ 28. Das ehrengerichtliche Verfahren über einen Kapitänleutnant oder Hauptmann und über einen Subalternoffizier anzuordnen, ist für den Bereich des Ehrengerichts unter I a im § 7 der Chef des Admiralstabes der Marine, im Bereich der anderen Ehrengerichte an Land der Chef derjenigen Marinestation berechtigt, zu welcher der Angeschuldigte gehört. Die gleiche Berechtigung steht zu: dem Inspekteur des Bildungswesens der Marine, dem Gouverneur im Kiautschou-Gebiet im Bereich des Ehrenge-

muß hiergegen Berufung an den § 28 gedachten Befehlshaber zulässig sein (Beweis § 30).

[74]) Der Kommandeur erstattet neben dem Berichte nicht noch ein Gutachten; alles Erforderliche ist in ersterem aufzunehmen. Eine Qualifizierung der durch die bisherigen Verhandlungen erwiesenen Verschuldung ihrer Schwere nach und die vorgreifende Bezeichnung der sich hieraus ergebenden Gefährdung oder Verletzung der Standesehre ist weder im Bericht noch in den Gutachten zulässig KabSchr. 2. Okt. 99 (Marine Anm. 75).

[75]) In der V. f. d. Mar. lautet b): „einen kurzen Auszug aus dem Personalbogen nebst Äußerungen über die Führung des Betreffenden, beides, soweit es für das ehrengerichtliche Verfahren in Betracht kommt.“

Als Abs. 4 folgt das.: „Weder der Bericht noch die Gutachten dürfen die dem Offizier zur Last zu legende Handlung oder Unterlassung nach dem Grade der Strafbarkeit (Gefährdung der Standesehre usw.), welcher etwa als vorliegend angenommen wird, bezeichnen.“

[76]) Welcher Befehlshaber dies für jeden Truppenteil ist, ergibt sich aus MStGerO. § 14, 17, 20, 37 u. den hierzu ergangenen AAB. (Nr. II 2 Anl. A d. W.). Hiernach sind im Frieden zuständig:

a) bei den einer Division unterstellten Truppenteilen der Divisions-Kommandeur,

b) bei den unmittelbar einem Generalkommando unterstellten Truppenverbänden (besonders Fußartillerie, Pioniere, Train, teilweise auch Jäger u. Schützen) der kommandierende General (nicht etwa derjenige Kommandeur, Gouverneur usw., dem der betreffende Truppenteil gemäß MStGerO. § 31 u. AAB. zu § 37 hinsichtlich der höheren Gerichtsbarkeit 1. Instanz unterstellt ist). — Bei Anordnung des Verfahrens gegen mehrere verschiedenen Ehrengerichten unterstellte Offiziere ist nach § 32 beider V. zu verfahren. — Der Chef des reitenden Feldjägerkorps ordnet die Einleitung des ehrengerichtlichen Verfahrens über die Offiziere des reitenden Feldjägerkorps an. Weiteres Verfahren AO. 21. April 77.

a) Heer.

chen Gerechtsamen betrauten, dem bezichtigten Stabsoffizier direkt vorgesetzten Befehlshaber.

Vor Anordnung eines ehrengerichtlichen Verfahrens über einen Regimentskommandeur oder im Range eines solchen stehenden Stabsoffizier ist jedesmal Meine Entscheidung einzuholen.

b) Marine.

richts in Tsingtau, dem Chef des I. Geschwaders und dem des Kreuzergeschwaders; den selbständigen Divisionschefs im Auslande und dem Kommandanten eines außerhalb der heimischen Gewässer befindlichen Schiffes, falls derselbe nach dem Besatzungsetat Kapitän zur See sein kann und nach Maßgabe des § 7 II, 3 ein Ehrengericht zu bilden vermag.

Während des Kriegszustandes[42]) steht die gleiche Befugniß außer den vorstehend aufgeführten Vorgesetzten auch denjenigen Befehlshabern zu, welche die höhere Gerichtsbarkeit ausüben.

Die Anordnung eines ehrengerichtlichen Verfahrens über einen Stabsoffizier steht zu:

In Berlin (§ 13, 1) dem Chef des Admiralstabes der Marine, in Kiel und Wilhelmshaven (§ 12, 2 u. 3) den betreffenden Stationschefs.

Während des Kriegszustandes[42]) ist der nächste, mit gleichen Gerechtsamen betraute, dem bezichtigten Stabsoffizier direkt vorgesetzte Befehlshaber berechtigt, das ehrengerichtliche Verfahren über einen Stabsoffizier anzuordnen.

Vor Anordnung eines ehrengerichtlichen Verfahrens über einen Kapitän zur See oder Oberst, sowie den Kommandanten eines Schiffes außerhalb der heimischen Gewässer, insofern der Kommandant Stabsoffizier ist, ist jedesmal Meine Entscheidung einzuholen.

§ 29. Auf den Bericht des Kommandeurs (§ 27) entscheidet der Befehlshaber, welcher berechtigt ist, das ehrengerichtliche Verfahren anzuordnen, ob ein solches stattfinden soll.[77]) Derselbe setzt, falls der Offizier, über welchen das Ver-

[77]) Die Entsch. erfolgt durch schriftliche Verfügung Abs. 3. Sie ist dem Bezichtigten durch den Kommandeur oder Ehrenrat bekannt zu machen Beilage I Abs. 5; § 30 d. V. Die Anordnung des ehrengerichtl. Verfahrens ist nicht anfechtbar (§ 30), sie hat die in § 33 d. V. bestimmte Wirkung, entspricht also einerseits der Anklageverfügung im MilStrafverfahren (MStGerO. § 259, 260), andrerseits aber der Einleitung des Ermittlungsverfahrens (MStGerO. § 156), sofern sie wie letztere zunächst eine schriftliche Voruntersuchung (§ 34 Abs. 2 beider V.) zur Folge hat, welcher jedoch eine wesentlich wichtigere Bedeutung zukommt als dem milgerichtlichen Ermittlungsverfahren, da letzteres nur zur Vorbereitung der mündlichen Hauptverhandlung dient, während die ehrengerichtliche Untersuchung in der Spruchsitzung zur Verlesung kommt und insofern die ausschließliche

a) Heer. | b) Marine.

fahren eingeleitet werden soll, nicht zu seinem Befehlsbereich gehört, dessen direkte Vorgesetzte hiervon sofort in Kenntniß.

Zugleich hat derselbe darüber Bestimmung zu treffen, ob der Bezichtigte vom Dienst zu suspendieren ist, oder ob es bei der von dem Kommandeur etwa bereits verhängten Suspension vom Dienst das Bewenden behalten soll. Gehört der Bezichtigte nicht zu seinem Dienstbereich, so hat er die Suspension desselben vom Dienst, wenn er dieselbe für erforderlich erachtet, bei dessen zuständigen Vorgesetzten [78]) zu beantragen.

Die nach Vorstehendem von dem Befehlshaber (§ 28) zu treffenden Entscheidungen erfolgen schriftlich. [79]) Es ist darin, wenn das ehrengerichtliche Verfahren angeordnet wird, so bestimmt als möglich auszusprechen, wegen welchen Verstoßes gegen die Standespflichten die ehrengerichtliche Untersuchung stattfinden soll. [80])

§ **30.** Ein Rekurs gegen die Entscheidung des im § 28 bezeichneten Befehlshabers ist nur dann zulässig, wenn durch dieselbe der Antrag eines Offiziers auf ein ehrengerichtliches Verfahren gegen sich selbst abgelehnt wird. [81])

In diesem Falle ist meine Entscheidung auf dem Instanzenwege einzuholen. [82])

§ **31.** Das ehrengerichtliche Verfahren findet in der Regel bei demjenigen Ehrengericht statt, dem der Angeschuldigte unterworfen ist (§§ 10, 13). [83])

Beantragt derselbe jedoch aus erheblichen Gründen die Ueberweisung der Angelegenheit an ein anderes Ehrengericht [84]), oder erscheint dem das ehren-

---

Grundlage des ehrengericht. Spruchs bildet § 50 (51).

[78]) Jeder Disziplinarvorgesetzte, der berechtigt ist, einen Offizier mit Arrest zu bestrafen, ist zur Dienstenthebung befugt AO. 14. April 82 (MGS. I 189). Folgen der Dienstenthebung FrBesV. § 8.

[79]) Die Verfügung über die Einleitung einer ehrengerichtlichen Untersuchung darf nur den tatsächlichen Gegenstand der Untersuchung enthalten. Eine weitergehende Qualifizierung der dadurch begangenen Verschuldung ihrer Schwere nach und die Bezeichnung der sich aus derselben ergebenden Gefährdung oder Verletzung der Standesehre würde eine gewisse Beeinflussung des Ehrengerichts zur Folge haben, wodurch das Urteil des letzteren über das Maß der in dem Tatbestande sich darstellenden Verschuldung vorweg bestimmt wird AO. 27. Jan. 76.

[80]) Für den Umfang der tatsächlichen Verhältnisse, die zum Gegenstande der ehrengerichtl. Untersuchung zu machen sind, ist ausschließlich die Verfügung des das ehrengerichtliche Verfahren anordnenden Befehlshabers maßgebend. Eine Ausdehnung des Verfahrens ist nur auf dem im § 40 vorgeschriebenen Wege zulässig. Dagegen ist es nicht ausgeschlossen, daß in dem Tenor des Erkenntnisses, je nach dem Ergebnis der Untersuchung, vom Wortlaute jener Verfügung abgewichen wird KabSchr. 2. Okt. 99. Nur die Identität der in der EinleitungsVf. genannten Handlungen (Unterlassungen) muß gewahrt bleiben (entsprechende Anwendung des Nr. II 2 Anm. 711 d. W. gesagten). — Die V. f. d. Mar. enthält einen dem angef. KabSchr. entsprechenden Zusatz zu Abs. 3.

[81]) § 26 (Anm. 70). Der Rekurs wird vom Antragsteller auf dem Dienstweg, nicht unmittelbar bei dem § 28 gedachten Befehlshaber anzubringen sein.

[82]) Es ist hier der für den ablehnenden Befehlshaber, nicht der für den Antragsteller geltende Dienstweg gemeint.

[83]) V. f. d. Mar. „(§ 10 u. 12)".

[84]) Der Antrag muß ebenso wie der Antrag auf Ausschließung einzelner Mitglieder des EhrenGer. unter Begründung so zeitig beim Ehrenrat oder Kommandeur angebracht werden, daß darüber noch vor der Spruchsitzung Entscheidung getroffen werden kann § 46 (47). Diese steht im pflichtmäßigem Ermessen des § 28 genannten Befehlshabers. Die Gründe sind jedoch aktenkundig zu machen.

gerichtliche Verfahren anordnenden Befehlshaber, weil zahlreiche Mitglieder des Ehrengerichts zu nahe von dessen Gegenstand berührt sind, um unbefangen urtheilen zu können, oder aus anderen erheblichen Gründen eine Abweichung von der Regel geboten, so kann der gedachte Befehlshaber die Sache an ein anderes Ehrengerichts seines Befehlsbereichs verweisen.[85])

§ **32.** Wenn gegen Offiziere, welche nicht einem und demselben Ehrengericht unterworfen sind[86]), wegen einer gemeinsamen Handlung oder Unterlassung ein ehrengerichtliches Verfahren anzuordnen ist, so wird von ihrem nächsten gemeinschaftlichen Vorgesetzten, dem die Anordnung eines ehrengerichtlichen Verfahrens zusteht (§ 28)[87]), das Ehrengericht eines dritten Offizierkorps zur Abhaltung des Ehrengerichts über sämmtliche Angeschuldigte bestimmt.[88])

Unterstehen die Betheiligten Ehrengerichten verschiedener Armeekorps oder[89]) Ehrengerichten des Heeres und der Marine, so haben die betreffenden kommandirenden Generale bezw.[89]) der kommandirende General und der Befehlshaber, dem die Anordnung des ehrengerichtlichen Verfahrens in der Marine zusteht[90]), darüber sich zu verständigen, ob ein ehrengerichtliches Verfahren stattfinden und welchem Ehrengericht dasselbe übertragen werden soll.

Findet hierüber keine Einigung statt, so ist durch den Aeltesten derselben Meine Entscheidung einzuholen.

§ **33.** Ist das ehrengerichtliche Verfahren angeordnet, so darf es vor Beendigung durch einen ehrengerichtlichen Spruch nicht wieder eingestellt werden.[91])

Bekanntmachung an den Angeschuldigten Anm. 123.

[85]) In beiden Fällen ist Benachrichtigung des Angeschuldigten vorgeschrieben § 49 (50). — Ist die Verweisung an ein anderes Ehrenger. desselben Befehlsbereichs nicht möglich, da ein solches nicht verfügbar oder gleichfalls ausgeschlossen ist, so muß Allerh. Entscheidung eingeholt werden. Die V. f. d. Mar. enthält daher den Zusatz: „oder, wo derselbe nur über ein Ehren-Ger. verfügt, die Angelegenheit bei Mir zur Bestimmung eines andern EhrenGer. zur Vorlage bringen".

[86]) Sind die Beteiligten teils Stabsoffiziere teils Hauptleute (Kapitänleutnants) usw., so gilt § 13 Abs. 7 (12 Abs. 4), gleichviel ob sie demselben Armeekorps (Marinestation) angehören oder nicht. Gehören sie teils dem Heer teils der Marine an, so greift § 32 Abs. 2 Platz.

[87]) Dies ist beim Heer, wenn die Angeschuldigten zu demselben Divisionsverband gehören, der Divisions-Kommandeur; wenn sie verschiedenen Divisionen oder teils einer Division teils einer Spezialtruppe angehören, der kommandierende General.

[88]) Da Zweck der Vorschrift nicht nur einheitliche Aburteilung der Beteiligten ist, sondern auch gemeinsame Führnng der Untersuchung u. einheitliche Leitung des Verfahrens, so folgt, daß das nach § 32 bestimmte EhrenGer. des dritten Offizierkorps nicht nur den Spruch zu fällen hat, sondern daß dem Kommandeur u. Ehrenrat dieses EhrenGer. auch die Leitung u. Durchführung der Untersuchung ausschließlich zukommt. (Dies wird bestätigt durch die Schlußworte des Abs. 2.) Es darf also in den Fällen des § 32 nicht zunächst das ehrengerichtl. Verfahren gegen die einzelnen Beteiligten getrennt durch die zuständigen Befehlshaber angeordnet u. erst nach Abschluß der Untersuchung Entscheidung gemäß § 32 eingeholt werden.

[89]) Die Worte „Ehrengerichten verschiedener Armeekorps oder" u. in der nächsten Zeile „die betreffenden kommandirenden Generale bezw." fallen in der V. f. d. Mar. fort.

[90]) An Stelle des Chefs der Admiralität getreten AO. 20. März 99 (MVB. 79). Wie im Texte auch § 32 d. V. f. d. Mar.

[91]) Es muß vielmehr ein ehrengerichtlicher Spruch erfolgen (Anm. 77). — Bei Verabschiedungen, welche das Ausscheiden aus den ehrengerichtlichen Verhältnissen zur Folge haben

a) Heer. | b) Marine.

Auch wird die Zuständigkeit des mit dem Verfahren beauftragten Ehrengerichts durch Versetzung oder Verabschiedung des Angeschuldigten nicht aufgehoben.[92])

§ **34.** Der Kommandeur[52]) ist für die Leitung des Verfahrens verantwortlich. Von ihm erhält der Ehrenrath, dem die Führung der Untersuchung obliegt, die nöthigen Direktiven.[53])

Die Untersuchung wird schriftlich geführt.[93]) Dieselbe muß sich, unter sorgfältiger Vermeidung jeder Weiterung, auf die Klarstellung der wesentlichen Thatsachen beschränken.[94])

§ **35.** Der Kommandeur[52]) veranlaßt die Vorladung des Angeschuldigten und der Zeugen.[95]) Sind sie am Orte anwesend, so geschieht ihre Vernehmung durch denjenigen Ehrenrath, der die Untersuchung führt, anderenfalls durch einen

---

z. B. Dienstentlassung, ist jedoch ein etwa eingeleitetes ehrengerichtliches Verfahren einzustellen KabSchr. 2. Okt. 99 (Marine 31. Aug. 01).

[92]) Erfolgt vor Anordnung des förmlichen ehrengerichtl. Verfahrens (§ 29) Versetzung oder Verabschiedung, welche die Unterstellung unter die EhrenGer. nicht aufhebt (§ 4^{5} d. V. f. d. H., 4^{3} d. V. f. d. Mar.), so geht die Zuständigkeit zu den § 24, 27 genannten Maßnahmen auf den Kommandeur im neuen Verhältnis über.

[93]) Und geheim § 37 d. V. — Zweck u. Bedeutung der ehrengerichtl. Untersuchung Anm. 77. Der Grundsatz in MStGerO. § 159 muß entsprechende Anwendung finden. Das Nähere über Vernehmung von Zeugen usw. enthalten § 35, 36 d. V. Von selbständiger Untersuchungsführung kann abgesehen werden im Fall des § 38 d. V. — Best. über Anlegung der Akten in Beil. X.

[94]) Im KabSchr. 2. Okt. 99 (Marine 31. Aug. 01) ist hierzu bestimmt:

1. Die ehrengerichtlichen Akten müssen für sich allein die vollständige Aufklärung des gesamten Sachverhalts geben. Nötigenfalls sind aus anderen Akten Abschriften zu nehmen, oder es ist sonst das Erforderliche zu den ehrengerichtlichen Akten zu vermerken. Auch muß ersichtlich sein, auf welchem Wege der Anlaß der ehrengerichtlichen Untersuchung zur Sprache gekommen ist.

5. Die Einforderung von Berichten des Angeschuldigten ist im Vorverfahren nach Möglichkeit, im förmlichen Verfahren überhaupt zu vermeiden.

3. Die Untersuchungsführung ist auf die unbedingt notwendigen Ermittelungen und Vernehmungen zu beschränken. Dies gilt im erhöhten Maße, wo der intime Charakter der Vorgänge ohnehin schon besondere Zurückhaltung fordert.

[95]) Die Vorladung vor den Ehrenrat kann durch diesen erfolgen Beil. I. Die Ladung des Angeschuldigten erfolgt, sofern er nicht zu den mit MilUniform verabschiedeten Offizieren gehört, durch schriftlichen oder mündlichen Befehl des Kommandeurs. Unentschuldigtes Ausbleiben kann, sofern die Ladung vom Kommandeur ausging, auch gegen die § $4^{2 u. 5}$ ($4^{2 u. 3}$) genannten Offiziere als Ungehorsam strafbar sein MStGB. § 113 (Nr. I 2 Anm. 435 d. W.), DStO. § 23, 29, 30. — Für die Ladung von Zeugen, die Offiziere sind, vor den Ehrenrat, gilt das eben Gesagte. Ladung von Zivilpersonen, die nicht unter § $4^{2 u. 5}$ ($4^{2 u. 3}$) fallen, erfolgt nach dem Muster Beil. II. Eine Form für die Zustellung der Ladung ist nicht vorgeschrieben. Doch empfiehlt sich entsprechende Anwendung von MStGerO. § 141, 142. Vorladungen vor ein Militär- oder Zivilgericht erfolgen nach den hierfür maßgebenden Bestimmungen der MStGerO. (StPO.). Diese sind auch beim Ausbleiben u. unberechtigter Zeugnisverweigerung solcher Zivilzeugen anwendbar (Anm. 100). — Aktive Offiziere haben bei Reisen an den Sitz der Vernehmungsbehörde Anspruch auf die verordnungsmäßigen Tagegelder u. Fuhrkosten. Personen (auch Offiziere) des Beurlaubtenstandes erhalten auch bei Vernehmung durch einen Ehrenrat oder im MilGer. Zeugengebühren nach der GebO. 30. Juni 78 (Nr. II Unteranl. B 1 d. W.).

a) Heer. | b) Marine.

dazu requirirten, ihrem Aufenthaltsort nahen Ehrenrath oder durch ein Militär- oder Civilgericht.[96])

Ehrenräthe, durch welche Vernehmungen zu bewirken sind, werden durch eine Requisition des Kommandeurs[97]) an ihren Vorgesetzten, Militärgerichte durch eine Requisition an den Gerichtsherrn[98]) dazu veranlaßt. Civilgerichte werden zu demselben Zweck durch ein Militärgericht requirirt.[99])

§ **36.** Die Vernehmungen durch den Ehrenrath geschehen protokollarisch.[100]) Zur Giltigkeit derselben ist die Anwesenheit sämmtlicher Mitglieder des Ehrenraths oder deren Stellvertreter erforderlich.

Der Angeschuldigte wird vor seiner Vernehmung von dem ihm zur Last Gelegten in Kenntniß gesetzt. Zeugen, welche Deutsche Offiziere oder Sanitätsoffiziere[101]) sind, werden nicht vereidigt, sondern versichern die Richtigkeit ihrer

---

[96]) D. h. Amtsgericht GVG. § 158. — Befindet sich am Wohnort des zu Vernehmenden oder in dessen Nähe ein Ehrenrat, so ist im Sinne der Vorschrift dieser in erster Linie zu ersuchen; erst in 2. Linie kommt das MilGer. u. in letzter Linie das ZivilGer. in Betracht. Ausnahmen hiervon sind jedoch zulässig, z. B. wenn von vornherein zu erwarten ist, daß der Zeuge der Vorladung vor den Ehrenrat keine Folge leisten werde oder wenn Beeidigung des Zeugen erforderlich ist § 36. — Gegenseitige Rechtshilfepflicht der Kommandeure u. Ehrenräte des Heeres, der Marine u. der Schutztruppen Anl. B Ziff. 11. Die Best. über Rechtshilfe der Militär Gerichte untereinander u. der Zivil Ger. gegenüber den MilGer. (EG. z. MStGerO. § 11, 12) gelten auch in Ehrengerichtssachen (Goltdammers Arch. XXXIX 248).

[97]) Also nicht des Ehrenrats, der nur diesbezügliche Anträge beim Kommandeur stellt. — Bei den Requisitionen ist § 37 Abs. 2 d. V. zu beobachten.

[98]) Zuständigkeit usw. wie Nr. II 2 Anm. 342, II 3 Anm. 24 d. W. — Ob der GerH. der höheren oder der niederen Gerichtsbarkeit 1. Instanz ersucht werden will, bleibt im allgemeinen dem Ermessen des ersuchenden Kommandeur überlassen. Befindet sich jedoch am Wohnort des zu Vernehmenden ein GerH. der niederen, nicht aber ein GerH. der höheren Gerichtsbarkeit, so kann der Kosten halber nur der erstere ersucht werden.

[99]) Also nicht unmittelbar durch den Kommandeur des EhrenGer. Dieser hat vielmehr auch hier einen GerH. u. zwar zweckmäßig den dem EhrenGer. nächsten zu ersuchen, welcher dann unter Mitzeichnung eines MilJustizbeamten oder GerOffiziers das Ersuchen an das ZivilGericht erläßt. Ist der Kommandeur selbst GerH., so erläßt er in dieser Eigenschaft unter Mitzeichnung eines GerOffiziers (MStGerO. § 97) das Ersuchen an das ZivilGer.

[100]) Der Kommandeur wird zweckmäßig ein oder zwei Mitglieder des Ehrenrats mit Führung der Verhandlung u. Aufnahme des Protokolls beauftragen. Das Fragerecht der andern Mitglieder des EhrenR. wird jedoch hierdurch nicht ausgeschlossen. Bei Meinungsverscheidenheiten gilt § 39 d. V. — Bestimmungen u. Muster eines Protokolls über Vernehmung des Angeschuldigten durch den Ehrenrat Beil. I, der Zeugen Beil. III u. V. — Beeidigung von Zeugen darf nie durch den Ehrenrat erfolgen Abs. 2 (Anm. 102). — Zeugnisverweigerungsrecht von Offizieren und sonstigen Zeugen Anm. 71. Bei unberechtigter Zeugnis- oder Eidesverweigerung vor einem nach § 35, 36 Abs. 2 ersuchten Militär- oder Zivil-Ger. sind die gesetzlichen Best. über den Zeugniszwang (MStGerO. § 202 bis 204, StPO. § 69) entsprechend anwendbar (Dalcke in Goltdammers Arch. XXXIX 248).

[101]) Neufassung durch AO. 21. Aug. 02 (AVB. 273). — Deutsche Offiziere und Sanitätsoffiziere im Sinne des zweiten Absatzes sind nur Offiziere und Sanitätsoffiziere, die den Vorschriften der ehrengerichtlichen Ver-

a) Heer. | b) Marine.

Aussage auf Ehre und Pflicht. Ist die Vereidigung anderer Zeugen nothwendig, so geschieht dieselbe stets durch ein dazu zu requirirendes Militär- oder Civilgericht.[102])

§ 37. In die Akten des Ehrengerichts darf, solange die Sache nicht erledigt ist, nur dem Angeschuldigten oder dessen Vertheidiger — und zwar nur im Beisein eines Mitgliedes des Ehrenraths — sowie den vorgesetzten Militärbehörden Einsicht gestattet werden.[103])

Den zu requirirenden Behörden darf nur dasjenige mitgetheilt werden, was zur Erledigung der Requisition erforderlich ist. — Erst nach Beendigung der Sache kann die Mittheilung der Akten an andere Behörden[104]) mit — nur in unabweislichen Fällen zu ertheilender — Genehmigung des Befehlshabers erfolgen, dem die Anordnung des ehrengerichtlichen Verfahrens zustand.[105])

§ 38. In Fällen, bei denen dem ehrengerichtlichen Verfahren eine gerichtliche Untersuchung vorhergegangen ist, können die Akten dem letzteren, soweit sie für dessen Zwecke ausreichen, zu Grunde gelegt werden.[106])

§ 39. Bei Verschiedenheit der Ansichten innerhalb des Ehrenraths über das zu beobachtende Verfahren entscheidet der Kommandeur.[52])

Derselbe ermächtigt den Ehrenrath, die Akten zu schließen[107]), sobald er weitere Ermittelungen nicht erforderlich erachtet.

§ 40. Kommen im Laufe einer ehrengerichtlichen Untersuchung neue Handlungen oder Unterlassungen des Angeschuldigten zur Sprache, welche nach der Ansicht des Kommandeurs[42]) ein ehrengerichtliches Verfahren erfordern, so ist von ihm im Instanzenwege bei dem Befehlshaber, welcher das ehrengerichtliche Verfahren angeordnet hat[105]), die Ausdehnung der Untersuchung auf diese An-

---

ordnungen für Offiziere oder Sanitätsoffiziere im Heere oder für die Kaiserliche Marine oder die Schutztruppen unterworfen sind. Diejenigen verabschiedeten Offiziere und Sanitätsoffiziere, denen das Recht zum Tragen der Militäruniform nicht zusteht, werden gegebenen Falles beeidigt. Die Versicherung auf Ehre und Pflicht oder die Vereidigung hat erst nach der Vernehmung stattzufinden. KabSchr. 2. Okt. 99 (Marine 31. Aug. 01). — Die letztgenannte Bestimmung ist auch bei Vereidigung durch ein ZivilGer. anwendbar, da auch die StPO. in § 60 den Nacheid als zulässig vorsieht. Für die MilGer. ist der Nacheid stets vorgeschrieben (MStGerO. § 196). Die Eidesformel ist die für das gerichtliche Verfahren vorgeschriebene (MStGerO. § 197, StP.O. § 61).

[102]) Anm. 100, 101. Die Best. gilt auch für die in Beil. III Abs. 5 d. V. vorgesehene Versicherung der Richtigkeit der Aussage unter Berufung auf den bereits geleisteten Eid, da diese der Eidesleistung gleichsteht. Soll ein ZivilGer. um die Vereidigung ersucht werden, so ist der Anm. 99 bezeichnete Weg einzuhalten § 35 Abs. 2 a. E.

[103]) Da die nach § 27 d. V. aufzustellenden Berichte und Gutachten einen wesentlichen Bestandteil der Akten bilden, darf dem Angeschuldigten oder dessen Verteidiger die Einsicht in dieselben nicht versagt werden. Ausgeschlossen ist indes die Einsicht in das gemäß § 51 erst nach Schluß der Akten abzufassende (motivierte) Gutachten KabSchr. 2. Okt. 99 (Marine 31. Aug. 01).

[104]) Z.B. in den Fällen des § 61 (62) d.V.

[105]) § 28 d. V.

[106]) § 38 d. V. f. d. Mar. enthält den auch für das Heer entsprechend anwendbaren Zusatz: „Diejenigen Aktenteile, auf welche sich die ehrengerichtliche Untersuchung stützt, sind entweder abschriftlich oder auszugsweise den ehrengerichtlichen Akten anzuschließen". — Verhältnis des gerichtlichen zum ehrengerichtl. Verfahren § 3 d. V. (Anm. 15 bis 18, 93).

[107]) Verfahren hierbei § 41 d. V. Der Kommandeur kann den Abschluß der Untersuchung auch entgegen der Ansicht des Ehrenrats verfügen.

a) Heer. | b) Marine.

schuldigungspunkte zu beantragen und nach dessen Entscheidung weiter zu verfahren.[108])

§ **41.** Bei dem Schluß der Untersuchung[109]) ist der Angeschuldigte durch den Ehrenrath darauf aufmerksam zu machen, daß und in welcher Weise er sich vertheidigen darf.

Es ist ihm gestattet, dem Ehrenrath seine Vertheidigung zu Protokoll zu geben[110]) oder eine selbst verfaßte Vertheidigungsschrift einzureichen, auch demnächst vor versammeltem Ehrengericht mündlich seine Vertheidigung zu wiederholen oder zu ergänzen.[111])

Auch kann der Angeschuldigte sich durch einen anderen Offizier, der aber einen niedereren Dienstgrad als er selbst nicht bekleiden darf, schriftlich[112]) vertheidigen lassen.

Zur Einreichung einer Vertheidigungsschrift[113]) ist eine Präklusivfrist von acht Tagen zu bewilligen, die nur mit Genehmigung des Kommandeurs[52]) verlängert werden darf.[114])

§ **42.** Sodann wird in einer dazu von dem Kommandeur[52]) zu berufenden Versammlung der Mitglieder des Ehrengerichts zum Spruch geschritten.[115]) Zweck

---

[108]) Auch für die Ausdehnungsverfügung u. den Antrag hierauf sind § 27, 29, 30, 33 d. V. u. das hierzu Bemerkte maßgebend.

[109]) Im Schlußtermin, der regelmäßig mit der ersten Vernehmung des Angeschuldigten (§ 36 Abs. 2 d. V.) nicht zusammenfallen soll, ist nach Beil. I Abs. 6 u. 7 d. V. zu verfahren. Bringt der Angeschuldigte neue Tatsachen oder Beweise vor, so ist über etwaige Fortsetzung der Beweisaufnahme die Entscheidung des Kommandeurs einzuholen Diese oder das Ergebnis einer neuen Beweisaufnahme ist in einem neuen Schlußtermin dem Angeschuldigten bekannt zu machen. Dasselbe gilt im Fall des § 56 (57) Abs. 1 d. V.

[110]) Entweder im Schlußtermin selbst oder auf sein Verlangen in einer späteren besonderen Verhandlung. — Akteneinsichtsrecht § 37 Abs. 1 d. V.

[111]) Da der Angeschuldigte seine Verteidigung mündlich nur führen kann, wenn ihm Ort, Tag und Stunde der Spruchsitzung bekannt sind, so muß aus den Akten hervorgehen, daß diese Bekanntmachung an ihn rechtzeitig erfolgt ist. Sie kann unterbleiben, wenn der Angeschuldigte auf die Anwesenheit in der Spruchsitzung und die mündliche Verteidigung verzichtet hat, was aus den Akten ersichtlich sein muß KabSchr. 2. Okt. 99 (Marine 31. Aug. 01).

[112]) Nicht auch zu Protokoll noch mündlich in der Spruchsitzung. — Der Verteidiger kann nicht Mitglied des Spruchgerichts sein § 46 Abs. 3.

[113]) Sei es einer vom Angeschuldigten selbst oder vom Verteidiger verfaßten.

[114]) Die Präklusivfrist zur Einreichung einer Verteidigungsschrift von acht Tagen umfaßt acht volle Kalendertage und beginnt mit dem auf die stattgefundene Belehrung des Angeschuldigten über seine Verteidigungsbefugnisse folgenden Tage KabSchr. 2. Okt. 99. — § 31 Abs. 4 d. V. f. d. Mar. lautet:

„Die Einreichung einer Verteidigungsschrift hat binnen der Frist von acht Tagen zu erfolgen. Die Frist beginnt mit dem auf das Schlußverhör folgenden Tage. Der Kommandeur ist befugt, die Frist aus erheblichen Gründen zu verlängern." —

Nichteinhaltung der Frist hat zwar die Nichtberücksichtigung der Verteidigungsschrift in der Untersuchung zur Folge, hindert aber nicht die Verlesung der Schrift, sowie die mündliche Verteidigung in der Spruchsitzung, noch schließt sie aus, daß die Mehrheit mit Rücksicht auf den Inhalt der Verteidigung für Vervollständigung der Untersuchung (§ 56) stimmt.

[115]) Nähere Vorschriften über die Berufung des Spruchgerichts enthalten § 43—45 (43—46), über die vorschriftsmäßige Besetzung desselben § 46 bis 49 (74—50), über den Gang der Spruchgerichtsverhandlung § 50 (51).

a) Heer. | b) Marine.

derselben ist, die Mitglieder des Ehrengerichts über die Sachlage vollständig zu unterrichten, ihnen die Möglichkeit zu geben, durch Austausch der Ansichten ihre Ueberzeugung zu klären und diese in einem Spruch zum Ausdruck zu bringen.

a) Heer.

§ 43. Zur Spruchsitzung eines Ehrengerichts über Hauptleute oder Rittmeister und Subalternoffiziere werden alle stimmberechtigten Mitglieder des Ehrengerichts so eingeladen, daß auch auswärtige Mitglieder die Möglichkeit erhalten, an derselben Theil zu nehmen.[116])

Stimmberechtigt sind alle Mitglieder des Offizierkorps einschließlich der Stabsoffiziere und des Kommandeurs (§ 6).[117])

§ 44. Bei einem Infanterie- oder Artillerie-Regiment, welches verschiedene Garnisonen hat, findet zuerst in derjenigen Garnison, in welcher sich der Ehrenrath befindet, der die Untersuchung geführt hat, eine Spruchsitzung statt. Demnächst werden die Akten den anderen Bataillonen oder Abtheilungen zugeschickt, um dort ebenfalls zum Spruch

b) Marine.

§ 43. Zur Spruchsitzung eines Ehrengerichts über Kapitänleutnants oder Hauptleute und Subalternoffiziere haben alle stimmpflichtigen Mitglieder des Ehrengerichts, welche am Garnisonort anwesend und nicht dienstlich verhindert sind, zu erscheinen. Der Termin für die Spruchsitzung ist so anzuberaumen, daß eine möglichst große Anzahl der stimmberechtigten Mitglieder des Ehrengerichts demselben beiwohnen kann. Findet nach § 7, II, 3 an Bord eines Schiffes außerhalb der heimischen Gewässer eine Spruchsitzung statt, so hat der Kommandeur zur Theilnahme an derselben auch diejenigen stimmpflichtigen Mitglieder der Marine-Ehrengerichte zu requiriren, welche an Bord anderer gleichzeitig in demselben Hafen liegenden Schiffe eingeschifft sind, oder sich zu dienstlichen Zwecken dort am Lande befinden.

Stimmpflichtig sind außer den dem betreffenden Ehrengericht unterstellten Offizieren auch der Kommandeur desselben und die Stabsoffiziere der zu demselben gehörenden Marinetheile.[117])

§ 44. Haben die Marinetheile, welche ein gemeinsames Ehrengericht bilden, verschiedene Garnisonen, so findet die Spruchsitzung zuerst in derjenigen Garnison statt, in welcher sich der Ehrenrath befindet, welcher die Untersuchung geführt hat. Ist diese Garnison nicht gleichzeitig diejenige, in welcher der Kommandeur seinen Sitz hat, so wird

---

[116]) Offiziere des Beurlaubtenstandes, welche in ehrengerichtl. Angelegenheiten zum Zweck der Abhaltung des SpruchGer. ihren Wohnort verlassen müssen, erhalten ohne Ausnahme die verordnungsmäßigen Tagegelder u. Reisekosten (ReiseO. 5. Sept. 01). Der Kostenersparnis halber sind jedoch die SpruchGer. möglichst bei solchen Gelegenheiten abzuhalten, wo die Offiziere sich ohnedem aus dienstlicher Veranlassung im Bezirksstabsquartier versammelt haben KrMVf. 30. Nov. 78 u. 28. Jan. 81. Ist letzteres nicht möglich, so darf der Kommandeur nicht aus Kostenrücksichten entgegen dem § 43 von Einberufung der auswärtigen Mitglieder absehen.

[117]) Ausnahmen § 46 (47) Abs. 3 d. V. — Stimmpflichtig sind beim Heer die in § 36 Abs. 4 d. V. bezeichneten Offiziere.

a) Heer.	b) Marine.
zu schreiten.[118]) Der Kommandeur[52]) kann sich in solchen Fällen in die Garnisonen dieser Bataillone und Abtheilungen begeben, um der Spruchsitzung beizuwohnen.[119])	auch in dieser noch eine Sitzung abgehalten.[118]) Der Kommandeur kann, wenn ihm dies erforderlich erscheint, die Leitung der Spruchsitzung auch in der Garnison persönlich übernehmen, der er nicht selbst angehört.[119]) Ist es zweifelhaft, ob durch die Abstimmung in den übrigen in Frage kommenden Garnisonen das Gesammtergebniß geändert wird, so hat der Kommandeur solche weiteren Spruchsitzungen anzuordnen.[118])
	§ 45. Bilden die Offizierkorps mehrerer Schiffe ein Ehrengericht, und können die Mitglieder desselben infolge sehr dringender Verhältnisse nicht auf einem Schiffe zur Spruchsitzung vereinigt werden, so tritt ein analoges Verfahren ein, wie dies im § 44 für die verschiedenen Garnisonen angeordnet ist.
§ 45. Zur Spruchsitzung eines Ehrengerichts über Stabsoffiziere werden die Mitglieder bezw. die nöthigen Stellvertreter[120]) an einem Orte vereinigt.	**§ 46.** Die Spruchsitzung eines Ehrengerichts über Stabsoffiziere ist so anzuberaumen, daß eine möglichst große Anzahl der stimmberechtigten Mitglieder des Ehrengerichts derselben beiwohnen kann. Stimmpflichtig sind außer den dem betreffenden Ehrengericht unterstellten Stabsoffizieren auch der Kommandeur desselben und die Flaggoffiziere der zu demselben gehörenden Marinetheile.

§ 46 (47).[121]) Etwaige Anträge auf Ausschließung einzelner Mitglieder des Ehrengerichts von der Abstimmung sind von dem Angeschuldigten (§ 31) so zeitig

[118]) Zur Verlesung kommt dort neben dem Akteninhalt nur das Gutachten des untersuchungführenden Ehrenrats, nicht aber das Protokoll über die frühere Spruchsitzung (ausdrücklich bestimmt in § 51 Abs. 9 d. V. f. d. Mar.). Die in den mehreren Spruchsitzungen abgegebenen Stimmen sind vom Kommandeur (Ehrenrat) durchzuzählen und das Gesamtergebnis nach § 59 (60) d. V. festzustellen. Bleibt letzteres zweifelhaft, so sind weitere Spruchsitzungen der § 44 bestimmten Art anzuordnen (§ 44 Abs. 3 d. V. f. d. Mar.).

[119]) Er gibt jedoch dann seine Stimme nur in der ersten Spruchsitzung ab (§ 51 Abs. 10 d. V. f. d. Mar.). Macht er von der Berechtigung § 44 Satz 3 (44 Abs. 2) keinen Gebrauch, so übernimmt der Kommandeur, dem die Mitglieder des EhrenGer. in der auswärtigen Garnison unmittelbar unterstellt sind, die Leitung.

[120]) § 13 d. V.

[121]) In § 47 d. V. f. d. Mar. bilden die nachfolgenden Best. die Abs. 2—4. Als Abs. 1 tritt hinzu: „Der Angeschuldigte ist, sofern er nicht auf das Recht der persönlichen Anwesenheit in der Spruchsitzung (vgl. § 41) verzichtet hat,

a) Heer. | b) Marine.

anzubringen[122]), daß darüber noch vor der Spruchsitzung von dem zur Anordnung des ehrengerichtlichen Verfahrens berechtigten Befehlshaber[105]) entschieden werden kann.

Diese Entscheidung ist eine endgültige.[123])

Außerdem sind durch den Kommandeur[52]) von der Theilnahme am Spruch des Ehrengerichts auszuschließen:[124]) Ankläger, Zeugen, Vertheidiger, nahe Verwandte und Schwäger[125]) des Angeschuldigten, sowie diejenigen, welche sich selbst in einer gerichtlichen oder ehrengerichtlichen Untersuchung befinden. Zu den nahen Verwandten werden nur gezählt: der Vater, die Söhne, Brüder, rechte Onkel, rechte Neffen und die rechten Geschwisterkinder.

Mitglieder des Ehrengerichts, welche hiernach von der Theilnahme an dem Spruch nicht ausgeschlossen, an dem Orte, wo die Spruchsitzung stattfindet, anwesend und weder krank noch durch den Dienst verhindert sind, dürfen sich der Betheiligung am Spruch des Ehrengerichts nicht entziehen.

a) Heer.

§ 47.[126]) Zu einem gültigen Spruch ist die Theilnahme von mindestens neun stimmfähigen Mitgliedern, den Kommandeur mit inbegriffen, erforderlich.

Können voraussichtlich nicht mindestens neun Mitglieder des Ehrengerichts in der Spruchsitzung anwesend sein, so ist die Untersuchung nach der darüber einzuholenden Bestimmung desjenigen Befehlshabers, welcher das ehrengerichtliche Verfahren angeordnet hat[105]), einem anderen Ehrengericht seines Dienstbereichs zum Spruch zu überweisen.[85])

Dies muß auch dann geschehen, wenn zur Spruchsitzung des Ehrengerichts

b) Marine.

§ 48. Zu einem gültigen Spruch über einen Kapitänleutnant oder Hauptmann und über einen Subalternoffizier ist die Abgabe von mindestens neun Stimmen, den Kommandeur mit einbegriffen, erforderlich.[127])

Können voraussichtlich nicht mindestens neun Stimmen abgegeben werden, so ist die Untersuchung nach darüber einzuholenden Bestimmungen desjenigen Befehlshabers, welcher das ehrengerichtliche Verfahren angeordnet hat, einem anderen Ehrengerichte seines Dienstbereichs zum Spruch zu überweisen, oder, wo derselbe nur über ein Ehrengericht verfügt, Mir zur Be-

---

rechtzeitig davon in Kenntnis zu setzen, wann und wo die Spruchsitzung stattfinden wird".

[122]) Beim Kommandeur oder Ehrenrat. Die Anführung des § 31 kann nur besagen, daß Abs. 1 auch für den § 31 Abs. 2 d. V. genannten Antrag auf Überweisung an ein andres Ehren-Ger. gilt (Anm. 84). Vgl. auch Beil. I Abs. 6 d. V.

[123]) Sie ist dem Angeschuldigten durch den Kommandeur oder Ehrenrat vor oder in der Spruchsitzung bekannt zu machen.

[124]) Die Ausgeschlossenen sind vor der Spruchsitzung in geeigneter Weise durch den Kommandeur zu verständigen. Benachrichtigung des Angeklagten § 49 (50) d. V.

[125]) Schwäger sind nur die Brüder der Ehefrau und die Ehemänner der Schwestern des Angeschuldigten, nicht auch die Ehemänner der Schwestern der Ehefrau (Nr. II 2 Anm. 250 d. W.).

[126]) § 47 u. 48 (48 u. 49) beziehen sich nur auf EhrenGer. über Hauptleute (Rittmeister) und Subalternoffiziere. — An einem EhrenGer. über Stabsoffiziere müssen alle 10 Mitglieder oder deren Stellvertreter (§ 13 d. V. f. d. Heer) teilnehmen. Ist dies aus irgend einem Grunde (z. B. § 31, 46 Abs. 1) unmöglich, so muß, da der § 29 Abs. 2 d. V. gedachte Befehlshaber nur über ein EhrenGer. über Stabsoffiziere verfügt, wie Anm. 85 verfahren werden.

[127]) Für die EhrenGer. über Stabsoffiziere der Marine ist eine Mindestzahl der Teilnehmer nicht vorgeschrieben § 46 d. V. f. d. Mar.

a) Heer.

eines Landwehr-Bataillons nicht neun stimmberechtigte Mitglieder desselben im Stabsquartier sich in nächster Zeit vereinigen lassen.

b) Marine.

stimmung eines anderen Ehrengerichts vorzulegen.

§ 48 (49). Während des Kriegszustandes[42]) können diejenigen Befehlshaber, welche ein ehrengerichtliches Verfahren anzuordnen berechtigt sind[105]), mehrere einzelne zu schwache Offizierkorps ihres Dienstbereichs zur Fällung eines ehrengerichtlichen Spruchs zusammentreten lassen.[128])

§ 49 (50). Von jeder von der Regel abweichenden Bestimmung oder Zusammensetzung eines Ehrengerichts[129]) zur Fällung des Spruchs ist dem Angeschuldigten Nachricht zu geben[130]), um ihn in den Stand zu setzen, noch vor der Spruchsitzung seine Gründe für etwaige Ablehnung einzelner Mitglieder desselben zur Kenntniß des Befehlshabers zu bringen, welcher eine solche Anordnung getroffen hat.

§ 50. Die Mitglieder des Ehrengerichts werden nicht vereidigt; sie sind aber vor der Abstimmung von dem Kommandeur aufzufordern, als Ehrenmänner, ohne Leidenschaft, nach Pflicht und Gewissen und mit Erwägung der einwirkenden besonderen Verhältnisse ihre Stimme abzugeben.[131])

Demnächst[131]) sind die Akten vom Ehrenrath[132]) vollständig vorzulesen. Hieran schließt sich die Vertheidigung an (§ 41)[133]), bis zu deren Beendigung der Angeschuldigte in der Spruchsitzung gegenwärtig sein darf.

Nachdem sodann eine vom Kommandeur zu leitende, durch Vortrag eines schriftlichen Gutachtens des Ehrenraths[135]) zu eröffnende Berathung statt-

§ 51. In der Spruchsitzung werden zunächst vom Ehrenrathe[132]) die Akten, einschließlich der etwa eingereichten Vertheidigungsschrift, vollständig verlesen. Der Angeschuldigte darf hierbei gegenwärtig sein und eine mündliche Vertheidigung anschließen.[133]) Die Vertretung des Angeschuldigten durch einen Anderen ist unstatthaft.[134])

Hieran reiht sich, nachdem der etwa erschienene Angeschuldigte aus der Versammlung entlassen ist, die Verlesung eines vom Ehrenrathe verfaßten, schriftlichen, begründeten und einen bestimmten Antrag enthaltenden Gutachtens. Dasselbe hat die Ausführungen der etwa eingereichten Vertheidigungsschrift zu würdigen.[135])

---

[128]) Auch ohne Antrag der Kommandeure.

[129]) Bezieht sich auf die in § 31 Abs. 2, 46, 47, 48 (31 Abs. 2, 47, 48, 49) d. V. genannten Fälle.

[130]) Die Benachrichtigung ist aktenkundig zu machen.

[131]) Versehen im Ausdruck. Nach Bekanntmachung der Mitglieder des EhrenGer. mit dem Gegenstand des Verfahrens erfolgt *sofort* die Verlesung der Akten. Die Abs. 1 genannte Aufforderung hat erst nach Schluß der Beratung unmittelbar vor der Abstimmung zu erfolgen KabSchr. 2. Okt. 99.

[132]) D. h. von einem Mitglied desselben.

[133]) Gemeint ist hier nur die *mündliche* Verteidigung, in welcher sich der Angeschuldigte nicht vertreten lassen kann (Anm. 112). Die vom Angeschuldigten oder Verteidiger eingereichte *Verteidigungsschrift* wird mit den Akten verlesen. Bei der mündlichen Verteidigung kann der Angeschuldigte Aufzeichnungen benutzen, nicht aber wörtlich vorlesen.

[134]) *Ausnahme* im Fall § 25 Abs. 2 d. V.

[135]) Macht der Angeschuldigte von dem Rechte, sich zu Protokoll oder schriftlich zu verteidigen oder sich durch einen dritten schriftlich verteidigen zu lassen, Gebrauch, so hat das (motivierte) Gutachten des Ehrenrats, welches erst nach Eingang der Verteidigungsschrift abzufassen ist, auch auf die darin vorgebrachten Verteidigungsgründe einzugehen; daß

a) Heer.

gefunden hat, giebt jedes Mitglied des Ehrengerichts dem Ehrenrath seine Stimme mündlich ab. Der Ehrenrath hat über die ganze Verhandlung ein Protokoll[136]) zu führen. In demselben muß die Abstimmung jedes einzelnen Mitgliedes ersichtlich gemacht und die betreffende Stelle des Protokolls von diesem selbst unterschrieben werden.

Wenn Mitglieder des Ehrengerichts an der Abstimmung[137]) Theil zu nehmen verhindert sind, so sind dieselben unter Angabe des Hinderungsgrundes am Schluß des Protokolls namhaft zu machen.

b) Marine.

Der Kommandeur legt sodann seinen Standpunkt zu dem Gutachten des Ehrenraths klar, welchen er außerdem in kurzer Fassung und unter Bezugnahme auf die Anführungen des Ehrenraths schriftlich zu den Akten zu geben hat.

Demnächst folgt eine vom Kommandeur zu leitende gemeinsame Berathung.

Die Mitglieder des Ehrengerichts werden nicht vereidigt, jedoch nach Schluß der Berathung vom Kommandeur aufgefordert, „als Ehrenmänner ohne Leidenschaft nach Pflicht und Gewissen und mit Erwägung der einwirkenden besonderen Verhältnisse ihre Stimmen abzugeben".

Bei der darauf folgenden Abstimmung giebt jedes Mitglied des Ehrengerichts seine Stimme mündlich ab.

Der Ehrenrath hat über die ganze Verhandlung ein Protokoll[136]) zu führen. In demselben muß die Abstimmung jedes einzelnen Mitgliedes ersichtlich gemacht und die betreffende Stelle des Protokolls von diesem selbst unterschrieben werden.

Wenn Mitglieder des Ehrengerichts an der Abstimmung[137]) theilzunehmen verhindert sind, so sind dieselben unter Angabe des Hinderungsgrunds am Schluß des Protokolls namhaft zu machen.

Bei einer nach Maßgabe von § 44 stattfindenden zweiten und folgenden Spruchsitzung kommt neben dem Aktenmaterial und der Vertheidigungsschrift nur das Gutachten des untersuchungsführenden Ehrenraths und die in der ersten Sitzung zum Ausdruck gebrachte Stellungnahme des Kommandeurs zur Verlesung.

Der Kommandeur giebt seine Stimme nur bei der ersten Spruchsitzung ab.

---

dies geschehen kann, ist bei Anberaumung der Spruchsitzung zu berücksichtigen Kab-Schr. 2. Okt. 99 (Marine 31. Aug. 01).

[136]) Muster Beil. VI. d. V.

[137]) D. h. an der Teilnahme am Spruchgericht. Auch die nach § 46 (47) Abs. 3 d. V. ausgeschlossenen Offiziere werden hier aufzuführen sein, falls dies nicht schon an andrer Stelle in den Akten geschehen ist. — Muster der aufzustellenden Liste Beil. VII d. V.

a) Heer. | b) Marine.

§ **51** (**52**). Der Spruch des Ehrengerichts[138]) kann lauten:

1. auf Unzuständigkeit, wenn das Ehrengericht der Ansicht ist, daß der Fall sich überhaupt nicht zur ehrengerichtlichen Behandlung eigne[139]), oder daß ein anderes Ehrengericht das zuständige sei[140]);
2. auf Vervollständigung der Untersuchung, wenn das Ehrengericht eine solche, um sich eine bestimmte Ueberzeugung bilden zu können, für nöthig und möglich hält[141]);
3. auf Freisprechung, wenn das Ehrengericht der Ueberzeugung ist, daß die dem Angeschuldigten zur Last gelegte Gefährdung oder Verletzung der Standesehre nicht stattgefunden habe[142]);
4. auf Schuldig der Gefährdung der Standesehre unter Beantragung der Erteilung einer Warnung, wenn das Ehrengericht der Ueberzeugung ist, daß der Angeschuldigte durch das ihm zur Last fallende Verhalten nicht unwürdig geworden ist, im Dienst belassen zu werden;
5. auf Schuldig der Verletzung der Standesehre unter Beantragung der Entlassung mit schlichtem Abschied[143]), wenn das

---

[138]) Rechtliche Bedeutung des Spruchs Anm. 10. — Die Mitglieder des Ehrengerichts haben neben dem kameradschaftlichen Wohlwollen vor allem die Erhaltung der Standesehre fest im Auge zu behalten und demgemäß lediglich auf Grund des mit allen zugehörigen Nebenumständen ermittelten Tatbestandes genau nach Pflicht und Gewissen zu urteilen. Findet aber das EhrenGer., daß in der Person des Angeschuldigten oder in den die Tat begleitenden besonderen Umständen u. Verhältnissen Milderungsgründe liegen, welche den Angeschuldigten einer gnadenweisen Berücksichtigung würdig erscheinen lassen, so bleibt es demselben unbenommen, die Allerhöchste Gnade durch einen besonderen Antrag anzurufen und denselben den Spruchverhandlungen beizufügen. Niemals aber darf das EhrenGer. durch seinen Spruch in das der Allerhöchsten Person allein zustehende Gnadenrecht eingreifen AO. 31. Jan. 85. — Bei vorhergegangener gerichtlicher Untersuchung § 3 Abs. 2 d. W. (Anm. 15—18). — Verurteilung in die Kosten findet nie statt; diese fallen stets dem MilFiskus zur Last KrMVf. 29. Juli 74.

[139]) Sachliche Unzuständigkeit § 2 d. V. Sie muß auch ausgesprochen werden, wenn die Handlung (Unterlassung) zunächst gerichtliche Erledigung erfordert (§ 3 d. V., Anm. 15) oder DiszBestrafung ausreicht (Anm. 14).

[140]) Persönliche Unzuständigkeit § 4, 10, 13, 33 (4, 7, 10, 12, 33) d. V. Welche Art der Unzuständigkeit ausgesprochen wird, muß der Spruch erkennen lassen. — War die Sache gemäß den bestehenden Ausnahmebestimmungen (§ 31 Abs. 2, 32, 47 Abs. 2 u. 3 d. V. f. d. Heer, § 9, 31 Abs. 2, 32, 48 Abs. 2 d. V. f. d. Mar.) dem erkennenden EhrenGer. zum Spruche überwiesen, so ist Unzuständigkeitserklärung deshalb, weil ein andres EhrenGer. das zuständige sei, ausgeschlossen. — Weiteres Verfahren bei Unzuständigkeitserklärung der Mehrheit § 55 (56) Abs. 1, der Minderheit § 55 (56) Abs. 2 d. V.

[141]) Die Punkte, hinsichtlich deren die Untersuchung der Vervollständigung bedarf, müssen aus dem Spruch hervorgehen. Vervollständigung kann auch nur hinsichtlich einzelner von mehreren Handlungen nötig sein (Anm. 149 a. E.) Weiteres Verfahren nach § 56 (57) d. V. — Vgl. auch Anm. 114.

[142]) Wenn neben der Verurteilung wegen eines Anschuldigungspunktes außerdem Freisprechung in einem anderen Punkte erfolgt, muß dieses sowohl bei der Abstimmung wie im Tenor des Erkenntnisses zum Ausdruck kommen und darf nicht stillschweigend übergangen werden KabSchr. 2. Okt. 99 (Marine 31. Aug. 01).

[143]) Gegen inaktive Offiziere tritt Verlust des Rechts, die MilUniform zu tragen (ohne Verlust des Offiziertitels)

a) Heer. | b) Marine.

Ehrengericht der Ueberzeugung ist, daß der Angeschuldigte in seiner Dienststellung nicht belassen werden kann;

6. auf Schuldig der Verletzung der Standesehre unter erschwerenden Umständen unter Beantragung der Entfernung aus dem Offizierstande[144]), wenn das Ehrengericht der Ueberzeugung ist, daß der Angeschuldigte dem Offizierstande ferner anzugehören unwürdig geworden ist.

§ **52** (**53**). Die Entlassung mit schlichtem Abschied hat den Verlust der Dienststelle[145]); die Entfernung aus dem Offizierstande außerdem[145]) noch den Verlust des Offiziertitels zur unmittelbaren Folge.[146])

§ **53** (**54**). Bei inaktiven Offizieren (§ 4 Nr. 5) tritt an die Stelle der Entlassung mit schlichtem Abschied der Verlust des Rechts, die Militäruniform zu tragen, an die Stelle der Entfernung aus dem Offizierstande außerdem noch der Verlust des Offiziertitels.[147])

§ **54** (**55**). Die Abstimmung geschieht derart, daß zuerst der Ehrenrath, dann sämmtliche übrige anwesende Mitglieder des Ehrengerichts nach ihrem Dienstalter von unten an, zuletzt der Kommandeur[52]), ihre Stimme dem Ehrenrath abgeben.[148])

Haben mehrere Handlungen oder Unterlassungen desselben Offiziers den Gegenstand der Untersuchung gebildet, so ist gegen den Angeschuldigten, falls er

an die Stelle § 53 (54) d. V. — Rechtsfolgen der Entlassung mit schlichtem Abschied § 52 (53) d. V.

[144]) Gegen inaktive Offiziere tritt Verlust des Rechts, die MilUniform zu tragen und Verlust des Offiziertitels an die Stelle § 53 (54) d. V. — Rechtsfolgen der Entfernung aus dem Offizierstand § 52 (53) d. V.

[145]) Außerdem hat sie dieselben Rechtsfolgen wie die gerichtlich erkannte Dienstentlassung (MStGB. § 35, Nr. I 2 Anm. 119, 120, 123 d. W.). Verlust der Orden usw. tritt bei schlichtem Abschied nicht ein. — Bei der Entfernung aus dem Offizierstand tritt zu diesen Rechtsfolgen noch der Verlust des Offiziertitels hinzu, nicht auch die MStGB. § 32 2 u. 3 bezeichneten Folgen. — Offiziere, welche vor Beendigung ihrer gesetzlichen Dienstpflichten mit schlichtem Abschied entlassen oder aus dem Offizierstand entfernt werden, sind von der ferneren Ableistung der Dienstpflicht entbunden HeerO. § 49 2, MarO. § 59 2.

[146]) In dem Überweisungsberichte des Generalkommandos usw. ist in jedem einzelnen Falle nicht nur eine Allerhöchste Entscheidung darüber zu beantragen, ob neben dem auf Entfernung aus dem Offizierstande usw. lautenden Spruche der Verlust der Orden und Ehrenzeichen einzutreten hat, sondern auch jedesmal ein bestimmter Antrag auf Verlust oder Belassung zu stellen. Ist in der Allerhöchsten Bestätigung eines auf Entfernung aus dem Offizierstande oder auf Verlust des Offiziertitels lautenden Spruches die Belassung der Orden usw. ausdrücklich genehmigt, so ist hiermit auch die Belassung der Kriegsdenkmünzen mitverstanden. Befindet sich der Bestrafte nur im Besitz von Kriegsdenkmünzen, so sind dieselben zu belassen, falls nicht eine anderweitige Bestimmung ausdrücklich getroffen ist KabSchr. 28. März 82 (Mar. 31. Aug. 01). Die Kaiser Wilhelm I. Erinnerungsmedaille u. das Jerusalemkreuz sind als Denkmünzen im Sinne von Kriegsdenkmünzen anzusehen KabSchr. 2. Okt. 99 (Marine 31. Aug. 01).

[147]) Hinsichtlich der Orden usw. wie Anm. 146. Weitere Folgen treten hier nicht ein, namentlich nicht Pensionsverlust (Nr. I 2 Anm. 125).

[148]) Der Ehrenrat berechnet das Ergebnis der Abstimmung gemäß § 57 (58) d. V. u. meldet es dem Kommandeur, der darauf nach § 58, 59 (59, 60) d. V. verfährt.

a) Heer. | b) Marine.

für schuldig befunden wird, stets nur auf eine der in den §§ 51, 53 (52, 54) angegebenen Strafen anzutragen.[149])

Hat das Ehrengericht über mehrere Offiziere einen Spruch zu fällen, so wird zuerst die Abstimmung über einen abgeschlossen und dann die über den andern begonnen.[150])

Jedes Mitglied des Ehrengerichts ist verpflichtet, ein den Bestimmungen der §§ 51, 53 (52, 54) entsprechendes Votum abzugeben. Ist die Ansicht vertreten, daß das Ehrengericht nicht zuständig sei oder daß die Verhandlungen zu vervollständigen seien, so ist zuerst hierüber abzustimmen.[151])

§ 55 (56). Hält die Mehrheit der Stimmenden das Ehrengericht für nicht zuständig[140]), so ist auf dem Instanzenwege Meine Entscheidung einzuholen.[152])

Ist nur eine Minderheit der Stimmenden dieser Ansicht, so sind dieselben dennoch verpflichtet, über Schuld oder Nichtschuld des Angeschuldigten nach Maßgabe der §§ 51, 53 (52, 54) ihre Stimme abzugeben.

§ 56 (57). Hält die Mehrheit der Stimmenden dafür, daß die Untersuchung zu vervollständigen sei[141]), so ist das hiernach Erforderliche durch den Kommandeur zu veranlassen und die definitive Abstimmung, bis dies geschehen, auszusetzen.[153])

Ist nur die Minderheit der Stimmenden dieser Ansicht, so sind dieselben dennoch verpflichtet, über Schuld oder Nichtschuld des Angeschuldigten nach Maßgabe der §§ 51, 53 (52, 54) ihre Stimme abzugeben.

§ 57 (58). Ein giltiger Spruch des Ehrengerichts entsteht, wenn mehr als die Hälfte der Stimmenden ein gleichlautendes Votum abgegeben haben. Ist dies nicht der Fall, so werden die für die härteste Ansicht abgegebenen Stimmen der oder den nächst milderen bis zur Erlangung der absoluten Stimmenmehrheit zu-

---

[149]) Eine Häufung mehrerer Strafen darf nie eintreten, wohl aber kann (nicht muß) die Mehrheit der Handlungen zu einem schärferen Spruch führen. Auch ist hinsichtlich sämtlicher einzelner Anschuldigungspunkte die Schuld oder Nichtschuld ausdrücklich durch Abstimmung festzustellen (Anm. 142). Dies läßt sich beim Hervortreten von Meinungsverschiedenheiten nur in der Weise bewerkstelligen, daß zunächst über die Schuldfrage hinsichtlich der einzelnen Anschuldigungspunkte je gesondert u. sodann über die im ganzen zu beantragende Strafe einheitlich abgestimmt wird. Bei letzterer Abstimmung sind diejenigen Mitglieder, welche wegen sämtlicher Einzelhandlungen für Nichtschuldig gestimmt haben, an die Abstimmung der Mehrheit über die Schuldfrage nicht gebunden. — Stellen sich in der Spruchsitzung weitere Handlungen heraus, auf welche das Verfahren bisher nicht ausgedehnt war, so dürfen diese weder in den Spruch einbezogen noch mit Stillschweigen übergangen werden, sondern es muß zunächst die Vervollständigung der Untersuchung beschlossen (§ 54 Abs. 4, 56 d. V.) u. alsdann nach § 40 d. V. verfahren werden (Anm. 80).

[150]) Die Reihenfolge der Abstimmungen bestimmt der Kommandeur.

[151]) Ergibt sich hierbei eine Mehrheit für diese Ansicht, so ist nach § 55, 56 (56, 57) Abs. 1 zu verfahren, andernfalls ist die Minderheit zur Abstimmung über Schuld oder Nichtschuld verpflichtet § 55, 56 (56, 57) Abs. 2 d. V.

[152]) § 59 (60) Abs. 3 d. V. Ausfertigung des Spruchs gemäß § 59 (60) Abs. 1 u. 2 ist auch in diesem Fall erforderlich.

[153]) Eine Ausfertigung des Spruchs erfolgt hier nicht. Nach Erhebung der weiteren Beweise (§ 34—36 d. V.) hat ein neuer Schlußtermin (§ 41 d. V.) u. alsdann eine neue Spruchsitzung stattzufinden, in welcher wieder der gesamte Akteninhalt einschließlich der neuen Erhebungen verlesen wird. Eine nochmalige Vervollständigung der Untersuchung ist nicht ausgeschlossen.

a) Heer. | b) Marine.

gezählt[154]), und gilt alsdann das auf diese Weise erlangte Ergebniß als Spruch des Ehrengerichts.

Bei Stimmengleichheit entscheidet die Stimme des Kommandeurs.

§ **58** (**59**). Das Ergebniß der Abstimmung wird dem Ehrengericht sofort mitgeteilt.[155]) Die Mitglieder desselben werden sodann zur Verschwiegenheit über die Verhandlungen bis nach erfolgter Bekanntmachung des Spruchs an den Angeschuldigten mit dem Hinzufügen aufgefordert, daß, wer hiergegen handelt, eine Pflicht des Offizierstandes verletzt; das Protokoll wird geschlossen und die Versammlung entlassen.

§ **59** (**60**). Demnächst läßt der Kommandeur durch den Ehrenrath den Spruch des Ehrengerichts in Form eines Erkenntnisses ausfertigen.[156])

Die Ausfertigung muß außer dem Spruch des Ehrengerichts die nöthigen Nachrichten über die persönlichen Verhältnisse des Angeschuldigten, eine Darstellung des Sachverhalts und die Angabe der Entscheidungsgründe enthalten. Dieselbe wird nebst den Akten und einem kurzen Aktenauszug[157]) durch denjenigen Befehlshaber, der das Ehrengericht angeordnet hatte[158]), im Instanzenwege Meiner Entscheidung unterbreitet.

Die Befehlshaber, durch deren Hand die Ausfertigung des Spruchs des Ehrengerichts hierbei geht, haben sich darüber, ob sie demselben beitreten oder nicht, eingehend zu äußern und zugleich ihre etwaigen wesentlichen Ausstellungen gegen die formelle Behandlung der Sache zu Meiner Kenntniß zu bringen.

§ **60** (**61**). Die Entscheidung, welche ich auf Grund des Mir vorgelegten Spruchs des Ehrengerichts treffe, ist dem Angeschuldigten gleichzeitig mit demselben bekannt zu machen.

Lautet Meine Entscheidung auf Freisprechung oder auf eine Warnung, so erfolgt die Bekanntmachung durch den Kommandeur in Gegenwart des Ehrenraths; in allen anderen Fällen erfolgt dieselbe durch den Ehrenrath.[159])

§ **61** (**62**). Nach der Bekanntmachung an den Angeschuldigten erfolgt durch den Kommandeur die Mittheilung des Spruchs des Ehrengerichts nebst Meiner Entscheidung (§ 60) und, wenn es gewünscht wird, der Akten an diejenigen Militärvorgesetzten des Angeschuldigten, welche bei dem Ehrengericht nicht mitgewirkt haben. Ist der Angeschuldigte ein inaktiver (§ 4 Nr. 5) oder ein dem Beurlaubtenstande angehöriger Offizier, der zugleich als Beamter im Reichs- oder

---

[154]) Maßgebend hierbei ist die in § 51 (52)$^{4-6}$ d. V. gegebene Abstufung der Strafen nach ihrer Schwere.

[155]) Im Fall des § 44 d. V. kann sich dies nur auf das Stimmergebnis in jeder einzelnen Garnison, nicht auch auf das Gesamtergebnis beziehen.

[156]) Nach Muster Beil. VIII.

[157]) Desgl. Beil. IX.

[158]) § 28 d. V. Auch diesem Befehlshaber wird nach bestehender Übung der Spruch nebst den Akten usw. auf dem militärischen Dienstweg vorgelegt.

[159]) In den Fällen, wo der Angeschuldigte mit dem Kommandeur und dem Ehrenrat nicht an demselben Orte befindlich ist, ist dem Angeschuldigten der ehrengerichtliche Spruch nebst der Allerhöchsten Entscheidung, sofern dieselbe auf Freisprechung oder auf Warnung lautet, durch den Kommandeur mittelst Übersendung beglaubigter Abschrift durch die Post zu eröffnen. In allen anderen Fällen hat die Publikation auf das vom Kommandeur zu stellende Ersuchen durch den dem Aufenthaltsort des Angeschuldigten am nächsten befindlichen Ehrenrat, event. das Militärgericht mündlich zu Protokoll zu erfolgen. Geschieht die Publikation mittelst Zusendung durch die Post, so ist darüber eine Bescheinigung zu den Akten zu bringen AO. 5. Febr. 78.

a) Heer. | b) Marine.

Staatsdienst angestellt ist, so ist eine Abschrift der Ausfertigung des Spruchs des Ehrengerichts und Meiner Entscheidung der ihm vorgesetzten Dienstbehörde zu übersenden und auf Verlangen nähere Auskunft über die Veranlassung des Spruchs zu ertheilen.[160])

Außerdem ist dem Offizierkorps, welches den ehrengerichtlichen Spruch gefällt hat, von Meiner Entscheidung Kenntniß zu geben; auch kann auf besonderen Antrag denjenigen Offizieren, die an der Untersuchung als Ankläger oder Zeugen Theil genommen haben, und denjenigen Behörden, von denen etwa die Anschuldigung ausgegangen ist, von dem Ausgang der Sache Kenntniß gegeben werden.

§ **62** (**63**). Gegen einen ehrengerichtlichen Spruch, über welchen Ich Entscheidung getroffen habe, ist nur mit meiner Genehmigung ein weiteres Verfahren zulässig[161]), und behalte Ich mir vor, darüber eintretenden Falls das Weitere zu bestimmen.

Beilagen zu den Ehrengerichtsverordnungen für Offiziere.[162])

Beilage I.

Bestimmungen über die Vernehmung des Angeschuldigten.

Die Vorladung des Angeschuldigten erfolgt, nach seitens des Kommandeurs erhaltenem Auftrage, durch den Ehrenrath.

Wenn die Suspension des Angeschuldigten vom Dienst nicht eingetreten ist, so ist dem direkten Vorgesetzten desselben von der geschehenen Vorladung Kenntniß zu geben.

Vor der Vernehmung ist der Angeschuldigte zur Aussage der Wahrheit zu ermahnen.

Die Aussage ist in direkter Redeform niederzuschreiben.

Ist die Einleitung der (förmlichen) ehrengerichtlichen Untersuchung angeordnet, so ist dem Angeschuldigten durch Vorlesen der bezüglichen Verfügung bekannt zu machen, welche strafbaren Handlungen ihm zur Last gelegt werden und den Gegenstand der Untersuchung bilden sollen.

Nachdem durch Aufnahme der Beweise der Thatbestand völlig klargestellt ist, ist der Angeschuldigte mit dem Ergebniß der Untersuchung durch Mittheilung

---

[160]) Die Mitteilung an die Zivilbehörde ist in der Regel auf eine Abschrift des Spruchtenors (ohne Gründe) und der Allerhöchsten Entscheidungsordre zu beschränken. Wird nähere Auskunft über die Veranlassung des Spruches verlangt, so ist nur der tatsächlich festgestellte Sachverhalt der Untersuchung mitzuteilen, aber nicht in Form einer Abschrift des betreffenden Inhalts der Spruchausfertigung. Eine Mitteilung der Gründe, welche die von dem Ehrengerichte getroffene Entscheidung motivieren, ist dagegen unter allen Umständen zu vermeiden KabSchr. 24. Juni 80.

[161]) Eine Wiederaufnahme des Verfahrens ist hiernach nicht grundsätzlich ausgeschlossen. Für die Gründe einer solchen werden MStGerO. § 436, 438 sinngemäße Anwendung finden können.

[162]) Die Beilagen sind die der amtlichen Ausgabe der V. beigefügten. Sie lauten mit geringen Ausnahmen, welche in die Anm. aufgenommen sind, für Heer u. Marine gleich. Diejenigen Beilagen, welche nur Muster enthalten, sind nicht abgedruckt.

a) Heer. | b) Marine.

des wesentlichen Inhalts der Akten bekannt zu machen und zu befragen, ob er noch etwas zur Sache anzuführen habe oder die Akten für geschlossen halte. Gleichzeitig ist ihm zu eröffnen, bei welchem Ehrengericht über ihn gesprochen werden soll, und er darüber zu vernehmen, ob er Einwendungen gegen Mitglieder des Ehrengerichts zu erheben hat.[163])

Schließlich ist der Angeschuldigte nach Anleitung des § 41 der Verordnung darüber zu belehren, daß und in welcher Weise er sich vertheidigen darf. Daß dies geschehen, ist in dem Schlußprotokoll zu vermerken.

Beilage II.

Muster zur Vorladung von Zeugen.[162])

Beilage III.

Bestimmungen über die Vernehmung von Zeugen durch den Ehrenrath.

Offiziere und Sanitätsoffiziere[101]), welche als Zeugen vernommen werden, versichern die Richtigkeit ihrer Aussagen auf Ehre und Pflicht; alle anderen Zeugen haben ihre Aussagen erforderlichen Falls durch Ableistung des vorgeschriebenen Eides zu bekräftigen. Die Vereidigung geschieht durch ein Militär-(Regiments-) Gericht oder dazu zu requirirendes Civilgericht.[164])

Vor der Vernehmung ist der Zeuge zur Aussage der Wahrheit zu ermahnen, auf die Heiligkeit des Eides zu verweisen, vor dem Meineide zu verwarnen, mit den allgemeinen Zeugenfragen bekannt und besonders darauf aufmerksam zu machen, daß der von ihm zu leistende Zeugeneid sich auch auf die Beantwortung der allgemeinen Zeugenfragen erstrecke. Demnächst ist der Zeuge zur Sache zu vernehmen und hierbei darauf zu achten, daß er nur über ihm bekannte Thatsachen aussagt. Betrifft die Aussage Thatsachen, die er nicht aus eigener Wahrnehmung kennt, so ist derselbe darüber zu befragen, wie und auf welche Weise ihm dieselben bekannt geworden sind.

Die Aussage ist in direkter Redeform niederzuschreiben.

Am Schluß hat der Zeuge zur Ableistung des Eides sich zu erbieten.

Wird ein bereits vereidigter Zeuge nochmals vernommen, so braucht er den Zeugeneid nicht zum zweiten Mal zu leisten, sondern nur am Schluß der Vernehmung zu erklären, daß er die Richtigkeit seiner neuen Aussage auf den bereits geleisteten Zeugeneid versichert.[165])

Sind mehrere Zeugen zu vernehmen, so dürfen ihnen gemeinschaftlich nur die allgemeinen Zeugenfragen vorgelegt werden, dagegen ist ein Jeder zur Sache selbst allein zu vernehmen.

Bei Requisitionen an Gerichte um Vernehmung von Zeugen ist in der Requisition genau anzugeben, über welche Punkte die Vernehmung erfolgen soll, sowie ob die Zeugen nur pro informatione oder eidlich zu vernehmen sind.

---

[163]) § 31 Abs. 2, 46 (47) Abs. 1 d. V.

[164]) Anm. 96. — V. f. d. Mar. „Die Vereidigung geschieht durch ein Gericht der Marine oder des Heeres (Kriegsgerichtsrat oder Gerichtsoffizier und Beisitzer) oder durch ein zu ersuchendes Amtsgericht." Die Worte und Beisitzer sind mit Einführung der MStGerO. fortgefallen.

[165]) Anm. 102. Der Abs. 5 fehlt in der V. f. d. Marine.

a) Heer. | b) Marine.

Beilage IV.

Muster zu einem Protokoll über die Vernehmung des Angeschuldigten.[162])

Beilage V.

Muster eines Protokolls über die Vernehmung eines Zeugen.[162])

Beilage VI.

Muster zu einer ehrengerichtlichen Spruchverhandlung.[162])

Beilage VII.

Muster einer namentlichen Liste gemäß § 50 Abs. 4 (§ 51 Abs. 5) d. V.[162])

Beilage VIII.

Muster zur Ausfertigung eines ehrengerichtlichen Spruchs.[162])

Beilage IX.

Muster zu einem Aktenauszuge.[162])

Beilage X.

Bemerkungen über Anlegung der Akten.[166])

Die Akten müssen über Alles, was in der Untersuchung geschehen ist, vollständige Auskunft geben. Deshalb ist es insbesondere auch nothwendig, daß die Konzepte der an Behörden rc. erlassenen Schreiben und Requisitionen zu den Akten gebracht werden, oder doch wenigstens der Inhalt derselben darin vermerkt wird.

Die erste Seite eines jeden Blattes der Akten erhält eine fortlaufende Ziffer.

Die Akten sind[167]) zu heften und mit einem vom Ehrenrath zu vollziehenden Inhaltsverzeichnisse zu versehen.

Erkenntniß und Akten-Auszug sind den Akten nicht beizuheften, sondern lose mit einzusenden.

---

166) In der V. f. d. Mar. gehen folgende Sätze in Abs. 1 voraus: „Die ehrengerichtlichen Akten sollen für sich allein die vollständige Aufklärung des Sachverhalts bieten. Nöthigenfalls sind aus anderen Akten Abschriften zu nehmen oder Auszüge zu fertigen. Auch ist ersichtlich zu machen, auf welchem Wege die Angelegenheit zur Sprache gekommen ist."

167) Genau nach der Zeitfolge, was in der Beil. 10 zur V. f. d. Mar. ausdrücklich beigefügt ist.

Anlagen zu den Ehrengerichts-Verordnungen für die Offiziere des Heeres und der Marine.

Anlage A (zu Anmerkung 1 u. 2).

Bestimmungen zur Ergänzung der Einführungsordre zu den Verordnungen über die Ehrengerichte a) der Offiziere im Preußischen Heere vom 2. Mai 1874; b) der Offiziere in der Kaiserlichen Marine vom 26. Juli 1895.[1])

Ich will, daß Zweikämpfen Meiner Offiziere mehr als bisher vorgebeugt wird. Die Anlässe sind oft geringfügiger Natur, Privatstreitigkeiten und Beleidigungen, bei denen ein gütlicher Ausgleich ohne Schädigung der Standesehre möglich ist.

Der Offizier muß es als Unrecht erkennen, die Ehre eines Anderen anzutasten. Hat er hiergegen in Uebereilung oder Erregung gefehlt, so handelt er ritterlich, wenn er an seinem Unrecht nicht festhält, sondern zu gütlichem Ausgleiche die Hand bietet. Nicht minder muß derjenige, dem eine Kränkung oder Beleidigung widerfahren ist, die zur Versöhnung gebotene Hand annehmen, soweit Standesehre und gute Sitte es zulassen.

Es ist deshalb mein Wille, daß der Ehrenrath hinfort grundsätzlich bei dem Austrage von Ehrenhändeln mitwirken soll. Er hat sich dieser Pflicht mit dem gewissenhaften Bestreben zu unterziehen, einen gütlichen Ausgleich herbeizuführen.

Um hierzu den Weg vorzuzeichnen, bestimme ich, in Ergänzung der Einführungsordre zu der Verordnung über die Ehrengerichte der Offiziere im Preußischen Heere vom 2. Mai 1874[2]), Folgendes:

I.

Kommen zwischen Offizieren Privatstreitigkeiten und Beleidigungen vor, die nicht alsbald auf gütlichem Wege standesgemäß beglichen werden, so sind die Betheiligten verpflichtet, unter Unterlassung aller weiteren Schritte ihrem Ehrenrathe[3]) sofort Anzeige zu machen.

II.

Der Ehrenrath[3]) hat dann unter Leitung des Kommandeurs den Sachverhalt ungesäumt durch mündliche oder schriftliche Verhandlungen aufzuklären und nach dem Ergebnisse der Ermittelungen sowie nach Anhörung der Betheiligten schriftlich entweder

1. einen Ausgleichsvorschlag aufzustellen, oder
2. zu erklären, daß er sich nach Lage der Sache außer Stande sehe, einen Ausgleich vorzuschlagen, daß vielmehr ein ehrengerichtliches Verfahren nothwendig sei, oder aber

---

[1]) Die ErgBest. sind für Heer u. Marine je durch AO. 1. Jan. 97 genehmigt u. in Bayern, Sachsen u. Württemberg gleichlautend eingeführt. Die Best. f. d. Marine stimmen, abgesehen von geringen, aus den Anm. ersichtlichen Abweichungen wörtlich mit den im Text abgedruckten Best. f. d. Heer überein.

[2]) Marine: „Der V. über die Ehrengerichte der Offiziere in der Kais. Marine vom 26. Juli 1895."

[3]) EhrenGerV. f. d. Heer § 14, 15, 16, 19—21; f. d. Mar. § 13, 14, 15, 18—20, 21 sowie Ziff. VIII d. ErgV.

3. festzustellen, daß die Ehre der Betheiligten für nicht berührt zu erachten und deshalb weder ein Grund zur Aufstellung eines Ausgleichsvorschlags noch auch zu einem ehrengerichtlichen Verfahren vorhanden sei.

Der Ausgleichsvorschlag hat sich auch über Art und Frist der Ausführung auszusprechen.

Nach Lage des Falles ist insbesondere festzusetzen, ob die Ausführung, außer vor dem Kommandeur[4]) und Ehrenrath, vor Zeugen, ob sie schriftlich zu erfolgen habe ꝛc. — Ein Ausgleich ist anzustreben, soweit es die Standessitte irgendwie zuläßt.

III.

Der Beschluß des Ehrenraths (II.) bedarf der schriftlichen Bestätigung durch den Kommandeur.[4])

Bei den Ehrengerichten von Landwehrbezirken, deren Kommandeur nicht den Rang eines Regimentskommandeurs besitzt, erfolgt die Bestätigung durch den Brigadekommandeur, dem die Verhandlungen und der Beschluß des Ehrenraths mit einem Gutachten des Kommandeurs des Landwehrbezirks vorzulegen sind.[5])

Der zur Bestätigung Berechtigte ist befugt:

1. den Ausgleichsvorschlag abzuändern,
2. in den Fällen zu II. 2 und 3 seinerseits einen Ausgleichsvorschlag schriftlich aufzustellen,
3. dem Ausgleichsvorschlage oder der Feststellung zu II. 3 die Bestätigung zu versagen und seinerseits die Erklärung nach II. 2 abzugeben.

IV.

Den Betheiligten steht gegen den Ausgleichsvorschlag oder die Feststellung zu II. 3 binnen drei Tagen die beim Kommandeur[4]) anzubringende Berufung zu. Die Vorgesetzten[6]) haben sich hierzu gutachtlich zu äußern und Meine Entscheidung einzuholen.

V.

Durch die Ausführung des Ausgleichsvorschlags oder die Feststellung zu II. 3 findet der Streitfall selbst zwischen den Betheiligten sowie dem Offizierkorps gegenüber seine vollständige Erledigung.

Hierdurch ist indeß nicht ausgeschlossen, das ehrengerichtliche Verfahren folgen zu lassen, sofern das Verhalten eines der Betheiligten hierzu Veranlassung gegeben hat.

VI.

Wird ein Ausgleichsvorschlag nicht aufgestellt oder die Erklärung zu II. 3 nicht abgegeben, so ist ungesäumt nach § 27 ff. der Verordnung vom 2. Mai 1874[2]) zu verfahren. Das Gleiche hat zu geschehen, wenn der endgültig festgestellte Ausgleichsvorschlag nicht ausgeführt wird.

VII.

Ueber einen Offizier, der

unter Umgehung des Ehrenraths,

oder

vor endgültiger Entscheidung über den Beschluß des Ehrenraths,

oder

---

[4]) Nr. 5 Anm. 52 d. W.

[5]) Abs. 2 fällt in den Best. f. d. Mar. weg.

[6]) Die Vorgesetzten vom Kommandeur aufwärts.

unter Nichtachtung des endgültig festgestellten Ausgleichsvorschlags oder der Feststellung zu II. 3,

oder

vor meiner Entscheidung auf den ehrengerichtlichen Spruch

einen anderen Offizier zum Zweikampf herausfordert oder die Herausforderung eines anderen Offiziers zum Zweikampf annimmt, ist mir sofort zu berichten.

VIII.

Ist einer der Betheiligten ein General[7]), so bleibt die Bestimmung des Kommandeurs und der Mitglieder des Ehrenraths Meiner Entscheidung vorbehalten.

Ist einer der Betheiligten ein Stabsoffizier, so ist der Ehrenrath des Ehrengerichts der Stabsoffiziere[3]) zuständig.

Im Uebrigen wird, wenn die Betheiligten verschiedenen Ehrengerichten unterstehen, der für die Ausgleichsverhandlungen zuständige Ehrenrath durch den nächsten gemeinschaftlichen Vorgesetzten (Dienstweg nach § 27 der Verordnung vom 2. Mai 1874[2])) und, falls ein solcher nicht vorhanden ist, durch Vereinbarung der kommandierenden Generale (bezw. mit dem Befehlshaber, dem die Anordnung des ehrengerichtlichen Verfahrens in der Marine zusteht[8])) bestimmt. Wenn nöthig, ist Meine Entscheidung anzurufen.

IX.

Geräth ein Offizier mit einem den Ehrengerichten nicht unterworfenen Offizier oder mit einer Civilperson in einen Ehrenhandel, so ist er — sofern nicht alsbald auf gütlichem Wege ein standesgemäßer Ausgleich stattfindet — gleichfalls zur umgehenden Anzeige an den Ehrenrath verpflichtet. Letzterer hat auch hier, soweit es die Umstände gestatten, unter Leitung des Kommandeurs auf einen Ausgleich hinzuwirken.

Anlage B (zu Anmerkung 1).

Verordnung über die Ehrengerichte der Offiziere der Kaiserlichen Schutztruppen. Vom 15. Juni 1897.

Auf den Mir gehaltenen Vortrag befehle Ich hiermit, unter Aufhebung aller entgegenstehenden Bestimmungen, insbesondere der Verordnung vom 16. Juni 1891 (Marine-Verordnungsblatt Nr. 14 vom 3. Juli 1891, S. 133), daß die Verordnung über die Ehrengerichte der Offiziere im Preußischen Heere vom 2. Mai 1874 sowie meine Ordre vom 1. Januar 1897 auf die Offiziere Meiner Schutztruppen mit folgenden Maßgaben Anwendung zu finden hat:

1. Mitglieder des Offizierkorps im Sinne der Verordnung vom 2. Mai 1874 sind die deutschen Offiziere, welche als solche im Etat einer Schutztruppe stehen oder die Uniform einer solchen tragen.
2. Ehrengerichte über Hauptleute und Subalternoffiziere bestehen bei denjenigen Schutztruppen, zu welchen außer dem Kommandeur mindestens sechs stimmberechtigte Mitglieder gehören.

---

[7]) Marine: „Admiral (General)".

[8]) An Stelle des kommandierenden Admirals getreten AO. 20. März 99 (MVB. 79). — In den Best. f. d. Mar. lautet der Satz: „durch Vereinbarung des Befehlshabers, dem die Anordnung des ehrengerichtlichen Verfahrens in der Marine zusteht, mit dem betreffenden kommandierenden General bestimmt". — Zuständige Marinebefehlshaber EhrenGerV. f. d. Mar. (Nr. 5) § 28.

3. Die in Deutschland sich aufhaltenden Schutztruppenoffiziere werden durch den kommandirenden General des Gardekorps (vgl. Nr. 9) einem Ehrengerichte seines Befehlsbereichs unterstellt.
4. Kommandeure im Sinne des § 12 der Verordnung vom 2. Mai 1874 sind bei den Schutztruppen für Ost- bezw. Südwest-Afrika und Kamerun[1]), falls Ich nicht anders bestimme, die Kommandeure dieser Schutztruppen.
5. Die Stabsoffiziere der Schutztruppen unterstehen dem Ehrengerichte der Stabsoffiziere des Gardekorps.
6. Die Wahl des Ehrenraths hat bei den Schutztruppen am ersten November jeden Jahres oder an einem der nächstfolgenden Tage, im Uebrigen thunlichst nach Maßgabe des § 17 der Verordnung vom 2. Mai 1874 zu erfolgen.

   Der neue Ehrenrath tritt in Thätigkeit, sobald die Wahl durch den Kommandeur festgestellt ist.
7. Bei Schutztruppen, die ein eigenes Ehrengericht nicht bilden können, kann ein aus zwei Offizieren — möglichst aus einem Hauptmann und einem Leutnant bestehender — Ehrenrath gebildet werden, welcher zu dem Kommandeur der Schutztruppe in dasselbe Verhältniß tritt, wie der Ehrenrath eines Ehrengerichts zu dem Kommandeur.
8. Auch wenn bei einer Schutztruppe ein Ehrengericht nicht besteht, hat der Kommandeur die erforderlich werdenden Ermittelungen durch den Ehrenrath (vgl. Nr. 7) oder, falls auch ein solcher nicht besteht, in geeigneter Weise (vgl. insbesondere Nr. 11) soweit zu bewirken, daß er in der Lage ist, nach Maßgabe des § 27 der Verordnung vom 2. Mai 1874 Bericht zu erstatten.
9. Sofern ich nicht einem Gouverneur oder Landeshauptmann die Dienststellung des zur Anordnung des ehrengerichtlichen Verfahrens berechtigten Befehlshabers übertrage, übt dieselbe der kommandierende General des Gardekorps aus. Mit dieser Einschränkung sind dem Letzteren in ehrengerichtlichen Angelegenheiten die Kommandeure der Schutztruppen unmittelbar unterstellt.
10. Vor Anordnung eines ehrengerichtlichen Verfahrens über den Kommandeur einer Schutztruppe ist Meine Entscheidung einzuholen.
11. Die Kommandeure und Ehrenräthe, sowie die Gerichte des Heeres, der Marine und der Schutztruppen haben den gegenseitigen Ersuchen um Vernehmungen und um sonstige Gewährung von Rechtshülfe Folge zu geben.
12. Zur Spruchsitzung eines Ehrengerichts über Hauptleute und Subalternoffiziere genügt die Anwesenheit des Kommandeurs und sechs stimmberechtigter Mitglieder, falls die Heranziehung einer größeren Zahl von Mitgliedern wesentlichen Zeitaufwand erfordern würde.
13. Von der Anordnung der förmlichen ehrengerichtlichen Untersuchung gegen einen Offizier der Schutztruppe ist dem Reichskanzler durch den zuständigen Befehlshaber (Nr. 9) ungesäumt Kenntniß zu geben.

---

[1]) Erg. AO. 15. Aug. 01.

Anlage C (zu Anmerkung 1).

Allerhöchste Ordre betreffend die ehrengerichtlichen Verhältnisse der nach Preußen kommandirten Kgl. Württembergischen und der nach Württemberg kommandirten Kgl. Preußischen Offiziere. Vom 16. Sept. 1898.

Zur Regelung der ehrengerichtlichen Verhältnisse der nach Preußen kommandirten Königlich Württembergischen Offiziere und der nach Württemberg kommandirten Offiziere Meiner Armee bestimmte Ich hierdurch im Einverständnis mit Seiner Majestät dem Könige von Württemberg Nachstehendes:

1. Die nach Preußen kommandirten Königlich Württembergischen Offiziere werden unterstellt:
   a) die Stabsoffiziere dem Ehrengerichte der Stabsoffiziere des betreffenden Armeekorps mit aktivem und passivem Wahlrecht;
   b) die Hauptleute, Rittmeister und Subalternoffiziere, sofern sie zu einem Truppentheil kommandirt sind, dem Ehrengericht des Offizierkorps dieses Truppentheils mit aktivem und passivem Wahlrecht, in allen anderen Fällen einem von dem kommandirenden General des Territorialbezirks auf Grund des § 10 Absatz 2 der Verordnung vom 2. Mai 1874 alljährlich zu bestimmenden Ehrengericht.
2. Nach Vorstehendem ergangene ehrengerichtliche Sprüche über Königlich Württembergische Offiziere sind Mir mit den Gutachten der Vorgesetzten vorzulegen. Ich werde sie dann Seiner Majestät dem Könige von Württemberg zur Entscheidung zugehen lassen oder, wenn Sprüche gegen Königlich Württembergische Offiziere und solche Meiner Armee gemeinsam gefällt sind, eine Vereinbarung über die Entscheidung herbeiführen.
3. Die nach Württemberg kommandirten und die den Festungsbehörden in Ulm angehörenden Offiziere Meiner Armee unterstehen:
   a) die Stabsoffiziere dem Ehrengericht der Stabsoffiziere des XIII. (Königlich Württembergischen) Armeekorps mit aktivem und passivem Wahlrecht;
   b) die Hauptleute, Rittmeister und Subalternoffiziere, sofern sie zu einem Truppentheil kommandirt sind, dem Ehrengericht des Offizierkorps dieses Truppentheils mit aktivem und passivem Wahlrecht, in allen anderen Fällen einem von dem kommandirenden General des XIII. (Königlich Württembergischen) Armeekorps auf Grund des § 10 Absatz 2 der Verordnung vom 2. Mai 1874 alljährlich zu bestimmenden Ehrengericht.
4. Die Entscheidung auf hiernach ergangene ehrengerichtliche Sprüche, welche Seine Majestät der König von Württemberg Mir wird zugehen lassen, behalte Ich mir vor; ebenso werden Seine Majestät der König von Württemberg bei gemeinsam gegen Meine und Königlich Württembergische Offiziere gefällten Sprüchen eine Vereinbarung über die Entscheidung herbeiführen.
5. Hinsichtlich der Ziffer IV Meiner Ordre vom 1. Januar 1897[1]) bestimme Ich, daß Mir die Berufungen Königlich Württembergischer Offiziere in allen Fällen vorzulegen sind, in denen ein Ehrenrath Meiner Armee zuständig war. Seine Majestät der König von Württemberg wollen Mir in diesen Fällen die Entscheidung überlassen, während Allerhöchstdieselben auf die Berufungen von Offizieren Meiner Armee entscheiden werden, wenn ein Königlich Württembergischer Ehrenrath zuständig war.

---

[1]) Anl. A.

6. Allerhöchste Verordnungen über die Ehrengerichte der Sanitätsoffiziere
a) im Preußischen Heere vom 9. April 1901 (AVB. 161)[1]; b) in der Kaiserlichen Marine vom 3. Juli 1901 (MVB. 211).[2]

Den hochherzigen Entschließungen Meines in Gott ruhenden Herrn Großvaters, welcher in weiser Voraussicht und mit fester Hand die Organisation des Sanitätskorps verfügte, sind die Grundlagen zu danken, auf denen sich zu Meiner Befriedigung das Sanitätswesen in Meiner Armee erfreulich entwickelt hat. Ich erkenne gern an, daß das Sanitätsoffizierkorps sich erfolgreich bemüht hat, seine Kräfte mit voller Hingebung in den Dienst Meiner Armee zu stellen, und habe Ich es Mir wiederholt angelegen sein lassen, seine Arbeitsfreudigkeit durch Beweise Meiner Anerkennung zu fördern.[3])

Durch die heute von Mir vollzogene Verordnung über die Ehrengerichte der Sanitätsoffiziere im Preußischen Heere[2]) will Ich dem Sanitätsoffizierkorps ein neues Zeichen Meines besonderen Wohlwollens und Meines Vertrauens zu Theil werden lassen. Ich erblicke in diesen Ehrengerichten das wirksamste Mittel, durch Erziehung der Standesgenossen zur Wahrung der Standespflichten und zur Bethätigung der Gemeinsamkeit der Standesinteressen, den Geist treuester Pflichterfüllung und lauterster Wahrhaftigkeit im Sanitätsoffizierkorps alle Zeit wach und rege zu erhalten.

---

[1]) Gleichlautende V. sind in Bayern, Sachsen u. Württemberg ergangen. — Die V. ist hinsichtlich der Einteilung u. des Inhalts durchaus der EhrenGer. V. f. d. Offiziere d. Heeres (Nr. 5) nachgebildet. Abgedruckt sind daher nur die wesentlich abweichenden Best. Bezüglich der übereinstimmenden ist bei den einzelnen Paragraphen auf die entsprechende Best. der EhrenGerV. Nr. 5 verwiesen. Geringe Abweichungen sind aus den Anm. ersichtlich. Allgemein sind zu ersetzen die Worte: „Offiziere" durch „Sanitätsoffiziere", „Heer" u. „Armee" durch „Sanitätskorps", „Kommandeur" durch „der Leitende", „Hauptleute oder Rittmeister u. Subalternoffiziere" durch „Stabsärzte, Ober- u. Assistenzärzte". — Wo in der V. andere (eingeklammerte) Paragraphen in Bezug genommen sind, treten an deren Stelle die entsprechenden Paragraphen der V. f. SanitOffiz. — Bezüglich der Erläuterungen ist auf die Anm. zu den V. f. d. Offiziere d. Heeres u. der Marine (Nr. 5) zu verweisen. — Die abweichenden Best. für SanitOffiziere der Schutztruppen sind in der V. 7. Nov. 01 Anlage A enthalten.

[2]) Soweit die Best. der V. mit denjenigen der V. für d. SanitOffiz. des Heeres übereinstimmen, sind sie über die ganze Seitenbreite gedruckt. Geringe Abweichungen des Textes sind in die Anm. aufgenommen, abweichende Paragraphenzahlen in Klammern beigesetzt. Soweit wesentliche Verschiedenheiten beider V. bestehen, sind die Best. der V. f. d. SanitOffiz. d. Heeres in der linken, der Marine in der rechten Spalte abgedruckt. Wo auf gleichlautende Best. der EhrenGerV. f. d. Offiziere (Nr. 5) verwiesen ist, sind allgemein zu ersetzen die Worte „Offiziere" durch „Sanitätsoffiziere", „Heer" u. „Armee" durch „Marine", „Kommandeur" durch „Vorsitzender". Die ErgBest. 1. Jan. 97 (Nr. 5 Anl. A) finden auch auf die SanitOffiz. d. Marine sinngemäße Anwendung AO. 5. Mai 02 (MVB. 161). — Im übrigen wie Anm. 1.

[3]) In der V. f. d. Mar. tritt an Stelle des 1. Abs. folgender Satz:

„Nachdem Ich vor 4 Jahren dem Sanitätskorps Meiner Marine eine selbständige Organisation gegeben habe, erkenne Ich mit Befriedigung an, daß das Sanitätsoffizierkorps sich erfolgreich bemüht hat, Meinen Erwartungen zu entsprechen." — Neuorganisation des SanitKorps d. Marine AV. 8. März 97.

Die eigenartigen Verhältnisse des Sanitätsoffizierkorps haben verschiedene Abweichungen von der für die Ehrengerichte der Offiziere bestehenden Verordnung nothwendig gemacht. Im Besonderen habe Ich davon Abstand nehmen müssen, die Sanitätsoffiziere des Beurlaubtenstandes zu thätiger Betheiligung an den Ehrengerichten zu berufen, um sie nicht mehr, als es der Dienst unbedingt erfordert, ihrer verantwortungsvollen beruflichen Thätigkeit zu entziehen.[4]) Ich darf erwarten, daß sie einer den gemeinsamen Interessen des Standes entsprechenden Vertretung bei ihren aktiven Kameraden, in deren Hände auch ihre Wahl zum Sanitätsoffizier gelegt ist, unbedingt sicher sein können. Auch ist in jedem Falle, wo die Ehrenangelegenheit eines Sanitätsoffiziers des Beurlaubtenstandes in Frage steht, soweit als irgend thunlich, die Mitwirkung der allgemeinen ärztlichen Ehrengerichte gewährleistet. Ich hoffe, daß auf diese Weise und durch die gleichmäßige Behandlung der Ehrenangelegenheiten eine immer engere Verbindung zwischen den Sanitätsoffizieren des Friedens- und des Beurlaubtenstandes herbeigeführt und gleichzeitig auch das Wohl des gesammten ärztlichen Standes gefördert werden wird.

Aufgabe der Sanitätsoffiziere, die Ich zur Leitung der Ehrengerichte berufen, und der militärischen Vorgesetzten, in deren Hände Ich die Ueberwachung derselben gelegt habe, wird es in erster Linie sein, in Berücksichtigung der besonderen Verhältnisse des Sanitätsoffizierkorps auf eine dementsprechende Handhabung dieser Verordnung hinzuwirken.

Der Beruf des Sanitätsoffiziers bringt ihn mit allen Klassen der Bevölkerung in Berührung, und es müssen daher die hieraus leicht entstehenden Ehrenhändel eine besondere Beurtheilung erfahren, um der Armee nicht unnöthig tüchtige Sanitätsoffiziere zu entziehen, deren sie so dringend bedarf.

Die beifolgende Verordnung tritt mit dem 1. Juni[5]) d. Js. in Kraft. Die Wahlen zum Ehrenrath sowie die zum Ehrengericht über Generaloberärzte und Oberstabsärzte haben im laufenden Jahre bereits zu Anfang des Monats Juni stattzufinden.[6]) Das Kriegsministerium hat hiernach die weitere Bekanntmachung an die Armee[2]) zu veranlassen.

An das Kriegsministerium.[6a])

a) Heer. | b) Marine.

I. Zweck der Ehrengerichte.

§ 1 gleichlautend mit EhrenGerV. Nr. 5 § 1.[1])

II. Zuständigkeit der Ehrengerichte.

§ 2 gleichlautend mit EhrenGerV. Nr. 5 § 2.[1])

§ 3 Abs. 1—3 gleichlautend mit EhrenGerV. Nr. 5 § 3, mit nachstehendem Zusatz:

Bei den Sanitätsoffizieren des Beurlaubtenstandes, sofern sie einem staatlicherseits organisirten Ehrengericht für Civilärzte unterstehen, ist zunächst die

---

[4]) An Stelle der 2 ersten Sätze des Abs. 3 treten in der V. f. d. Mar. die Sätze:
„Die dienstlichen Verhältnisse der Sanitätsoffiziere Meiner Marine im Auslande haben es notwendig gemacht, die Sanitätsoffiziere den dort bestehenden Ehrengerichten der Seeoffiziere in einzelnen Fällen zu unterstellen. Die Erledigung ehrengerichtlicher Angelegenheiten der Sanitätsoffiziere des Beurlaubtenstandes habe Ich grundsätzlich den aktiven Sanitätsoffizieren übertragen."

[5]) V. f. d. Mar. „1. August".

[6]) Übergangsbestimmung

[6a]) V. f. d. Mar. „An den Reichskanzler (Reichsmarineamt)."

a) Heer. | b) Marine.

Entscheidung des letzteren abzuwarten, bevor das Verfahren vor dem Ehrengericht für Sanitätsoffiziere eingeleitet wird.

Kommen Handlungen oder Unterlassungen der oben erwähnten Sanitätsoffiziere des Beurlaubtenstandes, die ein ehrengerichtliches Einschreiten erfordern, zuerst zur Kenntniß der militärischen Behörden, so haben diese zunächst der betreffenden Civilinstanz Mittheilung zu machen (vergl. auch § 33).

a) Heer.

§ 4. Den Ehrengerichten sind unterworfen:

1. alle Sanitätsoffiziere des aktiven Dienststandes;
2. alle Sanitätsoffiziere des Beurlaubtenstandes (Reserve und Landwehr);
3. die Sanitätsoffiziere à la suite des Sanitätskorps;
4. die mit Pension zur Disposition gestellten und die unter Verleihung der Befugniß, Militäruniform zu tragen, verabschiedeten Sanitätsoffiziere.

b) Marine.

§ 4. Den Ehrengerichten der Marine-Sanitätsoffiziere sind unterworfen:

1. alle Sanitätsoffiziere des aktiven Dienststandes;
2. alle Sanitätsoffiziere des Beurlaubtenstandes (Reserve und Seewehr);
3. die Sanitätsoffiziere à la suite des Marine-Sanitätsoffizierkorps;
4. die mit Pension zur Disposition gestellten und die unter Verleihung der Befugniß, Marineuniform zu tragen, verabschiedeten Sanitätsoffiziere.

III. Bildung der Ehrengerichte.

§ 5. An der Bildung von Ehrengerichten theilzunehmen sind nur berechtigt:

1. die aktiven Sanitätsoffiziere;
2. die inaktiven Sanitätsoffiziere, solange sie in etatsmäßigen Sanitätsoffizierstellen des Heeres[2]) verwendet werden.

Die übrigen im § 4 aufgeführten Sanitätsoffiziere sind den Ehrengerichten unterstellt, ohne zur thätigen Theilnahme an ihnen berechtigt zu sein.

§ 6. Die Ehrengerichte zerfallen in:

1. Ehrengerichte über Stabsärzte, Ober- und Assistenzärzte[7]) und in
2. Ehrengerichte über Generaloberärzte[8]) und Oberstabsärzte.

Tritt die Nothwendigkeit ein, gegen einen Generalarzt[9]) oder höher gestellten Sanitätsoffizier ehrengerichtlich einzuschreiten, so werde Ich das Nöthige jedesmal besonders bestimmen.

A. Bildung der Ehrengerichte über Stabsärzte, Ober- und Assistenzärzte.

a) Heer.

§ 7. Ehrengerichte über Stabsärzte, Ober- und Assistenzärzte bestehen bei jeder Division. Sie werden von den Sanitätsoffizieren des betreffenden Divisionsverbandes (einschließlich der ihm nach § 8 der Verordnung über die Organisation des Sanitätskorps[10]) zugetheilten Sanitätsoffiziere) gebildet.

b) Marine.

§ 7. Es werden folgende Ehrengerichte über Marine-Stabsärzte, Oberassistenz- und Assistenzärzte gebildet:

I. An Land:

a) In Kiel:

Ein gemeinsames Ehrengericht für sämmtliche Sanitätsoffiziere am Lande

---

[7]) V. f. d. Mar. „Marine-Stabsärzte, Oberassistenz- u. Assistenzärzte".

[8]) V. f. d. Mar. „Marine-Generaloberärzte".

[9]) Desgl. „Marine-Generalarzt".

[10]) V. 6. Febr. 73 (AVB. 103).

a) Heer.

§ 8. Die Sanitätsoffiziere des Kriegsministeriums (einschließlich der als Hülfsreferenten kommandirten Stabsärzte) werden dem Ehrengerichte bei der 1. Garde-Infanterie-Division, die Sanitätsoffiziere der Kaiser Wilhelms-Akademie für das militärärztliche Bildungswesen demjenigen bei der 2 Garde-Infanterie-Division zugetheilt.

§ 9. Den Ehrengerichten über Stabsärzte, Ober- und Assistenzärzte sind unterworfen:

1. die Sanitätsoffiziere dieser Dienstgrade, welche nach § 7 bezw. 8 an der Bildung des Ehrengerichts theilnehmen;
2. die Sanitätsoffiziere des Beurlaubtenstandes der erwähnten Dienstgrade. Sie unterstehen dem Ehrengericht derjenigen Division, der ihr Landwehrbezirk unterstellt ist;
3. die in § 4 Ziffer 3 und 4 bezeichneten Stabsärzte, Ober- und Assistenzärzte. Die Zuständigkeit des Ehrengerichts regelt sich nach dem Wohnort.

§ 10. Während des Kriegszustandes können diejenigen Sanitätsoffiziere, deren Zugehörigkeit sich nicht aus § 9 ergiebt, durch die zur Anordnung eines ehrengerichtlichen Verfahrens berechtigten Befehlshaber (§ 23) einem Ehrengericht unterstellt werden.

§ 11. Das Ehrengericht über Stabsärzte, Ober- und Assistenzärzte wird vom Divisionsarzt geleitet.

b) Marine.

und an Bord der in den heimischen Gewässern befindlichen Schiffe — mit Ausnahme der unter II, 1 aufgeführten — deren Stationsort ihrer Zugehörigkeit nach Kiel ist;

b) in Wilhelmshaven:

ein gemeinsames Ehrengericht für sämmtliche Sanitätsoffiziere am Lande und an Bord der in den heimischen Gewässern befindlichen Schiffe — mit Ausnahme der unter II, 1 aufgeführten — deren Stationsort ihrer Zugehörigkeit nach Wilhelmshaven ist;

c) in Tsingtau:

ein Ehrengericht für die Sanitätsoffiziere des Kiautschou-Gebietes.[11])

II. An Bord:

1. Ein Ehrengericht für die Sanitätsoffiziere des I. Geschwaders;
2. ein Ehrengericht für die Sanitätsoffiziere des Kreuzergeschwaders;
3. ein Ehrengericht für jede außerhalb der heimischen Gewässer fahrende selbständige Division, wenn außer dem Divisionsarzt wenigstens 5 stimmberechtigte Mitglieder vorhanden sind.

§ 8. Ist die vorgeschriebene Anzahl stimmberechtigter Mitglieder (vergl. § 7, II, 3) auf den Schiffen einer Division nicht vorhanden, so werden die Sanitätsoffiziere anderer Schiffe, sobald ein Zusammentreffen mit solchen voraussichtlich in spätestens 4 Wochen zu erwarten steht, zur Bildung eines Ehrengerichts herangezogen.

Unter der gleichen Voraussetzung treten die Sanitätsoffiziere von einzelnen Schiffen außerhalb der heimischen Gewässer mit denen anderer Schiffe zur Bildung eines gemeinsamen Ehrengerichts zusammen.

§ 9. Steht eine Vereinigung von Schiffen außerhalb der heimischen Gewässer, welche zusammen die vorge-

[11]) Erg. durch AO. 19. Aug. 02 (MVB. 279).

a) Heer.

b) Marine.

schriebene Anzahl von stimmberechtigten Mitgliedern (vergl. § 7, II, 3), aufweisen, innerhalb von 4 Wochen nicht in Aussicht, so werden die Verhandlungen mit der nächsten sich darbietenden Gelegenheit an den Chef derjenigen Station, von welcher die Besatzung des Schiffes gestellt ist, gesandt, welcher dieselben dem zuständigen Ehrengerichte für Sanitätsoffiziere zugehen läßt. Es ist jedoch dem Befehlshaber überlassen, in solchen Fällen, in denen eine schleunige Erledigung durchaus geboten ist, einen Spruch des Ehrengerichts für Seeoffiziere (vergl. § 7, II, 3, §§ 8 und 28 der Verordnung über die Ehrengerichte der Offiziere in der Kaiserlichen Marine) anzuordnen.

Zu der betreffenden Spruchsitzung sind die erreichbaren Sanitätsoffiziere als stimmberechtigte Mitglieder heranzuziehen.

§ 10. Die Marine-Stabsärzte, Oberassistenz- und Assistenzärzte, deren Stationsort ihrer Zugehörigkeit nach Berlin ist, bleiben demjenigen Ehrengericht unterstellt, welchem sie vor ihrem Uebertritt nach Berlin angehörten.

Die Sanitätsoffiziere beim Marinelazareth in Yokohama werden dem Ehrengericht für die Sanitätsoffiziere des Kreuzergeschwaders, solange sich letzteres auf der Ostasiatischen Station befindet, zugetheilt, anderenfalls bilden diese Sanitätsoffiziere mit den auf den Schiffen der Ostasiatischen Station befindlichen ein besonderes Ehrengericht.

Die Sanitätsoffiziere des Beurlaubtenstandes (Reserve und Seewehr) unterstehen dem Ehrengericht in Kiel bezw. Wilhelmshaven, je nachdem sie für den Mobilmachungsfall der Ost- oder Nordseestation zugetheilt sind; die in § 4 Ziffer 3 und 4 bezeichneten Sanitätsoffiziere bleiben demjenigen Ehrengericht unterstellt, welchem sie zur Zeit des Ausscheidens aus dem aktiven Dienst zugetheilt waren.

§ 11. Die Ehrengerichte werden geleitet:

a) Heer.	b) Marine.
	in Kiel und in Wilhelmshaven von dem Garnisonarzt, in Tsingtau von dem Gouvernementsarzt[11]), bei dem I. Geschwader und dem Kreuzergeschwader von dem Geschwaderarzt, bei selbständigen Divisionen von dem Divisionsarzt, bei einem gelegentlich der Vereinigung mehrerer Schiffe außerhalb der heimischen Gewässer gebildeten Ehrengericht (§ 8) von dem ältesten anwesenden Sanitätsoffizier im Stabsoffizierrang. Wo in der gegenwärtigen Verordnung vom Vorsitzenden die Rede ist, sind darunter die hier genannten Sanitätsoffiziere zu verstehen.

B. Bildung der Ehrengerichte über Generaloberärzte und Oberstabsärzte.

a) Heer.

§ **12.** Jn dem Territorialbezirk eines jeden Armeekorps wird über sämmtliche in ihm ihren Standort oder — sofern sie den in § 4 unter 2—4 bezeichneten Kategorien angehören — ihren Wohnsitz habende Generaloberärzte und Oberstabsärzte ein aus dem Korps-Generalarzt als Leitenden und 6 Mitgliedern (Generaloberärzten bezw. Oberstabsärzten), darunter in der Regel mindestens 2 Generaloberärzten, bestehendes Ehrengericht gebildet.

Die Mitglieder und zugleich für ein jedes ein Stellvertreter, werden alljährlich aus den im Korpsbezirk vorhandenen aktiven Generaloberärzten und Oberstabsärzten durch relative Stimmenmehrheit derart gewählt, daß sämmtliche wahlberechtigte Sanitätsoffiziere dieser Dienstgrade an der Wahl sämmtlicher Mitglieder und ihrer Stellvertreter theilnehmen. Bei Stimmengleichheit entscheidet das Dienstalter.

Die Mitglieder des Ehrengerichts und ihre Stellvertreter sind nach Ablauf der Wahlperiode wieder wählbar.

Die Wahl erfolgt am 1. September

b) Marine.

§ **12.** Es werden folgende Ehrengerichte über Marine-Generaloberärzte und Oberstabsärzte gebildet:

1. Jn Kiel:

Ein gemeinsames Ehrengericht für sämmtliche Marine-Generaloberärzte und Oberstabsärzte, deren Stationsort ihrer Zugehörigkeit nach Kiel ist;

2. in Wilhelmshaven:

ein gemeinsames Ehrengericht für sämmtliche Marine-Generaloberärzte und Oberstabsärzte, deren Stationsort ihrer Zugehörigkeit nach Wilhelmshaven ist.

Diese Ehrengerichte werden von den Stationsärzten als Vorsitzenden geleitet.

Marine-Generaloberärzte und Oberstabsärzte, deren Stationsort ihrer Zugehörigkeit nach Berlin ist, bleiben demjenigen Ehrengericht unterstellt, dem sie vor ihrem Uebertritt nach Berlin angehörten.

Die Marine-Generalärzte und Oberstabsärzte des Beurlaubtenstandes (Reserve und Seewehr) unterstehen dem Ehrengericht in Kiel bezw. Wilhelms-

a) Heer.

jeden Jahres oder an einem der nächstfolgenden Tage.

Während des Kriegszustandes ist jeder mit den Gerechtsamen eines kommandirenden Generals betraute Befehlshaber zur Bildung eines Ehrengerichts über Generaloberärzte und Oberstabsärzte innerhalb seines Befehlsbereichs in derselben Weise berechtigt.

Sanitätsoffiziere niederen Grades sind den Ehrengerichten über Generaloberärzte und Oberstabsärzte in den Fällen unterworfen, in welchen sie mit solchen gemeinsam betheiligt sind.

b) Marine.

haven, je nachdem sie für den Mobilmachungsfall der Ost- oder Nordseestation zugetheilt sind; die unter § 4 Ziffer 3 und 4 fallenden Sanitätsoffiziere mit Stabsoffizierrang bleiben demjenigen Ehrengericht unterstellt, welchem sie zur Zeit des Ausscheidens aus dem aktiven Dienst zugetheilt waren.

Sanitätsoffiziere niederen Grades sind den Ehrengerichten über Marine-Generaloberärzte und Oberstabsärzte in den Fällen unterworfen, in welchen sie mit solchen gemeinsam betheiligt sind.

§ 13. Während des Kriegszustandes ist jeder mit den gerichtsherrlichen 2c. Befugnissen eines Stationschefs betraute Befehlshaber zur Bildung eines Ehrengerichts über Sanitätsoffiziere innerhalb seines Befehlsbereichs in derselben Weise berechtigt.

IV. Vom Ehrenrath.

§ 13 (14). Bei jedem Ehrengericht wird ein Ehrenrath gebildet, der nach den Anordnungen des Leitenden[12]) als dessen Organ die Geschäfte des Ehrengerichts zu führen hat.

Das älteste Mitglied des Ehrenraths ist Präses des Ehrenraths.

§ 14. Der Ehrenrath eines Ehrengerichts über Stabsärzte, Ober- und Assistenzärzte besteht aus:
zwei Stabsärzten und
einem Ober- oder Assistenzarzt.

Er wird aus den Mitgliedern des Ehrengerichts jedesmal auf ein Jahr durch relative Stimmenmehrheit derart gewählt, daß sämmtliche Mitglieder den Ober- oder Assistenzarzt, die Mitglieder im Stabsoffizier- und Hauptmannsrang die beiden Stabsärzte wählen. Gleichzeitig wird für jedes Mitglied des Ehrenraths in derselben Weise ein Stellvertreter gewählt.

Die nach Verlauf des Jahres ausscheidenden Mitglieder des Ehrenraths sind wieder wählbar.

§ 15 gleichlautend mit EhrenGerV. Nr. 5 (Marine) § 14.[13])

---

[12]) V. f. d. Mar. „unter der Leitung des Vorsitzenden."

[13]) Mit der Abweichung, daß statt „Kapitänleutnant (Hauptmann)" zu setzen ist: „Marine-Stabsarzt", statt „Oberleutnant": „Oberassistenzarzt", statt „Leutnant": „Assistenzarzt".

a) Heer.

Beförderung zu einem höheren Dienstgrade bewirkt das Ausscheiden des betreffenden Mitgliedes aus dem Ehrenrath.

§ 15. Die Wahl des Ehrenraths hat am 1. September jeden Jahres oder an einem der nächstfolgenden Tage stattzufinden.

Den Wahlakt leitet der Divisionsarzt; die Wahl erfolgt durch Abgabe beziehungsweise Einsendung von Stimmzetteln.

b) Marine.

§ 16. Die Wahl des Ehrenraths hat am 1. November jeden Jahres oder an einem der nächstfolgenden Tage, möglichst in gemeinsamer Vereinigung der wahlberechtigten Sanitätsoffiziere, stattzufinden.

Den Wahlakt leitet der Vorsitzende des Ehrengerichts (§ 11). Die Wahl erfolgt durch Abgabe bezw. Einsendung von Stimmzetteln.

Der neue Ehrenrath tritt in Thätigkeit, sobald die Wahl durch den Vorsitzenden festgestellt ist.

§ 16 (17) gleichlautend mit EhrenGerV. Nr. 5 § 18.

b) Marine.

§ 18. Auch bei denjenigen außerhalb der heimischen Gewässer fahrenden selbständigen Divisionen, welche kein eigenes Ehrengericht zu bilden berechtigt sind, kann nach Maßgabe der §§ 15, 16, 17 für Marine-Stabsärzte, Oberassistenz- und Assistenzärzte ein Ehrenrath gebildet werden, wenn es der Divisionschef für nöthig hält. In allen Fällen, wo ein Ehrenrath für Sanitätsoffiziere nicht erreichbar ist, ist der Ehrenrath für Seeoffiziere auch für die ehrengerichtlichen Angelegenheiten der Sanitätsoffiziere zuständig.

a) Heer.

§ 17. Der Ehrenrath eines Ehrengerichts über Generaloberärzte und Oberstabsärzte besteht aus:

einem Generaloberarzt und
zwei Oberstabsärzten.

Er wird jedesmal aus denjenigen Mitgliedern des Ehrengerichts gebildet, welche bei ihrer Wahl als solche (§ 12) die meisten Stimmen erhalten haben.

§ 18—21 gleichlautend mit EhrenGerV. Nr. 5 § 22—24, 26.[1])

b) Marine.

§ 19. Der Ehrenrath eines Ehrengerichts über Marine-Generaloberärzte und Oberstabsärzte besteht aus:

einem Marine-Generaloberarzt und
zwei Marine-Oberstabsärzten.

Der Ehrenrath wird auf Anordnung des im § 12 bezeichneten Vorsitzenden aus den aktiven zu dem Bezirk des betreffenden Ehrengerichts gehörenden und am Lande sowie an Bord der in den heimischen Gewässern stationirten Schiffe befindlichen Marine-Generaloberärzten und Oberstabsärzten gewählt. Für jedes Mitglied des Ehrenraths werden gleichzeitig zwei Stellvertreter gewählt.

Die Wahl geschieht am 1. Nov. jeden Jahres jedesmal auf 1 Jahr und durch relative Stimmenmehrheit derart, daß

a) Heer.

b) Marine.

sämmtliche stimmpflichtige Marine-Generaloberärzte und Oberstabsärzte an der Wahl der drei Mitglieder und der sechs Stellvertreter theilnehmen.

Mitglieder und Stellvertreter werden, wie im § 14 für den Ehrenrath der Marine-Stabsärzte 2c. angegeben, gleichzeitig gewählt, sodaß jeder Wähler 3 Marine-Generaloberärzte und 6 Oberstabsärzte ohne besondere Bezeichnung der als Mitglieder oder Stellvertreter Vorgeschlagenen anzugeben hat. Bei Stimmengleichheit entscheidet das Dienstalter in dem Dienstgrade. Die Mitglieder des Ehrenraths und deren Stellvertreter sind nach Ablauf der Wahlperiode wieder wählbar.

§ 20. Sind auf Schiffen eines im Auslande stationirten Geschwaders mindestens 7 Marine-Generaloberärzte bezw. Oberstabsärzte eingeschifft, so steht es dem Geschwaderchef frei, vorkommenden Falles einen Ehrenrath durch Wahl zu installiren.

§ 21—23 gleichlautend mit EhrenGerV. Nr. 5 § 22—24.[14])

§ 24. Die nach Maßgabe der §§ 20 und 18 auf Geschwadern, Divisionen und einzelnen Schiffen, welche ein eigenes Ehrengericht nicht zu bilden vermögen, aufgenommenen Verhandlungen des Ehrenraths werden durch den betreffenden Geschwader- 2c. Chef an den Vorsitzenden (vergl. §§ 11 und 12) des zuständigen Ehrengerichts gesandt.

Mit den aus dem Auslande abzusendenden, abgeschlossenen Verhandlungen des Ehrenraths muß die Vertheidigungsschrift sowie die Erklärung des Angeschuldigten wegen einer eventuellen Stellvertretung vor dem Gericht eingesandt werden. Läßt aber das Gutachten des Ehrenraths einen auf die im § 48, 5 und 6 angegebenen Strafen lautenden Spruch des Ehrengerichts erwarten, so ist der Angeschuldigte zur persönlichen Gestellung nach der Heimath zu überweisen.

§ 25 gleichlautend mit EhrenGerV. Nr. 5 § 26.[14])

---

[14]) Abweichungen Anm. 2.

a) Heer. | b) Marine.

V Von dem ehrengerichtlichen Verfahren.

§ **22** (**26**) gleichlautend mit EhrenGerV. Nr. 5 § 27.[15])

a) Heer.

§ **23.** Das ehrengerichtliche Verfahren über einen Stabsarzt, Ober- oder Assistenzarzt anzuordnen, ist der Kommandeur derjenigen Division berechtigt, deren Ehrengericht der Bezichtigte unterstellt ist (§ 9).

Die Anordnung des ehrengerichtlichen Verfahrens über einen Generaloberarzt oder Oberstabsarzt (§ 12) steht nur dem kommandirenden General zu, und während des Kriegszustandes dem nächsten mit gleichen Gerechtsamen betrauten, dem bezichtigten Sanitätsoffizier direkt vorgesetzten Befehlshaber.

b) Marine.

§ **27.** Das ehrengerichtliche Verfahren über einen Marine-Stabsarzt, Oberassistenz- oder Assistenzarzt anzuordnen, ist im Bereich der Ehrengerichte für Sanitätsoffiziere an Land der Chef derjenigen Marinestation berechtigt, zu welcher der Angeschuldigte gehört, bezw. der Gouverneur des Kiautschou-Gebietes.[11]) Die gleiche Berechtigung steht zu: den Chefs des I. Geschwaders und des Kreuzergeschwaders sowie denjenigen selbständigen Divisionschefs im Auslande, welche nach Maßgabe des § 7, II, 3 ein Ehrengericht für Sanitätsoffiziere zu bilden vermögen.

Während des Kriegszustandes steht die gleiche Befugniß außer den vorstehend aufgeführten Vorgesetzten auch denjenigen Befehlshabern zu, welche die höhere Gerichtsbarkeit ausüben.

Die Anordnung eines ehrengerichtlichen Verfahrens über einen Marine-Generaloberarzt oder Oberstabsarzt (§ 12) steht den Stationschefs zu.

Während des Kriegszustandes ist der nächste mit gleichen Gerechtsamen betraute, dem bezichtigten Marine-Generaloberarzt oder Oberstabsarzt direkt vorgesetzte Befehlshaber berechtigt, das ehrengerichtliche Verfahren über einen Marine-Generaloberarzt oder Oberstabsarzt anzuordnen.

§ **24, 25** (**28, 29**) gleichlautend mit EhrenGerV. Nr. 5 § 29, 30.[16])

a) Heer.

§ **26.** Das ehrengerichtliche Verfahren findet in der Regel bei demjenigen Ehrengericht statt, dem der Angeschuldigte unterworfen ist (§§ 9, 12).

Beantragt Letzterer jedoch aus erheblichen Gründen die Ueberweisung der

b) Marine.

§ **30.** Das ehrengerichtliche Verfahren findet in der Regel bei demjenigen Ehrengericht statt, dem der Angeschuldigte unterworfen ist.

Beantragt Letzterer jedoch aus erheblichen Gründen die Ueberweisung der

---

[15]) Abweichungen für Marine wie Nr. 5 Anm. 75. In beiden V. f. SanitOffiz. fehlt ferner unter a) der in den V. f. Offiziere enthaltene Satz: „zu welchem auch die Zwischeninstanzen ihr Gutachten abzugeben haben". Im übrigen Anm. 1 u. 2.

[16]) In § 25 (29) der V. f. Sanit. Offiz. ist statt „Rekurs" zu lesen „Berufung". — Die Anordnung ehrengerichtl. Untersuchung gegen einen SanOffiz. ist durch die Korpsgeneralärzte zur Kenntnis des GenStabsarzts d. Armee zu bringen. Ebenso Ehrenhändel, bei denen ein Ausgleichsvorschlag nicht aufgestellt werden kann KrMVf. 12. Febr. 02.

a) Heer.

Angelegenheit an ein anderes Ehrengericht, oder erscheint dem das ehrengerichtliche Verfahren anordnenden Befehlshaber, weil zahlreiche Mitglieder des Ehrengerichts zu nahe von dessen Gegenstand berührt sind, um unbefangen urtheilen zu können, oder aus anderen erheblichen Gründen eine Abweichung von der Regel geboten, so kann der kommandirende General die Sache an ein anderes Ehrengericht seines Befehlsbereichs verweisen oder bei Mir zur Bestimmung eines anderen Ehrengerichts zur Vorlage bringen.

§ **27.** Wenn gegen Sanitätsoffiziere, welche nicht einem und demselben Ehrengericht unterworfen sind, wegen einer gemeinsamen Handlung oder Unterlassung ein ehrengerichtliches Verfahren anzuordnen ist, so bestimmt der kommandirende General, an welches Ehrengericht die Sache verwiesen werden soll.

Abs. 2 u. 3 gleichlautend mit EhrenGerV. Nr. 5 (Heer) § 32 Abs. 2 u. 3.

b) Marine.

Angelegenheit an ein anderes Ehrengericht, oder erscheint dem das ehrengerichtliche Verfahren anordnenden Vorgesetzten, weil zahlreiche Mitglieder des Ehrengerichts zu nahe von dessen Gegenstand berührt sind, um unbefangen urtheilen zu können, oder aus anderen erheblichen Gründen eine Abweichung von der Regel geboten, so kann der gedachte Befehlshaber die Angelegenheit bei Mir zur Bestimmung eines anderen Ehrengerichts zur Vorlage bringen.

§ **31.** Wenn gegen Sanitätsoffiziere, welche nicht einem und demselben Ehrengericht unterworfen sind, wegen einer gemeinsamen Handlung oder Unterlassung ein ehrengerichtliches Verfahren anzuordnen ist, oder wenn die Betheiligten Ehrengerichten der Marine und der Armee unterstehen, so haben die Befehlshaber, denen die Anordnung des ehrengerichtlichen Verfahrens in der Marine zusteht (§ 27) sich unter sich bezw. mit dem betreffenden kommandirenden General darüber zu einigen, welchem Ehrengerichte die Sache zu überweisen ist.

Findet hierüber keine Einigung statt, so ist durch den ältesten derselben Meine Entscheidung einzuholen.

§ **28—37** (**32—41**) gleichlautend mit EhrenGerV. Nr. 5 § 33—42.[17])

a) Heer.

§ **38.** Zur Spruchsitzung eines Ehrengerichts über Stabsärzte, Ober- und Assistenzärzte, die im Allgemeinen im Divisionsstabsquartier stattfindet, werden alle stimmberechtigten Mitglieder des Ehrengerichts so eingeladen, daß auch auswärtige Mitglieder die Möglichkeit erhalten, daran theilzunehmen.

Stimmberechtigt sind alle Mitglieder des Ehrengerichts einschließlich der Sani-

b) Marine.

§ **42.** Zur Spruchsitzung eines Ehrengerichts über Marine-Stabsärzte, Oberassistenz- und Assistenzärzte haben alle stimmpflichtigen Mitglieder des Ehrengerichts, welche am Garnisonort anwesend und nicht dienstlich verhindert sind, zu erscheinen. Der Termin für die Spruchsitzung ist so anzuberaumen, daß eine möglichst große Anzahl der stimmberechtigten Mitglieder des Ehrengerichts

---

[17]) § 33 u. 37 der V. f. SanitOffiz. d. Heeres haben wie die entspr. § 37 u. 40 der V. f. SanitOffiz. d. Mar. denselben Wortlaut wie § 38, 41 der V. f. Offiz. d. Marine (Nr. 5 Anm. 106 u. 114); jedoch sind in § 40 Abs. 3 der V. f. SanitOffiz. d. Marine nach dem Worte „Sanitätsoffizier" einzuschalten die Worte „oder anderen Offizier". Im übrigen Anm. 1 u. 2.

a) Heer.

tätsoffiziere im Stabsoffizierrange und des Leitenden (§ 5).

§ 39. Zur Spruchsitzung eines Ehrengerichts über Generaloberärzte und Oberstabsärzte werden die Mitglieder bezw. die nöthigen Stellvertreter an einem Orte vereinigt.

b) Marine.

demselben beiwohnen kann. Findet nach § 7, II, 3 bei einer selbständigen Division außerhalb der heimischen Gewässer eine Spruchsitzung statt, so hat der Vorsitzende zur Theilnahme an derselben auch diejenigen stimmpflichtigen Mitglieder der Ehrengerichte für Sanitätsoffiziere zu requiriren, welche an Bord anderer gleichzeitig in demselben Hafen liegender Schiffe eingeschifft sind oder sich zu dienstlichen Zwecken dort am Lande befinden. Letzteres findet sinngemäße Anwendung auf die in Tsingtau abzuhaltenden Ehrengerichte der Sanitätsoffiziere des Kiautschou-Gebietes.[11])

Stimmpflichtig sind außer den dem betreffenden Ehrengericht unterstellten Sanitätsoffizieren auch der Vorsitzende desselben und die zum Befehlsbereich des Befehlshabers, welcher das ehrengerichtliche Verfahren angeordnet hat, gehörenden Sanitätsoffiziere im Stabsoffizierrange.

§ 43. Die Spruchsitzung eines Ehrengerichts über Marine-Generaloberärzte und Oberstabsärzte ist so anzuberaumen, daß eine möglichst große Anzahl der stimmberechtigten Mitglieder des Ehrengerichts derselben beiwohnen kann.

§ 40 (44) gleichlautend mit EhrenGerV. Nr. 5 § 46 (47).[18])

a) Heer.

§ 41. Zu einem gültigen Spruch ist die Theilnahme von mindestens 6 stimmfähigen Mitgliedern, den Leitenden mit inbegriffen, erforderlich.

Kann die hiernach nothwendige Zahl von Stimmen voraussichtlich nicht abgegeben werden, so ist die Untersuchung nach darüber einzuholenden Bestimmungen des kommandirenden Generals einem anderen Ehrengerichte zum Spruch zu überweisen. Auch kann der kommandirende General in solchen Fällen mehrere Ehrengerichte zu einem vereinigen, wobei er zu bestimmen hat, wem die Befugnisse des Befehlshabers

b) Marine.

§ 45. Zu einem gültigen Spruch ist die Abgabe von mindestens sechs Stimmen, den Vorsitzenden mit einbegriffen, erforderlich.

Können voraussichtlich nicht mindestens sechs Stimmen abgegeben werden, so ist die Untersuchung von demjenigen Befehlshaber, welcher das ehrengerichtliche Verfahren angeordnet hat, Mir zur Bestimmung eines anderen Ehrengerichts vorzulegen.

---

[18]) Der Nr. 5 Anm. 121 d. W. genannte Zusatz ist jedoch in beiden V. f. SanitOffiz. enthalten.

a) Heer.	b) Marine.
und wem diejenigen des Leitenden zufallen sollen.	

§ 42—55 (46—59) gleichlautend mit EhrenGerV. Nr. 5 (Marine) § 50—63.[19])

Beilagen zu den Ehrengerichts-Verordnungen für Sanitätsoffiziere.[20])

Anlage A (zu Anmerkung 1).

Allerhöchste Verordnung über die Ehrengerichte der Sanitätsoffiziere der Kaiserlichen Schutztruppen. Vom 7. November 1901.

Auf den Mir gehaltenen Vortrag befehle Ich hiermit, daß die Verordnung über die Ehrengerichte der Sanitätsoffiziere im Preußischen Heere vom 9. April 1901 auf die Sanitätsoffiziere Meiner Schutztruppen mit folgenden Maßgaben Anwendung zu finden hat:

1. An der Bildung von Ehrengerichten theilzunehmen sind berechtigt die deutschen Sanitätsoffiziere, welche als solche im Etat einer Schutztruppe stehen oder die Uniform des Sanitätsoffizierkorps der Schutztruppen tragen.
2. Ehrengerichte über Stabsärzte, Ober- und Assistenzärzte bestehen bei denjenigen Schutztruppen, bei welchen sich einschließlich des Leitenden mindestens 6 stimmberechtigte Mitglieder befinden.
3. Die in Deutschland sich aufhaltenden Sanitätsoffiziere der Schutztruppen werden durch den kommandirenden General des Gardekorps einem Ehrengericht seines Befehlsbereichs unterstellt.
4. Das Ehrengericht über Stabsärzte, Ober- und Assistenzärzte wird durch den ältesten Sanitätsoffizier des Schutzgebietes geleitet.

---

[19]) Sowohl die § 42—55 (Heer) als die entspr. § 46—59 (Marine) stimmen mit den oben angeführten Paragraphen der V. f. Offiziere d. Marine (Nr. 5 rechte Spalte u. Anm.) überein. Abweichungen (außer Anm. 1 u. 2):
a) Die 2 letzten Abs. des § 51 der V. Nr. 5 (Marine) fallen in den entspr. § 43 (47) der beiden V. f. SanitOffiz. fort, in der V. f. d. SanitOffiz. d. Heeres außerdem auch der Abs. 3 des angef. § 51.
b) In § 52 (56) der V. f. Sanit-Offiz. (Heer u. Marine) sind die im Abs. 2 des entspr. § 60 d. V. Nr. 5 (Marine) enthaltenen Worte „im Instanzenwege" zu ersetzen durch die Worte „durch den Generalstabsarzt der Armee" (bezw. „der Marine"); in Abs. 3 das. ist nach dem Worte „geht" einzuschalten: „sowie der Generalstabsarzt der Armee" (bezw. „der Marine").
c) In § 54 (58) der V. f. Sanit-Offiz. ist im Abs. 3 des entspr. § 62 der V. Nr. 5 (Marine) nach dem Worte „Offizieren" einzuschalten „und Sanitätsoffizieren"; in Abs. 1 des § 54 der V. f. Sanit-Offiz. d. Heeres (nicht auch der Marine) ist anstatt „diejenigen Marinevorgesetzten" zu setzen: „diejenigen Vorgesetzten".

[20]) Die der amtlichen Ausgabe beigegebenen Beilagen I—X der V. f. SanitOffiz. des Heeres entsprechen genau den Beilagen zur V. f. Offiziere d. Heeres (Nr. 5), die der V. f. Sanit-Offiz. d. Marine beigegebenen den Beil. 1—10 zur V. f. Offiziere der Marine (Nr. 5 Anm. 164—167). In Beil. III Abs. 1 zur V. f. d. Heer ist statt „Zivilgericht" zu lesen: „Amtsgericht".

5. Das ehrengerichtliche Verfahren über einen Stabsarzt, Ober- oder Assistenzarzt anzuordnen, ist der Kommandeur derjenigen Schutztruppe berechtigt, deren Ehrengericht der Bezichtigte unterstellt ist.

 Auf den Stellvertreter im Kommando geht diese Befugniß nur über, sofern derselbe Stabsoffizier ist. Andernfalls tritt der Kommandeur derjenigen Division ein, deren Ehrengericht die in Deutschland sich aufhaltenden Sanitätsoffiziere der Schutztruppen unterstellt sind.

6. Generaloberärzte und Oberstabsärzte der Schutztruppen unterstehen dem Ehrengericht über Generaloberärzte und Oberstabsärzte des Gardekorps.

7. Der Ehrenrath eines Ehrengerichts über Stabsärzte, Ober- und Assistenzärzte besteht aus 3 Sanitätsoffizieren dieser Dienstgrade, unter denen sich mindestens 1 Stabsarzt befindet.

8. Die Wahl des Ehrenrathes hat am 1. November jeden Jahres oder einem der nächstfolgenden Tage durch Abgabe bezw. Einsendung von Stimmzetteln zu erfolgen.

 Der neue Ehrenrath tritt in Thätigkeit, sobald die Wahl durch den Leitenden festgestellt ist.

9. Bei Schutztruppen, die ein eigenes Ehrengericht nicht bilden können, kann ein aus zwei Sanitätsoffizieren — möglichst aus einem Stabsarzt und einem Ober- oder Assistenzarzt — bestehender Ehrenrath gebildet werden. In diesem Falle hat der Kommandeur die erforderlich werdenden Ermittelungen durch den Ehrenrath, oder, falls auch ein solcher nicht besteht, in geeigneter Weise so weit zu bewirken, daß er in der Lage ist, nach Maßgabe des § 22 der Allerhöchsten Verordnung über die Ehrengerichte der Sanitätsoffiziere im Preußischen Heere vom 9. April 1901 an den Kommandeur derjenigen Division, deren Ehrengericht die in Deutschland sich aufhaltenden Sanitätsoffiziere der Schutztruppen unterstellt sind, Bericht zu erstatten.

10. In allen Fällen, in denen der Ehrenrath für Sanitätsoffiziere nicht erreichbar ist und der Fall eine schleunige Behandlung verlangt, kann der Ehrenrath für Offiziere der Schutztruppe für die Erledigung der unaufschiebbaren Ermittelungen herangezogen werden.

11. Die Leitenden und Ehrenräthe sowie die Gerichte des Heeres, der Marine und der Schutztruppen haben den gegenseitigen Ersuchen um Vernehmungen und um sonstige Gewährung von Rechtshülfe Folge zu geben.

12. Zur Spruchsitzung eines Ehrengerichts genügt die Anwesenheit von 5 stimmfähigen Mitgliedern, den Leitenden mit inbegriffen, falls die Heranziehung einer größeren Zahl von Mitgliedern wesentlichen Zeitaufwand erfordern würde.

13. Von der Anordnung der förmlichen ehrengerichtlichen Untersuchung gegen einen Sanitätsoffizier der Schutztruppen ist dem Reichskanzler (Oberkommando der Schutztruppen) durch den zuständigen Befehlshaber ungesäumt Kenntniß zu geben.

An den Reichskanzler.

Verzeichnis der aufgenommenen Bestimmungen.

(Im Wortlaut aufgenommene Bestimmungen sind gesperrt gedruckt; die Zahlen bedeuten die Seiten, die eingeklammerten die Anmerkungen; die Preußischen und Elsaß-Lothringischen Bestimmungen sind mit Pr. und EL. bezeichnet, alle übrigen beziehen sich auf das Reich oder den Norddeutschen Bund.)

1899.

1900.

1901.

1902.

Sachverzeichnis.

(Die Zahlen bezeichnen die Seiten, die eingeklammerten die Anmerkungen.)

B.

E.

F.

G.

H.

J.

K.

N.

O.

P.

Q.

R.

T.

U.

W.

GPSR Compliance

The European Union's (EU) General Product Safety Regulation (GPSR) is a set of rules that requires consumer products to be safe and our obligations to ensure this.

If you have any concerns about our products, you can contact us on ProductSafety@springernature.com

In case Publisher is established outside the EU, the EU authorized representative is:

Springer Nature Customer Service Center GmbH
Europaplatz 3
69115 Heidelberg, Germany

Batch number: 10844827

Printed by Printforce, the Netherlands